CyclOpe 2010

世界大宗商品市场年鉴

——圆明园的复兴

[法] 菲利普·查尔曼　主编
杨笑奇等　校译

经济科学出版社

图书在版编目（CIP）数据

世界大宗商品市场年鉴.2010年/（法）菲利普·查尔曼主编；杨笑奇等译.—北京：经济科学出版社，2011.2
ISBN 978-7-5141-0322-9

Ⅰ.①世… Ⅱ.①查…②范… Ⅲ.①国际市场-大宗商品-世界-2010-年鉴 Ⅳ.①F740.22-54

中国版本图书馆CIP数据核字（2011）第005323号

责任编辑：范　莹
责任校对：刘　昕
技术编辑：李　鹏

世界大宗商品市场年鉴（2010年）
——圆明园的复兴
［法］菲利普·查尔曼　主编
杨笑奇等　校译
经济科学出版社出版、发行　新华书店经销
社址：北京市海淀区阜成路甲28号　邮编：100142
总编部电话：88191217　发行部电话：88191540
网址：www.esp.com.cn
电子邮件：esp@esp.com.cn
北京中科印刷有限公司印装
787×1092　16开　49.5印张　1100000字
2011年2月第1版　2011年2月第1次印刷
印数：0001—2500册
ISBN 978-7-5141-0322-9　定价：280.00元

序言

新格局

菲利普·查尔曼主编的《世界大宗商品市场年鉴》2010年瞄准了中国，并将首次发行中文版。这一选择非常明智，2010年也正是关键的一年。

的确，此前的预感现在都变成了现实：中国如今已成为世界第二大经济体。经过经济和金融危机洗礼之后的中国已经变得更加强大。

在我看来，尽管中国的未来存在着种种不确定性和不稳定性，但中国必将在其之前取得的成就上继续发展。我举一个例子，它足以证明中国远大的未来：中国打算将用于研究的资金从2000年占国内生产总值的1.40%提升到2010年的2%，到2020年至少提升到2.5%，即研发预算的年增长率将达到15%~20%。

在中国发展的带领下，未来亚洲在世界的份额将日渐增长，这并不是坏消息！让我们撇开那些关于“亚洲”的恐惧：亚洲霸权、“全中国制造”、一些人想象中的中国崛起可能造成的世界震动。中国不断地在非洲寻求自然资源，这让当地人和世界上的一些人忧心忡忡。中国在海外的年投资总额超过500亿美元。从2007年开始，中国成为世界太阳能电池板生产的排头兵，世界皮革市场以中国为中心：中国是第一大生产国、第一大出口国和第一大进口国。越来越多的中国产品成为“世界第一”：照相机、水泥、陶瓷、阿司匹林、维生素、水产养殖、小麦、烟草、钢琴、自行车、网球拍……

但是，我们不要忘记，中国以其两位数的经济增长率确立了世界经济领先的地位，他因此扮演着拉动世界经济增长的“公共支出”角色。

我坚定地认为中国的发展将是长期的，因为他拥有历史作为“盟友”，中国在过去的18世纪都是世界的第一强国，因此我们今天见证的中国不只是作为“新兴国家”的崛起，而是中国的复兴。

今天，坚信中国的长久发展，就是相信中国将战胜出现在他面前的种种困难；也是相信中国的改革开放战略；还意味着我们希望能与中国共同努力来迎接人类未来的挑战。

鉴于在司法方面的差异，我们应当在“政府机构合作”之前，优先考虑“经济项目合作”。与中国的合作项目，显示了双方合作的意愿，如充满活力的天津空客总装厂，这将有助于推动双方的“政府机构合作”。

中国希望分享我们的技术，也包括世界各国的技术。如果我们拒绝参与这些合作项目，其他国家则将占据合作者的席位。

中国已经宣布将建立400座绿色城市，还制定了“大飞机”的生产计划，中国目前的做法如同昔日的美国：以创造市场带动技术进步。今天，中国对外国技术的依赖仍然在50%左右，但这一比率将迅速下降。让我们去适应这种新格局吧！

今天，中国以其在未来的抱负、饱满的自信和对和谐的渴望与我们来进行智慧的竞赛。中国将与我们共同解决那些有待处理的问题。

让－皮埃尔·拉法兰（Jean-Pierre Raffarin）
法国前总理
2010年8月

中国已经成为世界的重要参与者

自1978年以来，中国在经济发展和社会进步方面取得了世人瞩目的巨大成就，改革开放已使近3亿中国人口逐步摆脱了贫困，人民的生活水平不断提高，提前实现了联合国千年发展目标。2001年11月加入世界贸易组织（WTO）更推动了中国进一步融入国际经济贸易体系的步伐。经过30多年的快速发展，今天的中国已经成为推动世界经济发展的重要引擎和稳定力量。作为世界第二大经济体、最大的商品出口国和第二大商品进口国，中国在国际农业品、工业品、资源性产品的生产和贸易，农业、环境以及金融服务等各个领域中的重要地位日益显现。可以说，今天任何一个全球性的问题，如果没有中国的参与，就无法得到很好的解决。

21世纪的今天，世界正面临气候变化、能源短缺、粮食危机、贸易保护主义，以及环境污染等一系列全球性问题的挑战。解决这些问题不能仅仅依靠一两个国家的努力，而是需要世界各国间的努力合作才能完成。为实现这一目标，有必要建立一个合作基础上的全球治理的框架，在国际层面寻求全球性的解决方案，例如，各国应积极推动多哈回合谈判早日结束，确保全球贸易流动并为世界经济复苏发挥促进作用。自中国加入世界贸易组织以来，一直发挥着积极和建设性的作用，业已成为世界贸易组织中负责任的成员和各国重要的合作伙伴。

我很高兴看到锡瑞锆大宗商品研究所（CyclOpe）出版的《世界大宗商品市场年鉴》2010年（第24年版）的面世，特别值得注意的是的《世界大宗商品市场年鉴》2010年的中文版第一次呈现在广大中国读者面前，这是一件非常有意义的事情。相信的《世界大宗商品市场年鉴》中涉及的金融、农产品、热带产品、矿产品、能源和服务业等诸多领域将会对于从事相关领域研究的中国读者和专业人士有所助益。

帕斯卡尔·拉米（Pascal Lamy）
世界贸易组织总干事
2010年9月

中国经济发展需要研究世界大宗商品市场

21 世纪以来，中国经济的发展迈上了一个新的台阶。2010 年，中国的 GDP 已经超过日本，位居全球第二。

经济的迅速增长，使得中国对能源、基础原材料和农副产品等大宗商品的需求与日俱增，并形成了对国际市场日益严重的依赖。绝非偶然的是，自 2002 年始，蛰伏多年的国际大宗商品价格持续上涨，并于 2007 年达到高峰。自那时以来，中国的进出口以及国内宏观经济的运行，越来越显著地受到世界大宗商品市场的影响。可以说，大宗商品市场的发展对未来中国经济的可持续发展提出了严峻挑战。

对大宗商品的强烈需求，迫使中国的企业开始参与世界大宗商品市场的交易。然而，由于缺乏经验，更严重缺乏专业人才，迄今为止，中国企业在世界大宗商品市场上的表现令人沮丧。从“国储铜事件”、“深南电巨亏”，到“中国大豆产业危机”，直至中国铝业在海外投资的“力拓之败”，不仅显示出我国企业在国际大宗商品交易中风险控制能力严重不足，更暴露出我们对国际大宗商品的理解、分析和预测能力乃至基本知识严重缺乏。

为了争取商品定价的“话语权”，中国政府和企业在积极参与国际商品市场交易的同时，也开始了在国内建立大宗商品交易市场的尝试。2006 年，上海组建了我国最具影响的石油石化产品交易市场——上海石油交易所，这是以现代电子交易技术为手段，为能源化工现货交易提供交易服务的平台。2007 年，大连石油交易所成立。2009 年 8 月，北京大宗商品交易所依托首都的政治经济地位，建立了集商务流、信息流、资金流于一体的钢材、粮油、黑金属等多元化的现货交易平台。2009 年 9 月，渤海商品交易所在天津揭牌成立，当年 12 月 18 日，原油和焦炭两个上市品种首次通过现货连续交易、延期交割的方式面世。2010 年 7 月 30 日，北京石油交易所在完成股权重组后，正式宣布投入运营。2010 年 10 月末，广州交易所集团正式揭牌。据不完全统计，截至 2010 年底，我国大宗商品交易市场已经达到 100 多家，交易产品的种类包括农副产品、大宗原材料和石化产品等，共 105 个之多。

然而，几年来的实践显示，我们的市场显然仍处在“初级阶段”，它们不仅未能有效发挥开拓市场、发现价格、引导资源有效配置的作用，反而产生了一定的副作用。严峻的现实告诉我们，为了使我国经济在未来保持平稳较快增长的势头，我们必须建立自己的大宗商品市场并积极进入世界大宗商品市场，而要促进我国大宗商品市场健康发展，要使我国的企业在世界大宗商品市场上成为“弄潮儿”，我们首先必须学习。

经济科学出版社出版的《世界大宗商品年鉴》（简称《年鉴》），就是为了给国内企业和研究者们提供一份有价值的教材。

法国是世界上最早进行工业革命的国家之一，在世界商品市场的研究方面有着悠久的历史。法国的 CyclOpe 研究所在中国出版的《世界大宗商品年鉴》2010 年版，提供了金融与金融衍生品、农产品、矿产资源、能源及服务贸易市场等多方面的翔实数据资料，并从政治、经济等角度对国际大宗商品市场的现状及走势进行了分析，特别是其中所运用的分析方法，更值得我们认真研读和借鉴。我相信，这份《年鉴》的出版，将为我国大宗商品市场的发展，为我国行业人才的培养，为我国政府部门制定相关政策等，发挥积极的作用。

李 扬

中国社会科学院副院长

2011 年 2 月 10 日

前言

《世界大宗商品市场年鉴》2010年

1860年9月，英法联军在八里桥击溃中国军队后，向著名的圆明园挺进，该园的一部分是依照欧洲传教士所做的图纸于18世纪建造的。清朝政府在之前的几天放弃了该园，圆明园因此遭到了英法联军的士兵以及军官最卑劣的劫掠。随后在英国人埃尔金（Lord Elgin）勋爵的指挥下联军又将圆明园付之一炬，而埃尔金的父亲曾经由于在希腊所表现出相同的对“文化的激情”而臭名昭著！圆明园被劫掠过后，英法等国与清朝政府签订了《北京条约》，它开启了西方瓜分中国的狂潮，同时也标志着“中央帝国”的衰落：中国自此陷入了长期的国内战争、外国入侵、中国民众遭到屠杀、饥荒之中，直到1949年中华人民共和国宣告成立时才终结，而中国的重新崛起则始于1976年。

2010年，上海世博会召开之时，中国也真正成为了正在复苏之中的世界经济的发动机。不错，世界正在见证“圆明园的复兴”。中国已经成为了世界最大的商品出口国、并拥有世界第一大汽车市场，他还即将超越日本成为世界第二大经济体……中国的历史已经翻开了新的一页，中国在世界大宗商品市场的影响力与日俱增，他不仅正在重新收回圆明园遗失的艺术品，更在世界收购矿山、油井、农业用地、汽车公司……。

当德国重建霍亨索伦古堡（Hohenzollern）时，我们也曾想象中国可能会重建圆明园。但有必要吗？过去30年中国取得的令世人瞩目的成绩难道不是“圆明园的复兴”——中国的复兴的最好昭示吗？《世界大宗商品市场年鉴——“圆明园的复兴”》2010年以这种特有的方式向中国所取得的成绩致敬。

在这本第24期《世界大宗商品市场年鉴》里，中国是核心角色，几乎在每个大宗商品市场我们都可以看到中国的身影，尤其是中国在2009年下半年和2010年初在大宗商品价格上涨中发挥的作用。也正是因为如此，《世界大宗商品市场年鉴》在2010年第一次发行中文版本，这绝非偶然！

在2010年《世界大宗商品市场年鉴》的新作者中，我要特别致谢扬笑奇研究员，他今年主要负责分析中国能源问题和大宗商品衍生品市场的发展情况。新加入锡瑞镨大宗商品研究所的还有娜塔莉·贝金（Nathalie Beghin）、贝内迪克特·沙泰尔（Bénédicte Chatel）、让－路易斯·贡博（Jean-Louis Gombeaud）、安妮·纪尧姆－让蒂（Anne Guillaume-Gentil）、弗朗索瓦·吕盖诺（Franois Luguenot）、萨姆·梅兹拉希（Sam Mezrahi）和瓦莱丽·诺埃尔（Valérie Nol）。我同时感谢分布在世界各地的所有研究员。最后我要至谢锡瑞镨大宗商品研究所的合作企业，尽管承受着经济危的困扰，他们仍然给予了我们巨大支持。今年与锡瑞镨大宗商品研究所合作的新企业是邦基集团（Bunge）、法国安盟保险公司（Groupama）、法国裕尼可金融机构（Unigrains）、摩洛哥磷业总公司（OCP）和新华集团（SW Holdings）。

每一年，锡瑞镨大宗商品研究所的“奇迹”旨在出版一本世界上独一无二的《世界大宗商品市场年鉴》，请我们的读者阅读和参考。

祝大家阅读愉悦！

菲利普·查尔曼（Philippe Chalmin）

2010 年 4 月

《世界大宗商品市场年鉴》2010年中文版

致中国读者

1986年锡瑞错大宗商品研究所（CyclOpe）第一部《世界大宗商品市场年鉴》出版的时候，对全球大宗商品市场（那时“大宗商品”一词尚未被广泛使用）的分析可以很容易地划定在“西方”市场范围内。当时苏联及其盟国，也就是所谓的“苏联集团国家”基本上生活在自己封闭的圈子里，而中国的改革开放才开始不久，中国在大宗商品市场上只是扮演着一个边缘角色。

25年以后发生了多么大的变化，当《世界大宗商品市场年鉴》2010年中文版出版的时候，中国已经是全球第二大经济体、第一大出口国、第一大汽车市场、第一大能源消费国，同时也是第一大消费国，并且也是《世界大宗商品市场年鉴》中分析的所有大宗商品以及“循环利用型大宗商品”的第一大消费国、甚至是第一大进口国。中国对全球大宗商品市场的影响从21世纪初期开始表现得非常明显。事实上，中国在改革开放后的头二十年，经济的起飞从某种意义上说是立足于中国国内资源的基础上实现的。但是从2000~2001年开始，中国不停地增加对各类大宗商品的采购，2007年中国带来的需求增长正是全球大宗商品价格高企的原因之一。

今日中国在国际大宗商品市场占有核心地位。这不仅仅是指其进口量，或是出口量，大宗商品衍生产品市场在中国的发展同样令人印象深刻，中国的大宗商品价格开始成为国际参考价格。中国的大宗商品相关的企业也逐渐成为国际机构的重要合作伙伴。上海将很快与日内瓦、伦敦和新加坡一道，成为世界大宗商品的主要交易市场。

因此，我们审时度势地向中国读者推出了《世界大宗商品市场年鉴》的中文版。这是一本独具特色的书籍，它把诸如石油和艺术品、小麦和废钢等完全不同的大宗市场结合起来加以分析。

请允许我再次感谢一位对实现《世界大宗商品市场年鉴》中文版而竭尽努力的人——杨笑奇先生，他与中国相关机构共同进行书籍的译著，并且在我们不同的文化之间搭建桥梁。在锡瑞错大宗商品研究所的合作伙伴中，除了以往的威立雅环境集团（Véolia Environnement）、道达尔公司（Total）、法国农业信贷银行（Crédit Agricole），还有新近合作的经济科学出版社为本书籍的出版提供了巨大支持。最后，我要感谢那些鼓励我们的所有人，尤其要感谢为中文版作序的让-皮埃尔·拉法兰和帕斯卡尔·拉米。

愿《世界大宗商品市场年鉴》中文版生生不息！

菲利普·查尔曼
2010年10月

借助我们对客户风险的了解，
帮助您在全世界开拓更广阔
的前景。
www.eulehermes.com
EULER HERMES
业务得到保障，成功得到保障。

锡瑞镨大宗商品研究所（CyclOpe）合作企业

Areva
Atic
Brady
Bunge
Caisse des Dépôts et Consignations
Coe-Rexecode
Crédit Agricole-CIB
Crédit Agricole-SA
CristalCo
Edf
Eramet
Euler Hermes
SFAC
Fop – Sof iproteol-Prolea
Gaselys
GDF-Suez
Groupama
InVivo
Les Echos
Louis Dreyfus Armement
Mekatrade
OCP
Port Autonome de Rouen
Powernext
Revipap
SGS
Soufflet
Sucres et Denrées
SWC
Tereos
Total
Tradition Viel
Unigrains
Veolia Propreté

CyclOpe
《世界大宗商品市场年鉴》2010 年
编写人员

作者	工作单位及职务	撰写文章
菲利普·查尔曼（主编）	巴黎第九大学经济史教授，法国经济分析委员会（CAE）成员	世界经济、农业、多哈回合谈判、艺术品、钢、废钢、衍生品市场等
帕特里克·艾格兰	法国农渔信息部官员	葡萄酒
让－皮埃尔·安热利耶	法国格勒诺布尔第二大学 教授	世界能源消费、天然气
让·巴库玛	森林经济学博士	温带木材
娜塔莉·贝金	市场分析师	谷物、油料作物
伊曼纽尔·贝尔	法国农渔信息部经济师	奶制品
让－约瑟夫·布瓦洛	欧印经济与商业集团（EIEBG）联合总裁、国际前瞻及信息研究中心 新兴国家顾问	印度
帕斯卡莱·博恩	欧亚商业企业有限公司顾问（上海）	中国
帕斯卡尔·博尼法斯	法国国际和战略关系研究所（IRIS）所长	地缘政治解读
让－伊夫·卡尔方唐	巴西农业咨询公司 食工业品专业顾问（圣保罗）	南美洲
埃里克·尚帕尔诺	法国经济信息及预测研究所（BIPE）顾问、经济师、汽车工业部门主管	工业、汽车
贝内迪克特·沙泰尔	非洲商品公司	可可、非洲
安托万·克洛佩	JC 顾问公司审计师兼环境能源顾问（格勒诺布尔）	电力、核能
阿尔弗雷多·科埃略	UMR MOISA 研究所助理研究员（蒙彼利埃）	葡萄酒
西尔维·科尔诺－冈多尔夫	法国 ATIC 服务集团能源问题顾问	煤
让－菲利普·多万	意法半导体荣誉首席经济师	半导体
热拉尔德·埃斯图尔	独立顾问	棉花
亚历山德罗·吉劳多	利顺金融集团首席经济师	外汇市场和汇率市场
让－路易斯·贡博	RTL 集团记者兼专栏作家	咖啡
安妮·纪尧姆－让蒂	非洲商品公司	非洲
摩根·埃尔韦－米纽奇	法国国家开发银行碳经济师	碳市场
热拉尔·霍尔尼	记者	证券市场

拉尔夫・伊什特尔	欧洲顾问公司董事长（华盛顿）	美国农业政策、世界贸易组织谈判
多米尼克・雅科梅	法国时尚学院院长	纺织品
阿兰・卡尔森蒂	法国国际合作发展农业研究中心经济师	热带木材
伊丽莎白・拉科斯特	欧洲甜菜种植者国际联合会秘书长	糖、生物乙醇
让－保罗・雷曼	欧洲原子能协会高级顾问	铀
德尼・勒耶	法国国际合作发展农业研究中心－福陆市场观察研究所主管，《热带水果》杂志主编	柑橘类水果、香蕉、菠萝、热带水果
贝尔纳・隆巴德	欧洲造纸工业联合会贸易与竞争力部主任（布鲁塞尔）	纸浆和纸
弗朗索瓦丝・卢卡－方丹	大宗商品市场研究中心信息资料部负责人	统计图表、农产品
弗朗索瓦・吕盖诺	In Vivo 公司市场分析师	谷物、油料作物
让－玛丽・马丁－阿穆鲁	法国国家科研中心前研究部主任（格勒诺布尔）	煤
奥利维耶・马特林格	联合国官员（日内瓦）	中国能源问题
帕特里西奥・门德斯－德尔维拉尔	法国国际合作发展农业研究中心研究员市场观察研究所编辑	稻米
萨姆・梅兹拉希	SW 商品公司高级顾问	咖啡
吉尔达・曼维埃尔	法国时尚学院经济观察研究所主任	纺织品
艾蒂安・蒙田	法国蒙彼利埃地中海农学院科学部主管，UMR 研究所 1110 部主任	葡萄酒
马克・尼科勒	《农业新闻》记者	苹果和浓缩苹果汁
瓦莱丽・诺埃尔	《农业新闻》记者	谷物、油料作物
埃瓦里斯特・尼欧基	盖瑟利公司经济研究部主管	液化天然气
纪尧姆・佩雷	佩雷公司总经理（伦敦）	煤炭衍生品、海运业、铁矿石、碳配额
弗朗西斯・佩兰	《阿拉伯油气》杂志社论主编、法国格勒诺布尔第二大学和法国国际和战略关系研究所助理教授	石油、石油化工产品
克里斯蒂安・德・佩尔蒂	巴黎第九大学助理教授、法国国家开发银行顾问	气候变化
乔治・皮雄	玛尔斯金属贸易公司总经理	小金属
马西莫・普兰迪	《回声报》记者	矿石和金属
弗朗索瓦・罗氏	伏尔加和唐工作组主任	俄罗斯
多利奥・斯法夏	锡瑞镨大宗商品研究所合作者	农产品
迪亚娜娜・希德洛维茨	国家葡萄酒理事会顾问、农业经济师（匈牙利）	葡萄酒
让－保罗・希米耶	法国布列塔尼大区议会农业、食品工业和海洋活动部主任（雷恩）	肉类

玛丽－克里斯蒂娜·西莫内	地中海非洲记者（布鲁塞尔）	有色金属、贵金属、化肥、海运业
奥利维耶·瓦莱	经济学家、作家	钻石
弗朗索瓦·韦拉	法国图卢兹大学教授国际旅游经济专业硕士课程主任	旅游业、航空运输业
唐克雷德·瓦蒂里耶	法国国际合作发展农业研究中心研究员	热带农产品、棕榈油、橡胶
罗兰·维费尔斯	拉丁美洲及加勒比渔产品销售及咨询服务中心主任（乌拉圭）	海产品
杨笑奇	锡瑞锴（CyclOpe）大宗商品研究所驻中国代表（北京），《世界大宗商品市场年鉴》中文版负责人	中国能源市场和大宗商品衍生品市场
多米尼克·达勒－莫勒	巴黎经济研究观察中心统计图表	
马蒂娜·格朗热、娜德日·格朗热	《世界大宗商品市场年鉴》各版本技术负责人	
伊莎贝尔·唐吉	秘书、媒体公关	
克莱尔·马比勒	封面设计	

《世界大宗商品市场年鉴》2010年英文版

英文版负责人：杰弗里·芬奇（Geoffrey Finch）

文字编辑：德布拉·勒布朗（Debra LeBlanc）
杰弗里·芬奇（Geoffrey Finch）

翻译人员：约翰·戈登·卡明（John Gordon Cumming）
杰弗里·芬奇（Geoffrey Finch）
德布拉·勒布朗（Debra LeBlanc）
费莉西蒂·伦（Felicity Leng）
弗朗西斯·梅多斯（Frances Meadows）
梅雷亚德·奥赖利（Mairead O'Reilly）
朱莉·德·鲁维尔（Julie de Rouville）
迈克·韦斯特莱克（Mike Westlake）
托德·威金斯（Todd Wiggins）

CyclOpe Contributors 2010

Name	Position	Subject
Philippe CHALMIN	Professor of Economic History University of Paris-Dauphine, General Coordinator, Member of the Economic Analysis Council	Economic Overview, Oilseeds, Doha, Art, Steel, Scrap Metal, Derivatives Markets …
Patrick AIGRAIN	Policy Officer France AgriMer	Wine
Jean-Pierre ANGELIER	Professor, Pierre Mendès-France University, Grenoble, France	World Energy Consumption, Natural Gas
Jean BAKOUMA	Doctor in Forestry Economics	Non-Tropical Timber
Nathalie BEGHIN	Market Analyst	Grains, Oilseeds
Emmanuel BERT	Economist at FranceAgriMer	Milk and Milk Products
Jean-Joseph BOILLOT	Co-President/Co-Chairman, Euro-India Economic & Business Group (EIEBG) Consultant for Emerging Countries at the CEPII Club	India
Pascale BON	Consultant, Euro-Asia Partners Ltd., Shanghai, China	China
Pascal BONIFACE	Director of the Institute for International and Strategic Relations (IRIS), Paris	Geopolitical Readings
Jean-Yves CARFANTAN	Specialist consultant in agri-food, AgroBrasConsult, Brazil (Sao Paulo)	South America
Eric CHAMPARNAUD	Consultant Economist for BIPE Industries, Head of the Automobile Division	Industry, Automobiles
Bénédicte CHATEL	Commodafrica	Cocoa, Africa
Antoine CLOPPET	Auditor and Consultant in Environmental Energy, JC Conseil (Grenoble)	Electricity and Nuclear Energy
Alfredo COELHO	Associate researcher, UMR MOISA (Montpellier)	Wine
Sylvie CORNOT-GANDOLPHE	Consultant on energy issues, ATIC Services Group, France	Coal
Jean-Philippe DAUVIN	Honorary Chief Economist, STMicroelectronics	Semi-Conductors
Gérald ESTUR	Independent Consultant	Cotton
Alessandro GIRAUDO	Chief Economist for the Tradition-Viel Group	Rates and Exchanges

Jean-Louis GOMBEAUD	Journalist, Columnist for RTL	Coffee
Anne GUILLAUME-GENTIL	Commodafrica	Africa
Morgan HERVE-MIGNUCCI	Carbon Economist, *Caisse des Dépôts,* France	Carbon Markets
Gérard HORNY	Journalist	The Stock Markets
Ralph ICHTER	President of Euroconsultants, (Washington)	American Agricultural Policy, and WTO Negotiations
Dominique JACOMET	General Director of the French Fashion Institute *Institut Français de la Mode* (IFM)	Textiles
Alain KARSENTY	Economist at the CIRAD	Tropical Timber
Elisabeth LACOSTE	General Secretary of the Intl. Confederation of European Beet Growers (CIBE)	Sugar, Ethanol
Jean-Paul LEHMANN	Senior Adviser of FORATOM	Uranium
Denis LOEILLET	Head of CIRAD-FLHOR's Market Observatory and Editor in Chief of the journal *FruiTrop*	Citrus Fruits, Bananas, Pineapples, Tropical Fruits
Bernard LOMBARD	Trade & Competitiveness Director, Confederation of European Paper Industries (CEPI) (Brussels)	Pulp and Paper
Françoise LUCAS-FONTAINE	Archivist at the CREMMAP	Statistics and Prices, Agricultural Products
François LUGUENOT	Market Analyst, In Vivo	Grains, Oilseeds
Jean-Marie MARTIN-AMOUROUX	Former Research Director, CNRS (Grenoble)	Coal
Olivier MATRINGE	United Nations Official on leave of absence (Geneva)	Energy in China
Patricio MENDEZ DEL VILLAR	Researcher at CIRAD, Editor at the *Osiriz/InfoArroz* Observatory	Rice
Sam MEZRAHI	Senior Advisor, SW Commodities	Coffee
Gildas MINVIELLE	Head of the Economic Observatory, *Institut Français de la Mode* – IFM	Textiles
Etienne MONTAIGNE	Scientific Administrator at the Mediterranean Agronomic Institute of Montpellier, Director of the UMR 1110 MOISA (Montpellier)	Wine
Marc NICOLLE	Journalist at Agra Presse	Apples and Apple Juice Concentrates
Valérie NOËL	Journalist at Agra Presse	Grains, Oilseeds
Evariste NYOUKI	Head of Economic Research for Gaselys	LNG
Guillaume PERRET	Director, Perret Associates (London)	Coal Derivatives, Freight, Steel and Ferrous Minerals, CO_2 Certificates
Francis PERRIN	Editorial Director of *Arab Oil and Gas*, Associate Professor,	Oil, Petroleum Products

	University Pierre Mendès-France (Grenoble) and at the Institute of International and Strategic Relations (IRIS)	
Christian de PERTHUIS	Associate Professor at University Paris-Dauphine, Consultant at the *Caisse des Dépôts*	Climate Change
Georges PICHON	Chairman and Managing Director of Marsmetal SAS	Minor Metals
Massimo PRANDI	Journalist, *Les Echos*	Minerals and Metals
François ROCHE	Director of *Les Ateliers du Volga et du Don*	Russia
D'olio SFASCIA	Cercle CyclOpe Collaborator	Agricultural Products
Diana SIDLOVITS	Consultant, Agro-Economist, National Council of Wine Communities (Hungary)	Wine
Jean-Paul SIMIER	Director of Agriculture, Agro-Food and Maritime Activities, *Conseil Régional de Bretagne* (Rennes)	Meat
Marie-Christine SIMONET	Journalist Medafrique.info (Brussels)	Non-Ferrous Metals, Precious Metals, Fertilisers, Maritime Freight
Olivier VALLÉE	Economist and author	Diamonds
François VELLAS	Professor, University of Toulouse Director of the Masters in Economy of International Tourism Programme	Tourism, Air Transport
Tancrède VOITURIEZ	Researcher at CIRAD	Tropical Products, Palm Oil, Rubber
Roland WIEFELS	Director, INFOPESCA (Uruguay)	Fish and Shellfish
Xiaoqi YANG	CyclOpe Correspondent in Beijing Coordination Chinese version	Energy and Derivatives Markets in China

Dominique DALLE-MOLLE	Graphic Design, Coe-Rexecode
Martine GRANGÉ and Nadège GRANGÉ	Coordination and Adaptation
Isabelle TANGUY	Secretary and Publicist
Claire MABILLE	Cover

English Edition

English Edition Coordinator and Administrator:	Geoffrey Finch
Copy Editors:	Debra LeBlanc, Geoffrey Finch
Translators:	John Gordon Cumming Geoffrey Finch Debra LeBlanc Felicity Leng Frances Meadows Mairead O'Reilly Julie de Rouville Mike Westlake Todd Wiggins

CyclOpe
《世界大宗商品市场年鉴》2010 年
中文版翻译单位与人员

中文版负责人：杨笑奇

文 字 编 辑：范 莹 吴 南

合作校译单位（按笔画排序）：

中国皮革协会
中国国际木材交易市场
天津排放权交易所
北京匡时拍卖
江苏太湖国际纸浆电子交易中心
安泰科
苏州大宗商品电子交易中心
郑州商品交易所
南宁（中国—东盟）商品交易所
南华期货
浙江中酒酒水网上市场
渤海证券
渤海商品交易所

翻译人员（按文章排序）：

译者姓名	工作单位	译著文章
李玉平	中国社会科学院世界经济与政治研究所	圆明园的复兴：2009 ~ 2010年世界经济
赵建敏	北京天主教与文化研究所所长	《在真理中实践爱德》
李军	首都师范大学外语学院	地缘政治导读、俄罗斯、南美洲、非洲、美国、2010 年世界大宗商品市场概述
龙云	外交学院外语系	中国、印度

张昭贵、张淑雯	天津排放权交易所	气候谈判、碳市场
王朔	中国现代国际关系研究院欧洲所	外汇市场和利率市场
韩贻周	北京外国语大学法语系	衍生品市场
陈楠	国家发展与改革委员会宏观经济研究院公众营养与发展中心项目官员	谷物、稻米
周宇洁	光明乳业公司	奶和奶制品
顾文彬	苏州大宗商品电子交易中心	牛肉、猪肉
赵文广、陈阳、买毅、王学勤	郑州商品交易所	干果、棉花、糖、咖啡、菠萝、可可
吴建平	浙江中酒酒水网上市场公司副经理、杭州市酒类流通行业协会副秘书长	葡萄酒
—	中国皮革协会	皮革
吴佩玉	美国布朗大学	黄麻、剑麻
赵翔宇	中国国际木材交易市场	温带木材、热带木材
杜加祥	北京市理德涉外咨询服务公司	海产品
王昊、佟艳艳	中国首钢国际贸易工程公司	世界矿业
杨光明、卢惠丽、史明珠、曹扬慧、张红敏、王仰琪、何炜、李宏磊	南华期货研究所	铁矿石、废钢、钢、主要有色金属、贵金属
姚文羽	北京安泰科信息开发有限公司	小金属
陆太进、张勇	国土资源部珠宝玉石首饰管理中心研究部	钻石
杨光明、卢慧丽、史明珠	南华期货研究所	石油、石油化工产品、天然气、液化天然气、核能、铀、生物乙醇
贾秀文、阎少林	渤海商品交易所煤炭能源市场部总监、山西大学商务学院客座教授；渤海商品交易所研发部经理	煤
陈国荣	浙江省三门县三门核电有限公司	电力
舒扬	南宁（中国—东盟）商品交易所董事长	化肥
—	江苏太湖国际纸浆电子交易中心	纸浆和纸、废纸
王宇	中国纺织品进出口商会副会长	纺织品
贠聿薇	华南师范大学增城学院旅游管理系	旅游业和航空运输业
马哲峰	渤海证券研究所	海运业
王古歆	北京匡时国际拍卖有限公司	艺术品

contents

目　录

contents

第一部分

圆明园的复兴

I

圆明园的复兴：2009～2010年的世界经济

2008年秋季，世界遭遇了自第二次世界大战及1929年经济大萧条以来最严重的经济衰退。2009年上半年，经济颓势进一步蔓延到全世界，新兴经济体经济增长步伐大大放缓，因此不能抵消因发达国家经济突然停滞而对世界经济带来的沉重打击。这是历史上从未有过的事。实体经济领域和金融市场一样，在2009年初春触底。面对经济危机影响的广泛性，各国政府纷纷采取新的行动，推行不同程度的经济振兴计划。临近2009年秋季，经济复苏的迹象初显端倪，世界经济增长真正的动力是在中国，而美国只扮演了其中的“配角”。根据2010年年初所作的设想，借助于中国、印度及其他一些亚洲国家的经济增长，世界经济增长可望超过3%。但美国经济复苏乏力，欧洲和日本则似乎处在再次滑落的边缘。如果说2008年是电闪雷鸣，2009年是狂风暴雨，那么2010年还难说是艳阳高照！

衰退中的世界

这是一场从未有过的世界性经济衰退！至少从“世界经济增长”的含义上这么说。在1929年，“世界经济危机”主要波及的是大西洋两岸的主要国家，世界上其他大部分国家并未受到牵连，或者说只是受到非常间接的影响。在第二次世界大战后也是如此。世界经济增长是“西方”的增长，绝对不是“南方”或“东方”的经济增长。至于“全球化”这个词语，不过是从1990年起才赋予其全球性含义。但时至今日，所谓的世界经济增长或衰退，已经不只是一个简单的词语构成，而是一个覆盖全球的“世界现实空间”。因此说，在2009年第一次发生了“世界性的经济衰退”，这一点无论用名义价值或购买力的变化均可予以证明。

自此，大多数经济统计采用一种将发达国家同“新兴经济体”明确区分开来的统计体系。在统计栏目中，可以找到以中国和印度为首的真正的新兴经济体国家，还有俄罗斯等一些经济转轨中的国家，以及其他的发展中国家，即真正意义上的“第三世界”国家。需要提醒注意的是，今天大家耳熟能详的“金砖四国”（BRIC）概念的经济很少，尤其是关于俄罗斯。

世界末日中的第七名骑士*：公共卫生灾难

2009年春，人们心情郁闷，“灾难说”广为流行。在经历了银行危机、金融危机、经济危机、农业危机、能源危机和环境危机之后，现在人类又遭遇了一场公共卫生灾难，这场灾难的到来类似于14世纪令人刻骨铭心的黑死病(曾经导致1/3的欧洲人口消失)向人类袭来。

2009年4月，世界卫生组织（WHO）总干事玛格丽特·陈女士（Margaret Chan）发出警报，在墨西哥发现一种新型流感——甲型H1N1流感（AH1N1）。6月11日，世界卫生组织将此定为流行病向世界予以通报。如同2005年的禽流感一样，许多专家再次提醒，可能会出现一种类似于发生在1918年的著名的西班牙流感（两年内其在世界五大洲夺走了3 000万~6 000万人的生命）。人们突然发现，墨西哥人都戴上了口罩。但是这种病毒还是迅速地传播到全世界，包括北美洲、亚洲（尤其是日本）、俄罗斯、西欧和北非等地区，许多国家发布了限制猪肉进口的贸易令。另外一些措施也随即出台，例如埃及政府下令屠杀国内的所有生猪（因而引发了埃及政府同科普特人的冲突……）。然而，最终世界卫生组织频频发出的关于世界性公共卫生灾难的媒体通报却成了杞人忧天。

2010年2月1日，世界209个国家和地区共有44万多人感染了甲型H1N1流感。

统计的死亡人数到今天还是“渺小”的（全世界的死亡人数总计为14 142人，其中法国的死亡人数为285人。相比之下，季节性流感造成的世界死亡人数为30万人，在法国为2 000人）。受其波及最严重的地区是美洲（死亡7 100多人）以及欧洲（死亡3 100多人）。

2010年年初，法国试图再出售其库存的甲型流感疫苗，因为最终只有10%的法国人接种了该疫苗。尽管如此，我们还是需要慎重、适度。如果说现在还没有爆发真正的世界性流行病，但也还是需要未雨绸缪（也许会在若干年后发生，但也许永远不会发生）……因此，世界卫生组织或者公共卫生管理机构也只能在可能而不是确定的基础上做出决策。

这种新型流感H1N1，开始被称之为“猪流感”。因为猪可以携带多种流感病原，包括禽和人类的流感病毒。“猪流感”很可能是从墨西哥的维拉克鲁斯州（Veracruz）传播给人的和通过人传播的。这一情况与2005年“禽流感”爆发后的情况十分类似，媒体的渲染，公共舆论与随之产生的心理阴影，然后是恐慌，直至对边境实施监控和禁止动物和肉类交易。但由于公共卫生当局的管理得当，因此很快便消除了对活猪和猪肉的疑虑，把注意力集中到单一的人类疾病上（这也就是此种流感接连不断更改名称的原因）。我们可以肯定地讲，世界大规模流行病的威胁将会继续烦扰着那些无忧无虑的人，并将成为另一次“大恐慌”的源头。

注：＊在《圣经》启示录中记录的骑士是胜利、战争、饥荒、死亡等的象征——译者

2009年发达国家（经合组织国家，OECD）的严重经济衰退对世界经济造成的影响是世界其他国家和地区的经济增长都不能抵消的。由于中国香港、新加坡、中国台湾、独联体国家，以及土耳其和大部分拉丁美洲国家均出现了经济负增长，这就使世界经济增长受到了空前的压力。实际上，有能力保持经济增长的国家只有中国和印度。这

种情况完全表明全球经济平衡已被打破：圆明园在复兴，印度在复兴！

另外，在2009年年初，有极少数国家和机构预期到2009年秋季世界能够摆脱经济衰退，但国际货币基金组织（FMI）以及不少其他国际经济组织却一直忧心忡忡，它们每月的经济增长预测都在不断地下调。

2009年冬季，发生的事情让人不禁回想到2008年同期时世界金融的"惊涛拍岸"——银行和金融危机似乎还没有结束，面对银行新的损失，几乎世界各国政府都在加强干预，直至对银行和金融机构实行部分国有化或完全国有化，例如德国的商业银行（Commerzbank）和德国抵押贷款银行（Hypo-realestate），英国的苏格兰皇家银行（Royal Bank of Scotland），以及法国储蓄银行（Caissed Épargne）与法国大众银行（Banque Populaire）被强制合并等。继"冰岛危机"之后，"国家危机"还波及到另外一些国家，诸如罗马尼亚以及后来的波罗的海国家。

在经济领域，2009年第一季度可谓是灾难性的，北美洲国家的年平均经济增长率下降6%以上；欧洲国家下降3%；某些新兴经济体国家甚至下降9%～10%，即使在中国，其经济增长的步伐也放慢了，仅仅增长6.1%。自21世纪初以来，中国的工业生产年平均增长总值曾达16%～18%，但在2009年冬季，中国的工业生产尽管保持了正增长局面，但增长率仅为2%～3%。

放眼世界，消费在崩溃，家庭收入下降，遭受道德的愚弄。而在金融市场，人们等待的却是下一批被麦道夫及新的麦道夫缜密的骗局所欺骗的投资者，以及被掩盖的银行和工业企业的损失。此外，在2009年5月和6月，最有象征性的就是美国克莱斯勒汽车公司（Chrysler），然后是通用汽车公司（General Motors）的破产。2009年6月2日，是那些曾经是20世纪"巨型"工业企业、代表着"美利坚胜利者形象"的底特律的工业巨头们的耻辱的日期，这又成为一个具有象征性的日期。这些昔日的王者——悍马、萨博、沃尔沃（Hummer，Saab，Volvo）很快成为中国的盘中餐，我们可以将之称作"底特律盛宴"。

然而各国政府并没有作壁上观。当然，有关重新构建资本主义的深刻忏悔及滔滔不绝的道德说教已经过去。20国集团（G20）在效率方面并无亮点，而在货币和预算政策协调方面也只是表达了各国良好意愿而已。即使在"税收天堂"和金融体系监管的问题上，最终讨论后实行的措施也让许多"大鱼钻出了网外"。实际上，在大家说的一些漂亮话之后，各国还是回到了"人人为己"的游戏中。在这场游戏中，巴拉克·奥巴马（Barack Obama）表现出了十足的实用主义。

"国家之手"

2009年1月20日，巴拉克·奥巴马在华盛顿举行就职仪式，这似乎是一个久已期待的救世主降世的全球仪式，而期望被他拯救的不仅仅是美国人！所有的评论家自然都在将他与1933年3月富兰克林·D·罗斯福（Franklin D. Roosvelt）的就职仪式相比较，罗斯福就职后的最初一百天推出了著名的"新政"（New Deal）。正如罗斯福的前任埃尔伯·胡弗（Herbert Hoover，《胡同内的繁荣》一书的作者）和奥巴马的前任乔治·W·布什（George W. Bush）一样，他们在历史的陷阱中结束——与其说这是源于他们的无能，不如说是由于不走运。而奥巴马却是"走运"的，因为在他走马上任时，正值经济危机的"末期"，因而他能轻而易举地将美国经济反弹的全部或部分功劳记在自己的

2009 年的经济和金融危机

2009 年 1 月

8 日　德国商业银行（Commerzbank）被国有化

15 日　欧洲中央银行（ECB）利率降至 2%

20 日　标准普尔公司（S&P）对西班牙债务评级下降

2009 年 2 月

10 日　新上任的美国财政部部长蒂姆·盖特纳（Tim Geithner）提出救助银行计划和经济振兴计划

26 日　在法国，法国大众银行（Banques Populaires）与法国储蓄银行（Caissed Épargne）合并

在英国，英国政府向苏格兰皇家银行（Royal Bank of Scotland）再注资 250 亿英镑

2009 年 3 月

2 日　在美国，美国国际集团（AIG）获得美国政府提供的 300 亿美元

在法国，法国股票 CAC 40 指数降至 2003 年 3 月以来的最低点

6 日　世界主要证券市场触底（据估计，经济和金融危机在 2010 年 3 月触底）

10 日　花旗集团（Citigroup）公布，1 月和 2 月恢复盈利

12 日　伯纳德·麦道夫（Bernard Madoff）在纽约被监禁

23 日　美国宣布回购 10 亿美元的“有毒资产”（toxic asset）计划

24 日　英国失业人数达 200 万人

28 日　在德国，德国抵押贷款银行（Hypo Real Estate）被收归国有

2009 年 4 月

7 日　日本出台 1 000 亿美元的经济振兴计划

24 日　美国银行体系“压力测试”（stress tests）启动

28 日　法国巴黎银行（BNP – Paribas）兼并比利时富通银行（Fortis）

2009 年 5 月

1 日　克莱斯勒（Chrysler）汽车公司破产

5 日　国际货币基金组织（IMF）向罗马尼亚贷款 170 亿美元

7 日　欧洲中央银行利率降至 1%

2009年6月

2日　美国通用汽车公司（General Motors）破产

3日　立陶宛国家主权债务危机

7日　摩根大通（JP Morgan）、摩根·斯坦利（Morgan Stanley）在“问题资产救助计划”（TARP）的框架下首先偿还债务

10日　美国财政部部长任命一名“薪酬监管官员”（compensation master），其任务是监督接受国家援助的美国企业和银行的高级官员的薪酬

17日　美国、英国、瑞士对银行监管问题展开大辩论

29日　伯纳德·麦道夫被判150年监禁

2009年7月

13～23日　发达国家股市大幅上扬

31日　法国宣布正式成立大众储蓄银行（BPCE）

2009年8月

19日　瑞士与美国达成有关瑞士银行（UBS）协助美国公开逃税人的资料库协议

25日　在法国，米歇尔·康德苏（Michel Camdessus）授命对交易员和银行家的薪酬进行监督

2009年9月

25日　在20国集团峰会上，通过监督金融从业人员薪酬的决定，并将由“金融稳定委员会”（FSB）执行

29日　法国巴黎银行扩充资本

2009年10月

6日　澳大利亚中央银行首次做出提高利率的决定，它从另一方面标志着危机的结束！

16日　道·琼斯指数（Dow Jones）重返10 000点以上

2009年11月

16日　法国，“巨额”借贷350亿欧元

23日　迪拜世界集团（Dubai World）第一次出现债务问题

2009年12月

7日　希腊信用评级降级：希腊危机开始

10日　美国短期国债收益率为0

14日　阿布·扎比（Abu Dhabi）救助迪拜

国际贸易萎缩，多哈回合止步！

2009年，世界贸易量萎缩了大约12%，这可能是自第二次世界大战以来最大幅度的下降。国际直接投资（FDI）由2008年的1.7万亿美元减少到近1万亿美元。尽管如此，世界贸易形势并没有像大家可能认为的那样回到贸易保护主义。

根据世界贸易组织（WTO）的数据，各国贸易保护主义措施对世界贸易的影响比重已由2008年10月至2009年10月期间的0.8%下降到2009年9月至2010年2月期间的0.4%。世界各国的“反倾销”壁垒普遍大量减少。在反倾销方面创下纪录的依然是印度（其次是巴西、美国、欧洲，以及中国……）。由世贸组织进行的反倾销调查的案例数由2008年的193件降至2009年的152件。然而非关税壁垒（公共卫生、安全等）案件数却由1 272件上升至1 489件，中国已成为专门采用“公共卫生壁垒”的国家（2009年较2008年增加了80件）。这种情况表明，贸易保护主义手法已经变得更加令人难以捉摸！在这方面，美国国会就美国振兴计划中引入的“美国采购”条款（Buy American）展开了大辩论，这使得美国的贸易保护主义再次成为世界各国的众矢之地。

世贸组织最为引人注目的贸易争端案件终于得以解决：第一个案件涉及欧洲从美国进口含有激素的肉类；第二个案件涉及欧洲香蕉市场。在这两个贸易争端案件中，以欧盟的让步而告终。我们甚至将其称作“慕尼黑香蕉阴谋”。另外，近几年由世贸组织下设的贸易争端处理机构（ORD）判决的贸易案件则不同。例如对受到巴西指控的美国棉花政策的判决就是这样，巴西获得了对美国棉花征收补偿性关税的权利，税率可达100%，涉及金额超过8亿美元。巴西公布了可能被涉及征税的产品目录清单。

经济危机及其带来的影响放慢了正在进行的多哈回合贸易谈判的进程，甚至使其中断。2009年，世贸组织总干事帕斯卡尔·拉米（Pascal Lamy）曾经两次试图重新启动谈判，但都无果而终。除了在“8国集团”和“20国集团”框架内的正式声明外，各国并没有表现出重启多哈回合谈判的政治意愿。多哈回合谈判肯定不是奥巴马要首先面对的问题，否则他也不会任命一名毫无经验的达拉斯前市长作为美国的国际谈判代表（USTR），同时，他也没有向国会提出贸易促进授权法案（trade promotion authority）。诚然，由于经济危机，奥巴马要处理的国内事务极其繁重，但是奥巴马确实表现出对处理国际事务的“冷淡”。这方面事务已委托给美国国务卿希拉里·克林顿，同时奥巴马也已经放弃了贸易方面的国际事务。欧洲因其自身的诸多问题而陷入停滞，但同时其也在逐步撤销欧洲共同农业政策（CAP）。新兴国家之间，尤其是巴西和中国之间因利益不同（中国因2001年加入了世贸组织而从中受益，但它不想放弃更多的东西了）而陷入了分裂，这也就造成了多哈回合中的那些棘手议题不会有太多进展。官方阻碍多哈回合谈判的主要原因一直是农业问题，但这越来越成为掩盖各国在“市场准入、服务及知识产权方面”存在的广泛分歧。东京回合贸易谈判（Tokyo Round）恰恰是1974年经济危机的受害者。多哈发展回合从2001年11月启动，到十周年纪念日确实存在着无果而终的危险。有关后续情况将由法国锡瑞锴大宗商品研究所（CyclOpe）出版的《世界大宗商品市场年鉴》2011年期及以后各期续写！

功劳簿上。但是随着时间的推移，大家越来越强烈感觉到的却是某种失望，这可以在民意测验以及一些局部选举结果中看到。肯定地讲，奥巴马所处的环境是与罗斯福颁布“百日新政”时的环境无法相比的。那时的美国正处在经济大萧条时期（1932年美国的国内生产总值只相当于其1929年国内生产总值的60%），失业者在美国各个大城市的“政府”门前安营扎寨。这就是约翰·斯塔贝克（John Steinbeck）所描绘的《愤怒的葡萄》的苦难。然而美国国会对罗斯福身边的年轻改革者（“托拉斯智囊团”，brain trust）的计划采取了开放态度，而罗斯福则显示出令人钦佩的实用主义。

不得不争取国内统一意见的巴拉克·奥巴马所面对的情况则是完全不一样的，这往往使他淹没在无休止的国内争论中。虽然他在美国参议院尤其是众议院拥有绝对多数，但是奥巴马对一些最棘手问题的政策颁布又不能采用“强制性”的手段。出人意料的是，在奥巴马政府中的新人不多，但是有克林顿时代的重量级人物博布·吕班（Bob Rubin），甚至还有多年前的重量级人物保尔·沃尔克（Paul Volcker）以及希拉里·克林顿。而在比尔·克林顿时代，其组建的是一个更有创新精神的政府。大家还记得，在他执政期间，他曾任命博布·雷克（Bob Reich）担任美国劳工部部长。奥巴马执政最初几个月的亮点只有他的“经济振兴计划”以及“拯救银行方案”，而这两件事早在2008年年末就在筹措了。

2009年世界经济“增长”
——世界经济首次陷入衰退之中

单位：%

分类＼年份	2008	2009
发达国家	**0.3**	**-3.3**
美国	0.4	-2.4
欧元区	0.5	-4.0
英国	0.6	-5.0
日本	-1.2	-5.1
新兴经济体	**5.5**	**2.3**
中国	9.0	8.5
印度	7.5	6.8
巴西	5.1	-0.9
俄罗斯	5.6	-7.9
世界	**1.4**	**-2.0**
（以购买力平价计算）	（2.6）	（-0.8）

美国经济振兴计划：2010年2月情况

单位：10亿美元

类别＼指标	预算	投入	已支付
社会部分	319	229	159
大型工程	180	104	20
税收部分	288		93

美国的振兴经济计划于2009年2月17日，也就是在奥巴马宣誓就职总统后不满一个月的时间正式签署。我们今天认为，只有趁当时严峻的经济形势以及美国国内的反对党派处于劣势时才是这位年轻总统几乎唯一的制胜时机。在7 870亿美元的振兴计划中，2/3用于支出，1/3用于减税。这是一份“新瓶装旧酒式”的计划。其中有诸如“大型工程”的投资计划，同时包括占重要地位的“汽车报废补助”。一年以后，有近3 000亿美元已被落实，但是，大型工程的启动滞后。自然，人们可以估算出减税政策将拉动美国2009年第三季度国内生产总值增长3.2%，但这从另一方面说明了美国经济反弹的不可持续性。

奥巴马的“银行救助计划”，显然没有1933年罗斯福的救助计划（所有美国银行必须停业一周）那样激进，但相对而言，这个计划尤其针对美国银行业巨头——他们必须服从压力测试（stress tests）。在 2009 年 3 月份，美国政府还需要给予美国国际保险公司（AIG）300 亿美元贷款，之后还要继续为房地美公司（Freddy Mac）掏腰包。但是，6 月份提出的旨在加强美联储银行监管权力的新法规却没有得到支持。直至几个月后，我们才等来沃尔克计划（volcker plan），旨在拆分银行的银行业务与金融业务，即一个新的格拉斯·斯蒂格尔法案（Glass Steagall Act）。但就在此期间，华尔街的“大亨们”又重新找回了之前的霸气，一些大的金融机构为了重新找回规定薪酬和发放奖金的自由，决定要提前偿还其在 2008 年秋所获得的美国政府援助（问题资产救助计划，TARP）的资金。然而，美国政府当时的援助都已计入政府的财政预算——美国的财政预算赤字（美国财政年度截止到 2009 年 9 月 30 日）达到 1.438 万亿美元，即平均每一美国人负债 4 500 美元！

另外，中国同时采取了大规模经济刺激计划，它决定投入 4 万亿元人民币用于振兴经济。虽然中国中央和地方政府实际分担的这笔投资金额有很大差异（2.82 万亿元由地方政府承担），然而它对中国经济产生的影响却远比美国的经济政策对其本国经济产生的刺激效果更强劲——中国灵活的信贷政策、家庭消费补贴（家用电器等）、削减出口关税……这均使中国的经济得以迅速反弹。但是自 2009 年秋天起，经济过热的风险开始显现出来，2009 年的前 10 个月，新增贷款额达 9 万亿元人民币，比上年同期增长了 140%！

至于欧洲，将欧洲作为一个整体来看，它可能没有经济振兴计划，因为并不存在一个经济与金融统一的欧洲！但 2009 年是欧洲政治举步维艰的一年。期间有“欧洲议会选举”、“里斯本条约的最终签署”、“欧盟委员会换届并选出一名主席”。因此它并没有过多时间顾及欧盟各国经济政策的协调问题，除了欧元区的马斯特里赫特条约（Maastricht）的“神圣标准”，各国一致认为在经济危机时期欧元区各成员国可以按照自己的经济需要自由行动。法国在制订一些短期的经济刺激计划并实施后，便将注意力转向旨在投资未来项目的 350 亿欧元的巨额借贷上。在欧洲，刺激经济的主要任务落在欧洲中央银行（ECB）身上，它已同意大幅度降低利率。

但实际上，“凯恩斯式”的经济振兴政策正被纳入世界各国的议事日程，并成为一种时髦的理念——但欧洲各国却是其中的例外。毫无疑问，“凯恩斯式”的经济振兴政策几乎给各国带来的后果将是，公共赤字攀升和被世界充沛的流动性所资助的国家债务。这将以加剧经济失衡为代价，而这种经济失衡必将有一天要进行清偿。

经济在艰难中回暖

2009 年春世界经济触底。2009 年第三季度，美国以及一些欧洲国家（但英国、意大利和西班牙不在其内），甚至日本的经济都恢复正增长。在亚洲，中国的快速发展还未像“虎”和“龙”那样起到带动亚洲国家的作用，它们中的多数（例如中国台湾、泰国等）依然处在衰退之中。实际上，世界经济回暖除了依然受到固有的传统因素（再库存等）的影响之外，还依靠两大引擎：中国和美国。

2009 年 3 月，中国全国人民代表大会期间，中国政府确定了经济增长率为 8% 的目标，众多怀疑者曾在暗笑。然而，2009 年中国的经济增长率最终达到了 8.7%。中国在诸如工业生产等许多领域重新回到了甚至超过了危机前的增长水平。但是，中国的出

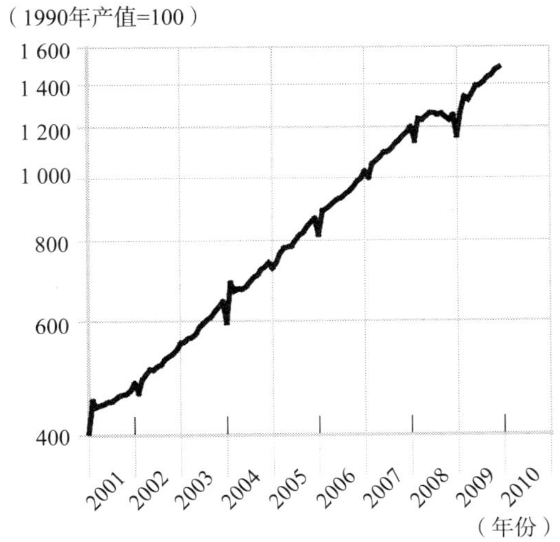

中国：工业生产总值
资料来源：巴黎经济研究观察中心（Coe-Rexecode）。

口出现了停滞，甚至因增加进口而使贸易顺差明显缩小。尽管中国拒绝对其货币汇率进行变动，并实施了贸易保护主义措施（这受到了世界贸易组织成员国的责难）。然而，为中国经济增长注入动力的正是内需。中国已成为世界第一大汽车市场，汽车零售增长了 15%～16%。然而，2009 年初大家在议论中国失业民工返乡的问题，一年以后，中国沿海省份经济官员开始抱怨劳动力短缺，工资上涨的压力巨大（2009 年末，中国消费价格重新开始上涨。受通货膨胀影响工资上涨等问题加剧）。中国内需的另一更为传统的支柱是投资（占国内生产总值的 49%），信贷管制的开放使投资得到有力的支撑，其年增长率超过 30%。对于这样的增长水平，大家不能忽视上海世博会带来的影响，其性质有点类似于 2008 年北京奥运会的影响。2009 年第四季度，中国的经济增长率为 10% 以上。中国对大宗商品巨大的采购量是引起大部分大宗商品价格上涨的原因。2010 年头几个月的统计数据给人的印象还是深刻的，第一季度的增长率可能达 14%～15%，这样高速的增长使得中国政府感到不安。

与中国相比，美国的经济重振却苍白无力。2009 年第三季度，美国经济终于发出某种积极的信号：经济增长了 2.2%；第四季度情况更加明朗，增长了 5.9%。但是，根据美国官方统计机构对美国经济衰退（recession）起始与终止的计算，他们并不把 2010 年初认为是美国走出经济衰退的时间（美国经济衰退正式开始的日期是 2007 年 12 月，此后持续的时间是战后最长的）。

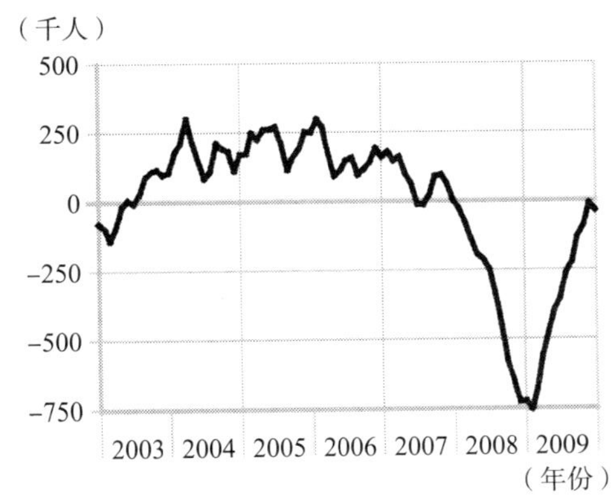

美国：非农业部门创造的就业岗位
资料来源：巴黎经济研究观察中心。

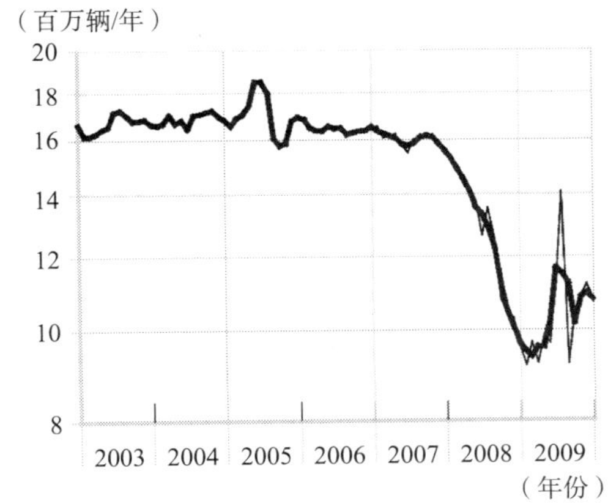

美国：汽车销售量
资料来源：巴黎经济研究观察中心。

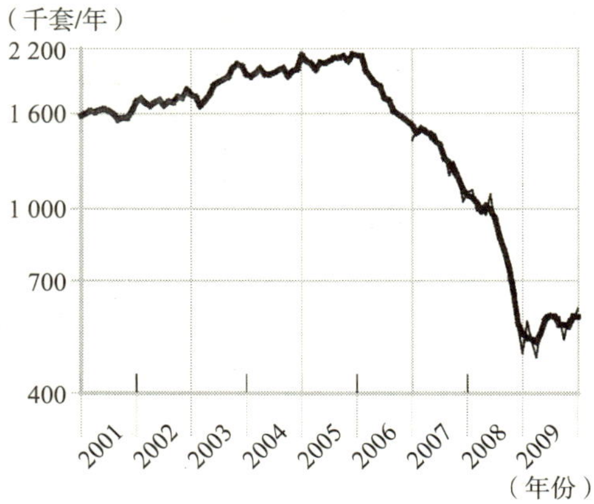

美国：在建房屋数量

资料来源：巴黎经济研究观察中心。

美国的这次经济衰退使失业率增加，2010 年初美国的失业率接近 10%（黑人的失业率为 15.8%，讲西班牙语人的失业率为 12.4%），预计整个 2010 年的失业水平不会有多大变化。总而言之，经济衰退使美国失去了 700 多万个岗位。而在美国这样一个国家，它的社会福利与保障体系并不完善，这就带来了贫困人口的上升。这与华尔街的“金男孩儿们”重新得到的高额奖金形成了巨大反差（2008 年和 2009 年金融类职业混合在一起，平均每人获得奖金超过 10 万美元）。

从经济危机首先波及的行业来看，房地产业首当其冲，并且还在持续下跌。2009 年末，房地产价格似乎降到了它的最低点，但是因为之前利率的持续提高，使贷款购房者不能偿还贷款，这就使其不得不强制出售房产。而这种现象已经不仅限于“次级贷款”（subprimes）领域，美国房地产仍然处在阴影之中。整个 2009 年，美国住宅开工量仍然停滞在房地产泡沫破裂前 1/3 左右的水平上！至于其他行业，也没有多少亮点。美国工业生产重新出现积极的变化是在 2010 年 1 月。从 2009 年夏季起，在制造业

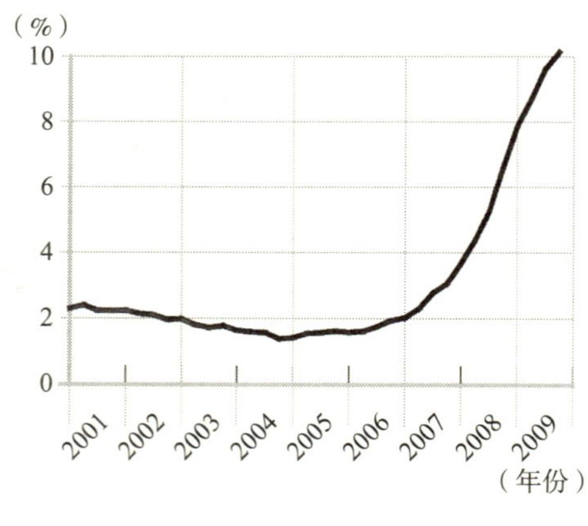

美国：房屋贷款还贷违约率

资料来源：巴黎经济研究观察中心。

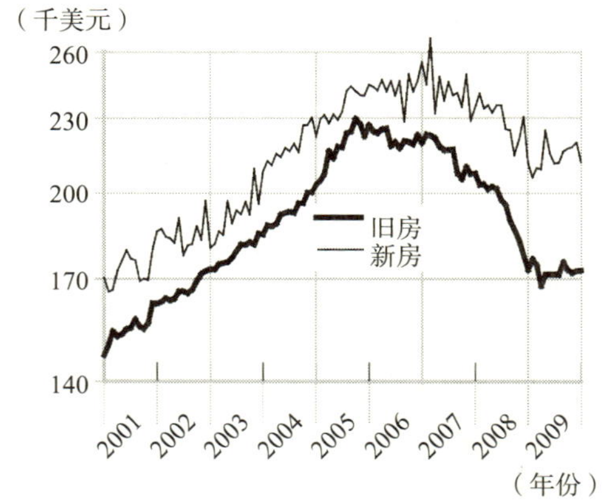

美国：房屋平均价格

资料来源：巴黎经济研究观察中心。

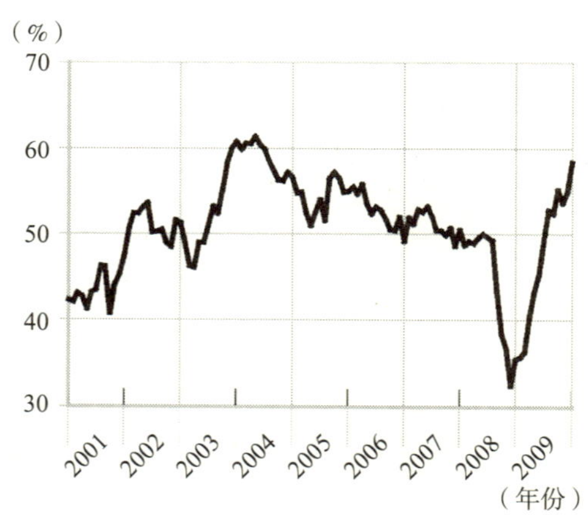

美国：制造业采购经理人指数（ISM）

资料来源：巴黎经济研究观察中心。

部门，采购经理人指数（ISM）开始重新上升（服务业部门只是在2010年初才开始好转）。美国制造业部门，尤其是汽车制造业，确实得益于消费扶持政策。美国政府把通用汽车公司收归国有，并推动克莱斯勒汽车公司（Chrysler）并入菲亚特公司（Fiat）。同时，美国政府的刺激消费政策使福特汽车公司受益，随着福特T型汽车在美洲市场的销售，福特公司成为美国第一大汽车生产商。

但是美国政府的经济振兴计划，因为众多企业进行大量的“再库存”而显得不见成果。2009年末，不少经济学家曾经议论美国经济复苏的假象。2009年第四季度，美国经济增长5.9%，而库存变化的贡献占3.4%，剩余的才可能归功于经济振兴计划及美国联邦储备银行的零利率政策。

美国经济的唯一亮点是企业投资，特别是对高端技术领域的投资，设备和软件领域的投资年增长率达18.2%。正如苹果公司（Apple）产品所展示的那样，当史蒂夫·乔布（Steve Jobs）向世界推出其崭新的iPad产品时，这同时表明了美国在高科技领域继续处在领跑地位。事实上，中国拥有工厂及市场，美国拥有的则是人才和创新，而余下的就没有欧洲多少位置了。

欧洲危机

实际上，欧洲受经济危机影响不是最严重的，但是经济危机使欧盟的先天不足暴露无遗。欧洲的所有弱点来自于它的“政治真空”！如果不带有任何沙文主义偏见的话，我们应该承认，经济危机袭来的2008年下半年，享有特殊威望的欧盟轮值主席尼古拉·萨科齐（Nicolas Sarkozy）在某种程度上超越了G20峰会，甚至超越了欧盟国家内部会议中提出的对欧洲有关的政策上的建议，提出了卓有成效的经济刺激计划。不幸的是，法国作为欧盟轮值主席国的时间很快过去。2009年，捷克担任欧盟轮值主席国期间，欧盟完全处于“无政府状态”，后来是瑞典成为轮值主席国。这段时间，欧洲的表现并不值得炫耀。首先在欧洲议会普选中，选民们的弃权率很高，并且一些国家只委派“二类政治人物”来到斯特拉斯堡（即欧洲议会的所在地），法国在这方面起了带头作用。其次是里斯本条约的最终签署的文本几乎以“恳求”的方式才得到欧盟主席捷克总统的签字，并于2009年12月1日生效。最后是对新的欧盟理事会主席人选问题的讨价还价。欧盟各国做出了选择，即不推选旧政治家，例如英国首相托尼·布莱尔或者卢森堡首相容克，最终推举了比利时首相赫尔曼·范龙佩（Hermann Van Rompuy）。这是一位素质良好而有原则的人，但他却很少在国际舞台上露面，因此当他在欧洲舞台上遇到萨科齐、默克尔、贝尔鲁斯克尼或萨帕特罗等知名政治家时是不具分量。至于新的欧盟外交部长，出乎意料地落到了一位英国女士头上，她不久前刚刚来到欧盟委员会工作（取代彼特·曼德尔森），甚至在英国也是一位不知名的人物，且没有任何从事国际事务的经验。

不论怎样，欧盟委员会主席——巴罗佐（Barroso）的再次当选已经有保障。葡萄牙人巴罗佐，其办事作风是不得罪任何人。但是，新的欧盟委员会还要在其他人员职务尘埃落定之后（这将伴随着各国新一轮的讨价还价），即2010年2月才开始运行。因此，奥巴马2010年初在马德里拒绝同欧洲人会面就不足为怪了。他将可能会见谁呢？会见欧洲理事会常设主席（范龙佩）？欧盟委员会主席（巴罗佐）？欧盟轮值国主席（萨帕特罗）？还是欧元集团的头头（容克）呢？

2009 年欧洲的经济衰退
（同 2008 年相比，%）

国家（地区）	国内生产总值	预算差额（占 GDP）
拉脱维亚	-18.7	-12.9
立陶宛	-18.5	-9.8
爱沙尼亚	-15.3	-4.2
芬兰*	-7.5	-2.2
罗马尼亚	-7.5	-7.4
斯洛文尼亚*	-7.5	-6.6
爱尔兰*	-7.2	-12.5
匈牙利	-6.8	-4.3
保加利亚	-6.1	-1.2
斯洛伐克*	-5.9	-6.3
德国*	-4.8	-3.3
意大利*	-4.8	-5.2
英国	-4.7	-11.5
瑞典	-4.5	-2.9
捷克共和国	-4.1	-6.8
荷兰*	-4.0	-5.3
欧盟 27 国	-4.0	-6.9
欧元区	-3.9	-6.3
西班牙*	-3.6	-11.4
奥地利*	-3.6	-3.5
卢森堡	-3.6	-2.2
比利时*	-3.1	-5.9
葡萄牙*	-2.8	-8.0
马耳他*	-2.2	-4.5
法国*	-2.1	-8.0
瑞士	-1.5	-0.7
希腊*	-1.4	-12.0
挪威	-1.0	+14.0
塞浦路斯*	+0.7	-3.5
波兰	+1.5	-6.6

注：* 为欧元区成员国。

实际上，唯一拥有权力的只有欧洲中央银行行长让-克劳德·特里谢（Jean-Claude Trichet），他对欧洲中央银行进行了良好的管理，只是欧元区的货币政策目标还没有实现。2010 年初希腊危机的出现使法德之间又出现分歧，这反映了像欧元区这样一个没有经济统一管理的货币区域建构的脆弱性。

2008 年 7 月欧洲中央银行还在提高其利率，2009 年面对危机，它采取了一种积极的货币政策，在几个月内将利率降至 1%（2009 年 5 月 7 日）。同时，它还同意（或者说不得已而为之）非公开地放弃最具有象征性的“马斯特里赫特条约”。2009 年整个欧元区的预算赤字占其国内生产总值的比例超过 6%（2009 年为 6.3%，2010 年可能会上升至 7%）。但是这种情况并不是欧洲各国经济政策协调行动的结果，正相反，欧洲各国的行动难以一致，包括财政预算的协调以及欧洲经济振兴计划。面对危机欧洲失去了一个证明欧洲国家可以共同抵御经济危机的机会，反而是欧洲国家的“人人为己”再次起了主宰作用。许多国家正式推出了一些经济振兴计划，法国甚至为资助大型投资项目而不惜大手笔借贷。实际上，多数国家主要是为预算大开闸门：这尤其体现在欧盟的 10 个中欧和东欧成员国中，其中尤以波罗的海国家，匈牙利和罗马尼亚等为甚。欧元区国家也不甘落后，例如法国（预算赤字占国内生产总值的 8%）、爱尔兰（赤字比重为 12.5%）、西班牙（赤字比重为 11.4%），以及欧元区外的英国（赤字比重为 11.5%）。2009 年末大家的注意力和不安情绪都集中到欧洲经济最为脆弱的几个国家——葡萄牙（赤字占国内生产总值比重为 8%）、爱尔兰（为 12.5%）、希腊（为 12%）和西班牙（为 11.4%）。希腊人采用粉饰公共账目的做法很快被视作欧元区自诞生以来最大的挑战。人们不禁要问：会有哪个国家脱离欧洲货币体系吗？是否有必要像那些“香蕉共和国”（系指中美洲诸国——译者注）或者欧洲的匈牙利、拉脱维亚和罗马尼亚那样接受国际货币基金组织（FMI）的援助呢？正当我们的文章写到这里时（2010 年 3 月），希腊的问题还没有找到确切的答案。但是欧洲危机的症结正是在这里——欧洲作为一个整体的缺失。

欧洲的经济衰退是普遍的（唯有一个例外，那就是波兰。波兰经济得益于对外开放度相对较低），但各国表现出的情况不尽相同：德国国内生产总值下降 4.8%，降幅最大的是对外贸易；西班牙房地产危机是整个欧洲最严重的，再加上失业人数的大幅度上升（失业率超过 20%）；意大利主要是公共财政危机以及企业缺乏竞争力；英国遭受到银行和房地产双重打击，由此导致了家庭消费的明显萎缩。在欧洲“大国”中，唯有法国的情况稍好，其经济衰退最为温和，这是由于其“福利国家”模式发挥的积极作用，同时法国公共财政的平衡没有成为国家和法国地方政府主要忧虑的问题。法国的经济衰退几乎未超出 2%。尤其从 2008 年 7 月起，法国家庭用于精神文化方面的支出大幅反弹，从而使家庭消费得到了支撑，这在欧洲是个例外。

德国：商品出口额

资料来源：巴黎经济研究观察中心。

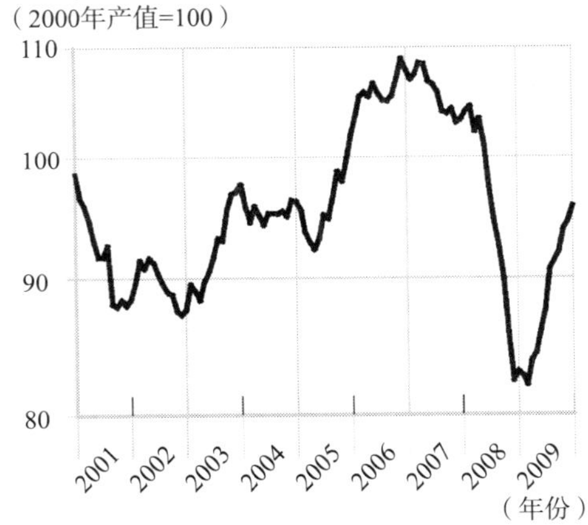

德国：IFO 商业景气指数

资料来源：巴黎经济研究观察中心。

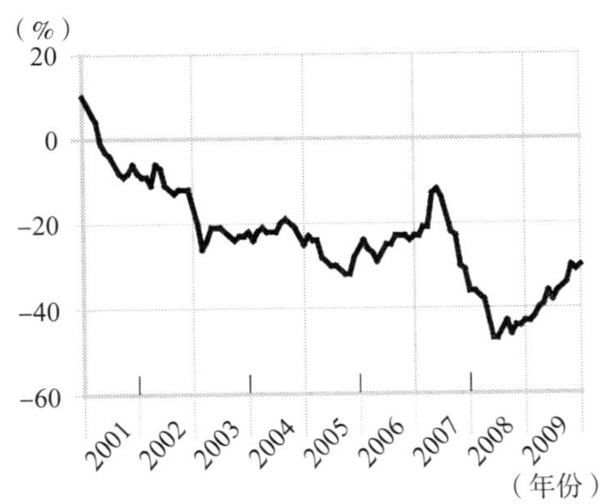

法国：家庭调查指数

资料来源：巴黎经济研究观察中心。

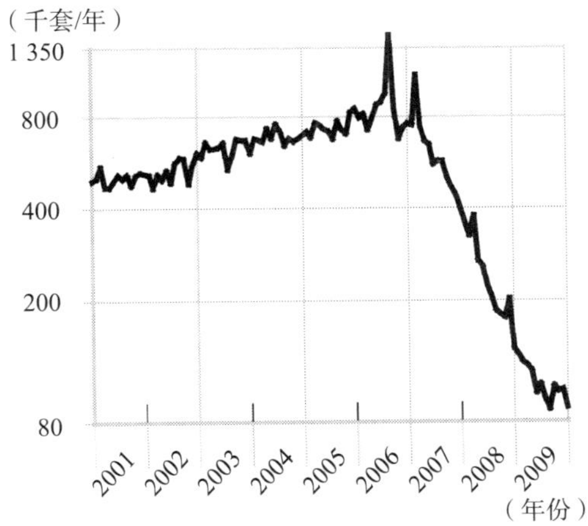

西班牙：批准建筑房屋数量

资料来源：巴黎经济研究观察中心。

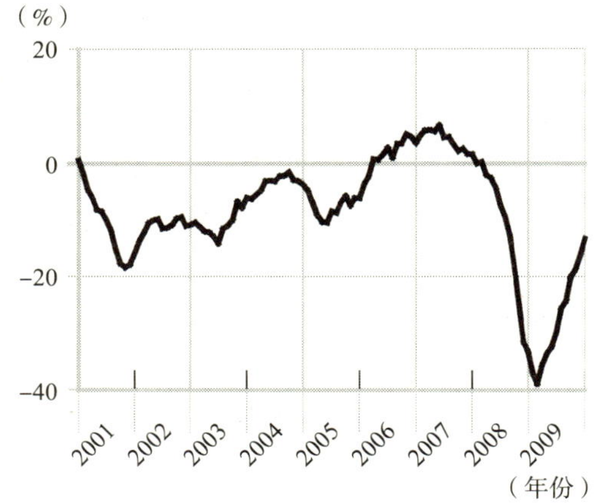

欧盟（27 国）：工业企业信心指数

资料来源：巴黎经济研究观察中心。

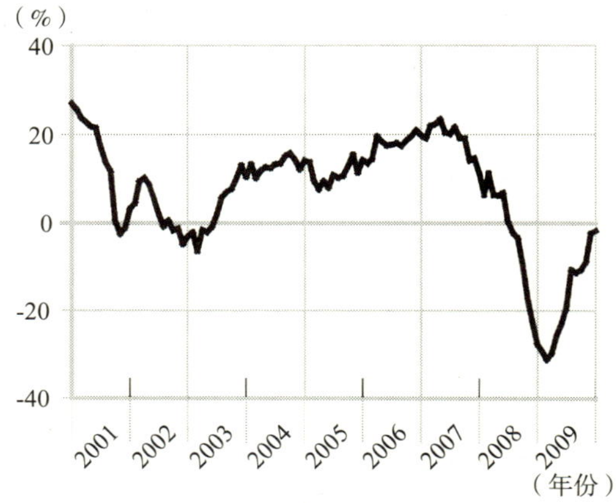

欧盟（27 国）：服务业企业信心指数

资料来源：巴黎经济研究观察中心。

2010 年初各国的经济情况不尽相同。有些国家显示走出经济衰退的征兆，如德国、法国；也有些国家尚未走出衰退，如英国，特别是西班牙；还有些国家仍然深陷在危机的泥潭之中，它们的紧缩政策并没有使人们信服，希腊就是如此。2009 年第四季度，法国国内生产总值的年增长率达 2.4%，而南欧国家却在普遍下滑，其中希腊下降 3.1%。一个没有掌舵人的欧洲至少还能从弱势欧元中获取益处。

令人觉得反常的是，弱势欧元竟然成为 2010 年初在欧洲仅有的好消息之一。但大多数经济学家实际上对 2010 年欧洲经济增长率的预测仅仅是 1%。增长的主要动力将来自德国的出口、法国的消费，以及英国金融市场的复苏。欧洲作为世界一个地区的概念或许是“分裂的”，这是欧洲的不幸。我们也就难以想象凭借某个振兴计划可以找回当时欧洲一体化奠基人的热情。今天，这项任务将会落到“伊拉斯谟”（Erasmus——欧洲高等教育学生和教师校际交换计划，译者注）一代人的身上，这也许是欧洲能取得的最新成就之一。但与此同时，世界正在前进。

新兴经济体情况

大家十分熟知的“金砖四国”的说法已经没有任何意义，在 2009～2010 年这种说法就更没有意义。上面我们已经提到，中国已成为世界经济的发动机。但“印度模式”完全是另一回事，它与中国经济有着同样的韧性，与中国经济相比甚至还更强地抵御外部冲击能力。印度的“甘地智慧”的传统使印度尤其是在农业领域仍然保持着自给自足。

亚洲“虎”和“龙”的情况也不尽相同。如果用比较级的方式表达，就是“最先进的”和“最早的”那些被称之为第一代的“新兴工业国家和地区”（NPI），它们的经济模式是“西方”式的，而亚洲最新崛起的国家模仿的则是中国。大家可以看到这样的情况，2009 年历史上的亚洲“四小龙”在衰退：中国香港的经济增长率为 -3.6%；新加坡 -2.2%；中国台湾 -2.8%。2009 年上半年，只有韩国走出衰退，全年微增 0.4%。泰国为 -2.9%、马来西亚为 -2%，相比之下，印度尼西亚则为 +4.3%，尤其是越南为 +5.1%。越南的情况表明，它因推行农产品出口模式而使经济愈来愈完全进

解读经济危机的另一种方法
2009年投资变化同2008年相比（%）

中国	+29.5
印度	+8.0
越南	+3.0
巴西	-10.0
阿根廷	-13.0
墨西哥	-15.0
俄罗斯	-17.0
土耳其	-17.0
乌克兰	-22.0

入新兴经济体行列，其经济增长率几乎接近于巴西（这一切就在于越南对金融实施改革，并于2009年11月将货币越南盾贬值5%，这似乎使人回想起了“伟大的巴西年代”）。

总体而言，亚洲的经济增长率超过5%，2010年可望增长8%。日本正在逐渐融入到亚洲经济圈中，其经济反弹在很大程度上取决于通过对亚洲国家的出口。日本16%的出口产品输往中国。从2009年2月份（此时为最低点）到10月份，日本的工业生产增长了24%，而在此期间，日本汽车制造的王者——丰田公司遇到的麻烦并没有拖累日本的出口。

拉丁美洲属于新兴经济体的二级市场。2009年其经济增长率为负数（-3.6%），经济衰退最为严重的是墨西哥和委内瑞拉。拉丁美洲国家的经济对发达国家经济的依赖远比亚洲国家对发达国家的依赖要高。相反，新近被吸收为经合组织（OECD）成员的智利，它通过在几年前世界经济最景气时合理地积累铜产品出口带来的贸易盈余而可以在经济危机爆发后执行反经济周期政策。2010年2月26日智利发生的大地震也不能改变智利经济良好的基本面。

资源出口型国家的经济状况完全是另一番景象，首推的当然是俄罗斯，2009年的经济增长率为-8%。俄罗斯经济在很大程度上依赖世界能源和金属市场的行情，它的经济增长完全与石油价格相关。但在同样的情况下，有些国家的经济状况却不同。例如沙特阿拉伯的经济增长率为-1.2%，由于受到迪拜危机的影响，阿拉伯联合酋长国为-2.9%。南非经济增长率为-1.7%，但它可以指望世界杯足球赛改变经济状况。对上述大多数国家而言，“资源（大宗商品）诅咒”一直是需要面对的现实。

中国与世界

下面我们所作的概括性描述应引起大家的重视，即从今以后，世界经济出现了新的“脱钩”，且该世界经济格局将会朝着有利于中国的方向发展。在2009年，中国还只是世界第三大经济体，而在2010年的头几个月，中国将很有可能超过日本。但是中国的影响力之大，无论是亚洲邻国还是发达国家都是无可比拟的，且中国还是世界第一强国——美国的债主。

大家时常将2008～2009年的经济危机与1929年的危机相比较，确实，在上述两

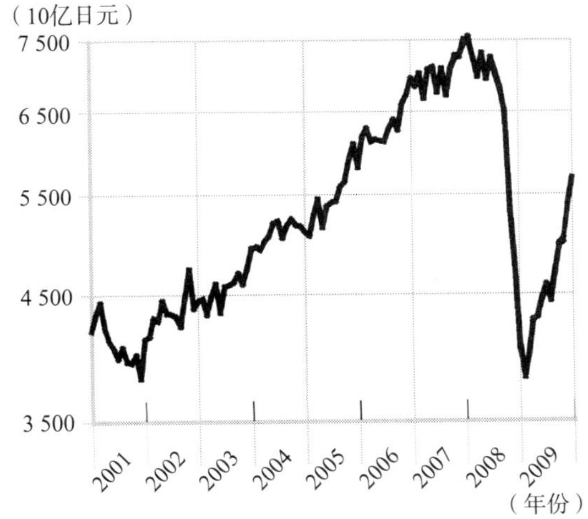

日本：商品出口额

资料来源：巴黎经济研究观察中心。

雨果致巴特雷上尉的一封信

1861年11月25日于高城居

先生，您征求我对远征中国的看法。您认为这次远征行动干得体面而漂亮。您如此重视我的想法，真是太客气了。在您看来，这次在维多利亚女王和拿破仑皇帝（即拿破仑三世，译者注）双重旗帜下进行的远征中国的行动是法兰西和英格兰共享之荣耀。您希望知道我对英法的这一胜利能表示多大程度的赞同。

既然您想知道，那么下面就是我的看法：

在地球上某个地方，曾经有一个世界奇迹，它的名字叫圆明园。艺术灵感有两个来源：理想和梦幻。理想产生于欧洲艺术；梦幻产生于东方艺术。如同帕特农神殿（Parthenon）是理想艺术的代表一样，圆明园是梦幻艺术的代表。它荟萃了一个民族的几乎是超人类的想象力所创作的全部成果。与帕特农不同的是，圆明园不但是一个绝无权有、举世无双的杰作，而且堪称梦幻艺术之崇高典范——如果梦幻可以有典范的话。你可以去想象一个你无法用语言描绘的、仙境般的建筑，那就是圆明园。这梦幻奇景是用大理石、汉白玉、青铜和瓷器建成；雪松木作梁，以宝石点缀，用丝绸覆盖。祭台、闺房、城堡分布其中，诸神异兽像就位于内。彩釉熠熠，金碧辉煌；在颇具诗人气质的能工巧匠创造出天方夜谭般的仙境上，添加了花园、水池及水雾弥漫的喷泉，再加上悠闲信步的天鹅、白鹮和孔雀。总而言之：这是一个以宫殿、庙宇形式表现出的充满人类神奇幻想的、夺目耀眼的名园，就是不朽的艺术建筑群——圆明园。它是靠两代人的长期辛劳才问世的。这座宛如城市、跨世纪的建筑群是为谁而建？是为世界人民，因为历史的结晶是属于全人类的。世界上的艺术家、诗人、哲学家都知道有个圆明园，伏尔泰（Voltaire）就提起过它。人们常说：希腊有帕特农神殿，埃及有金字塔，罗马有竞技场，巴黎有巴黎圣母院，东方有圆明园。尽管有人不曾见过它，但都梦想着它。这是一个震撼人心的、尚不被外人熟知的杰作，就像在黄昏中，从欧洲文明的地平线上看到的遥远的亚洲文明的倩影。

这个奇迹现在已不复存在了。

一天，两个强盗闯进了圆明园，一个抢掠，一个放火。胜利似乎是属于强盗，圆明园被彻底毁灭，两个胜利者可以对半分赃了。人们仿佛又看到了因将帕特农神庙拆运回英国而臭名远扬的额尔金（Elgin）的名字。当初在帕特农所发生的事情又在圆明园重演了，而且这次干得更凶、更彻底，以至于片瓦不留。我们所有教堂的所有珍品加起来也抵不上这座神奇无比、光彩夺目的东方博物馆。那里不仅有艺术珍品，而且还有数不胜数的金银财宝。多么伟大的功绩！多么丰硕的意外横财！这两个胜利者一个装满了口袋，另一个装满了钱柜。然后勾肩搭背、眉开眼笑地回到了欧洲，这就是两个强盗的故事。

我们欧洲人自以为是文明人，在我们的眼里中国人则是野蛮人，可这就是文明人对野蛮人的所作所为。

在历史上，这两个强盗分别叫作法兰西和英吉利。但我要抗议，而且我感谢您给我提供了这样一个机会。统治者犯的罪并不是被统治者的错，政府有时会成为强盗，但人民永远不会。

法兰西帝国将一半战利品装入了自己的腰包，而且现在还俨然以主人自居，炫耀从圆明园抢来的精美绝伦的古董。我希望有一天，法兰西能够脱胎换骨，洗心革面，将这些不义之财归还给被抢掠的中国。

在此，我谨作证：发生了一场偷盗，作案者是两个强盗。

先生，这就是我对远征中国的赞美之辞。

维克多·雨果

次危机中，金融和银行方面的情况是十分相似的。但是，1929 年的危机实质上所触及的不过是一些垄断集团。20 世纪 80 年代后，最大的不同在于出现了新兴经济体国家——“虎”和“龙”，可能还有印度，当然首先是中国。在人类历史上，从来还没有过一个拥有 14 亿人口的大陆出现如此的经济腾飞。1860 年中国圆明园被劫掠，在某种意义上标志着中国重返西方历史舞台。从这个具有象征性的日子开始，种种“不平等”条约（《凡尔赛公约》是中国所受的最大耻辱之一）使中国开始被剥削、被瓜分、被恶魔们任意宰割。1949 年中国共产党获取了政权，中华人民共和国宣告成立。此时，中国经济大约占世界国内生产总值的 3%。其后的“大跃进”和“文化大革命”又给中国社会造成极大的混乱和贫困。自 1976 年 9 月以来，随着改革开放政策的逐步实施，中国的年均经济增长率达到了 10%，而这种对经济发展的“追赶”随着时间的推移逐渐演变为一次真正的“帝国长征”！在 21 世纪第二个 10 年里，中国将继续保持这样的经济增长活力。

随着上海世博会的举办，中国虎年无疑将成为中国辉煌的一年。但是，如果撇开这些鼓舞人心的喜事和五彩缤纷的烟花（中国的艺术之一），大家依然还是要问：首先，这种情况会继续下去吗？然后，中国将如何承担起它在世界上的新作用？关于第一点，我们从其他新兴国家当时（19 世纪末的美国、20 世纪 50 年代的日本）的例子中可以获得有力的佐证，即使中国的经济增长速度在目前看来似乎很高，但是从人均生产和消费水平来看，中国还远未达到一个“发达国家”（这里的用词不是很确切）的水平。显然，中国的发展空间还是非常大的，即使中国政府已经注意到环境问题对中国经济发展有越来越强的制约性（中国当前的经济发展模式已经越来越接近环境承载的极限）。因此人们不禁要问：难道中国经济增长会“无忧无虑”地继续下去吗？即使中国的半统治性经济会带来某种优势，但这种可能性不大。在 2009 年和 2010 年向经济注入巨额信贷而可能产生的不良贷款是否终会损害到银行机构呢？中国又怎样来面对金融市场的投机？在农产品市场和能源市场如何进行价格管制呢？怎样来抑制金融和房地产泡沫？如何来控制工业产能过剩？尤其是怎样以和谐的方式来管理中国的民工流动及避免社会失衡呢？毫无疑问，在这个十年内，中国对自身机构性问题的调整将成为一把悬在世界经济头上的“达摩克利斯之剑”。中国将会“打喷嚏”，但又在何时呢？

上述问题同另一个重要问题相关联，即

从 1860～2001 年，中国实际上并没有现身于国际舞台，因为中国先是被某种意义上的“巴尔干化”，然后它又开始了“孤立主义”。2001 年在中国重新加入世贸组织（WTO）时，它开始以某种方式重新加入了国际事务管理，但同时暂不履行责任——几乎长时间处在“默默无闻”的状态。自 2007 年起，在国际舞台上，人们开始能够更多地听到来自中国的声音，即使它通常还宁愿跟在诸如巴西或印度等其他新兴国家的后面。随着时间的推移，理论上的“两国集团”（G2）开始浮出水面。在 2009 年 12 月举行的哥本哈根会议上，正是美国和中国这两个国家间的谈判在很大程度上成就了气候问题的最后宣言。在货币领域，中国没有越过“卢比孔河”（Rubicon，系意大利北部的一条河流，公元前 49 年恺撒越过此河同罗马执政的庞培进行决战，译者注），没有割断或者没有完全割断其货币同美元之间的固定汇率联系。中国不断地从中受益，同时继续为美国国债买单。在世界上，从非洲到中亚地区，从拉丁美洲到澳大利亚，到处有中国巨人的身影——在某种意义上这几乎是一种“新殖民主义”，而这是与国际社会中“集体责任”相悖的。

在“圆明园时代”，中国皇帝治理着中国，并以中央帝国的最高统治者的身份接收众多附属国的贡品，但是中国式的“孤立主义”已经使中国闭关自守（虽然在 18 世纪初中国仍占据世界国内生产总值的 1/3）。2010 年，中国上海世博会的举办成为圆明园复兴的象征——世界都予以见证。在中国古老长城的背后，依然存在着某种神秘感。

“在真理中实践爱德”与慈善经济[①]

世界上有十多亿天主教信徒。在所有的宗教中，天主教的组织结构是最严密的，当有重大决策时教皇有责无旁贷的责任。2009 年世界经济正处在近几十年最严重的危机中，八国集团领导人在意大利会晤并对世界经济的衰退显得手足无措时，教皇发出了有关经济问题的训导——“在真理中实践爱德”（Caritas in Veritate）通谕，他的声音已远远超出了西方虔诚的天主教徒这个有限的范围。

2009年7月初，本笃十六世（Benedictus XVI）在罗马发表的此项通谕是对教宗良三世（Leo Ⅲ）于1891年发表的《新事》（Rerum Novarum）通谕内的经济和社会思想（被称之为"社会教义"）的延续。但是，本笃十六世主要是参阅了若望－保禄二世（Ioannes Paulus PP. Ⅱ）于1991年柏林墙倒塌之后不久发表的《百年》（Centesimus Annus）通谕，保禄六世（Paulus Ⅵ）于1966年发表的论述发展的主要通谕《民族发展》（Populorum Progressio）后而作此项通谕的，同时也为庆祝保禄六世的《民族发展》发表40周年。

在此要对本笃十六世的通谕题目进行说明。罗马人习惯用通谕中最初的拉丁文来命名该通谕，"Caritas in Veritate"（在真理中实践爱德）可以理解为"爱之光"：真理是一种光明，它赋予了爱的意义与价值，而"爱"是爱德的最高境界。

本笃十六世在通谕中一开始就提醒说，教会对经济危机并没有技术性的解决办法（从本义上说，不存在基督教的经济教义）。那些期望能看到一篇分析当前经济和金融危机的文本的人会感到失望。因为这不是本笃十六世所思考的内容。相反，他要求警惕一种与经济相关的原罪——这种原罪相信人们的需求可以达到自我满足，和认为解决当前问题的办法只能靠管理和技术。21世纪的普罗米修斯（Prometheus）拒绝任何一种形式的超越。只要观察一下近几十年以来一些国家的经济遭受的失败以及保禄六世和第三世界国家的第一代独立运动领导人对"发展"所抱有的期望，就会相信以上的见解是合理的。本笃十六世所看到的是：社会贫富差距的扩大，对社会保障制度的质疑，饥饿现象的持续扩大。他在通谕中用很长的篇幅（27）[②]论述饥饿问题，认为"食物和饮水是全人类的权利，既没有区别也没有歧视"。此外，重要的是，他建议正确借鉴和使用"传统和新型"的农业技术，这并未把生物技术（尤其是转基因技术）拒之门外。稍后（48）是关于环境的问题，他明确地指出"自然是爱与真理的体现"，应该尊重其"基本法则"。因此，自然不应该比人更为重要，在此本笃十六世对那些崇尚某些环保主义的"新异教徒和泛神论者"表示谴责（这是我们对此的理解……）。

但是按照我们的理解，通谕的核心在第三章，即颂扬"无偿与慈善的逻辑"。市场实际上有其自身的作用和逻辑："给予与获得"是任何一种交易形式的基础。国家行为的逻辑是"给予是义务"。放任市场与国家角色的混淆将危害社会。然而，必须承认，大多数的公共政策都源于这种"市场－国家"性质的混淆。从广义上讲，超越"市场－国家"的二重性，指的就是个人和公民社会："在真理中的慈善，意味着需要一种经济活动的组织和形式——其中不要否认企业的利润，并需要超越"等价交换"或是"唯利是图"的逻辑。(38)

本笃十六世既没有对经济危机的解决方法提出经济和金融的建议，也没有躲在"伦理道德"这个其认为概念含糊的词后（45），而是把"人置于令人赞叹的慈善之前"。让我们听听他的观点："人是为慈善而生，正是这种慈善可以表达和实现人之超越……慈善在性质上已超出了卓越，其尺度是……博大无比的"（34）。本笃十六世的想法因此远远超越了一本经济学的教科书，也超越了一些政治家们对金融危机所谓的"肇事者"发表的斥责。这使我们回忆起一位法国大企业的总裁，他不是基督徒，但很热衷于宗教间的对话。

他说："如果每人能够把对其他人的爱放入心中，市场经济将会是所有经济制度中的最好的"。本笃十六世并不谴责市场，因为"并不存在纯粹的市场，市场是取其文化形成的外壳，而这种文化形成的外壳，构成了市场的特点，并指导其发展……。需要进行总结与改进的不是工具而是人，是他的道德意识及其个人与社会责任"（36）。因此我们无需把市场神化，关于"市场"我们也要承认这样的事实，即市场是人创造的，同时也是为人所利用的！

同时，本笃十六世指出了某些经济行为需要更为完善。企业不应该"只屈从于它的投资者"，而需要考虑"世界管理者阶级"的意见。因此，这就意味着必须限制"资本"的权力，因而也就要限制资本向国外的转移（40）。同样，人们希望建立一个"世界性的政治权力机构"，以便实现全球性的共同利益（67）。但在这些方面，也如同在其他某些方面一样，例如"旅游的作用""移民"或"公平工资"的概念等，通谕对此有同样的表示。其实，通谕的本质并不在于此。而是在于本笃十六世以某种方式建议我们要"超越经济"，不能仅仅满足于"技术性"地解决问题，而是要高瞻远瞩，因为"社会中如果没有正直的人，如果没有高度觉悟并关心共同利益的社会经济参与者和政治家，一个国家的发展是不可能的"（71）。所有这一切的核心，是以"无偿的原则"和"慈善的逻辑"所形成的博爱（36）。

实际上，本笃十六世所写的也完全像若望·保禄二世在《百年》通谕中所说的——这不是一篇经济学专论，而是一篇"爱之歌"。在我们这个打上"金钱文化"烙印的时代，正在发生的经济金融危机的中心正是当今"金融泛滥"的结果，因此谈论慈善和它的重要性似乎有些与现实格格不入。但这恰恰反映出一种卓越的"希望"。希望人类能够超越自我，希望一种"向绝对开放的人文主义"。本笃十六世进一步指出"上帝同样在政治中占有位置"（56），而且宗教在经济和社会发展的进程中扮演着重要角色，发展应该是精神的增长而不仅仅是物质的增长。在这个充满宗教的世界，本笃十六世向我们提出了一个衡量文化和宗教的标准：这就是完善的人和所有的人（55），此外他还强调指出信仰与理性之间对话的重要性：宗教总是需要用理性加以净化的（56）。从这里可以看出，本笃十六世绝不是一些人形容讽刺的那样。

对任何一篇读物的解读都有它的局限性，同样，对内容丰富的通谕的阐释，也不会脱离这个准则。经济学家通常习惯于"科学"地看问题，把人置于"非商业行为"的核心，平凡的慈善境界远高于投资盈利标准之上。这些是谦逊的训诫，以用来思索，特别是用来实践。

注：①原文标题"Caritas in Veritate"为拉丁文。原意是"在真理中实践爱德"。本文是介绍罗马教皇本笃十六世于2009年6月29日在罗马发表的通谕，其内容凸显了宗教——天主教对世界经济问题的看法。——译者注

②本文括号中的数字与通谕段落的编目一致。

2009～2010年世界经济大事记

本大事记中所选择的事件绝不意味着它是独有的，相反，它是基于国际金融的一个主观选择的观察记录。

2009年1月

5日
- 加沙战争加剧
- 石化公司Lyondell-Basel和英国Wedgwood瓷器公司破产
- 奥巴马的经济振兴计划公布（8 000亿美元）
- 印度第四大信息软件服务公司欺诈案曝光
- 俄罗斯与乌克兰之间爆发天然气之战

12日
- 加拿大的北电网络公司（Nortel）破产
- 欧洲中央银行利率降至2%

19日
- 标准普尔公司下降西班牙债务评级
- 阿拉伯联盟召开经济峰会
- 菲亚特－克莱斯勒（Fiat-Chrysler）企业合并

25日
- 中国新年：牛年
- 世界社会论坛在巴西贝伦（Belem）举办
- 冰岛政府危机

2009年2月

2日
- 2008年石油公司的利润纪录
- 英格兰银行（BoE）利率降至1%
- 美国的失业率创1982年以来的新高

9日
- 中铝集团（Chinalco）入股力拓集团（Rio Tinto）
- 救助美国银行的2万亿美元“盖特纳计划”出笼

16日
- 奥巴马经济振兴计划的实施：7 870亿美元
- 美国的“斯坦福”（Stanford）事件
- 沃尔玛（Wal－Mart）的营业额超4 000亿美元
- 中国与俄罗斯签署“石油换贷款协定”

23 日
- 瑞典萨博（Saab）公司破产
- 美国政府控股花旗集团，占其 40% 的股份
- 2008 年第四季度美国国际集团（AIG）损失 610 亿美元
- 巴黎的伯奇·圣·洛朗（Bergé-Saint Laurent）艺术品拍卖额达 3.78 亿欧元
- 2008 年苏格兰皇家银行亏损 240 亿英镑
- 巨额资本从俄罗斯流出
- 朱尔（Jules）的诞生日

2009 年 3 月

2 日
- 世界各大股市的“黑色星期一”：道·琼斯指数跌破 7 000 点
- 汇丰银行（HSBC）扩充资本 120 亿英镑
- 欧洲中央银行利率降至 1.5%
- 东欧国家爆发金融危机：匈牙利要求提供 1 600 亿 ~1 900 亿欧元救助其银行业
- 西门子公司与俄罗斯原子能公司（Rosatom）在核能领域达成协议
- 中国全国人民代表大会开幕：没有出台经济振兴计划
- 美国通用汽车公司破产的可能性开始受到舆论关注
- 美国财政部为美国国际集团再注资 300 亿美元。该公司于 2008 年第四季度亏损 610 亿美元（即每小时亏损 2 800 万美元）。

9 日
- 默克公司（Merck）410 万欧元收购先灵制药公司（Schering）
- 国际货币基金组织提出世界经济整体的衰退
- 英国劳埃德银行（LIoyd’s Bank）被国有化
- 法国巴黎银行（BNP－Paribas）收购富通集团（Fortis）
- 冰岛最后一家银行被收归国有

16 日
- 美国和欧洲就大企业总裁的薪酬与奖金问题争论
- 美联储购买 3 000 亿美元的国债

23 日
- 印度塔塔集团（Tata）推出价值 1 500 欧元的 Nano 轿车
- 俄罗斯国债第一次出现偿还问题
- 阿根廷国内举行“Campo”农业大罢工，抗议对大豆出口征税
- 中国建议建立国际储备货币
- 美国通用汽车公司总裁里克·瓦格纳（Rick Wagoner）被解职
- 20 国集团峰会在伦敦召开并建立金融稳定委员会（Financial Stability Board，FSB）

2009年4月

6日

- 布特弗利卡（Bouteflika）再次当选为阿尔及利亚总统，能源收入占该国预算收入的75%
- 3月份中国铁矿石进口创纪录：达到5 100万吨
- 阿塞洛米塔尔钢铁集团（Arcelor－Mittal）再次减产
- 咖啡价格升至11年来的最高水平

13日

- 经济复苏越来越得到认可
- 第一季度中国经济增长6.1%
- 印度大选开始
- 美国最大新闻纸生产商阿比利比－宝华特企业（Abilibi-Bowater）破产
- 8国集团的农业会议在特雷维索（Treviso）召开

20日

- 国际货币基金组织公布：估计世界各大银行亏损总额达4.054万亿美元，2009年世界经济增长率将为－1.3%
- 2009年3月，日本对外贸易出现30年来的第一次逆差
- 德国经济研究所预测2009年德国经济增长将下降6%

27日

- 克莱斯勒汽车公司破产
- 猪流感流行病（H1N1）开始在墨西哥爆发
- 美国公布对通用汽车公司的救助计划
- 巴拉克·奥巴马执政“100天”

2009年5月

4日

- 菲亚特与克莱斯勒公司达成协议，并另谈判再购欧宝公司（GM）
- 欧盟与美国就结束“激素牛肉”事件达成协议，若泽·博韦（José Bové）也因此事在法国家喻户晓
- 欧洲中央银行利率降至1%
- 石油价格为每桶57美元
- 预测2009年欧盟经济下降4%

11日

- 美国失业率达到1983年以来的最高水平
- 纽约艺术品拍卖流拍
- 比利时联合银行（KBC）再次发出新的“警报”

18 日
- 印度国大党获得大选胜利
- 法国牛奶危机
- 石油价格为每桶 60 美元
- 美国银行压力测试结果：美国银行业还需要 750 亿美元
- 美元下挫

25 日
- 中国石油公司的股票市值超过埃克森美孚公司（Exxon Mobile）而成为世界股票市值最高的公司
- 力拓公司与新日铁公司（Nippon Steel）就铁矿石降价 35% 达成协议
- 美国在线（AOL）与时代华纳公司（Time Warner）分道扬镳（这是 2000 年被喻为 1 240 亿美元的“世纪性合并”!）

2009 年 6 月

2 日
- 德国抵押贷款银行被国有化
- 美国通用汽车公司按美国公司法第十一条宣布破产：成为继世界通讯公司（Worldcom）和雷曼公司（Lehman）之后美国历史上第三个重要公司的破产
- 干散货运指数大幅度回升（波罗的海指数，Baltic Dry Index）

8 日
- 加蓬总统奥马尔·邦戈（Omar Bongo）去世
- 巴塞尔艺术品博览会（Basel Art）开幕
- 德国的 Arcandor 公司（Karstadt 为其母公司）破产
- 美国的银行开始偿还美国财政部发放的贷款
- 凯恩斯集团（Cairns Group）在巴厘岛举行会议
- 石油价格每桶突破 70 美元
- 5 月份中国大量购买铁矿石，造成其港口堵塞
- 世界卫生组织宣布 H1N1 为 21 世纪第一个大流行病
- 世界银行预测 2009 年世界经济下降 3%
- C. 罗纳尔多以 1.31 亿美元转会西班牙皇家马德里足球俱乐部

15 日
- “金砖四国”在高加索的叶卡捷林堡（Yekaterinburg）举行峰会：金砖四国！
- 美国金融监管体系改革

22 日
- “奖金”重回华尔街
- 斯特拉塔矿业公司（Xstrata）提议与英美矿业公司（Anglo-American）合并
- 尼古拉·萨科奇宣布出台法国振兴经济的巨额借贷计划

- 美国和欧洲向世贸组织指控中国对一些大宗商品征收高额出口关税
- 柯达彩色胶片（Kodachrome）停产

29日
- 美国国会对美国清洁能源和安全条例（ACESA）进行投票
- 贝尔纳·麦道夫被判150年监禁
- 欧元区通货膨胀率为零
- 美国加利福尼亚州财政危机
- 美国和欧洲失业率均升至9.5%
- 瑞典成为欧盟轮值主席国

2009年7月

6日
- 8国集团峰会在意大利拉奎拉（Aquila）举行
- 教皇本笃十六世发表有关经济问题的“在真理中实践爱德”（Caritas in Veritate）通谕
- 欧盟委员会对法国公用事业巨头GDF-Suez公司和德国公用事业巨头E. ON公司开出11亿欧元反垄断罚单

13日
- 签署纳布科（Nabucco）天然气输气管道协议
- 卡塔尔向德国保时捷——大众汽车公司（Porsche－Volkswagen）投资70亿美元
- 中国外汇储备超过2万亿美元
- 中国与力拓公司之间出现危机
- 第二季度中国经济增长率为7.9%

20日
- AH1N1流行病蔓延
- 纽约－泛欧证券交易所（NYSE－Euronext）决定迁址伦敦

27日
- 欧洲对中国出口的钢材实施反倾销权措施
- 国际货币基金组织推出一项通过出售黄金资助贫困国家的170亿美元的计划

2009年8月

3日
- 第二季度美国国内生产总值（GDP）增长率为－1%
- 围绕交易员薪酬问题产生争论
- 石油价格每桶超过70美元
- 法国被谴责对国内水果和蔬菜生产商的非法援助

10日
- 金属价格大幅度上涨：镍每吨超过2万美元
- 第二季度俄罗斯国内生产总值缩减10.9%

17 日
- 7 月份中国钢铁产量达到 5 000 万吨以上
- 美国《读者文摘》（Readers's Digest）破产
- 瑞士银行集团（UBS）与美国税务机关之间达成有关提供 4 450 名美国逃税者名单的协议

24 日
- 本·伯南克（Ben Bernanke）继续被任命为美联储主席
- 2009 年上半年中国超过德国成为世界第一出口大国
- 欧元区失业率达 9.5%

31 日
- 日本反对党民主党在日本大选中获胜
- 巴西出台新的石油法案
- 20 国集团财政部长在伦敦开会

2009 年 9 月

7 日
- 世贸组织就重启多哈回合谈判在印度德里（Delhi）开会
- 黄金价格升至每盎司 1 000 美元
- 法国就征收二氧化碳碳排放税定价问题展开辩论：定为 17 欧元/吨
- 卡夫食品公司开价 160 亿美元收购吉百利公司
- 石油输出国组织欧佩克（OPEC）维持其原油生产配额

15 日
- 雷曼兄弟（Lehman Brothers）破产一周年
- 欧洲牛奶危机
- 华盛顿与北京之间的“轮胎战”
- 在英国开庭的特拉菲古拉石油公司（Trafigura）案件

21 日
- 20 国集团匹兹堡峰会
- 德国基督教民主党（CDU）在德国大选中获胜
- 联合国大会关于气候问题的辩论

28 日
- 爱尔兰在关于欧洲未来的全民公决中投出“赞成票”
- 中华人民共和国成立 60 周年
- 2016 年奥林匹克运动会将在巴西里约市（Rio）举办

2009 年 10 月

5 日
- 澳大利亚中央银行上调利率
- 阿拉伯－中国共同建议采用一揽子货币（basket）来表示石油价格

- 金价升至每盎司1 058美元
- 20国集团在伊斯坦布尔（Istanbul）举行会议：国际货币基金组织今后将负责20国集团秘书处的职务
- 9月30日，美国最终预算赤字将达14 090亿美元

12日
- 法国农业危机
- 道琼斯指数重返10 000点，欧元兑美元重升至1∶1.5
- 9月30日中国外汇储备达22 730亿美元

19日
- 第三季度中国经济增长率为8.9%
- 美国爆出Galleon对冲基金丑闻
- 互联网诞生40周年纪念
- 法国电力市场的意外：每兆瓦价格超过3 000欧元！
- 石油价格升至每桶80美元

26日
- 麦当劳关闭其在冰岛的3家餐厅
- 路易·威登的一家商店在蒙古的乌兰巴托开张
- 继悍马（Hummer，属美国通用公司）之后，福特公司向中国一家企业出售其旗下的沃尔沃（Volvo）公司
- 捷克共和国签署批准里斯本条约的协议
- 第三季度各国的经济增长率：美国为+3.5%，韩国为+2.9%，英国为-0.4%

2009年11月

2日
- 英国再次向银行注入510亿美元
- 黄金价格升至每盎司1 100美元
- 巴塞罗那气候谈判

9日
- 柏林墙倒掉20周年纪念日
- 第三季度拉脱维亚经济衰退达-18%
- 世界稻谷市场趋紧
- 彭博集团（Bloomberg）收购商业周刊（Business Week）
- 纽约现代艺术品拍卖获得成功

16日
- 俄罗斯与乌克兰等国就天然气问题在雅尔塔（Yalta）举行会议
- 经合组织（OECD）预测2010年中国经济增长率超过10%

- 任命赫尔曼·范龙佩（Hermann Van Rompuy）为欧洲理事会常任主席，吕克·居约（Luc Guyau）为联合国粮农组织（FAO）主席

23日
- 迪拜世界集团出现问题
- 法国再次成为世界红酒第一生产大国
- 瑞士就禁止建造清真寺的尖塔举行投票

30日
- 希腊金融危机
- 世贸组织会议：不重启多哈谈判
- 美国白宫举行就业峰会
- 越南盾贬值
- 黄金价格升至每盎司1 200美元
- 迪拜世界集团出现还款问题

2009年12月

7日
- 哥本哈根峰会开幕
- 美国短期国债收益率为0
- 英国和法国通过有关对交易员奖金征税的决定

14日
- 哥本哈根气候会议失败
- 土库曼斯坦与中国举行天然气输气管道开工典礼
- 阿布扎比援助迪拜，援助金额为100亿美元
- 在世贸组织中的“香蕉战争”结束

21日
- 美国第二大社交网站“脸谱”（Facebook）用户达3.5亿
- 美国参议院通过奥巴马的医疗改革计划
- 福特公司向中国吉利公司（Geely）出售沃尔沃汽车公司

28日
- 中国成为世界第一出口大国
- 东盟－中国自由贸易区建立

2010年1月

4日
- 818米迪拜塔（Burj Dubai）落成典礼
- 冰岛拒绝偿还英国和荷兰债务
- 北半球寒流
- 委内瑞拉货币贬值

- 中国石油公司成为世界最高股票市值的公司
- 西班牙成为欧盟轮值主席国

11 日
- 中国的各大银行开启信贷闸门：800 亿美元的第一周
- 美国开征银行税
- 智利加入经合组织（OECD）
- 希腊出现“信任危机”

18 日
- 高盛公司（Goldman Sachs）发放 160 亿美元奖金
- 日本航空公司破产

25 日
- 达沃斯论坛（Davos）在巴西阿雷格里港（Porto Alegre）举行
- 英国走出经济衰退
- 希腊危机与欧元下跌
- 美国就银行改革（沃尔克方案）展开辩论
- 西班牙失业人数达到 400 万

2010 年 2 月

1 日
- 中国的虎年
- 贾戈梅蒂（Giacometti）雕刻在伦敦以 1.04 亿美元被拍卖
- 亚努科维奇（Yanukovitch）在乌克兰总统选举中获胜

8 日
- 伊朗核问题再度引起国际局势紧张
- 新加坡的第一家赌场开业

15 日
- 尼日尔发生政变
- 委内瑞拉政府将位于本国的法国的卡西诺超市（Casino）国有化
- 德国冶金行业签署员工协议：工资维持不变，但维持就业岗位

22 日
- 中国手机用户达 10 亿！
- 希腊总罢工

27 日
- 智利大地震

2010 年 3 月

1 日
- 英国保诚公司（Prudential）以 355 亿美元购买美国国际集团（AIG）在亚洲的资产
- 转基因土豆在欧洲得到生产许可

8 日
- 希腊的政治与社会危机
- 关于建立欧洲货币基金的设想
- 波音公司获得美国五角大楼的加油机合同

15 日
- 美国银行改革的新方向
- 欧洲就救助希腊问题展开辩论
- 美国通过医疗制度改革方案
- 法国否决征收碳排放税

Ⅱ 世界导读

地缘政治解读

对刚刚过去的2009年，应该如何从战略角度上进行总结呢？回答是，这是充满矛盾的一年。诚然，这一年没有重大灾难发生，也没有爆发新的战争；但是，在对当前存在的危机和冲突的解决方面却没有什么进展，仅存的几点希望也被现实无情地粉碎了。

2009年末试图遏制全球变暖的哥本哈根会议以失败告终。虽然几乎所有专家一致认为这是人类将要面对的最可怕的危机，国际社会或者所谓的国际社会却无力就遏制这一危机达成共识。参会各方都从各自的利益出发，认为对之付出努力是其他国家的事情，或者不管怎样，别人应当承担比自己更大的责任。当科学家都广泛感到紧迫，社会和普通民众都在为解决这一问题而努力时，政府却失败了。由此看来，各国政府没有办法为一个极其重要的长期的目标共同努力。同样是这些政府，他们却能在抵御2008~2009年金融危机方面达成共识，因为这是一个短期的、必须要解决的问题。但是，与短期目标相比，我们不应该期望政府比社会更专注于长期目标吗？然而我们看到的事实却是，随着时间的推移政府实现其目标的意愿越来越弱。我们必须依靠舆论来进行更加有力的动员，敦促各国怀着更强烈的责任感付诸行动。

奥巴马入主美国白宫的第一年喜忧参半充满着矛盾。在锡瑞镨大宗商品研究的2009年《世界大宗商品市场年鉴》中，我们提出要当心两种不切实际的幻想。首先是把奥巴马当成能解决所有美国国内和国际问题的魔术师；其次是认为奥巴马不是美国“白宫的主人”，而是“世界的总统”，并忘记他的所作所为始终代表着美国的国家利益。在选举获胜一年后，奥巴马被世界大多数人认可并获得诺贝尔和平奖。他既不是第一位获得这个奖项的美国人，也不是第一个获此殊荣的美国白宫总统，但他却是第一个在任期之初就获此奖项的美国总统，这更像是对他的鼓励而并非其实至名归的结果。但是，在他入主白宫一年后，美国失业率屡创新高，美国的医疗改革举步维艰，民

南非“世界杯”

雅各布·祖马——“非洲人国民大会”候选人，于2009年5月6日新任南非总统。他的名声显赫，且他受到南非底层社会拥戴，这源于他的出身。在南非，只有曼德拉比他更受欢迎。曼德拉和姆贝基都属于科萨族（Xhosa）这一黑人资产阶级民族，但是祖马与他们不同，他是一名出身于人民大众的祖鲁（Zoulou）人。

他15岁就开始打零工，17岁加入非国大（ANC），曾在罗本岛监狱服刑10年。他正是在那里碰到了曼德拉，开始学习读写，并接受了知识和政治方面的教育。

他代表非国大的左翼，甚至曾亲近南非共产党。他在一些仪式上毫不犹豫地穿着传统祖鲁服饰和豹子皮唱歌跳舞。他有4位妻子和18个孩子。总之，他是一个不寻常的人，但同时他希望在国际上给人留下受人尊敬的印象。

南非面临着诸多挑战。南非种族隔离制度废除后出现的乐观兴奋情绪已经结束。回归日常生活后的现实是残酷的：失业率约40%（官方说法为23%），几乎同样多的人处于贫困线以下。即使南非的国民生产总值达到整个撒哈拉沙漠南部地区国民生产总值的40%，但其经济形势仍然是令人担忧的，世界经济危机更使其雪上加霜，包括南非的矿业危机。这一切催生出大量的犯罪行为，南非每年公布的数据就有19 000件谋杀案和50 000件强奸案。南非是2010年6月足球世界杯的主办国。这一世界上最受媒体关注的盛事第一次在非洲举行。2010年1月，在非洲国家杯期间，多哥国家队的大巴遭受的血腥攻击提醒人们关注被媒体广泛报道的一切有关足球的消息——如果“卡宾达飞地解放阵线”（FLEC）只是攻击了多哥士兵，可能永远都不会有人提及此事。体育本身受关注的程度使其附有了战略上的重要性。但是南非并没有武装分裂运动。南非面临的只是普通的危险，即犯罪行为。这需要将问题提升到安全的层次来考虑，以助推日后南非旅游业的发展。南非旅游业的目标是每年吸引1 000万游客。祖马应该让外国投资者相信自己选择南非是正确的，并说服富有的欧洲人相信，他们和南非的未来是联系在一起的。但南非选举的基调并不完全朝着这一方向发展。因此对局势的错误看法可能需要纠正，以免让渴望改变的南非底层人民失望。

南非土地所有权是问题的关键，欧洲白人仍然拥有南非80%的农业用地。自近二十年前南非种族隔离制度被废除后，只有5%的土地被重新分配。雅各布·祖马希望到2015年这个比例能上升到30%。但是，他希望这一承诺的实现不会引发和白人产业主之间的危机并致使后者逃离南非。而穆加贝总统治理下的津巴布韦为了恢复政治空间，挑动黑人与白人对抗，毁掉了一个可能富裕起来的国家，这是一个十足的反例。

另外，在南非预算紧缩和经济危机时期，如何才能减少社会不平等现象呢？虽然种族歧视制度已经彻底被取缔，但是建立在社会地位和财富基础上的种族歧视会持续很长时间。在很多方面，虽然黑人资产阶级出现了，但黑人和白人之间还是有区别的。另外还有艾滋病的挑战，这是被姆贝基和祖马长期低估甚至否认的问题。在4 800万南非人中，可能有550万艾滋病病毒携带者。

世界杯足球赛将给南非和它的新总统更好的自我展示机会，同时也需要积极努力来保证南非以正面的、积极的形象向世人展示。

主党在马萨诸塞州丢掉了肯尼迪去世后留下的这一具有历史意义的参议员席位。美国深陷阿富汗战争泥沼，并在中东地区显得力不从心，面对恐怖威胁，不得不在美国机场加强安保措施。就此断言奥巴马的政策是失败的，可能有失公允。他之所以给人留下这样的印象，更确切地说，是相对于一些人对他过高的期待而言，而并非针对他所做出的承诺以及现实的可能性。

不管怎样，现实仍然有种幻灭感。原来被“妖魔化”的美国形象在奥巴马手中有所改善：美国不再是小布什政府时期不受欢迎的超级大国。但是，奥巴马不能仅仅怀有良好的动机——虽然这些动机也是值得赞扬的，他必须通过具体行动使良好动机成为现实。

阿富汗泥潭

2009 年 11 月底，美国总统宣布向阿富汗增派 3 万名士兵，以加强在阿的军事影响力。此后，48% 的美国人对奥巴马在阿富汗战争上的政策表示反对，支持者则占 45%。考虑到这些反对意见，奥巴马决定将于 2011 年，即总统选举前一年开始从阿富汗撤军。

巴拉克·奥巴马曾批评过布什 2007 年向伊拉克增兵的决定，但是他却决定在阿富汗重新使用布什的增兵战略。巴拉克·奥巴马一上任就认为阿富汗战争与伊拉克战争不同，前者是必须进行的，而后者是可以选择的。他指责乔治·W·布什在阿富汗问题即将出现转机的时候却停止了继续努力，并指责布什因重视伊拉克而忽略阿富汗战区，从而失去了在 2002 年取得全面胜利的最好时机。

奥巴马决定不断增强军事力量，旨在阿富汗局势最终恢复正常之前赢得打击基地组织战争的胜利。美国舆论对奥巴马的这项决策却疑虑重重。美军在八年前就已经开始了军事行动，至今仍然没有取得明显的结果，更谈不上重大进展。美国人担心阿富汗战争会成为第二场“越南战争”，战争会逐渐演变成阿富汗内战，当地仍然没有一个真正可靠的政府来接管阿富汗。事实上，成败与否很大程度上取决于阿富汗军队和阿富汗政府机构的效率。但刚刚连任的卡尔扎伊并没有受到奥巴马的重视，奥巴马私底下时常批评卡尔扎伊政府的腐败无能。

美国出兵阿富汗的目的是摧毁基地组织，如果 2002 年乔治·W·布什将战争坚持到底的话，他可能已经实现其目标了。要在阿富汗建立新的政府、倡导充满活力的民主政治，现在还不是时候。美国现在能够提供的只是帮助阿富汗政府处理国家事务和打击腐败。

伊斯兰堡当局是否严格按美国的要求进行“游戏”？为了对抗印度的威胁，巴基斯坦和塔利班事实上是存在合作关系的，巴基斯坦是否真的会和塔利班开战呢？答案很大程度上取决于巴基斯坦。

欧洲人处境尴尬。北约虽然宣布了其意图加强在这一地区的影响力，但其内部被要求分摊战争义务的国家是不会积极的，因为他们自身承受着内政的压力。由于在这一地区的军事行动看不到明显的结果，他们的国内舆论开始对军事行动产生怀疑，并要求主动放弃。此外，北约成员国的军力也不足。尽管法国总统萨科奇支持奥巴马在阿富汗的举措，但他增派军队的可能性微乎其微，事实上，萨科奇无兵可派。另外，加强法国在阿富汗的军事影响力可能会在一段时期内引发公众舆论的诸多争论。参加了阿富汗战争的北约所有同盟国家都面临这种情形。阿富汗军队是否能最终取代国际军事力量呢？奥巴马在这场战争上押上了他的民众支持率。但不管怎样，他每年要为阿富汗额外支付300亿美元，这也导致美国军费支出负担加重，而与此同时，美国公民认为奥巴马政府有必要在社会问题和内政问题上做出更大努力。

还有一个根本问题需要提及。即使大家都认为乔治·W·布什在2002年错过了终结基地组织的机会，那么是否说任何时候只要加强在阿富汗的军事力量就可以终结这场战争呢？幸存的数百名塔利班士兵分散在巴基斯坦各地，情况比阿富汗还要糟糕。西方国家的军事影响力在该地区的与日俱增，被看成是一种侵略力量，这种侵略力量同样能使阿富汗人围绕着塔利班结成联盟，事实上他们会得到“抵抗运动”的美誉，这种美誉也会促使忠实阿富汗塔利班政府的军事力量获取胜利。美国士兵准备好了融入到阿富汗民众中去赢得阿富汗人民的支持吗？或者他们将继续独自在外围进行在阿富汗民众看来是侵略的行动？就当前形势而言，在一个伊斯兰国家，西方国家的军队不是正冒着成为被抵抗的占领者，而不是被民众支持的解放者的危险吗？

2010年1月，我们得知美国人正担心塔利班在阿富汗推行赢得民心的新的战术。塔利班摆脱基地组织，意图伪装成解放运动，对待民众的态度和行为也一改往日的粗暴。总之，他们减少了恐怖手段的使用，试图赢得民众的支持。这显示出阿富汗是存在舆论压力的，即使是塔利班也意识到了“舆论战争”的必要性。塔利班的这种新策略无疑使北约大伤脑筋。

相反，奥巴马在自己饱受批评的地方获得了成功。奥巴马对伊朗的政策在很多人眼中是软弱的，因为他并没有获得任何回报。内贾德依然是伊朗总统，德黑兰在核问题上永远态度坚决。但是抛开这些表面现象，我们可以看到情况已经有了很大改变。奥巴马对伊朗的政策动摇了伊朗政体的稳定性，内贾德不得不在选举中作弊才能连任。奥巴马之所以能当选美国总统应该归功于其前任布什的军事政策。虽然奥巴马的怀柔政策并没有使伊朗政权出现一个温和派的领导人，但至少引发了一场伊朗政治地震，而这场地震是否最终会颠覆伊朗现任政权——这是人们关心的问题。如果颠覆力量来自伊朗国内而不是外部军事干预，效果可能会更好。事实上，即使现在伊斯兰学者继续掌权，且他们在核计划上也不做妥协，奥巴马可能还是在伊朗问题上获得了一些进展：他与中国和俄罗斯两国的对话政策（尤其是放弃“反导弹计划”）使得北京尤其是莫斯科，从此在对制裁伊朗的问题上不再迟疑。

这两个国家之前对伊朗的态度并非源于对德黑兰核欲望的理解，而是他们不想任由华盛顿在伊朗问题上说了算。此后，由于他们（尤其是俄罗斯）感觉是自己在参与决策，从而更愿意在这方面同西方国家合作。

两国集团？

不管是2009年11月奥巴马的中国之行还是在讨论全球变暖的哥本哈根会议上，北京和华盛顿都共同表示希望避免“强制限定二氧化碳排放量”。这令人联想起两国集团（G2）。美国与苏联在冷战时的关系逻辑能否适用于今天的北京和华盛顿呢？事实上，中美之间的竞争完全是另外一种性质。中国并不想用另一种模式来替代美国模式。中国已经采用了市场经济模式而且并不想放弃，他们只想在经济领域的赛跑中领先。那些认为中国可能会用军事竞赛来对抗美国的人错了：中国军费预算大概只占美国的1/10；美国共有12艘核动力航母，而中国一艘都没有。

中国人清楚同美国的对抗是没有好处的，因为他们知道不会取得胜利。另外，对于中国而言，与美国关系平稳时间越长越有利。同时，他们想提出一种新的合作方式，这种方式以发展贸易关系为基础，并不涉及政治干预。这种与乔治·W·布什完全相反的政策在布什执政时期取得了很好的效果。但自奥巴马执政以后，中国的这种“反模式”的吸引力便相对下降了。

中国已很少在公开场合提及共产主义，而是利用民族主义来凝聚一个如此幅员辽阔的国家。过去苏联和美国之间，实行的是“确保相互毁灭”思想（Mutual Assured Destruction，MAD），因为在双方的武器库中，各自存放着数以千计的核武器。现在是另外一种形式的“确保相互毁灭”将北京和华盛顿联系在一起。中国迫切需要美国这一出口市场来保证自身的经济发展，这是中国国内社会稳定的保证。而美国人需要中国为他们的债务注入资金，并且每年将其千亿美元的贸易赤字换成美国债券使中国人购买。

自相矛盾的是，布什几乎恶化了美国与世界上所有国家的关系，却能和北京保持一种相当好的关系，甚至支持中国领导人，反对台湾独立。人们曾担心奥巴马过于坚持人权问题或过于强调中国的西藏问题。事实上，奥巴马对待中国和所有其他国家是一样的，不管是在涉及欧洲、日本、拉丁美洲或阿拉伯世界，尊重一致性，建立对话，不幻想通过强制来取得变革，这反而会收获更大。

这并不意味着奥巴马在所有事情上都会向中国让步。2010年，1月美国宣布对台军售，完全不顾北京的极力反对；2月他宣布将在达赖喇嘛访美期间会见他，这对北京来说又是越过了红线。这两个行为被看作是为了取悦美国舆论的不同派别：右派（和国防部门）支持对台军售；左派（好莱坞）支持达赖喇嘛。北京决定中断和美国的军事关系，这是中国人做出的最轻微的回应。随着时间的推移，两国关系可能将恢复正常。这表明在北京和华盛顿之间并没有绝对统一的共同利益，但是全面对抗也不可行，两国之间存在的只是时而共赢，时而碰撞。

日本的转向

鸠山由纪夫上台给日本带来了第一次真正的政权更替，这可能也会对日本外交产生重要影响。新任首相希望日本在国际舞台上能占有与其经济地位相匹配的政治席位。他希望日本和美国的关系恢复到平衡状态并且不影响到日美联盟。同时他想限制美国在日本群岛的军事影响力。美国在日本驻有47 000名士兵，美军和日本民众之间有时会出现问题，尤以冲绳岛为最。另外，鸠山由纪夫先生也希望和亚洲邻国的关系翻开新的一页，由于围绕第二次世界大战的争执和日本方面拒不道歉的行为，总是让日本和亚洲邻国的关系恶化。日本首相的长期目标可能是按照欧盟模式建立一个亚洲共同体。如果说参与者在身份上的差距会使得实现这一构想太过遥远，那么对于拉近那些总是对日本国力上升持保留态度的国家，即中国或韩国与日本群岛对于政治军事利益的共同问题还是有可行性的。当中国重提日本的新军国主义的时候，的确是源于日本前首相小泉频繁参拜靖国神社。2010年可能是中日达成深层次和解的一年。2009年底，日本民主党干事长小泽先生带着700多人的代表团来到北京。这让人联想起鸠山由纪夫访问南京对

里约热内卢奥运会

国际奥委会将2016年奥运会的举办权授予巴西的里约热内卢，这再次表明国际奥委会并不只是体育事件的委托人，同时也是地缘政治的主要活动家。由于这完全是地缘政治的原因，这个巴西城市才成为自此（2009年）7年后奥运会的主办国。

从技术层面上来说，四个候选城市都是优秀的。东京、马德里、芝加哥和里约热内卢中的每一个都具备主办奥运会的资格。因此，国际奥委会的决定并非基于城市环境、组织和迎接运动员、记者和公众的能力，如果仅从这几点出发，里约热内卢是否具备与马德里和东京竞争的实力还不得而知。

9月份公布的评估报告并不能明确地看出最有希望获选的城市。国际奥委会一心想为创造历史做出贡献，卢拉总统就将赌注押在这一点上。他声称，这是奥运会第一次在南半球国家举办（如果排除1968年的墨西哥奥运会）。此时，人们正在大力颂扬新兴国家，G20正在取代G8，他的这种理由无法抵挡。正如2008年的奥运会让中国以全新的形象登上世界舞台，2016年的奥运会也将第一次为一个拉丁美洲国家、一位南半球的巨人戴上王冠。里约热内卢奥运会是世界多极化的新的征兆。国际奥委会做出这个决定，也是为了免被指责为“地缘政治保守主义”，它更倾向于人们说它伴随着甚至在推动着塑造历史的运动。

除此之外，巴西是继申办2000年、2004年、2012年奥运会后第四次再次成为申办奥运会的候选国。如果再失败的话，可能会被当成一种巴西的耻辱。相比而言美国已经举办了四次夏季奥运会和同样次数的冬季奥运会了。金砖四国（巴西、俄罗斯、印度、中国）中另外两个体育兴盛的国家——中国和俄罗斯（印度则远不属于这一范畴）都已经或将举办自己的奥运会（2008年北京夏季奥运会，2014年俄罗斯冬季奥运会）。巴西亦将主办2014年的世界杯足球赛，虽然有了基础设施方面的保证，但这却可能会让2016年的里约热内卢奥运会有些失色。

卢拉与贝利的组合成功地为巴西赢得了奥运会的主办权。卢拉是在任的唯一能与奥巴马比拼国际知名度的政治人物。事实证明，本身就已是国际明星的卢拉和世界上最著名的运动员球王贝利组建团队的运作非常成功。另外，四个申办奥运会的候选国家的政府首脑均出席了最终由里约热内卢胜出的参选活动，彰显出奥运会的政治影响力。

中国人民做出正式道歉的可能性。因为南京是日本人在第二次世界大战期间对中国施暴的历史见证这可能是中国国家主席胡锦涛2010年8月6日将访问广岛的前奏——这一天是广岛遭原子弹轰炸纪念日。另外，中国国家主席胡锦涛这次对日本的访问安排也旨在宣扬他的核理论的三个原则：不首先使用核武器；不攻击无核国家；不出口核武器。

中国支持核裁军的呼声要超过美国，并顺便含蓄指出美国是唯一使用过这类武器的国家，这是非常巧妙的战略。对日本来说，赌赢的关键在于和华盛顿保持一定的距离并与中国拉近关系，以留有更大的行动余地。中国人似乎明白，如果要用具体的行动让日本人恐惧的话，就只会导致美国在亚太地区的军事影响更加持久。日本是否愿意拉近和中国的距离尚不明确，这一点可能具有历史性的意义，甚至可能完全改变亚洲的所有战略问题。

法国和北约

在庆祝北约成立60周年的首脑会议上，法国正式宣布重返1966年戴高乐将军曾宣布退出的北约军事一体化机构，法国此举曾引发轩然大波。自从萨科奇当选法国总统之后，根据组织试探舆论的新闻调查机构透露，法国“重返北约”已经被多次提及。此举是否意味着与法国传统的独立政策的彻底决裂？是否释放出向华盛顿看齐的信号呢？历史最终是否将揭开新的一页呢？萨科奇这位打着戴高乐主义旗号的总统采取这样的行为是否自相矛盾呢？问题的关键，法国和全世界将如何看待这位总统？

事实上，萨科奇非常幸运。从其信念出发，当然也是为了区别于雅克・希拉克，他在当选之初就决定在外交上优先向美国靠拢。重返北约就是这一政策的最好体现。然而，大多数法国人对于法国的特殊定位和在外交方面的特殊角色是相当赞赏的。法国曾经是该联盟的成员，但是它过去看起来是独立于美国的。乔治・W・布什在任期间，全面重返北约本来是不可能的，此举会在法国引发深重的政治危机。萨科奇甚至在奥巴马正式成为总统候选人之前就做出了此项决定。萨科奇在当选法国总统后，重返北约便是更加容易的事情了。确实，重返北约必然会受到法国反对政党的批评，但是，由于萨科奇当时在法国享有广泛民意，反对派也受到制约。北约成立60周年纪念日正值奥巴马就职仪式后的两个半月，萨科奇期望凭借奥巴马在欧洲的“人气”能获得更多的法国民众支持使法国重返以美国为首的北约的决定。

事实上，必须区分这个问题的现实意义和象征意义。现实意义是法国已经参加了北约的大部分军事和文职委员会，只置于核计划委员会和防御计划委员会之外。法国最新决定的也只是加入这最后一个也确实是最重要的一个组织。且法国的重新参与不会引起重大变动，法国事实上已经被广泛纳入北约。1999年，法国参与了北约对南斯拉夫的战争。但是，法国此举的象征性责任及对世界其他国家产生的影响，都在当时产生了震动。在外交上，这种象征意义有十足的分量。因此，有人将会认为法国放弃了自身的部分特性。美国人对此心领神会，将不再谴责法国的“反美主义”（其实过去只反对美国的对外政策）；大部分欧洲国家也同样会为法国这一正常化甚感欣慰。但是，除了西方世界，在世界上其他国家和地区的眼中，法国原有的比其他北半球国家更加重视他国感受和利益的这一特殊形象将会大打折扣。

这并不意味着法国将自愿加入美国人所期望的一场战争，也不是说法国在所有问题上都要被迫服从华盛顿。伊拉克战争期间，已经全面加入北约的德国和土耳其就是证明，这并不妨碍它们强力反对美国政策。萨科奇说，他之所以这样做，其目的是为了达成欧洲防御一体化，因为法国在北约框架之外为之努力了数十年都未能如愿。

这是萨科奇的赌注，他将会在这一领域取得某种实质性的成果吗？在对外政策上陷入困境且又被金融危机削弱了力量的美国人和奥巴马能否接受欧洲和美国之间力量的重新平衡呢？如果在北约内部，法国能成功地推动欧洲防御体系的建立，他也就赢得了重返北约的赌注，因为戴高乐退出北约的最终目的就在于此。但是如果萨科奇无法让事情发生根本性的变化，他此前对全面加入北约的解释可能只是做做表面文章而已。

但是，最关键的问题是北约的未来，它将肩负怎样的历史使命？会扩展到什么程度？乔治·W·布什在任期间，它有成为反恐战争机器的苗头，但后来证明这是用战争来助长恐怖的威胁。奥巴马上任后，上述情况有所缓解，但是我们对北约的定位必须进行深层次的思考，正如对北约被西方世界之外所理解的那样进行思考。

中国：2010 年、虎年及上海世博会之年

对中国来说，2009 年是卓越非凡的一年：经济增长率超过 8%，世界第一大出口国，第一大汽车市场。中国政府对经济的支持不仅是通过增加预算，更是通过放开银行信贷，其结果是贷款和流动性都大幅增加。而这种情况将会加剧中国社会的贫富差距。就业问题、房地产泡沫、经济过热的风险，尤其是对人民币低估带来的潜在问题，以及经济刺激计划中产生的大量没有被投入到实际经济的贷款，这些都将在 2010 年对中国构成挑战。

中国经济增长再创纪录

2009 年中国经济增长仍然超过了国际上的预测。得益于 2008 年底的刺激计划，2009 年中国经济的增长率最终达到 8.7%。而中国 2009 年第四季度的经济增长达到了两位数，即 10.7%（第三季度为 9.1%，第二季度为 7.9%，第一季度为 6.2%）。共包括 4 万亿元人民币的经济刺激计划（5 850 亿美元），主要用于公共投资，投资目标为中国的国家发改委（NDRC，即原中国国家计划委员会）审批的区域经济发展重点项目。其中除了四川的灾后重建的投资之外，基础设施投资金额差不多占到 4 万亿元经济刺激计划的 50%。其他投资的方向为住房、公共卫生和教育等。刺激计划使得银行贷款解冻，银行的人民币存款准备金率也随之调低，这也是中国主要的货币工具之一。因此，大部分贷款可以用来为经济刺激计划中的项目投资。为了更好地投资这些项目，国家发改委还采取了一些补充性措施，如给予长期贷款、对城市投资公司的流动资金和贷款比例要求降低（尽管后者的自有资金已经大幅下降）等。所有选中的投资项目多为跨区域项目，如铁路，或者由地方政府决定融资方式的地铁项目等。2009 年固定资产投资（FBCF）为中国国内生产总值的增长贡献了 46%，其代表了 2009 年中国经济增长的主要方式。

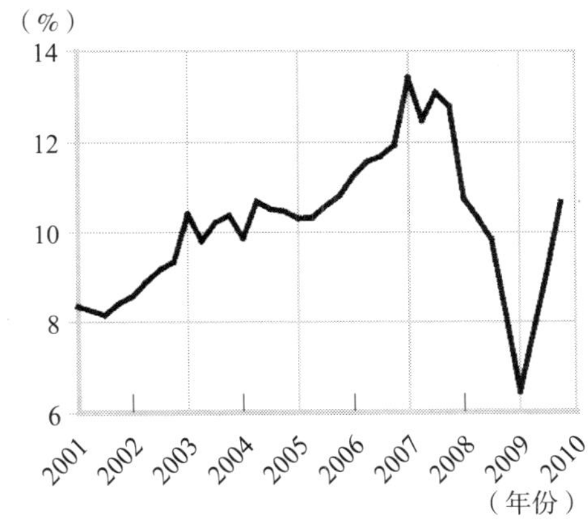

中国：国内生产总值增长率变化

资料来源：巴黎经济研究观察中心。

但是，金融监管部门担心贷款过分增加，因此要求各银行对此保持警惕。2009年全年的放贷总额高达15 000亿美元，其中12 700亿美元来自国有大型银行。中国政府预计本国2010年的经济增长率为9.5%，这符合2010年1月国际经济分析师预测的平均值，高盛银行的预测在8%~11.4%之间。房地产和基础设施仍是中国投资的主要方向。但是，2010年中国决策者将会把贷款增长速度从34%下降到20%，以期降低经济过热风险。这将允许新增8 000亿美元贷款。中国工业生产总值将可能在2010年增长11%，这将与2009年持平。中国经济刺激计划的目的旨在促进国内消费，尤其是鼓励购买汽车以及通过补贴推行的“家电下乡”。因此，中国试图重新平衡其经济增长模式，即更多地促进个人消费，目前中国的国内消费额仅占其国内生产总值的37%。尽管如此，以拉动消费刺激经济增长的意图在2009年还

2009年中国经济统计（%）

项目 \ 时间	2009年	2009年第4季度	2009年12月
国内生产总值	+8.7	+10.7	
工业产值	+11.0		+18.5
发电量	+4.2		+27.7
粗钢产量	+13.5		+26.1
水泥产量			+12.6
能源消耗量	+5.9		+29.0
房地产销售（面积）	+45.2	+38.0	+45.4
零售总额	+15.5		+17.5
汽车销售量	+46.0		+90.6
投资	+30.6	+27.5	+24.1
新投资项目数量		+45.9	
出口	-15.9		+17.7
进口	-11.3		+55.9
贸易顺差	（+1 970亿美元） （-33）		
货币供应量（M2）	+25.6		+27.7
银行贷款	+29.9		+31.7
外汇储备	+23.3		（23 990亿美元）
财政预算（收入）	+11.7 （10 000亿美元）		
财政赤字	-3.8		

是让位于生产性投资的高速增长。总而言之，中国 2009 年的 4 万亿元人民币的经济刺激计划由中央政府的 1.18 万亿元（2009 年 8 月已经完成 50% 的投资）及中国各地方政府的 2.82 万亿元组成，但后者的执行更为滞后，且问题更多。

中国成为全球第一大出口国

2009 年，虽然全球经济环境疲软，但中国的外贸发展却成绩卓著。这一年，中国取代德国成为世界第一大出口国。世界上包括新兴国家中的巴西等国都在给中国施加压力，希望中国的人民币升值。国际舆论认为中国利用人民币与美元之间的低汇率促进其廉价商品的出口，同时却加剧了与美国和欧洲的贸易逆差。从 2008 年中期以来，人民币兑美元保持不变。2010 年，专家预测中国的外贸总额将增加 15%。鉴于世界经济的复苏，中国的贸易出口将增长 13% 左右，进口将增长 15%。

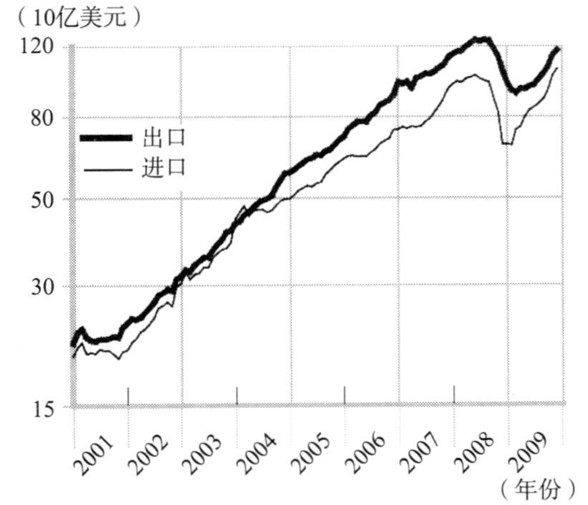

中国：外贸总额

资料来源：巴黎经济研究观察中心。

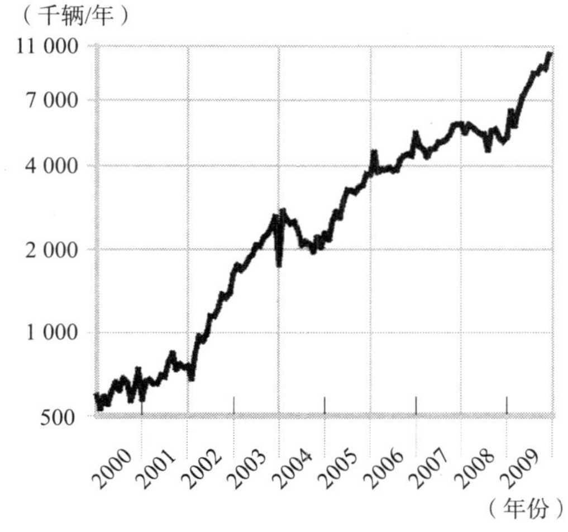

中国：私人汽车生产量

资料来源：巴黎经济研究观察中心。

中国的商品和服务出口差不多占世界贸易总额的 10%。2009 年中国的出口达到 12 010 亿美元，超过德国的 11 800 亿美元。中国已经超越美国成为世界第一大汽车市场。2009 年中国汽车销售上涨 46%，达到创纪录的 1 380 万辆。同期美国的汽车销售却下降了 21%，只有约 1 040 万辆。中国私人汽车的购买量增长更为迅猛，达到了 53%，也就是说中国在 2009 年售出了 1 030 万辆私人汽车。

中国在成为世界第一大汽车市场的同时，也成为各国汽车零部件生产商的生产基地——他们从中国出口汽车零部件，这一成绩源于中国生产型投资的高速增长。2009 年 12 月底，中国出口上升了 17.7%，而进口增幅则高达 55.9%。主要原因，2009 年中国的铁矿石进口量较上年增长了 41.6%；石油进口增长了 13.9%，这还没有算上中国生产商再库存的需求。中国利用国际上大宗商品的低价位而修建各种基础设施，如机场、地铁、高速铁路等。

中国与“大宗商品武器”

2010年2月开始的中国虎年对全世界来说都将是一个中国年。在中华人民共和国成立六十周年之后，2010年初中国则递交了一份最好的答卷：世界第一大出口国、第一大汽车市场；从国内生产总值来看，很可能已经是世界第二大经济体。2010年中国隆重举办上海世博会，其经济增长率将保持在10%左右，中国将是全球经济增长的火车头。据世界货币基金组织估计，2010年中国的经济总量将达到世界经济总量的3.9%。当然也有不少人忧心忡忡，指出这种可怕的高速增长带来的不平衡。受不良贷款影响而变得脆弱的银行体系、房地产泡沫、社会贫富差距的拉大和对大宗商品进口的依赖等。

但在这最后一点上，中国却将弱点变成优势。因为除了谷物和热带农产品之外，中国是名副其实的世界上所有大宗商品最大的进口国。从铁矿石到有色金属，从大豆到天然橡胶。2009年中国大宗商品的进口出现了史无前例的增长，这一增长甚至超过了严格意义上中国的工业需求。我们发现了大规模建立公共和私人的库存，且其主要动机是投机或至少是寻求对冲美元下跌的资产。中国大量进口石油和天然气，现在也已经成为动力煤的进口大国。至于其出口的大宗商品，不论是炼焦煤还是稀土，目前中国的政策首先是满足其国内市场的需求，同时对出口实行配额和征税，因此这也激怒了其贸易伙伴。

中国在整个大宗商品市场中的位置变得如此重要，以至人们估计，中国现在可以作为具有最终支付能力的大宗商品进口国，掌控着大宗商品这一“武器”。中国今后可以运用世界大宗商品的购买力作为一种外交武器。中国在2009年签署了600亿美元的石油和天然气换贷款合同，将哈萨克斯坦和土库曼斯坦拉入了自己的势力范围，甚至在同一领域对俄罗斯也采取了“施舍”；中国还“豆”巴西，甚至“铁面”对澳大利亚——中国在最近与澳大利亚签署了600亿美元的为期20年的煤供应合同。中国亦在非洲步步深入，从赞比亚到苏丹，再到刚果。连美国都可能受到制约——在中国和美国谷歌公司的冲突中，正如之前美国宣布对台军售一样，人们谈起了中国可能使用的“大豆武器”：中国并没有取消现行与美国大豆商的合同，但是却可能推迟购买美国大豆（中国每月进口400万~500万吨美国大豆），进而转向今年大豆丰收的拉丁美洲。而美国农场主的利益在巴拉克·奥巴马的复杂政治方程式中占有举足轻重的位置！

2010年及以后的时间，世界大宗商品市场的钥匙掌握在中国手中，而另一个新兴大国印度只在其中扮演跑龙套的角色，印度目前只是在世界白糖市场上发挥作用。但让人困惑的是，中国大宗商品市场参与者的行为通常很难被理性地解释。因为，2010年的头几个月，中国大宗商品的进口显然已经超过之前分析家估计的需求量。这完全是投机还是在上海世博会开始之前几个月的保障性进口？——在2008年北京奥运会之前的春天，中国大量进口大宗商品的原因就是后者。中国会如同2008年8月之后那样在2009年世博会之后就从世界大宗商品市场撤退吗？进而使得世界大宗商品价格全面回落吗？不管怎样，在2010年的世界大宗商品市场中，中国的“虎爪”将无处不在，中国将大快朵颐。

2009 年中国与大宗商品（年度增长%）	
隐含需求	
• 铜	+40.0
• 镍	+45.0
• 石油	+6.3
进口	
• 铁矿石	+42.0
• 锌	+265.0
生产	
• 氧化铝	+38.0
• 铝	+38.9

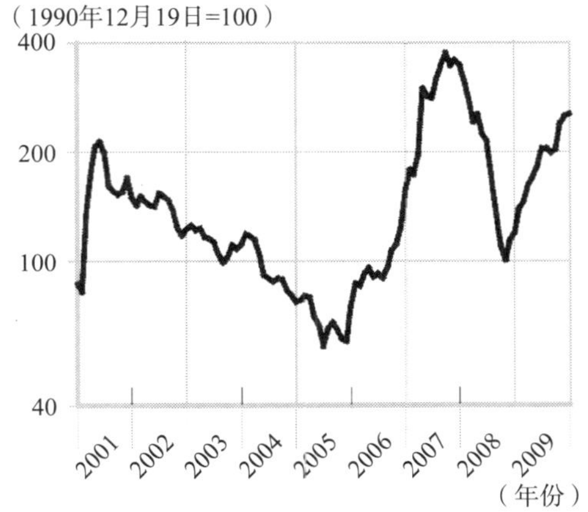

中国：上海股市变化趋势

资料来源：巴黎经济研究观察中心。

若干问题的延续：通货膨胀及房地产泡沫的威胁

中国经济增长的迅速恢复带来的负面影响包括重新出现的通货膨胀及股市与房地产泡沫的膨胀（尤其是后者）。2009 年 12 月，中国国家统计局公布的消费价格指数（CPI）为 1.9%（而从 2009 年全年平均水平来看，该指数下降了 0.7%）。专家估计，2010 年中国的通货膨胀率可能将达到3% ~4%。

上海股市创下反弹的纪录。中国香港股市和上海股市，在 2009 年新上市股票的总额达到 462 亿美元。因为在经济危机爆发后，中国对企业的融资监管有所调整，以便能让经济增长贡献率超过 50% 的私营企业得以发展。

中国：消费价格指数变化率

资料来源：巴黎经济研究观察中心。

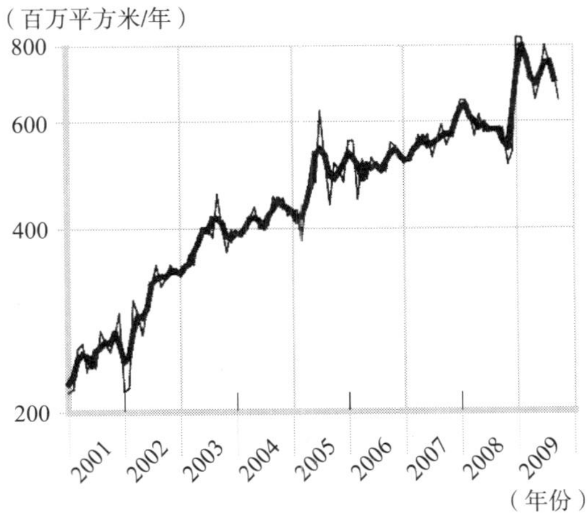

中国：已建成房屋面积

资料来源：巴黎经济研究观察中心。

对过热的房地产市场的控制也在加强。中国政府决定在2010年放慢购房贷款节奏，减少利率优惠或提高贷款利率。同时尽量不因此影响中国经济的增长。

中国经济再平衡面临的挑战

经济刺激计划孤注一掷的实行不应该掩盖中国经济的结构性失衡，如农村收入问题、就业问题、医疗和教育预算依然偏低等问题。

中国的人均收入还是很低，农村居民的收入只相当于城市居民收入的1/3，社会差距进一步拉大。中国从预算中启动了7 160亿元人民币（1 048亿美元），用于解决“三农”问题。这笔预算旨在加快农村发展，提高农民年平均收入。中国农民2009年平均收入为5 000元（735美元），这相对于2008年来说增长了6%。用于粮食、谷物、农机具方面的农业补贴为1 230亿元，比2008年增长了19.4%。2009年中国政府拨款2 642.2亿元用于改善农业基础设施，同时还拨款2 693.2亿元用于改善农村公共服务。

2009年伴随着通货膨胀的降低及公共性补贴增加（家电、汽车等），城市居民工资有上涨的趋势。中国政府大力支持家庭消费行为，后者可以为中国经济增长带来50%的贡献率。

中国还面临另一个重大挑战：就业问题。因为企业的破产，2009年底估计有2 400万失业人口，其中700万是刚毕业的大学生。在城市，中国成功地创造了1 200万个就业岗位。2009年底中国官方数字显示的全国城市人口失业率为就业适龄人口的4.3%（2008年为4.2%）。中国政府采取了有利于大学毕业生和农民工就业的措施。人力资源和社会保障部拥有420亿元的预算，以便在三个方面促进就业，即帮助大学毕业生就业、农民工职业技能培训和出台有利于企业的措施。2009年7 000万农民工返回了他们的家乡。政府鼓励毕业生到城市之外就业，对创业提供优惠。一方面，可以延迟缴纳社会保险，如退休、失业、医疗、意外工伤和生育保险金等；另一方面，政府帮助困难企业支付社会保险。据统计160万家企业因此

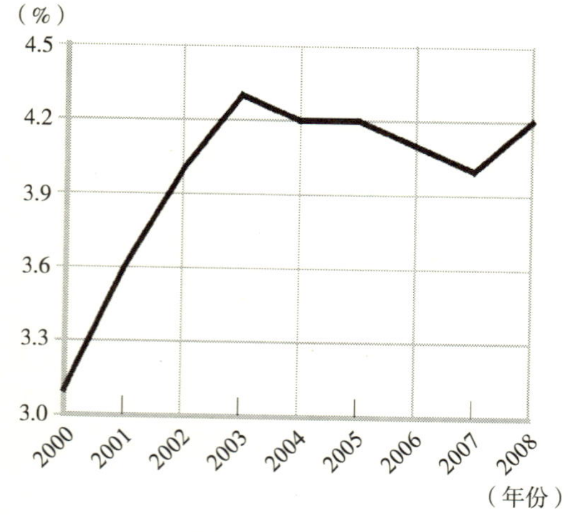

中国：城市失业率

资料来源：巴黎经济研究观察中心。

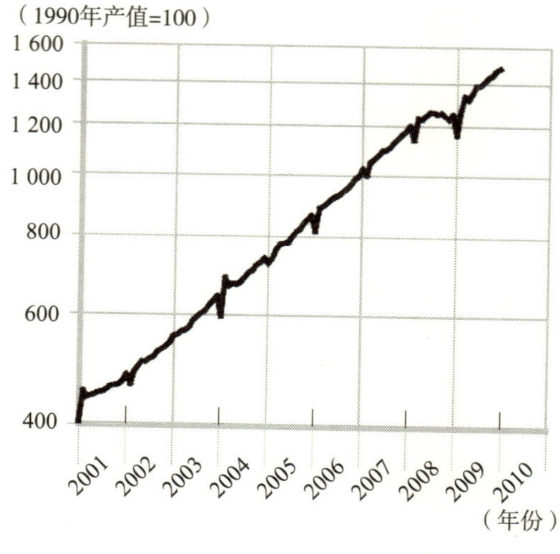

中国：工业生产总值

资料来源：巴黎经济研究观察中心。

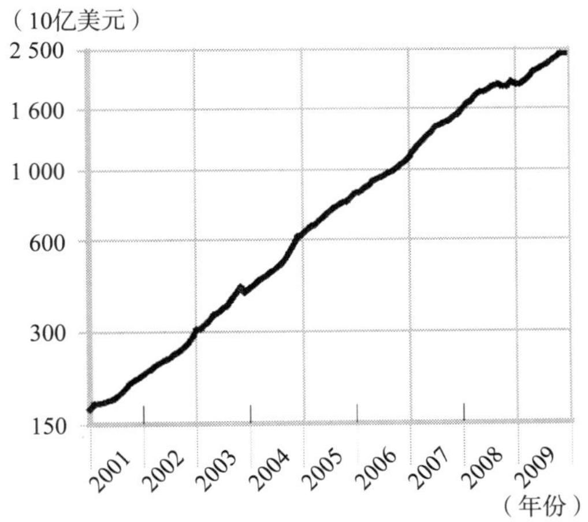

中国：外汇储备变化

资料来源：巴黎经济研究观察中心。

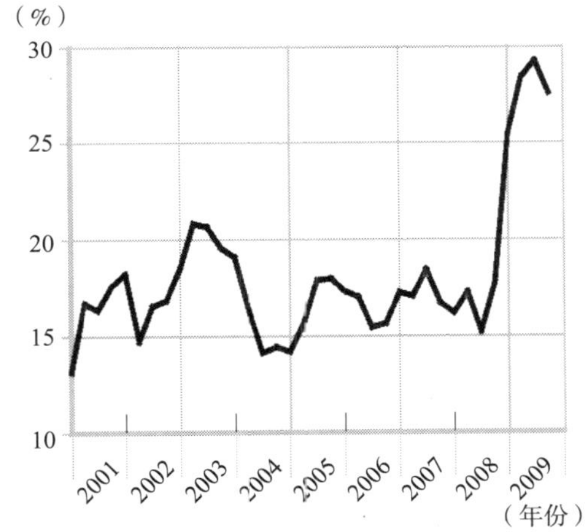

中国：货币供应量（M2）变化率

资料来源：巴黎经济研究观察中心。

获益，总金额达到 339 亿元（50 亿美元）。到了 2009 年年底，人们重新谈起了招工难和工资上涨等问题。

中国虽然已经开始收紧了信贷，但不良贷款仍有重现的风险。发放贷款是根据产业和项目风险来决定的，而城市商业银行和农村信用社在审查发放贷款的风险时并不严格。目前，这些贷款都由地方政府机关和国有企业所垄断。中国国家统计局的数据显示，从贷款分布来看，73% 的贷款企业都属于国有大中型企业；9% 属于政府部门；6% 属于个体企业；12% 属于家庭，其中 10% 用于住房，2% 用于消费。因此还应当继续加强金融体系的监管，在中国，银行的不良贷款几乎占中国国内生产总值的 30%。在 2010 年 1 月的前 20 天，银行共发放了 14 500 亿元的贷款，而整个 2010 年其全年发放贷款的目标是 75 000 亿元。

中国企业

经济刺激计划使中国企业的利润快速增长。中国所有工业行业都因此受益，化工行业的企业利润增加了 187%；汽车行业的企业甚至收购了一些国外同行，如吉利公司从福特公司手中收购了沃尔沃公司。这种趋势表明，中国希望继续甚至加快其对外的直接投资，且不再仅局限于自然资源领域的投资。2009 年，中国在海外的直接投资达到 420 亿美元，而外商在中国的直接投资为 800 亿美元。

2010 年对于中国来说是富于挑战的一年，因为中国需要控制贷款及流动性的过快

中国：外商直接投资

资料来源：巴黎经济研究观察中心。

2010 年上海世博会的作用和影响

2002 年，上海获得 2010 年世博会主办权。世博园位于上海南浦大桥和卢浦大桥之间，黄浦江滨的市中心。上海世博会投资达 300 亿元，这是历史上最雄心勃勃的世博会，也是首次在发展中国家举办的世博会。截至 2010 年 2 月，有 179 个国家和地区及 44 个国际组织已经确认参加上海世博会。这次世博会将于 5 月 1 日开始到 10 月 31 日闭幕。上海世博会的主题以 21 世纪的城市生活为基础，口号是“城市，让生活更美好”，其目的是希望在城市中心打造一个 5.28 平方公里大小的名副其实的绿洲。

参展国家与单位将介绍他们对城市文明的看法，及他们各自的经验，各自的发展，及在新型居住生活方式观念上的新探索和下世纪对生活条件的改善等。其目的是学习建设生态社会，在人类社会中实现可持续发展。上海世博会将突出科技的创新，人类的发展，以及人类文化的互动，从而为更好的明天而进行互相交流。实际上，中国已经成为全球第一大温室气体排放国。为了举办这首次被称为“绿色”的世博会，上海希望改变其污染城市的形象，致力打造一座生态城市。

上海世博会带来了投资和就业的机会，将给中国经济注入活力，并刺激某些消费领域，如商业和旅游等。上海市周边的各地方政府都期待着迎接 7 000 万游客，这对中国旅游业来说是天赐良机——可以为上海市带来 3 000 亿元的旅游收入。另外，旅游业已成为城市经济增长的一个重要领域，2009 年上海市旅游总收入达到 2 060 亿元。

为了接待初步估计的 7 000 万名游客，上海市旅游局指出，全市共有 4 000 家旅馆和 500 家星级饭店，接待能力达到 50 万张床位。同时，上海市旅游局可能和居委会及街道办事处一起合作，鼓励上海市民接待来上海世博会参观的游客，根据现行规定为游客提供住处。临近上海市的江苏省和浙江省同样可以为世博会提供 15 万张额外床位。

上海世博会之后，中国馆将被永久保存，它包含了一定的“绿色”元素，如占地 70 000 平方米的主体馆安装有全世界最大的太阳能屋顶。上海世博中心和好几个国家馆都安装有太阳能电池，如法国馆就配备有植物墙及隔热效果更佳的混凝土单元结构。太阳能可以提供 4.6 兆瓦/小时的能源，中国组办者指出“这是中国公共场所使用的最大的太阳能能源”。上海市路灯也全部采用能耗少的发光二极管灯。黄浦江江水将被用于上海市空调系统，这里的夏季气温经常在 35 摄氏度以上，所以空调使用相当广泛。某些国家馆还采用了最新的生态技术：日本馆有柔软的太阳能电池板；瑞士馆的外墙面能够重新利用照相机闪光灯的能源。在交通方面，园区内只允许绿色汽车运行。混合动力汽车和纯电动车将承担人员的运送，组办方同时将鼓励游客乘地铁前来参观。今天，上海希望成为中国可持续发展的窗口，它目前已经建成一些标志性项目，如东海大桥旁的国内最大的海上风能发电场等。

增长。不良贷款和贷款的过快增长均可能使中国金融体系出现种种问题，还会导致经济过热，以及通货膨胀率的上升。2010 年，中国面临的另外两个挑战是人民币对美元的汇率及金融体系改革，还要解决经济过渡时期中国的民生和社会问题。中国在 2010 年春天将因上海世博会的举办而欢欣鼓舞，但稍后需要考虑如何将中国奇迹继续下去这一根本性问题。

印度：在经济反弹与回归高增长之间

——“钻石有瑕疵，亦复胜顽石”

对于印度当局来说，世界经济危机很明显在两个方面并没有影响印度。经济危机有三个传播渠道：即对金融、贸易和信心上的冲击。对于印度这样一个经济过热而且向来对外部冲击比较敏感的经济体来说，我们可能担心有最坏的情况出现，如1990年和2000年。但是印度却令人吃惊地表现出抵抗经济危机的能力。印度国内生产总值增长率从2007年的9%下滑到2008年的6.7%，而从2009年中期开始又反弹到7%以上，其2009～2010财政年度的经济增长目标是8%。除了与印度经济结构相关的抵抗外部冲击因素之外，印度经济较快恢复的缘由还在于它合理的经济政策及相对稳定的政治环境。2009年11月公布的印度工业生产总值增长率为11.7%，这激起了大家对印度“V”形反弹的憧憬。2010年印度经济的发展还包含有很多不确定因素，这也就解释了印度关于是否实行“退出政策”的激烈争论。因为印度经济的一些指标如其国家债务不能长期保持平衡。除了经济政策的两难处境之外，印度社会分化的加剧也带来了很大的风险，这就要求印度政府强化在一些落后地区的基础设施建设。这是一个对印度适时的挑战，因为过去十年中印度取得的成绩强化了其与中国相比的吸引力，面对中国，印度已经越来越成为一个必不可少的多元化的选择。

成功的抗击……

对印度来说，它安然避开了导致国际经济危机爆发的两个因素：第一，过去五年的世界经济高速增长，具体表现为资产和原材料价格的通货膨胀。面对这种情况，各国本应该实行货币和财政的紧缩政策，但是2001年时美国为了摆脱当时的不景气状况而采取了超低利率的货币政策，这导致了国际市场上流动资金的过剩，使投资者的风险意识大大降低了。第二，金融创新淡化了谨慎的原则。高风险的劣质资产的不断积累没有引起人们的重视，并一直持续到泡沫的最终破裂。世界经济的不平衡又加剧了泡沫的产生，美国和那些保持出口顺差的经济体，及以中国和日本为代表的贸易顺差国之间的失衡，如石油出口国。经济危机过后，中国在新的世界经济分割上成为印度最大的竞争对手。

经济危机传播到印度的渠道有三方面：首先是金融方面，这直接影响了印度大公司的投资周期，它们逐渐成为国际金融市场上的债权方，享受到比国内市场低的利率；

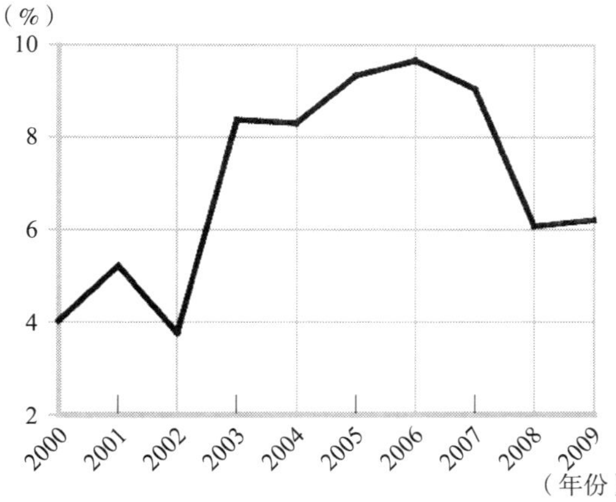

印度：国内生产总值增长率变化

资料来源：巴黎经济研究观察中心。

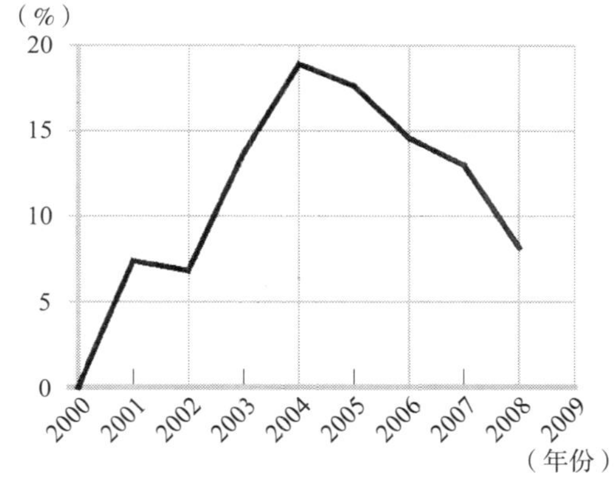

印度：固定资本形成总值（GFCF）增长率变化

资料来源：巴黎经济研究观察中心。

其次是贸易方面，因为世界经济危机使各国的进口需求均大大下降，而印度作为世界上最大的商品和服务出口国之一深受打击；最后是对印度企业和消费者信心的冲击，他们见证过连续三年（2004～2007）印度将近10%的高增长率，而印度城市中产阶层的消费也差不多经历了同样的高增长。

世界经济危机爆发后，印度国内生产总值增长率从2007年的9%下滑到2008年的6.7%，从2009年中期开始又反弹到7%以上，印度2009/2010财政年度（印度的财政年度截止于每年的3月31日，下一个财政年度起始于每年的4月1日）的经济增长目标则是8%。怎么解释印度这样强劲的经济表现呢？

坚实的金融体系和强劲的国内消费

在今后的国际峰会上，印度政府不会忘记提及印度能够抵抗金融危机的三个因素。第一个因素体现在银行体系，它包括三点：首先，印度中央银行（RBI）在金融和税收的监管方面的高度谨慎，作为印度银行的调节机构，其监管的程度可以被恰如其分地视为保守和极端的谨慎；其次，印度的银行一直依靠国内储蓄而不是市场上短期融资；最后，印度金融体系的监管机构在面对金融创新的冲击时措施得当，且监管机构的运行具有完整的独立性。

第二个因素体现在印度本身的经济结构。我们分析其主要拉动经济增长的产业时发现，制造业的份额只占印度国内生产总值的18%（广义的工业则占25%），而生产总值的60%都来源于印度的国内消费。在经济危机中，只是几个重点的出口产业受到外部需求下降的冲击，主要集中在一些地区的印度首饰业，在安排就业上非常机动灵活。印度纺织与服装业受到了印度政府保护措施立竿见影的影响。受到保护的还有钢铁工业。如今印度的服务业已经超过印度国内生产总值的一半，对印度经济增长的贡献率甚至达到了3/4，而服务业受经济危机的影响最少。印度在服务业出口中，计算机服务和呼叫中心服务占印度出口额的1/3，国内生产总值的6%。相对于制造业出口来说，这

印度 GDP 实际增长与预测

单位：%

项目＼时间	2005/2006	2006/2007	2007/2008	2008/2009 *	2009/2010 **	2010/2011 **	2011/2012 ***
1. 农业和相关活动	5.2	3.7	4.7	1.6	-0.2	5.0	4.0
2. 采矿和采石	5.3	8.7	3.9	1.6	8.7	7.5	8.0
3. 制造业	9.6	14.9	10.3	3.2	8.9	8.9	9.2
4. 水、电、天然气供应	0.6	10.0	8.5	3.9	8.2	8.0	9.0
5. 建筑	12.4	10.6	10.0	5.9	6.5	9.0	10.0
6. 贸易、酒店、通讯	12.1	11.7	10.7	7.6	8.3	9.0	11.0
7. 金融、房地产和商务服务	12.8	14.5	13.2	10.1	8.9	10.0	11.0
8. 公共和私人服务	7.6	2.6	6.7	13.9	8.2	7.0	7.0
9. 国内生产总值（除去通货膨胀）	9.5	9.7	9.2	6.7	7.2	8.2	9.0
工业（2+3+4+5）	9.3	12.7	9.5	3.9	8.6	8.7	9.2
服务业（6+7+8）	11.1	10.2	10.5	9.8	8.7	8.8	10.1
非农产业（9-1）	10.5	11.0	10.2	7.7	8.5	8.8	9.8
人均国内生产总值（除去通货膨胀）	7.8	8.1	7.7	5.2	5.7	6.7	7.5
其他数值							
国内生产总值（10 亿美元）	837	947	1 231	1 222	1 312	1 557	1 886
人口（百万人）	1 106	1 122	1 138	1 154	1 170	1 187	1 203
人均国内生产总值（美元）	757	844	1 082	1 059	1 121	1 312	1 567

注：* 为 2010 年 1 月 29 日公布的估计值；** 为 2010 年 2 月 8 日公布的估计值；*** 为安理会作出的预测值。
资料来源：2009/2010 年经济展望（Economic Outlook for 2009/10），印度总理经济咨询委员会（EAC），2009 年 10 月。

些服务业的出口波动率要小得多，这表现在互联网快速发展的时代对信息系统维护及为客户出口服务具有相当的稳定性。农业占印度国内生产总值的 1/4，但其养活了将近 2/3 的印度人，且印度的农产品市场受到保护并完全孤立于世界市场。印度在 2008 年遭遇的最大不幸是降雨量比往年少 20%。尽管如此，印度的农业生产总值似乎只减少了 2%，因为当年印度冬季的农业收获（Rabi）部分补回了之前的损失。总地算来，降雨量的减少对印度国内生产总值的影响仅为 0.5%，对印度农民收入的影响也部分地被积极的农村社会政策所弥补。

第三个因素是印度经济中的需求构成与占印度经济主导的内需之间的平衡。消费占印度国内生产总值的 60% 以上，虽然印度经济增长率与 2007 年的 8.3% 相比有所下降，但随后两年，因为印度政府对就业的支持，而且印度消费者信心受国际金融危机的影响并不大（这大概得益于印度消费者的平均年龄较低，而且在很大程度上受益于 2009 年 6 月印度大选结果的明朗），所以印度的经济增长率仍然维持在 5.5% 左右。从 2004 年开始，印度的投资增长经历了一个飞速发展的周期，其从 2004 年占国内生产总值的 22.8% 上升到 2007 年的 39.1%，投

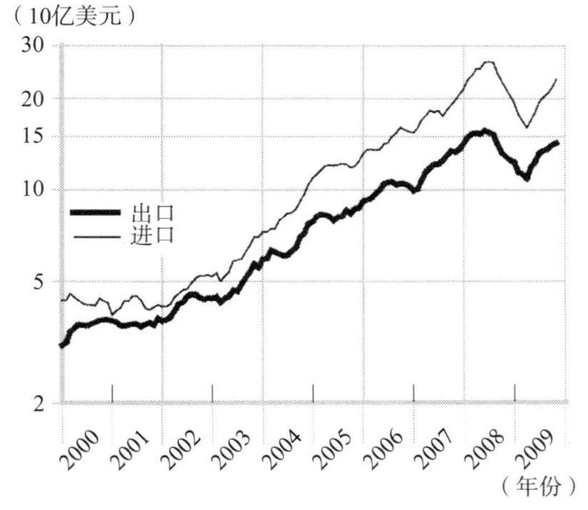

印度：对外贸易

资料来源：巴黎经济研究观察中心。

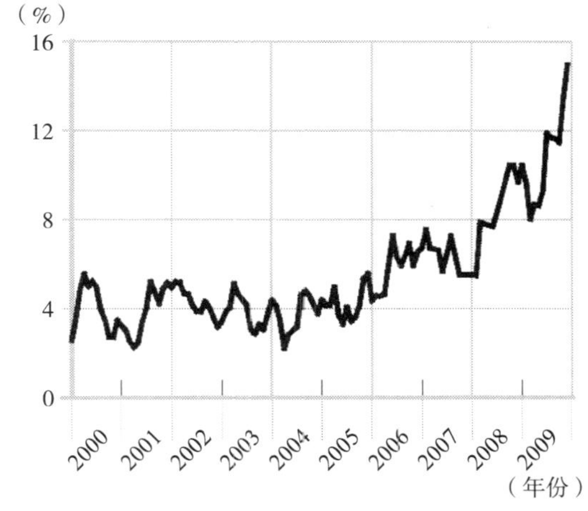

印度：消费价格指数的变化

资料来源：巴黎经济研究观察中心。

资对印度“光荣三年”的发展贡献率超过了一半。因为印度经济的增长主要源于内需，且印度的大公司在经济反弹时获取了非常大的利润使得2008年和2009年印度的投资增长率只下降了2.5%；投资对印度经济增长率的贡献还略有上升（在2008年印度的经济增长率中投资占4.3%，2009年占4.4%，而消费的贡献率则分别占3.6%和2%）。印度外贸对印度经济增长的纯贡献率从未超过其国内生产总值的1~2个百分点。在经济危机的高潮中，尽管印度出口下降了20%，但其外贸差额并没有受到影响，甚至在2009年还略微上升（达到0.4%，2008年为-1.8%），这得益于占进口总额达到60%的能源原材料价格的下降及工业设备进口的放缓。

恰当的经济政策……

世界经济危机爆发时正值2009年春天，当时印度大选开始，印度政府在2008年的预算中已经通过了有利于其政党争取选票的措施，尤其是大幅度提高公共行政人员工资及社会保障预算，其中包括著名的“全国农村就业保障法”（NREGS）——印度政府保证为每户贫困农村家庭提供就业机会，工作就业的期限为每年不超过100天。印度半数以上的县实施了这一保障法，近3 000万印度人受益于政府2008年的预算，他们收到了近110亿美元的补贴，这是之前的一倍。而这110亿美元虽然只占印度国内生产总值的1%，但却补贴了印度全国2.6亿的贫困人口。印度政府随后还采取一些财政政策和货币政策用以支持经济复苏。印度政府分别在2008年12月、2009年1月和2009年6月三次出台了刺激计划。每个计划都调动了重要的财政预算资源，印度中央银行（RBI）也为推动经济复苏在货币政策上进行了调整。在财政预算方面，印度政府在2003年立法通过的“财政责任法”（FRBMA）使其在经济高增长的那些年份里明显地降低了财政赤字。当经济危机到来时，印度中央政府和地方政府的财政预算赤字已经降到了印度国内生产总值的4.2%，并有相当于国内生产总值1.3%的财政基本盈余。经济危机时期，各种经济刺激计划使印度的财政赤字占到了其国内生产总值的8.7%，如果将预算之外的经济刺激措施考虑进去，其值将近 10%。例如取消负债过高农民的债务等，这些措施相当于拉动了印度国内生产总值的 5% ~6%。2009 年印度官方公布的印度预算赤字依旧占国内生产总值的 10%，实际上其总体接近 12%。

另外，印度政府与印度中央银行的行动相互协调很可能是印度经济政策成功的关键因素。首先，这些政策很快结束了印度货币政策紧缩时期的贷款政策，印度央行迅速降低利率，尤其是降低了准备金率（CRR），从而释放了必要的流动性。我们甚至看到一

印度 2004 ~2010 年国际收支状况

单位：10 亿美元

项目＼财政年度	2004/2005	2005/2006	2006/2007	2007/2008	2008/2009	2009/2010
商品出口额	85.2	105.2	128.9	166.2	189.0	168.7
商品进口额	118.9	157.1	190.7	257.6	307.7	296.8
商品贸易差额	-33.7	-51.9	-61.8	-91.5	-118.7	-128.1
占 GDP 比重（%）	-4.70%	-6.20%	-6.5%	-7.4%	-9.7%	-9.8%
无形贸易净额	31.2	42.0	52.2	75.7	89.9	98.6
其中：软件和软件外包（BPO）	14.7	23.8	27.7	37.2	44.5	47.2
私人汇款	20.5	24.5	29.8	41.7	44.6	55.7
投资收入	-4.1	-4.1	-6.8	-4.4	-4.0	-4.1
经常项目差额	-2.5	-9.9	-9.6	-15. 74	-28. 7	-29.5
占 GDP 比重（%）	-0.30%	-1.2%	-1.0%	-1.3%	-2.4%	-2.2%
外国投资	13.0	15.5	14.8	45.0	3.5	47.3
其中：外国直接投资净额（FDI）	3.7	3.0	7.7	15.4	17.5	20.1
流入外国直接投资	6.0	8.9	22.7	34.2	35.0	36.0
流出外国直接投资	2.3	5.9	15.0	18.8	17.5	15.8
证券投资	9.3	12.5	7.1	29.6	-14.0	27.2
贷款	10.9	7.9	24.5	41.9	4.1	7.2
银行资本	3.9	1.4	1.9	11.8	-3.2	4.9
其他资本	0.7	1.2	4.2	9.5	4.5	-10.8
资本账户余额	28.0	25.5	45.2	108.0	8.7	48.5
占 GDP 比重（%）	3.9%	3.1%	4.8%	8.8%	0.7%	3.7%
误差与省略	0.6	-0.5	1.0	1.2	1.1	-1.4
外汇储备变化	26.2	15.1	36.6	92.2	-18.9	17.6
占 GDP 比重（%）	3.60%	1.8%	3.9%	7.5%	-1.5%	1.3%
其他量值						
平均汇率（卢比兑美元）	44.9	44.3	45.3	45.6	45.6	47.1

资料来源：2009/2010 年度经济展望（Economic Outlook for 2009/2010），印度总理经济咨询委员会（EAC），新德里，2010 年 2 月。

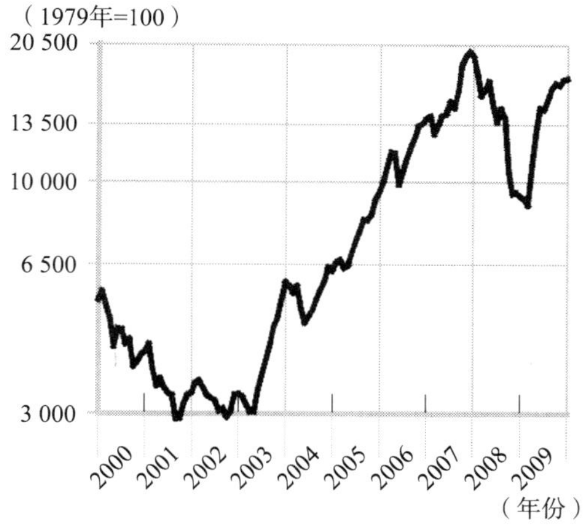

印度：孟买证券交易所 Sensex 指数

资料来源：巴黎经济研究观察中心。

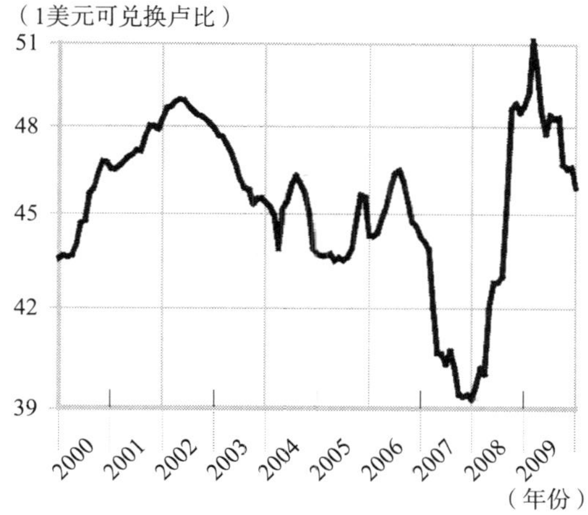

印度：卢比汇率变化

资料来源：巴黎经济研究观察中心。

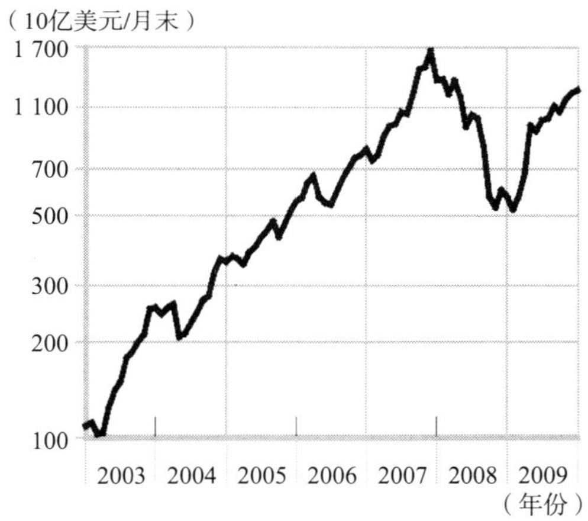

印度：股市市值

资料来源：巴黎经济研究观察中心。

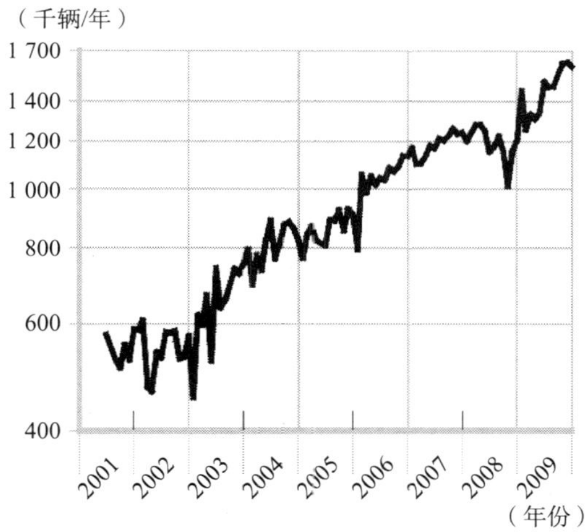

印度：新汽车销售量

资料来源：巴黎经济研究观察中心。

些在国际上债台高筑的工业集团到印度来进行融资，如先后收购欧洲钢铁企业康力斯公司（Corus）和路虎—捷豹汽车公司（Rover-Jaguar）的塔塔集团（Tata）。尤其是印度中央银行将为印度政府的财政预算减负，其为公共行业提供资金支持，印度政府将 41% 的财政赤字“货币化”，而其中的一半放入与 2004 年开始实行的“市场稳定系统”（market stabilisation system，MSS）。印度也受益于其对国际资本越来越强的吸引力。在雷曼兄弟（Lehman Brothers）破产的 2008 年底，大规模资本的撤离使得印度外汇储备减少了 500 多亿美元，印度股市敏感指数（Sensex）下跌到了 10 000 点以下，而它在 2008 年 1 月高峰时期曾经超过 20 000 点。西方中央银行的大规模资金注入，加上印度中央银行巧妙的外汇政策带给了国际投资者对印度政治和经济的信心——印度俨然成了一个稳定和充满巨大潜力的新兴经济体。2009年春天，国际资本又开始回到印度，印度外汇储备迅速增加，达到3 000亿美元左右，并有500多亿美元的金融资本和外国直接投资进入印度。印度Sensex指数迅速上涨，重新恢复到2007年中期时的水平，部分抵消了市场对印度大集团债务的担忧。

……又一轮新的政治周期

印度全国普选将对印度政府的政绩进行评价，在2008年中期还处于落后局面的印度国大党在随后逐渐取得领先，进而获得全面的选举胜利，这使得印度国大党最终可以摆脱被迫的政治结盟形势，其中包括印度共产党和印度种姓民粹主义者，如全国人民党（JRD）及由著名的“贱民女王”玛雅瓦蒂（Mayawati）领导的大众社会党（BSP）。印度总理辛格（Manmohan Singh）及其政府在2009年6月得以连任，使印度给人以政治稳定的形象。这主要得益于所谓的“三人组”，即辛格、印度国大党秘书长索尼娅·甘地（Sonia Gandhi）及其子拉胡尔（Rahul），后者是甘地家族的继承人。印度新政府的人员构成由于政治原因而十分广泛，但这同样给人以超群的印象，其中包括一些广受印度人民认可的人物，如印度财政部部长穆克吉（Mukherjee），环境部部长拉梅什（Jairam Ramesh），尤其是世贸组织贸易谈判大英雄纳斯（Kamal Nath）——印度公路交通项目的策划者之一，该项目日后被公认为印度经济腾飞的助推器。选举之后，印度政府向其议会陈述了“百日计划”，其中包括印度第三个经济刺激计划和之前政治联盟而长期拖延不决的关键性改革措施，如私有化、现代财政制度、外国投资准则等。

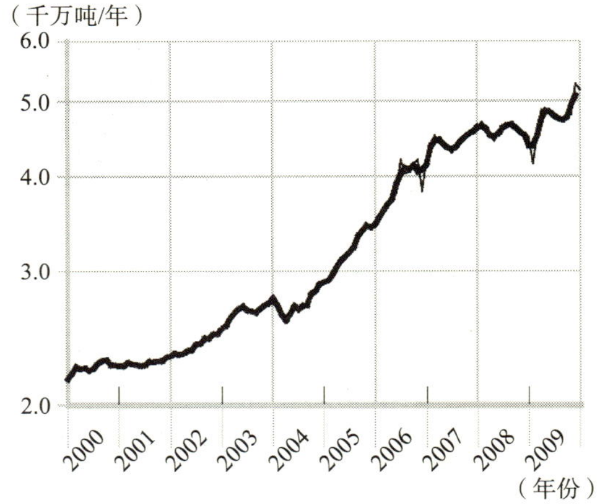

印度：粗钢产量

资料来源：巴黎经济研究观察中心。

重新找回的信心可以更好地面对夏季的风暴，印度启动的大型工程则维持了对水泥和钢铁等初级产品的消费，并且印度私人消费也重新好转。2009年9月，印度移动电话用户突破了标志性的5亿用户大关。印度汽车销售在2009年12月也上涨了40%。在2010年1月举行的新德里第十届汽车展上，世界各大汽车生产商宣布在印度的战略计划，这不仅是针对印度国内的汽车消费，也同时计划将印度打造成世界微型汽车制造中心。因此，卡洛斯·戈恩（Carlos Ghosn）宣布了与印度Bajaj公司签订的合同，旨在推出一款车型能与经济危机之初上市且已订单满满的塔塔公司的Nano微型车相竞争，雷诺公司重新启动了其Logan款节能型汽车失败后一度冻结的在印度的投资。

2010年及未来的展望

2009年11月，印度工业生产总值的增长达到11.7%的消息激起了“V”形反弹的希望，当展望2010年时，印度经济还是充满了很多不确定因素。印度当局非常谨慎，

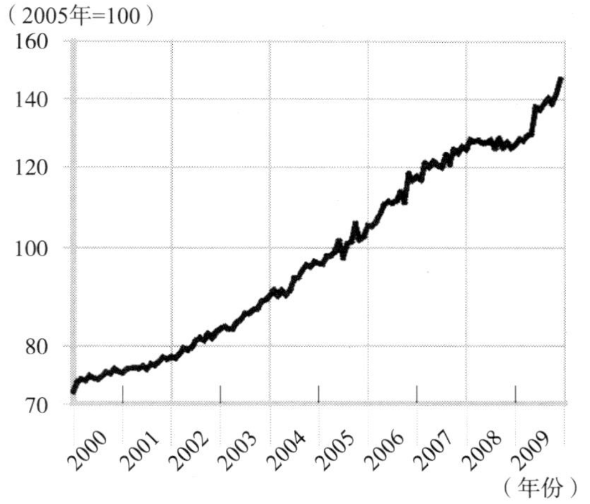

印度：工业生产总值

资料来源：巴黎经济研究观察中心。

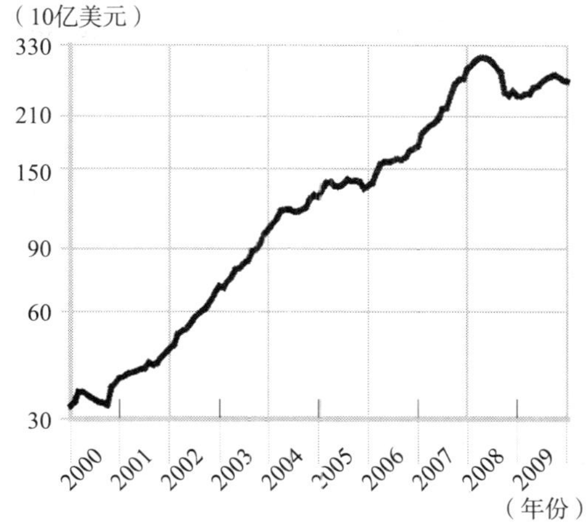

印度：外汇储备

资料来源：巴黎经济研究观察中心。

正如其2010年2月讨论关于退出政策时所产生的争论那样。第一个不确定因素在于国际环境。印度经济学家的认识一般倾向于西方经济缓慢恢复之后会出现“W”（二次探底）的发展轨迹，原因在于世界经济环境可能会受到巨大的银行债务或国家主权风险压力的影响而再度恶化。这将立即影响到外国投资者在印度的信心，尤其将使已经达到承受极限的印度经济政策更趋复杂。另外，大宗商品价格的快速上升将越来越增加印度的贸易赤字，2009年年底印度进口额增长了20%，而出口额的增长不过是一位数而已。从这个角度来看，印度根本就无法与中国相提并论，中国出口有牢固的工业机器和一个与美元挂钩的人民币给予支持。而对于印度来说，其每月20亿美元的资本流入，以及印度中央银行对抗通货膨胀的政策，使卢比今后将趋于升值。

印度的三个不确定因素

第一个不确定因素涉及经济的反弹。在工业领域，2009年秋天印度的两位数经济增长包含了明显的基数性效果（2008年秋天，印度经济增长处于很低的位置），还有印度企业再库存对经济的积极影响。尽管流动资金充裕，但是个人和企业贷款需求的疲软却让人觉得信心还没有完全恢复。这尤其显现在私人投资于某些产能过剩的行业时。在印度房地产行业也是如此，2009年印度房地产价格的大幅下滑终止了很多已经债台高筑的房地产开发商的大批项目，如印度DLF公司。另外，政府的当务之急更多地是解决明显短缺的社会性住房问题。这是辛格在计划中的承诺：“在五年内让印度没有贫民窟。”同样，2009年最后一个季度企业利润的明显反弹（印度Sensex 50指数已上涨了27%）并不意味着这些企业将利用此机会来重启投资，他们或许将优先考虑减少他们的债务，以此预防利率的再度上涨，或者防范股市的再度下跌——有人认为印度股市因世界流动性的过剩已被人为地高估。最后，印度信息服务业这一印度经济增长的动力领域在最近几年的高速发展导致了印度某些大城市史无前例的扩张，如班加罗尔、海德拉巴（Hyderabad）、德里大区；某些二级城市也随之扩张，如捷布（Jaipur）、加尔各答（Calcutta）或马德拉斯（Madras）周边的新兴城市。目前印度信息服务业增长速度已经逐渐放缓，由两位数的增长速度已经下滑到5%。另外，该领域一方面在国际上深受卢比上涨的打击；另一方面因其成本以卢比计算，印度国内的高通胀也就使该领域企业的成本大幅上升。印度航空运输业的复苏乏力从侧面证明了这一点。印度航空运输业受危机影响很大，目前有40%左右的航运能力过剩。

第二个不确定因素是印度糟糕的农业形势。印度夏季粮食收获遭遇了灾难性的季风（kharif），随之而来的又是干旱，印度粮食冬季收获（rabi）也成绩平平。印度人民面临着糖和蔬菜的短缺，糖的价格在一年内上涨了40%，蔬菜在9个月内价格上涨了32%，这严重影响了主要以此获得食物蛋白质的印度居民。在印度土豆的价格上涨了140%，牛奶价格也上涨10%。小麦和稻米都被列入了印度政府将来打算大规模进口的清单，这说明印度粮食缓冲储备很低。因为近年来印度政府大规模减少粮食储备以此降低印度食品总公司（Food Corporation of India，FCI）的损失。但该公司的作用是保证印度补贴性粮食商店的供应——印度2/3的居民都要到这些商店购买日常所需的基本食物（粮食、食用油等）。在印度这样一个没有收入与通货膨胀挂钩机制的国家里，印度食品通货膨胀率达到了20%，这对其他经济组成部分来说，相应的需求也就减少。我们知道，购买食物平均占到印度家庭消费的一半（占到2/3印度居民消费的75%），也就是说有一半印度居民会自动减少20%的其他消费需求。如果说这并不会影响印度人拥有手机，那么耐用消费品如摩托车或家用电器设备的需求则将因通货膨胀而下降，并且印度国家的私人储蓄水平亦将会受到影响。

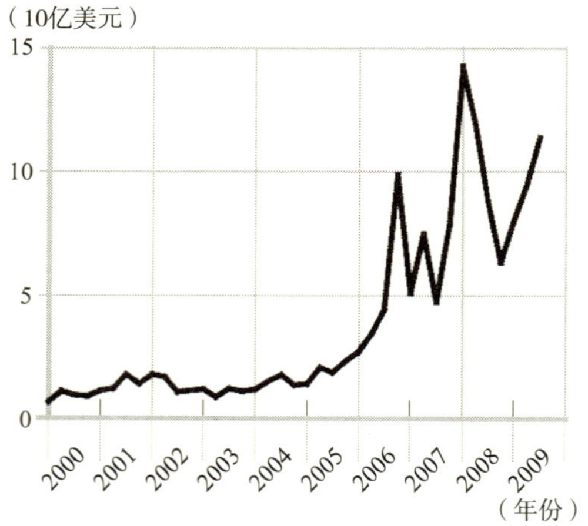

印度：外商直接投资余额

资料来源：巴黎经济研究观察中心。

第三个不确定因素在于印度经济政策及向新的混合型经济政策的过渡。在货币政策方面，面对批发价格已达到8%的通货膨胀率，以及消费价格已达到10%～12%的通货膨胀率，印度央行又怎么能不提高利率和收紧流动性呢？实际上，印度银行的基础利率在2009年底时已经下降到3.5%，而印度十年期国债利率从经济危机中的5.5%又迅速回升到目前的8%。同样，如何避免卢比的升值——卢比的升值将进一步削弱已经受中国人民币影响的印度出口竞争力；卢比若不升值则将进一步加剧进口性的通货膨胀。虽然印度的食品价格通货膨胀已经被食品价格调控的传统行政政策和印度国有商店网络的供给模式部分抑制，但是印度流动性的过剩将作为非农业型需求拉高通货膨胀。

实际上，印度最大的不确定因素是财政预算政策，这使印度处于两难处境。怎么避免公共债务的继续上升，同时又不影响印度的经济复苏和与农业（印度经济和社会的基础）同等重要的投资。总的来说，核心的问题是用什么政策将接替在2008年和2009年印度经济刺激计划？在2009/2010财政年度中，印度的预算赤字已经超过其国内生产总值的10%。从2000年以来，印度公债的增长可能已经占国内生产总值的70%～80%。更令人担心的是印度赤字的持续性。印度这个国家的财政收入仅仅是略微高于国内生产总值的15%～16%，对印度政府来说国债利息与税收收入的比例已经上升到26%，在印度各邦则将近30%；而基本预算赤字在2009/2010年度将达到印度国内生产总值的4.8%。根据国际货币基金组织新近发布的研究结果，印度公共财政的赤字水平需要在2015年之前回到占印度国内生产总值的60%～65%的水平，此水平略高于其他新兴国家的平均标准，这与印度通常的谨慎税收政策相吻合。今后，如何摆脱类似在20世纪80年代曾经影响过印度的债务陷阱的风险？印度经济学家在目前的经济状况下提出了一种渐进式改革的方案，即在支出方面，需要避免投资支出，但保持日常公共支出，同时可以在支持就业和补贴性支出方面节约1%～2%的支出。但是，这种方案的政治代价也显而易见，因为印度是一个选举不断的国家，不是涉及印度政府的选举，就是在28个印度联邦中的某一邦的选举。在增加政府收入方面，权威专家拉奥（Govinda Rao）估计，印度还可以增加将近2%的财政收入，同时还产生对宏观经济的负面影响。印度可以将现有征税基础扩大领域，如铁路行业；要迅速推行2009年6月宣布的私有化；拍卖需求量很大的3G上网许可证。2010年初，印度政府相继宣布将国有Engineers India公司的10%资产在印度股市上市，并且对4个3G许可证和1个WIMAX项目进行公开招标。

印度不可再低估的社会分化的风险

不管怎么说，必须推行其他新的经济政策才能使刚刚走出危机的印度经济进入到新的增长周期，这主要有两个方面的原因。

第一个原因在于印度面临着来自薄弱基础设施越来越大的制约。奇怪的是，2009年印度中央政府的投资占国内生产总值的比例却减少了0.4%，而日常公共支出却有所增加。实际上，印度在电力、水力灌溉、饮用水、公路，以及整个城市和农村基础设施方面的欠缺都愈发明显。只需一个数据就可以说明问题，即2008年，印度的发电量、天然气和水的生产量增长下降到3.4%，即使到2009年也还没有恢复到5%以上，此增长速度要比印度经济的增长速度低2%～3%。显然，这会影响印度国家的工业化进程、城市化的质量，以及农村和农业的现代化水平。同样，这会加重印度构建一个国内统一市场和发展加工产业的阻力，而这时印度的物价水平则为全球最高。因此，很多国际工业集团喜欢到世界其他更靠近消费市场的地方投资。印度使公私企业合营的政策（PPP）总是因为国有企业的资金不足而无法全面展开，这在印度各联邦尤为普遍。况且印度长期存在的各种法律障碍，经常使得私人投资者望而却步。

第二个原因在于印度社会分化的风险。当公共支出不能满足印度贫困人群的需求时，不管是在城市还是在乡村，都会出现社会分化的风险。2009年8月，印度国大党的关键人物和前人力资源部部长公布了一份爆炸性的报告，重新评估印度生活在贫困线以下的人口总数，事实上，80%的印度人每天的生活费用在两美元以下，而印度官方统计数据仍只关注27%生活在“国家贫困线”以下的人群，其标准是印度人每天的最低热量摄入。另外，印度国内的政治形势增加了印度与陷于危机的巴基斯坦之间的更多新的问题。这次不再是印度选举方面的问题，而是社会问题，尤其是在受粮食危机和纳萨尔派（Naxalist）反抗运动影响的农村地区。纳萨尔派运动诞生于20世纪60年代，他们信仰“毛泽东”，并在印度的一个又一个县不断扩大自己的影响。2009年9月，在印度对位于国家东部丛林中的军事基地进行大规模军事行动前夕，印度总理就宣布纳萨尔派为印度的“头号威胁”。因为纳萨尔派的活动范围是印度偏远地区的贫穷村庄，从尼泊尔边境一直扩展到了中部地区的海德拉巴（Hyderabad）附近。

这只是关于“正在输掉的印度”的当前印度人严重的焦虑的体现。另外，还有在印控克什米尔地区（近1 000万居民）的印度“内部战争”——现在印度既没有军事解决办法，也没有政治解决办法，在这里滋生了威胁整个印度国家的恐怖主义及狂热的印度教徒的反穆斯林情绪。印度教徒在印度本身也制造了日渐增多的恐怖事件和城市骚乱。还有整个印度东北部地区的众多分裂运动，如廓尔喀族（Gourkhas）在加尔各答（Calcutta）北部茶叶产区的大吉岭地区（Darjeeling）或靠近缅甸边境的石油产地阿萨姆地区（Assam）的动乱。尤其是那些部落原住民（adivasis）的起义，这些区域是在奥里萨邦（Orissa）和恰尔肯德邦（Jharkand）等印度主要矿产区，那里出产煤、铁和铝土矿。人们认为印度矿业的压力集团迫使印度总理出于经济利益原因而对当地原住民宣战。最后，那些没有土地和被边缘化的印度农民经常与“建设和扩展特别工业区（SEZ）”发生反复冲突，在这个人口稠密且私有产权不可侵犯的国度，这些工业区计划项目被视为是印度发展工业的唯一办法。所有问题都集中在逐渐成为印度农村移民的收容所的印度城市中，电影《贫民窟的百万富翁》向世界展示了极大的印度社会不平等，但是却没有提及城市中日趋上升的犯罪现象。在印度这部广受争议的电影上映之时，印度总理随即抛出的五年内根除贫民窟的计划（slums）也并非偶然。

总之，除非进行大规模的税收改革，否则印度将很难实现政府有利于印度普通人“覆盖式增长”计划（aam admi）——曾经是印度国大党选举时的口号：“为普通民众而发展”（aam admi ke badthe kadam）。2009年年底，由印度高级官员维加·科尔卡（Vijay Kelkar）主持的第十三届印度财政委员会发布的报告引起了围绕其中主要建议的广泛争论：对商品和服务征缴统一税收（GST），并且由代表各联邦的财长理事会来管理。对于印度来说，如果错过了这一契机则非常可惜，因为过去十年印度走过的历程及其未来的潜力将对国际投资者都产生磁石般的吸引效应。

“钻石有瑕疵，亦复胜顽石”

虽然印度的发展还存在许多“瓶颈”，但总结21世纪前十年印度取得的成绩则可以看出，印度经济并不令人失望。其国内生产总值年平均增长将近8%，人均国内生产总值增长6.5%，2010年印度人均国内生产总值将超过1 100美元。尤其是印度在期间所悄然进行的多项革命：印度的汽车产量在十年内增加了10倍，达到250万辆；移动电话持有量在2000年时几乎接近于零，2009年根据法国电子通信与邮政监管局（ARCEP）2009年发布的报告，印度在2009年取得了移动电话用户平均月增长1 500万户与通过印度地区性Ethernet网络的高速上网用户平均月增长20%（即月增长1 600万用户）的纪录。尽管中国在此两领域也取得高增长，但印度在2009年确实超越了中国。

则已经突破了5亿用户大关，据业内人士估计，印度现在已经开始向2012年的9亿移动电话用户的大关进发；印度的媒体、电视台包括教育台等迅速增加，目前已经超过美国市场；最后是服务业，其中包括金融、物流及印度最知名的广义信息服务业，其提供了那些住在最偏远乡村的印度年轻人梦寐以求的工作。而信息服务业在印度国内生产总值中的份额将从2009年的6%上升到2012年的10%。

外国投资者并非对印度经济的“巨大变化”[①]视而不见。外国在印度的直接投资从20世纪90年代的十年中积累的170亿美元增加到21世纪之后印度每年获取外资相同的总额（最近五年印度获取的外资总额共为1 400亿美元）。这完全是“中国速度”——如果我们抛开在中国的大部分外国投资是用于出口，这可能也体现了跨国公司多元化投资的意愿。这尤其体现在日本和韩国企业，也包括欧洲企业。如德国的大众集团从2001年在印度羞涩登场以来，最近刚刚宣布了向印度大举进军的战略。大众集团在普纳（Pune）新建设了现代的汽车生产工厂，而且在印度“金方向盘大奖赛上”被评为印度“2010年度汽车公司”。总之，如果2010年夏天的季风恢复正常，而且国际环境趋于有利，2010年印度的经济增长可能会达到8%，而且将在未来的五年保持这一速度，印度将成为中国之后的世界经济的第二个火车头。

① 这是让-约瑟夫·布瓦洛（J.-J. Boillot）著2010新版《印度经济》一书中的核心词，该书由法国发现出版社出版。

俄罗斯探寻现代化

俄罗斯从2008～2009年的金融经济危机中吸取了什么教训呢？在锡瑞镨大宗商品研究所2009年的《世界大宗商品市场年鉴》中，我们就经济危机对俄罗斯的经济、工业和政治形势可能造成的后果做了一些开放性的假设，如资本环境的变化，加快进行在能源和原材料之外的经济领域的发展，及从政治现实主义和经济互补情况考虑拉近其与欧盟的关系。事实上，俄罗斯实践了前部长会议主席亨利·克耶（Henri Queuille）在任时常说的一句话："长期无法解决的问题经过最终努力一定能解决。"从2010年年初，在俄罗斯逐渐出现了一些新论调。

从各方面观察，尽管一些经济学家对俄罗斯的经济形势做出过最悲观的预测，但最糟糕的情况并没有在俄罗斯发生。一些俄罗斯私人企业遇到的困难并没有成为俄罗斯政府再次实行大规模国有化的借口，这只是2008年年末的假设之一。人们都还记得当时在俄罗斯的两大工业寡头之间发生的一系列故事，即波塔宁（V. Potanine）掌控着的诺里尔斯克镍公司（Norilsk Nickel）和德里帕斯卡（O. Deripaska）掌控着的俄罗斯铝业联合公司（Rusal）。这两大寡头都得面对棘手的债务重组问题，而且两人都曾得到过俄罗斯国有银行的援助，也就是说得到过普京和梅德韦杰夫的帮助。在俄罗斯，政治指挥链是很短的。通过担保，俄罗斯政府成了这些企业的潜在股东，并且强烈希望扩大持股比例。有人甚至认为国家工业控股公司——俄罗斯科技公司（Rosteknologii）的大老板谢尔盖·切梅佐夫（S·Chemozov）想借此把俄罗斯能源、冶金和采矿领域的优质资产据为其公司所有。尽管这一设想并没有得以实施，但并不意味着计划的不存在，实际上，俄罗斯国家的最高权力机关——俄罗斯总理与总统对其进行了遏制。

同样，俄罗斯的社会问题并没有演变为大规模的民众抗议运动。但仍然存在风险，如薪金的延迟发放（这种现象2009年年内显著增长）、失业保障的不完善和俄罗斯的一些地区进行的大范围解雇，这些自2000年年初以来首次出现的困难都可能引发俄罗斯地区性的动荡。当人们看出俄罗斯安全部队处理这类社会问题的拙劣方式时，就足以能够让人产生忧虑了。在俄罗斯的示威游行的确发生了，而且比过去发生在俄罗斯的游行数量更多且规模更大。不过，俄政府通过相对有效的方式并做出了象征性的姿态进而处理了这些事件。普京总理亲自访问圣彼得堡地区附近的小镇，以安抚被德里帕斯卡强制减薪的职工们，这些职工曾切断了莫斯科至圣彼得堡的高速公路，造成了几百公里的交通堵塞。在摄像机前普京亲自训诫德里帕斯卡先生，并公开向他“勒索”一个取消减薪的“协议”展示给工人们，此举引起工人们的热烈欢呼。对于其他类似事件，俄罗斯地方政府负责人则均被责令要求就地解决问题。总体而言，俄罗斯政府在面对影响巨大的经济危机时，其政治和经济政策的选择就是不惜任何代价，如扩大预算赤字，以限制金融危机造成的社会不稳定。

这场危机并没有导致普京和梅德韦杰夫这对搭档的分手。我们记得2008年初梅德韦杰夫接替普京任总统的一系列过程，那时经济危机还没有打击俄罗斯。事实上，没有比金融繁荣更有利于这对搭档的稳定合作。但在俄罗斯陷入困境之后，普京和梅德韦杰夫本可能在处理新情况的方式上出现分歧。但反常的是，危机爆发期间两人的合作得以加强，反而是走出危机的时候两人的合作关系受到削弱。不过，当我们写到这里时，俄罗斯并不存在公开的总统与总理间的危机。然而我们注意到从2010年初以来，梅德韦杰夫曾经直言不讳的、

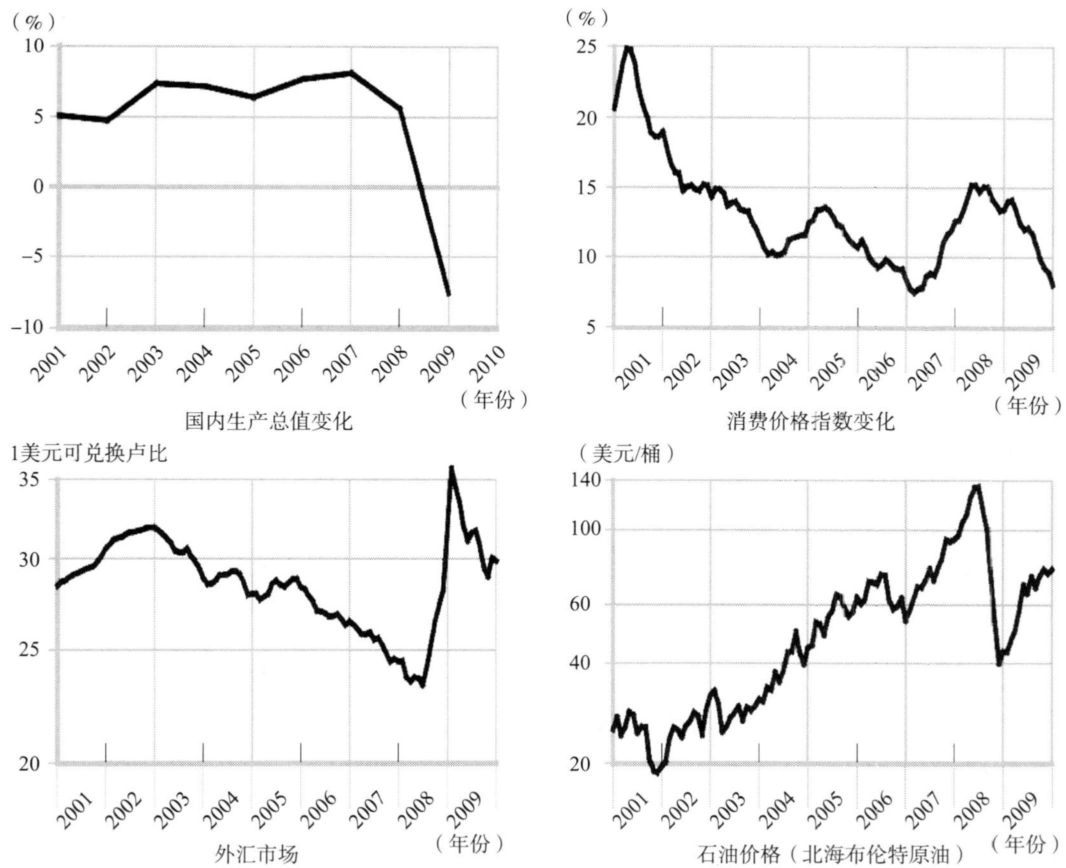

俄罗斯

资料来源：巴黎经济研究观察中心。

俄罗斯公司进军伊拉克石油

借着伊拉克政府拍卖石油矿井开采权的机会，俄罗斯的4家公司参与了竞拍，它们是卢克石油公司（Lukoil）、俄罗斯石油公司（Rosneft）、俄罗斯天然气工业石油公司（Gazprom Neft）和鞑靼石油公司（Tatneft）。与它们一起竞拍的40多家国际石油公司都希望参与在伊拉克储量约有1 150亿桶石油的开发。如此巨大的石油储量使得伊拉克在世界石油储量排名中仅次于沙特阿拉伯和伊朗，位列第三。卢克石油公司和俄罗斯石油公司都没有空手而归，卢克石油公司成为西古尔纳油田二期工程（West Qurna 2）的财团成员之一，并将与挪威国家石油海德鲁公司（StatoilHydro）合作。该油田是伊拉克最大油田之一，储量为130亿桶。这块位于巴士拉（Bassorah）西北65公里油田的开采需要投资40亿~50亿美元。

至于俄罗斯天然气工业石油公司，它与马来西亚国家石油公司（Petronas）、韩国天然气公司（Kogas）和土耳其国有石油公司（TPAO）共同出资开采伊拉克巴德拉油田（Badra），其中俄罗斯天然气工业石油公司持有该项目40%股权。此次在伊拉克的突破对于俄罗斯公司来说很重要。伊拉克重返世界原油市场并不是一件平凡的事。如果伊拉克政府把生产目标定为1 200万桶原油/天，那么据俄专家估计，全球石油产量将会增加大约20%，更何况伊拉克石油生产和运输成本相对较低。

毫无顾忌的口气谈到俄罗斯在未来数年必须面对的主要问题：与政治精英的腐败斗争、提高政府行政机构效率、发展地区经济、保护言论自由和经济民主的必要性。对此，没有任何证据表明两人关系将要破裂。每个人都知道2012年是俄罗斯总统大选之年。两人都曾谨慎地暗示过，不排除参加竞选入住克里姆林宫，但俄罗斯以往的总统竞选经验显示，参加竞选的决定只有在选举临近时才能最终确定。

最坏的情况没有发生，但也没有出现最好的情况……在2008年末和2009年初，当石油、煤、铁矿石、铝和其他金属的价格暴跌时，许多外国经济学家都断言，最终这场危机将促进俄罗斯走出其“出口大宗商品收入模式”的经济，并将步入经济多样化道路。他们明确指出纳米技术领域的广阔前景，特别是随着俄罗斯国有企业的成立——俄罗斯纳米技术公司（Rusnano）。该公司总裁是丘拜斯（Tchubais），他是俄罗斯私有化之父，也是俄罗斯统一电力系统股份公司（RAOUES，俄罗斯垄断供电和发电的电力能源公司）的前任总裁，为了私营企业的利益，他最终将这一电力公司解体了。在俄罗斯国内，考虑到能源部门控制着国内的政治经济，经济学家们对这种私有化模式的快速发展表示怀疑。

在2010年的春天，俄罗斯在经济与政治方面呈现了一个什么样的局面？俄罗斯企业又是什么样呢？

俄罗斯一直富有

金融方面，由于采取了适当的宏观调控，俄罗斯经济的下滑才得以控制。这样的宏观经济政策甚至让俄罗斯最好的经济学家

俄罗斯铝业联合公司在金融危机之后依然强大?

2007~2008年，俄罗斯铝业联合公司（Rusal，简称俄铝公司）在一次又一次的成功中飞速发展。随着铝价的上涨，该公司与维克多·维克塞尔伯格（Vekselberg）控股的西伯利亚乌拉尔铝业集团（SUAL）合并；俄铝公司利用波塔宁与其合伙人米哈伊尔·普罗克霍夫关系的破裂，甚至向波塔宁掌控的诺里尔斯克镍公司（Norilsk Nickel）展开了收购。实际上，俄铝公司的掌控人德里帕斯卡的计划是建立一个俄罗斯的“必和必拓”，进而成为世界上能够与澳大利亚和南非的大矿业公司相匹敌的有色金属巨头。所以他本来想要联合俄铝公司、诺里尔斯克镍公司及在MetalloInvest集团持有铁矿石资产的奥斯曼诺夫（Usmanov）公司（当时已是诺里尔斯克镍企业的股东）。

自2008年下半年起，金属和矿石价格的加速下跌自然打乱了这一切计划。在俄罗斯银行和外国银行都负债累累的俄铝公司和诺里尔斯克镍公司都面临现金流巨减的问题，这阻碍了它们如期偿还债款。在此情况下，俄罗斯矿业企业的大联合计划也就因此搁置了（实际上，掌控着诺里尔斯克镍公司的波塔宁是反对该计划的）。各方都进入了与其债主棘手的谈判阶段。这个阶段对于俄铝公司和诺里尔斯克镍公司是极其危险的，银行可以通过“债务合约”直接控制这两家公司，照此逻辑，在理论上俄铝公司的股东就有失去对该公司控制权的风险。事实上，俄铝联合公司在外国银行有高达70多亿美元的负债（该公司的债务涉及到包括苏格兰皇家银行、德意志银行、日本三井住友银行、英国巴克莱银行、法国巴黎银行、德国商业银行和法国Natixis银行在内的大约70家银行），这些银行更愿意跟德里帕斯卡商讨偿还债务展期的问题。这几乎在2009年一整年都在进行，有时候气氛还很紧张，双方谈判主要针对两大问题：第一，俄铝公司应该迅速努力降低生产成本，力图与全球铝价保持一致；第二，同时有必要出售一些资产，以减少该公司及其母公司的经营范围。在第二点上，德里帕斯卡（与其他俄罗斯工业寡头一样）拒绝出让相当数量的资产，除非转卖给前主人——俄罗斯石油公司（Russneft）的总裁米哈伊尔·古特谢里耶夫（Gutseriev），该资产总额约6亿美元。尽管俄罗斯中央和地方政府因对紧张的社会气氛高度警惕而向俄罗斯企业的领导人施压，但工业寡头们的降低成本计划（大量裁员等）还是造成了很大社会影响，其实人们本来也是这么预期的。

最终在2009年12月，在基于两个原则上与债权人达成了协议：延长向外国银行偿还74亿美元的时间；在香港证券交易所和欧洲证券交易所出售俄铝公司10%的股份，且首次公开发行股票募集金额的至少80%要全部用于偿还银行的债务。同时，公司的债权人米哈伊尔普罗克霍夫同意将俄铝公司18.2亿美元的债权折换为6%的股份。还有一个棘手的问题有待解决，即俄铝公司需要对2010年10月29日到期的俄罗斯国有发展银行（VEB）的45亿美元借款进行再融资。香港证监会曾经敦促俄铝公司重新签署该协议，这已经导致其在香港上市晚了几个星期，但最终有另外一家俄罗斯国有银行——俄罗斯储蓄银行（Sberbank）同意在俄罗斯国有发展银行之后，再次向其提供援助贷款直到2013年。

2010 年 1 月 27 日，俄铝公司终于在香港和巴黎证券交易所同时上市，并筹集到 22.4 亿美元，这超过了其对手美国铝业公司（Alcoa）的市值（俄铝为 210.5 亿美元，美铝为 160 亿美元）。俄铝公司上市的定价为每股 1.39 美元，这差不多是在俄铝预计的范围之内。参与筹划俄铝上市的银行估计 2010 年俄铝公司的息税折旧摊销前利润（ebitda）为 11.7 倍，这差不多是中国铝业公司（14 倍）加上美国铝业公司（7.7 倍）的中间数额。另外，俄铝公司在香港上市，吸引了近 300 家机构投资者，其中 4 家获得了上市所提供股份的 40%，他们是 NR Investments 的基金经理那萨尼尔·德·罗斯柴尔德（Nathaniel de Rothschild）、保尔森公司（Paulson & Co.）、马来西亚富商罗伯特郭（郭氏集团，Robert Kuok）和俄罗斯国家发展银行（Vneshekonombank）。

正如俄铝公司与其债权银行约定的，上市所募得的资金将会用于抵偿公司债务，并且随着国际铝价回升，俄铝公司将继续偿还债务。其计划在 2013 年还款期限之前再从流动现金中提取 30 亿美元用于偿还债务。俄铝公司是第一家在香港上市的非亚洲公司，同时也是自 20 世纪初俄罗斯债券暴跌之后第一家在巴黎上市的俄罗斯公司。

俄罗斯这家公司复兴的速度显然要取决于国际铝价的变化。国际铝价在 2008 年初上涨到超过 3 000 美元/吨之后，从 2009 年 2 月到 2010 年 3 月间又从 1 288 美元/吨涨到 2 175 美元/吨。人们有理由相信，俄铝公司的未来已经有了保障。德里帕斯卡成功地完成了两次壮举：一是保住了对公司的控制权（俄铝公司上市后，他所占股份约 47.6%）；二是提高了公司的生产率。这均预示着俄铝公司鼓舞人心的前景。

都惊讶不已。当然，财政盈余（石油税收的财政盈余被财政部长库德林划入到俄罗斯储备基金中）实际上已用于为了削弱危机影响而支付的国家公共开支中。尽管俄罗斯的国家财政支出效率还不完全令人满意，但是财政预算情况并不算悲观。据官方的数字显示，2010 年俄罗斯预算赤字为国内生产总值的 7.2%，也就是 1 000 亿美元左右。2010 年，俄罗斯政府计划重新发行欧元债券（eurobonds），发行金额可能高达 200 亿美元，这是俄罗斯 1998 年金融危机爆发以来第一次发行该债券（对此我们很难从纯金融的角度予以论证）。由于俄罗斯财政预算的赤字是根据石油 58 美元/桶来计算的——这是一个过低的估计。如果 2010 年每桶石油均价保持在 70 美元的话，那么俄罗斯财政赤字将控制在 400 亿美元以内。理论上，俄罗斯储备基金的余额（2010 年 2 月底为 490 亿美元）可以抵消财政赤字，这就不会导致俄罗斯向国际市场借贷。即便在金融危机之后，俄罗斯的外汇储备仍然位列世界第三（约 4 500 亿美元，排在中国和日本之后）。莫斯科股市重新回升到 2008 年秋季时最高点的一半，这比巴西和中国的情况更好。

“石油收入”再次降福俄罗斯

由埃尔维拉·纳比乌琳娜领导的俄罗斯经济发展部对 2010～2012 年俄罗斯经济的预测是基于俄罗斯石油年产量4.93 亿～4.94 亿吨（即比上一次预测增加了 300 万～400 万吨）和俄罗斯天然气年产量在6 430 亿～6 690 亿立方米（比 2008 年和 2009 年的数据增加

了1%和8%）的数据来进行的。根据该部预测的未来3年内每桶石油的平均价格来计算，俄罗斯国内生产总值增长率可能将会介于1.3%（按石油每桶58～60美元计算）到5.3%（如果每桶石油的价格稳定在70～81美元之间）之间。经济增长的差距如此之大，足以证明俄罗斯经济仍极度依赖能源产业。随着当前石油价格的不断上涨，俄罗斯石油企业也因此感觉到2004～2008年的美好时光又要回来了。

改革缓慢前进

俄罗斯行政与政府机构的运转一直受到同样的难题困扰，尤其是俄罗斯官员的高度腐败问题。尽管梅德韦杰夫公开申报了自己的财产，但是除了在俄罗斯警察部门和某些安全机构进行过一些轰动一时的撤职罢免之外，俄罗斯没有任何行政上的重大改革，至多也就是克里姆林宫曾经在俄罗斯部分地区开展的更换领导人运动，这是普京在2004年发起的，但很快就停止了。历史上，俄罗斯中央和地方之间的关系一直很不融洽。经济危机使得俄罗斯各地区在经济管理上的漏洞和公共资金使用上的低效变得更为明显。涉及2012年的总统选举，梅德韦杰夫需要依靠将由他任命的一些地方政府官员。俄罗斯总统越来越强调改革应该涉及国家的管理模式，强调打击腐败与建立一个可靠的并充分体现法律与公正的司法系统的必要性。他抓住一切机会指责政府工作效率低下，尤其是在公共资金使用的监督上。俄罗斯总统的改革目标有一些代表性的动作，如一些地区行政长官不被连任、俄罗斯地区开发部副部长被免职、对莫斯科市长尤里·卢日科夫等人提出警告、对索契（Sochi）冬季奥运会组委会小组的集体免职。总之，这只是俄罗斯中央和地方政权碰撞的开始。

俄罗斯天然气工业公司仍然是欧洲天然气之王

俄罗斯政府和俄罗斯天然气工业公司（Gazprom）继续进行同时向欧洲的北部和南部发展的目标，并漠视此计划而招致的批评。北部计划名为北溪天然气管道计划（Nord Stream），旨在波罗的海海底铺设输气管道以连接俄罗斯至德国的天然气运输，并尽可能向荷兰和英国延伸。法国燃气苏伊士集团（GDF-Suez）刚刚成为该项目的第五大股东（占9%股份）。该公司排在俄罗斯天然气工业公司、荷兰天然气联合公司（Gasunie）、德国意昂集团（E·ON）和德国温特斯豪公司（Wintershall）之后，这将确保从2015年起俄罗斯每年向法国输送15亿立方米天然气。至此，天然气管道建设项目资金（总额至少120亿美元）得以顺利筹集，其中从27家银行贷款39亿美元，贷款金额由出口信贷保险公司（Euler Hermes）和意大利外贸保险服务公司（Sace）提供31亿美元担保。俄罗斯的环境保护机构许可建设项目中在俄罗斯境内的海底输气管道建设（位于芬兰湾水下123公里），德国相关机构也表示同意在本国境内的输气管道建设。北溪项目（Nord stream）将在2012年完成，并能在俄罗斯与德国之间每年输送550亿立方米天然气。

虽然没有北溪天然气管道计划进展快，欧洲南部的南溪天然气管道计划（South stream）也基本成形。这个项目共有8个国家参与（意大利、塞尔维亚、匈牙利、保加利亚、希腊、斯洛文尼亚、俄罗斯，以及最新加入这个项目的克罗地亚）。该项目准备在黑海海底铺设天然气管道，将俄罗斯的天然气绕过乌克兰而输送到南欧地区。法国电力集团（EDF）也非常可能成为南溪项目的股东之一。该项目的可行性研究已于2009年底开始，并可能将于2010年底启动，2015年底完成。该管道的天然气输送能力为每年650亿立方米，这些天然气将来自俄罗斯和中亚地区，但关于后者，仍存在很大的不确定性。

寡头地位在动摇，但仍然“活着”

在俄罗斯经济复苏的方式和速度上，仍然存在着一些关键的问题。其中一个就是关于俄罗斯的能源和工业企业的状况问题（国有的和私营的）。2008～2009年的金融危机暴露了这些公司的弱点，即较高的负债水平。但并非所有的俄罗斯工业寡头都有同样高的负债水平。在石油生产领域，目前负债最多的无疑是俄罗斯国有石油公司（Rosneft），为了能如期偿还贷款，该公司不得不与中国的一些国有企业签署贷款协议。应当说，俄罗斯国有石油公司是在债务中发展壮大的，该公司是通过在2005年收购尤科斯石油公司（Yukos）的资产得以飞跃发展。对于俄罗斯私营石油公司而言，为了避免遇到偿还债务展期的问题，已在经营状况良好的那些年积累了足够的储备金。

俄罗斯冶金业和采矿业主要由私营企业主掌控，其中只有德里帕斯卡的俄铝公司受到了经济危机的巨大打击。其他大多数企业在危机时，只是销售总额和利润有明显下降，且这对他们的反弹潜力并没有造成严重的影响。应当指出，在这个领域中，只有俄铝公司和钢铁集团耶弗拉兹控股公司（Evraz）两家公司向国有银行寻求过资金援助。尽管如此，大多数的俄罗斯工业集团的主人还是负债累累，至少他们在俄罗斯的公司是这种情况，他们要么悄悄地与其股东重新协商，要么出售其资产（这种情况更少）。但这并不意味着危机没有影响到这些公司的管理模式。在大多数情况下，工业寡头们不得不调整其生产成本以适应矿石和金属市场价格的下降。他们都大胆地进行大规模降低成本的运作，考虑到俄罗斯政府对裁员和关闭工厂这些措施的警惕性，工业寡头们在降低成本运作中也不得不谨慎行事。但是像俄铝公司这样的工业集团在2009年降低了约10亿美元的成本。这些策略将使俄罗斯的各大工业集团在经济复苏和原材料价格上涨的背景下愈加受益。2010年春已有迹象显示俄罗斯钢铁企业的复苏。因此，马格尼托哥斯克钢铁公司（Magnitogorsk）和谢韦尔钢铁公司（Severstal）在2009年第四季度的钢铁产量增长了30%～50%。

更加“自由的”政治与经济方案在酝酿中

如今，在俄罗斯流行的词就是“现代化”。能源与矿产的收入模式不足以重建一个大国，这种感觉逐渐在俄罗斯政治经济界受到认同。俄罗斯经济学家和智囊团（think tanks）在这方面的贡献越来越大，其中有一个被认为是梅德韦杰夫智囊的伊戈尔·尤尔根（Jurgens）——俄罗斯现代发展研究所的主任，也是俄罗斯工业家和企业家联盟（RSPP）的代言人。而俄罗斯现代发展研究所发表的一篇题为《21世纪的俄罗斯，一个理想的未来形象》的报道，在俄罗斯国内引起巨大反响。文中，俄罗斯现代发展研究所的研究人员们倡议建立一个现代的、自由的、以发展新技术为重点的俄罗斯；并且强调，只有俄罗斯国家政治形势更加自由才能促成这样的发展。这与梅德韦杰夫几乎所有的公开讲话的基调是相同的。问题的关键在于方法。直至目前，所有的提议只来自于俄罗斯政府，比如建立纳米科技国有投资公司，以及梅德韦杰夫在2010年3月宣布在莫斯科近郊小城斯科尔科沃打造“俄罗斯硅谷”的决定。这两项计划分别由熟悉企业经营的阿纳托利·丘拜斯和维克多·维克塞尔伯格领导。同时，还要在梅德韦杰夫总统提出的“能源、信息技术、通信、生物科技和核技术”五大现代化领域形成私人投资和创业热潮。

在2009年，关于俄罗斯国有企业地位的认识也似乎有了重要修正。众所周知，自2003～2004年以来，俄政府就在安排一些关键经济领域进行重新国有化。尤其是由谢尔盖·切梅佐夫领导的国有控股公司——俄罗斯国家科技公司的创建，此人在航空、矿业和汽车工业等领域都有涉足，并且他毫不掩饰继续扩张的胃口。如今，俄罗斯国家科技公司旗下有400多家公司和数以千计的房产。2010年1月该公司决定出让其估价约20亿～40亿美元的部分资产。这一举措正好与梅德韦杰夫2009年10月发表的声明不谋而合，俄罗斯的恐龙级国有企业的时代已经结束，它们的命运将是在私有化与实行清算之间。俄罗斯第一副总理伊格尔·舒瓦洛夫（Shuvalov）发表声明称，俄罗斯5 000多家的国家持股50%以上的企业可能将被私有化，这是自1993～1995年俄罗斯私有化以来规模空前的一项计划。

总的来说，俄罗斯的成绩单还是相对较好的。在2008～2009年，虽然俄罗斯并没有解决经济结构不平衡造成的问题，但是俄罗斯国家宏观经济政策的制定还是十分明智的，且它同时保持了俄罗斯所持有的大部分外汇储备。同时人们也注意到，正如在其他大多数新兴大国一样，外商对俄罗斯的直接投资总额明显减少。尽管如此，经济的复苏，石油和原材料价格的大幅回升使得俄罗斯在2011～2012年的经济增长率可能达到5%。在政治方面，虽然没有明显变化，但是梅德韦杰夫总统逐渐担负起致力于“俄罗斯现代化”的任务，这可能为俄罗斯经济发展和政府行政机构改革开辟了新的道路。

南美洲：局部性复苏

南美洲经济几年前在面对外部经济冲击时还表现得异常脆弱，而这一次，却从几十年来前所未有的世界性经济危机中成功地走出来并得到了加强。之所以能够取得这样的成绩，得益于过去二十年来该地区所发生的深刻变化。一是，因为取得了对直至21世纪初仍在南美洲次大陆肆虐的恶性通货膨胀斗争的胜利，该地区的国家中央银行赢取了信任。二是，随着这些国家的经济逐渐向自由化过渡，开始引入国际竞争，利率和汇率开始能够更好地反映南美洲各国经济的基本面。三是，在国际经济危机背景下，更加完善的公共财政管理使得南美洲很多国家的政府能够实施反经济周期的调控政策而同时不用担心物价的大幅波动。四是，南美洲国家地方金融机构也从过去的经济危机中吸取了教训，金融监管机构创立了严格的监管标准，银行自身也在努力降低经营风险。2008年年底全世界都在经历一场非常严重的流动资产危机的时候，南美洲的银行却没有出现支付违约现象增多的情况，且南美洲国家的金融体系也未受到威胁。

2009年第四季度，南美洲已经从经济衰退中复苏。经济反弹如此之快速并且有持续性，应归功于四大重要经济因素。第一个因素是，近几年来这一地区不少国家的经济风险都有所下降。当国际市场走出了流动性危机之后，南美洲国家在发放国债和吸引国外投资方面没有任何困难。第二个将南美洲区域经济从衰退中解救出来的因素是，因为世界上主要工业国家的经济促进政策使石油、金属等大宗商品的价格高涨，促进了南美洲一些国家的原材料出口。第三个因素是，南美洲经济的快速复苏又不能完全归功于有利的外部条件，南美洲一些国家通过增加公共投资和临时降低耐用品消费税等措施，也成功地扩大了内需。第四个是非常重要的一个因素，就是南美洲经济的迅速回升也是其各国央行成功实施宽松货币政策的结果。各国中央银行甚至通过降低银行的存款准备金率来增强之前大幅降息的效果。2010年年初，这一地区大部分国家的银行基准利率已经降到了非常低的水平。早在2009年，这一宽松货币政策就对当时严重的信贷紧缩起到了缓冲作用。在2010年，这一政策应该能够继续产生积极的作用。

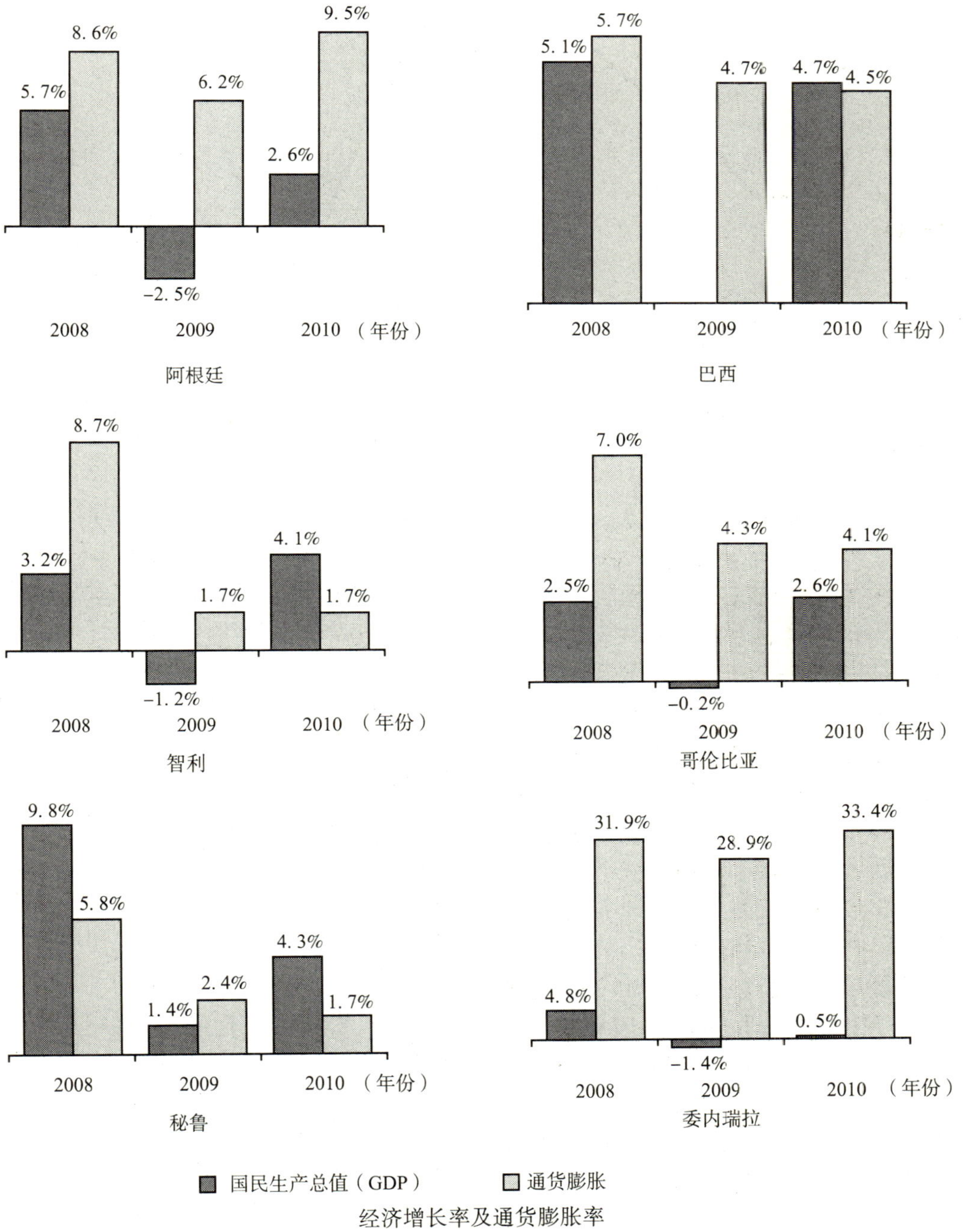

经济增长率及通货膨胀率

资料来源：巴黎经济研究观察中心。

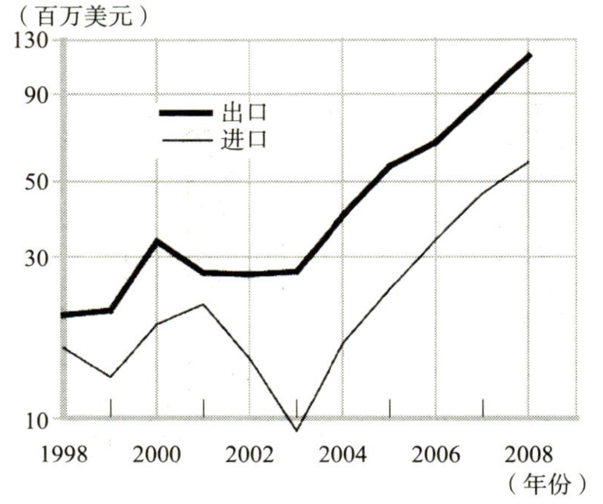

委内瑞拉：对外贸易

资料来源：巴黎经济研究观察中心。

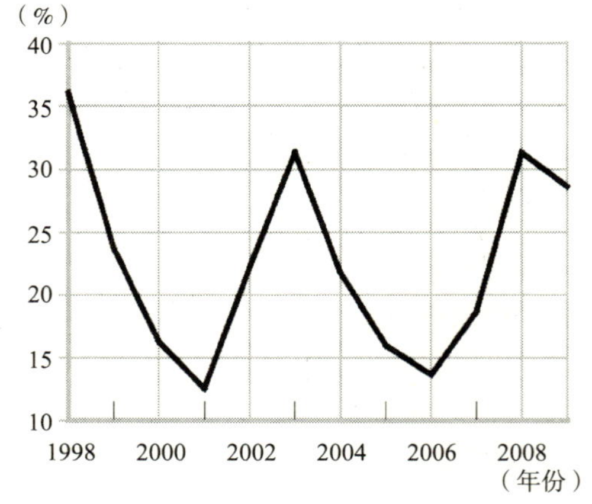

委内瑞拉：消费价格指数变化

资料来源：巴黎经济研究观察中心。

2010 年，南美洲国家的平均经济增长率应该可以达到 4.7%，活跃的国内消费和投资会弥补仍处于低迷的外部需求。巴西和另外两个国家（智利和秘鲁）将会因为其经济增长回升到 4% 以上而成为南美洲地区经济发展的佼佼者。这些经济体从此不得不面对新的挑战，这是成功抵御经济危机之后的悖论。在美元贬值的大背景下，随着国际市场上流动资本的增加和外国投资的增加，这都会导致南美洲国家货币的大幅升值。其影响则是导致该地区的生产企业丧失竞争力、各种资产价格失调加剧和对外贸易失衡。为了避免汇率面临过大压力和被迫调整本国货币对发达国家的汇率，各国政府应当减少财政赤字，特别是应放弃最近执行的反周期性经济政策。阿根廷和委内瑞拉这两个拉美南端国家虽然不会面临外汇升值的挑战，但是经济前景也不容乐观。

委内瑞拉：改革政策宣告失败

这个由查韦斯领导了十多年的国家在 2009 年经历了明显的经济收缩，在 2010 年还会面临经济衰退的威胁。在过去十年中，查韦斯的“玻利瓦尔社会主义”利用石油资源出口来扩大公共支出，大量实行经济国有化并增加了各种补贴，以赢得最贫困阶层的支持。2008 年 7 月到 2009 年 1 月，“黑金”（即石油）的价格下跌，迫使委内瑞拉当局减缓公共开支的增长。工业生产大幅下滑（在一年内下滑约 10%），投资和家庭消费的下降让经济衰退进一步加剧。但是经济衰退却并没有阻止价格的连续上涨，委内瑞拉的通货膨胀率是南美次大陆最严重的，在 2009 年将近 29%。

过去十年中，查韦斯打着“向 21 世纪的社会主义进军”的旗号，将数十家工农业企业国有化。一些主要经济部门因此完全陷入混乱，生产和投资巨幅滑落。此后，委内瑞拉国内消费的绝大部分产品都依赖进口，从食品到服装还有耐用品无一例外。为了抑制消费者的购买力，逐渐萎缩的通货膨胀，政府对价格实施了严格监管，并严格控制汇率。但当委内瑞拉的美元储备不足以支付正常进口时，这些机制便形同虚设。于是政府控制外汇的持有，并将其定量分配给进口商。面对这种情况，委内瑞拉进口商向外汇黑市蜂拥而去，黑市中强劲货币的价格远远高于官方汇率。2009 年年底，委内瑞拉将近一半的进口产品是通过外汇黑市的资金支付的，而一年前的这一比率仅为 35%。

由于经济发展越来越受石油供给所支配，能源和交通基础设施领域投资的短缺对经济发展也造成了很大制约。在 2009 年以前，玻利瓦尔式的社会主义并没有延伸到银行业。但是 2009 年开始，国家无处不在的调控措施开始波及委内瑞拉的金融领域。面对国有化的威胁和所采取的各种措施，委内瑞拉存款人提取的现金逐步增加。在金融系统流动性危机之下，大量的委内瑞拉人通过外汇黑市将本国货币兑换成美元。2008 年，1 美元在黑市上能兑换 6 博利瓦（Bolivars），而委内瑞拉官方定价是 1∶2. 15。2009 年 12 月，查韦斯宣布博利瓦对美元贬值 50%，并希望通过这一具有历史意义的汇率改革政策来重振低迷的经济。这时银行前一直有排队等待的人们，耐用品商店前也是人头攒动，加拉加斯（Caracas，委内瑞拉的首都）的家庭都在将持有的货币尽快出手，他们确定自己的购买力还将会下降。

国家是本国货币大幅贬值的主要受益者。委内瑞拉 90% 的外汇收入来源于委内瑞拉国营石油公司（PVDSA），货币贬值将使其持有的博利瓦收入大幅膨胀。2009 年，委内瑞拉公共财政赤字是国内生产总值的 7%。2010 年，财政收入应该由盈余取代赤字。为了继续掌握调控的主动权，查韦斯已经下令将中央银行的一部分外汇储备的管理权交与自己。新的财政收入应该为复兴经济服务。国家鼓励工业生产以减少进口，重新推动社会保障项目并对价格将高涨的生活资料给予补贴。这一计划的实施将直接注入大量资金，但是这并不足以重拾工业企业和贸易企业的信心。查韦斯政权或许陷入了自相矛盾的状态中，一方面，国家想通过补贴来刺激因缺少投资而萎缩的制造业；另一方面，国家又调动军队来没收那些试图通过提高价格来应对委内瑞拉恶性通货膨胀（2010 年可能达到 33%）的企业家的财产。

近期石油价格的上涨和委内瑞拉货币的贬值可能会让查韦斯在一段时间内重新增加公共开支并维持军费支出。但玻利瓦尔革命正沿着一条错误的路线前进。查韦斯可以继续利用"社会主义"和"反西方式的消费主义"言论来为自己辩护，但是该政权的声望已经和普通民众购买力的改善息息相关。自 2009 年以来，查韦斯政府的支持率一路下降，并可能在 2010 年继续走低。受经济衰退的打击，私营企业被迫减少工资发放。

南美洲各国经济统计

国别 \ 年份 \ 项目	国内生产总值（GDP）			通货膨胀率		
	2008	2009	2010	2008	2009	2010
阿根廷	5.7	-2.5	2.6	8.6	6.2	9.5
巴西	5.1	0	4.7	5.7	4.7	4.5
智利	3.2	-1.2	4.1	8.7	1.7	1.7
哥伦比亚	2.5	-0.2	2.6	7.0	4.3	4.1
秘鲁	9.8	1.4	4.3	5.8	2.4	1.7
委内瑞拉	4.8	-1.4	0.5	31.9	28.9	33.4

委内瑞拉民众的购买力在未来几个月可能下降10%，且生活水平恶化。这个国家近十年来在经济增长多元化方面未能摆脱能源产业“一枝独秀”的影响，2009年委内瑞拉的干旱导致其水电站运营困难，政府不得不定量分配用电。

阿根廷：不合时宜的探戈

阿根廷是南美洲遭受经济危机冲击最为严重的国家，其国内生产总值萎缩了2.5%，工业生产急剧收缩，投资下降了15%，通货膨胀率却大幅上升（据非官方数据，在2009年，阿根廷通货膨胀率可能达到了15%～20%）。更令人担忧的是，为了支持经济复苏，联邦政府的财政支持大幅提高，这就使其财政出现赤字（2009年占国内生产总值的2%）。2001～2002年的经济危机过后，阿根廷总统内斯托尔·基什内尔（Nestor Kirchner，内斯托尔的妻子克里斯蒂娜于2007年接替了其阿根廷总统的位置）从2003年起开始重振经济，并获得了连续六年的中国式增长（年平均增长8%）。这六年，大宗商品价格的上涨（尤其是大豆，阿根廷是世界第三的大豆出口国）对基什内尔夫妇实施“再工业化”和阿根廷财富再分配的干预政策起到了促进作用。2002～2008年，阿根廷农产品出口税（2008年其占高达联邦预算收入的17%）帮助政府实现了相当于国内生产总值3%～4%的财政基础盈余（在支付债务利息前），同时这使得公共开支也迅速增加。这种盈余还可以让政府用补贴的形势控制一些商品与服务（能源、公共服务）价格的上涨，此举旨在抑制令人担忧的通货膨胀。

2008年年底，当世界农产品价格大幅下跌，外部需求紧缩导致阿根廷税收和外汇收入锐减的时候，通过扩大公共开支来增加内部需求的政策似乎显得效率很低。而阿根廷总统克里斯蒂娜·基什内尔没有因此而减少开支，并创立反经济周期基金来应对即将到来的税收下降的经济情况。她选择了鸵鸟政策，并再次提高农产品出口税。当广大阿根廷农民正面对预期中的灾难性气候时，这个措施对他们而言简直就是挑衅。2008年的最后几个月（这一现象一直持续到2009年7月），阿根廷潘帕斯平原（Pampa）的大部分地区遭遇历史性干旱，数以千计的牲畜死于干渴或因缺少草料而被饿死。据统计，阿根廷玉米和小麦在某些地区的产量下降了40%，而国家农业部统计的降幅为10%。在2009年6月底，愤愤不平的阿根廷农民发动了罢工，使得阿根廷女总统不得不做出让步，她宣布阿根廷农业进入紧急状态，并特许农民延迟一年缴纳各种税收。国家向湿润的潘帕斯平原（整个阿根廷的中部，通常是非常肥沃的草原和泥沼地区）发送了数千吨谷物来挽救饥饿的牛羊。由于干旱及在联邦政府的压力下进行的农民土地资源治理，使阿根廷农业税收大幅下降。2009

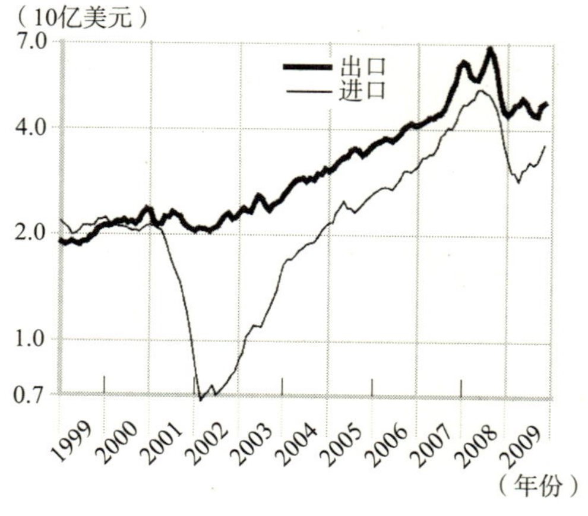

阿根廷：对外贸易

资料来源：巴黎经济研究观察中心。

年年初的经济衰退也使得消费税和所得税的税收下降。在金融市场，人们开始怀疑阿根廷政府是否有能力继续使阿根廷的经济保持快速增长。在至关重要的阿根廷国民议会选举前夕，民众对基什内尔政府的信任度每况愈下。

政府试图重新控制局面，结果却使得信任危机加剧。为了维持扩大公共开支的政策，基什内尔政府对阿根廷退休人员的养老金采取了行动。2008 年 10 月底，政府以确保将来支付退休金（可能会受到世界金融秩序不稳定的影响）为由，宣布将原本私有的养老金系统收归国有。据估计，当时该系统拥有 290 亿美元的储备。这些长期累积的资金顺理成章地处于阿根廷国家财政的控制之下，并将从此之后人们交付的养老金也将尽数进入国家财政。金融市场和公共舆论却对此持有自己的意见，他们知道基什内尔政府需要这些储备来维持消费补贴和确保分期偿还阿根廷国债。因此上述国有化政策一经宣布，阿根廷证券交易市场立刻大幅下挫，同时阿根廷仅发行的一些国债的利差（spread）迅速上升了 569 点。事实的发展正如市场所预期的那样，从 2008 年 12 月起，阿根廷政府匆忙启动了一项经济复兴计划，这项计划的部分资金正是来源于养老金系统。

经济复兴计划收效甚微。在随后的几个月里，阿根廷联邦政府在限制世界金融危机的影响和恢复公共财政平衡方面举棋不定。公共交通和能源补贴被降低了。为了安抚愤怒的农民和重振农业出口（阿根廷贸易平衡受金融危机和干旱的影响有所恶化），政府降低了大宗商品的出口税（除大豆以外）。但是这些调控措施实行得太晚了，不仅没能起到对抗周期性经济危机的作用，反倒加剧了经济衰退，也不能完全重振对外贸易。阿根廷国民议会选举前夕（原计划于 2009 年 10 月举行，提前到 2009 年 6 月），联邦政府再次增加开支。执政党在选举中惨败后，政府于 2009 年 12 月再次宣布增加基础设施投资，加大中小企业融资额度和实行免税机

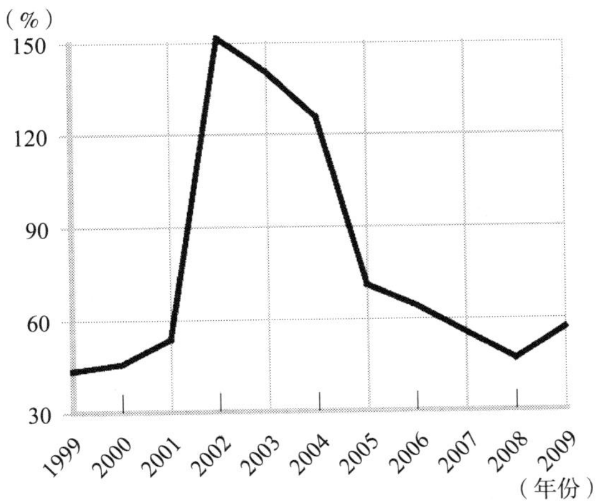

阿根廷：国债占国内生产总值的比率

资料来源：巴黎经济研究观察中心。

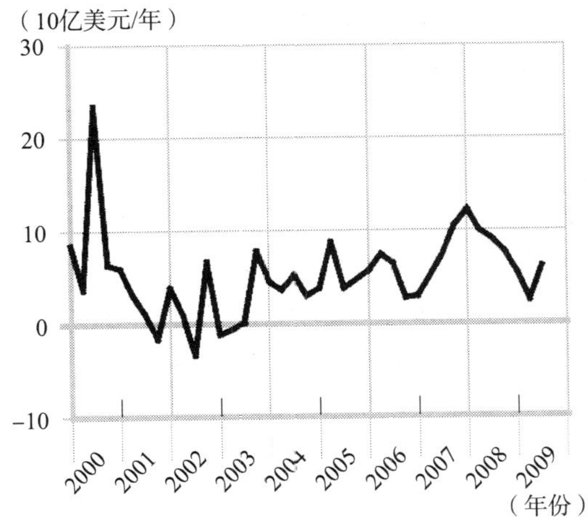

阿根廷：外商直接投资

资料来源：巴黎经济研究观察中心。

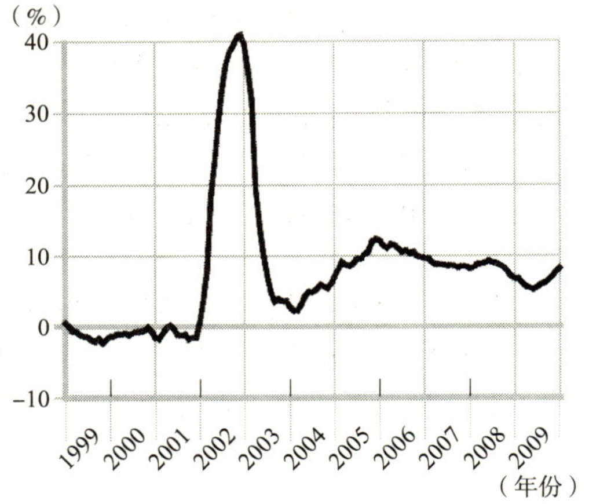

阿根廷：消费价格指数变化

资料来源：巴黎经济研究观察中心。

制。但所有这一切只能在一定程度上减缓个人消费和社会投资的下降。事实上，企业和市场都已经对政府在经济方面的干预而担忧，最后时刻实施的计划并不足以恢复他们的信心。而且这一计划反倒加剧了一直令人担忧的通货膨胀。

以重振农业出口为名，克里斯蒂娜·基什内尔甚至威胁很快就要将农产品贸易公司和谷物加工企业收归国有。这是继增加农业出口税和对阿根廷退休人员的养老金之后，阿根廷女总统再次筹划为国库注入资金。2009 年 12 月颁布的一项法令计划将一部分由中央银行管理的外汇储备转交给一个为国债提供资助的基金，这一措施引发了史无前例的制度危机。阿根廷中央银行是独立于联邦政府的，行政机关动用外汇储备应该由国会进行表决。在和联邦政府的这项专制决定对抗了几个星期之后，阿根廷中央银行行长选择了辞职。

自 2009 年年初，阿根廷货币权威实行的紧收性货币政策和由联邦行政当局指导的并不连贯的财政预算政策之间一直有着潜在的冲突，这次危机加深了这一冲突。受全球性金融危机的影响，资金早在 2008 年年底就已经加速外流。为了抑制资金外流，稳定价格，中央银行提高了指导利率，导致企业和家庭的债务负担明显加重。这使阿根廷银行系统存款总额暂时增长，也为 2009 年初的货币宽松政策的实施提供了基础。但在 6 月的国民议会选举之后，资金再次大量外流，中央银行不得不将指导利率调至高于促进经济复苏时应采取的（低）利率水平，同时货币当局也迫不得已增加对外汇市场的干预以抑制阿根廷比索（Peso）对美元的明显贬值。与之相反，2003 ~ 2008 年，阿根廷货币当局经常干预本国货币对美元的升值。从 2009 年开始，随着外汇储备不断减少，阿根廷比索的真实汇率成了南美洲国家货币中少有的相对于世界主要货币贬值的货币。

在这种经济和制度背景双重不利的夹击下，2010 年阿根廷似乎有着巨大的不确定性。阿根廷中央银行预计在 2010 年本国经济将有 2.6% 的增长。财政预算的基础盈余将占其国内生产总值的 1.3%，而公共财政

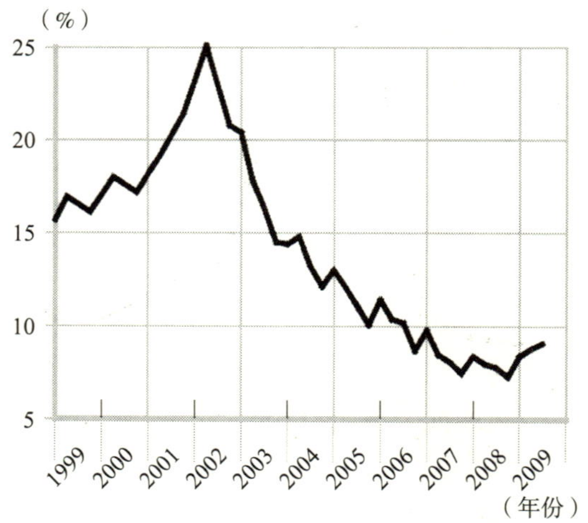

阿根廷：失业率

资料来源：巴黎经济研究观察中心。

赤字将占国内生产总值的1.2%。但是，如果出口商品的国际价格持续走低和阿根廷民众对本国经济的信心进一步被削弱，就会使这些相对乐观的经济预期数据落空。农产品价格下降和维持一种摇摆不定的经济政策，这两者可能又一次使阿根廷经济陷入持续累积国债和流动性资金匮乏的恶性循环中。即使农业出口平稳回升，阿根廷也不可能恢复到2003～2007年间经济的快速增长状态。由于无法进入国际金融市场（2001年以来阿根廷在这一市场上饱受排斥），地方企业的投资因此受到限制，关键行业如能源、基础设施和制造业的生产能力既无法增长，也无法实现产业现代化。

为了获取外资，阿根廷应该为所有的国债持有者提供补偿，这些阿根廷国债持有者因2001年阿根廷对外国债偿还暂停和2005年强制性的债权人支付条款的单边调整而受到损失。在所有国债偿还中止后四年，阿根廷政府提出以35美分对2005年1美元为基准兑换其国债（这些债券持有者中有相当一部分是欧洲、美洲和日本的小储户）。其中阿根廷国债1/4的债权人（相当于持有200亿美元的阿根廷国债）拒绝这种兑换模式。在此阿根廷国债重组后的几年中，国家每年失去的外国直接投资估计有60亿美元。然而，吸引稳定的外国直接投资是提升地方工业竞争力和促进现代化的一个决定性因素。阿根廷在可行的政治期限内快速摆脱目前经济衰退的能力将会依靠这种现代化进程。

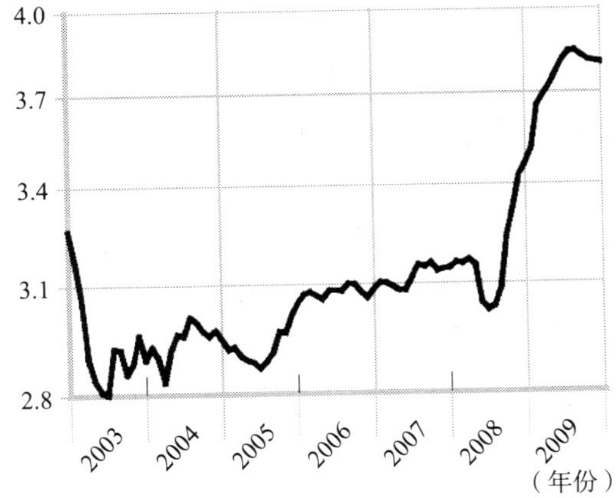

阿根廷：比索汇率变化

资料来源：巴黎经济研究观察中心。

解除与国债相关的纠纷也是减少强大的通货膨胀压力的一个决定性因素。只要这些纠纷仍然没有消除，阿根廷政府就不能在国际市场上以合理的利率来借贷，不得不采取一些临时措施来弥补财政赤字。2009年阿根廷不得不面对约200亿美元的国债本息清偿问题，其中只有118亿美元是由基础预算盈余偿还。由于无法进入国际市场，阿根廷找到了委内瑞拉这个宽容的债主，但代价也是巨大的。阿根廷解决债务危机之前的第一步是将向“巴黎俱乐部”有效清偿一笔总额67亿美元的债务（由二十多个国家组成的阿根廷国债持有者，其中包括美国、德国、日本、意大利和法国）。阿根廷政府在2008年年底已经宣布这一措施，但是直到2009年仍然未能实施。这一措施可能会使阿根廷重新融入世界。借助和“巴黎俱乐部”之间的这一项协议，那些最稳健的阿根廷企业能重新找到进入国际金融市场的便利之门。这项措施可能还会降低目前居高不下的阿根廷国家风险，并改善每况愈下的国家形象。

预计2010年将有三大因素带动阿根廷经济缓慢复苏。第一个有利因素，在国家刚经历过几年罕见的干旱之后，农业生产可能重新复苏。2010年国家粮食和油料作物收成可能将超过8 100万吨，与2009年相比增长37%（距2008年9 500万吨的记录仍然相去甚远）。2010年农业生产的复苏可以推动相关的工业发展，如机械、农业化学和制药业。第二个积极因素，阿根廷工业将从巴西强劲的经济复苏中获利。巴西雷亚尔（Real）对美元升值和巴西需求的增长都对阿根廷有利。阿根廷的“大邻居”的市场将吸收近40%的阿根廷制造业出口。阿根廷生产的100辆汽车中有51辆是卖给巴西的，而国内市场只能消费41辆，另8辆进入南美洲次大陆的其他国家。第三个有利因素与旅游业有关，拿着本国强劲货币的巴西人，在每个假期都会集体造访阿根廷这个大邻国。

巴西：强国的挑战

自2008年第四季度起，巴西在全球金融危机的冲击下，国内生产总值大幅下降。但是在2009年上半年，巴西经济显示出强劲的反弹态势。新兴中产阶级正在逐步成为这个国家的中流砥柱，强劲恢复的国内需求和有效的反周期性政策的实施最终将削弱全球金融危机的影响。当全球金融危机爆发时，巴西联邦政府没有足够的金融基础来实施一项以大幅增加公共支出为基础的反周期性经济危机预算政策。联邦政府首先对国有银行干预，使其增加信贷额度，而当时私有银行正在收紧贷款。至2009年底，巴西国有银行全年的贷款总额以32%的速度增长，而私有银行的增长速度仅为5%。2009年10月，国有银行的贷款额度占未偿贷款总额的比率达到了38%，一年前这一数据是33%。2008年底，以卢拉总统为首的巴西政府实施了降低汽车和家电设备等耐用品消费税的促进措施。这些措施维系了在巴西工业中占主导地位的各领域的经济活动，在一段时间内扩大了萎靡不振的需求。2009年通货膨胀有所缓解，这使得实际工资有所提高。在上述背景下，2009年底，巴西货币机构毫不犹豫地将基准利率降到8.75%的极低水平（年初该利率为12.75%），用以促进巴西经济复苏。

巴西消费的快速恢复也是劳动力市场显著改善的结果。在2008年就业率屡创新低之后，巴西工业在2009年初开始提供新的就业机会。在前十个月，新增就业岗位总数比2008年第四季度减少的岗位总数多出60%。另外，巴西在渡过金融危机之后，“地下经济”现象下降。如今，这一部分经济仍然接纳了巴西25%的就业人口，而在危机前，这一比例是30%。从2009年一季度开始，劳动力市场的迅速回暖和“地下经济”的相对下降有力地推动了家庭消费。

随着国内消费的逐渐巩固，投资开始逐渐对经济增长产生拉动作用。2010年，除了已经被取消的临时减税措施外，所有刺激经济复苏的政策仍继续维持。虽然经常账户恶化及可能会下降的贸易盈余（既然经济强力复苏且巴西雷亚尔升值，进口还是会增加的）或将抑制经济增长，但是最谨慎经济增长率的预测也将会达到4.7%（某些分析家甚至预测将超过5%）。在价格方面，除非大宗商品市场价格突然快速上涨，巴西物价的稳定性应该是占主导地位的。15年来，巴西已经习惯了非常温和的通货膨胀率，即每年将近5%。

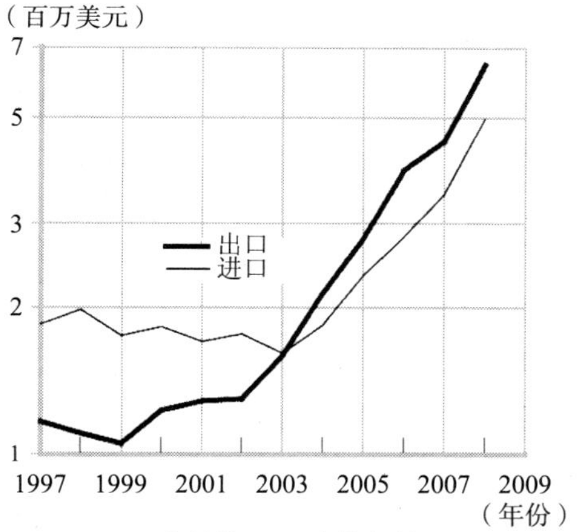

玻利维亚：对外贸易

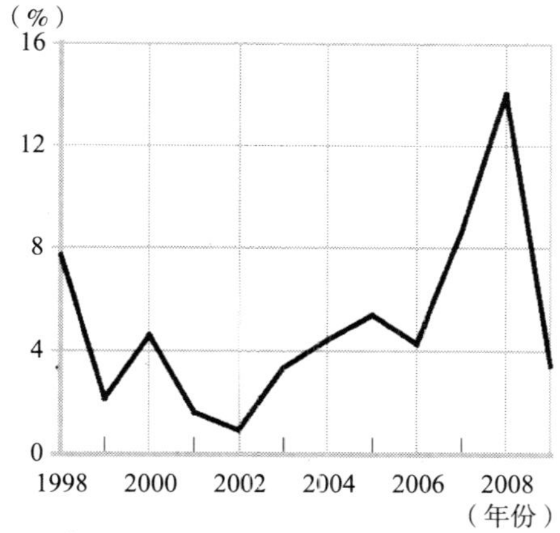

玻利维亚：消费价格指数变化

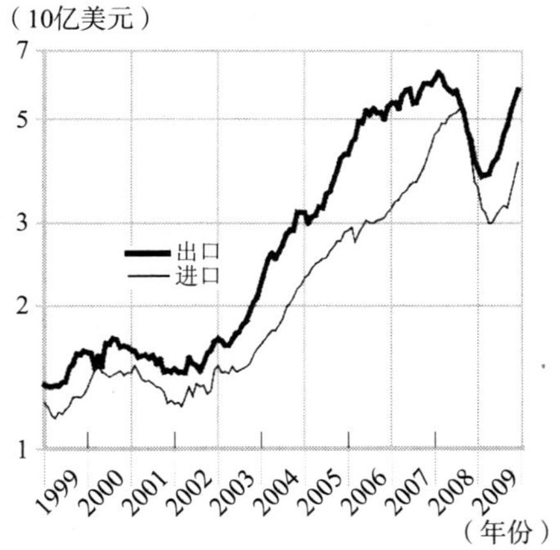

智利：对外贸易

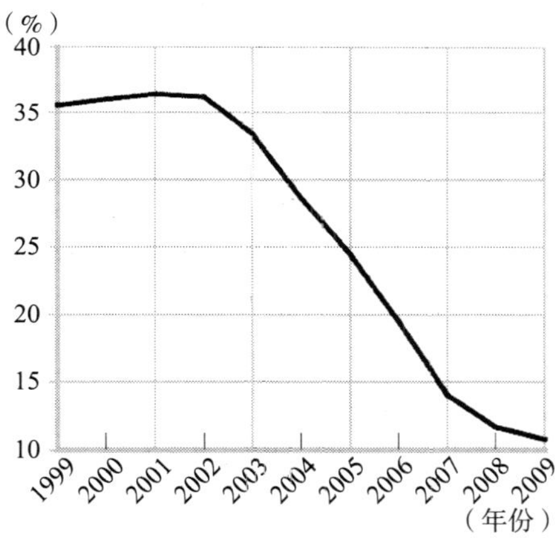

智利：国债占国内生产总值比率

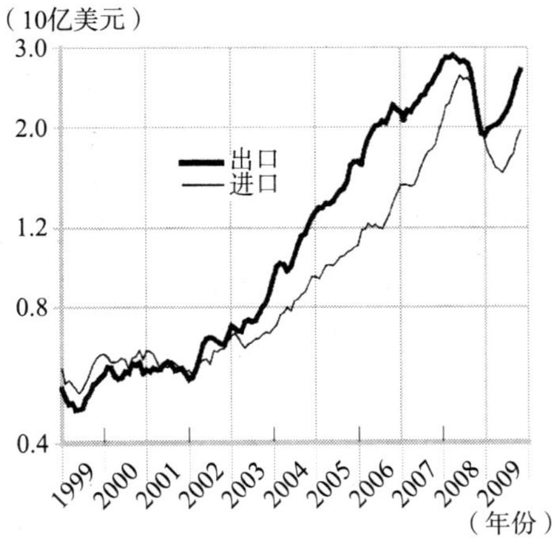

秘鲁：对外贸易

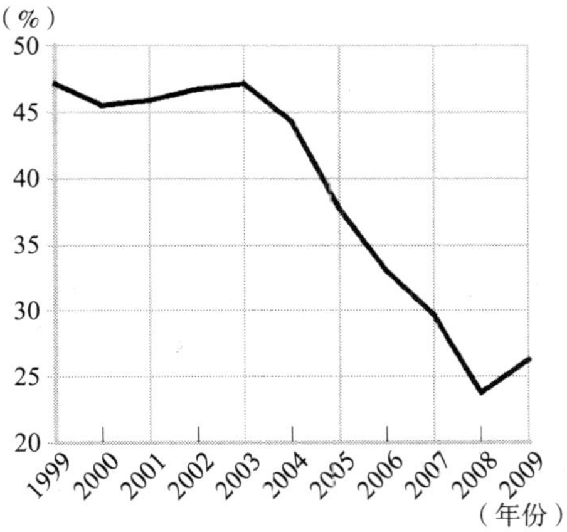

秘鲁：国债占国内生产总值比率

资料来源：巴黎经济研究观察中心。

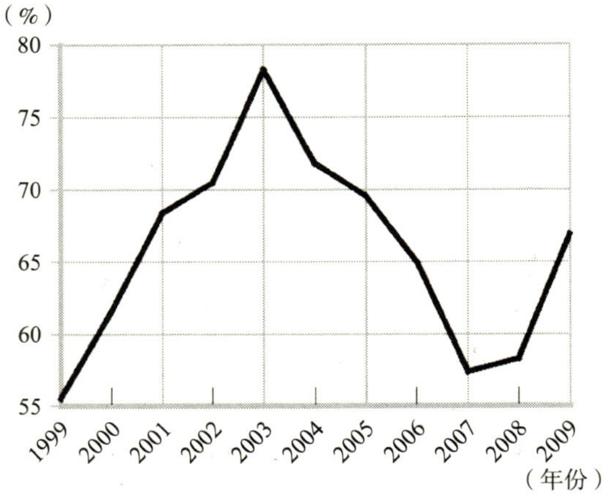

巴西：国债占国内生产总值比率

资料来源：巴黎经济研究观察中心。

这种局面乍一看是非常有利的，但是并不意味着巴西政府已经清除了所有障碍，也不能说该国的经济已经走上了一条快速增长的道路。卢拉政府和将从 2011 年开始执政的新政府（巴西总统选举和国民议会选举将于 2010 年 10 月举行）即将面对三大挑战：面临的第一大挑战是外资的进入和巴西国家货币大幅升值的威胁。巴西经济的强劲复苏和国际金融市场上过剩的流动性导致了大量资金涌入巴西，这也是导致巴西雷亚尔相对美元巨大幅度升值的主要原因。2009 年巴西雷亚尔兑美元升值 32.7%。这段时期没有任何一种货币相对美元经历过如此巨大幅度的升值，甚至连欧元都做不到。

外资流入带来的另一个后果是巴西股票估值的大幅提高，巴西证券也因此存在投机性泡沫的潜在风险。对近几年来受益于雷亚尔被低估而出口强劲的巴西各个经济部门来说，强势的国家货币是一个巨大的挑战。直到现在，巴西政府针对这种新形势采取了两项措施，但收效甚微。从 2009 年上半年起，巴西中央银行增持美元。联邦政府对涉及到固定和可变收益投资的资本流入征收 2% 的税。实际上，需要一项能使巴西经济平衡，以及使巴西利率和全球主要经济体的利率接轨的紧收财政政策，这才是减少国际资金对巴西国债需求和避免巴西雷亚尔过度升值的方法。尽管如此，巴西政府减少预算几乎是不可行的，因为 2010 年是巴西的大选之年，这本身就不能使政府减少预算。在这种情况下，除非美国经济的强劲复苏引起美元价格回升，巴西的出口企业将应该对雷亚尔的强

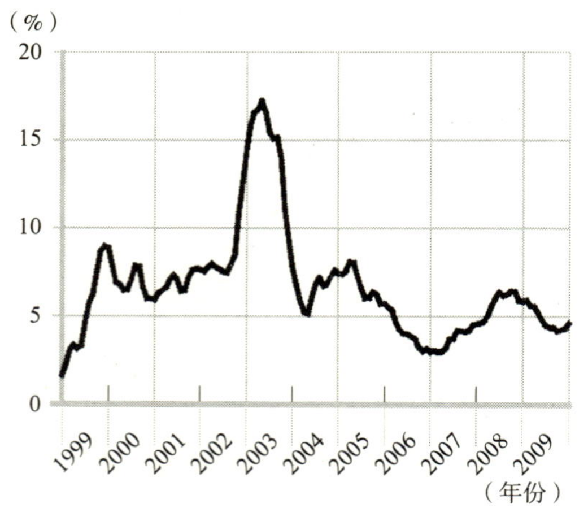

巴西：消费价格指数

资料来源：巴黎经济研究观察中心。

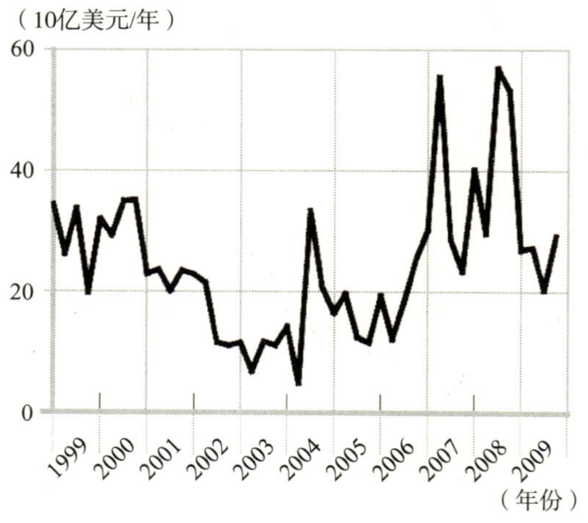

巴西：外商直接投资

资料来源：巴黎经济研究观察中心。

劲习以为常，其只有努力提高劳动生产率来增强其受到巨大威胁的国际竞争力。这一强制措施也将适用于在国内市场上面对外国产品竞争的巴西工业企业。换句话说，应该考虑投资于相关产业部门的现代化建设和逐渐清除限制巴西经济国际竞争力的所有障碍（税收过高、基础设施不完善、劳动力素质相对较低）。相反，如果这些问题得不到解决，强劲的巴西雷亚尔可能会迅速拖累到巴西的经济增长。

这种现代化将只能在几年后产生影响。因此，巴西可能会在2010年留下经常账户赤字（可能会从占国内生产总值的1.2%上升到2.2%）和贸易盈余的进一步下降（可能会从2009年的260亿美元减少到2010年的100亿美元）。但是如果巴西的进口增长确实与投资的强劲增长有关，即投资能使生产能力上升，并能使通货膨胀的压力下降，且将恢复由于高估雷亚尔而受损的竞争力，这种变化的本身并不需要担忧。另外，巴西近两年来的外汇储备大幅增加（2009年年底达到2 800亿美元），也可以缓解外贸赤字上升产生的问题。况且巴西现在可以简单地通过吸收资本投资，尤其是外国直接投资来弥补其赤字。

巴西将面临的第二大挑战是国家公共财政的管理问题。这场危机迫使联邦政府增加支出（2009年前九个月巴西政府的实际支出比2008年同期增加了11%），同时鉴于临时免税政策的实施使税收收入下降了，巴西经济呈现萎缩状态。卢拉政府通过增加在公共职能部门的就业岗位（巴西政府实际工资支出在2009年上涨了13%）来对抗失业问题。2010年头几个月，政府还增加了基础建设（公路、水利设施、港口）方面的投资，同时毫不隐讳地表明这些投资计划事实上和选举时间表毫无瓜葛。联邦政府还认为，在2010年要减少公共开支是非常困难的。巴西2010年的财政预算中预计将有相当于国内生产总值1.6%的基础盈余（2009年时这个数值是3.5%）。总之，将国债的利息考虑在内后，巴西财政赤字可能会达到国内生产总值的3.1%。在这种情况下，巴西国债与国内生产总值的比率将会上升。2010年年底时巴西负债比率可能会达到45%，这将是2006年以来的最高水平。短

巴西：雷亚尔（Real）汇率变化

资料来源：巴黎经济研究观察中心。

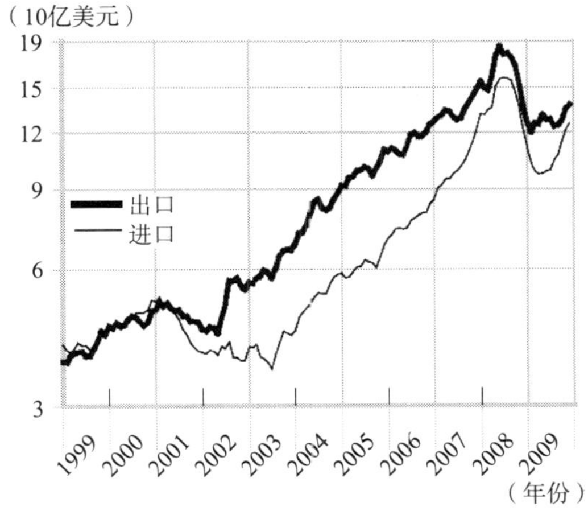

巴西：对外贸易

资料来源：巴黎经济研究观察中心。

期内，巴西国债的偿还不会出现问题。但是，越来越沉重的国债负担可能会使得巴西经济再次面临束缚。如果公共开支在巴西大选前继续保持在高水平上，并带来通货膨胀的压力，巴西当局将不得不调高货币利率作为回应。这一方法可能会减少私营企业投资，抑制家庭消费，继续增加巴西里拉对国际资本的吸引力，并促使国债增长。

我们别抱有幻想，卢拉政府是不会在2010年10月大选前几个月采取减少财政预算措施的。同样，新一届巴西政府除非想增加巴西经济增长的潜在风险，也不会快速遏制日常公共开支增长的速度。

巴西面临的第三大挑战是，2010年经济将如何抵制民族主义和国有经济带来的巨大满足感。这种满足感似乎在最近几个月来已经感染了整个巴西政治阶层。除了巴西无可非议的强大农业，及其工业化国家的地位，巴西将来可能会跻身美洲大陆石油生产大国之列。在圣保罗沿海处，别名“海滨牧场”，新发现的石油矿层的石油储量可能在3 000万~1亿桶左右。虽然连估计这些有待开采的资源的储量都非常困难，卢拉政府还是匆忙制定了对这笔新财富的开采计划。卢拉政府也打算创立一个新的国有公司，这个公司几乎将垄断在巴西已经确认的和有待发掘的石油矿层的勘探和开采权。外国石油开采商可能会被拒之门外或者处于巴西国有运营公司的监管之下。原以为会完全被遗忘的国有化浪潮在巴西又有所抬头。尤其是在石油带来的满足感的驱使下（巴西政府已经在计划如何使用这些目前还未开采的石油带来的“石油收入”），卢拉政府可能会冒险放弃它已经实行了15年的稳定和开放的经济政策，正是这样的政策成功地让巴西成为世界上举足轻重的新兴国家。

非洲在危机中坚韧前行

在世界经济与金融市场最为动荡的几个月中，非洲大陆很少被人提及。但非洲经济抵挡住了外部的剧烈冲击，并在2009年仍然获得了经济增长。总体来说，世界金融危机对非洲经济的影响要比对世界其他地区的影响弱，而且比人们预期中的影响还要弱。

非洲已经变得成熟。自2005年以来的经济增长和宏观经济基础的明显改善，使非洲大陆可以比过去更好地抵御外部的冲击。非洲经济复苏迹象在2009年最后一个季度已经很明显，在2010年会更加突出。

在金融危机爆发后的几个月，很多人认为非洲会躲过此劫。因为它融入世界金融市场程度很有限，且其银行体系也很少受到“有害资产”的侵蚀，这使非洲在最初时期避免了动荡。其中只有经济最发达的南非、尼日利亚和肯尼亚（在较小的程度上）很快受到了危机蔓延的影响，同时股市出现下跌。2008年，整个非洲实现了5.1%的经济增长，若不包括南非，非洲的经济增长率则达到5.9%，而当时美国和欧洲却出现了经济衰退。

事实上，金融危机演变成了全球的经济危机，而外部需求下降作为主要的传动带使经济危机蔓延。世界贸易量缩减超过10%，2009年全球对外直接投资额下降了39%，而非洲大陆受经济危机影响的程度也是以此进行衡量的。

外部需求下降

撒哈拉以南的非洲（黑非洲）2009年的经济增长率为1.1%（除去南非后，经济增长率为2.8%），尽管逃过了经济衰退，但其经济增长率却大幅下降（2008年非洲的经济增长率为5.1%）。此外值得注意的是，随着一些社会保障的增加和人力成本的提高，非洲的人均经济增长率十年来首次出现负增长。随着世界贸易萎缩，大宗商品尤其是石油和金属价格下跌，流动性资本的下降和外商直接投资的减少，经济危机的影响在非洲蔓延开来。

不过非洲各国形势略有不同。石油生产国和中等收入国家受到外部需求和大宗商品价格下降的冲击最大；相反，石油进口国和低收入国家因为融入世界经济较少，因此较好地抵御了冲击。西非经济货币联盟（Uemoa）成员国的经济增长率从2008年的3.8%下降到2009年的3.2%，而中非经济与货币共同体（Cemac）成员国经济增长率降幅更大，从2008年的4.1%下降到2009年的2.4%。

非洲国内生产总值实际增长率

单位：%

国家或地区＼年份	2007	2008	2009	2010
石油出口国	**9.2**	**7.0**	**1.9**	**5.5**
安哥拉	20.3	13.2	0.2	9.3
喀麦隆	3.3	2.9	1.6	2.7
刚果	-1.6	5.6	7.4	12.2
加蓬	5.6	2.3	-1.0	2.6
赤道几内亚	21.4	11.3	-5.4	-2.8
尼日利亚	7.0	6.0	2.9	5.0
乍得	0.2	-0.2	1.6	4.6
中等收入国家	**5.0**	**3.1**	**-2.4**	**1.9**
南非	5.1	3.1	-2.2	1.7
博茨瓦纳	4.4	2.9	-10.3	4.1
佛得角	7.8	5.9	3.5	4.0
莱索托	5.1	3.5	-1.0	3.1
毛里求斯	4.2	6.6	2.1	2.0
纳米比亚	5.5	2.9	-0.7	1.7
塞舌尔	7.3	-1.9	-8.7	4.0
斯威士兰	3.5	2.4	0.4	2.6
低收入国家	**7.3**	**7.0**	**4.5**	**5.0**
贝宁	4.6	5.0	3.8	3.0
布基纳法索	3.6	5.0	3.5	4.1
埃塞俄比亚	11.5	11.6	7.5	7.0
加纳	5.7	7.3	4.5	5.0
肯尼亚	7.1	1.7	2.5	4.0
马达加斯加	6.2	7.1	-0.4	0.9
马拉维	8.6	9.7	5.9	4.6
马里	4.3	5.1	4.1	4.5
莫桑比克	7.0	8.8	4.3	5.2
尼日尔	3.3	9.5	1.0	5.2
乌干达	8.4	9.0	7.0	6.0
卢旺达	7.9	11.2	5.3	5.2
塞内加尔	4.7	2.5	1.5	3.4
坦桑尼亚	7.1	7.4	5.0	5.5
赞比亚	6.3	5.8	4.5	5.0
不稳定国家	**3.3**	**3.9**	**2.8**	**4.0**
布隆迪	3.5	4.5	3.2	3.6
科摩罗	0.5	1.0	1.0	1.5
刚果民主共和国	6.3	6.2	2.7	5.4
科特迪瓦	1.6	2.3	3.7	4.0
厄立特里亚	1.3	1.0	0.3	1.4
冈比亚	6.3	6.1	3.6	4.3
几内亚	1.8	4.9	0.0	2.7
几内亚比绍	2.7	3.3	1.9	2.5
利比里亚	9.4	7.1	4.9	6.3
中非	3.7	2.2	2.4	3.1
圣多美和普林西比	6.0	5.8	4.0	4.5
塞拉利昂	6.4	5.5	4.0	4.0
多哥	1.9	1.1	2.4	2.5
津巴布韦	-6.9	-14.1	3.7	6.0

资料来源：国际货币基金组织（IMF），《地区经济展望——撒哈拉以南非洲地区》（Regional Economic Outlook-Sub-Saharan Africa），2009 年 10 月，用于 2009 ~2010 年预测。

非洲实际人均国内生产总值

单位：美元，按 2000 年价格

国家或地区 \ 年份	2007	2008	2009	2010
石油出口国	**722**	**749**	**744**	**762**
安哥拉	1 306	1 436	1 397	1 483
喀麦隆	681	682	674	675
刚果	1 158	1 188	1 241	1 352
加蓬	4 128	4 162	4 063	4 109
赤道几内亚	4 273	4 621	4 247	4 010
尼日利亚	614	634	634	648
乍得	294	267	284	290
中等收入国家	**3 548**	**3 598**	**3 477**	**3 503**
南非	3 718	3 766	3 644	3 667
博茨瓦纳	4 544	4 624	4 098	4 218
佛得角	1 691	1 747	1 724	1 810
莱索托	423	430	418	424
毛里求斯	4 613	4 875	4 938	4 999
纳米比亚	2 770	2 800	2 757	2 782
塞舌尔	9 804	9 600	8 746	9 063
斯威士兰	1 803	1 840	1 840	1 881
低收入国家	**310**	**323**	**329**	**337**
贝宁	403	410	412	412
布基纳法索	279	267	290	295
埃塞俄比亚	166	180	189	197
加纳	327	342	348	357
肯尼亚	484	484	487	496
马达加斯加	247	257	249	245
马拉维	169	182	189	194
马里	303	311	316	323
莫桑比克	365	382	391	403
尼日尔	179	190	187	190
乌干达	333	350	362	370
卢旺达	289	315	324	334
塞内加尔	517	518	513	518
坦桑尼亚	420	443	455	472
赞比亚	401	416	427	440
不稳定国家	**220**	**222**	**222**	**224**
布隆迪	110	113	114	116
科摩罗	370	366	362	360
刚果民主共和国	98	101	100	103

续表

国家或地区＼年份	2007	2008	2009	2010
科特迪瓦	531	528	532	537
厄立特里亚	166	162	158	155
冈比亚	371	384	387	394
几内亚	376	382	370	368
几内亚比绍	140	141	139	138
利比里亚	132	134	134	137
中非	222	223	223	226
圣多美和普林西比	752	783	801	824
塞拉利昂	240	247	250	254
多哥	225	222	222	222
津巴布韦	348	299	310	329

资料来源：国际货币基金组织（IMF），《地区经济展望——撒哈拉以南非洲地区》（Regional Economic Outlook – Sub-Saharan Africa），2009 年 10 月，用于 2009 ~ 2010 年预测。

安哥拉、赤道几内亚和加蓬在 2009 年的经济增长为负，从 2009 年年底经济开始复苏，且 2010 年其经济可能会加速增长。2010 年尼日利亚的经济增长率估计为 4.3%，较好地摆脱了经济危机的影响。尽管这是一个十分依赖石油出口的国家，但其非石油领域的经济发展迅速，尤其是农业和商业充满了活力。不过，尼日利亚政府投入 6 000 亿奈拉（Naira）却仍然无法整顿经济和稳定银行体系。尼日利亚证券交易所（NSE）交易量下降，奈拉贬值，银行在资本市场和石油部门的高风险投入及大量的不良贷款，再加上管理方面的严重缺陷，使尼日利亚 9 家银行不得不进行资产重组。

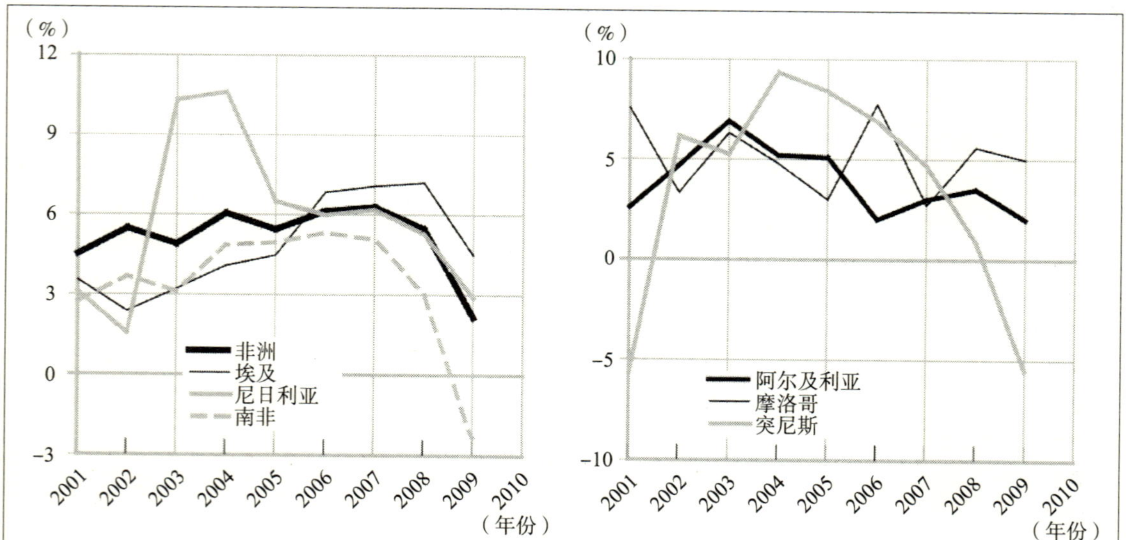

非洲：国内生产总值增长量变化

资料来源：巴黎经济研究观察中心。

矿业国家受到严重冲击

作为全球主要的矿产产地，非洲大陆同时受到了2009年初全球金属价格下降和矿业投资项目冻结的双重冲击。

非洲石油生产国虽然已经看到各自的财政预算和贸易盈余每况愈下，但是由于持有大量的外汇储备，使得其在2009年上半年外贸形势恶化下能够继续投资石油生产。对于包括铜在内的众多金属矿产，情况就不同了。因为2009年上半年金属价格暴跌，很多开矿计划都被暂停或者被推迟，其中主要包括Geovic矿业公司在喀麦隆的恩卡姆纳（Nkamouna）的钴矿开采；在加蓬的贝林加（Belinga）的铁矿开采（其推迟主要与中国投资者的分歧有关）；还有阿赛洛·米塔尔钢铁集团（ArcelorMittal）投资22亿美元于塞内加尔的法莱梅（Falémé）铁矿石开采。不过，仍有一些项目在维持，没有丝毫减少，比如法国埃赫曼集团（Eramet）下属的高米洛格（Comilog）公司在加蓬莫安达（Moanda）的锰矿开采与冶炼项目（2009～2013年将投资2亿欧元）；力拓—加拿大铝业公司（Rio Tinto-Alcan）在喀麦隆克里比（Kribi）的炼铝厂建设项目；法国阿海珐公司（Areva）在尼日尔伊姆拉伦（Imounaren）的铀矿开发项目（12亿欧元），以及力拓公司在马达加斯加的钛铁矿开发项目。

此外，铜价的下降，大大影响了一些国家在2008年年中和2009年第一季度的经济增长，比如在赞比亚和刚果民主共和国造成了失业、货币贬值和居民收入减少。不过赞比亚较好地抵御了经济危机的影响，2009年经济增长率为5.2%（比2008年仅有小幅下降）。而刚果民主共和国的经济增长率却比2008年的3%下降了一半。

最后，钻石需求的减少造成了博茨瓦纳这个非洲钻石业第一的国家矿场的裁员和临时关闭，这使得2009年上半年其国内生产总值降幅超过20%，而2009年全年其国内生产总值下降了10%以上。

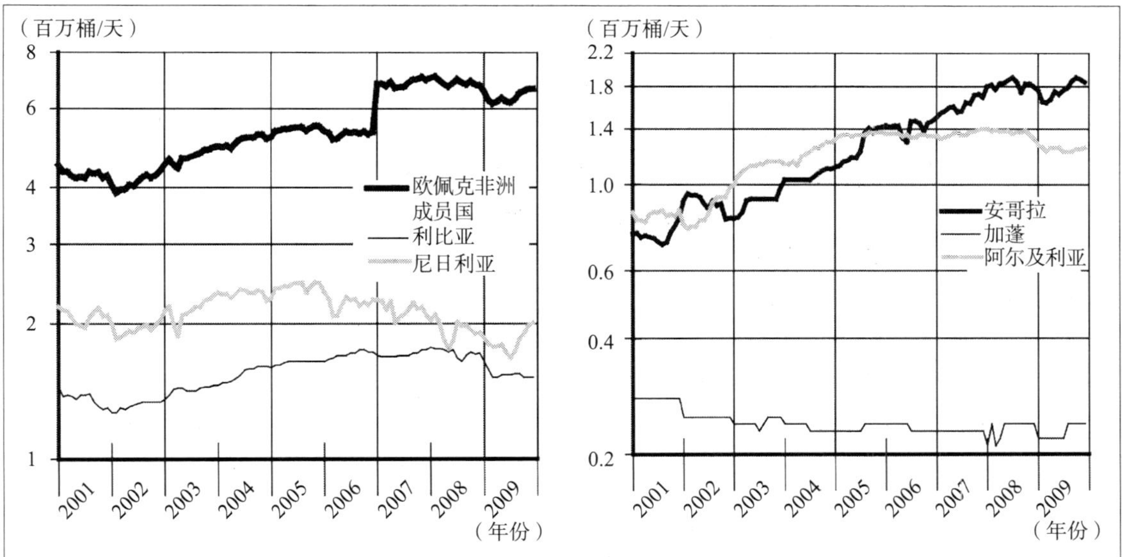

非洲：原油产量

资料来源：巴黎经济研究观察中心。

金融新形势

疲软的外部需求导致了外国直接投资额的下降——后者作为非洲各国国内投资的补充，曾是21世纪头十年非洲经济增长的决定性因素之一，而投资平均占非洲国家的国内生产总值20%以上。但是2009年，根据联合国贸易与发展会议（Cnuced）的最新估计，流入非洲的外国直接投资额在2008年创纪录地达到850亿美元之后，在2009年下降了35.2%，为559亿美元。世界银行对此的估计值为下降19%。兼并和收购活动从2008年的215亿美元跌至2009年的57亿美元，减少了3/4，这一下降尤其对采矿项目影响甚大。

如果说，非洲银行系统总体上受到危机的影响不大，但融资渠道则受到了限制，而且融资成本变得更加昂贵。此外，发达国家失业率上升，对移民资金转移回国造成了影响。世界银行认为，此降幅可能在7%～10%之间。有些国家，如佛得角、科摩罗或者塞内加尔，移民转移回国的资金平均占其

马格里布国家展现出良好的抗击力

马格里布国家普遍经受住了全球性的经济危机。根据这些国家是否为石油出口国，受经济危机影响也不尽相同。阿尔及利亚经济高度依赖能源出口，所以它是这一地区经济增长率最低的国家。在经历七年的经济稳定增长和保持良好的宏观经济平衡之后，2009年阿尔及利亚出口大幅萎缩，导致对外贸易出现赤字。不过，成熟的石油财富管理及石油收入监管基金的建立和大量外汇储备，使得该国可以继续推行其雄心勃勃的用于支持其他经济部门的公共投资计划。此外，该国农作物获得丰收，也大大减少了该国粮食进口。

摩洛哥和突尼斯，由于经济更为多样化，使其在2009年上半年对欧洲市场的出口萎缩时，还能基本上保持经济增长。

2009年，摩洛哥由于农作物丰收和强劲的国内需求，经济增长率甚至达到了5%。尽管整体经济增长率很好，但纺织、电子产品和航空这些外向型经济部门还是受到了冲击。同样，外国直接投资相比2008年下降了35%以上，摩洛哥侨民寄回国的现金下降了约12%。旅游业则经受住了危机，游客接待量有所增长，不过旅游收入有所下降。

面对这次经济危机，摩洛哥很早就采取措施以减轻对经济的影响：增强居民购买力和增加收入来支持本地消费；维持大型基础设施建设项目，比如丹吉尔地中海新港二期和卡萨布兰卡—丹吉尔高速列车项目；推出农业发展重大项目（“绿色摩洛哥”）、新技术项目（2013数控技术）和发展渔业。不过，摩洛哥的财政平衡，尤其是经常账户均受到了经济危机的影响。

同样，跟欧洲关系密切的突尼斯，从2008年12月起主要针对制造业采取了一系列刺激措施：5.82亿美元的复兴计划和增加国有部门与私营企业的薪金；强劲的国内需求加上能源与矿业的生产复苏，使突尼斯的经济增长率在2009年达到3.3%（2008年为4.5%）。总之，对于以上三个国家来说，2010年是经济复苏之年，也是政府财政预算增加之年。

国内生产总值近10%，对于这些国家贫穷的民众来说，这是其生活的保障。

与2009年初表现出的担忧相反，非洲是世界上唯一没有受到世界经济危机影响的旅游地区。据世界旅游组织统计，国际游客接待量2009年尽管在世界范围内下降了4%，而在非洲却增长了5%。当然，这些总体成绩掩盖了一些特殊情况，比如在非常依赖旅游业的塞舌尔，游客接待量在2009年严重减少了10.1%。

各国受到经济危机的影响也各不相同。在2009年初高通货膨胀和财政危机的状况下，非洲的“好学生”加纳最终实现了4.1%的年经济增长率。其中部分原因在于，石油和食品价格的下跌使通货膨胀压力减轻，同时其两大主要出口商品可可和黄金的价格上涨使外贸盈余增长了20%。

更大的灵活性

外部的经济冲击影响了非洲的经济增长，但今天非洲却有更大的回旋余地来应付冲击，尽管非洲经济还有很多弱点，因为其可以更多地依靠国内资源。十年以来，非洲经济状况已经有了重大改善，宏观经济也恢复平衡，其中特别是消除了财政预算赤字、经常账户变为盈余，除了石油和食品价格飙升的2008年，通货膨胀率均被控制在了10%以下。五年来，在良好的外部环境（国际大宗商品价格的大幅上涨）的带动下和活跃的内部需求推动下，非洲经济增长率达到了每年平均6%，投资在2008年占到国内生产总值的22%，而国内储蓄率平均占国内生产总值的25%，这比2000年增加了10个百分点。

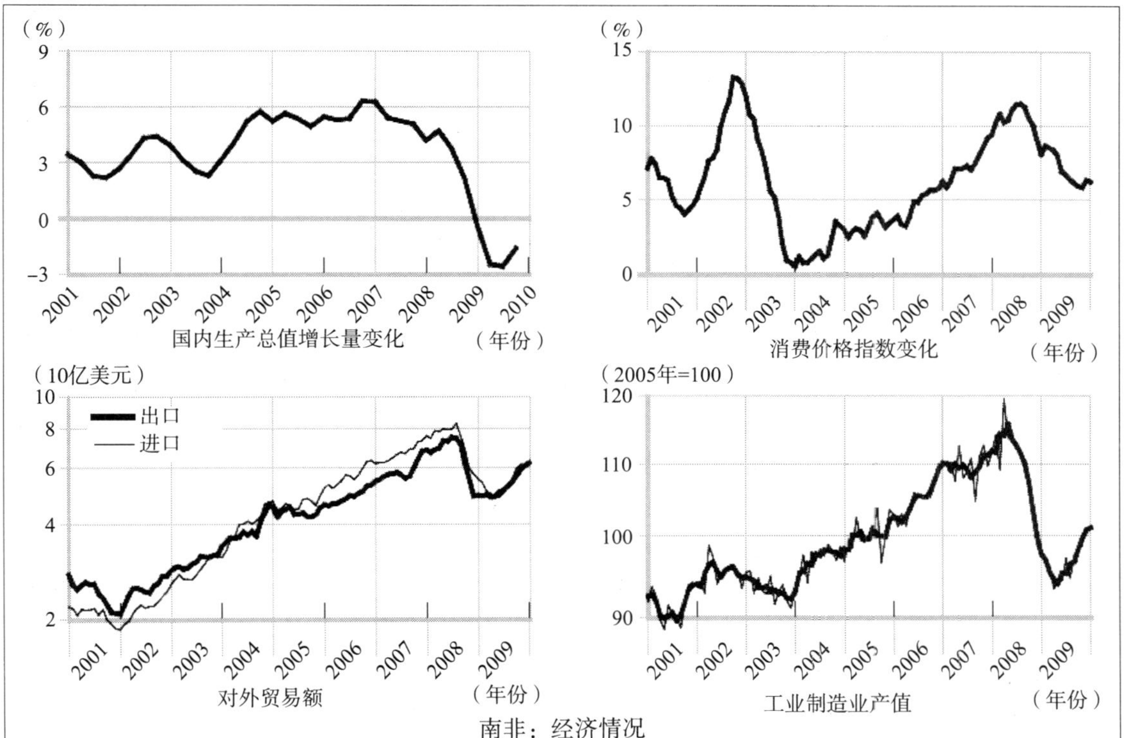

南非：经济情况

资料来源：巴黎经济研究观察中心。

"非洲土地梦"

从现在到2050年，粮食生产需要翻两倍才能养活近90亿人口，这就是未来几十年将面临的世界性挑战。随着2007年，特别是2008年粮食价格的飞涨，确保粮食安全（粮食价格的稳定与粮食的供应）就成了许多国家的战略核心。对于一些国家来说，还需要考虑以生物燃料应对石油资源枯竭，以及应对水资源短缺和气候变化的影响。

因此，以购买和长期租赁的形式进行土地投资在最近几个月大幅增加。这不是一个新的现象，同时还激起关于此类投资的目的及被投资国收益的广泛讨论。

据国际粮食政策研究所（IFPRI）的估计，自2006年起，全球约2 000万公顷的农业用地成为被投资的目标。可以说这是一个全球性的活力体现，但这都集中在"南南"国家之间（虽然其中也包括日本在巴西投资生产大豆，美国和欧洲在非洲和拉美主要生产生物燃料）。

到目前为止，投资非洲土地最活跃的国家是海湾国家：巴林、卡塔尔、阿拉伯联合酋长国、沙特阿拉伯、科威特，以及中国、韩国和利比亚。非洲的1.8亿公顷可耕地中只开发了14%，这使非洲成为此类投资的第一目的地。受到这种投资惠顾的主要非洲国家是埃塞俄比亚、苏丹和坦桑尼亚。据联合国粮农组织统计，从2004年起，非洲5个国家中共250万公顷的可耕地被以近10亿美元的总价出售或出租。

东非国家的农业用地在生物燃料生产方面很受青睐：英国太阳生物燃料公司（Sun Biofuels）在坦桑尼亚和莫桑比克投资种植麻风树（生物柴油的主要原料）；瑞典生物燃料公司（Sekab）在坦桑尼亚投资生产乙醇；巴西奥迪布里切特（Obebrecht）公司在安哥拉投资生产甘蔗和乙醇。沙特阿拉伯带领着一个包括伊斯兰开发银行在内的投资团队在2009年推出了一项名为"7×7"的七年投资计划。"7×7"计划在非洲，特别是在马里、塞内加尔、苏丹和乌干达的投资总额将达到10亿美元，用以生产稻谷。

苏丹和埃塞俄比亚实行"意志主义"般的吸引投资政策。因此，埃塞俄比亚在本尚古勒—古马兹州（Benishangul-Gumuz）和甘贝拉地区划出了160万公顷的可耕地保留给投资者。同时建立了一个新的农业投资办事处鼓励外国投资。据这家办事处统计，有8 420家外国和埃塞俄比亚本国的投资者已经获得了土地经营许可证，但只有2 000家已经开始经营。在此投资的外国公司中，印度企业专营生产甘蔗、茶叶和棉花；沙特企业生产棕榈油，而中国企业种植芝麻。估计还将有110万公顷的土地保留给投资者。

苏丹拥有16万平方公里的可耕地且周围有丰富的灌溉潜力，其中大约8 400平方公里可耕地（尽管并没有全部经营）将属于国有或私人投资者。另外，沙特阿拉伯、阿布扎比、阿联酋，甚至包括与苏丹有领土纠纷的埃及的公司在此开发的项目，已经完成或正在进行中。

实际上，一些非洲国家同时也在投资非洲土地，特别是埃及、南非和利比亚。南非2010年已经签订了与刚果共和国的庞大协议，其掌握了有30年使用权的1 000万公顷土地，用以种植玉米、大豆和畜牧业，该协议将是可以续签的。埃及最近通过西特德尔（Citadel

Capital）资本在苏丹获得了21万公顷的土地使用权，同时，它还在安哥拉、赞比亚、尼日尔和坦桑尼亚进行土地投资。利比亚则通过利比亚非洲投资组合（LAIP）在马里和利比里亚投资种植稻谷。此外，毛里求斯政府也从2008/2009财政年度预算中拨出3 175万美元用以成立一个粮食安全基金，后者将负责对外投资，它将与莫桑比克政府签署2万公顷的土地投资协议。

但让人匪夷所思的是，非洲大陆的农业耕地被他人垂涎，可整个非洲又是一个不折不扣的粮食与食品的进口大陆。另外还需要注意的是，在投资这些非洲农业用地的外国投资者大幅增加的同时，非洲的一些国家和“国际捐赠者”也大幅增加对非洲农业用地的投资。

按照减免贫穷负债国家债务倡议（PPTE）和多边债务减免倡议（IADM），在借款人和富裕国家的支持下，非洲也大大地减少了负债。非洲在20世纪80年代承受了巨额债务，致使多数非洲国家不得不采纳国际货币基金组织发起的经济结构性调整方案。在经历了这些失控的年代之后，非洲外债总额已经从2000年占国民生产总值的46%减少到2008年的10%以内。2009年上半年，由于国际社会对经济复苏的预期，科特迪瓦从“巴黎俱乐部”和“伦敦俱乐部”的债务减免中获益，其部分债务被直接免除了。尽管受到本国国情和全球经济危机的影响，科特迪瓦在2009年还是实现了3.7%的经济增长率，而2008年这一数字为2.8%。

债务减少、经济增长和更好的管理，使非洲国家能够更灵活地制定财政预算政策。这种灵活的财政政策在2008年降低了食品和燃料价格飞涨对人民所造成的影响。在2009年则部分抵消了出口需求下降带来的影响。不过这些国家也付出了财政赤字增加和贸易余额恶化的代价。南非推出了一项2010～2012年国家投资1亿美元的计划。坦桑尼亚政府则把资金用于基础设施（道路和能源计划）建设，这些支出在2009/2010财政年度预算中较上年增加了30%。乌干达在2009/2010财政年度增加了20%的公共支出，重点用于基础设施和农业建设。毛里求斯拨出了3.4亿美元作为鼓励专款。2010年，随着石油价格回升，非洲石油生产国的投资强劲增长，例如安哥拉和刚果共和国的投资增长就超过了50%。非洲国家的农业部门从2008～2009年对粮食安全问题一直在不断地付出着努力。撒哈拉以南的非洲国家的韧性还表现为依托“国际捐助者”的快速援助，这些国家寻求多元化的粮食贸易伙伴。

新兴国家在非洲的突破和巩固

尽管欧盟和美国仍然占非洲对外贸易的50%以上，非洲贸易合作伙伴的多元化选择还是得到了长足发展。与中国的贸易关系也取得了令人惊讶的快速进展。事实上，国家之间政治关系的变化首先表现在经济关系的变化上，而在经济变化之中首要的就是贸易关系的变化。中国和非洲国家之间的关系则是首先在投资和援助层面上得到了深化。2000年北京举行的第一次中非合作论坛（北京2000年部长级会议）为中非合作指明了方向，并在之后的几年得以付诸实践。2000～2008年，中非贸易额增长了10倍，在2008年达到了1 060亿美元，这比2007年增长了

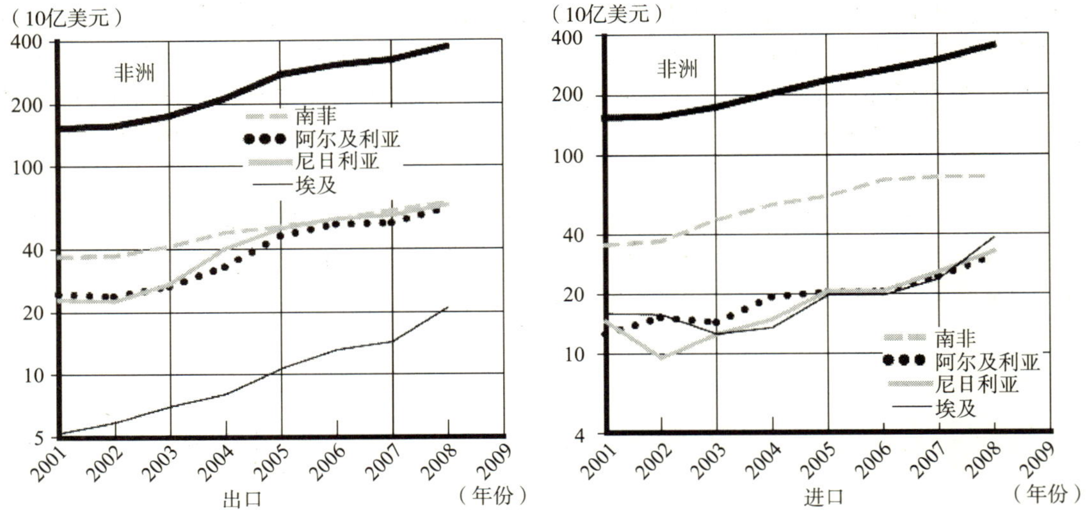

非洲：2005 年以国际实际购买力为基准的商品进出口总额

资料来源：巴黎经济研究观察中心。

45.1%——中国第一次取代美国，成为非洲的第一大贸易合作伙伴。据中国方面数据统计，中国在非洲的贸易投资在 2008 年底增长到了 260 亿美元。许多中国企业在非洲修建公路、港口、铁路、住房，进行采矿活动和铺设石油管道。中非发展基金（CADFund）第一个代表处在 2009 年 3 月设立于南非。该基金会持有 50 亿美元用以鼓励中国企业在非洲落户。这一基金自 2007 年 6 月建立伊始，就已经促成了总额 4 亿美元的 20 个对非洲投资项目。同时，在非洲金融领域很少露面的中国工商银行收购了非洲第一大银行——南非标准银行 20% 的股份。其可能还有 65 个项目正在酝酿中。

自国际金融危机爆发以来，中国一直信守之前的承诺，并在 2009 年沙姆沙伊赫召开的中非合作论坛第四次部长级会议上表示，在未来三年将向非洲提供 100 亿美元的优惠贷款，这是 2006 年援助额的两倍。中国总理温家宝还承诺为清洁能源的发展做出贡献（以应对气候变暖）。同时，他还表示要鼓励中国金融机构在非洲投资，进一步开拓非洲产品市场。2009 年 2 月，中国国家主席胡锦涛访问非洲时，也是他 2003 年上任以来第四次出访非洲，访问了马里、塞内加尔、坦桑尼亚和毛里求斯，此举试图改变中国只对非洲自然资源感兴趣的形象。

事实上，通过中国海洋石油总公司（CNOOC）、中国石化集团（Sinopec）、中国石油天然气集团公司（CNPC）、中国有色矿业集团公司（CNMC）、中国核海外铀资源开发公司（CNUC）等中国企业，已经成为非洲能源和矿产资源的主要投资者。安哥拉、南非共和国、苏丹和刚果共和国的出口额占非洲对中国总出口额的 80%。

还有一个亚洲国家印度，同样也表现出了对非洲大陆的兴趣。2008 年首届印非论坛就推动了双方的合作。印度副总统穆罕默德·哈米德·安萨里（Ansari）在 2010 年 1 月访问马拉维时，就表示印度愿意提高给予非洲的信贷额度，即从目前的21.5亿美元提高到2012年的54亿美元，同时也愿意在经济和技术上给予非洲支持。此外，印度计划在未来五年内与非洲的贸易额增长3倍，达到1 000亿美元。目前印非贸易额已经从2000年的49亿美元增长到2008年的350亿美元。2009年印度是南非煤的最大购买国家，占其月出口量的23%～25%。从现在到2012年，印度的煤需求量估计在1.1亿吨/年，其中2 500万吨将由南非供应。

另外一个新兴大国巴西同样也加强了与非洲的关系。巴西总统卢拉曾经访问非洲6次，共计16个非洲国家。2009年7月，他还应邀出席了在利比亚举行的非洲联盟首脑会议。双方贸易不断发展（从2000年31亿美元增加到2008年269亿美元），主要的合作领域是农业和生物燃料。

最后还有俄罗斯，尽管在苏联解体后，俄罗斯很少出现在非洲大陆，但在最近一年，俄罗斯对非洲也发起了大规模的外交和贸易攻势。总统梅德韦杰夫带领阵容强大的代表团于2009年6月访问了埃及、尼日利亚、纳米比亚和安哥拉，并且在能源、矿产、建筑和电信领域签署了协议。俄罗斯巨头俄罗斯天然气公司（Gazprom）与尼日利亚国家石油公司（NNPC）共同签署协议，建立合资企业Nigaz，旨在勘探和开发非洲的天然气和石油。

世界经济危机促进了新兴经济体，尤其是亚洲新兴国家进入非洲市场，主要原因是这些国家在2009年获得高经济增长，且成为全球经济复苏的核心。

“捐赠者”的鼎力支持

自2009年初起，随着经济危机在实体产业蔓延，国际货币基金组织在一些非洲国家扮演了一个真正的消防员角色。例如，在刚果民主共和国，“捐赠者”（国际货币基金组织、世界银行、欧盟和非洲开发银行）投入了大量资金，仅国际货币基金组织从2009年3月起就出资10亿美元以上。2009年2月，随着石油价格的下跌和投资的下降，刚果的外汇储备跌至2 500万美元，通货膨胀率高达120%以上，而到了2009年9月，刚果的外汇储备已经回升到8 640万美元，通货膨胀率下降到39%。

2009年7月，国际货币基金组织的董事会特别针对最贫穷国家通过了一项新提案，旨在满足额外的融资需求和减弱危机的影响。此举包括增加贷款，还有对新贷款和已贷出的优惠贷款实行为期两年的零利率（这些新机制的贷款包括扩展贷款、备用贷款、快速贷款）。同时7个非洲国家得到了“保护受外部冲击贷款”。在2009年的前10个月，国际货币基金组织提供的资金援助总额相比2008年的10亿美元，增加到43亿美元，这还不包括提供的价值为110亿美元的特别提款权（DTS）。同时，这些举措实际上是在放宽贷款条件与更快发放贷款等原则下执行的。这对诞生于布雷顿森林体系，且信奉“华盛顿共识”的国际货币基金组织而言是一场小革命，在2009年的严峻形势下这恐怕也是迫不得已的选择。因此，非洲国家在这种情况下被要求大胆运用财政政策和货币政策来应对经济危机，并放手提高预算赤字。

如果说国际货币基金组织已经带了个头儿，其他“捐赠者”都积极地紧随其后。世界银行提供的资金在2009年已逐渐超过了25亿美元；非洲开发银行也增加承诺，2009年提供的资金将高达150亿美元，同时还推出了新措施，如启动“紧急资金援助机制”和刺激贸易发展的新举措。

相反地，在各国援助方面，虽然许多国

家都重申希望维持甚至提高对非洲国家的援助水平，但由于大多数捐赠国家的财政赤字增长使其援助的承诺充满不确定性。2005 年在苏格兰格伦尼格斯召开的 8 国首脑峰会上，与会国提出每年向非洲增加 250 亿美元的捐助，也就是到 2010 年增加两倍对非洲援助的金额，但这个诺言至今还没有实现。

2010 年，非洲可望恢复强劲的经济增长。国际货币基金组织预计其经济增长率达到 4.1%。但是非洲的发展仍然受全球需求和大宗商品价格回升情况的限制。

美国面对世界

自本次经济危机爆发以来，美国继续实行单边主义，甚至孤立主义的做法：通过严格地执行美国贸易法以保护美国国内市场；以公共和私人公司合作的方式扩大出口；对双边贸易和区域贸易优先开放美国国内市场，甚至不惜损害多哈回合多边贸易谈判（Doha Round）。

创造就业

奥巴马总统希望通过扩大出口和打开国际市场为美国创造更多的就业机会。当前他优先考虑的是如何创造就业问题，而且不仅仅是在公共领域创造就业机会。

2010年1月民主党候选人在马萨诸塞州参议员选举中惨遭失败，（35年来在这个州没有一个共和党人入选过参议院）。这是美国独立选民深层次困惑的体现。所有民调显示，从上一年夏天起，尽管奥巴马在美国舆论中还是很受欢迎，但独立选民们已经开始对美国总统所谓的“优先执行的政策”不予认可。

面对即将到来的2010年11月选举可能带来的美国共和党新一轮“海啸”，白宫实际上已经从上次马萨诸塞州选举中吸取了教训——美国政府应该满足选民们尤其是独立选民的期望，因为美国国会中多数席位或少数席位的形成……以及美国参议院与众议院议长的产生，都将取决于他们。

美国独立选民的标志就是在财政税收方面是“保守派”，而在社会生活问题上又是“进步派”。他们谴责美国振兴计划的混乱，只给华尔街送去利益，却没有创造就业机会。他们揭露美国当局在私营部门的创造就业上十分无能，且在国家财政方面令人不安地失去控制，这也正是美国政府增加税收的信号。

由于就业的减少而产生的消费不振使美国人十分担忧，经济危机已经吞噬掉了700万个职位，这主要是在制造业。对于振兴计划中提出的维持或创造150万～200万个就业机会，并没有使太多人信服。其中提到的创造的就业机会基本上都产生在公共领域，这又引来对美国“大政府”的批评。与此同时，美国私营部门却仍在继续进行裁员增效的行动。

在此之前布什提出的8 750亿美元的经济复兴计划，美国舆论相信这笔钱已经到了“肥猫”（华尔街）的嘴里，或者已经花费在那些被认为毫无用处或者创造不了太多就业机会的项目上。华盛顿感知到了舆论对于民主党控制的国会和对政府政策日益增长的反对情绪，特别是在医保改革方面的各种失真信息在舆论中传播。其实，反对意见最为激烈的是集中在气候变暖和能源税的问题上，反对意见不仅来自各压力集团，还来自选民，尤其是农民，他们担心这会使农产品生产成本涨价和产生新一轮的失业浪潮。

美国众议院通过的气候变暖法案永远不会在美国参议院获得通过。因此，2010 年美国不会出台关于遏制气候变暖的法律。《碳排放量限额交易体系》（Cap and Trade）已经被宣判了死刑。从今以后，皮球就被踢到了美国环境部（EPA）一方，它只能以建立“环境保护条例”的方式来遏制碳排放的行动。被涉及的企业以及它们在华盛顿的压力集团都已表明立场，即如果美国环境部以《大气法》的名义强行制定二氧化碳的排放标准，他们会将美国政府告上法庭。美国参议院完全能够投票令美国环境部停止一切关于遏制气候变暖的工作。

众议院农业委员会主席 2009 年就对遏制气候变暖的法案投了赞成票，而现在又宣称，如果与参议院协调后可能产生的议案再回到众议院表决的话，他将坚决反对。这是美国新的“政治气候”的预兆。

最后一点是，国家财政失去控制令很多美国民众，尤其是独立选民非常担忧。他们还记得美国财政赤字达到难以承受的三四千亿美元时那些人心惶惶的言论，而现在他们不知道该用什么样恰当的词来形容目前的国家财政状况，赤字已比从前翻了 4 倍，达到 17 000 亿美元，这是美国国民生产总值的 12%！联邦政府的欠债只是冰山一角，地方州政府的财政状况已经几乎坠落到无底深渊，因为财政收入远低于预测的数字。

谁也不认为美国国会会在 2010 年认真解决债务问题。不过，国会将不得不谋求解决税收问题，布什政府的所有减税措施在 2010 年底都将到期。总而言之，2010 年初美国的政治氛围几乎不能促使在多方治理方面进行冒险行动。

正是在这一沉重的政治背景下，必须对 2010 年的美国国情咨文重新定位。当前重中之重是就业和经济，这就必须扩大出口。奥巴马总统同时也宣布了对政府不必要的开支实施冻结措施，实际上这也是象征性的（预计 2010 年财政赤字将会达到 13 000 万亿美元，而冻结开支措施最多只能减少 100 亿 ~200 亿美元）。

增加出口

奥巴马总统提出了在五年之内使美国出口翻一番的目标，白宫认为，这将会增加 200 万个就业机会。这其实是一个不切实际的计划，因为即使是在美国经济快速增长时期，也就是在布什总统的两个任期内（8 年），美国出口也只增长了 80%。

2009 年，美国贸易逆差缩减了近一半（从 2008 年的 6 960 亿美元降到了 2009 年的 3 780 亿美元），主要是因美国经济衰退进口额下降，同时从中国和其他亚洲地区的进口额却回升了。

奥巴马总统提出了一项振兴出口的计划，目标是在五年之内出口翻一番。具体操作似乎十分官僚，如对优先出口的美国产品进行登记，依靠美国各部之间良好的协调，开展某些公共援助，并加强进出口银行（Ex-Im Bank）的出口信贷担保。

奥巴马政府的贸易政策首先就在于重新树立在国会、社会劳资方，尤其是美国工会心目中的美国行政职能部门的公信力。实际上，美国政府与资方机构的关系，尤其是与商会和农业商会（Farm Bureau）的关系就算没有完全对立，也已经是非常紧张了。

提高公信力阶段将至少持续到2011年的下届美国国会，但更有可能持续到2012年的美国总统选举。如何提高公信力，则是要有选择性地实施贸易政策，既包括解决在世贸组织中产生争端时所采用的规则，还包括美国国内解决贸易争端的法律。

美国当下要采取的贸易保护措施将比布什政府时期更为严格，且目标主要是中国，不过涉及到运用“反垄断法”或“环保法”则是老生常谈；相对于共和党的自由政策，美国民主党的政策则更有“强制力”。最明显的例子就是，实施了抵制中国轮胎进口的保护主义政策，但这只是美国白宫单方面做出的决定。反倾销案的审理程序基本上是美国司法系统独立进行的，最终结果几乎没有受到行政干预。事实上，人们对此很少讨论，但针对中国商品征收的反倾销税在2009年持续快速上升。这与由白宫直接宣布且备受关注的“轮胎案件”正好相反。

另外，美国这一扩大出口计划的实施还需要与亚太地区的国家签订新的贸易（甚至自由贸易）协定。

受到奥巴马政府关注和欢迎的计划，是跨太平洋伙伴关系协定（Trans Pacific Partnership），它包含澳大利亚、新西兰、美国、智利、秘鲁、新加坡和越南七国。这项计划作为一项示范性计划，涵盖了环境、劳动者权利、投资、服务业和知识产权。此计划到期旨在创建一个亚太自由贸易区。但其中越南显然有一些问题，尤其是在劳动者权利方面。另外在该计划中，没有任何人提到中国。

此计划的第一次工作会议于2010年3月在澳大利亚的墨尔本举行，美国贸易代表提出用一年半到两年的时间完成协定谈判。值得注意的是，美国与大部分的与会国已有双边协定，因而本次会议主要目的是在巩固这些次区域性协定的同时，再加入一些新的议题（比如贸易和环境）。

对美国来说，除了在农业之外，它将在此获取利益：在农业中，糖和奶制品的贸易是个难题。已经有十多位美国参议员联名写信，要求美国贸易代表面对新西兰的威胁要警惕奶制品市场的自由化。在葡萄酒业方面，则有可能对大洋洲两个葡萄酒输出国实行零关税。在现阶段，除了农业正在谈判之外（糖不在与澳大利亚谈判的协议之内），其他一切都还未作决定。罗柯克（第16任美国贸易代表）提出了跨太平洋伙伴关系协定是美国政府贸易政策绝对优先考虑的事情。

总体来说，罗柯克明确指出，此计划的目标是为美国的出口开拓市场，而不是为了减少美国工业和农业仍然享受的贸易保护。至此很清楚的是，美国只是在其可能得到的利益远远超过可能失去的利益的时候，才会对贸易政策感兴趣。

美国对多哈回合贸易谈判置若罔闻

至于多边贸易谈判中的多哈回合谈判协议的签订显然不是奥巴马政府的当务之急。美国在日内瓦的谈判中实行的拖延策略并不仅仅是因为这届美国政府在执政伊始要处理经济危机和为当务之急的美国议会选举做准备，这是一次蓄意所为且动机并不仅仅是国内选举。

布什在其第二届总统任期的最后阶段，遵照自由贸易协议的精神在世贸组织所开展的行动，即多哈回合贸易谈判（那些爱讽刺的人认为除此之外他在任时没有任何一件事是成功的），但这最终也被美国农业、雇主和工会巨大的压力集团所抵制。

在目前的美国情况下，签订一项多哈协

议可能意味着奥巴马政府要付出巨大的政治努力，以便说服国会批准此项协议。美国白宫的主人从这届任期一开始就已经盘算过了，那将是得不偿失的。

奥巴马在谈及多哈谈判的时候，首先强调的就是开拓新市场的必要性：美国将会继续促成一个面向世界市场的多哈协议的成型。实际上，涉及多哈谈判美国的立场是，市场准入机制的平衡不是令人满意的，应当重新谈判。由此而来的是美国开始与巴西、印度和中国进行双边谈判，目的是进行双边的讨价还价而最终达到巩固多边磋商进程中取得的成果。从 2009 年秋天就着手进行的这项工作没有产生任何实质性的效果，因为相关的国家都躲藏在 2008 年取得的成果后面，也就是说，它们躲藏在多哈回合贸易谈判方案细则协议后面，不愿再往前走。

美国有两个绝对的理由不签订多哈回合谈判的协议：第一是与美国政治选举的日程有关；第二是协议的签订必须看美国国会的脸色。

由于美国面临中期选举，奥巴马政府决定在 2010 年阻碍多哈回合谈判，罗柯克在日内瓦并不隐瞒这一想法。2009 年 12 月，他对欧盟的一位农业部部长吐露心声：欧盟的农业可以高枕无忧。

第二个理由不是跟任何确定的时间表有关，而是横在美国的非农产品准入（NAMA）要求与新兴大国对美国的要求的谨慎甚至抵制之间的鸿沟，而且这个鸿沟在不断扩大。

跟奥巴马政府利害攸关的，已不再是农业（在气候变暖议案之后，美国政府跟多数工会的关系已经极度紧张），而是非农产品准入的谈判，即美国工业和服务业在新兴大国的市场准入。

事实上，中国加入世贸组织的谈判已使工业品的关税平均化，因此中国不是现在世贸组织谈判中的系统性问题。但是，中国与美国的双边关系紧张不利于双方贸易对话。另外，非农产品市场准入制度是谈判的关键，这使巴西和印度担心对中国产品的进口将大幅飙升，会远远超过他们对美国产品的担心。

美国发出日渐强烈的呼声，那就是如果他们得不到利益，那么多哈回合谈判就有可能被真正地打入冷宫（在美国国会看来，多哈发展议程已经“死亡”）。2010 年美国的选举将不会平静，民主党的溃败很可能使被媒体认为优柔寡断的美国总统的任务变得更加复杂。目前的局面与短期的政治日程表的到期没有关联，但是这局面会一直持续到 2012 年的美国总统大选。而阻碍多哈回合贸易谈判的主要因素正是工业品准入和美国与巴西、印度、中国之间的较量。

美国政府正陷入僵局：要么不得不承认政府为贸易协议的改进而做的一切努力都失败了，这当然不会被国会接受；要么就是走美国贸易代表可能奉行的路线，继续进行双边商谈直到谈判结果最终得到国会认可。在这点上，美国贸易代表和白宫都听到了越来越高的呼声。如果跟新兴大国的双边谈判没有朝预期的方向发展的话，美国可能不再会对在日内瓦进行的谈判感兴趣。

最后要提出一点，多哈发展议程可能不再会成为国际各种峰会上（尤其是二十国首脑峰会）的主题，正如八国集团首脑会议（G8）的轮值主席国加拿大对将此议题列入 2010 年 6 月举行的八国峰会的议事日程持保留态度一样。

Ⅲ 气候谈判

后哥本哈根时期的新形势

世界经济与金融危机给哥本哈根国际气候谈判带来了重要的影响，不少于120个国家的元首参加了本次谈判，而此次谈判中的压力也是前所未有的。在激烈的讨价还价后，会议最终制定了一个能令绝大多数国家所接受的《哥本哈根协议》。而在环保组织和欧洲媒体的眼中，此次国际气候谈判则是一次完全的失败，即使最后签署的协议好似取得了重大突破般，且被中国、印度和美国的外交界所鼓掌欢呼。事实上《哥本哈根协议》既不是一次完全的失败，也不是重大的历史性突破，此次会议中的谈判重心转移，实际上也从根本上反映了世界各国力量对比的变化。面对气候变化采取的下一步行动势必要考虑这个新的力量对比。除上述情况之外，研究国际气候协议相关组织的管理也是《世界大宗商品商场鉴》2010年的重点。

自20世纪60年代开始，国际社会就气候变化举行了多次多边谈判。《京都议定书》的签署耗时两年，其中的多边谈判经常演变为欧洲与美国之间的较量。2007年巴厘会议之后两年的哥本哈根会议上确定2013年开始实行“后京都规则”。但在巴厘会议与哥本哈根会议期间由于新兴国家的加入而变得复杂，因此这个为期两年的谈判并没有取得成功。从这个角度看（新兴国家的加入），哥本哈根会议成为联合国主导下的国际气候谈判进程的转折点。而我们只有回顾历史，才能完全把握这种转折的意义。

从里约热内卢到哥本哈根——国际气候谈判概要

关于气候变化的国际讨论已进行了三十多年。1979年第一次世界气候大会在日内瓦举行。这次会议制定了一项庞大的世界气候研究计划，并将之交给世界气象组织（WMO）、联合国环境规划署（UNEP）和国际科学理事会（ICSU）负责。这项计划的目的是对气候变化领域未知的问题建立起一个科学研究的基础。1988年政府间气候变自20世纪80年代投身中国环境改善以来，威立雅中国已通过在国内的67个项目投资约200亿美元，这些项目遍及中国41个城市及香港，澳门特别行政区，涉及行业领域有：废物处理（市政和工业废物），水管理（饮用水和污水处理），以及能源和公共交通服务。威立雅中国拥有25 000名中国员工。

威立雅环境的四部门：

⇨ 威立雅水务——全球水务行业标杆企业
威立雅水务在中国20个城市和地区拥有28个项目。

⇨ 威立雅环境服务——全球废物管理和资源再利用的标杆企业
中国最大的私营废物管理公司，在12个城市和地区拥有25个项目。

⇨ 威立雅交通——为安全而可持续的出行管理模式制定标准
2008年与南京中北签订了在中国的第一个运营项目，2010年签订了香港电车运营项目。

⇨ 威立雅能源/达尔凯——全球领先的供热网络的管理商及欧洲领先的能源服务商。
目前在中国的4个城市拥有7个项目。

威立雅环境在中国
Veolia Environnement in China

应对气候变化大事记

1873 年　世界气象组织（WMO）在维也纳成立

1896 年　第一次对人为二氧化碳排放与气候变暖之间的联系进行研究［斯凡特·阿伦尼乌斯（Svante Arrhenius），后来的诺贝尔化学奖得主］

1979 年　第一次全球气候大会召开

1988 年　IPCC——政府间气候变化专门委员会在联合国的主持下成立

1992 年　192 个国家批准并签署《联合国气候变化框架公约》（于 1994 年 3 月 21 日正式生效）

1997 年　签署《京都议定书》中的《联合国气候变化框架公约》的主要补充条款

2001 年 2 月　美国退出《京都议定书》

2001 年 12 月　《马拉喀什协议》，为《京都议定书》中的项目机制提供操作规则

2003 年 10 月　欧洲发布建立欧盟排放权交易机制的指令

2005 年 1 月　欧盟排放权交易机制开始运行

2005 年 2 月　《京都议定书》在俄罗斯批准后生效

2006 年 9 月　签署《加利福尼亚全球气候变暖法》——美国第一部限制温室气体排放的州立法

2007 年　政府间气候变化专门委员会公布第四次气候变化报告

2008 ~2012 年　执行《京都议定书》承诺的第一阶段；欧盟排放交易机制执行的第二阶段

2008 年 12 月　欧盟通过能源 - 气候一揽子计划

2009 年 1 月　美国东北部的 10 个州在《区域温室气体倡议》框架下开设二氧化碳市场

2009 年 12 月　哥本哈根缔约方会议（COP-15）产生《哥本哈根协议》，协议第一次出现了发展中国家的减排承诺

2010 年 12 月　坎昆大会（Cancun）——第十六次联合国气候变化框架缔约方年会（COP-16）

2013 ~2020 年　欧盟能源 - 气候一揽子计划施行期。欧盟单边承诺到 2020 年将在 1990 年二氧化碳排放量的基础上减排 20%；如果期间有欧盟“满意”的国际协议签署，欧盟将其上调至 30%

化专门委员会（IPCC）创建，接替国际科学理事会为国际有关气候问题的讨论提供技术支持。1989 年 12 月，第二次世界气候大会在海牙举行，有 149 个国家参与。会议的最终宣言主张以谈判的形式产生一项关于气候变化的国际公约。1992 年《联合国气候变化框架公约》正式出台。

1992 年 120 多个国家在巴西里约热内卢举行的地球首脑峰会上签订了《联合国气候变化框架公约》（以下简称《气候公约》）。《气候公约》于 1994 年 3 月 21 日正式生效。世界上除伊拉克之外的 192 个国家均为《气

候公约》的缔约方。由于《气候公约》只是构建了一个框架，因此1997年国际社会又达成了《京都议定书》，并作为《气候公约》的补充条款。虽然《京都议定书》比《气候公约》更使人耳熟能详，但正是《气候公约》为应对气候变化的国际合作奠定了基础。

《气候公约》的三原则

《气候公约》不仅为国家间的多边讨论提供了框架，还提出了三项原则，这为解决气候问题的国际合作奠定了基础。

《气候公约》的第一项原则是通过国际法律的形式承认全球变暖的事实，以及这一事实与人为温室气体排放的关系。第二项原则是从“预防原则”出发为大气中温室气体浓度设定上限，建议通过该限度的设定预防人类对气候系统危害性的干扰行为。第三项原则是在应对气候变化方面各缔约方承担共同且有区别的责任。共同的责任是指在批准该公约时，每个国家都应承担一部分集体责任。有区别的责任是指每个国家拥有不同程度的责任，责任程度依国家发展水平不同而有所区别。以公正的标准区分责任的程度，来保证一些实力较小的国家不会承担协议中约束性的条款。这一原则的立论基础并无多大的争议，但是实际操作过程中必须根据执行情况进行调节。

事实上，第三项原则强烈地影响着实际的管理方式。《气候公约》将缔约国分成两组：工业化国家和发展中国家。工业化国家自1850年起积累的温室气体排放量占全球温室气体排放总量的3/4，应承担很大一部分历史责任。在《气候公约》附件一中，他们被统称为“附件一国家”。他们包括1990年就成为经济合作与发展组织（OECD）成员国的国家，以及俄罗斯、乌克兰和东欧的一些国家。而那些1990年被认定为发展中国家的国家明显不应为大气中温室气体的积聚承担相同程度的责任。此外，《气候公约》重申非附件一国家的首要任务是应用各种资源，促进发展。基于以上两个原因，非附件一国家与附件一国家承担不同程度的责任。《京都议定书》进一步重申对此责任程度二元化的解释。

《京都议定书》的创新

《京都议定书》是《气候公约》的主要应用文本。附件一国家在《京都议定书》中做出了关于排放限额的承诺（从现在开始到2012年，相比1990年的排放水平平均减排5.2%）。第一步是限定温室气体排放权，确定后的温室气体排放限度随后以排放权的形式分配给各个国家，并在各国之间进行交易。由此，诞生了国家间的碳市场。

2001年在马拉喀什（Marrakech）举行的第七次缔约方大会（COP-7），对碳市场的交易系统进行了描述，特别强调了对其经济运行机制的解释。最为重要的是排放权的国际市场和联合履行机制（JI）与清洁发展机制（CDM）。在清洁发展机制下，发达国家能够通过对无排放限制的发展中国家进行减排项目的资助来兑现部分减排承诺。

这些在国际范围内应用的以市场为基础的经济机制是《京都议定书》中最大的创新。同时《京都议定书》还设立了排放量限额的全球性目标，并建立了以经济工具为基础的市场机制，旨在鼓励各国和其私营企

联合国气候管理机制

在《气候公约》下建立了一个国际化的管理体系，其最高机构是缔约方会议（COP）。该会议负责将批准公约的所有国家的代表汇集在一起。按照联合国的原则，会议流程给予不论大小的所有国家以平等的发言机会。该公约共有192个缔约方，我们可以想象由此带来的决策制定过程的复杂性，以及可能引发的停滞不前或保守主义。

按规定，缔约方大会必须每年举行一次，这就是每年12月份前两个星期举行的气候大会。有些缔约方会议并没有带来太大的成果，而有些却在各国集体应对气候变化的历史上留下了光辉的一笔，如1997年在日本京都举行的第三次缔约方大会，同名的议定书在全体大会上签署。哥本哈根会议是第15次缔约方大会，由于其继承了两年前第13次巴厘缔约方大会的使命，因此承载了很多期待。会议原本应在《京都议定书》为2008～2012年提出的各项规则之后制定出相应的更多规则。但最终的结果是使众多观察员与非政府组织十分失望。

缔约方大会秘书处设在德国波恩。该秘书处具体实施大会上所做出的各项决定，并收集各缔约方在大会上提供的承诺信息。这是一项不可小觑的技术性工作，它实现了各国间温室气体排放信息的共享。

1992年气候大会确立了两个永久性附属机构：公约科技咨询附属机构（SBSTA）和公约履行附属机构（SBI）。这些机构为缔约方大会提供意见，它向所有缔约方开放。而缔约方政府为每个机构的各个领域派遣专家代表。公约科技咨询附属机构与公约履行附属机构每年集中会晤两次，时间一般与缔约方大会同时进行。

公约科技咨询附属机构的任务是用公约有关的科学和技术事项，向缔约方会议的其他附属机构及时提供信息和咨询。该机构在全球气候管理方面扮演着重要角色，即在政府间气候变化专门委员会这样提供科学信息的机构与缔约方大会确定的政治方向之间的纽带。公约科技咨询附属机构与政府间气候变化专门委员会紧密合作，政府间气候变化专门委员会有时需要该机构提供一些研究或者一些特定的信息。该机构工作的两大领域为促进技术的发展与技术转移，和提高对各国发布的公告的联系。该机构同样承担对特定项目工作方法的研究，如土地的使用和林业等。

公约履行附属机构负责协助缔约方会议评估和审评《气候公约》的有效履行。它还负责审查各国公告中的信息和缔约国的信息，进而对《气候公约》的效力进行评估。该机构还负责审查给予非附件一国家的资金使用，并就全球环境基金（GEF）负责的金融机制的发展方向为缔约方大会提供建议。

业通过国际碳价格来减少排放量。由于美国对《京都议定书》存有异议，且苏联国家获得了数量巨大的排放权，因此《京都议定书》中承诺的减排量在相当程度上被削弱。未来国际气候环境治理的最大未知数之一，就是市场化经济手段（碳排放权交易）实施的节奏，将形成更有利于增强各国承诺长期减排的可信度，而非协议的法律效力。

为使《京都议定书》生效，必须得到至少55个缔约方国家的批准。在批准《京都议定书》的国家中，附件一国家中得到批准的国家排放量至少要占附件一国家1990年二氧化碳排放量的55%。但是，2001年布什总统明确宣布美国退出《京都议定书》，由于附件一国家34%的排放量来源于美国，美国的撤出使《京都议定书》迟迟不能生效，直到2004年底，俄罗斯杜马批准了《京都议定书》。从而使缔约方国家满足了55%的减排要求，最终《京都议定书》于2005年2月正式生效。《京都议定书》因此集合了184个国家。

2007年底澳大利亚批准议定书后，这一小组汇集了除美国以外的所有的发达国家和所有苏联的解体国家，承诺于2008～2012期间完成减排任务。此外，大部分发展中国家也批准了《京都议定书》，该议定书对发展中国家没有额外的约束，而且为其提供了加入清洁发展机制、获得碳排放额资金的可能性。实际上“缔约方组”和“京都议定书组”的主要区别在于前者有美国参与，后者则没有。

透视《哥本哈根协议》

2007年12月，巴厘岛会议确定了“巴厘路线图”，这是一个名副其实的“后京都”国际气候制度的框架。因为于1997年签订、2005年生效的《京都议定书》只为2008～2012年期间的减排行动做出了规定。为了在哥本哈根达成协议，数千名谈判代表分成两大谈判组，于2007年12月至2009年12月进行谈判。这两个组并没有成功地在之前的法律和制度框架内产生一份妥协性的协议。因此，在哥本哈根会议中各参与方都感到要想达成一致是充满阻碍的。直到最后一天，一份不到3页的文本最终形成，该文本就是所谓的《哥本哈根协议》。

这份协议是主要新兴国家的代表和美国总统谈判协商的结果。而欧洲则在此次谈判中扮演了旁观者的角色，但在协议形成后，欧洲迅速地与其他工业化国家团结在一起。经过一段犹豫后，大多数发展中国家同意了此协议，联合国大会“注意到”此项协议与《京都议定书》协议不同，它不具备法律约束效力。且与《京都议定书》相比较，《哥本哈根协议》并没有在缔约方会议的框架下获得一致通过。因此对于违反协议者而言，该协议就是一项不具有法律强制执行力的国际条约。

我们能在《哥本哈根协议》中寻找到什么呢？事实上，这份简短的文本在大会的第一天就已经能够签署：它只是重申了主要国家在会议之前公布的大部分内容。《哥本哈根协议》明确重申了1992年气候大会的原则并解释了很重要的一点，即最终目标是将平均气温上升稳定在2℃以下的水平。这一水平是之前由政府间气候变化专门委员会推荐的，到目前为止欧盟是世界上唯一一个执行该建议的地区。但不论是《哥本哈根协议》中的承诺，还是建立的经济和金融交易机制，都没有明确说明如何达成这个雄心勃勃的目标。

《哥本哈根协议》主要签约国减排承诺

指标 国家或地区	2020年减排目标	参考年份
澳大利亚	5% ~15%（如果国际协议包括发展中国家）或者25%（如果目标为大气中温室气体的含量不超过450ppm）	2000年
白俄罗斯	5% ~10%（根据具体情况而定）	1990年
加拿大	17%	2005年
美国	约17%（需要美国国会批准）	2005年
日本	25%（如果国际协议公正且目标很高，同时包括世界主要经济体）	1990年
挪威	30% ~40%（如果国际协议制定了限制气温升高2℃的目标）	1990年
新西兰	10% ~20%之间，如果国际协议涉及方面广泛（设立限制气温升高2℃的目标；其他发达国家做出相当的努力；发展中国家做出充分贡献；制定与土地利用、土地利用变化和森林（LULUCF）相关的规章；利用有效的国际碳市场）	1990年
俄罗斯	15% ~25%（根据计算的森林覆盖量和主要排放国减排量承诺而定）	1990年
欧盟27国	20% ~30%（如果其他发达国家做出了相同的承诺，且发展中国家做出充分贡献）	1990年
南非	34%（相对于《基准情景》）	2020年
巴西	36% ~39%（相对于《基准情景》）	2020年
中国	40% ~45%（减少单位国内生产总值二氧化碳排放）	2005年
韩国	30%（相对于《基准情景》）	2020年
印度	20% ~25%（减少单位国内生产总值温室气体排放，不含农业排放）	2005年
印度尼西亚	26%？	？
墨西哥	30%（相对于《基准情景》）	2020年

资料来源：联合国气候变化框架公约（CCNUCC）网站，2010年2月24日。

1990年和2005年温室气体排放量及哥本哈根会议后2020年公布的目标

单位：百万吨二氧化碳当量

指标 分类	1990年排放量*	2005年排放量*	2020年最大排放量（相对1990年，%）	2020年最大排放量（相对1990年，%）
附件一国家（Annex Ⅰ）	17 750	17 378	15 581 （－12%）	14 626 （－18%）
较大的新兴国家**	6 822	12 330	24 228 （255%）	22 502 （230%）

注：＊为除森林采伐和土地使用相关排放外的一切温室气体排放。＊＊为指南非、巴西、中国、韩国、印度、印度尼西亚和墨西哥。

资料来源：编者统计。

“可变的承诺”

《哥本哈根协议》提出了一种与《京都议定书》中不同的完成减排承诺的方法，即提出一种框架，在这种框架下各国可以提出“可变的承诺”似的承诺。对不同国家采用不同的计量方法来完成减排承诺，而对这些国家成果的测量和核实则将取决于各国分属于哪一类国家，是工业化国家（即附件一国家），还是非附件一国家。

如果加上波恩气候变化大会（Bonn）的《气候公约》确定的最低承诺，《哥本哈根协议》全体附件一国家承诺到2020年较1990年的排放水平减排约12%。例如欧洲，如果国际社会能够达成一项满意的国际协议，那么欧洲准备将减排承诺提高到20%～30%；其他一些国家也表示将在特定的条件下进一步提高减排目标。如果将不同国家所承诺的最高减排量加在一起的话，减排总量约为18%，但这仍然低于政府间气候变化专门委员会建议的25%～40%。且该承诺相对于《京都议定书》中承诺的2008～2012年将比1990年的排放量下降5%的目标，仍然很低。美国和加拿大将2005年作为“基准年”，这使得它们不用顾忌1990～2005年间的排放增长（澳大利亚则将2000年作为基准年）。

主要新兴国家的承诺是降低单位GDP温室气体排放量，或是将降低排放量的目标置于基准情景[①]（Business as Usual）之下。这些承诺在联合国登记，但核实与测量的方法不是完全透明的。实际上，只有在南北合作的框架之内，行为才可以受到真正的国际监督。如果将发展中国家相对的承诺转化为以未来经济增长的假设为基础的绝对水平值，那么新兴国家从现在到2020年的排放量将可保持经济高速增长，除非出现明显的经济衰退（这并不是大家所期望的）。虽然发展中国家在减排目标的确定上并不十分积极，但这些减排承诺是其中很大一部分国家在应对气候问题上迈出的第一步。因为自20世纪90年代以来减排问题一直被认为是只与发达国家相关的问题。

哥本哈根会谈的主要贡献在于，它第一次将发达国家与发展中国家的减排承诺分别作为附件记入协议，而且重点是与《京都议定书》划清了界限，之前发展中国家一直将《京都议定书》作为其主要的行动依据。这样，承诺覆盖领域也就获得了大范围的延伸。由于美国的退出，以《京都议定书》名义做出的承诺只涵盖了不到1/3的全球温室气体排放量，而哥本哈根会议上做出的承诺却涵盖了超过全球的3/4！

但是，《哥本哈根协议》中的承诺相对于政府间气候变化专门委员会之前的建议要小得多，而更主要的可能是，对于能够将经济真正引上低碳发展道路的碳市场机制缺少明确的表示。

市场机制的不确定因素

《哥本哈根协议》对将要实施的经济手段表述得异常模糊。乐观主义者认为该协议明确地提到了农业，特别是停止对热带树林的砍伐，这是一种进步。但是对此只是泛泛提及的协议中，要想将其转化为现实需要很大的努力和意志力。市场机制是《京都议定书》的亮点，虽然它在《哥本哈根协议》中被提及，但对于市场机制将要发挥的作用

① 即不采取气候变化对策的情景，译者注

却没有翔实的阐释，这关系到碳排放限额和交易系统，如在欧洲的碳市场的形式（即《京都议定书》中所规定的）和清洁发展机制（CDM）。

清洁发展机制的目的在于给予发展中国家碳排放额度达到减排的目的。这些碳排放额度随后可自由转让，尤其是再次出售给配额交易系统中的其他国家和企业（即《京都议定书》框架下的发达国家或欧洲配额系统中的工业企业），以确保它们保持协调统一。

清洁发展机制在运作的最初几年便显现出其利弊。在好的方面，那些不曾被看好的项目获得了巨大的减排效果。从现在到2012年，温室气体减排总量因此将限制在20亿吨左右。第一批项目是在工业领域开展的，随后便让位于之前就为该制度进行准备的可再生能源领域。这一机制表明它具有在全球范围内使发达国家和发展中国家实现技术与资金进行标准化转移的能力。自该机制运行以来，已在发展中国家进行了金额约为1 000亿美元的相关投资。

不好的一面，清洁发展机制在每个国家并不都是成功的。而其中受益最大的国家是那些建立了必要行政机构并随后进行相关项目建设的发展中国家。另外，如农业和林业等领域，在世界范围内产生了近1/3的排放量，但却几乎没有与清洁机制相关联，这些机制只广泛应用在能源领域的减排上。

因此，这种情况的改变是必要的。大规模减排额度的纲领性项目的建立和对一些领域机制的研究（如对森林的REDD + 研究项目）正在酝酿中。这些额度必须找到买家才能为项目的发展带来真正的动力，因此，在当前或在未来大型碳市场中必须使其得到承认。

在未来几年中，欧洲二氧化碳配额市场的收入将继续成为国际碳市场相关的收入主要来源。虽然该市场只涵盖了20亿吨的二氧化碳排放量，仅占全球总排放量的4%，但是该市场提供了一个重要的模型，因为该市场是由文化与生活标准截然不同的30个国家组成的，事实证明在此基础上可以取得相当的成果。但这一模式必须应用于更为广泛的主体当中，才能获取更大的成果。

从这个角度来说，在世界范围内能否进一步推广对碳排放进行收费，取决于美国相

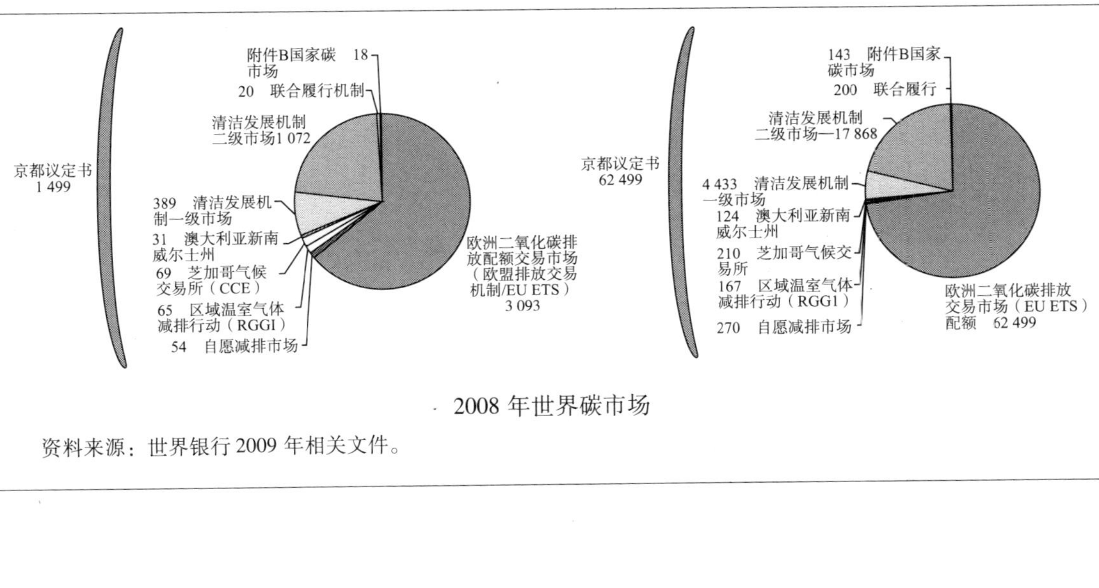

2008 年世界碳市场

资料来源：世界银行2009年相关文件。

关法案能否通过美国国会与奥巴马总统之间的力量对比，以及奥巴马是否具有足够的灵活性取得参议院对建立一个比欧洲碳市场更大的市场的有关议案的支持。这需要来自于民主党之外的支持——民主党随着马萨诸塞州举行的中期选举出乎意料地将共和党送入了美国国会，从而不能保证该议案的通过。鉴于选举日程和医疗改革中的种种困难，美国联邦大型碳市场的建立可能比众议院2009年3月进行投票后确定的时间延期一至两年。

受此影响，国际碳市场的发展将受到拖累。由于国际市场上缺少碳排放额的额外买方，将阻碍《京都议定书》中规定的温室气体减排。美国自发组成的碳市场和区域市场将带来一小部分的额外需求，但这远远无法与美国政府按照相应规则建立的碳市场相比。

发展中国家参与气候谈判

中国和印度在哥本哈根会议中发挥的作用标志着谈判中心的转移。但发展中国家集团并不仅限于这两个国家。按照其各自不同的目标可以将发展中国家划分成三类。

第一类，包括印度、中国、巴西、印度尼西亚、南非、墨西哥和韩国。在谈判过程中，这些国家崭露头角，并均对气候问题表现出了极大的关注。它们捍卫当前发达国家与发展中国家之间的划分标准。并希望获益于资金和技术转移以达到减排的承诺。它们在《哥本哈根协议》框架下进行的声明中表现得很明显。它们在其中主动地表明了各自的承诺和对1992年气候大会原则的遵守。但是只要这些国家的经济增长强劲，那么它们所做出的相对的减排承诺在绝对的排放量下降方面就相对有限。另外，这些国家中的大多数自1990年已经通过更合理地运用传统石化燃料降低了其经济增长所“需要”的二氧化碳排放量。下一阶段的气候谈判的核心之一是这些国家从相对的减排目标转变为绝对的减排目标。

第二类，主要是一些石油国家。它们不愿对减排目标做出承诺。还有几个以科威特为首的国家对《哥本哈根协议》表示出明显的敌意。事实上，这些国家的特点是依靠石油收入发展经济。因此，在未来几年中，如果碳价格得到推广，这些国家的收益将会一点一点被侵蚀。这也就是为什么这些国家不愿意接受在《哥本哈根协议》中有关对石油国家特定补偿的部分。对于这些国家来说，它们拥有大量的资金。

第三类，主要是最不发达国家，在数量上是最大的团体，特别是非洲大量不发达国家。这一团体没有直接参与《哥本哈根协议》的谈判，并对是否支持这一协议持犹疑态度。就这一团体的大多数而言，之所以支持此协议，是以协议中的财政承诺作为基础的，即到2012年北南资金转移将达到每年300亿美元；到2020年，每年将达到1 000亿美元，这些资金用来帮助南部国家适应预期中的气候变化所带来的影响。同时这类国家将逐渐参与到温室气体减排的体系当中。对发展中国家而言这具有相当大的吸引力。但《哥本哈根协议》并没有就建立一个新的专项基金——哥本哈根绿色气候基金（CGCF）提出更为具体的行动方案。对于这些国家，《哥本哈根协议》的关键目的之一是使其参与到未来机制的管理当中。而这些未来机制的明确目标是共同行动获取碳排放机制中额外的资金，并将其转投给最脆弱的国家。

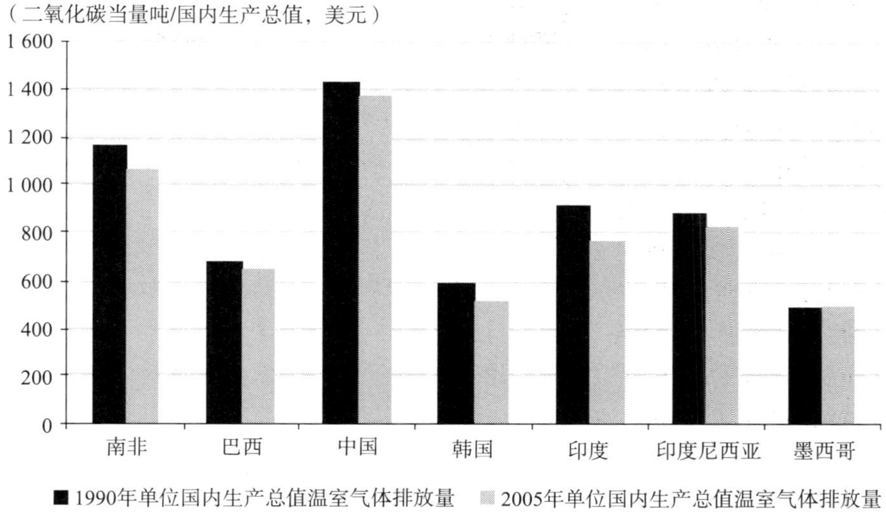

1990 年和 2005 年单位国内生产总值温室气体排放量

资料来源：世界资源研究所（World Resources Institute），2010 年。

2005 年人口、财富和温室气体排放

指标 国家（地区）	人口（百万）	人均国内生产总值（欧元）	能源消耗（人均标准石油当量吨）	温室气体排放（人均二氧化碳当量吨）	二氧化碳排放（不含森林采伐，人均二氧化碳当量吨）
发达国家	**1 259**	**22 043**	**4.8**	**13.1**	**11.5**
美国	297	33 640	7.9	21.7	19.9
加拿大	32	28 136	8.4	22.6	17.3
澳大利亚	20	25 468	6.0	25.6	18.7
日本	128	24 369	4.2	9.9	9.8
欧盟 27 国	490	21 394	3.7	9.6	8.4
其中：法国	61	24 611	4.5	8.1	6.6
俄罗斯	143	9 543	4.5	16.0	11.0
乌克兰	47	4 492	3.0	7.5	6.4
发展中国家	**5 133**	**3 246**	**1.0**	**5.3***	**2.5**
韩国	48	17 115	4.4	11.4*	9.8
墨西哥	103	9 161	1.7	7.1*	4.0
伊朗	69	7 493	2.4	8.3*	6.5
南非	47	6 821	2.7	9.0*	7.2
巴西	187	6 818	1.1	13.3*	1.9
中国	1 305	3 289	1.3	5.5*	4.3
印度尼西亚	221	2 582	0.8	15.1*	1.7
印度	1 095	1 794	0.5	1.7*	1.1
全世界	**6 462**	**7 006**	**1.7**	**7.1***	**4.3**

注：* 在多数情况下，发展中国家与森林砍伐相关的排放量只有 2000 年预测的数据。

资料来源：C. de Perthuis & A. Delbosc，《关于气候变化的偏见》，2009 年。

预计下一阶段的气候谈判将会十分复杂。其根本原因在于世界人均财富水平仍存在着相当大的差距。弥补这样的差距显然成为发展中国家和国际社会的首要任务。但是如果发展中国家快速弥补与发达国家发展差距的话，那么排放量的增长将很快变得无法控制。因此，我们必须找到新的方法将经济发展与应对气候变化的行动协调一致，需要找出在 1992 年气候变化大会上制定的“共同且有区别的责任”原则的新的应用，进而增加对新兴国家做出承诺的要求。在现有的联合国组织的框架下，这能不能实现呢?

联合国框架内的气候谈判

哥本哈根会议之后，国际气候管理系统由三个框架叠加而成：1992 年的《气候公约》与其 192 个缔约国；《京都议定书》与它的 184 个缔约国；以及 2010 年 2 月底由 70 个国家共同签署的《哥本哈根协议》。国际气候管理系统的发展将取决于四个因素：气候变化的科学知识；承诺减排的系统；减排的标准、计算和核查体系；以及市场工具。《气候公约》和《京都议定书》曾试图将这四个因素汇集成一个统一的整体。

首先，近 15 年的经验表明在当前联合国框架下对各项承诺进行谈判是非常困难的，因为联合国框架下的谈判实行的是“一致原则”。在哥本哈根会议之后，两个减排体系开始并存。第一个系统，由于美国的撤出和缺少新兴国家的参与，《京都议定书》系统只涵盖了世界上 1/3 的排放量。第二个系统，《哥本哈根协议》法律地位不明确，但汇集了更多的国家，而且各国都有着不同程度的减排目标，可也不能融入现行的国际气候管理系统。

现实主义和对效率的要求使人们可以期待对温室气体排放的限制，并在较小的结构下实现雄心勃勃的未来减排目标。例如，如果将欧盟看作一个国家，事实上世界 10 个主要排放国的相关协议将涵盖超过 3/4 的全球排放量。因此，在二十国集团（G20）框架下，甚至十国集团（G10），似乎将成为未来相关谈判的方向。

目前的状况也似乎并不太适用市场机制来管理。碳价格体系的建立是为了给予行动者有力的经济刺激，促使其减少排放量。《京都议定书》的主要创新就在于将承诺减排体系与碳价格核定体系相结合。但其最大的弱点在于完全低估了在国际碳价格体系下出现了国家与各种经济参与者之间多重转让的情况。《哥本哈根协议》在提及市场机制的同时高调表示了北南转让这一承诺。而实现北南转让的目的是为了帮助发展中国家适应气候变化带来的影响，和获得相应的技术。该协议的成功将建立在协调的市场机制和以公平的角度使各国分担减排量。

实现有效性的途径意味着在现有的欧洲碳配额交易系统和《京都议定书》项目机制这两大支柱的基础上在国际推广碳价格。实现公平的途径在于通过碳价格核定将更多的资源转移到相对不发达的国家。而这需要大国领导人的真正参与。因此，需要建立完善的经济和金融市场体系。未来气候管理的有效性和公平性将有赖于这些市场手段。然而在今天，任何国际气候组织均没有能力也没有权利管理这些市场手段。因此，这就迫切需要一些主要的多边国际机构将建立上述权利机构作为首要任务，这些多边国际机构包括：国际货币基金组织（IMF）、世界贸易组织（WTO）、世界银行（World Bank）和

肉与全球变暖：激烈而又复杂的争论

2009年哥本哈根气候峰会之后，前甲壳虫乐队成员保罗·麦卡特尼来到了欧洲议会，宣传每周素食一天。这在欧洲的畜牧业引起轩然大波，特别是在法国——法国畜牧业甚至进行了“反宣传”。

前甲壳虫成员和很多其他的环境保护者认为，畜牧业是引起全球变暖的主要原因之一。他们倾向于引用2006年联合国粮农组织一个名为“畜牧业对环境的影响”的研究成果，该研究发现牲畜数量增加所产生的温室气体排放量占总温室气体排放量的18%，甚至比交通运输业的温室气体排放还要多！此外，它还引起了多种环境退化，包括水污染、土壤侵蚀和生物多样性的减少。

于是，“聚光灯”很快集中在肉类生产上，指出肉类生产占据了地球上70%的耕地和9%的淡水资源。实际上，这一疑问是完全合理的，特别是考虑到随着全球大部分地区（特别是亚洲）的经济发展，自1986年起（锡瑞镨大宗商品研究所的成立时间），全球肉类消费已翻了一番。并且，从现在开始到2050年，肉类消费还要再翻一番！

世界平均的肉类消费为每年人均44千克，而达到像美国（每年人均125千克）、阿根廷（95千克），甚至法国（86千克）那样的消费水平可能不是理想的，也是不可持续的。但就像禁止中国和印度的汽车业发展一样，劝印度人少食一些肉（2009年每年人均肉类消费仅为5千克）是非常困难的。近20年来，正是新兴国家，特别是亚洲的国家，在肉类方面的消费带领了全球肉类市场的发展，但在发达国家肉制品消费水平却处于停滞状态。

饮食和所有的人类活动（交通、居住和休闲活动）一样，我们需要一个可持续的、更加适度的发展。如果不做马尔萨斯主义者，我们又将如何达到呢？

这个问题并不简单。联合国粮农组织一项新的研究表明，哺乳动物产生的甲烷几乎可以被大草原（像森林一样可以封存二氧化碳）所抵消。如今，畜牧业为世界上超过10亿的贫困人口（小饲养者、游牧民……）提供生计。而这远远不能与阿根廷的“大庄园牧场”阿肯色州（Arkansas）的工业化养猪场相比。在欧洲，畜牧业为不很发达地区的领土整治（山脉、丘陵、树林等）做出几个世纪的贡献，但是自身却没有太大发展。一公斤鸡肉留下的“生态痕迹”远低于一公斤牛肉，但是如果因为鸡养殖业而破坏亚马逊的雨林（进行大豆的生产，并将豆粕用于鸡饲料），牛可能就更具破坏性。

经济合作与发展组织（OECD）。这些国际机构的任务正是确保经济和金融系统的正常运行。

同时，还需要在以下两个领域加强气候谈判中联合国的地位，即相关科学知识的不断更新，以及相关标准、计算和核查体系的建立。

加强联合国框架下相关标准、测量与核实体系

在联合国框架下对各国承诺减排的记录与监督机制是《哥本哈根协议》中最饱受争议的一点。这个技术性很强的问题非常重

要，虽然在这一问题上哥本哈根会议取得了进步，但还远远不够。实际上，只要气候协议各签署国就减排系统的统一、可核查性及各项减排措施的实行达不成共识，那么任何书面承诺都不是完全可信的。

为落实《气候公约》的实施，联合国一直致力于碳排放量测量的标准化，并使所有成员国的测量标准与之统一。例如，政府间气候变化专门委员会通过一个特定的工作组，公布关于排放量测量、报告和核实程序等。政府间气候变化专门委员会肩负着提供各国排放统一系统清单的任务，以便各国在这一系统下制定减排目标，这亦使得该机构可以对各国减排工作取得的成果进行评估。

同样，联合国的注册系统是唯一可以将不同国家做出的减排承诺记录在册并且跟踪进展情况的工具。实际上，公众往往低估气候管理中的技术的作用，但在谈判中，它却扮演了不可或缺的角色——它在减排承诺中起到巨大的作用，是我们迈向低碳经济不可缺少的一环。联合国的记录以及其他一些专门机构，如清洁发展机制执行理事会、联合执行监督委员会，可以确定项目的减排量和对碳配额的发放。而这些正是市场手段实行的必要条件。

联合国是管理这个系统的合法机构，不仅仅因为它是独立于各方之外的多边组织，更是由于其对政府间气候变化专门委员会掌握的信息享有特殊的查看权。事实上，是由政府间气候变化专门委员会确定温室气体排放标准与测量方法。然而对于这个身负重任的组织存在很多批评，我们是否应该相信这些批评呢？

政府间气候变化专门委员会是否可信？

政府间气候变化专门委员会集监督员和各学科专家于一体，分为3个工作组。每个工作组都有两位负责人，他们分别代表发达国家和发展中国家来监督该组的工作。一些重要决策，例如关于组织机构、工作计划或预算等方面的决策，需要在全体大会上进行表决。全体大会的与会代表是由各成员国政府、组织和研究机构派出的专家组成。因此，政府间气候变化专门委员会取得的成果是其专业人员与来自发达国家及发展中国家的政府人员之间达成的共识。相应的，政府间气候变化专门委员会公开发表的文件是在经过所有相关各方的反复阅读、核查和修改并在一致通过后才发表的。

政府间气候变化专门委员会的主要活动之一是定期对关于气候变化的认识进行评估，并以“评估报告”的形式公布。而这些信息则是气候谈判的催化剂。首份该机构的评估报告于1990年出版，它在通过1992年联合国气候变化框架公约时发挥了决定性作用。如果没有在1995年出版第二份报告，《京都议定书》恐怕就不能出现了。2001年的第三份报告为《马拉喀什协议》的通过铺平了道路，这又使《京都议定书》具有可操作性。2007年第四份报告出版，为参加哥本哈根会议的国家元首提供了定量的气候变化模型，提高了其对气候风险的认识。该机构目前正在准备其第五份评估报告（AR5），该报告将于2014年出版。

然而政府间气候变化专门委员会已成为众矢之的。在哥本哈根峰会前，该机构被指责夸大气候变化的危险，该机构的运行机制也备受批评，而其报告也受到了怀疑。

不能否认的是该机构的报告中确实包含了一些错误。例如，第四份报告中提到荷兰55%的领土位于海平面以下（这实际上是荷兰可能被洪水淹没的最大面积）。同样是这份报告，宣称从现在起到2035年，喜马拉

政府间气候变化专门委员会第四份评估报告（AR4）的主要内容

政府间气候变化专门委员会第四份评估报告长达几千页，很遗憾的是，一些段落出现了纰漏。但即便如此，该报告仍然是迄今为止最完整、最可信的，包含了已经观察到的气候变化情况，以及未来有可能出现的情况。

1. 已经观测到的情况

- 2008 年，大气中二氧化碳浓度超过380ppm（1ppm 即100 万个空气分子中含有1 个二氧化碳），工业革命前的时代为 280ppm。而将其他温室气体纳入其中，浓度则高达 435ppm 二氧化碳当量。
- 20 世纪中，地球表面平均气温上升了 0.75℃，其中陆地气温上升超过1℃，北极地区气温上升超过2℃，这一现象引起了大陆冰川和格陵兰岛某些冰川的大面积融化。
- 1961 ~2003 年，海平面每 10 年平均上升 2 厘米；1993 ~2003 年期间，每 10 年平均上升略微超过3 厘米。
- 从 1970 年起，极端气象事件发生频率升高，如热带气旋、季风变化、热浪、干旱和洪涝。

2. 未来可能发生的事情

- 如果大气中温室气体浓度稳定在 550ppm 的水平，气温升高可被限制在3℃左右，而有 70% 的可能气温的升高将在2℃ ~4.5℃之间。
- 从现在开始到 2050 年，如果没有稳定排放量的政策出台，在21 世纪末，温室气体浓度将超过650ppm，其为气候带来的影响难以估测。
- 面对气候变化，最脆弱的地区为低海拔岛屿、极地、三角洲、高山地区和亚热带干旱地区。其中一些地区人口密度很大，特别是超过3 亿人口居住的一些三角洲地区，这些地区受到河流（尼罗河、恒河、雅鲁藏布江、湄公河、密西西比河等）流速变化与海平面上升的威胁；超过10 亿人口居住在亚热带干旱地区，这些地区受到水源枯竭的威胁。例如，萨赫尔地区（Sahel）的土地荒漠化将会因气候变化而加重。
- 为限制气温升高超过2℃的风险，并且使由此带来的影响限制在可控范围内，大气中温室气体的浓度应该立刻稳定在当前的水平上。

资料来源：C. de Perthuis & A. Delbosc，《关于气候变化的偏见》（Idées reçues sur le changement climatique，Le Cavalier Bleu，2009 年）

雅冰川将消失（而实际上应在2350 年）。但在一份超过3 000 页的报告中存在几个错误或许并不奇怪。

大多数错误来自于被称作“灰色文献”的文章和报告，即最初未经科学界审核的文件和报告。这样做是希望报告能包括更多来自发展中国家的文稿，而发展中国家很少在传统科学期刊上发表文章。但由于这些报告最初没有经过审核，就需要政府间气候变化专门委员会花费大量的人力和时间来对其进行审核。

在哥本哈根峰会之前的几个星期，一些

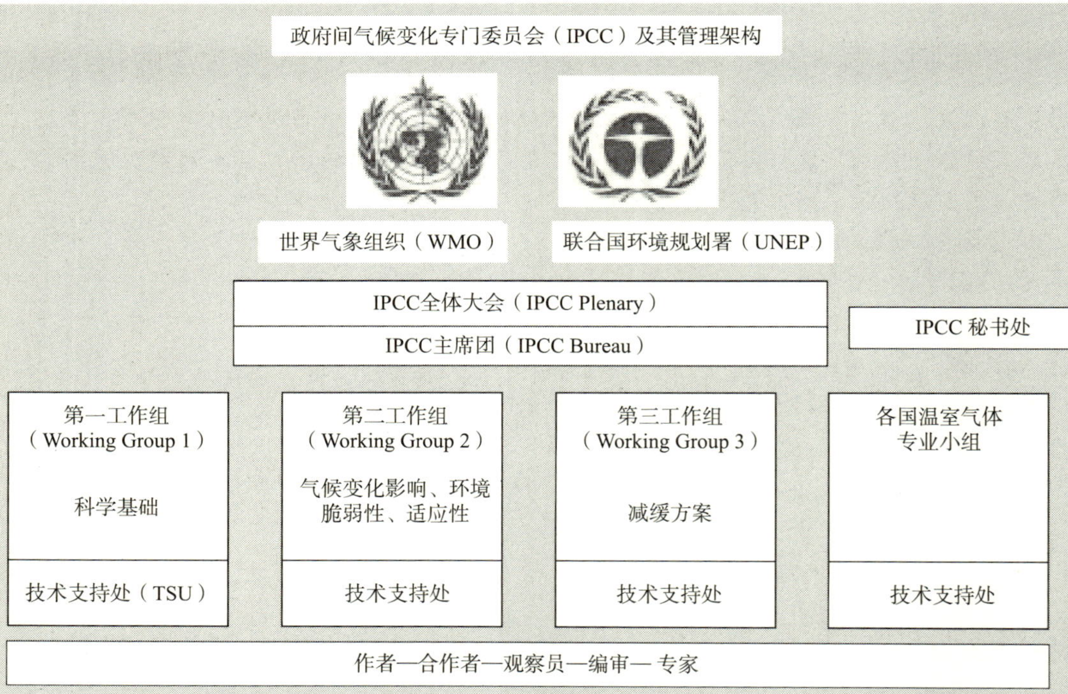

政府间气候变化专门委员会工作组

第一工作组（WG-I）以科学的角度评估气候系统和气候变化。

第二工作组（WG-II）评估社会经济与自然系统对受到气候变化的影响，气候变化的负面及正面影响，以及应对气候变化的各项方案。

第三工作组（WG-III）评估可能限制温室气体排放并减缓气候变化的各项方案。

政府间气候变化专门委员会的全体大会

政府间气候变化专门委员会每年举行一到两次，由各国政府代表参与的全体大会，其中包括来自不同国家各部门、各研究机构和各组织的专家。

所有重要的决策，如关于组织机构、工作计划和预算等，均在全体大会上决定。

政府间气候变化专门委员会的主席团

政府间气候变化专门委员会的主席团成员任期通常为一份评估报告的撰写时间（5～6年）。主席团由政府间气候变化专门委员会主席、3个工作组的共同主席、各国温室气体减排工作小组主席团成员、政府间气候变化专门委员会各副主席以及各工作组副主席共同组成。政府间气候变化专门委员会的主席团目前有31名成员。

政府间气候变化专门委员会的秘书处

政府间气候变化专门委员会的秘书处负责规划、监督和管理该机构所有的活动，同时管理所有与出版物、公共信息和激发公众意识相关的活动。

作者—合作者—观察员—编审—专家

来自世界各地的几百名专家包括作者、合作者等均参与政府间气候变化专门委员会报告的撰写。这些专家或由工作组主席团从各国政府或参与机构推荐的候选人当中选择，或由于其在特殊领域上的能力而被直接任命。

报告的主要作者负责报告中特定部分的撰写工作。在文本校正期间，主要作者、编辑或审查员必须考虑各国政府派出的专家的意见。

气候学家知识的完备性受到舆论的质疑和广泛的争议（“气候门”）。一份包括4 000封电子邮件的文档被公布在互联网上，这个文档来自一所与政府间气候变化专门委员会合作的英国大学。其中一封电子邮件中的内容使人怀疑有关温度的数据似乎被人为更改。该文件传播到世界各地，为指责政府间气候变化专门委员会行动的批评家们提供了证据，这些言论指责该机构改变数据以使得人们相信人类是气候变暖的根源之所在。

从科学角度来讲，怀疑是一笔宝贵的财富，持怀疑态度的人有权表达自己的想法。然而，从平衡信息的角度而言，孤立的观点不可以与数千名科学家经过数年得出的结论相提并论。批评政府间气候变化专门委员会是一回事，但是以机构（如政府间气候变化专门委员会）的运作环境不完善之处为名否认气候变化则是另一回事。当然，为了使政府间气候变化专门委员会降低所做出的结论和预测的不准确性，还需要做出很多努力。因此，对政府间气候变化专门委员会持批评态度的人过于激烈的言辞只能表明他们背离了一种精神，即平和的辩论是做出好的决定的先决条件。

公司业务及投行业务部
金融
设计
大师
ALBERTSTORCH
选择运用大师级专业技能精准地为客户服务的银行。
您将是我行资深银行家的首要服务对象。我们将根据您的需求，
优先协同各产品部门如投资银行部或银团贷款部为您提供服务，
并利用我们的专业技能及服务承诺助您成功。
是时候改变，是时候体验绿色银行。
CRÉDIT AGRICOLE
CORPORATE & INVESTMENT BANK
东方汇理银行
www.ca-cib.com

第二部分

全球市场

概述 2010 年世界大宗商品市场及展望 2011 年

2010 年唯一可以确定的是：不稳定性

世界大宗商品（commodities）市场均以价格大幅回升收关 2009 年。糖、可可和茶等不同产品的价格均创其历史最高纪录。如果我们再加上冷冻橙汁，至少从这些“早餐商品”的国际价格来看，今天的早餐价格是三十年以来最贵的！

2009 年令人印象深刻的有金属和能源价格的反弹，从石油的 80 美元/桶到铜的 7 500 美元/吨，还有令人难以忘记的铅的价格。在农产品中则是橡胶，甚至包括棉花等产品的价格均出现了大幅反弹。与 2009 年初的价格相比，很多大宗商品的价格翻倍，并重返其 2008 年春季的价格。因此，大宗商品在 2008 年下半年的暴跌几乎可以被遗忘，当然，除了粮食和钢铁等产品外。

但是，如果我们从大宗商品的年平均价格来分析，情况就大不一样。事实上，从经济学的角度着眼，不管是对于生产者还是消费者而言，年均价格更有意义。因此，按年均价格计算，2009 年世界大宗商品的年平均价格与 2008 年相比足足下跌了 1/3，其中石油下降 37%、铜下降 25%、铝下降 35%……而出现价格上涨的商品只有糖（+35%）、茶（+33%）、可可（+11%），还有黄金（+11%）。实际上，不管采用哪种计算方式，2009 年糖都是世界大宗商品市场中无可争议的明星，而与之相对，跌幅最大的则为海运指数（波罗的海干散货运价指数，BDI），尤其是对于那些向中国运送铁矿石和煤的大型干散货船只。海运指数虽然年底时有轻微回升，但是全年还是下跌了 59%。因此，从这个角度来看，2009 年还是没有抹去 2008 年大宗商品暴跌的印记，2008 年将因其独有特征留在编年史中：2008 年第一季度大宗商品的价格产生真正的泡沫，当时美国经济已经处于衰退；在北京奥运会闭幕之后，危机的表现形式由经济衰退变成快速的崩溃。到 2009 年初，大部分大宗商品恢复到了其 2007 年初的价格水平，甚至那些受影响最大的大宗商品，如海运和石油，也恢复到了 2004 年的水平。在当时世界经济衰退的大背景下，鲜有人认为大宗商品价格有大幅反弹的可能。相反，人们见证了众多企业因为销售困难和缺少流动资金而进行了大规模的“去库存”。但是，2008 年 12 月到 2009 年 12 月，根据锡瑞镨（Cyclope）公司的数据，

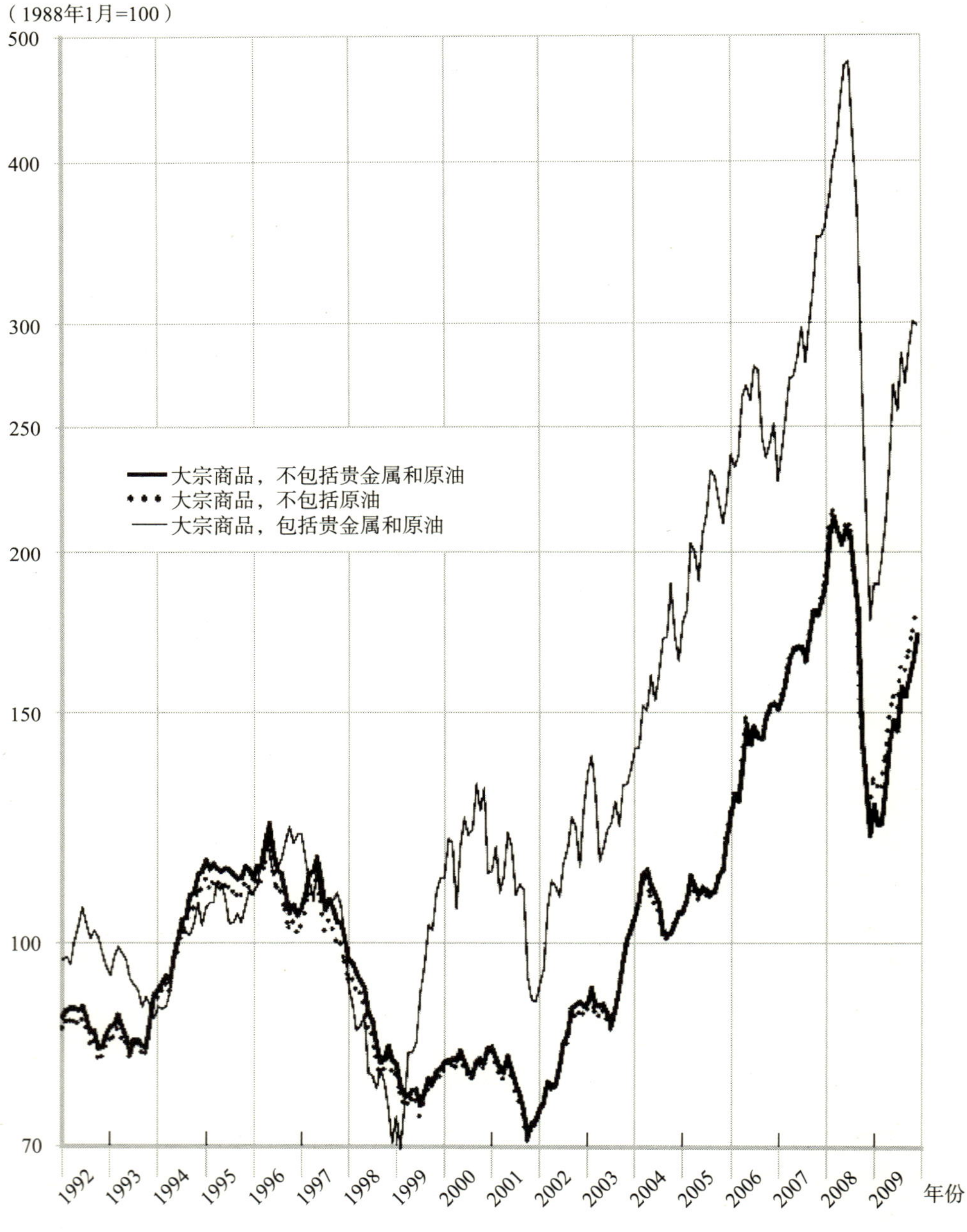

大宗商品指数

注：巴黎经济观察研究中心大宗商品价格指数（以美元标价商品计算）。
资料来源：巴黎经济研究观察中心。

以美元计价的大宗商品月均价格上涨了70%，铅和铜的涨幅创纪录的达到了130%以上。总之，大宗商品的综合表现足以与股市媲美，而与世界经济的萧条、尤其是与美国及欧洲经济的缓慢复苏形成鲜明对比。这给人留下一种印象，即市场“超买了”经济复苏；而经济复苏却会因此而受阻（世界经济可能会在较便宜的石油价格下复苏的更快一些）。事实上，我们几乎可以将影响2009年世界大宗商品市场走势的因素归结为两点：即中国和美元，二者都被裹进最为广义的投机之中。

世界大宗商品市场比任何时候都更加“中国化”

人们不停地重复，决定大宗商品价格形成的主要因素是现货市场上的供求关系。从供应方面来看，2009年的特点是生产者为保证价格进行了减产，石油输出国组织的成员国履行了其减少石油生产配额的承诺——约500万桶/天，他们至少将减产保持几个月。橡胶生产者同样也为保证价格付出了努力。另外，大部分矿业公司和钢铁公司均严格地控制了产量，在西方国家，减少的钢铁产能高达总产能的50%！在农产品领域，还应该考虑东非地区干旱气候对茶叶生产造成的影响，在印度不利的气候对糖生产的影响，科特迪瓦的可可树受病虫害的影响，以及佛罗里达州霜冻对橙子产量的影响。与之相反，2009年几乎世界各地的粮食生产均出现大丰收，这给谷物市场带来了前所未有的压力。在国际地缘政治的舞台上，如尼日利亚的经常性的政治动荡、在加拿大和智利的罢工问题等均对大宗商品的供给产生了影响。

如果没有中国经济的复苏及其进口需求的恢复，所有这一切都不足以支持大宗商品

2009年的世界大宗商品市场

1月	泰国决定在橡胶市场启动“干预基金” 欧盟对奶制品重新实行出口补贴政策
2月	动力煤价格协议签署：合同价格下降44%。随后，炼焦煤合同价格也出现下降，下降了57%
5月	第一份铁矿石年度价格协议签署，但中国并不是签署方
6月	中国和土库曼斯坦签署为期30年的天然气供应协议 澳大利亚的力拓和必和必拓的铁矿石业务合并计划 伊拉克油田开始拍卖
7月	巴西国家石油公司（Petrobras）在巴西获得石油业务准垄断地位
10月	印度从国际货币基金组织手中购买200吨黄金 在美国，人们开始谈论“页岩气”（shale gas） “早餐商品”价格开始上涨
12月	哥本哈根气候谈判

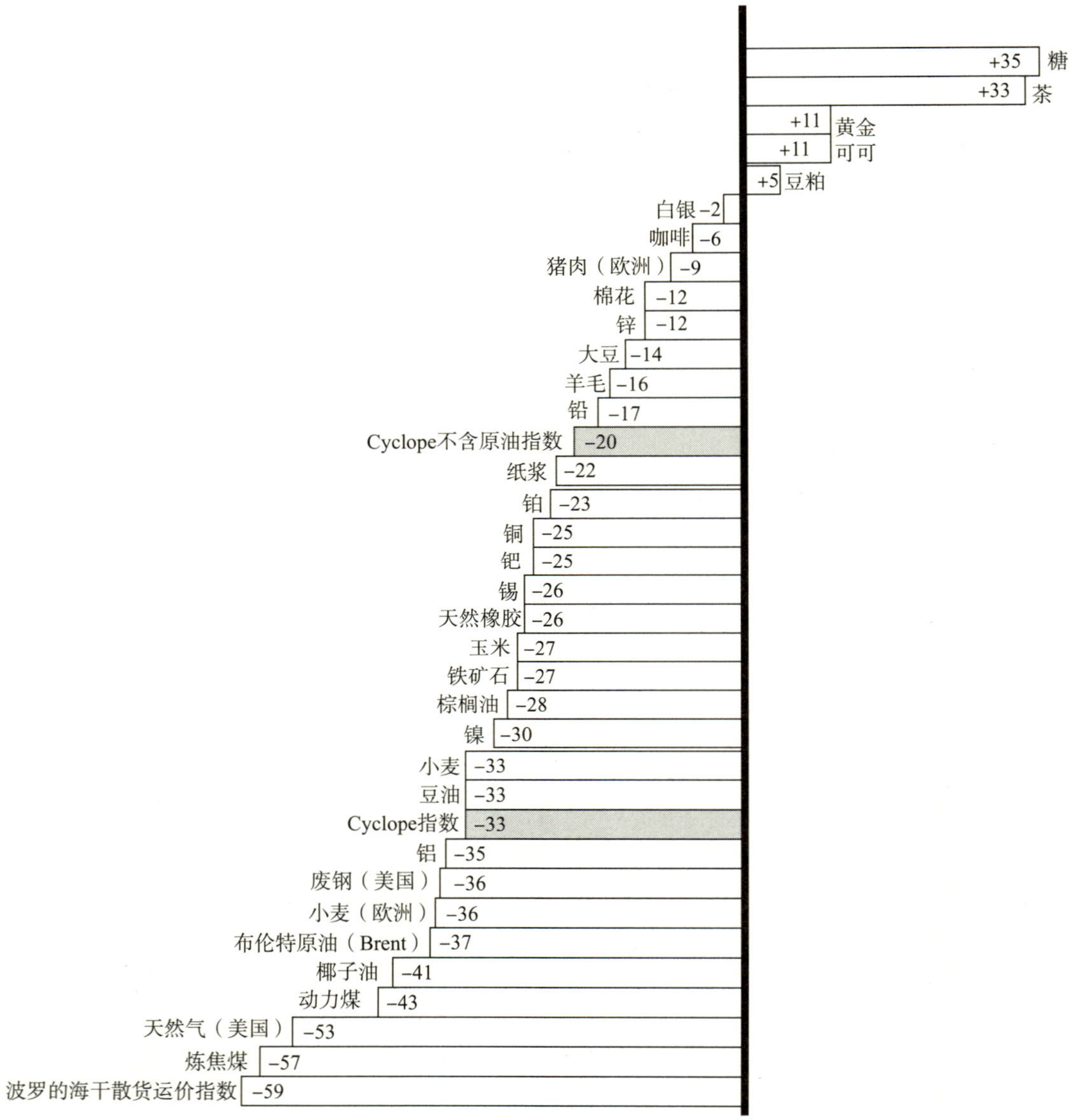

注：2009 年平均价格与 2008 年平均价格相比，单位（%）。

2009 年世界大宗商品平均价格变化

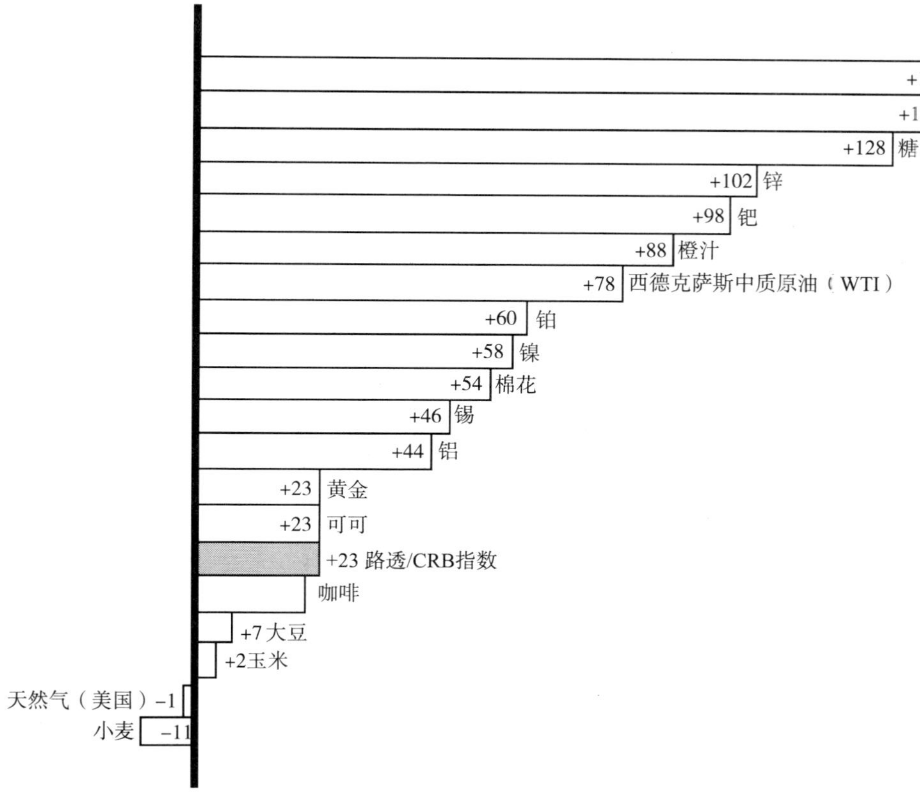

注：2009 年 1 月初至 12 月底世界大宗商品价格变化趋势（%）。

2009 年 1～12 月的数据变化角度进行观察

价格出现如此大幅度的上涨。不管是石油、金属还是大豆，中国都在不停地通过其现在已经闻名于世的国家物资储备局（SRB）来进行进口。中国对大宗商品进口量甚至经常超出了其短期的实际需求，这或是为了以低廉的国际价格来重建其石油或有色金属的战略储备。很多情况表明，中国关于大宗商品的战略是很难解释的，2009 年中国突发的大规模采购引起一些大宗商品的价格猛涨，不管是铁矿石还是煤、铜或镍均是这样，当然也包括海运，尤其是运送矿石的好望角型干散货船（capesize）。而中国的一部分的采购可能是在中国外汇管制的框架下，一些企业因担心美元贬值，即人民币的价值下降，而通过购买大宗商品现货（以美元计价）进而对冲自己的外汇风险。对于镍、铜，甚至是铁矿石的采购都可能是如此。

中国成为了世界最主要的大宗商品进口国，我们看到，在可行的情况下，中国通过国有企业在很多大宗商品出口国通过购买资产（澳大利亚）、建立伙伴关系（拉丁美洲）、进行投资（非洲、中亚及俄罗斯）等各种手段来满足对大宗商品的需求。另外，中国还利用出口关税和出口配额来限制自身大宗商品的出口，这引起了其西方贸易伙伴——稀土或是炼焦煤进口国的不满。

世界大宗商品市场对中国大宗商品的短期或长期相关政策的依赖令其他国家担忧。

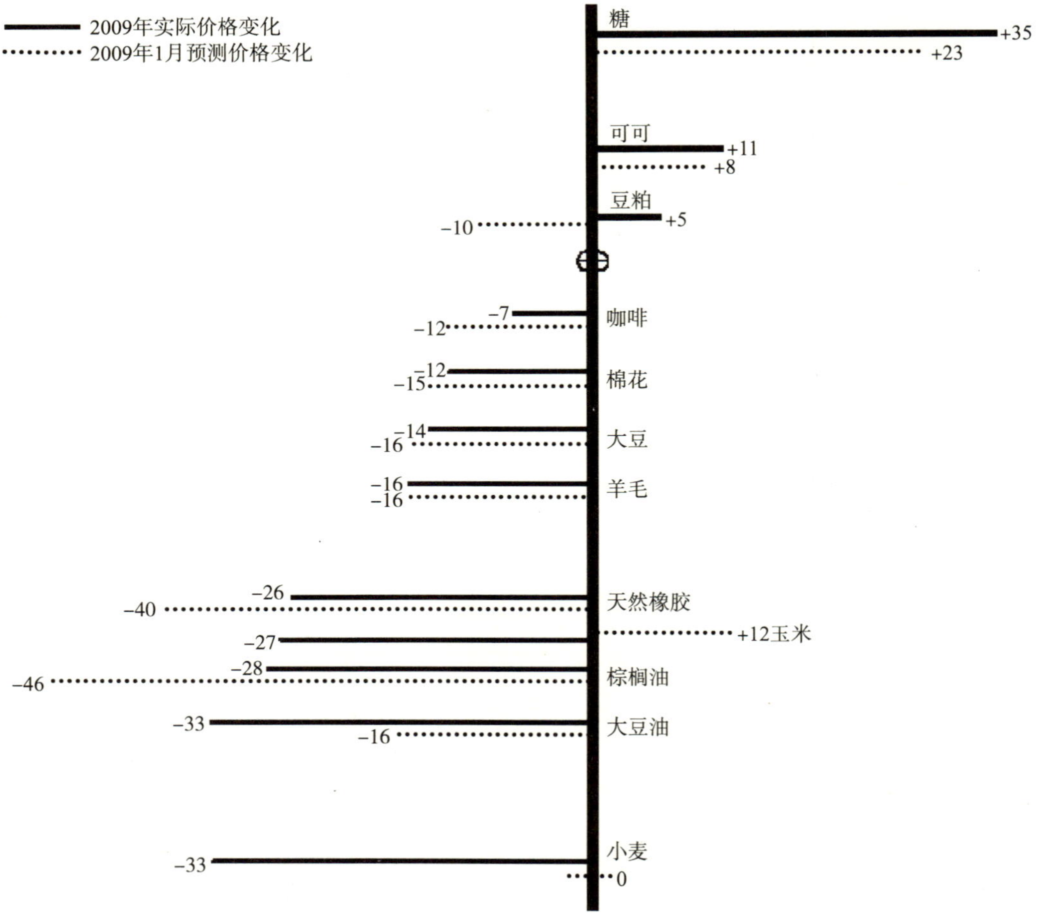

注：2009 年平均价格与 2008 年平均价格相比，单位（%）。

锡瑞镨大宗商品研究所 2009 年对农产品价格预测修正

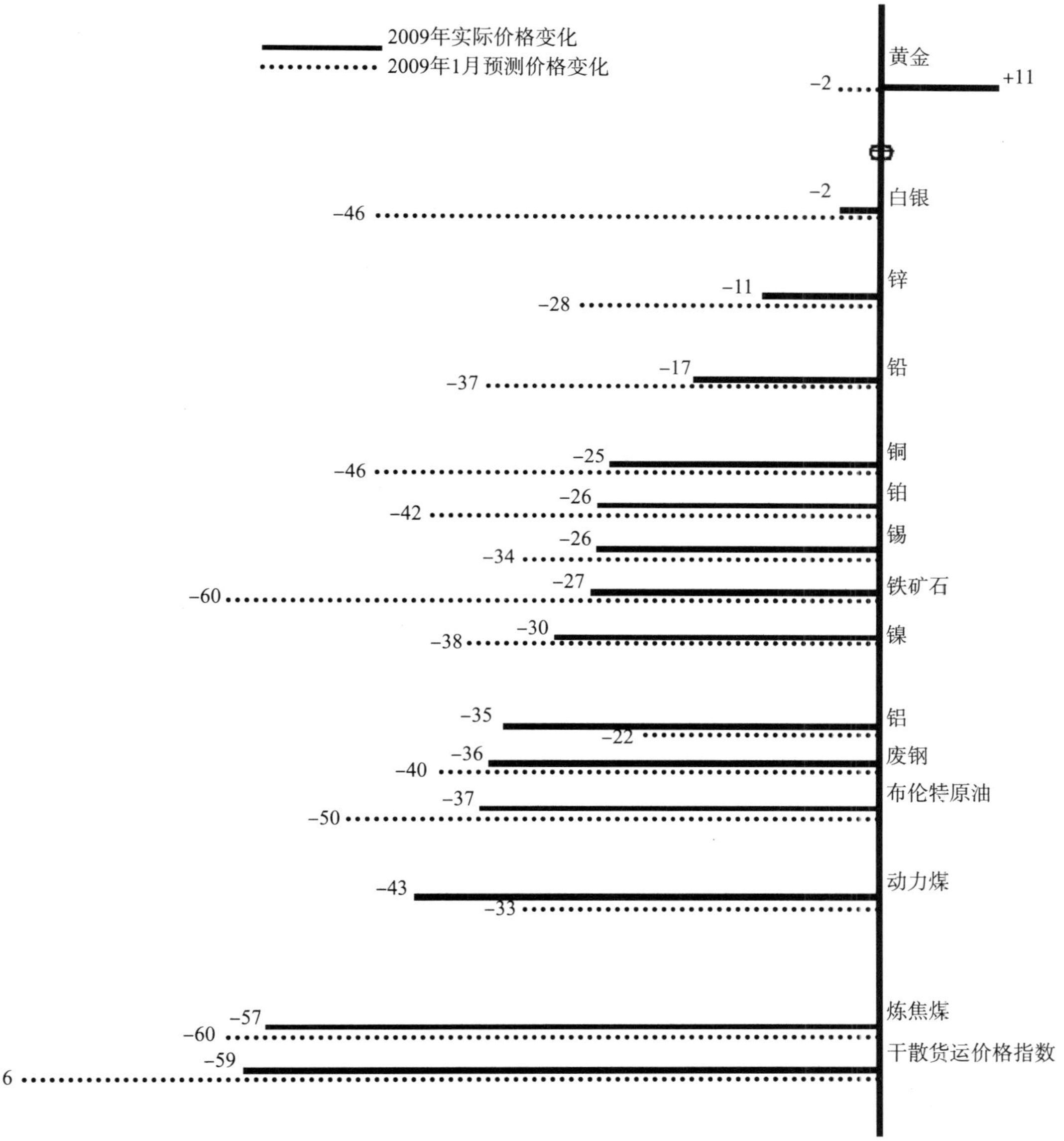

注：2009 年平均价格与 2008 年平均价格相比，单位（%）。

锡瑞镨大宗商品研究所2009年对能源和金属价格预测修正

即使中国市场的需求出现最轻微的萎缩，都有可能会对相关大宗商品市场产生非常严重的影响，并导致相关大宗商品的价格崩溃，例如，2004 年对大豆及 2008 年对“废纸”的进口需求。

事实上，尽管中国对大宗商品的需求庞大，2010 年中国手中确实握有大宗商品武器，作为当今拥有最终清算能力的购买者可以简单地通过一个合理或不合理的决定来改变大宗商品市场的运行。

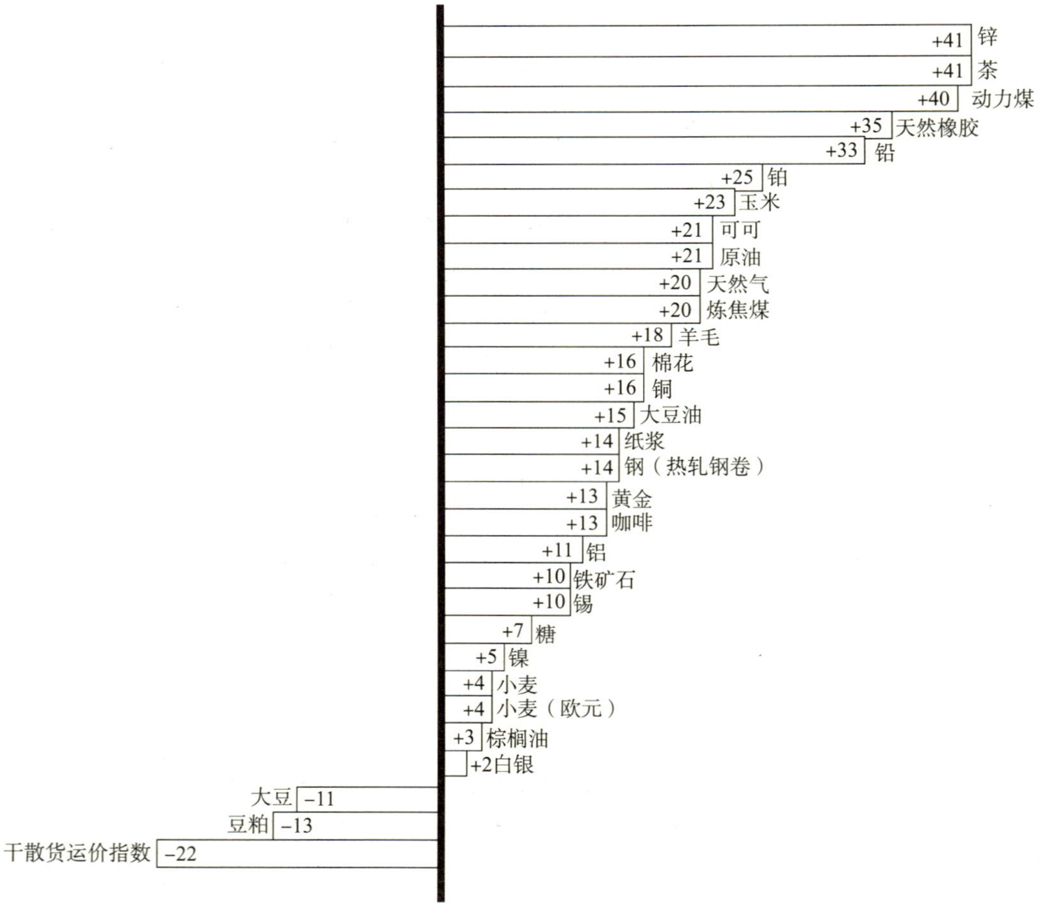

注：2010 年平均价格与 2009 年平均价格相比，单位（%）。

锡瑞镨大宗商品研究所 2010 年对世界大宗商品价格预测

商品名称	2009年平均价格变化率(%)	述评	2010年1月初价格	2010年价格变化趋势	2010年预测平均价格变化率（%）	述评
2009年世界谷物库存获得了补充。价格下跌，且并没有出现反弹，2009/2010年度世界产量整体上出现盈余。谷物价格以欧元计下降幅度巨大，这引发了新的欧洲《共同农业政策》（CAP）危机。2010年一切均取决于厄尔尼诺现象						
小麦国际市场	-33	继2008年后，2009年又是丰产，特别是传统的进口国，如马格里布国家。国际贸易量下降15%	5.68（美元/蒲式耳）	↘	+4	美国软红冬麦（SRW）库存已达到最高值。至少在6月份之前，价格将处在下滑趋势之中。此后，天气将会成为关键因素，特别是在澳大利亚，该国夏季的旱情会引起价格上涨
小麦欧洲市场	-36	由于黑海地区产量过剩以及南地中海地区进口水平较低，欧洲项目价格面临巨大压力。在法国，农场交货价重新降至100欧元/吨的水平	118（欧元/吨）	↗	+4	当前价格可被视为最低价格（尤其是欧盟对大麦公共收购的全面展开）。除非遇到重大气候灾害，价格上涨将会十分有限
玉米	-27	美国对乙醇需求的增长（超过1亿吨）以及年末美国玉米收获季节时的恶劣天气使玉米价格受益	4.27（美元/蒲式耳）	↗	+23	在美国，玉米库存处于最低水平，而对乙醇的需求持续增长。因此即便没有天气问题，价格也会保持在向上的趋势中

商品名称	2009年平均价格变化率(%)	述评	2010年1月初价格	2010年价格变化趋势	2010年预测平均价格变化率（%）	述评
油料作物：中国的庞大需求平衡了世界产量的强劲增长。但从逻辑上与植物油相比较，粕类受益更大						
大豆	-14	由于中国的进口，芝加哥市场的价格保持坚挺	10.17（美元/蒲式耳）	↘	-11	尽管中国的需求持续强劲，但过多产量的增长（特别是在南美）将造成库存高企，并在全年影响市场。另外，美国的生物柴油混合比例提高值得关注
豆油	-33	尽管中国的采购再次增长且生物柴油的使用量也有小幅增长，但在市场盈余的背景下，豆油年末价格与年初没有太大变化	40.25（美分/磅）	↘	+15	市场价格已经在很大程度上反映了能源领域的需求。价格下滑的可能性超过价格回升
豆粕	+5	豆粕曾在2008年8月底达到500美元/吨（欧洲到岸价），但随后由于饲料市场供给充足等原因，豆粕价格出现大幅下跌	300（美元/短吨）	→	-13	饲养业危机（猪肉、禽肉）导致豆粕供给过剩，豆粕价格或将下行
棕榈油	-28	马来西亚和印度尼西亚的产量显著增长。尽管如此，市场还是从年初的最低价格上涨了250美元/吨	780（美元/吨）	↘	+3	全世界许多项目都处在规划当中，以使得未来生产生物能源。在这些计划实施前，供给会对市场产生影响
注：由于在欧洲生物能源领域的应用以及中国从加拿大采购油菜籽，油菜籽市场表现抢眼；相反，橄榄油的价格（以欧元计价）表现低迷						

商品名称	2009年平均价格变化率（%）	述评
动物产品		
活牛（美国）	-11	美国的牛肉需求未能维持市场价格，产品价格远远低于2008年的价格纪录。欧洲由于引入大量奶牛，使得价格低迷
牛肉（美国）	-9	
猪肉（欧洲）	-9	汇率问题和缺少出口补贴造成欧洲无法出口，欧洲市场因此萧条。年末，产品价格为1欧元/千克，一年内下降了11%。同时应当关注巴西出口增长
黄油	+6	这些数字的背后隐藏着剧烈的波动。随着大洋洲重返市场，2008年年底产品价格降至最低点。2009年下半年，由于供给突然改变，产品价格增长了一倍
脱脂奶粉	-10	

商品名称	2009年平均价格变化率(%)	述评	2010年1月初价格	2010年价格变化趋势	2010年预测平均价格变化率(%)	述评
热带产品：价格上升最大的大宗商品类别之一，最简单的原因是之前一直鲜有人对其关注						
糖（原糖）	+35	2009年大宗商品市场的“明星”受益于世界供应不足和印度接连两年的歉收。2009/2010年度世界供应不足会再次超过1 000万吨，这也是2009年年末价格增长的原因	28（美分/磅）	↘	+7	随着印度产量恢复正常和2009年年末的价格刺激产量的增加，预计2010/2011年度糖市场或将出现盈余。按此逻辑，价格会出现大幅下降
咖啡	-7	2009/2010年度世界市场供应缺口超过1 000万袋咖啡。而气候问题在产品数量和质量上均造成了影响，从而促使价格上涨	126（美分/磅）	→	+13	当收获末期库存量很低时，巴西和越南宣布了保留销售的计划。但由于巴西的产量会大幅增加，市场一直传言2010/2011年度将出现生产过剩
可可	+11	可可价格在2009年年末达到25年来的最高点。科特迪瓦产量的大幅降低使市场处于供应不足状态	3 453（美元/吨）	→	+21	科特迪瓦政局不稳的因素必须纳入考虑范围。市场将会连续第4年出现供不应求
茶	+33	印度次大陆的季风和东非的旱情使得价格猛涨。同时，需求保持在高水平，市场处于供不应求的状态	5（美元/千克）	→	+41	2010年世界市场的赤字仍然会进一步增加。茶的价格将主要受益于可能出现的厄尔尼诺现象
注：世贸组织香蕉协议产生的后果值得我们分析。冷冻橙汁的价格一直大幅下滑，直至2009年夏季巴西和美国佛罗里达州收获量大幅下降的消息宣布时，价格才出现回升						

商品名称	2009年平均价格变化率(%)	述评	2010年1月初价格	2010年价格变化趋势	2010年预测平均价格变化率（%）	述评
农业原材料：价格回升、经济复苏和中国需求息息相关						
棉花	-12	像以往一样，棉花周期继续进行，产量的调整将重新平衡市场。与此同时，需求小幅回升	78（美分/磅）	→	+16	在前半个生产年度，价格将保持坚挺。但2010/2011年度，若中国的播种大幅增加，市场或将重新面临过剩。同时应关注美国对巴西在世贸组织对其制裁的反应
天然橡胶	-26	价格弹性惊人！由于主要出口国的减产（-8%～-10%），价格出现令人惊讶的回升幅度。中国的需求则是其中另一个重要因素	301（美分/千克）	→	+35	各出口国已经决定取消2008年12月采取的针对出口的控制和管理措施，需求仍会保持坚挺
羊毛	-16	2009年全年价格增长，但仍未达到2008年的水平。细羊毛价格的上涨幅度最大，但是整个市场依赖于中国和印度的需求	626（美分/千克）	↘	+18	与其他纤维相比，羊毛价格的竞争力已经处在极限。尽管如此，我们还必须考虑澳大利亚可能发生的旱情带来的影响
纸浆	-22	造纸商通过关闭产能提高价格，纸浆的价格上升了200美元/吨。但是整个造纸业的状况依然堪忧	750（美元/吨）	→	+14	造纸业将受益于经济的复苏和生产商的减产
注：由于中国的需求，废纸价格从7月起开始复苏，在欧洲的价格重新恢复到经济危机前的平均价格水平。在美国，建筑木材的价格（-6%）在年末受益于建筑业的好转						

商品名称	2009年平均价格变化率(%)	述评	2010年1月初价格	2010年价格变化趋势	2010年预测平均价格变化率(%)	述评
钢铁：所有的一切都在中国发生，中国的粗钢产量也已超过世界产量的一半。人们不禁会觉得这样的状况相当危险……						
铁矿石	-27～-45*	目前有两大铁矿石市场：愈加混乱的谈判市场和中国的现货市场。在中国的现货市场，2009年3～12月中国的大量采购使铁矿石的价格攀升了50%	125** 101* （美元/吨）	↘ →	+10	真正的问题不是铁矿石的价格，而是价格如何形成！在铁矿石衍生品市场不断发展的时候，年度谈判定价机制是否能继续运行？这是最关键的问题
炼焦煤	-57*	在春季签署的合同反映了世界钢铁工业的状况。自那时起，现货市场的价格开始上涨，而中国的进口成为该市场一个新的亮点	129* 190** （美元/吨）	↗ →	+20	合同价格将会体现年末现货市场的紧张局势和钢铁工业的需求。从逻辑上来看，合同价格将上涨
废钢	-36 （美国市场）	2009年，在去库存的背景下，世界废钢消费量下降了20%。年末，需求回升已经十分明显，特别是在美国市场	250～300 （美元/吨）	→		在2009年年末的价格水平基础上，价格或将难有太大涨幅，尤其是世界供给较为宽裕以及一些市场的状况较为敏感，如土耳其和其螺纹钢市场
钢 （热轧钢卷）	-39	毫无起色！尽管产能利用率很低，但在一年中的大部分时间市场依然低迷。偶尔的价格上涨也很难持续	400～500 （热轧钢卷）	↗	+14	价格可能会出现小幅度提高。但中国的产能过剩将对价格施加压力，总有一天，要付出代价……
注：* 为合同价；** 为现货价						

商品名称	2009年平均价格变化率(%)	述评	2010年1月初价格	2010年价格变化趋势	2010年预测平均价格变化率(%)	述评
有色金属：一个令人诧异的市场，尽管伦敦金属交易所的各种金属库存几乎全部出现了增长，但金属价格上升幅度惊人。处处都有中国的身影						
铝	-35	尽管中国的需求增长，但世界供应过剩使得铝价的回升是有色金属中最弱的	2 306 （美元/吨）	↘	+11	世界产能过剩将对已经深受库存高企困扰的市场产生压力。主要的未知变量是中国的库存，最终将以某种方式出现在市场上
铜	-25	这一年的惊喜！谁曾料想到铜价在一年之内从2008年年末2 825美元/吨上涨到2009年年末的7 742美元/吨？中国需求和供给减少是其中的原因，在智利的几次罢工则更加剧了市场的不平衡	7 742 （美元/吨）	↘	+16	市场的上涨或许是“非理性的”。除非经济复苏比预期的更强劲，才能证明6 000美元/吨以上的铜价是合理的。可能出现的价格调整会如价格攀升时一样突然。同时我们还是要关注中国的库存
锡	-26	锡价的走势几乎与伦敦金属交易所锡库存增加了4倍一样引人关注！民间流传着诸多锡价被操控的传闻，与此同时中国进口增长、印度尼西亚的锡产业进行重组	17 675 （美元/吨）	↘	+10	对2010年年初的价格水平很难有合理的解释，在这样的过剩市场价格调整会非常残酷。但是，一切都要取决于结构上已经成为进口国的中国的动向
镍	-30	在所有的金属市场中，镍最为特殊。镍价曾在2009年夏涨至20 000美元/吨以上，而与此同时，伦敦金属交易所的库存却出现大幅飙升且中国的大量投机性库存被公之于众	18 745 （美元/吨）	↘	+5	随着新增产能的投入，2010年的市场将会出现过剩，而伦敦金属交易所库存将达到1994年以来的最高水平。中国或将支撑市场，但在高于16 000美元时，中国会倾向使用镍生铁
铅	-17	继铜之后的又一个有色金属“明星”！这里又出现了“非正常”的现象——伦敦金属交易所铅库存一直在大幅增长。而中国的消费增加了25%，且中国不再出口铅。出于环保的考虑，西方国家的冶炼厂在不断关闭	2 590 （美元/吨）	↘	+33	2010年市场供应将出现过剩，伦敦金属交易所库存会对价格造成不利影响。但2009～2010年的严冬将增加更新电池的需求进而提升铅的消费。我们或将会看到价格似“钟形曲线”的走势
锌	-11	市场供应过剩，但是出现了强有力的补库存和来自中国的国家物资储备局的大量采购	2 634 （美元/吨）	↘	+41	锌的“泡沫”最为温和。2010年市场将出现过剩，预计产量将有大幅增长
关注：小金属价格有明显回升，如锑和钴等，钴从12美元/磅攀升至20美元/磅（2008年7月为38美元/磅），另外，铋和硒的价格没有出现增长						

商品名称	2009 年平均价格变化率（%）	述评	2010 年 1 月初价格	2010 年价格变化趋势	2010 年预测平均价格变化率（%）	述评
贵金属：在经济危机和美元疲软时期，贵金属为如履薄冰的投资者提供了最好的庇护伞						
黄金	+11	由于美元疲软，黄金价格持续上扬。凯恩斯眼中的“野蛮的遗迹”（即“黄金”）从一些中央银行和投资者的购买中收益	1 130（美元/金衡盎司）	→	+13	由于开采量的增加和金融市场持有的大量库存（交易型开放式指数基金，ETF），市场在某种意义上依然脆弱。一切取决于美元币值的变化
白银	−2	白银是否能够在货币领域重新占有一席之地？当其在工业的应用持续减少（特别是在摄影中）时，投资者的需求，特别是亚洲投资者的需求则持续增长。这似乎预示着金银复本位制的回归	18（美元/金衡盎司）	↘	+2	白银市场受金融的影响程度从未像今天这样大，但市场基本面仍将决定价格。除非“印度的季风使得印度的婚礼季节可以隆重进行”
铂钯	−23 −25	2009 年市场供应过剩，但后半年汽车业的需求复苏使之从中受益。而亚洲珠宝业最终使得铂价从 850 美元攀升到 1 500 美元以上	1 553（美元/金衡盎司）		+25	汽车业和珠宝业的消费增长将使需求保持坚挺。或许铂比黄金更有上涨潜力

商品名称	2009 年平均价格变化率（%）	述评	2010 年 1 月初价格	2010 年价格变化趋势	2010 年预测平均价格变化率（%）	述评
能源：原油和煤炭的价格复苏不应该掩盖当前正在进行的天然气“革命”，而后者或将使整个能源市场进入价格调整						
布伦特原油	−37	原油价格的复苏令人赞叹，其可以从生产国的一致减产行动——每天减产 500 万桶原油中找到答案。另外，美元走软和中国需求的崛起式增长均促进了原油价格的回升	81（美元/桶）	→	+21	不必担心原油短缺；市场可供给的原油数量庞大；地缘政治问题（如伊朗问题）；天然气“革命”带来的价格下降压力。没有理由相信世界末日似的预言
天然气（美国市场）	−53	美国天然气价格的跌落与非传统型资源——页岩气的开发息息相关。这可能会彻底改变市场，并通过液化天然气的形式在国际市场产生的影响	5.77（美元/百万英热单位）	→	+20	与秋季的价格萧条相比较，冬季之始价格出现了小幅上涨。除非页岩气的储量被高估，价格将出现下滑
动力煤	−43	年初价格处于最低点，在年末价格随着中国进口的增长（在前 11 个月增长 187%）而回升。严冬的开始是另一个有利因素	88（美元/吨）	↘	+40	为了筹备上海世博会和避免出现电力供给问题，中国的需求将出现更大的增长。而 4% ~ 6% 的消费增长将使得中国的进口明显上升。在欧洲也会出现类似情况
关注：巴西的乙醇价格在年底大幅增长，原油和糖价的变化一致。欧洲继 2009 年 2 月份达到最低点之后，二氧化碳排放配额价格稳定在 12 ~ 15 欧元/吨。化肥市场在遭遇大跌之后（除钾以外），尿素和磷酸盐价格在年底出现明显好转						

商品名称	2009 年平均价格变化率（%）	述评	2010 年 1 月初价格指数	2010 年价格变化趋势	2010 年预测平均价格变化率（%）	述评
海运费：波动率巨大，对干散货运费来说尤是如此；干散货运费继续上升的可能性不大。						
干散货运价指数（BDI）	−59	干散货运价指数出现了幅度巨大的增长。2008 年 12 月干散货指数为 663 点，而 2009 年秋季该指数飙升至接近 5 000 点。该指数的回升主要是受益于中国对好望角型散货船的需求。年末指数出现回落	3 149	↘	−22	鉴于 2009 年特别是 2010 年世界干散货运船队的增长，干散货运价指数或将出现大幅下降，处在 1 000 ~ 2 000 点间
注：集装箱运费大幅下跌（亚洲—欧洲航线下降约 2/3）。航运公司做出了巨大的牺牲以调整供给；2009 年年末宣布运费上涨。油轮运费在 2009 年春季大幅下跌后出现反弹。2009 年 4 月至 2010 年 1 月初，油轮运费上升超过 1 倍						

用何种货币对石油和大宗商品进行标价?

当今，石油和大宗商品的国际价格以及几乎所有的商品和服务都以美元进行标价。在世界范围之内，美元成为所有商品的计价单位。世界大宗商品市场只能依靠美元运转。然而这并不是一个新形势，至少从1945年以来就一直如此。在1945~1971年之间，美元一直与黄金挂钩（布雷顿森林体系）。自1971年以后，以黄金为参照物的货币体系消失了。各种货币开始自由浮动，但实际上各国的中央银行都在不同程度上根据美元、德国马克和日元这三大世界主要货币来调整各自货币的波动区间。经济全球化使这种形势发生了改变：国际货币体系在一定程度上形成了“美元本位”，而美元同时又是美利坚合众国的货币（美国的国内生产总值占世界总量的1/4），并间接地成为了从中国到中东产油国家以美元挂钩（peg）国家的货币。因此，美元几乎“覆盖了”世界经济的一半。众所周知，近年来美元因为几个显而易见的原因而逐渐走上了贬值的道路。美国贸易赤字和公共债务增加、利率水平以及经济衰退……但美元相对于什么贬值，这是我们需要搞清楚的问题。首先，美元相对于其他货币，尤其是相对欧元贬值。事实上，欧元已经逐渐成为了一个“反美元本位”的参照货币，欧元与美元的走势很大程度上反映了美元的衰落，而不是欧元的强势。其次，美元相对于黄金也在贬值，黄金价格不断地打破纪录，已经涨至1 000美元/盎司以上，这很好地反映出了市场对黄金这个古老的“野蛮的遗迹”的“非理性”追逐。最后，相对于大宗商品，美元也在贬值，而这相对是一个新的现象。在2009年世界大宗商品的优异表现伴随着美元的大幅下跌则充分说明了这一点。这在具有高流动性的石油和金属期货合约上体现得尤为明显。因此，凯恩斯（Keynes）和卡尔多（Kaldor）曾经的梦想——建立“大宗商品本位”，几乎正在通过这种间接的方式实现。

正是在这种背景下，应该对此传闻进行阐释。曾有传闻称海湾国家和中国将要“在九年内”用一揽子货币和黄金来结算石油贸易，仅是这一提议就使美元出现下跌及黄金上涨！实际上，该提议是一个“错误的好主意”：每个国家都拥有使用任何一种货币或一揽子货币来进行石油进口或出口的自由，但是核心问题是石油的市场价格是用美元来标价的，而不是用其他任何一种货币。在20世纪80年代，可可的生产者和消费者曾决定将可可这种没有战略意义的大宗商品在国际价格协议的范围内以特别提款权（DTS）确定可可价格。但最终以失败告终。

实际上，市场只要拥有一种明确的且被各国广泛接受的“金融工具”才可以高效运转。目前，这个“金融工具”就是美元，而且没有代替者。上文提到的相关提议的失败的可能性较大，这是因为只要国际货币体系没有改变，石油的标价货币仍是美元……问题的症结就在这里！目前的国际货币体系（或者是“国际货币体系的缺失”）不会长期保持，中国虽然从人民币与美元挂钩中得到了好处，但却是首先拉响警报的国家。因此，世界真正需要一个货币的本位：抛开黄金吧，因为它几乎没有太大意义。以一揽子大宗商品作为本位因其复杂性将难以管理，但是这个想法值得我们深入研究，因为它是基于资源的稀缺性和对可持续发展的考虑，这里也要加上碳排放额度（需要多少个“哥本哈根会议”才能达到此目标……）。最后，还有一揽子货币的方案，而特别提款权就是其中之一，或者是更简单地将美元、欧元和人民币这三大世界货币作为本位。但是这样的话，人民币首先需要成为一种可以自由兑换的货币，这又是另外一回事了，因为目前不能确定中国能否承受由此带来的所有影响。综上所述，在目前的情况下，美元仍然是不可或缺的：他们的货币，我们的问题。

结构融资部
构建
全球
经济框架
选择在结构融资领域广受国际认可的银行。
我们的行业专家运用无可匹敌的专业知识为创造价值的项目提供融资，参与实体经济的发展。从悉尼的现代化公路到阿布扎比的大学校园兴建，我们在当前经济持续发展中发挥积极作用。
是时候改变，是时候体验绿色银行。
CRÉDIT AGRICOLE
CORPORATE & INVESTMENT BANK
东方汇理银行
www.ca-cib.com

- I -

金融市场

www.tradition.com
提供国际间有关金融及商品市场连接的全球通道
联系全球
对利顺金融而言，我们为扮演发展多样化及提供众多级别资产的市场运作角色而感到自豪。
货币市场
债券及回购
利率及货币衍生品
股权及股票衍生品
信贷衍生品
石油
天然气
煤
电力
环保产品
天气衍生品
贵金属
房地产衍生品
场内已交易合约
在国际交易商间提供交易中介的领导者
利顺金融

外汇市场与利率市场
——美元神话与欧元危机

2009 年外汇市场的走势证明了美元与欧元在国际外汇交易中占据最重要的地位。几乎可以肯定的是：最早摆脱经济危机的国家的货币将是国际外汇市场中的强势货币；主权债务问题严重影响该国货币币值；各国央行投放的巨额资金充斥全球；“金融”对实体经济的影响越来越大。最后，世界各国央行对其外汇储备的管理愈加影响国际外汇市场货币币值的变化。

美元与欧元统治着全球外汇市场

一直以来主要外汇市场的规模与流动性吸引了更多流动资本和交易。外汇市场的参与者知道这些市场的流动性均有保障，这使得他们总是可以以最小的套利交易找到需求方或供给方。这种流动性在 2008 年最紧张的时期尤为重要，那时某些市场已经失去了其部分流动性、透明性和深度。日元市场依然保持其传统的重要性，但由于日本央行干预风险的存在导致其吸引力下降，而日本央行正是日本政府干预外汇市场的工具。英镑兑美元市场交易量持续下滑。瑞士法郎作为避险货币受到的关注程度在下降，这是因为某些中东产油国和日本企业更倾向于本国银行，而且世界各国对瑞士银行保密法的施压也使瑞士法郎受损。尽管如此，勒芒湖（lac Léman）周围的资产管理业仍是瑞士的金融支柱。另外，新兴国家货币的实力正在迅速提升，其货币交易量持续增长。这些国家虽然受到经济危机的沉重打击，但由于自身经济的活力，也是最早走出经济危机的。

美元兑欧元汇率

资料来源：巴黎经济研究观察中心。

电缆、潜鸟、老妇人……

每个圈子都有自己的语言和习惯。在19世纪末的外汇市场上，电缆（cable）意味着美元的英镑报价，借贷资金是通过伦敦和纽约之间最早的海底电报。同样，潜鸟（looney）即加元纸币图案上潜鸟的名称，其意味着加元。kiwi指新西兰元，也是在该国生活的一种鸟类的名称。斯堪的纳维亚国家的货币被称作斯堪的斯（skandies）。至于央行，英格兰银行被称为“老妇人”（old lady）；瑞士国民银行，即瑞士央行，其决策者们被称为“阅兵广场的人”（paradeplatz leute），而瑞士的商业银行则被称为“苏黎世班霍夫大街”（Bahnhofstrasse Zurich）……

伦敦仍是国际外汇交易中心，但渐被阴云笼罩

尽管伦敦金融中心的地位，特别是英国银行业受到了金融危机的沉重打击，伦敦金融城（city）仍是重要的国际金融中心。其狭义的地域概念并不能完全表示伦敦金融中心的范围。事实上，卡纳里沃夫（Canary Wharf）与多格斯岛区（Isle of Dogs）均有众多国际及英国银行的“交易房间”。皮卡迪利广场（Piccadilly）周围的小巷也是众多对冲基金的大本营，但这些地方已经出现了一些对冲基金公司因各种原因（税收、监管、保密等）决定转移到瑞士勒芒湖畔的趋势。美国纽约金融中心的地位虽然有所下降，但仍然是最大的国际股票交易中心。英国伦敦则巩固了其外汇交易市场，特别是外汇期权交易全球第一的位置，这一优势得益于伦敦的地理位置，其既可以参与远东金融市场的尾盘交易，也可以参与中东市场半天的交易，同时包括美国东海岸及拉丁美洲市场的开盘交易。此外，英语也是伦敦的一张重要王牌，因为该语言是全球金融市场的通用语。最后，不同国家的众多银行借助伦敦提供的商务自由和流动性在那里开设国际业务。但伦敦也面临巨大风险。事实上，英国政府最近在立法和税收上公布的一些重大改革，可能使某些金融机构“逃逸”。对一些对冲基金来说，这已经是现实。银行家们可能会步其后尘将主要柜台业务转移到瑞士或是远东，事实上它们早些年之前就已开始向迪拜转移了。

市场流动性过剩与利差交易

各国央行自2007年起陆续开启了资金阀门，2008年则加大了供给量，2009年上半年则完全敞开。各国央行都决定向市场提供大量流动性以支撑经济复苏。这些决策对金融市场的结构产生了极其重大的影响——金融产品的供给相对有限与人为扩大的需求使债券、股票及其他的高风险金融产品的价格上涨。以往由于日元融资成本相对较低，许多利差交易（carry trades）都是通过日元实现的。2009年间某些货币的利率大幅下降使其成为利差交易的融资货币。特别是美元、英镑、瑞士法郎，甚至欧元。以往投资者和投机者都不得不借入日元并兑换成另一种货币来购买某项金融资产，因此存在汇兑风险。现在，这种风险没有了，因为它们可以直接借贷该资产的标价货币进行投资。除非是所购买的资产投机性过高且是用“非融资货币”标价。各国央行意识到了利差交易带来的问题：一旦央行收回流动性，许多利差交易就会终止，进而使资产价格大幅波动。因此，各国央行必须互相协调地回收流动性。否则，利率较低的货币将出现失衡，

“胖手指”与计算机交易：“魔法学徒的历险”

高科技的快速发展为金融市场交易（trading）创造了新的条件。事实上，广泛分布于全球的终端将世界上电子交易中心的数十万名交易员联系在一起。这导致了前所未有的两类现象：第一类是操作失误型，即“胖手指”（fat finger），也就是交易员可能简单地将其指令多加或少加一个零，甚至做成了“反向交易”，并发送出去。例如一名交易员要购买1 000份某种金融产品的合约，但可能错误地发出了购买10 000份合约的指令。在某些市场上，这种失误的数额再大也不会对某些金融市场所标出的价格产生影响，但在其他市场上则有可能是灾难性的。因为这会导致一系列自动平仓的发生，因此产生的多米诺效应会使整个市场和产品价格发生剧烈波动。最典型的例子就是瑞士联合银行（UBS），2009年2月，银行的一名交易员发出了一个是其原指令十万倍的错误指令，该错误指令涉及的合约价值高达310亿美元！实际上，这类失误可以通过对交易员金融合约买卖的金额限制来避免发生，即金额超过上限时指令就不能发出。然而，任何系统都无法避免“错误指令”，如交易员错误地进行了操作（如该买进却卖出，或反之），或者交易员将要进行交易的金融产品代码与其他的相混淆……

第二类问题则以高频率交易（high frequency trading）为典型。这种类型的交易随着“巨型计算机”的大规模应用得以迅速发展。交易所的计算机接收和发出一个交易指令仅需时300微秒，也就是人类睫毛眨动一次所用时间的千分之一！一些基金公司成了这方面的专家，大型银行业也建立了相关部门来发展建立以此为基础的采用大量数学计算的新型交易。金融市场监控部门及负责保证金融市场正常运行的机构正在分析可采取的措施来避免在被越来越广泛应用的高频交易中可能出现的严重事故。实际上，此类交易是建立在一种“不合理”基础上，因为在此类交易中交易的决策和执行并没有人的参与。计算方法的研究和实行是由金融市场行话中所谓的“火箭专家”进行的；但是，交易系统所决定的一切交易及交易结果只能在事后被人检查，这就存在着巨大的风险。“魔法学徒”往往能做出惊世壮举，一旦犯错，可能带来的就是全球性的灾难……

因为金融买家会选择这些货币进行利差交易。

最先走出经济危机的国家，其货币将是外汇市场的赢家

最先摆脱当前危机的国家将拥有最强劲的货币，因为其央行将能更早提高利率，吸引追求收益及经济稳定增长的资本流入。将低利率与疲软的经济形势和有缺陷的经济结构画等号是当前流行的“公式”。但另一个旧的“公式”仍然有效：强势货币是一国经济活力的标志，因为该国不需要疲软的货币来使其具有竞争力。当前世界主要经济区域的各个国家正在为走出经济危机争取最好的条件，货币成为当今世界经济主要参与国家的主要政治经济工具之一。例如，美国政府和美联储总是强调“强势美元”，但很少采取措施来落实，甚至在悄悄地鼓励美元贬值。瑞士央行公开宣称绝不希望瑞士法郎兑欧元的汇率升值，即便其是渐进性的。瑞

士央行多次对市场进行公开干预，试图避免瑞士法郎过快升值。欧洲央行行长与欧元区各国政府及央行都明确表明过高的欧元不符合欧元区利益，但是欧洲央行并未对市场进行任何干预。其一直到欧元兑美元超过1∶1.5时才有开始干预的倾向。日本政府和其央行多次表示担心日元的上涨只会打击日本经济。但事实上日本经济不但一直受到通货紧缩的威胁，而且还受困于日本人口老龄化和“失落的十年”等严重的结构性问题。

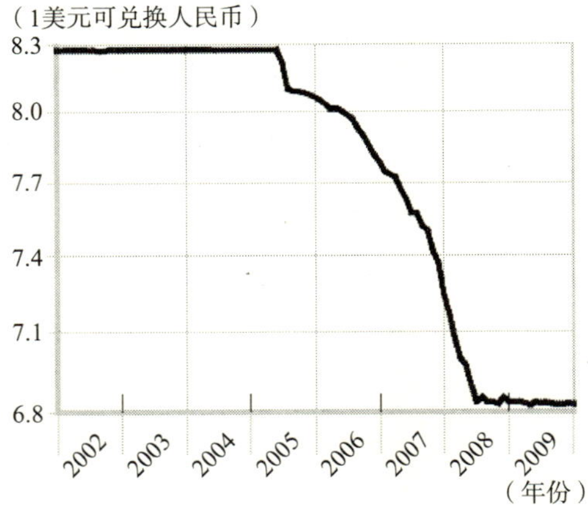

美元兑人民币汇率

资料来源：巴黎经济研究观察中心。

人民币问题……

“人民币的币值”与“中国政府和中国货币当局‘操纵’外汇”是近年来最热议的话题之一。这个问题的重要性在于为中国纳入国际经济体制找出一个方案。这个“中央帝国”在2009年已成为世界第一大出口国和第三大经济体，同时也是全球第一大自然资源消费国、第一大工业生产国和拥有最高储蓄的国家。事实上，所有经济体都在同一赛场上参加同一竞争，就像各国进行足球比赛。但一方认为应该使用欧式足球的规则，而另一方，特别是中国认为应使用美式足球的规则进行比赛。各方间对话是十分困难的，因为没有一名能够强制各方遵守某一规则或者证明哪个规则应被遵守的裁判。“人民币币值低估”的问题在中国来看是一回事，在其他的国家看来是却另一回事。北京认为其当前币值符合其货币价值；并在口头上表示将根据中国自身经济条件进行渐进性升值。但中国经济仍十分依赖出口，消费不足，因此需要有竞争力强的货币来支撑国内过剩生产的出口。另外，北京高层向国民允诺将保持经济增长，以此换取民众对中国发展“长征”的支持。因此共产党人不能允许出现经济危机，否则会使其发展战略及中国的政治经济结构受到影响。其他国家，特别是美国、欧洲和日本则对“人民币币值低估”表示不满，认为人民币疲软与中国国内工资过低、社保体系不健全及不严格遵循环保标准等相关，从而使中国产品制造价格相对过低，对发达国家的产品形成了倾销式的竞争。中国与世界其他国家之间的僵局就像是聋人之间的对话，各说各的，且彼此充满不信任。

国际贸易衰退与货币需求

近三十年来，世界贸易无论在贸易价值与贸易总量上每年都在增长，但2009年该趋势却第一次被突然打断。根据世界贸易组织（WTO）的初步预计，2009年世界贸易总量大幅减少9%。这是第二次世界大战以来最大的一次衰退，其中发达国家的出口萎缩10%，新兴国家的出口萎缩3%。这种情况给世界经济和外汇市场带来了严重的影响。实体经济对货币需求量明显下降。货币币值因此更多地由金融交易来决定。要了解实体经济（出口和实体对外投资）与金融经济（投机活动和金融投资）之间所需货币量的关系，应将世界外贸总量（约13万亿美元）和实体投资（约0.5万亿美元）与货币衍生品合约价值（根据国际清算银行的统计约为50万亿美元）加上货币现货交易量（约400万亿美元）进行比较。因此可以看出，实体经济与金融经济的关系完全不成比例，这表明当今一种货币的币值是由金融交易和市场预期而非贸易的收支平衡来决定的。

寻找失去的“本位制”

1933年6月12日国际联盟（简称国联）在伦敦举行了“经济与货币会议”，试图结束因1929年爆发的经济危机所造成的混乱与衰退。当时的国家元首们受交通所限，不能经常出席国际会议，且所出席的会议都费时颇长。美国新当选总统因其当时当选不足百日就没有出席该会议。更糟的是，美国总统单方面宣布美元贬值，这也就早早宣布了该国际会议的失败。在11年后的“布雷顿森林会议”上，美国凭借其经济实力与军事实力迫使世界其他国家承认美元作为新“国际货币”的地位。

布雷顿森林体系一直延续到1971年8月，当时美国因（越南战争）经济和政治上的衰弱，再无法也再无意保持美元的国际地位。自此出现了一种奇怪的“真空”国际货币体系，所有国际货币都根据其自身的“硬件条件”进行波动（即由购买力、利率、国际收支等决定），和受一些非理性因素的影响（经济政策、央行的货币政策等）。在随后的35年中，世界一直处于这种不稳定状态。金融衍生品的发展为人们风险管理提供了手段。一些货币区域也在此期间正式地（如欧元区）或者非正式地（使用美元的国家）成立了。这种体系本应算是完美的，但美元在国际货币体系中模糊的地位使之大大增加了不稳定性。美元既是占世界国内生产总值1/4的美国的货币，同时也是世界上唯一“衡量价值标准”的货币。因为石油等所有大宗商品以及几乎全部的国际贸易都以美元作为唯一计价标准。但是美元兑其他国际货币尤其是兑欧元中出现的巨大波动性，给整个当今国际货币体系、国际贸易及国际大宗商品价格带来巨大的波动。

这种货币体系还会继续吗？答案明显是否定的。中国的央行行长周小川在伦敦G20峰会前提出，要建立一个最终取代美元的国际货币体系。当今世界还没有所谓的“世界货币”，那就应该建立一个！显然，这一建议来得太晚，以至于在峰会上没能被提及。但在今后的更多会议上会有机会继续推进该议题，例如该使用什么作为国际货币的标准：是黄金、“一揽子货币”（如特别提款权）、还是“一揽子大宗商品价格”？

1933年未参加伦敦会议的英国经济学家凯恩斯提出了“世界货币”的概念。在布雷顿森林会议上，凯恩斯提出了国际货币（bancor），但遭到了美国的反对。2009年中国人周小川在G20峰会前的提议中对凯恩斯先生建立“世界货币”构想在某种意义上表示认同。

主权债务和货币币值

主权债务问题并不是一个新的问题，只是长期被忽视罢了。只有在某些情况下，对债务问题的担忧才会对该国金融资产价值产生决定性影响：如俄罗斯、一些亚洲国家及阿根廷等就出现过国家破产和接受国际援助的情况。巴黎俱乐部和国际货币基金组织因此成了“国家债务援助专家”。2009 年，金融市场第一次将目光锁定在众多国家的主权债务风险上。评级机构则扮演了“消防员—放火者”的角色，他们在最敏感的时刻火上浇油……于是金融市场开始有选择地瞄准其认为具有主权债务风险的货币进行做空投机。俄罗斯、英国、冰岛、阿根廷以及其他一些国家的货币成为投机者攻击的目标，而投机者往往“冷酷无情”，但在其中的操作中却又犯下重大错误……外汇市场的深度及多种可用的金融工具（期货、互换、期权等）和一些为国家经济设计的金融工具（国债期货、国债期权及国债回购），还有违约保险（CDS，信用违约掉期市场），这些工具都为投机者卖空货币提供了可能。

欧元特例：亦或“反格雷欣法则”

欧元正处于诞生十年来最复杂和敏感的时期，现实是显而易见的。这些共同经历过政治动荡的欧洲国家，在经济上选择了共同的货币，但却没能实行共同的税收和财政政策。因为货币政策是共同的，国内其他经济政策的选择就成为欧洲各国政府各自保留的手段。欧元区的诞生和其成员国的迅速增加产生了一个神奇的结果，这便是“反格雷欣法则”（gresham）——劣币并未驱逐良币，欧元区一些国家的高国债利率开始向经济状况最好国家的低国债利率靠拢，而它们的币值也与经济状况最好国家的币值统一。这种情况便使得欧元区的某些成员国得以受益。在财政预算政策选择上，一些国家表现得像懒惰挥霍的蝉，另一些国家则像勤勉节俭的蚂蚁。

严重的世界经济危机使一些国家的“自动保护机制”开始发挥作用，外汇市场的参与者因此无法再攻击这些国家的货币，他们便将矛头转向了其国债。这就导致“高级债券”和“低级债券”之间利差剧增；另外，投机者也购买信用违约掉期（CDS）。当一个宏观区域（具体如欧元国家）中的一些国家在经济政策、财政政策和债务管理上出现问题时，会对该区域的共同货币产生什么影响呢？答案只有一个，即货币贬值。且该宏观区域对此仅有两种对策：一是承担集体责任，对处于困境的国家进行大规模援助；二是承受该宏观经济区域一个或几个成员国的错误，和其对该经济区域的经济和货币的负面影响。可接下来呢？这是前所未有的政治经济局势。

各国央行及其外汇储备管理

以前中央银行强大干预市场的能力主要体现在其对外汇市场的直接干预上，这种干预的影响力是巨大的，特别是当几个央行共同行动时。而今天，除瑞士的央行即瑞士国民银行（SNB）和某些新兴国的央行外，各主要央行已经很少使用这种干预市场的方法。全世界央行的储备接近 8 万亿美元，为了更清楚地体现该数值，我们需要将其与全球股市市值（40 万亿 ~50 万亿美元）和公、私债券总价值（超过 90 万亿美元）进行比较。在量化宽松框架政策（quantitative easing）下，

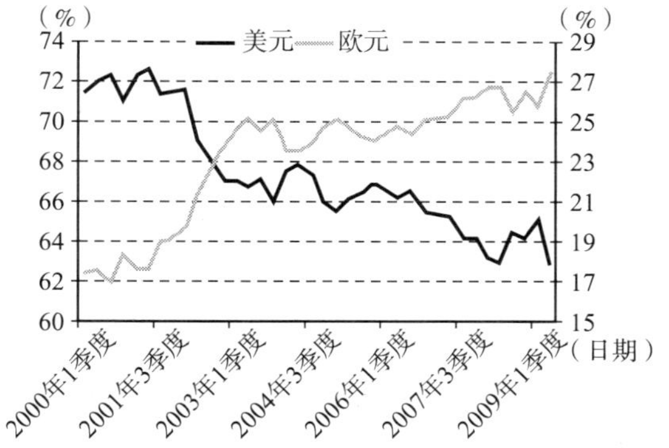

美元和欧元占各国中央银行的外汇储备比例

资料来源：法国兴业银行泛资产研究部（SG Cross Assert Research）、国际货币基金组织（IMF）官方外汇储备币种组成（Cofer）数据。

许多央行都“暂时”购买本国债券，这就显著地改变了各国债券市场的利率结构。通常，央行这样会降低利率，并对债券市场直接产生影响，同时间接地影响其他资产价格。全球央行储备1/3左右集中在两大央行手中：中国央行（PBoC）持有2.4万亿美元；日本央行持有1万亿美元以上。任何央行在选择资产类别上都有着其他投资者不可比拟的优势——它们没有受到像传统投资者那样有追加保证金和投资基准收益率的束缚。事实上，它们是特别投资者，非常的特别，其投资决定往往是基于政治而非经济。

新兴国家央行的干预

在2009年的国际舞台上，新兴国家央行的干涉主义又重新凸显，其中最明显的例子就是巴西开始对进入本国的资金征税2%，而其他央行也直接对外汇市场进行干预以促进或阻止本币升值。这些央行非常担心资本流入（特别是热钱）会导致经济与资产价格的巨幅波动。这些国家的本币市场仍然非常“狭窄”，无法消化所有资本同时进出带来的影响。此外，资本流入可能会滋生资产泡沫，导致某些类别资产价格的快速变动。拉美地区许多国家的央行（特别是智利、阿根廷和秘鲁）都对外汇市场进行干预，主要就是为避免本国货币被过分高估。其他央行也同样实行干预以支撑或阻止本币升值，如俄罗斯、南非、以色列、捷克共和国、土耳其、匈牙利、波兰、罗马尼亚。亚洲国家一如既往地通过卖出本币来支撑出口，特别是在世界贸易严重下滑的2009年。这些国家的名单很长，其中就有中国、印度、韩国、新加坡和马来西亚。

主权基金：“反经济周期”的投资

全球主权基金的作用开始变得十分重要，其总额超过3.8万亿美元，它们的管理标准区别于传统投资者。这些主权基金的投资目的是保障该国持续拥有当前有利的经济条件，如在能源、原材料和其某些垄断市场上。主权基金的投资选择有非常明确的原则，即将反经济周期投资作为目的。这些基金通常依据长期战略判断来做出决策，其投资非常活跃并对市场产生很大影响。自然，如果一国的主权基金的“流动资金”全都是美元资产，其就有必要将其收入转换为其他货币的资产，这就像央行选择一揽子货币计划一样。但相比之下，主权基金的投资渠道更宽泛，可选择向不动产业、工业、服务业、战略产业及特殊地理区域投资。

期权的重要性

外汇期权市场交易量在经过2005~2007年间的暴增后，2008年形势发生逆转，许多交易者决定或被迫减少其风险敞口。相反，2009年该市场交易量开始恢复增长，国际清算银行（BRI）的统计已经证明了这一趋势。在包括所有期货、互换和货币期权在内的50万亿美元交易量中，期权的份额所占比例超过1/5。期权交易包括短期和长期（若干年），该市场所吸引的投资者数量不断增加，因为一些工业、商业和服务企业确实需要转移市场风险，而这些企业的最终收益取决于期权合约对其风险的对冲。

此外，一些国家开始利用外汇期权来进行自我保护，特别是石油出口国。面对这样一种需求，善于乘势而为的做市商、套利者及善于追求波动率上涨的投机基金自然会去设法满足。此外，依靠期权市场的流动性和市场深度，期权金融组合产品也因此得以发展。显然，如一些央行研究指出，用期权（gamma）风险管理进行期权操作存在很大问题，尤其是在发生的特殊事件改变市场平衡时，传统的模型便发生“扭曲”。这种情况就是标准的模型风险假设。这些模型是以传统风险分布（基本为正常、对数正态、两项和三项的）作为假定参考。在经济危机爆发后的市场条件下，这些曲线无法再以可接受的误差反映现实。因此需要其他建立风险分布的模型，即厚尾性模型（fat tails），例如柯西（Cauchy）、列维分布（Levy）。但目前这方面的研究仍处于理论阶段。

美元：继2008年反弹后，2009年跌入谷底，2010年年初再次大幅回升

从逻辑上来讲，在世界经济中最重要且在交易中使用最多的货币才是真正的国际货币系统的中流砥柱。但现实中的“美元中心论”并非像“太阳中心论”一样。因为，美元的波动是非常大的：在2008年年底和2009年年初的“美元饥渴”之后，市场对美国经济崩溃的担忧也被伦敦G20峰会和奥巴马与伯南克二人组提出的振兴经济政策所打消。市场参与者相信股市上涨的潜力将因此而打开且货币政策将会极度宽松。因此美元被卖出。同时美国政府被认为过度挥霍。受外界对美联储稳定低利率政策预期的影响，美元兑欧元逐渐且有规律地从1美元兑1.25欧元贬到超过1美元兑1.5欧元。美联储在市场上大量买进国债和其他风险证券，意图平息抵押市场利率的上升。美元因其过低的利率而成为外汇市场交易者进行利差交易的主要货币之一。从2009年秋季开始，市场一改先前的悲观情绪，对美国经济强劲增长的预期（即便是暂时的）刺激了美元需求的剧增，特别是大型对冲基金将减少美元空头头寸并在2010年开始增加其多头头寸，而这尤其是相对于欧元。但是美元的问题并未解决，且当前的经济复苏已经被提前“预支”了。

美国政府为拯救经济付出了巨额赤字的代价，美联储也实行了零利率政策（ZIRP）。另外，美国经济严重失衡（双赤字和个人储蓄率过低）的再平衡似乎被无限延迟了。因此，美元的重新走向不过是在其下降通道中的一个插曲。不应忘记2009年其他国家购买的美国国债资助了美国69%的贸易赤字，同时也在很大幅度上资助了其财政赤字，并使美国的利率曲线保持在极低的水平上。此外，国际资金投资美国股市实际上也在资助其贸易赤字。

欧元：荣光之后是长久的苦难？

欧元在很大程度上得益于外界对其银行系统稳定的印象及其央行相对其他央行而言

并不推行十分宽松的货币政策，另外欧元的强势也是得益于美元的各种问题。一方面，一些国家的央行通过买进欧元卖出美元来逐渐分散其外汇储备；另一方面，欧元的逐渐走高成为欧洲工业产品出口的一个主要障碍。显然，欧洲的那些高科技与品牌知名度高的产品总是能找到市场。这里有法国和意大利的香水与时装；德国和意大利的机床、保时捷与法拉利；法国的武器、高科技出口。在这背后，便是意大利和德国富有活力的中小企业以及法国的大型跨国公司。欧洲央行和欧洲其他国家央行的负责人曾多次说明过高的欧元对欧洲经济的危害。在2009年最后一个季度欧元升值被突然打断，形势发生逆转，外界认为欧洲经济出现了一些问题，如欧元区成员国经济增长率的差异、税收预算政策的制定不统一及某些成员国的出口大幅放缓。另外，“欧猪四国危机”（PIGS，即葡萄牙、爱尔兰、希腊和西班牙）使欧元深受打击，外界转而持有美元、瑞士法郎和日元。欧元进入一个非常复杂的政治阶段。欧洲央行和各欧元国家政府不得不以精巧的手法谨慎处理。这是欧元第一次遇到最严重的危机，危机是结构性和根本性的。事实上，欧元之前已经成功度过了所有“青少年式”的危机。而目前危机的解决办法不再是经济上的，只能靠政治。这就是解决危机的赌注！

英镑：历经磨难且“反复无常”

在经历了20世纪70年代的危机以及因乔治·索罗斯的攻击被迫退出欧洲货币机制（SME）后，英镑又再次经受磨难：英国经济增长难以为继、英国大选的不确定性、伦敦金融中心地位被其自身许多结构性问题所牵绊、英国银行体系在金融危机后被严重削弱、赤字问题长期无法解决而产生了当前巨额债务，进而使英国的财政陷入泥沼。外汇市场交易者对英镑未来持非常悲观的态度，主要原因是英国的央行即英格兰银行（BoE）推行过于宽松的货币政策。该央行希望通过极低的利率推动经济增长，而较低的通胀水平似乎也容许这种做法。英镑依然严重受英国选举结果的影响，获胜的党派即便在政府中占多数也将极为不稳定，从而给

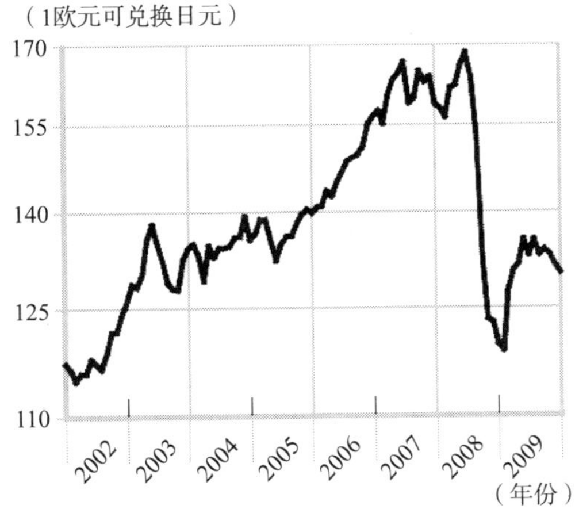

欧元兑日元汇率

资料来源：巴黎经济研究观察中心。

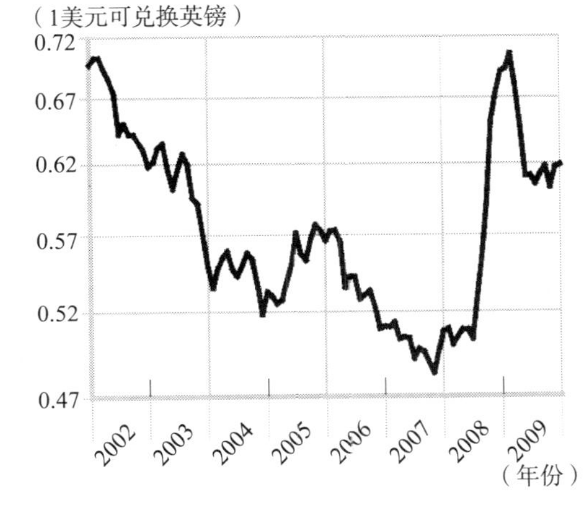

美元兑英镑汇率

资料来源：巴黎经济研究观察中心。

国家治理带来困难。在这种时刻英国政府需要的是稳固的多数派和果敢的政治经济措施。而伴随英镑疲软的是英国政府更严厉的税收政策。这给某些纳税人带来了损失，致使这些人准备，甚至已经收拾行囊前往那些税收宽松的国家。对英国政府来说，这就意味着英国税收收入的损失，进而迫使英财政部进行更大规模的举债。因此，许多外汇交易者都担心该国评级的变化，而任何降级又将使英镑的走势雪上加霜。尽管如此，英镑的“暗中贬值”还是能够带来潜在的好处，即可以纠正部分经济失衡，但这恐怕将需要很长时间……

瑞士央行公开抑制瑞士法郎兑欧元升值

2009 年瑞士法郎兑美元汇率波动超过 18%。因外界对瑞士银行系统特别是瑞士联合银行（UBS）的担忧，使得瑞士法郎在 2009 年第一季度快速下跌，但随后其兑美元开始走高并冲破重要心理关口，即二者平价（1:1）。从那时起一直到 2009 年 11 月份，瑞士的央行即瑞士国民银行（BNS）不断对瑞士法郎兑其他货币特别是兑欧元进行干预，瑞士央行的决策者们希望外汇市场直接明白其意图。位于伯尔尼的联邦广场（Bundesplatz）的瑞士央行多次公开声称，希望保持瑞士法郎兑欧元稳定。事实上，瑞士经济已融入欧洲，其工业结构与其他欧洲的主要竞争国家也十分趋同。此外，国际社会的压力正逐渐使瑞士银行系统丧失相对其他欧洲国家银行系统的竞争优势。为了支持出口，瑞士必须避免其货币被高估。根据瑞士国民银行 2009 年底公布的研究结果，1981 年到 2008 年间瑞士央行对瑞士法郎的直接干预仅对 7% ~15% 的瑞士法郎波动幅度产生了影响。这就意味着对外汇市场的直接干预应是瑞士国民银行的基本手段。同时该行也明确表示，瑞士法郎被高估的幅度应在 G10 国家的六大货币中高居第二位。

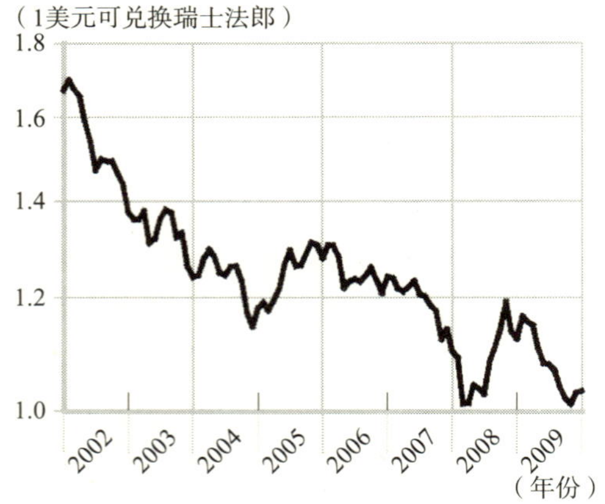

美元兑瑞士法郎汇率

资料来源：巴黎经济研究观察中心。

日元，风险厌恶的新晴雨表？

美元兑日元在 2009 年年初接近 1 美元兑 89 日元后，日元随即大幅下跌，美元兑

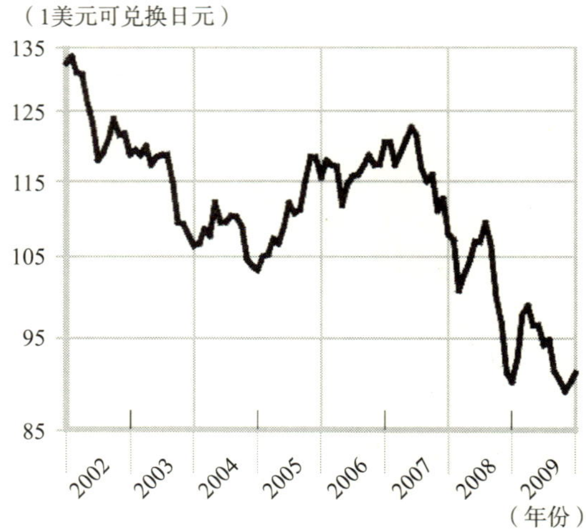

美元兑日元汇率

资料来源：巴黎经济研究观察中心。

日元超过 1∶100。其原因是外界对全球经济，特别是对主要拉动日本经济增长的出口表示悲观——2009 年日本出口共下跌 25%。这使得在之后不到两个月的时间内日元被大量抛售。随即，日元开始有规律地缓慢上涨，起初市场对此很难解释。事实上，类似前些年的与利差交易相关的卖空日元的行为已经停止了。人们从此开始使用美元进行融资，甚至用欧元来进行。另外，即便日本的经济增长依旧令人失望而且日本政府采取额外的拯救经济的措施导致了其负债水平急速攀升，许多日本投资者还是宁愿投资国内市场进而避免国际风险。因为奇怪的原因，日元部分取代了瑞士法郎“避险货币”的地位，因此我们会观察到股市的下跌通常伴随着日元的上涨。风险厌恶情绪和日元上涨有着非常契合的相关关系。美元升值导致了日元贬值，日本的新经济也令人失望。但日元这种下跌很大程度上是受到日本央行（BoJ）鼓励，该央行已多次公开表示反对日元过度升值的意愿。日本新政府亦多次重申其反对日元过度波动的决心。日本政府和央行都支持振兴日本出口，并准备不惜一切代价达成这一目的。

北欧货币：力图跟上欧元

北欧三国尽管没有加入欧元区，但其货币是同欧元紧密联系在一起的。北欧国家的对外贸易深受欧洲经济情况的影响，其政府和央行也试图使其货币兑欧元保持适当的水平，尽管挪威克朗深受美元和油价的影响。丹麦克朗受到冰岛危机的沉重打击，在 2009 年年初时兑美元走软，但之后又随欧元回升，并在 2009 年 11 月达到兑美元的年内最高点 0.2034。

挪威克朗对大宗商品（特别是能源）价格变化十分敏感，2009 年年初时其曾受到很大压力，甚至跌至 1 美元兑 7.21 挪威克朗的低位。挪威克朗对挪威央行（Norges-bank）的货币政策及该国政府的某种程度上的宽松税收政策同样非常敏感。挪威的经济活力及原油价格反弹均推动挪威克朗在 2009 年 9 月时上升到 1 美元兑 5.52 挪威克朗。当时外界均预期挪威银行将上调利率。而挪威克朗的坚挺已经开始抑制挪威工业品的出口，并有引起以“荷兰病”为代表的“大宗商品诅咒经济”的风险。挪威央行正在强烈要求挪威政府采取更严格的税收政策并削减公共开支，以此避免其提升利率，进而避免挪威克朗的上涨。

就像瑞典央行（Riksbank）报告中所指出的，瑞典克朗对市场的风险喜好十分敏感，事实上这使得瑞典克朗既是投资者的受益者也是其牺牲品：因为在金融危机时投资者更需要持有具有流动性和市场深度的货币。2009 年春季时因受波罗的海国家银行业风险陡增的影响，瑞典克朗曾一度跌到 1 美元兑 9.31 瑞典克朗，而之后瑞典的出口回升对瑞典克朗逐渐走高起了决定性影响。后因外界担心瑞典房地产市场可能受该国央行快速提息的影响，自 2009 年秋季开始瑞典克朗又开始轻度走低。

商品货币的剧烈波动

大宗商品价格到 2008 年底一直在急剧下跌，之后随着世界经济复苏和投资者及投机者需求趋强开始走高。几乎所有主要大宗商品出口国的货币走势都与此趋势一致：即 2009 年初期走低随后强烈回升。其中要特别提到俄罗斯。由于资本外逃及该国银行体系存在的风险使卢布经历了严重的危机，这迫使俄罗斯央行在 2009 年第一季度多次卖

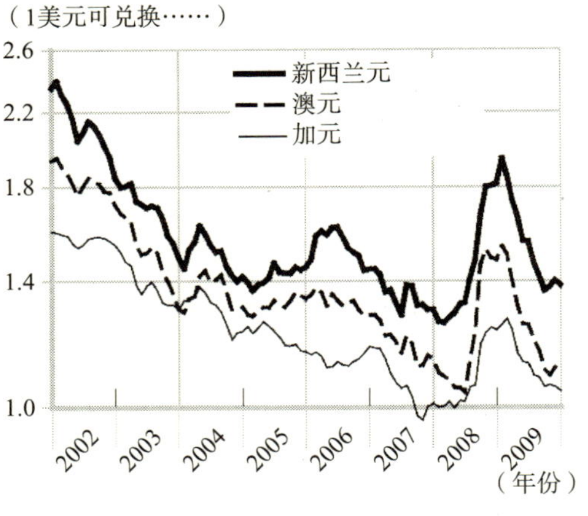

美元汇率

资料来源：巴黎经济研究观察中心。

出外币进行干预来稳定本币。卢布最低下跌至1美元兑36.37卢布。为了支援卢布，俄罗斯央行的外汇储备剧减了一半，但卢布的下跌还是没被遏制住。大宗商品价格特别是石油价格的上升使得卢布在2009年11月时回升到1美元兑28.68卢布，之后又略有下跌。莫斯科仍然就调整该国币值的问题存在争议：要么允许卢布升值进而加速俄罗斯企业的必要重组并提高竞争力；要么阻止其升值以支持俄罗斯经济。

加元的波动趋势与卢布相似。加元与美元（Looney）在跌至1美元兑1.3加元后开始持续大幅上涨，原因是大宗商品价格回升及大量国际资本被吸引到加拿大进行投资。南非兰特的价格趋势也与此非常相近。兰特在2009年3月份时跌至最低点（1美元兑10.64兰特），随后逐渐有规律地回升，直至2009年10月份时攀升至1美元兑7.23兰特。南非央行对此十分警惕，因为本币升值过快会对南非经济增长和出口产生不利影响。澳元是大宗商品价格上涨的最大赢家，2009年其相对美元的上升超过27%。在2009年3月份的低迷之后，澳元开始大幅上涨，技术分析的图表显示，澳元的上升通道在此时已经打开。大宗商品价格的回升（澳大利亚几乎成为了“中国的一个省”）以及澳央行三次提高利率都推动了这一趋势。新西兰元（Kiwi）则得益于国际投资者的不断追捧，但这些投资者并非被该国自然资源所吸引，而是由于新西兰央行的货币政策提供了相对较高的利率。尽管对新西兰元的需求暴增，但新西兰元兑美元并不会超过其在2008年时创造的历史高点，原因是该国央行由于担心丧失新西兰产品的出口竞争力而经常威胁干预该国汇率。

中东欧国家的货币表现不一

中东欧国家的货币在经历几年的上涨之后，多数国家的货币从2008年开始从高位下降。其与欧元逐渐“趋同”，并加入欧元区的前景骤然变得暗淡。投机资本开始从这些市场逃逸，波罗的海和中东欧银行业的巨大危机，中东欧国家经济增长率的明显下滑以及西欧国家对该地区劳工的需求减少共同沉重打击了中东欧国家的货币。在经历了年初新的下跌之后，这些国家的货币开始小幅回升，原因是该地区经济前景有所改善，且有一定数量的外资因预期形势好转及中东欧货币与欧元会再次“趋同”。这些国家的经济都面临着微妙的处境，其国家经济系统重建的过程是漫长而复杂的，但中东欧国家却过早地被推向了国际竞争；且成为欧元国家的前景又刺激了国际资本的大量流入，这些都为这些国家的经济埋下了隐患。因此，这些国家的经济系统十分脆弱，其经济发展的路上遇到的任何障碍都会随时带来问题。当然，已经加入欧元区的两个中东欧国家（斯洛文尼亚和斯洛伐克共和国）显然从加入欧元区并使用单一货币欧元中得到了好处。当处于危机最艰难的时候，欧元对这两个国家来说起到了“安全带”的作用。反之，中东欧其他国家则没有享受到这一好处。

巴西雷亚尔是大赢家

巴西雷亚尔是2009年外汇市场最大的货币赢家。事实上，雷亚尔兑美元有最好的表现，上涨幅度高达45%。这主要归因于国际大宗商品价格上涨。巴西央行则表现得非常活跃，它出台了对外国流入资本征税2%的政策，并对外汇市场进行干预来阻止本币升值。巴西央行的外汇储备截至2010年3月初增至2 420亿美元。2010年10月的巴西大选将会深刻影响雷亚尔的走势。墨西哥比索从2008年7月的1美元兑9.86比索跌至2009年第一季度的1∶15.58，原因是评级机构惠誉对其评级降级，以及其他两大评级机构对其经济状况也表示担忧。相比2009年春季的低位，墨西哥比索的状况开始改善并在2009年年底触及12.72的高位。

亚洲“龙、虎”的货币相对的稳定

港元一直与美元挂钩，中国香港货币管理局明确其跟随美联储货币政策的选择。很明显，港元钉住汇率制度（PEG）将早晚会被放弃，但条件是在中国央行的人民币汇率政策发生重大变化后。2009年1月至2010年2月，港元一直在1美元兑7.7765港元的“低位”和1∶7.75的“高位”之间波动！韩元在2008年3月至2009年3月间大幅下跌，主要是受韩国债务水平过高及该国银行体系问题的影响。但随后韩国向亚洲其他国家出口回升，韩国的外贸收支从2008年的赤字转为盈余，韩元开始走高。另外，韩国央行随时准备在该国政府刺激措施效果逐渐弱化时出手支持经济复苏。且该央行仍对韩国银行体系的结构性缺陷感到忧虑。新台币到2009年3月底时一直承受较大压力，但2009年台币兑美元还是略微上升了2.9%。中国台湾地区经济在很大程度上受到中国大陆和其他亚洲国家需求的影响，新台币因此也得益于“中央帝国”经济的强劲复苏。新加坡元的情况与港元相近。事实上，新加坡货币管理局仍十分谨慎地保持本币兑美元不过分上涨，借此保证这一微型城市国家的出口竞争力。所有分析表明，新加坡元的币值已被低估。

——从零利率到主权债务危机

2009 年可以真正被称作是“承诺的一年”（annus promissionis）！各方所做的承诺是不再犯错误，且重归理性。这一年伊始世界经济仍然处在恶劣的环境之中。许多企业因担心库存积压而开始严格限产并大力削减成本。众多银行大量减少风险敞口并消减对其客户的贷款。受可支配收入减少及失业威胁的双重影响，消费者被迫减少消费。全球经济因此处在一种危险的“休克状态”之中。各国央行及政府于是扮演着集“救火队、救生员与急救医生等”于一身的角色。央行大量投放流动性并将利率降低接近零。各国政府在可能的情况下代替了消费者的角色，尽可能大地增加公共支出，并承担各种可以想象和不可以想象的风险。实际上，私人债务已经被央行转化成为公共债务，央行的印钞机已经开启。货币、税收和财政预算政策的三箭齐发使全球经济避免了“世界末日”式的衰退，但所付出的代价又为几何呢？

紧急干预

面对此次经济危机，不同国家的反应是如此强烈和相似，这在经济史上是第一次。大家都确认经济运转甚至全球经济体系正处于危险之中。面对这一令人担忧的现实，各国央行动用了所有可用的手段。全世界的各国政府都明白迅速进行干预及止住经济快速下滑的重要性。在 2008 年 11 月 15 日的 G20 华盛顿峰会之后，其参与国于 2009 年 4 月 2 日又再次聚首伦敦，向全世界表明其共同行动的决心。G20 各国的国内生产总值共占全世界的 90%，并拥有超过全球 2/3 的人口和 3/4 的贸易额。峰会传递给各国公民、企业、政府和全球金融界的讯息十分明确，即世界经济所遇到问题的严重性。这使得现在各国不再会进行无谓的争吵。相对于个别利益，各国更会以世界经济利益为优先。各国央行和政府明确将通过一切手段尽可能地支持世界经济运转。更值得赞扬的是，各国的政府和央行表现出了史无前例的勇气，放弃了某些教条和谨慎原则。只是面对眼前如此糟糕的经济形势他们又能有别的选择吗？

政府公共开支大幅增加，并向企业还款和提高对企业的支付迅速。这些公共开支实际上是在特别困难的财政条件下实行的。事实上，2008 年一些国家的预算已大幅超支，而 2009 年其财政支出的快速增加又恰逢税收收入下降，这导致了这些国家财政赤字进一步加剧。在这些国家中（特别是欧洲和日本），社会保障体系正像遇到气流的陀螺社仪

2008～2010 年各国政府和央行的干预
（占国内生产总值%）

国别（地区）\ 指标	累计赤字	央行资产负债表增加
美国	－21.9	12.0
欧元区	15.2	3.0
英国	－30.1	14.0

资料来源：德意志银行。

一样在竭力全速运转。社会问题的缓和及失业保护使公共财政不堪重负。因此只有持久的经济复苏才能恢复财政预算平衡。但是公共财政部门当前只能借助金融市场来平复暴涨的赤字。投资者对国家公债的兴趣很大，但却要求溢价，因为发债国存在可能破产的风险。

世界公共债务危机爆发，一个新的“庞氏骗局”？

2009 年，发达国家的公共赤字创下历史纪录，并有可能在 2010 年再创新高。根据国际货币基金组织税收事务部的数据，2009 年美国财政赤字占其国内生产总值比重高达 12.5%，欧洲为 7%，日本为 10.5%，

央行，有条件的独立

理论上，主要发达国家的央行应是完全独立的，而在实践中这一规则却多少有所背离。其中应将某些国家的央行排除在外，比如阿根廷央行就被迫将部分外汇储备转让给该国政府用以偿还国际债务，该央行行长还因表示反对政府的干涉而被迫离职。应当排除的还有作为政府和财政部“筷子”的央行，因其货币政策实际上是在行政权力机关推行的经济政策的框架之下制定的。

对于一些较大的央行，应当考察其独立性的意义，尤其是在最近两年。相关的问题很多：例如伯南克连任美联储主席职务时所遇到的困难就比以往美联储主席连任困难许多，有 40 多名美国参议员反对其连任，这显示出美国政界在美国央行高层负责人选问题上有很强的影响力。在美国，其他联储负责人的任命均是政治平衡的结果。

欧元区在 2011 年接替让·克洛德·特里谢欧洲央行行长一职的问题上的斗争已经开始，其中两个主要候选人是阿克塞尔·韦伯（Axel Weber）和马里奥·德拉吉（Mario Draghi）。这两人都是享有盛誉的央行专家并有丰富的国际经验。因此欧洲央行行长的选择将主要从政治上考虑。欧洲央行货币政策的新方向也将由此新行长来策划。显然，日本央行行长的人选是日本政界平衡的结果。但央行真正的独立性并非仅体现在其高层负责人的任命程序上，其更体现在央行在困难和经济危机时期所做的货币政策的选择。显然，央行在经济平稳增长和市场稳定时期表现出的几乎是完全的独立性。从 2007 年危机爆发的伊始，几乎所有国家的央行都一致行动，并与该国政府紧密配合来捍卫经济增长和经济结构。此时许多央行将自己所谓的信条和管理原则放在一边，以极大的勇气配合政府的经济政策，而不是批评政府无限制地发行国债。通常央行会“临时”将公共债务货币化并与政府达成妥协以避经济衰退。现在大家最关注的问题则是，央行在“退出战略”上还会与政府达成高度一致吗？

G20 中的发达国家为 9.7%，新兴国家仅为 5.1%，这些数字可以直接反映出各国发债规模的大幅增加，预计到 2010 年全球国债总额将达 4.5 万亿美元。与之相比，当今世界已发的国债总量高达 32 万亿美元，并且仅用 18 个月就从 26.8 万亿美元增加至此数额。很明显这里存在三个问题：第一，当前投资者是否将会一直愿意买入或认购各国发放的债券？迪拜和希腊的不幸以及不同国债收益率差距的变化反映出投资者是十分谨慎的，而且未来可能更加谨慎。各国把其国债当做是“永不枯竭的喷泉”。投资者因此更为谨慎和警惕，在面对高风险的国家债券时，会要求高额溢价。第二，公共债务成为“永久债务”。国家债券可以被兑现，但使用的却是新国债认购投资者带来的资金。一个巨大的“庞氏骗局”正在实施，其中伴随着巨大的风险。债券将真正成为各国政府身上的“雪球”。随着“债务雪球”愈滚愈大，各国公共开支将会自动地逐渐失去对实体经济的支持作用。国际清算银行 2010 年 2 月的报告就明显证明了这一趋势。

私人企业发债创纪录

私人企业债券如国家公债一样也创造了史无前例的发债记录。2009 年不包括金融集团在内的公司债券发行金额超过 1.015 万亿美元。私人企业对银行体系变化的反映极为迅速。由于银行大量减少放贷，企业只能转向金融市场来获取所需资本，并将其用在

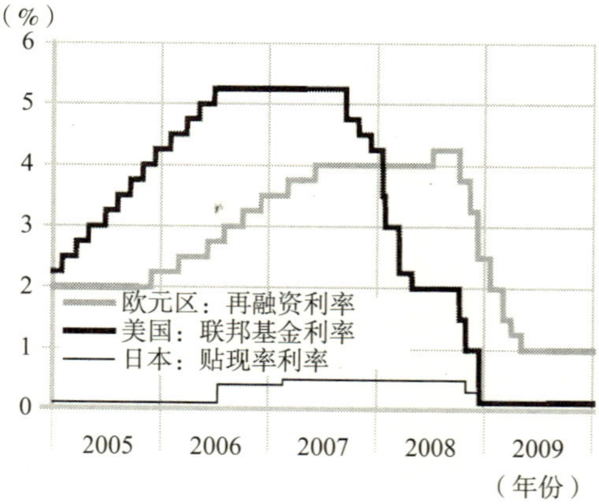

中央银行汇率

资料来源：巴黎经济研究观察中心。

非传统政策与量化宽松政策（quantitative easing）

在削减成本和提高生产效率的投资问题上，许多央行或许选择使用经济学教科书中所列举的货币政策来实现其目的。总的来说，央行几乎选择使用了成套的货币政策：

——大幅降低融资利率。

——多次明确当前超低利率将长期持续。

——延长给予银行系统借款的时间。

——接受可作为抵押（collate rals）的次级票据资产，即使银行进行削发融资（hair cut)，此举是针对某些不能被直接按其票面价值接受的金融资产。

——在一级和二级市场上购买国债。

——在一级和二级市场上购买特殊债权（ABS，资产支持证券等）。

——扩大央行资助的金融机构。

——同其他央行进行“货币置换”以增强紧急干预能力。

削减成本和提高生产效率的投资上，抑或用于增加企业流动资金。在其他情况下，企业发放债券并不是出于真实需求，而是将其作为融资条件恶化时的备用资金。相对于私人企业，银行和金企业发放了大量债券，同时也发行了大量股票来增加资本金和提高清偿比率。以此遵守巴塞尔协议Ⅱ（BâleⅡ）的规定，当然未来也可能是巴塞尔协议Ⅲ（BâleⅢ）。这些银行增加资本的目的或是为了弥补损失，或是希望拥有更充足资本金以抓住可能的外部增长机遇，或是希望尽快偿还金融危机时政府给予的贷款。

央行的非传统政策

2008年年底，美联储将联邦基金利率保持在0%与0.25%的区间之内。英格兰银行在2009年1月的会议上出手干预，将其利率定为0.5%。欧洲央行在2009年5月的会议上将其融资利率从2008年12月会议确定的2.5%降到1%。日本银行在2009年4月30日将其利率从0.3%降到0.1%。其他央行也随之采取相同的行动。但最重要的是各国央行为支持经济增长而实行了"非传统政

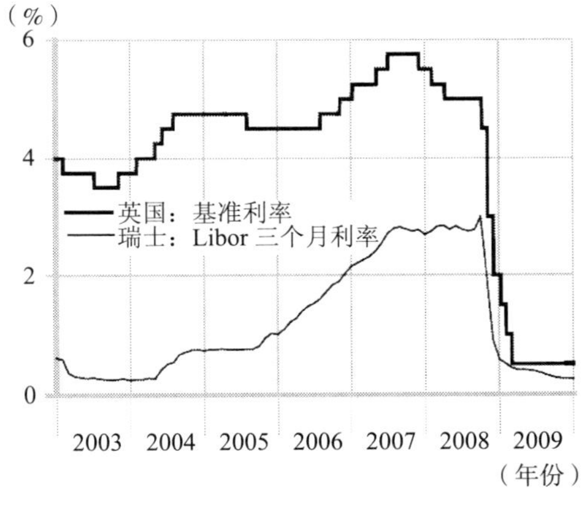

中央银行利率

资料来源：巴黎经济研究观察中心。

策"。2008年间，美联储实行了一系列被称作"字母汤"的措施，即建立"特别窗口"，银行可从中获得特别资助并在需要时可将其持有的"中等质量"的债券置换为国债。此举的目的是支撑金融市场、降低长期利率，特别是为了将抵押市场利率维持在可控范围内。因此，美联储决定购入3 000亿美元的美国国债、200亿美元的美国国家专门机构债券（房地美和房利美）和1.25万亿美元的抵押支持债券（MBS）。这一重大举措使美联储负债剧增，仅一年多就从正常时的约8 000亿美元增加到2.3万亿美元左右。

目前这些措施已部分停止。2009年9月末货币市场投资者融资工具（money market investor funding facility，MMIFF）窗口已关闭，该措施是通过货币基金购买短期票据来保证市场的流动性。为了进行这一操作，纽约联储建立了专门基金。一个月后，国债3 000亿美元的购买计划如期完成。但这3 000亿美元到2010年年初一直出现在美联储的资产负债表上。第一季度，美联储准备关闭另外三个特别窗口。首先是由美国财政部和美联储实施的定期资产支持债券贷款工具（term asset-backed security loan facility，TASLF），目的是向助学贷款、购车、信用卡和中小企业借款的债券化市场提供流动性。其次是纽约联储实施的商业票据融资工具（commercial paper funding facility，CPFF），该基金用于购买市场上的商业票据，特别是其中需要依靠某些资产支持的票据。最后是短期拍卖工具（term securities lending facility，TSLF），旨在将国库券借款转化为联邦机构债券、信用抵押证券以及评级良好的证券化债权。这些特别窗口已经关闭，但美联储允许自己在必要时再次动用此类特殊货币政策。在整个2009年，联邦利

率都维持不变。

2010年2月底，美联储决定提高贴现利率（discount rate），并将其期限缩短到24小时。这是相当于“伦巴德利率”（lombard rate），即当银行遇到紧急技术性问题或在银行间市场再融资困难时实行的一种紧急贷款利率。危机前，该利率比联邦基金利率高100个基点，之后迅速缩小到25个基点，且利率的特别贷款期限也增加到3个月。2010年1月初，该利率贷款期限被缩短到1个月。且其利率将在3个月后被提高到0.75%，其贷款期限也将进一步缩短为24小时。美联储考虑将来给予各银行存储在美联储多余资金利息的可能性，即创建一个类似在欧元区已使用的“通道”（corridor）。其中涉及一个最低基准利率，即一个央行所希望的给予银行的正常再融资利率和一个紧急利率（即伦巴德利率）。

英格兰银行、欧洲央行和日本银行的货币政策

英格兰银行同样在2009年购买了英国“金边债券”，价值达2 000亿英镑。在2008年底大幅下调利率后，“特列德尼都尔街的老妇人”即英国央行，在2009年春再次下调利率，将利率降至0.50%。英国央行给出的货币政策预期并不是十分明确，经常会使外汇市场交易者感到意外。英国央行的“悖论”再次表现为，央行的官方文件中均提出要关注通货膨胀，但在央行负责人在用威基伍德茶具喝茶讨论通货膨胀原因的时候，英国经济结构早已整体崩塌了。

欧洲央行进行了与英格兰银行类似的行动，但没有那么大张旗鼓。事实上，欧洲央行决定逐步购买价值600亿欧元抵押债券（主要由德国和法国的机构发行的）。与欧洲央行相比，欧元区16个成员国各自的央行却“悄悄地”购买自己及欧元区其他国家所发行的债券。此措施的实行本是在外汇储备管理与外汇储备多样化管理的框架内，但事实上这却等同于量化宽松。此外，欧洲央行还在2009年初将其再融资利率从2.5%下调到了1%，但欧洲央行内部对此进行了激烈争论。

尽管让·克洛德·特里谢（Jean-Claude Trichet）尽力引导货币政策取向，维托尔·康斯坦西奥（Vitor Constâncio）会在周四欧洲央行正式会议前一天的非正式会上进行灵活的斡旋，但欧元区各国央行行长还是对欧元区货币政策的选择难以达成一致。维托尔·康斯坦西奥将辞去葡萄牙央行行长的职务，接替6月份即将卸任的卢卡斯·帕帕季莫斯成为欧洲央行副行长。欧洲央行断然决定三次提供1%固定利率的一年期融资，其目的是向欧洲银行系统提供满足银行所需的全部资金。该措施释放出的“洪水般的流动性”与银行所持有的担保票据的交换，充分满足了欧洲金融系统的需求，特别是满足了在银行间市场融资困难的某些银行集团的渴求。此外，欧洲央行还向所有欧元区内的任何银行提供了其所需要的流动性。诸如许多

瑞典央行实行“负利率”

世界上唯一决定对银行在央行的储蓄实行负利率的央行是瑞典央行。瑞典央行此举是为了迫使各银行将资金投入实体经济或银行间市场。此举在瑞典央行2009年7月的会议上引发了激烈争论。但对于经济危机的严重性、深远性特别是长期性的担忧促成了这一大胆、惊人的举措。

英美银行都通过其在欧元区的分支机构向欧洲央行求助。此外，正如特里谢所指出的，欧洲央行接受多种票据，即便其中有些已属于削发融资（hair cut）。

大量可用的流动性也给欧洲央行带来一些新的问题。持有大量资产的银行并不愿将这些资产在银行间市场流通或借贷给其最终客户。这些银行更愿意将其存放在欧洲央行即便其利率很低（2009 年一直保持在 0.25%）。这在很大程度上拉低了欧洲隔夜银行拆息利率（eonia）。欧洲央行的负责人对欧洲隔夜银行拆息利率与再融资利率（即欧元区基准利率）之间利差（spreads）过大感到担忧，表示将努力在 2010 年降低该利差。实际上，欧洲体系仍建立在三个利率之上：伦巴德利率、再融资率和存储利率（各银行存于欧洲央行），此外还要加上第四个利率——由市场决定的利率。

日本银行同样大量购买了日本国债，并在 2009 年初将干预利率（即日本基准利率）从 0.25% 降到 0.10%。日本货币政策负责人多次重申该央行的目标，即支持本国经济增长和对抗通缩。

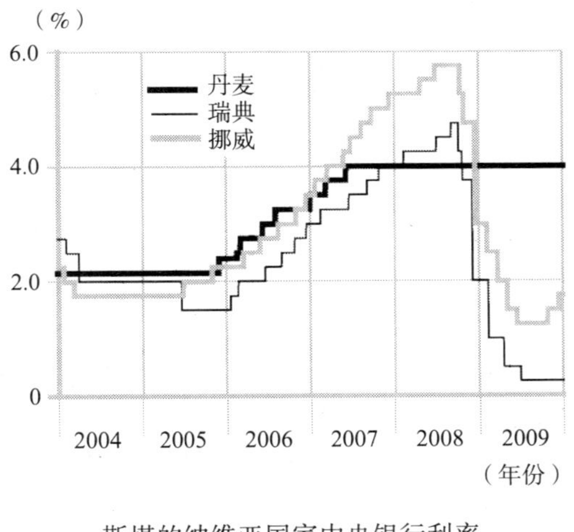

斯堪的纳维亚国家中央银行利率

资料来源：巴黎经济研究观察中心。

其他央行相似的货币政策

瑞士央行决定继续其扩张性货币政策，并将 3 个月瑞士法郎银行间拆借利率（libor）保持在 0% 到 0.75% 的波动区间不变，瑞士央行的目标是将这些利率保持在该波动区间内的低位，即 0.25% 左右。在 2009 年 12 月的最后一次瑞士央行季度会议上，该央行提出将停止购买个人手中的瑞士法郎债券，但仍将向市场继续提供流动性。斯堪的纳维亚的三个国家的央行根据自身经济及与欧元的汇率情况继续追随欧洲央行的货币政策。事实上，它们的货币与欧元联系十分紧密。丹麦央行不得不考虑到其银行系统与冰岛银行系统的历史联系，以及与正处于困境中的波罗的海国家实体经济之间的紧密关系，其逐渐将丹麦再融资利率从 2009 年年初的 3% 降到 5 月份的 1.25%，2010 年 1 月又再次下调到 1.05%。挪威央行一般对石油和大宗商品价格变动非常敏感，因此在其对外公布的报告中系统地提出了要特别关注可能发生的通货膨胀，因为挪威深受世界经济形势的影响，主要是在石油和建筑木材方面。其干

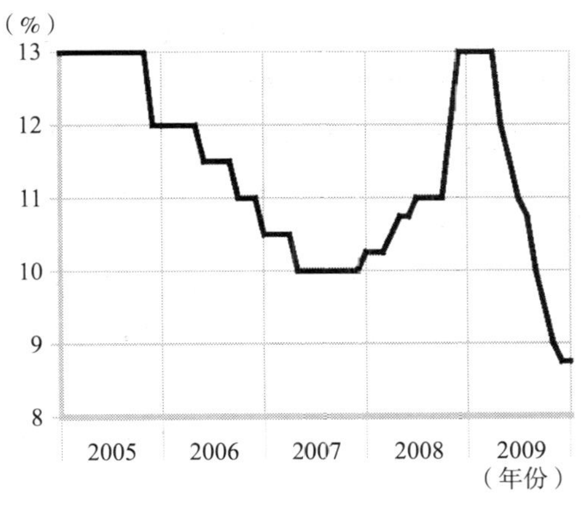

俄罗斯：中央银行利率

资料来源：巴黎经济研究观察中心。

预利率从 2009 年年初的 3% 降到 7 月份的 1.25%，随后缓慢提升到 1.75%。该央行在 2010 年 1 月的会议中决定将针对目前经济形势的微幅改善，与通货膨胀风险采取适当的行动。瑞典央行则快速将其利率从 2008 年 12 月的 2% 降到 2009 年 7 月初的 0.25%，随后一直保持不变。瑞典的经济情况特别困难。通常瑞典央行官员对货币政策的选择都有激烈争论，这使得瑞典央行最终做出利率决策十分不易。面对这些困难，唯一的好消息是，瑞典的通货膨胀在很大程度上处于可控状态。

大宗商品出口国的货币政策

这些国家央行的工作十分棘手，因为世界经济形势和大宗商品需求不在其控制范围内，但这些又对大宗商品出口国家的经济产生着巨大的影响。

俄罗斯央行在 2009 年第一季度遭遇了严重的卢布危机。对世界经济长期衰退的担忧沉重打击了世界大宗商品的价格，而俄罗斯正是该领域的主要出口国。俄央行在 2008 年秋决定将其利率提高到 13%，并维持此利率水平直到 2009 年初世界经济有所改善，且卢布危机逐渐消退之时。之后俄央行将利率缓慢降低到 2010 年 2 月的 8.5%。与此相搭配的是，俄央行选择了提高法定准备金率的战略，到 2009 年 8 月份准备金率已被提升到 2.5%。

加拿大央行有选择地追随美联储的货币政策。事实上，该行将利率从 2009 年 1 月的 1% 降到 4 月的 0.25%，随之全年保持不变。此外，该行还将利率与贴现率之间的利差从 50 个基点减小到 2009 年 4 月份的 25 个基点。加拿大央行对通货膨胀风险仍十分警惕，因为该国经济对大宗商品价格和全球实体经济形势的变化十分敏感。

南非央行（SAR bank）在 2009 年 2 月至 5 月间将其再融资利率降低了 300 个基点，在最后一次下调后全年保持在 7% 不变。这是由于该央行担心贸易逆差增大，另外停止利率进一步下调则是因为该行对通货膨胀的悲观预期。澳大利亚央行也同样采用降低利率来支撑经济活力。澳大利亚央行从 2009 年 2 月到 4 月间将其官方现金利率（official cash rate，OCR）降低了 125 个基点，在稳定数月后又决定将该利率从 2009 年 10 月到 12 月间的每次央行会议后分别提高 25 个基点（这在世界各大央行中是第一个）。澳央行的货币政策之所以与其他央行不同，是因为该国经济较好地抵御了全球经济危机的冲击。事实上，澳大利亚出口主要针对中国，因此便直接受益于中国的经济增长。但不利的方面是，这些导致了澳大利亚通胀的上升。2009 年头 4 个月，新西兰央行决定将其干预利率下调 100 个基点，并随后稳定在 2.5%。该央行认为新西兰的经济增长情况未能如其邻国澳大利亚一样，这就无法支撑新西兰过早提高利率。

中国：非常积极的货币政策

中国的货币政策手段主要有三个，即银行准备金率、一年期国债利率和政策导向银行贷款。北京对世界形势恶化及其对中国发展的影响表示强烈关切。在敦促银行增加对实体经济放贷后，中国央行又决定授权两家银行在中国香港发行人民币国债。但中国经济的强劲复苏促使中国央行必须再反向使用其中两个货币政策手段来避免经济过热，即逐步提高一年期国债利率，及在 2010 年

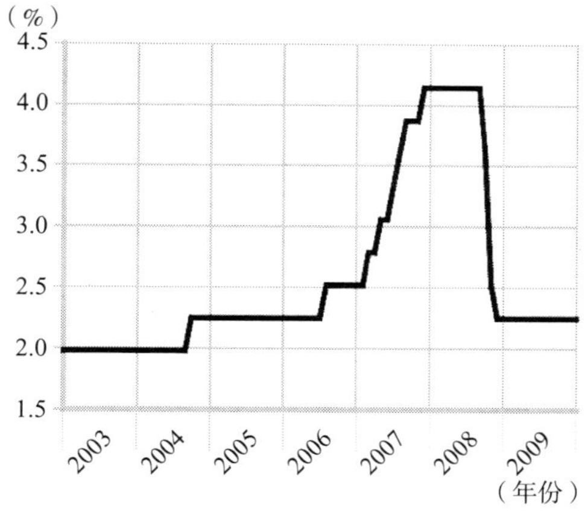

中国：中央银行一年期存款利率

资料来源：巴黎经济研究观察中心。

初逐步提升银行准备金率。中国香港货币管理局则继续捍卫港元与美元之间的联系汇率制度，为此其不得不跟随美联储的货币政策来使此两种货币的关系基本保持不变。目前，中国香港的利率基本跟随欧洲美元水平变化。

其他央行也谨慎地购买本国发行的国债并将利率降至极低的水平。各国央行的选择是非常果敢的，它们此举为推动世界经济复苏发挥了重要作用。然而，各国央行的货币政策选择同时也是对其自身的考验：某些央行过于僵硬的体制遭到了特别是来自学术界的批评。另外，也有些人认为某些央行的货币政策过于宽松，且过分的“量化政策”会给未来经济运行带来风险和阻碍。

危机管理与退出战略

债务货币化？

大多数国家的央行都在将其债务进行“临时的”货币化。事实上，许多央行购买了不同国家的国债，相应国家则利用所获资金来弥补其财政赤字，而不是将其计入国债发行机构的账目。自然这是在特殊情况下的行为。但未来短期内各国政府不大可能进行反向操作，即回购记在央行账目上其发行的债券。因此，如将来不采取抵消经济危机时各国执行的货币政策，流动性过剩导致的通胀风险可能在未来几年急剧上升。

流动性过剩与套利交易

根据国际清算银行的估测，在2008年全球个人储蓄金额约为14万亿美元，其中发达国家个人储蓄金额平均为其国内生产总值的19.1%，该比率在新兴国家为34.9%，在中国因为养老保险体系的不健全，该比例高达54.4%。各国央行投放的巨额资金在某种程度上改变了投资资本规模与投资资产类别之间的平衡。例如，全球股市市值徘徊在40万亿~50万亿美元之间（2008年曾达到61万亿美元的顶点），全球债券市场的价值估计为90万亿美元以上（其中32万亿美元为公共债券）。自2008年3月以来，金融市场就已经被淹没在流动性的海洋里。其结果是金融资产的价格因投资者、金融机构、对冲基金和投机者大量买入而被人为地抬高。所有这些资本都在寻找投资目标，其首选的则是风险较小的资产，按顺序再选择风险稍高的资产类别进行投资。这些投资的结果就是所有资产价格的通货膨胀。另外，如果说各国央行以极低利率提供的大量资金产生了数额巨大的套利交易，这并非是讽刺。通过套利交易获取的低成本资金使投资者随后得以购买国债，以获取相对较高的回报。其也可以通过投资股票或是投资其他风险更高的金融产品获得更高额的收益。套利交易这一现象很可能将在未来成为世界经济结构的一部分。另外，新兴国家的储蓄金额亦将以非常快的速度增长。因此，如果将来可投资资产不能持续扩大，那么可以预期的便是，各类

对主权债务的疑虑：迪拜和希腊的情况是否一直存在无风险利率？

2009年2月在日本的一个会议上，肯尼斯·罗格夫（Kenneth Rogoff）做出了灾难性的预测。这位哈佛大学教授明确预言主权债务将有诸多问题，但其并未明确主权债务问题将会何时爆发。过去，一些财政收入薄弱的国家受到金融市场对其偿债能力担忧的打击。但此次债务危机涉及的国家要多得多，且其中有许多曾经有着良好记录的国家。信用违约掉期市场（CDS）一针见血地反映出某些国家公共财政结构的弱点，尽管该市场也是投机者的乐园。许多国家的“国库”严重依赖外来资本，因此在经济危机爆发时，这种情况（资本外逃）就会使该国经济迅速地直线滑落。相比这些国家，以日本为代表的某些高负债国家因为有大量国内储蓄而使国家高负债的问题显得并不是那么突出。因为国内的高储蓄可以保证其国债顺利发行。另外，以意大利为代表的国家虽然拥有巨额公共债务，但其私人债务水平并不令人担忧。除了这些之外，我们还应提出一个问题就是：无风险利率存在与否？事实上，“无风险利率”这一金融理论中的重要概念在今天被信用违约掉期市场（CDS）彻底打破了。即使是对一些所谓的“绝对安全国家”发行的债券……

信用违约掉期市场对“无风险利率”概念的挑战给国债市场增添了不稳定性，而这种不稳定集中表现为迪拜和希腊公共债务危机的爆发。兄弟邻国对该迪拜的金融救助，及欧盟对希腊的支持，都是对此类危机的首次回应。然而，某些大国的国债也蕴涵着巨大的风险，如美国、日本和其他欧元区成员国的公共财政仍十分脆弱，特别是如果这些国家未来的经济增长依然乏力的话，其国家债务问题将会不可避免地爆发。如果说过去国际货币基金组织和其他国家能够轻松地援助一些公共财政出现问题的小国家，那么将来一个大国的公共财政出现问题，对其救助则将复杂得多——“国王可能并没有穿衣服，但谁有勇气第一个讲出真相呢？”

“资产泡沫”的阶段性产生。因为即使现存的可投资资产的数量将不断上升，这仍将无法满足过多流动性的投资需求。

如何选择退出战略的节奏

退出战略（exit strategies）一词现在已经很普遍了，即各国央行都要根据本国的经济状况逐步取消其为支持经济复苏和巩固宏观经济结构而执行的各种货币政策。实际上，退出战略就像极其复杂的外科手术，必须选择合适的“时机”和“节奏”。尽管之前许多央行在危机管理和调整央行工作重心上可以得到“A”或“A－”的不错评级，但接下来如何实施退出战略问题将是对各国央行的最严峻考验。这方面成功的例子很少。1937年，美联储和罗斯福政府便错误地提高了准备金率和税率，这造成了1938年美国经济增长再次严重下滑，及随后的多年经济停滞。日本在20世纪90年代所犯的类似错误也造成了灾难性的后果，即“失落的十年”。各国央行知道流动性已经严重过剩且利率过低。各国政府也清楚，若提高利率将会直接打击国债（会导致清偿风险）、消费者（对经济增长产生直接影响）和企业（对投资总量产生影响）。因此，某些央行对启动退

危机对主权债务的影响

国别 \ 年份 \ 指标	国家债务占国内生产总值比重（%）		
	2007	2010	2010/2007 增长率
爱尔兰	24.80	79.70	221.37
卢森堡	7.00	14.50	107.14
西班牙	36.20	62.30	72.10
英国	44.15	71.00	60.80
美国	63.05	91.57	45.24
荷兰	45.70	63.10	38.07
法国	63.9	84.00	31.45
芬兰	35.10	45.70	30.20
葡萄牙	63.60	81.50	28.14
丹麦	26.84	33.66	25.38
德国	65.10	78.70	20.89
比利时	83.90	100.90	0.26
日本	167.10	193.97	16.08
意大利	104.10	116.10	11.53

资料来源：世界银行，Ameco。

出战略的谨慎是可以理解的。此外一些人也担心，如果退出决策过于迟缓也可能导致灾难性后果。各国央行中“鹰派”和“鸽派”的角力将长期存在于各国央行中。

监管、监管者及道德原则

2009 年出现了是否有必要对金融市场活动进行系统监管的重要争论，目的自然是避免重新犯以往的错误。另外，政界也意识到金融市场的过度自由问题。“非逻辑性”的风险已经出现，“谨慎原则”已被人们所忘却。世界经济体系因其基本结构的稳定性已经被动摇，而受到威胁。因此，全世界的政府们都或多或少尝试着限制资本自由流动。这些措施已触及到金融的根本，并引起了强烈的反应。因此，国际压力集团也加入到金融机构游说的队伍中。而各国政府一致认为协同监管是十分必要的。这自然引出了以下两个问题。第一个问题很简单，就是对于没有完成其本职任务且间接导致金融危机加剧的金融机构，应该给予何种程度的信任？第二个问题则是一个实际问题，即银行清偿能力的问题是否可以解决？事实上，当今金融结构的复杂性意味着需要越来越多技术层面的知识以及越来越有效的技术监控手段。政界精英们是否已准备好给予实施监控的机构以足够的条件来很好完成其使命？在现在看来，这种选择既不是理性的，也不是最直接的。

需要讨论的两个原则：“道德风险”与“大而不倒”

危机引发了“现实政治的存在”对金融的大讨论。事实上，政界人士决定推行“大而不倒”的原则，特别是在雷曼银行出人意料、引起轰动且代价高昂的破产之后。历史证明，中小银行的危机会对其股东、出资方及存款人造成巨大的影响。相比之下，由大型银行的危机带来的损失总是由纳税人买单。世界银行的一项研究表明，在过去二十年间，有上百次的危机是通过借助公共基金（即纳税人的钱）来解决的——“共担损失却独享利润”？“大而不倒”的原则在何种程度上会促使建立一种“道德风险”的环境，即使金融机构为追逐利益而去冒最大的风险？“无条件宽恕原则”甚至在宗教的道德中都不存在，解决问题首先需要进行忏悔。而对一个行为冒失的人的无条件宽恕会伤害另一个德行良好的人。

对这两个原则的争论应该引起全球层面引起深刻的反思，以此避免这些具有潜在巨大危害的错误被一犯再犯……

银行的资本重组及其角色的重新定义

根据彭博财经（Bloomberg）的计算，自2007年经济危机开始到2010年2月世界银行系统的损失约1.25万亿美元，整个世界金融系统到2010年2月的损失共为1.732万亿美元。同期，世界各银行进行了高达1.204万亿美元的资本重组（世界金融机构的资本重组金额共为1.484万亿美元）。目前已有呼声要求银行系统加速清理其负债表（注销债款和减低账面价值）并进行大幅资本重组，其目的有两个，即重建和加固银行资本，以重新赢得客户信任。2009年对大多数银行来说是十分有利的一年，它们取得了高额利润。然而，它们取得的这种成绩是建立在大量投机活动及在日常交易中获取的丰厚利润基础上的。但这两种利润并非是长久的，且与正常时期获取的利润不具有可比性。受到巨额资助的银行系统遭到广泛批评。因为这些公共资产本应用于实体经济，但政府用于救济这些银行的资金，却被银行用在投机上。且银行对随后的金融系统改革采取反对态度，这就似乎成为了一个政治和道德的问题。同时这个问题又衍生出另外一个疑问，即银行的真正作用到底是什么？银行的商业使命是从一部分客户那里获取资金，然后再贷给其他客户。而另外一个使命，就是曾被美国格拉斯－斯特加尔（Glass-Steagall）法令明确的投资银行业务范围，即在金融市场中投资银行获取的头寸与随之而来的金融风险应在该银行自己可承受的范围内。2010年初，这两个问题已成为美国有关银行业务框架与职能分开讨论（即沃克尔计划）的核心。看接下来会如何发展！

国际金融系统损失及金融企业资本重组（自危机初始）

单位：10亿美元

行业＼指标	损失	资本重组
银行业	1 281	1 194
保险业	229	148
美国政府所属企业（GSE）*	269	156
合计	1 779	1 498

注：*为美国政府所属企业（GSE）＝房地美＋房利美

资料来源：彭博财经，2010年5月12日。

利率市场：世界经济的反映

各国短期利率处于绝对低位

世界上主要国家央行的货币政策将（3个月）短期利率维持在最低水平上，目的是投放大量的流动性，这尤其显现在2009年第一季度。美国3个月短期利率在2009年年初处于1.4%的水平，随后快速下调了20多个基点。到一季度末时由于利率压力开始

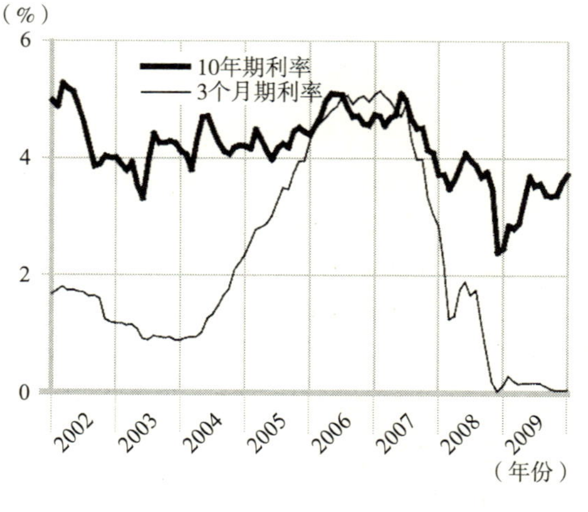

美国：利率

资料来源：巴黎经济研究观察中心。

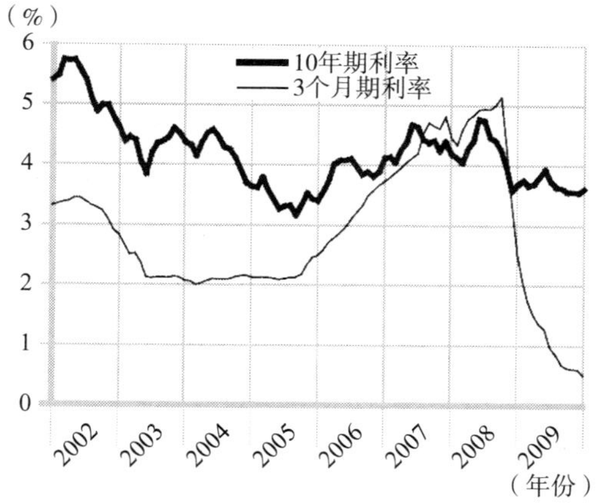

欧元区：利率

资料来源：巴黎经济研究观察中心。

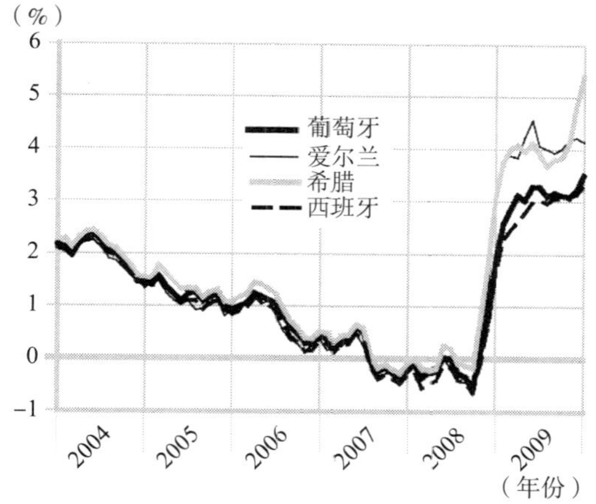

10 年期国债利率与 3 个月欧元区银行间拆借利率利差

资料来源：巴黎经济研究观察中心。

出现，3 个月利率被推升至 1.3%，但随后又降至 0.25% 的历史低位。一些银行再次遇到了融资的问题，它们不得不以更高利率进行融资，或减少其借贷的周期，或是通过抵押（collaterals）求助美联储。2009 年年初，欧洲银行间拆解 3 个月利率年初时仍维持在过去的 2.9%，随后受欧洲央行货币政策（投入一年期流动性并降低再融资利率）的影响开始逐步下降。一些商业银行多次向欧洲央行求助，以获取 1% 固定利率的流动资金，而借贷周期最长为一年。但这些商业银行随后在欧洲银行间市场上贷出其获取的资金，或是将此基金再次存回欧洲央行。这些操作均是在利率极低的不利条件下完成的，但这些商业银行的目的是：在经历了资金严重匮乏之后，无论以任何代价都要设法获取资金。但是，欧洲央行对这些做法引起的再融资利率与欧洲银行隔夜拆借利率（EONIA）利差拉大到 70 个基点，及再融资利率与 3 个月欧元区银行间拆借利率（Euribor）的利差扩大为 40 个基点感到不满。而某些可转让票据利率甚至高于再融资利率 60 个基点。欧洲央行表示准备采取行动降低这些利差。

英镑 3 个月利率的情况与此类似，2009 年年初其在 2.75% 左右浮动，然后受英格兰银行货币政策的推动及流动性的大量供应而快速降至 0.6% ~0.7% 区间。当然该利率也曾受到压力，因为英格兰银行的货币政策导向难以被清楚解读，并使外汇交易者感到迷惑。其他两种货币 3 个月利率的表现与此相同。瑞士法郎的 3 个月利率从 2009 年年初的 0.65% 左右直线下降到年底的 0.25% 上下。这很接近欧洲银行隔夜拆借利率的水平。日本银行间市场 3 个月利率也与此相似，从 2009 年初的 0.40% 持续降至 0.25% 的水平。从瑞士法郎与日元 3 个月利率接近 0.25% 就可以解释为什么套利交易要选择使用这些货币及美元。

其他国家的短期利率

丹麦和瑞典的 3 个月短期利率同样呈持续下降。丹麦克朗利率从 2009 年年初的 4.88% 降到 12 月份的 1.40%。瑞典克朗从 1 月份的 2.5% 降到 12 月份的 0.48%。挪威克朗的表现稍有不同，从年初的略高于 4% 降到 7 月中的 1.74%，中间呈现锯齿型波

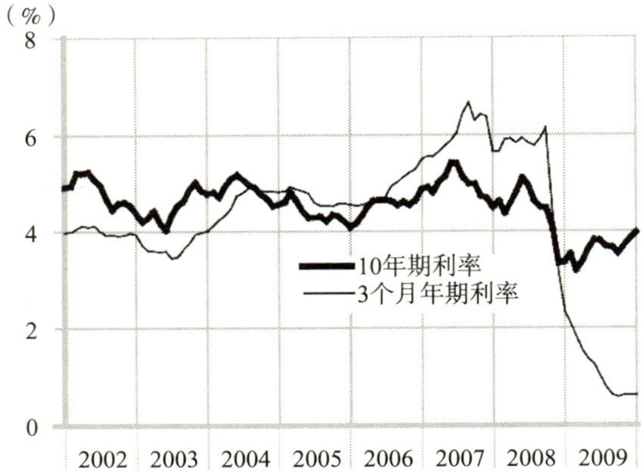

英国：利率

资料来源：巴黎经济研究观察中心。

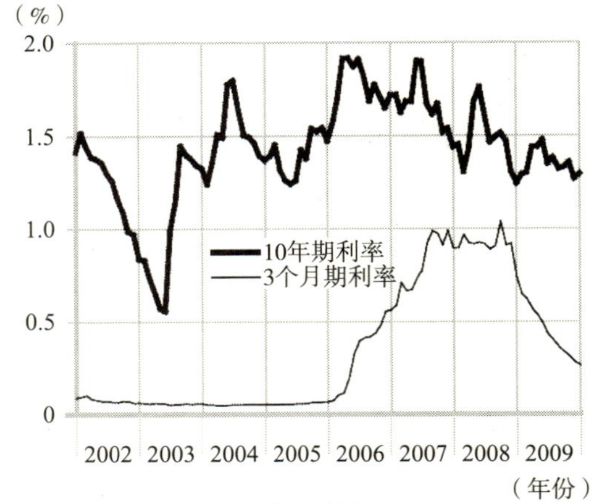

日本：利率

资料来源：巴黎经济研究观察中心。

动，年底又回升到2.3%。俄罗斯货币市场利率在2008年底到2009年初升至高位，随后卢布的严重危机迫使俄央行提高利率，在达到27%顶点之后回落至10%，随后全年基本保持稳定。

加拿大3个月利率由于受央行货币政策影响，从2009年年初最高的2.16%持续降至12月最低的0.45%。

由于南非央行采取断然措施，其短期利率从2009年年初的11.40%高位快速降至5月的7.4%，随后稳定在接近7.20%的水平。

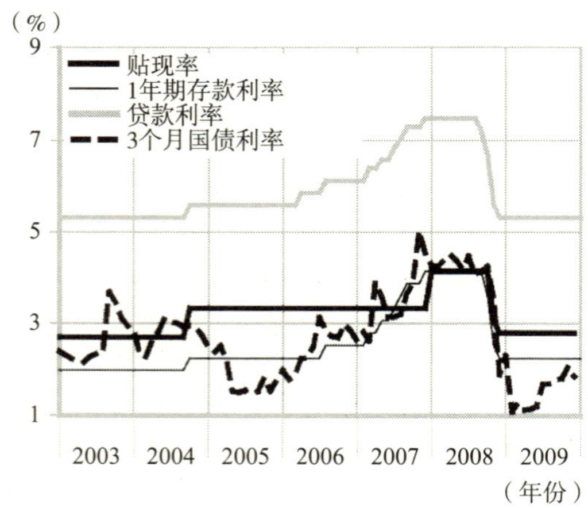

中国：利率

资料来源：巴黎经济研究观察中心。

澳大利亚是少数受央行货币政策影响利率升高的国家之一。事实上，其利率从2009年年初的3.30%升至超过4.80%，后因央行发出不愿改变即期利率的信号，年底小幅降到接近4.10%。新西兰的市场利率与邻国澳大利亚的情势不同，从起初的4.9%大幅下跌至2.8%的水平。港元3个月市场利率年初时接近1%，到5月份时降至0.30%，年底更进一步降至0.20%以下。中国香港货币管理局高度关注货币市场，该市场因实行联系汇率制及北京的货币政策而深受美元利率影响。

长期利率：对国债的青睐

所有长期国债市场都被迫接纳了大量新发行的国债，但这些国债最终被成功消化。因此，除美国外的各国长期利率都相对保持在低位。事实上相对于代表着高风险的高利率，投资者在2009年更乐于投资带有低风险的低利率债券。

美国10年期国债收益率在2008年秋和2009年初时为2.2%，随后快速升上并稳定在3.2%～3.8%之间。美国国债的大量发行抵消了美联储购买3 000亿美元国债造成的影响。但是外国对美国债券的需求仍然十分强劲，这就避免了利率的上升。

美国国债主要持有国
（截至 2009 年 12 月）

单位：10 亿美元

日本	768.8
中国	755.4
英国	302.5
石油出口国	186.8
加勒比国家	184.7
巴西	160.6
中国香港	152.9

资料来源：美国财政部，2010 年 2 月。

作为欧元区长期债券收益率标准的德国 10 年期国债（Bunds）利率在 2009 年跟随美国长期国债利率的变动趋势，但是该利率的波动幅度没有美国利率波动的那么大。2009 年年初时该利率为 2.90%，然后随经济形势的改善和投资者信心的部分恢复又回升到 3.7%。因为担心经济再次衰退，该利率又随后略降并稳定在 3.20% ~ 3.40% 区间内。相比之下，欧元区其他国家的国债利率则根据市场对风险的感受，特别是市场对欧元区成员国偿付能力担忧的影响而巨幅波动。例如希腊危机使该国 10 年期国债收益率上升至德国国债收益率的两倍。

因市场对英国经济的困境、英国财政部到期还债能力及英国央行注入的天量资金的担忧，使得英国 10 年期金边国债（Gilts）的利率在 2009 年年初时呈现锯齿形的上升形态。在 2009 年第一季度该利率出现了巨幅波动：1 月时为 3%；2 月升至 3.99% 高点；3 月再降至 2.95%。在随后的时间内，尽管英格兰银行一直持续购买金边国债，但该利率仍一直不规律地上升，到 2009 年年底时升至 4.10%。

瑞士 10 年期国债利率与国际金融系统风险及投资者的风险厌恶情绪呈反向波动。2009 年第一季度该利率处于 2% ~2.25% 之间，随着瑞士经济景气的改善，再次升高至 2.5%。但因瑞士银行及主权债务等诸多问题，在 2009 年年底该利率跌至 1.80% 的年内最低点。日本 10 年期利率的表现与瑞士的 10 年期利率相似：2009 年年初时接近 1.17%，随后年中升至 1.5% 高位，在年底又跌至 1.35%。期间有大量的日元资本回流

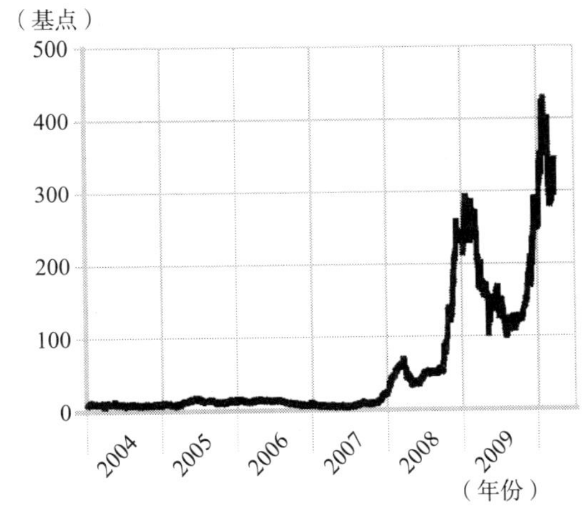

希腊信用违约互换利差

资料来源：巴黎经济研究观察中心。

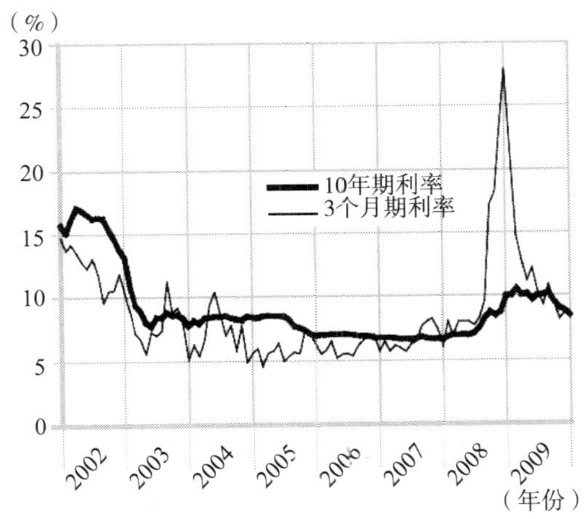

俄罗斯：利率

资料来源：巴黎经济研究观察中心。

希腊悲剧与迪拜“一千零一夜后的清晨”……

……建立“欧洲货币基金”？

自2008年爱尔兰、波罗的海国家出现危机后，另外两个国家也受到危机的巨大冲击，即迪拜和希腊。迪拜曾在“一千零一夜”世界中长时间兴旺发达——投资者提着整箱的美元、“石油美元”、欧元、英镑及日元等来到这里。当人们从“一千零一夜”故事的梦境中艰难地醒来后，却发现奇迹不见了，随之而来的则是巨额债务。迪拜的信用违约互换（CDS）的疯狂上涨迫使其不得不靠兄弟邻国的帮助才能避免灾难。但从此以后“阿拉丁的神灯”无论人们如何用力地去摩擦它，也可能再也不起作用了。希腊的状况与迪拜类似，尽管希腊在其中的角色完全不同。自从该国进入欧元区后，其国债利率明显下跌，这就使希腊的“国库”和私人投资者都能很容易得到融资。希腊政府于是利用这一新的有利条件放纵赤字上升，而投资者则也轻松得到了资金并将其用于开发房地产业。在2009年秋希腊政府换届之后，新政府发现希腊的国家债务和财政赤字水平远高于之前希腊官方公布的数字。事实上，2009年希腊的财政赤字占国内生产总值比重应高达12.7%，国债占比重则为120%。于是投资者开始向撒谎的希腊政府发起进攻。希腊面临着持有其国家债务多头头寸的关闭、希腊国债被卖空，以及希腊国债信用违约互换被大量购买的局面。于是，希腊国债与德国国债之间的利差大幅飙升，特别是这两个国家的两年期国债利率的利差最高达575个基点；希腊国债的信用违约互换的价格也达到400个基点的高位。然而在实际中，许多5年期信用违约互换合同的发行方都通过卖出1年期债券来抵消风险，因为它们认定即便希腊决定“违约”这也将会发生在一年以内。此外，对希腊债券风险的对冲实际上是在意大利国债市场上进行的。一方面，该市场具备充沛的流动性，且有深度，并拥有极为有效的国债回购市场；另一方面，希腊国债信用违约互换的发行者使用四五倍的杠杆进行对冲风险：因为希腊国债价格每下跌100个基点仅对应意大利国债价格下跌20～25个基点，所以希腊国债信用违约互换的发行者需要卖出更多的意大利国债来补偿希腊国债下跌带来的损失。欧洲央行和欧盟委员会事实上并没有向希腊伸出援助之手；这两个机构向希腊政府强烈施压，要求其采取严格的紧缩措施来削减预算赤字，并让其承诺到2012年将财政赤字重新降到占国内生产总值的3%。所有欧元区各国的政界高层都对希腊实施这种税收及财政预算政策表示赞同，但并未准备掏钱救援这个国家。相反，建立“欧洲货币基金”的设想却进展神速。希腊的悲剧带来了很多教训。首先，“天上不会掉馅饼”扩张政策和低息贷款最终会让经济付出高昂的代价。其次，欧元区这第一次真正的危机证明，欧洲的政治家既没有准备“欧元国家救助方案”，欧洲也不存在任何机构来负责欧元实际中的有效运转。再次，此次欧元危机也是对欧洲国家团结的第一次重要考验。最后，对不遵守欧元区共同规则的国家实施监管和财政监管的提议正在得到越来越多国家的响应。这可能便是此次欧元危机可以带给欧元区最具积极的意义了。

到日本。

丹麦和挪威的国债利率有着同样的表现。2009 年间这些利率一直在 3.50% ~ 4.0% 的区间波动，并在 2009 年 6 月时达到顶点。然而，其他斯堪的纳维亚国家的国债表现却与此相反。事实上，瑞典长期利率在 2009 年年初最低时降至 2.43%，在 6 月时升至 3.75% 的高位，随后在 3.20% 上下的狭窄区间内波动。

某些大宗商品出口国的利率变化曲线几乎是重合的。因此可以将加拿大、南非、澳大利亚和新西兰的国债价格变化作为一个整体来分析。对世界经济前景的担心打击了这些出口型经济体，导致这些国家的长期利率在 2009 年年初时降至最低位，但随后全年基本处于上升状态，并在年末达到最高点。而俄罗斯国债的价格变化则特别突出。事实上，莫斯科在 2008 年秋至 2009 年冬经历了一场严重的货币危机，在国际投资者逃逸后，该国国债市场基本处在俄罗斯国内投资者手中。

证券市场

2009 年全球证券市场的走势分为两个截然不同的阶段：从 2009 年年初开始，证券市场一路走低并一直持续到 3 月初，随后出现了一轮一直持续到年底的强劲反弹，但在上升趋势中伴随着整理与调整。2009 年底，大部分发达国家的股市仍未恢复到其 10 年前的水平。

2009 年证券市场的走势，可算一个"既可预测又令人吃惊"的年份。"可预测"，是因为多数专家都预测到 2009 年股市会先下挫后反弹——2009 年上半年股市在 2008 年的基础上继续表现平淡，下半年则随着市场对经济成长信心的恢复而呈现出上涨的态势。"令人吃惊"，是因为股市的走势与"标准预测"之间有巨大的差异：股市的反弹出现在 2009 年第一季度末，且远比预期更为强劲。从全球股市总体上看，2009 年年末时几乎所有国家的股市都高于其年初时的水平。

市场分析人员的调查似乎支持这样一种看法：即股市在年初头 5 个交易日的表现有 80% 的概率会预兆股市在一年剩余时间内的基本走势。对 2009 年来说，这种看法得到了印证：股市在 2009 年 1 月份的首个交易日的表现基本保持了 2008 年最后几个交易日的上升势头（股市的低点出现于 2008 年 11 月份中旬），但在美国企业第四季度业绩发布后市场则出现了新一轮的下跌，并一直持续到 2009 年 3 月 9 日。这时同样的问题又再次出现：金融业究竟会走向何方？美国房地产市场究竟能否止住下跌的势头？

各国央行已开始采取措施以确保银行融资的正常进行。美联储将联邦储备利率下调至绝对的最低点，而欧洲央行也在持续下调利率，但其直到 2009 年 5 月份才将其利率下调至 1%。尽管随后各央行又出台了非传统货币政策，但也远远不够；实际上，市场更需要的是各国采取协调一致的政治行动。因此，美国新总统当选和正式就职之间的这段时间就似乎长得令人难以忍受。奥巴马于 2009 年 1 月 20 日入主白宫，但其 2 月 10 日推出的银行救助计划招致了强烈的反对，奥巴马政府不得不对此进行修改。而在这段等待期间内，股票市场每次上扬后都紧接着就会出现长时间且大幅的下挫。

这种情况一直持续到 2009 年 3 月 10 日：英国《金融时报》的一篇文章指出，花旗集团应该在 2009 年 1 月和 2 月就已实现盈利。花旗集团股票在随后便上涨了 38.1%，美国金融板块的所有股票也相应上涨：美国银行（Bank of America）上涨 27.8%，摩根大通（J. P. Morgan）上涨 22.6%，美国国际集团（AIG）上涨

10.8%。而交易员的空头回补又加剧了这种上涨。美国道琼斯指数当天上涨5.8%，这种乐观的情绪还越过了大西洋：同一天，道琼斯欧洲斯托克50指数（Dow Jones Euro Stoxx 50）上涨6.1%。尽管如此，人们对经济发展前景与企业财务状况仍然疑虑重重。但实际上股票市场的上涨趋势已经从此形成了。

3月18日，美联储透露了其购买3 000亿国债的计划，并宣布将采取新一轮措施支持房利美与房贷美。3月23日，华尔街对美国财政部长盖特纳提交的回购银行不良资产的计划反响热烈。4月2日，伦敦G20峰会就刺激经济和监管金融市场措施等方面达成了广泛一致。

4月15日，美联储的“褐皮书”证实了美国经济出现企稳的信号。2009年5月发布的美国主要银行“压力测试”结果使市场对银行的担忧大大消退：因为这排除了银行破产，以及银行将被国有化的可能性。股票市场的反弹一直持续到5月底，但进入6月后，伴随着通用汽车公司的破产——通用公司破产危机本身并不令人吃惊，但由于这是美国历史上最大的工业企业破产案，没有

美国和欧洲股票指数隐含波动率

资料来源：巴黎经济研究观察中心。

人可以淡然处之。再加上世界银行调低了对世界经济增长的预期，市场因此又开始徘徊不前。

但随后，市场又呈现出上升趋势。虽然经济统计数据在经济形势反转时总会释放出矛盾的经济数据，但是此时各企业公布的业绩却已显著回升。市场分析人士曾经对2008年第四季度各大公司公布的业绩感到十分吃惊——这比他们的预测要差得多，所以他们随后便调低了对2009年第一季度公司业绩的预期。但是，由于全球一些以美国为主的大公司面对突如其来的经济衰退及时做出了相应对策，2009年第一季度这些公司的业绩便出现了显著的回升。而2009年7月发布的第二季度主要公司的良好业绩也证实了这种趋势。这些业绩回升巨大的公司包括，金融机构中的高盛（Goldman Sachs）、摩根大通及IT领域中的英特尔，IBM等。市场的上行也因此一直持续到9月。随后，在2009年剩下的几个月旦，股票市场则是在其夏末时所达到的水平内上下大幅震荡，并在2009年12月份的最后几天出现上涨。

2009年的证券市场，虽然在初始时处于各种疑虑的包围之中，但最终取得的结果却是出乎意料得好——从2009年3月份开始的股票市场反弹是历史上最大幅度的上涨之一。摩根斯坦利资本国际全球指数（MSCI World）继在2008年3月和2009年3月初之间下降了50%之后，又回升了27%。美国标准普尔500指数（S&P 500）则与此类似，虽然其从2008年3月至2009年3月之间下降了47%，但是在2009年的全年涨幅达到23%——在2009年不到10个月的时间内上升了65%。而主要股票市场指数的隐含波动率明显减小，这又是市场趋于稳定的信号。在2008年11月中旬主要股指的波动率曾大幅飙升，而在整个2009年，该波

动率呈现逐渐回落的态势。到2009年底时，美国标准普尔500指数（S&P 500）和道琼斯欧洲斯托克50指数（DJ Euro Stoxx 50）的波动率已经大幅下降，但其仍然高于股票市场正常上升时期的波动率，这反映出投资者对股票市场仍然存在不确定性的担忧。

虽然全球股票市场普遍反弹，但是不同国家的股票市场的表现还是有着巨大差异：第一，发达国家的股市反弹比新兴国家市场的反弹要弱。第二，当我们观察具体每个股票市场时候，需要考虑一些特殊的条件，这些条件包括具体国家的经济形势和其股票指数的构成。

2009年美国股票市场，通用汽车公司的破产之年

同一国家的不同股票指数表现会有很大差异。比如2009年美国的证券市场中，道琼斯指数的涨幅不到19%，标准普尔500指数（S&P 500）的涨幅达23%，纳斯达克

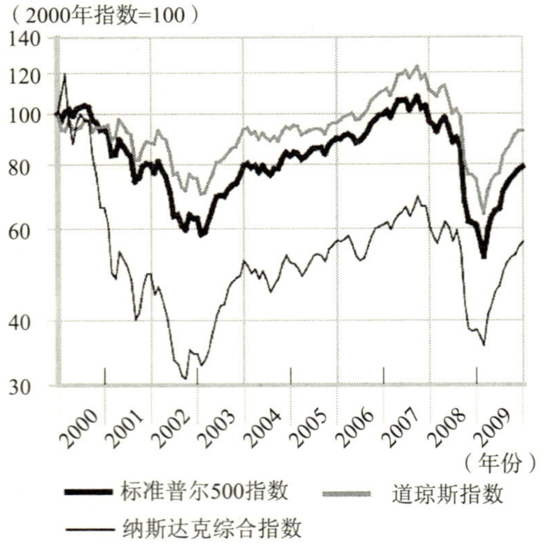

纽约证券交易所三大指数

资料来源：巴黎经济研究观察中心。

综合指数（Nasdaq Composite）的涨幅接近44%。而在2008年的熊市时，这三个指数涨跌的顺序正好是颠倒的，纳斯达克综合指数对经济情况“敏感”，但道琼斯指数对此却“反应迟钝”，而标准普尔500指数则位于两者之间。因此，如果我们想对美国证券市场有个整体的理解，则最好是参照标准普尔500指数，这一指数涵盖更加广泛。道琼斯指数是那些大型跨国企业经营业绩的晴雨表，而纳斯达克指数则反映了那些年轻的高科技企业的发展状况。

然而，不管参照哪一种美国股票指数，我们都可以观察到其在2003年股市上涨中的走势是十分相似的。而较2003年这些指数2009年春开始的反弹更加迅猛，与之前其下跌时一样；另外，2009年是2003年以来美国股票市场所经历的最好的年份。在2009年最初几个月跌幅最大的股票是金融类股票，因为分析家担心他们所持有的资产贬值，发放贷款幅度下降和可能出现的国有化。美国国际集团（Americain International Group，AIG）2008年财务年度报告显示其出现了617亿美元的亏损，这创造了美国企业亏损的新纪录。但正因为如此，金融行业的利好消息则能引起市场的大幅反弹；其中也正是金融类股票的上涨最为猛烈。标准普尔金融指数（S&P financials）从2009年3月9日到2009年年底狂涨了2.3倍，美国运通（American Express）则以118.4%的增幅位居道琼斯指数榜首。

美国汽车行业也经历了动荡的一年。通用汽车公司的破产导致道琼斯指数的构成发生了巨大变化，道指也因此被这场危机所改变。2008年2月，美国银行（Bank of America）和雪佛龙（Chevron）取代了奥驰亚（Altria）和霍尼韦尔国际公司（Honeywell International）在道琼斯指数的位置；2008

年9月，卡夫食品（Kraft Foods）取代了美国国际集团（AIG）的位置；2009年6月8日，美国圣保罗旅行者保险公司（Travelers）取代了花旗银行（Citigroup），思科公司（Cisco Systems）取代了通用汽车公司而成为道琼斯指数的成分股。众所周知，纽约证券交易所的道琼斯指数的主要优点是其简单的计算方式和其成分股的长期稳定性。而这场危机沉重地打击了昔日道琼斯指数的那些明星成份股，这也就从另一方面说明了这场危机的严重性。

在2009年股票市场的大幅反弹中上涨最高的股票是那些之前下跌最大的股票，而不是那些在2008年有着较好抵抗能力的防守型股票。原油期货价格曾快速回升至每桶80美元以上，但这也没能阻止埃克森美孚公司（Exxon Mobil）成为道琼斯指数中表现最差的股票，它在2009年共下跌了14.6%。埃克森美孚公司亦让出了股票市值世界排名第一的位置，取代它的是它的竞争对手中国石油。2009年，道琼斯指数中还有另外5只股票表现不佳：即跌出股票市值世界排名前十位的通用电气公司（General Electric），曾经在2008年位居道琼斯指数股票市值榜首的沃尔玛公司（Wal-Mart），还有，弗莱森电讯公司（Verizon Communications）、宝洁公司（Procter & Gamble）和美国电话电报公司（AT&T）。

伦敦股市："大宗商品"之年

全球其他重要的股票交易市场2009年的变化与美国股市的走势非常相似。伦敦《金融时报》100指数（FTSE 100）上涨了22%，这和标准普尔500指数（S&P 500）及其他欧洲股市的行情基本相当。伦敦股市的金融股也大幅反弹，但仍比纽约股市的金融股的反弹要弱很多。虽然渣打银行（Standard Chartered）上涨了80%，巴克莱银行（Barclays）也获取了相似的涨幅，但是苏格兰皇家银行（Royal Bank of Scotland）却下跌了40.9%，而作为伦敦《金融时报》指数最重要成分股的汇丰银行（HSBC）却只上涨了22.9%。《金融时报》指数的另外4只权重股的表现也不是非常突出，它们是：作为石油企业的荷兰皇家壳牌公司（Royal Dutch Shell）和英国石油公司（BP）、从事电信行业的沃达丰公司（Vodaphone）及制药行业中的葛兰素史克（Glaxo Smith Kline）。从整体上看，矿业与基础原材料业提振了伦敦股市：力拓（Rio Tinto）上涨了174.5%，必和必拓（BHP Billinton）上涨了54.2%，英美公司（Anglo American）上涨75.4%，斯特拉塔公司（Xstrata）上涨209.4%和创造了涨幅纪录的哈萨克铜业公司（Kazakhmys）——其2009年涨幅高达474.9%，但是它的股票市值仅位列伦敦《金融时报》100指数的第76位。还应该留意的是，石油、天然气和原材料行业股票市值总和占据了伦敦《金融时报》100指数的

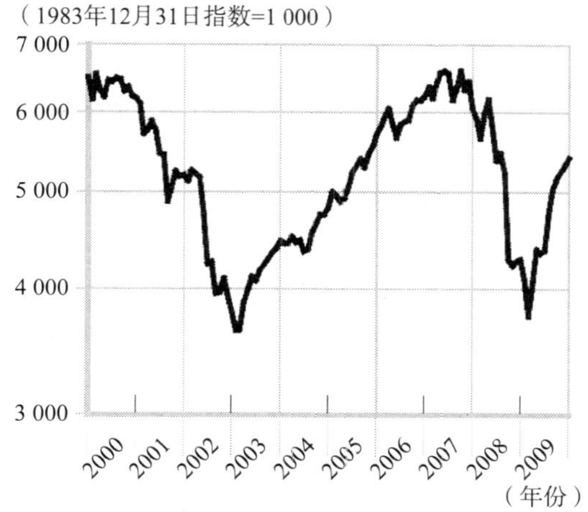

伦敦证券交易所富时100指数

资料来源：巴黎经济研究观察中心。

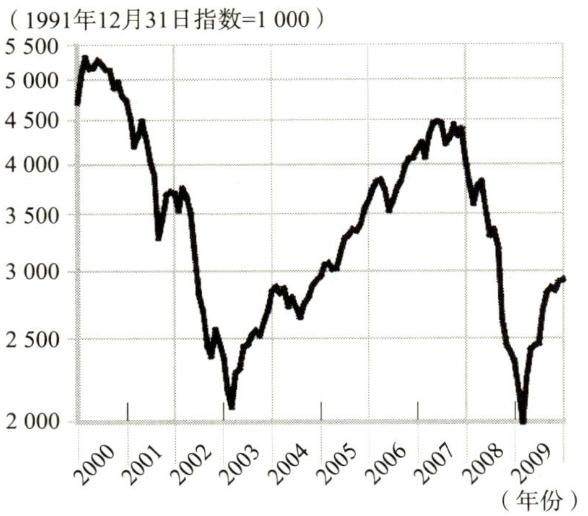

欧元区：斯托克 50 指数

资料来源：巴黎经济研究观察中心。

33%，而金融业只占其中的 21%。

在欧洲大陆，主要股票市场实现的业绩可以和美国市场及英国市场相提并论。法国 CAC 40 指数上升了 22.3%，德国 DAX 30 指数上升了 23.8%。虽然德国 DAX 30 指数没能成功地在 2009 年末的最后一个交易日将其保持在 6 000 点以上，但是它在 2009 年的表现仍然是可圈可点的。德国股市中表现最令人吃惊的股票是半导体行业的英飞凌公

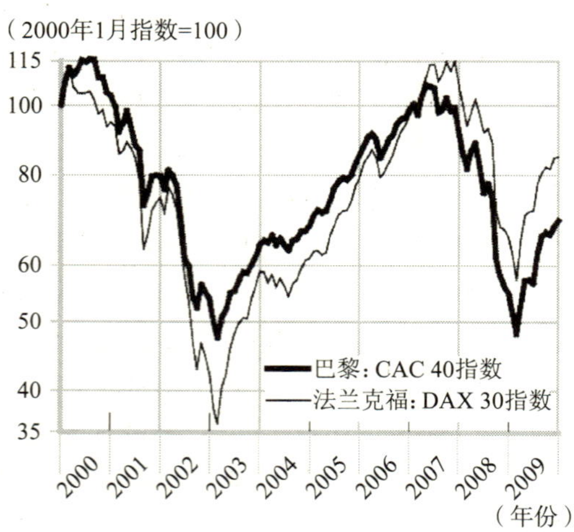

法国和德国证券交易所指数

资料来源：巴黎经济研究观察中心。

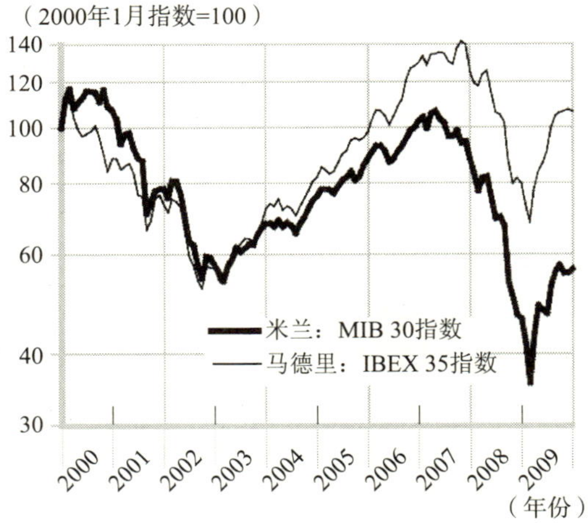

意大利和西班牙证券交易所指数

资料来源：巴黎经济研究观察中心。

司（Infineon），该公司曾濒临倒闭，但在重新注入资本之后，其股价与 3 月份相比实现了高达 1 045% 的涨幅，而其全年涨幅达到 353%。在金融行业中，德意志银行（Deutsche Bank）上涨了 77.6%。在汽车行业中，2009 年最受人瞩目的事件则是“大众－保时捷”（Volkswagen-Porsche）戏剧式的结局（在政治和经济方面，“大众－保时捷”比“欧宝”的未来更具时事价值）：运动型汽车制造商保时捷公司收购综合汽车制造商大众公司的利好消息曾导致了后者的股票在 2008 年间全年大幅上涨。但最终的结果恰恰相反，大众公司获得了保时捷公司 49.9% 的控股权，同时大众公司的普通股大幅回落，跌幅超过 69%。随后大众公司的普通股在德国 DAX 30 指数上消失了，取而代之的是大众集团的优先股。

在巴黎，法国 CAC 40 指数曾在 4 000 点左右徘徊不前；和其他股市一样，银行股和周期股表现最好，其中雷诺公司（Renault）和标致公司（Peugeot）的涨幅超过 90%，而防守型股票却停滞不前。CAC 40 指数中的 4 只股票甚至出现下跌。另外，

虽然法国房地产行业也是欧洲经济行业中最受威胁的行业之一，但由于大幅降低利率以及法国国家为该行业提供支持，房地产股票在有2008年的顽强抗跌表现之后，2009年又有了出色的表现。2009年股票市场的另外一个特征则是中小型股再次受到投资者追捧，但需要强调的是，这些股票在2008年熊市中的表现也是最差的之一。因此，CAC Mid 100指数在2008年下跌42.2%之后回升了37.8%，而CAC Small 90指数在2008年下跌54.2%之后更是上升了58.7%。尽管如此，德国与法国市场这两个欧元区国家中最大的股票市场的表现仅处于欧元区股票市场的平均水平。而若干市场的表现则更是不尽如人意（其中希腊股市仅上涨20.7%，意大利股市上涨19.5%——意大利很难重回其之前的上升趋势，瑞士股市上涨18.3%）。事实上，往往是2008年跌幅较大的股票市场在2009年有更大的上涨空间，这些市场包括奥地利股市（涨幅42.5%），比利时股市（上涨31.6%）。东欧大型股票市场也同样成功地脱离了困境，其中波兰股市上涨33.5%，捷克共和国股市上涨28.4%。

日本股市低迷

东京股市与西方国家的股市相比，尤显疲弱。著名的日经225指数（Nikkei 225）在2009年上涨了19%，而包含大市值和流动性强公司的东证30指数（Topix 30）只有区区3.50%的涨幅。如其他国家一样，日本受益于一揽子经济复兴计划，其汽车类股票的价格在2009年得到了显著回升，其中丰田公司的股价增长了33.6%，本田公司增长了63.2%，日产公司增长了153%。而日本银行类股票却持续走低。2009年12月，日本市场上弥漫着日航（Japan Airlines，JAL）即将宣告破产的消息；不久后，日本官方正式宣告这一消息属实，而日航的股价在2009年整整下跌了68.4%。实际上，有两大因素对日本股票市场不利：首先是日本的金融市场等待日本新议会的产生以及等待随之产生的日本新政府的施政策略；另外是日元的强势。虽然日本的政治不稳定性可能会因为日本新政府的上台而消退，但是强势日元始终是日本股票市场的一个大问题。

莫斯科股市的腾飞

除了少数发达国家的股票市场（包括伦敦股市），大多数发达国家的股市均未能回到雷曼兄弟银行（Lehman Brothers）宣布破产前的水平。这些发达国家的股票市场反弹虽然强劲，但无法和新兴国家的股市相提并论。俄罗斯市场就是其中最明显的一例：在2008年俄罗斯股市迅猛下跌之后，2009年俄罗斯股市RTS指数涨幅高达128.6%，这是2009年在世界各股市中的最大涨幅。而俄罗斯股市这一巨大升幅三要得益于世界大宗商品市场的回暖。

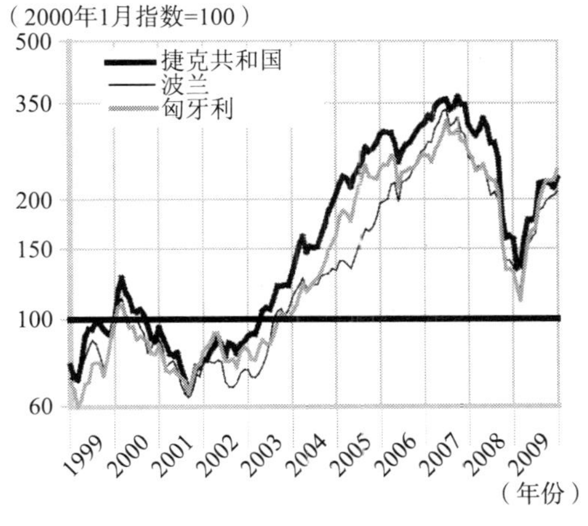

东欧国家证券交易所指数

资料来源：巴黎经济研究观察中心。

尽管如此，俄罗斯的实体经济增长却没有表现出像其股市那样一枝独秀，且与中国为首的新兴国家的经济增长相比较就相形见绌了。事实上，中国的高速经济增长带动了整个亚太地区国家的经济复苏，其影响甚至直到巴西——其向中国的出口已经超过了其对美国的出口。继俄罗斯之后，金砖四国的其他3个国家（金砖四国这一表述实际上几乎没有经济意义）也从它们股票市场相似的上涨中获益，其中2009年巴西股市上涨82.6%，印度股市上涨81%，上海股市上涨将近80%。其他新兴国家的股票市场同样表现不俗，印度尼西亚股市上涨84.4%——该国正在吸引越来越多的投资者；中国台湾股市上涨78.3%；中国香港股市上涨52%；韩国股市上涨49.6%。澳大利亚虽然不在新兴国家的范围之中，但由于它在地理上靠近亚洲，以及其拥有丰富的矿产资源，其股市也跟随亚洲股市上涨了30.8%。

最后，拉丁美洲国家的股票市场在2009年的走势表明：在经济反转的年份，最稳固经济体的股票市场不会实现最大幅的上涨。阿根廷股市上涨接近115%，秘鲁股

俄罗斯证券交易所RTS指数

资料来源：巴黎经济研究观察中心。

市上涨超过100%。这些涨幅均超越了巴西股市、智利股市50.7%的涨幅和墨西哥股市43.5%的涨幅。

从冰岛到迪拜

在2009年全球股票市场一片上涨的背景中，是否有不和谐的声音呢？冰岛便是其中少有的例子。其股市在2009年下降了

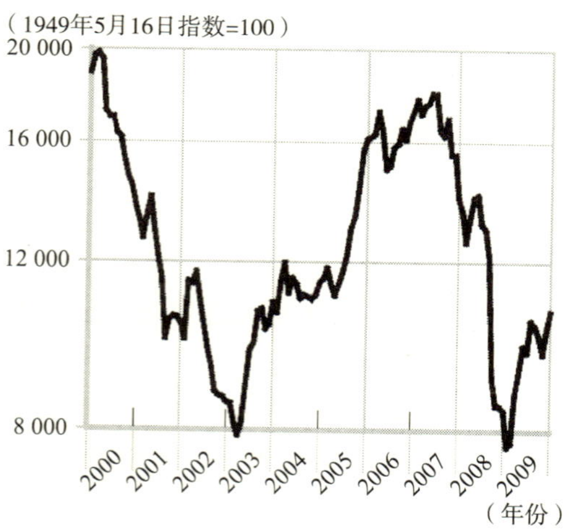

东京证券交易所日经225指数

资料来源：巴黎经济研究观察中心。

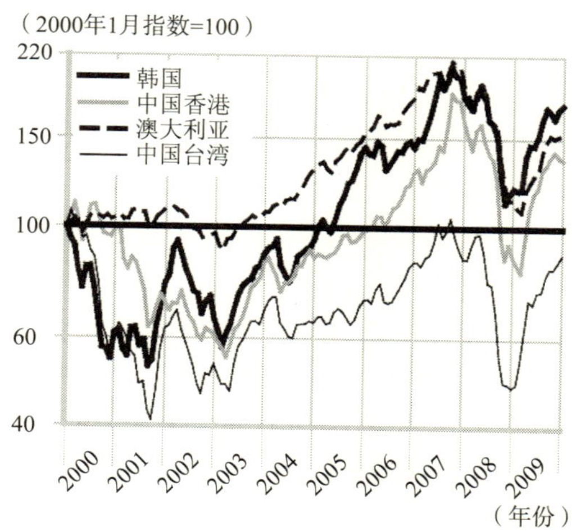

亚洲和澳大利亚证券交易所指数

资料来源：巴黎经济研究观察中心。

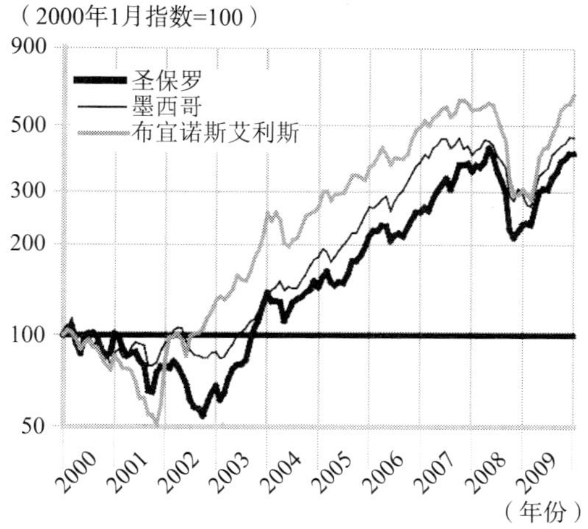

拉丁美洲国家证券交易所指数

资料来源：巴黎经济研究观察中心。

15%，这说明了冰岛在2008年10月其三大银行破产后所遭受的经济和金融冲击的强烈程度。2009年11月25日来自迪拜的冲击又使得世界上所有的股票市场都出现了暂时性的不稳定。这是由迪拜世界金融公司（Dubai World）宣布延期偿还债务引发的。虽说对迪拜政府破产的担忧以及对这一事件会引发对其他海湾国家的多米诺骨牌效应的猜测有些夸大其词（尤其是那些在1997年春天错误判断泰国外汇危机的人如今是第一个对迪拜危机发出警报的），但是“迪拜危机”还是使中东地区国家本来就处于弱势的股票市场受到了牵连。最终，阿布扎比拯救了与其相邻的迪拜酋长国：这两个国家的股票市场分别以14.8%和10.3%的涨幅结束了2009年。但是其他的海湾国家如科威特和巴林的股票市场则在2009年分别下跌5.1%和19.1%，而卡塔尔的股票指数2009年只上升了1%。而且，中东国家的证券交易所并不像其宣传的那样“坚不可摧”。2009年年底，纳斯达克毫不犹豫地把所持的纳斯达克-迪拜33%的股份出让给它的竞争对手——迪拜金融市场（Dubai Financial Market）。

最后，应该指出的是很多非洲股票市场在2009年取得了平庸的成绩。其中虽然突尼斯和埃及的股市分别上涨了48.4%和35%，但是加纳股市却下跌了46.6%，尼日利亚股市下跌33.6%，肯尼亚股市下跌7.7%，卡萨布兰卡股市也下跌了6.6%，后者正在经历一段困难时期，前途未卜。

股票：“王者归来”

除了特例，2009年是股票作为一种投资资产“王者归来”的一年。然而，这一事实却与2009年股市指数的走势有着细微的区别。因为我们不能仅仅从股价来评判股票市场的走势，也需要考虑交易量。而在2009年，交易量这一参考指标却不像股票价格那样鼓舞人心。事实上，2009年前几个月股市在下跌之中，交易量显著增大；但在随后股市上升的几个月中交易量却反而减少，且总体上交易量是随着股市不断上涨而逐渐下降（虽然中途也有几次短暂的增加）。上市公司公布的业绩不佳，也使得用现金成交股票的交易量下降。而期权和其他金融衍生产品交易则非常活跃。但自从2009年3月10日起股票市场的回升使股票不再像投资者手中烫手的山芋，卖方的压力也逐渐减轻。尽管如此，仍然没有大量资本回流股市。

另外，除了少数资金雄厚的投资者外，个人投资者群体还在观望。而对于已经重返市场的投资者而言，与长期持有股票比较，他们更喜欢短期持有股票以获取股票波动时的利润。例如，德国在2010年初发布的预估数据显示，在德国，个人股东的数量在过去的一年中可能已经从930万人下降到880万人，其中包括自主理财和通过投资基金持有股票的个人投资者。

“证券交易所”之争

世界证券交易所的格局正在飞快变化，在经历了传统证券交易所之间相互竞争或是相互联盟的摇摆不定的几年后，新的股票电子交易平台先是在美国，随后在欧洲出现了，这就是多边交易设施（multilateral trading facility，MTF）。在欧洲，自从这种新的股票交易方式被欧委会的 MIF（亦称 MIFID）指令所允许，并于 2007 年 11 月 1 日正式生效，欧洲多边交易设施便高速发展。2009 年底，欧洲 Chi-X 交易平台的股票交易量位于德意志交易所（Deutsche Börse）之前，排名欧洲各证券交易所的第三位；自 2010 年 1 月起，它的股票交易量超过了泛欧交易所（Euronext），并紧随处于第一位的伦敦证券交易所（London Stock Exchange，LSE）之后。尽管如此，这些股票电子交易平台只能够从事二级市场中的交易，一级市场及新股票上市仍然专属于传统股票交易所的业务范围。在美国，于 2006 年 1 月诞生的美国股票电子交易平台（Bats Trading）在 2008 年夏得到了美国证券交易委员会（SEC）的许可，其便成为了正式的“证券交易所”，它的新名字是 Bats Exchange。

然而，这些得到众多金融机构支持的新兴股票电子交易平台凭借其技术创新（提高发布交易指令的速度及发布更为复杂的交易指令）和更廉价的交易佣金快速地占有了股票交易市场份额。同时，他们也发展了专业的大宗股票成交系统（即“黑池”，dark pools）。面对这种新的竞争者，各大传统证券交易所不得不做出回应，一方面它们创造自己的股票电子交易平台或是收购已有的股票电子交易平台和“黑池”（例如伦敦证券交易所或是纽约－泛欧交易所集团）；另一方面它们投资更新现有的信息基础设施，例如东京证券交易所，它的新的交易系统已经于 2010 年初启动。

这些新的股票交易平台的出现产生了令市场监管者担忧的副作用：股票交易的分割使对股票市场交易的监管更加复杂；股票价格的形成过程也越来越使人怀疑；市场投资者接收价格信息的公平原亦受到挑战；最后这还会产生金融中介机构过度集中的风险——因为只有最强大的金融中介机构才能使他们的顾客享受到股票交易上的所有技术创新。总之，当今股票市场的组织与运行的变化趋势，正与 G20 峰会中倡议的监管背道而驰……

保险公司，尤其是欧洲的保险公司必须符合有关清偿能力方面的要求，这些要求使得其要付出更大的代价来持有股票资产（这实际上是荒谬的，投保者是股市中重要的长期投资者之一），因此，保险公司也就不得不降低其持有股票资产的比例。至于股票基金经理，他们中的许多人选择了“机会主义的投资策略”：他们先是调低股票配置，然后转为“中性”，后将其略微调高，但一直没有长期持有股票资产的意愿。而对于那些喜好风险的投资者而言，其更愿意投资高等级的企业债券，甚至是投资具拥有高回报的中低等级企业债券。对于银行来说，其可以通过向货币市场短期借贷，随后购买长期国债来更快地恢复元气；在 2009 年中，利率曲线对银行进行上述这类操作非常有利，而且在 2010 年有望继续保持。

十年间遭遇两次重大危机，这对于着眼于股票长线投资者来说是不幸的。虽然 2009 年世界上大多数股票市场强劲上扬，

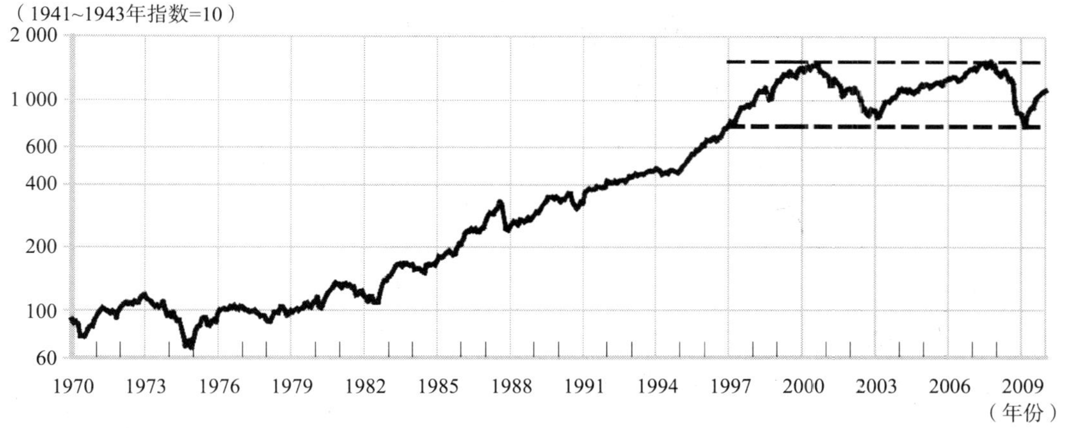

纽约证券交易所标准普尔500指数

资料来源：巴黎经济研究观察中心。

但是大部分发达国家的股票市场并未恢复到十年前的水平。这一事实对股票这类资产打击巨大。在人们通常的观点中，股票资产虽然存有较高的风险，但是它却能在相同时期内提供给投资者比其他任何资产更高的收益。但今天的情况却是，假设投资者在1999年底购买了代表自己国家股票指数的主要股票，并一直将其持有到2009年底：照此计算（忽略通货膨胀，译者注），购买了标准普尔500指数（S&P 500）的美国投资者在这十年中平均每年损失2.7%；购买德国DAX指数的德国投资者每年损失1.5%；购买法国CAC 40指数的法国投资者每年损失4%；购买英国FTSE 100指数的英国投资者每年损失2.4%；购买日经指数（Nikkei 225）的日本投资者每年损失甚至高达5.6%，等等。更为严重的是，在这十年中，除了那些在2002~2003年股市低谷时买入的投资者，任意一个超过一年的投资都是失败的。

最近十年股市的动荡——越来越多的人将其称为“失落的十年”还使另外一个传统观点正在被颠覆，即新兴股票市场比发达国家股票市场的风险更大。莫斯科股市可能其每年的走势波动剧烈，但它在近十年中取得了世界第一的涨幅（俄罗斯RTS指数在2010年1月处于1 450点左右，然而其在1995年9月1日仅为100点！）。所有大型新兴股票市场如今都显著超越了其十年前的水平。在1999年底，一个投资上海股市的中国投资者平均每年应能获取9%的受益，虽然有几年该市场表现平庸。在孟买股市投资

上海股市变化趋势

资料来源：巴黎经济研究观察中心。

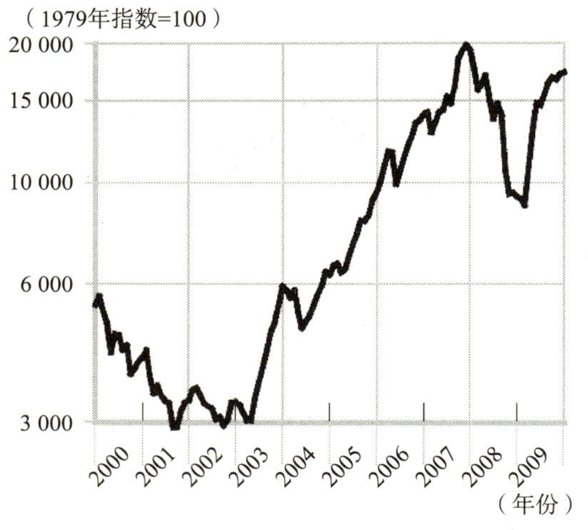

孟买证券交易所（BSE）敏感指数（Sensex）

的印度投资者平均每年能获取 13.4% 的受益。还需要提到的是，一些亚洲国家吸取了 1997 年亚洲金融危机的教训：这些国家为了避免重蹈覆辙，同时也不想再获取国际货币基金组织“有条件”的援救，它们采取了控制财政预算和维持国际收支稳定的措施。今天具有讽刺意义的是，这些亚洲国家曾经遇到的问题如今出现在了发达国家。

新兴市场地位的“重估”

新兴国家的股市已经上升到一个新的高度：它们不再仅仅充当那些需要提高业绩的基金经理们偶尔的辅助投资，而是被当成整体投资策略的一部分进行系统性分析。这种认可是有代价的：这些新兴市场的股票市值逐渐与成熟市场接近（即投资者对全球新兴股市的估值逐渐升高；而中国大陆股市因其自身的特殊性，其估值反而下降，译者注）。2009 年底，以新兴市场 2010 年的预期盈利估算，它们市盈率（PER）的平均水平在 12.8 倍左右，而全球所有股市市盈率的平均水平是 14.2 倍，美国股市是 14.8 倍。但随着新兴市场市盈率的大幅提高，一些国家和地区的股票开始变得很贵，例如中国台湾、印度和智利。

换句话说，对于大部分新兴市场而言，其估值已经追赶上发达国家的股市。它们未来的走势将更多地取决于其预期盈利能力。考虑到这些国家的发展前景，新兴市场仍然有巨大的上涨潜力。

实际上人们已经注意到全球股票市值最高的公司是中国石油公司——2009 年 12 月，中国石油公司再次超越美国埃克森美孚公司，成为世界拥有最高市值的上市公司。美国的微软公司则位于第三名，勉强地排在一家中国的银行——中国工商银行之前；虽然沃尔玛公司仍然保持其第五名的位置，但却有另一家中国的银行——中国建设银行紧随其后位列第六，其排在必和必拓公司、汇丰银行、巴西石油公司和谷歌公司之前。我们还注意到，北京做出的经济决策从此对世界金融市场有了越来越大的影响，世界金融市场不再仅仅“度过”纽约时间，中国股市受到世界越来越多的关注：它的走势通常落后于发达国家市场走势几个月；但在 2007 年底，中国股市先于发达国家的股票市场下跌；在 2008 年底，其又在发达国家之前开始反弹。在 2010 年最初交易的四周，中国的上证指数下跌了约 8.8%——我们又可以从中推断出这一整年将会发生什么呢？

事实似乎又一次与预测不相符。所有分析家曾对 2010 年 1 月的市场表现十分乐观。他们还对 2010 年上半年股市总体的表现充满信心，但是他们预计 2010 年下半年的行情会跌宕起伏：因为如果经济在 2010 年出现明确的回暖，那么随着时间的推移，各国中央银行提高利率的操作就会接踵而来。但事实是，在 2010 年 1 月的头几个交易日之后，市场的上扬行情很快被两则消息的影响所中断：一是奥巴马明确提出美国银行系统的改革方案；二是中国政府决定抑制信贷。但同时，股票市场却忽略了美国各大公司频频发布的优于预期的业绩——众多分析家预测 2010 年各主要公司的盈利应该还会持续增长。事实上，虽然各大公司已经被充分估值，但是这些公司的股价因其利润的继续提高而上涨也并非不可能。

另外，由于新公司的上市和新一轮的兼并收购，股票市场预计会变得更加活跃。在 2009 年，全球新发行的股票金额达到了约 9 000 亿美元的高水平，但是这其中相当一大部分来源于银行被迫发行的股票（用于增加流动资金）。而在美国和欧洲股票市场上市的新公司为数不多。在新兴国家的市场中这却非常活跃，且金砖四国的各大公司首当其冲（虽然是在很困难的条件下完成的）。比如俄罗斯铝业公司（Rusal）在 2010 年 1 月份分别在巴黎和香港股市上市。印度计划开放其众多大型国有企业资本，并使它们上市。中国计划支持其拥有高新技术的中小企业在本国上市，进而避免它们转投纳斯达克（Nasdaq）的怀抱。

2008 年底到 2009 年初这段时间，股票市场的环境不利于企业的公开收购：各公司将注意力主要集中在控制成本上，而不是在收购上；且很难获取用于收购的资金。但公开收购在几个经济领域中还是十分活跃，它们是制药业和高科技行业（尽管后者的交易额并不是很大）。在 2009 年 12 月和 2010 年 1 月，公开收购突然多了起来，这包括美国卡夫食品公司（Kraft Foods）对英国吉百利公司（Cadbury）的收购；巴西 CSN 钢铁公司对葡萄牙 Cimpor 水泥公司的收购；法国赛诺菲－安万特（Sanofi-Aventis）制药公司对美国 Chattem 公司的公开出价收购等等。而被危机中断的各大矿商间的收购也可能会快速恢复。

2010 年股票市场将是充满不确定性与异彩纷呈的一年。

衍生品市场

2009 年对世界主要衍生品市场来说是一个巩固之年。在有组织的衍生品市场上交易量普遍出现了明显下降，而大宗商品合约交易量的轻微增长无法抵销金融衍生品合约交易量的大幅下滑。但2009 年的主要看点并不在此，2009 年世界衍生品市场的特点是：越来越多带有“结算所”（clearing）的场外交易市场（OTC）快速发展；且除了完全缺少专门的监管模式以及各国国内（以及国际）的监管之外，世界主要场外交易市场与期货市场几乎难以区分。从这个角度来看，在美国进行的围绕商品期货交易委员会（CFTC）职权的辩论具有启发性。最后，受到中国的衍生品市场甚至印度的衍生品市场交易量大增的裹挟，世界大宗商品衍生品市场的重心如其他领域一样也正在向东方倾斜。

有组织的市场——期货市场稳定的交易量

世界期货业经历了艰难的一年，重大金融合约交易量明显下降，在芝加哥的欧洲美元合约以及 10 年期的美国国债合约交易量下降了 26%；位于法兰克福的欧洲期货交易所（Eurex）的交易量下降了 22%，泛欧交易所（Euronext）在伦敦和巴黎的交易量有所增加，但在阿姆斯特丹却出现了下降。当然，这些均与 2009 年上半年的金融危机有着显而易见的关联性。

对于大宗商品的期货合约而言，它与大宗商品现货的表现是一致的，价格越高越吸引投机者的兴趣，交易量进而显著增加。例如，糖在纽约的成交量为2 700 万张合约；而在芝加哥的谷物合约，以及伦敦金属交易所除了镍与锡，尤其是锡合约交易量增长了211% 之外的其他金属合约的交易量均出现了轻微下降，而锡正是 2009 年这一投机年度的超级巨星之一。最后，能源产品的合约交易量略有增加，在纽约和伦敦挂牌的三种主要原油合约的交易量比 2008 年增加了 1.5%。

另外，关于期货交易的地点的重要性显得越来越小。除了在芝加哥、纽约和伦敦金属交易所中的少数“交易池”（pits）以及“交易场”（rings）之外（即使在这些地方，其交易量也已被边缘化），主要的交易量都发生在众多的电子交易平台上，这些电子交易平台被衍生品交易所的几个集团控制，其中主要有：芝加哥商品交易所集团（CME Group），它现在包括两个在芝加哥的交易所——芝加哥商品交易所（CME）和芝加哥期货交易所（CBOT），以及纽约商品交易所（NYMEX）；而位于亚特兰大的美国洲际交易所（ICE），它控制着在伦敦的国际石油交易所（IPE）（在此挂牌交易的是美国西德克萨斯中质原油期货合约），纽约期货交易所（NYBOT）以及温尼佩格交易所（Winnipeg）。因此，芝加哥商品交易所和美国洲际交易所（后者完全专业于大宗商品合约）基本垄断了世界上的期货市场。其他两个主要参与者——在德国的欧洲期货交易所和纽约证交所－泛欧交易所集团（NYSE-Euronext）的主要活动是在金融领域。但是泛欧交易所保留了伦敦的农产品合约（以前的 LIFFE 合约）和在巴黎的农产品合约，在这里应该指出的是，尽管欧洲谷物行情不太有利，但是在巴黎的制粉小麦合约的交易量还是实现了强劲增长（上涨 31%）。最后，还有一个大型的独立交易所——伦敦金属交易所（LME），它主宰世界的有色金属期货交易，但是在塑料和钢材期货上遭遇失败以后，它目前还没有找到新的发展领域。

交易所 2009 年西方期货贸易的主要交易商品

单位：百万张

西德克萨斯中质原油	纽约商品交易所（NYMEX）	137
布伦特原油	美国洲际交易所/伦敦国际石油交易所（ICE/IPE）	74
玉米	芝加哥商品交易所（CBOT）	50
铝	伦敦金属交易所（LME）	49
天然气	纽约商品交易所（NYMEX）	47
西德克萨斯中质原油	美国洲际交易所/伦敦国际石油交易所（ICE/IPE）	46
柴油	美国洲际交易所/伦敦国际石油交易所（ICE/IPE）	36
大豆	芝加哥商品交易所（CBOT）	35
黄金	纽约金属交易所（COMEX）	35
糖	美国洲际交易所－纽约期货交易所（ICE-NYBOT）	27
铜	伦敦金属交易所（LME）	26

事实上，最近几年世界期货市场上推出的期货合约很少有持久受到市场追捧的。伦敦金属交易所并不是唯一的一个在钢材方面碰壁的例子，当然人们也会满怀兴趣地观察其即将在 2010 年 2 月底推出的钴和钼的两个新合约。在芝加哥商品交易所和美国洲际交易所之间发生的“正面对抗”中，纽约商品交易所（芝加哥商品交易所旗下子公司）推出的热带农产品的期货合约被视为用来遏制纽约期货交易所（美国洲际交易所旗下子公司）的同类合约，但是，我们观察到纽约商品交易所该合约上的相对失败。至于美国洲际交易所旗下另一子公司伦敦国际石油交易所，其美国西德克萨斯中质原油（WTI）合约交易量下降，而该合约正是纽约商品交易所同类合约的直接竞争对手。另外，世界大多数交易所都考虑推出新合约（如奶制品等），但是并没多少可以将其实现。实际上，今天大多数创新都是由场外交易市场来实现的。而场外交易市场在采取结算制度以后显得更为灵活。

场外交易市场的巩固

场外交易市场一直存在，即所有由双方直接进行的远期交易（forward）为场外市场交易。正如（莫利埃笔下）茹尔丹先生的散文一样，“场外交易市场早就存在了呀！”长久以来最大的场外交易市场是银行间的外汇市场。场外交易市场虽然更灵活，但是有一个很大的缺点，就是交易对手的风险，即双方中的一方不能履行合约的风险。正是由于这个原因，期货市场和一些专门的金融机构为场外交易市场设置了结算机构，并向场外交易的参与者开放。

在实践中，我们目睹了过去五年来世界场外交易平台的扩张，这些交易平台对一系

期货市场交易量

北美地区和欧洲（一）

单位：1 000 张合约

交易所及交易商品 \ 年份	2005	2006	2007	2008	2009
芝加哥交易所集团（CME）	**1 928 149**	**2 426 153**	**3 030 738**	**3 246 361**	**2 570 174**
芝加哥期货交易所（CBOT）	**674 651**	**805 884**	**1 029 569**	**961 065**	**680 826**
中期债券（T - Notes）	215 124	255 572	349 229	256 827	189 850
长期债券（T - Bonds）	86 927	93 755	107 630	89 494	62 223
玉米	27 965	47 240	54 520	59 975	50 947
大豆	20 216	22 648	31 726	36 388	35 759
大豆油	7 676	9 489	13 171	16 937	17 032
豆粕	8 325	9 350	12 213	13 361	12 881
小麦	10 114	16 225	19 583	19 020	17 678
燕麦	352	427	433	442	314
糙米	229	321	359	363	277
芝加哥商品交易所（CME）	**1 090 352**	**1 403 265**	**1 775 429**	**1 893 403**	**1 476 083**
欧洲美元（3 个月）	410 355	502 077	621 470	596 975	437 585
活牲畜	5 834	8 210	8 588	9 801	8 797
生猪	4 154	6 481	7 265	8 505	6 819
育肥牛	1 017	1 286	1 100	1 250	1 059
木材	236	271	335	438	317
牛奶	183	225	311	305	281
冷冻五花猪肉	124	108	68	57	28
纽约商品交易所（Nymex/Comex）	**163 146**	**217 004**	**225 740**	**391 893**	**413 265**
能源	112 307	191 612	190 086	338 821	362 426
原油	59 650	71 053	121 526	134 674	137 428
天然气	19 143	23 030	29 786	38 731	47 951
取暖油	13 136	13 991	18 079	19 583	21 426
纽约港混合无铅汽油（RBOB）	2	3 883	19 791	20 523	21 160
无铅汽油	13 166	8 621	0	0	0
丙烷	4	1	<1	0	0
金属	50 839	25 392	35 654	53 072	50 837
黄金	15 891	15 918	25 060	38 377	35 139
白银	5 536	5 433	6 817	8 917	7 991
铜	3 951	3 281	3 753	4 618	6 399
铂	376	373	502	676	803
钯	322	378	401	484	401
铝	28	9	<1	<1	0

列的新的交易品种提供结算系统，而这些新交易品种在此之前还无法穿上“期货的外衣”（或者说这些新交易品种在“期货”市场上没有取得任何进展）。为了发展一个新品种，起初必须找到一个独立的、可信的，并被整个市场所接受的该品种的参考价格。随后，一个或多个“经纪人”（brokers）开发出一个（完全没有排他性的）市场平台，并配以登记制度和交易结算制度。在这方面，经典的案例是在波罗的海指数基础上的干散货海运指数，其中“远期运费协议”（forward freight agreements，FFA）的成交量爆发式增长，而这与20世纪80年代波罗的海国际海运期货交易所（BIFFEX）遭受的失败形成明显对照。在2009年，因为受到海运市场行情的影响，远期运费协议的交易量已急剧下降。然而应该注意到，目前远期运费协议95%的交易量都进行了登记。在这种模式下，经常是同一些参与者，诸如动力煤、铁矿石、钢材和最近的化肥等一些场外交易市场得到了长足发展。而登记的场外交易市场或称作“带结算所的场外交易市场”（OTC cleared）的模式对于电力、某些天然气合约、碳和温度等市场来说，也具有很大优势。

除了专门的经纪人以外，主要的场外交易市场的发起者是期货交易所本身及独立的结算机构。美国洲际交易所的情况就是个很好的例子。最初这是一个交易美国能源特别是电力的一个电子交易市场，在其创立的早

2009年世界衍生品市场的创新

- 郑州商品交易所（ZCE）：早籼稻期货合约
- 上海期货交易所（SHFE）：钢材期货合约
- 迪拜商品交易所（DME）：阿曼原油期权
- 澳大利亚证券交易所（ASX）：澳洲小麦合约
- 欧洲期货交易所收购了汉诺威交易所：猪肉和马铃薯合约
- 新加坡交易所：亚洲结算行（SGX Asia Clear）进行铁矿石互换合约结算
- 摩根斯坦利推出铁矿石场外交易合约
- 推出嘉能可/瑞士信贷指数（Glencore/Credit Suisse），该指数依据瑞士贸易商嘉能可国际公司对市场的判断进行加权
- 毛里求斯期货市场成立
- 马来西亚吉隆坡证券交易所（Bursa Malaysia）：锡、铝、煤的“伊斯兰”合约（穆拉巴哈制，murabaha）计划
- 由海运投资服务（FIS）和欧洲中央结算集团公司（LCH Clearnet）推出的化肥掉期市场
- 在南非约翰内斯堡以兰特标价的铂、黄金和石油合约计划
- 新加坡交易所：2010年1月1日推出重油合约（bunker）
- 伦敦金属交易所：2010年2月推出钴和钼的期货合约
- 上海黄金交易所：推出钯合约
- 渤海商品交易所（BOCE）：焦炭电子交易平台

期货市场交易量

北美地区和欧洲（二）

单位：1 000 张合约

交易所及交易商品＼年份	2005	2006	2007	2008	2009
洲际交易所（ICE）	**81 278**	**139 536**	**195 517**	**237 205**	**112 233**
美国洲际期货交易所（ICE Futures US）	**37 176**	**43 943**	**53 616**	**80 955**	**93 025**
糖（原纽约期货交易所/NYBOT）	13 144	15 221	21 372	27 112	27 406
阿拉比卡咖啡	3 988	4 408	5 129	5 447	4 235
棉花	3 849	4 490	6 335	6 163	3 575
可可	2 583	3 169	3 335	3 592	3 087
浓缩橙汁	902	924	846	711	657
加拿大洲际交易所（温尼伯/Winnipeg）	**2 047**	**2 872**	**3 430**	**3 300**	**3 483**
油菜籽	1 823	2 607	3 169	3 132	3 428
大麦	137	195	215	167	54
小麦	88	67	46	<1	0
欧洲洲际期货交易所（ICE Futures Europe）	**42 055**	**92 721**	**138 471**	**152 950**	**15 725**
原油（原伦敦国际石油交易所/IPE）	30 412	44 346	59 720	68 368	74 138
美国西德克萨斯中质原油	—	28 673	51 388	51 092	46 394
柴油	10 079	18 290	24 510	28 805	36 039
天然气	444	602	1 233	1 263	2 793
泛欧证券交易所（Euronext）	**687 601**	**644 875**	**815 490**	**850 303**	**854 070**
伦敦（LIFFE）	**344 103**	**430 038**	**562 443**	**610 024**	**629 257**
可可	2 690	3 095	3 319	3 577	3 218
罗布斯塔咖啡（10 吨/手）	—	—	—	207	2 514
白糖	1 497	1 669	2 092	1 654	1 853
欧洲小麦	65	76	128	131	141
罗布斯塔咖啡	3 263	3 551	4 436	3 959	13
巴黎	**242 974**	**86 029**	**90 865**	**96 440**	**99 443**
小麦	217	408	981	1 464	1 926
油菜籽	211	239	439	681	813
玉米	82	72	95	112	140
阿姆斯特丹	**98 933**	**126 834**	**159 828**	**142 137**	**123 791**
布鲁塞尔	**1 113**	**1 300**	**1 349**	**1 212**	**1 344**
里斯本	**478**	**674**	**1 005**	**490**	**235**
伦敦金属交易所（LME）	**70 445**	**86 940**	**92 915**	**113 215**	**110 972**
铝	30 426	41 205	43 709	52 317	49 765
铜	19 231	20 761	23 464	28 511	26 563
锌	10 621	13 071	13 678	16 845	16 620
镍	3 483	4 351	3 995	5 367	6 863
铅	4 062	4 736	5 000	6 545	6 132
锡	1 095	1 302	1 312	1 479	4 601

续表

交易所及交易商品 \ 年份	2005	2006	2007	2008	2009
再生铝（allied）	502	445	493	584	428
聚丙烯（PP）	16	13	8	1	0
聚乙烯（LL）	8	17	5	0	0
堪萨斯商品交易所（KCBT）	**3 954**	**5 287**	**4 671**	**3 966**	**3 769**
小麦	2 632	4 763	4 318	3 778	3 660
明尼阿波利斯谷物交易所（MGE）	**1 422**	**1 655**	**1 827**	**1 409**	**1 232**
硬红春小麦	1 385	1 613	1 792	1 361	1 198
蒙特利尔交易所	**19 268**	**29 093**	**30 071**	**23 403**	**20 215**
欧洲期货交易所（Eurex）（法兰克福）	**1 248 748**	**1 526 752**	**1 899 962**	**2 165 043**	**1 687 487**
西班牙期货和期权交易所（MEFF）（西班牙）	**40 218**	**47 174**	**51 860**	**83 417**	**93 057**
意大利衍生品交易所（IDEM）（意大利）	**25 871**	**31 606**	**37 125**	**35 929**	**42 583**

些年曾经比较凋敝，但自 2002 年以来，由于抓住了美国安然公司（Enron）倒闭而造成的市场真空，美国洲际交易所真正实现了腾飞。因此今天人们看到美国洲际交易所又致力于发展许多带有结算功能的场外交易市场就不会再感到意外。美国洲际交易所期货市场（ICE-Futures）在 2009 年获得 6.34 亿吨的动力煤交易（而在 2007 年则只有 1 000 万吨），在新的“气候市场”上人们也能看到美国洲际交易所的身影［与欧洲气候交易所（ECX）一道］，在新的铁矿石市场上也是一样（与 Platts 合作）。纽约商品交易所在一些产品如铀等方面也已经做了相同的工作。此外需要提醒的是在美国，电力交易主要通过场外交易市场进行。而在场外交易市场前线活跃的其他参与者还有一些独立的结算公司（clearing houses），例如欧洲中央结算集团公司（LCH Clearnet），在海运、化肥和铁矿石等产品上都可以看到该结算公司的身影。

当然，无法计算出通过场外交易市场进行交易的确切数量：18 亿吨的动力煤（至少为现货交易量的 4 倍），15 亿吨的海运（大约相当于世界干散货的实际运量）……无论如何场外交易市场的影响都是不可否认的，更何况该市场中还有难以解决的管理和监管问题。

管理和监管

在 2008 年和 2009 年所进行的一个主要辩论就是，如何衡量“投机”对大宗商品价格形成所产生的确切影响。确实，与交易量的增长相比，投机的性质更是发生了巨大的演变（这是场外交易市场提出的主要疑问）。人们看到一些专业的对冲基金（hedge funds）和指数基金产生和壮大，特别是全球的主要金融机构扩大了在大宗商品领域里的操作，其中就包括自营操作，即众所周知的“自营盘”（prop trading），甚至可以直接进入现货市场。这并非是新鲜事，人们还记得 20 世纪 90 年代初期由当时名声显赫的公司诸如德崇证券（Drexel Burnham Lambert）等所引领的“华尔街炼油厂”（Wall Street Refiners）时代。但这次的不同点却是，一些金融机构拥有庞大的专业团队，有的团队达上千人；他们交易规模巨大，达到数以千万美元计的风险价值比率（value at risk，VAR），因此涉及的风险从而达到几十亿美元。高盛、摩根斯坦利，还有法国巴黎银行、法国农业信贷银行、德意志银行或者麦格理银行等则是上述金融机构的一部分，他们给大宗商品衍生品市场带来大量流动性，但是同时也改变了大宗商品市场参与者行为的基本规则，甚至改变了大宗商品贸易的基本规则。

众所周知，目前不存在全球性的权力机构来监管金融市场及其活动。国际清算银行（BIS）巴塞尔协议规定的风险比率，虽然在二十国集团（G20）的范围内及在国际货币基金组织的支持下得到加强，但其仍缺少监管手段。各国金融市场的监管部门——美国证券交易委员会（SEC）和美国商品期货交易委员会（CFTC）、英国金融监管局（FSA）、法国金融市场管理局（AMF），从其自身性质上讲他们的职权范围受到限制。在英国，如果说金融监管局厌恶对金融市场实行任何约束性措施的话，那么在美国，相关监管的辩论则更加激烈。一方面，沃尔克计划中提出重新建立一种类似“格拉斯－斯蒂格尔法案”（Glass-Steagall Act）的建议，而该建议则有可能使许多“银行”的自营盘操作无法进行。另一方面，美国国会已经组成一连串调查委员会对石油市场和农产品市场中的“投机”所起的作用进行调查，并且使美国商品期货交易委员会的权力因此得到很大的加强，但对场外交易市场的监管问题并没有真正得到解决。

具体地说，就是在某些大宗商品市场上对投机头寸设立上限。同时，芝加哥和纽约的市场管理部门也担心实物交割问题或期货合约推出问题，不管这涉及的是伊利诺伊州的小麦，或是俄克拉荷马州的西德克萨斯中质原油。然而众所周知，在期货（futures）市场上，必须具有实物交割的可能性来维持与现货的联系。在这一点上，人们又回到关于原油的同样的争论上去：寻找一种比布伦特原油或西德克萨斯中质原油更有代表性的，尤其是具有更广泛基础的新的“标的物”。

市场的国际化扩张

我们刚才谈到的主要还是“西方”的市场。从前在交易量上很重要的日本市场如今正在迅速衰退：最近五年时间，东京商品交易所（TOCOM）交易的合约数量下降了一半以上，日本这个“声名狼藉”市场（以投机盛行而著称，译者注）的衰退似乎是不可避免的。而对于其他亚洲交易所以及拉美交易所的商品来说目前至少也是停滞不前，唯一的例外是在吉隆坡交易的毛棕榈油合约，其交易量已超过400万手。可是在迪拜，经过巨大的波动之后，其推出的阿曼石油期货合约并没有取得非常大的成功。

事实上，2009年最大的新事物是中国期货市场的持续强劲增长（交易量超过了20亿张合约）以及在稍小的程度上，印度期货市场的上升。印度的交易所处于批发市场与真正的“期货”市场的半途之中，尽管该国政府因为要控制农产品价格的上涨而对该国的衍生品市场进行了种种限制，但是印度的这些交易所还是经历了强劲的增长。然而在中国，期货市场的腾飞（2009年交易量增长57%）最令人印象深刻，值得大书特书。

日本期货市场交易量

单位：1 000 张合约

交易所及交易商品 \ 年份	2005	2006	2007	2008	2009
中部大阪商品交易所（CJCE）	**21 948**	**8 992**	**6 471**	**3 243**	**1 775**
汽油	11 972	4 941	3 635	1 746	985
煤油	9 790	4 012	2 685	1 431	716
黄金（自 2009 年）	—	—	—	—	65
橡胶 RSS3	—	—	91	20	9
鸡蛋	65	12	7	6	0
大阪证券交易所（OSE）	**18 051**	**25 305**	**30 167**	**35 580**	**25 369**
东京商品交易所（TOCOM）	**61 780**	**63 672**	**40 070**	**41 027**	**28 882**
黄金	17 985	22 228	18 203	15 164	11 914
黄金（小型，Mini）	—	—	455	5 737	5 010
铂	8 573	11 018	9 170	6 940	3 618
橡胶	7 156	9 661	7 062	5 915	3 320
汽油	17 449	12 933	7 530	4 055	2 732
煤油	7 296	4 493	2 351	1 319	1 027
原油	1 981	1 961	1 489	756	624
白银	818	858	537	301	112
钯	323	361	208	685	108
东京谷物交易所（TGE）	**25 597**	**19 131**	**19 672**	**8 433**	**4 828**
美国大豆	2 051	1 260	1 248	911	2 321
玉米	5 166	4 656	4 645	3 644	1 868
红豆	654	478	389	346	243
非转基因大豆	10 965	9 886	12 281	2 897	188
原糖	466	928	433	336	157
阿拉比卡咖啡	5 592	1 669	596	288	46
罗布斯塔咖啡	663	207	73	11	2
丝	—	9	3	3	2
东京金融交易所（TFE）（原东京国际金融期货交易所/TIFFE）	**11 057**	**31 509**	**38 953**	**22 372**	**13 066**
东京证券交易所（TSE）	**22 631**	**26 958**	**30 094**	**35 500**	**26 201**

——中国大宗商品衍生品市场的“长征”

在中华人民共和国诞生 61 年以及“改革开放”政策实行 31 年以后，中国真正地苏醒了……难道拿破仑的“当中国苏醒时，世界将颤抖……”这一预言现在正在实现吗？无论与否，今天的世界已经永远不再是中国长期缺席的那个世界了。

2010 年中国期货市场也在庆祝它 20 岁的生日：它最初创建的目的之一就是为了配合“改革开放”政策，而改革开放的目的正是要把中国从计划经济逐步转变为市场经济。中国期货市场在 21 世纪的发展既是中国经济转型的动力，又是这种转型的结果，而在今天中国的经济已经发展成为所谓的“社会主义市场经济”。与此同时，中国的商品期货市场以及场外交易市场（亦称电子交易市场）对中国国内市场以及国际大宗商品市场产生的影响将是 21 世纪世界大宗商品界最令人兴奋的话题之一。

在 1918 年前后于北京和上海诞生了中国最初的交易所（商品以及证券交易所）。在经历了高速发展（尤其在上海——“东方之珠”，当时其拥有亚洲最大的证券市场）之后，由于 1937 年日本开始全面侵略中国，这种发展戛然而止。1949 年 6 月，在中华人民共和国成立的前 4 个月，恶性通货膨胀笼罩着上海（由当时的国民党管辖），当时对“生活必需品”（即词源学意义上的“商品”）的投机达到了无以复加的地步。在上海被解放之后，为了打击投机和遏制通货膨胀，证券交易所和期货交易所均被陆续关闭。三年之后于 1952 年，位于天津的最后一个商品交易所也被关闭。自此，在中华人民共和国不再有任何交易所。

期货市场交易量

单位：1 000 张合约

交易所及交易商品 \ 年份	2005	2006	2007	2008	2009
			中国		
大连商品交易所（DCE）	**198 349**	**240 700**	**371 228**	**638 319**	**833 565**
大豆一号	80 071	17 794	94 865	227 363	85 014
豆粕	73 476	63 099	129 439	162 531	310 808
玉米	43 719	135 290	118 873	119 837	33 488
豆油	—	20 666	26 568	89 392	189 674
线性低密度聚乙烯	—	—	764	26 506	89 506
棕榈油	—	—	678	22 605	88 853
大豆二号	1 082	3 850	40	86	64
PVC	—	—	—	—	36 157
上海期货交易所（SFE）	**67 579**	**116 212**	**171 128**	**280 526**	**869 728**

续表

交易所及交易商品 \ 年份	2005	2006	2007	2008	2009
螺纹钢	—	—	—	—	323 149
天然橡胶	19 006	52 094	84 383	92 922	178 072
铜	24 704	10 786	32 656	41 547	162 435
燃油	19 619	25 468	24 010	61 621	91 508
锌	—	—	20 431	47 078	64 507
铝	4 250	27 863	9 647	29 576	41 061
黄金	—	—	—	7 781	6 812
线材	—	—	—	—	2 184
郑州商品交易所（ZCE）	**56 945**	**92 596**	**186 105**	**445 114**	**454 225**
糖	—	58 684	90 937	330 972	292 127
精对苯二甲酸（PTA）	—	334	9 922	35 135	105 505
菜籽油	—	—	1 319	12 859	21 914
棉花一号	21 742	4 169	5 910	10 802	17 069
硬白小麦	33 240	29 352	77 966	55 019	13 669
优质强筋小麦	—	—	—	—	3 900
早籼稻	1 963	56	51	329	40
			印度		
印度多种商品交易所（MCEI）	**20 350**	**45 636**	**68 946**	**94 311**	**161 174**
原油	5 158	4 467	13 939	20 507	41 093
黄金	2 773	11 989	10 367	26 001	30 424
铜	187	5 294	15 376	14 278	29 602
白银	6 481	12 497	15 442	23 886	28 510
天然气	—	1 954	1 733	748	11 124
镍	14	31	2 170	2 022	9 793
锌	—	563	3 552	3 167	4 033
铅	—	9	1 092	1 654	3 370
铝	3	390	615	523	3 052
国家商品衍生品交易所（NCDE）	**34 798**	**37 853**	**32 593**	**25 488**	**30 974**
瓜尔豆	18 631	14 096	6 786	6 022	8 950
大豆	1 116	1 627	2 649	3 583	4 018
鹰嘴豆	8 515	12 203	4 455	1 460	3 557
芥末籽	666	315	2 159	3 819	2 822
马拉巴尔胡椒	675	4 536	8 092	2 633	2 564
豆油	1 036	891	1 536	850	2 520
姜黄	155	467	847	184	1 315
瓜尔豆胶	1 510	612	172	839	846
M 级糖	1 098	1 001	1 301	1 434	790
孜然	436	1 250	3 491	1 142	722
棉花籽	959	855	1 172	1 202	598

"改革开放"是中国期货市场重生并复兴的决定因素

1978 年，邓小平成为中国新的"舵手"，改革开放的时代开始了。为了逐步摆脱计划经济的束缚（计划经济的特点之一就是由行政定价），因此经济的改革必须从价格的改革开始。这在当时被认为是第一次重大的经济改革（而直至今日中国的价格改革尚未结束，尤其是煤、石油、天然气、水和电力等资源的价格）。一个由政府官员和年轻经济学家组成的研究团队因此建立起来。而其中的一些人后来成为了中国期货市场的先驱。

1984 年进入了价格改革的第二阶段，建立"价格双轨制"（即对同一种商品，"计划"价格和"市场"价格并存），一开始立刻就碰到了高通货膨胀，特别是农产品价格出现大幅波动。"什么是市场价格？市场价格如何确定？以何种方式确定？"这些问题困扰着当时的改革者们。之前成立的研究团队中的几位经济学家正是为了寻找这些问题的答案，于 1986 年以访问学者的身份被派往美国和日本（其中就有田源和常清这两位中国期货市场的主要先驱者）。当时，在美国诞生的原油期货合约无疑对他们产生了启发：在中国引入期货市场或将有助于对计划价格体制进行改革，并有助于在中国形成一个"市场价格"。这个想法在当时还是很大胆的，那是因为他们想把期货市场引进到一个政治上为社会主义，而在经济上还处在经济过渡时期的中国。而可能正是在这一点上体现出了挑战性和最不为世人所知的中国式的悖论。

1988 年，在改革进行了十年之后，中国已经可以收获第一批硕果：中国的国内生产总值翻了一番，一半以上的日常生活用品价格尤其是农产品价格，已经变得可以浮动并部分接近了真正的市场价格。而取得这一结果，主要是由于当时在中国的一些省份逐渐建立了批发市场（尤其是对一些农产品如谷物、猪肉或木材等）。

然而，经济改革还将继续下去，比如中国国有企业的改革以及关于非国有企业（集体企业、合资企业等）的新的改革。在这种情况下，几个批发市场已经不足以满足那些经济中新的参与者对大宗原材料的需求（如采购、供应的风险管理等）。因此，为了配合这个新阶段的改革，负责价格改革研究团队在之前做了长期准备之后，中国的期货市场终于走上了舞台。

"郑州模式"

1990 年 10 月 12 日，中国第一家期货交易所在郑州诞生（郑州始终是现在中国的三个主要期货市场之一）。挂牌交易的大宗原材料为农产品，如小麦。尽管经过十年的改革，在中国农产品仍然是最难以确定"市场价格"的产品，而这既不利于生产者也不利于消费者。因此，从这个角度来看，郑州期货交易所的诞生和 19 世纪芝加哥交易所的诞生有着同样的必然性。

根据中国改革中一贯实行的"渐进"原则，郑州市场最初并不是一个严格意义上的期货市场，而是一个批发市场，就像其当时的名称所表示的那样——郑州粮食批发市场（Zhengzhou Wholesale Market）。实际上，该市场的发展被设计成经典的三个阶段：现货市场（spot）、远期交易市场（forward）和期货市场（futures）。因此，在成立一年后，中国第一个小麦远期合约正式在郑州市场推出；三年后的 1993 年，郑州市场正式更名为郑州商品交易所（ZCE）。从此，在批发市场和期货市场共同形成的价格，逐

亚太地区期货市场交易量

单位：1 000 张合约

交易所及交易商品 \ 年份	2005	2006	2007	2008	2009
马来西亚					
马来西亚衍生品交易所（MDE）	**2 460**	**4 160**	**6 202**	**6 120**	**6 138**
棕榈油原油	1 159	2 230	2 794	2 787	4 009
新加坡					
新加坡商品交易所（SCE）	**14 495**	**17 033**	**16 507**	**21 357**	**5 365**
橡胶 TSR 20（离岸价格）	10 882	10 873	8 444	14 094	3 778
橡胶 RSS 3	7 063	6 160	8 063	7 263	1 587
中国香港					
香港期货交易所（HKFE）	**25 523**	**42 906**	**87 986**	**105 007**	**98 538**
中国台湾					
台湾期货交易所（TFE）	**10 105**	**13 922**	**16 692**	**31 522**	**41 202**
迪拜					
迪拜黄金和商品交易所（DGCE）	—	**613**	**907**	**1 142**	**1 500**
澳大利亚					
悉尼期货交易所（SFE）	**63 328**	**78 125**	**91 063**	**74 624**	**63 089**
电	21	54	136	117	136
含脂羊毛	19	20	22	22	10

拉美地区期货市场交易量

单位：1 000 张合约

交易所及交易商品 \ 年份	2005	2006	2007	2008	2009
巴西					
巴西商品期货交易所（BM&F）	**196 137**	**270 556**	**409 397**	**378 439**	**358 147**
活牲畜	311	392	934	1 633	834
咖啡	486	528	724	761	596
黄金	224	167	243	426	444
大豆	47	98	188	284	168
玉米	98	135	208	403	26
糖	63	69	45	7	<1
阿根廷					
布宜诺斯艾利斯期货交易所（MATba）	**136**	**147**	**178**	**156**	**181**
大豆	82	74	93	93	136
小麦	42	49	47	39	28
玉米	11	23	37	24	15
葵花籽	1	0	1	<1	<1

步结束了中国主要农产品计划经济体制下的政府定价。而“郑州价格”在当时成为了中国农产品的代表价格。这样一个在计划经济转型时期的期货市场发展过程随后被人称为“郑州模式”，而该模式又随后逐渐推广到中国其他省份。在2001年，郑州批发市场（现货市场）和郑州期货市场最终正式分离。

期货市场发展的“大跃进”

在郑州市场发展的同时，1991年在中国的深圳、上海和苏州分别先后成立了另外三个期货市场。1992年10月，首份期货合约（铝）在深圳金属交易所推出。

随着越来越多的产品结束政府定价，更多新产品得以在期货市场上挂牌。在这种有利的环境下，新的期货市场在中国各个省份如雨后春笋般地建立起来，因为受到了先前建立的期货市场所获得的巨大利润的刺激，同时也是因为得到了所在地政府的支持。期货市场的数量因此在1993年底达到了38个，1994年超过了50个。而当时曾经有2 000多个期货公司，40多个产品挂牌交易：煤、原油、木材、铁路货运、水泥、化肥、金属、钢材、粮食、咖啡、猪肉、国债……1995年的交易额超过了1万亿欧元！

在这个我们可以称为中国期货市场“大跃进”的年代，监管和立法工作却没有能够齐头并进。实际上，这正是中国期货市场发展的另一个特点：“先发展，后监管”。因此，中国期货市场在其诞生四年之后的1994年才有了相应的监管机构（中国证券监督管理委员会，CSRC）。但是一些问题不可避免地出现了：地下交易，价格操纵等更为严重的事件比如“国债崩盘”事件在当时为当局敲响了警钟。这样中国期货市场的调整就此开始，并且持续了五年，这标志着中国期货市场发展的第一个繁荣期结束。

结构调整时期：1995～2000年

1994年底，中国期货市场的合并运动开始了。交易所的数量从最初的50来个大幅减少到15个，一年以后又降到14个。

中国的大宗商品电子交易市场

除了期货市场以外，中国的大宗商品电子交易市场自1992年诞生以来（第一个交易的商品为生丝）出现了高速发展，特别是在1998年这种情况更为明显。今天该市场的数量可能已经达到200余个，其中一些发挥着重要作用。例如，位于无锡的中国不锈钢交易所（EXBXG），其挂牌交易的是不锈钢、镍和锰，它在2009年初世界镍价格变化中可能起到了重要作用；大宗煤炭交易网（BCTC）交易煤炭；天津稀有金属交易市场（CRME）交易小金属；上海钢铁交易所交易钢材；上海大宗农产品市场（CCBOT）尤其对一些特定的农产品进行交易，其中普洱茶在过去的两年里经历了猛烈的投机……这些市场主要提供现货和远期交易，在绝大多数情况下没有结算系统，也缺少真正的监管。但是，这些市场也正在进行着积极的改变（交易中引入“第三方存管”等），它们的发展是十分值得关注的。

2009 年中国的期货市场及主要的交易合约

单位：100 万张合约

大连商品交易所（农产品类）	**833**
豆粕	310
豆油	189
郑州商品交易所（农产品类）	**454**
白糖	292
PTA（对苯二甲酸）	105
上海期货交易所（金属和能源类）	**869**
钢材	323
天然橡胶	178
铜	162

在遏制通货膨胀的大背景下，挂牌上市的许多产品被指责应该对物价上涨负责，它们的挂牌因此被中止，这种情况出现在钢材、糖、菜籽油和原油上。而其结果是期货市场的交易量下跌了 30% ~40%。1994 年，按照香港的模式，已经赋予监管新诞生的中国股票市场职责的中国证券监督管理委员会（CSRC）被指定为中国期货市场的监管当局（相当于美国的商品期货交易委员会）。

1998 年颁布了四部针对期货市场的监管法律。期货交易所的数量继续下降，从 14 个减少到 3 个：郑州、上海和大连；挂牌上市的产品数量也减少到 12 个。中国期货公司的数量也从 1995 年的 2 000 个下降到 180 个左右……中国的期货市场就这样被"清洗"了一遍，并且留下了深深的痕迹：2000 年中国期货市场的交易量略微超过 1 700 亿美元，交易金额仅是 1995 年的 1/6。

目前，在中国的三个城市保留下来的三个商品期货市场，每个都有其特点，从而构成了"三足鼎立"的局面。

——郑州商品交易所：郑州是河南的省会，位于黄河上游，它是一个大的农业生产区。在该交易所挂牌的主要产品为小麦、糖、棉花和早籼稻。

——大连商品交易所：大连市是中国东北地区的港口城市，临近中国 3 个主要生产大豆和玉米的省份。在此挂牌交易的主要产品是油料作物和玉米。

——上海期货交易所：这个昔日的"东方之珠"注定要再次成为亚洲最重要的金融中心。其主要交易的产品是金属和工业品。

需要注意的是，在期货市场结构调整和对其监管的这五年间，在中国的各省之间，为了设法把期货交易所保留在本省之内，确实曾经有过激烈的竞争。郑州、上海和大连这三个获胜的城市共同分享了中国的期货合约。但是，作为补偿，一些被淘汰的省份可能获得更晚些时候针对一些本地生产与消费的原材料开辟场外交易市场（或称作电子交易市场）的权利。场外交易市场的影响力是巨大的，比如山东的蔬菜市场、宁波的塑料产品市场以及在满洲里的木材市场。它们的发展一直非常快，完全可以与当年中国期货市场成立之初的发展势头相比较！场外交易市场数量众多且相互之间并不协调，一个产品有时会在几个市场同时挂牌交易的现象是中国电子交易市场的结构性问题之一。

国际商品价格中具有代表性的中国商品

水果	苹果、梨、桃、李子
蔬菜	番茄、大蒜
油料作物	花生、芝麻
海产品	虾
林产品	竹子
其他产品	丝
金属	钨、锑、稀土、铜、锌、钢材

中国期货市场的腾飞

2001年中国加入世界贸易组织（不可忽略的是，中国与此同时开始执行“西部大开发计划”）给已经被“清洗”过的中国期货市场带来了巨大的推动力：中国出口的增加，要求提供给贸易商更多的管理风险的手段（套期保值等）。逐渐地，中国企业家们已经意识到他们需要对冲原材料价格波动和汇率波动的风险。

从2001年起，中国期货市场的交易量又重新开始增加：当年交易金额已经达到3 300亿美元，比2000年提高88%！而中国期货市场诞生以来的最大交易金额是1995年的1万亿美元，直到2003年才被超越。2004年一些新的合约开始挂牌交易：棉花（转基因）、大豆二号（非转基因）、玉米（非转基因）等。该年年度交易总额达到14.89万亿元人民币，折合约为1.56万亿美元。2006年则引进了白糖和豆油的合约，并且在上海成立了“中国金融期货交易所”（CFFEX），这表明中国准备开发与股票指数、国债和利率相关的期货和期权产品。这一年也是中国国储局的一位“交易员”在伦敦和上海建立铜期货的头寸，并最终导致一起重大丑闻的一年。2008年中国期货市场的交易总金额达到人民币71.9万亿元，合7.6万亿美元。且黄金期货在上海推出。2009年推出了钢材、PVC、塑料和米（早籼稻）。2010年中国期货市场的头等大事将是推出中国股指期货。

前景展望

3个中国期货交易所产生的成交量令人印象深刻（尚未算上场外交易市场的成交量），这使它们成为全球最重要的期货交易所。尽管如此，它们仍然是“本地”市场，并且对世界其他地区市场的影响力仍然较弱。原因可以归为以下几个主要因素：人民币不能自由兑换无疑是其中最重要的因素；另外也有对国际公司经营活动进行限制的原因（即使一些国际交易商和银行在中国已经很活跃）；投机型的市场结构（有许多投机小散户，实业企业参与不足）；对上市产品合约的定义往往过于“本地化”；某些管理方面的不足……

中国期货市场的发展目标与挑战，在于成为亚洲地区的主要参照市场，这一点在金属和钢材方面开始成为事实，但在农产品方面却并非如此。在能源领域，中国期货市场主要竞争对手来自新加坡，该国正在成为亚洲石油交易的中心。尽管中国期货市场的数字会让人产生各种大胆的联想，但它面前还有很长的路要走，中国期货市场的“长征”在继续。

——大宗商品、衍生品市场与金融

就像在黑暗的角落里占据了半个座位的某些穷亲戚一样，大宗商品，不管在芝加哥还是在日本的某个交易场所，都长期生活在金融市场的阴影之下。曾记否，当今所有在衍生品市场所使用的技术都曾经是为商品而发明——更有甚者只是为农产品而发明的，如期货、期权、互换、远期等这一切都可以在曾经昏暗的、堆满了成袋糖或成袋咖啡的商品交易所里找到它们的根。大宗商品曾经被“边缘化”，它只能吸引一些狂热的爱好者如威尼斯或桑给巴尔（Zanzibar）的有钱商人，以及后来隐藏在楚格（Zug，一个瑞士小城市）或阿姆斯特丹的贸易公司，在这些公司严守秘密的背后有时充满了世界上所有的卑劣行为。而如今最近这些年，特别是自2008年金融危机以来，大宗商品被投资者当作一种完整的资产类别用以对冲美元汇率的动荡，大宗商品成为衍生品市场中具有想象力和世界最富创造力的一个部门。

大宗商品世界确实得益于这一重大冲击，该冲击的规模与20世纪70年代初的规模一样大：从20世纪末到2008年7月的各国首脑会议这段时间，全球大宗商品的价格已经增长了6倍。过去曾经是乔治·索罗斯小帮手的那位著名的吉姆·罗杰斯（Jim Rogers），表现出其真正的才华：他把大宗商品指数稍加整理并在大宗商品市场处于最低点时推出。但该指数的变化与国际机构、经济研究机构和银行等编制的大多数相关指数一致。

受到大宗商品的分析支撑的上涨，突出了自然资源的匮乏和生产下降（石油峰值论/peak oil…）的前景，这在全球衍生品市场特别富有创造性的时刻自然吸引了金融界的关注。

由于当前衍生产品市场所使用的基本技术在之前是为大宗商品市场创造的，这表明期货市场从一开始就需要现货操作者拥有作为对手的投机盘。对大宗商品进行投机，主要是对农产品投机，这在20世纪上半叶的美国非常流行：当时的个人投机者通过“经纪公司”（commission houses）发出他们的指令，以及充满着传奇色彩的纽约和芝加哥的出租车司机亦都进行这样的投机。而投机的作用在那时已经引起广泛争议：1933年，根据《新政》，美国农业法案（AAA）禁止农产品的期权交易。在20世纪50年代，美国国会决定关闭洋葱期货市场！在欧洲，尤其是法国，以及在日本，商品期货市场有着非常坏的名声，这就使得该市场的范围局限在行业内人员。

从20世纪70年代起，为大宗商品打造的那些工具被用在金融市场和金融产品上，从而发展出了“金融期货”（financial futures）、期权以及各种互换技术。而在衍生品市场的世界中，尽管在能源和金属领域开发出了新的合约，但大宗商品还是逐渐被边缘化。因此2009年6月30日，大宗商品衍生品市场只占全球衍生品市场交易金额总量（据国际清算银行计算为604.6万亿美元）的1%。

现在还是回到大宗商品市场自身的规模上来——在投机的性质正经历深刻演变之时，在大宗商品市场本身的运作随场外交易市场的发展而改变的时候，在银行和金融领域新参与者不断出现在大宗商品市场的时候，大宗商品衍生品市场（价值）总量为6万亿美元的交易量仍然显得非常巨大。

与一些机构投资者一样，在国际金融市场参与者的投资组合中，大宗商品已经成为了一类完整的资产。对这类资产的配置虽然在机构投资者那里受到限制（比例最高为5%～10%），但涉及的量却非常大，并且在某种意义上改变了大宗商品市场的短期平衡。而这就引发出许多论战。

这些新增的投机交易主要通过两个渠道：一是"主动型"基金，这类基金的投资策略或是建立在对基本面的分析上；二是采用数学化的定量方法等以及技术分析（图表分析等）。但绝大多数"新"投机者拒绝了过去大宗商品界复杂的交易，而使用了以大宗商品指数为工具（vehicules）——跟踪型基金（tracker）或称ETF基金。指数化投资的发展是近些年来将金融和大宗商品连接在一起的无可非议的伟大创新：在大宗商品价格处在最高点的2008年第二季度，对商品指数的投资达到1 700亿美元，而到了2009年秋季，这类投资总额又回到了1 200亿美元左右。

2009年6月30日衍生品交易总量的分布

单位：%

利率	72
外汇	8
信贷	6
股票	1
大宗商品	1
其他	12

资料来源：国际清算银行。

指数技术就是构建一揽子大宗商品，且揽子内的大宗商品通常是相关市场的挂牌商品。当然，指数的加权取决于指数创始人的目的。历史上，指数曾被用来作为宏观经济的指标，尤其是被用来反映宏观的经济平衡（国内生产总值、外贸等）。最古老的指数是19世纪以来由《经济学人》（The Economist）杂志计算的指数。两次世界大战之间最有名的指标是穆迪（Moody）和路透社（Reuter）的指标。

多数的大型机构计算自己的指数（如世界银行、联合国贸发会议，CNUCED）。同样，一些研究机构也有自己的指数计算，如美国的商品研究局（Commodities Research Bureau，CRB）、德国汉堡世界经济研究所（HWWA）、法国经济研究观察中心（Coe-Rexecode）与锡瑞镨研究所（CyclOpe）的合作等。20世纪末，各种指数被用来作为投资载体，如某个机构创建一个指数，并按照该指数的构成比例持有合约，从而维持投资者的头寸。事实上，这就等于建立一个"被动投机"的模式，而经验表明，大多数建立在指数上的头寸都是看涨的，并只做长期（long only）。有十多个指数被用来作为投资工具，其中最重要的有高盛的"标准普尔高盛商品指数"（S&P GSCI），2009年秋季其达到700亿美元。位居第二的是道琼斯瑞银商品指数（过去曾是美国国际集团/AIG）。但德意志银行指数、罗杰斯国际商品指数（RICI）以及美国商品研究局指数（CRB）等也被经常使用。这些指数中有的还进一步细分成子指数。指数化投资使得机构可以"炒"大宗商品而并不需要详细了解每个市场的基本面。从2003～2004年指数交易量持续增加，2008年春季达到高峰。在金融危机的不景气阶段之后，2009年1～9月，所有投资（指数、ETF等）均

大宗商品领域中的金融投资

单位：10 亿美元

	2009 年 6 月 30 日资本（10 亿美元）	主要产品（%）
标准普尔 - 高盛商品指数	58	原油 52.0 铝 5.3
道琼斯 - 瑞士银行指数	36	天然气 61.5 玉米 7.0 大豆 8.0 铜 7.5 原油 30.0
罗杰斯国际商品指数	无数据	
德意志银行	无数据	
指数投资总额	117	
大宗商品领域投资总额		
2008 - 9 - 30	164	
2009 - 6 - 30	209	
2009 - 9 - 30	224	

资料来源：摩根大通，VM 集团，巴克莱。

出现回升，相关的资金达到了 514 亿美元，这显示市场已经明显复苏。2009 年 10 月，仅仅指数投资的净流入就可能超过 100 亿美元。

很自然地，指数产品都集中在最具流动性的合约上（通常都是在期货市场上挂牌的合约）。在某些情况下对那些交易量较小的商品来说，指数产品可以占据其市场头寸的很大一部分。因此，德意志银行的两个农业指数对某些期限交割的芝加哥小麦合约来说能够占据其所有开仓量的大部分，这就使得美国的市场监管机构——商品期货交易委员会不得不进行干预以限制这些头寸。指数构成的变化受到了市场密切的关注，因为它将使资金从一个产品转移到另一个产品。在 2009 年和 2010 年，高盛指数的构成发生了改变：布伦特原油的占比相对美国西德克萨斯中质原油有所提高，而铝在其指数中的权重也由 2.4% 上升为 5.3%。

关于大宗商品市场的金融化，在监管机构如美国商品期货交易委员会以及学术领域里引起了许多争议和辩论，并进行了许多相关研究和调查：从时间上看，最近的一个学术研究结果是唐科（Ke Tang，音译）和熊伟（Wei Xiong，音译）在普林斯顿发表的《指数投资与大宗商品的金融化》（Index investing and the financialization of commodities, Princeton Papers, 2009）。这些投机性资金流动对大宗商品的价格有什么样的实际影响？对拥有衍生品的商品和没有衍生品的商品（比如一边是小麦，另一边是稻米）所进行的对比表明，在市场基本面几乎相同的情况下，其价格的变化没有多大差别。但是，指数对其投资的大宗商品造成某种“趋同化”，并且造成这些大宗商品与金融市场有更大的关联性，其中特别是与证券市场和货币市场。从 2007 年开始，大宗商品的走势

大宗商品市场中的金融投资分布
（2009 年 5 月 30 日）

指标 金融机构	投资额 （10 亿美元）	占比 （%）
标普高盛商品指数和道琼斯瑞银商品指数	99	48
其他指数	15	7
指数跟踪类基金（ETF，大宗商品交易型基金/ETC）	80	39
主动型基金	13	6
总计	**207**	**100**

资料来源：根据摩根大通计算。

与欧元兑美元的走势的相关性十分明显，尤其在 2008 年 7 月和 2009 年 1 月市场波动时期更是如此。

2008 年危机之后出现了许多呼声，要求对投机性仓位——尤其对于像石油市场或谷物市场这样具有代表性市场的投机仓位进行更多的限制。2009 年和 2010 年，美国和法国已经进行了一些研究。美国商品期货交易委员会决定对大宗商品市场中金融业参与者设立仓位上限。但许多分析家怀疑这些措施的成效，更何况目前场外交易市场还没有受到任何形式的监管。

就这样，大宗商品衍生品市场返回到了那个曾经藐视它、忘记它的金融世界。此类资产已经远离了它们从前在人们眼中的印象，现在已经到了应将其作为一个完全值得重视的资产类别的时候。另外，由于其规模远远小于利率市场和股票市场的衍生品市场的规模，大宗商品市场因此对金融领域哪怕是微小的动荡都很敏感，进而产生更大的波动。对金融来说大宗商品仍然不是最重要的，但对大宗商品而言金融却已成为必不可少的了。

– Ⅱ –

粮食和温带农业

鲁昂，河海交界港
处于法国经济市场的核心位置

是对欧洲开放的多式联运口岸：海上通道，高速公路，宽轨水路，铁路服务

有33个位于塞纳河流域的专用码头，每年迎接3 000-3 500艘远洋海轮。

法国第一大农产业（谷物，化肥，糖，麦芽，面粉，干果），纸制品和分组（南北线）港口，法国第二大木材港口和第三大精炼石油产品港口。

在市场与政治之间

经历了2008年的“躁动”之后，连续两年的丰收使世界农产品市场重新归于平静，但值得注意的一个例外是糖：事实上，世界糖生产周期滞后于谷物生产周期。以美元标价的农产品价格出现显著下跌，对欧洲农业生产者而言，以欧元计价的农产品价格下跌则是灾难性的。这种情况正发生在欧盟共同农业政策将被真正意义上全面“肢解”的前夕。在农业政策方面，与对农业表示出极大关切，并急于以此来取悦美国国会的美国总统奥巴马相比，欧洲的政治家们则对小麦、猪肉，以及牛奶价格的大幅下跌漠不关心。面对“政治正确”（politically correct）的压力，农业政策仍然坚守阵地。

2010年1月，德国贸易商Alfred C. Toepfer公司（ADM的子公司）在对21世纪前10年世界农业发展的主要趋势的分析中着重指出了几点：第一个趋势是农产品的金融衍生品市场的发展，以及在欧洲、巴西和中国（包括印度，但该国的衍生品市场被印度政府禁止交易）的农业从事者对农产品金融衍生品的应用。处在农产品价格稳定政策逐步被取消时期的农产品衍生品市场的发展正在深刻地改变着农业生产者的行为，更何况后者目前需要面对波动幅度越来越大的农产品价格。这种情况在欧洲尤为明显，但同样也出现在许多发展中国家。

事实上，发达国家产生这种变化趋势在一定程度上是可以接受的，因为那里的农业生产者在一些情况下（对于一个生产者来说，不存在完美的风险对冲）对一些农产品（谷物等，不包括畜产品）拥有使用衍生品市场套期保值工具的能力。当这一变化出现在众多贫穷国家就是非常危险的了，因为这些国家依然需要保护本国的农业生产者，确保农产品的收购价格以保证农业生产者“收益”的稳定性。

第二个世界农业发展的主要趋势是与食物需求并列的新需求，即生物燃料（biofuels）。长期以来，生物燃料的主要原材料仅仅是甘蔗。但是在2009～2010年，全世界有1.245亿吨谷物被用来生产生物乙醇（不包括稻米，除了主要用于酿酒，尤其是清酒之外很少用作生物燃料），这相当于世界谷物总产量的7%。除此之外还有1 500万吨的植物油用于生产生物柴油，美国在这其中扮演重要的角色。美国主要使用玉米生产乙醇，而与此相关的补贴则全被划入美国农业政策，美国总统奥巴马上台后加强了生产生物乙醇的计划。欧洲在应用油料作物领域占据“领先”地位，欧洲用于生产生物柴油的植物油使用量占世界生产生物柴油所需植

注：巴黎经济研究观察中心大宗商品价格指数（数据以美元计价）。

温带农产品

资料来源：巴黎经济研究观察中心。

各国用于生产生物燃料消耗的谷物

单位：百万吨

产品	2004/2005	2009/2010
玉米	35	115.7
美国	33.6	106.7
欧盟	—	2.2
小麦	0.9	5.6
欧盟	0.6	4.5
高粱	0.7	2.3
大麦	0.3	0.7
谷物总量	**37.1**	**124.5**

物油的一半以上（其中欧洲油菜籽的使用量占到了世界生产生物柴油所需植物油的1/3）。

生物燃料的发展当然是与环境保护问题和化石能源将枯竭问题相联系的，但生物燃料在经济、生态环境和能源方面能带来多少益处仍然存在很大的争议。美国环境保护署（EPA）在2009年春对所有第一代生物燃料进行了压力测试，结果只有利用甘蔗生产乙醇获得通过，至少在考虑到农作物对土壤的间接影响时结果是这样（其他的农作物种植需要占用更多的土地，因此砍伐森林和破坏天然草场将产生更多的温室气体排放）。在那些毫无意义的争论之外，欧盟内部发展生物燃料被看作是为农产品寻找一种新的需求，这一点似乎是合理的，但对所谓“单一能源作物”进行生物燃料的生产则不是理想的，如美国种植玉米，巴西种植甘蔗（出于与土壤的使用和社会问题相关的原因）。此外，美国环境保护署越来越倾向利用废弃物（农业废料、林业废料和家庭垃圾等）来生产新一代纤维乙醇。

各种农产品生物柴油量占生物柴油总量的比例
（2008年生产生物柴油总量为1 500万吨）

单位：%

产品	比例
菜籽油	34
大豆油	30
棕榈油	10
动物脂肪	5
其他	21

在锡瑞镨研究所的《世界大宗商品市场年鉴》中，价格上涨最大的农产品是大蒜，从2009年3月（中国批发市场的价格为170美元/吨）到2010年2月（价格为1 200美元/吨）大蒜的价格上涨了605%。在西方国家的市场上，大蒜价格也足足上涨了70%。大蒜价格上涨的原因包括，中国的大蒜产量下降及由于H1N1流感造成消费量猛增等。

转基因问题

第三个世界农业发展的重要趋势是利用生物技术生产植物种子，即著名的“转基因”（GMO）技术的发展。目前，世界转基因农作物的种植面积超过1.3亿公顷，超过了中国的可耕地面积。其中，美国的转基因作物种植面积占世界转基因作物种植面积的一半；拉丁美洲约占1/4；其余绝大部分种植面积在亚洲（主要在印度和中国）。种植的转基因农作物主要是玉米、大豆和棉花。欧洲只有西班牙规模种植转基因农作物；法国转基因作物种植事实上是被禁止的。在全球范围内，有关转基因作物的争论正在愈演愈烈，在支持者中有大量的科学家，如诺贝尔奖获得者，20世纪60年代的“绿色革命”之父诺曼·博洛格（Norman Borlaugh），于2009年逝世。他把转基因作物看作是满足21世纪人类对食品日益增长的需求，以及应对可耕地日益减少和防止土壤污染的一种方法。转基因作物的反对者主要是一些广义上的环境保护者，他们的构成也十分广泛，包括“自然至上论”者、有机农业的信奉者，以及“反全球化”者等。除了从道德角度反对转基因外（这是完全可以理解的，特别是当这种技术逐渐的应用到人类身上），这些反对者们还谴责（这也是有道理的）世界基因工程的研究掌握在少数几个跨国公司手中，特别是美国的孟山都公司（Monsanto）在基因品系研究方面占据几乎垄断的地位。孟山都在基因改造作物领域所处的地位确实是一个大问题，这就好比微软在世界软件业的地位。转基因反对者们或许可以从法律层面，特别是在与公平竞争有关的法律方面更有效地说明和处理好问题，而不是捣毁转基因作物，因为这样做除了吸引了大众的注意力和阻止进行相关研究，包括在政府层面的公共研究（就像在法国所发生的那样）之外毫无意义。事实上，人们可以像迫使微软公司按照欧盟委员会的要求开放它的产品源代码一样要求孟山都公司交出它目前对某些基因品系所拥有的专利权作为“人类的共同遗产”。在美国，杜邦-先锋公司（Dupont-Pioneer）已针对这类情况提出了诉讼（孟山都公司的竞争者）。站在全人类的高度上，由转基因产品引起的问题是可以以更理性的方法解决的。在某种程度上，这就是中国正在做的事情，在与孟山都保持距离的情况下，中国大力发展自己的研究，并正式批准了该国转基因水稻的销售。印度的转基因问题则更为复杂，印度转基因棉花的生产已经推广，但是因为一些地区的农业生产者并没有为转基因棉花的引进做好经济方面的准备，从而使得出现印度农民破产和自杀的情况。在2010年初“食品民族主义”的背景下，印度国内围绕着转基因茄子的生产，发生了激烈的政治辩论，茄子是印度菜中最重要的原料之一！

2008~2009年世界各国转基因农作物种植面积

单位：百万公顷

国家名称	2008年	2009年
美国	62.5	64.0
巴西	15.8	21.4
阿根廷	21.0	21.3
印度	7.6	8.4
加拿大	7.6	8.2
中国	3.8	3.7
巴拉圭	2.7	2.2
南非	1.8	2.1
世界种植总面积	**125**	**134**

欧洲的转基因问题首先是政治问题，而且没有哪个政府愿意冒险做出与公众意愿相反的决策，事实上公众意愿是可以轻松被操纵的，但要想禁止转基因产品的进口不受世界贸易组织（WTO）的惩罚是很困难的。在欧洲种植转基因作物需要先征询目前颇受争议的欧洲食品安全局（EFSA）的意见，并要与欧洲相关机构达成协议后才能进行生产。如果没有达成协议，就由欧委会来决定，实际上这就等于将欧洲各国政客不愿承担的责任推给布鲁塞尔的官僚。最后无论在什么情况下，问题都会回到欧洲各国相关机构的桌面上，其中一些欧盟国家（如奥地利和法国）几乎是禁止在其土地上种植转基因作物。法国关于转基因作物的审议和咨询都是由生物技术委员会（Haut Conseil des Biotechnologies，HCB）来负责，而该机构的成员是来自法国环境对策圆桌会议（Grenelle de l’Environnement）。因此我们很难想象该机构会允许任何一种转基因产品获得通过（事实上，2009年提交到生物技术最高委员会的第一份申请是孟山都公司的810玉米种

2050 年如何养活全世界的人口

“2050 年如何养活全世界的人口”是 2009 年 10 月中旬在意大利罗马的联合国粮农组织（FAO）总部召开的一次专家会议的议题。与往常一样，出席者的构成很微妙，他们来自学术领域（真正对农业感兴趣的人越来越少，至少是从农业实践方面来说是这样），还有各国政府和国际组织的官员，他们是来寻求一种可能达成的共识，以及各种“公民团体”的代表。

我们在此要感谢粮农组织一直敦促世界各国关注粮食问题。自 2008 年世界农产品价格上涨以来，全球粮食产量连续两年取得了大丰收，从而极大地改变了世界农产品市场的形势：农产品价格出现大幅下跌，而不同于石油和金属的价格走势，农产品的价格在 2009 年并没有出现上涨，谷物价格一直到 2009 年秋天仍然维持在很低的水平上。在全球金融和经济危机之后，谁还会关心到仅仅为了满足 2050 年全世界人口粮食需求，世界的农业生产必须增长 70%，在发展中国家则必须增长一倍这一事实呢！

此外，还有一点是显而易见的，也是经常被人遗忘，即跳出单一的农业生产的范畴，农业是经济发展过程中至关重要的一个因素。近二十年来，《华盛顿共识》的实践者们（国际货币基金组织及世界银行）不断地对所有形式的农业政策提出质疑并要求进行“自由化”改革（同时农业政策在美国和欧洲的地位还不可动摇）。在他们眼中，市场是调节一切的手段！

在罗马的会议上，在许多人谈论农业技术、投资和自然资源的时候，一些从事现实农业生产的人士却强调，首先必须给农业生产者构建长期稳定的和有保障的市场和价格体系。一位非洲代表说了一句富有感情并略带夸张的话，“农民将养活全世界”。但是更多的代表则一致认为，因为农民依靠的农产品市场是不稳定且波动幅度巨大，因此从本质上无法给予农民保证“收益”的是农产品价格。

在国际层面上，一方面，建立一个稳定的农产品价格体系的确是很难得。之前所有试图稳定石油和金属国际价格的努力都以失败告终，更何况稳定农产品的价格则更为复杂；另一方面，在各国国内的农产品市场，我们可以设计一个保证农产品价格稳定和保障农业生产者收入的体系，美国和欧洲就是这么做的。对于发展中国家而言，依靠一个简单的“干预机制”来保证农产品价格（1958 年的欧盟共同农业政策的原始模式）比较容易做到。

农业政策的难点是资金问题：众所周知，农业政策是由纳税人或消费者来“买单”。在美国和欧洲，农业政策中的直接补贴是由纳税人来买单；欧洲的农产品保护价格政策则是由消费者来买单；日本和瑞士与欧洲情况一样。但是在一个经济欠发达的国家，消费者的支付能力很低，且纳税人的数量有限，情况则完全不同了。正是在这种情况才需要国际的援助，也正是在这点上联合国粮农组织的专题会议没有取得任何突破。目前在这些欠发达的国家，只有政府和一些国际援助微弱地撑起农业政策。我们又如何向这个专题会议的参与者解释一个非洲的农业生产者要比伦敦金融城的交易员对我们的未来更为重要呢？

子，此转基因玉米在世界许多地方已经种植了许多年，但该最终还是被否决了）。2010年初，欧委会十余年来第一次使用它的特权批准了一种工业用马铃薯的种植（淀粉用于造纸工业）。这在整个欧洲引起了强烈反响，同时这也完全揭示了欧洲关于转基因问题讨论的非理性的一面。另外，实际上这也提出了欧洲农业未来发展的问题。这正是21世纪头十年的第四大趋势——发达国家的农业政策。

农业政策的不确定性

说到农业政策，人们首先想到的是美国和欧洲的农业政策。《大宗商品市场年鉴》的前23期着重介绍了这两个地区在农业领域的“交锋”。在介绍了2008年美国农业法（Farm Act）和欧盟的共同农业政策改革之后，2009年是一个相对平静的年份。美国的奥巴马有很多更加重要的问题需要处理，而且他本人对农业问题缺乏兴趣是人所共知。在奥巴马执政之始，只任命了次要的官员来领导美国农业部（USDA）和美国贸易代表办公室（USTR）。但是白宫因为需要尽全力解决一些重要的问题（如经济刺激计划、医疗保险改革和金融监管），反而使得美国农业利益集团可以借此向美国政府施加压力并为自己争取利益，例如不管是关于农业燃料还是棉花政策，甚至是农业直接补贴的分配，美国的农业部门均可以在奥巴马执政的头一年庆祝取得的成绩了。美国主要的农场主联盟组织、美国农场局联合会（American Farm Bureau Federation，AFBF，简称FB）也重新找回了之前的影响力，尽管美国第一夫人米切尔·奥巴马对有机农业青睐有加。

> 2009年世界农业的另外一个看点是诞生于两次世界大战期间农业危机时期的垄断机构——澳大利亚小麦局（AWB）的消失。这个曾在伊拉克问题上被指责“犯错误”的机构的消失使得澳大利亚谷物市场终于面向所有竞争者开放。目前加拿大小麦局（CWB）是唯一“幸存”的农业垄断机构。

2008年欧盟27国的农业状况

国家名称	农业占国内生产总值的比重（%）	农业从业人数占总就业人数的比重（%）	农场数量（百万个）
罗马尼亚	7.9	31.3	3 931
波兰	4.2	15.4	2 391
意大利	2.0	3.8	1 679
法国	2.1	3.3	527
德国	0.9	2.1	370
英国	0.9	2.2	300
比利时	0.8	1.9	48

资料来源：欧盟统计局。

2009年农业和食品事件一览

1月20～27日	在马德里召开关于粮食的会议：成果平平。
2月	奥巴马任命前达拉斯市长隆·柯克（Ron Kirk）为美国贸易代表（USTR）；前艾奥瓦州州长汤姆·维尔萨克（Tom Vilsack）为美国农业部长。
2月23日	在法国，欧盟共同农业政策的实施进行了调整，大型农作物与畜牧业之间的补贴得到了平衡。
4月24日	在墨西哥发生第一例猪流感病例。
5月	在圣彼得堡召开第一届世界谷物论坛。
6月	首次出现对出现厄尔尼诺现象的传言。
	在巴厘岛召开凯恩斯集团（Cairns）会议。
	欧洲发生奶业危机。
7月	世界贸易组织批准巴西在与美国的棉花贸易争端中可以采取报复性措施。
	在新德里召开世界贸易组织会议。
	美国与欧洲之间的"激素牛肉"争端结束。
8月	欧洲的葡萄与葡萄酒产业政策改革开始执行。
9月10日	欧洲奶业罢工。
10月	欧盟与非加太（ACP）国家之间的"糖协议"到期。
	巴西实行咖啡收购计划以支持咖啡价格。
11月	中国批准若干种转基因水稻。
	联合国粮农组织在罗马召开世界粮食安全峰会：罗马教皇和西尔维奥·贝卢斯科尼是出席会议的仅有的大人物。
	中国大蒜价格飞涨。
11月27日	前罗马尼亚农业部长达席安·乔罗什（Dacian Ciolos）被任命为欧委会农业专员。
12月	在世界贸易组织达成关于欧洲香蕉进口的协议，这终止了始于1996年的香蕉贸易争端。
	世界贸易组织部长级会议在日内瓦召开。
12月10日	法国发起了关于欧盟共同农业政策改革的"巴黎召唤"（21个国家签署该声明）。

2009年基本上是两届欧盟农业委员会的过渡年份，作为农业委员的菲舍尔·伯尔（Fischer-Boel）女士任期已满。在一些分析家看来，她取得的最大"成绩"就是为2013年彻底"肢解"欧盟共同农业政策做好了准备。这种看法可能有些夸张，但是人们会感到遗憾的是：菲舍尔·伯尔女士一心想要终结欧盟共同农业政策并将其置于共同市场组织（CMO）之中，因此她曾在任期内计划结束欧盟的谷物市场干预政策（这一点是可以解释的），以及取消奶制品的生产配额（这是具有很大争议的）。另外，尤其令人遗憾的是：菲舍尔·伯尔女士缺乏视野，她没有为未来的欧洲农业设计出发展方

欧盟共同农业政策："正义之战"？

农业领域应该庆幸：终于有人关心他了！近些月来，一些事情确实曾让人对此表示怀疑：牛奶生产者罢工、示威游行，形形色色的相关委员会，无论如何都无济于事。农业问题远在希腊和冰岛问题，银行业和汽车业问题，Heuliez公司和敦刻尔克炼油厂的问题之后。因为这是法国和欧洲最不受关注的领域。诚然，在法国大区选举开始的几周之前，法国政治人物都纷纷参加每年举行的法国农业展览会来拍奶牛和选民的"马屁"，但实际上，大家在选举中对农业谈得很少。作为选举赢家的法国绿党对农业的认识则游弋在"高贵的野人"和保护乡村生态博物馆之间。现在，大家终于对农业产生了兴趣，而且还不是一般的政治家，法国总统亲自将农业置于法国一系列改革之首，这还不算太晚！

对于农业领域来说，即将进行的巨大改革将发生在欧洲的层面上，而且有着确定的时间表——2013年。实际上这是雅克·希拉克总统之前在欧盟农业谈判中协商设定的最后期限，这用于在长期保证欧盟共同农业政策。事实上，欧盟共同农业政策是欧洲历史的核心。正是在20世纪50年代产生的煤炭和钢铁的协议与六七十年代的共同农业政策共同形成了名副其实的"欧洲行动"。于1962年开始执行的欧洲共同农产品价格与1999年创立欧元具有同样的历史性意义。但是时过境迁，今天的农业在经济、就业领域的重要性已远不如之前，这就意味着他在政治层面上的重要性也大大下降。因为欧洲在其他领域缺乏进展，共同农业政策仍旧占据着将近一半的欧盟财政预算。欧洲怀疑论者因此有了借题发挥的机会，而其中首当其冲的就是英国首相戈登·布朗曾经建议取消共同农业政策，并将其纳入一种十分宽泛的欧洲农村政策之中。从近年的改革结果来看，欧委会也确实在为解体共同农业政策做着准备。自1962年以来，欧盟共同农业政策的很多机制先后经历了修订、补充，并出现了许多次危机。现在的欧盟共同农业政策值得继续进行改进，甚至是完全的改革。更何况欧盟现在已经拥有27个成员国，如欧委会新的农业专员来自罗马尼亚，这些新的成员国各自有着不同的历史和现实目标。

2013年关于共同农业政策的改革方向是清楚的，要么将共同农业政策"稀释"到欧盟农村－环境政策的大杂烩中；要么创建一个全新的欧盟共同农业政策，汲取现行体制的精华，不走之前的老共同农业政策之路。当萨科奇说：法国准备在欧盟中冒着制造一次危机的风险，以保证共同农业政策的长期存在。欧洲的农业世界只能为之喝彩。但是，这不应该是一场"保守派"的战斗，而是需要建议建设一个全新的欧盟共同农业政策。事实上，最初版本的共同农业政策的基础运行机制是旨在保障农产品的价格稳定和价格水平。其中，给予生产者的直接补贴是由消费者来承担，而欧盟剩余农产品的出口补贴则由纳税人承担。如今，这种逻辑对很多生产领域来说不再是可行的。因此，未来新的共同农业政策应该与世界贸易组织的规则相一致，这一点十分重要，因为欧洲现在和未来更是一个农产品的出口地区。在国际农产品市场价格的框架下，欧盟的农业从事者的收益有时会很高，有时也会出现亏损。对于谷物和油料作物的生产者来说，欧盟内的市场价格与国际市场价格的接轨已经处在一种不可逆转的趋势之中。当萨科奇说：我宁愿直面危机，也不会让投机客来左右农产品价格。我们会不由自主地认为萨科奇搞错了对象。实际上，对于谷物等大型农作物，我们不能将欧洲市场与国际市场隔离开来，而且国际农产品市场自身的特性之一就是不稳定性，它取决于天气情况及各国的相关政策。补贴机制应该紧随市场机制之后，并根据农业从事者和社会之间的“合同”来进行补贴。但另一方面，对于畜牧产品（奶、牛肉、羊肉等）来说，逻辑就完全不同了。土地上的牲畜饲养也是国土治理的保障，因此，简单的畜牧产品价格并不能体现这一点。因此，从这个角度来看，欧盟取消牛奶的生产配额是名副其实的荒唐之举。

创建一个使市场机制可以在必要的情况下运行，并减少欧盟过于复杂的操作程序且必要时又能进行补贴的、实用的、而非教条主义的共同农业政策是个梦想吗？实际上，对于正在寻找联邦式发展计划的欧洲来说，农业可以为其贡献一份力量。但是，我们必须当心过去几十年一些具有代表性的“法国顽疾”，其中之一就是法国经常将因执行共同农业政策产生的问题加在布鲁塞尔的头上。我们不要抱有幻想，即使2013年后欧盟能够保留共同农业政策，它在欧盟预算中的份额也将减少，而且其中大部分措施和机制都将是“共同出资”的方式。例如法国，他可以从本国的财政部中找到所需的农业补贴资金吗？答案是否定的。同样，对粮食自给和粮食安全的问题大加讨论是值得提倡的，但完全对关于转基因和生物技术避而不谈又是否合理呢！

在欧洲的政治家中，萨科奇清楚地听到了农业领域的失望和痛苦，这很好！但是，要当心政治家们所做出的一些与事实相悖的承诺，土地不喜欢人们对它撒谎！

向，也没有相关的有雄心的目标，她用教条的方法试图解决一切农业问题，这均是在为准备2013年解体欧盟共同农业政策的前提下做出的。人们也可以批评菲舍尔·伯尔女士（虽然她不是唯一的负责人），在她领导的那段时间，欧盟在世界贸易组织（WTO）关于一些农产品的谈判中没有表现出应有的强硬态度，欧盟在糖、含激素牛肉及香蕉的贸易谈判中“举手投降”。现在，欧盟新任农业专员达席安·乔罗什（Dacian Ciolos，一位曾主要在法国接受教育的罗马尼亚农学家）身负重任，他需要为2013年以后的欧盟共同农业政策的谈判进行准备（一本在他领导下编撰的欧盟农业白皮书将在2010年夏季出版）。

2009年对欧洲农业来说是困难的一年，其间发生了牛奶危机（2009年9月份发生了第一次“欧洲”整体上的奶业罢工）、猪肉危机、谷物价格暴跌，以及农业生产者发出的抗议——他们认为：他们的要求再也不会得到倾听，甚至已经不再受到关注。这主要体现在欧洲议会中农业代表的减少。欧洲的农业生产者处在最广义上的对环境保护问题的担忧及经济金融危机影响的双重压力之下。在一个对未来迷茫的欧洲中，农业生产者几乎找不到他们的未来。

在欧盟共同农业政策的“总结表”中，实施的重要措施之一就是法国将一部分的农业补贴（14亿欧元）从大型农作物种植转向饲养业，尤其是对羊饲养业进行补贴。这说明了，在某种程度上要从财政和决定两个方面使共同农业政策更加合理，这是欧盟共同农业政策未来改革的方向之一。

欧洲今后几年的辩论将围绕着未来欧盟共同农业政策的发展方向展开：干预体系、农产品价格或农业生产者收入的保障机制会不会被维持？将有多少预算会被应用在直接补贴上，它们将如何分配，以及根据什么标准和条件来进行分配？农业和农村生活之间的联系将如何管理？在年轻的法国农业部长布鲁诺·勒梅尔（Bruno Le Maire）的领导下，法国在2009年12月份召集21个国家以“巴黎召唤”为主题开展讨论，号召维持欧盟共同农业政策中为农业生产者提供价格保障和价格“安全网”政策。这种行动不应该被看作是建设一个过于理想化的欧盟共同农业政策——实际上从来也没有存在过，而是努力将农业保持在欧洲最根本的平衡管理的中心位置。为欧盟共同农业政策进行的战斗已经开始！

激素牛肉与洛克福奶酪之争

2009年初，行将下台的布什政府再次将与欧盟长期争端的美国含有激素的牛肉的出口问题摆在了桌面上，并宣布了对欧洲新的贸易报复措施。

美国与欧洲之间的相关贸易战已经持续了20多年。1985年欧盟出台一项法律，禁止将含激素的饲料用于畜牧业，同样也禁止进口含激素的肉类（特别是含有雌二醇）。在随后的10年，美国对欧洲单边采用了贸易报复，对来自欧盟的进口产品施加惩罚性关税，甚至对某些产品实行贸易禁运……1996年美国和加拿大在新成立的世界贸易组织框架内分别对此问题提出了申诉，因此世界贸易组织成立了两个专项调查小组。

1997年8月，世贸组织对美国和加拿大的申诉表示支持，因为欧洲没有能够提供科学证据来证明含激素牛肉存在的风险，而且欧盟所执行的预防措施远在联合国食品标准（Codex Alimentarius）之上。这个判决于1998年2月在上诉后得到确认。欧洲对激素牛肉的禁运令因此应在1999年5月之前撤销，但欧洲并未执行该判决。因此，美国对欧洲的贸易报复措施得到了世界贸易组织的批准，美国对从欧洲进口的某些产品，尤其是洛克福奶酪（Roquefort）实行贸易报复措施。

我们现在还可以记起1999年8月12日曾经捣毁一家位于法国阿韦龙省（Aveyron）米约市（Millau）的麦当劳餐厅的法国人若思·博韦（José Bové）先生，这一事件也开创了他在法国的政治生涯，而现在他也已经是欧洲议会农业委员会的副主席了！

2009年1月，因为欧盟仍然拒绝进口激素牛肉，美国贸易部威胁要把近10年的贸易报复的年均金额增至每年1.17亿欧元（加拿大也将贸易报复额度提高到每年1 100万欧元）。从2009年3月开始，美国所谓的“旋转木马”措施将法国洛克福奶酪和芥末的进口关税提高3倍，达到300%，还把其他欧洲产品（除英国的产品以外！）的进口关税提高至100%，这些产品包括牛肉、猪肉、禽肉、花卉、巧克力、洋葱、松露菌（truffes）、水果、法国栗子，以及意大利矿泉水等。另外，对其他产品特别是对来自法国布列塔尼的产品的进口关税却下降了，例如，当地特产Hénaff pâté猪肉及小洋葱头等。

美国新总统奥巴马就职后不久，就很快和欧洲各国取得了妥协：降低贸易制裁以换取美国对欧洲以零关税出口不含激素的高等级牛肉（冷藏和冷冻牛肉），每年的配额为2万吨。尽管欧洲的两个主要牛肉生产国法国和意大利对此表示有些犹豫，但是欧盟27个成员的农业委员会于2009年7月13日在没有讨论的情况下批准了该协议，并从2009年8月起生效。

世界其他主要的牛肉出口国（澳大利亚、阿根廷、巴西、乌拉圭、新西兰等）对欧盟单独给予美国的这项出口权利表示不满，2010年1月欧盟又给予了澳大利亚类似的出口权利，但其余的国家则再次表示不满。

这些牛肉出口国因此把这个问题提交到了世界贸易组织！这意味着世贸组织将再一次组织针对欧盟牛肉进口的专项调查小组！

美国农业政策

——白宫的“有机”菜园遭遇美国国会的“封锁”

美国第一夫人米歇尔·奥巴马在白宫院内开辟的有机菜园反映了美国当前的高产型农业与奥巴马政府期望的向可持续的食品生产体系转变之间的矛盾。

美国第一夫人的首要行动是高调将白宫草坪一隅改造成“有机”菜园。这使美国农场局联合会(AFBF)大为不满，他们认为这一举动打击了一直以来他们尽力维护的美国高产型农业。

美国的农业联盟组织和一些美国国会议员认为奥巴马政府的农业政策方向是与高产型农业相反，而奥巴马政府对美国农业部（USDA）的几项人事任命也印证了他们的观点：任命美国唯一的有机农业立法的发起人担任副部长，任命盖茨基金会的一个高管负责气候变化问题，又任命加利福尼亚州酿酒葡萄种植者协会会长卡伦·罗斯女士（Karen Ross）担任办公厅主任。

前艾奥瓦州（Iowa）州长汤姆·维尔萨克（Tom Vilsack）出任美国农业部部长一年有余，他不遗余力地执行奥巴马政府的农业政策：振兴美国农村地区，使美国农业为解决气候变化问题做出贡献，保证食品保障体系（food security），为美国人提供健康饮食（对抗肥胖症问题），但对支持谷物等“大型农作物”却只字未提。

经济危机的爆发确实没能给美国农业部部长留下太大的空间来一展拳脚：美国政府推出的经济刺激方案中给予美国农业部的资金将近500亿美元，其中250亿美元用于振兴农村地区，另外的近210亿美元则被划入用于家庭食品援助的相关基金，2009年大约有超过1/5的美国人受益于此项基金。

美国农业部2010年的工作重点仍然是管理用于美国农村基础设施建设的250亿美元。2010年美国农业部几乎每周都对美国农村投入数亿美元，这些资金主要用于建设宽带互联网、农村地区的医院、建设水利设施、引水工程和水处理设施以及公共建筑，另外还包括为在农村地区的工业投资提供政府担保，甚至还有降低在农村购房的借贷利率，这项条款已使85 000多美国人获益。

2010年2月，美国农业部宣布将1.5亿美元的担保贷款用于资助在农村地区的大约50个工业项目，例如，建设一座生物柴油厂和一座有机农产品包装厂。

实际上，向美国农业部划拨的用于美国农村地区的250亿美元资金还有些象征意义，因为这约为美国农业净收入的一半。

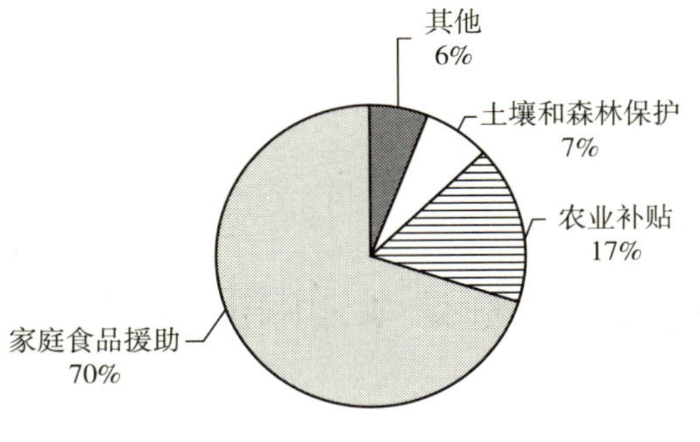

注：预算中的支出总额达到 1 460 亿美元（2010 年为 1 420 亿美元）。一是家庭食品援助首次超过了 1 000 亿美元，其中仅粮食券就高达 800 亿美元。二是农业补贴中包括农业保险和生态保护补贴计划，它仅占预算支出的 17%，略低于 240 亿美元。

2011 年美国农业预算方案

美国的食品保障状况随着 2009 年经济危机的爆发进一步恶化。因此有多达 4 000 万以上的美国人将受益于 2010 年食品券计划（Food Stamp Program），与之相同的食品援助计划还有覆盖 3 200 万美国儿童的学校食堂食品计划和使 1 000 万低收入母亲和儿童受益的食品援助计划。2011 年美国财政年度（从 2010 年的 10 月～2011 年 9 月）领取食品券的美国人数量将再次增加 10%。

2010 年美国的家庭食品援助金额将超过 1 000 亿美元，其中食品券计划就相当于近 800 亿美元。目前，美国的食品保障支出（家庭食品援助计划）占美国农业部预算的 70% 以上，而用于支持农业的资金仅占预算的 17% 以下。

美国农业将不会为碳排放买单

美国农业部和美国农业在应对气候变化方面的成绩则要暗淡很多。事实上，美国农业部没有将预算的主要部分用作应对气候变化，尤其是美国的“总量控制与交易制度”（cap-and-trade）下的农业碳排放信用额度已被搁置一旁。美国农业部受到共和党的指责，后者称美国农业部过于高估美国农业可以从碳交易系统中获得的益处。维萨克随后被迫公开承认，美国农业部的相关研究报告中的数据，美国农业将从碳排放信用额度系统中每年受益几十亿美元，过于乐观。而美国农场局联合会则认为，对美国农业来说，每年因碳排放额度带来的损失将会达到 20 亿或 30 亿美元。

2009～2010 年冬季的暴风雪使美国整个东部地区处于瘫痪状态，这更无助于说服美国公众支持关于气候变化的法案。因此，2009 年美国众议院通过的雄心勃勃的“总量控制与交易制度”惨遭搁置。

目前，美国参议院正在策划一个替代方案，它包含一个逐步递减的碳减排目标和建立一个公开的碳排放权拍卖系统，这将使得石化燃料（煤、石油、天然气）的生产商和进口商可以购买碳排放权；收入金额的 75% 将返回给美国消费者，其余的资金将用来资助可再生能源的发展。这个“总量控制和补贴制度”（cap-and-dividend）将不涉及美国农业及美国制造业，仅适用于石化能源的生产部门。

促进出口

在美国政府启动“美国出口翻倍计划”的 5 年内，美国农业部预计 2011 年用于推广美国农产品的资金将翻一番（将达到 1 亿美元，而 2010 年为 4 200 万美元），这些资金将主要用在促进美国特产农产品的出口上。

主要用于推广转基因产品的市场准入计划（MAP）的预算资金则从 2 亿美元降到 1.6 亿美元。美国农产品出口计划中将以促进生物技术产品的出口为主，尤其是向发展中国家出口。

为农业补贴设置上限？

美国农业部部长及农业部的“政治任命人员”（political appointees）在公开讲话中却一直没有提及对“大型农作物”和奶业传统的价格补贴和对相关农业生产者的收入补贴计划。奥巴马政府在2011年的美国财政预算中再次试图减少2008年《农业法案》（Farm Bill）中的补贴金额，尤其是给予大型农场的补贴。因此在奥巴马政府的预算案中，将给予每个农场的直接补贴限制在3万美元以内（在2008年《农业法案》中为4万美元），并将获得补贴资格的门槛定为非农业收入25万美元和农业收入50万美元。更具有约束性的类似方案曾在2010年的美国农业部预算案中提出，但没有批准。2011年该项提议注定仍会遭到美国国会的反对，没有任何希望通过。

一方面，美国农业利益的主要代表——美国农场局联合会，将奥巴马政府的举动看作是公开反对美国的高产型农业，而美国农业部发起的倡导健康饮食，并大力发展所谓的“临近农业”的活动（“了解你的食物，了解你的农场主”）更是激怒了该组织。

另一方面，农业委员会的当选代表则一致反对减少2008年《农业法案》中的任何补贴条款，他们同时强调对美国农业的补贴（包括收获量保险和生态保护补贴计划）目前只占不到美国农业部预算的16%，不到美国联邦财政预算的0.2%。在阿肯色州仍面临着艰难的连任窘境的美国参议院农业委员会主席成功地在最近的就业法案中加入了给予阿肯色州及其周边各州受自然灾害影响的农民总金额为15亿美元的“就业信贷”的条款。

美国的各类农业组织与共和党和民主党中的农业代表将一起保卫《农业法案》，但他们现在需要面对的是美国农业部和司法部共同针对占据美国农业中垄断地位的参与者进行的“围剿”。

强调“反托拉斯”立法

奥巴马上任伊始就宣布不受监管的时代已经过去，针对美国农业中的过度集中现象美国政府将严格执行反托拉斯法案。其中美国政府的矛头也指向美国的大型农场主合作社。负责反托拉斯的官员明确表明美国政府的目标将是取消大型农场主合作社在反托拉斯法方面享有的豁免权。

另外，美国司法部反托拉斯处已经着手对孟山都公司在转基因市场中的统治地位以及对该公司在抗草甘膦（Roundup Ready）转基因作物的销售进行初步调查。

大型乳业合作社也是调查的目标之一，奥巴马政府或将试图征得国会的批准，使反托拉斯法同样适用于美国大型农场主合作社。美国司法部官员认为大型农场主合作社的行为是反公平竞争。

对美国农场局联合会和由曾经担任过布什政府的农业顾问和农业部副部长领导的农场主合作社委员会来说，这无异于是对美国农业资本的宣战。

脱钩直补与农业保险

2008年《农业法案》的顺利通过使美国农业政策中的价格和收入补贴再次得到巩固。事实上，美国农业的支持政策是建立在三大支柱之上。第一根支柱包括：以历史产量为基准的直接固定补贴（但不与农产品的价格与产量挂钩）；以及当农产品价格下降至指导价格“目标价格”（target price）和“贷款价格”（loan rates）之下时启动的反周期补贴；还有当农产品价格低于“贷款价格”

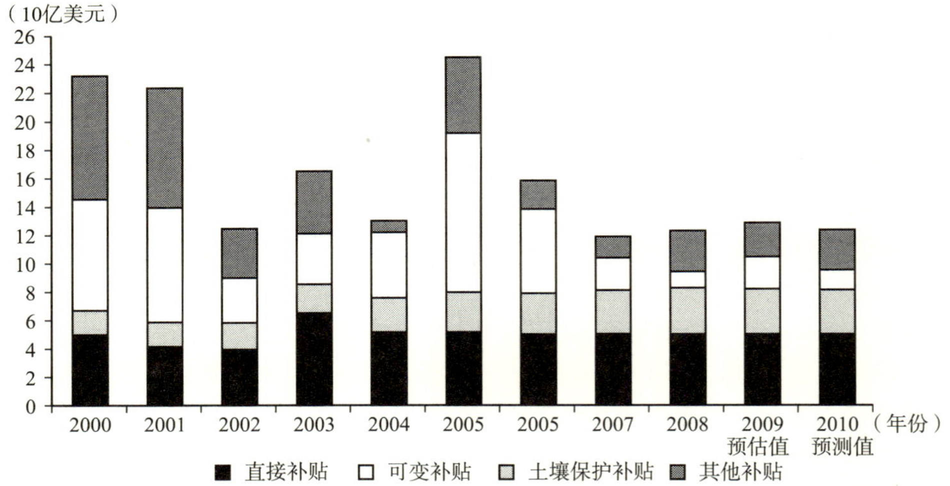

注：①2010 年美国农业补贴估计为 124 亿美元。②直接补贴保持稳定，处于低于 50 亿美元的水平。③与农产品的价格和生产相关的补贴（反周期补贴和贷款差额补贴）降至 10 亿美元以下，且主要涉及棉花。④因为“大型农作物”的指导价格（目标价格和贷款价格）过低，使得这种可变补贴一直维持在较低水平。⑤“其他”补贴包括对奶业和农业灾害的补贴，但不包括农业保险。

美国农业补贴的变化

时，启动的最后价格安全网“贷款差额补贴”（loan deficiency payments，LDP），该补贴金额与农产品价格和生产下跌成正比。

2009 年农产品的价格显然已经下降到之前两个农作物生产年度的价格之下，但仍然大幅高于 2001 ~ 2005 年的价格水平（小麦和玉米的价格高于 2001 ~ 2005 年的平均价格 50% 左右，大豆则更高）。美国农业部 2010 年的财政预算中的补贴或将非常低，反周期补贴的金额不到 10 亿美元，其中大部分都给予美国棉花生产者；而贷款差额补贴为 8 500 万美元，主要给予小麦生产商。

收获保险和收入保险

单位：10 亿美元

	2009	2010	2011
私营管理公司补贴	1.6	1.6	1.8
保险费补贴	8.4	7.7	8.3
保险公司补贴	1.9	1.2	1.2
农业生产者缴纳的保险费（美国公共财政收入）	-4.2	-3.6	-3.6
美国公共财政支出的农业保险补贴（不包括由美国国会批准的农业灾害赔付金额）	7.9	6.9	7.7

值得指出的是，在农产品价格暴涨以前，上述两种补贴金额（反周期补贴和贷款差额补贴）曾达到略高于 100 亿美元的水平。

虽然美国的农业补贴机制整体上并没有被动摇，但因为其中的指导价格仍然停留在农产品价格上涨之前的水平，而农业生产成本的提高使得这些过低的指导价格显得格格不入。目前，生产成本则大约在“目标价格”的水平上。这意味着，美国的农业补贴机制在未来几年内启动的机会很小，因为如果农产品的价格达到补贴机制中所规定的价格，那么 3/4 的美国农业生产者已经破产。

美国农业补贴系统的矛盾，其中最主要的开支，当然这也是奥巴马政府财政预算中试图削减的项目，是与农产品的价格及产量脱钩的直接固定补贴。它被世界贸易组织列为“绿箱”补贴，高达 48 亿美元。

美国众议院农业委员会主席已通知美国农业组织，在 2010 年 11 月美国中期选举后要小心美国政府可能提出的一项削减财政预算的法案，这将大幅度减少美国公共开支。它还建议，与其冒着不均衡地减少农业领域的预算，美国农业组织还不如采取主动行动，在2010年春即开始对现行的2008年《农业法案》（有效期至2012年）进行彻底修改。

虽然直接固定补贴（相当于欧盟的“单一支付计划”，SPS）仍然是支持美国农业收入的主要补贴，但目前美国农业政策的重要支柱，即第二根支柱，是风险管理，特别是享受补贴的美国众多公共和私营的农业保险机制。对2010年而言，美国农作物收获保险的受保价值约为800亿美元，涉及美国近80%的农作物生产。

2009年给予美国农业保险的公共补贴达到近80亿美元，其中将近一半的金额是以补助的形式给予各类保险公司，用以降低农业生产者的投保成本。剩余的40亿美元支出是美国政府的赔付金额与收取的保险费的差额。

2010年农业保险的公共补贴估计为70亿美元左右。由美国国会投票通过的发放关于农业灾害的农业保险补贴，或将一次性赔付受到农业灾害的美国农业生产者（农业灾害还是艰难的政治选举?）。

2010年美国的农业灾害赔付金额将超过20亿美元，另外再加上全年美国农业保险补贴的70亿美元，美国的农业风险管理机制的总成本将达到接近100亿美元（由美国纳税人买单）。因此，农业保险成为当前美国农业政策中最重要的支柱。

生物燃料

美国农业支持政策的第三根支柱是在农业政策之外，即对生产生物燃料的补贴，尤其是对生产生物乙醇和生物柴油以税收抵免的形式提供的补贴。美国仅是对乙醇生产的免税金额就高达50亿美元，此外还有美国农业部和能源部对相关投资项目给予的每年约为70亿~80亿美元的补贴。

美国给予生物乙醇和生物柴油的税收抵免将于2010年底到期。旨在保护美国乙醇市场而对进口乙醇，尤其是巴西乙醇征收进口关税的时期也将在此时结束。

2010年美国玉米和大豆生产商的首要任务就是争取延长减税和关税保护政策，期限至少将是5年。代表乙醇生产商利益的压力集团表示，如果不延长税收抵免政策，将有12万以上的美国人因此失去工作。

事实上，延长乙醇生产税收抵免政策是没有任何悬念的，美国农业政策的第三根支柱正在成为美国玉米生产最大的支持计划，并排在农业保险和各种补贴之前。

生物燃料补贴问题至今没有被列入世贸组织的讨论日程。因此，不管是为促进生物燃料生产的税收减免措施，还是相关的农业支持政策，目前都是由美国国会来决定。

与之前美国的民主党政府一样，奥巴马政府也试图在民生方面（食品券），对抗肥胖症问题（特别是通过改善学校食堂的饮食）和生态环保领域（有机农业、食物质量标签、“临近农业”）留下印记。在美国农业部内甚至设有一个由“政治任命人员”组成的机构，其主要负责提高美国农产品的附加值，并发展农产品的地理标识认证！

另外，只要美国政府试图将“矛头”指向与美国的“大型农作物”和生物燃料生产相关的任何补贴，美国国会就会警觉起来。因此，奥巴马政府是否能够将现行的美国农业政策转向鼓励发展更加可持续的农业是值得怀疑的。然而，对美国的高产型农业而言，未来的日子仍将是美好的。

种子和农产品
粮食存储和交易
动物营养和健康
经销和服务

谷物

2007/2008 生产年度谷物价格曾达到峰值，当时让人恐惧与希望并存。谷物价格在 2008/2009 年度大幅下跌：谷物的丰收和对该年度末小麦库存重建的预期，以及不断恶化的经济形势逆转了谷物价格的上升趋势，这也使得一些人相信 2007/2008 年度谷物价格的攀升仅仅是一个“小插曲”。在 2010 年谷物收获季到来之前，促使谷物价格的上升因素并不多。

2007/2008 生产年度是令人难忘的：软红冬麦（SRW）墨西哥湾离岸价在 2008 年 3 月超过了 490 美元/吨。这随后使得种植者在 2008 年秋季播种了更多小麦，小麦种植面积从 2007 年的 2.16 亿公顷猛增到 2.24 亿公顷。此外，谷物的涨价也增加了种植者的现金流，进而使得他们可以使用更多化肥，2008 年世界上使用最广泛的氮肥——尿素的产量达到 1.46 亿吨，2007 年为 1.43 亿吨。2008 年，全球小麦产量为 6.87 亿吨，这是有史以来产量最高的年份之一；玉米的生产条件也十分有利，世界玉米产量达到 7.9 亿吨左右，接近历史的最高位。

大幅波动的价格

2008 年 8 月中旬，贸易商们意识到谷物将会丰产，谷物价格因此开始一路下跌。2008 年 9 月时，国际谷物理事会（IGC）曾估计 2009 年 6 月末的世界小麦库存将超过 1.5 亿吨，而 2008 年 6 月末的库存仅为 1.18 亿吨，这也是 25 年来最低水平。这意味着，全球小麦储量在连续十年逐渐下滑之后，小麦库存开始重建。另外，与前两个生

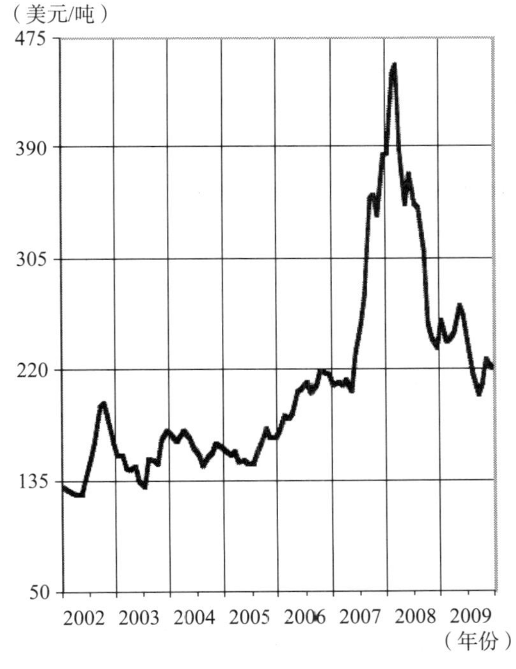

美国 2 号硬红冬麦（HRW）墨西哥湾离岸价

产年度相比，2008/2009 年度的小麦产量可以满足增长的小麦消费。驱动小麦产量增长的原因是小麦作为动物饲料与玉米相比在价格上更具有竞争力。另外，玉米供应面临压力，玉米产量已连续四年不能满足消费需求，且玉米库存也不断下降。谷物价格走势的反转再次使谷物消费企业措手不及，这些企业先是在2007 年夏季谷物价格的疯涨中吃尽苦头，随后在2008 年6 月和7 月开始进行套期保值以保证谷物采购价格，但不幸的是谷物的价格在不久之后出现大幅下跌。

正是在这种谷物价格下降的背景之下，经济危机骤然加剧——雷曼兄弟公司在2008 年9 月15 日宣布破产，使得美国谷物期货的价格波动加剧，进而使得全球小麦和玉米价格出现大幅波动。在雷曼兄弟公司宣

世界谷物的产量与贸易量

单位：百万吨

分布地区＼年份	2004	2005	2006	2007	2008	2009 **
世界产量	**1 648.5**	**1 604.2**	**1 587.6**	**1 697.0**	**1 768.4**	**1 774.0**
其中：美国	378.2	356.0	329.4	406.1	394.2	410.8
欧盟（27）*	287.0	256.4	265.0	255.7	313.5	292.3
中国	230.9	246.6	269.5	270.9	286.6	275.9
印度	104.6	102.8	103.1	116.7	116.9	114.1
俄罗斯	76.5	76.8	76.3	79.8	105.7	94.2
巴西	43.9	50.2	56.0	65.1	59.6	59.1
加拿大	52.4	52.7	48.4	47.9	55.8	48.9
乌克兰	—	37.3	33.4	29.0	52.5	45.4
墨西哥	—	29.8	32.8	35.8	35.9	33.6
澳大利亚	—	39.7	17.6	24.3	33.4	33.2
阿根廷	40.9	30.4	40.6	43.3	25.2	32.4
分布地区＼年份	2004/2005	2005/2006	2006/2007	2007/2008	2008/2009	2009/2010 **
世界出口	**211.9**	**214.8**	**221.7**	**239.4**	**248.4**	**230.8**
其中：美国	80.5	83.9	85.0	104.6	76.9	79.5
欧盟（27）*	17.6	17.9	17.2	15.6	30.1	22.5
加拿大	18.2	19.6	23.0	22.6	22.2	21.9
俄罗斯	9.1	12.4	12.6	13.4	23.1	21.5
乌克兰	—	13.2	9.6	3.9	24.8	20.1
澳大利亚	22.4	20.3	14.0	11.3	18.4	18.8
阿根廷	26.0	20.1	26.2	26.9	22.4	13.6
世界进口	**211.9**	**214.8**	**221.7**	**239.4**	**248.4**	**230.8**
其中：日本	24.7	25.0	24.7	23.4	23.8	24.5
墨西哥	12.8	12.8	14.4	13.8	13.6	14.9
韩国	11.5	13.2	11.9	12.3	10.2	11.1
埃及	12.9	12.1	11.9	12.0	15.0	13.1
期末库存	**330.0**	**317.0**	**264.0**	**247.0**	**339.0**	**390.0**

注：* 为欧盟自2006 年起为27 国。** 为2010 年2 月25 日的预估值。
资料来源：国际谷物理事会（IGC）。

布破产后的几周时间里，投资基金清除了持有头寸以获取现金。2008 年 10 月中旬，芝加哥期货市场的小麦价格降至 16 个月以来最低点，软红冬麦价格降到 190 美元/吨以下。在 11 月末玉米紧随小麦下跌，墨西哥湾离岸价跌至略高于 150 美元/吨的水平，这是玉米价格 15 个月以来最低点。鉴于玉米是美国生产生物乙醇的主要原材料，因此玉米价格的下跌除了与本身的基本面相关外，另外的原因则是与原油价格下滑相连。同时这也是市场对全球第二大生物乙醇生产国巴西遇到的经济困难做出的反应。谷物价格持续下降至 2008 年 12 月中旬。

随着谷物进口国的采购，特别是谷物产量不佳的中东国家的采购使得谷物价格停止了下跌。在整个 2008/2009 谷物生产年度中，中东国家的谷物进口量较上一年度增加了 95%。实际上，中东地区曾在 2007 年和 2008 年受到粮食危机的影响，一些国家因此寻求改变粮食采购策略，并创建新的粮食安全储备。伊朗就是一个其中的典型列子：2007/2008 年度伊朗仅进口了 10 万吨小麦，2008/2009 年度采购超过 800 万吨小麦，这是该国自 1999 ~ 2000 年以来的最大采购量。

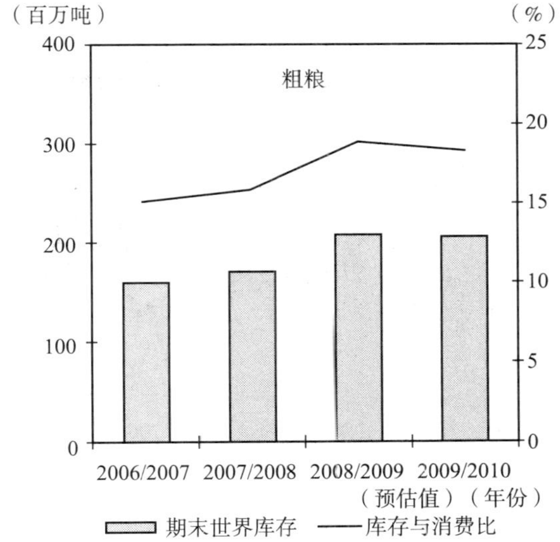

世界粗粮库存与消费比

资料来源：联合国粮食及农业组织（FAO）。

伊朗也因此紧随埃及之后成为中东地区的第二大小麦进口国。沙特阿拉伯也决定增加谷物进口，事实上，沙特阿拉伯在前 30 年的谷物需求基本是自给自足，偶尔甚至出口一些小麦，当然，代价则是该国严重抽取地下水用以生产农作物以及极高的生产成本。沙特阿拉伯的财政问题导致了该国采取进口战略。在 2008/2009 生产年度沙特阿拉伯采购

2010/2011 年度：欧盟将取消谷物市场干预机制

于 19 世纪 60 年代起开始实施并历经数次修改的欧洲谷物市场干预机制将在 2009/2010 年度后取消，这标志着欧盟的一个时代的终结……从理论上讲，这一干预工具仍将存在。首先，对其发挥作用的限制条件的应用将十分有限。其中包括软粒小麦每个生产年度 300 万吨的生产配额；对玉米、大麦和硬粒小麦的生产配额则设定为 0。其次，如果希望启动大量干预性公共采购，欧委会需要确定欧盟的谷物市场状况已经出现足够程度的恶化，但欧委会做出此类判断的标准却并未明确。最后，公共采购超出生产配额的谷物是以竞拍的形式完成：101.31 欧元/吨的干预价格因此将不再是“安全网”。但 2009/2010 生产年度的情况使人们对这个曾被称作过时的谷物市场干预机制重新燃起兴趣：2010 年 1 月末欧盟内已经有约 300 万吨谷物被公共收购或已经报价，其中的 270 万吨是大麦。

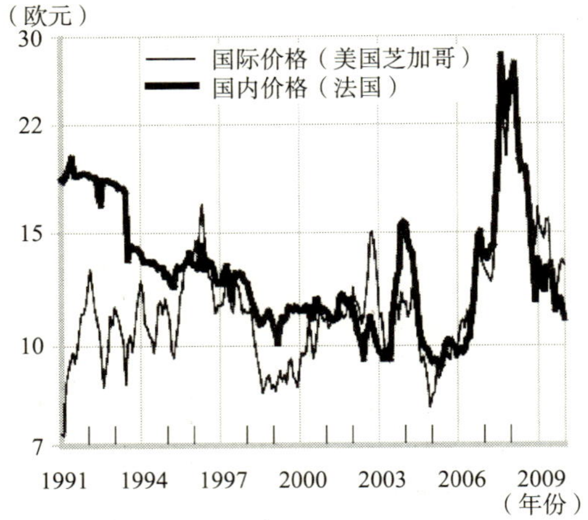

软粒小麦价格

资料来源：巴黎经济研究观察中心。

了将近 100 万吨小麦，虽然数量很少，但这或许标志着一个重大转变，即 2009 年沙特政府宣布其将在 2016 年前逐步取消该国的小麦生产补贴。与此趋势相反，2010 年初阿尔及利亚再次声明计划在 2014 年前停止所有谷物进口。

2008 年秋阿根廷的干旱支持了小麦价格，阿根廷的小麦产量（850 万吨）仅为上一年度产量（1 610 万吨）的一半。阿根廷政府因此决定从 2009 年 1 月中旬起暂停出口小麦，这就引发了国际上怀疑阿根廷作为世界主要谷物供应国的可靠性。另外，阿根廷小麦产量的下降使得玉米价格受益匪浅。在中国政府宣布决定额外进口 2 000 万吨玉米用于增加公共库存（这是中国官方公布的原因）之后不久，玉米的价格在 2009 年 1 月中旬再次开始上扬。

俄罗斯政府直接干预市场，这是基于谷物市场价格的大幅波动以及对本国谷物战略意义的认识。2009 年 3 月 20 日俄罗斯总统梅德韦杰夫（D. Medvedev）签署组建俄罗斯联合谷物公司（United Grain Company）以支持俄罗斯国内市场谷物的采购、销售和谷物出口。该公司从 6 月份开始运营，这使得俄罗斯政府可以支持国内市场的谷物价格。六月初俄罗斯总统在圣彼得堡论坛上强调了建立市场监督机制和早期预警系统的必要性，并再次重申了使俄罗斯成为谷物出口国的意愿。所有这些不禁让人联想起了欧盟一些相关的言论和措施。埃及国有谷物采购机构——商品供应总局（GASC），在 5 月中旬拒绝接受一批被发现不适合食用的 5 万吨俄罗斯小麦。这一决定使得埃俄两国关系持续降温，并直到 2009 年小麦收获季节时才有所缓和。

在经济危机的背景下，2009 年冬季末的价格波动巨大，小麦和玉米的价格并没有完全摆脱下跌趋势。在欧盟内的谷物价格紧随美国谷物价格的变动，但是因为谷物生产者的惜售行为，欧盟谷物价格的下跌幅度较小。因为 2009 年 6 月末缺乏欧盟农场谷物库存量的可靠统计数据，这也就成为了谷物市场中一个新的且重要的不确定因素。实际上，早在 2009 年早春，人们担心北美洲春季播种的玉米以及小麦可能会受到不利天气的影响。就像之前每次出现通货膨胀上涨预

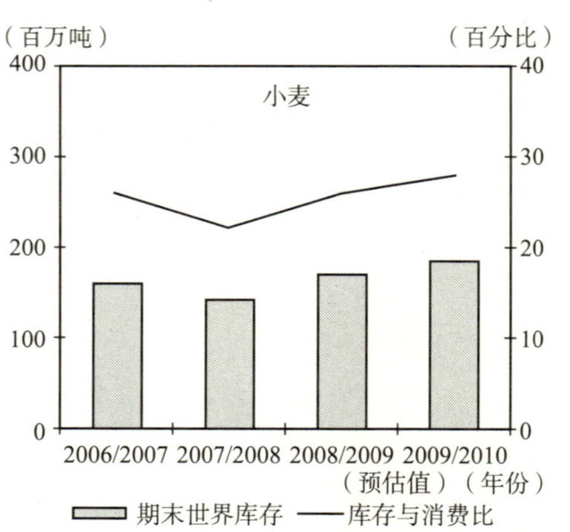

世界小麦库存与消费比

资料来源：联合国粮食及农业组织（FAO）。

世界小麦的产量与贸易量

单位：百万吨

年份 / 分布地区	2004	2005	2006	2007	2008	2009 **
世界产量	**628.3**	**620.9**	**597.5**	**609.2**	**685.7**	**675.2**
其中：欧盟（27国）*	136.1	122.7	125.1	119.7	151.2	138.7
中国	92.0	97.5	108.5	109.3	112.5	114.0
印度	72.1	68.6	69.4	75.8	78.6	80.6
美国	58.7	57.2	49.2	55.8	68.0	60.3
俄罗斯	45.4	47.7	44.9	49.4	63.8	61.7
加拿大	25.9	26.8	25.3	20.1	28.6	26.5
乌克兰	16.5	18.7	13.8	13.9	25.9	20.9
澳大利亚	22.6	25.4	10.8	13.6	20.9	21.7
土耳其	18.5	18.0	17.5	15.5	17.0	18.0
阿根廷	16.0	12.6	14.5	16.4	8.4	8.0
年份 / 分布地区	**2004/2005**	**2005/2006**	**2006/2007**	**2007/2008**	**2008/2009**	**2009/2010 ****
世界出口	**110.2**	**109.5**	**110.8**	**110.3**	**136.0**	**120.2**
其中：美国	28.2	27.2	25.0	34.3	27.0	23.5
欧盟（27国）*	13.6	14.0	12.8	11.2	24.7	19.0
加拿大	15.4	15.5	19.4	16.4	18.3	18.2
俄罗斯	7.9	10.6	10.9	12.1	18.3	19.0
澳大利亚	15.8	15.2	11.4	7.5	13.5	14.5
乌克兰	—	6.5	3.3	1.2	12.9	9.0
阿根廷	13.2	8.1	11.9	10.0	8.5	3.0
哈萨克斯坦	3.0	3.8	8.1	8.2	5.8	7.0
世界进口	**110.2**	**109.5**	**110.8**	**110.3**	**136.0**	**120.2**
其中：埃及	7.9	7.7	7.1	7.6	9.9	8.4
欧盟（27国）*	7.1	7.1	5.3	6.4	7.9	6.8
巴西	5.5	6.2	7.9	7.1	6.2	6.8
阿尔及利亚	5.3	5.7	4.9	5.8	6.3	5.2
日本	5.4	5.4	5.6	5.7	4.9	5.5
印度尼西亚	4.8	5.1	5.8	5.2	5.5	5.5
伊朗	—	1.0	0.3	0.1	8.9	3.5
韩国	3.6	3.8	3.2	3.0	3.3	3.7
墨西哥	3.6	3.4	3.6	3.1	3.3	3.3
期末库存	**141.0**	**138.0**	**120.0**	**113.0**	**157.0**	**197.0**

注：* 为欧盟自2006年起为27国；** 为2010年2月25日的预估值。
资料来源：国际谷物理事会（IGC）。

期的情况一样，投机资金开始涌入农产品，更何况当时资金的流动性十分充裕。但随后人们发现谷物的产量会很好，因此受基本面以及投机基金撤离的影响，谷物价格在2009年6月开始回落。另一方面，2008/2009年度世界大麦贸易量也增加了500万吨，达到近2 000万吨，这次同样是由于地中海国家的大量进口。

2010年6月底谷物库存或将达到很高水平

在极不确定的背景下，2009年的谷物产量又将如何？事实上，谷物价格骤降产生的一个不可避免的后果就是从2008年秋季农民开始缩减谷物种植面积。与此同时，化肥价格在2008年夏季达到顶峰之后，秋季时遭遇大幅下跌，其中尤以氮肥价格的下跌最为显著。对农民来说，虽然可以在一些情况下减少化肥的使用，但冬季末的施肥是必不可少的，这将决定谷物的质量，而非数量。因此，虽然无法与2008年的大丰收相比，但2009年世界小麦产量估计为6.74亿吨。另外，由于粮食需求受经济危机的影响较其他经济领域要小，并且主要的世界人口增长地区都出现在经济高速增长的国家，预计2009/2010年度的小麦消费将会略微增长达到6.42亿吨，2008/2009年度消费量为6.39亿吨。消费增长的另外一个动力则是对饲料小麦需求的增长。但这一小麦消费水平仍然低于预期的小麦产量。2010年6月末的世界小麦库存预计会达到1.97亿吨，在2009年6月为1.65亿吨，在2008年6月末为1.18亿吨。如果2010年的世界库存量最终符合预期的话，那么它将是2001年以来的最高库存水平。这意味着世界小麦库存潜在地等同于超过3个半月的消费量。那么很自然地，小麦价格从2009年6月起下跌，并在整个2009年夏季保持跌势，墨西哥湾小麦离岸价下跌到近160美元/吨。但另一

各国政府希望加强对农产品衍生品市场的监管

在大西洋两岸，2007年和2008年的粮食价格暴涨的影响仍存。美国和欧盟的相关机构正重点关注金融家们在农产品衍生品市场的投机行为。他们一直在考虑如何在这些市场引进新法规进行更有效的监管。美国商品期货交易委员会（CFTC）的新任务就是将在芝加哥期货交易所挂牌交易的软红冬麦期货重新与现货“相连接”。这样做的主要目的是使小麦现货交易商可以重新利用期货市场来套期保值。因此商品期货交易委员会引入了三个新的小麦交割地点，并对每个生产年度前五个月入库小麦的补贴提高了50%以上，还决定限制非商业头寸拥有的“交割工具”的数量（仓库收据以及出货许可证等）。2009年6月，美国参议院的一个专题委员会发布了一份关于小麦衍生品市场中过度投机的分析报告，其中强调了希望美国商品期货交易委员会限制非商业交易者（特别是商品指数基金）持有的头寸数量。欧洲欧委会在2009年10月末公布了两份报告，提出了更有效监管衍生品市场的建议。这些建议包括：公布各类市场参与者持有的合约数量以及限制若干类别市场参与者持有商品合约的数量。考虑到上述措施在欧委会通过所需要的一切程序，可能至少需要两年才可以将这些措施付诸实施。

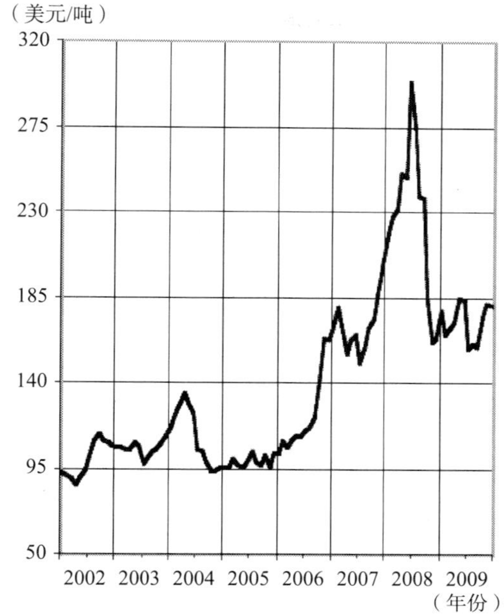

美国二号玉米墨西哥湾离岸价

方面，高质量的小麦，即蛋白含量高的小麦的供应仍然令人担忧，该品种小麦的价格表现要强于其他小麦。美国春小麦的蛋白含量低于之前的预期；澳大利亚收获的小麦质量比往年通常的质量要低，这均使得高质量小麦市场异常紧张。

在玉米市场，美国长期以来作为世界最大的玉米生产国，特别是作为最大的玉米出口国使得世界玉米市场的基调是由美国玉米的收成来确定。但 2009 年美国中西部的冷空气以及大雨阻碍了美国玉米的收获。2009 年 9 月 28 日收获仅完成 6%，而最近五年同期的平均收获率为 18%。截止到 10 月 25 日，与最近 5 年平均 58% 的收获率相比，美国玉米仅有 20% 得到收割。因此，玉米价格在 2009 年 9 月即开始上扬，而玉米经

世界玉米的产量与贸易量

单位：百万吨

年份 分布地区	2004	2005	2006	2007	2008	2009 **
世界产量	**713.2**	**696.3**	**708.9**	**794.9**	**790.9**	**797.4**
其中：美国	299.9	282.3	267.5	331.2	307.1	334.1
中国	130.3	139.4	151.6	152.3	165.9	154.0
欧盟（27 国）*	53.7	50.2	55.2	47.3	63.1	56.7
巴西	35.0	42.5	51.4	58.7	51.0	51.4
墨西哥	22.0	19.3	21.9	24.0	24.2	22.0
阿根廷	20.5	14.4	21.8	22.0	13.1	19.0
印度	—	14.7	15.1	19.0	18.5	18.0
年份 分布地区	2004/2005	2005/2006	2006/2007	2007/2008	2008/2009	2009/2010 **
世界出口	**76.0**	**79.3**	**87.3**	**101.1**	**83.5**	**84.8**
其中：美国	46.8	51.1	55.6	62.2	45.8	52.0
阿根廷	12.4	11.4	13.2	15.0	12.1	9.0
巴西	2.7	1.2	5.9	10.7	6.8	7.5
乌克兰	—	2.6	1.1	1.6	5.5	5.0
南非	1.0	2.2	0.5	0.6	2.4	2.0
巴拉圭	0.4	0.5	2.2	2.2	1.5	2.0
中国	5.6	5.9	4.4	1.4	0.2	0.5
世界进口	**76.0**	**79.3**	**87.3**	**101.1**	**83.5**	**84.8**
其中：日本	16.1	16.5	16.2	15.2	16.0	16.0
墨西哥	5.8	6.1	8.9	9.3	7.8	9.0
韩国	7.9	9.3	8.6	9.2	6.9	7.3
埃及	5.0	4.3	4.8	4.3	5.2	4.7
期末库存	**132.0**	**127.0**	**105.0**	**101.0**	**139.0**	**140.0**

注：* 为欧盟自 2006 年起为 27 国。** 为 2010 年 2 月 25 日的预估值。

资料来源：国际谷物理事会（IGC）。

销商均预期会出现歉收。10 月 22 日的玉米价格达到之前 4 个月以来最高点，其墨西哥湾离岸价在 185 美元/吨以上。此次玉米价格上扬的另外一个助力就是美国生物乙醇产量继续稳步上升。2009/2010 年度美国的生物乙醇产量将达到全球以谷物为原料的生物乙醇产量的 87% 左右。美国乙醇加工厂的产能也从 2008 年的 540 亿升增至 2009 年的 660 亿升左右。因此 2009 ~ 2010 年美国乙醇行业的玉米需求量预计为 1.09 亿吨，比 2008 ~ 2009 年的需求量高 13%，同时是 2006 ~ 2007 年需求量的 2 倍。与此相同，玉米作为动物饲料的消费量预计也会出现轻微上扬，从上一生产年度的 1.34 亿吨增至 1.37 亿吨。需要注意的是世界玉米市场仍然依据各国政府是否允许使用转基因玉米而分割成不同的市场，这在欧洲尤为明显。虽

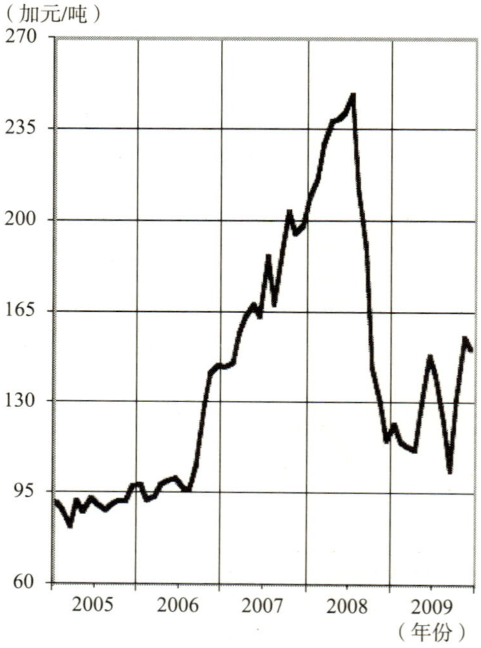

加拿大：大麦期货价格

世界大麦的产量与贸易量

单位：百万吨

分布地区 \ 年份	2004	2005	2006	2007	2008	2009 **
世界产量	**154.1**	**139.0**	**137.9**	**132.8**	**154.8**	**148.6**
其中：欧盟（27 国）*	61.6	53.1	56.1	57.4	65.2	61.7
俄罗斯	17.2	15.8	18.0	15.6	23.1	17.9
乌克兰	11.1	9.0	11.3	6.0	12.6	11.8
加拿大	13.2	12.5	9.6	11.0	11.8	9.5
澳大利亚	7.7	9.6	4.3	5.9	7.7	9.5
土耳其	7.4	7.6	7.5	6.0	5.6	8.0
美国	6.1	4.6	3.9	4.6	5.2	6.0
分布地区 \ 年份	**2004/2005**	**2005/2006**	**2006/2007**	**2007/2008**	**2008/2009**	**2009/2010 ****
世界出口	**17.1**	**17.7**	**15.9**	**15.5**	**19.6**	**16.6**
其中：乌克兰	4.3	4.0	5.1	1.0	6.3	6.0
澳大利亚	5.9	4.7	2.4	3.4	3.3	3.0
俄罗斯	1.1	1.7	1.6	1.0	3.4	2.4
加拿大	1.1	2.2	1.2	3.0	1.4	1.5
欧盟（27 国）*	2.9	3.1	3.4	3.8	3.5	1.2
世界进口	**17.1**	**17.7**	**15.9**	**15.5**	**19.6**	**16.6**
其中：沙特阿拉伯	5.9	7.1	6.8	7.3	7.3	7.3
中国	2.1	2.2	1.4	1.1	1.3	1.6
日本	1.6	1.4	1.4	1.4	1.3	1.4
叙利亚	—	0.8	0.4	0.1	1.7	0.5

注：* 为欧盟自 2006 年起有 27 国。** 为 2010 年 2 月 25 日的预估值。
资料来源：国际谷物理事会（IGC）。

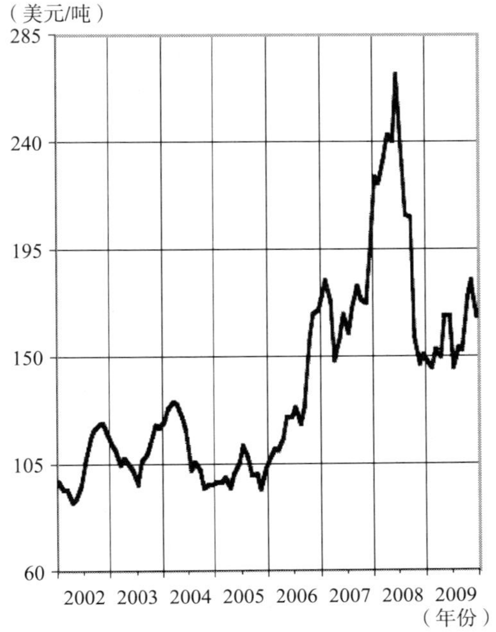

美国二号黄高粱墨西哥湾离岸价

然转基因农作物的种类不断增加，并有蔓延全球之势，但欧盟仍然坚持只允许进口其中一小部分转基因产品，并且其中还有冗长的各种批准手续。这种预防“污染”的措施打乱了欧洲的玉米以及许多其他农产品的进口，如高粱、玉米苞叶和玉米浆。

虽然欧盟每年使用约 1 000 万吨谷物用于生物乙醇的生产，但这对欧洲谷物市场的影响程度远远不及美国的生物乙醇对美国谷物市场的影响。欧盟 2007/2008 年度的谷物价格上涨导致一系列生物乙醇项目被放弃或推迟。新建的生物乙醇加工厂均可以使用各种不同谷物生产乙醇，这是因为这些工厂可以依据各种谷物价格的变化来选择原材料，进而保证乙醇生产成本。另外，预测生物乙醇的消费量则要困难得多。欧盟各国相关政策的不确定性也增加了预测乙醇消费水平的难度。

2009 年夏季小麦的基本面并不是很有利，但其价格从 9 月末开始上行。美国的小

世界高粱的产量与贸易量

单位：百万吨

分布地区 \ 年份	2004	2005	2006	2007	2008	2009*
世界产量	**59.9**	**60.6**	**58.5**	**66.3**	**64.4**	**61.4**
其中：尼日利亚	10.0	10.5	10.5	10.0	11.0	11.5
美国	11.5	10.0	7.0	12.6	12.0	9.7
墨西哥	6.0	5.5	5.5	6.2	6.3	6.4
印度	7.5	8.0	7.4	7.9	7.2	6.0
苏丹	2.7	4.2	5.2	4.5	4.7	4.7
阿根廷	2.9	2.3	2.8	2.9	1.8	3.3
埃塞俄比亚	—	2.8	3.3	3.2	2.6	2.6
巴西	—	1.5	1.6	1.7	1.8	1.9
中国	2.3	2.5	2.1	2.6	1.8	1.7
澳大利亚	2.2	2.0	1.3	3.1	2.7	1.3
分布地区 \ 年份	2004/2005	2005/2006	2006/2007	2007/2008	2008/2009	2009/2010*
世界出口	**5.7**	**5.7**	**4.6**	**9.2**	**6.3**	**6.0**
其中：美国	4.8	5.1	3.8	7.1	3.8	3.8
澳大利亚	0.5	0.2	0.0	0.3	1.4	1.0
阿根廷	0.2	0.3	0.6	1.1	0.9	0.8
世界进口	**5.7**	**5.7**	**4.6**	**9.2**	**6.3**	**6.0**
其中：墨西哥	3.3	3.2	1.8	1.1	2.3	2.5
日本	1.4	1.4	1.1	1.0	1.5	1.5

注：* 为 2010 年 2 月 25 日的预估值。
资料来源：国际谷物理事会（IGC）。

麦市场实际上完全由玉米市场引导，虽然投资基金对玉米市场的行情并不十分看好，但是在玉米市场仍持有了多头头寸。世界谷物库存趋势性增加的前景并未能阻止沙特阿拉伯、伊拉克和马格里布国家继续采购谷物，事实上这些国家的政治稳定主要取决于政府对民众提供最基本生活保障，即粮食的能力。从2009年9月中旬到10月下旬，由于石油价格上涨，美国小麦价格开始不断上涨，欧洲小麦价格则紧随其后。但从11月起，欧洲小麦市场开始与美国市场脱钩。欧盟市场每吨小麦价格的波动幅度只在10美元左右。实际上这是对欧元汇率波动的反应——欧元兑美元在此期间一直持续上涨。在11月末，埃及商品供应总局决定修改小麦进口条件。这极有可能会对欧洲生产构成不利影响，特别是法国生产的小麦出口构成不利影响。修改后的规定尤其要求散货船必须在一个港口装运至少6万吨的出口产品，这极有可能会损害法国的谷物出口，因为法国鲁昂港（Rouen）的水深不足，而敦刻尔克港口（Dunkerque）因为其内陆贸易小麦（hinterland）的质量不佳而处于劣势。而埃及制定新规定的背景是俄罗斯的小麦已经满足了埃及对谷物的大部分需求，这使得埃及可以对其他谷物出口国施加压力。

2010年世界小麦播种面积基本稳定

2010年初，人们很难找到支持谷物价格上涨的因素。2010年1月美国农业部（USDA）和国际谷物理事会（IGC）都提高了各自对2009/2010生产年度世界谷物库存量的预测。对小麦而言，世界库存量将在1.95亿～1.97亿吨，比2008/2009年度的库存高出约19%。这意味着世界谷物市场很可能会一直受到库存高企的影响。它们同时预测2010年世界小麦播种面积将几乎保持稳定，约为2.21亿公顷，2009年为2.24亿公顷。其中，美国的冬小麦种植面积下降约14%，加拿大的春小麦种植面积也出现下降。澳大利亚小麦种植面积也可能出现下降，俄罗斯和乌克兰的种植面积将保持稳定，在欧盟预计将会出现0.7%的轻微上涨，在中国和印度也会出现增长。但是影响整个欧洲的寒潮天气以及更为严重的“冻融交替”现象使人们对于欧盟农作物生产状况产生担忧，在冬季结束之前很难全面准确掌握欧洲农作物受灾程度。因此，除了发生重

欧洲啤酒大麦库存增加

从2009年8月起，欧盟啤酒大麦的产量一直对其价格产生压制。经济危机引发的啤酒消费下滑，进而导致了大麦芽需求的减少。更糟糕的是，欧元对美元的走高使得欧盟大麦很难找到出口市场。自从加拿大的高质量大麦丰收之后，欧洲大麦在全球寻找出口市场变得更为困难。在澳大利亚，澳洲大麦已经颇具竞争力，因此在世界最大的啤酒大麦进口国——中国，增加了市场份额，2009年末大麦价格略有回升。虽然降水量影响到澳洲新产大麦芽的质量，但是澳洲仍将是中国进口大麦的首要供应国。在南半球的其他国家，阿根廷大麦虽然获得丰收，但大麦质量略低于往年的平均质量，尽管如此，这仍可以满足拉丁美洲的大麦需求，因此给欧洲大麦的出口市场就更少了。欧盟的大麦仍然处境艰难。

大的气候灾害，2010 年的小麦产量应会接近 2009 年水平；由于生产年度初期库存较高，2010 年小麦市场将可能轻松应对全球消费量的增长。除了天气这个最大的不确定性因素之外，俄罗斯政府如何处理 2008 ~ 2009 年建立的公共谷物库存将是影响 2010 年市场的重要因素。

2010 年初，世界第一大大麦生产地区——欧洲，大麦市场萎靡不振。地中海沿岸国家的大麦丰收降低了其进口需求，乌克兰和俄罗斯的大麦也对欧洲大麦构成竞争。因此业界预测 2010 年 6 月末大麦库存将十分巨大，比 2009 年 6 月高出约 400 万 ~ 500 万吨。

虽然机构对全球玉米产量预测的上调使玉米价格出现下降，但 2010/2011 玉米生产年度的前景实际上仍不很明朗。美国用于种植玉米的面积需要大幅增加才可以满足美国生产生物乙醇的需求。2010 年春季玉米播种面积可能会受益于美国冬小麦种植面积的下降，以及大豆价格的下跌。

稻米

稻米价格重新与市场的基本面相符，2009 年世界稻米的价格保持相对稳定，但仍远高于 2007 年的水平。稻米收购价格的上涨和各国的公共补贴措施都促进了 2008/2009 年度世界稻米产量的回升及世界稻米库存的重建。因此 2009 年世界稻米供应企稳，进口需求则保持稳定。这驱散了 2008 年由于亚洲主要稻米出口国限制本国产品出口，以及随后的稻米价格暴涨而引起的市场对世界粮食危机的担忧。2009 年最后一个季度，印度宣布 2010 年可能进口稻米以弥补 2009/2010 年度可能出现的稻米产量下降，这使稻米市场的稳定局面被打破并再次开始承受压力。2009 年 9 月，一些贸易商预计稻米市场将可能重演 2008 年出现过的价格突然暴涨的局面。2009 年底，当菲律宾宣布要在短短的几周内招标购买数量巨大的稻米时（超过 260 万吨），国际稻米市场骤然紧张。菲律宾这种令人难以理解的做法，使国际稻米市场的价格大幅飙升，直至波及到南美洲的稻米市场。2010 年初，一些国际主要稻米市场重归平静。但是如果真像预测的那样，在东南亚地区将可能出现由厄尔尼诺现象引发新的干旱，那么这种平静的持续时间可能很短。

2009 年世界产量轻微下降

2009 年世界稻谷产量比 2008 年下降 1.4%，达到 6.776 亿吨，2008 年为 6.873 亿吨，约合大米（白米）4.52 亿吨。产量下降主要是由于印度在 2009 年遭遇干旱，比上一生产年度下降了 15%。同时，菲律宾遭遇洪水灾害，但是该国生产所遭受的损失没有预期的那么严重。世界其他地方则由于正常的天气条件和比较有利的价格，产量有所提高。中国的稻米产量自 2005 年以来连续攀升，原因主要是由于该国持续执行了对稻米收购价格的支持政策以及高产杂交稻种植面积不断扩大。印度尼西亚是世界第三大稻米生产国，2009 年该国的稻米生产由于自 2007 年以来稻米单产的持续提高而有所增加。印度尼西亚正在逐步实现之前确定的目标（目标曾经几次被搁置）——实现稻米的自给。值得注意的是，2010 年印度尼西亚的稻米市场甚至可能出现剩余，由于该国稻米价格具有竞争力，剩余的稻米或将出口印度。

世界稻米的产量与贸易量

单位：百万吨

分布地区 \ 年份	2005	2006	2007	2008	2009*	2010**
稻谷						
世界产量	**607.3**	**642.1**	**660.6**	**687.3**	**677.6**	**680.6**
其中：中国	180.5	185.9	187.1	191.5	195.8	198.7
印度	128.0	135.0	137.3	141.8	130.8	132.0
印度尼西亚	54.1	50.9	51.9	52.6	63.8	64.0
孟加拉国	37.6	40.0	41.0	40.5	45.8	46.0
越南	36.1	35.0	35.2	34.5	38.9	39.0
泰国	23.9	29.5	30.0	30.8	31.5	32.0
缅甸	23.7	23.6	27.8	25.7	27.0	28.0
巴西	12.8	13.7	12.2	11.9	12.1	12.4
日本	10.9	12.1	11.4	11.6	12.3	12.1
大米						
世界出口	**29.8**	**29.2**	**32.4**	**30.2**	**30.4**	**31.2**
其中：泰国	7.3	7.4	9.5	10.0	8.6	9.9
越南	5.2	4.7	4.5	4.7	5.8	6.3
巴基斯坦	2.7	3.5	2.7	3.0	2.9	3.8
美国	3.9	3.3	3.1	3.5	3.1	3.1
印度	4.7	4.5	6.3	3.0	2.5	3.0
中国	0.7	1.2	1.3	1.0	0.8	1.6
其他地区	5.3	4.6	5.0	5.1	6.7	3.6
世界进口						
其中：菲律宾	1.9	1.8	1.9	2.5	1.8	2.3
尼日利亚	1.7	1.6	1.6	1.6	1.8	1.8
欧盟	1.0	1.1	1.3	1.5	1.2	1.3
沙特阿拉伯	1.4	1.4	1.0	1.0	1.0	1.3
伊朗	1.2	1.1	1.0	1.1	1.3	1.2
中国	0.6	1.3	1.0	0.9	0.8	0.9
巴西	0.5	0.7	0.7	0.4	0.7	0.8
日本	0.7	0.7	0.7	0.7	0.7	0.7
俄罗斯	0.5	0.3	0.3	0.3	0.3	0.2
印度尼西亚	0.5	0.6	2.0	0.3	0.2	0.1
非洲	10.1	9.3	9.8	9.5	9.7	9.4
东亚地区	8.6	8.5	9.5	8.1	8.0	8.8
近东和中东地区	4.8	5.4	4.3	4.6	5.9	6.1
拉美地区	3.1	3.2	3.1	3.4	3.5	3.6
工业化国家（不包括日本）	2.5	2.8	3.1	2.3	3.3	3.3
期末库存	**99.6**	**104.7**	**104.3**	**110.8**	**124.4**	**121.1**

注：* 为估计值，** 为预估值。
资料来源：联合国粮食及农业组织（FAO），美国农业部（USDA），2010 年。

世界库存走出低谷

由于2008/2009生产年度稻米出现盈余，世界结转库存再次增加。根据联合国粮农组织的资料，世界库存可能达到1.244亿吨（大米重当量），几乎相当于世界需求总量的28%，也相当于2010年3.3个月的需求量。2009年全年世界消费总量约为4.46亿吨（大米重当量），比2008年增加2.1%，略高于世界人口增长率。2010年世界稻米生产的初步估计仅增加1%，达到6.81亿吨稻谷，仍然低于2008年创纪录的生产水平。2010年世界消费量的增长应该低于前几年的增速，达到1.7%，但仍高于世界人口的增长率。预计2010年的世界稻米市场要比以往两年更加稳定。但是，如果天气状况不佳或者如菲律宾2009年末的采购行为，均有可能再一次引发国际稻米市场的紧张。事实上，因为国际稻米贸易占世界稻米产量的比重较小，所以该市场具有大幅波动的可能性。

2009年的出口供应充裕

风雨之后是彩虹！一方面，2009年世界稻米价格恢复了稳定，大部分时间只有小幅波动。价格仅仅在2009年第三季度的波动率提高，原因是市场传言印度和菲律宾希望大量进口稻米以弥补其在2009年的稻米生产下跌。但实际上，国际稻米价格再次暴涨的风险只是一些市场参与者的过高估计，投机目的显而易见。

另一方面，多数稻米出口国和进口国似乎都找到了规避类似2008年“多头陷阱”的方法，那就是不对预防性的限制出口措施进行大肆宣传，以及不采取快速的大规模采购。但菲律宾由于国内的政治原因（2010年5月进行大选）是其中唯一的例外。菲律宾当局在关于采购稻米的公告中宣称，该国需要在几周的时间内进口260万吨的稻米（占国际贸易量的10%），这随后引发了稻米价格的大幅波动，并波及到遥远的南美市场。

2010年初世界稻米市场回归了正常，这得益于稻米库存充足。世界稻米市场实际上一直都能够应对一些国家的突发情况。事实上，泰国和越南先后提高了各自在2010年的出口目标，这将缓解由于印度持续不能为国际市场供应非香米而引起的市场紧张。与此同时，印度香米（巴斯马蒂，Basmati）的出口却从来没有减少过。2009年底市场预计2009/2010销售年度印度香米出口增至创纪录的300万吨，主要出口目的地是中东和西欧地区。

在泰国，2009年泰国100% B级大米（Thai 100% b，5%以下碎米率）的价格下降了17%，平均离岸价格从678美元/吨降到564美元/吨。但是该价格还是比2007年和2006年的价格高出了70%。2010年1月初，泰国100% B级大米的价格在590美元/吨左右，与2009年初的水平接近。另外，泰国破碎率25%大米的平均价格下降了24%，即从601美元/吨下降到456美元/吨。泰国超级A1碎米（Thai A1 Super）的价格则下降了40%，平均价格跌到327美元/吨，2008年为542美元/吨。2010年1月底，泰国碎米的价格上涨到425美元/吨，而2009年1月的价格是339美元/吨。

在越南，2009年越南破碎率5%大米（Viet 5%）的平均价格下降了30%，离岸价格从617美元/吨下跌到435美元/吨。2010年初，该品质米的价格重新上涨到480美元/吨，而2009年1月为400美元/吨。越南破碎率为25%大米在2009年下降了30%，从520美元/吨下跌到368美元/吨。2010年1月底，菲律宾的需求提振了它的价格，价格达到440美元/吨，而2009年1月是330美元/吨。

在美国，2009年破碎率4%的美国长粒米二号（US2/4%）的名义价格平均下降27%，离岸价格从757美元/吨下跌到553美元/吨。2010年初，价格上涨到585美元/吨。

2010年国际米价将更加稳定

在2010年初国际稻米价格出现了企稳的迹象。尽管有菲律宾不合时宜的大规模的进口和印度延长限制出口的政策，但引发2008年国际稻米市场危机的多数条件已经不复存在，稻米价格因此将保持相对稳定。2010年拥有石油收入的中东国家的稻米进口将出现轻微增长。在非洲，由于2009/2010生产年度稻米产量的提高，稻米的进口量估计将会减少。在稻米出口国方面，可用于出口的稻米数量正在增长，特别是在泰国、越南、巴基斯坦和中国。

2010年初对世界稻米产量的预测是（即使它们是暂时性的），世界稻米市场的生产形势趋向乐观，其中特别是南亚地区。但是东南亚的稻米生产地区（越南和菲律宾）可能会出现的新的干旱。在国际贸易方面，可能从2009年的3 040万吨增加到2010年的3 120万吨。撒哈拉以南的非洲国家，尽管稻米进口量有所下降，但仍是世界第一大稻米进口地区，2010年该地区的稻米进口量或将达到940万吨，占世界进口总量的30%。中东地区，伊朗、伊拉克和沙特阿拉伯的稻米进口或将再次增加，这3个国家的进口量占中东地区稻米进口总量的3/4。世界其余地区，稻米的进口量或将保持稳定。

泰国保持在国际稻米市场的领先地位

2009年由于受到来自越南的竞争和世界需求的下降，泰国稻米出口下降了15%。但是这一下降还是合乎逻辑的，因为上一年泰国受益于越南2007/2008年度实行的出口限制政策，大大增加了出口量。泰国的稻米

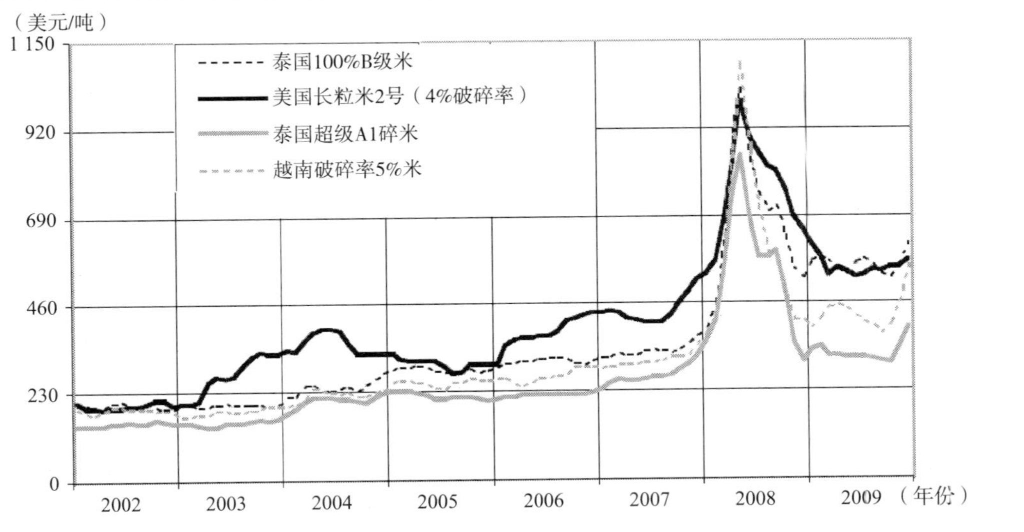

稻米出口价格

公共采购量仍然占据该国稻米总产量大约1/3。泰国的稻米出口量占世界出口总量的30%，该国仍是世界最大的稻米出口国。泰国将继续扮演国际稻米市场“调节者”的角色。

越南的出口量将增长

越南曾连续两年部分实行稻米出口限制，这在当时对国际稻米的供应产生了影响。2009年由于产量增加和重建出口库存，越南的稻米出口增长幅度达到30%。菲律宾一直是越南稻米的主要出口国，2009年底菲律宾稻米需求的增长，使得越南的出口增加。越南对非洲的出口也很稳定，越南出口稻米的1/3以上发往非洲市场。2010年越南的稻米出口目标上调，一方面，越南稻米将占领印度稻米的出口市场（印度稻米的出口量仍然不高）；另一方面，它受益于菲律宾稻米需求的扩大。2010年越南的出口量或将第一次接近700万吨。

美国的稻米出口量回归常态

2009年美国的稻米出口量曾下降到310万吨，而2008年为350万吨。事实上，2009年的出口水平被认为是美国稻米出口的正常水平。2008年的“超常”出口是因为亚洲国家稻米出口的下降和美国稻米出口货源充足的缘故。2009年美国稻米出口集中在中美洲和加勒比地区，美国对这些地区的稻米出口约占出口总量的2/3。日本也是美国另一个稳定的出口市场，特别是自2000年澳大利亚因持续受到干旱的困扰而撤出日本圆粒米（ronds japonica）市场后，日本的稻米进口更是严重依赖美国。

印度继续限制出口

2010年印度继续维持对非香米的出口限制。2009年年初，印度市场曾希望两年前由于歉收和对抗通货膨胀，印度政府采取的稻米出口限制政策可以终结。但是，2009/2010年度降水的推迟以及随后出现的稻米产量下降15%的事实迫使印度当局再次延长了稻米的出口限制措施，这些限制措施并不包括印度香米的出口。2010年其出口量会增到300万吨，主要的出口目的地是波斯湾国家和西欧国家。

不确定的未来

稻米价格在2009年底的突然上涨和一些市场专业人士的极端预期体现了2008年国际稻米市场危机的影响在当前市场仍然存在，这还体现了人们对世界主要稻米出口国家仍不信任，缺乏安全感。尽管世界稻米库存和出口均有所改善，但之前的事实表明，国际稻米市场和各国国内稻米市场的调节能力都严重不足。从长远看，我们必须考虑在何种条件下提高稻米的产量以满足世界人口增长带来的新需求。根据当前的预测，2050年的世界人口可能将超过90亿，其中一半以上的新增人口是生活在稻米消费地区。如果世界稻米消费量以每年1.7%的速度增长，那么到2050年世界需求将增至近12亿吨。如果稻米产量按照当前每年增长1%的速度计算，那么到2050年的总产量只有约10亿吨。因此，世界稻米市场未来的风险是缺少2亿吨稻米的供应，这个数字相当于目前世界稻米产量的30%，因此严重粮食危机是可能发生的。另外，如果考虑到资源的局限性和气候变化问题，再加上为增加稻米生产而进行的投资通常需要几十年的时间才能取得效果，那么粮食危机的出现可能会更近，不会在十分遥远的未来。

油料作物

2008年夏季，预计达到几乎创纪录的世界大豆产量使2008/2009生产年度的大豆市场销售变得十分困难。而这并没有考虑到2008年末袭击拉丁美洲的严重干旱，这场干旱使全球大豆市场的形势在2009年初发生了彻底的转变。墨西哥湾大豆的离岸价从2008年12月份的300美元/吨上升到2009年5月份的480美元/吨以上。但是，一个新的因素再次扰乱了2009年夏季的全球大豆市场。由于预期美国大豆将获得超乎寻常的大丰收，大豆的价格开始重新回落，而市场却对全球大豆的低库存似乎显得漠不关心。一直到了2009年秋季，大豆的价格开始再次上涨，这是因为美国大豆收获的延迟。但是，大豆价格的此次上涨是短暂的，因为在2010年初，南美地区的大豆将可能获得丰收。尽管如此，世界油料作物市场仍然充满着活力，这主要得益于对动物饲料和生物柴油的需求日益增长。

2008年6月，美国农业部预测2008/2009生产年度全世界大豆产量将会超过2.4亿吨。这是一个过分乐观的预测数字，因为该生产年度全球大豆产量最终没有达到2.1亿吨。这也就使得指引着整个油料作物行业的大豆市场在2008/2009生产年度的表现有巨大反差。全球大豆市场在2008/2009生产年度中第一阶段的特点是，在其他大宗商品价格下降的背景下，大豆的价格也随之下跌。美国农业部异常乐观的大豆产量预测又导致了大豆价格快速的下跌。在芝加哥期货交易所，大豆价格从2008年7月的600美元/吨下降至8月的近450美元/吨。全球油料作物的产量估计将会达到近4亿吨，这样的产量显然是过剩的，因为金融和经济危机会使全球油料作物需求下降。另外一个新的利空因素来自生物柴油市场，它面临着自2004年底以来的最低的石油价格以及公路运输的整体放缓。因此，生物柴油市场的发展在2008年年底和2009年年初停滞。此时整体油料作物价格处于2008年11月中旬至2009年3月中旬的最低点。2008年11月中旬，毛棕榈油在印度尼西亚的离岸价是400美元/吨，这一价格几乎没有给生产者留下任何利润。2008年年底，大豆的价格跌至300美元/吨，这一价格是自2007年7月初以来的最低点。在北欧卸船的油菜籽在2009年3月中旬的价格下降至340欧元/吨以下。2008年全球油菜籽产量比前几年有了巨大提高（增加了1 000万~5 800万吨），这不仅满足了所有对油菜籽的需求，而且也使世界油菜籽库存得以重新增加。油菜籽产量的提高在欧盟中表现得尤为突出，欧盟油菜籽的产量达到了1 900万吨，其中欧盟进口了320万吨油菜籽。这些油菜籽都来自澳大利亚和乌克兰，乌克兰当年的产量已经达到了290万吨，在三年前的产量只有30万吨，这清楚地表明了乌克兰油菜籽的生产潜力。欧盟油菜籽产量的提高另外可以归因为压榨商较高的加工利润率，这自然降低了油菜籽的价格。

干旱效应

事实证明，相对于拉丁美洲干旱的影响，美国农业部做出的对大豆产量预测的修正是相对很小的，因此，这并没有使大豆价格持久回升。中国对于大豆的需求依然十分强劲，进而使得最受市场关注的大豆库存量与消费量比率持续下降，而美国大豆经纪人却始终将注意力集中在豆粕和生物柴油的需求疲软上。

油料作物价格整体上涨的第二阶段始于2009年年初：棕榈油由于季节因素导致产量下降之后出现了首次反弹，并带动了油料作物价格的整体上涨。这是因为棕榈油生产者的利润几乎为零，以及2008年整个下半年棕榈油出口达到历史峰值，且棕榈油对其他油料作物在2008年下半年始终保持着巨大的竞争力。同时，印度尼西亚和马来西亚的棕榈油库存已经接近这两个国家棕榈油库存能力的最大限度。因此这两个国家开始出售多余的棕榈油库存，目的是获得其他油料作物的市场份额，尤其针对大豆。这一策略导致这两个国家的棕榈油库存转移到如印度的其他棕榈油进口国。尽管如此，这并没有阻止棕榈油价格的回升，而棕榈油价格的上涨又带动了其他植物油价格的上涨。

除了棕榈油价格的上涨之外，南美洲的干旱影响开始逐渐被市场所认同，这就使大豆的价格再度上扬，并且巩固了该生产年度的第二阶段。这场干旱极其严重，是数十年来南美洲最严重的一次干旱。对南美洲大豆产量下降的预测被接连数月的大豆收获情况所证实。在阿根廷，2009年1月预估的大豆产量为5 000万吨，临近收割时的3月份预估的产量则下降为4 300万吨，最终的实际

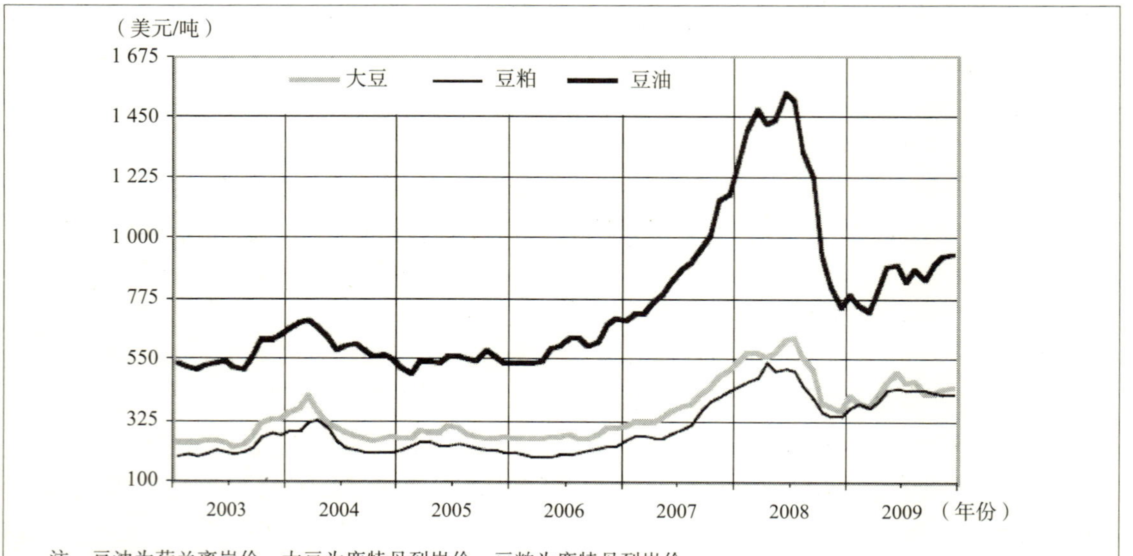

注：豆油为荷兰离岸价；大豆为鹿特丹到岸价；豆粕为鹿特丹到岸价。

大豆产品到岸价

8 种油籽作物

单位：百万吨

项目＼年度	2007/2008	2008/2009	2009/2010（预估值）
总产量	**385.44**	**388.27**	**419.72**
大豆	220.60	212.07	247.09
油菜籽	48.62	58.09	59.42
棉籽	44.50	40.62	38.15
葵花籽	29.19	34.36	32.35
花生仁	24.23	24.13	22.74
棕榈仁	11.22	11.56	12.25
椰子仁	5.09	5.26	5.34
亚麻籽	1.99	2.18	2.38
总出口	**91.93**	**95.14**	**95.10**
大豆	78.08	78.00	79.65
油菜籽	8.81	11.63	10.38
葵花籽	1.32	2.26	1.67
花生仁	1.79	1.63	1.65
亚麻籽	0.87	0.79	0.88
棉籽	0.83	0.62	0.66
棕榈仁	0.08	0.08	0.07
椰子仁	0.15	0.13	0.14
总进口	**92.88**	**95.33**	**95.09**
大豆	79.21	78.09	79.38
油菜籽	8.62	11.83	10.36
葵花籽	1.31	2.17	1.72
花生仁	1.79	1.60	1.66
亚麻籽	0.89	0.82	0.88
棉籽	0.82	0.61	0.87
棕榈仁	0.08	0.08	0.07
椰子仁	0.16	0.13	0.15

8 种粕油料作物

单位：百万吨

项目＼年度	2006/2007	2007/2008	2008/2009（预估值）
总产量	**235.73**	**231.93**	**239.40**
大豆粕	159.56	152.92	160.39
油菜粕	28.78	30.52	32.33
棉籽粕	20.72	19.58	18.09
葵花籽粕	11.57	14.11	13.56
花生粕	5.85	6.04	6.42
棕榈仁粕	6.22	5.90	5.55
椰子仁粕	1.82	1.75	1.90
亚麻籽粕	1.21	1.11	1.16
总出口	**69.89**	**67.05**	**69.41**
大豆粕	56.40	52.59	54.70
棕榈仁粕	4.94	4.88	5.21
油菜粕	3.89	3.61	4.09
葵花籽粕	3.06	4.75	4.01
椰子仁粕	0.90	0.62	0.75
棉籽粕	0.48	0.45	0.47
花生粕	0.17	0.10	0.13
亚麻籽粕	0.05	0.05	0.05
总进口	**70.35**	**67.22**	**69.39**
大豆粕	56.79	52.61	54.63
棕榈仁粕	4.82	5.01	5.21
油菜粕	3.85	3.67	4.05
葵花籽粕	3.27	4.68	4.07
椰子仁粕	0.91	0.64	0.78
棉籽粕	0.48	0.46	0.46
花生粕	0.18	0.10	0.13
亚麻籽粕	0.05	0.05	0.06

资料来源：［德］《油世界》（Oil World）。

10 种植物油料作物

单位：百万吨

项目＼年度	2007/2008	2008/2009	2009/2010（预估值）
总产量	**136.40**	**134.92**	**139.89**
棕榈油	42.67	44.26	47.15
大豆油	37.75	36.04	37.58
菜籽油	19.49	21.20	22.39
葵花籽油	15.15	12.73	12.00
棕榈仁油	4.96	5.13	5.43
棉籽油	5.12	4.82	4.39
花生油	4.45	4.22	3.97
椰子油	3.20	3.07	3.34
橄榄油	2.96	2.87	3.04
亚麻籽油	0.65	0.58	0.60
总出口	**61.89**	**58.81**	**59.23**
棕榈油	38.85	35.48	36.35
大豆油	11.20	9.51	9.52
葵花籽油	3.72	5.33	4.57
棕榈仁油	2.75	2.96	3.10
菜籽油	2.21	2.61	2.65
椰子油	2.00	1.76	1.92
橄榄油	0.72	0.72	0.70
花生油	0.19	0.18	0.17
棉籽油	0.15	0.16	0.15
亚麻籽油	0.10	0.10	0.10
总进口	**55.67**	**60.30**	**59.13**
棕榈油	32.73	35.73	36.28
大豆油	11.10	9.75	9.50
葵花籽油	3.69	5.35	4.55
棕榈仁油	2.77	3.96	3.10
菜籽油	2.20	2.61	2.61
椰子油	2.02	1.77	1.92
橄榄油	0.73	0.70	0.72
花生油	0.19	0.17	0.19
棉籽油	0.14	0.16	0.16
亚麻籽油	0.10	0.10	0.10

一些植物油的价格

单位：美元/吨

年份＼品种	棕榈油①	椰子油②	大豆油③	菜籽油④
2003	443	467	554	599
2004	471	661	616	686
2005	422	587	545	669
2006	478	607	599	793
2007	780	919	881	970
2008	949	1 224	1 258	1 329
2009	683	726	849	859

注：①马拉西亚毛棕榈油，鹿特丹到岸价。②菲律宾与印度尼西亚椰子油，鹿特丹到岸价。③任何产是大豆油，荷兰离岸价。④荷兰菜籽油，工厂交货离岸价。

收获没有超过 3 200 万吨。巴西大豆产量的降幅则较为温和，其最终产量预计在 6 400 万～5 700 万吨。因此，2008/2009 生产年度世界大豆产量只达到了 2.1 亿吨，这比预先估计的 2.4 亿吨大大减少，而且低于 2004 年的大豆产量。大豆进口国意识到南美洲国家大豆供应的风险，因此更倾向于进口产量稳定的北美洲大豆。中国尤是如此，为了重新建立大豆库存，中国早在 2009 年就指出，将要购买相当于中国 2008 年产量 1/3 的大豆。

在 2009 年春季，美国恶劣的天气条件推迟了大豆播种的时间，这使得大豆购买者担心，因为他们大豆的库存储备很低，况且他们的大豆库存必须能保证直到 2010 年 2 月南美洲的大豆收获时的供应。最终北美洲种植大豆的面积有轻微增长，但这并不足以稳定市场。对于 2009 年第二季度全球大豆供给紧张的担忧导致大豆价格的上升，与此同时，大豆的需求依然受到来自中国买家的支撑表现出持续强劲。到 2009 年 8 月底，对全球大豆库存量的估计值下调，调至 5 000 万吨以下。从 2004/2005 生产年度，全球大豆的库存量还从来没有降低到此数值，而当时的大豆需求量比现在低 10%。2009 年 6 月初，芝加哥期货交易所的大豆价格上涨至 460 美元/吨，这与 2008 年年初的水平相当。因为经济形势仍然非常脆弱，大豆经销商在大豆下半个生产年度中一直保持警惕，并且对大豆市场之外的所有信号做出反应。例如，在 2009 年 4 月底，墨西哥“猪流感”的蔓延，导致大豆价格随大豆经销商关于肉类（尤其是猪肉）消费将会因此减少的推测而下跌。

美国影响下的大豆市场

大豆价格的上涨并没有持续太长时间。

花生

单位：百万吨

项目 \ 年度	2007/2008	2008/2009	2009/2010（预估值）
花生仁			
世界产量	**24.23**	**24.13**	**22.74**
其中：中国	9.90	10.00	9.70
印度	5.00	4.13	3.60
尼日利亚	1.42	1.45	1.47
美国	1.25	1.75	1.25
世界出口	**1.79**	**1.63**	**1.65**
世界进口	**1.79**	**1.60**	**1.66**
花生油			
世界产量	**4.45**	**4.22**	**3.97**
其中：中国	1.93	1.90	1.84
印度	1.19	1.00	0.76
尼日利亚	0.33	0.34	0.34
世界出口	**0.19**	**0.18**	**0.17**
世界进口	**0.19**	**0.17**	**0.19**
花生粕			
世界产量	**6.22**	**5.90**	**5.55**
其中：中国	2.85	2.82	2.72
印度	1.63	1.28	1.04
尼日利亚	0.41	0.42	0.42
世界出口	**0.17**	**0.10**	**0.13**
世界进口	**0.18**	**0.10**	**0.13**

资料来源：［德］《油世界》（Oil World）。

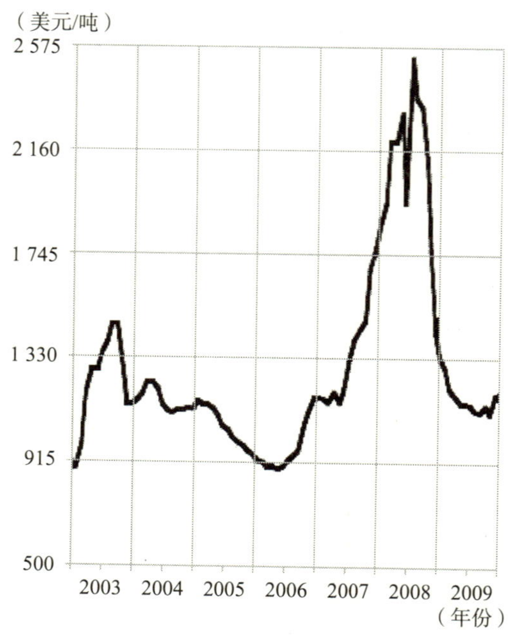

任何产地花生油鹿特丹到岸价

大豆

单位：百万吨

项目 \ 年度	2004/2005	2005/2006	2006/2007	2007/2008	2008/2009	2009/2010（预估值）
大豆						
世界产量	**216.35**	**227.21**	**237.22**	**220.60**	**212.07**	**247.09**
其中：美国	85.01	83.51	86.77	72.82	80.74	90.33
巴西	53.05	56.94	58.73	60.01	57.40	63.70
阿根廷	39.60	40.80	48.30	46.20	32.00	48.00
中国	17.40	16.80	15.97	14.50	15.70	13.80
印度	5.80	7.38	7.90	8.25	8.60	9.40
世界出口	**64.56**	**58.41**	**71.01**	**78.08**	**78.00**	**79.65**
其中：美国	29.55	25.79	30.32	30.82	35.19	38.40
巴西	20.14	26.07	23.48	25.36	29.98	24.70
阿根廷	9.51	7.24	9.52	13.82	5.59	7.40
世界进口	**64.35**	**64.85**	**70.24**	**79.21**	**78.09**	**79.38**
其中：中国	25.80	28.32	28.27	43.00	41.09	43.00
欧盟（27国）	15.39	14.15	15.51	15.21	13.47	13.30
日本	4.29	3.95	4.09	4.01	3.39	3.55
大豆油						
世界产量	**32.87**	**34.88**	**36.57**	**37.77**	**36.04**	**37.58**
其中：美国	8.78	9.25	9.29	9.33	8.50	9.00
中国	5.34	5.95	6.14	6.58	7.21	7.77
阿根廷	5.13	5.99	6.42	6.62	6.98	6.35
巴西	5.64	5.37	5.97	6.19	6.10	6.04
欧盟（27国）	2.59	2.52	2.69	2.75	2.39	2.31
世界出口	**9.57**	**10.13**	**10.77**	**11.20**	**9.51**	**9.52**
其中：阿根廷	4.86	5.74	6.05	5.98	4.85	4.70
巴西	2.41	2.47	2.46	2.39	1.90	1.53
世界进口	**9.55**	**9.97**	**10.86**	**11.10**	**9.75**	**9.50**
其中：中国	1.73	1.52	2.40	2.72	2.49	2.20
印度	2.02	1.68	1.46	0.75	1.06	1.05
欧盟（27国）	0.19	0.77	0.97	1.03	0.80	0.60
伊朗	0.74	0.64	0.55	0.54	0.32	0.34
豆粕						
世界产量	**140.95**	**147.32**	**155.35**	**159.56**	**152.92**	**160.39**
其中：美国	36.94	37.41	39.06	38.35	35.47	37.82
中国	24.93	27.40	28.27	30.33	33.19	35.82
阿根廷	21.60	25.01	26.06	25.90	24.92	27.07
巴西	22.61	21.51	23.77	24.42	23.79	24.01
欧盟（27国）	11.11	10.56	11.50	11.68	10.11	9.84
世界出口	**47.14**	**51.42**	**53.97**	**56.40**	**52.59**	**54.70**
其中：阿根廷	20.58	24.01	25.22	26.80	24.21	24.75
巴西	14.24	12.87	12.71	12.04	12.93	12.40
美国	6.70	7.32	7.98	8.39	7.72	9.30
印度	1.94	3.76	3.93	5.23	3.59	3.70
世界进口	**47.09**	**51.38**	**53.96**	**56.79**	**52.61**	**54.63**
其中：欧盟（27国）	23.04	23.50	23.48	25.51	22.45	23.23
印度尼西亚	1.84	2.00	2.23	2.36	2.18	2.34
泰国	1.77	2.05	2.26	1.88	2.27	2.24
韩国	1.46	1.77	1.87	1.76	1.81	1.83

资料来源：[德]《油世界》（Oil World）。

到2009年7月中旬，大豆价格已跌至380欧元/吨以下。因为大豆种植面积的增加（增长2%）和产量的良好前景，美国农业部预计美国的大豆产量将达到8 900万吨，这比2008年多出800万吨。考虑到谷物和大豆的比价关系，南美农业生产者的种植意愿更倾向于种植大豆。根据美国农业部的估计，2009/2010生产年度世界大豆产量将接近2.44亿吨，这比2006/2007生产年度多出700万吨。尽管在2009/2010生产年度大豆的库存减少了，但是全球的大豆产量将可以满足估计约为2.32亿吨的全球大豆消费需求。另外由于欧盟国家的油菜籽种植面积与产量双双提高，使2009年欧盟的油菜籽产量达到2 100万吨以上，这比2008年多了300万吨。油菜籽由于收获初期时的库存巨大，油菜籽的供应非常充足。这预示着与上一生产年度相比，欧洲的油菜籽压榨量将大大增加。

2009/2010生产年度初期全球大豆较低库存水平，即4 100万吨左右，减缓了大豆价格的下跌，而大豆的需求则一直保持坚挺。在中国，对于旱的恐惧导致中国继续进口大豆。然而美国的大豆获得的新丰收使大豆价格在2009年9月又一次下降。直到10月中旬，大豆价格才恢复稳定，因为美国农

棉籽

单位：百万吨

项目＼年度	2007/2008	2008/2009	2009/2010（预估值）
棉籽			
世界产量	**44.50**	**40.62**	**38.15**
其中：中国	12.80	12.70	11.00
印度	10.40	9.80	9.80
巴基斯坦	3.78	3.84	4.20
美国	5.98	3.90	3.85
乌兹别克斯坦	2.12	2.12	1.79
巴西	2.42	1.82	1.72
世界出口	**0.83**	**0.62**	**0.66**
世界进口	**0.82**	**0.61**	**0.67**
棉籽油			
世界产量	**5.12**	**4.82**	**4.39**
其中：中国	1.84	1.83	1.57
印度	0.98	0.92	0.91
巴基斯坦	0.40	0.41	0.44
美国	0.39	0.30	0.30
乌兹别克斯坦	0.32	0.30	0.26
世界出口	**0.15**	**0.16**	**0.15**
世界进口	**0.14**	**0.16**	**0.16**
棉籽粕			
世界产量	**20.72**	**19.58**	**18.09**
其中：中国	6.19	7.18	7.26
印度	6.20	5.85	5.79
巴基斯坦	1.56	1.62	1.74
美国	1.14	0.85	0.85
巴西	0.99	0.86	0.75
乌兹别克斯坦	0.78	0.73	0.63
世界出口	**0.48**	**0.45**	**0.47**
世界进口	**0.48**	**0.46**	**0.46**

资料来源：［德］《油世界》（Oil World）。

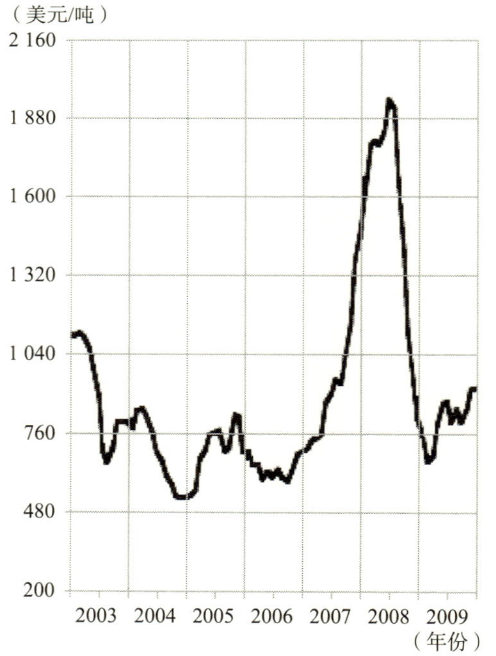

美国棉籽油鹿特丹到岸价（CIF）

油菜

单位：百万吨

项目 \ 年度	2007/2008	2008/2009	2009/2010（预估值）
油菜籽			
世界产量	**48.62**	**58.09**	**59.42**
其中：欧盟（27国）	18.44	19.04	21.23
中国	10.57	11.80	12.80
加拿大	9.53	12.64	11.83
印度	4.85	6.20	6.15
世界出口	**8.81**	**11.63**	**10.38**
世界进口	**8.62**	**11.83**	**10.36**
菜籽油			
世界产量	**19.49**	**21.20**	**22.39**
其中：欧盟（27国）	7.80	8.57	9.04
中国	4.26	4.94	5.15
印度	2.05	1.88	2.21
加拿大	1.74	1.86	1.99
日本	0.95	0.93	0.95
世界出口	**2.21**	**2.61**	**2.65**
世界进口	**2.20**	**2.61**	**2.61**
油菜粕			
世界产量	**28.78**	**30.52**	**32.33**
其中：欧盟（27国）	10.92	11.42	12.04
中国	6.95	8.06	8.41
印度	3.23	2.98	3.48
加拿大	2.50	2.50	2.74
日本	1.25	1.21	1.24
世界出口	**3.89**	**3.61**	**4.09**
世界进口	**3.85**	**3.67**	**4.05**

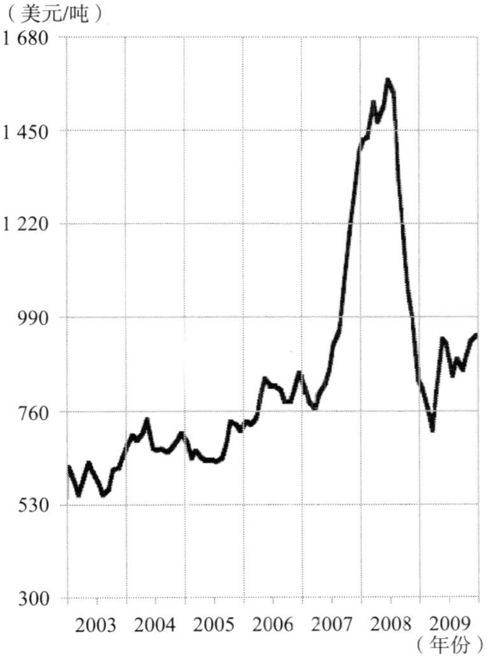

荷兰菜籽油工厂交货离岸价

椰子仁、椰子

单位：百万吨

项目 \ 年度	2007/2008	2008/2009	2009/2010（预估值）
椰子仁			
世界产量	**5.09**	**5.26**	**5.34**
其中：菲律宾	1.93	2.03	2.07
印度尼西亚	1.44	1.52	1.54
印度	0.64	0.66	—
世界出口	**0.15**	**0.13**	**0.14**
世界进口	**0.16**	**0.13**	**0.15**
椰子油			
世界产量	**3.20**	**3.07**	**3.34**
其中：菲律宾	1.30	1.20	1.38
印度尼西亚	0.88	0.85	0.94
印度	0.40	0.41	0.41
世界出口	**2.00**	**1.76**	**1.92**
世界进口	**2.02**	**1.77**	**1.92**
椰子仁粕			
世界产量	**1.82**	**1.75**	**1.90**
其中：菲律宾	0.77	0.71	0.75
印度尼西亚	0.51	0.45	0.45
印度	0.25	0.25	—
世界出口	**0.90**	**0.62**	**0.75**
世界进口	**0.91**	**0.64**	**0.78**

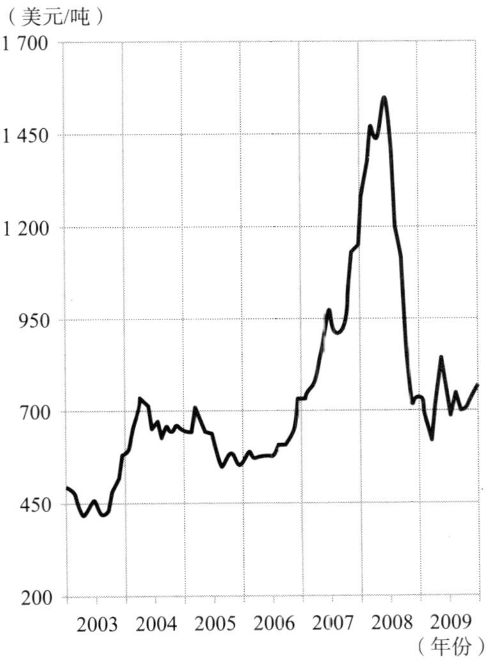

菲律宾与印度尼西亚椰子油鹿特丹到岸价

资料来源：［德］《油世界》（Oil World）。

民认识到，大豆的收获将因降雨而被推迟。因此，可供给的大豆迅速蒸发了。一方面，南美大豆库存非常少，不能保证从当时一直到2010年第一季度末其收获季节时的连续供应。另一方面，美国大豆压榨企业对大豆的需求比预期需求要多。这是因为美国豆粕出口（用于制作饲料）持续旺盛。美国大豆收获季节截止于11月底，产量估计达到9 000万吨以上。然而，南美洲大豆收获的不确定性及持续坚挺的大豆需求使大豆价格仍旧保持在上升的趋势中。在2010年年初，高盛银行（Goldman Sachs）和瑞士银行（UBS）的大宗商品指数基金决定调高大豆所占比率、同时下调其他非农产品所占比例。虽然这次调整的指数基金的比率仅仅涉及这两个银行投资的2%，但是，相对于农产品期货市场的规模而言，其调整数量是相当可观的。尽管市场已对这两个银行的行动有所预期，但是这则消息还是提振了大豆的价格。与2009年相反，在2010年年初，南美的大豆收获量达到意料之外的高水平（阿根廷为5 300万吨，巴西为6 500万吨），这将能充分满足大豆的需求。然而，大豆价格并没有下跌，因为美国作为在2009年的“准垄断大豆出口国”已经几乎没有过多的大豆可供出售。另外，尽管中国引入了大豆进口许可证制度，但是，美国贸易商仍然希望中国能够继续购买美国大豆。在2010年年初，大豆价格的巨大波动体现了大豆经销商对可以微妙改变大豆市场供需平衡的信息密切的关注，但是支持大豆需求的两个因素是绝对不能忽略的，即对以豆粕为原料的动物饲料的需求及生物柴油产业的需求。

动物饲料和生物柴油日益增长的需求

总的来说，预计2009/2010生产年度世界对豆粕的需求与2008/2009生产年度相比会增加，而2008/2009生产年度全球豆粕需

美国生物柴油B99出口欧洲的终结

那些欧洲生物柴油生产商的游说最后取得了回报。自2007年起，欧洲生物柴油委员会（European Biodiesel Board，EBB）指控出口到欧洲的得到美国补贴的生物柴油，称其曲解了欧盟该行业的竞争，对整个欧洲生物柴油业构成了危害。美国“停停就走”（splash and dash）补贴系统给予一切重新向美国以外国家出口生物柴油（再加入少量柴油矿物质后）的非美国的生物柴油生产商以减免税收形式的补贴。2008年4月时，欧盟委员会开展了一个“反补贴和反倾销”行动，目标是针对所有经美国向欧盟出口生物柴油的公司；此举同时也维护了欧盟生物柴油企业指控的合法性。2008年10月，美国国会通过决议废除了“停停就走”这项措施。2009年3月，这项措施正式被暂停，2009年7月，则被永久停止。欧洲理事会方面则对来自美国的生物柴油征收补偿性关税与反倾销税。这些关税根据出口公司出口生物柴油量的不同而有差异，对生物柴油的征税在211~409欧元/吨。从2009年3月开始，欧洲理事会的这项措施彻底终结了欧盟对生物柴油B99的进口。尽管如此，欧洲生物柴油委员会决定将那些曾经并继续还在用欺诈方式（通过伪造原产地或混合生物柴油B19）进口来源于美国的生物柴油的经销商诉诸法庭。

葵花籽

单位：百万吨

项目 \ 年度	2007/2008	2008/2009	2009/2010（预估值）
葵花籽			
世界产量	**29.19**	**34.36**	**32.35**
其中：欧盟（27国）	4.94	6.78	6.63
俄罗斯	5.50	7.30	6.60
乌克兰	4.88	6.98	6.00
阿根廷	4.60	3.08	3.60
中国	1.80	1.85	1.85
印度	1.19	1.15	1.46
美国	1.31	1.55	1.27
世界出口	**1.32**	**2.26**	**1.67**
世界进口	**1.31**	**2.17**	**1.72**
葵花籽油			
世界产量	**10.15**	**12.73**	**12.00**
其中：俄罗斯	2.00	2.86	2.55
欧盟（27国）	1.81	2.53	2.52
乌克兰	1.89	2.66	2.35
阿根廷	1.57	1.52	1.50
世界出口	**3.72**	**5.33**	**4.57**
世界进口	**3.69**	**5.35**	**4.55**
葵花籽粕			
世界产量	**11.57**	**14.11**	**13.56**
其中：欧盟（27国）	2.20	3.12	3.15
俄罗斯	2.10	2.80	2.57
乌克兰	1.93	2.62	2.37
阿根廷	1.61	1.52	1.51
世界出口	**3.26**	**4.75**	**4.01**
世界进口	**3.27**	**4.68**	**4.07**

资料来源：[德]《油世界》（Oil World）。

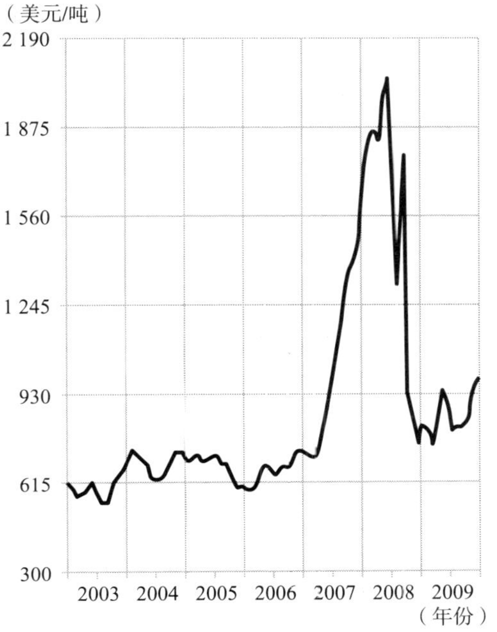

葵花籽油西北欧港口离岸价（FOB）

向日葵：平衡植物油市场的油料作物

与2007年（东欧地区遭遇了干旱）相比，2008年葵花籽量增长了近600万吨。这对平衡植物油市场上的供给紧张状况起了重大作用，而这又要感谢俄罗斯和乌克兰的大量出口。葵花籽油和大豆油之间的价格对比关系使通常购买豆油的一些国家改变了他们的采购策略，如印度、伊朗、埃及，甚至中国用葵花籽油替代了部分豆油的进口。欧洲则减少了葵花籽油的进口，但增加了葵花籽的进口及重新开启了地区榨油厂。

在2009年，俄罗斯和乌克兰的葵花籽产量与2008年的产量相比有所减少。在葵花籽生产年度的市场销售初期，乌克兰葵花籽油出口继续满足市场的需求。考虑到阿根廷向日葵播种面积的减少，2010年年初阿根廷葵花籽的产量预计与2009年相比将下降100万吨。因此，葵花籽油在生产年度末期时的供应可能将减少。

求下降了4%，其中欧洲下降12%，美国下降7%。这些下降是经济危机对个人收入影响的结果，而个人收入下降又拖累了2008/2009生产年度肉类的消费，这是自1993年以来世界肉类消费首次下降。因此，2009～2010年国际豆粕贸易量将会回升到危机爆发前的5 500万吨的水平左右，如同2008～2009年、2009～2010年欧盟豆粕的进口将会继续下降5%左右。豆粕在全世界的食品制作中的地位非常重要。在大多数国家，家畜的饲养仍主要依赖于"玉米加大豆"。但是，柑橘皮渣、玉米蛋白饲料、酿酒废料等工业副产品及豆粕贸易中的壁垒，特别是欧盟对豆粕中转基因成分的担忧，导致欧盟工业企业进口的多元化。但实际上，欧盟却从来没有像今天这样依赖进口豆粕。由于欧盟禁止使用肉骨粉，以及大幅削减富含蛋白质的豆科类植物（如豌豆等）的生产，这就使作为肉禽饲料及牛平衡浓缩饲料中含有高蛋白和能量成分的豆粕成为必不可少的一种蛋白质来源。欧洲菜籽粕的生产提高与生物柴油行业的发展有关，这对欧洲豆粕消费市场有影响，但是并没有减少浓缩饲料中豆粕的使用。

生物柴油内主要是植物油和甲醇，对生物柴油的需求在很大程度上是由政治决定的，而非经济决定。在欧洲，生物柴油与一

亚麻籽

单位：百万吨

项目＼年度	2007/2008	2008/2009	2009/2010（预估值）
亚麻籽			
世界产量	**1.99**	**2.18**	**2.38**
其中：加拿大	0.72	0.95	1.06
中国	0.48	0.48	0.49
印度	0.19	0.15	0.18
美国	0.15	0.15	0.15
欧盟（27国）	0.10	0.08	0.10
世界出口	**0.87**	**0.79**	**0.88**
世界进口	**0.89**	**0.82**	**0.88**
亚麻籽油			
世界产量	**0.65**	**0.58**	**0.60**
其中：欧盟（27国）	0.18	0.15	0.14
中国	0.15	0.16	0.17
美国	0.10	0.09	0.10
世界出口	**0.10**	**0.08**	**0.10**
世界进口	**0.10**	**0.08**	**0.10**
亚麻籽粕			
世界产量	**1.21**	**1.11**	**1.16**
其中：中国	0.33	0.35	0.37
欧盟（27国）	0.35	0.26	0.26
美国	0.18	0.15	0.19
印度	0.11	0.09	0.10
世界出口	**0.05**	**0.03**	**0.05**
世界进口	**0.05**	**0.04**	**0.06**

资料来源：[德]《油世界》（Oil World）。

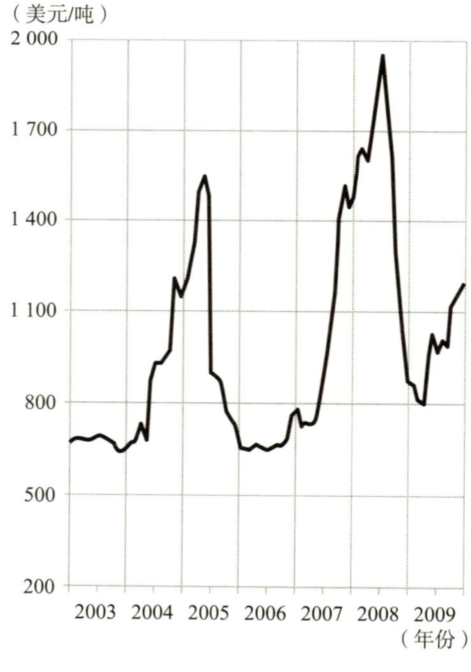

任何产地亚麻籽油鹿特丹内销价（ex-tank）

橄榄油

单位：百万吨

项目 \ 年度	2004/2005	2005/2006	2006/2007	2007/2008	2008/2009	2009/2010（预估值）
世界产量	**2.85**	**2.71**	**2.98**	**2.96**	**2.87**	**3.04**
其中：欧盟（27国）	2.17	2.02	2.21	2.31	2.09	2.27
西班牙	0.96	0.89	1.14	1.37	1.11	1.24
意大利	0.72	0.63	0.61	0.55	0.57	0.59
希腊	0.44	0.46	0.40	0.35	0.33	0.38
突尼斯	0.13	0.23	0.18	0.18	0.16	0.15
土耳其	0.12	0.17	0.12	0.07	0.14	0.16
叙利亚	0.18	0.11	0.17	0.11	0.14	0.16
世界出口	**0.70**	**0.68**	**0.80**	**0.72**	**0.72**	**0.70**
其中：欧盟（27国）	0.38	0.35	0.41	0.40	0.42	0.40
突尼斯	—	0.11	0.21	0.18	0.14	0.12
世界进口	**0.71**	**0.69**	**0.79**	**0.73**	**0.70**	**0.72**
其中：美国	0.25	0.24	0.26	0.26	0.26	0.28
欧盟（27国）	0.19	0.23	0.17	0.10	0.12	

资料来源：［德］《油世界》（Oil World）。

般柴油混合并达到7%的水平，称为B7燃料，与专用柴油混合后高达30%的水平，称为B30燃料。在2009年，根据欧委会的目标，欧盟各主要成员国要强制把生物柴油混入机动车燃料。曾经出台鼓励生物柴油市场发展的税收激励措施在许多欧盟国家受到了质疑，这对生物柴油市场产生了许多不同的影响。曾于2003年和2004年在德国风光一时的纯生物柴油即B100燃料随着税收减免效应的逐渐弱化而使其需求量在2009年大大减少，由于较普通燃料缺乏竞争力，B100几乎在2009年上半年德国市场上消失；强制混合入普通柴油的纯生物柴油B100数量的增加，并没有完全补偿B100在实际应用中数量的减少。因此在德国继2008年生物柴油销售量下降19%之后，2009年销售量又下降了5%，这是其连续第二年在德国市场上销量的下降。德国市场上生物柴油需求量的下降在很大程度上被欧洲其他国家市场的销量增长所抵消，欧洲的生物柴油市场在整个2009年取得了强劲的增长。这主要是因为西班牙生物柴油市场的发展，在2009

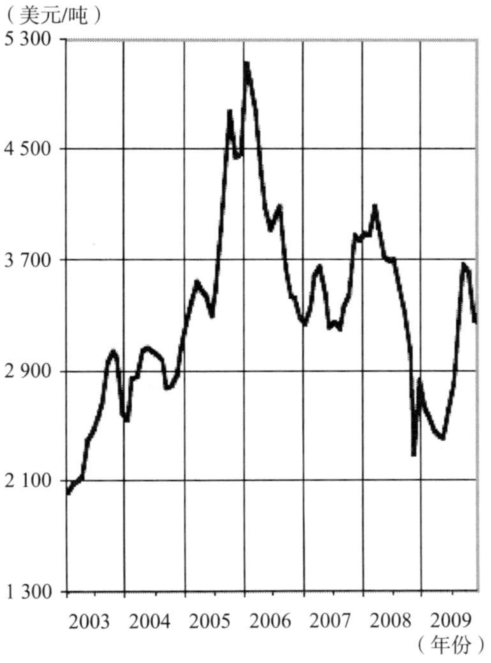

西班牙初榨优质橄榄油价格

年1月1日通过并执行在柴油中强制加入至少2.5%的生物柴油，或在燃料油中加入3.4%的生物燃料油的方案。欧洲生物柴油市场的销量从2007年的700万吨增加到2008年的近900万吨，2009年将有可能突破1 000万吨的大关，这几乎相当于欧洲机动车全年使用燃料的5%。在欧委会的计划中，2010年生物柴油混合率将继续增长，因此，可以预见的是欧洲生物柴油市场将继续平稳发展，也会稳步推高生物柴油的价格。即使由谷物生产的生物乙醇的消费量在欧洲也在增长，另外，生物乙醇强制混合入汽油方案的延迟也促进了生物柴油的销售。在欧盟的一些国家当中，强制将生物燃料油混合入传统燃料油，这就使得人们可以在生物乙醇与生物柴油之间进行选择。

欧洲不再是唯一鼓励在燃料油中混入生物柴油的地区。巴西在大规模应用生物乙醇之后，在2008年加入了强制在燃料油中混合生物柴油国家的行列。强制混合生物柴油率由2009年7月1日的4%提高到2010年1月1日的5%。秘鲁、哥伦比亚、韩国、泰国、中国台湾、菲律宾、印度尼西亚、加拿大的两个省（即将有3个省），以及澳大利亚的一些州，在2009～2010年都推出了强制混合生物柴油的计划。同样，在阿根廷政府部门也将制定5%的最低生物柴油混合率。阿根廷生物柴油产业，目前仍然完全是出口导向，到2010年春季阿根廷的生物柴油将同时供应本国市场。2009年，强制混合生物柴油的计划在美国被推迟了，目前只有某些州开始强制实施生物柴油最低混合比例。在2009年12月底，每加仑混合汽油补贴1美元的促进生物柴油使用的政策被暂停。虽然补贴方案的重新开始是可能的，但此举使美国生物柴油市场的发展政策令人看不清楚。在2009～2010年，全球生物柴油需求将使全球植物油的需求增加1 500万～1 700万吨，这相当于全球植物油总消费量的10%～12%。

欧洲市场转基因产品的遭遇

2009年夏季，一艘装有美国大豆的货船被禁止进入西班牙和德国的港口。原因是相关部门从中发现了被欧盟禁止的转基因玉米的痕迹。随后欧洲大豆进口商转向拉丁美洲进行采购，但是该地区大豆的可供给量却非常少。在最后一批大豆被装上船后，巴西大豆的价格迅速上升。由于无法满足欧洲榨油厂的需要，欧洲压榨商关闭了在欧洲的大豆压榨厂，而食品制造商担心其豆粕的供给会中断。由于此事件在欧洲农业部长会议的讨论中没有多数意见，最后经欧盟委员会裁决：2009年11月授权批准转基因玉米MON 88017和MIR 604进入欧盟市场。从那以后，美国恢复对欧洲的大豆出口。但实际上这其中根本的问题未得到解决，并且仍然可能再次出现上述问题，因为欧盟继续使用转基因产品保持“零容忍”的原则。

肉类

在众多的大宗商品之中，甚至是在农产品之中，肉类始终是个例外：肉类价格在金融危机爆发前小幅上涨，但在2009年大幅回落（-9%）。这使得饲养者的利润受到了“剪刀效应”的损失，即肉类价格下降和饲养成本上升。实际上，从中期来看（2006~2010年），动物饲料成本上涨了15%以上，肉类的价格整体上并没有改变。在“白肉”生产领域，饲料主要以谷物为主，其中鸡肉的价格几乎跟随饲料价格的上涨而上涨。猪肉的价格却远没有出现同等的上涨。牛肉作为相对昂贵的肉类，它受到2009年经济危机的打击最大。

2009年国际肉类贸易也受到了经济衰退的影响（-6%），与此同时，国际贸易整体下降了10%。猪肉同牛肉一样，是2009年价格下降最大的肉类，这是因为主要进口国的需求大幅下降：日本、中国、韩国和俄罗斯。总体而言，2009年国际肉类贸易额超过800亿美元，排在水产品之后但在谷物之前。

日本是世界第二大经济体，同时是世界肉类最大的进口国（以价值计算），但该国受到了经济危机的严重影响，并再次回到2006年刚刚摆脱的通货紧缩状态，这使得该国对所有肉类的进口均出现下降，特别是对猪肉的进口出现大幅回落。巴西之前已经连续四年成为世界最大的肉类出口国，在2009年巴西回落到第二位，让位于美国，这是因为在巴西一些地区出现了口蹄疫，欧盟因此对巴西的牛肉实施禁运。然而，由于巴西拥有广阔的面积（巴西目前空闲的农业用地面积相当于整个法国的面积，并且可以立即投入生产），肉类生产成本比其主要竞争对手要低得多，因此巴西将在中期恢复其全球领先的肉类生产国的地位。在白肉生产领域巴西的进展更为迅速：禽肉甚至强于猪肉。美国是世界肉类经济领先的国家，由于该国受到了比其他发达国家更严重的经济危机的打击，因此肉类生产与出口均出现了明显下降。

俄罗斯受到经济危机以及大宗商品价格下降的打击巨大，2009年其肉类进口下降了约100万吨（-30%）。因此，无论是以价值或数量计算，俄罗斯都回到了世界第二大肉类进口国的位置，而日本成为了世界肉类最大的进口国。欧盟27国拥有5亿消费者，这是世界上最富裕的消费群体之一，欧盟的肉类产品贸易赤字在2009年继续增长。实际上，自1995年乌拉圭回合（Uruguay Round）贸易协定签订以来，欧盟的肉类出口逐渐下降，而进口则与日俱增，同时欧盟的肉类生产也出现下降，尤其是在2003年欧盟共同农业政策改革之后出现了加速下滑。近几年来，欧盟出现了羊肉贸易赤字（约20%）和牛肉贸易赤字（在2009年达到5%，这是连续第七年出现赤字）。自2007年欧盟成员国扩充以来，欧盟首次成为了禽肉贸易赤字国家（2%）。

2010 年影响世界肉类贸易的动物疾病

• 甲型 H1N1 流感（AH1N1 influenza）：最早称猪流感（swine flu）、墨西哥流感（Mexican flu），最终命名为甲型 H1N1 流感。20 世纪 30 年代在猪类身上发现最早病原体，现在全世界很多农场仍然时有发现。

• 禽流感（bird flu，avian influenza）：2003 年禽流感爆发以来，亚非欧三大陆 70 个国家受到波及。2006 年有 45 个国家受影响，2009 年受影响国减至 17 个，其中 9 个国家受害最大，尤其是印度尼西亚和越南，禽流感已发展成为该地区的地方性动物疾病。禽流感也出现在埃及，且势头不减。

• 蓝舌病（bluetongue），也称绵羊卡他热（ovine catarrhal fever）：2006 ~ 2008 年影响了 20 多个欧洲国家，2009 年底几乎消失了该病迹象，但在北非（阿尔及利亚、摩洛哥和突尼斯）又死灰复燃。

• 荷兰的羊 Q 热（Q Fever）；出现类似流感症状）。

• 韩国和中国又一轮口蹄疫疫情。

• 西班牙和以色列的禽畜圈栏中出现的新城疫病毒（newcastle disease virus，NDV）。

• 俄罗斯的猪瘟（Traditional swine fever），也称非洲猪瘟（African swine fever）。

• 德国的猪伪狂犬病（Aujeszky’s disease）。

• 意大利的牛马狂犬病。

• 非洲的裂谷热（Rift Valley fever）和拉沙热（Lassa fever）：出现在马达加斯加、苏丹、南非和斯威士兰。

• 肠埃希氏菌（E. Coli）、弯曲杆菌（campylobacteriosis）和沙门氏菌（salmonella bacteria）。

• 羊瘙痒症（scrapie in sheep）。

• 疯牛病，也称牛海绵状脑炎（bovine spongiform encephalopathy，BSE）：出现在北美（美国和加拿大）和日本。

世界动物卫生组织（World Organization for Animal Health，OIE）总部位于巴黎，该组织已列明近百种需进行国际追踪的动物疾病，其中 15 种疾病属于 A 类动物疾病（对卫生和社会经济产生严重危害的疾病）。世界动物卫生组织认为世界正面临着人类历史上影响和范围都前所未有的动物传染病。全球化以及越来越多的货物与旅客在快速运输的时代，更快速的运输与全球范围内疾病的传播密切相关。在 2009 年，除了甲型 H1N1 流感疫情之外的各类疫情都有所缓和。

资料来源：世界动物卫生组织，巴黎，2010（OIE Paris 2010）

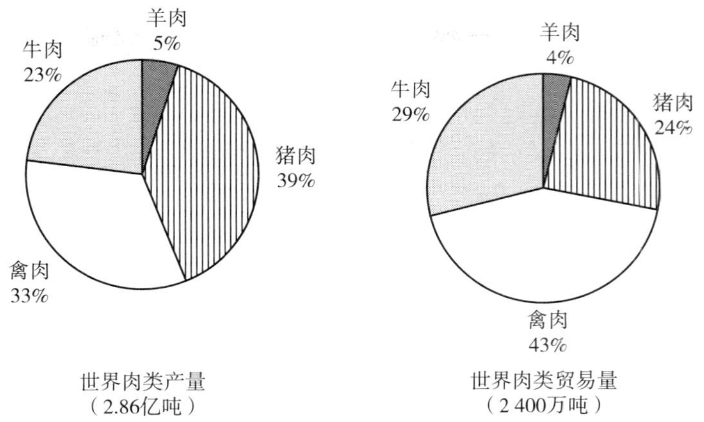

2010 年世界肉类市场

注：猪肉在世界肉类生产中占据首要位置，但禽肉在国际肉类贸易中占据首位，随后是牛肉。在连续几年受到禽流感的困扰之后，国际禽肉贸易自 2008 年开始强劲复苏，进而扩大了与其他肉类在贸易量上的差距。2009 年国际肉类贸易量下降，仅占世界肉类产量的 8%（不包括在北美自由贸易区和欧盟内的贸易量）。约有 11% 的禽肉与牛肉进入国际贸易，而羊肉和猪肉的比例仅为 6% 和 5%。事实上，肉类贸易量应比产量增长得更快，但受经济危机影响，在 2009 年所有肉类的国际贸易量均出现下滑。

资料来源：联合国粮食及农业组织（FAO）。

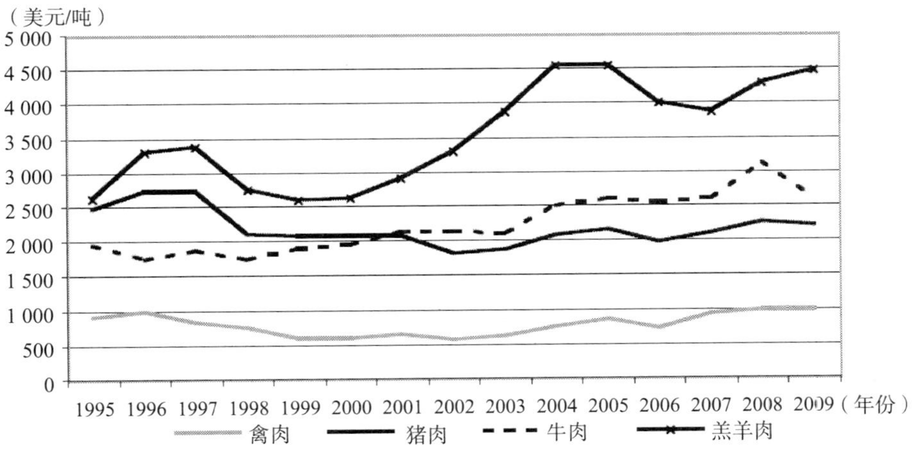

世界肉类价格变化趋势

资料来源：联合国粮食及农业组织（FAO）。

2009年国际肉类市场的特点

• 世界肉类消费出现空前下降，因此进口量和价格均出现了下降，饲料成本的增加并没有完全体现在肉类价格上（2009年国际肉类价格指数只相当于20世纪90年代的水平，根据联合国粮农组织的数据，所有食品的价格同期上升了60%！）。

• 世界肉类生产出现下滑，所有领先的肉类生产国的出口量也出现显著下滑，如巴西、美国、欧洲和澳大利亚均出现下降。同时俄罗斯和日本的进口量也出现下降。

• 美国这个世界肉类最大的生产国的肉类产量下滑尤为明显，美国是受经济危机影响最大的发达国家之一（2008～2009年失业者的数量增加了700万）。

• 世界的肉类产量连续第二年出现“零增长”，特别是美国的牛肉产量出现下降，这主要是因为谷物价格上涨；欧洲的产量下降则是结构性的。

• 欧洲的肉类生产与世界其他主要肉类生产国的差距再次拉大（美国和巴西），这是因为该地区的动物饲料的供应量减少和价格高企。

• 农作物的价格下跌或将使肉类生产增长。

• 世界饲养业近十年的动物疾病肆虐的态势，终于出现了缓和的迹象（亚洲的禽流感、南美洲的口蹄疫、欧洲的羊蓝舌病、北美地区的牛海绵状脑病（疯牛病），以及中国的猪圆环病毒）。

• 肉类贸易保护主义“复活”（俄罗斯的肉类卫生检疫和进口配额、日本对欧洲的禽肉禁运、韩国对加拿大牛肉的禁运、美国的“氯水鸡”等）。

• 新型肉类贸易的发展，这是提高肉类产品附加值的源泉，如猪肉片、熟禽肉，以及冷却牛肉和羊肉。

• 汇率的变化完全打乱了世界肉类贸易的竞争条件，尤其是美元兑欧元的弱势；美元兑欧元的巨幅波动接连出现，波动幅度在25%左右；另外还有欧元兑世界其他肉类出口国货币（雷亚尔、比索与加元等），以及兑世界肉类进口国货币（卢布、日元等）的相对强势的汇率。

2010年2月，在写本章时，我们预测2010年和2011年世界肉类市场将受到八个主要因素的影响

• 世界经济增长的不确定性（经济衰退已经结束，但是经济复苏的不确定性较大）及带来的社会影响（失业人数增加），将对作为价格较高的肉类食品的消费增长不利（收入－消费的弹性高）。

• 世界两个主要的肉类进口国，日本和俄罗斯受到经济危机的打击更为严重，日本甚至进入通货紧缩。

• 另外，世界各国的经济情况差别很大，尤其是亚洲的一些国家的经济已经重回高速增长，这就使得他们将是世界肉类消费的新增长点（印度、中国、韩国和菲律宾等）。

世界肉类生产将在2050年之前增长一倍

在不到二十年的时间里，世界肉类产量已经增加了一倍。亚洲新兴国家的“白肉”产业的增长为世界食品“革命”起了主要的推动作用。我们把这称之为“革命”的原因是，世界的几亿人口开始享受到经济发展的成果，进而增加了对肉类，尤其是肉类制品的消费。但是，肉类需求的增加使得对世界农业用地和对水的使用增长——用于生产谷物（动物饲料）和饲养牲畜。饲养业生产力的提高（生物技术等），也不能完全避免上述情况。

根据联合国粮农组织和经合组织的最新预测，世界肉类产量将在2050年之前增长一倍！它将从2010年的2.86亿吨增长到5亿吨以上。肉类生产的增长（87%）将主要源自经合组织国家以外的国家。另外，肉类消费增长最大的地区将是撒哈拉以南的非洲地区，该地区将从目前每人每年消费肉类11千克增长到2050年的22千克。在司期，东南亚国家将从每人每年28千克增长到51千克。相反，北美地区和欧洲的肉类消费将只会出现轻微增长，从83千克增长到89千克。

- 农作物的产量较为充裕（世界粮食获得了丰收），这将使得动物饲料成本下降，进而促进肉类产量的增长。
- 动物疾病的不可预知性仍然很强，尤其是H5N1病毒（禽流感），目前仍然在印度尼西亚、越南和埃及流行；另外还有H1N1流感（猪流感）。
- 世界大型肉类公司的国际化战略，尤其是美国和巴西的公司，他们的生产逐渐遍及世界五大洲，尤其是在欧洲。
- 在肉类价格波动的背景下，越来越多的国家实行干预政策（对谷物和肉类的出口征税，对饲养业进行补贴等），然而这与世界贸易组织（WTO）和多哈回合的原则背道而驰；多哈回合谈判已经停滞不前。
- 世界主要肉类出口国和进口国的汇率变化（欧元、巴西雷亚尔、阿根廷比索、美元、澳元、中国人民币和俄罗斯卢布等），另外有世界主要经济体的货币政策变化，如美国和中国的货币政策将是决定性的。

因此，对于肉类来说，2010年应该好于2009年，这是因为肉类需求将逐渐复苏及谷物价格的回落。但是，肉类的价格还将取决于消费者在消费上的“再平衡”，在这个不确定性较强的时期，肉类的价格将不会有太大增长。

巴西新肉类巨头的野心

2009 年 6 月，巴西鸡肉、猪肉和冷冻食品业的两大巨头萨迪亚（Sadia）和波迪高（Perdigão）合并组成巴西食品公司（Brasil Food，BRF）。合并后公司将包括 42 个工厂（屠宰、分割、禽肉和猪肉加工，以及生产各种食品），巴西食品公司因此成为世界最大的整禽、禽肉块以及禽肉制品的出口公司。这个新的食品加工业巨头并不只是一个简单的活鸡和生猪的屠宰商，它在巴西还控制着面食产品、冷冻比萨饼、肉食产品和植物黄油市场。该公司同时在奶制品行业扮演着重要的角色（在 2004 年波迪高公司收购了帕玛拉特公司在巴西的资产）。合并后的巴西食品公司成为了一家大型跨国公司（在亚洲、欧洲均有生产厂）。该公司未来的挑战将是在美国建立工厂和增加对牛肉制品的生产。事实上，巴西这两大巨头的合并是“被迫”完成的（萨迪亚曾有严重的资金短缺问题），两巨头的合并掀起了 2009 年巴西肉类企业的合并与重组的浪潮，巴西肉类生产行业的格局因此被改变。经济危机促使了巴西一些最具活力的企业进行国际化。

十年前，巴西的洁百士公司（JBS）还是一个巴西本土的家族式的肉牛屠宰企业。2005 年该公司购买了美国屠宰公司斯威夫特公司（Swift）在阿根廷的资产。2007 年（在此期间洁百士公司已成为有限责任公司）该公司成为世界主要的牛肉生产商。受益于巴西雷亚尔的升值在 2009 年初至 2010 年初上升了 25%，洁百士公司参与了对美国过剩且不景气的肉类加工企业的收购，在 2007 年收购了斯威夫特公司所有的资产（后者资产大于洁百士 4 倍），该公司是排在泰森食品公司（Tyson Foods）和嘉吉公司之后成为美国第三大牛肉生产商；洁百士还收购了意大利 Inalca 公司 50% 的股份，Inalca 公司掌握着最先进的肉类去骨技术，并且是快餐公司的主要供应商，它的产品向东欧和北非地区出口；一年之后，洁百士收购了史密斯菲尔德公司（Smithfield）和国家牛肉公司（Natioanl Beef）的资产，它因此控制了美国 30% 的肉牛屠宰市场份额，而美国市场十分重要，该市场消费全球 22% 的牛肉。洁百士目前的屠宰能力达到 4.25 万头牛/天，因此它将嘉吉（2.9 万头/天）和泰森食品（2.83 万头/天）甩在了身后。另外，洁百士还吞并了塔斯曼集团（Tasman），从而加强了对澳大利亚市场的控制，实际上该公司在购买了斯威夫特的资产之后已经成为了澳大利亚肉类加工市场的领军企业。

2009 年 9 月，洁百士收购了皮尔格林公司（Pilgrim's Pride）64% 的股份，成为了世界上领先的禽肉生产企业，皮尔格林公司在美国是仅次于泰森公司（以加工能力计）的第二大肉类加工企业，但它几乎陷入破产境地。该公司在美国拥有 33 家屠宰分割工厂，墨西哥有 3 家，波多黎各有 1 家。皮尔格林公司的产品出口到 80 多个国家，且每年生产大约 410 万吨鸡肉（这相当于世界鸡肉产量的 5.7%，2009 年的世界鸡肉产量估计为 7 170 万吨）。然而就在这次收购的几天之后，洁百士再次令人吃惊地宣布将并购贝尔坦公司（Bertin），后者是巴西牛肉、皮革和奶制品等领域的领军企业之一。这次并购加强了洁百士在南美洲和世界的牛肉生产能力（贝尔坦公司在被收购前一直是巴西第三大牛肉生产企业）。

目前跨国集团洁百士公司是世界最大的动物蛋白生产企业，排在它的竞争对手美国泰森公司之前，并将欧洲的肉类加工企业维翁（Vion）、丹麦皇冠（Danish Cown）及比加尔（Bigard）远远甩在身后，另外日本和其他的巴西企业也远远地落在洁百士的后面。该公司是巴西、阿根廷和意大利最大的牛肉屠宰和切割加工企业。在美国洁百士还是三大肉类（牛肉、猪肉、禽肉）的最大生产企业。从世界角度来看，它的工厂遍布在全球 23 个国家，它的屠宰能力可以达到每天 9.04 万头牛（这相当于世界 10% 的屠宰能力，或相当于欧盟所有活牛屠宰场厂的加工能力）、4.85 万头猪、1.95 万头羊、720 万只家禽。最后，洁百士公司的产品实现了多元化——它拥有多个食品品牌，这些产品在世界各大洲销售。

另一个巴西的肉类巨头是马斐格公司（Marfrig），在不久前该公司的业务还仅限于生产牛肉和羊肉。该公司创建于 1985 年，是一家家族式企业，它在最近 5 年进行了 10 多起并购。从 2007 年起，除了巩固其在巴西的市场份额之外，该公司将其业务扩展到禽肉和猪肉的屠宰分割，并加强其在国际的生产和销售网络，以及开发高附加值的产品（熟食、冷冻食品）。另外，该公司收购了美国 OSI 公司在巴西和欧洲（莫伊公司，Moy Park）的禽肉加工厂。在欧洲，马斐格目前控制了在英国的 3 家屠宰加工厂（莫伊公司是英国最大的禽类屠宰切割公司），以及 9 家分割加工厂（其中 3 个位于法国北部）。马斐格大幅增加在乌拉圭、阿根廷和智利的生产，它投资于生产牛肉罐头，并引入了活羊屠宰业务。该家族企业已经成为有限责任公司，并已在股票市场上市。

2008 年马斐格的收购频率大幅提高。在 2008 年初，该公司控制了位于布宜诺斯艾利斯的 Mirab 公司，该公司是阿根廷主要的肉干类食品生产商，它在美国有一家子公司。而马斐格通过收购大格兰哈公司（Da Granja）——这是一个具有 30 年历史的从事屠宰、冷藏及销售的肉类公司，在巴西成为了猪肉和禽肉领域的主要生产商。2009 年初，世界经济危机对巴西许多屠宰企业的打击巨大，巴西肉类出口大幅下降以及各企业的现金流紧张。马斐格也因此放慢了扩张的脚步，但是随后它加速了业务扩张。在 2009 年 7 月，该公司收购了 Doux 公司在巴西的火鸡肉生产业务。两个月之后，又收购了嘉吉在巴西的子公司——塞亚拉（Seara）公司旗下的所有肉类生产业务。马斐格在巴西因此成为了第二大白肉生产商。马斐格共获得了 7 家禽类屠宰场、2 家生猪屠宰场、3 家食品加工厂和 1 家专门用于禽肉出口的港口。这一交易还使马斐格立足于亚洲市场，并增加了其在欧洲市场的份额（塞亚拉在亚洲和欧洲建立了高效的销售网络）。该公司还成为拥有多种食品品牌的公司，其产品在世界各大洲销售。另外，马斐格目前还管理着在日本、新加坡和英国的工厂。马斐格是所有肉类的世界领先生产商（例如，它是世界第四大肉鸡和火鸡屠宰企业，排在泰森、洁百士和巴西食品之后，但领先于其他北美和欧洲公司），同时是世界大型皮革生产企业之一。

机遇

实际上，这些新的巴西肉类巨头很好地利用了对其特别有利的经济形势。第一个有利因素是：经济危机的爆发使众多竞争对手（西方国家和新兴国家的公司）濒临破产，因此它们成为了巴西巨头们可以廉价收购的对象。正如，2008 年底皮尔格林公司在经历了几个季度的亏损之后宣布进入破产保护。第二个有利因素是：巴西政府对巴西巨头们的扩张提供了不遗余力的支持。自 2005 年起，巨头们的每一次收购均得到了巴西相关机构的迅速批准。巴西政府对这些企业的收购行动还提供了资金上的支持，其中主要是以信贷和由巴西联邦政府控制的巴西国家经济社会发展银行（BNDES）入股的方式进行。因此巴西政府对巴西肉类巨头的支持变得更加隐晦。另外，巴西主要国有企业（巴西石油、巴西银行等）的养老保险基金也被“要求”资助巴西肉类巨头的收购行动。实际上，多年来，巴西政府和总统卢拉以保护就业为名，阻止了巴西大公司的国际化发展。但今天巴西政府相信这些国有公司的发展必须依靠国外的业务，因此它开始实施了对巴西跨国食品加工企业的整合。第三个有利因素是：近年来巴西稳定的经济。这使得巴西的国有公司可以轻松地在国际市场上融资（巴西已经不被视为高风险国家）。这也使得巴西的货币强势升值，2008 年底巴西雷亚尔兑美元就处在大幅升值之中，强势的巴西雷亚尔使得巴西公司对美元地区的投资变得更加容易。

事实上，由巴西政府支持的巴西肉类跨国企业的组建将深深改变巴西肉类生产领域与世界肉类贸易连接的方式。在短期（尤其是在巴西雷亚尔保持强势的情况下），巴西肉类出口将停滞或下降。在适应阶段之后，巴西肉类企业的外迁策略将提振巴西的肉类出口。巴西企业在欧洲和北美地区的工厂将从巴西进口大量的肉类原料和半成品（鸡肉、猪肉片、牛肉块）。如果当地的关税发生变化，那么巴西在当地的工厂将受益于与巴西的联系——巴西是世界农产品供应能力最强的国家之一和农产品的竞争力也名列前茅。另外，巴西企业在亚洲的分公司将加强巴西肉类在亚洲的贸易网络。因此，将来巴西大型跨国集团内的贸易的增长将抵消巴西传统农产品出口增长的放缓。

目标

巴西肉类企业的国际化首先是一种贸易与食品安全的风险管理策略。事实上，巴西牛肉生产行业拖延了很长时间才采取了有效的产品追踪和认定措施。然而，在巴西的几个州仍然存在口蹄疫；这种形势使多个肉类贸易赤字国家（占全球牛肉贸易量的 50%）禁止进口巴西的鲜牛肉，这两个弱点已经使巴西肉类企业失去了许多市场份额。而巴西肉类企业中实力最强的企业通过建立国际分公司（在巴西的邻国、美国以及澳大利亚等）成功地绕过了这些国家设置的贸易壁垒。这些新生的巴西肉类跨国巨头通过管理世界所有的主要肉牛饲养地区的肉类生产加工厂，取得了 100% 进入这些消费市场的机会。国际化也加强了这些企业对国际鸡肉和猪肉市场的控制。在这种情况下，将所有生产集中在一个国家是十分危险的（如果一次卫生安全危机在巴西南部爆发，那么这将意味着巴西企业将失去所有已经占领的国际市场）。

巴西跨国巨头的产品多元化和国际化战略也是为了迎接肉类行业新的挑战。实际上，将来只有大型肉类企业可以将生产成本，尤其是动物饲料成本保持稳定，这一点在动物饲料的原材料价格趋势上涨的大背景下尤为重要。另外，只有在“白肉”生产领域占有一席之地才可以更好地受益于世界肉类消费的增长。事实上，新兴国家的中产阶级更倾向于消费廉价的禽肉等。在未来几年，亚洲（世界的肉类消费增长将主要出现在这里）的肉类消费增长将主要集中在鸡肉，随后是猪肉。相反，牛肉在世界各地将成为一种昂贵的食品。况且牛肉的生产需要消耗太多的农业用地和水（这些资源变得稀缺）。牛肉的食物转化（植物蛋白转化为动物蛋白）是所有饲养牲畜中最低的。

肉类行业将迎接两个新的挑战。第一，需要增加动物蛋白的供给，且价格需要具有竞争力，这将用以满足新型国家的中产阶级日益增长的消费需求，他们的购买力将在不长的时间内才能达到西方国家的水平。第二，需要同时发展其他的饲养模式来管理对自然资源的消耗（水、土地、大气），进而减少饲养对环境的影响和提高“动物福利”。这种革命的关键是：依靠科技来减少对资源的消耗，促进循环用水，并减少温室气体的排放或是使用封存温室气体技术。在饲养方面的变革将来自动物饲料的研发、生物技术的研究、牧场的选择、水的使用和打击砍伐森林。在工业层面上的变革将出现在能源的管理使用、废弃污染物的处理以及屠宰场的作业条件。巴西肉类工业的战略分析师认为，只有大型肉类企业将可以赢得上述两大挑战。

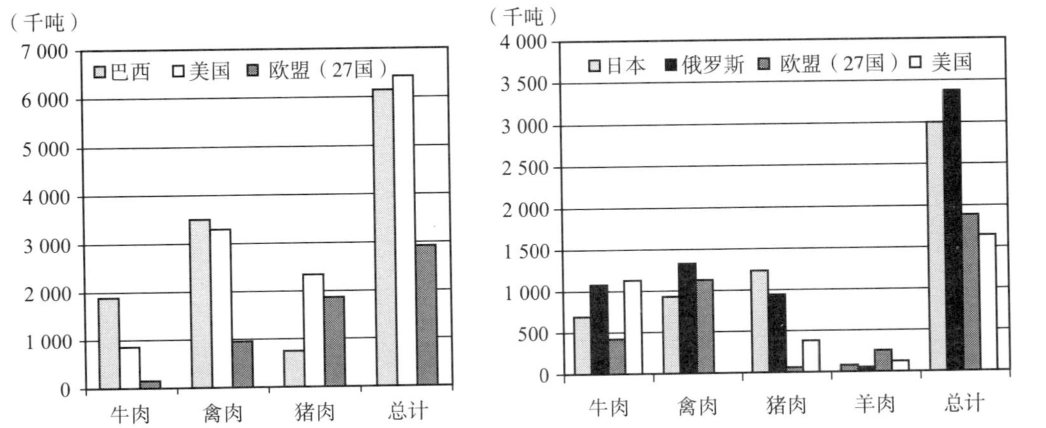

2009 年世界主要肉类出口国　　2009 年世界主要肉类进口国

注：在肉类出口方面，巴西紧随美国之后。这两个国家占世界肉类贸易量的50%。由于生产恢复不足，俄罗斯在进口吨数上已成为世界最大的肉类进口国，但若以进口价格计算，日本位居首位。

资料来源：联合国粮食及农业组织（FAO）与欧盟（EU）。

牛肉：金融危机的首个牺牲品

2009 年世界的牛存栏量连续第三年萎缩，但世界各地的表现并不一致，如北美地区和欧洲的牛存栏量出现下降，拥有大片牧场的巴西和大洋洲出现上升。由于耕地的扩张以及饲养场肉牛养殖的减少，2009 年世界牛肉产量再次下降 1%。因为牛奶价格的大幅下滑使得欧洲奶牛的出栏量出现增长，但也没能阻止世界牛肉产量的下滑。

2009 年国际牛肉贸易出现明显下降（下降 4%，2008 年下降 2%）。牛肉是一种价格较高的肉类，所以，其受到 2008 年的金融与经济危机的影响最为严重。亚洲是唯一一个牛肉需求没有下降的地区。

2009 年国际牛肉价格大幅下滑。根据联合国粮农组织，牛肉价格下降了 17%。它是所有肉类中价格下降幅度最大的，这也可以看作是对牛肉在 2008 年价格上涨 25% 的调整。

在太平洋市场，自 2003 年 12 月在北美地区发现的疯牛病（BSE）的影响正在缓慢退却，太平洋市场在亚洲国家需求的带动下表现出色。尽管如此，2009 年该地区的牛肉消费增长放缓，牛肉销售受到美元波动的巨大影响，受到日本和美国经济衰退的影响，太平洋市场之前高企的牛肉价格出现了大幅下降。

在大西洋市场，牛肉市场处在停滞状态。巴西牛肉出口的再次下降和俄罗斯牛肉进口的崩溃是 2009 年大西洋市场的两大特点。另外，南美洲甚至印度的牛肉出口商都转向了太平洋市场。因此，大西洋市场的牛肉价格大幅下降（在阿根廷下降了 35%）。印度虽然成为国际牛肉出口国不久，却已经成为世界第四大牛肉出口国，而其牛肉价格是世界上最便宜的之一。

世界牛肉市场依然划分为太平洋市场（没有口蹄疫）与大西洋市场（仍然受口蹄疫影响），对疯牛病的担忧正在消失。

太平洋市场

美国是世界第一大牛肉生产国。尽管如此，经济衰退、高企的失业率以及与猪肉和禽肉的激烈竞争导致了美国牛肉遭遇了“黑色的一年”，尤其是美国肉牛肥育场（feed-lots）的利润大幅下降。因为饲料成本增加，从 2008 年开始美国的肉牛出栏量就呈增长态势，这种情况持续到了 2009 年。事实上美国生物乙醇的发展（消耗美国将近 1/3 的玉米产量）影响了美国的肉牛养殖业。因为在美国，肉牛饲料主要以玉米为主，这就使得肉牛增肥的成本大幅提高，这又不能完全

世界牛肉产量与贸易量

单位：千吨，胴体重当量

分布地区 \ 年份	2004	2005	2006	2007	2008	2009*
世界产量	**62 200**	**64 500**	**66 200**	**66 700**	**65 000**	**64 300**
其中：美国	11 300	11 300	11 900	12 000	12 200	11 800
巴西	7 980	8 590	9 000	9 300	9 000	8 900
欧盟（27 国）	8 245	8 100	8 150	8 200	8 100	7 900
阿根廷	3 100	3 200	3 100	3 300	3 200	3 200
澳大利亚	2 100	2 100	2 180	2 170	2 160	2 100
俄罗斯	1 590	1 520	1 460	1 380	1 330	1 280
加拿大	1 500	1 520	1 390	1 280	1 290	1 300
牛肉和小牛肉出口						
• 太平洋地区						
澳大利亚	1 370	1 390	1 430	1 400	1 410	1 390
新西兰	610	590	540	500	530	520
美国	210	320	520	650	850	790
加拿大	560	600	480	460	490	480
• 大西洋地区						
巴西	1 630	1 870	2 100	2 200	1 800	1 600
乌拉圭	410	420	460	390	360	380
阿根廷	630	770	570	540	420	560
欧盟（27 国）	360	250	220	140	200	160
牛肉和小牛肉进口						
• 太平洋地区						
美国	1 670	1 630	1 400	1 380	1 150	1 250
日本	630	690	680	690	650	640
韩国	220	250	300	310	300	280
加拿大	120	150	180	240	230	270
• 大西洋地区						
俄罗斯	730	990	940	1 030	1 140	700
欧盟（27 国）	640	710	720	640	470	490
牛肉和小牛肉库存						
欧盟（27 国）	0	0	0	0	0	0
美国	20	20	30	30	20	20

注：* 为估计值。

资料来源：联合国粮食及农业组织（FAO）、欧盟（EU）、美国农业部（USDA）。

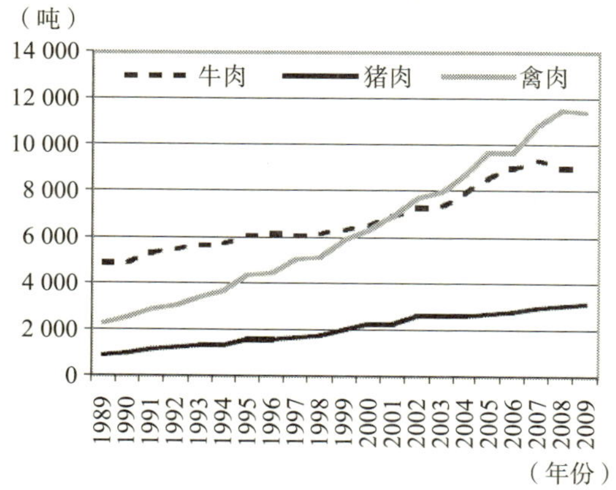

肉类产量增长

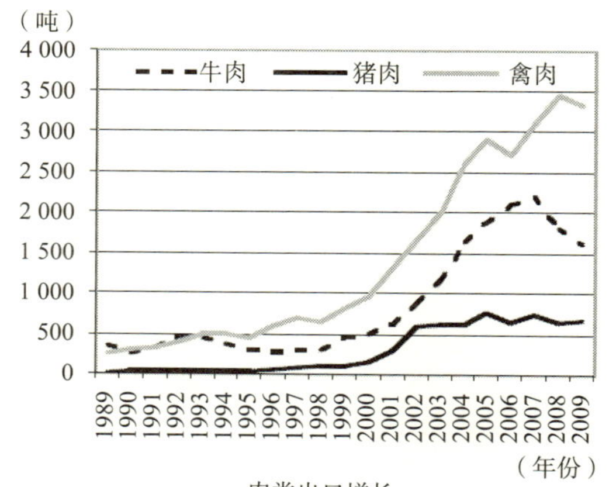

肉类出口增长

注：20 年来，巴西的肉类产量增长了 2 倍，出口量增长了 6 倍。巴西因此先后成为了世界最大的牛肉以及禽肉出口国。目前巴西的猪肉出口也已位居世界第四位，而 20 世纪 80 年代末巴西的猪肉出口量为零。受到世界经济危机的影响，2009 年巴西的出口量和产量都有所放缓，但是中期的潜力依然巨大。

巴西：世界肉类生产大国

资料来源：联合国粮食及农业组织（FAO）、欧盟（EU）、美国农业部（USDA）。

体现在牛肉的销售价格上。好在 2009 年下半年，农产品价格的下跌和牛肉价格的企稳回升使美国饲养者迅速地提高肉牛的存栏量。

美国牛肉出口随美元汇率大幅波动而变化。2009 年第一季度因美元走高，美国牛肉的出口下降；下半年因美元贬值，美国牛肉出口商重新夺回部分市场。2009 年美国牛肉出口较上一年共下降 8%。这一水平比 2003 年疯牛病在美国爆发之前（2003 年 12 月 23 日美国华盛顿州发现第一例疯牛病，随后美国的牛肉被多国禁运）的牛肉出口峰值低 30%。美国牛肉的两个主要进口国为加拿大和墨西哥，但 2009 年这两个国家的进口量大幅下降（下降约 15%）。亚洲国家长期以来对重新购买美国牛肉持保留态度，但 2009 年他们的进口在一定程度上挽救了美国牛肉。越南进口增长 11%；中国香港则增长 100%；日本增长了 15%。另外，2009 年美国的牛肉进口上升约 9%，主要是来自澳大利亚，其中包括相当多的汉堡用牛肉（占美国牛肉进口量的 1/3）。事实上，2009 年上半年美元的强势促进了美国的牛肉进口。

加拿大牛肉自 2003 年疯牛病爆发之后经历了漫长的恢复过程。加拿大牛肉出口仍然处于非常低的水平，韩国对加拿大牛肉仍然“紧闭大门”，日本减少了 80% 的进口量。加拿大肉牛产业完全依赖于其南方强大的邻居——美国，美国市场不仅是加拿大牛肉主要的出口市场，同时还是加拿大活牛的出口市场，加拿大活牛主要用于在美国育肥和屠宰（每年超过 100 万头）。然而自 2008 年以来，该贸易被美国“农业法”（Farm Act）的一个新条例所限制，它要求牛肉产品必须标明其产地，即原产国家标识（COOL）。长期而言，这一条例最终将使美国牛肉受益。因此，加拿大与墨西哥一样，决定在 2008 年 12 月向世贸组织提出申诉。2009 年加拿大销往美国的牲畜下降了 36%。所有这些不利因素加在一起使加拿大的牛

巴西：牛肉产业的巨人

巴西的牛肉产业正在经历高速发展的阶段，十年间其牛肉产量增长了40%。巴西辽阔的牧场以及粗放型的饲养方式，并不需要各种饲养牛用的建筑物，这使得巴西的牛肉生产成本非常低（是欧洲平均生产成本的1/3以下）。从长远来看，巴西的牛肉产业拥有相当大的发展潜力，巴西无需砍伐亚马孙地区的一棵树，只需要增加饲养密度和草料供给就可以使其牛肉产量翻倍。

但是，自2005年起巴西的牛肉产业受到了在该国南马托格罗索州（Mato Grosso do Sul）发现的口蹄疫的严重影响，巴西南部各州（马托格罗索、巴拉那和圣保罗）生产的牛肉因此被59个国家和地区禁运，尤其是在欧盟。在爱尔兰的提议下，欧盟决定从2008年1月31日起对巴西的鲜牛肉和冷冻牛肉（非熟牛肉）实行部分禁运。从此之后，巴西对欧盟的牛肉出口将受到严格的限制，例如，由欧盟检验通过的巴西牛肉生产商发“合格名单”等。鉴于巴西对这些规定没有做出及时回复，欧盟从2008年2月1日开始施压，只允许进口经过严格的“产品跟踪标准”检验的，不超过300家畜牧农场生产的牛肉，这几乎等同于禁止巴西向欧盟出口牛肉。在2008年末，巴西经过欧盟检验通过的畜牧农场数量只有1 800家，还有10 000家已向欧盟提出申请。巴西和欧盟之间存在着约35%的牛肉价格差对巴西牛肉生产者有巨大的吸引力。事实上，在巴西这样庞大的养牛国家，要建立具有可靠的、完整的牛肉产品跟踪体系是很难的。巴西牛存栏量的清点按照不同年份变化率可达到50%（巴西牛存栏量的清点并不固定），且由巴西联邦政府记录的牲畜屠宰量，还不到巴西总屠宰量的2/3。面对欧洲市场的关闭，巴西曾计划上诉世贸组织，理由是欧盟的措施是没有根据的技术性贸易壁垒。但是，巴西政府对此犹豫不决，其更倾向于等待欧盟和南美共同市场在2010年重启双边贸易谈判时讨论此事。总的来说，巴西牛肉产业仍然保持乐观态势，尤其是世界动物卫生组织（OIE）承认了巴西的一个小州——圣卡塔琳娜州已无口蹄疫疫情，无须接种疫苗。不可否认，该州的规模、牛肉生产企业和人口数量，均比广阔的巴西中西部地区和北部的亚马逊地区更容易监测。

存栏量大幅下降。

澳大利亚牛饲养业受到不利天气的影响，突发的洪水与持续十余年的干旱使澳大利亚的牛出栏量大幅增加，自2006年以来澳大利亚牛的数量已经减少了100万头。2009年天气情况有所好转，有利于澳大利亚牛饲养业较集中的昆士兰州和新南威尔士州的谷物和饲料草的生长，但澳大利亚的牛饲养业的处境仍然艰难。

澳大利亚2/3的牛肉生产用于出口，主要出口目的国是日本、美国和韩国。澳大利亚是仅次于巴西的世界第二大牛肉出口国。澳大利亚牛肉其他的出口目的国和地区有俄罗斯、印度尼西亚、菲律宾、新加坡、中国、中国台湾，甚至欧盟（“希尔顿配额”和“关贸总协定”）。2009年澳大利亚牛肉出口受到世界经济危机的严重冲击，尤其是销往日本和韩国的牛肉大幅下跌。

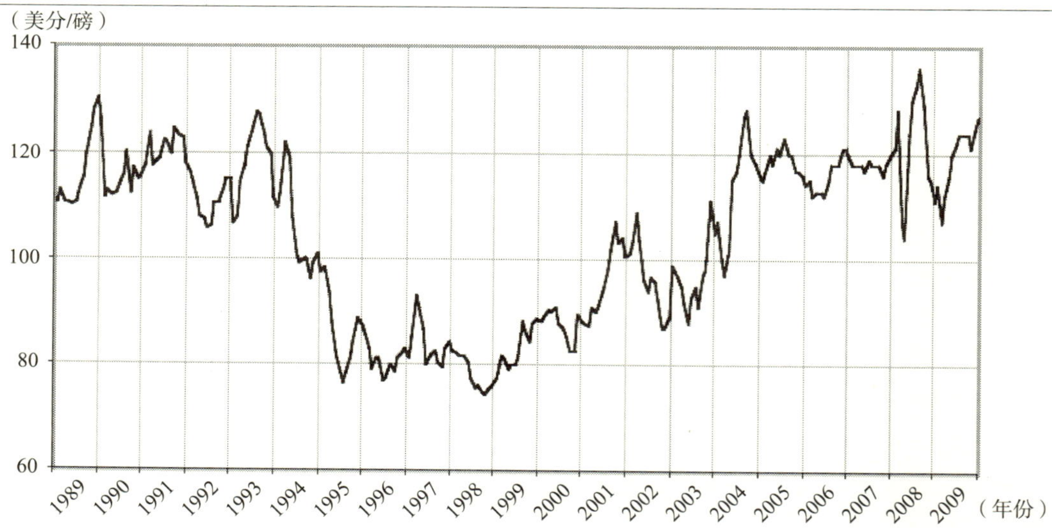

1989～2009 年牛肉价格变化趋势（澳大利亚和新西兰）

美国进口价格（离岸价）

资料来源：联合国贸发会议（CNUCED）。

新西兰的奶牛数量在过去十年来一直在增长，主要原因是饲养肉牛与奶羊的收益要远远低于饲养奶牛（当前新西兰 4/5 的牛存栏量是奶牛）。尽管自 2008 年中期以来奶制品价格出现大幅下降，但新西兰奶牛数量增长的趋势只是有所减缓，并未改变。

北美地区是新西兰牛肉的主要出口市场，占新西兰出口量的一半以上（主要为汉堡用牛肉，这些牛肉来自新西兰“奶牛管理”政策）。

日本是世界主要的肉类进口国之一。日本的牛肉消费在经济危机爆发之前就开始下降，且日本消费者的消费信心不高。因此，日本只进口较为便宜的牛肉部位，这对澳大利亚不利；美元的走软促进了日本对美国牛肉的进口。2009 年日本的牛肉市场再次由于日本经济的严重问题，尤其是通货紧缩再次出现（2009 年日本出现了 5% 的通货紧缩）而下滑。日本经济不振进而严重影响了太平洋地区牛肉的价格。另外，消失多年的美国牛肉，在 2009 年重返亚洲市场，但销售量只有 2003 年的 1/4（10 万吨）。自 2004 年以来，很多日本公司直接投资澳大利亚的肉牛肥育场（日本进口的澳大利亚牛肉中的 40% 源自日本控制的澳大利亚肉牛肥育场）。在韩国的澳大利亚牛肉仍然占主导地位，占韩国牛肉进口量的 60%。实际上，在 2006 年 1 月韩国取消对美国牛肉禁运之后，美国牛肉仍然很难重返该市场，而随后的事件甚至导致了 2008 年 6 月韩国政府的倒台。

大西洋市场

巴西是世界第一大牛肉出口国，且最近十年该国的出口不断增长。尽管如此，2009 年巴西牛肉出口量出现较大下滑（2009 年降了 11%，2008 年下降 18%）。究其原因，不仅有欧洲因口蹄疫对巴西牛肉实行禁运，全球经济危机对牛肉消费的影响，还有巴西的牛肉生产周期处在“谷底”（巴西的牛肉产量两年下降了4%）。但是，2009年巴西牛肉生产的下降是与该国肉牛补栏情况相符，因此在2012年巴西的牛肉产量将达到该国的最大潜力。俄罗斯市场占巴西牛肉出口的1/4，2009年巴西对俄罗斯的出口下降了10%，且牛肉价格大幅下降。巴西对欧盟27国的牛肉出口中，尽管利润丰厚的冷冻去骨牛肉的出口量有所上升，但是总出口量仍然下降。另外，美元的疲软阻碍了巴西向美国出口腌牛肉（corned beef）。最后，巴西向中东地区和非洲的牛肉出口基本持平。

在阿根廷，之前侵袭了这一国家的历史性干旱在2009年继续肆虐，进而使阿根廷的肉牛出栏量再次增加，但这意味着未来阿根廷牛肉产量将下降。阿根廷的肉牛屠宰量因此增加了33%，这也是受到阿根廷国内有利的牛肉价格的推动（比索对美元贬值）。另外，2008年大豆和谷物价格的高企在2009年继续使农民增加农作物的生产，而放弃畜牧生产。这在阿根廷潘帕斯草原不受洪水威胁的地区尤为明显，因此，阿根廷肉牛存栏量的减少是结构性的。

2006年阿根廷政府实行了牛肉出口限制（上限为54万吨，但不包括腌牛肉和“希尔顿配额”），并对国内的牛肉价格实施管制，进而抑制通货膨胀，然而这大大损害了阿根廷的牛肉生产和出口。2009年阿根廷的牛肉产量充足，在即将举行阿根廷政府选举的背景下，该国政府大大放宽了对牛肉的管制。2009年9月，牛肉出口关税被部分减免，同时阿根廷政府设立了农业部，对于一个以农业为主的国家这是一个长期以来备受期望的决定。因此，这使得阿根廷的牛肉出口上涨补偿了巴西出口的下降，整体上阿根廷对所有牛肉出口目的国的出口上升了33%（俄罗斯、欧盟、智利、委内瑞拉……），但美国除外。

在乌拉圭约70%的牛肉产量用于出口，主要是对北美自由贸易区（NAFTA）市场的出口。从2008年开始，乌拉圭向俄罗斯出口牛肉（占其出口量的1/4）。乌拉圭出口牛肉的80%是冷冻牛肉块。该国牛肉产业正试图使出口市场多元化，尤其是增加对利润高的市场出口（2009年乌拉圭对欧盟的牛肉出口上升了8%，大约为9万吨，价格大约为6美元/千克，而出口俄罗斯的牛肉价格仅为2美元/千克）。

俄罗斯还没有能够阻止该国牛肉生产的下降，因此俄罗斯的牛肉进口不断增加。自20世纪90年代末以来，俄罗斯的牛肉生产下降了50%，进口则增加了70%。2003年俄罗斯的牛肉进口配额政策开始实施，目的是保护俄罗斯本国的生产。2010年俄罗斯正常关税水平的牛肉进口配额为47.38万吨（对配额之外的进口，关税将大幅增加）。2009年俄罗斯的进口配额再次被超过（共进口了70万吨），但进口量大幅下滑，下降了40%（2008年的进口量为100万吨以上），这既是因为世界牛肉供给的减少，也是经济危机对俄罗斯需求造成的影响。

目前，俄罗斯市场的牛肉主要由巴西供应（为俄罗斯进口量的2/3，超过40万吨），而俄罗斯也是巴西牛肉的第一大出口市场。阿根廷以超过10万吨的供应量排在巴西之后。欧盟在20世纪80年代成为俄罗斯牛肉的主要供应国之后，今天已经只能扮演“跑龙套”的角色，2009年欧盟对俄罗斯的牛肉出口只有2.5万吨。

2009年欧盟的牛肉生产再次下降了2%，已低于800万吨的大关，这是欧盟牛肉生产

印度：世界第四大牛肉出口国

印度是世界人口第二大国，排在中国之后，拥有近12亿人口。但是，印度人均牛肉消费量仅为2千克/年。印度约有20%的人是严格素食主义者，信奉印度教的人口占印度人口的4/5，他们不吃牛肉，瘤牛（zebu）被认为是神圣的动物。然而，印度的瘤牛的数量在减少（15年里减少了10%），而水牛的存栏量在增加（较上年同期增加了15%）。事实上，印度教并不涉及水牛，它的肉可以食用。印度人饲养水牛以获取牛奶或将其作为运输工具。印度的水牛数量超过1亿头（印度拥有的水牛数量世界第一），而瘤牛数量为1.81亿头。

印度较低的生产成本（牛饲料主要为青贮饲料）正在使该国的水牛肉大量出口至低收入的国家，2009年出口量达到了67.5万吨，而2004年还不到50万吨（增长了35%）。这使得印度成为世界上第四大牛肉出口国，仅次于巴西、澳大利亚和美国，领先于阿根廷、新西兰、加拿大、乌拉圭和欧洲。

印度的牛肉出口到60多个国家，主要是东南亚（菲律宾、马来西亚、越南）、中东地区、撒哈拉以南的非洲地区和独联体中一些国家。然而，迄今为止，印度还没有一家出口屠宰场得到欧盟和美国的检验批准。

目前印度被归入大西洋牛肉市场，主要是因为其卫生标准较低。

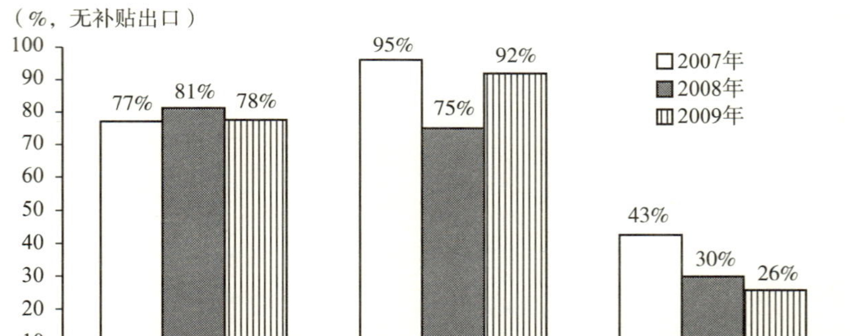

注：2005年12月，在香港的世贸组织会议上，欧盟向取消肉类出口补贴又迈进了一步。尽管2008年12月世贸组织的小型部长级会议被取消，但2008年12月6日，世贸组织农业谈判主席法巩纳（Crawford Falconer）在其农业报告中再次提及了欧盟将取消其肉类出口补贴。欧洲的牛肉在很大程度上仍然依赖出口补贴——尽管在近五年欧盟出口的牛肉吨数已经猛跌65%。对于欧盟的禽肉出口来说，如果没有补贴，一些市场的份额将难以维持（如中东的冷冻整鸡市场）。同样，对于猪肉来说，如果没有出口补贴，欧盟将难以应对类似于2008年的猪肉周期性生产过剩危机（2008年欧盟的猪肉出口补贴相当于欧盟猪肉价格的20%）。由此可见，2013年欧盟肉类出口补贴的彻底取消或将很难实现。

资料来源：欧盟肉类牲畜及禽类养殖办公室（EU/Ofival）。

欧盟27国：除牛肉外，建立在较少补贴上的肉类出口下降趋势的延续。事实上，在21世纪初欧盟的产量还在800万吨以上。究其原因：首先是1995年在关贸总协定（GATT）框架下的市场开放；其次是1992年以来欧盟共同农业政策所进行的一系列改革，特别是2008年开始执行的“脱钩补贴”政策，另外，共同农业政策中制定的牛奶生产配额使得奶牛的数量骤减；最后是廉价的“白肉”（禽肉）对欧洲的牛肉生产产生了结构性的影响。2007年、2008年及2009年的一部分时期，绵羊卡塔热（ovine catarrhal fever，OCF）的卫生禁令影响了欧盟区域内的活牲畜贸易。因此，尽管巴西临时性的退出欧盟牛肉市场，但是欧盟的牛肉进口量再次上升。实际上，南美共同市场（Mercosur）国家受益于巴西的出口下降，阿根廷和乌拉圭对欧盟牛肉出口相应增加。同时，大洋洲地区对欧盟的肉类出口也增加了，特别是澳大利亚在关税总协定规定的范围内（被巴西放弃），将向欧盟出口冷冻牛肉块增加了三倍。值得一提的是，由于2009年夏季美国与欧盟关于美国的“荷尔蒙牛肉”的贸易争端告一段落，美国对欧盟的牛肉出口配额定为2万吨，美国对欧洲的出口增加了40%。另外，欧盟的牛肉出口仍在下降，2009年再次下降20%（特别是对俄罗斯的出口下降了60%），强势欧元是其原因之一。尽管受经济危机的影响，欧洲的牛肉消费出现下降，但是2009年欧盟27国的“牛肉贸易赤字”继续增长，为-5%。随着2008年11月完成的最近一次欧盟共同农业政策改革——“脱钩补贴政策”将继续深入实行，欧盟的“牛肉赤字”在今后的几年仍将继续扩大。

2010年世界牛肉产量将在上一年的生产下滑之后有所增加。特别是在漫长的肉牛补栏阶段之后，巴西的牛肉供应量将会增长。北美地区的肥育场的生产也可能会因动物饲料价格下降而增长。另外，干旱的影响将继续限制大洋洲的牛肉产量。欧洲的牛肉产量将继续下滑。

在持续困难的经济环境下（西方国家较低的经济增长和高企的失业率，以及在一些国家出现的通货紧缩），与便宜的白肉相比，牛肉的高昂价格阻碍了人们对该肉品的消费。因此，牛肉价格在新兴国家和工业化国家都将很难出现大幅上涨。

不过，牛肉的国际贸易或将会出现增长。在太平洋地区，特别是新兴亚洲国家对牛肉的需求将是为数不多的支持牛肉市场的因素之一。的确，这些国家不会受到西方国家关于养牛业是否产生温室气体的争论而减少对牛肉的消费，亚洲国家对牛肉的胃口越来越好，这也象征着这些国家的富裕和繁荣。因此，世界各大牛肉出口国将会把目标放在这些新的消费者身上。

羊肉：在澳大利亚的持续干旱

在20世纪初，羊肉是第一个“国际化”的肉类，尤其是在英联邦（Commonwealth）范围内的羊肉贸易。今天，羊肉的国际贸易量仅占世界肉类贸易的4%，羊肉的世界产量只占世界肉类产量的5%。羊肉的世界总产量大致相当于美国的牛肉产量。另外，羊肉的国际贸易主要集中在几个少数国家之间。世界羊肉的两个主要出口国是大洋洲的新西兰和澳大利亚，他们的出口量占据了全球85%的羊肉出口量。主要的羊肉进口国是欧盟（占全球进口量的1/4）、波斯湾的石油出口国和马格里布国家。

2009年，尽管世界羊肉主要出口国的产量处于停滞，但是世界羊肉产量还是出现轻微增长。世界的羊存栏量超过10亿头，在2009年继续增加，这主要表现在一些非羊肉出口国，如中国（羊存栏量世界第一）和印度。

大洋洲并没有从2000年开始持续的历史上罕见的干旱中恢复。自20世纪90年代起，该地区的羊出栏量就呈增长态势，2009年则继续增长。另外，澳大利亚和新西兰的羊饲养者还受到羊毛价格下跌的打击，其中一些养殖者因此已经转而种植收益更高的谷物或进行牛奶生产，甚至从事林业。

在进口需求不振的背景下，因为出口供应也不足，2009年国际羊肉贸易大体上处在平衡之中，且国际羊肉贸易主要集中在成羊肉而非羔羊肉上。供给量的不足使得国际羊肉的价格上涨了4%，羊肉的价格已经超过其他肉类。

大洋洲出口两种羊肉：成羊肉和羔羊肉。新西兰的羔羊肉供应量占全球羔羊肉总供应量的70%，该国出口量的一半供应给欧盟。澳大利亚的羊肉出口量占全球羊肉出口量的2/3，以出口活羊为主，其中主要向阿拉伯国家及东南亚国家出口。

2009年澳大利亚的羊存栏量为1946年以来的最低水平。自20世纪90年代开始，澳大利亚羊的存栏量几乎下降了一半。在澳大利亚南部干旱情况严重，而那里拥有55%的澳大利亚羊存栏量。

尽管在2007年澳大利亚的羊存栏量稍获企稳，但是随后羊的出栏量继续增长。2008年澳大利亚羊的数量下降10%，2009年继续下降7%。2006~2007年澳大利亚受干旱的影响，羊的屠宰量骤增，而种羊存栏量的更新也出现下降。因此在2009年，羊的屠宰数量再次增加，而羔羊屠宰数量大幅下降，下降了5%。

世界羊肉的产量与贸易量

单位：千吨，胴体重当量

分布地区 \ 年份	2004	2005	2006	2007	2008	2009*
世界产量	**12 600**	**12 900**	**13 000**	**13 100**	**13 200**	**13 400**
其中：欧盟（27 国）	1 030	1 160	1 150	1 130	1 080	1 080
澳大利亚	570	620	650	670	650	660
新西兰	520	550	540	570	590	580
俄罗斯	116	130	140	135	165	170
南非	160	160	154	156	160	160
美国	95	95	95	98	100	105
巴西	105	110	115	120	130	125
主要出口国						
新西兰	350	365	370	400	410	360
澳大利亚	270	320	350	345	350	320
主要进口国						
欧盟（27 国）	250	260	270	265	260	280
美国/加拿大	105	120	120	124	128	130
日本	82	80	85	86	88	80
俄罗斯	40	40	45	40	45	40

注：*为估计值。
资料来源：联合国粮食及农业组织（FAO）、欧盟（EU）、美国农业部（USDA）。

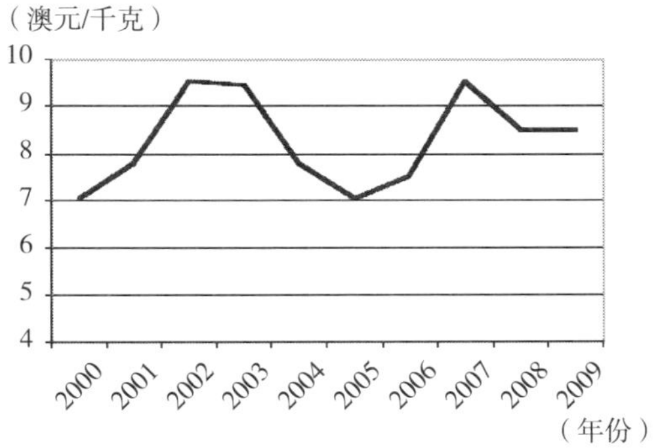

澳大利亚羊毛价格停滞
（东部市场指数，EMI）

注：在 19 世纪，英国人在南半球建设了许多大型的粗放型饲养场，其专门生产羊毛（美利奴羊）。尽管 20 世纪 90 年代初期羊毛价格暴跌（失去中国市场），但澳大利亚和新西兰羊饲养者 30% 的收入仍来自羊毛的销售（在欧洲仅为 2%）。目前，羊毛的产量几乎不到危机前的 50%。自 20 世纪 90 年代中期起，羊毛价格艰难回升。这是由于来自人造纤维的竞争。

资料来源：澳大利亚羊毛 RC－（Australian Wool RC－）。

澳大利亚是世界最大的活羊出口国，其主要销往中东地区。中东地区的需求因为其石油出口收入的增长，尤其是在2009年石油价格大幅上涨的情况下，而保持强劲。总体上看，澳大利亚的出口在近两年轻微增长了3%，2007年因为干旱而出现下降。在澳大利亚2009年的出口中，对中国增加了28%；中东和北非地区增加了5%，这是出口量增长最为明显的地区。

新西兰羊的存栏量大幅下降，这是因为饲养企业转而饲养收益更高的奶牛（2009年此类饲养企业有300家）。另外，还有近期干旱的影响（新西兰东部沿岸，尤其是在新西兰北岛），自20世纪90年代以来，新西兰种羊存栏量下降了近1/3（澳大利亚下降了45%）。2009年新西兰羊出栏量仍在继续增长。金融危机使这种情况变得更加严峻！新西兰实际上是第一个陷入经济衰退的经合组织国家，新西兰的养殖者受到了信贷危机的严重影响不得不屠宰雌羔羊，而之前它们是被计划用来做育种的。

近几年来，因为产羔率的提高，新西兰羔羊肉产量趋向恢复稳定。因此在2009年尽管母羊的存栏量再次下降，羊羔的数量仍然出现上升（+6%）。目前，为母羊做B超已经成为惯例，因为这使得养殖者可以更好地管理羊的数量！另外，羊存栏量下降使得羊在牧羊区的营养摄入量增加，进而提高产羊羔率。在新西兰的产羔季节，天气的情况也十分有利，新西兰的春季（每年9月）羊羔的成活率因此大幅增加。在2010年这种情况将持续下去，因此新西兰将有更多的羊羔用于出口。

2009年，在羊肉产量较低，以及新西兰元兑美元尤其是兑欧元出现大幅升值的情况下，新西兰的羊肉出口下降了12%，但是对欧盟的出口仅下降了5%，其中冷冻羊肉出口出现下降，冷藏羊肉的出口增长了3%，尤其是对英国出口增长了9%（对法国只增长1%）。

新西兰是全球羔羊肉最大的出口国，年出口量将近60万吨，主要出口目的地包括欧盟、中东地区、北非地区、亚洲和北美地区。

新西兰羔羊肉在国际市场的出售价格远高于其他肉类，但在2001～2009年，以美元计算它的价格下降了33%，这就使得新西兰养殖者转向生产牛奶。尽管如此，新西兰羔羊肉出口前景依然良好，因为其羔羊肉的价格低于欧盟市场的羔羊肉价格（新西兰的羔羊肉为2.3欧元/千克，在欧盟的平均价格为4欧元/千克，在法国为6欧元/千克，而法国的阿韦龙红羊肉的价格高达18欧元/千克!）。因此，新西兰的羔羊肉产业在近十五年进行了现代化改造，羊肉的质量出现了显著提高。这也是在新西兰农业相关补贴被取消后的必然选择，而且羔羊肉产业还需与强大的牛奶产业在放牧饲养方面进行竞争。欧洲仍然是世界主要的羔羊肉市场，在欧洲经常有促使消费者购买羔羊肉的宣传。在世界贸易组织的督促之下，美国从2001年开始取消了羔羊肉的进口配额，因此未来新西兰羔羊肉在美国市场的发展潜力很大。美国、澳大利亚和新西兰的羊肉生产商已经达成联盟，将在美国推广羊肉的消费。实际上，美国的羊肉消费不容乐观，在美国的一些州羊肉甚至已经从餐桌上消失。

新西兰向欧盟出口的羊肉受到关税总协定中的配额限制，配额为22.7854万吨（相当于欧盟规定的减税进口配额的4/5）。2009年新西兰再次倾向于向欧盟出口羊肉，试图将配额用满，因为其中利润巨大（澳大利亚的做法与新西兰相同）。但是与前几年相比，2009年新西兰对欧盟的出口量仍下降了5%。

欧洲羊肉产量下降：脱钩补贴的影响巨大

2005年欧洲的羊肉产量开始受到2003年开始实施的欧洲共同农业政策改革的影响，欧洲主要的羊肉生产国：英国、爱尔兰、意大利和德国等都选择了在2005年1月1日开始全部执行脱钩补贴。这意味着这些国家的饲养者可以在之前的基础上（2000~2002年）继续获得补贴，但并没有生产方面的要求！在这些国家的羊存栏量因此出现明显的下降。爱尔兰目前的母羊存栏量较2004年下降了1/4，下降超过100万头。法国、希腊和西班牙选择在2006年1月1日开始执行新的改革政策。只有西班牙、法国和葡萄牙选择了部分执行脱钩补贴（50%），因此这就限制了这些国家的羊存栏量的下降，但仍在结构上受到市场和卫生安全问题的影响。

自20世纪90年代起至今，欧盟的羊存栏量下降了20%，而脱钩政策的执行加剧了这一趋势。这是一个很大的问题，因为在欧洲，羊饲养业在生态平衡和国土治理上扮演着必不可少的角色，特别是在欧洲干燥的地区及山区。

欧盟羊肉产量的结构性下降被进口的新西兰羊肉所抵消（主要是冷却羊肉，chilled）。欧盟从新西兰的全部进口羊肉是由欧盟15个国家进口的（法国、德国和英国占据了欧盟3/4的进口量）。

另外，新西兰出口企业一直试图绕过欧盟的配额限制，使利润非常高的冷藏羊肉和冷却羊肉代替冷冻羊肉进行出口。冷却羊肉占新西兰向欧盟羊肉出口总量的25%（2009年增长了3%）。法国和比利时是欧盟国家中进口新西兰冷藏羊肉最多的国家（约40%）。冷却肉代表了世界肉类贸易中的肉类质量的演变。在1975年，新西兰的冷冻羊胴体出口占其出口总量的绝大部分，但今天这只占新西兰向欧洲出口总量的10%。曾几何时，将鲜肉从世界的一端运输到另一端只能以空运的形势完成，且成本高昂。而储存技术的进步（温度控制）使得在今天经简单冷藏的肉类可以使在牲畜屠宰16周之后肉类保持可食用。因此，这就使海运肉类贸易成为了可能，更何况从新西兰到欧洲的海运时间已经缩短为6周。因此冷却羊肉的贸易优势显而易见了。一个经过简单冷藏的羔羊肉块可以对欧洲的鲜羊肉构成直接竞争，而它的价值是同等冷冻肉的两倍。另外，羔羊肉块的出口正在逐渐取代羊胴体，6个羊腿还不会超过1个小型的羊胴体的重量。由于新西兰的羊肉生产对欧洲来讲是“反季节”产品，因此冷却羊肉的优势就更加明显了，欧洲的复活节与圣诞节的羊肉市场让新西兰受益匪浅。新西兰从对欧洲市场获取的收益引起了其邻国澳大利亚的注意。因此澳大利亚试着在世贸组织中获取对欧盟更多的羊肉出口配额，目前该国的配额每年只有1.88万吨。

2006年，欧盟遭遇了突发的绵羊卡他热（ovine catarrhal fever，OCF），该病毒一反常态的出现在欧洲北部国家（比利时、荷兰和德国等）。在2009年末，疫情几乎销声匿迹（鲜有病例报告），但是这种病毒仍然存在，尤其是在法国，而在法国对羊进行育苗注射是强制性的且费用由国家负担。

在欧洲，种羊的存栏量仍在下降（2004年以来下降5%），而这是由于欧洲共同农

"蓝舌病"（绵羊卡他热，OCF）在欧洲倒退，而"Q 热"又在荷兰出现

绵羊卡他热（OCF）又被称为"蓝舌病"，因为它的主要症状是高烧和口腔黏膜病变，另外的症状是由水肿病和舌头发绀。该病毒对人类没有影响，但会在绵羊中传播（死亡率可达 30%），也包括牛、山羊、骆驼和一些野生反刍动物。这是呼肠孤病毒科（Reoviridae）的一种，由库蠓（Culicoides）传播，这是一种非常小的蠓叮，它以叮咬的方式将病毒传播给动物。在世界上该病毒在北纬 40 度和南纬 35 度的地区均被发现。在 1902 年，它首次在南非被发现，随后又在 20 世纪末出现在保加利亚和罗马尼亚。在 2000 年它再次出现在欧洲南部，2006 年又出现在欧洲北部（在马斯特里赫特区），这是在欧洲北部第一次出现该病毒。共有 20 个欧洲国家受到该病毒的侵袭。

由于欧盟实行了严格的卫生防疫措施（设定管制区，禁止动物从污染地区转至未受污染的地区，由政府提供资金进行疫苗接种），因此，该疫情目前在欧洲已经基本消失了。2008 年法国出现 3.2 万起疫情报告，而 2009 年只有 82 起。但是该病毒仍以两种形式存在（血清型 1 和 8），这使得在一些欧洲国家仍强制执行疫苗接种。

2009 年末，一个新的卫生警报发出："Q 热"在荷兰的布拉班特地区（Brabant）的 55 个绵羊和山羊饲养场出现，这迫使荷兰政府对 4 万只山羊和母羊进行了屠宰。"Q 热"并不为人所熟知，因此并不存在任何对此病毒的管理、控制和消除措施。而在荷兰布拉班特地区的密集型养殖可能为该病毒的传播创造了条件，以及使其能够传染到人类。当时已经有 3 500 人被传染上该疾病，其中 10 余人已经死亡（症状与流感相同）。因此未来需要对"Q 热"保持关注。

业政策中的"脱钩"补贴政策的执行。在欧洲所有的羊肉生产国家，即欧洲北部的国家（英国、爱尔兰和法国）及欧洲南部的国家（西班牙和希腊）的羊存栏量均下降。在意大利，羊的存栏量为 800 万头以上，在 2009 年并出现增长。这是一个例外，因为该国的羊奶业始终保持增长状态。罗马尼亚从 2007 年 1 月 1 日起成为欧盟的成员国，2009 年该国的羊存栏量增加了 14%，使该国的羊的数量达到 800 万头。

因此 2009 年欧洲的羊肉生产停滞，并较 2001 年口蹄疫爆发之前的产量下降了 18%。英国是受疫情影响最大的国家，羊存栏量在 2009 年继续下降，较 2000 年相比下降了 19%（在 500 万头以下）。西班牙拥有欧洲最多的羊存栏量（2 200 万头），近 6 年来，该国的羊存栏量一直处在下降之中，原因是在安达卢西亚（Andialousie）和埃斯特雷马杜拉（Estremadure）发生的绵羊卡他热疫情及西班牙的气候干旱。爱尔兰 2005 年开始执行的欧洲共同农业政策中的脱钩补贴政策加剧了之前该国羊存栏量的结构性下降。法国的羊存栏量也正处在长期的下降趋势之中。综上所述，欧洲几乎所有国家的羊肉产量均出现停滞或者下降。然而，保加利亚和罗马尼亚从 2007 年 1 月 1 日起成为了欧盟的成员国，这使得欧盟的羊存栏量增加了约 14%，增加了 1 200 万头。

2009 年欧盟 27 国的羊肉产量只能满足其需求的 80%（欧盟 25 国只为 77%），欧

盟的“羊肉赤字”每年均在递增。在产量下降的背景下，欧盟成员国进口的羊肉达到欧洲总消费量的20%。进口增长的趋势似乎已经不可阻挡，2009年欧盟进口的肉类和活牲畜均出现大幅增长（增长8%），达到28万吨，其中86%的肉类进口来自新西兰。2009年羊肉价格受到了2009年末（圣诞节等）的强劲需求及有限供给的刺激而达到了新高，尤其是在欧洲的法国、英国和爱尔兰的羊肉市场。

2010年有利的天气条件可能会使世界一些地区的养殖者增加羊的存栏量，但是增长量将相对有限。另外，欧洲和大洋洲有限的供给增长量可能将使国际羊肉价格保持在高位。在世界经济危机的背景下，羊肉的贸易或将不会取得太大增长，尤其是因为羊肉是主要肉类中最昂贵的。

世界羊存栏量的增长将主要用来满足各国的国内需求。这在中国尤为明显，中国并不是一个羊肉出口国，但是该国拥有世界1/3的羊存栏量。

欧洲的养羊业目前正处在下跌的趋势中，因为执行脱钩补贴，欧洲的羊存栏量出现下降，消费在逐渐下降，而欧洲养羊业卫生安全问题（“Q热”）并没有完全解决。

大洋洲，尤其是澳大利亚养羊业受到了干旱和火灾的严重影响，将不能成为世界羊肉产量增长的主要动力。

猪肉：国际贸易大幅下滑

猪肉是世界生产和消费最多的肉类，占世界所有肉类产品产量的39%。亚洲的猪肉产量超过世界总产量的一半；北美地区的猪肉产量只占世界总产量的20%，但50%以上的国际猪肉贸易都集中在该地区。

2009年世界猪肉生产达到1.07亿吨，这是自2007年因中国猪肉卫生安全问题而使猪肉产量下滑之后的恢复。2009年世界经济危机影响到了所有肉类产品，猪肉也不例外。2009年国际猪肉贸易量下降了10%，主要是由于美国和欧洲这两个世界最大的猪肉出口地区的出口量下降所致。

与预期相反，在2009年猪肉价格没有回升，甚至再次下降了2%，与此同时北美地区和欧洲的猪肉产量也在下降。2007年与2008年动物饲料价格出现历史性的增长，上涨了50%之后，2009年又下跌了约20%，这使近三年经受着猪肉销售价格与生产成本双重危机的猪肉生产商看到了些许希望。

在猪肉的国际贸易方面，欧元与美元的汇率起着决定性的作用，该因素再次对欧洲不利。事实上，美国正是依靠美元的不断下跌一直能够保持猪肉出口的部分竞争力，以及其国际市场份额。欧洲猪肉的产量已经多年持续下降，在东欧地区尤甚。

2009年世界猪肉产量主要得益于中国产量的回升而再次上升了2%。中国的猪肉产量几乎为世界总产量的1/2，2009年该国的猪肉产量取得了5%的增长。中国自2007年猪肉食品安全恐慌之后，形势似乎已经回归正常，当时引起猪繁殖与呼吸综合症的圆环病毒（PMWS），通常被称为“蓝耳猪病”，或“蓝耳病”。该综合症导致2007年中国猪肉产量下滑了约8%（4 000万头生猪从4.9亿头猪的食品链中消除）。这种疾病在今天仍然存在，并可以随时演变成新的流行病。在2007年的疫情迅速蔓延之前，中国的生猪养殖还主要是基于小型的庭院养殖户，此后在中国南方和沿海地区进行了大型的生猪养殖场的建设。另外，巴西的猪肉产量也出现增长，特别是在米纳斯吉拉斯州（Minas Gerais）。

在世界其他地区，由于饲养者的利润不断被侵蚀而导致猪肉产量不断下降。北美地区的猪肉产业危机仍在继续，猪肉产量下降明显。美国和加拿大近30个月已有超过50万头母猪被撤出生产领域。南方的国家也不乐观，自2007年夏天墨西哥的母猪存栏量已经减少了一半（100万头母猪中的50万头）。2009 年春季情况恶化，爆发了 H1N1 甲型流感，该疫情最初称被为猪流感，后来改称为“墨西哥流感”！欧盟的生猪产量几乎占世界总产量的 1/4。由于 2008 年底欧盟的母猪存栏量开始大幅下降（下降了大约 7%）使得 2009 年欧盟的猪肉产量下降了 2%。2009 年东欧地区的猪肉产量下降更为明显（波兰和罗马尼亚等国均下降了 12%），之前该地区的生猪出栏量出现大幅增长。

西欧国家的表现比较好：丹麦和荷兰的猪肉产量增长；法国的猪肉产量下降了约 1%；西班牙却出现了该国自 1985 年以来最大的猪肉产量下降；德国猪肉产量再次强劲增长。

国际猪肉贸易在 2009 年经历了一次真正的衰退，贸易量下降了 10%，原因之一是主要进口国日本、中国、韩国和俄罗斯等国对猪肉需求的缩减。

世界猪肉的产量与贸易量

单位：千吨，胴体重当量

分布地区＼年份	2004	2005	2006	2007	2008	2009 *
世界产量	**100 900**	**104 000**	**106 000**	**104 000**	**104 600**	**106 500**
其中：中国	47 000	45 500	46 500	43 000	46 200	48 500
欧盟（27 国）	21 800	21 700	21 800	22 900	22 700	22 200
美国	9 310	9 400	9 600	9 960	10 600	10 500
巴西	2 590	2 700	2 800	2 980	3 020	3 120
俄罗斯	1 730	1 740	1 800	1 900	2 000	2 200
加拿大	1 800	1 760	1 750	1 750	1 790	1 790
日本	1 270	1 250	1 250	1 260	1 250	1 290
主要出口国						
其中：美国	990	1 210	1 360	1 430	2 120	1 890
欧盟（27 国）	1 480	1 600	1 710	1 480	1 930	1 670
加拿大	970	1 080	1 080	1 040	1 130	1 130
巴西	620	760	640	730	630	650
中国	540	500	540	350	220	230
主要进口国						
其中：日本	1 300	1 130	1 150	1 210	1 270	1 090
俄罗斯	610	750	840	900	1 050	780
韩国	230	350	410	450	430	380
美国	500	460	450	440	380	370
中国	170	100	90	200	480	150
欧盟（27 国）	70	88	113	40	60	40

注：* 为估计值。
资料来源：联合国粮食及农业组织（FAO）、欧盟（EU）、美国农业部。

日本是世界第一大猪肉进口国，猪肉进口量占世界进口总量的 1/4。日本由于受到经济危机的严重冲击，使得其对原产于美国及丹麦的猪肉进口下降了 14%。韩国的猪肉进口量下滑同样很大，该国的猪肉进口量（尤其以五花肉为主）下降了 12%，这些产品主要是来自欧盟。中国的进口（大部分是猪内脏、猪耳朵和猪尾巴）回落了 60%，原因是中国国内的产量增加以及经济增长放缓带来的消费下降。俄罗斯卢布下跌和“用国内生产代替进口的策略”（包括对进口猪肉加强卫生检疫及实行进口配额等）使得俄罗斯猪肉进口下降了 26%，其进口量减少主要是针对来自于欧洲（法国和丹麦）的猪肉。尽管如此，在数量方面，俄罗斯仍然是世界第二大猪肉进口国。

美国的猪肉进口量仍然在下跌，主要是因为美元兑欧元和加拿大元持续疲软。美国 85% 的进口猪肉来自加拿大，但由于货币原因，美国从加拿大的进口量下跌了 1/3；另外一个原因则是由于加拿大屠宰与分割工业的重组（这主要在加拿大安大略省和马尼托巴省，因此活猪的出口下降）；还有美国实行的原产肉类标识（COOL）政策也对加拿大对美国的猪肉出口造成了不利影响。2009 年上述的趋势正在加强，加拿大出口的熟食猪肉下降了 49%，仔猪出口量回落了 26%。

世界主要的猪肉出口国是欧盟、美国、加拿大和巴西。

在下滑的国际猪肉市场中，因为欧盟的猪肉销售价格比其他竞争对手更高，使得欧盟在 2009 年的猪肉出口下降了 15%。面对生产成本低廉的美国猪肉和欧元兑美元的不利形势，欧洲国家中特别是丹麦的猪肉出口回落较大，该国对日本的猪肉出口下降 25%；对韩国出口下降了 47%；对俄罗斯下降 31%。在如此不利的情况下，尽管欧盟的几个成员国（如法国等，但不包括德国）要求继续执行对猪肉公共支持政策，但遭到了欧委会的拒绝。事实上，从 2007 年开始，欧盟开始对私人猪肉库存进行补贴，该措施于 2008 年 3 月结束（达到 9.89 万吨）；另外，欧盟还对出口到俄罗斯和韩国的猪胴体和片猪肉进行出口补贴（补贴额约为 0.31 欧元/千克），该政策于 2008 年 8 月结束。2008 年享受出口补贴的猪肉占到了欧盟猪肉出口总量的 1/4。这充分体现了欧盟猪肉在国际市场的竞争力很弱。另外，欧盟的出口补贴政策在世界贸易组织已经被否定。如果多哈回合谈判能够取得成功的话，那么，欧盟的此项政策将可能于 2013 年被彻底取消。在 2009 年不景气的猪肉市场上，德国仍然保持了其在 2008 年的出口量，并因此成为欧盟最大的猪肉出口国，首次领先于丹麦。在德国和丹麦之后，第三位猪肉出口大国是法国，但是，该国的出口正在走下坡路。事实上应当指出的是，自 2007 年起，法国的猪肉贸易额出现了“赤字”（约为 15%），主要原因是法国对猪肉加工产品的进口不断增加。而与此同时，法国的猪肉供给却远在自给自足之上（2009 年为 106%）。

美国经历了 2008 年出口井喷式增长之后（美国的猪肉出口量上涨了 70%，达到 200 万吨以上），2009 年尽管美元对加元和欧元仍然呈现疲软状态且美国猪肉的价格很低，但美国的出口还是回落了 11%，其中美国对墨西哥的猪肉出口大幅度提高（增加了 33%），墨西哥的生猪存栏量受 2009 年春季爆发的 H1N1 病毒（猪流感）的影响而大幅下降。总体来说，与其他农业领域一样，墨西哥的饲养业日益受到其北方强大邻国——美国的影响。对于一个人口已经超过

在欧盟市场：德国猪肉业取得突破性进展

德国位于欧洲的中心，其在两德合并之后拥有一个超过8 000万消费者的统一市场，德国猪肉产业的生产在十年间增长了18%，生猪屠宰量上升了35%（来自于荷兰和丹麦），而同期欧洲的猪肉产量只增加了9%。

2009年德国巩固了该国在欧洲猪肉领域的领先地位，猪肉生产达460万吨，领先于西班牙（360万吨）和法国（230万吨）。德国的猪肉产业有几大优势：德国地处逐渐扩大的欧盟的中心；德国国内市场巨大；生产能力超过了本国的需求量，从而能够补偿波兰、罗马尼亚和保加利亚猪肉生产的下降；德国还可以享受来自中欧地区的廉价劳动力。据估计，有超过1.5万，甚至3万的波兰人、匈牙利人和波罗的海人在德国屠宰场及肉类分割加工厂工作，其工资是德国人的1/3（约5欧元/小时!）。

德国猪肉业在之前出现结构性赤字之后，2008年德国猪肉贸易重新达到平衡，并对法国实现顺差。目前，德国是欧盟国家中最大的对非欧盟国家的猪肉出口国（领先于丹麦）。

然而，这还要归功于德国打造了一个巨大的跨国饲养和猪肉加工业网络，其中荷兰的猪肉加工企业（在德国投资的荷兰崴昂集团，Vion Group）和德国强大的零售集团（尤其是通过占德国超级市场份额45%的折扣型超市；而在法国折扣型超市仅占整个超级市场份额的18%）扮演了核心角色。德国的猪肉养殖业主要集中在丹麦、荷兰和德国南部，而德国北部地区则专业于屠宰业。

一亿，而且生活水平平均只比美国低20%的墨西哥来说，该国猪肉贸易的经济意义重大。美国在国际猪肉市场的份额继续增长：2009年达到了39%，而2004年仅为17%。

自2006年以来，加拿大肉类出口停滞不前，这是由于动物饲料和运输成本上涨使得该国的肉类产量下跌。尽管俄罗斯加强对肉类卫生安全的检疫，但加拿大对俄罗斯出口呈现增长态势。事实上，俄罗斯的肉类市场是一个低端市场，欧盟在该市场占有主导地位（欧盟出口俄罗斯的猪肉占欧盟出口总量的50%），但这种情况将会持续多久?

尽管时常有卫生安全和运输方面的问题，但巴西的猪肉出口在过去十年里呈现爆炸式的增长（增加了7倍），目前巴西的猪肉出口量已占该国总产量的1/4。巴西猪肉的竞争优势是因为该国拥有廉价的动物饲料，这使得巴西的猪肉可以低价进入俄罗斯市场。尽管俄罗斯由于口蹄疫和其他原因对猪肉进口实行了卫生安全方面的限制，但俄罗斯仍然是巴西猪肉主要的出口目的国（2009年占巴西出口总量的45%）。另外，巴西不断使其猪肉出口市场多元化，巴西逐渐开始向乌克兰、中国香港、新加坡和其他亚洲国家进行猪肉出口。

从全球来看2008年国际猪肉价格上升了9%，2009年回落了1%。但是从国与国之间来看，价格差异是巨大的。

美国尽管猪肉生产减少，但猪肉价格还是下降了14%。2009年美国的猪胴体售价处在低位，约为0.83欧元/千克（即1.23美元/千克）；同期法国的猪胴体价格为1.29欧元/千克（猪肉生产成本为1.15欧元/千克），因此在法国与美国之间存在高达

史密斯菲尔德：世界和美国猪肉业领军者的“坠落”

史密斯菲尔德食品公司（Smithfield Foods）是美国和世界猪肉的领军者，自1975年首次出现亏损以来，2008/2009会计年度记录为1.9亿美元的亏损，而上一年度净利润为1.29亿美元。事实上，史密斯菲尔德的盈利被其签订的高价玉米购买合同所侵蚀，但在此之后猪肉价格下跌了17%。

为应对猪肉生产过剩、经济衰退和信贷紧缩，该集团的母猪存栏量（约为130万头）减少了15%，其6下属家工厂及2 000个工作岗位或许被取消。

35%的价差。2010年初国际猪肉价格继续下降，主要源于日本、韩国和俄罗斯等猪肉进口市场的需求下降。另外，由于美元与其他猪肉出口国（欧洲、巴西）的货币极具竞争性，使得美国的猪肉具有较强竞争力（比巴西价格低20%！）。在紧邻美国的加拿大，2009年猪肉的价格下降较少，主要因为加拿大的货币价值变化（加元兑美元出现贬值），猪肉价格只下跌了4%（为1.17美元/千克）。

欧盟尽管猪肉生产下滑了2%，猪肉价格也下降了7%。这一下降幅度虽然比美国或国际猪肉平均价格的下降幅度都要小，但仍然是一个非常糟糕的数据。事实上，欧盟的猪肉价格下跌已经持续了两年以上。著名的“猪肉价格周期”本应使猪肉价格出现大幅度上升，特别是在猪肉产量下降的情况下，但由于受到金融危机的影响，并在2009年一直困扰着世界经济，猪肉价格却仍旧下滑。2008年8月法国的猪肉价格达到了很高的水平——1.40欧元/千克。但是，金融危机的爆发迅速将世界经济引入衰退，进而对肉类食品的需求以及猪肉的价格构成影响。这种态势到2010年初时一直没有改变。

欧盟所有国家的猪肉价格都出现下跌：西班牙下降4%；德国下降9%；丹麦下降6%；荷兰下降9%和法国下降9%。法国的猪肉参考价格——布列塔尼普莱兰（Bretagne Plérin）的猪肉拍卖价格在2009年的平均价格为1.146欧元/千克，比2008年的1.264欧元/千克下降9%；2008年的猪肉价格上涨了13%，2007年的价格下降了9%。这都低于2001年的猪肉价格（1.451欧元/千克），当时的主要原因是口蹄疫的爆发和第二次疯牛病危机，以及1997年的创纪录价格（1.438欧元/千克）。然而，那时欧元兑美元还没有出现50%的上涨。

另外，即使2009年的猪肉价格低于2008年，但饲养者的利润还是出现了恢复，这是因为几乎占猪肉生产成本的50%的动物饲料价格下降了20%左右。这可能是2010年生猪饲养者唯一的好消息，实际上，最近三年的猪肉价格一直处于低位，而2007～2008年饲料价格却出现大幅上升。

2010年初法国的猪胴体价格处在1.1欧元/千克的水平，不可否认，这一价格明显高于美国的0.8欧元/千克，或巴西0.9欧元/千克的猪肉价格，但是法国猪肉的生产成本要高得多。我们要注意到，在美国的艾奥瓦州（Iowa）或其他州，美国猪肉生产商能够获得廉价的谷物，特别是玉米（当然转基因玉米）作为饲料，而欧洲的生产商必须用高价购买小麦作为饲料。因此，三年来欧洲饲养商遭受了约占猪肉生产成本50%的饲料价格的大幅上涨（2006～2009年猪肉的价格下降了8%，而饲料的价格平均上涨了15%；2009年饲料价格最高上涨幅度曾达50%）。

相反，在2009年美国猪肉生产商却经历了生产成本相对稳定的阶段。但欧洲却很难保持这种状态。为什么欧洲的猪肉产量持续下降但猪肉价格却保持不变——违背了所谓的“猪肉价格周期”的规律？原因是，例如，弱势美元促进了美国猪肉的出口，与此同时，欧盟内部的猪肉消费持续下降；另外，欧盟各大超级市场的强势地位，使其几乎全部“吞噬”了上涨的猪肉价格，并没有使猪肉饲养者获益。

巴西的猪肉出口正在蓬勃发展。2009年，巴西的猪肉价格从2008年的峰值下跌了20%，并明显低于欧洲猪肉的价格（为2.5雷亚尔/千克，或0.85欧元/千克）。巴西猪肉具有极强的竞争性，并开始抢占欧洲、日本、韩国和美国等市场的份额。另外，巴西的圣卡塔琳娜州（Santa Catarina）已经通过检测无口蹄疫，因此可以开始向欧洲出口猪肉。

2010年，在猪肉生产将进一步下降的预期下，并依据“生猪周期”，欧洲的猪肉价格应当回升，甚至可能在2010年夏天达到1.40欧元/千克。正如在2009年，猪肉价格的上升可以用数学的方式来计算出。尽管2010年欧盟的猪肉生产或将下降5%（特别是在东欧国家），但猪肉价格的上涨可能将被猪肉消费下降1%部分抵消。美元的疲软；美国和巴西的猪肉在国际市场的竞争力提高；以及欧盟可能完全取消出口补贴的事实，都将对欧盟的猪肉价格产生不利影响。

2010年，饲料原料（小麦、玉米和大豆）的价格相对较低，以及生猪出售价格的轻微上涨，或将改善养殖者的收益，进而提高母猪的补栏量。因此，世界猪肉产量可能会略微有所提高，特别是受到中国猪肉生产复苏的推动。国际猪肉贸易主要取决于世界主要的猪肉进口国——日本、韩国、中国和俄罗斯的经济情况。

猪肉价格上涨或是下跌？我们的预测十分谨慎。这一时期的不确定性很高：金融危机的波及范围、实体经济衰退的程度（特别是一些新兴国家的形势），以及粮食收获水平等。此外，也不能完全排除在俄罗斯、西欧和中国再次出现其他类型的“猪流感”，甚至是俄罗斯的“非洲猪瘟”的疫情扩大，向欧洲或中国蔓延的可能性。

禽肉：经济衰退中断了高速增长的态势

在2006年禽肉行业曾遭受到几乎蔓延全球的禽流感（H5N1型病毒）的沉重打击。2009年的全球的金融、经济危机又打断了自2007年和2008年起禽肉市场的回升趋势。2009年美国的禽肉市场受到的冲击最大，进而拖累全球市场，无论是禽肉生产、出口还是价格均出现下降。

禽流感的阴影似乎在慢慢消失。自2003年以来，禽流感在世界三大洲（亚洲、欧洲和非洲）的70多个国家均被发现。到了2007年、2008年和2009年情况逐渐回归正常，禽肉的卫生安全得到了保证。

但是，禽流感病毒仍然存在。2009年禽流感在世界17个国家被发现，并以“大流行”的方式在3个国家出现：印度尼西亚、越南和埃及。但是消费者，特别是媒体对此已习以为常，之前曾经影响人们消费的心理因素已经逐渐消失。有关H5N1型病毒又有了一些新的科学发现，它被证明与人类流感相关联，这或许在将来又会引起人们的不安。2010年世界禽肉市场可能会重新回归到其结构性的上涨趋势中。

自20世纪50年代以来，禽肉生产与消费一直是在各种肉类中最具有活力的，且是被世界各国最为广泛接受的肉类。在经济危机肆虐之时，禽肉相对于其他肉类的价格优势显得更加突出。

在2009年，世界禽肉的生产增长几乎处于停滞状态，这种情况与之前禽肉市场的高速发展相反。在过去的几十年，禽肉市场的发展远超过了其他肉类，甚至包括猪肉，这是因为禽肉较猪肉的竞争性更强（植物蛋白转变为动物蛋白的转化率更高）。2009年美国和巴西两个世界最大的禽肉生产国的禽肉产量几十年来第一次出现下降（分别下降了4%和1%），其中最主要的原因是美国的经济危机。2008～2009年美国增加了700万失业人口，这显然不能增加肉类的消费，更何况禽肉已成为美国消费最多的肉类（美国禽肉的消费量已经多年排在牛肉之前）。另外，廉价的禽肉的消费下降也从侧面说明了经济危机对美国经济和社会的巨大影响。巴西的禽肉产量下降主要是受外部需求下降的影响（外国的肉类进口、出口信贷危机、石油生产国收入的下滑等）。亚洲（中国、泰国、印度尼西亚、菲律宾和印度等国）的禽肉产量继续增长。俄罗斯禽肉的生产大幅回升。欧盟的产量出现了轻微增长。

禽流感：疫情在急剧下降，但埃及、印度尼西亚和越南除外

禽流感自2003年爆发，并在2006年达到高峰，共有70个国家出现了H5N1型病毒，我们称其为禽流感，更为科学的术语是“高致病性禽流感”（IAHP）。2009年共有17个国家通报疫情，并在随后将其有效抑制。2010年初该病毒在世界上已大幅衰退，但除了在3个国家：埃及、印度尼西亚和越南。

埃及的情况恶化：2009年有36例人类感染的报告（主要是4岁以下儿童），而在2008年有7例。在印度尼西亚动物和人感染病例最多（141例人类感染报告，其中115人已经死亡）。该病毒出现在爪哇岛、苏门答腊岛、苏拉威西岛甚至可能在巴厘岛。在印度尼西亚33个省中，只有两个省没有宣布有疫情出现。政府对动物防疫注射计划自2004年以来一直存在，但远未达到普及，而且是否进行防疫注射取决于印度尼西亚养殖者。在越南2009年出现50例疫情警报记录，出现在越南1/4的省份，尤其是出现在越南的小型养鸭场。

2009年有17个国家宣布其至少发现1例禽流感感染病例；2008年有22个国家公布此类感染病例；2007年为28个国家；2006年有55个国家（2003年以来，在全球受到影响的国家一共有70个）。2009年，亚洲仍然是受到禽流感影响最大的地区：印度尼西亚、越南、孟加拉国、印度、尼泊尔、中国、老挝、日本和蒙古（2009年为9个国家，而2008年为11个）。非洲局势同样很难控制，特别是在埃及。欧盟27国除了在德国发现的1例病例，其余的国家几乎完全“幸免”。而2008年欧盟中有2个国家，2007年有7个国家，2006年有14个国家。事实上，在法国旺代曾出现1例H5（2009年2月），但该病毒被认为是低致病性的，随后在德塞夫勒省又出现1例H5（2009年11月），日本在此之后立即宣布了对法国所有禽肉3个月的进口禁令（直到2009年12月才解除了对法国鹅肝酱的禁运）。在欧洲大陆的其他地区，只有在俄罗斯出现1例禽流感病例。

美洲和大洋洲则一直没有受到H5N1病毒的侵袭。

当然，形势已经显著好转，但它仍然很脆弱且充满不确定性。这种流行病仍然在亚洲和非洲的许多地区存在。而且实际病例数量应该远在公开报告的病例之上，因为在一些贫穷国家和新兴国家，由于缺少兽医或是因为补贴金额很低，饲养者不愿意公布实际的病例。所以，目前仍然存在该病毒复苏的可能和广泛传播的风险。亚洲的风险很高，不能完全排除禽流感再次爆发并大规模流行的可能。

另一方面，因感染这种病毒而造成人类死亡的情况正在减少：2009年有12人死亡，2008年为28人死亡，2007年为57人死亡（根据世界卫生组织的统计，从该流行病的爆发之始，世界共有257人死亡）。

肉鸡占世界家禽生产的80%。只有在欧洲，特别是在法国，火鸡肉的产量可以占据家禽生产20%以上，但火鸡肉的生产正在逐渐下滑，原因是一些疾病一直未得到解决（组织滴虫病，histomonosis）。尽管如此，消费者收入的下降可以增加对火鸡肉的消费，因为这比鸡肉更便宜。

在经济危机的影响下，2009年世界禽肉贸易下降了3%。巴西和美国占据了全球禽肉出口量的3/4。

巴西是世界第一大禽肉出口国，出口量占世界禽肉出口份额的40%（自2004年以来领先于美国），巴西禽肉产量的1/3用于出口。巴西禽肉产业拥有巨大的优势，如巴西的南马托格罗索州（Mato Grosso do Sul）拥有充裕的动物饲料、广阔的生产面积和劳动力成本低廉等。因此，巴西禽肉的生产成本只为欧洲的30%～50%。巴西的禽肉出口市场分布很广泛：巴西的冷冻整鸡出口到中东地区；冻结块鸡出口到亚洲、欧洲和非洲；禽肉制品、禽肉罐头和腌渍及卤禽肉则通过配额的形式以较低的关税出口到欧盟（这主要针对巴西禽肉熟食加工企业的出口）。尽管如此，在2009年巴西的禽肉出口出现4%的降幅，这是因为外部需求量的下降，巴西的出口信贷紧缩以及巴西雷亚尔的大幅升值，尤其是兑美元汇率出现的大幅升值。巴西禽肉出口量唯一出现增长的出口地区是中东地区，主要是由于沙特阿拉伯调低了进口关税。巴西对欧洲的出口出现停滞，因为自2007年7月起欧盟调高了腌渍及卤禽肉的进口关税。

世界禽肉的产量与贸易量

单位：千吨，烹肉重当量

分布地区 \ 年份	2004	2005	2006	2007	2008	2009*
世界产量	**78 500**	**82 900**	**83 700**	**89 000**	**91 800**	**91 900**
其中：美国	17 730	18 330	18 600	18 900	19 400	18 600
巴西	8 720	9 710	9 710	10 800	11 500	11 400
欧盟（27国）	9 880	9 900	9 600	10 100	10 370	10 440
日本	1 120	1 170	1 230	1 250	1 255	1 260
主要出口国						
其中：巴西	2 600	2 900	2 700	3 100	3 450	3 310
美国	2 370	2 620	2 610	2 930	3 460	3 230
欧盟（27国）	1 030	860	820	760	860	830
泰国	200	240	260	300	380	390
中国	250	340	320	360	280	390
主要进口国						
其中：中东国家	1 080	1 180	1 030	1 320	1 540	1 660
欧盟（27国）	850	1 040	1 020	1 110	1 140	1 110
俄罗斯	1 120	1 330	1 280	1 300	1 230	900
日本	610	750	720	700	740	700
中国	200	230	360	500	440	400

注：*为估计值。

资料来源：联合国粮食及农业组织（FAO）、欧盟（EU）、美国农业部。

美国的禽肉销售出现大幅下降（下降了7%），这是由于禽肉国际价格下降和美国的禽肉生产减少。

泰国是世界第四大禽肉出口国，而且也是H5N1型病毒的发源地之一。2004年禽流感疫情爆发，致使该国出口下降了50%以上。其中主要以对日本和欧盟（欧盟自2004年1月开始实行禁运）的鲜禽肉出口降幅最大。泰国迅速作出反应，开发鸡肉熟食产品和鸡肉加工产品，这些产品不在禁运的范围之内。令人吃惊的是，泰国出口转型进行得非常快，泰国因此迅速恢复了禽肉销售，2004～2009年禽肉产品销售增长了95%。即便如此，这仍然比禽流感危机爆发之前泰国的销售量低1/3。

虽然泰国是遭受禽流感重创的几个国家之一（数百万感染病例），但是该国以生产鸡肉熟食产品使其禽肉出口迅速恢复，这些产品出口主要是针对西欧地区（2005年西欧地区几乎没有受到禽流感的影响，2006年只有5例感染病例）。多年来欧洲养殖业严格执行的卫生安全措施获得了成效。世界动物卫生组织（OIE）宣布自2008年4月起泰国已经没有禽流感。2009年在不利的条件下，泰国禽肉的销售继续增长。

来自巴西的冷冻禽肉将不能在欧洲市场作为鲜禽肉销售

尽管英国强烈反对，在2009年10月欧盟农业部长理事会通过了禽肉销售标准的修改。今后，所有在－2℃以下保存的禽肉禁止在欧洲市场作为鲜禽肉出售。

欧盟27国的禽肉出口主要包括向中东地区出口冷冻整鸡（价格为1 600美元/吨；近年来，一直呈下降趋势，十年来出口下降了50%），以及向俄罗斯出口廉价的块鸡和去骨鸡肉。

2009年欧洲的禽肉出口也因受到危机的影响而下降了3%，尤其是对俄罗斯和乌克兰的出口（下降了15%），对中东地区的出口则出现了轻微的增长。

“氯水鸡”：美国加重对欧盟的控诉

美国先后在2009年1月16日及2010年1月，在世界贸易组织重启对欧盟的控诉，美国希望可以在欧洲市场销售其以氯水消毒的禽肉。

在过去的十年，欧洲始终拒绝进口美国所谓的“氯水鸡”。美国的鸡在屠宰后，需要经过氯水消毒。这种做法被南部欧洲国家嗤之以鼻，其中包括法国，他们认为这种做法与屠宰业预防政策中的卫生标准不符。而美国人坚持认为，这种做法既简单又经济！经过欧盟内部艰难的讨论，2008年12月美国“氯水鸡”正式被欧盟部长理事会拒绝。

俄罗斯紧随欧盟禁止进口美国“氯水鸡”

自2010年1月1日起，俄罗斯禁止进口来自美国以氯水（在饮用水的标准之上）处理的禽肉。而禽肉是美国主要向俄罗斯出口的农产品：年出口量约为75万吨，价值8亿美元（相当于10%的美国禽肉出口）。

欧洲的禽肉进口在2007年增长了9%，因为2006年7月下调了对腌渍及卤禽肉的进口关税（在世贸组织的要求下），2008年的进口增速大幅放缓（增长了3%），并在2009年出现下滑（下降了3%）。事实上，出现这种情况是因为2007年7月欧盟对腌渍及卤禽肉和禽肉加工产品的进口实施配额管理（在配额之内的进口，享受低关税；对超额进口征收高附加关税）。

欧盟的关税壁垒被再次成功地绕过：巴西出口商在出口的大量生鸡肉块中混入植物油，就享受了欧盟较低的进口关税（对价值

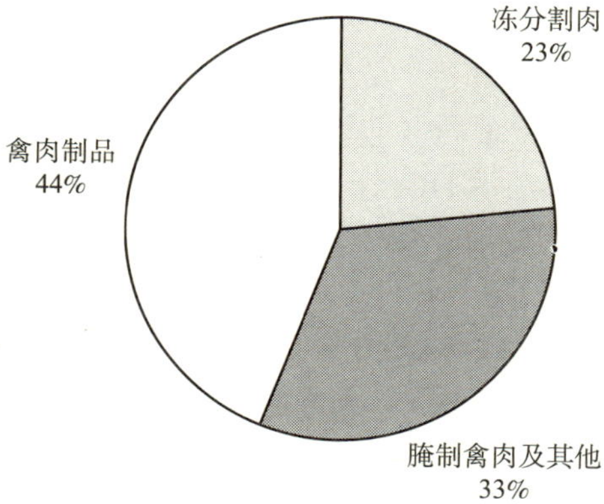

2009年欧洲禽肉进口111万吨

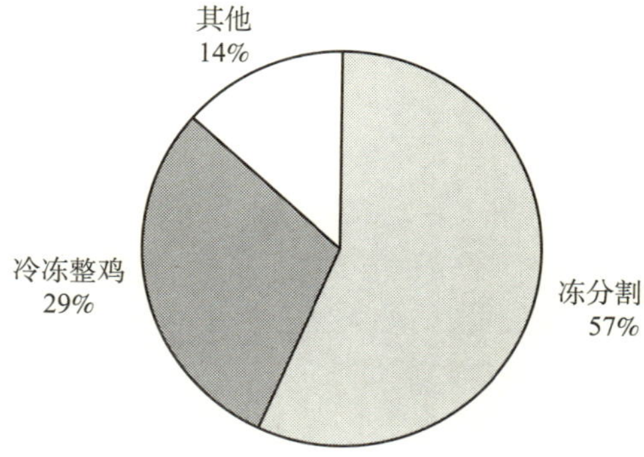

2009年欧洲禽肉出口83万吨

注：肉类贸易变化较快：禽肉进口贸易的主要特点是市场对禽肉制品的需求增加而对生禽肉的需求减少。这一趋势在欧盟非常明显，5年来欧盟对禽肉制品的进口增长了20%，且自2006年起进口腌渍及卤禽肉。这一变化尤其有利于泰国和巴西（巴西5年来对欧盟的出口量翻了一番！）。

资料来源：欧盟肉类牲畜及禽类养殖办公室（EU/Ofival）。

清真肉类：在法国快速增长

与所有宗教一样，伊斯兰教对饮食有禁忌。除了禁止食用猪肉以外，它只允许食用“清真肉类”（halal，该词语在阿拉伯语中意为“合法的”）。

清真肉类来自于伊斯兰教的一系列规定中的祭祀用动物，它决定了何种肉类是被允许食用和清洁的。法国农业部批准了巴黎、埃夫里和里昂的清真寺拥有授予肉类公司的产品为“清真肉类”的权利。

在法国，约有500万法国人信奉伊斯兰教。他们的购买力整体上在逐渐提升，且他们的饮食习惯逐渐变化：一些著名的食品集团（雀巢，弗勒里－迈克）加大了这些产品的生产，其中包括速食品（比萨，清真鸡肉或火鸡肉香肠和一些清真熟食）；快餐企业（Quik，麦当劳等）也不例外提供了相关清真产品。今天，法国的清真肉类是一个很大的市场：每年的消费大约有50万吨，价值50亿欧元，清真肉类以每年10%的速度增长，相比之下，整体肉类市场却处于停滞。

肉类领域：保护主义的诱惑

在受到金融和经济危机冲击后的世界，保护主义骤然抬头。国际肉类市场是这一现象的完美体现。

事实上，各种肉类产品的差异巨大，这体现在生产方式上（食草动物或食谷动物、粗放养殖或集约养殖、是否使用激素、动物福利情况和屠宰方法等）；肉类的保存上（胴体或肉块，鲜、冷藏、冷冻、加工以及是否盐腌等）；肉类的消费还需要注意卫生安全（动物疾病、各种细菌等）、文化（在欧洲反感食用狗肉，但在亚洲受到欢迎！）和宗教（穆斯林信徒禁食猪肉、素食主义者、印度教徒禁食瘤牛、犹太教的饮食禁忌以及基督教徒四旬斋禁等）。另外，各国政府始终都在控制和监管国内的肉类生产和消费。在经济全球化的大背景下，全球的肉类贸易大幅增加，但是肉类的标准还原为统一。甚至在一个国家内新的不同的肉类消费开始出现（例如，法国的清真肉类消费）。各国的海关、各种条例和监测被广泛应用。但是各国更是需要借此保护本国的肉类生产商，这就通常会产生贸易冲突。此类冲突在得不到解决的情况下，通常由世界贸易组织来进行裁决。

2009 年在这方面的例子很多，其中不乏不公正的措施：

- 牛肉：加拿大和墨西哥控告美国的 COOL 肉类原产标识系统中的“原产国”条例（2009 年 1 月），世贸组织将延长磋商时间。
- 禽肉：日本对法国鹅肝酱实行部分禁运，这是因为在法国的旺代地区发现了 H5 型禽流感（2009 年 2 月）。
- 牛肉：因为在巴西发现口蹄疫（2009 年 2 月）欧盟延长禁止进口一些巴西牛肉的措施。
- 牛肉：欧盟同意给予美国额外的数量为 2 万吨的低关税牛肉进口配额；同时，美国将取消对欧盟关于“激素牛肉”的申诉（2009 年 8 月）。
- 禽肉：中国在世贸组织控诉美国禁止进口来自于中国的禽肉的措施（2009 年 4 月）。随后，中国对美国禽肉开启了反倾销调查（2009 年 10 月）。
- 牛肉：加拿大在世贸组织控诉韩国，因为韩国以在加拿大发现疯牛病为由禁止进口加拿大牛肉（2009 年 5 月）。
- 猪肉：中国取消了对原产于美国、加拿大及墨西哥的猪肉禁运（2009 年 12 月），之前禁运的原因是 AH1N1 型流感。
- 猪肉：俄罗斯对原产于欧盟的猪肉实行部分进口限制，原因是猪肉中可能残留有被禁止的药物（2010 年 1 月）。
- 禽肉：美国在世贸组织控诉欧盟对美国产的“氯水鸡”的进口禁令（2010 年 1 月）。
- 禽肉：俄罗斯禁止几乎所有来自于美国的“氯水鸡”（2010 年 1 月）。
- 牛肉：中国台湾对美国的一些牛肉部位（肉糜、内脏）再次实行禁运（2010 年 1 月），原因是疯牛病。
- 牛肉：俄罗斯按本国的标准（与世界动物卫生组织规定的不同），对存有疯牛病疫情风险的国家进行了划分（2010 年 2 月）。

约 1 500 欧元禽肉制品，减税额为 357 欧元/吨)。这样，总计有 8 000 吨以上的巴西禽肉主要由德国进入欧洲。在国际禽肉市场，欧盟的市场份额在近十年逐渐下降，1995 年占全球禽肉的出口的 25%，2009 年只为 10%。因此，欧盟的禽肉生产由 20 世纪 90 年代的 80 万吨的剩余逐渐变成了在 2009 年的 28 万吨的“赤字”，这相当于欧盟禽肉消费量的 2%。与之遥相呼应的是欧盟的禽肉进口十年增长了 3 倍，而出口在同期下降了 20%。在欧盟内部的情况变动很大，法国失去了在德国和英国的市场份额，然而令人吃惊的是法国却保持了在非欧盟国家的市场份额。

俄罗斯一直“挣扎”在发展本国禽肉工业和遏制通货膨胀的两难选择之中。俄罗斯政府从 2003 年 5 月起对禽肉进口实施配额管理。2009 年该国的禽肉进口出现大幅下降（下降 27%），原因不仅是俄罗斯进口配额的存在，还有卫生安全壁垒。俄罗斯的禽肉进口量始终占国内消费禽肉总量的近 30%！

2009 年国际禽肉价格处在停滞状态，而过去两年中它的价格上涨了 50%，并稳定在 1 100 美元/吨左右，这是十年来的最高价格。世界主要国家国内的禽肉价格却并不是十分景气，美国 2009 年禽肉价格下降了 10%，即使美国的产量也同时下降也未能阻止禽肉价格的下跌。但是，在巴西、亚洲和欧洲禽肉的价格表现坚挺。

2009 年禽肉价格的上涨趋势被打断，这在饱受经济危机冲击的美国尤为明显。但是禽肉的基本面仍然非常好，因为它的价格低廉、没有被任何宗教所禁止食用和相对容易的生产技术。在所有肉类中，禽肉的消费增长是最有潜力的，尤其是在新兴的亚洲国家中。

2010 年禽肉可能将重回增长轨道。除了爆发重大的卫生安全问题，禽肉的消费和生产将继续增长，且增长速度将是所有肉类中最快的。在世界经济不景气的大背景下，禽肉将以具有竞争力的价格成为表现最为强劲的肉类。世界主要地区将增加禽肉的生产，但禽肉的价格却可能会出现轻微上涨，这是因为世界经济的回暖。

但是如果美国的经济状况不能好转（失业率高企），美国可能会是个例外。尽管如此，弱势美元仍然会促进美国的鸡肉出口。巴西将会继续其出口扩张，尤其是面向中东地区和亚洲，巴西的出口市场将越来越多元化。

受益于一些国家的禽肉出口下降，巴西将增加对沙特阿拉伯的出口，沙特为打击食品价格的通货膨胀而将禽肉进口关税调低。欧盟的禽肉贸易的赤字将继续扩大，况且巴西和美国的禽肉出口将主要集中在欧盟这个受经济危机冲击相对较轻的禽肉市场。俄罗斯仍将是世界重要的禽肉进口国，即使该国政府实施了零星的贸易保护政策（进口配额，卫生安全标准等）。

但是，禽流感的发展仍将是决定世界禽肉市场的主要因素。尽管情况已经大为好转，但是该病毒仍然是一种潜在的威胁，尤其是在亚洲和非洲的部分地区。在很大程度上这种病毒的发展仍然难以预测，因为它与许多因素相关（鸟类迁徙，饲养业的管理等），而人在其中起的作用也不可忽视（贸易、禽类养殖、打击和预防禽肉走私等）。显然，一个突如其来的禽流感可能会打乱整个世界禽肉市场。美洲和大洋洲目前远离该风险。而在长期只有大洋洲可以保证不受该病毒的侵袭，因为它在候鸟的飞行路线之外。

奶和奶制品

国际奶制品市场在供给紧张之后，突然出现反转，欧盟和美国市场随之出现了生产过剩。最终得益于公共政策的支持，这两个地区的过剩牛奶以脱脂奶粉，以及在较小的程度上以黄油的形式进行储存。

实际上，2009 年世界主要奶制品出口国的供应出现了一定程度的停滞。首先，在欧盟尽管奶生产配额得到提高，但是产量几乎没有太大增长；其次，美国的奶制品供应也在连续增长几年后也停滞不前；最后，随着澳大利亚恶劣气候条件的持续，澳大利亚的生产也受到了阻碍。因此 2009 年国际奶制品市场的大幅波动主要是因为经济与金融危机造成了奶及奶制品需求的下降，这使得国际市场上的奶及奶制品的价格崩溃。

尽管如此，在金融危机爆发后的 2009 年，国际奶制品市场处在复苏之中。事实上，在 2008 年下半年及 2009 年上半年，需求停滞和供应充足造成了整个奶制品市场表现欠佳，这在美国和新西兰尤为明显。在供给方面，欧盟和美国的生产出现减缓，而大洋洲的产量依旧十分有限；另外，之前过剩奶制品被生产国家与地区的公共库存所消化。在 2009 年下半年，奶制品市场在消化完过剩产品后恢复到了平衡状态。在 2009 年秋天，奶制品的价格出现了上涨。大洋洲产奶季的到来使得在 2009 年年底奶的价格出现回落。从中期看，欧盟和美国巨大的奶制品公共库存将使得奶制品的价格很难持续上涨。

世界产量增长停滞，但是国际贸易复苏

根据美国农业部，在奶制品的价格下降以及需求减少的背景下，占世界食用乳产量 83% 左右的牛奶产量在 2009 年大约下降了 0.5%。欧盟、美国、俄罗斯、加拿大和阿根廷的牛奶产量保持稳定；大洋洲（2008 ~ 2009 年奶季）的牛奶产量与之前的较低水平相比出现了增长。“三聚氰胺危机”的影响及中国消费者因此对于本国产品的不信任导致了中国的牛奶产量大幅下降。另外，乌克兰的牛奶产量也出现了下跌。相反，印度、巴西和墨西哥的牛奶产量则继续增长。

根据联合国粮食及农业组织的数据（拥有更全面的世界食用乳的数据），2008 年世界食用乳的总产量达到了 6.937 亿吨，与 2007 年相比增加了约 2%，较 2000 年增长了 20%。其中，水牛奶产量的增长势头较为强劲。印度食用乳产量处于世界首位（如果我们不将欧盟视为一个整体），紧随其后

世界脱脂奶粉的产量与贸易量

单位：千吨

分布地区 \ 年份	2005	2006	2007	2008	2009 *	2010 **
世界产量	**3 185**	**3 139**	**3 310**	**3 345**	**3 505**	**3 384**
其中：欧盟（27 国）	1 074	955	1 005	980	1 080	1 020
美国	684	676	669	845	803	732
印度	256	295	320	345	370	400
新西兰	225	247	325	256	346	295
墨西哥	208	230	253	239	245	250
澳大利亚	206	221	205	177	227	210
日本	187	180	173	158	165	165
巴西	113	117	128	128	125	120
俄罗斯	110	110	115	120	70	110
加拿大	73	72	75	87	80	82
中国	60	55	58	53	54	55
乌克兰	78	80	90	65	48	50
阿根廷	40	30	24	25	25	26
韩国	24	18	22	20	17	15
世界贸易	**1 000**	**1 003**	**1 130**	**1 082**	**1 011**	**1 133**
出口						
其中：新西兰	221	243	327	251	310	324
美国	277	287	258	391	258	300
欧盟（27 国）	190	88	202	179	165	225
澳大利亚	141	189	175	120	162	170
印度	40	50	40	35	30	35
乌克兰	57	64	57	44	23	25
俄罗斯	15	15	15	15	15	18
阿根廷	22	21	11	14	15	17
菲律宾	18	18	18	15	15	未定
加拿大	6	13	14	11	10	10
印度尼西亚	10	10	5	5	5	6
巴西	3	4	4	1	3	3
进口						
其中：墨西哥	155	113	121	173	180	190
印度尼西亚	135	140	147	159	178	187
菲律宾	87	95	98	85	95	未定
阿尔及利亚	72	68	91	90	91	85
中国	55	62	40	55	65	70
俄罗斯	70	45	50	75	50	60
日本	34	32	36	32	35	30
巴西	5	9	4	7	13	20
中国台湾	19	20	20	15	17	未定
韩国	6	7	5	5	8	9
欧盟（27 国）	10	21	10	8	5	5
澳大利亚	4	5	4	4	4	4
加拿大	4	3	3	4	3	3

注：* 为估计值；** 为预估值。
资料来源：美国农业部（USDA）。

奶的信任危机

奶处于危机之中！在欧洲除了奶生产者罢工和示威（包括"倒奶"）等热门新闻之外，最吸引观察者注意的就是官方言论和现实情况以及奶市场之间的鲜明反差。在很长一段时间，欧盟的奶市场处于欧盟保护政策的框架下。在20世纪80年代建立起的生产配额体系似乎将使欧盟的奶市场永恒的处在保护之中！主要的奶制品（黄油和奶粉）的最低保护价格与全球价格完全脱节；而我们知道奶制品的库存成本和出口补贴政策给欧盟带来了沉重的财政负担。然而，这些奶制品支持政策可能是使欧洲各农业生产地区的生产保持平衡所需要付出的代价，例如，保持丹麦及荷兰的"工业化奶生产"模式与法国"家庭式奶生产"模式（法国的配额政策鼓励这种生产模式）之间的平衡。另外，牛奶全球价格的定义也存在争议，实际上只有4%～5%的世界牛奶产量用于国际奶制品市场的贸易，且国际奶制品市场的价格是与世界上最高效的奶生产－出口国的价格（无补贴）挂钩。最高效的生产国是新西兰，其生产价格只为欧洲的一半。在奶及奶制品市场管理上，加拿大政府的管理政策本可以使欧委会借鉴，该政策主要是增强对生产配额的管理，严格将配额控制在国内市场规模的水平，同时努力提高奶的附加值而避免在危机时进行干预。

然而，加拿大的管理方案并没有被采纳，欧盟采纳了"市场政策"，提高生产配额，直至将其完全取消；降低最低保护价，并逐步取消干预机制。这意味使欧洲牛奶生产区集中，从法国的布列塔尼到丹麦形成一个类似"蓝色香蕉"式的生产地区；同时鼓励完全集约化的养殖方式。这种选择的后果很明显，牛奶将逐渐"普通化"（即逐渐"商品化"——译者注）以及一些欧洲传统的奶生产区将逐渐消失。这种现实主义的做法赢得了大多数欧洲国家的支持，在法国也赢得了很多生产者以及大部分奶制品加工者的赞同，他们正在设法提高生产设备的效率。然而今天就忘记昨天的宣言是一种虚伪的表现……

2007年和2008年的全球奶市场的变化似乎也证明了这种选择是正确的。大洋洲的干旱导致了黄油和奶粉的国际价格增长了一倍！欧洲能够在没有出口补贴的情况下将公共库存的奶制品在国际市场上销售！在2008年围绕着大宗商品的乐观氛围下，欧洲奶产业的一些参与者认为奶制品价格将维持当前的强势，国际奶制品出口市场将是持久的且有利可图的。他们因此提高了产量。当法国可以缓解各牛奶生产地区的产品差异和紧张关系的跨行业协议被取消时，并没有人表示担忧。

然而，一年之后新西兰重返市场。奶制品的国际价格快速下跌到了2006年的水平，而此时欧洲和法国的牛奶产量正在很高的水平。国际出口市场带来的利润以及国际市场的高价奶制品全部蒸发了！这引起了公愤。生产商们感觉到：我们被欺骗了！

是的，有人欺骗了牛奶生产者，但实际上每个人都错误的估计了形势。

- 欧盟，对奶制品市场采取"完全自由"的管理模式，拒绝考虑任何特殊情况，并选择了工业式的奶生产模式。
- 奶制品加工企业，在国际市场上拥有强大竞争对手的情况下，仍然要求提高生产。这也许是因为他们习惯了在欧盟的补贴政策下生产黄油和奶粉。

- 牛奶生产商，在受益于2007年和2008年国际奶制品价格的上涨之后，并没有能够理解其处在螺旋上升中价格的哪个阶段。
- 在超市，他们在奶价高企时尽可能地提高价格，而在下跌时做的却要少得多……但是坦白地讲，他们在奶业危机中并不承担主要责任。

无论对现在的奶业危机采取哪种解决方案，我们都需要吸取几个教训，这是为了欧洲的共同农业政策以及法国未来的发展。

- 奶业有其自身特殊的逻辑，生产配额的取消或增加都是不负责任的荒唐举措。
- 如果要取消配额，那么在法国需要建立一种机制以维持在一些敏感地区的牛奶生产。
- 欧洲生产的奶制品并没有驰骋国际市场的能力，相关加工业应当吸取教训，并增加产品的附加值。
- 最后一点，牛奶从本质上是一种应该以“合同”的逻辑进行生产的产品。但是签署合同需要两方甚至三方，并需要相互信任：而信任正是当前法国奶业中所缺乏的。

的是美国和中国。尽管中国在2009年出现了一些影响奶行业发展的事件，但中国在不到十年的时间仍使其奶产量增长了三倍。排在其后的是巴基斯坦，以及处在产量增长停滞中的俄罗斯，最后是巴西。从中期来看，在全球范围内，发展中国家和在较小增长幅度的美国将是奶业发展最为活跃的地区。在2000～2008年，印度的产量增长占世界奶产量增长的28%左右；中国占24%；美国占9%；巴基斯坦占7%；巴西占6%。这五个国家就已经占到了世界产量增长的3/4。

其他国家，如白俄罗斯、乌拉圭和智利，产量是有规律的提高，在国际奶制品市场中他们作为“非核心参与者”跟随在主要的奶制品出口国出口到大洋洲、欧洲和美国。总体来说，尽管在前几个奶季欧盟提高了生产配额，但欧盟奶产量的增长依旧处于停滞之中。

据联合国粮食及农业组织提供的信息，2000～2008年，在奶产量增长20%的同时，世界黄油产量（以及其他乳脂产品）增长了30%，奶酪和全脂奶粉的产量增长了15%，而脱脂奶粉的产量出现了下降。

根据美国农业部的信息，世界奶酪生产在2009年整体上出现了停滞，其中在欧盟则出现了少见的下跌；在巴西、阿根廷和美国则继续增长。另外，黄油的产量以2.5%的速度继续增长，尤其是在印度。大洋洲和美国的黄油产量则处于下跌状态。关于奶粉产品，全脂奶粉产量出现了大幅下降，尤其是中国，伴随着中国奶产量的下降，全脂奶粉的产量也出现了下降。巴西和欧盟的产量也出现了下降。大洋洲的全脂奶粉产量则明显上升。全脂奶粉产量下降则意味着多余的奶用于生产脱脂奶粉，2009年脱脂奶粉的产量出现增长，上升了4%。这在欧盟和美国以及新西兰尤为明显。

关于全球奶制品贸易，我们注意到2009年世界黄油出口（以及其他乳脂）、全脂奶粉，以及脱脂奶粉出现了10%～15%的增长，奶酪的出口小幅增长了2%，这说明在经济危机使需求下降之后，目前需求出现了一定程度的复苏。另外一个特殊的细节就是大洋洲的出口回升，而美国的出口却在前几年的强势增长之后，出现了大幅回落。

在全球奶制品市场的艰难困境中，大洋洲重新找回了其市场份额，欧盟和美国则储存各自过剩的产品

在2008年年底市场需求大幅下跌之后，2009年大部分时间世界一些奶制品出口国逐渐回到了较为正常的产量。随着新西兰产量的回升和奶制品“去库存”，大洋洲的奶制品产量得以恢复。美国在前几年进行大量出口后，在2009年奶制品出口量下滑。阿根廷在2008年主动限制出口量，2009年的出口回升。欧盟的奶制品依旧不是很有竞争力。实际上，因为全球奶市场的需求增长并不明显，且奶制品价格极低，欧盟和美国的奶制品没有在国际市场中找到购买者，所以这些国家不得不采用公共调控政策，从市场中撤回部分过剩的奶制品，这样就使得2009年下半年的世界奶制品市场更为平衡。

新西兰继续前进，澳大利亚停滞不前

大洋洲2008/2009年奶季证实了该地区的奶产量很难满足世界需求的规律性的增长。这对澳大利亚来说尤是如此，人们甚至怀疑澳大利亚的水资源匮乏是否会造成奶生产以及整个农业生产区的彻底消失。另一方面，新西兰在经历了2007/2008年度生产的意外下跌后，似乎更有能力扩大生产。这些变化趋势对于全球奶制品市场的供给具有重大影响。实际上，根据不同的奶制品，澳大利亚与新西兰在全球奶制品贸易市场所占的份额在30%～60%，另外这两个国家的大部分产量均用于出口，并且习惯于快速将产品投入国际市场，以避免将过多的产品积压到下一奶季。

世界牛奶的产量

单位：千吨

分布地区 \ 年份	2005	2006	2007	2008	2009*	2010**
世界产量	**410.3**	**419.2**	**427.8**	**432.5**	**430.1**	**436.5**
其中：欧盟（27国）	134.7	132.2	132.6	133.8	133.8	134.0
美国	80.3	82.5	84.2	86.2	85.8	85.2
印度	37.5	41.0	42.9	44.5	45.9	47.7
俄罗斯	32.0	31.1	32.2	32.5	32.8	32.8
中国	27.5	31.9	35.3	34.3	28.4	31.3
巴西	24.3	25.2	26.8	27.8	28.8	30.2
新西兰	14.5	15.2	15.6	15.1	16.6	17.0
墨西哥	10.2	10.4	10.7	10.9	11.1	11.4
乌克兰	13.4	12.9	12.0	11.5	11.3	11.0
阿根廷	9.5	10.2	9.6	10.1	10.1	10.3
澳大利亚	10.4	10.4	9.9	9.5	9.7	9.6
加拿大	7.8	8.0	8.2	8.3	8.2	8.3
日本	8.3	8.1	8.0	8.0	7.9	7.9

注：* 为估计值；** 为预估值。

资料来源：美国农业部（USDA）。

粮食和温带农业

世界全脂奶粉的产量与贸易量

单位：千吨

分布地区 \ 年份	2005	2006	2007	2008	2009*	2010**
世界产量	**3 473**	**3 547**	**3 679**	**3 803**	**3 584**	**3 785**
其中：中国	918	1 030	1 150	1 120	977	1 030
欧盟（27 国）	858	800	776	840	790	810
新西兰	585	611	671	651	754	800
巴西	440	465	526	572	473	518
阿根廷	255	260	186	200	222	235
澳大利亚	189	152	135	142	148	140
俄罗斯	85	90	95	95	70	95
智利	47	50	53	80	58	62
印度尼西亚	48	48	47	48	56	62
美国	15	14	14	23	21	19
乌克兰	28	26	25	30	15	14
世界贸易	**1 523**	**1 541**	**1 467**	**1 615**	**1 627**	**1 641**
出口						
其中：新西兰	585	634	670	621	750	810
欧盟（27 国）	492	422	366	485	465	465
阿根廷	162	210	117	138	155	165
澳大利亚	161	153	130	125	150	130
菲律宾	26	30	32	36	38	未定
巴西	26	17	42	83	15	17
智利	6	7	10	15	15	15
俄罗斯	5	5	5	10	9	12
美国	8	12	10	19	14	12
中国	32	33	72	62	12	10
乌克兰	20	18	13	21	4	5
进口						
其中：阿尔及利亚	167	182	161	153	180	170
中国	65	74	59	46	165	150
菲律宾	35	40	42	50	52	未定
印度尼西亚	26	27	27	44	46	48
俄罗斯	30	15	25	45	35	45
巴西	25	31	19	23	67	40
中国台湾	26	30	30	16	28	29
美国	14	13	20	16	20	15
澳大利亚	15	13	11	13	14	15
阿根廷	3	1	2	1	2	2

注：* 为估计值；** 为预估值。
资料来源：美国农业部（USDA）。

澳大利亚在 2008/2009 年度的数据显示出奶产量小幅上升，然而这仍在 1 000 万吨以下，大幅低于 2002 年的产量记录。另外，澳大利亚奶牛的数量趋于减少，这是因为饲草料的短缺以及 2009 年牛奶的价格过低造成很多饲养者不得不减少奶牛的存栏量，甚至放弃生产牛奶。在 2009/2010 年奶产季的伊始，澳大利亚的产量处于下降之中，而该国 2010 年的产量仍然不容乐观。2009 年，澳大利亚不同类型的奶制品的产量变化不大，

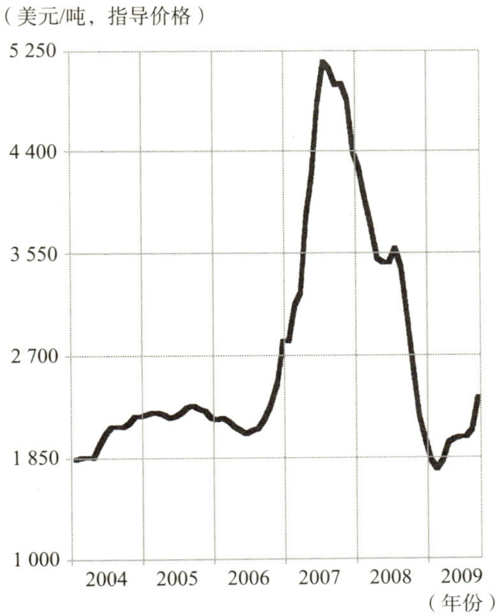

大洋洲：脱脂奶粉离岸价

但在出口方面澳大利亚黄油和脱脂奶粉的出口出现了大幅增长，这是因为该国出售了其库存的黄油和脱脂奶粉。对于2010年，我们可以预计澳大利亚的奶制品出口将下降。

新西兰在不利的天气条件下，曾造成了2007/2008年奶产季的产量不佳，但此后随着天气条件恢复正常以及奶牛的存栏量和牛奶生产企业的数量均出现增长，该国牛奶产量在2008/2009年奶季上升了9%。对于下一奶季，美国农业部预计新西兰的产量将再次增长2%。2009年新西兰奶制品的产量和出口量出现了增长，但根据奶制品类型不同，增幅各不相同。新西兰奶酪的产量和出口均保持稳定，全脂奶粉的产量和出口的表现较为出色（在2008/2009年奶季增长了16%），出口量接近80万吨，达到了与欧盟相同的水平。与此同时，新西兰的黄油生产增长处于停滞中，但由于需要清空库存，新西兰黄油出口还在增长中。最后，脱脂奶粉的产量增长超过了30%，这使得该产品的出口亦上升。

欧盟：奶制品出口水平仍然较低

尽管欧盟最新的共同农业政策将逐步提高欧洲牛奶生产的配额，但欧盟的牛奶产量仍然趋于停滞，2009年记录的产量下降了0.4%。在欧洲北部的一些国家，原奶的供给出现了增长，尤其是德国、荷兰和丹麦。在这些国家，尽管牛奶的价格非常低，但饲养者从生产配额的提高中还是可以获得利润。意大利的原奶产量也出现了增长，实际上意大利的原奶生产受益于欧盟的特别生产权。在东欧各国（除波兰之外）以及英国的原奶产量持续下降。法国除了在2008年的原奶产量出现迅猛增长之外，近些年的产量均一直停滞不前。针对2009/2010奶季，考虑到国际市场的情况，法国和德国决定欧盟将不增加生产配额。

在最近几个奶季（4月1日至次年3月31日），整体上欧盟的奶产量大幅低于生产配额，在2008/2009奶季之后，只有5个欧盟成员国的产量高于生产配额（主要是意大利和荷兰），其他22个成员国无论从比例上还是从数量上看，都远远低于其各自的配额，其中特别是英国、法国、西班牙和匈牙利。总体上，产量较生产配额低530万吨，这相当于欧盟1.43亿吨生产配额的3.7%。假设生产出了这530万吨奶，欧盟还要过剩出50万吨脱脂奶粉和25万吨黄油！无论是欧盟内部市场还是国际需求，都将无法以任何形式消化数量如此巨大的奶，如奶粉、奶酪、黄油和鲜奶。实际上，向对于需求状况而言，欧盟生产配额在历经最近数年的持续提高之后显然已经过高了。

世界黄油的产量与贸易量

单位：千吨

分布地区 \ 年份	2005	2006	2007	2008	2009 *	2010 **
世界产量	**6 800**	**7 090**	**7 517**	**7 820**	**8 017**	**8 239**
其中：印度	2 749	3 050	3 360	3 690	3 910	4 160
欧盟（27 国）	2 155	2 035	2 053	2 040	2 090	2 060
美国	611	657	695	746	700	708
新西兰	379	390	442	422	428	412
俄罗斯	275	290	300	305	280	290
墨西哥	137	200	214	180	165	170
澳大利亚	131	129	117	111	134	129
加拿大	84	75	79	85	82	82
日本	84	80	75	72	80	80
巴西	77	79	82	84	76	78
乌克兰	118	105	100	85	72	70
世界贸易	**784**	**749**	**805**	**691**	**639**	**703**
出口						
其中：新西兰	316	366	439	369	407	406
欧盟（27 国）	340	248	216	153	140	175
澳大利亚	70	82	80	54	66	75
印度	7	5	10	15	5	10
加拿大	20	18	13	1	2	3
巴西	1	1	3	4	2	2
乌克兰	24	18	4	6	1	—
进口						
其中：俄罗斯	110	115	130	150	135	150
欧盟（27 国）	81	84	93	66	65	65
墨西哥	51	49	72	49	58	60
澳大利亚	10	10	13	14	19	20
印度	1	10	10	5	30	20
加拿大	24	15	13	7	10	10
巴西	1	1	1	1	8	8
新西兰	1	1	1	2	4	2
日本	6	4	11	18	7	未定
中国台湾	12	11	14	10	11	未定

注：* 为估计值；** 为预估值。
资料来源：美国农业部（USDA）。

实际上，欧盟内的奶需求，特别是对奶酪和新鲜奶制品的需求一直处在不断上升之中，但现在受到经济形势恶化的影响，似乎正在放缓甚至停滞不前。在 2009 年，欧盟的奶酪产量下降了 0.4%，这是因为其内部需求出现了疲软的迹象；由于欧盟的全脂奶粉在国际市场上缺乏竞争力，其全脂奶粉的产量下降了 13%。因此，脱脂奶粉的产量上升了 12%，黄油的产量下降了 2.5%。

尽管欧盟实施了出口补贴，但欧盟奶制品的竞争力仍然不强，欧盟除奶酪之外的所有类型奶制品的出口量都停留在低水平。全脂奶粉的出口量下降了 10%；黄油和无水黄油（浓缩黄油）的出口量下降了 2%；奶

2009 年大部分时间全球奶制品价格都处于较低水平

自 2007 年起，奶制品的国际价格出现了大幅波动，奶制品价格波动方式与在国际市场上交易的主要大宗商品的价格波动十分相似。在奶制品供应方面，有不利的天气因素、公共库存处在低位（至少在 2009 年前），一些国家有出口限制的政策；在需求上，经济危机和公共卫生危机（例如中国的三聚氰胺危机）等。这些都对事实上只有少数几个出口国供应的世界奶制品市场的巨幅波动做出了解释。

美元与欧元、澳元和新元之间的汇率波动进一步增大了奶制品价格波动。事实上，在 2008 年年底美元的汇率相对这三种货币出现上升时，奶制品的价格出现了下跌；美元在 2009 年再次贬值时，则使得全球奶制品价格出现了上涨。

全球奶制品的价格自 2008 年的下半年开始下跌，2009 年年初处于较低的水平，接近 2005 ~2006 年的价格水平，约为 2 000 美元/吨（大洋洲脱脂奶粉离岸价），直到 2009 年秋季之前一直毫无起色。在此之后，由于需求复苏而供给出现下降，价格开始上涨并达到了相对的高水平。

脱脂奶粉的国际价格直到 2009 年 8 月一直保持在将近 2 000 美元/吨的水平上，之后价格一路攀升至将近 3 500 美元/吨，随后在 2009 年年底出现小幅下降。全脂奶粉的价格走势与之相似。

国际黄油价格从 2009 年年初不足 2 000 美元/吨上涨至秋季的 4 000 美元/吨，在 2009 年年末也出现下滑。在 2009 年的奶酪市场，切达奶酪（cheddar）的国际价格从 2 500 美元/吨上涨至 4 500 美元/吨。2009 年下半价格高昂的奶制品开始使一些购买者望而却步，他们产生了观望的心态。另外，由于欧盟拥有着大量的库存，因此奶制品价格持续上涨的可能性很小。

酪的出口量上升了 3%；脱脂奶粉的出口量上升了 25%，这些都要归功于 2009 年年底的需求反弹。

尽管奶的产量停滞不前，欧盟的奶市场仍处于失衡状态。在 2009 年上半年欧盟的内部需求毫无生气，而国际需求也十分疲软。实际上，这种失衡状况在 2008 年的最后一个季度就已十分明显，奶制品的价格因此大幅下跌，并下降到了极低的水平。大宗商品价格的下跌带动了其他产品的价格下跌，牛奶当然也不例外。在一些国家（东欧国家和德国），牛奶的价格几个月都低于 0.2 欧元/升的水平。而欧盟牛奶市场的严重失衡以及改革后的共同农业政策降低了牛奶价格的“安全网”——干预价格，使得奶的加工制品、黄油和奶粉的价格出现惊人跌幅。

因此，在 2008 年年末黄油价格达到了欧洲农业政策的最低干预价格，约为 2 200 欧元/吨，黄油价格直至 2009 年夏季均保持在这一水平，随后在 2009 年年底上升到 3 000 欧元/吨，实际上此时公共库存已经“吸干了”市场上的黄油。脱脂奶粉价格复苏得较晚，且力度不强。从 2008 年年底直到 2009 年 10 月，脱脂奶粉的价格一直停留在“安全网”的价格水平——1 700 欧元/吨，随后在 2009 年年底价格终于超过了 2 100 欧元/吨。全脂奶粉不在公共政策支持

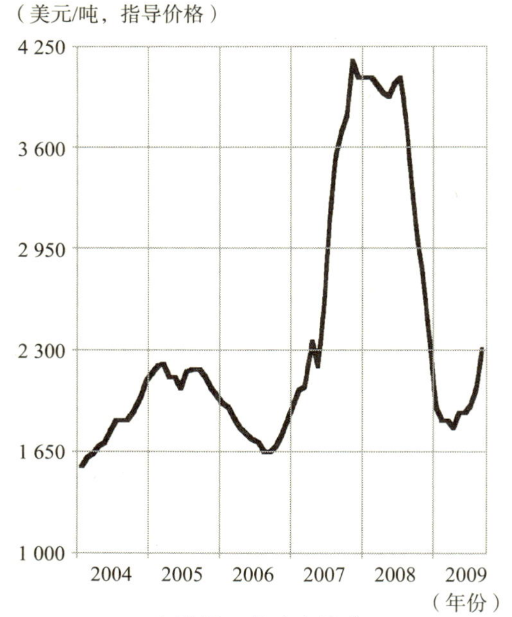

大洋洲：黄油离岸价

的范围之内，但其价格在很大程度上受到黄油和脱脂奶粉的价格影响，实际上全脂奶粉的“准干预价格”约为 2 100 欧元/吨。直至 2009 年秋季以前，全脂奶粉价格一直徘徊在 1 800 ~ 2 000 欧元/吨，年底才上涨到 2 600 欧元/吨。奶酪也受到奶市场失衡的影响，普通奶酪的价格曾下跌至约 2 500 欧元/吨。

面对这种情况，欧委会执行了主要奶制品市场支持的措施：公共储存（黄油和脱脂奶粉）和私人储存（黄油）以及出口补贴。但这些方法只能让产品价格稳定在一个很低的水平上。事实上，大量脱脂奶粉和黄油从市场上“消失”（进入库存）以及全球需求的逐渐复苏，才使得欧洲的奶制品价格与全球奶制品价格在 2009 年年底出现同步回升。

美国的地位下滑，但在全球市场仍占有一席之地

最近几年，美国的牛奶产量每年以约 2% 的速度上升。然而，2009 年美国市场发生了骤变，由于奶牛数量的减少（减少了 25 万头，下降约 2.5%）导致牛奶产量下降了 0.4%；另外，这还是因为奶价在 2009 年平均达只为 280 美元/吨，比 2008 年较高水平相比下降了 30%，饲养业因此使用浓缩饲料的比例降低。在这种背景下，美国的奶酪产量继续上升了 2%，黄油的产量下降了 4%，另外，脱脂奶粉的产量虽停滞不前，但在 2010 年初却出现迅猛的增长。

美国的奶制品出口量受到需求下降和全球奶制品价格下跌的影响很大。在 2008 年，美国曾成功地出口了大量的脱脂奶粉、黄油、浓缩黄油、奶酪和乳清粉。在出口达到顶峰之后，2009 年美国的奶制品出口出现了下降：脱脂奶粉下降了 35%，乳脂产品下降了 70%，奶酪下降了 20%。尽管如此，美国奶制品在占据了一些国家的市场之后，一些产品如脱脂奶粉、奶酪和乳清粉的出口似乎变得十分有规律。在 2009 年，尽管出口出现了下滑，但美国在全球市场上奶制品的销售仍超过 10 万吨奶酪、25 万吨脱脂奶粉及 30 万吨乳清粉。

与欧盟一样，美国也启用了奶市场支持的措施，其中包括公共支持（主要是对脱脂奶粉采购和再出售）和私人支持（CWT 合作计划——利用美国原奶生产者上缴的会费对奶制品出口和牛屠宰场提供资金补贴）。根据 CWT 合作计划撤出美国市场的奶牛数量非常多，这使得美国奶制品的供给得以受到控制，尤其是脱脂奶粉的供给出现锐减。此外，美国经过世界贸易组织批准的奶制品出口补贴计划（DEIP）也已被启动。该计划可以对最高 6.8 万吨的脱脂奶粉、2.1 万吨的黄油或无水黄油及 3 000 吨的奶酪进行补贴。最后，考虑到原奶生产者的现实情况，美国还发放了 3 亿美元的紧急援助。

其他奶制品出口国出现下滑

全球奶制品市场非核心出口国家与领先的奶制品出口国家相比处于下滑之中，特别是较低的全球奶制品价格无法刺激新兴奶制品出口产业的形成。

阿根廷的奶产量略有增长。这要特别归

市场支持机制重新激活

欧委会对前所未有的奶制品价格下跌，以及包括法国在内的欧盟各国不断施加的政治压力，欧委会逐渐地重新启用了欧盟目前仍保留的各种奶市场管理工具。首先，黄油私人库存收购的起始时间从2009年3月1日改为1月1日，并且对收购时间延长至8月31日；其次，欧委会从1月开始为所有类型的奶制品提供出口补贴，而且自3月1日起，对黄油和脱脂奶粉的公共库存收购自动启动。

在近些年共同农业政策的连续改革之后，公共库存在时间有了限制（每年从3月1日开始，8月31日结束），而且还为欧盟成员国设立了较低的上限：3万吨黄油和10.9万吨脱脂奶粉。此外，收购价格被下调了，脱脂奶粉的收购价格降至1 698欧元/吨，黄油降至2 218欧元/吨。如收购数量超出上限，则欧委会可以以招标的形式继续收购过剩的产品，但在数量及价格上没有任何保证。

在2009年3月1日公共库存开放之后，黄油自第一天起即达到了欧盟设置的最高收购上限，在数周之后脱脂奶粉也达到了最高限额，迫于来自牛奶生产者和欧盟各成员国的压力，欧委会在超过了最高限额后仍继续收购，而且在连续的招标中的价格也没有降低。由于奶制品市场持续低迷，欧委会随后决定在8月31日之后继续进行收购以维持欧盟奶价格的“安全网”，而该项决定需要获得欧盟农业委员会的同意。

随着2009年夏季市场出现好转，生产者对公共支持的依赖逐渐减少。最终，总计有27万吨脱脂奶粉和7.5万吨黄油被放入欧盟的仓库中，分别占欧盟这两类产品总产量的25%和4%，约合欧盟牛奶产量的2%，而其中乳蛋白产品所占比例高于乳脂产品。

另外，欧委会不愿启动乳蛋白产品的销售补贴机制、援助酪蛋白和酪蛋白酸盐（浓缩蛋白）的生产，以及将脱脂奶粉用作动物饲料。

在奶制品出口补贴方面，面对来自奶制品进口国和其他出口国的不断指责，欧委会的出口补贴相对较少。出口补贴在2009年10月末和11月初停止发放。

总体来说，欧委会的这些措施使欧盟的奶市场企稳，但停在一个很低的水平上。欧盟的牛奶价格曾降到0.2欧元/升之下，远远低于大多数牛奶生产者的生产成本。牛奶生产者对奶制品加工厂和大型超市表达了他们的不满，但收效甚微，不过他们有时会从政府那里获得援助。在2009年底，欧洲的财政和农业部长决定向处境最为艰难的牛奶生产商援助3亿欧元。

欧盟奶市场上遇到的这些困难也使得欧盟内部的辩论达到了高潮。主张继续维持甚至加强欧盟奶市场管理的一方和希望使市场进一步“自由化”的另一方讨论激烈。将在2013年继续进行改革的欧洲共同农业政策将对此议题给予答案……

功于该国出口限制政策的结束，当初设置这些出口壁垒的目的是为了降低阿根廷国内的通货膨胀并鼓励对国内奶制品市场的供给。2009 年阿根廷全脂奶粉的出口量超过 15 万吨，这是阿根廷奶制品最大的出口品种。

乌克兰由于产业结构性问题，原奶的产量正在下降。因此，该国的黄油、脱脂奶粉和全脂奶粉的产量出现了下滑，而奶酪的产量则出现停滞。另外，在全球市场上该国奶制品的销售因此处于下滑之中。对于奶酪，尽管俄罗斯市场设置了进口卫生标准，但俄罗斯仍是乌克兰奶酪的主要的出口目的国，而俄罗斯的奶酪进口需求出现了萎缩。另外，乌克兰的黄油出口已经下跌为零。

其他奶制品出口国的出口量较低，而且出口产品集中在几种奶制品上，并且出口目的地也较为集中。印度虽然拥有巨大的潜力，但现在其在世界奶制品市场还只能扮演一个“跑龙套”的角色。乌拉圭和智利都在拉丁美洲市场，特别是在巴西的奶制品市场表现突出。加拿大国内的奶制品价格处在很高的水平，而且加拿大受限于其对世界贸易组织所作出的承诺不能进行大规模出口。

大洋洲实现了跨越式增长，在全球奶制品市场的份额提高了 10%

2009 年的世界奶制品市场——大洋洲“王者归来”，其中新西兰的奶制品增长尤为显著。根据不同种类的奶制品，澳大利亚和新西兰的出口上升幅度在 40% ~80%！尽管大洋洲在 2008 年的出口较低，但 2009 年的增长幅度还是极其显著的，这使得大洋洲在世界奶制品贸易市场的份额增加了 10 个百分点。大洋洲的乳脂产品和奶粉的出口增长幅度巨大，奶酪的增长幅度略小。大洋洲新获得的市场份额基本上是从美国和欧盟的手中赢得的。

对无水黄油的需求出现了迅猛增长

全球乳脂产品贸易的增长几乎全部来自无水黄油（浓缩黄油）的增长。与 2008 年相比，2009 年世界主要供应商出口的无水黄油上升了 40%，黄油的出口只上升了 4%。总之，2009 年世界乳脂产品（以等量黄油计）的贸易大幅提升了 15%。

这两种产品的主要客户和用途也不是完全相同的。黄油可以直接食用，而无水黄油则是用于食品工业（食品工业用再造奶）。

黄油的主要进口国是俄罗斯（俄罗斯降低了采购量），其次是欧盟（欧盟的进口量受进口配额的限制），紧随其后的是沙特阿拉伯、阿拉伯联合酋长国、摩洛哥和日本等。

对于无水黄油，进口国家则更多，它们分布在亚洲、中东和近东地而区、北非地区和中美洲，这些地区都在整体上提高了购买量。值得注意的是，印度是全球最大的无水黄油生产国，在 2009 年采购了大量的无水黄油。

在供应方面，欧盟维持黄油的出口量，但减少了无水黄油的出口量，因此在整体上欧盟的乳脂产品出口下降了 2%，占世界乳脂产品出口市场的份额为 20%；美国占国际市场的份额从 15% 下降至 4%；大洋洲的市场份额则从 60% 上升为 75%，其中新西兰的出口量增长了 40%，澳大利亚的出口量增长了 85%（但出口数量较少）。

脱脂奶粉：美国的市场份额下滑，但在市场中仍保有重要一席

2008 年美国在世界脱脂奶粉出口市场的份额达到了 40% 的历史记录之后，2009 年美国的脱脂奶粉出口下降了 35%。然而，2009 年美国仍向全球市场出口了将近 25 万吨脱脂奶粉，这是该国 2004 ~ 2007 年出口量的平均值。因此，美国目前在国际脱脂奶粉市场的地位稳固，所占市场份额将近 25%。在北美自由贸易协定的框架内，墨西哥成为了美国脱脂奶粉的主要出口目的国。

全球脱脂奶粉的需求大约增长了 10%，这主要是因为亚洲、非洲、近东与中东地区，以及拉丁美洲的需求复苏。大洋洲的出口商是这种需求增长的主要受益者，新西兰的脱脂奶粉出口增长了 70%，澳大利亚增

世界奶酪的产量与贸易量

单位：千吨

分布地区 \ 年份	2005	2006	2007	2008	2009 *	2010 **
世界产量	**13 589**	**13 945**	**14 250**	**14 307**	**14 353**	**14 499**
其中：欧盟（27 国）	6 625	6 801	6 760	6 800	6 730	6 800
美国	4 150	4 320	4 435	4 506	4 575	4 574
巴西	495	528	580	607	614	648
阿根廷	400	480	520	525	534	543
俄罗斯	375	405	435	430	445	460
澳大利亚	375	362	360	344	325	325
新西兰	297	292	350	292	294	306
加拿大	352	291	308	285	280	295
乌克兰	274	210	244	249	250	245
墨西哥	178	182	184	188	225	231
世界贸易	**1 238**	**1 235**	**1 293**	**1 261**	**1 152**	**1 226**
出口						
其中：欧盟（27 国）	499	561	534	490	470	475
新西兰	265	267	309	283	275	292
澳大利亚	227	202	212	202	145	185
美国	58	71	100	131	104	111
乌克兰	116	50	62	77	77	75
阿根廷	45	58	45	36	42	46
进口						
其中：俄罗斯	250	230	250	340	310	340
日本	212	207	225	187	185	190
美国	209	206	198	170	167	185
墨西哥	89	86	86	68	72	75
欧盟（27 国）	93	99	83	83	85	85
澳大利亚	49	61	64	65	68	68
韩国	44	44	50	47	50	52
加拿大	25	25	26	26	25	25

注：* 为估计值；** 为预估值。

资料来源：美国农业部（USDA）。

长了35%。这两个国家的全球市场份额约为50%，欧盟则占据其余市场份额的一部分。由于欧盟的出口在2009年年底表现出色——出口增长了25%，欧盟保持了之前在世界脱脂奶粉市场所占的20%的市场份额。在世界脱脂奶粉其他的出口国中，阿根廷和乌克兰的出口均出现了下滑，并且印度的出口则停滞不前。

全脂奶粉：新西兰称霸市场

在2009年，新西兰占世界全脂奶粉出口市场的份额达到了50%，澳大利亚的份额仅为10%。新西兰的出口上升了35%，而澳大利亚则出现了小幅下降。欧盟向世界市场的出口下降了10%。巴西曾在2008年为世界全脂奶粉市场提供了大量供给，但在2009年该国却从全脂奶粉出口市场上消失，进而成为了净进口国，尤其是从阿根廷进口全脂奶粉。而2009年阿根廷的出口也因此在其2008年较低的出口水平上（由于实行了出口限制政策）增长了将近50%。

在全球范围内，主要全脂奶粉出口国的出口量增长了10%，这用于满足来自亚洲、中东、非洲、拉丁美洲国家的需求增长。2009年需要特别关注的是：中国全脂奶粉的大量进口，进口量约为16.5万吨，这些进口的全脂奶粉主要是来自新西兰，用于满足中国消费者对非国产全脂奶粉的需求；世界最大的全脂奶粉市场阿尔及利亚、中国台湾和巴西的需求也有增长。

欧盟保持了在国际奶酪市场的份额

根据各主要奶制品出口国的数据，2009年奶酪市场的增长与其他主要奶制品市场相比要弱很多。事实上，世界奶酪的主要进口国与其他奶制品的进口国差异巨大，奶酪的进口国是很多发达国家，如俄罗斯、欧盟、美国、日本、澳大利亚、韩国、加拿大和瑞士，这些国家的奶酪市场是十分成熟的。欧盟和美国的奶酪进口呈现停滞状态；俄罗斯和日本的奶酪进口则出现下降。

在这种背景下，欧盟得以维持其在世界奶酪市场将近50%的份额。新西兰的奶酪出口增长了15%，但这与该国出口的其他奶制品的增长相比要少很多。澳大利亚的出口处于倒退中，阿根廷和乌克兰的出口停滞。

2010年全球市场恢复平衡

在2010这一年，全球奶及奶制品市场可能会重新回到较为平衡的态势，而且价格在经过2010年年初的下调之后波动也将减小。

在需求方面，需求在受到经济危机的打击而下滑之后，逐步回升，奶制品市场的基本面是非常好的，因为新兴国家的经济增长以及饮食模式发生了转变。但2010年中国的奶制品进口应会减少。

在供给方面，新西兰应继续扩大其奶产量，并在2009/2010年奶产季将出口水平保持在高位。澳大利亚的奶产量或将停滞，在上一奶季清空库存后，该国出口会有小幅下降。阿根廷和乌克兰出口应保持稳定，阿根廷出口会出现轻微增长，乌克兰则会出现少许倒退。

美国奶的产量以及可用于出口的奶制品预计均会下降，奶制品中，尤其是脱脂奶粉出口将出现下滑。另外，美国牛奶的价格将保持坚挺，这应会重新推动提高生产。美国政府的脱脂奶粉库存正在进行出售，其中很大一部分将在美国农业部的销售计划框架下在美国国内市场中进行销售。即便如此，2010 年美国对全球市场奶制品的出口量将维持在与 2009 年相近的水平上。

鉴于欧盟的大量公共库存（脱脂奶粉将近 26 万吨，黄油约 7.5 万吨），以及欧盟可能重新激活出口补贴机制在世界贸易组织允许的框架下出口数量可观的奶制品，因此欧盟是世界奶制品市场最大的不确定因素。欧委员会在释放奶制品公共库存方面依旧十分谨慎，但其计划在 2010 年夏天将这些奶制品用于为欧盟区的贫困人群提供食品援助。因此，来自公共库存的将近 6.5 万吨的脱脂奶粉和 5 万吨的黄油将重返市场。另外，欧盟成员国的奶生产配额在 2010/2011 年奶产季将会再次提高。但实际上，奶产量只有在奶制品生产商自身的情况好转后才会出现上升。2010 年初，牛奶价格依然处于低位，但市场在 2009 年下半年开始的复苏仍将持续，因此我们预期 2010 年的欧盟的奶产量将会出现适度增长。

马铃薯

马铃薯在2008/2009生产年度的价格一直处于低位。在西北欧，需求的下降与超预期的供给使马铃薯价格下跌，这一趋势一直延续到2009/2010生产年度初期。而美国在此期间马铃薯产量的提高，也对马铃薯的价格产生了压力。

在西北欧市场，马铃薯的价格曾在2009年1月出现过一次上涨，其原因是强大的贸易与工业需求，但是这次价格的提升并没有持续很长时间。由于市场交易清淡，宾杰（Bintje）马铃薯的价格从2009年1月的平均每吨92.50欧元降低到2009年前6个月的平均每吨70~75欧元。7月份之后，市场形势恶化，由于德国和比利时收获的早熟马铃薯同时涌进了市场，引起马铃薯价格急剧下跌。因此，8月份在比利时马铃薯贸易与加工协会（Belgapom）标出的宾杰马铃薯价格下跌到了每吨30~35欧元，这是5年内的最低价格。马铃薯的价格从9月份开始回升，2009年年终维持在每吨60~70欧元。

应该引起注意的是，进行马铃薯期货交易的德国汉诺威商品交易所（Risk Management Exchange，RME）于2009年2月底关闭并宣布破产，其事务由在法兰克福的欧洲期货交易所（Eurex）接替。后者自2009年7月份开始出售马铃薯期货合约。①

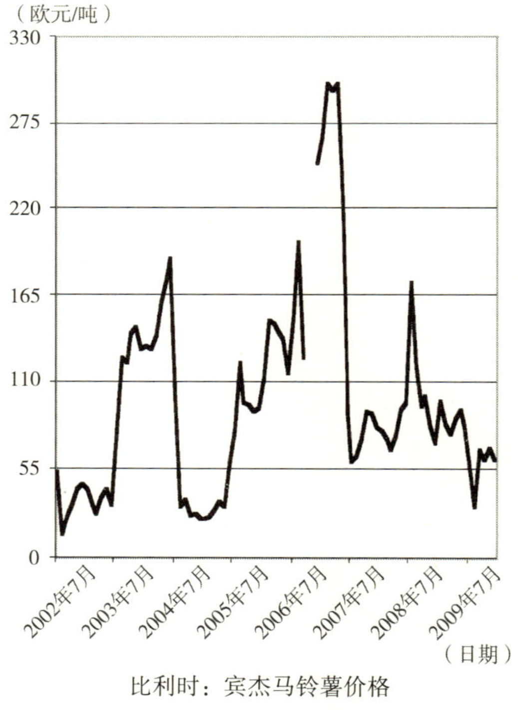

比利时：宾杰马铃薯价格

在美国，爱达荷州（Idaho）以生产马铃薯闻名，又名“土豆州”，其产量占全美的30%左右。因为其马铃薯生产过剩，使美国马铃薯收购价格相比2008年下降了17%。

① 在世界贸易市场上，马铃薯的主要贸易形式为冷冻马铃薯、切片马铃薯、新鲜马铃薯及脱水马铃薯。——译者注

为了保持价格，爱达荷州相关机构提出从市场回收部分马铃薯。

马铃薯产量提升

马铃薯的价格下跌部分归因于西欧市场产量过剩。事实上，连续3年，西北欧马铃薯生产国（North-Western European Potato Growers，NEPG）即德国、比利时、法国、英国和荷兰共5个国家的马铃薯产量超过了2 300万吨。2008年，专业人士已经敲响了警钟。他们指出：如果西北欧的马铃薯产量超过2 000万～2 100万吨，那么将造成生产者收益的下降。他们预测出：如果产量不超过2 100万吨，马铃薯价格将维持在每吨120欧元左右。而一旦产量超过这一限度，其价格或许跌落一半。

在这些国家中，比利时的马铃薯产量增加最大，原因是2008年其生产面积增加了16%。生产面积的扩大主要源于比利时首次对马铃薯启用单一支付计划（Single Payments Scheme，SPS）。单一支付计划是2003年欧洲共同农业政策（Common Agricultural Policy，CAP）改革之际被引入的。其属于“脱钩补贴”，也就是说农业补贴不再决定于产量，而是取决于面积。此前，马铃薯生产从未受到欧洲的任何一种补贴。

英国和法国的马铃薯产量则于2009年分别提升了3.8%和3.4%。西北欧马铃薯生产国（NEPG）中的最大的生产国德国及荷兰都保持了其各自2008年的产量水平。

世界马铃薯的产量与贸易量

单位：百万吨

项目 \ 年份	2004	2005	2006	2007	2008	2009*
世界产量	**336.27**	**325.11**	**305.64**	**323.54**	**314.14**	**—**
其中：中国	72.26	70.91	54.07	64.84	57.06	60.00
欧盟（27国）	71.11	62.45	56.98	63.77	61.58	59.00
德国	13.04	11.62	10.03	11.64	11.37	11.62
波兰	13.99	10.36	8.98	11.79	10.46	9.20
荷兰	7.48	6.77	6.24	6.87	6.92	6.95
法国	7.25	6.60	6.36	7.18	6.80	6.92
英国	6.31	5.96	5.72	5.63	5.80	6.20
印度	27.92	28.78	29.17	28.60	34.47	32.70
俄罗斯	35.91	37.28	38.57	36.78	28.87	28.80
乌克兰	20.75	16.47	19.47	19.10	19.54	19.50
美国	20.68	19.22	19.71	17.65	18.72	—
白俄罗斯	9.90	8.18	8.33	8.74	8.75	—
世界出口	**9.05**	**8.93**	**9.75**	**10.47**	**—**	**—**
其中：法国	1.43	1.48	1.84	1.96	—	—
荷兰	1.20	1.50	1.63	1.55	—	—
德国	1.32	1.28	1.46	1.54	—	—
世界进口	**9.09**	**9.11**	**9.74**	**9.68**	**—**	**—**
其中：荷兰	1.63	1.62	1.46	1.42	—	—
比利时	1.05	1.11	1.29	1.23	—	—

注：*为估计值。

资料来源：联合国粮食及农业组织（FAO），各国资料。

欧盟27个成员国的马铃薯总产量仅次于中国。但是，与西北欧马铃薯生产国不同的是，那些新的东欧成员国2008年的马铃薯种植面积有所下降。其中，波兰种植面积减少了11%，罗马尼亚减少了8%。东欧地区种植面积总共减少了9%以上，因为人们更倾向于种植比马铃薯补贴更多的农作物。

在欧盟之外，俄罗斯的马铃薯产量可能会达到3 100万吨（这比2008年的产量提升了7.5%），因为其主要生产区获得了极好的收成。而生产商却面临缺少马铃薯的贮存仓库的窘境。在乌克兰，马铃薯产量预计会达到1 950万吨，其中90%～95%来自“家庭式菜园”。

在北美地区，美国马铃薯2008年的产量提高了3.4%，但加拿大却经历了1.2%的轻微下降。

印度是世界排名第三的马铃薯生产国。其马铃薯2009年的产量预计达到3 270万吨，这与2008年相比提高了5%，创下了最高产量纪录。在印度的北方邦（Uttar Pradesh），因为缺乏降雨，本来一直种植稻谷的农民不得不转向种植需水量相对较低的马铃薯。

中国保持着其马铃薯产量世界第一的位置。据联合国粮农组织（Food and Agriculture Organization of the United Nations，FAO）统计，2008年中国种植马铃薯的面积估计为445万公顷。这个数字与其2007年的种植面积相似，但比其2006年的种植面积增长了5%。中国中西部地区的马铃薯产量占全国的62.5%，但是其单产却一直很低，一直在14.4吨/公顷左右徘徊。

马铃薯出口量在2008/2009生产年度有所提升，但于2009/2010生产年度初期停滞不前

大部分马铃薯交易都局限在欧洲共同体范围内。法国2008/2009生产年度的马铃薯出口量与2007/2008生产年度相比增长了7%，其中向西班牙的出口量增长了30%（为法国第一大出口目的地）。在2009/2010生产年度的前4个月里，即8～11月，法国的出口量降为40.02万吨，而上年度同期的出口量则是43.46万吨。这是法国的马铃薯出口近几年来的最低点，其中尤其是对西班牙的出口在大幅下降。

德国在2008/2009生产年度的出口也有所增长，这主要体现在对荷兰出口（德国的最大出口市场）。2008/2009年间，德国共向荷兰出口了69.4万吨马铃薯，主要被用于荷兰的马铃薯加工业。德国预计其2010年马铃薯出口量下降，尤其是对西北欧国家的出口量。

荷兰的出口也在减少。2009年11月底，其出口总量共为24.6万吨，与2008年同期的30.1万吨相比减少了很多。这是因为比利时相对于2008年同期减少了40%的马铃薯进口。

对马铃薯加工制品的强劲需求

世界上对速冻马铃薯制品的需求在过去的10年里一直稳固攀升。在西北欧，马铃薯的加工能力在过去的10年中估计达到了1 400万吨，其中大部分集中在荷兰与比利时。

从2008年12月份到2009年11月份，

荷兰总共加工了 310 万吨马铃薯，与 2007/2008 生产年度的同期相比增长了 3.8%。而比利时的马铃薯加工能力估计在 2010 年则会超过荷兰。

荷兰的速冻马铃薯制品产量位居世界第三位，但在其出口领域，则排名世界第一。加拿大一直是美国速冻马铃薯条的最大供应国，其在 2008/2009 生产年度的出口量增加了 2%，从 76.0 万吨提升到 77.5 万吨。但总的算来，加拿大的出口几乎没有变动，主要原因是美国需求量放缓和加拿大元的坚挺。

速冻马铃薯条仍是美国出口的主要产品。从 2008 年 2 月到 2009 年 1 月，其出口量达到了 79.1 万吨，比 2007/2008 生产年度同期增加了 11%。其中美国对各国的出口都增加了，尤其是对中国和日本的出口增长最快（这两个国家共占美国出口量的 35%）。而美国出口上升的原因不仅在于快餐业的需求强劲，同时还在于美元的贬值使美国产品的竞争力提高。

在印度，马铃薯加工业同样也在不断发展。通过与生产者签署价格保证协议，印度的 McCain 公司现在已经可以满足自 1996 年在印度首开分店并飞速发展的麦当劳快餐业对速冻马铃薯条的需求。

支持还是反对转基因马铃薯？

尽管欧洲委员会对种植德国巴斯夫化学集团（BASF）研制的名为 Amflora 的转基因马铃薯一直保持审慎态度，但自 2010 年 3 月 2 日起这种马铃薯的生产已经得到批准。这一行动再次引起了一些欧盟成员国的争议。法国正在等待其生物技术最高委员会（Haut Conseil des Biotechnologies，HCB）的决定。意大利和奥地利已经宣布将禁止此类马铃薯生产的意向。巴斯夫化学集团则声明：Amflora 将只提供给准备好接受此类马铃薯的国家，如瑞典、荷兰、捷克和德国。而这种马铃薯将全部用于生产工业淀粉。

与此同时，英国利兹大学的研究员正在研制一种可以抵抗囊肿线虫（一种损坏马铃薯生长的寄生虫）的转基因马铃薯。尽管反转基因组织试图破坏试验，研究员们还是向英国环境、食品与农村事务部（Defra）申请了新的试验许可证。转基因马铃薯的研究仍将继续进行。

温带水果和蔬菜

根据水果蔬菜博览会（Fruit Logistica）的数据显示，2009 年世界鲜水果和蔬菜的产量继续增长，达到 15 亿吨，比 2008 年增长 7%。然而，这种产量增长加剧了该领域的困难：主要生产国之间的竞争日趋激烈；供大于求使得价格承受很大的压力；受到经济危机影响，需求出现下降。

2009/2010 年度世界苹果产量增加

根据联合国粮农组织的数据，苹果是世界上种植最广泛的水果，2008 年的世界苹果产量为 6 900 万吨。2009 年美国农业部初步估计，世界苹果总产量较上一年上升了 3% 以上，提高的产量主要出现在北半球。

中国作为世界上最大的苹果生产国，为世界苹果产量的增长作出了重要的贡献（中国 2009 年苹果产量较 2008 年增长约 10%）。这是由于中国西北省份新果园的果树进入成熟期，以及来自亚洲和中东地区的需求量持续强劲增长，2009 年中国成为世界上最大的苹果出口国，将欧盟挤到第二位。

根据 Prognosfruit 年会估计，2009 年欧盟的苹果产量下降了约 7%，特别是在东欧国家，如欧盟的头号苹果生产国——波兰，该国的生产下降了 19%；匈牙利下降 12%；捷克共和国下降 19%。在西欧国家中，苹果的总产量下降不超过 1%。在西班牙大幅下降 15%，这与该国苹果树出现授粉问题有关，但是其他西欧国家的产量上升将这一下降抵消。例如，欧盟 27 国中第三大苹果生产国法国增长了 5%。不过，在 2009/2010 生产年度的前 3 个月（8～10 月），法国的苹果出口相比上一年度下降了 16%。欧盟的苹果出口略有增加，这与俄罗斯和乌克兰的苹果产量分别增加了 7% 和 6% 有关。尽管欧洲的苹果产量出现下降，但是欧盟的苹果库存却仍然在高位。2010 年 1 月 1 日，欧盟苹果的库存比上一年上升了 5%，这使欧盟内苹果价格下降。

中国和欧盟占据世界 85% 的苹果出口份额。

美国的华盛顿州占美国苹果总产量的 40%，2009 年该州的产量略低于 2008 年，但是美国苹果总产量还是上升了 2%。美元的贬值促进了美国苹果的出口，尤其是对亚洲和中东地区的出口增加了 6%。2009 年 11 月 1 日，美国苹果协会（USAA）表示，

2009 年美国的苹果库存较 2008 年下降 7%。美国苹果的价格从 2009/2010 生产年度之始便开始显著上升，但价格还是远远低于过去五年的平均价格。在南半球，美国农业部的初步估计显示，2009 年南半球的苹果产量下降 2% 左右，智利和澳大利亚苹果产量的增加（分别为 2% 和 5%）被其他国家的苹果产量下降所抵消，尤其是阿根廷的产量下降了 14%。

梨与苹果有相似的增长趋势

2009 年世界梨产量增加了 3%。

在北半球，欧盟产量出现增长，2009 年产量增长了 11%（2008 年欧盟的梨产量

世界苹果的产量与贸易量

单位：千吨

分布地区 \ 年度	2004/2005	2005/2006	2006/2007	2007/2008	2008/2009	2009/2010 *
世界产量	**45 885**	**38 618**	**54 430**	**52 203**	**59 856**	**61 946**
其中：中国	23 675	20 400	26 059	24 800	29 800	32 000
欧盟（27 国）	—	—	11 134	10 295	12 575	12 062
其中：波兰	2 521	2 075	2 300	1 100	2 800	2 600
意大利	2 058	2 097	1 991	2 142	1 992	1 990
法国	1 858	1 913	1 585	1 676	1 522	1 601
德国	818	979	891	1 070	1 040	1 040
西班牙	603	774	661	599	514	447
美国	4 735	4 355	4 414	4 103	4 389	4 505
土耳其	2 100	2 570	2 458	2 458	2 600	2 800
印度	—	—	1 756	2 001	1 930	1 935
智利	1 120	1 240	1 250	1 350	1 280	1 370
俄罗斯	1 500	1 563	1 250	1 300	1 115	1 150
巴西	990	882	1 094	946	1 094	1 090
日本	755	819	832	840	860	892
阿根廷	1 200	1 040	1 100	858	940	800
乌克兰	—	—	537	707	719	760
南非	658	638	710	710	750	740
墨西哥	—	587	510	505	512	553
新西兰	504	440	454	445	454	420
加拿大	—	—	403	406	393	410
澳大利亚	330	277	270	290	265	280
主要出口国						
其中：中国	842	768	989	1 039	1 133	1 280
欧盟（27 国）	—	—	953	747	1 222	1 250
美国	591	688	638	674	801	850
智利	639	725	775	776	690	700
主要进口国						
其中：俄罗斯	680	750	918	932	1 156	1 200
欧盟（27 国）	—	—	891	893	738	730

注：* 为预估值。

资料来源：美国农业部（USDA）。

世界浓缩苹果汁市场的深度调整

在两年的生产过剩之后，世界浓缩苹果汁市场正在继续进行整合。2009 年世界浓缩苹果汁的产量继 2008 年之后继续出现下降，这主要因为世界最大的生产国——中国的产量大幅下降。

根据贝尔罗斯公司（Belrose，全球水果市场的专业分析公司）的总裁——德斯蒙德·奥劳尔克（Desmond O'Rouke）的看法，2009 年世界浓缩苹果汁的产量约为 184 万吨、2008 年产量约为 203.7 万吨、2007 年的产量约为 225.8 万吨，这种产量的下降主要是因为近些年来浓缩苹果汁库存过高，生产国进行减产的结果。

究竟发生了什么？波兰是仅次于中国的世界第二大浓缩苹果汁生产国，2007 年波兰的苹果产量出现大幅下滑，这在当时推升了苹果汁的价格，以至于价格上升到了不合理的水平。但实际上 2007 年世界浓缩苹果汁产量并没有因为波兰的生产问题而出现下滑。相反，2007 年世界浓缩苹果汁的产量达到了 225.8 万吨，高于 2006 年的 213 万吨。

面对价格上涨，浓缩苹果汁加工业反应迅速

面对 2007 年高企的浓缩苹果汁价格，浓缩苹果汁生产国快速增加了生产，中国首当其冲。中国的浓缩苹果汁产量在 2008 年继续增长。波兰的浓缩苹果汁产量也出现增长，但过程中出现过反复。总之，浓缩苹果汁企业以高价持有大量的浓缩苹果汁库存，但突如其来的经济危机使需求量骤然下降。

作为回应，中国政府采取了各种措施来稳定浓缩苹果汁的生产，这就使得在 2008 年和 2009 年世界浓缩苹果汁产量出现大幅下降。据业内人士透露，许多中国浓缩苹果汁加工厂的开工率仅为一半。2010 年，“中国巨人”的浓缩苹果汁生产可能仍将下降。根据中国商务部和相关贸易企业，2009/2010 年榨季中国浓缩苹果汁的产量可能将在 60 万吨以下，而 2008/2009 年榨季的产量为 80 万吨以上，2007/2008 年榨季为 100 万吨以上。

浓缩苹果汁加工业集体“刹车”

尽管如此，在 2010 年初中国仍然持有 25 万吨以上的浓缩苹果汁库存，而这就打压了浓缩苹果汁的国际价格。在阿根廷和智利浓缩苹果汁加工业的生产全部下降。与此同时，世界的苹果产量自 2000 年以来持续增加。据贝尔罗斯公司的数据，2009 年可能产量超过了 7 200 万吨。

在浓缩苹果汁库存高企和世界苹果产量持续增长，以及加工用苹果比例下降的背景下，受益的将是鲜苹果销售领域。

世界浓缩果汁产量

单位：吨

年份	产量
2000	1 478 023
2001	1 390 861
2002	1 560 087
2003	1 656 553
2004	1 882 007
2005	1 645 621
2006	2 129 796
2007	2 257 939
2008	2 037 148
2009	1 839 942

曾出现大幅下降）。西班牙再次是个例外，2009 年该国的梨产量下降了 10%，其他的欧盟成员国的产量均保持稳定。虽然 2009 年欧盟梨的出口量增加了 7%，但欧盟的库存量仍然处于较高的水平。2010 年 1 月 1 日，意大利（欧洲最大的梨生产国）的梨库存比上一年高出 30%。

在北美，2009 年美国的梨产量约为 84.8 万吨，比 2008 年增加了 7%。出口量提升了 10%，原因是俄罗斯和巴西的大量采购。相反，加拿大梨的产量比估计下降 20% 以上，这主要是因为加拿大安大略省的梨罐头加工厂倒闭，这是该国最后一个梨罐头加工厂，预计这将进而导致加拿大的梨园面积下降 25% 以上。

中国 2009 年梨的产量约为 1 380 万吨，接近 2008 年的产量。不过，该国的产量预计在 2015 年之前每年均会出现增长，这是因为中国政府在 2009 年推出的资金补贴措施将提高梨的质量和产量。中国 2009 年的梨出口量增长了 5% 左右，其出口目的地主要是亚洲国家。

世界梨的产量与贸易量

单位：千吨

分布地区 \ 年度	2004/2005	2005/2006	2006/2007	2007/2008	2008/2009	2009/2010*
世界产量	**18 443**	**19 363**	**17 838**	**18 943**	**19 261**	**19 898**
其中：中国	10 642	11 324	11 986	12 895	13 538	13 800
欧盟（27 国）	—	—	2 725	2 784	2 435	2 725
其中：意大利	895	881	920	916	750	817
西班牙	562	640	590	511	501	427
法国	248	230	246	272	155	193
美国	796	745	754	791	789	848
阿根廷	640	710	730	720	760	750
土耳其						
日本	352	394	375	375	375	375
南非	303	324	346	342	346	370
智利	257	257	252	272	280	280
俄罗斯	235	292	130	190	180	180
澳大利亚	150	145	145	150	135	134
主要出口国						
中国	342	362	398	423	446	470
阿根廷	—	396	450	465	410	410
欧盟（27 国）	—	—	286	276	224	240
南非	143	118	180	166	182	183
美国	149	148	127	162	150	165
智利	—	—	119	134	132	134
主要进口国						
欧盟（27 国）	—	—	342	352	392	380
俄罗斯	235	330	376	397	316	350
巴西	—	—	137	140	156	165
美国	—	84	107	86	84	85

注：* 为预估值。
资料来源：美国农业部（USDA）

俄罗斯仍是世界上最大的梨进口国，由于该国的国内需求强劲和供应减少，2009年俄罗斯的梨进口量增长了10%，更倾向于进口中国产的价格较低的梨和南半球生产的反季节梨。

阿根廷是世界最大的梨出口国，占据全球梨贸易量的30%，也是南半球最大的梨生产国。阿根廷威廉型梨（William）以作为反季节水果出口到欧盟。2009年南半球国家（阿根廷、澳大利亚、巴西、智利、新西兰和南非）的梨产量与2008年相当，约为470万吨，其中只有南非具有提高生产的潜力，其余国家的生产将因为恶劣的天气或将出现下降。

世界桃和油桃的产量

单位：千吨

分布地区 \ 年份	2003	2004	2005	2006	2007	2008
世界产量	**14 836**	**16 707**	**17 637**	**18 012**	**17 711**	**18 001**
其中：中国	6 179	7 040	7 469	8 243	8 028	8 329
意大利	1 176	1 710	1 693	1 665	1 630	1 589
美国	1 341	1 430	1 301	1 133	1 279	1 303
西班牙	1 271	988	1 261	1 246	1 159	1 159
希腊	228	876	817	768	784	734
土耳其	470	372	510	553	539	552
埃及	303	361	360	428	425	399
法国	347	397	403	395	365	301
阿根廷	256	272	273	260	270	270
智利	304	311	310	295	268	268
墨西哥	224	202	208	222	192	202
南非	249	184	173	167	171	175
日本	157	152	174	146	150	150
印度	150	150	150	150	150	150

资料来源：联合国粮食及农业组织（FAO）。

世界樱桃的产量

单位：千吨

分布地区 \ 年份	2003	2004	2005	2006	2007	2008
世界产量	**1 722**	**1 720**	**1 865**	**1 867**	**2 000**	**1 876**
其中：土耳其	265	245	280	310	398	338
美国	161	257	228	266	282	225
伊朗	222	175	225	225	225	225
意大利	102	95	101	111	106	134
乌克兰	74	85	100	49	68	75
西班牙	108	83	96	92	73	73
俄罗斯	90	100	93	50	100	63
智利	30	32	35	40	60	60
希腊	45	47	46	44	63	42
波兰	44	48	38	38	20	41
法国	51	62	69	68	48	40
德国	33	39	28	32	34	25
中国	14	20	25	19	22	25
日本	19	16	19	21	17	17

资料来源：联合国粮食及农业组织（FAO）。

世界李子的产量

单位：千吨

分布地区 \ 年份	2003	2004	2005	2006	2007	2008
世界产量	**9 895**	**9 621**	**9 901**	**10 467**	**9 912**	**10 341**
其中：中国	4 435	4 835	5 229	5 326	4 826	5 223
美国	728	295	432	645	675	675
罗马尼亚	910	476	622	599	373	475
法国	250	229	214	234	249	147

资料来源：联合国粮食及农业组织（FAO）。

世界杏的产量

单位：千吨

分布地区 \ 年份	2003	2004	2005	2006	2007	2008
世界产量	**2 888**	**2 870**	**3 507**	**3 184**	**3 164**	**3 474**
其中：土耳其	499	350	860	460	558	716
巴基斯坦	211	215	197	177	240	326
伊朗	285	166	276	280	280	280
意大利	108	213	233	222	215	205
日本	88	114	123	120	121	121
埃及	70	73	73	101	101	106
法国	124	166	177	180	126	95
乌克兰	111	99	94	28	56	89
西班牙	144	121	137	157	88	88
中国	82	97	91	83	76	78
希腊	60	90	84	72	79	77
美国	89	92	74	41	80	74
南非	50	97	44	84	55	55
俄罗斯	75	80	72	39	78	49
阿根廷	25	25	25	25	26	26
智利	26	23	22	20	18	18
澳大利亚	20	11	20	17	17	17
印度	10	10	10	10	10	10

资料来源：联合国粮食及农业组织（FAO）。

根据世界苹果和梨协会（WAPA），2009年南半球国家对欧盟的梨出口上升了5%左右，但在2010年这可能具有较大的不确定性，因为欧盟的梨库存很高。另外，和苹果一样，欧盟市场的梨价格处在下降的趋势中。

核果类水果丰收的一年

2009年，天气条件非常有利于核果类水果的生产，因此世界核果类水果产量出现增长；但是由于需求不振，核果类水果价格整体出现下降。

桃和油桃尤是如此。欧盟2009年桃和油桃的产量增加了6%。欧盟的主要生产国的生产均出现增长：意大利增长4%，西班牙增长7%，法国增长16%。西班牙是欧盟最大的桃和油桃的生产国，2009年桃和油桃的价格与2005～2008年的平均价格相比下降了13%，这是由于在西班牙桃和油桃的传统出口目的地法国的产量大幅增加。

中国是世界上最大的桃和油桃生产国，2009年其生产继续增长，可能达到980万吨左右，比2008年增长2%，这主要是因为产量的提高。中国取得的这一成绩还是在中国的产桃大省山东省的桃园面积出现下降的情况下实现的，事实上，该地区的种植者更倾向种植其他收益更高的水果，如樱桃。美国桃和油桃的产量连续第二年下降（较2008年下降5%），因为加利福尼亚州的产量占美国总产量的3/4，出现歉收。

樱桃的世界产量出现增长（2009年增长了13%），主要是由于土耳其和美国产量的增加（受益于有利的天气情况），这两个国家的樱桃产量接近世界总产量的一半。2009年土耳其的樱桃产量为59万吨，为世界最大的樱桃生产国，该国的产量比2008年增长了13%，也比其最近5年的平均产量增加了26%。美国樱桃的产量超过了46万吨，比2008年增长40%以上。另外，世界樱桃的出口量在2009年增加了27%，这是因为加拿大和欧盟的需求强劲。在欧盟，波兰是主要的樱桃生产国，2009年的产量与2008年几乎相同。随后是意大利，其产量比2008年增长了5%。

对于李子和杏来说，各国的生产情况反差很大。欧洲的李子产量总体上出现增长，但除了罗马尼亚这个欧洲最大的李子生产国下降17%，以及在较小的程度上，欧洲第三大生产国土耳其的产量下降了4%。欧洲其余国家的李子产量均出现上升。在2008年法国李子的供给出现大幅“赤字”之后，2009年产量回升，重新回到了该国2005年的生产水平（21.4万吨）。在西班牙和意大利，李子的产量分别增加了8%和5%。中国仍然是世界上最大的李子生产国，但是需要从美国和智利进口所需的一部分李子。继2008年的生产出现“赤字”之后，欧盟的杏子产量重新回到了以前的平均生产水平，其中西班牙和希腊的产量下降被法国产量的增加（16%）所弥补。土耳其则继续主宰世界杏子的生产。

世界蔬菜产量

中国是世界最大的蔬菜生产国。印度则继续扩大蔬菜的产量，并希望在2012年产量增长一倍。

世界番茄制品主要生产国的产量

单位：千吨

分布地区 \ 生产时间	2007～2009年平均产量	2008	2009	2010*
美国	11 248	10 720	12 073	11 428
中国	6 553	6 405	8 655	7 800
意大利	5 082	4 900	5 747	5 000
西班牙	2 090	1 770	2 700	2 400
伊朗	2 187	2 060	2 400	2 100
土耳其	2 050	2 700	1 800	1 700
巴西	1 214	1 200	1 150	1 400
葡萄牙	1 090	998	1 242	1 100
突尼斯	710	800	750	720

注：*为预估值。

资料来源：世界加工番茄理事会（World Processing Tomato Council）。

世界番茄的产量

单位：千吨

分布地区 \ 年份	2003	2004	2005	2006	2007	2008
世界产量	**118 101**	**126 273**	**126 860**	**130 083**	**133 260**	**129 650**
其中：中国	28 843	30 144	31 618	32 519	33 597	33 812
美国	10 522	12 854	10 983	12 257	14 185	12 576
土耳其	9 820	9 440	10 050	9 855	9 945	10 985
印度	7 617	8 126	8 825	9 820	10 055	10 261
埃及	7 140	7 641	7 600	8 576	8 639	4 204
意大利	6 652	7 683	7 187	6 351	6 530	5 977
伊朗	4 429	4 023	4 781	5 065	5 000	5 000
西班牙	3 947	4 383	4 810	3 801	3 664	3 848
墨西哥	2 897	3 037	2 800	2 899	3 150	2 937
俄罗斯	2 021	2 018	2 296	2 415	2 306	1 800
乌克兰	1 265	1 146	1 472	1 751	1 270	1 492
希腊	1 830	1 963	1 707	1 568	461	1 339
智利	1 250	1 200	1 230	1 250	1 270	1 270
葡萄牙	894	1 201	1 085	983	1 000	1 100
法国	825	848	790	641	575	715
日本	760	755	759	728	750	750
荷兰	595	655	660	680	685	720
阿根廷	670	675	675	670	680	680
波兰	606	582	601	652	690	703
罗马尼亚	819	1 330	627	835	641	814
巴基斯坦	306	413	432	468	502	536
澳大利亚	364	474	408	450	296	296
南非	414	437	462	442	419	421
韩国	270	395	439	433	430	408

注：* 为估计值。
资料来源：联合国粮食及农业组织（FAO）。

2009 年欧盟的天气条件对蔬菜生产特别有利，鲜蔬菜的产量达到了 6 200 万吨，比 2008 年增长 3%。但是，在蔬菜销售上却困难重重：首先是因为欧盟蔬菜的供应充足，其次是经济危机影响了对蔬菜的需求。法国为了销售夏季生产的蔬菜，如黄瓜、番茄、西葫芦等，在多个地区展开大范围的蔬菜“处理销售”，消费者因而可以受用价格低廉的蔬菜。

番茄是世界生产量最大的蔬菜。根据联合国粮农组织的数据，世界的番茄产量达到了 1.269 亿吨。中国是世界上最大的鲜番茄生产国，美国则是世界最大的番茄加工国。美国的加利福尼亚州生产该国 95% 的用于加工的番茄。2009 年加州的产量达到 1 397 万吨，比 2008 年增长 15%，几乎所有的番茄都是以合同的形式生产的。过去两年强劲的出口需求促进了番茄种植面积的增加，2009 年番茄种植面积较 2008 年增长 9.5%。根据加州番茄种植者协会（CTGA）的数据显示，番茄的合同价格在 2009 年为 80 美元/吨，而上一年为 70 美元/吨。加州的番茄主要用于加工生产各种调料。

中国正在继续扩大鲜番茄的生产，在

2009年中国的产量达到了3 950万吨左右，番茄加工业也在高速扩张，2009年用于加工的鲜番茄达到了860万吨，而2008年仅为640万吨，2007年为460万吨。在2009年上半年，中国的番茄出口增长了10%，这是因为中国香港和越南的强劲需求。然而，俄罗斯是中国最大的番茄出口目的国，占中国出口量的70%，下降了12%。中国加工番茄主要用于生产番茄酱。

土耳其是欧洲最大的鲜番茄生产国和最大的番茄加工国，2009年加工量约为300万吨。2009年土耳其的番茄产量为1 090万吨，与2008年基本相同。土耳其是俄罗斯和东欧的主要番茄供应国。在2009年上半年，土耳其的番茄出口与2008年同期相比增长了20%。

意大利是欧盟国家中最大的番茄生产国，2009年的产量是630万吨。在2008年意大利大量进口番茄之后，意大利2009年的进口再次增加了33%以上。西班牙是欧盟第三大番茄生产国，2009年的产量为230万吨，比2008年下降45%。西班牙2009年的番茄出口下降了超过12%。西班牙的番茄主要出口到德国、英国、法国和荷兰。欧洲的番茄市场在冬季由西班牙和摩洛哥供应，摩洛哥2009年的产量下降了3%。2010年由于暴雨导致番茄生产大棚受损，摩洛哥的番茄产量可能会下降及摩洛哥国内的番茄价格上涨。

大蒜，如果说2009年一些蔬菜的价格出现下降，中国的大蒜显然不在其中，中国是世界上最大的大蒜生产国，大蒜产量超过1 200万吨，每年出口约200万吨。因为过去两年大蒜的价格过低使得中国的大蒜供应出现大幅下降，再加上2009年出现的甲型流感使市场对大蒜的需求增加（中医认为大蒜有预防感冒的能力）等原因，中国大蒜的价格出现巨幅上涨。

世界大蒜的产量根据联合国粮农组织的估计约为1 600万吨以上。阿根廷大蒜产量的65%用于出口，是仅次于中国的大蒜出口国。阿根廷的大蒜主要出口到巴西（占出口总量的65%）和欧盟（12%）。2009年阿根廷大蒜主产区的产量出现下降，出口到巴西的大蒜也出现下滑。阿根廷大蒜生产商要求本国政府增加对欧盟的大蒜出口，事实上欧盟最近增加了对中国大蒜的进口。

干果

根据联合国粮农组织（FAO）的数据，2008 年世界干果产量为 1 130 万吨，比 2007 年增长了 4.5%，比最近 5 年的平均产量增长 14%。因此，世界干果市场的竞争日趋激烈。

杏仁，澳大利亚的杏仁产量仅占世界杏仁产量的 3%，但是近 10 年来杏树种植面积已经扩大了近 10 倍，从 1999 年的 3 700 公顷，扩大到 2009 年的 2.7 万公顷以上。3 年内澳大利亚或将能够超过西班牙（杏仁产量占世界产量的 8%）成为仅次于美国加利福尼亚州的世界第二大杏仁生产国（加利福尼亚的杏仁产量占世界总产量的 80%）。

2009/2010 年度加利福尼亚州的杏仁产量比 2008/2009 年度减少了 17%，原因是杏树在开花时期遭遇到了恶劣的天气，从而导致杏仁产量严重下滑。然而，由于 2008/2009 年度杏仁的库存高企，使得杏仁产量的下降没能对杏仁价格起到推动作用，杏仁价格因此处于低位。特级杏仁（Nonpareil Supreme）占加利福尼亚州杏仁产量的 30%，其价格在经历了 2009 年 1 月（1.80 美元/磅）的大幅下降之后出现回升。2009 年上半年平均价格达到 2.1 美元/磅，随后 9 月达到 2.2～2.25 美元/磅。然而，该杏仁价格仍然低于其最近 5 年的平均价格（3.3 美元/磅）。另外，市场对加利福尼亚州杏仁的需求持续稳定增长，该地区的杏仁出口增长了 10%。欧盟 27 国仍是加利福尼亚杏仁的主要进口国，其中尤其是西班牙和德国。中国和中国香港继续对加利福尼亚杏仁的进口，以满足日益增长的杏仁加工业的需求。2009 年由于杏仁价格处在低位，中国的杏仁进口增长了 50% 以上。印度也是杏仁的净进口国，其杏仁年消费量达到 3.5 万～3.8 万吨，而印度本国的杏仁产量不超过 1 200 吨。

西班牙是世界第二大杏仁生产国，它的出口目的国主要是欧盟国家。欧盟 27 国年均消费 7 万吨杏仁，而西班牙的杏仁产量不能满足这一需求。2008/2009 年度霜冻损害

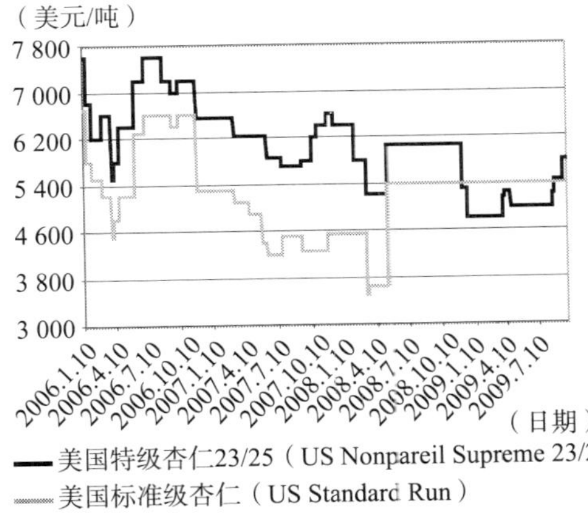

美国杏仁欧洲到岸价

世界干果的产量

单位：千吨

分布地区 \ 年份	2003	2004	2005	2006	2007	2008 *
• 腰果						
世界产量	**2 417.7**	**2 859.8**	**3 074.1**	**3 412.4**	**3 579.1**	**3 720.3**
其中：越南	657.6	818.8	960.8	1 092.4	1 207.6	1 190.6
印度	500.0	535.0	544.0	573.0	620.0	665.0
尼日利亚	524.0	555.0	594.0	636.0	660.0	660.0
巴西	183.1	187.8	152.8	243.8	140.7	239.7
印度尼西亚	106.9	131.0	135.1	140.6	146.1	142.5
坦桑尼亚	81.7	92.8	90.0	77.4	92.6	99.1
几内亚比绍	86.0	86.0	88.0	81.0	81.0	81.0
• 杏仁（带壳）						
世界产量	**1 699.1**	**1 595.3**	**1 835.1**	**1 992.7**	**2 043.4**	**2 112.8**
其中：美国	786.3	786.0	703.4	846.1	1 043.3	1 103.7
欧盟	374.4	257.6	400.7	491.5	376.1	370.2
伊朗	38.2	70.0	108.7	110.0	110.0	110.0
叙利亚	140.3	123.0	229.0	107.1	76.1	76.1
土耳其	41.0	37.0	45.0	43.3	50.8	52.8
• 核桃（带壳）						
世界产量	**1 536.6**	**1 568.8**	**1 740.5**	**1 689.1**	**1 726.5**	**1 724.2**
其中：中国	393.5	436.9	499.1	499.0	503.0	503.0
美国	295.7	294.8	322.1	317.5	290.3	290.0
欧盟	190.4	152.1	186.4	193.8	172.2	182.0
土耳其	130.0	126.0	150.0	129.6	172.6	170.9
伊朗	150.0	168.3	170.0	170.0	170.0	170.0
墨西哥	72.0	81.5	79.9	68.4	79.2	69.6
印度	31.0	34.0	32.0	36.0	33.0	37.0
智利	13.5	14.5	15.0	18.0	23.0	23.0
• 榛子（带壳）						
世界产量	**680.2**	**617.0**	**760.2**	**965.7**	**812.6**	**1 052.0**
其中：土耳其	480.0	350.0	830.0	661.0	530.0	800.8
欧盟	104.9	182.3	120.9	178.0	158.2	141.4
美国	34.4	34.0	25.0	37.2	32.7	33.0
• 开心果						
世界产量	**542.0**	**444.1**	**514.8**	**573.3**	**521.9**	**567.0**
其中：伊朗	306.2	184.9	229.7	230.0	230.0	230.0
土耳其	90.0	30.0	60.0	110.0	73.4	120.1
美国	54.0	157.4	128.4	108.0	108.6	108.6
叙利亚	47.6	21.2	44.6	73.2	52.1	52.1

注：* 为估计值。

资料来源：联合国粮食及农业组织（FAO）。

了西班牙的果园，导致该国杏仁减产 14%；2009/2010 年度西班牙的杏仁产量将大约在 6 万吨左右。2008 ~2009 年的美元兑欧元汇率走势有利于美国加利福尼亚杏仁的出口；国际市场上的杏仁价格急剧下跌。2008 年在西班牙的穆尔西亚地区（Murcia），生产商以 1 欧元/千克的价格出售带壳杏仁，而 2009 年这一价格下降了 30%。

核桃，中国是世界第一大核桃生产国。据估计，2009/2010 年度中国的核桃坚果产量约为 56 万吨，比 2008/2009 年度增长 15%，这是由于中国的第一大产核桃省，云南省核桃单产的增加。另外，中国核桃产量的增长还要归功于近 10 余年核桃收购价格的提高，从 60 美分/千克上涨到 2006 年的约 2.90 美元/千克，2008 年以来核桃价格高于 3 美元/千克。中国国内的核桃需求依然旺盛，而加工领域对核桃需求的年增长率为 10% ~20%。2009 年由于中国核桃丰产，使得中国的核桃进口比 2008 年下降了 10%，中国核桃进口主要来自美国。

根据美国农业部，2009/2010 年度美国核桃产量应该达到 37.6 万吨，比 2008/2009

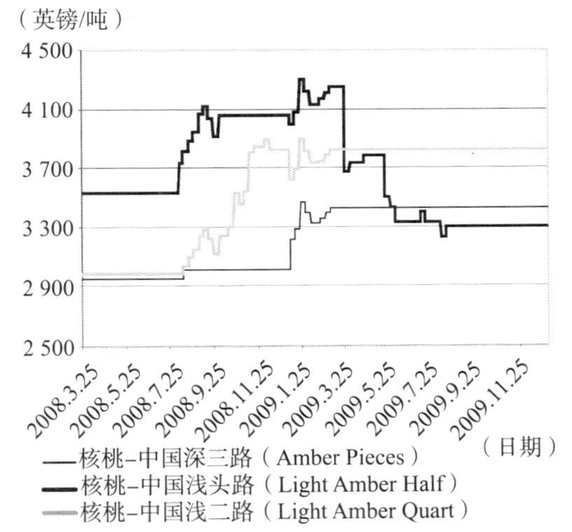

中国核桃欧盟到岸价

年度下降 5%，但仍处于该国历史核桃产量的高点。估计 23 万吨核桃将用于出口，比上年度增长 2%，对日本和韩国的出口增长 50%。美国占世界核桃出口量的 60%。

欧盟 27 国仍然是世界最大的核桃进口国，每年达到 10 万吨。然而，欧盟多年来的消费处于停滞状态。欧盟国家中，法国是最大的核桃生产和出口国。2009/2010 年度法国的产量在 3.5 万吨左右，大致等同于 2008 年的水平。

2009 ~2010 年印度的核桃消费上升至 2.1 万吨，增长 4%。印度国内市场消费了该国核桃产量的 45% ~50%，而剩余的则用于出口。印度的核桃出口量估计为 1.55 万吨，比上年提高了 2 100 吨。充裕的国内供给拉低了印度核桃的价格，进而使得印度的核桃在国际市场上具有较高的竞争力。

榛子，土耳其是世界最大的榛子生产国。它的生产集中在黑海沿岸地区，在该国与榛子相关领域直接或间接的从业人数为 700 万 ~800 万人。2009 年土耳其的榛子产量估计在 47 万吨，比上年下降近 40%。主要原因是严重的霜冻损坏了榛子树。

土耳其是国际榛子市场的主要出口国，占有国际出口市场的 75% ~80% 的份额。根据"黑海榛子出口商协会"的统计，2009 年 9 月 ~2010 年 2 月底，土耳其出口了 13.4 万吨榛子，比 2008 年下降 16%。这些出口给土耳其带来 8.25 亿美元收入。

欧洲仍然是世界主要的榛子进口地区，榛子进口量为 10.1 万吨。土耳其的榛子主要出口到德国、意大利、法国和比利时。土耳其本国仅消费产量的 10% ~15%。尽管 2009 年的榛子产量低于 2008 年，但是 2008 年榛子的需求下降仍使得榛子的库存很高。土耳其粮食局（TGB）掌握着这些库存产品，目前正在逐渐将其运往工厂用于研磨制成榛子油。土耳其政府建立了一个榛子管理系统，一方面，将促使非法榛子生产者（约占总生产者的25%）改种其他作物；另一方面，榛子生产者将获得直接补贴。土耳其新的农业政策奖取消TMO干预机构（Toprak Mahsullei Offisi），这将使得榛子种植者可以增加榛子的生产，进而降低生产成本，继而使土耳其的榛子在国际市场上具有很高的竞争力。这一举措使占据欧洲榛子市场第二位和第三位的意大利和西班牙的榛子生产者感到不安。意大利是欧盟国家中最大的榛子生产国，2009年该国的榛子产量达到11万吨左右，由于2009年8月和9月的气温过高，该国2009年的产量比2008年下降了12%。

美国俄勒冈州的预测显示，2009年美国榛子产量为3.8万吨，较上年增长19%。俄勒冈州占美国榛子产量的50%以上。

开心果，2009/2010年度世界开心果的产量估计为39.5万吨，较上一年度有10%的增长。伊朗一直是世界最大的开心果生产国，随后则是美国。但是2009年的情况发生了转变，美国的开心果产量上升40%，达到17.5万吨，这主要是由于单产的提高。

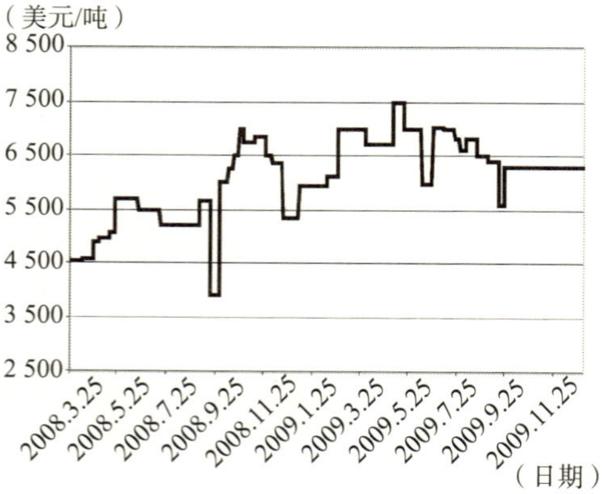

伊朗20/22规格开心果价格

伊朗的产量估计为10万吨，这高于2008年的产量（该年伊朗遭遇霜冻和干旱），但这仍只为伊朗正常产量的一半。

叙利亚的开心果产量继续增长，2008年达到7万吨。根据叙利亚开心果统计机构，该国在5.7万公顷的土地上种植了1 000万棵开心果树，但是其中大多数是小树。开心果树种植的地区夹杂着橄榄树和无花果树。叙利亚农业部鼓励开心果树的种植，但是市场对橄榄及橄榄油需求的增长，使果农更愿意种植效益更好的橄榄树。

美国的开心果出口继续增长，估计会达到创纪录的14.5万吨，较上一年度增长10%。美国开心果主要出口对象是中国香港和中国。2009～2010年中国的开心果进口量增长50%。中国将进口的开心果加工后，重新出口到欧洲及美国市场。

在欧盟，开心果主要的生产国是希腊和意大利。希腊的产量是9 000吨左右，意大利的产量大约为6 000吨。开心果树生长在意大利西西里岛的埃特纳火山斜坡地带。西西里岛产的开心果是绿色的，因此特别受到冰激凌商和糖果商的青睐。因为产量很低，欧盟是开心果的净进口国，2009～2010年欧盟进口量达到8.2万吨，增长了2%。应该注意的是，土耳其开心果的生产主要是在爱琴海的博德鲁姆地区（Bodrum）。2009～2010年度土耳其的产量估计为4.287万吨，比2008/2009年度增长20%。

生腰果，印度的生腰果的产量依然不能满足该国加工业的需求，印度的腰果产量一直徘徊在60万吨左右。然而，该国加工业需求量为产量的两倍。印度腰果产量的50%用于国内市场消费，其余的用于出口。2009年前10个月，印度腰果出口量下降了9%，价值下降了10%。腰果出口低迷的原因是世界需求的停滞。美国腰果进口量下降了8.7%，澳大利亚下降35%，荷兰下降39%。另外，印度仍是世界第一大生腰果进口国，并且是世界最大的腰果加工和腰果仁出口国。2009年前6个月，该国的生腰果进口量增加了30%，进口额增加了50%。生腰果进口主要来自非洲国家，例如科特迪瓦和几内亚比绍。

2006年以来，越南在世界腰果市场上占据了统治地位。2009年前10个月，该国出口达到40万吨，比2008年增加了5万吨。价值超过10亿美元（与2008年相比，增加了1.5亿美元）。尽管如此，越南生腰果的产量不能满足本国腰果加工业的需求（40万吨产能），因此该国不得不进口了25万吨生腰果。越南有22家用于出口的生腰果加工厂。在越南的平福省（Binh Phuoc）种植了20万公顷的腰果树，2009年11月开始在该地区建设一座符合环境保护标准的腰果加工厂。让越南腰果加工企业担心的是：非洲一些国家是越南主要的生腰果供应国，但是现在他们转向种植其他作物或是开始发展自己的加工业。在东非地区，25%的生腰果在当地加工；在西非地区，生腰果在本地的加工比率仅为5%～10%。

在莫桑比克，预计2009/2010年度的腰果产量为9.5万吨，而该国加工厂能够加工2.5万～3万吨腰果。

2009年科特迪瓦生产了40万吨腰果。该国种植者正在放弃腰果树的种植，转而种植麻风树（一种可从中提取油的耐旱植物）。这种植物可以制作生物燃料，种植者因此获利丰厚。在2009年腰果的销售季节，腰果的收购价格并没有达到科特迪瓦腰果种植者希望的价格。

长山核桃（又名美国山核桃，译者注），美国生产的长山核桃占世界长山核桃总产量的80%～95%，美国的年产量通常在15万～20万吨，而2009/2010年度美国的产量在14万吨左右。加拿大和中国香港是美国山核桃的主要出口目的地。

2009/2010年度墨西哥的山核桃产量出现提高，这得益于栽培技术的改进，该国产量应增长14%，达到7.9万吨。墨西哥是主要向美国出口山核桃的国家。

在法国的西南地区，正常情况下山核桃在这一地区很难种植，而进口的美国山核桃树或将改变这一状况。

澳洲坚果（又称昆士兰栗、夏威夷果，译者注），预计2010年澳大利亚的产量将达到4.16万吨。澳大利亚的澳洲坚果生产在2009年5月的遭遇损失之后，似乎得到了恢复。根据澳大利亚的澳洲坚果协会（AMS），2010年澳洲坚果树开花期的高温天气和干旱可能会对澳洲坚果产量产生负面影响。另外，澳洲坚果协会制定了一个2008～2012年的澳洲坚果生产发展计划，这将使澳洲坚果的总产量增长一倍。该计划将投资1 000万～1 500万澳元用于提高产量并建立有效的销售网络。这些资金来源于澳大利亚的澳洲坚果加工企业以及有可能来自公共资金。澳大利亚是世界澳洲坚果的主要生产国，澳洲坚果因此又名“昆士兰栗”，是唯一行销世界各地的澳大利亚本土特产的农产品。2008年澳洲坚果的价格出现了下降，这使得用于澳洲坚果生产的投资骤然下降。此外，天气条件，特别是干旱困扰着澳洲坚果的生产。2008/2009年度澳大利亚的澳洲坚果出口增加了30%，达到7 237吨。美国是主要的进口国，其次是欧洲和日本。中国以其强劲的经济增长，成为世界第四大澳洲坚果进口国。

葡萄酒

2008/2009 葡萄酒年度的特点是供给与需求之间出现不平衡。世界葡萄酒产量基本与上一年度相同，但是葡萄酒世界出口量和消费量均出现轻微下降。因此葡萄酒库存出现增长，葡萄酒生产商受到价格下行的压力。世界葡萄酒市场的不稳定性由此得到了证实，这种情况的出现与近期实施的欧盟新的葡萄种植及酿酒产业政策的原则和预期效果完全相反。

世界葡萄种植面积略有下降

总体来讲，前几年世界各地区葡萄种植面积出现巨大反差的情况，在 2009 年仍延续，但程度有所减弱，依然是“新世界”国家的葡萄种植面积增长，欧洲的葡萄种植面积下降。2009 年世界葡萄种植面积达到 763. 6 万公顷，与 2008 年相比减少 9. 2 万公顷。新世界（大洋洲和拉丁美洲）的葡萄种植面积仍然保持相对稳定，因此世界葡萄种植总面积持续下降。

2008 年 8 月 1 日起生效的欧盟 27 国新的葡萄种植及酿酒产业政策（“掘出计划”，grubbing-up）使得欧盟内葡萄种植面积进一步下降，当然，欧盟将对此给予种植者补贴。2009 年欧盟 27 国的葡萄种植园面积降到 370. 4 万公顷，与 2008 年相比减少了 9. 4 万公顷。2008/2009 年度，欧盟的“掘出计划”的预算为 4. 64 亿欧元，其中 2. 36 亿欧元分配给西班牙；1. 16 亿欧元分配给意大利；0. 706 亿欧元分配给法国。2009/2010 年度欧盟的掘出计划的预算总额为 3. 34 亿欧元，其中约 1. 50 亿欧元分配给西班牙；1. 02 亿欧元分配给意大利；0. 48 亿欧元分配给法国。

法国 2009/2010 年度共有 3 726 份掘出计划申请，涵盖 1. 52 万公顷的葡萄种植园，其中 74% 位于朗格多克 – 鲁西永产区（Languedoc-Roussillon），这与 2008/2009 年度相比，申请数量下降近 43%，所涵盖的种植面积减少 32%。事实上在 2007/2008 年度，法国葡萄种植面积已经减少了 1. 5 万公顷。

在朗格多克 – 鲁西永产区，葡萄种植园面积已从 1976 年的 43. 3 万公顷降到 2008 年的 24. 6 万公顷，在过去的 30 年里减少将近一半。朗格多克 – 鲁西永产区的葡萄种植园主还将在 2009/2010 年度额外掘出 6 100 公顷的葡萄树。

西班牙的葡萄种植园面积也在不断缩减。一年时间里缩减了 4. 6%，即 5. 24 万公顷。2009 年西班牙所剩的葡萄种植园面积

世界葡萄酒的产量与贸易量

单位：百万公升

分布地区 \ 年份	2004	2005	2006	2007	2008	2009 *
世界产量	**300. 0**	**282. 8**	**286. 6**	**266. 1**	**267. 4**	**266. 0**
其中：意大利	53. 1	53. 1	49. 6	40. 5	46. 9	47. 7
法国	57. 4	52. 1	51. 7	47. 1	41. 6	45. 6
西班牙	43. 0	36. 2	38. 2	36. 5	35. 9	32. 5
美国	20. 1	22. 9	19. 4	19. 9	19. 3	20. 6
阿根廷	15. 5	15. 2	15. 4	15. 1	14. 7	12. 1
澳大利亚	14. 8	14. 3	14. 3	9. 8	11. 8	11. 6
智利	6. 3	7. 9	8. 5	8. 3	8. 7	9. 9
南非	9. 3	8. 4	9. 4	9. 8	10. 0	9. 8
德国	10. 0	9. 3	9. 0	9. 7	12. 4	9. 2
世界出口	**76. 9**	**79. 7**	**83. 8**	**89. 4**	**89. 3**	**86. 1**
其中：意大利	14. 2	15. 1	18. 4	18. 5	17. 5	18. 6
西班牙	14. 0	14. 4	14. 3	15. 1	16. 3	14. 4
法国	14. 2	14. 1	14. 7	15. 2	13. 7	12. 5
澳大利亚	6. 9	7. 5	8. 0	7. 9	7. 0	7. 8
智利	4. 7	4. 2	4. 5	6. 1	5. 9	6. 9
美国	3. 9	3. 5	3. 8	4. 2	4. 6	3. 9
德国	2. 7	3. 0	3. 2	3. 5	3. 6	3. 7
阿根廷	1. 6	2. 1	2. 9	3. 6	4. 1	2. 8
葡萄牙	3. 2	2. 6	2. 9	3. 5	2. 9	2. 4
摩尔达维亚	2. 3	2. 4	1. 0	0. 6	1. 0	1. 2
世界进口	**74. 0**	**77. 3**	**78. 1**	**81. 3**	**83. 6**	—
其中：德国	13. 0	13. 3	13. 3	14. 2	14. 9	—
英国	11. 9	11. 7	11. 7	11. 7	13. [illegible]	—
美国	6. 4	7. 1	7. 7	8. 4	8. 3	—
法国	4. 8	5. 5	5. 3	5. 4	5. 9	—
前苏联国家	6. 3	7. 6	8. 4	6. 1	5. 7	—
荷兰	3. 2	3. 8	3. 0	3. 5	4. 1	—
比利时	2. 8	2. 9	3. 0	3. 1	3. 4	—
加拿大	2. 7	2. 8	3. 0	3. 1	3. 2	—
日本	1. 7	1. 6	1. 7	1. 7	1. 7	—
世界消费	**237. 4**	**237. 7**	**241. 2**	**242. 0**	**243. 4**	**236. 6**

注：* 为预估值。该数据不包括葡萄果汁和未发酵葡萄汁。

资料来源：国际葡萄与葡萄酒组织（OIV），法国对外贸易中心（CFCE），欧盟（UE），海关及间接税总司（DGDDI）。

最多为 111.3 万公顷。西班牙曾在 1980 年拥有 160 万公顷葡萄种植园，在随后的 30 年中，西班牙的葡萄种植面积减少了 1/3。经济危机和葡萄酒价格偏低刺激了西班牙葡萄种植园主自愿实行补助掘出计划，这种情况还将持续下去。西班牙农业保证基金（FEGA）拨付的 2009/2010 年度预算为 1.481 亿欧元，并仅对提出掘出申请的 6.06 万公顷葡萄种植园中的 2.78 万公顷进行补贴，即否决率为 55.8%。多数申请都来自西班牙的卡斯蒂利亚－拉曼恰产区（Castile-La Mancha），占申请总量 77.1%，即 21 450 公顷，紧随其后的是瓦伦西亚产区（Valencia），占总量 5.3%，即 1 480 公顷，还有纳瓦拉产区（Navarre），占总量 4.8%，即 1 340 公顷。

在意大利的掘出申请中涉及到意大利最高产的葡萄种植地区，即阿普里亚产区（Apulia）、西西里产区（Sicily）和艾米利亚－罗马涅产区（Emilia Romagna）。2009 年意大利葡萄种植园掘出计划涵盖面积升至 2.529 8 万公顷，但仅有 1.16 万公顷得到了欧盟给予的补贴。

“新世界”中主要葡萄酒生产国的葡萄种植面积保持相对稳定。2008/2009 年度美国的葡萄种植园面积维持在 39.8 万公顷。受进口葡萄酒在价格上的的竞争影响，加利福尼亚州的新增葡萄种植面积及美乐葡萄（merlot）的种植面积均大幅下降。但黑比诺（pinot noir）的种植面积增加 47%，灰比诺（pinot grigio）的种植面积也有显著增长。

在经历多年的持续增长之后，澳大利亚的葡萄种植园面积在 2007/2008 年度稍有下降（减少 1 000 公顷）之后，在 2009 年稳定下来，但新增种植园面积降低了 40.6%（2007 年为 3 684 公顷，2008 年为 2 190 公顷）。澳洲所种葡萄的主要品种为西拉（shiraz，447 公顷）、赤霞珠（cabernet sauvignon，396 公顷）、霞多丽（chardonnay，198 公顷）和黑比诺（143 公顷）。

2009 年阿根廷的葡萄种植园面积稍升至 22.8 万公顷，与 2008 年相比增加了 2 000 公顷，智利的情况大致如此（种植面积为 20 万公顷，与 2008 年相比增加了 2 000 公顷）。智利新的葡萄酒战略生产规划是直至 2014 年持续增加葡萄种植园面积。另外，新西兰的葡萄种植园面积增至 3.6 万公顷，在 2007～2008 年的基础上增加了 1 000 公顷。南非的葡萄种植园面积为 13.2 万公顷，保持稳定。

美国加州的葡萄种植园土地价格从 2007 年起不断下跌，纳帕谷（Napa Valley）的土地平均价格下降 15%。这种情况正给葡萄酒生产商带来融资上的困难，实际上生产商的贷款均由信贷机构提供，而贷款需要以葡萄种植园的价值作为担保。同样，受国际经济形势影响，新西兰马尔堡（Marlborough）地区的葡萄种植园价格也从每公顷 25 万美元降至 15 万美元。

在阿根廷的门多萨（Mendoza），2008 年起葡萄种植园土地价格下降，受此影响，土地交易量出现上升，但基本上都是阿根廷本地投资者参与。阿根廷葡萄价格上涨和出口增长使得不同地区的种植园土地价格上升了 10%～15%。在阿根廷最好的葡萄种植地区，如普里奥庄园（Perdriel）或位于卢汉德库约（Luján de Cuyo）阿格列罗庄园（Agrelo），葡萄种植园价格高达每公顷 5 万美元，是 20 世纪 90 年代最高价格水平的两倍。

法国葡萄种植园土地的价格在近几个月未出现增长。在 2007/2008 年度，生产法定产区葡萄酒（AOC）的葡萄种植园的平均土地价格有所上升（不包括香槟酒产区上升 4%），而生产日常餐酒的种植园的平均土地价格则出现下降（下降2.7%）。法国各地区情况不太相同，法国香槟地区（Champagne）每公顷葡萄园的土地价格上升15%，升至高达83万欧元，在波尔多地区（Bordeaux）每公顷的土地价格出现上升了7%，价格为6.5万欧元；勃艮地地区（Bourgogne）的土地每公顷价格为18.93万欧元，上涨了3%；阿尔萨斯为13.08万欧元，上涨了3%；罗讷地区为2.64万欧元，上涨了3%。2008年，朗格多克－鲁西永产区的葡萄种植园市场一直低迷不振，但是根据该地区不同葡萄种植园，土地价格的差异可达到10倍。价格从奥德产区（Aude）的麝香（muscat）种植园（每公顷7 600欧元）到加尔地区（Gard）的天芳（tavel）种植园（每公顷79 000欧元）变化巨大。而该地区的平均价格为10 800欧元/公顷，上涨了1%。生产日常餐酒的葡萄种植园的价格为每公顷1.1万欧元，不过受益于掘出计划补贴，价格仅有4%的降幅。

库库尼翁（Cucugnan）酒窖关闭了……

这是一个让人永远无法忘记的标志。每个法国学童都知道作家阿方斯·都德（Alphonse Daudet）在其作品《磨坊书简》（Les Lettres de mon moulin）中成为永恒印象的库库尼翁的牧师和他的布道。库库尼翁是生于著名的卡特里城堡（Cathares）附近科比埃（Corbières）区的一个小村庄。2009年，小村庄的农业合作社葡萄酒窖关闭，现在村子里仅有两位葡萄种植者。村里到处都是掘出的葡萄藤（这要感谢欧盟的补贴）和山边遗弃的黑色葡萄藤堆。葡萄种植的痕迹正在逐渐从这并不平坦的乡间消失，库库尼翁也在逐渐逝去。这个小村庄拥有一位牧师的日子也已经不知是多少年前的事了……

在考虑了经济危机的影响以及葡萄酒市场的不确定因素后，投资者整体上取消或推迟了对扩大或重组葡萄园的投资。

葡萄酒产量稳定

2009年世界葡萄酒产量预计为2.66亿百公升（即266亿升，下文均以升计），与2008年产量相比略少。这样相对稳定的产量使得2009年葡萄酒供应量并没有出现大量过剩（与1997年、2003年、2007年和2008年基本相同）。出现这种情况是由于2009年产量处在中等偏低的水平与国际葡萄酒结转库存较少。实际上，各种葡萄酒的生产和库存在世界各地区差异很大。

欧盟27国在经历了2005年和2006年的葡萄酒中等产量（约为173.5亿升）之后，国际葡萄及葡萄酒组织（OIV）预测2009年欧盟葡萄酒产量较低，为159.8亿升，这基本与2008年和2007年的产量相同。事实上，欧盟3个主要的葡萄酒生产国产量增减相互弥补。法国的葡萄酒产量增长，达到45.6亿升（与2008年相比增加了3.9亿升）；意大利的产量略有增长，为47.7亿升（在2008年基础上增加了0.7亿升）；而西班牙的产量下降，为32.5亿升（在2008年基础上减少了3.4亿升），这也是近些年来该国最低的生产水平之一。事实上，较低的价格使得许多西班牙葡萄种植园主放弃生产葡萄酒，尤其是在里奥哈（Rioja）葡萄酒产区，约15 000吨葡萄被放弃。

德国2009年葡萄酒产量预测为9.2亿升（与2008年相比减少0.811亿升），希腊为3.6亿升（比2008年减少0.273亿升），两国都出现产量下跌。在欧洲南部地区除法国之外仅有葡萄牙的产量提高，2009年葡萄牙的葡萄酒产量预测为6亿升（与2008年相比增加8%），接近该国2007年的生产水平。

在欧盟的新成员国中，2009年的主流趋势仍然是产量增加，其中罗马尼亚的葡萄酒产量预测为5.6亿升（与2008年相比增加0.441亿升）、匈牙利为3.4亿升（与2008年相比增加0.06亿升）、保加利亚为2亿升（与2008年相比增加0.383亿升）。

在欧盟27国之外，我们的初步分析发现2009年葡萄酒产量变化较大，并最终导致了2009年葡萄酒产量与2008年相比整体上轻微下降（中国的葡萄酒产量不计入在内）。

2009年美国葡萄酒产量略有升高，达到20.6亿升（不包括葡萄果汁和未发酵葡萄汁），升幅6.6%。澳大利亚的一些葡萄种植区受到了由干旱引发的火灾的影响，再加上澳大利亚许多葡萄种植园主破产，澳洲葡萄酒产量在2009年下降6.24%，约为11.6亿升。阿根廷2009年的葡萄酒产量预计为12.1亿升，大减2.54亿升（不包括葡萄果汁和未发酵葡萄汁）。智利的葡萄酒产量预计为8.8亿升。

在经历了多年的产量增长之后，南非的葡萄酒产量在2009年降低了7%，达到9.8亿升。2009年新西兰葡萄酒产量几乎保持不变，处在2亿升的水平。2010年初，南半球葡萄酒产量预计将加速下滑。

在澳洲，葡萄酒的产量过剩已经演变成结构性危机。行业和专业协会预测澳洲葡萄酒产量过剩达25%。许多葡萄种植园正在放弃种植葡萄或限制投资。墨莱溪谷（Murray Valley）的葡萄种植园主预计该地区的葡萄酒产量将达到10年来的最低。因此许多种植者尝试削减灌溉和肥料的使用，而这将使得2010年的澳洲葡萄产量大幅下降，霞多丽葡萄（chardonnay）的产量将下降约30%。

2010年新西兰的葡萄酒产量预计也会出现轻微下降。新西兰2008年和2009年的葡萄产量约为28.5万吨，而2010年即便有2 000公顷的新葡萄园进入生产期，葡萄产量或将在26.5万~28.5万吨。在南非，受过强的日照、大风和缺乏灌溉的影响，2010年用于生产葡萄酒的葡萄产量可能会达到124万吨，降幅达到6.5%。

在阿根廷，国家葡萄酒协会（National Wine Institute）预测2010年该国的葡萄产量将出现大丰收，且质量优异。葡萄产量将比2009年的产量提高8%，实际上2009年阿根廷的葡萄产量是该国10年来的最低水平。2010年阿根廷两大主要葡萄产区——门多萨和圣胡安（San Juan），将会一共出产222万公担葡萄（与2009年相比增加9.2%）。其中

香港，亚洲新的葡萄酒之都

2008年，中国香港特区政府取消了葡萄酒进口关税。香港随即成为了一个真正的高品质的葡萄酒中心，事实上，高品质的葡萄酒已经在中国新的富人群体中成为了社会地位的象征。2009年，在香港的葡萄酒拍卖额超过5 000万美元，香港因此超过纽约和伦敦成为全球范围内重要的葡萄酒交易中心。截止到2009年3月31日的财年中，香港共进口0.325亿升葡萄酒，比上年增长35%。香港今天已经成为高档葡萄酒的存储中心，但中国大陆的进口葡萄酒仍需征收高额关税。令人奇怪的是，中国人最欣赏的葡萄酒是一种波尔多葡萄酒——拉菲酒庄酒（Château Lafite），该葡萄酒在18世纪就已被视为王子专属葡萄酒。

危机改变葡萄酒市场的运行规则

全球经济和金融危机极大地扰乱了国际葡萄酒市场的平衡和逻辑。世界主要经济体的经济增长放缓、葡萄酒需求减少和出口下降导致葡萄酒库存不断增长，进而对葡萄酒库价格构成下行压力。这种情况导致诸多与葡萄酒产业相关公司（酒吧、进口商、贸易商等）的破产。许多葡萄酒产业中的战略性参与者通过以其竞争对手不可想象的超低价出售产品进而缩减库存。美国市场的波尔多葡萄酒进口商——迪亚吉奥公司（Diageo & Estate Wines），在2010年宣布该公司将不在美国市场销售波尔多酒，这是35年来的首次。

实际上，今天的世界经济形势产生了一种新类型的葡萄酒市场危机，此危机与通常的日常餐酒危机不同，葡萄酒市场危机从“供应危机”转成“需求危机”。通常，葡萄酒产量大幅增长以及库存水平高企的情况会导致日常餐酒出现危机，进而使得日常餐酒价格崩溃。例如在2004年，世界葡萄酒产量高出葡萄酒中等水平产量约50亿升，至今在许多国家，此危机的影响仍存。

经济危机使得消费者购买力下降以及产生对失业的恐惧。因此受经济危机打击最大的就是价格较为昂贵的优质葡萄酒，特别是香槟酒。因此，2009年前6个月，各出口国对美国的香槟酒出口骤降46.6%。法国香槟联合组织（Interprofession Champenoise）负责管理香槟酒生产，在2009年授权产量从每公顷15.5吨降到每公顷9.7吨。2009年种植的毛收入因此下降近10倍，从每公顷收入2.29万欧元降至每公顷2 700欧元。而在2010年将收入回升至9 200欧元/公顷的中等水平。此处通过控制供应而发挥作用的机制是典型的蛛网现象（Cobweb Phenomenon），即三年以上的香槟酒生产周期导致供应不能根据需求减少而立即做出反应，供给与需求之间总是有差距。目前，香槟酒生产商均在加强控制生产成本。香槟酒的危机持续的时间充满不确定性。

投资者在确定产量上变得更为保守。债务水平增高和融资限制导致许多葡萄酒酿造厂挂牌出售或破产，其中不乏久负盛名的葡萄酒产区，如纳帕谷产区（Napa Valley）和西班牙的一些产区（通过出售抵押的方式）。另外，欧盟27国中实行的永久性葡萄树掘出政策和欧盟新的葡萄酒分类政策目前对于提升葡萄酒价格没有显著作用。葡萄酒生产成本仍然保持不变或上升，葡萄价格也还未增长，特别是在卡斯蒂利亚－拉曼恰产区、意大利南部地区（阿普里亚和西西里）以及朗格多克－鲁西永产区等主要葡萄种植区。

这次葡萄酒危机事实上减少了葡萄酒贸易领域参与者的数量，并强化了各产品之间的竞争（销售商店的数量减少、增加促销和打折等措施）。这种影响在咖啡厅、酒吧、酒店和饭店（当场消费渠道，on trade）以及零售渠道（外卖销售渠道，off trade）都可以感受到。澳洲主要的连锁超市（科尔斯超市和伍尔沃斯超市）的葡萄酒售价越来越低。除了金融危机的影响之外，澳洲还面临着严重的产量过剩，总量估计为10亿升，且该数字预计在今后两年翻一番。2009年末，星座集团结束了与澳洲墨莱溪谷葡萄种植园的所有收购合同。保乐力加公司也终结了在新西兰吉斯伯恩产区的大量合同。

此次危机还加速了葡萄酒零售商和批发商，以及所有葡萄酒供应链上的公司（运输商、贸易商、葡萄酒经纪公司等）的整合。大型公司改变了他们的商业运作模式，特别是避免同一战略性商业区内各葡萄酒品牌的竞争。

同样，主要葡萄酒进口市场的消费者将购买方向转向更廉价的葡萄酒，即经营低档商品增加销售量现象（trading-down phenomenon），该现象使得商家增加廉价葡萄酒的销售。另外，各国政府以及美国某些州政府考虑对酒精饮料（包括葡萄酒）提高消费税以便增加政府税收。在美国的一些限制销售葡萄酒和酒精饮料的州（弗吉尼亚州、北卡罗来纳州、华盛顿州、佛蒙特州和密西西比州）正在讨论放开销售以便增加税收收入。同样，宾夕法尼亚州也正在讨论以自动售卖机销售葡萄酒的可能性。

消费者利用打折时机购买低价葡萄酒的行为也增强了商家这种新的销售趋势。因此美国的野马葡萄酒公司（Bronco Wine Co.）从澳洲购买大量散装葡萄酒以便在美国市场上提供最低价葡萄酒。澳洲葡萄酒产业则担心这些措施在长期将会在消费者心中形成澳洲廉价葡萄酒的印象。同样的现象也出现在香槟酒“去库存”的过程中，超市的香槟酒价格已降至每瓶 10 欧元的警戒线以下。

国际葡萄酒供应链的结构变化似乎已经不可逆转。

门多萨将出产 165 万公担（与 2009 年相比增加 15.4%）；圣胡安的产量则下降，为 57 万公担（与 2009 年相比降低 5.27%）。

在智利，2010 年 3 月末的预测显示该国的葡萄收获量将降低 15%，尤其是白葡萄的产量将会大幅下降。一些葡萄产区的产量将大减，如智利的卡萨布兰卡（Casablanca）的产量将比 2009 年降低 40%。智利减产部分原因是由于 2010 年 2 月末和 3 月初的地震造成的损失，这些地震毁坏了许多智利的酒窖。预计由地震产生的损失约为 2009 年智利葡萄产量的 13%，约合 2.5 亿美元。

除澳洲外世界其他地区的葡萄酒供应和库存都呈降势，这表明在近期有可能出现市场供应紧张

由于产量再次处在较低水平以及结转库存整体上下降，世界葡萄酒的供应可以说是并不很充足。我们在此需要对葡萄酒的细分市场进行深入的分析。

在欧洲，2008/2009 生产年度末葡萄酒库存增加 1.9%，达到 174.18 亿升。欧盟 27 国的葡萄酒平均产量下滑，西班牙（2.85 亿升）和意大利（2.715 亿升）的日常餐酒（又称餐桌葡萄酒，Table wine）产量下降尤为显著。另外，白葡萄酒的库存出现增长（增加 8.574 亿升），而红葡萄酒和粉红葡萄酒的库存降低（减少 5.256 亿升）。在这一时期的法国市场，日常餐酒（减少 2.01 亿升）与法国法定产区葡萄酒（减少 1.5 亿升）的库存均出现下降。2009 年的葡萄酒产量下降未能减轻价格下滑的压力，其中的一个原因是葡萄酒贸易商并未进行采购，而维持观望态度。

由于销售状况艰难，西班牙里奥哈葡萄酒产区酒窖的库存增长了 0.35 亿升，较 2008 年产量增加 6%。按照当前价格，预计里奥哈产区的葡萄酒库存的价值接近 25 亿欧元。

在澳洲，尽管出口和国内需求增长，但

葡萄酒库存量仍接近20亿升，这与2005/2006年度的库存水平相当。另外，澳洲葡萄酒产量下跌、出口增加以及葡萄酒在国内销量上升都未能使澳大利亚葡萄酒市场平衡恢复，葡萄酒价格下行压力依然很大。

在阿根廷，2010年的葡萄酒生产情况预计将与2009年同样将是困难重重，因为在葡萄酒的产量下降之后，葡萄酒库存仍然未能重建。阿根廷生产商的重点是保护浓缩未发酵葡萄汁市场，该市场实际上已经从原来的阿根廷相关机构调节葡萄酒市场的一种工具演变成了一个名副其实的市场。2010年3月末，阿根廷国家葡萄酒协会宣布已经库存量很低，2011年或将会出现梅尔别克（malbec）短缺的风险。

受经济危机打击与传统葡萄酒生产国国内需求降低的双重影响，世界葡萄酒需求下降

2009年世界葡萄酒消费量预计为236.6亿升，与2008年的消费量243.4亿升相比下降明显（减少2.8%）。

在2008年和2009年，欧盟15国整体消费下降的趋势依然持续。除了传统葡萄酒生产国的消费下行，经济危机又影响了需求，特别是对一些进口国来说更是如此。2009年欧盟15国消费量很可能会降低4.8%，达到120.2亿升（比2008年降低了5.8亿升）。

在欧盟15国之外，各国市场的情况均不相同。2009年加拿大和美国（美国的葡萄酒消费曾在2008年首次超越意大利，在2009年达到近27.25亿升）的消费量在持续增加。实际上，经济危机对不同葡萄酒市场的影响不同。超优级（ultra-premium）和豪华级（luxury）葡萄酒受消费者购买能力下降而销量下滑最重。澳大利亚的葡萄酒消费量持续增长，2009年达到5亿升。新西兰的消费量则出现轻微下降。

在南美主要国家，2009年葡萄酒消费量出现下滑，阿根廷的消费量为10.29亿升，智利为2.3亿升，巴西为3.2亿升。同样的消费量下滑情况也出现在瑞士，消费量达到2.9亿升；南非为3.419亿升。

在持续15年的增长以及2007年出现的反弹后，英国的葡萄酒消费量正在逐渐稳定。经济危机的影响和英镑汇率走低使得英国零售商对供应商不断施加压力，要求降价。

综上所述，我们估计2009年世界葡萄酒消费量应在230.6亿~242.5亿升之间（平均值为236.6亿升），因此以平均值比较，2009年的世界消费量比2008年低6.8亿升。实际上，世界葡萄酒消费量在1994~2007年一直呈现增长状态。但在过去两年形势的开始逆转，主要原因就是欧盟的葡萄酒需求在数量上出现下滑。

在美国，值得注意的是美国的“婴儿潮”一代人（baby-boomer）的葡萄酒消费习惯发生了重大变化，而这一群体正是过去20年葡萄酒生产商主要的营销目标。事实上，这些消费者削减了他们对高端葡萄酒的购买量（指每瓶50美元以上的葡萄酒）。因此，葡萄酒的消费将重点关注价格，而越来越少受到“高档化”（premiumization）效果的影响。另外，一些快餐连锁企业也在菜单中引入了葡萄酒。食品零售、酒吧、饭店和餐厅的葡萄酒销售点不断减少，按杯购买葡萄酒的数量也在下降。最后，美国消费者越来越多地在各种外卖渠道购买葡萄酒，购买的葡萄酒从187毫升到5升不等。消费者对廉价葡萄酒的偏爱将使南美国家（阿根廷和智利）以及加州的索诺玛（Sonoma）和帕索罗布（Paso Robles）出产的葡萄酒受益。

根据国际葡萄及葡萄酒组织（OIV）预测，德国2009年葡萄酒总消费量略有下降（下降1.5%），达到202亿升（与2008年相比减少0.497亿升）。尽管经济状况欠佳，2009年全年德国葡萄酒销售，以价值计算升高了1.2%。与在其他发达市场一样，德国消费者将葡萄酒购买地点从酒吧、饭店和餐厅转到了外卖销售点。同样，打折零售超市的销售好于葡萄酒专卖店。

在经过几十年持续增长之后，英国葡萄酒消费量在2008年首次出现下跌，并在2009年再次下降，降至12.68亿升（与2008年相比下降0.803亿升）。另外，新的消费趋势正在形成，如倾向低酒精含量的葡萄酒。2009年，在外卖销售渠道葡萄酒的销售价值增长为45亿英镑（比2008年上升6%），而销售量同样增加为8.6亿升（比2008年增长3%）。香槟酒销售价值与价格也双双增长（均增长4%），但其他起泡葡萄酒的销售增长更快（销售量增加5%，销售价值增长12%），其中特别是西班牙卡瓦酒（Cava）的市场表现尤为突出。这个趋势反映出在英国人们趋向于减少购买香槟酒，转而购买其他价格较低的起泡葡萄酒，如新世界国家生产的朴塞克起泡葡萄酒（Prosecco）。南非葡萄酒消费增长是世界各国消费增长最快的之一，继2008年增长10.4%后，2009年增长了12.3%。尤其是对每瓶高于5英镑的葡萄酒的消费增长尤为显著。

在法国，课税的葡萄酒消费量出现下降，并将在2009/2010年度到达历史低点（约为30亿升），这与前五个年度平均消费量（33亿升）相比降低约9%。在这下降趋势中，法定产区葡萄酒（下降7%）的消费表现优于其他类葡萄酒（下降11%）。但是波尔多法定产区葡萄酒受影响较大，2009年销售量下降20%（2009年为4.7亿升，2008年则为5.8亿升）。

西班牙葡萄酒消费量在2009年达到11.3亿升，出现近几年来最大的降幅（与2008年相比下降11.6%）。原因则是西班牙非法定产区葡萄酒（销售量下降15%，销售价值下降12%）、卡瓦酒和起泡葡萄酒（销售量下降8%，价值下降1%）的消费量出现大幅下跌。另一方面，法定产区葡萄酒销售量增加3.6%，销售价值增加1.7%，而以葡萄酒为酒基的配置酒，如桑格丽亚（sangrias）和夏日红酒（tintos de verano），销售量增加29%，销售价值增长24%。

2009年意大利葡萄酒消费量（24.5亿升）显示出意大利红葡萄酒的消费下降而白葡萄酒的消费则因此受益。意大利葡萄酒消费构成是白葡萄酒占55%、红葡萄酒和粉红葡萄酒共占45%。其他的特点则是散装葡萄酒消费量下滑（下降5%），而瓶装葡萄酒（增加1.1%）、法定产区葡萄酒（增加3.2%）和起泡葡萄酒（增加17.3%）的消费均出现增长。简而言之，意大利消费者整体上减少了葡萄酒消费，但是转而选择质量更高的葡萄酒。

再次需要强调的是，葡萄酒产量－消费量间的差异与总盈余量并不相符，这是因为存在工业加工的需求。我们估计此类需求在2009年为29.4亿升（中间值），2008年为24亿升，2007年为18.9亿升。这些数字表明目前世界葡萄酒市场正在恢复平衡。

另外，欧盟葡萄酒库存现处于“正常”水平，2008/2009年度末为174.2亿升，比上一年度增加3.3亿升。

公共干预减少

在2008/2009生产年度，葡萄蒸馏酒产量降至19.27亿升，其中6亿升用于生产白兰地（brandy），还有6亿升用于生产葡萄烧酒。葡萄蒸馏的生产主要集中在三大葡萄酒生产国：西班牙（7.18亿升）、法国（8.2亿升）和意大利（3.76亿升）。2009年法国农产品及海产品总局（FranceAgriMer）宣布允许蒸馏0.6亿升的法国地区餐酒（VDP）和日常餐酒中的红葡萄酒，这用以应对日常餐酒中的红葡萄酒的销售下滑。这一干预措施使得大量葡萄酒被撤出市场，从而更好地保证了供需平衡。

在西班牙，面对销售大幅下滑和极低的价格，葡萄酒生产组织在2009年2月要求西班牙农业部紧急蒸馏大约2亿~2.5亿升葡萄酒，价格为1.914欧元/百升/1度。

阿根廷在2008年销售了超过20万吨未发酵葡萄汁之后，2009年市场需求骤降至12万吨。2010年阿根廷未发酵葡萄汁的产量将会与2009年大体相同，但用于生产未发酵葡萄汁的葡萄只占阿根廷过剩葡萄产量的20%，而不是2009年的30%。阿根廷的处罚制度也得到了强化，用以迫使种植者出售葡萄用于生产未发酵葡萄汁。这一策略旨在重建阿根廷红葡萄酒库存，并确保阿根廷发酵葡萄汁的出口量。

价格：根据各国供给情况不同而差异巨大

在法国，无“产品地理标志”（GI）的日常餐酒的价格在2009年显著回升，特别是在2009年9月之后，价格上升明显（红葡萄酒为3.70欧元/百升/1度）。但葡萄酒出口下滑、葡萄酒中间商维持低库存，以及需求乏力等因素抑制了价格上涨的幅度。

欧洲新葡萄酒分类政策的实施催生了无产品地理标志葡萄酒，但需要注明使用葡萄的品种。目前由于此类葡萄酒产量很小，因此并没有对于整个葡萄酒市场产生重大影响。

在2009/2010年度初，无产品地理标志葡萄酒的价格变动比原产地命名保护葡萄酒（AOP）或带有产品地理标志葡萄酒（PGI）更为活跃。始于2008/2009年度末的法定产区葡萄酒价格仍在持续下降。

法国农业生产价格指数（IPPAP）中的法定产区葡萄酒的生产者价格指数在2009/2010年度初与2008/2009年度前四个月相比下降8%。主要法定产区葡萄酒均出现下滑，特别是勃艮地（下降20%）和波尔多（下降9%）。但是需要明确的是，一些法定产区葡萄酒之前已经达到了非常高的价格水平。

在2009/2010年度初，无产品地理标志葡萄酒价格的涨幅高于拥有产品地理标志葡萄酒。拥有产品地理标志白葡萄酒的平均价格为6.80欧元/百升/1度，而拥有产品地理标志红葡萄酒和粉红葡萄酒平均价格为4欧元/百升/1度，这两种酒在2009/2010年度初比上一年度前四个月价格分别增长6%和4%。另一方面，无产品地理标志白葡萄酒的平均价格升至5欧元/百升/1度，无产品地理标志红葡萄酒和粉红葡萄酒的平均价格约为3.5欧元/百升/1度（较上一年度分别增长7%和8%）。

2010年1月初，意大利和西班牙的葡萄酒价格仍在低位徘徊（红葡萄酒类的价格约为2.40欧元/百升/1度）。事实上，意大利散装葡萄酒价格在2009年前6个月与上一年同期相比已经下降了13.3%。西班牙在2009年初夏葡萄平均价格比一年前要低20%~30%。

在卡斯蒂利亚－拉曼恰（Castile-La Mancha），欧盟新法规的实施使得葡萄酒行业决定将欧盟停止给予的补贴转嫁到制作葡萄烧酒的蒸馏厂商，这间接使得该地区葡萄价格与上一年相比下降25%~30%。这种情况进而导致酿酒葡萄的种植园主威胁推迟葡萄采摘，直至确定其基准价格为止。在加泰罗尼亚产区，鉴于2008/2009年度的产量过剩，一些酒窖已经要求葡萄种植者为其采摘的葡萄支付管理费用。

英国近年来葡萄酒税的大幅提高使得葡萄酒价格攀升，一年内平均每瓶葡萄酒价格上升了44便士。持有卖酒执照场所中葡萄酒价格增长远高于大型超市。

澳洲的葡萄酒生产商正面临着葡萄酒产量过剩的危机，而红葡萄酒和白葡萄酒均在其中。一些葡萄酒价格已降至每瓶1.99澳元。业界担心如此低的价格将对澳洲的葡萄及葡萄酒产业在国际市场的形象和声誉造成影响。在国内市场，激烈竞争导致主要连锁超市，如伍尔沃斯（Woolworths）和科尔斯（Coles）的葡萄酒价格不断下跌。澳大利亚葡萄酒生产商的削减产量的力度仍然不够，预计在第一价格区间（1.99～4.99澳元）的葡萄酒销售量将出现增长。这种情况在澳洲的河谷地（Riverland）、墨莱河谷和里弗赖纳（Riverina）出产的葡萄酒尤为明显，其中散装葡萄酒价格可能会降至40澳分/升。另外，大量采购合同未被大型贸易商续订。星座集团（Constellation Brands）宣布霞多丽葡萄酒收购价格将会降至150美元/吨，但其生产成本应在230～300美元/吨之间。另一方面，通过拍卖，澳洲高端葡萄酒的价格涨幅达到60%。澳洲联邦政府已经开始讨论增加葡萄酒消费的税种。如果增加征税，那么这将会改变零售渠道的葡萄酒价格水平和供货组合。之前廉价葡萄酒的价格将会大涨。

在美国加州，葡萄酒产量的增长导致葡萄酒单瓶价格以及饭店中的单杯葡萄酒价格出现下降。美国消费者越来越多地在购买葡萄酒前进行价格比较，而其对于低价格葡萄酒的偏好也与日俱增。售价约为每瓶10美元的葡萄酒销售情况良好。纽约州和新泽西州增加葡萄酒消费旨在降低公共财政赤字，这也将每瓶葡萄酒价格推高了49～99美分。

在加拿大安大略省，产量过剩也导致酿酒葡萄品种（vitis vinifera）的平均价格大跌，用于生产白葡萄酒的葡萄价格下降约7%，用于生产红葡萄酒的葡萄价格下降约8%。

在新西兰，产量过剩导致吉斯伯恩（Gisborne）产区的霞多丽葡萄价格低迷。占该地区酿酒葡萄销售合同近60%的法国保乐力加公司（Pernod Ricard）将收购价定为150美元/吨，而新西兰葡萄种植兼葡萄酒酿造者协会（New Zealand Winegrowers）的数据显示，2008年新西兰霞多丽葡萄平均价格处在1 071～1 342美元/吨。

在阿根廷，由于2008年歉收，2009年初葡萄酒价格上升约30.4%，这导致阿根廷市场葡萄酒销售下降。阿根廷大型葡萄酒公司转而进口了超过0.3亿升的智利日常餐酒来应对本国供给的减少。优质葡萄酒的价格也在上升。从2009年初至2010年3月，高品质的梅尔别克酿酒葡萄的价格也从2美元/千克上涨至3.5美元/千克。

智利在公布葡萄产量预测之后（智利地震发生之前），用于酿造普通葡萄酒的葡萄价格平均上涨20%。随后的地震导致葡萄酒库存量下降，预计降幅达20%；散装葡萄酒价格因此大幅上涨，从1.2万智利比索上升至1.9万智利比索。

国际葡萄酒贸易分化，最具活力的葡萄酒产品受到青睐

2009年，法国和西班牙在国际葡萄酒出口市场的份额下降，这与澳大利亚、智利和意大利的出口量增长形成鲜明对比。后者

的成功来自于通过调整供应量以及产品价格来快速适应经济危机下的国际葡萄酒市场。

2009年对法国葡萄酒出口而言异常艰难。葡萄酒销售量骤降（与2008年相比出口价值降低19%，出口量降低8.7%）。法定产区葡萄酒受世界经济危机的影响最为严重：香槟地区（与2008年相比下降27.9%）、波尔多（与2008年相比下降23.2%）、勃艮地（与2008年相比下降22.5%）、博若莱（Beaujolais，与2008年相比下降16.2%）。日常餐酒则出现轻微增长（与2008年相比上升0.3%）。在2010年前3个月，出口形势开始逐步改善。

根据西班牙葡萄酒市场观察机构（OEMV）的数据，2009年伊比利亚半岛的葡萄酒出口价值为17.18亿欧元（与2008年相比减少13.5%），出口总量为15.09亿升（与2008年相比总量减少9.7%），但国际葡萄及葡萄酒组织（OIV）宣布该地区出口量仅有14.4亿升。另外，出口平均价格下降4.2%，为1.14欧元/升。起泡葡萄酒的价格下降更为明显（与2008年相比减少19.8%）。散装法定产区葡萄酒与日常餐酒的价格下降幅度相同。只有加香葡萄酒的出口增长（与2008年相比，出口价值增长6.6%，出口量增长2.9%），如味美思类酒（vermouths）。西班牙对意大利的出口下降最大，与2008年相比出口量的降幅达56.7%。

意大利葡萄酒出口在2009年达到18.6亿升（与2008年相比增长1.1亿升）。意大利葡萄酒在美国和中国的市场份额下降（与2008年相比减少19%）。但是，意大利对欧盟几大葡萄酒市场（法国、德国和英国）的出口则表现强劲（增长率达到10%～30%），对俄罗斯的出口则增长了一倍。

2009年，德国葡萄酒出口量略增（与2008年相比增长0.1亿升），但各出口目的国的出口情况不同。在德国葡萄酒的主要出口市场——美国市场，与2008年相比，德国葡萄酒出口价值降低10%，出口量降低8%。但是这一跌幅要小于美国整体葡萄酒进口的降幅。德国对英国的葡萄酒出口价值和出口量齐降（与2008年相比分别降低22%和19%）。但德国葡萄酒出口受益于目前市场偏好低酒精葡萄酒以及果味葡萄酒（fruity wines），事实上德国葡萄酒的生产特点正好可以满足此类市场需求。德国对其第三大出口市场荷兰的出口价值和出口量齐升（出口量与2008年相比增长10%，出口价值相比增长12%），出口价值达到5 000万欧元。在其他欧洲市场，德国以价值计算出口取得了两位数增长，如对爱尔兰的出口价值增长42%，对波兰的出口价值增长29%。

澳元坚挺和大量以散装而非瓶装的形式出口葡萄酒成为了2009年影响澳洲葡萄酒出口的因素与澳洲葡萄酒出口的特点。澳洲葡萄酒出口达到7.75亿升（与2008年相比增长0.8亿升），出口价值达到23亿澳元。瓶装葡萄酒出口减少0.53亿升，而散装葡萄酒与2008年相比出口大幅增加了1.19亿升。从2008年10月起，出口量开始增长，但仍然低于2007年的水平。澳洲葡萄酒主要增长的出口市场是中国、美国、中国香港、芬兰、马来西亚和瑞典。三大澳洲贸易公司占据澳洲葡萄酒出口总量的70%左右，其分别是星座集团澳大利亚公司（Constellation Wines Australia）、福斯特集团（Foster´s Group）和柯斯拉酒庄（Casella Wines）。

美国加州葡萄酒业也未能在此次经济危机中幸免，但是其出口情况要好于其他葡萄酒出口国。出口价值降至9.118亿美元（与2008年相比减少9.5%），出口量则降至3.9亿升（与2008年相比减少16%）。加州出口的葡萄酒约42%进入欧盟市场，价值为

3.8 亿美元。与 2008 年相比，加州对欧盟 27 国的葡萄酒出口量降低了 21%，总价值降低了 22%。越来越多的出口商正放弃瓶装葡萄酒，转而出口散装葡萄酒来缩减运输成本。值得注意的是，美国在 2009 年成为对日本主要出口散装葡萄酒的国家（与 2008 年相比，出口量增长 42%，出口价值增长 34.4%）。

与美国的情况相反，2009 年南非的瓶装葡萄酒出口量增长 7%，而散装葡萄酒出口量降低 18%（为 1.5 亿升）。这是南非深思熟虑之后选择的策略。南非葡萄酒总出口量为 3.89 亿升，价值 7.79 亿美元。在 2009 年南非葡萄酒出口情况较好，特别是在英国市场，南非葡萄酒在外卖渠道的销售总量首次超过法国葡萄酒。另外，南非葡萄酒在瑞典（与 2008 年相比总量增长 18%）和加拿大（与 2008 年相比增长 11%）市场表现尤其出色。

在新西兰，2009 年葡萄酒出口首次超过 10 亿新西兰元。新西兰葡萄酒获得了巨大成功，特别是在澳洲市场，其中新西兰长相思（Sauvignon blanc）葡萄酒（占澳洲白葡萄酒销售量 30%）在澳洲这个传统上由霞多丽主导的葡萄酒市场上占据了领军地位。美国的经济危机也促进了美国对南半球产葡萄酒的进口，其特点是量价比优异。

经济和金融危机对于阿根廷葡萄酒出口产生了非常不利的影响（与 2008 年相比出口量减少 31%）。散装葡萄酒和起泡葡萄酒受影响最为严重。对散装葡萄酒而言，除价格的下降压力外，2008 年红葡萄酒短缺使得阿根廷出口商无法满足市场需求。2009 年，阿根廷散装葡萄酒出口额降低 59%，为 4 200 万美元，出口量降低 65.2%，达到 0.725 亿升。而供给紧张导致了单位出口价格上涨，从 2008 年的 0.42 美元/升涨至 2009 年的 0.58 美元/升。另一方面，阿根廷的瓶装葡萄酒出口价值增长 9%，出口量增长 2%。值得注意的一点是，国际市场对阿根廷梅尔别葡萄酒兴趣日增。

危机终结，复苏已至？

在国际范围内经济和金融危机的影响仍然清晰可见。危机对葡萄酒需求方面的影响以及对价格构成的下行压力显而易见。出口国则根据其自身供应水平选择是否对这种市场情况做出反应。

欧盟虽然实施了新的葡萄树掘出政策（旨在降低葡萄酒生产潜力），但由于缺少短期的供应管理措施，如紧急蒸馏，在危机背景下的需求疲软致使葡萄酒价格出现停滞。欧盟新的葡萄酒产业政策的效果目前还未在市场上显现。

在“新世界”国家，产量过剩仍然存在，特别是在澳大利亚和新西兰，这在很大程度上破坏了国际葡萄酒市场的平衡。虽然存在这些困难，但世界葡萄酒市场的复苏信号已经开始显现。

棉花

棉花可能是过去十年农产品中生产力提升最快的品种。20 世纪以来，世界的棉花单产平均增加了 25%，这对棉花的价格产生了结构性的影响。国际棉花现货参考价格得益于投机资金对整个大宗商品衍生品市场的青睐，Cotlook A 棉价指数从 2007 年 5 月的 54 美分/磅上涨到 2008 年 3 月的 90 美分/磅，这是自 1995 年以来的最高水平。当市场供求关系再次平衡之后，棉花价格于 2009 年初降至四年来的最低水平——50 美分/磅。事实上，世界金融危机导致市场对纺织品与服装的需求骤降，进而引发棉花消费前所未有的下降。随着金融危机结束及世界经济复苏的前景逐渐明朗，Cotlook A 棉价指数开始缓慢回升。截至 2009 年，由于棉花减产和微弱的消费复苏，该指数上升至接近 80 美分/磅。

2008 ~ 2009：棉花价格暴跌，产量和消费量骤降

2008 年初，当北半球（北半球国家的棉花产量占世界产量的 90% 左右）正在制定 2008/2009 年度种植计划时，国际棉花价格已经比去年同期上涨了近 30%，并处在四年来的最高水平。但是相比玉米、大豆、小麦、稻谷和甘蔗等主要农作物，棉花的价格对种植者的吸引力依然不强。

因此，2008/2009 生产年度世界棉花种植总面积下降了约 7%（230 万公顷）为 3 070 万公顷，这是自 2002/2003 年度以来的最低水平。棉花种植面积下降最多的是在美国，下降了 26%（110 万公顷），为 310 万公顷，是 25 年来的最低水平。印度（下降 3%，为 30 万公顷）、巴基斯坦（下降 8%，为 25 万公顷）、土耳其（下降 30%，为 15 万公顷）等国的种植面积也有所下降。相比之下，澳大利亚在旱情结束后恢复了 6.5 万公顷的棉花种植，为 16.5 万公顷。

与 2007 年相比，棉花种植的气候条件较为不利，特别是在美国、印度和巴西。这导致了世界棉花平均单产量（皮棉）从 787 千克/公顷降至 763 千克/公顷，降幅为 4%。然而，这一数据仍高于近五年的平均数值 744 千克/公顷。事实上，与 20 世纪棉花平均单产（低于 600 千克/公顷）相比，科技进步（生物技术）和生产技术的提高（预防病虫害，灌溉、施肥的综合管理）使得近十年来棉花的单产不断提升。

国际棉花咨询委员会（ICAC）预计 2008 年世界 47% 的棉花种植为转基因棉（GOM），它能够抵抗一些农药无法消灭的害虫。转基因棉在中国、印度、美国、巴西、

世界棉花数量情况

单位：百万吨

分布地区＼年度	2004/2005	2005/2006	2006/2007	2007/2008	2008/2009 *	2009/2010 **
世界库存 8 月 1 日	**8.75**	**11.60**	**12.29**	**12.63**	**12.06**	**12.37**
中国	2.45	2.62	3.99	3.65	3.32	3.85
美国	0.75	1.20	1.32	2.06	2.19	1.38
世界产量	**27.00**	**25.68**	**26.79**	**26.04**	**23.42**	**22.04**
中国	7.09	6.62	7.98	8.07	8.03	6.80
印度	4.13	4.10	4.76	5.22	4.93	5.10
美国	5.06	5.20	4.70	4.18	2.84	2.65
巴基斯坦	2.43	2.19	2.15	1.89	1.96	2.13
巴西	1.30	1.04	1.52	1.60	1.21	1.24
乌兹别克斯坦	1.13	1.21	1.17	1.21	1.00	0.90
其他地区	5.86	5.32	4.51	3.87	3.50	3.22
世界消费	**23.71**	**24.99**	**26.45**	**26.50**	**23.25**	**24.08**
中国	8.30	9.44	10.60	10.90	9.00	9.45
印度	3.27	3.66	3.90	4.05	3.86	4.15
巴基斯坦	2.33	2.53	2.63	2.64	2.40	2.47
其他东亚国家和澳大利亚	1.99	1.89	1.87	1.84	1.69	1.72
欧盟、中欧国家和土耳其	2.33	2.11	2.08	1.75	1.43	1.42
巴西	0.94	0.97	1.00	1.00	0.97	0.97
美国	1.46	1.28	1.07	1.00	0.78	0.74
独联体（CIS）	0.61	0.63	0.68	0.66	0.60	0.59
其他地区	2.49	2.48	2.60	2.65	2.50	2.56
世界出口	**7.76**	**9.73**	**8.10**	**8.36**	**6.55**	**7.39**
美国	3.14	3.82	2.83	2.97	2.89	2.60
印度	0.14	0.75	0.96	1.53	0.55	1.25
乌兹别克斯坦	0.85	1.02	0.98	0.88	0.56	0.80
非洲 CFA 地区	0.93	1.01	0.92	0.58	0.47	0.52
巴西	0.34	0.43	0.28	0.49	0.59	0.41
澳大利亚	0.44	0.63	0.47	0.27	0.26	0.33
世界进口	**7.47**	**9.61**	**8.18**	**8.39**	**6.61**	**7.39**
中国	1.39	4.20	2.31	2.51	1.52	2.00
其他东亚国家和澳大利亚	2.07	1.78	1.90	1.86	1.66	1.77
欧盟、中欧国家和土耳其	1.47	1.31	1.34	1.08	0.88	1.01
巴基斯坦	0.38	0.35	0.50	0.85	0.46	0.50
独联体（CIS）	0.35	0.33	0.32	0.27	0.24	0.23
世界期末库存	**8.83**	**12.29**	**12.63**	**12.06**	**12.37**	**10.33**
中国	2.62	3.99	3.65	3.32	3.85	3.18
美国	1.20	1.32	2.06	2.19	1.38	0.68

注：* 为估计值，** 为预估值。

资料来源：国际棉花咨询委员会（International Cotton Advisory Committee）。

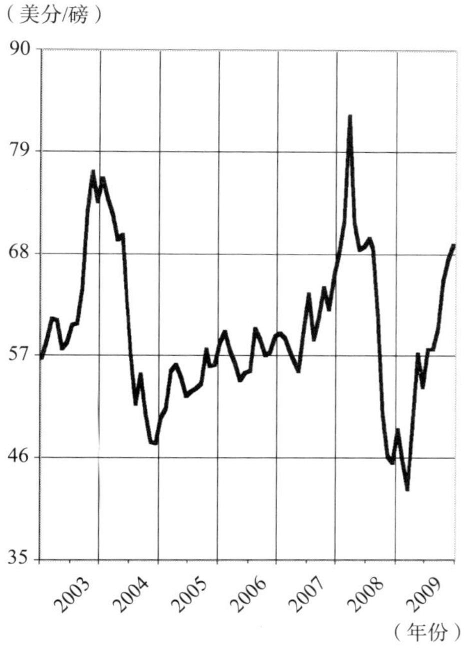

Cotlook A 棉花价格指数

澳大利亚、阿根廷、哥伦比亚、南非、布基纳法索、墨西哥等十几个国家种植，占世界棉花生产和出口总量的一半以上。印度是增加种植各种转基因棉花最多的国家，2008/2009 年度，印度的棉花种植面积占世界棉花种植面积的 30%。

2008/2009 年度世界棉花产量约为 2 340 万吨，同比下降 10%（260 万吨），这是自 2003/2004 年度以来收成最低的一年，从绝对价值上讲，这也是自 1992/1993 年度以来降幅最大的一年。中国棉花的产量基本保持不变，维持在稍高于 800 万吨的水平。印度的产量降至 490 万吨，与上一年的丰产水平相比下降了 30 万吨（降幅 6%）。事实上，印度在产量上已经超过美国。美国的产量降至 280 万吨，同比下降 140 万吨（降幅 34%），是 1989/1990 年度以来的最低水平。巴基斯坦的产量为 196 万吨，同比增加 7 万吨（增幅 3%）。巴西的产量降至 120 万吨，同比下降 40 万吨（降幅 25%）。乌兹别克斯坦的产量同比下降 20 万吨（降幅 17%），产量重新降回 100 万吨。土耳其产量同比下降 23. 5 万吨（降幅 35%）～44 万吨，是 1970/1971 年度的最低水平。非洲 CFA 国家的产量从 55 万吨降至 53 万吨（减少 4%）。澳大利亚的产量从 2007/2008 年度的 12. 5 万吨（25 年来的最低产量）恢复至 33 万吨，平均每公顷皮棉产量为 2 吨。

世界棉花消费量在经过 8 个生产年度的增长之后，棉花消费增长了 40%，达到 760 万吨，在 2009/2010 年度，由于世界性的经济与金融危机导致纺织品和服装消费的下降，棉花消费量从 2 650 万吨降至 2 330 万吨。这主要是因为消费者推迟了购买，加工企业不能获得信贷。

无论是绝对数值（下降 320 万吨）还是相对数值（下降 13%），世界棉花消费的低迷是前所未有的。世界棉花消费处在自 2005 年 1 月多种纤维协定（Multi-Fibre Agreement，MFA）中的纺织品与服装的配额被废除以来的最低水平。

世界几乎所有国家的棉花消费都出现了大幅下滑。自 1999/2000 年度起世界棉花消费增长出现了下滑，中国作为消费的主要推动力在 2008/2009 年度已经开始下滑。中国的棉消费量下降了 190 万吨，这相当于世界棉花消费下降量的一半多。实际上，中国的棉花消费量从 1998/1999 年度的 430 万吨上升到 2007/2008 年度的 1 090 万吨，在 2008/2009 年度却下降到约 900 万吨（降幅 18%）。中国的棉花消费量由占世界消费的 41% 下降至 38%，而中国以外地区的用棉量仅下降了 9%，从 1 560 万吨降至 1 430 万吨。印度工业用棉消费量 390 万吨，下降了 20 万吨（降幅 5%）；巴基斯坦消费量 245 万吨，下降了 18 万吨（降幅 8%）。孟加拉国是较为罕见的工业用棉消费量持续增长的国家，在2008/2009年度，该国的棉花消费由上一年度的67.5万吨上升到74万吨（升幅9%），这是该国10年前消费量（14.5万吨）的5倍。实际上，因为孟加拉国有充足的低成本劳动力，该国在纺织品行业具有比较优势。工业用棉消费量在土耳其降至115万吨，下降了20万吨（降幅15%），这种下降趋势也在发达国家出现。美国棉花消费量进一步下降了12万吨（下降12%），降到78万吨，达到美国一个世纪以来的最低水平；美国消费最高水平出现在1997/1998年度，为250万吨。欧盟27国的棉花消费量降到30万吨（降幅10%），在1985～1986年的消费峰值为210万吨。

2008/2009年度，棉花国际贸易量从2001/2002年度的840万吨下降到660万吨，下降了180万吨，降幅达到22%，降幅前所未有。棉花贸易量占世界棉花总产量的比重也由32%下降到28%（2005/2006年度曾达37%）。中国进口棉花总量下降到150万吨，减少了100万吨，降幅达40%，这是因为中国的棉花产量并未由于消费的萎缩而相应减少。中国的棉花进口量实际上为2004/2005年度以来的最低水平，并比2005/2006年度的进口峰值下降了420万吨。另外，世界其他国家的棉花进口量也缩减了约80万吨（下降14%）。孟加拉国上升到世界棉花第二大进口国，进口量为76万吨（上升7万吨），超过土耳其（63万吨，下降7万吨）和巴基斯坦（47.5万吨，下降41万吨），紧随其后的是印度尼西亚（43万吨）和泰国（35万吨）。

美国棉花出口量比2007/2008年度仅下降了3%（8万吨），下降到290万吨，这是该国2002/2003年度以来的最低水平，但是美国在世界出口市场的份额却从35%提升到44%，这是美国自20世纪50年代以来首次达到这一比率。于2008年通过的美国农业法中涉及的棉花补贴条款比之前存在一些微小差异，这再次保证了美国棉花出口的竞争力，但这种竞争力与美国棉花的生产成本无关。

印度棉花出口降幅达100万吨，从150万吨急降到约50万吨。这是由于印度政府采取了干预措施——对棉花进行储备，以维持棉花收购价格，进而等待棉花价格的回升。乌兹别克斯坦的出口也急剧下降（从89万吨下降37%至56万吨）。非洲CFA国家也是如此（从59万吨下降到47万吨，下降了17%）。巴西的出口量提升到60万吨（上升了22%，约11万吨）。澳大利亚的出口保持稳定，为26万吨（对于南半球国家来说，此数值为2007/2008年度的情况）。

棉花在供给略微超过消费的情况下，2008/2009生产年度末，即2009年7月31日的世界棉花库存增加了2%，达到1 230万吨，相当于6个月以上的世界消费量。中国持有385万吨左右的棉花储备（增加了50万吨），相当于该国5个月的消费量。美国持有140万吨棉花储备（下降80万吨）。印度的棉花储备超过了200万吨（增加了70万吨）。

与其他大宗商品价格的普遍下挫相同，棉花价格在2008下半年开始下跌。Cotlook A棉价指数从8月1日的80美分/磅下跌至11月的52美分（跌幅35%）。2009年1月该指数收复60美分/磅价位；3月份又回落至50美分/磅，这是2005年以来的最低位；7月份市场对于金融危机将提前结束的预期又使得该指数重回至65美分/磅以上。因此，Cotlook A国际棉花参考价格指数的年度平均价格（8～7月份）从2007/2008生产年度的73美分/磅下跌至2008/2009生产

世界贸易组织关于棉花问题的谈判停滞不前时，各国大幅增加补贴

在世界贸易组织中多哈回合贸易谈判（Doha Round）的框架下，关于棉花的谈判是在所有农产品的谈判中最具有代表性的，因为谈判的焦点是，发达国家与非洲的最不发达国家在棉花贸易上进行的不公平竞争的。2005 年 12 月 18 日在中国香港发表的世界贸易组织部长级声明重申：在农产品贸易谈判的框架下，各方需要对棉花问题明确作出有力的、迅速的和有针对性的承诺。2008/2009 年度各国对棉花生产实行的补贴政策包括：生产直接补贴、关税壁垒、农作物收获保险、最低价格保护机制及出口补贴机制。根据国际棉花咨询委员会的统计，这些棉花补贴在 2008/2009 生产年度增长了一倍，由 2007/2008 生产年度的 27 亿美元增加到 60 亿美元（相当于世界棉花总产量价值的 18%，或为世界棉花出口价值的 67%）。其中美国的补贴超过 30 亿美元，中国约 18 亿美元，印度 4 亿美元，欧盟 3.5 亿美元。实际上，棉花价格的大幅下跌使一些国家的补贴机制得以启动以保障国内棉花生产者的收入水平。

2005 年 3 月，世界贸易组织的裁决支持了巴西就美国政府棉花补贴项目的申诉。根据相关农业协议，美国棉花出口担保自 2005 年 7 月 1 日被重新修订，在一年以后，高原棉花（upland）的出口补贴被取消。在巴西的申诉中并不包括取消美国对其 Pima 棉（极品特长绒棉）的出口补贴（巴西不生产此类棉花），因此美国 Pima 棉的补贴依旧存在。每吨的补贴金额之高，让美国的棉花生产商自行要求美国政府改变计算补贴的方法！最后，世贸组织仲裁机构允许巴西对美国实施有限的贸易制裁，双方因此就相应条款展开讨论。

实际上，这些棉花补贴政策对棉花价格的影响相对有限。严重扭曲世界棉花的生产和贸易的美国直接和间接的棉花生产补贴政策在 2007 年的美国农业法（Farm Act.）中几乎未作任何更改，该法案于 2008/2009 年度开始生效，有效期为 5 年。

非洲“C4 国家”（贝宁、布基纳法索、马里和乍得）首先提出了在棉花补贴没有被完全取消的情况下，就他们所遭受的损失进行经济补偿的提案，但未能取得结果。美国对降低甚至取消棉花生产补贴表示同意，但前提条件是对世界农产品补贴政策进行改革。毋庸置疑，这在短期内并不可能实现。

尽管如此，美国的棉花产量近些年来还是出现了下降，从 2005/2006 年度的 520 万吨降到 2008/2009 年度的 280 万吨。然而美国仍旧是当前世界最大的棉花出口国，原因之一则是美国国内的需求低迷。与此同时，中国的棉花产量从 660 万吨上升至 800 万吨。2007/2008 年度印度成为世界第二大棉花出口国，然而 6 年前，印度曾经是世界第二大棉花进口国。2008/2009 年度印度政府将棉花最低收购价调高约 40%，印度的半国营机构以保护价略高于国际棉花价格，收购了超过 200 万吨的棉花。此外，印度的棉花出口补贴金额为印度棉花出口离岸价的 5%。曾作为非洲棉花主要出口目的地的印度，由于地理位置距离亚洲市场较近，印度的棉花现在已经是非洲棉花的最大的竞争对手。

年度的61美分/磅（跌幅17%），这稍高于2004/2005和2006/2007生产年度的平均价格。

2009～2010：产量下降，消费和价格回升

2009年初棉花价格比上一年同期下降约20%。因此对于生产者来说棉花较其他农作物的吸引力依然不强，其他农作物的价格较2008年上半年的高点虽然出现了巨幅下降，但是仍高于前几年的价格而棉花却不是这样。因此，2009/2010年度世界棉花种植面积或将保持在3 060万公顷的相对稳定水平，这主要归功于上一季许多国家政府对棉花生产采取的补贴措施。中国的棉花种植面积有所下降（降幅12%，下降约72.5万公顷）。印度的棉花种植面积有所上升（升幅7%，约75万公顷），现在印度的棉花种植面积达到1 000万公顷以上，这占世界棉花种植面积的1/3。

2009/2010年度在北半球的棉花采收已经完成，轧棉正在有序开展；南半球的棉花播种也已经完成。世界棉花平均产量估计将达到725千克/公顷，较上季下降5%。中国和美国的气候条件并不利于生产，单产或将分别下降7%和5%。此外，在最近的几个生产年度，世界棉花高产地区（巴西的马托格罗索州（Mato Grosso）以及中国的新疆地区等）的棉花种植扩张出现放缓，低产地区所占比重有所上升，这就阻碍了世界平均单产的提高。因此，2009/2010年度，世界棉花产量估计在2 220万吨，较上一年度同期减少120万吨，降幅6%。这是自2002/2003年度以来的最低的产量，也是连续第三年减产，较2004/2005年度的丰产记录相比减少480万吨（降幅17%）。中国的产量减少到680万吨减少了约16%（120万吨）。美国的产量减少了4%（10万吨），达到270万吨，为该国20年来的最低水平。乌兹别克斯坦的产量减少了5%（5万吨），达到95万吨。棉花种植因为与其他农作物相比不具有竞争力，土耳其棉花的生产下降了15%，达到37.5万吨，是1965/1966年度以来的最低水平。相比之下，印度的产量增加了3%（17万吨），达到510万吨（世界第二大产棉国）；巴基斯坦增加了2%，达到210万吨；巴西的产量则维持在120万吨的水平。

随着金融危机即将结束的前景逐渐明朗，工业用棉量的回升比之前预想的要快。根据国际棉花咨询委员会的统计，2009/2010年度的世界棉花消费量将上升2.8%（约60万吨），重新回到2 390万吨的水平。其中增长的一半来自于中国，中国棉花消费量预计达到930万吨（增加3%），占世界总消费的38%，但是比2007～2008年的消费水平高点仍下降了160万吨（降幅14%）。中国以外国家的用棉量将达到1 460万吨的水平。印度的消费量预计增加27万吨（增幅6%），达到413万吨。巴基斯坦增加10万吨（增幅4%），达到255万吨。美国的工业消费量预计下降6%（4万吨），达到74万吨。孟加拉国的工业消费量或将达到78万吨，增幅为5%，这是该国棉花消费量的新纪录，孟加拉国将超过美国成为世界第六大棉花消费国。欧盟国家的棉花工业消费量预期下降10%，达到27万吨。

棉花的国际贸易量预计上升7%（50万吨），从660万吨升至710万吨，占世界棉花产量的比率上升到31%。中国的进口量预计将达到180万吨（增长30万吨，增幅18%）。土耳其的进口量将达77.5万吨（增长14.5万吨），稍超过孟加拉国的76.5万

吨（增加 0.5 万吨），紧随其后的是巴基斯坦的 55 万吨（增加 7.5 万吨）。

美国 2009/2010 年度的棉花出口量预计为 240 万吨，较 2008/2009 年度下降 50 万吨（降幅 18%），成为 2001/2002 年度以来该国的最低水平。美国占世界棉花出口市场的份额可能降到 33%，因为印度的出口将从 51.5 万吨回升到 125 万吨（增幅 140%）；乌兹别克斯坦（80 万吨，增幅 42%）、非洲 CFA 地区（53 万吨，增幅 12%）和澳大利亚（35 万吨，增幅 33%）的出口量可能也将增加。巴西的出口量预计下降 37%，达到 38 万吨，这是 2008/2009 年度的情况。

国际棉花贸易商深受 2008 年 3 月初纽约期货市场棉花价格急速上升的打击。事实上，在投机买盘的推动下棉花期货价格大幅上涨（因为当时棉花的消费疲软，因此与棉花市场的基本面或许并不相符），使得贸易商需要对其持有的头寸追加保证金，金额之大前所未有，这就给一些棉花贸易商造成了致命的打击。其中，国际四大私人棉花贸易公司之一——达利文家族公司（Dunavant Enterprises），在 20 世纪初是世界最大的棉花贸易商，此轮危机中深受打击，并被路易达孚集团（Louis Dreyfus）旗下的世界最大的棉花贸易公司——爱伦宝棉花公司（Allenberg Cotton）收购。2009 年 8 月，美国商品期货交易委员会（CFTC）因怀疑棉花价格曾经被投机资金操纵而介入调查，但是调查结果是否定的。

如果 2009～2010 年棉花消费大于产量的假设成立，那么截止到 2010 年 7 月 31 日的世界棉花储备应当缩减到 1 050 万吨，这是 6 个生产年度以来的最低水平，这相当于 5 个月零 1 周的世界用棉量。估计中国持有棉花库存约为 310 万吨（下降 75 万吨），相当于该国 4 个月的消费量。美国的库存将低于 100 万吨（下降 40 万吨）；印度的库存将低于 185 万吨（下降 15 万吨）。

棉花价格在 2009 年下半年保持升势。Cotlook A 指数自 2009 年 8 月 1 日的 64 美分/磅到 12 月末 79 美分/磅，上涨了 23%。因此 Cotlook A 指数在 2009/2010 年度前半年（2009 年 8 月至 2010 年 1 月）的平均价格达到了 70 美分/磅，比上一产季同期上升了 6 美分（升幅 10%）。国际棉花咨询委员会预测 2009/2010 整个年度的 Cotlook A 指数平均价格将达到 72 美分/磅（在 95% 置信区间下为 68～76 美分/磅），这比 2008/2009 年度上升了 11 美分（升幅 18%）。

2010～2011 产季的展望

2010 年 1 月北半球 2010/2011 年度的棉花播种开始在即，此时的棉花价格比上一年同期高出 33%，达到 1997 年以来的最高价格。伴随谷物价格的下跌和棉花生产成本的相对稳定，相对高的棉价或将使棉花种植者在 2010 年播种更多的棉花。

因此，国际棉花咨询委员会预计 2010/2011 产季世界棉花播种面积将扩大到 3 200 万公顷，提高了 5%。假设生产天气条件“正常”，国际棉花咨询委员会预计棉花产量将达 755 千克/公顷，相比 2009/2010 产季增加 4%，但是仍低于前 3 个产季的水平。

这表明，在连续经历 3 个产季的下跌后，世界棉花总产量将上升 8%（190 万吨），但仍低于 2004/2005 至 2007/2008 产季的生产水平。所有国家的棉花产量都将增长，例如中国（增加 60 万吨，增幅 8%）、印度（增加 23 万吨，增幅 4%）、美国（增加 66 万吨，增幅 24%）和巴基斯坦（增加 12 万吨，增幅 5%）。

国际货币基金组织（IMF）修正了对世界经济增长率的预期（2010 增长 3.9%，2011 增长 4.3%），工业用棉消费量或将持续复苏，2010/2011 产季达到 2 450 万吨（增加 60 万吨，增长 2.5%），其中 955 万吨（占比 10%）的消费量将来自于中国。这种消费增长将集中在亚洲、南美洲和土耳其。北美洲和欧洲的消费水平将维持原状。

棉花国际贸易量将增长到 740 万吨（增加 20 万吨），这主要由于中国进口的增长，中国棉花进口预计将达到 210 万吨（增加 30 万吨，增长 15%）。棉花市场需求的恢复将使美国的出口受益。美国的棉花出口量将超过 230 万吨（增加 24 万吨，增幅 10%），而印度的出口将维持在 125 万吨的水平。

2010/2011 产季末的世界棉花库存量将只略微高于 1 000 万吨的水平，这是 2003/2004 年度以来的最低水平，相当于不足 5 个月的世界棉花消费量。

这些关于棉花市场供求的预测表明 2010/2011 年度的国际棉花价格将持续坚挺。

羊毛

2009 年 2 月底的羊毛价格是近几年来的最低水平（722 澳分/千克）——这与 2008 年 10 月羊毛价格急剧下跌后几乎是同一水平。此后，在波动率很大的市场环境中，羊毛价格持续回升。在 2009 年年底，以澳元计价的澳大利亚羊毛交易东部市场指数（eastern market indicator，EMI）显示，羊毛的价格为 879 澳分/千克，此为 2009 年澳洲羊毛价格的最高点。而以美元计价的羊毛价格的上升趋势则更加明显。从 2009 年 3 月到 6 月间，羊毛价格强劲上涨。在稳定了两个月之后，从 8 月开始，羊毛价格又再次上扬。2009 年 12 月初，以美元计价的澳大利亚羊毛交易东部市场指数达到了 818 美分/千克。这样的价格变动趋势不仅反映了羊毛市场基本面的变化，同时也反映出了澳元/美元汇率的巨大变化。从 2009 年 3 月到 10 月，澳元/美元汇率出现了巨大上升，从接近每澳元兑换 0.60 美元的水平稳步上升到每澳元兑换 0.90 美元的水平。

18 微米、尤其是 19 微米细羊毛的价格走势与澳大利亚东部市场指数在 2009 年 12 月上涨时的走势十分一致，尽管此两类羊毛在之前的已经达到最高值。另一方面，超细和极细优等羊毛的走势却与之不同：17 微米和 16 微米超细羊毛的价格远离了其历史价格的平均水平，在 2009 年中它的价格只增长了 1.1% ~2%，并在 2009 年 5 月达到当年中的最高价格。在有 15 微米羊毛报价的 2009 年个别月份当中，统计数据显示其涨幅在 3% 多一点，并在 2009 年 10 月达到 2009 年的最高价格。

羊毛市场整体的良好表现并没有使 2009 年的羊毛价格高于 2008 年前三季度的价格水平，并且低于 2007 年的价格。

新西兰优等羊毛（小于 25 微米）的价格以一种大幅波动的方式发展，2009 年 3 月份大幅上涨，6 月份却突然下降，然后在 11 月份再次上升。以新西兰元计价，该羊毛价格在 2009 年间的波动范围为 500 ~ 1 700 新分/千克之间！

粗羊毛是新西兰羊毛产品的代表，它的价格在 2009 年第二季度也经历了大幅波动，它的最高价格达到了 387 新分/千克。

在南非，2009 年全年兰毛价格良好的增长势头从未被打断。南非开普敦羊毛美利奴羊指标由年初为 4 708 南非兰特/千克，上升到 12 月底 6 074 南非兰特/千克。羊毛在南半球的另外两个羊毛生产与出口国的价格也上升了。在乌拉圭，超细美利奴羊毛的价格几乎翻了一番，从 2009 年 1 月份的 2.80 美元/千克上升到年末的 5.45 美元/千克。科里的羊毛（Corriedale）中细羊毛的价格上升了40%以上，半细羊毛的价格上升了30%以上，粗羊毛的价格上升了25%以上。在阿根廷，羊毛月度参考价格——波拉纳（Prolana）的表现类似于乌拉圭羊毛价格的走势：20微米的羊毛价格在2009年全年上升了90%以上，27微米的羊毛价格上升了52%。

随着世界主要羊毛生产国和出口国羊存栏量的减少，羊毛产量持续降低……

据澳大利亚羊毛产量预测委员会的预计，澳大利亚羊毛产量的持续下降已经开始放缓。2009～2010年澳大利亚羊毛年产量的预测与2009年7月的预测保持在同一水平上，即3.3亿千克（比2008～2009年的产量减少了3 200万千克）。在澳大利亚北部和西部及新南威尔士州等羊毛主产地的持续干旱是解释澳大利亚羊毛产量下降的原因。

最近对澳大利亚羊存栏量的估计表明，2009年7月1日澳大利亚共存有7 160万只羊，这比一年前减少了530万只。在羊毛产量方面，2008～2009年，已剪羊毛的羊的数量比前一产季下降了10%，并且预计2009～2010年该数值会继续下降9%。但是，每只羊的出毛率预期将增加0.3%。

在过去的十年当中，澳大利亚供应的羊毛在细度的构成方面发生了重大的变化。超过25微米的羊毛已经从占羊毛总量的11%上升到14%，上升了3个百分点。而19.5微米的细羊毛则从14%升到了36%。最大的变化发生在22微米到24微米之间的羊毛，它们从占1998～1999年羊毛总产量的41%下降至2009年的16%。这种情况是羊毛生产者在对羊毛和羊肉的价格比较后决定增加超细羊毛产量的结果。此外，我们还需考虑到在过去的十年当中，澳大利亚的羊毛产量已经下降了44%这一事实。

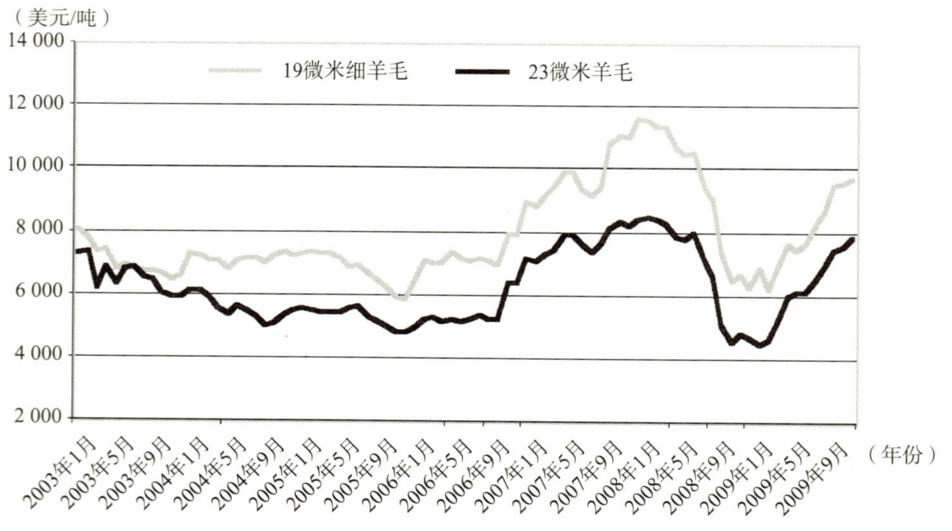

澳大利亚羊毛价格

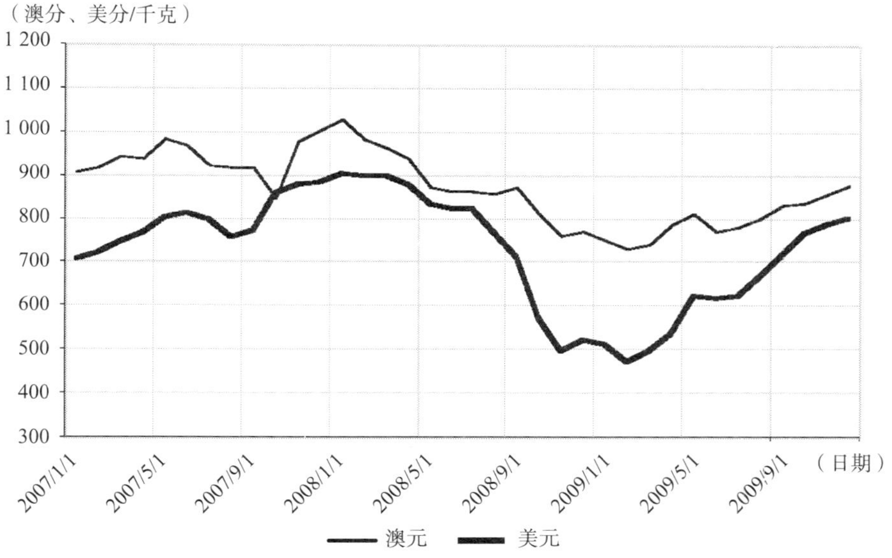

澳大利亚羊毛价格（东部市场指数）

在新西兰，羊的存栏数量也在减少。2009 年 6 月 30 日，估计存有 3 235.7 万只羊，这是继在 2007～2008 年下降了 11.4% 和 2006～2007 年下降了 4% 之后，再次下降了 5.1%。而在 21 世纪的头几年，新西兰羊存栏数量曾达到 4 000 万只。饲养羊盈利的下降和新西兰北部严重的干旱使该地区的羊存栏数量下降了近 9%，而偏向生产奶及奶制品的新政策则是新西兰羊的存栏数量减少的主要原因。同时干旱也在相当程度上降低了羊在 2008～2009 年的产羔率（相比上一生产年度下降 12%）。另外，在新西兰持续三年的干旱之后，新西兰东海岸饲养者对流动资金的需要迫使其增加出口和降低母羊存栏量，这将导致 2009～2010 年新西兰新出生羊羔数量的进一步降低。

新西兰羊毛生产的特点表现在其庞大的粗羊毛的产量上。31 微米以上的羊毛占新西兰羊毛总产量的 89%，半细羊毛（25～31 微米）占 4%，细羊毛只占 7%。

新西兰的羊毛生产商公布了一系列的措施意在增加羊毛在非传统产业领域的应用。例如，在建筑业用羊毛产品作为隔热材料，即从环保的角度利用羊毛产品。短期内，新西兰两个主要的羊毛生产合作组织将联合起来供应羊毛，目标是提高目前新西兰粗羊毛的低价格。

在南非，羊存栏数量似乎与上一饲养年度的数量大致相同，联合国粮农组织（FAO）的估计为 2 500 万只左右。在过去的十年中，南非与澳大利亚的羊毛供应经历了相同的发展过程。在南非出售的 19 微米及以下的超细羊毛的数量从占总量的 7% 上升到了 15%。20～21 微米的羊毛也从 33% 上升到 53%。但是，22～24 微米的羊毛从 56% 下降到了 30%。

位于德拉拉纳（La Lana）的乌拉圭秘书处表示，2009 年乌拉圭的羊存栏数量达到该组织有记录以来的最低水平。估计是 889.9 万只，与 2008 年相比下降了 5%（将

未脱脂羊毛

单位：千吨

项目＼年度	2003/2004	2004/2005	2005/2006	2006/2007	2007/2008	2008/2009
世界产量	**2 121.2**	**2 139.4**	**2 152.0**	**2 120.6**	**2 074.8**	**未定**
其中：澳大利亚	475.0	475.0	461.0	430.0	400.0	362.0
中国	373.9	393.2	394.9	398.8	400.7	395.0
新西兰	217.2	215.3	224.5	217.6	205.8	157.6
独联体国家	145.9	152.9	157.5	159.2	159.2	—
阿根廷	70.9	75.0	72.0	70.0	65.0	54.0
伊朗	53.9	53.9	53.9	53.9	53.9	—
乌拉圭	35.0	36.0	44.4	45.0	41.0	37.0
南非	46.4	46.5	45.9	46.5	48.4	47.9
土耳其	45.8	46.2	46.0	45.5	45.5	46.0
印度	44.6	44.9	45.2	45.2	45.2	46.4
英国	42.5	42.5	43.0	40.0	41.0	—
巴基斯坦	41.0	41.0	39.7	39.7	39.7	41.0
摩洛哥	40.0	40.0	38.0	38.0	38.0	40.0
主要出口国						
其中：澳大利亚	502.0	547.0	543.0	567.0	477.0	439.0
新西兰*	136.6	138.2	148.4	143.5	136.9	115.4
乌拉圭	44.5	43.6	59.1	67.6	55.8	49.7
阿根廷	61.3	62.6	56.9	67.6	67.9	48.1
南非	29.0	26.2	25.6	27.1	27.9	27.2

注：*为洗净羊毛。

资料来源：澳大利亚农业资源经济局（Abare），新西兰肉类和羊毛协会（Meat and Wool NZ），南非羊毛公会（Cape Wool），各国资料。

近50万只）。十年来下降超过了30%。这是一个长期人们饲养羊意愿下降的结果，因为羊毛相对于其他农作物价格的变化使生产者更青睐后者。但奇怪的是，随着乌拉圭气候的变化和旱灾愈加频繁的发生，更加耐旱的羊却未受到农业生产者的青睐。乌拉圭的肉牛养殖业（该产业利润更高）持续把羊饲养业挤向乌拉圭更加边缘的地区。除了增加奶生产及减少羊存栏数量之外，饲养者还在羊毛与羊肉的生产之间重新进行了搭配，这均使得羊毛产量进一步下降。

根据阿根廷联邦议会的信息，该国目前的羊存栏数量为1 235万只。在2007～2008饲养年度的大幅度下降之后，羊存栏数量在2008～2009饲养年度又下降了6%。在这两个饲养年度中，由于阿根廷主要羊饲养地区的严重干旱引起的羊存栏数量的下降超过了20%。再加上阿根廷一些贫困地区羊的出毛率较低，这些因素共同导致了阿根廷的羊毛产量降低了21%。鉴于阿根廷一些省份的情况十分危急，政府计划向该地区的羊饲养者提供“Ley Ovina”的资金援助项目，以应付它们所面临的严重资金短缺。2/3的阿根廷羊都分布在巴塔哥尼亚地区（Patagonie），该地区经历了最为严重的干旱，潘帕地区（Pampa）占15.4%，美索不达米地区（Mesopotamie）占10%。在巴塔哥尼亚地区南部，饲养结构的特点是以超过5 000只羊为单位的大面积的饲养。十四年来，阿根廷波拉纳质量计划以提高生产实践（羊毛生产，剪羊毛和羊毛市场销售）和对附属羊毛生产商生产羊毛的质量认证逐渐提高了阿根廷羊毛的质量并更好地适应了国际羊毛市场的需求。为了促进波拉纳质量计划的推广，羊毛出口商给参与波拉纳质量计划的羊毛生产者的羊毛价格每千克比正常价格多3美分。羊种的改良继续和多用途的美利奴羊（Merino multi-proposito）的引入——美利奴羊已占阿根廷羊存栏量总数的7.5%。今天，阿根廷细羊毛的产量约占阿根廷羊毛总产量的60%，半细羊毛为38%。

羊毛出口略有回升

世界羊毛的五大出口国（澳大利亚、新西兰、南非、乌拉圭和阿根廷）在2008~2009羊毛年度的羊毛出口量下降了13%。但从2009年下半年出口又开始回升，尤其是南非、乌拉圭和阿根廷的出口迅速上升。但与此同时，新西兰羊毛的出口则持续下降（1%），澳大利亚的羊毛出口则到11月份才开始增长。增长原因似乎主要源于进口商对羊毛最终产品需求的略微增长。因为2009年下半年，印度（增长26%）和中国（增长19%）羊毛的进口产品强劲增长。然而，欧洲的羊毛进口则呈现明显下降（下降32%）。印度和中国仍然是含羊毛的纺织品与服装的主要生产国和出口国。中国则是目前世界上出口羊毛产品最大的国家。

根据澳大利亚农业资源经济局（ABARE）的报告显示，2008~2009年，澳大利亚出口的羊毛达到4.47亿千克，比上一羊毛年度下降了9%以上。其中的72%出口到中国，近8%出口到欧盟，7.5%出口到印度。中国对澳大利亚羊毛的进口增长了4%，而欧盟的进口下降了40%以上。新西兰2008~2009羊毛年度比2007~2008羊毛年度的羊毛出口下降了15%以上，为1.154亿千克。其中对中国的出口占其出口总量的36%，比去年增长了11.4%。对欧盟国家的出口则下跌了27.8%。2009~2010羊毛年度的新西兰羊毛出口预计将有15.8%的强劲增长。

南非在2008~2009羊毛年度出口到中国的羊毛增长了53%，一共达到2 120万千克。其中在2009年下半年，在总量为1 900万千克的南非羊毛出口中大约有1 500万千克出口到了中国。

乌拉圭在2008~2009羊毛年度出口量达到了4 970万千克，与上年相比下降了近11%。中国仍然是乌拉圭羊毛出口的主要国

> 促进羊毛消费的行动正在进行当中。英国查尔斯王子本人就是英国格洛斯特地区（Glousestershire）的一个羊牧场主，他正在领导一场全球使用羊毛的运动，该项运动不仅要促进羊毛在服装领域的使用，而且还基于羊毛可作为持久纤维的特性，促进其在房屋内部的使用。

家，甚至是其唯一的出口目的地；其中未脱脂羊毛出口额的97%是对中国出口。

阿根廷2008～2009羊毛年度出口到中国的羊毛占其羊毛出口总量的比例只有24%，而出口到德国的占20%，出口到意大利的占13.6%。2009年下半年，阿根廷羊毛出口量大幅上升，其中对中国的出口上升，目前已占到阿根廷羊毛出口总量的29%。阿根廷细羊毛的出口比例在2009年下半年也有所上升，占其全部出口羊毛比例从41%上升到45%。

2009年，全球羊毛产品的需求进一步遭到削弱。例如，2009年下半年的前五个月，意大利的羊毛进口巨降了73%。中国和印度则是继续支持世界羊毛需求的国家。根据澳大利亚农业资源经济局的预测，2010年初向中国和印度出口的羊毛将分别增长25%和57%。

在中国，其国内羊毛市场正在蓬勃发展。在中长期内，由于中国居民收入水平的逐渐提高，中国国内羊毛服装的需求预计将持续增长。羊毛的消费（尤其是对男式西服和羊毛衫、羊绒衫的消费）在2009年下半年增长了15%。短期内，对澳大利亚生产的作为出口纺织品原料的羊毛的需求应该持续增长。但2009年上半年，纺织品的出口价值大幅下跌了15%。其中，主要是羊毛服装的下降。世界经济衰退持续影响到了一些国家对这些产品的需求。从2009年1月到10月，欧洲从中国进口的羊毛制品下降了17%，而且到2010年年底之前，欧洲的需求将不会得到改善。

对羊毛的需求（特别是对直径为20～25微米的羊毛）在很大程度上取决于羊毛与棉花、涤纶和腈纶的比价。2009年羊毛价格略有升高，削弱了羊毛对其他纤维的竞争力——虽然从2009年3月开始，棉花的价格已经上涨了50%，涤纶价格上涨了25%，腈纶上涨了30%。事实上，替代品的出现是必然的，在过去的十年当中，羊毛的产量已经显著下降，而替代羊毛的产品的产量则相应增加。

皮革

美国具有代表性的皮革——得克萨斯重皮（heavy texas leather），在2009年初为37～38美元/张，在随后的两个月持续下降并达到2009年内的最低价格，为26～27美元/张。在这之后，它的价格开始缓慢上升，6月的价格达到了40美元/张以上；11月达到65美元/张；年底价格为61美元/张，这比2009年初的价格上升了70%以上。实际上，在2009年下半年的皮革价格大幅上涨，包含了在美国和世界主要市场销售的所有类别的皮革。巴西原皮的价格在2009年几乎翻倍。巴西最主要的出口皮革——蓝湿皮（wet blue），在2009年初的价格为0.70～0.75美元/平方英尺，随后它的价格便开始上涨；6月达到0.8美元/平方英尺；12月升至1.15美元/平方英尺。2009年巴西蓝湿皮价格共上升了50%以上。阿根廷的生皮价格2009年全年上涨了80%以上。欧洲的生皮价格也出现了上涨，法国的涨幅在16%～26%；德国为26%～34%。

产量的下降

皮革是肉类加工业的副产品。美国农业部之前曾预计2009年世界皮革的供给将下降2%以上。实际上，美国牛肉产量下降2%、阿根廷产量下降13%和中国下降4%，并不能被巴西产量增长4%和印度产量增长5%所弥补。实际上，美国的活牛屠宰量在2009年下降了2%，它在2010年还将继续下降。2009年的前6个月中，每一周的原皮产量都在增长，但2009年下半年开始的数周，产量突然开始下滑，随后又逐渐恢复正常，达到60万张/周。美国的牛存栏量在2009年末与2010年初估计为9 370万头，较2009年1月1日下降了1%，当时为9 450万头。

美国：牛皮价格（现货价格）

资料来源：巴黎经济研究观察中心。

巴西的牛存栏量在近几年也出现下降。在2005年还是2亿头，2008年就只有1.91亿头，这主要是因为屠宰量上升。在2009年屠宰量的下降使人们可以预计在近三年牛存栏量下降之后巴西正在重建其牛存栏量。2010年，巴西的牛屠宰量可能会达到3 800万头，但因为2009年的危机使原料牛皮库存增加，数量在500万～800万张，因此2010年巴西的原料皮供给可能在4 300万～4 600万张。

2009年春季阿根廷的制革业正在经历近年来最大的危机。疲软的需求使生产商不得不将生皮进行盐腌，并减少甚至暂停生产。阿根廷的牛存栏量在近两年下降了10%，这主要是因为干旱，但也是因为阿根廷政府颁布了意在减少出口的政策，这就使得对畜牧业的投资下降。在2008年和2009年阿根廷的屠宰量上升，这是因为干旱使畜牧业饱受其害，因而不得不提高屠宰量。另外，阿根廷的牛肉消费量一直保持在高水平，约为每人70千克/年。2009年阿根廷的牛存栏量估计约为5 230万头。

在中国也是一样，皮革的生产由于受到不利的贸易条件影响而下降，这对小的生产者来说尤为明显，还要经常面对不断增加的生产成本。

在羊皮领域，澳大利亚即使羊存栏量出现下降，仍然是世界主要的羊皮生产国。根据联合国粮农组织的报告，澳大利亚的产量占世界羊皮产量20%。2009年澳大利亚羊皮的年度平均价格较2008年下降了39%；但在2010年第一季度澳洲羊皮的价格重新回到了2008年的水平；尽管如此，羊皮价格仍然只为过去5年平均价格的50%～60%。

皮革行业供给的集中与市场需求的全球化

世界皮革贸易中有一些必不可少的参与者——中国、美国和巴西，这一直都是主要的皮革生产商和世界皮革与皮革制品贸易的重要参与者。近几年，一些新兴国家加入了该行业，如越南和印度，这两个国家获取了相当一部分的市场份额。

2009年全年美国原料牛皮出口波动幅度巨大。在2009年的第22周（5月份）美国的出口量达到了其最大值，几乎达到140万张。在这之前的几周出口量的波动巨大，随后美国的原料皮出口量开始下降，直到2009年的第48周（11月份），出口量已降至20.1万张。2009年美国原料牛皮的出口为3 172.5万张，较去年下降1.6%；蓝湿皮出口占其中的20%。美国出口至欧洲的（尤其是意大利）原料皮数量下降了20%；出口至日本的原料皮下降了34%；出口至中国的原料皮上升了15.7%（2009年中国占美国原料皮出口总量的52%，而2008年该比率为48.6%）；出口至中国台湾的原料皮增长了16.3%（占美国出口的7.8%）；对印度和其他亚洲国家的出口占美国出口总量的32%，2009年美国对这些国家的出口下降了近9%。

根据巴西皮革协会（CICB），在2009年上半年世界市场对巴西原皮几乎没有太多的需求，巴西原皮的价格因此极低。正是巴西的国内需求，拯救了一些曾在破产边缘的制革公司。正常情况下巴西的国内需求不超过巴西原皮产量的36%，2009年这一比率达到了40%。

世界皮革的产量

单位：千吨

分布地区＼年份	2003	2004	2005	2006	2007*	2008**
·牛皮						
世界产量	**6 051.2**	**7 557.8**	**7 625.7**	**7 703.0**	**7 735.1**	**7 750.4**
其中：中国	1 322.1	1 361.8	1 382.8	1 382.8	1 382.8	1 382.8
美国	1 045.6	962.1	949.4	949.4	949.4	949.4
巴西	770.0	792.0	850.0	886.0	914.2	914.2
欧盟	890.2	880.4	855.9	845.3	840.8	814.9
印度	410.0	404.0	400.0	396.0	390.0	386.0
阿根廷	375.2	428.9	427.6	402.1	405.0	405.0
俄罗斯	229.1	222.7	202.8	183.2	180.1	182.4
·绵羊皮						
世界产量	**1 753.6**	**1 825.1**	**1 802.7**	**1 811.7**	**1 953.5**	**1 964.7**
其中：中国	327.3	333.7	340.5	361.8	361.8	361.8
欧盟	199.7	197.9	204.1	201.6	205.1	205.5
新西兰	102.0	140.0	140.0	140.0	140.0	140.0
澳大利亚	137.4	121.4	129.5	137.2	150.4	147.7
印度	55.4	56.2	56.7	57.4	58.0	58.7
伊朗	57.6	57.9	58.5	64.8	64.8	64.8
·山羊皮						
世界产量	**924.7**	**1 011.2**	**1 032.6**	**1 004.6**	**1 044.2**	**1 053.8**
其中：中国	286.9	330.8	353.9	351.9	351.8	351.7
印度	129.6	129.6	129.6	129.6	130.0	130.1
巴基斯坦	111.4	120.0	121.3	89.0	91.5	94.0
孟加拉国	44.6	48.0	51.4	55.2	59.2	63.6

注：* 为估计值，** 为预估值。
资料来源：联合国粮食及农业组织（FAO）。

在 2009 年年底，国际需求开始出现回升，这使得巴西 2009 年全年共出口了 2 370 万张原料牛皮。根据巴西制革委员会（BTC）的数据，巴西原料皮出口价值同比下降了 42%，这主要是因为皮革和原皮价格低迷。

2010 年巴西皮革出口在数量上预计将与 2009 年保持在同一水平上。蓝湿皮是巴西原料牛皮的主要出口品种，尽管巴西制革业的生产成本较高，较其他出口国家的竞争力差，2009 年蓝湿皮的出口仍占巴西原料牛皮出口总量的 40%。巴西蓝湿皮的第一出口目的地是中国（50.5%），随后是意大利（37%）、中国香港、美国、越南及墨西哥。2009 年美国汽车销售的崩溃和建筑业的不景气对巴西制革工业的出口造成了巨大打击。这种危机也促进了巴西制革行业的集中：巴西的洁百士（JBS）是世界第一的肉类销售和制革公司；Mafrig 集团公司在购买了乌拉圭的泽达皮革公司（Zenda Leather）51% 的股份之后现在是世界第四大制革公司。

中国的皮革贸易在2009年也出现了下降。根据中国皮革协会（CLIA）的分析报告，中国具有一定规模皮革、毛皮及制品公司的数量为1.6万个，从业人数约500万人。2009年中国皮革进口大幅下滑。3月中国政府允许进口生皮直接加工为皮革制品后复出口加工贸易；允许进口生皮加工为半成品革或成品革结转至皮革制品企业，并加工为皮革制品复出口加工贸易。尽管如此受到经济危机的影响，1～9月中国的原皮进口量还是下降了3.53%，蓝湿皮的进口量则下降了35%以上。前11个月中国半成品革出口量下降了21%，进口量下降了16%；成品革出口量下降了22.5%，进口量下降了23.8%。根据中国工业和信息化部的报告，中国制革企业2009年的产值增长了0.4%，皮革制品生产企业的产值增长了10.4%。2010年初，中国700余家大中型制革厂（即年销售收入500万元以上的企业，译者注）拥有有效运行的污染控制系统。事实上，中国政府的目标是消除皮革生产带来的污染，并使皮革产业在保持高产量的基础上，更加注重提升产品的质量。在2009年年底，中国工业和信息化部明确表示，希望中国皮革企业采用中国皮革协会制定的生态皮革标志（ELM）的质量标准，其中包括产品的质量、制革中添加的化学品的质量、对污染物的处理和企业的社会责任。

在2010年第一季度，根据中国皮革协会的报告；中国制革企业中只有安装了污水处理设备的工厂可以从事生产，不安装污水处理系统的企业将被强制关闭。这一举措显示出了中国政府治理制革工业污染的决心。

估计约有1 000家的原料皮年加工能力在3万张以下的中小型制革企业将因为达不到环保要求而逐渐消失。

印度制革业每年生产约20亿平方英尺的皮革（占世界总量的10%）；印度主要生产中心位于泰米尔纳德邦（Tamil Nadu），占总产量的45%；西孟加拉邦占总产量的26%；北方邦（Uttar Pardsh）占总产量的18%。尽管在2009年年底印度的皮革出口量增加，但2009年全年印度制革业的产量下降了10%左右。

鞋的全球化

世界上50%的皮革产量用于生产皮鞋，10%用于服装生产，10%用在家具行业。近几年来，汽车工业的皮革需求量逐渐增长，并占据了皮革总需求中的很大比例。2009年中国成为世界第一大汽车市场，共销售了约1 350万辆汽车，其中部分标准车型装配了皮革座椅。

根据联营价值公司（CVA）提供给意大利鞋业协会（ANCI）的一份研究报告，2009～2013年世界皮鞋产量的价值每年增长4.5%。而2009年世界皮鞋的销量下降了2.3%。其中美国市场下降了9%，美国市场在2008年占全球皮鞋市场的31%。在德国和法国情况相对好些（各占全球皮鞋市场的6%）。相反，中国（占5%）的皮鞋销量可能增长了约4.3%。

制鞋工业属于中国的基础消费品制造业，也是一个具有高度竞争力的工业。尽管受到经济危机的影响，2008年中国的皮鞋产量约为33.2亿双；2009年前11个月的产量约为35.9亿双；而2003年中国的产量只有18亿双，这凸显了中国皮鞋产量的巨大增长。目前有两个因素可以对中国制鞋业构成威胁：一是中国人民币的升值，这将使一些中小型制鞋业的利润大幅下降；二是中国从事制鞋工业的劳动力将越来越少，这是因为该行业的工资较低，工作强度大且人员管理不规范。根据中国相关管理机构，中国的制鞋企业应该提高员工的福利和改善工作环境，以吸引大量的农民工从事该行业。

中国生产的大部分皮面皮鞋是销往美国和欧洲的，2009 年这两个市场需求大幅下降，这正解释了中国皮面皮鞋出口价值下降约 8% 的事实，这也是 9 年来中国皮面皮鞋出口的首次下降。在 2009 年上半年，中国皮面皮鞋出口了 4.2 亿双，价值下降了 24.8%，数量下降了 14.7%。2009 年下半年情况有所好转。在美国的皮面皮鞋市场，几乎所有的鞋均来自进口，特别是中国产品占进口总量的 85%；中国已经控制了美国中低价皮鞋市场。美国高质量鞋市场由意大利、西班牙和葡萄牙占据。中国将改变在美国和其他美洲国家市场的销售策略，提高产品的质量，增加名牌产品的销售，并将建立中国企业自己的销售网络。

与此同时，中国国内市场正在高速发展，中国的鞋消费将会从目前的每人 1.2 双/年增加到 2012 年每人两双/年。

巴西制鞋业在 2009 年生产了 8 亿双皮面皮鞋，预计 2010 年将为 8.5 亿双以上。目前巴西从事该行业的人数约为 34 万人。2009 年巴西的皮面皮鞋出口下滑至 1.26 亿双，比上一年下降 23.7%（2008 年为 1.65 亿双）；以价值计算则下跌了 27.7%，这明显体现出了皮鞋价格的下降。美国是巴西主要的出口市场，随后是阿根廷、巴拉圭和英国。然而在 2009 年，出口至美国皮面皮鞋的数量下降了 25% 以上，为 2 800 万双；在 21 世纪初巴西对美国的出口量增为 1 亿双。巴西制鞋工业预计 2010 年皮面皮鞋产量将会提高 7%，并“收复”在一些国家中的市场份额，这是因为这些国家推出了针对中国皮鞋的反倾销措施。

越南也成为了世界皮面皮鞋和皮革制品贸易的重要一员。越南拥有 800 家左右的制鞋企业，每年生产 7.8 亿双左右的皮面皮鞋。根据越南工商部的报告，越南在 2009 年前 11 个月的皮面皮鞋出口下降了 16%。但是由于 2009 年 12 月以及 2010 年前两个月的形势开始出现好转，2010 年越南的皮面皮鞋出口价值或将增长 10% ~15%。实际上，越南 2010 年第一季度的皮鞋出口价值已经达到了 10 亿美元，这相对于 2009 年同期增长了 10%，越南也因此成为世界第四大皮面皮鞋出口国。欧盟是越南皮鞋出口的第一大目的地，随后是美国和日本。尽管欧盟设有 10% 的进口关税，但 2009 年欧盟仍占越南皮鞋出口量的 50%，美国为 30%。

越南制鞋工业有许多优势：如有丰富的原料，经验丰富的劳动力和制造在国际上公认的品牌产品所需的设备，另外还有越南政府提供的优惠政策。尽管如此，越南制鞋业所需成品革的 80% 均依赖进口。这种情况是因为越南的许多地区反对在本地建设皮革厂。越南皮革和鞋业协会（VLFA）表示，越南制鞋工业不仅依赖进口的原料，而且越南制鞋企业的品牌、技术均被外国企业所控制。实际上，在越南皮面皮鞋出口下降之后，该国制鞋工业计划开拓本国国内市场，并提高目前越南市场的皮鞋消费量。

意大利鞋业协会（ANCI）表示，2009 年 1 ~9 月意大利皮面皮鞋产量下降了 12.9%，而 2009 年意大利皮面皮鞋的出口下降了 19.5%。该协会预计，市场或将在 2010 年出现好转。

烟草

根据联合国粮农组织报道，2008 年世界原烟产量达到 680 万吨，这是过去 5 年来的最高水平。这一趋势在 2009 年将继续发展，产量有望达到 700 万吨以上。另外，用于种植烟草的面积将保持稳定，但某些大型烟草生产区产量的提高导致世界烟草产量略微上升。

烤烟（flue - cured）作为世界上生产和销售最多的一种烟草，其产量的上升主要是由于中国烤烟的产量上升——中国烤烟的产量几乎占世界总量的一半。2009 年中国烤烟产量达到 235 万吨，这是过去 10 年来的最高水平。同时这一产量几乎完全用在本国的消费中，在中国，烟草的生产和经营由国家烟草专卖局（STMA）垄断控制。在近几年中，国家烟草专卖局一直鼓励生产商提供更优质的烟叶。

巴西是世界第二大烤烟生产国，其产量在过去几年逐步下降。2008 年比 2007 年下跌 5%，达到 60.8 万吨。2009 年的产量将在 59.5 万吨左右。2009 年印度的烤烟产量增加了 4%，以适应本地消费的上升及出口需求。印度 20.4 万吨烤烟在安得拉邦（Andhra Pradesh）拍卖交易中以 103.50 卢比/千克的平均价格成交。虽然这种情况对印度生产者来说非常有利，但是他们还是担心来自中国的竞争。尤其是印度烟草委员会已决定将安得拉邦的烟草生产能力限制在 17 万吨，使得这种担心更为明显。而同期安得拉邦的烤烟实际产量超过 20 万吨。

在美国，2009 年烤烟产量估计为 23.36 万吨，比 2008 年增长 3.3%。2008 年之前其产量也在提高，这种情况主要发生在美国最大的烤烟生产地北卡罗莱纳州。2008 年支付给烟草生产者的平均价格介于 1.80 美元/磅至 1.85 美元/磅之间。

津巴布韦，这个非洲的烤烟的头号出口国和世界第六烤烟出口国的烤烟产量似乎正在回升。其烤烟产量从 2000 年的 23.7 万吨下降到 2008 年的 4.2 万吨。从那以后，我们已经看到 2009 年其烤烟出售增加到 5.8 万吨。根据烟草业与营销委员会（TIMB）估计，2010 年津巴布韦的烤烟产量有望达到 8 万～10 万吨。2009 年，其烤烟销售额达到 1.75 亿美元，烤烟平均价格为 2.97 美元/千克。

白肋烟（burley）仅占世界烟草生产总量的 12%。在 2009 年其世界产量比 2008 年增加了 13%。

马拉维，这个 2009 年的头号白肋烟生产国和出口国，其产量达到 18.5 万吨，远远领先于竞争对手巴西和美国。白肋烟生产者受到烟叶价格上涨的鼓舞——2008 年该烟草的价格达到 3 美元/千克。烟草是马拉维主要的出口产品，其烟草收入在2008年达到了5亿美元，2009年增加到6亿美元。在2010年拍卖时，其白肋烟的平均价格则为1.5美元/千克，而2009年同期的价格为1.20美元/千克。

马拉维高度依赖烟草业，因为烟草为其带来主要的外汇收入。多年来，烟草生产与销售带来的财富不仅使该国人民的生活水平得以提高，而且为该国创造了大量的就业机会。马拉维烟草行业直接或间接地雇用的劳动力占其就业人口的80%，但是仍有40%的马拉维人口生活在贫困线以下。马拉维在包含182个国家的联合国人类发展指数表中排列第160位。

在美国，白肋烟产量继续下降，由2007年的10.2万吨下降到2009年的9.1万吨。这一减少的主要原因是对卷烟需求的下降，以及越来越广泛的禁烟运动。

香料烟（亦称东方型烟）的产量在2009年较2008年增加了13%，但是，这仍然比21世纪头几年少得多。土耳其是全球头号香料烟生产国和出口国，但在2009年产量下降到1945年以来的最低值，只有8万吨，比2008年下降33%。英美烟草公司（BAT）收购了由土耳其国家烟草垄断组织泰克尔（Tekel）掌控的卷烟制造厂，从而导致了在土耳其境内上百个烟草加工中心的

原烟

单位：千吨

项目＼年份	2003	2004	2005	2006	2007	2008
世界产量	**6 532.6**	**6 737.1**	**6 382.0**	**6 665.8**	**6 228.4**	**6 881.4**
其中：中国	2 262.7	2 410.0	2 505.5	2 687.5	2 397.1	2 836.7
巴西	656.2	919.8	878.7	889.4	908.6	850.4
印度	490.0	598.0	598.0	552.0	520.0	520.0
美国	364.1	398.8	290.1	329.9	353.1	360.2
印度尼西亚	210.3	141.0	141.0	146.2	164.8	169.6
马拉维	94.3	106.1	93.6	121.6	118.0	160.2
土耳其	160.3	133.9	135.2	98.1	74.5	100.0
古巴	25.6	31.7	34.5	29.7	25.6	21.5
世界进口	**2 207.9**	**2 517.2**	**2 461.9**	**2 533.6**	**522.8**	—
其中：俄罗斯	280.7	273.0	291.6	271.8	309.9	—
美国	261.1	257.5	224.0	234.2	229.2	—
德国	195.3	240.9	248.7	249.2	212.1	—
荷兰	109.7	169.4	171.7	168.5	119.9	
世界出口	**2 168.0**	**2 444.1**	**2 429.3**	**2 445.2**	**2 628.1**	—
其中：巴西	466.0	579.4	616.4	566.0	694.4	—
美国	156.9	165.8	152.9	180.0	187.8	—
印度	120.6	135.4	142.7	158.2	173.3	—
中国	183.7	184.7	167.8	149.4	168.8	—
马拉维	103.0	93.2	115.6	156.6	130.1	—
意大利	120.9	116.3	105.6	95.4	113.4	—
土耳其	113.7	114.8	134.2	128.4	111.0	

资料来源：联合国粮食及农业组织（FAO）。

关闭，以及烟草工人的大罢工。2010 年 1 月，英美烟草公司宣布关闭位于土耳其伊兹密尔省（Izmir）的一家工厂以及它从泰克尔手中收购的 5 家工厂，这是因为英美烟草公司需要在同一地点集中生产所有的卷烟。400 名工人都将因此被解雇。英美烟草公司的市场份额占土耳其卷烟市场的 33%，土耳其每年消费卷烟量估计在 1 120 亿~1 350 亿只。

土耳其的产量下降鼓励着其他国家转而生产香料烟。2008 年印度生产了 6 000 吨，并希望在 2009 年生产 7 000 吨。中国预测 2009 年其产量为 15 000 吨，而在 2003 年中国的产量只有 6 000 吨。

烟草贸易依旧利润丰厚

2006~2008 年，世界烟叶出口量每年平

烟草

单位：千吨

项目 \ 年份	2004	2005	2006	2007	2008	2009（预估值）
• 烤烟（Flue – Cured）						
世界产量	**3 757**	**4 036**	**3 949**	**3 875**	**4 176**	**4 305**
其中：中国	700	2 000	2 050	1 950	2 300	2 350
巴西	701	694	632	643	608	595
印度	238	236	242	260	270	281
美国	227	195	210	220	219	222
阿根廷	90	91	81	85	82	87
津巴布韦	68	73	55	73	56	58
孟加拉国	42	42	46	57	53	58
意大利	49	51	48	41	43	43
• 白肋烟（Burley）						
世界产量	**886**	**711**	**724**	**616**	**739**	**836**
其中：马拉维	151	120	123	87	170	185
巴西	144	137	133	105	100	113
美国	128	93	98	102	96	91
莫桑比克	39	44	46	28	43	44
泰国	43	42	40	43	36	43
意大利	52	49	29	36	29	29
• 香料烟/东方型烟（Oriental）						
世界产量	**340**	**355**	**270**	**237**	**235**	**266**
其中：土耳其	109	124	133	71	91	80
独联体国家（CIS）	62	57	57	55	52	52
马其顿	20	24	23	18	26	20
希腊	34	36	17	21	22	21
• 深色晾烟（Dark Air – Cured）						
世界产量	**140**	**145**	**147**	**145**	**142**	**132**
其中：古巴	30	30	30	30	21	22
巴西	10	13	16	16	16	16
意大利	11	11	15	10	10	10

资料来源：环球烟叶公司（Universal Leaf Tobacco），各国资料。

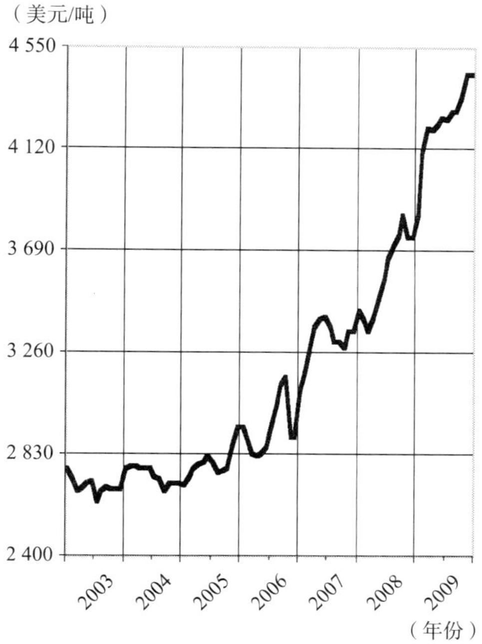

美国原烟进口价格

均为240万吨，价值为70亿美元。巴西是世界头号烟草出口国，其产量超过了美国和印度。巴西南部的烟草产量占全国产量的95%，这是该地最为重要的农业产业，共涉及20多万小生产者。2009年巴西前11个月的烟草出口量达63.8万吨，与2008年同期出口量(65.4万吨）相比略有下降；但其价格大幅提升，上升超过13%。对2010年的预测是，巴西烟草出口量估计为65万吨，出口价值则为30亿美元。其出口主要目的地是欧盟占其总出口的40%，远东地区（即东亚地区，译者注）为21%，北美地区占13%。

美国出口烟草的数量为20万吨，价值为12亿美元。

印度是世界上第三大烟草出口国。巴西的产量下降使印度从中受益，其烟草出口量增加10%，价值增长超过8%。烤烟占印度原烟出口的80%。2008/2009年度，印度的烟草出口量为5.86万吨，第一出口目的地为西欧国家，其后是东欧国家。俄罗斯是世界上最大的原烟进口国。

烟草制造商的阻力

尽管世界上许多国家都实施禁烟措施，但是，卷烟和雪茄生产企业，其中包括菲利普·莫里斯国际公司（Philip Morris）、英美烟草公司和帝国烟草公司（Imperial Tobacco）都取得了优异的成绩。菲利普·莫里斯公司2009财政年度获得的净盈利为63.4亿美元，英美烟草公司为24.6亿美元。

然而，北美地区（在美国，2009年的卷烟销售数量比2008年下降了约8%，）和欧洲的卷烟消费在继续下降；而卷烟在中东、亚洲和非洲销售量仍然居高不下。2008年中国卷烟产量较前一年上升了3.7%。作为一种收入来源，烟草行业在中国经济中占有重要地位，它被国家垄断——因为中国目前对国外进口卷烟征收遏制性高额关税。但这同时导致了走私猖獗。在2013年结束的中国“五年计划”中并未预期发展一个开放型的卷烟市场。中国烟民数量约为4亿，超过中国人口的30%，这占世界上吸烟者的1/4。

烟草种植业继续在经济形势脆弱的地区或在替代农作物难以种植的地方创造就业。科学家们仍在研究如何利用烟草生产生物燃料，且坚持认为：烟草这种新的用途将不会对粮食作物的生产产生影响，就像当今用玉米和大豆作为生物燃料那样。但是我们仍然距离使用烟草生产生物燃料这个目标很远。在法国，从2010年1月1日开始的欧盟直接援助烟草种植者政策的突然取消使一些烟草种植区陷入困境。这将涉及整个欧洲，尤其意大利这个欧盟最大的烟草生产国。目前，欧洲生产的烟草占其自身消费的25%，今后可能将要全部依赖进口。

卷烟

单位：10 亿支

项目＼年份	2003	2004	2005	2006	2007	2008（预估值）
世界产量	**5 732**	**5 845**	**5 918**	**6 014**	**6 141**	—
其中：中国	1 789	1 874	1 942	2 023	2 142	2 290
美国	499	493	490	484	450	327
俄罗斯	385	382	405	410	410	412
印度尼西亚	215	212	226	230	245	240
德国	205	208	212	216	214	—
日本	240	235	211	197	189	—
乌克兰	97	109	120	120	129	130
韩国	122	128	110	119	127	—
土耳其	121	118	120	125	126	123
波兰	82	87	102	111	124	—
荷兰	116	115	118	120	112	—
巴西	134	132	133	127	111	—
印度	92	97	99	106	108	—

资料来源：环球烟叶公司（Universal Leaf Tobacco），各国资料。

– Ⅲ –
热带农产品

注：巴黎经济研究观察中心大宗商品价格指数，商品以美元计价。

热带农产品价格指数

资料来源：巴黎经济研究观察中心。

热带农产品："早餐商品"的价格高企

热带农产品的价格在2009年大幅上扬，似乎这是对在2006～2008年间其他大宗商品价格上涨的滞后反映。几乎所有"南半球产品"的价格均有大幅上升。天然橡胶（马来西亚标准胶SMR20）价格比2009年年初翻了一番，2009年1～12月从130美分/千克上升至280美分/千克。茶的价格（加尔各答、科伦坡和肯尼亚的平均价格）达到了300美分/千克以上，超过了2008年的最高价格（280美分/千克）。国际可可组织（ICCO）的可可价格指数在2009年上涨了30%，年终价格为3 500美元/吨。咖啡也不甘示弱，2009年全年上涨了25%。2009年12月鹿特丹的毛棕榈油交易价格几乎达到800美元/吨，这与其在2008年12月的价格相对低位时相比，几乎上涨了60%。这些情况的产生，尤其要归因于一个事实——即2007年和2008年的热带农产品价格，特别是"热带饮料"产品（如咖啡、茶、可可，译者注）的价格，并未像温带农产品那样大幅地上涨，更不要说与能源和金属的涨幅相比了。实际上，在除去通货膨胀因素后，2006～2008年的"热带饮料"产品价格仍处于1980～2005年的平均价格之下。因此，2009年的一些热带农产品的价格上升体现得更多的是"补涨"，而不是简单的价格回升。在大多数经济体的经济衰退是否结束仍不确定（当然中国和一些新兴国家例外）之时，金融市场正在全球范围内大肆"调配"各国的储蓄进行投资，昔日的中国"巨人"（即比喻中国对大宗商品的需求）与"贪婪的"交易员已从过去的"肇事者"的形象变成了今天的世界大宗商品市场的救星和该市场未来的主宰者。尽管如此，"中国需求"与"交易员"对大宗商品价格变化与波动的影响需要仔细区别，至少对热带农产品市场是这样的。

中国在大宗商品价格上涨预期中的作用

目前，新兴国家的发展（尤其是印度和中国）是促成自2006年以来食品价格高涨以及金融危机刚刚爆发后大宗商品价格持续暴跌的主要原因。年平均收入上升8%～10%的20多亿人口（即中国与印度的人口总和，译者注）中，其饮食结构越来越转向那些富含脂肪和动物蛋白的食品，这就使有些人觉得世界农产品市场将笼罩在短缺的阴影之下。诺贝尔经济学奖得主阿马蒂亚·森（Amartya Sen）加入了这股忧虑和抨击的声浪中。他认为：世界上的富人将会因此挨饿，世界上最穷的人将会因此遭到致命打击。现在已经不是欧盟的“共同农业政策”扼杀贫穷国家了——这个观点出自澳大利亚部长在2001年法国《世界报》上的著名文章，而是中国在扮演这个角色，不久将会是印度。

由世界粮农组织（FAO）出具的数据表明，除了玉米之外，中国和印度最近七年消费的重要农业产品是谷物，其消费的增加与20世纪90年代的增加幅度相比，已经下降。虽然肉类消费继续上升，但是过去五年来，这种增长也趋于缓慢。肉类消费的增长并没有像媒体向公众呈现的那样巨大。就整体而言，根据世界粮农组织和世界银行的报告，中国和印度的收入增长对温带农产品价格上涨的影响实际上是很小的。

另外油料作物与热带植物油则不属于上述情况。自21世纪初，印度和中国特别是中国对油料作物和植物油的进口增长十分迅速。2009年，中国成为植物油和油料作物的主要进口国（2009年进口近4 500万吨的油菜籽和1 100万吨的油和油脂）。当前，中国进口的大豆占世界大豆贸易量的45%，而十年前其进口量还不到10%。当前新兴国家的饮食结构已经在向脂类食品转型，但这些国家居民的平均收入水平还远低于19世纪和20世纪时的前经合组织国家（OCDE）居民饮食结构转型时的收入水平。同时，用油料作物生产生物柴油也对油料作物价格变化起着巨大的作用。美国农业部（USDA）估计，世界上约有10%的植物油是用于制造生物柴油的，这占过去三年植物油消费量增长的1/3。因此可见，收入增长效应对油料作物的价格上涨是通过能源和食品消费体现的。但是人们忘记了，印度和中国各自拥有的农业政策，他们也因此拥有了“本国生产的农产品”。这可以确保这两个国家的粮食进口需求受到控制，因此飙升的农产品价格在某种程度上将会受到阻碍。至于其他的热带农产品，中国的影响是无关紧要的，例如，咖啡、可可和糖。印度的糖产量则对糖的价格影响明显。另外，“热带饮料”的生产商倒是非常愿意看到中国“巨人”眷顾其市场。

“调控政策”重新受到青睐

大宗商品市场的动荡，已经使提倡自由市场的“经济自由主义者”和力主加强监管的“干涉主义者”至少在一点上达成一致，即大宗商品价格反复无常的波动使参与经济活动的行为人分析市场变得越来越困难，因此使资源分配更为低效。历史上，古埃及时代大宗商品库存管理及更广泛的供应调控等方法就已达到很高水平。在20世纪初，欧洲甜菜生产商和加工商又对这些措施进行了新的演绎（即1905年的“布鲁塞尔公约”）。后来美国罗斯福政府的实践以及欧盟“共同农业政策”（common agricultural policy，CAP）的“原始版本”的验证……此后，各国政府政策的天平开始向市场自由化倾斜，尤其表现在20世纪80年代和90年代。现在，这种对大宗商品价格上涨的“市场自由化政策”似乎走到了尽头。“调控”（regulation）带来的好处似乎越来越被人们重新认识和认同。“调控”这个术语在农业政策的议程上重新出现，但是少有人知道这里的“调控”究竟指的是什么。温带农产品市场已经受到高度监管，有些人认为这些监管过于严格。热带农产品市场受农业政策补贴的影响小得多，因此我们可以认为，可能正是因为这个原因，在最近的四年中，热带农产品市场比其他农产品市场更稳定。市场交易员一致认为统治着热带植物油市场的棕榈油市场是近乎完美的国际自由竞争市场。二十年前，使热带饮料价格能够稳定在生产者和消费者都可以接受的、狭窄范围内的、平衡供应和需求的庞大协议，现今早已不复存在。热带农产品市场的“调控”时代似乎也一去不复返了。然而面对“自由化的浪潮”，国际橡胶联盟（International Rubber Consortium Limited，IRCo）是唯一的中流砥柱。

三国橡胶理事会（International Tripartite Rubber Council，ITRC）是由 3 个主要的天然橡胶生产国（泰国、印度尼西亚和马来西亚）以国际天然橡胶组织（INRO）为基础组建的。国际天然橡胶组织在东南亚金融危机之后于 1999 年被撤销。自 2003 年以来，三国橡胶理事会有了类似国际橡胶联盟的特殊责任，其负责市场运作中三种类型的调整：供给和需求平衡的长期调整（重新种植、扩大种植和多样化种植）；天然橡胶出口的短期调整（分期销售，限制出口量）；以及以支持小生产者收入和天然橡胶价格为目的的“战略性”买入与卖出。国际橡胶联盟的市场运作是允许私人机构同意并参与的。该机制在 2009 年得以充分发挥，应当说该机制在实际中的成功运行是远远超过世界粮食首脑会议和某些农业节目提出的口号的作用。欧盟“共同农业政策”的支持者梦想着重建共同农业政策，并向非洲及世界其他地区“出口”此政策，而该政策的模式正是源于“调控”，亚洲在这方面的选择就更多了，他们可以引入国际橡胶联盟的模式……

糖

世界糖市场处于供不应求状态。2009 年糖价格的上涨幅度和糖的价格水平都令人感到诧异！甘蔗灾难性的生产下降使国际糖价上升到了高点。2010 年前几个月千万不要做糖进口商！

事实上，曾有分析师预测出糖价格的走势，2009/2010 年度糖的生产与消费继 2008/2009 年度之后再次出现赤字，赤字超过了 700 万吨。但是在最新的分析报告中未曾指出农产品领域最难以预料的两个因素：天气和种植者的生产意愿。另外，糖市场的外部因素（即石油价格和美元汇率）也成为了糖价上涨的推动力。但当前糖价暴涨的主要因素有两个：一是厄尔尼诺现象，这一现象在巴西导致了过多的降水和在印度引起了干旱；二是印度农民的种植选择。实际上，巴西和印度是影响世界糖市场短期和中期形势紧张的关键因素。

世界糖市场的平衡取决于巴西为不断增长的需求量所能提供的产能。然而，不仅是经济危机对巴西制糖工业造成了影响，而且巴西国内经济形势的变化也使巴西制糖工业产能扩张的条件发生了结构性的变化（2009/2010 年度产量比 2008/2009 年度增长了 200 万吨），因而使得该产业目前处在重组过程中。至于印度，2009/2010 年度的“糖周期”得到确认，糖产量有所提高（相比 2008/2009 年度增长了 100 万吨），2010/2011 年度预计产量将继续提高。因此印度的甘蔗种植面积可能还将增加，尽管如此，印度的增产将会相对有限，因为其他农作物的价格亦有大幅上升，这将影响印度农民的甘蔗种植意愿。

如今世界糖市场如此依赖于巴西和印度，也是 2006 年欧盟的糖业开始实行重大改革的结果，这使得欧盟从糖净出口地区变为了糖净进口地区。目前欧盟需要进口的糖占总消费量的 20%。而来自非加太国家（ACP）和最不发达国家（LDC）的糖供给的增长仍需要很长时间。一方面，金融危机使得这些地区生产者获得贷款更加困难，这就限制了投资，这种情况在非洲尤为明显；另一方面，欧盟又成为了世界上唯一的连续三年糖产量以及单产出现增长的地区。由于欧盟的糖参考价格低于国际糖价，这就使得欧盟糖的出口量将会略高于预期——这是欧盟农业政策的怪论。

国际糖价对市场基本面变化反映迅速：原糖和白糖的期货价格在纽约和伦敦市场，2009 年 1 月 9 日分别为 12.05 美分/磅（265 美元/吨）和 339 美元/吨；2010 年 1 月 9 日的价格分别达到了 27.5 美分/磅（605 美元/吨）和 720 美元/吨，价格增长了一倍多。另外，在 2009 年 7 ~ 12 月，白糖价格的上升放缓，

世界糖的生产、消费和贸易量

单位：百万吨

分布地区＼年度	2004/2005	2005/2006	2006/2007	2007/2008	2008/2009	2009/2010 **
世界产量	**140.7**	**144.9**	**164.5**	**163.3**	**143.8**	**153.5**
其中：巴西	28.2	26.9	31.5	31.6	31.9	35.8
印度	14.2	21.1	30.8	28.6	16.1	17.3
欧盟 *	21.6	21.4	17.8	15.6	13.6	15.5
中国	9.8	9.4	12.9	15.9	13.3	13.2
泰国	5.2	4.8	6.7	7.8	7.2	7.7
墨西哥	6.1	5.6	5.6	5.9	5.3	7.0
美国	7.1	6.7	7.7	7.8	7.0	7.0
澳大利亚	5.4	5.3	5.2	4.9	4.8	4.9
巴基斯坦	3.1	2.6	3.6	4.2	3.5	3.5
俄罗斯	2.3	2.5	3.2	3.2	3.5	3.4
印度尼西亚	2.1	2.1	1.9	1.9	2.7	3.0
哥伦比亚	2.7	2.4	2.4	2.2	2.1	2.6
南非	2.3	2.6	2.3	2.4	2.4	2.4
阿根廷	1.8	2.1	2.4	2.2	2.4	2.3
危地马拉	2.1	2.0	2.4	2.3	2.2	2.3
菲律宾	2.2	2.1	2.2	2.5	2.1	2.2
土耳其	2.1	2.2	2.0	1.7	2.1	2.1
乌克兰	1.9	2.1	2.9	2.0	1.7	1.6
世界消费	**142.8**	**143.0**	**153.0**	**152.2**	**154.4**	**153.4**
其中：印度	20.2	19.8	22.4	23.5	24.2	23.5
欧盟	17.6	16.8	21.0	16.5	16.7	16.5
中国	11.4	11.5	13.5	14.3	14.8	15.4
巴西	10.6	10.6	10.8	11.4	11.7	11.8
美国	9.3	9.3	9.1	9.7	9.7	9.4
俄罗斯	6.3	5.4	6.0	6.0	5.9	5.9
墨西哥	5.5	5.6	5.5	5.1	5.5	5.3
印度尼西亚	3.6	3.9	4.3	4.4	4.4	4.4
巴基斯坦	3.9	3.8	4.0	4.1	4.2	4.3
日本	2.2	2.3	2.2	2.3	2.3	2.2
乌克兰	2.1	2.2	2.2	2.3	2.1	1.9
世界出口	**47.7**	**49.7**	**50.2**	**51.4**	**48.2**	**51.3**
其中：巴西	18.0	17.1	20.9	19.5	21.6	23.9
泰国	3.1	2.2	4.7	4.9	5.5	5.8
澳大利亚	4.4	4.2	3.9	3.7	3.5	3.7
欧盟	6.0	8.3	2.2	1.7	1.1	1.5
世界进口	**45.0**	**46.1**	**45.6**	**44.4**	**46.6**	**49.9**
其中：欧盟	2.5	1.6	4.3	2.9	3.3	3.5
俄罗斯	4.3	2.9	3.0	3.1	2.8	2.4
美国	1.9	3.1	1.9	2.4	2.8	2.2
印度尼西亚	1.5	1.8	2.4	2.4	1.6	1.5
加拿大	1.2	1.4	1.4	1.4	1.4	1.5
埃及	0.9	1.0	0.9	1.4	1.4	1.4
日本	1.3	1.4	1.4	1.4	1.5	1.3

注：* 从2006/2007年起为欧盟27国。** 为美国农业部的预估值。

资料来源：美国农业部（USDA）。

热带农产品

并出现剧烈的价格波动，因为它处在短期供给紧张和中期产量预期增长的双重影响之下。

世界糖市场在2010～2011年或将出现少量的盈余（过剩50万吨），而这种预测的实现还要取决于天气。现在已经有一种“各国争夺以保障糖供应安全”的说法。一些国家（最贫困的国家）已经开始为高企的糖价对社会造成的影响而担忧……毋庸置疑，世界糖市场充满了激情……对冲基金没有认错。

价格上涨：2009/2010年度糖供应量或将增长，但仍然不能满足需求量，尽管需求的增长正在放缓

2009/2010年度世界糖的短缺数量被向上修正，根据国际糖组织（ISO）2009年12月的报告，短缺数量进一步增加至720万吨（德国机构FO Licht的最新分析认为是800万吨）。虽然世界的糖产量较2008/2009年度上升了690万吨（+4.5%）达到1.599亿吨。但是糖消费量增至1.671亿吨，较上一年度增加了380万吨（+2.3%），这是自2008/2009年度出现短缺之后（1 100万吨）第二次出现供不应求。

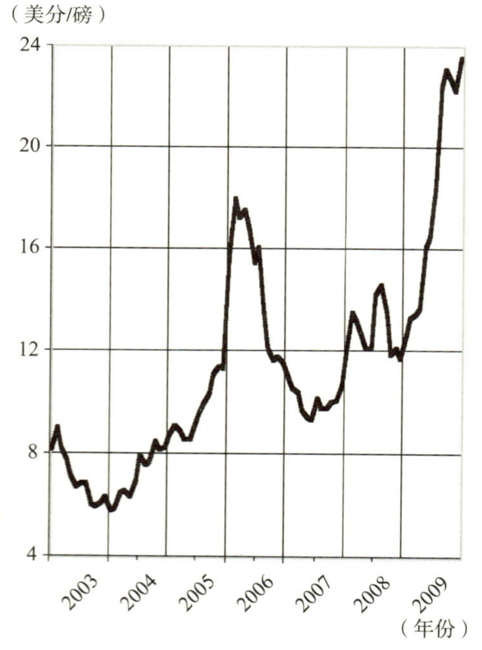

注：国际糖业协定（ISA）的原糖平均价格。

加勒比港口离岸价格

因此，全球糖库存出现下降，糖供应危机的恐惧再次笼罩进口商，之前几年这种情况似乎还不在糖进口商的考虑范围之内，他们当时只想如何降低库存成本。2007/2008年度末的世界糖库存约为7 200万吨；2008/2009年度的糖库存为6 070万吨；2009/2010年度的糖库存仅为5 350万吨。根据国际糖组织数据，2006/2007年度和2007/2008年度新建立糖库存的70%已经用于满足2008/2009年度的需求。因此，2009年世界糖库存量与消费量的比率是20年以来最低的（32%）。

世界糖库存量在2010年将可能继续下降，实际上，糖进口国家在两个糖生产季度之间经常要消耗大量的糖库存。在2010年的前几个月，正是糖现货（尤其是白糖）量的短缺威胁着世界糖市场的平衡。

在世界糖进口国中，印度、巴基斯坦、墨西哥、伊朗和印度尼西亚等国正在继续消耗糖库存；像俄罗斯、乌克兰和中国也均推迟了糖的进口。2009年年底一份报告表明，即使原糖的价格达到30美分/磅，世界糖市场也不会出现大量的额外供应，这可能需要等到2010年3～4月巴西的甘蔗收获。

事实上，世界糖出口可用量已经达到了新的高点，但这只是来自巴西，还有很少一部分来自泰国。这再次表现出世界糖市场对巴西巨人的依赖，该国的糖出口约占世界总出口量的60%。这也就是为什么一些分析

世界糖结余表

单位：百万吨

项目＼年度	2007/2008	2008/2009	2009/2010
产量	167.08	152.98	159.89
消费	160.69	164.32	167.13
剩余/不足	6.4	-11.3	-7.2
进口需求量	48.08	49.87	52.07
可出口量	48.25	49.79	52.08
期末库存	71.99	60.73	53.47
库存/消费比率（%）	44.8	36.96	31.99

资料来源：国际糖组织（ISO）。

人士认为世界糖市场和巴西糖市场是同一个市场。

2010年1月29日，糖的价格创了30年来的新高，在伦敦白糖的价格达到了531.95欧元/吨（交割日期为2010年3月）；在纽约的原糖价格超过了30美分/磅的大关，达到了30.64美分/磅（交割日期2010年3月）。在邻近2010年3月时，波动率很高的糖价出现略微下降。另外，白糖溢价的波动率也很高，2010年1月初白糖溢价在115~120美元/吨；1月底下降至100美元/吨。

事实上尽管出现了全球性的经济危机，世界糖的需求并没有受到太大影响，2010~2011年世界糖的需求保持1.7%左右的增长（过去几年平均增长为2.5%）。糖需求量增长最高的地区是非洲、中东地区和南美洲；增长率最低的是东欧地区和俄罗斯。

我们需要对印度糖消费量的增长密切关注，该国是世界最大的糖消费国，且新近成为了世界最大的糖进口国，目前糖价高企已经对印度需求构成了负面影响。可以预见的是，2010~2011年若糖价继续上涨，糖的需求或将面临更大的压力。尽管如此，印度政府不会对印度基本消费品糖的价格高企坐视不管。

此外，除了欧盟国家，2009年许多国家国内的糖价均出现了大幅上涨。在巴西、俄罗斯和印度糖价甚至增长了90%；在中国和美国分别增长了约20%和37%。这说明，国际糖市场与各国国内糖市场的联系越来越紧密。这是当今世界糖市场的重要变化。

最后，对2010~2011年初步预测显示，世界糖市场可能将出现轻微的盈余，约为50万吨（在2010年2月，糖市场的一名著名的分析师曾认为盈余将达400万吨）。分析家们均认为糖生产将提高，尤其是印度的糖产量将提高。这是因为印度甘蔗种植面积的增加和印度天气将回归“正常”。巴西的产量预计也将增长，产量的初步预测比较乐观，收获看起来将非常好。根据国际糖组织预测，巴西糖产量将比2009/2010年度增加100万吨。2010年巴西仍将是世界糖市场关注的焦点。

巴西巨人的“悲惨的一年”

除了信贷紧缩严重影响了巴西的糖业，天气对巴西的甘蔗种植也不是很有利。自2009年6月，圣保罗州的降雨量比正常时多了3倍，在2009年9月降雨量达到最大值。根据巴西甘蔗行业协会（UNICA）的资料，这次造成了大约200万吨的糖生产的损失。最终尽管甘蔗的产量上升了6%，且甘蔗用于加工成糖的比例提高（与用于加工成生物乙醇相比），巴西的糖产量只增长了5.7%。2009/2010年度，糖和乙醇比率①或将达到55%（上一年度为58%）。

热带农产品

① 糖/乙醇比率=生产糖甘蔗数量/生产乙醇甘蔗数量。

更重要的是，巴西的甘蔗并没有全部被收获，2009 年 12 月底约有 56 万吨甘蔗被搁置在田间，这是因为降雨使得甘蔗生产年度被迫提前结束。在 2009 年 11 月国际糖协会的分析师估计，2009/2010 年度巴西的糖产量将达到 3 516 万吨。在同年 12 月中旬巴西农业机构（Conab）估计巴西的糖产量为 3 460 万吨，而在 2009 年 9 月时该机构的预测为 3 670 万吨。

尽管如此，巴西糖出口仍然保持强劲，国际市场糖价的高企促使巴西的糖出口达到新高。在 2009 年底，巴西糖出口较上年同期增长了近 300 万吨。需要特别强调的是，这些出口量的 50% 可能来自之前几年的生产库存。另外，海运费也是支持巴西糖出口的因素之一，尤其是对亚洲的出口（马来西亚、印度尼西亚和孟加拉国）。因为对糖的海运能力在 2010 年或将出现供大于求的局面，因此糖海运费价格或将保持在低位。

在 2000/2001 生产年度至 2008/2009 生产年度，巴西供给的糖当量（糖 + 乙醇）年均增长达到了 10.7%。根据巴西咨询机构 Datagro 的数据，巴西 2009 ~ 2010 年提供的糖当量（糖 + 乙醇）与 2008 ~ 2009 年相比下降了 2.2%，这是自 2000 年以来的第一次。前几年巴西甘蔗产业的兴盛吸引了大量的投资，这些投资特别来自于一些国际贸易企业和跨国食品企业（ADM、邦吉、嘉吉和路易达孚），以及一些石油公司（英国石油和壳牌），他们受到巴西生物乙醇的诱惑。但 2007 年和 2008 年对巴西甘蔗加工工业来说是艰难的一年，他们需要面对世界糖价格过低，生产成本以及出口成本的提高（将产品运输至港口的成本高昂）。而卢拉总统的社会和经济政策使巴西的劳动力成本上升，再加上巴西货币出现大幅升值，尤其是对美元的升值都使得巴西糖生产商和出口商的竞争力下降。巴西一个糖业集团的经理在 2009 年 12 月份曾对媒体表示：在 2007 年和 2008 年，巴西制糖业整体出现亏损，原因是糖的价格过低，而之前廉价的资金将这种情况掩盖。

更令人惊讶的是，甘蔗生产成本和支付给甘蔗生产者的收购价格带来变化，使一些巴西独立的甘蔗种植者认为他们在 2007 年和 2008 年的生产甚至出现了亏损。但现在巴西糖生产成本的优势与其他糖生产国相比，尤其是与欧洲相比正在逐渐缩小。

另外，还需要注意的是汇率的变化已经成为影响巴西糖出口的主要因素。自 2009 年 6 月起，巴西雷亚尔兑美元上升了 40%。因此，国际糖价格的升高对于巴西出口商来说是大打折扣（2010 年 1 月，1 美元 = 1.74 雷亚尔）。事实上，巴西同澳大利亚一样，是受本国货币升值负面影响最为严重的大宗商品出口国。

但其他的糖生产国则不是巴西这种情况，例如，危地马拉不仅加强了糖的生产，而且其出口受益于本国货币兑美元的贬值。同样，哥伦比亚的糖产量在 2009 年增加了 28%，达到近 260 万吨，该国的出口增加了一倍有余，达到了 100 万吨。

因此，巴西的糖产业需要国际糖价格上涨，巴西生产商在原糖 13 美分/磅以下将没有利润，尤其是在一个强势雷亚尔的情况下。而巴西掌控着世界糖市场 60% 的出口，该国是有能力对世界糖价格构成影响的。

不过，即使是 2009 年糖的最高价格也不能使巴西制糖业重新回到之前的生产增长速度。事实上，在巴西，对相关行业投资的性质以及方式已经发生了变化，资金来源已变为公司的自有资金，投资目的已经变为对现有生产实施现代化改造和巩固。在 2009 ~ 2010 年巴西只有 23 个新的甘蔗加工项目投产，之前计划为45个。在2010～2011年新项目的数量将会下降到11个。在巴西整个甘蔗加工产业中，尤其是一些中型制糖企业甚至是一些大型制糖企业，比小型企业更加饱受信贷紧缩之苦，极为迫切地需要进行整合。根据巴西顾问机构Datagro统计，在巴西约有457个制糖或乙醇的工厂；有160个制糖企业，其中前25家的生产占巴西加工甘蔗量的50%，前五家只占21%。

在巴西，一个新的甘蔗生产模式被称为“集群”（cluster），它是集市场营销、物流和新技术的使用为一身的生产模式，巴西种植者有望因此获益。巴西甘蔗加工商承认甘蔗种植者比他们有更高的提高生产力的潜力。2009～2010年巴西甘蔗的价格上涨，但仍主要取决于糖和甲醇的价格走势，不论是在巴西的国内市场还是在出口市场均是如此；汇率的变动也会对甘蔗的价格造成影响，近几年汇率的变动使巴西甘蔗的价格受损。另外，种植商并未从蔗渣发电或在甘蔗加工厂越来越常用的热电联产中获取收益。这是巴西种植商希望短期内能得到解决的关键问题。在巴西甘蔗单产方面，2009年出现了下降，但是甘蔗产量提高的潜力是巨大的。

最后，2009年12月，巴西最大的糖生产商科赞公司（Cosan）因为其员工的工作条件接近于奴隶，进入了黑名单。尽管这存在有争议，并且有可能只是暂时的，但这起事件最终给2009年巴西糖生产企业打上了“悲惨的一年”的烙印。

尽管如此，巴西的潜力仍然存在。世界的糖需求和巴西国内乙醇的需求都将保持稳定增长，且巴西可用的耕地的数量仍然巨大。2010年根据巴西生产商预测巴西的糖产量将会很高，并且巴西糖生产商的收益也会提高。

印度灾难性的一年，且恢复艰难

世界糖市场已经习惯了印度的生产周期：2～3年的产量增长随后便会是2～3年的产量下降。其结果就是巨大的过剩和巨大的缺口交替出现。印度的糖库存建立在丰产年，且甘蔗价格下跌。印度的甘蔗生长周期很短，因此，在甘蔗价格较低时印度的种植者经常转种其他作物，产量随即下降。甘蔗的价格之后回升，库存量下降，印度的新的甘蔗生产周期就开始了。

印度的糖加工企业认为“印度糖周期”产生的原因包括：天气条件，尤其是季风性降雨量水平（印度种植甘蔗的93%依赖雨水灌溉）；以甘蔗为原料，手工生产的一种被称为印度黑糖（gur）的需求情况；还有甘蔗与其他农作物的价格之比。印度政府管理印度糖市场时需要考虑这些因素。

2009年4月印度政府取消了原糖的进口关税，有效期至2010年12月。白糖免进口关税政策起初仅限于印度国有企业，后来对整个私营企业放开至2010年3月，之后又延至2010年12月31日。实际上，印度已经消耗了大量的糖库存用以填补2008/2009生产年度的供给“赤字”，也是用于“享受”2009年高企的糖价格。在此期间印度向国际市场出售了该国之前进口的糖！国际糖组织认为：这种情况显示了印度对进口糖的价格十分敏感。印度相关机构正是基于此种原因，对印度糖企业（之前他们曾免税进口原糖）履行白糖出口承诺的时间向后推迟了15个月至2011年3月底。这一措施适用于在2004年9月21日到2008年4月15日之间免税进口原糖的印度企业。事实上，在此期间，印度再出口糖的数量为208万吨，目前还有100万吨糖将用于出口。另外，印度进口商也可以将之前进口原糖享受的零关税返还给相关机构，进而可以不履行再出口的承诺。而这些都使预测印度糖进口数量变得非常困难。尽管如此，印度糖进口在2009～2010年估计可能为500万～600万吨，这使印度成为世界最大的糖进口国。

印度因为雨季的推迟和降雨量的减少，2009/2010年度的糖产量可能在1 600万吨左右，比2008/2009年度增加了约100万吨。根据印度政府，2010～2011年甘蔗种植面积或将增至约520万公顷，在天气情况正常的条件下，产量将在2 300万～2 600万吨，这相对于2009/2010年度增加了700万～1 000万吨。实际上，最高估计值可能不会被达到，分析师认为2 300万吨的可能性较大。

根据最新的估计，印度2009/2010年度的糖产量甚至可能低于1 600万吨，这是因为各种问题积累所致（生产季节开始较晚，甘蔗含糖量下降，在印度一些地区甘蔗种植出现下降等）。根据印度政府资料，印度的糖库存量约为50天的消费量，而这远远低于4个月的正常水平。在印度的一些邦开始出现糖短缺，种植者却对收购价格不满意，认为收购价格远低于国际市场价格。印度北方邦的种植者因此曾经在一次游行中焚烧了一火车皮的来自于巴西的原糖。取消进口关税及印度当局最近采取的暂停孟买期货市场交易，都是意在限制国内糖价上升。由于印度其他食品（谷物、蔬菜及牛奶）的价格也明显上涨，这些措施的应用已不再只针对于糖。

对于其他亚洲国家来说也是艰难的一年

其他的亚洲国家在增加产量方面也遇到了困难。中国再次遇到了不利的天气条件，对中国糖产量的最新预测被再次下调。中国的产量应该不会超过2008/2009年度的1 350万吨，在1 200万～1 300万吨之间。中国甜菜的生产面积可能下降了50%，这导致了甜菜产糖量下降（而中国政府的官方预测则认为，甜菜生产面积保持稳定，且产量比2008/2009年度上升3%）。中国相关机构的目标是将中国的糖产量在2015年升至1 700万吨，同时提高单产，这将通过提高机械化收割率来实现。

中国的糖进口配额将保持稳定，在200万吨左右。实际上，中国2009/2010年度前几个月的糖进口较上一年度增长了20%，在2010年1月底，中国政府在市场上投放了85万吨糖。中国的糖库存估计约为200万吨。但中国当局的销售行动并没有阻止价格的上升，因此决定在中国的春节时期对糖价实施十余天的价格管制。另外，需要强调的是，中国国内的糖价较其他甜味剂的竞争力或将逐渐下降。

巴基斯坦食品部预计2009/2010年度白糖产量为350万吨，这一数据超过了之前预期，也超过了上一年度320万吨的产量。巴基斯坦仍然是世界主要的糖进口国（2009/2010年度消费量约为430万吨）。2010年1月为抑制国内市场急剧上升的糖价，巴基斯坦政府决定暂时取消进口关税。

至于印度尼西亚，2009年它可能进口了大约200万吨糖，用以补充糖产量的下降——糖产量约为240万吨（白糖），比之前的预期低11%。在2010年初已经新进口了100万吨原糖，2010年全年可能将进口约220万吨的原糖，这些原糖将在精炼后送至食品工业。印度尼西亚政府曾临时取消了对原糖和白糖的进口关税。一名印度尼西亚进口商表示其2010年初以超过820美元/吨的到岸价格进口了白糖，而国内价格已经达到830欧元/吨左右！印度尼西亚政府的原糖和白糖进口免税政策的有效期至2010年4月。

在过去的五年中，印度尼西亚一直力图发展本国的制糖业，进而减少对进口的依赖。该国投资了19亿美元用于建造15个制糖厂和至少30万公顷的甘蔗种植园。印度尼西亚政府的长期目标是使直接消费的白糖产量翻番，到2025年达到560万吨；同时使工业用精糖的产量达到330万吨。另外，印度尼西亚一个庞大的发展热带甜菜种植计划已经开始实施，而热带甜菜种植所需的水量仅为甘蔗的1/3，产量也很高。因此该国对这一新物种寄予了很高的期望。2010年，印度尼西亚的糖产量可能会出现超过10%的增长，达到270万吨左右。但这与20世纪20年代爪哇岛主宰世界糖生产的时代相比仍相差甚远！

2009年，亚洲只有菲律宾和泰国（2008年泰国开始实行一个发展甘蔗种植的大型计划）的糖产量出现了上升。在这两个国家甘蔗种植面积和单产均有所提高。泰国种植者还是在国际糖的价格大幅上涨之前做出生产甘蔗的决定。泰国2009/2010年度的糖产量预计将达到725万吨，出口量可能达到创纪录的510万吨。菲律宾的糖产量估计实现略高于200万吨的水平，其消费量亦在200万吨左右。

最后，澳大利亚也免遭坏天气的影响。在昆士兰州，洪水与异常的干旱先后发生，大大影响了2009年昆士兰州的生产。根据澳大利亚农业和资源经济局（ABARE）的最新统计数据，2009/2010年度的糖产量可能降至452万吨（2008/2009年度为463万吨）。

澳大利亚甘蔗种植者协会（Canegrowers）预测，2010/2011年度的糖产量将提高10%。2009年的收获结束得较早，这给下一季甘蔗成熟预留了更多的时间，并将提高含糖率。在高企的国际糖价的刺激下，澳大利亚生产面积也将提高。在世界经济相对有利的大背景下，澳大利亚制糖业的前景较好。目前该行业正在整合之中，科赞、嘉吉和邦吉都在竞争购买澳大利亚CSI集团旗下的制糖工厂。

改革中的欧盟制糖业连续三年创高产纪录，同时欧盟内糖价也连续三年下跌

让数据来说话：法国的糖产量为14～15吨/公顷；荷兰为13.5吨/公顷；比利时为13吨/公顷；英国为12.25吨/公顷；德国为11.2吨/公顷。在四年的糖业改革之后取得的这一成果激励了欧盟的制糖产业。实际上，虽然欧洲的糖加工企业和种植者可以庆祝取得的丰收和新的单产纪录，但是他们面临的形势仍然十分棘手。

2009年春季末的首次田间测试就已清楚地表明欧洲糖生产将会获得丰收，欧洲许多地区的生产将创造新的纪录。2009年5月初步估计2009/2010年度欧盟的糖产量有望超过1 700万吨，这比欧盟的生产配额1 346万吨高出了约400万吨。随着生产年度的继续，人们预测糖产量还将增长，即使2010年1月的寒流影响了一些地区的生产，欧盟糖产量（糖+乙醇）可能在1 780万吨左右。超配额糖的用途或将要根据生产生物乙醇的糖用量而定，但目前超配额糖在其中的使用量很难准确预测，因为这与国际糖价动态、超配额糖出口的可能性，以及其他用来生产生物乙醇的原料（主要是小麦）的价格走向密切相关。考虑超配额糖的其他用途

（化学工业），欧洲制糖业估计 2009 ~ 2010 年欧盟可出口糖的数量为 240 万吨左右，这比欧盟在世贸组织框架下承诺的 137.4 万吨最大出口量高出了 80 万吨。

面对这种情况，欧洲委员会在考虑了很长时间后直到 2009 年 11 月才最终提高了超配额糖的出口量：2008/2009 年度为 95 万吨，2009/2010 年度为 135 万吨。在此之前出口量被确定为 65 万吨。欧洲委员会新发的出口许可证在两周内全被申请。实际上，2009 年第三季度国际市场白糖价格为 620 美元/吨，约合 410 欧元/吨，略高于在欧盟内于 2009 年 10 月 1 日起执行的白糖指导价格——404.5 欧元/吨。2010 年 1 月初白糖价格飞涨至 730 美元/吨，约为 507 欧元/吨，这意味着国际糖价已经大幅超过了欧盟市场的价格水平！

这种情况是前所未有的。制糖企业，尤其是欧盟糖主产国（法国、德国和比利时）向欧委会申请：同时要求在不改变欧盟之前在世贸组织对糖出口量的相关承诺的情况下，允许出口本年度过剩的糖产量，尽管这些新增的出口量将使欧盟的糖出口量超过了之前所规定的。欧委会很难对此做出决定，更何况，欧盟正在日内瓦的世贸组织会议上承受着来自各贸易伙伴的巨大压力。事实上，欧洲制糖业可能要被迫对超配额糖进行储备管理，直至下一生产季开始，这些超配额糖或将只能被搁置在仓库里。与此同时国际市场正急需糖！最后，2010 年 1 月底欧委会允许将糖出口量增加 50 万吨。这一决定是在各种植者确定其新生产年度的种植计划之前公布的，这就使不会有过多的超配额糖滞留在仓库并带入下一生产季。

与此同时，2010 年年初欧盟糖进口被迫放缓，对于一些欧洲进口国（特别是英国）来说，糖的采购变得越来越困难，且价格越来越高。这是因为，一方面虽然最不发达国家自 2009 年 10 月 1 日起的糖类出口可以免关税进入欧洲市场，但受金融危机的影响，最不发达国家糖产业的投资被延迟；另一方面最不发达国家的糖生产也受到不利天气的影响；最后，2009/2010 年度初，受国际市场糖价高企的刺激，这些国家国内市场的糖价格也很高，这就大大削弱了这些国家出口糖的意愿，特别是非洲国家向欧洲出口糖的积极性大大降低。

另外，欧洲的糖精炼行业再次适应了这种开放的糖市场环境。除了目前正在运营的精炼厂以外，另有 4 个工厂计划在西班牙、波兰和意大利投产，这 4 个工厂将用来加工进口的原糖。但实际上，一些非加太国家和最不发达国家正在或正准备向欧盟出口白糖，如斯威士兰、毛里求斯、孟加拉国和马达加斯加等。最终，在这种艰难的市场环境中，欧盟 2009/2010 年度糖进口总量预计在 300 万 ~ 320 万吨之间。若 2010/2011 年度国际糖市场紧张的情况能有所缓解，欧盟的进口量将上升。

2009/2010 年度的良好收成以及由此产生的剩余的糖，可能使得欧盟甜菜种植面积有所下降。故此，欧盟对 2010/2011 年度糖产量的预测很谨慎。另外，一旦国际糖价出现调整，欧洲市场将比现在更有吸引力。最后，欧委会与一些国家，特别是目前与中美洲及安第斯共同体有关糖进口的多边与双边谈判使欧委会忧心忡忡：危地马拉、哥伦比亚和秘鲁都想进入欧洲市场。欧洲制糖业强烈反对在双边协议的框架下进一步开放欧洲的糖市场的行为，因为这或将造成欧洲糖产量的下降。实际上，欧委会在与其他国家进行谈判时常常把“糖”作为谈判的筹码。另外，至于多哈回合谈判，无论其结果如何都将以某种形式对欧洲制糖业产生不利影响。尽管欧洲糖生产商目前的生产力和竞争力均已大幅提高，并大大缩小与巴西等国在生产成本上的差距，但欧洲的糖生产者极其担心欧盟的糖业政策和糖业生产结构在将来将面临来自其他糖主产国的竞争。对欧洲生产者来说，威胁并不仅仅在于进口关税下调，还有这些糖出口国家货币兑欧元的汇率变动带来的巨大风险敞口。汇率变动还使降低关税带来的影响更加复杂，但在多边讨论中，这些因素并没有在考虑之内。

欧盟优惠准入国的生产增长仍然疲软

自2009年10月1日起，欧盟市场对来自最不发达国家的糖不再征收进口关税，对这些糖的精炼也完全免税。同时，与非加太国家的“经济合作协定”和“除武器外一切产品均可免税进入倡议”（EBA）提案均已生效。在糖出口量年增长不超过25%的情况下，最不发达国家的糖出口到欧盟市场没有数量的限制。非加太国家中的非最不发达国家被划分为七个地区，欧盟给每个区域设置了出口限额。在2009/2010年度，一旦欧洲从非加太国家进口糖超过350万吨，或从非加太国家中的非最不发达国家进口糖超过138万吨，欧洲的保障机制将被启动。这一扩大进口的准入政策，用以补偿自2009年10月1日起欧盟生产糖指导价格的下调。

另外，毛里求斯、圭亚那、埃塞俄比亚、肯尼亚、赞比亚、莫桑比克和苏丹等很多国家均在对本国制糖业投资及整合。毛里求斯对制糖业的整合以及集中甘蔗种植区的项目已取得了很大进展。该国与德国苏扎克糖业公司（Südzucker）签订的2009~2015年独家贸易协定保证了其糖的销售。而毛里求斯可能是2009/2010年度唯一提高产量并充分向欧洲进行出口的国家。在一些非洲国家，由于金融危机和国内政治的影响使生产扩张被延迟。非洲产糖大国苏丹就是其中一例，目前仍很难判断该国生产扩张计划究竟何时才可以进行。

2008/2009年度非加太国家与最不发达国家出口到欧盟的糖类超过200万吨，这比2007/2008年度有明显增加，增幅达到25%；2008/2009年度新增两个国家供应欧洲市场，他们是多米尼加共和国（非加太国家）和老挝（最不发达国家）。值得注意的是，一家自2005年在老挝进行生产的泰国糖业集团，其产量在两年内翻了一番；基于“除武器外一切产品均可免税进入”倡议，这家公司生产的几乎所有的高品质原糖都用于出口，主要销往英国。另外，泰国第四大糖生产商也在老挝进行投资，并将在2011年出产。

尽管如此，由于国际糖市场的变化和天气因素，预测2009/2010年度欧盟从这些国家进口糖的数量仍然是很困难的，但是预期进口将会增长，这是或早或晚必将发生的。

至于非洲大陆的其他国家，2009/2010年度埃及的糖产量保持稳定，但并没有增长的预测。埃及在2009年8~12月曾暂停征收糖类进口关税以稳定国内市场的糖价。

其他主要甜菜糖生产国的困难

面对进口成本的上涨，俄罗斯不得不动用2008/2009年度的糖库存以满足国内需求，因此该国糖进口量由2007/2008年度的270万吨降至2008/2009年度的160万吨。2009/2010年度俄罗斯甜菜糖产量可能为315万吨，比上一年度增长3.3%。对俄罗斯库存水平的预测每个分析师都有不同看法，但无论如何，俄罗斯库存也不再能满足国内消费需求，因此这意味着2010年俄罗斯的糖进口量将必定会增加，预计将达到225万吨。

随着苏联解体后国家间新的关税同盟的推行，俄罗斯实行的关税水平自2010年起也将在哈萨克斯坦和白俄罗斯执行。原糖进口关税将从165美元/吨降到140美元/吨，此条款自2010年1月1日生效，在5月1日至7月31日关税可能降至50美元/吨，此条款可延长至2010年9月。俄罗斯政府还提议8月至次年4月关税等级为140～270美元/吨，5～7月间关税等级为50～250美元/吨。关税税率由俄罗斯相关当局逐月计算，主要取决于纽约原糖的价格。

对俄罗斯2010/2011生产年度的初步预测显示，甜菜糖产量将从370万吨增长到420万吨。另外，俄罗斯当局已经批准了将在2010～2012年实施一项发展甜菜糖生产的计划，目标是使甜菜的产量达到3 600万吨/年，这意味着俄罗斯甜菜糖的产量将能保障俄罗斯67%的糖类供给。

乌克兰正在重组其制糖产业。2008～2009年乌克兰拥有约70家糖厂；2009～2010年只有56家，糖产量也比上年下降了19%，仅为127万吨。为此提高给予种植者的补贴和甜菜最低收购价格应能激励乌克兰种植者扩大甜菜种植面积。

根据美国农业部2009年11月的报告，美国2009/2010年度的糖供应形势将好转。虽然美国甘蔗和甜菜产量的预测被下调，但美国糖库存的上升和从墨西哥进口糖的增加弥补了产量的下降。美国糖市场2009/2010年度的库存与消费比最新预计为9.6%，而在2009年10月份为7.9%。总的来说，美国农业部更倾向于将这一比例维持在15%左右。

美国2009/2010年度的糖产量预计为700万吨左右（以原糖计），比2008/2009年度增加3%，其中甜菜糖为400万吨左右，蔗糖为300万吨。由于从墨西哥进口糖的数量高于预期，美国农业部先是将2009/2010年度美国糖进口总量的预测提高到220万吨。但随后在2010年初，美国农业部又下调了对从墨西哥糖进口的预测，主要是因为汇率对墨西哥糖出口商不利，而墨西哥的产量也不尽如人意。自2008年北美自由贸易协定（NAFTA）生效以来，进口墨西哥糖类享受免税政策，因此美国糖市场严重依赖墨西哥糖。在进口配额关税方面，美国相关机构根据美国糖市场的情况进行调整。

直至2010年中期糖价或将继续攀升

关于糖价能达到多高大家的看法不尽相同。但分析师们的共识是只要现货缺口仍然存在，糖价必将继续上涨。从中期来看，糖价的高企将刺激供应的增加，但是正如我们看到的那样，在短期内只有少数几个国家可以大幅度提高其供给能力进而改变国际糖市场的平衡。这些国家是巴西、印度，以及小幅度提高的泰国、澳大利亚和俄罗斯。另外，欧洲从世界糖净出口国名单中“消失”，这一事实给国际糖市场带来的影响已经在今天充分体现。在短期内，任何最不发达国家糖产量的增加都具有很大的不确定性，同时在中期还将可能出现大幅度的波动。最后，无论是俄罗斯还是印度尼西亚的糖业发展计划都不能在短期内给国际市场带来任何影响。

巴西糖产量增长的潜力很明显，但目前该国相关产业正处在新的扩张阶段，这个阶段的扩张成本较之前要高得多。印度表明其可以成为重要的糖出口国，但目前还不能控制其“糖生产周期”；此外，印度若希望重新拥有糖生产盈余，它需要多种有利因素——气候、政治和经济等。

在世界糖库存减少之时，一切都依赖于巴西新的生产年度的产量。2010 年年初的糖价高企可能至少将持续到巴西新的收获季节的开始，而有些分析师甚至预言，糖价将上涨到 40 美分/磅！与此同时，投资基金可能仍将支持国际糖价。如果 2010 年世界糖产量真的能如同之前预测的那样出现回升，那么国际糖价的压力将逐渐消失，糖价或将回到 20 ~ 25 美分/磅的水平。相反，轻微的产量下降，或是天气情况出现轻微的变化，都将足以使已经极为紧张的国际市场的糖价再次上涨。

咖啡

世界大多数咖啡生产国收获咖啡豆的时间是在当年10月到次年3月，因此，咖啡生产年度通常要跨年统计。

2008/2009咖啡年度，主要咖啡生产国不仅饱受恶劣天气的影响，还要经受这次金融动荡的考验。面对信贷紧缩，生产国被迫减少化肥的使用和其他相关肥料的应用，这就对2009/2010咖啡年度的生产造成不利影响，该年度有可能成为减产最多的一个咖啡年度。

在经历了2008年的价格急剧下降之后，2009年咖啡价格逐步回升，并重回到近十年的上升趋势中。由于咖啡交易以美元计价，美元的疲软对咖啡价格的上涨起到了重要的推动作用。

罗布斯塔：意料之外的“胜利归来”

毫无疑问，人们又重新意识到罗布斯塔咖啡（robusta）不可否认的重要性，但就在不久前，一些专家还认为它的地位是微不足道的。事实上，罗布斯塔通常被用来生产速溶咖啡、冻干咖啡和混合咖啡。2009年，它在全球咖啡消费市场的份额保持稳定，并略有增长。罗布斯塔咖啡是一种需要在生产场地用干法工艺加工的咖啡，这种工艺没有加工阿拉比卡咖啡（arabica）所普遍采用的湿法工艺精细。罗布斯塔咖啡的种植和收获条件要求都比较低，价格因此相对便宜，而且咖啡的香味也比较淡。实际上，罗布斯塔的成功主要归功于新的咖啡消费国的出现。在通常被认为是饮茶的国家或地区（越南、印度尼西亚、菲律宾、苏联解体后部分国家、中国、泰国和柬埔寨）的一少部分人群已经转变成喝咖啡了。比如，日本曾用了几年时间就成为世界五大咖啡消费国之一。

这些新的咖啡消费者更倾向于方便饮用的咖啡，如速溶咖啡，即罗布斯塔咖啡。在十年前，罗布斯塔占世界咖啡的消费量只有30%，现在已经上升到40%。而阿拉比卡仍然是咖啡传统消费者喜爱的品种，在星巴克等咖啡连锁店的销售很成功，而且以其为原料的速溶咖啡胶囊（nespresso）的销售也很火爆。另外，罗布斯塔特有的口感（得益于其较高的咖啡因含量）保证了它在追求“浓度”而非“香味”的咖啡爱好者中受到追捧。它也是唯一可以产生意大利式浓缩咖啡（expresso）中的轻微泡沫的咖啡。

在一般情况下，咖啡烘焙厂更倾向使用阿拉比卡，它可以更好地提升烘焙技术的价值，以更高的价格出售咖啡，进而获得更高的利润。然而，在过去的几个月中，厂家不得不考虑阿拉比卡和罗布斯塔之间不断扩大的价差，正是这种扩大的价差增加了对罗布斯塔烘烤的比例。近些年罗布斯塔比重上升的另一个原因是越南咖啡种植量的不断扩大。越南已经成为世界第二大咖啡生产国，可以为咖啡加工业提供大量廉价的罗布斯卡咖啡，因此受到咖啡焙烤商的青睐。最后，世界咖啡期货市场（伦敦和纽约）的结构性变化也有利于增加罗布斯塔的使用。

2009年初，最具代表性的罗布斯塔交易市场——伦敦国际金融期货和期权交易所（LIFFE），将罗布斯塔的交易单位从5吨调整到10吨，并放宽了咖啡现货的交割条件，以及增加了可接收的罗布斯塔咖啡的品种。其中，放宽罗布斯塔在期货市场上的交割条件用于防范出现“挤仓”现象以及其他形式的操纵市场，而这一点曾经在很长时间影响了企业进行保值操作。实际上，这些调整（合约单位的改变和放宽的交割程序）使得伦敦交易所成功遏制了位于美国纽约的洲际交易所（ICE）推出罗布斯塔咖啡品种的企图。另外，伦敦交易所咖啡交易规则的变化有利于越南生产的罗布斯塔咖啡，在这之前的时间，大部分越南产的罗布斯塔咖啡在交割中都被拒收，而现在已经可行。期货市场商品的报价总是代表着符合交割标准的最便宜商品的价格，而这种商品也正是挂牌交易商品的真正的标的物。

在伦敦交易所交易规则修改后的一年中，伦敦咖啡期货市场开始逐渐与纽约咖啡市场脱钩，并且这两大市场的价差不断扩大。这种情况极大影响了跨市套利的进行。在2009年，纽约和伦敦咖啡市场上所有交割日期咖啡的价差都几乎扩大了一倍，这是套利者之前从没有遇到过的。

整体而言，2009年纽约市场阿拉比卡咖啡的价格上升了21%以上，而伦敦市场的罗布斯塔咖啡的价格却下跌了14%。2009/2010咖啡年度预计全球阿拉比卡咖啡将出现短缺，而罗布斯塔则有可能出现轻微供给过剩，这可能将使世界咖啡市场的结构不平衡状况进一步加剧。

一些主要咖啡生产国家（哥伦比亚、巴西和越南）销售策略改变，以维持或控制咖啡的价格

推出这些方便咖啡交割的措施的结果还在一定程度上影响了咖啡期货与某些现货之间产生价格差距的变化。一些咖啡生产国（越南和印度尼西亚）采取了更为激进的销售策略，以远高于期货市场的价格出售罗布斯塔咖啡现货。这就导致了罗布斯塔咖啡在2009年出现了几次严重的销售困难。与此同时，世界第二大阿拉比卡咖啡的生产国却经历了黑色的一年……

哥伦比亚咖啡豆黑色的一年

许多专业人士都不会忘记2008/2009年度是哥伦比亚咖啡惨淡的经营一年。哥伦比亚这个第三大咖啡出口国遭遇了33年来最低的收成，当年度的咖啡产量只有约800万袋，以往通常为1 100万袋。事实上，近几个种植年度，哥伦比亚政府一直致力于对咖啡树进行分阶段更新——拔掉老的、生产率低的咖啡树，并种上新的咖啡树苗，但这些新咖啡树苗需要3~4年才能产出。由于恶劣天气和种植者资金不足，对哥伦比亚政府雄心勃勃的更新咖啡树计划的推行造成了不利的影响。哥伦比亚作为阿拉比卡咖啡世界第二大生产国，遭遇到的困难加速了哥伦比亚咖啡与其他种类咖啡价差的扩大——哥伦比亚咖啡的价格已经巨幅上涨。

世界咖啡贸易情况

分布地区＼年份	2004	2005	2006	2007	2008	2009
世界产量（单位：千袋）	**116 062**	**111 463**	**129 138**	**119 396**	**128 181**	**123 713**
其中：巴西（A/R）	39 272	32 944	42 512	36 070	45 992	39 470
越南（R）	14 370	13 842	19 340	16 467	18 500	18 000
印度尼西亚（R/A）	7 536	9 159	7 483	7 777	9 350	9 500
哥伦比亚（A）	11 573	12 564	12 541	12 504	8 664	9 500
埃塞俄比亚（A）	4 568	4 003	4 636	4 906	4 350	4 850
印度（A/R）	4 592	4 396	5 159	4 460	4 372	4 827
墨西哥（A）	3 867	4 225	4 200	4 150	4 651	4 500
危地马拉（A/R）	3 703	3 676	3 950	4 100	3 785	4 100
秘鲁（A）	3 425	2 489	4 319	3 063	3 872	4 000
洪都拉斯（A）	2 575	3 204	3 461	3 842	3 450	3 750
乌干达（R/A）	2 593	2 159	2 700	3 250	3 200	3 400
科特迪瓦（R）	2 301	1 962	2 847	2 598	2 353	1 850
哥斯达黎加（A）	1 887	1 778	1 580	1 791	1 318	1 750
尼加拉瓜（A）	1 130	1 718	1 300	1 700	1 615	1 700
萨尔瓦多（A）	1 437	1 502	1 371	1 621	1 547	1 500
巴布亚新几内亚（A/R）	998	1 268	807	968	1 028	1 000
泰国（R）	884	999	766	653	675	900
坦桑尼亚（A/R）	763	804	822	810	1 186	875
肯尼亚（A）	736	660	826	652	572	850
委内瑞拉（A）	1 327	1 506	1 571	1 520	930	850
喀麦隆（R/A）	727	849	836	795	750	845
厄瓜多尔（A/R）	938	1 120	1 167	1 110	691	650
马达加斯加（R/A）	522	599	587	614	725	650
多米尼加共和国（A）	491	310	387	465	645	500
世界出口（单位：百万袋）	**91.1**	**87.6**	**92.3**	**96.6**	**97.5**	**94.7**
其中：巴西	26.5	26.2	27.4	28.2	29.5	30.3
越南	14.9	13.4	13.9	17.9	16.1	17.1
哥伦比亚	10.2	10.9	10.9	11.3	11.1	7.9
印度尼西亚	5.5	6.7	5.3	4.1	5.7	6.5
危地马拉	3.3	3.5	3.3	3.7	3.8	3.5
印度	3.6	2.8	3.6	3.3	3.1	3.1
洪都拉斯	2.8	2.4	2.9	3.3	3.3	3.1
秘鲁	3.2	2.4	3.9	2.9	3.7	3.1
乌干达	2.6	2.4	2.2	2.7	3.3	3.0
墨西哥	2.4	2.0	2.6	2.9	2.4	2.8
科特迪瓦	2.6	1.8	2.4	2.6	1.6	1.9
埃塞俄比亚	2.5	2.4	2.9	2.6	2.9	1.9
尼加拉瓜	1.3	1.0	1.4	1.3	1.6	1.4
萨尔瓦多	1.3	1.3	1.3	1.2	1.4	1.3
哥斯达黎加	1.4	1.5	1.3	1.4	1.4	1.2
坦桑尼亚	0.6	0.7	0.7	0.8	0.8	1.2
厄瓜多尔	0.7	1.0	1.0	1.0	0.9	1.1
巴布亚新几内亚	1.0	1.2	0.8	0.9	1.1	1.0
世界进口（单位：百万袋）	**91.9**	**92.4**	**97.3**	**99.5**	**101.2**	—
其中：美国	23.2	23.0	23.7	24.2	24.3	23.6

续表

分布地区＼年份	2004	2005	2006	2007	2008	2009
德国	17.4	16.7	18.5	19.6	19.8	19.4
日本	7.3	7.4	7.6	7.1	7.1	6.3**
意大利	7.0	7.3	7.5	8.0	8.2	7.6**
法国	5.9	5.8	6.2	6.4	6.2	6.5
比利时	4.0	4.1	4.6	4.0	6.8	5.4*
西班牙	4.2	4.4	4.5	4.9	4.9	4.5*
英国	3.3	3.5	4.0	4.0	4.0	4.1
荷兰	3.2	3.4	4.0	3.8	4.0	1.6**

注：A 为阿拉比卡种（Arabica）咖啡豆；R 为罗布斯塔种（Robusta）咖啡豆。* 为前 11 个月的数据；** 为前 10 个月的数据。表中单位以 60 千克/袋计算。

资料来源：国际咖啡组织（ICO）。

所有其他阿拉比卡的水洗咖啡（麦尔德咖啡（Milds）都受益于哥伦比亚咖啡的价格上涨，它们在一定程度上被用来弥补哥伦比亚咖啡供给的短缺或被用来取代价格高昂的哥伦比亚咖啡。

哥伦比亚的咖啡市场是全世界最成熟的咖啡市场之一，该市场有其自身的特点。它被实力强大的哥伦比亚咖啡生产者协会（Colombian Coffee Producer's Federation）严格控制着。另外，在哥伦比亚咖啡的流通方面，出口商需要把将要收获的咖啡，按照与贸易商提前达成的价格，全部进行预售。随后，贸易商又把咖啡转卖给咖啡烘焙厂，烘焙厂在加工后，将这些高等级的咖啡出售给主要的分销商，并在大型分销网络进行销售。

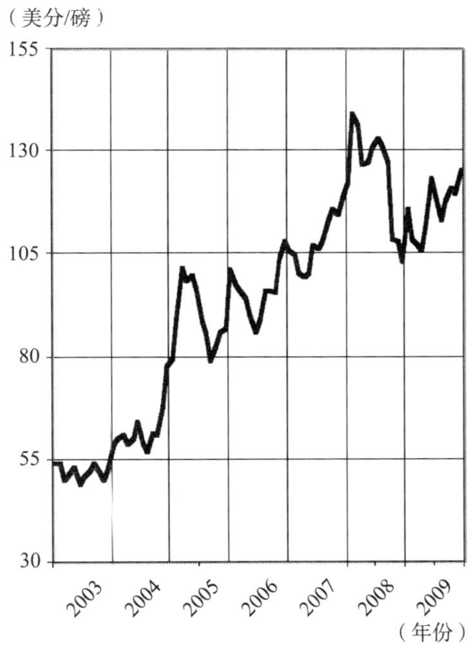

国际咖啡组织指导价格

哥伦比亚咖啡突然产生的短缺数量之大超出所有人的预料，大部分经营者，无论是贸易商，还是加工企业，在短期内均无法找到代替产品。这种状况很难在近期内得到明显改善，这也许会成为支撑哥伦比亚咖啡高价位运行并保持与其他产地咖啡较大价差的因素。

巴西政府的“手腕”

另一个可能使世界咖啡价格保持稳定的原因是世界最大的咖啡生产国巴西对其 2009/2010 年度超过 1/5 的咖啡生产建立了一个类似“看跌期权”的价格保障机制。这种在咖啡销售上的创新措施可以使咖啡种植者得到保护：如果市场价格出现急跌，只要咖啡种植者生产的咖啡符合相关质量要求，就可以把

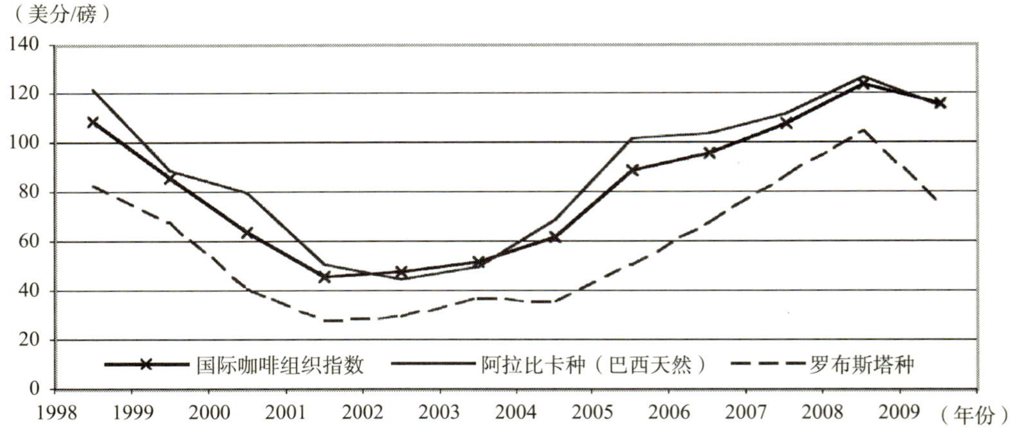

1998～2009 年咖啡价格走势

资料来源：国际咖啡组织。

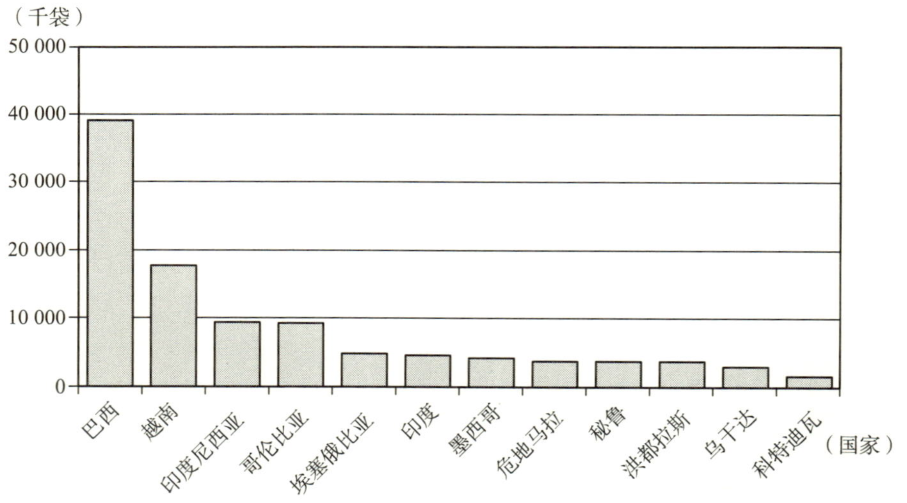

2009 年世界主要咖啡生产国产量

资料来源：国际咖啡组织。

咖啡送交到政府指定的仓库，政府将支付给他们更高的价格。这就是一个简化的“看跌期权”，而咖啡种植者购买该期权还受到巴西国家补贴，所以对生产者来说是非常有利的。但是这种价格保护机制使巴西国家财政承受了很大的负担。实际上，在咖啡价格

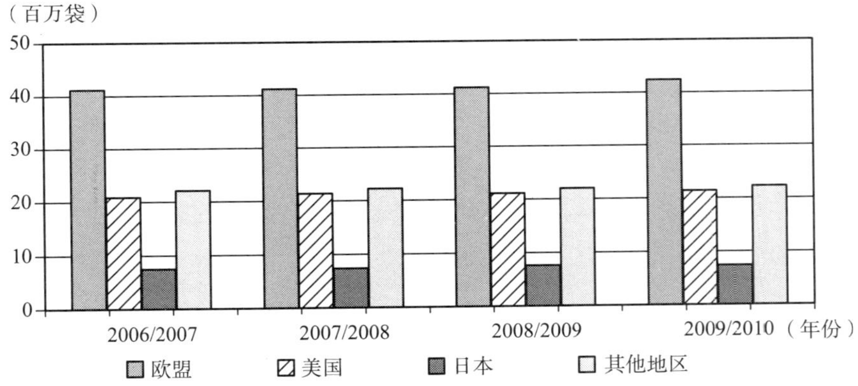

世界咖啡消费量

资料来源：国际咖啡组织。

关于咖啡期货市场

2009年的统计数据显示，罗布斯塔咖啡在伦敦国际金融期货和期权交易所的交易量与2008年相比下降了39%，阿拉比卡咖啡在纽约的洲际交易所的交易量同比下降了22%。需要注意到，2008年伦敦交易所的交易单位是每手5吨，而自2009年1月起改为每手10吨。其结果就是，尽管交易手数减少了，但2009年罗布斯塔的交易吨数与2008年相比却有所增加，也就是说，2009年罗布斯塔的交易量为：每手10吨的为252.7435万手；每手5吨的为1.2996万手。而2008年每手5吨的交易量共为416.672万手。总的来说，伦敦交易所罗布斯塔咖啡的成交吨数出现增加，从2008年的2 083.36万吨上升到2009年的2 533.951万吨。

由于位于纽约的洲际交易所的咖啡交易单位所含的吨数没有修改，2009年该交易所的咖啡期货交易量比2008年有明显的下降，从2008年的544.6523万手（17.01吨/手）降到了2009年的423.5349万手，下降了22%。

2009年全世界的咖啡消费量估计为1.32亿袋（60千克/袋），即792万吨，而两个咖啡期货市场2009年的总交易量为9 738.2796万吨，为全球咖啡消费量的12.29倍，比前些年平均15倍的水平下降了不少，下降的主要原因是金融危机的影响。

由于阿拉比卡咖啡约占全世界年消费量的60%（475.2万吨），罗布斯塔占40%左右（316.8万吨），因此，我们可以更精确地表述如下：纽约洲际交易所2009年阿拉比卡的交易量为7 204.3286万吨，是阿拉比卡咖啡消费量的15.16倍；伦敦交易所的罗布斯塔交易量为2 533.951万吨，仅为世界罗布斯塔消费量的7.99倍。

出现这种差异的原因是，阿拉比卡咖啡的经营者比罗布斯塔的经营者更为成熟老练，他们能够经常且灵活地使用期货工具；不过这也说明，世界主要金融机构及对冲基金更倾向在美国市场交易阿拉比卡。

上涨之前，政府要用公共资金支付收购咖啡的一切相关费用，包括仓储费等。这一价格保护政策虽然成本不低，但是巴西咖啡市场目前确确实实受益于该政策。

在非洲每公顷要想收获比这少20倍的咖啡都很困难。越南咖啡种植者因此赢得了世界咖啡业的尊重。咖啡对越南来说是战略性农产品，每年能给这个国家带来将近20亿美元的出口收入。

2010年1月初，为了提高咖啡价格，越南政府要求出口商将2009/2010年度越南咖啡产量的1/5，约20万吨咖啡放入仓库。同时政府保证给出口商提供2.6亿美元的补贴贷款，使他们有能力采购咖啡。

越南政府这项支持措施是在整个2009年越南咖啡种植者拒绝把收获的咖啡立即出售给本国贸易商和出口商的背景下出台的。实际上，由于越南贸易商和出口商按照惯例在其收购咖啡之前与国际大型贸易公司或烘焙公司签署了咖啡销售协议，且协议中的咖啡销售价格是以伦敦期货市场的价格为基准，再计算升贴水价差而确定的。正是协议中的价差，导致越南咖啡贸易商和出口商与越南种植者之间的关系极为紧张。实际上，这些公司被迫以较高的价格从越南种植者手中采购咖啡用来履行其销售义务，这种采购价格与伦敦期货市场罗布斯塔的价格几乎没有任何关联。为了避免再次陷入由国内咖啡种植者造成的不利局面，以及再次面对来自国际进口商的压力，越南贸易企业拒绝对咖啡进行预售。

到2009年12月底，越南2008/2009年度收获的咖啡中，还有60万袋（60千克/袋）在一些小型咖啡生产企业的仓库中没有出售。另外，因为占越南咖啡产量3/4的咖啡产区遭到暴雨袭击，缩减了新咖啡的收成，因此在2010年的头几个月里，越南用于出口的咖啡可能会受到很大影响。

至少在短期内，世界咖啡市场的供给仍将紧张

2008年世界咖啡消费量为1.3亿袋，预计2009年可能达到1.32亿袋。如果保持约2%的年消费增长率，2010年世界消费量可达1.35亿袋。

根据各种数据，2009/2010年度，全球咖啡产量可能在1.25亿袋（美国农业部统计数字）至1.27亿袋（德国FO Licht分析公司数据）之间。如果上述数据得到确认，2010年将会是供给不足的一年，缺口在800万到1 000万袋之间。

世界的咖啡库存量估计为4～5个月的消费量（约为4 400万～5 500万袋），这可以弥补供给数量的不足。然而，世界咖啡库存的分布与咖啡需求的分布并不一致——物流运输不可能得到完全的保障。

事实上，一部分咖啡库存在种植者手上；还有一部分在伦敦和纽约期货交易所，已经入库用于保值，只有在期货市场上购买了与之对应的合约，才能得到这些咖啡。另外，一些特定产地的咖啡被储存在生产国的海关保税仓库，或处于加工之中，或正在被运达目的地，这些咖啡几乎无法立刻获得。

从全球角度来看，加工企业的咖啡库存可能要比2008年少，在2009年底，其库存量可能只有4个月的消费量，之前为6个月。

如果巴西和越南的咖啡储备计划完全实施，且投机者决定利用当前咖啡市场的不平衡大量买入咖啡（现货或“纸货”的近期合约），那么咖啡价格上升，咖啡期货与现货价差继续扩大，甚至是这两种情况很可能均会变成现实。

然而据初步估计，2010/2011年度巴西的咖啡产量将超过2002/2003年度的4 800

万袋产量的历史最高水平。事实上，按照规律，世界大多数的咖啡生产国的下一个咖啡年度或将是一个新的“两年丰产循环”的开始，因此咖啡产量或将增长，甚至出现产量过剩。

期货市场是一个预期的市场和投机的市场，虽然现在是咖啡种植者的“同盟军”，然而期货市场也可以转变成为咖啡生产者的最大“敌人”。世界咖啡市场未来的变化趋势将主要取决于天气状况，咖啡的销售情况以及生产者需要靠融资维持的库存水平，还有咖啡加工企业的库存水平和美元汇率。

最后，由于投资基金在纽约的洲际交易所和伦敦国际金融期货和期权交易所的全球性交易中发挥的作用日趋重要，实际上，正是这些金融资金将决定2010年咖啡市场的表现，即使他们的投资选择经常与咖啡市场基本面研判的逻辑背道而驰。

可可

可可是2009年大宗商品市场上的“明星”之一，可可豆的价格上涨超过了1 000美元/吨，并在2009年年末处于其三十年来的最高价位。而这种情况并不只是投机产生的：可可的基本面强烈支持其价格上升——可可的世界产量连续第四年低于其消费量。世界头号可可豆生产国科特迪瓦的产量继续下降，人们都希望其政治选举顺利进行，并使其整个可可产业重新步入正轨，甚至恢复到之前的政府定价机制。

可可市场让世界屏住了呼吸：在伦敦和纽约期货市场交易的可可豆的价格自2007年底以来强劲上升，并创三十年来的最高价格。2009年1月～2010年1月，由国际可可组织（ICCO）统计的可可月平均价格上涨了近1 000美元/吨，即由2 626美元/吨开始一直上升到3 525美元/吨。而2008年1月时，其价格在2 215美元/吨。这相当于可可的价格在两年内上涨了60%。

可可豆研磨量在2008/2009生产年度（10月～次年9月）下降了6.6%，为350.8万吨，再加上世界经济衰退的因素，可可市场的价格本应陷入低谷。但最终这两个因素并没有阻止可可的价格上升，因为市场只关心一件事，那就是2009/2010生产年度可可的产量再次低于消费量，这已经是连续第四年出现供不应求的情况。资料显示，2009/2010生产年度的可可豆缺口在6.3万～17万吨之间。由国际可可组织估计的2008/2009生产年度的可可缺口为2.8万吨；2007/2008生产年度的缺口为6.2万吨；2006/2007生产年度的缺口为26.6万吨。总之，四年期间，形成的可可豆缺口共约为45万吨。

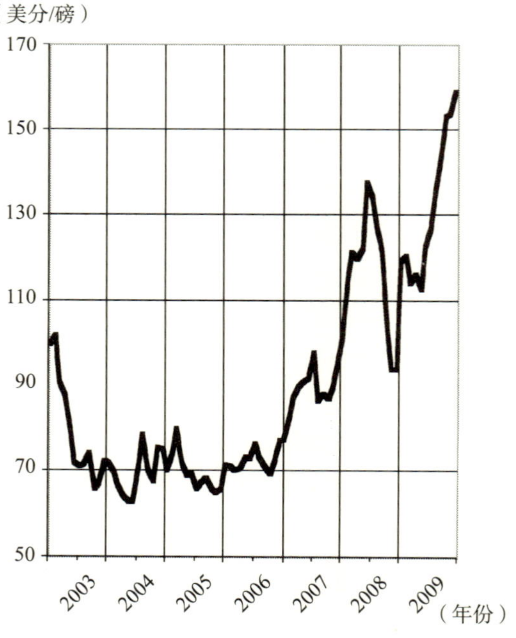

可可豆月均价格

资料来源：国际可可组织。

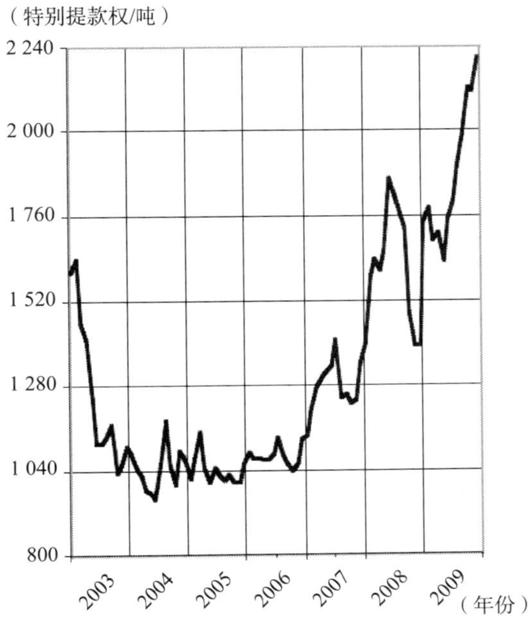

注：特别提款权（special drawing rights，SDRs）。

可可豆月均价格

资料来源：国际可可组织。

另据国际可可组织的资料，2008/2009 生产年度，可可豆的产量实际下降约 5.8%，为 351.5 万吨。法国巴黎－富通银行估计 2009/2010 生产年度的可可豆产量为 356.6 万吨，进行研磨的可可豆为 362.9 万吨。

这样的市场情况，便使投机者可以有所作为。事实上，只有在 20 世纪 60 年代出现过连续三年的赤字情况，这使当时可可豆的价格上涨到 5 400 美元/吨（在调整通货膨胀之后）。然而，当时与现在情况的对比也有局限性。在 2008/2009 年度结束时，国际可可组织记录的可可豆库存量与研磨量的比值为 44.4%，可可豆库存量约为 155.6 万吨，这比 2007/2008 生产年度增长 2.2%。在 1968/1969 生产年度，这一比例为 25%。尽管如此，并不是所有人都认可国际可可组织的数字。有些人认为 2008/2009 年度末该比率为 35%，而法国巴黎－富通银行认为此比率是 41%，同时该银行预测在 2009/2010 生产年度的比率是 37%。

与此相关，加工企业的可可豆库存在 2010 年 1 月时降低到了 3～4 个月的消费量，而以往通常是 7～8 个月。事实上，由商品投资基金持有的 100 万吨可可豆大致相当于世界 3～4 个月的供应量，只不过加工企业不愿以过高的价格购买而已。但是，如果基金要出售这些可可豆的话，可可豆的价格就会下降，到那时加工企业就会采购。因此，可可豆基本面是强势的。根据一些市场人士的估计，2010 年可可豆的价格既不会是 1968/1969 生产年度时可可豆的 5 400 美元/吨，也不会是 1976/1977 生产年度的可可豆的 16 525 美元/吨，可能是 4 000 美元/吨（伦敦市场）。如果出现空头回补的话，可可豆的价格可能会达到 4 700 美元/吨。但是，可可豆需求的弹性不可能使可可豆的价格涨得过高。

事实上，金融资金预期在科特迪瓦将会出现可可豆的结构性供应问题，但在这个问题上市场并没有共识。截至 2009 年底，欧洲的可可豆库存基本上是来自非洲的可可豆，库存量已经骤降为 22.1 万吨，而美国的可可豆库存已经增加至 19.1 万吨，这也就导致了对这两个交易所的可可豆价格的套利空间加大。在 2009 年 12 月底两地可可豆的价差高达 342 美元/吨，这是 32 年来的最高水平。总之，在 2009 年，伦敦交易所的西非产可可豆价格上涨了 27%，纽约交易所主要来自印度尼西亚的次等级且未发酵的可可豆价格上涨了 25%。如果伦敦的可可豆价格以美元计算，价格实际上升了 41%。

科特迪瓦是焦点

科特迪瓦可可豆产量的“赤字”原因是

结构性的，对此问题意见不一。虽然2008/2009生产年度可可豆的收成不好，总产量为136.7877万吨，而上一年度为117.8526万吨。但是，2009/2010生产年度降雨量的增加有望使该国可可豆的产量提升。2009年10月和11月已运至港口的可可豆达到34.3万吨，这比2008～2009年同期增加15%以上。然而，这良好的开端并不意味着全年可可豆将获得大丰收。到2009年12月中旬，到达阿比让港（Abidjan）和圣佩德罗来港（San Pedro）的可可豆数量下降，因此带动了可可豆农场现货价格在2010年1月份上涨至2 300美元/吨。与科特迪瓦相邻的加纳可可豆的价格是由政府控制的，在2009/2010生产年度初该国政府给予可可豆种植者的价格已经上涨了35%，达到1 520美元/吨。面对大量向科特迪瓦走私可可豆的现象，2010年1月，加纳政府又将可可豆的收购价格提高到1 650美元/吨。

2009/2010生产年度，科特迪瓦在可可豆主产季（10月～次年4月）的产量将达到100万吨左右；受2009年11月份降雨缺乏与总统选举导致的政治不确定性的影响，可可豆中间产季（4～9月）的产量可能有20万～30万吨。多重因素导致了科特迪瓦可可豆的单产与总产量下降，包括产业组织结构的缺陷、可可树老化且缺乏维护、缺少肥料、可可树易受疾病困扰、可可种植园的基础设施恶化，以及可可豆与橡胶、橄榄油等其他作物相比价格较低。科特迪瓦的可可种植者只能获得相当于世界可可豆价格的35%～40%，而在加纳是80%、尼日利亚和喀麦隆是90%。科特迪瓦政府也正试图解决这些问题：2009年3月，推出了一项对可可生产者的扶持计划，降低可可生产季期初的税收，发放72张可可豆出口许可证（此前为50张），其中多数给予该国可可豆生产合作社。但是，这些可能还远远不够。

事实上，对可可行业整体上的重新管理是提高可可产量的关键。自从2008年主管可可生产的政府官员因为腐败被撤职后就一直无人负责科特迪瓦可可种植业的管理。尽管面临世界银行和国内生产者的双重压力，这一切工作看起来都要被搁置到科特迪瓦大选之后。虽然所有的总统候选人都想重新使政府管理可可业，并实行“行政定价”，但可可生产者对此却存在分歧：毕竟自由的可可交易市场可以使生产者们得到更高的现货交易利润。

与此同时，加纳的可可业仍处于正常发展。2009年9月尽管受到世界经济危机的影响，加纳还是获得了12亿美元的银行联合贷款，这笔贷款将用于支持该年度的可可生产。同时预计加纳的可可豆产量最高将达到70万吨以上。2008～2009年，加纳可可管理局（Cocobod）收购了71.0638万吨可可豆，但难以区分其中哪些是加纳生产的，哪些是从科特迪瓦非法走私的，因为当时的可可豆农场交货价格在加纳更高。因此有充分的理由相信，加纳百万吨的可可豆生产目标将不会在2012年前实现。在短期内的问题是，加纳可可管理局如何应对流向科特迪瓦和多哥的走私可可豆，并成功地实现2009/2010年度可可产量的目标。根据某些信息，2009年10月到2010年1月末，可可豆走私出口量在3万～10万吨。而在同一时期，加纳可可管理局可可豆收购量为46万吨，2008年同期则为48万吨。

根据印度尼西亚可可协会（ICA）的统计，印度尼西亚的可可豆产量在2007年的52万吨和2008年的50万吨之后，将在2009年达到54万吨（+8%）。厄尔尼诺现象令人担忧，但目前它导致降雨量减少，从而限制了过去危害苏拉威西岛（Sulawesi）可

可可豆的产量与研磨量的变化

单位：千吨

分布地区＼年度	2003/2004	2004/2005	2005/2006	2006/2007	2007/2008	2008/2009*
世界可可豆产量	**3 535**	**3 347**	**3 730**	**3 363**	**3 668**	**3 484**
其中：科特迪瓦	1 386	1 286	1 408	1 229	1 382	1 220
加纳	737	599	740	614	729	680
印度尼西亚	430	460	560	545	495	510
喀麦隆	163	184	167	169	184	200
尼日利亚	190	200	200	190	195	200
巴西	163	171	162	126	171	157
厄瓜多尔	117	116	114	115	113	110
世界可可豆磨量	**3 236**	**3 367**	**3 512**	**3 665**	**3 756**	**3 678**
其中：荷兰	445	470	465	480	490	470
美国	410	419	432	418	394	400
科特迪瓦	335	364	336	360	374	400
德国	225	235	306	357	385	360
马来西亚	—	248	265	301	331	290
巴西	207	209	223	226	232	232
印度尼西亚	—	115	130	135	150	120
剩余/缺少（+/-）	+280	-20	+218	-302	-88	-193
其末存货	**1 682**	**1 662**	**1 880**	**1 578**	**1 490**	**1 297**

注：* 为估计值。

资料来源：国际可可组织。

可种植园的疾病传播和昆虫繁殖。印度尼西亚这个全球第三大可可豆生产国似乎准备重振雄风。它启动了3.5亿美元资金与雀巢合作的投资方案，以新技术为基础提高产量。其最终目的是加快7 000万可可树种子生长，它们将被补植到7万公顷的可可种植园中，预期产量将达到每年1吨/公顷可可豆，这将远超过当前400千克/公顷的产量。但这些可可树的生长仍需2～3年时间。

尼日利亚2009/2010生产年度可可的产量或将表现平庸，而其在2008/2009生产年度的可可豆出口下降至16.423万吨，较上一年度下降1.8%。与科特迪瓦和加纳相比，尼日利亚从有规律的降雨中受益，以平稳的速度收获了20多万吨可可豆，而它的邻国则均遭受了可可豆早收的影响。但尼日利亚主要种植的是用于生产可可脂的可可豆。如今加工企业并不愿意收购此类可可，认为其价格过高。

喀麦隆的情况有所不同。在这里，其生产的红色粉末（即可可粉，译者注）受到追捧。喀麦隆可可豆产量的快速提高一直引人注目，在2008/2009生产年度，其收获17.8592万吨可可豆（增长10%），2009/2010生产年度预测将达到20.5万吨。因此，喀麦隆年产20万吨可可豆的目标很可能实现。此外，其可可平均价格从2007/2008生产年度的750非洲法郎（FCFA）/千克，上升至2008/2009生产年度的1 095非洲法郎/千克，再上升到2009年12月的1 300～1 350非洲法郎/千克，达到二十年来的最高价格。为了达到年产40万吨的目标，喀麦隆将可能投入50亿非洲法郎用于生产。

可可价格的上升似乎也加快了巴西的帕拉州（Parà）、亚马逊州（Amazonas）和朗多尼亚州（Rondônia）等新可可产区的发展。巴西政府相关机构（Ceplac）每年投入232万美元建立新的种植园，种植可可树的面积以每年15 000公顷的速度增长。不同于极易受枣疯病侵袭的巴西传统可可产区——巴伊亚地区（Bahia），2009/2010生产年度（5月~次年4月），巴西这些新产区的可可豆产量在2009年10月比2008年同期提高13%，较2007年同期提高52%。总之，巴西2008/2009生产年度（10月~次年9月）的可可豆产量为15.7万吨，但巴伊亚地区的不佳表现可能导致2009/2010生产年度收获量降至12万吨。

危机中的需求

世界经济危机期间的可可豆需求是怎样的？它首先在2008年下降，并在整个2009年一直持续下降，直到年底才略有反弹，且反弹趋势持续到2010年初。很不幸的是，巧克力不是人们消费的必需品，当人们预算紧缩时，其需求会明显下降。事实上，消费者仍然热衷于买巧克力，但却是买更便宜的巧克力。实际上，已经遭受糖价格飞涨严重打击的食品加工企业首先做的是消费其库存的可可豆，并在可可豆价格下跌时补充其生产所需的库存。加工企业的这种做法本身就足以促使可可豆价格回升。同时，食品企业也采取了一系列技巧以保证其利润，诸如削减巧克力的大小，增加牛奶巧克力的生产，甚至完全不使用可可脂，而选择较便宜的油脂，如橄榄油或牛油脂（shea butter）。因此几乎没有任何可可脂买家。

截至2009年底，贸易商估计欧洲的可可豆库存为4万~5万吨，通常只有1万吨。在2010年初，可可脂的价格下降到只是可可豆价格的1.8倍。至于可可粉的需求，则一直保持相对稳定，可可豆研磨量的减少正是可可粉价格坚挺的原因——在亚洲市场，可可粉的价格由2009年11月初的2 200美元/吨上升到11月末的3 500美元/吨。

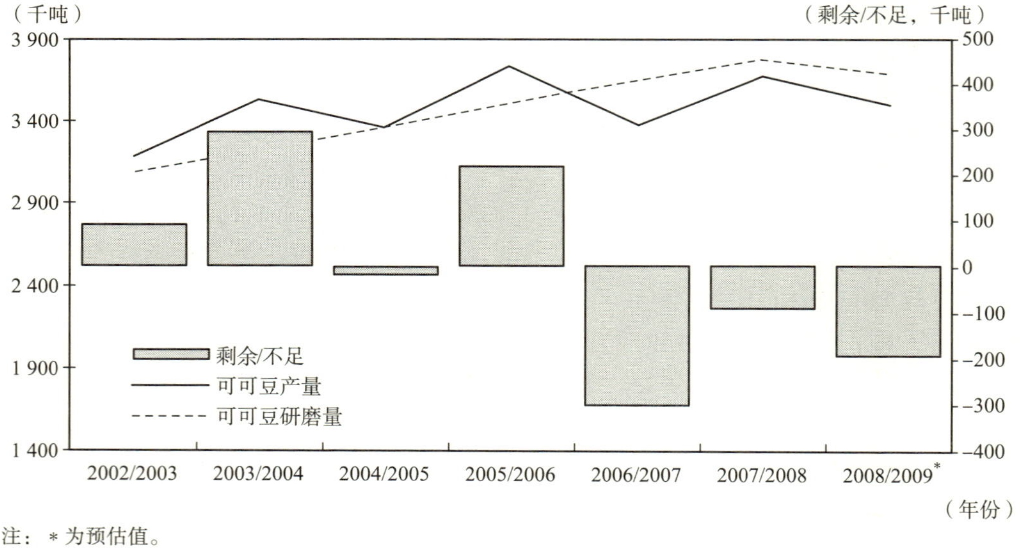

注：* 为预估值。

世界可可豆产量与研磨量的结余

资料来源：国际可可组织。

可可：对规模的追求

在这个高速变化的世界中，跨国企业并没有闲着。

2010 年 2 月初，美国卡夫公司恶意收购吉百利公司的事件落下帷幕，并最终以 134 亿欧元成功完成收购。这一联合将使卡夫公司的业务遍及世界上所有的新兴国家。此外，2009 年 10 月份，卡夫公司在欧洲推出了它的首个得到热带雨林联盟（Rainforest Alliance）认证的巧克力产品。

2009 年 10 月份，雀巢集团宣布将花费 1.09 亿美元推广抗病可可树种。这个巨型集团此举的目的是使可可产量增加 50% ~200%。需要注意的是，雀巢集团 2009 年前 9 个月的巧克力和糖果销量上升了 4%，此表现优于该集团的整体销售水平。

在投资方面，2009 年 10 月份，新加坡佩特拉食品公司（Petra foods）的子公司德尔斐可可欧洲公司，通过与贸易商阿玛加洛（Armajaro）的联合项目，实现了在德国汉堡地区的加工厂的扩大。这使它的可可研磨加工能力从 3.5 万吨上升至 10 万吨，这也就解释了 2009 年第三季度德国可可豆加工量上升 11.1% 的原因。

在欧洲，据欧洲可可协会信息，可可豆的研磨量在 2009 年的第一季度下降了 11.1%；第二季度进一步下跌 11.3%；第三季度略有恢复，仅下跌 1.5%。在北美地区（2009 年首次囊括了美国、加拿大和墨西哥的数据），第一季度下降了 12.97%；第二季度跌幅为 6.75%；第三季度仅为 0.49%。

马来西亚是亚洲最大的可可豆研磨加工国家，其受到了可可脂需求危机的全面冲击。这种情况在 2009 年下半年有所好转，但与历年相比马来西亚可可研磨量仍下降了 13.7%，降至 27.9228 万吨，但这多少有利于减少亚洲可可豆的存货量。不过，马来西亚的可可加工业被夹在需求充足且价格高企的可可粉与价格持续低迷的可可脂之间。

这一次，中国的表现“意外地”令人失望。预计该国国内的可可需求将会有一个快速提高，中国企业在 2008 年北京奥运会以前购买了大量的可可。实际上，中国的可可需求在过去十年平均年增长 14%，但是中国目前的可可消费较日本同一经济发展水平时期低 10% ~15%。泰国年均可可消费增长 20%；印度是 13%；俄罗斯是 9%；土耳其是 7%。

鉴于可可行业需要恢复其可可库存，可可价格在 2010 年或将继续攀登。但是，价格将上升多少和持续多久？如果可可豆在 3 500 ~5 000 美元/吨的水平保持两年，如果科特迪瓦政治局势允许，会使其重新扩张可可生产。然而，科特迪瓦可可生产的恢复会给可可价格上升施加明显的压力，进而影响可可种植者的积极性，这就是“大宗商品的恶性循环模式”。

茶

茶叶价格的上涨趋势始于2007年，2008年保持这一趋势，2009年世界主要茶叶拍卖市场的茶叶价格达到近年来的最高水平。

在2009年1月初，蒙巴萨市场所有等级的茶叶的价格均达到213美分/千克以上，并在整个2009年中一直处在上涨状态；到了10月中旬，由于担心国际茶叶市场可能出现短缺，茶叶采购商纷纷增加茶叶库存量，这使得高等级茶叶的价格快速上升，质量最好的BP1等级红茶（BP1 Best）的价格快速飙升至5.02美元/千克，到12月中旬达到5.45美元/千克。2009年蒙巴萨市场的茶叶价格达到了25年来的最高纪录。

世界上的11个茶叶拍卖中心，有3个最有代表性的茶叶价格中心是：蒙巴萨（肯尼亚）、科伦坡（斯里兰卡）和加尔各答（印度）。按贸易量来说，蒙巴萨是其中最重要的一个，也是唯一一个能提供多种非洲产茶叶的拍卖中心。世界50%的茶叶拍卖量集中在这3个茶叶拍卖中心。在过去的三年多时间，这3个市场的茶叶价格走势非常相似，2009年7月，这三大市场的茶叶平均价格，即国际茶叶价格，达到了2.97美元/千克。

自从2000年以来，世界茶叶市场一直是供大于求。根据国际茶叶委员会（ITC）的资料显示，在2000~2006年，世界茶叶产量年均增长率在3.5%左右，在2007年则增长了约5%，但在2008年仅有1.4%的增长。如果预测准确，2009年的茶叶产量将出现近十年来的首次下跌，达到37.2亿千克。然而，2010年的茶叶产量或将有可能重拾升势，达到39亿千克。

世界茶叶产量下降的首要原因是肯尼亚2009年前两个季度茶叶的产量出现大幅下滑，在4月和5月肯尼亚里夫特山谷（Rift Valley）东部的茶叶产区遭遇了干旱，这使得该地区的茶叶产量较2008年同期下降了15%。而肯尼亚茶叶发展中介公司（Kenya Tea Development Agency Limited，KTDA）则认为干旱的影响使该地区的茶叶产量下降了30%，在第三季度，充沛的降雨量扭转了这一形势。肯尼亚茶叶管理委员会（TBK）估计2009年肯尼亚的茶叶产量为3.142亿千克，比2008年下降了9%以上。实际上，除了卢旺达、马拉维和布隆迪，以及东非其他的茶叶生产国，2009年茶叶产量均出现下降。

肯尼亚本国的茶叶消费量非常低，年消费量仅略高于1 800万千克。茶叶是肯尼亚的主要出口产品，尽管2009年茶叶的出口量下降，但肯尼亚的茶叶出口收入仍从2008年的620亿肯先令（Kenya shillings）增加到2009

世界茶叶贸易情况

单位：千吨

分布地区 \ 年份	2003	2004	2005	2006	2007	2008
世界产量	**3 212.5**	**3 409.1**	**3 603.2**	**3 649.2**	**3 902.9**	**4 736**
其中：中国	788.8	855.4	953.7	1 047.3	1 183	1 257.4
印度	838.0	857.0	830.8	955.9	944.6	980.8
肯尼亚	293.7	324.6	328.5	310.6	369.6	345.8
斯里兰卡	303.2	308.1	317.2	307.2	305.2	318.7
越南	104.3	119.5	132.5	151.0	164.0	174.9
印度尼西亚	169.8	171.2	177.7	146.9	150.2	150.9
日本	91.9	100.7	100.0	91.8	94.1	94.1
阿根廷	63.0	73.0	68.1	71.9	76.0	77.7
伊朗	63.7	40.3	59.2	59.2	60.0	60.0
孟加拉国	57.5	57.6	57.6	58.0	58.5	59.0
乌干达	36.9	35.7	37.7	34.3	44.9	42.8
马拉维	41.7	50.1	38.0	45.0	48.1	41.6
土耳其	153.8	201.7	217.5	201.9	205.2	未定
世界出口	**1 529.7**	**1 634.6**	**1 718.5**	**1 629.5**	**1 701.6**	—
其中：肯尼亚	293.8	333.8	349.7	314.9	327.9	383.4
斯里兰卡	297.0	298.9	307.8	327.4	294.3	301.3
中国	262.7	282.6	288.8	288.6	292.2	297.0
印度	173.7	193.9	188.0	218.7	156.7	203.1
越南	90.0	98.6	102.3	105.8	114.0	—
阿根廷	59.1	67.8	68.3	72.1	75.8	—
乌干达	36.7	36.9	36.5	43.6	44.9	32.0
英国	37.3	28.5	25.2	25.9	25.4	—
德国	18.8	21.6	22.1	25.3	24.0	—
印度尼西亚	88.2	98.6	102.3	95.4	83.7	—
马拉维	36.9	46.2	44.6	42.0	54.4	—
世界进口	**1 385.7**	**1 431.7**	**1 436.0**	**1 472.3**	**1 463.8**	—
欧盟（27国）	331.2	325.1	323.5	336.4	335.8	—
其中：英国	156.6	156.3	153.4	162.0	157.3	—
俄罗斯	168.9	172.1	179.6	172.9	181.6	—
巴基斯坦	108.1	116.0	134.6	127.1	112.1	—
美国	94.2	99.5	100.1	107.6	109.4	—
摩洛哥	44.9	45.7	50.1	50.6	55.1	—
德国	45.8	43.4	41.7	46.6	48.4	—
阿拉伯联合酋长国	68.6	65.8	23.4	46.1	47.9	—
日本	47.4	56.2	51.4	48.1	47.3	—
波兰	30.6	32.1	31.0	27.1	28.1	—
阿富汗	46.8	29.5	9.3	18.3	27.9	—
叙利亚	29.0	30.3	28.2	27.6	25.4	—
埃及	38.3	71.8	76.5	未定	22.3	—

资料来源：联合国粮食及农业组织（FAO）国际茶叶协会（ITC）、梵雷斯集团（Van Rees），以及各国资料。

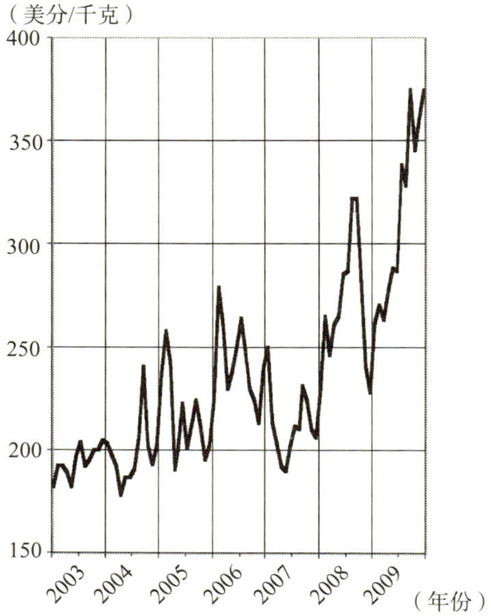

肯尼亚蒙巴萨：BF1 等级红茶拍卖价格

年的 690 亿肯先令。2010 年预计肯尼亚将出口 3.7 亿千克茶叶，价值约为 700 亿肯先令。英国、巴基斯坦和埃及是非洲茶叶出口的主要目的地。

2009 年斯里兰卡的茶叶产量也有 9% 以上的下降。按照印度茶叶委员会（ITB）的统计，2009 年前 11 个月，印度的茶叶产量亦下降了 0.15%。

在斯里兰卡，严重的旱灾尤其对大型茶叶种植园的生产产生了严重影响，再加上茶农的罢工，2009 年 1 ~9 月茶叶产量下降了 4% 以上。斯里兰卡茶叶委员会（SLTB）最终宣布，2009 年茶叶产量为 2.898 亿千克，较 2008 年下降 9.06%。

在斯里兰卡茶叶生产率仍然非常低，它停滞在 1 400 千克/公顷左右。每公顷产量在印度是 1 800 千克，在肯尼亚则为 2 400 千克。斯里兰卡的茶叶种植园的茶树更新非常慢，并且缺乏新的耐旱茶树品种，这成为 2009 年斯里兰卡茶叶产量下降的原因之一。斯里兰卡 2008 年的茶叶产量仅占世界茶叶产量的 7%，茶叶出口量从占世界总出口量的 22% 下降到现在的 18%。2009 年该国茶叶出口量相比 2008 年下降 7.1%。斯里兰卡茶叶出口的大多数是散装茶（占其出口总量

肯尼亚 Momul 茶叶工厂公司是世界上第一家获得“雨林联盟合格证书”的公司

肯尼亚莫妙茶叶工厂公司（Momul）是世界首家获得“雨林联盟合格证书”（Rainforest Alliance Certification Award）的公司。该证书强调公司在生产中注重环境保护和遵守行业道德标准，包括公司员工的年龄和健康状况等。另外还有 3 家公司不久也将获得该证书。Momul 公司是肯尼亚茶叶发展中介公司（KTDA）的 63 家茶叶工厂的一个。肯尼亚茶叶发展中介公司管理着肯尼亚的中小茶叶种植者，其茶叶加工能力为 1 500 万千克/年。该公司力图保证茶叶种植者的收益，提出的措施使中小种植者节省了 30% 的能源和燃料成本，还成功地降低了种植者的融资成本，并引导着肯尼亚的茶叶生产方向以满足国际的需求。实际上，肯尼亚的中小茶叶种植者是世界获得报酬最高的茶农。2009 年这些中小种植者出售的茶叶的价格为 35.16 肯先令/千克，而斯里兰卡的种植者只能得到 22.79 肯先令/千克（以肯先令计）、尼伯尔为 17.39 肯先令/千克、印度是 15.29 肯先令/千克，以及越南只有 11.88 肯先令/千克。

的60%）。俄罗斯一直是斯里兰卡茶叶的最大进口国，随后是阿拉伯联合酋长国、叙利亚和伊朗，这4个国家占据斯里兰卡茶叶出口量的50%。

2009年前6个月，印度南部地区遭遇到了恶劣的天气——干旱过后紧接着强降雨（这在印度南部地区是非常罕见的），使印度的茶叶产量下降。2009年第三季度天气情况好转，且该地区的茶叶生产率出现大幅提高，印度茶叶委员会估计2009年该地区茶叶生产率为2 062千克/公顷。最终，2009年印度的茶叶产量略有下降（下降181万千克），略低于9.79亿千克。印度西孟加拉邦的茶叶产量的下降被阿萨姆邦（Assam）的茶叶产量增长所弥补。印度茶叶出口取得的成绩是显著的，尽管印度的茶叶出口量仅为1.9149亿千克（比2008年下降了5.7%），但是茶叶出口价值却增长了9%。印度红碎茶（CTC）的主要出口对象是埃及、巴基斯坦和英国，印度传统红茶（orthodox）则出口至伊拉克、伊朗和俄罗斯。

另外，在世界其他主要茶叶生产国的茶叶产量几乎没有增长，例如越南和中国。在越南675家茶叶公司和大约40万家小茶叶生产者，每年在约13万公顷的茶叶种植区生产1.6亿千克茶叶。越南茶叶行业的利润很低，主要是因为茶叶销售领域结构性的低效。生产者协会和越南茶叶总公司计划建立一个茶叶交易市场以提高茶叶的收购价格，这将使得生产者可以进行必要的生产投资，并提高茶叶的质量。事实上，2009年越南的茶叶价格出现了下降，越南农业和农村发展部副部长胡春雄（Ho Xuan Hung）强调：越南应加强投资以增加高质量茶叶品种的生产，进而使越南茶叶在国际茶叶市场占据一席之地，并确保越南的茶叶生产可持续性。2009年前9个月，越南出口了9 700万千克茶叶，茶叶产量的80%用于出口。巴基斯坦、中国台湾和俄罗斯是越南茶叶主要的出口目的地。

同样，在中国茶叶生产需要进行现代化改进。中国生产的大部分茶叶没有统一的“质量标准”，而这是茶叶出口必不可少的条件。另外，中国的茶叶缺少带有自身特色的“品牌”，因此，这又成为中国茶叶在国际市场上销售的障碍。在国内消费方面，尽管近些年来中国国内的茶叶消费量每年均有增长，但是增长势头并不十分明显。

阿根廷的茶叶生产集中在米西奥内斯省（Misiones），茶叶生产区大约有4万公顷，该地区出产的茶叶占阿根廷茶叶总产量的95%，为6 500万千克左右。2009年由于该地区长期缺乏降水，全年茶叶产量大约减少了900万千克。阿根廷茶叶产量的90%以上用于出口。到目前为止，美国是阿根廷茶叶的第一大进口国，智利位居第二位。

尽管世界经济不景气，但是茶叶的需求依然旺盛。一些分析表明，喝茶属于习惯性

印度在非洲取得进展

印度Aditya Birla集团（印度第一大跨国企业）旗下的杰伊隋茶叶和工业公司（Jay Shree Tea & Industry），宣布正在与乌干达和卢旺达的相关部门进行，关于购买两国年产总量为1 000万～1 500万千克的茶种植园的谈判。

2009年底，世界最大的茶叶生产公司麦利奥·拉塞尔公司（Mcleod Russel），在印度的阿萨姆邦和西孟加拉邦及越南，每年生产8 000万千克茶叶，又收购了乌干达的卢旺瑞茶叶投资公司（Rwenzori Tea Investments），其中包括一个年产1 500万千克茶的种植园。

现象。除了高等级茶叶（其价格也较高）以外，世界上大部分的茶叶消费对茶叶的价格变化不敏感，即价格-需求的弹性小。事实上，家庭收入中用于购买茶叶的开销比例很低。

“原产地认证”是茶叶生产国在国际市场上推广其产品必须要考虑的。

斯里兰卡茶叶委员会希望对该国生产的全部茶叶给予相应的地域标识，从而减少对“锡兰”（Ceylan）品牌的滥用。实际上，有许多茶中只是混有了少部分斯里兰卡生产的茶叶，但却标注“锡兰”作为其原产地。斯里兰卡茶叶委员会的这一要求很可能将在世界贸易组织进行讨论。

世界主要茶叶消费国对生态农产品日益需求的增长，促使各主要茶叶生产国的生产向这一方向转变。在印度发展有机茶叶是该国最近两个茶产业发展计划中的主要目标。一般而言，有机茶叶的价格是普通茶叶的两倍以上。一方面，在种有机茶叶的最初几年，茶叶生产率会逐渐下降，第一年下降10%，随后的年份逐渐下降20%、30%和40%。但南印度联合种植者协会（UPASI）认为，茶叶生产率下跌时期过后生产率会有20%的回升。另一方面，有机茶叶的“认证”是一个非常复杂的过程且费用不菲。2009年9月，印度茶行业委员会与联合国粮农组织，以及联合国商品共同基金（CFC）联合创办了一项有机茶叶发展项目，在印度的三个茶叶生产地区：阿萨姆邦、大吉岭（Darjeeling）和喀拉拉邦（Kerala），建成了三个有机茶示范生产区。该项目的投资额约为400万美元。

2010年世界有机茶叶的产量不足2 000万千克，其中50%来自印度。目前，有机茶叶产量与世界茶叶总产量相比微不足道。

2010年，在世界主要的茶叶产区，气候条件有利于茶叶生产。因此，2010年茶叶产量的预期良好，这或将改变2009年世界茶叶市场的紧张状况。尽管如此，对茶叶价格的预期亦是乐观的，两个因素似乎支持这一观点：首先，世界茶叶的库存很低；其次，为了满足新增的需求，茶叶的新供给将出现，但这需要很长时间，一棵茶叶树需要三年的时间才能进行采摘；最后，新兴国家的茶叶消费量是2010年世界茶叶市场上的不确定因素之一。

棕榈油

伴随着2008年夏末突如其来的金融危机，世界大宗商品的价格快速回落，这就使得棕榈油价格在2008年冬季至2009年初下跌。2009年伊始，毛棕榈油的鹿特丹到岸价为605美元/吨，精炼棕榈油的马来西亚离岸价则为562美元/吨。2009年第一季度，棕榈油价格一直处于回升，这是因为在马来西亚半岛和印度尼西亚半岛出现恶劣天气情况、棕榈油对较之竞争的其他植物油（大豆油、向日葵油）有价格优势，及中国进口迅速恢复。棕榈油的出口总量在2009年1～8月间达到创纪录的1 000万吨，这比2008年同期提高100万吨，比2007年同期几乎提高300万吨。在2009年初夏，两个主要棕榈树产品的成交价分别为726美元/吨和740美元/吨，抵补了2008年冬季价格下跌的损失。2009年下半年棕榈油市场的特点是极具波动性，其价格在对经济危机是否结束的争论中剧烈地波动；厄尔尼诺现象在世界最大的两个棕榈油供应国——印度尼西亚和马来西亚的棕榈油种植园区蔓延。

干旱和洪水

在2009年5～10月，由厄尔尼诺现象产生的干旱在棕榈油产量占世界3/4产量的马来西亚和印度尼西亚群岛泛滥。期间，马来西亚沙巴州（Sabah）的降雨量为正常水平的75%，该州是马来西亚半岛上的主要生产棕榈油的区域（占马来西亚棕榈油产量的31%）；2009年12月时该州的降雨量为正常时的57%。这相对的干旱之后便是洪水，尤其在2009年11月降雨量的突然加大，不仅使鲜棕榈果的收获期推迟，还使鲜棕榈果的产量下降。

事实上厄尔尼诺现象产生的干旱的影响在数月之后才逐渐显现，其在短期导致油棕果簇的重量下降，进而使得棕榈油的产量减少。干旱过后大约10个月，不能正常生长的油棕果簇比例上升至最高，这使得棕榈树上的果簇数量减少。最终，干旱还导致雄性油棕果开花数量增加，这就再次降低了棕榈树上的果簇数量，而这种情况将持续20～25个月。因此，2010年和2011年的棕榈油产量将低于迄今预期的平均值。但由于棕榈油的价格在2009年12月已经上涨50美元之多，因此，棕榈油的价格可能已经包含了这些新的预期。

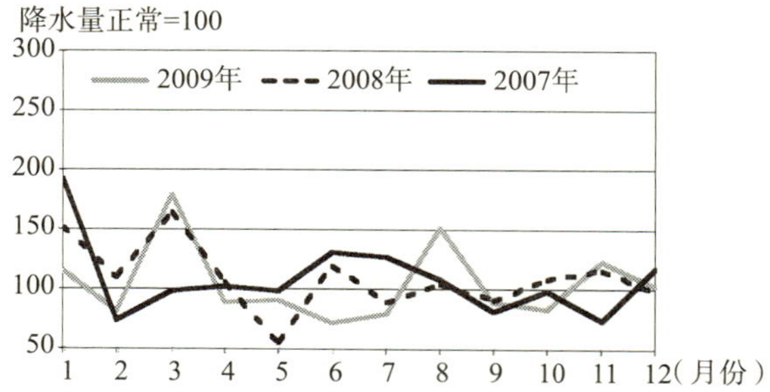

2007～2009 年马来西亚降水量

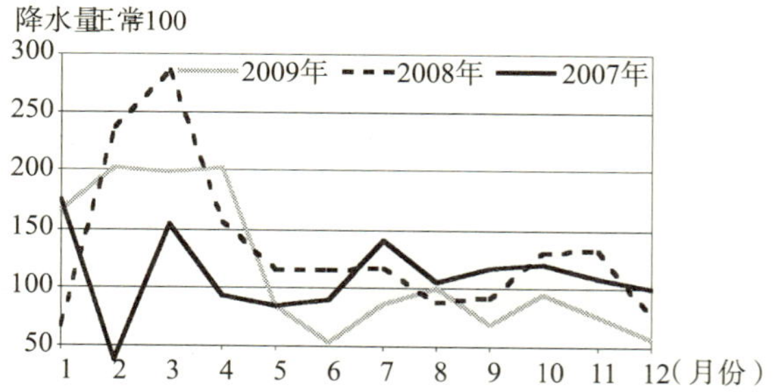

2007～2009 年马来西亚沙巴州降水量

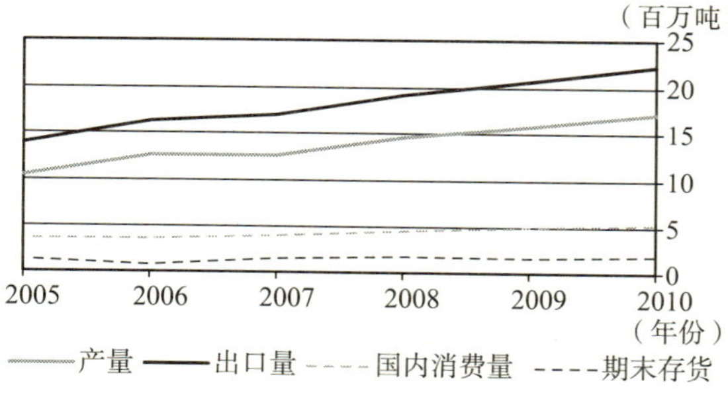

印度尼西亚：棕榈油产量、贸易量和消费量

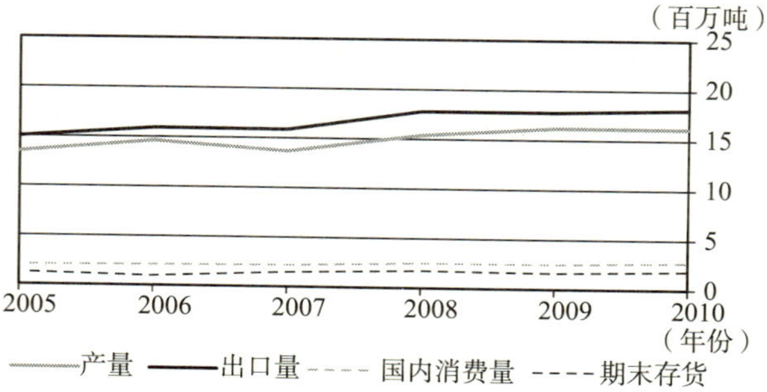

马来西亚：棕榈油产量、贸易量和消费量

资料来源：［德］《油世界》（Oil World）。

总体而言，2009 年马来西亚棕榈油产量稳定在 1 773.5 万吨，这大大低于印度尼西亚 2 100 万吨的产量。另外，印度尼西亚 2009 年棕榈油的出口量首次超过了马来西亚。

印度尼西亚对棕榈油出口征税

2009 年 12 月，印度尼西亚外贸部宣布计划对其毛棕榈油（Crude Palm Oil，CPO）出口征税 3%，以此稳定国内食用油价格。实际上，自从 2008 年国际油料作物的价格大幅上涨之后，印度尼西亚政府便开始根据鹿特丹棕榈油价格调整其关税水平，而税率调整的阶梯依据棕榈油价格的升高而不断攀升。当鹿特丹棕榈油的价格超过每吨 700 美元时，印度尼西亚毛棕榈油出口税率为 1.5%；当鹿特丹棕榈油价格在每吨 751 美元至 800 美元之间时，其税率为 3%。需要强调的是，如果棕榈油的价格达到每吨 1 250 美元，印度尼西亚的出口税率可以提高到 25%。而对于棕榈油加工产品（精炼棕榈油，食用棕榈油）的出口税率甚至更 8 高。之所以制定这样的政策，是因为印度尼西亚政府希望保留其最专业毛棕榈油（毛棕榈油的出口占印度尼西亚棕榈油总出口的 70%）出口国的地位。而这则不同于邻国马来西亚，后者更热衷于出口高附加价值的棕榈油加工产品。

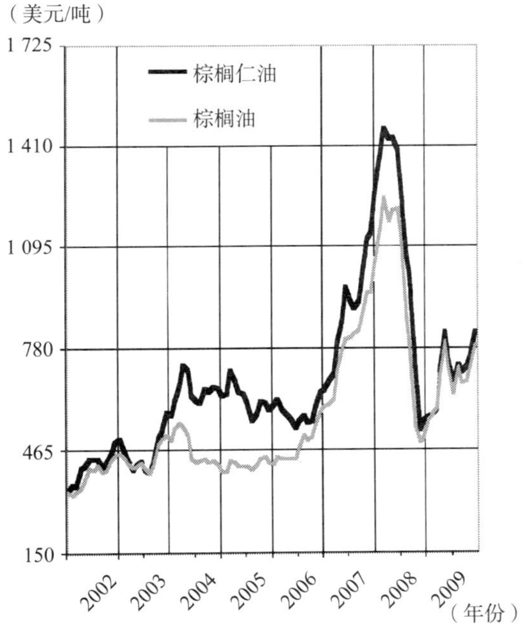

马来西亚：棕榈油和棕榈仁油鹿特丹到岸价

根据《油世界》预测，印度尼西亚和马来西亚棕榈油的产量在 2010 年将分别达到 2 240 万吨和 1 800 万吨。印度尼西亚棕榈油的产量将增加 170 万吨，原因是印度尼西亚棕榈树种植园将会大约增加 40 万公顷；而马来西亚棕榈油的产量仅会增加 25 万吨，因为其种植园几乎不能再扩大。至于出口方面，印度尼西亚棕榈油的出口量可能将达到 1 700 万吨，而马来西亚的出口将会停滞在 1 600 万吨左右。

当中国已成为世界上最大的食用油和油料作物的进口国时，即 2009 年中国进口的油料作物达到近 4 500 万吨，食用油及油脂的进口量则高达 1 100 万吨；许多国家（其中包括美国、阿根廷和哥伦比亚）宣布将增加生物柴油的消费，以及 2010 年棕榈油的供给又充满了不确定性的时候，这些因素也就支持了 2010 年初棕榈油价格的上涨。

世界棕榈油和棕榈仁油贸易量

单位：百万吨

分布地区 \ 年度	2004/2005	2005/2006	2006/2007	2007/2008	2008/2009	2009/2010*
• **棕榈油**						
世界产量	**33.43**	**36.03**	**37.50**	**42.67**	**44.26**	**47.15**
其中：印度尼西亚	13.27	15.52	16.65	18.88	20.45	22.09
马来西亚	15.19	15.47	15.29	17.57	17.26	18.20
尼日利亚	0.80	0.81	0.83	0.81	0.885	0.88
世界出口	**26.13**	**28.05**	**29.74**	**38.85**	**35.48**	**36.35**
其中：马来西亚	13.58	13.72	13.77	15.04	15.99	16.18
印度尼西亚	9.86	11.59	12.46	14.10	16.11	16.84
世界进口	**26.01**	**27.98**	**29.55**	**32.73**	**35.73**	**36.28**
其中：欧盟（27国）	4.44	4.54	4.72	5.01	5.79	6.15
中国	4.32	5.18	5.54	5.56	6.30	6.20
印度	3.34	2.82	3.66	5.01	6.87	6.55
巴基斯坦	1.68	1.69	1.74	1.77	1.80	1.84
• **棕榈仁油**						
世界产量*	**3.95**	**4.21**	**4.37**	**4.96**	**5.13**	**5.43**
其中：印度尼西亚	1.41	1.62	1.75	2.02	2.20	2.38
马来西亚	1.87	1.89	1.86	2.10	2.06	2.15
尼日利亚	0.21	0.22	0.22	0.23	0.23	0.24
世界进口	**2.08**	**2.22**	**2.60**	**2.75**	**2.96**	**3.10**
世界出口	**2.04**	**2.20**	**2.58**	**2.77**	**3.96**	**3.10**
• **棕榈仁粕**						
世界产量	**4.71**	**5.00**	**5.22**	**5.85**	**6.04**	**6.42**
其中：印度尼西亚	1.73	1.84	2.18	2.15	2.68	2.92
马来西亚	2.13	2.11	2.10	2.33	2.32	2.41
世界出口	**3.81**	**3.98**	**4.17**	**4.94**	**4.88**	**5.21**
世界进口	**3.81**	**3.96**	**4.16**	**4.82**	**5.01**	**5.21**

注：* 为预估值。

资料来源：[德]《油世界》。

胡椒和香料

巴西胡椒出口商协会的胡椒指数（peppertrade），即来自巴西、印度和越南的等级为500gl、560gl及ASTA胡椒价格的综合指数。在2009年前8个月价格均在上涨的态势中，后四个月处在3 000～3 100美元/吨。2009年印度MG1等级胡椒在纽约市场的价格上涨了21%以上。欧洲市场的沙捞越（sarawak）黑胡椒价格上涨了18%，沙捞越白胡椒价格上涨了58%。在纽约市场，沙捞越白胡椒的价格则上升了48%。其他香料中的小豆蔻（cardamom）和丁香（cloves）的价格上涨显著。

世界胡椒产量下降

根据国际胡椒共同体（IPC）统计，2009年胡椒产量再次出现下降，预计比2008年下降3%，为31.0636万吨。其中，马来西亚的胡椒产量，特别是越南的胡椒产量继续增长；印度尼西亚、巴西和斯里兰卡的胡椒产量出现下降。

世界主要胡椒生产国主要以家庭农场的形式生产胡椒，这是一种极为分散的生产，再加上近年来胡椒的价格非常低，这就在很大程度上减少了胡椒树的更新以及削减了为提高生产力所需的投资，而后者又是胡椒种植者提高收益必不可少的。

例如在印度，胡椒的生产停滞不前（大约在5万吨），原因是胡椒树普遍老化并经常遭受病虫害，使得产量下降。在印度喀拉拉邦（Kerala），胡椒树的生产力低下和劳动力成本较高使得该地区的胡椒种植几乎不能进行。2009年该地区几个胡椒种植园被撂荒，胡椒产量可能只有1 400万～1 600万千克之间。印度的胡椒总产量应该不会超过4.5万吨，而国内消费为4万吨左右，印度是世界最大的胡椒消费国。

实际上，印度甚至正在成为一个胡椒净进口国。印度贸易商被来自越南和马来西亚的廉价胡椒所吸引。2008/2009生产年度，印度胡椒出口下跌了28%，为2.525万吨，其中对美国的出口占其出口量的40%。

由于印度马拉巴尔（Malabar）MG1胡椒过高的价格，印度失去了部分国际胡椒市场。马拉巴尔胡椒继续较国际普通胡椒价格升水约250美元/吨。世界胡椒市场一些分析家认为，在2009/2010生产年度，印度胡椒出口量可能无法超过1万吨。

2008/2009生产年度，越南胡椒产量是印度的两倍以上。但是由于2009年最后几个月在越南的胡椒产区出现了台风和洪水灾害性天气，2010年越南的黑胡椒预计将产

世界胡椒产销量

单位：吨

分布地区及种类 \ 年份	2004	2005	2006	2007	2008	2009*
世界产量	**294 159**	**299 275**	**289 230**	**271 040**	**318 843**	**310 636**
其中：越南	85 000	85 000	100 000	90 000	90 700	100 000
印度	62 000	70 000	55 000	50 000	43 000	45 000
巴西	45 000	35 000	44 500	35 000	40 000	35 000
中国	23 000	25 000	18 000	18 000	23 000	26 000
马来西亚	21 000	20 000	19 000	20 000	23 000	22 900
印度尼西亚	30 500	29 000	20 000	25 000	26 000	24 000
斯里兰卡	12 000	13 500	14 300	14 640	13 243	11 216
泰国	9 500	9 500	10 500	10 500	10 500	—
厄瓜多尔	4 000	3 500	3 500	3 500	3 500	—
马达加斯加	2 500	2 500	3 000	3 000	3 000	—
柬埔寨	1 259	1 275	1 400	1 400	1 500	—
其中：黑胡椒	未定	未定	244 230	227 040	217 800	243 600
白胡椒	未定	未定	45 000	44 000	45 100	58 470
世界出口	**224 642**	**221 094**	**245 741**	**201 700**	**218 820**	**221 960**
其中：越南	98 494	96 184	116 670	82 000	89 705	135 000
巴西	40 529	38 416	42 194	36 000	36 585	35 476
印度	14 049	15 752	26 377	30 000	23 000	25 250
马来西亚	19 582	16 795	16 602	19 000	22 000	14 000
印度尼西亚	37 700	37 568	20 000	16 300	18 000	—
斯里兰卡	5 353	8 129	8 190	8 500	6 237	—
中国	3 400	2 500	10 000	3 000	5 000	—
厄瓜多尔	3 725	2 500	1 913	2 000	2 500	—
泰国	500	500	1 400	1 500	1 500	—
马达加斯加	未定	未定	1 995	2 000	1 500	—
其中：黑胡椒	未定	未定	202 870	175 600	165 400	未定
白胡椒	未定	未定	42 871	26 100	25 400	未定

注：*为估计值。
资料来源：国际胡椒共同体（IPC）、巴西胡椒出口商协会和各国资料。

量下降5%～7%。提高胡椒质量仍是越南胡椒协会（VPA）的首要目标，该协会认为有两个问题制约越南胡椒产业发展：一是在越南多为小面积种植胡椒；二是胡椒出口价格波动幅度巨大。

根据越南黑胡椒协会的数据，2009年1～11月，越南出口胡椒12.8万吨，与2008年同期相比增长34%，是印度出口的7.5倍。考虑到胡椒的库存较少，越南黑胡椒协会预计，2010年越南胡椒出口也将出现下降，出口总量应不高于10万吨。实际上，越南国内的胡椒消费远比印度低，每年仅为5 000吨，而在2009年越南进口了1万吨黑胡椒用于进行再出口，以履行该国签订的胡椒出口合同。

巴西是世界上另外一个主要的胡椒生产

国。巴西胡椒的特点是有两个胡椒产季：每年5～7月在巴西的圣埃斯皮里图州（Espírito Santo）收获地胡椒。另一个重要的胡椒收获地是在帕拉州（Parà），时间是在7～11月。2009年圣埃斯皮里图州的胡椒产量估计在1万～1.2万吨。帕拉州的胡椒生产受到暴雨影响，产量估计在2.5万吨。巴西每年的黑胡椒消费量大约在1万吨。在20世纪90年代初期巴西帕拉州的黑胡椒产量在8万吨以上，但胡椒种植园中的病虫灾害和胡椒的单一种植最终使得该地区的胡椒种植不断减少。一些农业发展组织希望使该地区农业生产者能够在种植胡椒的同时种植其他作物并增加对胡椒的种植。据估算，巴西2009/2010生产年度的胡椒产量将不高于3.5万吨。2009年巴西胡椒出口量达到3.5476万吨，比2008年下跌2.3%，出口价值下跌16%。巴西胡椒对美国出口占其出口总量的31%；巴西胡椒的第二大出口对象是德国，占巴西出口总量的14%。

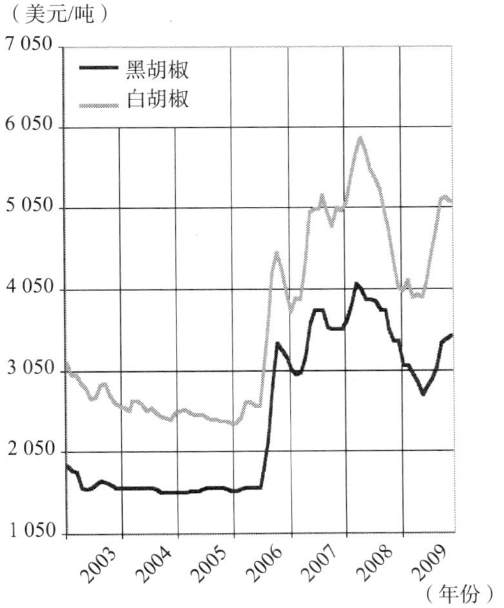

沙捞越黑胡椒和白胡椒价格

斯里兰卡希望未来增加香料的种植面积。而持续了30年的国内战争的结束将可能使农业生产者获得更多的土地。按照国际胡椒共同体的统计，斯里兰卡在正常条件下每年可以生产1.4万吨胡椒，同时出口7 700吨。2008年斯里兰卡的胡椒生产出现下降，产量为1.3243万吨，出口下跌到6 327吨。估计2009年产量为1.1216万吨，继续下跌15%，出口预计也将下滑。

根据国际胡椒共同体资料，2009年印度尼西亚的胡椒出口为3.4万吨左右，与2008年基本持平。

美国是世界主要的胡椒进口国，对世界胡椒贸易影响巨大。2008年，美国共进口5.5万吨胡椒（白胡椒和黑胡椒），低于美国通常的6万吨的年进口量。2009年1～10月份美国进口达到5.376万吨，其中4.0544万吨为黑胡椒。印度尼西亚供给美国1.7636万吨，巴西、越南和印度也是美国黑胡椒的主要供给国。

小豆蔻价格急剧上升

危地马拉是世界最大的小豆蔻生产国，面对旺盛的需求以及危地马拉的小豆蔻产量下降，印度的小豆蔻价格涨至超过1 000卢比/千克。如此高的价位是20年来在印度首次出现。2009年，AGEB级小豆蔻价格上升了66%；AGB级小豆蔻价格上升了78%。2010年1～2月份所有“很小”的小豆蔻价格也超过了1 000卢比/千克，AGEB级小豆蔻价格在2月达到了1 156卢比/千克。

2009年印度的小豆蔻产量在1.1万吨左右，比2008年下降20%。2009年10月，印度非灌溉农业区的降水不足，但情况在随后逐渐好转。在2009年4～10月，印度出口了600多吨小豆蔻，是2008年同期的两倍，预计印度全年将出口 1 500 吨小豆蔻。印度每年通常从尼泊尔进口体积大的小豆蔻，数量约为 5 000 吨，以满足国内市场的消费。

危地马拉一直是世界最大的小豆蔻的生产国和出口国，2009 年在危地马拉的冬季（5～8 月），由于降水的缺乏，小豆蔻产量出现了严重的下降，进而影响到小豆蔻的国际价格。实际上，在 1996～2006 年危地马拉小豆蔻产量年均增长 7%，但近三年来，产量增速明显下降。2010 年危地马拉小豆蔻产量应该增长 10%～15%。小豆蔻生长在危地马拉海拔 800～1 300 米的潮湿地区。在阿尔塔维拉帕泽（Alta Verapaz）地区约 3.2 万公顷的土地出产了危地马拉 70% 的小豆蔻，这些小豆蔻由 4.3 万家农户生产。

阿尔塔维拉帕泽地区出产的小豆蔻是由当地原住民生产的，他们需要将小豆蔻卖给贸易商和出口商。因此，付给生产者的价格仅为小豆蔻最终售价的很小一部分。2009 年 5 月，当 2008/2009 生产年度结束，危地马拉相关机构宣布较低质量的黄色小豆蔻的出售价格是 5～6 美元/千克，绿色小豆蔻的价格则在 8～10 美元/千克。

危地马拉的小豆蔻在本国的消费量很低，基本上全部用于出口。根据危地马拉银行的统计，按 2009 年的小豆蔻价格计算（价格高企的一年），小豆蔻出口为危地马拉带来 2.5 亿美元的收入。

2009 年对控制着危地马拉 80% 小豆蔻出口的 6 家公司来说是个丰收之年，主要出口企业的利润增加了 20%。危地马拉的小豆蔻主要出口到沙特阿拉伯、阿拉伯联合酋长国、约旦和科威特。

丁香价格上涨

根据印度香料委员会（SBI）的统计，2009 年，马达加斯加、印度尼西亚、科摩罗和桑给巴尔岛（Zanzibar）产的丁香价格平均上升了 28%。尽管如此，2009 年丁香的平均价格仍然低于 2008 年，即从 2.45 美元/磅下降到 2.13 美元/磅。在世界丁香市场上，2009 年 12 月丁香价格在科伦坡达到 4 500～5 000 美元/吨；在印度尼西亚为 6 500 美元/吨；在桑给巴尔岛为 5 300 美元/吨；在马达加斯加岛和科摩罗为 5 200 美元/吨；在巴西为 4 750 美元/吨。

2009 年，估计在马达加斯加丁香产量达到 4 000 吨，这比前几年的平均产量降低了 25%～30%；在科摩罗的产量应该达到 400～500 吨。在印度的丁香产量初步估计在 2 000～2 500 吨。印度国内对丁香的需求在 1.5 万吨以上。良好的气候条件使印度丁香的产量增加，但丁香产地的价格仍然很低（为 300～310 卢比/千克），低于 380 卢比/千克的生产成本。

2009 年 11 月底，根据公共框架（Public Ledger）机构的数据显示，印度尼西亚的丁香产量约为 5 万吨，这是一个庞大的数量，并与当地的克塔克（Kretek）以丁香为原料生产的香烟消费量成正比。在巴西丁香产量出现下降：预计为 6 000 吨，其中 1 000 吨将用于巴西国内消费。同时，在 2010 年 9～10 月丁香产季之前，巴西丁香的库存有限。斯里兰卡的丁香产量（通常是 6 000～8 000 吨）可能只为 1 000 吨。

桑给巴尔岛丁香种植有着悠久的历史，自 18 世纪开始由奴隶种植，丁香曾使当地许多人致富。根据桑给巴尔岛丁香生产者组织（ZACPO）统计，1950 年之前该地区丁香的年产量为 2.4 万吨，之后开始逐渐滑落到年产 1 万吨左右。随着丁香树的逐渐老化，丁香产量也随之下降。2008 年丁香价格高企，但仍没使生产者获益，因为给予生产者的丁香收购价格仅为2.15～2.69美元/千克，还不到桑给巴尔岛国家贸易公司（ZSTC）丁香出口价格的一半。

桑给巴尔岛国家贸易公司是该岛丁香的唯一出口公司。2007年政府决定将该岛丁香产业私有化，以便重振丁香产业。实际上丁香产业曾经是该岛的支柱产业，而桑给巴尔岛国家贸易公司的垄断经营使丁香生产者几近破产，进而使得丁香树老化严重，病虫灾害频发及丁香种植园被割弃。

香草、姜黄和藏红花

香草（vanilla），科摩罗香草市场的“自由化”改革使出口商投机盛行。香草价格直线下降，种植香草已经不能盈利。2009年的香草产季，在一些地区生产者并没有收获香草，另一些地区的香草种植者甚至放弃了对该作物的种植。在马达加斯加一小部分出口商要求政府对香草的出口限定最低价格，价格为35美元/千克。对大多数出口商来说，这一价格的香草在国际市场上是没有销路的。2008年国际香草价格是20美元/千克，而马达加斯加政府规定的香草最低出口价格是27美元/千克，这仍然是很高的，因为在国际市场上，中型及短型香草的售价仅在15～25美元/千克之间。另外，马达加斯加岛出产的优质香草在国际市场上应该能很轻松地找到购买者。因此，马达加斯加岛香草生产的前景还是很好的。而且，香草业必须考虑到工业替代品（香兰素）的产量。

姜黄（turmeric），印度生产了世界上70%～75%的姜黄，生产主要在印度的安得拉邦（Andra Pradesh），那里种植了15万公顷的姜黄。2009年姜黄需求显著上升，并超过了供给。这是因为其在医药业和化妆品工业中的应用增加。姜黄的价格从2009年3月开始上涨，在8月出现大幅飙升。2009年全年，印度AFT级姜黄柯钦港（Cochin）价格上涨了一倍（按照印度香料委员会的统计，价格上涨了125%）。而在国际市场，印度的姜黄价格只上涨了41%。事实上，在印度的姜黄库存量一直都较少，这是价格上涨的原因之一。姜黄在正常情况下的库存应该维持在12万吨左右，而2009年只有5万～6万吨。在下一个姜黄产季（在2010年2月），产量应该会达到44万吨，这比2009年的33.6万吨有巨大的增长。印度年消费姜黄在30万～33万吨。

藏红花（saffron），在西班牙生产的藏红花产量仅占世界产量的3%。在欧洲，希腊生产的藏红花比西班牙略多一点。从世界的角度来看，伊朗的藏红花产量居世界之首，随后是摩洛哥和中国。毋庸置疑，西班牙的藏红花质量上乘，但是价格与世界其他地区生产的藏红花的价格相比偏高，缺乏竞争力。这使得西班牙藏红花的市场份额越来越小，现在西班牙藏红花的年产量不足1 000千克，但西班牙生产商仍很难找到购买者。这使得一些西班牙藏红花生产商不得不放弃生产藏红花。另外，法国和意大利重新对生产藏红花产生兴趣。实际上，未来的藏红花市场将建立在藏红花的多样性和质量上。西班牙的藏红花将继续保持它的特点，并满足对其特定的需求，进而延续西班牙藏红花几个世纪的种植历史。法国最大的藏红花种植园（1公顷）是位于Fontani è res市的Font Saint-Blaise种植园（利穆赞区的克勒兹省），该藏红花种植园于2005年建立，被视为藏红花生产的样板，生产规模正在逐渐扩大。

香蕉

世界香蕉市场的“基本面”几乎没有变化。世界“餐后甜点蕉”，即香蕉（不包括需要烹调才可食用的大蕉）的产量约为6 000万吨，其中的1 400万~1 600万吨是用于出口。世界上有十个左右国家提供了世界80%的香蕉出口。除了菲律宾（以200万吨的出口量位居世界第二），其他的主要香蕉生产国都是拉丁美洲国家：厄瓜多尔（以500万吨的出口量位居世界榜首）、哥斯达黎加、哥伦比亚、危地马拉、巴拿马、洪都拉斯和秘鲁。非洲国家（喀麦隆、科特迪瓦和加纳）的出口总量超过50万吨，排在拉丁美洲之后。另外，加勒比海国家中从事香蕉生产与出口的国家主要是多米尼加共和国、圣卢西亚、圣文森特和多米尼克国。欧洲的香蕉生产量仅为65万吨，占全球香蕉市场不到5%的份额，生产主要集中在加纳利群岛、马提尼克岛和瓜德罗普岛，其次是在马德拉、克里特和塞浦路斯。欧盟是世界最大的香蕉消费地区，年消费量达到550万吨。欧洲市场的香蕉供给来自世界许多不同的香蕉产地，除了欧盟国家自产与来自直接隶属于一些欧盟国家的海外领土的香蕉，还有来自非洲及加勒比海国家的“非加太集团”（African, Caribbean and Pacific Group of States, ACP）和所谓的“美元香蕉”出口国（厄瓜多尔、哥斯达黎加、哥伦比亚等国）。美国的香蕉进口（400万吨）来源与欧洲不同，只有“美元香蕉”能够进入美国市场。日本和俄罗斯两国的香蕉进口市场各为100万吨，日本的香蕉进口几乎全部来自菲律宾，厄瓜多尔则供给俄罗斯市场。生态香蕉和“公平贸易香蕉”（Fair Trade）市场在欧洲迅速发展，目前已经占据了欧洲香蕉市场5%的份额。这些香蕉主要来自多米尼加共和国与秘鲁，实际上这两个国家的香蕉生产几乎全部集中在上述两类香蕉市场。

2009年法国的香蕉进口平均价格与2008年持平，为12.1欧元/箱（净重18.14千克）。不过香蕉价格表面上的稳定，背后却是剧烈波动的。2009年上半年，香蕉价格创历史新高，达到14.1欧元/箱；下半年价格则下滑到只有10欧元/箱。在经历了2008年年底的严重的气候灾害后，哥斯达黎加在2009年的后半年开始逐渐回到了国际香蕉贸易中，再加上厄瓜多尔和哥伦比亚超常的香蕉出口量，均使香蕉的价格出现下降。2010年年初，香蕉市场的表现并不尽如人意，欧洲香蕉进口价格与之前的平均价格相比下降了15%~20%。另外，欧洲人均香蕉消费量为11千克/年。在法国这个数字每年都在上升，现在为9千克/年左右；德国则超过了14千克/年。

在香蕉生产地区没有严重的气候灾害（如龙卷风和洪水）出现的情况下，欧洲香蕉市场的采购监管再次成为世界香蕉市场的关注点。二十余年以来，欧盟的香蕉共同市场组织（Common Organization for the Market of Bananas，COMB）参与了所有的世界农产品的协商，既包括在世界贸易组织框架下的多边谈判，也包括与一些经济区域的双边谈判。目前正在进行的此类谈判是欧盟与中美洲共同市场（Central American Common Market，CACM）及与安第斯国家共同体（Community of Andean Nations，CAN）的谈判。2008 年7 月，多哈回合多边谈判的重新

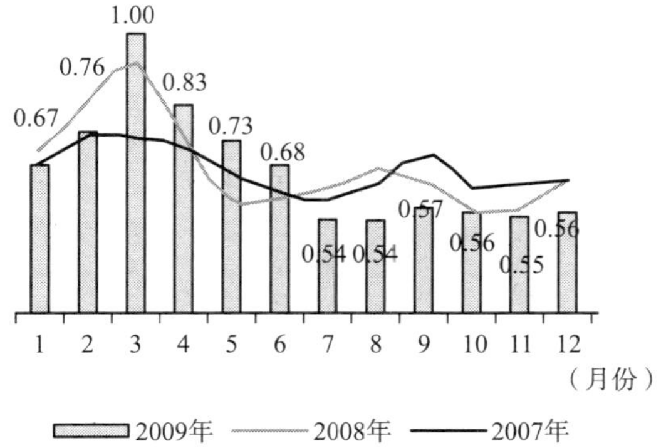

注：估计值。

法国：香蕉进口月均价格（欧元/千克）

资料来源：法国国际农业研究发展中心（CIRAD）。

世界香蕉进出口量

单位：千吨

分布地区 \ 年份	2003	2004	2005	2006	2007	2008
世界出口	**15 217**	**15 733**	**13 294**	**13 899**	**14 489**	**14 598**
其中：厄瓜多尔	4 665	4 521	4 654	4 402	4 651	4 727
菲律宾	1 829	1 797	2 024	2 312	2 218	2 193
哥斯达黎加	2 043	2 017	1 614	1 961	2 061	1 869
哥伦比亚	1 425	1 471	1 622	1 698	1 749	1 798
危地马拉	936	1 058	1 047	983	1 330	1 355
洪都拉斯	453	572	501	516	570	607
巴拿马	385	398	348	431	439	367
科特迪瓦	242	252	234	286	291	264
喀麦隆	314	295	265	257	222	280
巴西	221	188	212	194	186	131
世界进口	**14 691**	**15 081**	**12 975**	**13 593**	**14 256**	**14 563**
其中：欧盟 27 国	3 112	3 832	3 732	4 177	4 682*	4 855*
美国	3 871	3 881	3 373	3 395	3 543	3 453
日本	987	1 026	1 067	1 044	971	1 093
俄罗斯	802	858	853	883	979	1 007
加拿大	423	442	449	457	469	478
中国	421	381	356	388	332	362
阿根廷	286	303	302	296	319	347
韩国	221	210	254	280	308	—

资料来源：联合国粮食及农业组织（FAO）。

启动再次以失败告终。这种贸易僵局使得香蕉共同市场组织可以继续推迟进行其承诺多年的改革。但是改革是迟早必须进行的，这次改革的延迟不能持续很长的时间。实际上，取消香蕉共同市场组织对香蕉市场监管的呼声从香蕉共同市场组织诞生的第一天就存在。从香蕉共同市场组织创设伊始，即1993 年 7 月 1 日，就有反对者对进口香蕉实行配额体系管理（1993 ~ 2005 年）或是关税体系管理（起始于 2006 年）；他们的最终目的就是使欧洲香蕉市场完全自由化。自2006 年 1 月，欧盟开始对进口的“美元香蕉”征收 176 欧元/吨的关税；非加太集团的香蕉则被免除征收这种关税。这种管理体系用以取代自 1993 年 7 月 1 日开始实行的配额体系。随后，于 2009 年 12 月 15 日签订的日内瓦协议进一步放宽了对欧盟香蕉市场的管制。关税将降低到 148 欧元/吨，并在 2019 年或 2017 年之前降低到 114 欧元/吨。

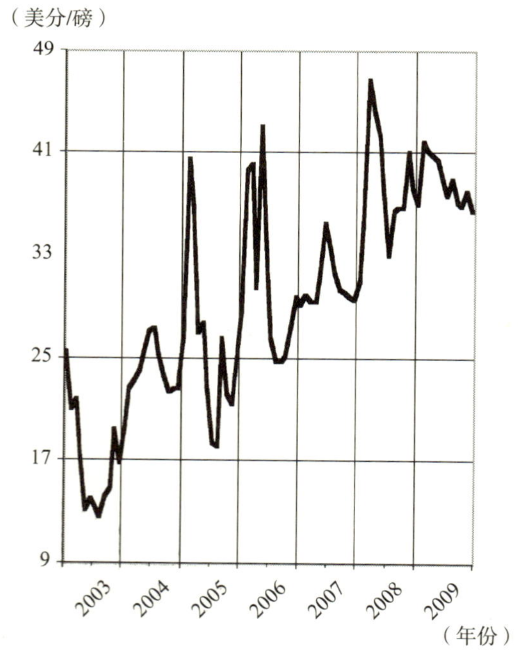

中美洲国家和厄瓜多尔香蕉美国港口离岸价

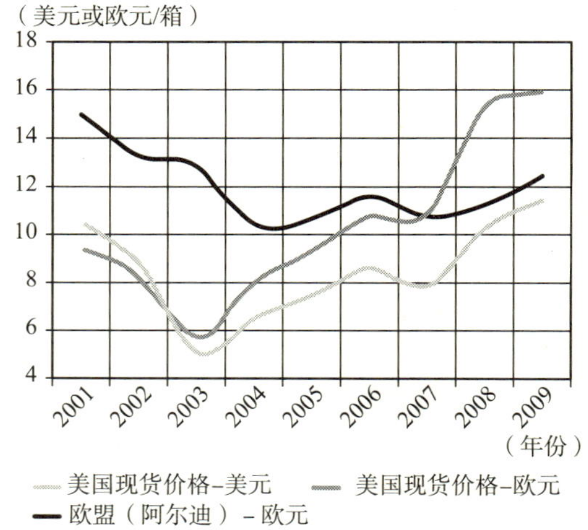

注：阿尔迪（Aldi），德国廉价超市连锁店。

美国和欧盟香蕉年均进口价格

重新提及过去 20 年与世界香蕉贸易相关的一切诉讼、司法辩论、政治与压力的介入（手段往往不太光彩）、带有导向性的分析、谣言等已经没有太大意义，当然，众多律师事务所因此受益匪浅。2009 年 12 月 15 日签订的有关香蕉贸易的日内瓦协议具有历史意义，该协议曾令很多人期待，也令很多人畏惧。实际上，这样一个好似一部“历史巨片”的现代经济事件中的参与者并没有随着时间的变化而改变，其中扮演“反面角色”的是非加太集团、科特迪瓦和喀麦隆，另外还有法国，即位于安得列斯群岛的法国香蕉生产商和法国政府。扮演“变节者”角色的是西班牙政府，其转而反对加那利群岛政府和该地区香蕉生产商。扮演“正面角色”的是世界其余的国家！这场“历史巨片”的大背景则是在世界贸易组织的框架下秘密进行的司法、政治辩论。最后，香蕉共同市场组织的角色则是“嫌疑人”，它被指控“操纵”农产品市场。“总法官”是世界贸易组织总干事本人。“起诉人”是由国际性的多国经济利益体（跨国企业等）组成，即拉丁美洲国家的政府、香蕉出口商以及一些欧洲国家扮演。自愿担任“策略专家”的是欧洲委员会在世界贸易组织的代表。但是，关于谁是“受害者”，众口不一：支持香蕉市场自由化的一方认为，各方将在市场自由化中获益，其中的“利益受损者”也将得到补贴。此类补贴或将采纳 POSEI 方案，这一方案将对欧洲的香蕉生产商提供补贴；或将采取给予非加太集团香蕉生产者 1.9 亿～2 亿欧元的经济补贴的方案。与之相反，其他人则认为，市场的自由化将使大多数人的利益受损，即所谓的最后“胜利者”损失的利益将超过其所得到的。

事实上，香蕉产业的经济数据（现在还有人以那些数据作参考吗?）表明香蕉市场之前的疲软态势已经大大好转。“美元香蕉”出口国（除了在不利的天气条件下）提高了其市场份额（2005～2008 年增长了 5%）。在欧洲市场的份额有很大提升（增加了 20%）。另外，香蕉零售价格一直保持稳定，以实际价格表示（除去通货膨胀），甚至出现下跌。最后，欧盟香蕉进口价格也稳定在令香蕉贸易商等满意的价位上。最具讽刺的是，拉丁美洲的香蕉生产者，即香蕉共

欧盟香蕉供给总结

单位：吨

年份	欧盟	ACP 国家	非 ACP 国家（美元香蕉）	小计	出口	净供给
1988	719 270	514 061	1 644 100	2 877 431	17 265	2 860 166
1989	698 925	544 441	1 716 175	2 959 541	13 415	2 946 126
1990	710 635	621 875	2 024 248	3 356 758	36 219	3 320 539
1991	695 402	596 416	2 286 019	3 577 837	53 468	3 524 369
1992	711 191	680 191	2 365 883	3 757 265	39 689	3 717 576
1993	646 242	748 120	2 219 721	3 614 083	36 138	3 577 945
1994	584 622	726 927	2 102 303	3 413 852	58 044	3 355 808
1995	658 206	763 966	2 405 180	3 827 352	43 082	3 784 270
1996	684 605	800 074	2 471 263	3 955 942	30 598	3 925 344
1997	810 537	693 054	2 464 412	3 968 003	16 571	3 951 432
1998	786 232	615 596	2 426 419	3 828 247	26 448	3 801 799
1999	729 303	675 993	2 522 455	3 927 751	27 359	3 900 392
2000	782 176	756 808	2 528 170	4 067 154	35 327	4 031 827
2001	767 268	728 776	2 474 665	3 970 709	34 284	3 936 425
2002	790 622	726 452	2 554 508	4 071 582	8 011	4 063 571
2003	754 216	786 798	2 578 827	4 119 841	6 020	4 113 821
2004	750 910	785 182	3 077 361	4 613 453	11 029	4 602 424
2005	648 395	764 357	2 959 463	4 372 215	4 970	4 367 245
2006	641 559	905 692	3 290 022	4 837 273	8 392	4 828 881
2007	551 798	837 050	3 841 908	5 230 756	9 270	5 221 486
2008	567 560	918 506	3 933 075	5 419 141	10 010	5 409 131

注：ACP 为非加太集团，从 1994 年起的相关数据包含各类补偿性援助；从 2004 年起的出口为对欧盟 27 国之外国家的出口。1994 年之前为餐后甜点蕉（香蕉）+大蕉；从 1994 年起仅包括餐后甜点蕉（香蕉）。1995 年之前为欧盟 12 国，1995 年起为欧盟 15 国；2004～2005 年间为欧盟 25 国；2006 年起为欧盟 27 国。

资料来源：法国国际农业研究发展中心－热带水果部（Fruitrop－CIRAD）。关于马德拉和希腊的数据来自 1988～1993 年为欧盟统计署（Eurostat）和欧洲委员会。

同市场组织的反对者，其出口收益甚至在欧盟监管市场的阶段出现上涨。实际上，2005年以来在这些香蕉生产国家，由当地政府确定的香蕉产地最低现货价格已经被多次上调，这在厄瓜多尔和哥斯达黎加尤为明显。更为有意思的是，这些地区的香蕉实际收购价格比政府确定的保障价格还要高。2009年上半年对厄瓜多尔的香蕉种植者来说是一个美好的时期，其香蕉销售价格为7.2美元/箱，而保障价格仅是5.4美元/箱。

欧盟对进口香蕉征收的176欧元/吨的关税不是唯一平衡香蕉市场众多参与者（生产者、贸易商和消费者）利益的因素。天气，换言之，难以预测的天气变化，也对香蕉进口特别是对来自中美洲的香蕉进口起到了重要的调整作用。我们可以说，自2006年以来世界香蕉出口因为天气原因从未达到最高的出口水平。因此可以认为，176欧元/吨的关税还没有完全发挥调节市场的作用，甚至可以认为该关税水平可能过低而不具有实用性。最后让我们想象一下，如果香蕉出口没有受到恶劣天气的影响进而达到最高的出口水平，同时欧盟的香蕉进口关税降到148欧元/吨，再加上经济危机的影响，香蕉市场的表现又会怎样……这就是2010年香蕉市场的形势。

世界香蕉市场或许将与有关香蕉的国际谈判一样不容乐观。显然，各方对2009年12月关于香蕉贸易的“伪多边谈判”达成的协议并不满意，因此，谈判又将回到双边谈判中。2010年上半年，在西班牙作为欧盟轮值主席国时，该国试图与中美洲共同市场和安第斯国家共同体在香蕉谈判中取得进展，甚至签订合约，并立即下调了关税。秘鲁已经要求并获得日内瓦协议中规定的关税水平，即关税在2017年之前降低到114欧元/吨，这是更低的关税。秘鲁要求在6个月内将关税降低到75欧元/吨。这就是试图进行双边谈判所要付出的代价。与此同时，已经因为补贴棉花生产者而受到世界贸易组织谴责的美国则宣布将等待多哈回合谈判结束之后再对有关香蕉贸易的协议做出决定。美国正在争取时间，而冲动的欧洲已在迫不及待地降低关税。

热带水果

2009 年的金融危机对世界大宗商品市场的影响巨大，这是毋庸置疑的。欧洲的热带水果市场也不例外。据初步估计，2009 年欧洲的热带水果进口量出现 5% 的下降，这对之前一直处在增长趋势中的新生的热带水果市场来说还是从来没发生过的。

不同的热带水果，消费下滑也不相同。菠萝的消费下降了 6%，但是芒果和其他产量较小的热带水果（荔枝、西番莲、杨桃等）的消费下降了 12%，就连番木瓜（即木瓜）的消费也下降了 10%。当然，这也没什么奇怪的。那些受到影响最大的热带水果通常是价格昂贵的水果，对它们的需求首先受到经济危机的影响。热带水果市场中也有表现相对较好的产品，例如鳄梨、绿柠檬和大蕉。实际上，这些热带水果的“基本面”（如新颖、异国风情等特点）仍然坚挺。因此，欧洲市场的热带水果进口有望在 2010 年出现增长。

欧洲市场上的鳄梨主要来自西班牙、南

欧盟 27 国热带水果进口

单位：吨

品种 \ 年份	2005	2006	2007	2008	2009 *	2009/2007 (%)
菠萝	603 866	772 718	829 310	930 525	879 026	-6
鳄梨	164 150	168 611	184 023	175 973	186 920	6
大蕉	72 670	74 595	68 447	72 786	75 653	4
绿柠檬	52 760	59 187	66 299	72 513	78 694	9
芒果、番石榴和山竹	187 932	213 023	211 571	231 628	198 336	-14
番木瓜	41 842	37 916	36 481	35 970	32 412	-10
其他热带水果	43 534	35 627	45 268	43 855	38 688	-12
其中：西番莲、杨桃、火龙果	14 083	8 784	9 302	—	—	—
荔枝、人心果、罗望子等	29 451	26 843	35 966	—	—	—
合计	**1 166 754**	**1 361 677**	**1 441 399**	**1 563 250**	**1 489 729**	**-5**

注：* 为估计值。
资料来源：欧盟统计署（Eurostat），法国国际农业研究发展中心－热带水果部（Fruitrop－CIRAD）。

非、秘鲁、以色列、智利、墨西哥和肯尼亚。哥斯达黎加统治着鲜菠萝市场。大蕉则主要来自三个拉丁美洲国家：厄瓜多尔、哥伦比亚和哥斯达黎加。绿柠檬主要来自巴西和墨西哥。芒果的供应商虽然很多，但巴西和秘鲁占据了欧洲进口的50%。马达加斯加是欧洲荔枝的主要供应国，其他的国家还有南非、毛里求斯和留尼汪岛。巴西占据了番木瓜市场2/3的份额，厄瓜多尔占据剩下的一小部分。另外，杨桃、火龙果、人心果、西番莲、树番茄、灯笼果和刺果番荔枝等小型热带水果均主要产自拉丁美洲，例如哥伦比亚等，以及亚洲的越南、马来西亚和泰国等。

菠萝

菠萝是在五个世纪以前首次被引入欧洲的（1535 年于西班牙）。因此，正是哥伦布使得菠萝成为当今最重要的国际水果市场之一。世界两千多万吨的菠萝产量来自于 40 多个国家。世界菠萝产量在过去的二十年中翻了一番，并为 20 世纪 70 年代菠萝产量的 4 倍。菠萝是世界上产量最多的 7 种水果之一，与梨并列，排在桃和油桃之前。12 个国家生产了世界 90% 的菠萝。在历史上，亚洲一直是菠萝的主要生产地区。今天仍有 50% 以上的菠萝产自亚洲，世界前十名生产菠萝的国家中有五个亚洲国家：泰国（230 万吨）、菲律宾（220 万吨）、中国（140 万吨）、印度（130 万吨）和印度尼西亚（130 万吨）。但巴西以其 250 万吨的菠萝产量取代了泰国（其在过去的几十年中一直处于世界第一的位置）成为新的世界最大的菠萝生产国。与此同时，菲律宾的菠萝产量也出现高速增长。亚洲各国不仅满足了本国及亚洲地区的菠萝需求，还把菠萝产业重心放在了出口菠萝罐头及菠萝汁上。在全球菠萝产量排名第四的哥斯达黎加专业于生产鲜菠萝汁，它在此领域已取得高速发展。今天，哥斯达黎加的菠萝汁产量已使其能在世界菠萝汁市场中占有重要的位置。

全世界的菠萝生产在过去十余年中出现了快速的发展。每年都会有超过 5% 的增长。2005 ~ 2007 年，增长率甚至达到了 10%，但是 2009 年的初步统计数据表明，菠萝生产并没有持续这种增长态势，产量在 2008 年出现下滑之后在 2009 年又有所下降。这是增长的趋势出现反转，还只是暂时的增长下滑？结论还有待观察，但无论如何十分清楚的是之前推动菠萝市场发展的因素如今可能已经不复存在了。菠萝市场忽略金融危机因素导致的菠萝消费下降，可能还将要面对一个更加严峻的量的情况，即市场对鲜菠萝需求增长幅度可能会出现下降，甚至出现对鲜菠萝的需求减少。实际上，在过去的几年中菠萝的出口和生产出现迅速的提高，主要是因为市场对鲜菠萝的需求大幅增加。如今，世界 1/3 出口的菠萝是以鲜菠萝的形式出口的，而大约十年前该比率是 1/5。世界 2/3 的菠萝出口是加工后的菠萝，形式主要包括菠萝罐头（片装或块装）和菠萝汁（菠萝汁或浓缩菠萝汁）。根据初步数据，2009 年欧盟的鲜菠萝进口量也出现下降，与 2008 年相比，2009 年下降了约 5%，这反映出菠萝市场的需求下滑。美国菠萝市场处在相对平衡的状态，这并不是一个好消息，因为之前美国菠萝消费的增长率经常在 10% 以上。另外，主要菠萝市场的进口价格也在下跌，2009 年是自 2003 年以来的首次。

世界菠萝的产量与贸易量

单位：千吨

分布地区＼年份	2003	2004	2005	2006	2007	2008
世界产量	**16 139**	**16 668**	**17 814**	**19 498**	**21 009**	**19 167**
其中：巴西	2 160	2 216	2 292	2 561	2 676	2 492
泰国	1 899	2 101	2 183	2 705	2 815	2 279
菲律宾	1 698	1 760	1 788	1 834	2 016	2 209
哥斯达黎加	984	1 077	1 605	1 805	1 968	1 625
中国	1 270	1 267	1 289	1 382	1 382	1 402
印度	1 301	1 234	1 229	1 353	1 308	1 306
印度尼西亚	677	710	925	1 428	2 238	1 273
尼日利亚	889	889	890	895	900	900
墨西哥	721	669	552	634	671	686
越南	383	415	470	470	470	470
肯尼亚	399	600	600	418	429	429
委内瑞拉	340	323	349	357	363	363
马来西亚	320	330	340	299	316	319
美国	272	200	192	171	173	173
科特迪瓦	243	216	195	177	160	160
世界出口						
鲜菠萝产品	1 541. 9	1 853. 6	2 221. 5	2 489. 8	2 826. 8	—
哥斯达黎加	559. 4	693. 1	905. 2	1 194. 2	1 353. 0	—
菲律宾	194. 7	204. 1	215. 1	231. 9	270. 1	—
科特迪瓦	173. 5	158. 7	132. 1	115. 6	96. 6	—
菠萝罐头	1 118. 1	1 148. 8	1 255. 9	1 286. 9	1 173. 0	—
泰国	475. 0	478. 1	515. 1	618. 9	568. 4	—
菲律宾	196. 6	208. 0	201. 1	183. 8	198. 5	
世界进口						
鲜菠萝产品	1 462. 5	1 708. 1	1 962. 4	2 293. 7	2 495. 6	—
欧盟	656. 1	812. 6	962. 4	1 177. 7	1 269. 9	—
美国	474. 0	513. 8	577. 6	634. 2	696. 8	
日本	122. 7	142. 3	155. 4	152. 5	165. 8	—
菠萝罐头	1 065. 1	1 104. 7	1 195. 6	1 292. 1	1 248. 2	—
欧盟	456. 2	480. 6	482. 8	532. 8	496. 1	—
美国	335. 9	328. 7	357. 8	365. 3	351. 1	—
日本	47. 7	52. 3	51. 5	45. 1	42. 2	—

资料来源：联合国粮食及农业组织（FAO）。

在欧洲，菠萝进口的价格2003年为955欧元/吨，2009年仅为605欧元/吨。在美国，菠萝价格也在下跌，从2006年的792美元/吨下跌到2009年的647美元/吨。在欧洲，菠萝市场的平衡再次取决于哥斯达黎加的菠萝供应（甜菠萝品种）。最终，经济危机的影响以及哥斯达黎加菠萝供应在一些时段的增长使得2009年欧盟的菠萝进口价格处在很低的位置，曾达到4~5欧元/箱；而随后菠萝供应量的减少使得菠萝价格恢复到6.5~8.5欧元/箱的正常价位。

世界加工菠萝市场表现相对稳定，该市场的产量相当于600万吨鲜菠萝，其中包括200.2万吨菠萝罐头和300.8万吨菠萝汁。2009年菠萝加工产品的价格稳步上升，尤其是浓缩菠萝汁的价格，它在2009年年底的价格为2 000美元/吨（欧洲到岸价），而2008年同期的价格为1 650美元/吨。在这种形势下，菠萝加工业选择生产更多的菠萝汁同时减少生产菠萝罐头。实际上，菠萝罐头市场已经持续数月处在疲软状态。世界菠萝市场的风向标——泰国，2009~2010年产季的菠萝生产处在正常水平。菠萝生产者的收购价格在4~5泰铢/千克，与2008年相同。

柑橘类水果和橙汁

世界上的柑橘类水果（citrus fruits）年产量约1.22亿吨。这是排在香蕉和大蕉（年产量为1.25亿吨）之后世界产量第二的水果，远远超过了世界苹果的产量（年产7 000万吨）。柑橘类水果范围非常广泛，橙子（orange）是其中最重要的一种，它的世界产量每年约有6 800万吨。然后，我们还有小柑橘类水果，世界产量为2 900万吨左右，其中主要包括克莱门氏小柑橘（clementines）和一些杂交小柑橘品种。随后是柠檬和酸橙（亦称绿柠檬）年产量为1 400万吨，以及葡萄柚（grapefruit）年产量约为500万吨。

全球柑橘类水果的消费分为两大类：一是生产果汁（橙子、葡萄柚、柠檬）和罐头（小柑橘类水果）；二是新鲜水果的直接消费。整个柑橘类水果产业以这两大类消费市场作划分，且专业性极强。橙汁市场受两个生产区域的影响，即巴西圣保罗州和美国佛罗里达州。世界橙汁供应量的九成以上都集中在这两个区域。橙汁市场以两种形态存在：一是冷冻浓缩橙汁（Frozen Concentrated Orange Juice，FCOJ）及浓缩橙汁（Fruit Juice Orange Concentrate，FJOC）；二是纯果汁或是非浓缩型果汁（Not From Concentrate，NFC）。目前，墨西哥和中国虽然也对橙汁市场发挥着一些影响，但其并不起主导作用。美国佛罗里达州占世界葡萄柚生产量的65%以上，世界其他葡萄柚生产国是古巴、南非等。阿根廷和美国加利福尼亚州控制着世界柠檬汁市场（世界柠檬汁60%的产量来自这两个地方），柠檬汁广泛用在苏打水中。西班牙和中国主导着世界蜜橘（satsumas）生产，日本大量消费蜜橘。

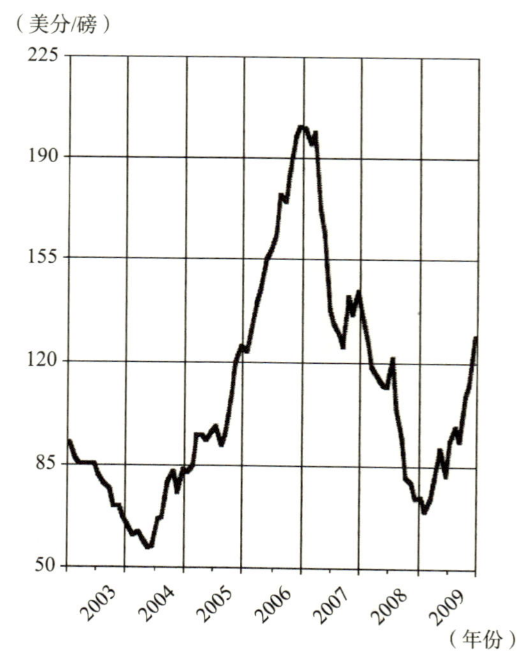

纽约：橙汁价格

世界柑橘类水果的产量

单位：千吨

分布地区 \ 年度	2004/2005	2005/2006	2006/2007	2007/2008	2008/2009	2009/2010 *
• **橙子和橘子**						
世界产量	**61 545**	**61 856**	**63 436**	**87 969**	**91 870**	**93 495**
其中：中国	12 800	12 500	13 800	27 450	25 900	32 950
巴西	16 565	17 952	18 278	16 850	17 422	17 750
美国	8 786	8 631	7 229	10 221	9 242	8 506
西班牙	5 149	4 421	5 844	4 745	5 692	4 558
墨西哥	4 000	3 500	3 600	4 297	4 140	3 900
埃及	2 256	2 283	2 314	2 759	3 500	3 570
土耳其	1 970	2 100	2 100	2 907	3 072	3 080
意大利	2 716	2 878	2 970	2 996	2 027	2 996
日本	1 249	1 290	1 096	2 395	2 044	2 206
摩洛哥	1 256	1 238	1 219	1 674	1 854	1 985
南非	1 038	1 130	1 100	1 280	1 796	1 890
阿根廷	1 200	1 130	1 210	1 760	1 320	1 580
希腊	820	1 098	947	995	860	922
• **柠檬**						
世界产量	**4 308**	**4 619**	**4 449**	**6 197**	**6 239**	**5 911**
其中：墨西哥	1 744	1 800	1 850	2 229	2 000	2 040
阿根廷	1 300	1 350	1 250	1 360	1 200	1 000
西班牙	729	897	900	543	1 000	800
美国	789	855	655	562	862	776
土耳其	600	600	750	652	680	680
意大利	583	603	576	547	656	656
埃及	370	413	430	335	301	320
南非	183	200	200	200	144	160
以色列	42	29	38	64	45	55
希腊	32	43	37	46	30	40
• **柚子**						
世界产量	**3 890**	**4 353**	**4 803**	**5 187**	**5 166**	**5 516**
其中：中国	1 800	1 867	2 025	2 230	2 520	2 900
美国	923	1 118	1 431	1 404	1 207	1 080
墨西哥	304	387	371	425	390	410
南非	287	336	314	388	341	390
以色列	271	265	242	242	232	245
阿根廷	170	230	240	240	230	225
土耳其	135	150	180	167	160	180

注：* 为预估值。
资料来源：美国农业部（USDA），欧洲鲜品协会（Freshfel Europe）。

热带农产品

世界橙汁市场很值得研究的原因不止一个。其供应和消费受诸多自身结构性的和经济形势的因素制约。在世界范围内，对果汁的需求在持续下降，自2004年以来已经下降了20%。2008/2009生产年度期初，世界橙汁的库存依然十分巨大，佛罗里达州当时的库存相当于其年产量的2/3。在2009年的相当一部分时间里，橙汁价格保持在很低的位置，运至欧洲的价格为1 000美元/吨以下。市场在2009年秋季开始走强，10月份现货市场的橙汁价格攀升达到了1 500美元/吨，随后在2009年年底下降到了1 400美元/吨。实际上，橙汁市场的供给将可能在长期内受困于其生产中的卫生安全问题，而这个问题同时存在于佛罗里达州和巴西。因此，2009/2010生产年度的橙汁产量可能比预期得要低，同时，橙汁零售量的下降亦导致了橙汁需求的不振，这就使得橙汁价格的反弹很弱。2010年年初佛罗里达州遭遇的霜冻为市场大幅推高橙汁价格又找到了一个新理由，在期货市场上（NYBOT，纽约期货交易所），冷冻浓缩橙汁在2010年1月底的交易价格为1.50美元/磅，在2009年年初价格只有70美分/磅。橙汁现货价格的上涨还将继续影响橙汁的期货价格。

除了世界上新鲜葡萄柚由美国佛罗里达州主要供应之外，其他类新鲜柑橘的供应则大部分来自地中海地区。那里柑橘类水果的产量巨大，共有1 900万吨，其中包括1 100万吨的橙子和500万吨的小柑橘类水果。柑橘类水果产量的1/3用于出口到国际市场，其中优先出口到欧盟的27个成员国。西班牙的柑橘产量在地中海众多柑橘生产国中占有很大的份额，达500万～600万吨，其中的50%用于出口（主要出口欧盟国家）。意大利也是一个柑橘生产大国，但其产品主要在国内销售。在欧盟之外，埃及（产量为350万吨）、土耳其（产量为270万吨）和摩洛哥（产量为140万吨）正在高速发展柑橘产业。这些国家找到了利润越来越高的地

欧洲几种柑橘类果汁的进口价格

单位：美元/吨

分类 \ 时间	2007年12月	2008年12月	2009年12月
冷冻浓缩橙汁65°白利糖度（65° Brix）	1 750～1 950	1 400～1 500	1 425～1 650
冷冻浓缩柚汁58°白利糖度－粉红色类	1 190	1 550	1 550～1 600
冷冻浓缩柚汁58°白利糖度－白色类	1 050～1 100	1 600	1 700～1 950
冷冻浓缩柠檬汁500gp	1 600～1 700	6 395	3 250～3 600

资料来源：联合国国际贸易中心市场新闻服务处（MNS－ITC）。

法国平均进口价格季平均值

单位：欧元/千克

产品 \ 年度	2000/2001～2008/2009	2005/2006	2006/2007	2007/2008	2009/2010*
小柑橘类水果	0.82	0.76	0.94	0.87	1.08
橙子	0.61	0.62	0.71	0.61	0.71
柠檬	0.67	0.54	1.33	0.61	0.84
葡萄柚	0.84	0.85	0.86	0.89	0.88

注：*为预估值。2009/2010年度的数字为2010年1月初开始的部分数据。

资料来源：法国国际农业研究发展中心－热带水果部（Fruitrop－CIRAD）。

方性的和区域性的出口市场。对埃及来说，它的目标是向还没有被西班牙占领的市场出口柑橘，这些市场包括东欧和俄罗斯市场。面对柑橘产业新的竞争者，以色列试图提供更加细分及具有更高附加值的柑橘产品。橙汁未来的需求增长将主要来自于东欧和亚洲等新兴国家，这些国家购买力的增长似乎是柑橘需求量上升的主要原因之一。同时地中海国家还可能继续受益于美国橙汁供给量的持续下降。这主要是由于“绿化病”(greening，受溶菌作用）和“柠檬溃疡病”对美国柑橘类水果产量有破坏性影响。实际上，美国不仅是橙汁的出口大国，也向日本、加拿大、韩国等国家出口近100万吨的新鲜柑橘。地中海国家柑橘的出口将有可能填补美国柑橘在这些国家的出口空缺。最近几年，美国经济遭遇很大困难。经历过橙汁产量最高的年度之一2008/2009生产年度之后，2009/2010生产年度橙汁的供给量减少将会使价格上升。根据法国农业国际发展研究中心（Cirad）的统计，2008/2009生产年度，法国进口小柑橘类水果的平均价格稳定在0.87欧元/千克，橙子为0.61欧元/千克，此价格与上年度相比分别下降了7%和14%。葡萄柚2008/2009生产年度的平均价格则为0.89欧元/千克，较上年度增长了3%。在2008/2009生产年度柠檬市场的表现较为反常，柠檬价格重新跌回其0.6欧元/千克的最低价格水平。

世界橙汁产量与进出口量

单位：千吨

分布地区 \ 年度	2004/2005	2005/2006	2006/2007	2007/2008	2008/2009	2009/2010 **
世界产量	**2 232**	**2 347**	**2 404**	**2 365**	**2 265**	**2 168**
其中：巴西	1 285	1 440	1 480	1 245	1 258	1 305
美国	694	703	634	827	761	615
欧盟 *	112	111	112	114	102	106
墨西哥	74	56	58	102	80	65
南非	14	25	15	23	18	27
澳大利亚	17	14	10	12	10	11
以色列	15	18	25	21	—	—
主要出口国						
巴西	1 345	1 415	1 310	1 275	1 268	1 260
美国	85	98	87	98	80	85
墨西哥	68	53	53	96	74	59
以色列	19	15	17	17	16	17
主要进口国						
欧盟（27国）	—	—	—	785	878	825
美国	254	212	283	292	228	270
日本	101	90	88	69	66	65

注：* 为西班牙、意大利和希腊；** 为预估值。计算单位按65°白利糖度（65°Brix）标准统计。

资料来源：美国农业部（USDA）。

橡胶

这是一个迅速被战胜的危机：虽然在2008年7~12月天然橡胶价格骤降了60%，但是，它的价格却在2009年翻了一番。天然橡胶现货市场有三个指标：泰国（RSS 3，泰国三号烟片胶）、印度尼西亚（TSR 20，印度尼西亚标准胶）和马来西亚（SMR 20，马来西亚标准胶）。三种橡胶在2009年12月4日分别达到年度最高点2.80美元/千克、2.98美元/千克和2.74美元/千克。中国闪电式的经济复苏，全球经济增长预测的向上修订，以及由于东亚和东南亚（这里集中了世界天然橡胶产量的3/4）恶劣天气条件导致橡胶产量缺口的预期，都加快了2009年第四季度天然橡胶价格的上涨（4个月内上涨了36%）。2009年橡胶的最终价格仅低于2008年春季时的最高价格。在橡胶市场中，超过全球化的“亚洲化”（asianisation）在结束这场“橡胶危机”的过程中发挥了关键作用。它也从另一方面解释了天然橡胶市场过度依赖“中国巨人庞大无比的胃口”而出现的巨大不稳定性，“中国巨人”也有可能像迅速成为世界第三大经济体那样而迅速倒退。另外，三个最大的橡胶出口国协调出口供应的能力（正如2009年所展现的那样）则是决定短期天然橡胶市场发展的变量。

亚洲需求促进全球橡胶市场

天然橡胶的消费对经济状况特别敏感，尤其是在汽车行业。因此，2009年亚洲国家消耗了全球2/3可用的天然橡胶就不令人奇怪了。虽然世界上其他所有地区的橡胶消费都比上一年度下降（北美地区下降19%，欧洲下降22%），但是，亚洲的橡胶消费并没有改变，它的橡胶消费反而继续增长（增长5%）。

亚洲的经济形势对天然橡胶价格的影响尤为巨大，因为亚洲国家不像美国和欧洲，消耗的合成橡胶比天然橡胶多3倍以上，而亚洲对天然橡胶和合成橡胶的消费比例几乎相同。

“汽车报废计划”缓冲了全球汽车产量下降

世界上汽车和轮胎的生产变化甚至比经济增长的变化和世界消费分布更能体现经济情况。2009年汽车和轮胎的产量相比上一年度继续下降。然而，许多发达经济国家的“汽车报废补贴政策”限制了2009年乘用车产量的下降，下降最终不超过10%，远低于刺激汽车消费政策公布前的下降18%的估计。但是，如果所有经合组织国家的这些刺激政策的持久性在未来几个季度得不到担保的话，那么2010年乘用车的产量将增长14%，平均预期则显得很高。另一方面，亚洲的轻型商用车和中型与重型商用车的需求将使2010年全球商用车的生产推向更高的水平，轻型和中型与重型商用车将分别增长19%和27%。

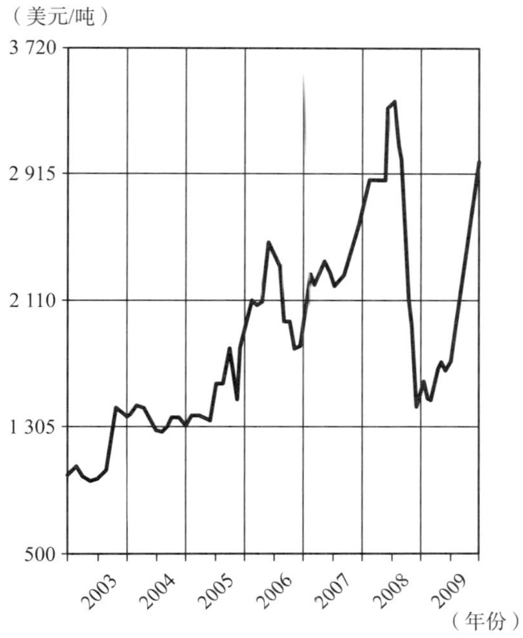

纽约：TSR20等级橡胶价格

国际橡胶联盟的回应

橡胶生产的世界地理分布是高度集中化的，尤其是对天然橡胶而言这种情况改变不多。但合成橡胶的生产则分散且不稳定。2009年，这两个产品的产量均出现下降，合成橡胶产量（下降8%）比天然橡胶产量（下降6%）下降得更加明显。2009年中国合成橡胶的生产（世界上最大的生产国）增长并没有抵消所有经合组织国家的产量下降。

少数几个国家（泰国、印度尼西亚和马来西亚）集中掌控天然橡胶的供给情况使这些国家可以协调在经济危机中各自橡胶行业的政策，当然，这种政策协调也不是完全有保证的。根据2001年巴厘（Bali）宣言的条款，泰国、印度尼西亚和马来西亚同意“通过共同努力，确保三国的天然橡胶生产者的收入”。巴厘宣言之后，三国橡胶理事会（ITRC）成立。按照这三个国家的计划，三国橡胶理事会负责：协调和监督天然橡

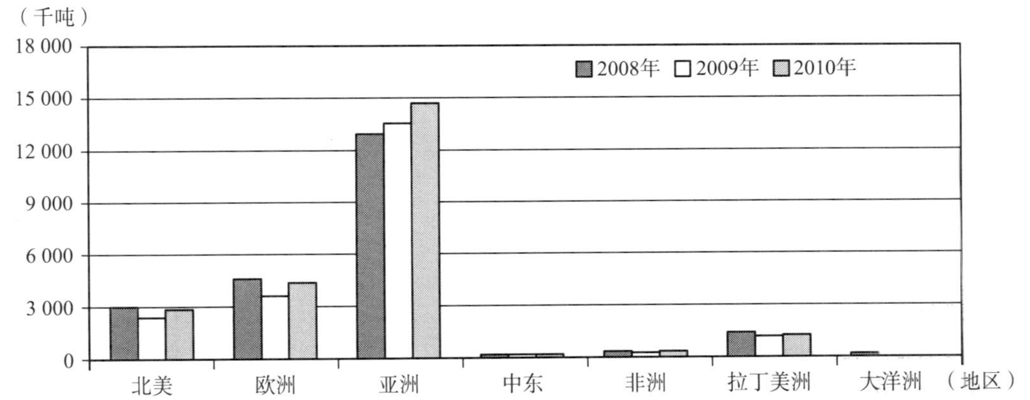

世界各地区橡胶消费量（2008～2010年）

资料来源：国际橡胶研究组织（IRSG）。

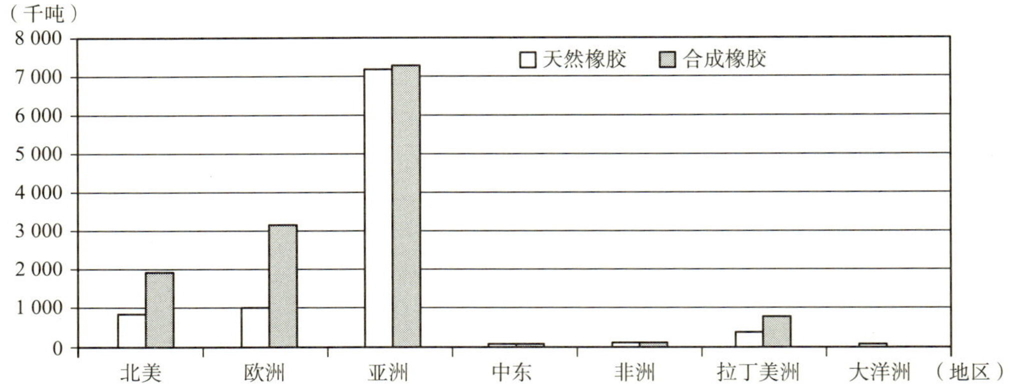

2009 年橡胶消费量

资料来源：国际橡胶研究组织（International Rubber Study Group，IRSG）。

胶生产管理（SMS，供应管理计划）和出口管理（AETS，协议的出口吨位方案），以实现巴厘岛确定的目标。同时创立了一个专门负责完成市场运作并控制天然橡胶供给的专门机构——国际橡胶联盟（IRCo），这是一个名副其实的卡特尔组织（虽然这在该组织的名字中没有体现）。

在 2009 年，国际橡胶联盟充分地展示了它的功能。2010 年 1 月，在吉隆坡举行的评审会上，各成员国认可了 2008 年底决定的天然橡胶出口管制措施的效力，以及出口下限价格（即天然橡胶的价格低于 1.35 美元/千克则不予出口，这是 2008 年 12 月的价格水平）。必须指出的是，这些政策同时是与这些国家天然橡胶的私营部门共同协作的结果。

国际天然橡胶的产量与消费量

单位：千吨

年份 / 分布地区	2007	2008	2008		2009	
			第一季度	第二季度	第一季度	第二季度
世界产量	**9 796**	**10 026**	**2 426**	**2 216**	**1 943**	**2 236**
亚洲	9 355	9 374	2 285	2 056	1 813	2 065
非洲	445	443	109	104	107	105
拉丁美洲	228	241	64	69	63	67
世界消费量	**10 227**	**10 088**	**2 577**	**2 562**	**2 158**	**2 366**
亚洲/大洋洲	6 735	6 815	1 765	1 686	1 545	1 916
欧盟	1 377	1 188	322	322	202	245
北美洲	1 157	1 179	273	317	232	147
拉丁美洲	565	562	145	144	116	98
欧洲其他地区	273	254	68	66	40	39
非洲	118	112	29	27	24	21
剩余或缺少	**-431**	**-62**	**-151**	**-346**	**-215**	**-130**
世界库存	**1 471**	**1 409**	**1 320**	**974**	**1 194**	**1 064**

资料来源：国际橡胶研究组织（International Rubber Study Group，IRSG）。

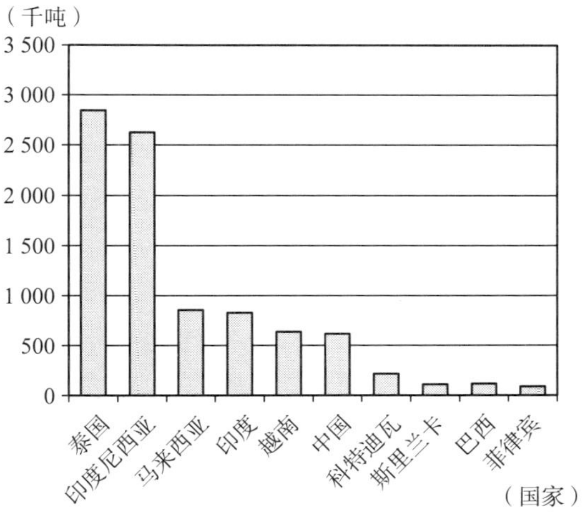

2009 年天然橡胶产量

资料来源：国际橡胶研究组织（IRSG）。

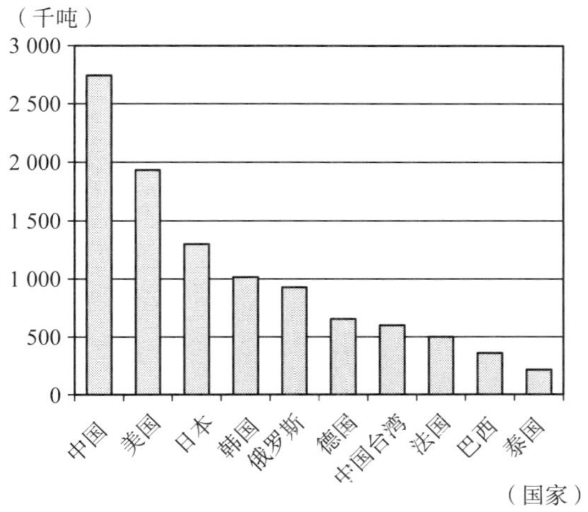

2009 年合成橡胶产量

资料来源：国际橡胶研究组织（IRSG）。

在同一次会议上，国际橡胶联盟要求世界第五大天然橡胶生产国——越南加入该组织。其原因是显而易见的，越南的加入将使国际橡胶联盟的天然橡胶产量从世界总产量的 70% 增加到 76%。更为重要的是，他们的天然橡胶出口比例将从世界出口量的84%增加到 93%，这使该组织的政策更具有效力。越南占世界天然橡胶市场的份额并不是

世界合成橡胶的产量与消费量

单位：千吨

年份 分布地区	2007	2008	2008		2009 年	
			第一季度	第二季度	第一季度	第二季度
世界产量	**13 430**	**12 789**	**3 376**	**3 446**	**2 698**	**2 991**
亚洲/大洋洲	5 916	5 296	1 454	1 577	1 543	1 562
欧盟	2 684	2 502	688	674	471	520
北美	2 790	2 410	675	655	410	504
欧洲其他地区	1 285	1 182	356	331	224	240
拉丁美洲	684	691	183	189	125	149
非洲	71	78	21	22	16	16
世界消费量	**13 278**	**12 568**	**3 312**	**3 405**	**2 566**	**2 918**
亚洲/大洋洲	6 506	6 257	1 602	1 700	1 402	1 725
欧盟	2 514	2 373	692	678	425	441
北美	2 129	1 897	492	494	361	371
欧洲其他地区	1 009	891	247	249	164	188
拉丁美洲	864	890	222	228	177	168
非洲	105	105	29	27	22	23
剩余或缺少	**152**	**221**	**64**	**41**	**132**	**173**
世界库存	**3 187**	**3 408**	**3 251**	**3 292**	**3 540**	**3 613**

资料来源：国际橡胶研究组织（IRSG）。

微不足道的，当 2008 年天然橡胶价格下跌到五年来的最低水平时，国际橡胶联盟出台了减少其成员国 70 万吨的出口供应量的方案。这一方案有助于支持市场价格，但是，如果当时不是越南天然橡胶供应量随之增加的话，这一努力本可以获得更大的回报。

过去的 4 年里，越南的天然橡胶出口总共增长近 40%。在世界天然橡胶出口国中，越南将很快成为新的“第三”排在印度（其产量主要供应国内市场）和马来西亚之前（在该国生产棕榈油比橡胶更有吸引力）。回想一下，据今还不到十年，在罗布斯塔咖啡（robusta）价格暴跌的时期，有人同样指责越南提供的廉价咖啡是世界咖啡价格下跌的“肇事者”。

国际橡胶联盟对越南的要求就是不要提供过低价格的天然橡胶。技术上没有什么困难，因为越南 60% 的天然橡胶都是国有企业生产的。显然，在减少天然橡胶种植扩张计划与建立最低价格问题上，越南更倾向于后者。因此越南原则上应允了国际橡胶联盟邀请其成为其中一员的要求。

2010 年天然橡胶市场

我们是否可以指望国际货币基金组织预期的 2010 年全球经济增长率，即在 3% 以上？如果经济增长仍然停滞或与 2009 年的相比没有多大变化（也就是持续萧条），会出现什么情况呢？这是国际橡胶研究组织（IRSG）提出的问题。该组织比较了全球经济增长 3.1%（即国际货币基金组织的预期）与零增长情况下的橡胶生产和消费的变化情况。在后一种情况下，世界天然橡胶消费量将上升 3.3%，也就是说消费量在 2010 年将达到略低于 1 000 万吨的水平。在国际货币基金组织预测的经济增长 3.1% 的情况下，天然橡胶预期消费增长率为 8.2%，即 1 060 万吨。同样，在后一种情况下合成橡胶 2010 年的消费量将增长 7.4%（即 1 260 万吨），而在国际货币基金组织预测的情况下该增长率将为 14.9%（即 1 350 万吨）。因此，在经济持续衰退的情况下，橡胶的总消费（合成橡胶和天然橡胶）将继续增长，但增长的速度只为经济情况良好时的一半，即增长 5.6%。天然橡胶的产量增长率大体上与需求的增长率相同，2010 年天然橡胶的供应将增长 6.1%，总供应量达到 1 000 万吨；据国际货币基金组织的预测，供应量将增长 12%，达到 1 060 万吨。总之，即使在经济继续衰退的情况下，天然橡胶的需求将增加 5% ~6%。实际上，只要中国继续富有，橡胶市场就会增长。

黄麻

黄麻价格在2008年的上升态势持续到了2009年。据孟加拉黄麻工厂公司（Bang Ladesh Jute Mills Co.，BJMC）统计，蒙拉港（Mongla）BWD级黄麻离岸价格在2009年第一季度达到了480美元/吨，随后其价格在4月份超过了500美元/吨，在第二季度末达到了610美元/吨。直到9月末，价格一直在525～550美元/吨之间波动，但未超过600美元/吨。10月份价格又一次上升到630美元/吨，然后在11月达到了650美元/吨，为2009年的最高价格。

纤维价格飞涨

在印度市场，黄麻价格的涨势迅猛。其价格在2008年7月到2009年7月之间上涨了60%。2009年第一季度，印度原产生黄麻TD4的价格上涨，达到了2 430卢比/公担（1公担=100千克，译者注）。黄麻价格上涨的趋势已经形成：5月份价格达到了2 600卢比/公担；7月初达到2 850卢比/公担，随后达到3 000卢比/公担；7月中旬达到3 200卢比/公担，这是黄麻价格的最高纪录。随后，在黄麻种植区出现的降雨使市场对黄麻产量的预期提高，这使得黄麻价格下跌到2 000卢比/公担左右。但是生黄麻TD4的价格又一次从10月底的2 500卢比/公担上升到12月份的2 750卢比/公担。2010年1月底价格依然为2 700卢比/公担左右。

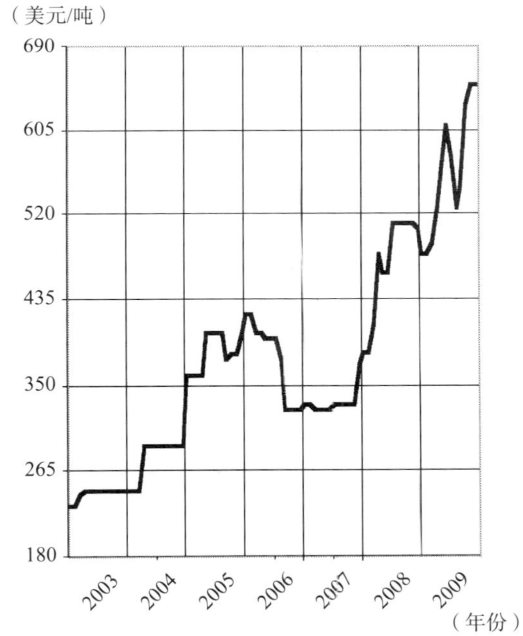

孟加拉国：黄麻价格
孟拉港（Mongla）离岸价

在孟加拉国，2009年初黄麻迅速从低迷的价格中走出，并开始上涨，黄麻价格这样的迅猛上涨是在过去25年中的首次。6

月份的黄麻供应量因为远远低于市场的需求量，其价格达到了历史新高。孟加拉黄麻工厂公司（BJMC）在市场上以任何价格收购黄麻。8 月份因为天气情况对黄麻生产有利，使得市场中的黄麻供应增加，导致了黄麻价格的下跌。但是这次下跌只是短暂的，黄麻价格在 9 月和 10 月又开始上涨，并一直保持到年末。

黄麻纤维的生产持续下降

世界黄麻两大主要市场（印度和孟加拉国）的价格在 2009 年出现的巨幅上涨，表明了因 2007/2008 和 2008/2009 生产年度的黄麻生产量下降而造成的黄麻市场供应不平衡正在加剧。

在印度，由于 2009 年五六月降雨量不足，因此 2009 年 6 月公布的 2008/2009 生产年度的黄麻产量预测值必须下调。尽管 7 月份的降雨量有所增加，但估测的黄麻产量仅为 147.6 万吨，仍比上一生产年度下降 15%。据印度黄麻工厂协会（IJMA）估测，2009/2010 生产年度的黄麻产量将为 189 万吨。

多种因素都对印度黄麻纤维的生产产生直接或间接的影响。第一个因素是结构性的。在西孟加拉邦有近 400 万黄麻种植者，他们贫困而又无生产组织，因此他们面对有着很强价格协商能力的购买者议价能力不强，这使得他们种植黄麻的收入很低。印度黄麻公司（JCI）负责调控印度黄麻市场，由于印度政府注意到自己调控黄麻市场的能力有限，因此决定授予该组织更大的权力。第二个原因，近几年黄麻纤维的价格没有对种植者构成太大吸引力，种植者将生产转移到了利润更大的农作物上。为了刺激黄麻纤维的生产，政府提高了最低补助价格（MSP）。这一补助金额，在 2006/2007 生产年度为 1 000 卢比/公担；2007/2008 生产年度为 1 005 卢比/公担，2008/2009 生产年度为 1 250 卢比/公担，2009/2010 生产年度上升到 1 375 卢比/公担。第三个原因，还需要强调的是，黄麻种植者并没有全部受益于 2009 年黄麻价格的上涨。

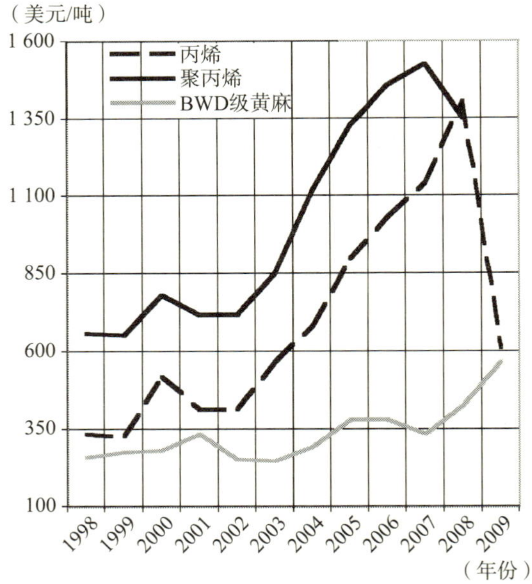

黄麻与合成纤维价格对比

另外，种子的质量在黄麻生产的利润中至关重要，它既决定了黄麻的质量，又决定了黄麻的产量。在印度通过质量检验的种子只占了印度黄麻生产种子使用总量的 20% ~ 25%。印度黄麻工厂协会在 2009 年 11 月向有关部门要求提高通过检验的黄麻种子的使用量，以及更有效地利用研究经费。

孟加拉国的黄麻生产也有所下降。2009 年第一季度，因为天气条件不理想，使黄麻和红麻的种植大幅下降，并预示着下一生产季收获的延迟。4 月底丰富的雨量使黄麻种植量有所增加，7 月份情况继续好转，黄麻的产量较好，且纤维的质量很高。然而，粮农组织还是预计 2009/2010 生产年度黄麻的产量将会有超过 15% 的下降。

世界黄麻、红麻和其他同属植物的产量及贸易量

单位：千吨

分布地区＼年度	2003/2004	2004/2005	2005/2006	2006/2007	2007/2008	2008/2009 **
世界产量	**2 852.3**	**2 406.0**	**2 724.1**	**3 021.1**	**2 997.3**	—
其中：印度	1 620.0	1 350.0	1 530.0	1 800.0	1 782.0	1 476.0
孟加拉国	963.0	810.0	965.0	990.0	990.0	832.0
中国	99.8	86.9	82.8	86.8	86.8	86.8
泰国	41.3	35.7	4.6	3.6	2.2	—
缅甸	42.0	33.6	36.9	43.6	19.1	12.9
尼泊尔	17.0	16.9	17.7	17.1	16.8	16.8
越南	12.5	14.2	15.0	10.6	31.0	—
印度尼西亚	7.0	7.0	7.0	3.1	4.0	4.0
世界出口						
纤维出口 *	**374.2**	**343.3**	**468.7**	**467.1**	**523.2**	**320.0**
其中：孟加拉国	342.9	306.7	440.5	439.7	495.0	310.0
缅甸	16.9	13.7	5.6	9.0	0.0	0.0
	2003 年	2004 年	2005 年	2006 年	2007 年	2008 年
加工产品出口 *	**729.5**	**748.1**	**800.3**	**774.1**	**823.7**	—
其中：孟加拉国	391.9	439.4	476.0	478.9	549.7	—
印度	243.8	193.0	208.1	189.5	175.6	207.6
世界进口						
纤维	385.5	331.3	380.1	343.0	512.7	—
制成品	608.7	587.6	589.7	574.2	590.8	—

注：* 为日历年度；** 为预估值。

资料来源：联合国粮食及农业组织（FAO）。

2010 年 1 月，在孟加拉国举行的黄麻专家会议上，有当地的一个非常有名的非政府组织（Incidin Bangladesh）参与，使与会者认识到，在孟加拉国北部的黄麻生产区即使生产面积可以扩大，也不能满足现在的黄麻需求量。另外，会议还涉及黄麻产量提升的可能性和农村人口生活的改善。因此，会议认为有必要使黄麻生产者获得更多的贷款，并提高黄麻收购价格。

黄麻工业受到严重影响

印度和孟加拉国作为全球主要的黄麻生产国，其黄麻工业都存在着结构性的缺陷。印度政府和孟加拉国的国有公司孟加拉黄麻工厂公司已经决定着手解决这些问题。

在印度，有关机构已经分析了造成该国黄麻工业危机的原因。一方面，如劳动力成本过高，陈旧的生产机器和其他相关设备，以及因为缺乏创新而使印度黄麻产品的国际市场份额下降，经济危机加剧了这种情况。另一方面，印度黄麻工业的原材料供给出现大幅波动，而且工厂罢工现象越来越频繁，持续时间也越来越长。印度政府的目标是重新发展黄麻工业，以控制生产成本，提高竞争力，以及对黄麻产品进行创新（尤其是生产以黄麻为基础的复合纤维产品）。目前，印度 65% 以上的黄麻纤维用于生产黄麻麻袋。

印度纺织工业部发起了一个由联合国商品共同基金（CFC）、孟加拉国黄麻研究小组及印度黄麻制造商发展委员会参与的研究项目，目标是研制一种以黄麻为原料的土工织物（geotextile）来解决土壤侵蚀问题，这种材料将用于农村地区的公路建设。

2009年年底，印度自1987年颁布的黄麻包装材料法（JPMA）开始变得难以执行。这一法令要求印度所有用于人消费的糖和谷物都要用黄麻麻袋来包装。但是由于2009年底到2010年初一系列的罢工，使西孟加拉邦几乎所有的黄麻工厂生产都受到了影响，进而导致黄麻的供应出现紧张。这一法令最终决定暂停执行（直到2010年2月底），从而使得印度近80%冬季收获的农作物用塑料袋包装。但黄麻包装材料法仍应用于供人消费的糖和谷物的包装。实际上，黄麻麻袋的强制使用使得印度国内的黄麻需求量在近些年增长了10%以上。

与此同时，在孟加拉国，以孟加拉黄麻工厂公司为中介，采取了一系列重建孟加拉黄麻工业的措施，如重启之前关闭的黄麻工厂。这些工厂大多是在2009年出口量下降后，尤其是对欧洲的出口量下降后而关闭的。这曾导致纺黄麻的产量下降了30%。孟加拉国希望快速提高其黄麻工业的产量，并给予10%的出口补贴。但是，由于2010年年初的黄麻纤维的供给量下降，且价格高企，孟加拉国的黄麻加工企业再次有被关闭的可能。

出口也受到了影响

孟加拉国的经济很大一部分依靠黄麻工业。黄麻麻袋、黄麻线及其他黄麻产品的出口在该国出口产品中位列第三位。黄麻行业直接的就业人数为12.5万，另外有2 000万农业从事者从事与上游黄麻生产相关的工作。

一直到2009年5月，黄麻产品的需求量都处于低迷状态。除了地毯衬料之外，其他黄麻产品的需求情况均不佳。孟加拉国的黄麻产品出口只能得到微薄的补助和少量的贷款。自5月以后，黄麻线的价格上升，但孟加拉国黄麻企业的需求量仍很大。实际上对黄麻最终产品的需求只是集中在黄麻麻袋上，这些需求主要来自马来西亚和泰国。2009年最后一季度黄麻的价格持续上升，使得对黄麻的投机性需求大幅增加，因此，在年底孟加拉国政府决定暂停出口。但这一措施很快便被废除，因为该国政府意识到这一措施对黄麻工业造成巨大的损失。

印度在2009年上半年没有能够把上升的黄麻价格体现在黄麻最终产品上，在2009年下半年，又面临着黄麻产品需求大幅增加的情况。

美洲和欧洲（以及土耳其、伊朗、埃及和叙利亚）对印度和孟加拉国的黄麻线和黄麻产品的需求量自2009年8月出现大幅增长。但是在11月，印度黄麻工业出现的罢工严重损害了印度的黄麻出口。年末，黄麻市场的情况没有任何改变，市场对黄麻线及对黄麻产品的需求量还是很大，尤其是对黄麻麻袋和黄麻地毯衬料的需求量非常大。

随着人们对环境保护关注度的提高，黄麻的地位也在日益攀升。在这种趋势下，英国的再生包装袋的领军企业——Jutexpo公司，最近宣布将投放一种新的产品“Juco”。这种产品含有75%的黄麻和25%的棉花，用以取代塑料袋。

据印度黄麻制造商发展委员会（JMDC）统计，孟加拉国在2008/2009生产年度的黄麻出口以价值计算提高了35%。

另外，在印度和孟加拉国之间有数量巨大的黄麻纤维和黄麻产品贸易，但两国间的黄麻贸易争端不断。2009年下半年，印度黄麻工业反对对进口的孟加拉国黄麻实行零关税，并试图发动对进口的孟加拉国黄麻产品征收反补贴关税。孟加拉国却指出，印度对其黄麻产品给予30%的出口补贴，对其黄麻线的补贴则为15%；孟加拉国对这两种产品的出口补贴仅为10%。另一个引起两国贸易争端的因素是运费的巨大差异。这一价格在孟加拉国比在印度高很多。

印度的黄麻纤维和黄麻产品的进口量在2009年4～9月明显增加，这与2008年同期相比增加了120%，以价值计算增长了317%，其中从孟加拉国进口的数量增长了一倍多。

剑麻和硬质纤维

东非（肯尼亚—坦桑尼亚）3L 级剑麻离岸价格在 2009 年年初为 895 美元/吨。在第一季度轻微上涨了 5 美元/吨以后，6 月份降到了 700 美元/吨。在 2009 年第一季度，东非 UG 级剑麻价格徘徊在 840 ~ 850 美元/吨，并在 7 月份出现下跌，达到 650 美元/吨。根据联合国粮农组织数据，东非 UG 级剑麻 8 月份的价格回升到 700 美元/吨。

2009 年 10 月，联合国粮农组织的政府间硬纤维组织采纳了剑麻生产国小组的建议价格，将巴西 3 号剑麻萨尔瓦多离岸价格的指导价设定为 700 ~ 800 美元/吨，东非 UG 级剑麻离岸价格设定为 800 ~ 1 000 美元/吨，此价格相对 2009 年之前剑麻的价格来说比较低。

2009 年剑麻和硬质纤维整体表现平平

2009 年，巴西剑麻的生产出现了许多问题，并最终导致了一场严重的危机。给予剑麻生产者的最低收购价格在 2009 年前半年几乎下降了 30%，再加上巴西雷亚尔贬值约 18%，使得巴西剑麻种植者的收入受到严重影响。2008 年年底，巴西生剑麻的最低收购价格为 0. 99 雷亚尔/千克。2009 年上半年，跌至 0. 78 雷亚尔/千克；2009 年下半年，它的价格被定在 1. 04 雷亚尔/千克，以此作为 2009/2010 生产年度剑麻的最低收购价格。巴西剑麻的种植集中在巴伊亚州（Bahia）的一个穷困的地区，在那里有 200 多万公顷土地用于种植剑麻。2009 年，该地区生产了 12. 66 万吨剑麻。巴西国家商品供应公司（CONAB）是一家巴西国有公司，它致力于执行巴西农业政策、根据民众需求管理食品供应同时维护市场机制，该公司在 2009 年上半年不得不加大剑麻的采购以弥补巴西国内及国际市场对剑麻需求的下滑。然而由于资金不足，它在随后终止了对剑麻的采购，这就加剧了巴西的剑麻危机。此后，很多巴西经济和社会研究机构与剑麻种植者联合抗议巴西国家商品供应公司的这种做法，因此，该公司随后又重新采购剑麻。

在此之后，巴西剑麻产业因巴西雷亚尔的大幅升值而再次受到打击。出口竞争力受损，剑麻出口出现快速滑落。在 2010 年初，巴西国家商品供应公司表示将继续执行其采购政策来调控巴西剑麻市场。这一措施再加上巴西剑麻最低收购价格政策，缓解了剑麻产业的危机，并减轻了巴西从事该产业的 3. 5 万个家庭的压力。另外，巴西政府最近宣布了成立巴西剑麻行业商会，将负责组织管理巴西剑麻产业。

2009年底，巴西媒体报道了一项致力于扩大巴西马拉尼昂州（Maranhao）剑麻生产的项目。这一项目的参与者包括巴西银行基金会、巴西农业研究公司和马拉尼昂州政府。在马拉尼昂州的剑麻生产将使该地区的流动人口得以定居，并结束“刀耕火种”的用地方式。

坦桑尼亚是全球第二大剑麻种植国。2009年年初，有利的天气条件预示着该国剑麻产量在2009年上半年将会有所增加，但是随后一直持续到10月中旬的干旱以及剑麻出口的价格的下跌均对剑麻生产构成了不利影响。缺水的状况迫使小农户停止剑麻的收割；大中型农场也停止了部分生产，以等待剑麻价格的回升。

肯尼亚的情况类似。那里的干旱严重削弱了该国的发电能力，因此在该国出现了限

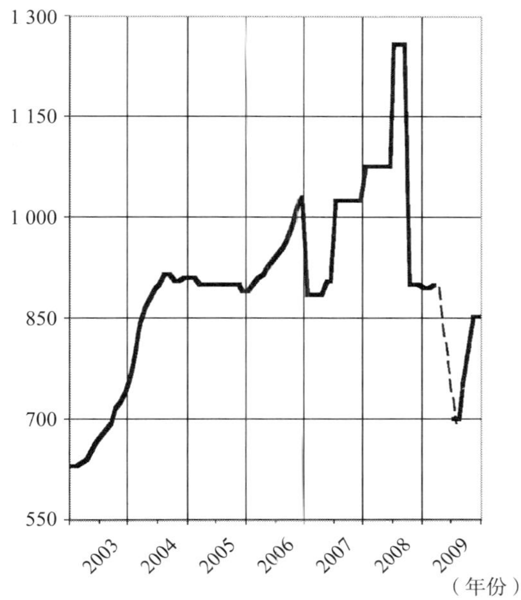

东非UG级剑麻离岸价（肯尼亚－坦桑尼亚）

世界剑麻和赫纳昆麻的产量及出口量

单位：千吨

分布地区 \ 年份	2003	2004	2005	2006	2007	2008*
世界产量	**271.3**	**277.3**	**278.3**	**292.4**	**281.3**	**269.7**
其中：巴西（剑麻）	142.0	139.7	119.1	125.5	113.3	105.6
中国（剑麻）	35.0	35.0	55.5	60.9	60.0	60.0
坦桑尼亚（剑麻）	23.9	26.8	27.8	30.9	33.3	33.0
肯尼亚（剑麻）	25.0	26.6	25.6	25.5	24.8	22.1
墨西哥（赫纳昆麻）	16.3	17.0	17.0	17.0	17.0	17.0
委内瑞拉（剑麻）	10.5	10.5	10.5	10.5	10.5	10.5
马达加斯加（剑麻）	6.4	9.5	9.5	9.2	9.1	8.3
世界出口	**215.3**	**233.9**	**197.0**	**192.9**	**193.3**	未定
纤维	103.6	111.3	103.9	98.9	97.9	未定
其中：巴西	59.9	61.1	55.3	52.6	52.6	27.1
肯尼亚	20.5	20.9	20.6	19.8	21.8	19.8
坦桑尼亚	11.0	11.7	11.7	11.9	8.2	9.0
马达加斯加	4.9	8.3	6.7	7.8	7.3	6.6
制成品	111.7	122.6	93.6	94.9	98.6	—
其中：巴西	65.0	68.2	50.6	54.9	45.6	—

注：＊为预估值。

资料来源：联合国粮食及农业组织（FAO）。

电情况，而用压力机将剑麻打包需要用电，因此剑麻的供应量出现下降。截止到 2009 年 7 月底，肯尼亚的剑麻出口量为 1.08 万吨，年初时对 2009 年全年肯尼亚剑麻出口量的预测是 2 万吨。马达加斯加的剑麻产量也有所下降，2009 年年末预计该国全年出口量不超过 4 400 吨。

联合国商品共同基金（CFC）资助了一系列致力于提高剑麻应用领域的项目，其中正在进行的一项是关于对加工剑麻所产生的废液（即剑麻汁）的利用。这种剑麻汁可用于制作杀虫剂和治疗动物疾病的药物。巴西大学的研究员利用加工剑麻所产生的废液和残渣（剑麻叶的 95%），生产出一种生物杀虫剂。另外，巴西开始用剑麻纤维取代合成纤维，这将用于家具业和建筑业。除了剑麻纤维成本低廉，可以自然降解，种植剑麻还能够促进巴西贫困地区和缺乏自然资源地区的发展。巴西正在开展的另一个研究项目是，用剑麻纤维取代水泥中的石棉。这一研发项目由巴伊亚州纤维产业联盟（SIFVEB）发起。该纤维产业联盟致力于促进剑麻纤维工业的发展，与其合作的是巴西联邦政府的发展和出口促进机构（Apex Brasil）。

蕉麻又称马尼拉麻。由于菲律宾国内及国际市场增加了对蕉麻的需求，在菲律宾蕉麻种植成了新热点。菲律宾蕉麻的出口价值约为 8 000 万美元，其中 80% 为蕉麻加工产品。尽管如此，根据菲律宾纤维工

世界其他硬质纤维的产量

单位：千吨

分布地区 \ 年份	2003	2004	2005	2006	2007	2008*
• **蕉麻**						
总产量	**84.3**	**89.3**	**86.2**	**79.3**	**73.4**	**92.0**
其中：菲律宾	69.8	72.9	73.9	66.5	60.7	77.4
厄瓜多尔	12.2	14.2	9.9	10.4	10.1	12.1
其他国家	2.2	2.2	2.5	2.5	2.5	2.5
• **椰子纤维**						
总产量	**357.3**	**389.8**	**405.0**	**454.4**	**509.8**	**520.9**
其中：印度	248.0	252.0	285.0	314.0	355.0	340.8
斯里兰卡	54.6	67.5	58.9	80.4	100.1	101.6
泰国	36.9	53.6	41.1	41.1	53.7	55.5
其他国家	17.7	16.7	20.0	18.9	21.0	23.0
• **椰纤维线**						
总产量	**239.0**	**239.2**	**251.8**	**276.6**	**302.0**	**298.4**
其中：印度	232.5	232.5	245.5	270.0	295.0	290.0
斯里兰卡	5.5	5.7	5.3	5.6	6.0	6.4
泰国	1.0	1.0	1.0	1.0	1.0	2.0

注：* 为预估值。

资料来源：联合国粮食及农业组织（FAO）。

业发展局（FIDA）的信息，菲律宾蕉麻种植业需要提高生产力和增加小农户的收入。在短期，为了保持并提高在国际市场中的竞争力，菲律宾蕉麻工业需要使蕉麻产品多元化。在2009年底，纤维工业发展局的生物技术方案办公室发布了新的研究成果：推出了一种新型杂交蕉麻，这种蕉麻可以抵抗可怕的束状病毒（bunchy），这种病毒目前是使菲律宾蕉麻减产的罪魁祸首。这种新型蕉麻的产量较之前提高300%，同时提高纤维的质量。这种新型杂交蕉麻的推出可以鼓励更多的菲律宾农户从事蕉麻种植，并将恢复8.2万公顷的受束状病毒侵害的蕉麻种植园。据估算，菲律宾蕉麻2009年产量比2008年减少3%，为6.582万吨，产值下降21.8%。从农户中收购的蕉麻价格从2008年的44.03菲律宾比索/千克下降到2009年的35.78菲律宾比索/千克，下降了19%。2009年，据纤维工业发展局的统计，菲律宾1~9月的纤维出口量下降了55%。日本是菲律宾蕉麻的主要进口国，其进口量下降了85%。菲律宾对欧洲的出口量下降了48%，向其他亚洲国家的出口量下降了62%。菲律宾的蕉麻浆出口量也下降了32%。以美国为例，其进口量减少了83%以上。另外，蕉麻绳的出口量也下降了36%。

与剑麻相同，联合国粮农组织下属的硬纤维政府间组织设置了一个蕉麻指导价，一包125千克的S2、G和JK等级的蕉麻马尼拉港离岸价格在128~185美元之前。蕉麻是天然纤维中拉力最大的，其应用领域正在不断地增加。

椰子纤维，印度椰子纤维的生产曾主要在卡拉拉邦（Kerala），目前正在向泰米尔纳德邦（Tamil Nadu）集中。由泰米尔纳德邦向卡拉拉邦的椰子纤维加工业提供原料。据印度椰子委员会（CBI）统计，印度的椰子纤维及其加工产品的出口量在2008/2009生产年度达到了19.9万吨，总收入为64亿卢比。据联合国粮农组织估计，印度2009年椰子纤维的产量为38.8万吨。尽管出口增长速度与前几年相比有所下降，但是总体仍在上升之中（上升6.6%）。在这近20万吨的出口量中，椰壳纤维占的出口量比例仍为最大，并较上年有所提升。实际上，椰壳纤维从2003/2004生产年度占椰子纤维总出口量的29%上升为2008/2009生产年度的49%。另外，椰子纤维地毯占出口总量的比例从2003/2004生产年度的35%以上，下降到2008/2009生产年度的18%。印度椰子委员会已将2009年印度的椰子纤维出口总量的目标定为22.5万吨。在2009/2010生产年度的前6个月，椰子纤维的出口量为11.05万吨。原椰子纤维的出口量比上年同期上升了60%，达到1.49万吨。椰子纤维出口的增长关系到印度卡拉拉邦的20多万人的生计，其中15万人直接从事椰子的生产，5万人从事相关的产业。另外，女工在椰子纤维工业中占有重要位置（82%），她们主要从事提取椰子纤维和纤维纺织的工作。

印度椰子委员会现正在对印度椰子生产加工部门进行现代化改造（新种植园、新技术和新加工厂）。椰子委员会认为这些措施将在短期和中期内增加印度椰子纤维产品的种类，并将提升椰子纤维产品在印度国内和国际市场的竞争力，而这还将大幅增加就业。2009年中国椰子纤维需求的增长推动了国际市场椰子纤维的价格上升，这就使得印度本国的原材料供应吃紧。需要注意的是，中国的椰子纤维进口量在2005/2006年度还非常小，但现在已是世界主要的椰子纤维进口国，中国2009年椰子纤维的进口量在1.8万吨以上。

美国仍是椰子纤维的主要进口国，但其进口量从 2005～2006 年占印度椰子纤维出口量的 40% 下降到目前的 30%。欧洲国家椰子纤维的进口量在近几年基本保持稳定，占 36% 左右。

椰子纤维工业是印度的传统工业，其纤维产量为 49.1 万吨，并在农村地区解决了近 50 万人的就业。

斯里兰卡是世界第二大椰子纤维及椰子纤维产品的生产国和出口国。2009 年初，斯里兰卡国营企业 Chilaw Plantations 种植公司宣布，2008 年的盈利提高了 47%，这源于椰子纤维的价格上涨。该公司拥有 11 555 英亩的种植园。这与斯里兰卡大多数椰子纤维生产者形成鲜明对比，因为后者只能依靠不到半英亩的土地用以生产，且收入很低。2009 年底，在长达 30 年的内战结束后，斯里兰卡政府决定鼓励在传统椰子纤维生产区域以外种植椰子。另外，联合国商品共同基金关于改进椰子纤维提取技术的研究也正在进行中。

温带木材

2009年美国、中国、欧盟和日本，这4个主要的世界温带木材消费地区的需求变化从侧面体现了经济复苏的“步履维艰”，但是也可以从中看出经济复苏的确实证据。这些国家的一些与木材消费相关的指标表明，世界经济在2009年5月已经“触底”。在此之后，我们观察到除了美国之外，世界各主要木材消费地区的需求均出现缓慢回升，而木材产品的出口国如俄罗斯、中国和加拿大，却不能完全满足这种增长的需求。

美国艰难走出危机

芝加哥商品交易所（CME）的锯木价格指数（Lumber）与美国房屋建设数量有着密不可分的联系。因此，在某些情况下，木材价格的变化可以看做是美国经济形势的先行指标（尤其是考虑到美国建筑行业的庞大投资以及木材价格与金融市场的密切联系）。但在2009年10月，木材价格回升和美国经济复苏却几乎同时出现。实际上，木材价格和建筑业的景气度紧密联系，这在美国表现得最为明显，因为在美国大量的私人房屋由木材构建。

2009年木材价格全年上涨了48%，而趋势线表明，中期木材的价格还将上涨。因此，以木材价格月均上涨3%计算，2010年第一季度，我们可以预计木材的价格将在260美元/千板英尺以上。

美国拥有丰富的森林资源，其木制品及木材产品的生产和消费均占世界首位。但在过去三年随着美国木材需求的不断下降，美国在世界木材市场的地位已经下滑。

事实上，在2009年初美国的住宅及非住宅建筑行业继续之前的下滑态势，这种情况在2009年第三季度加剧。因此，美国住宅建筑行业的不景气使得木材消费下降。根据西部木材产品协会（WWPA）的数据，美国建筑用材（针叶树材）在2009年前9个月的消费量为5 600万立方米，较2008年同期下降了28.6%。建筑用材使用占木材市场份额出现大幅下降。

在2009年前9个月，美国锯材的进口量与上一年同期相比下降了36%。加拿大木材占美国木材进口总量的90%，在2009年前9个月美国从加拿大的进口量下降了34%。美国针叶树锯材的进口量仅为1 600万立方米，较2007年下降46%。

世界锯材的产量与贸易量

单位：百万立方米

分布地区 \ 年份	2003	2004	2005	2006	2007	2008
• 针叶锯材						
世界产量	**299.9**	**318.9**	**322.4**	**327.9**	**321.7**	**287.7**
其中：美国	61.2	66.4	69.2	65.5	59.7	49.4
加拿大	55.1	59.1	58.5	57.1	50.8	40.4
德国	16.5	18.4	20.8	23.2	24.0	21.9
俄罗斯	17.7	18.8	19.4	19.8	21.3	19.0
瑞典	16.6	16.7	17.4	17.8	18.6	17.5
中国	6.9	6.5	7.6	10.5	11.9	12.0
日本	13.6	13.3	12.5	12.2	11.4	10.6
世界出口	**101.1**	**108.6**	**116.0**	**115.0**	**111.6**	**94.8**
其中：加拿大	36.6	39.7	39.8	37.9	32.3	23.7
俄罗斯	10.2	12.1	14.3	15.4	16.7	14.8
瑞典	11.0	11.2	11.9	13.2	11.3	11.9
德国	4.1	5.5	6.6	7.9	9.2	7.7
芬兰	8.2	8.2	7.6	7.7	7.0	5.9
美国	1.6	1.4	1.4	1.5	1.6	1.5
世界进口	**94.5**	**106.1**	**107.7**	**107.0**	**105.0**	**83.7**
其中：美国	36.0	41.6	41.6	38.5	30.9	21.3
日本	8.1	8.6	7.9	8.1	6.9	6.2
意大利	5.7	6.1	6.2	6.4	6.4	5.6
英国	7.9	7.9	7.6	7.4	7.9	5.5
德国	4.3	4.5	4.3	4.6	6.1	5.0
中国	1.9	2.3	2.3	2.6	3.3	4.2
• 阔叶锯材						
世界产量	**100.7**	**106.1**	**112.9**	**117.9**	**120.7**	**116.5**
其中：美国	25.0	26.6	27.8	27.3	25.6	23.4
中国	5.4	9.7	11.2	15.2	17.2	17.3
巴西	14.4	14.5	14.6	14.7	14.8	15.4
马来西亚	4.8	4.9	5.2	5.1	5.1	5.1
印度	3.9	4.4	4.9	4.9	4.9	4.9
印度尼西亚	7.6	4.3	4.3	4.3	4.3	4.3
俄罗斯	2.4	2.6	2.7	2.7	2.9	2.0
加拿大	1.8	1.8	1.7	1.6	1.4	1.7
世界出口	**22.2**	**23.9**	**23.6**	**22.1**	**20.4**	**17.1**
其中：美国	2.7	3.0	3.0	3.1	2.7	2.2
马来西亚	2.9	3.3	3.2	2.6	2.0	2.4
巴西	1.7	2.0	1.9	1.7	1.5	1.0
印度尼西亚	2.0	2.0	1.9	1.9	0.9	0.7
加拿大	1.4	1.7	1.3	1.1	0.8	0.5
世界进口	**24.6**	**27.1**	**25.5**	**24.0**	**23.2**	**19.1**
其中：中国	5.2	5.4	5.4	5.0	4.8	4.5
意大利	1.7	1.6	1.5	1.4	1.6	1.1
加拿大	1.1	2.5	1.6	1.0	1.1	1.1
美国	1.9	2.3	1.9	1.6	1.3	0.8

资料来源：联合国粮食及农业组织（FAO）。

北美市场：2009 年和 2010 年预测

单位：百万立方米

产品名称	2008 年	2009 年*	2010 年*	2008 年	2009 年*	2010 年*
	表观消费			产量		
针叶锯材	88.02	67.27	70.99	90.04	71.32	76.67
针叶原木	247.17	236.34	235.39	253.10	241.89	240.99
非针叶锯材	25.13	22.38	22.50	24.57	23.00	22.91
非针叶原木	64.38	63.42	63.35	65.40	64.40	64.25
胶合板	16.48	14.85	14.61	12.60	12.10	11.93
刨花板	24.39	22.94	24.15	27.74	22.22	25.11
密度板	9.04	8.35	8.34	8.18	8.05	8.04
制浆木材	290.17	287.41	283.01	292.97	290.09	285.68
木浆	60.94	58.68	58.30	71.33	67.54	67.23
纸和纸板	91.91	90.61	89.91	97.17	93.46	92.73
	进口			出口		
针叶锯材	22.46	15.46	16.05	24.47	19.50	21.72
针叶原木	4.38	4.31	4.32	10.30	9.87	9.92
非针叶锯材	3.28	1.80	2.19	2.71	2.42	2.60
非针叶原木	1.38	1.39	1.40	2.40	2.36	2.30
胶合板	5.19	3.76	3.72	1.31	1.02	1.04
刨花板	4.59	4.52	4.59	4.94	3.81	5.55
密度板	2.69	2.33	2.31	1.82	2.03	2.01
制浆木材	5.24	5.28	5.27	8.04	7.97	7.95
木浆	6.28	6.15	6.06	16.67	15.00	14.99
纸和纸板	20.49	19.71	19.79	25.75	22.56	22.60

注：* 为预测数据。
资料来源：联合国欧洲经济委员会 – 联合国粮食及农业组织（UNECE – FAO）。

美国锯材和板材贸易

单位：百万立方米，%

项目	针叶锯材			刨花板		
	2008 年	2009 年	变化率	2008 年	2009 年	变化率
产量	49.60	53.02	7	5.16	4.91	–5
进口	29.70	20.50	–31	0.80	0.69	–14
出口	1.62	2.08	28	0.35	0.9	10
剩余	–28.08	–18.42	–34	–0.44	–0.30	–32
消费	78.28	71.44	–9	5.60	5.21	–7

资料来源：美国农业部（USDA）。

在这种背景下，美国建筑用材的产量在2009年前6个月延续了始于2008年的跌势，在此期间，锯材的产量达到1 960万立方米，较2008年同期下降26.1%。

此外，同样在此期间，美国的针叶树锯材出口量下降了13.8%，下降的主要原因是对加拿大的出口量减少了34.5%，但对日本和墨西哥的出口量却上升了33.1%和3.8%。

在板材方面，2009年前三季度的板材消费量稍稍超过150万立方米，较2008年同期下降24.8%。这样的消费量下降同时伴随着进口量下滑，同时，板材进口量下滑了25%。其中定向刨花板（OSB）的进口量降幅高达31.1%。

2009年前三个季度的下降趋势一直持续到了第四季度。2009年全年针叶树锯材消费量较2008年（7 800万立方米）下降了9%。在这一情况的背后是美国针叶树锯材生产的增加和进口量的下降（下降了31%）。美国普通刨花板的需求与进口同样出现了显著的下降。

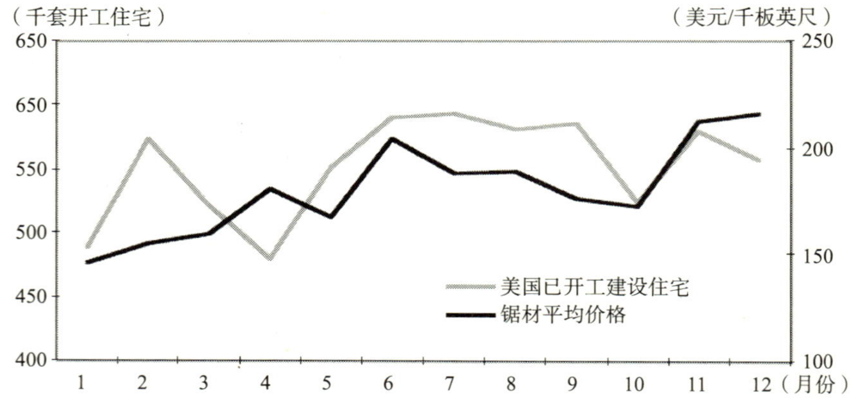

2009年锯材平均价格（芝加哥商品交易所）和美国已开工建设住宅数量

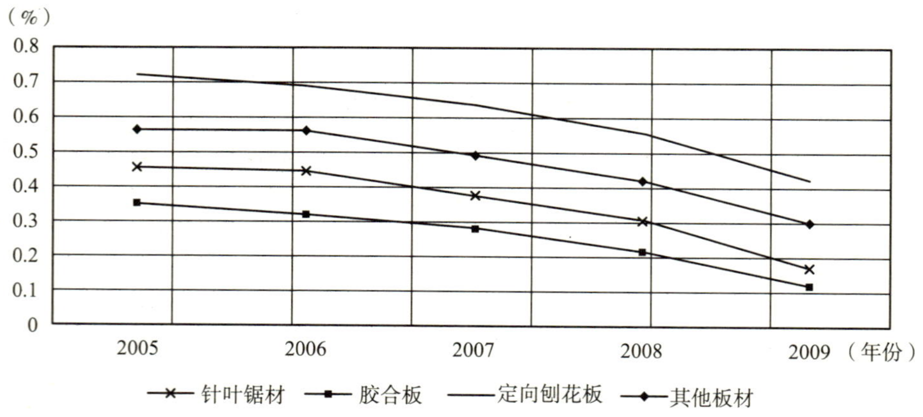

美国住宅建筑使用各种木材产品的比例

资料来源：西部木材产品协会（WWPA），美国农业部（USDA）。

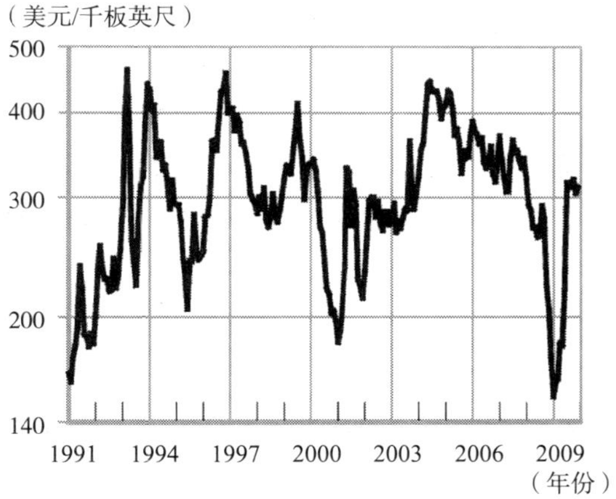

锯材价格（期货价格）

资料来源：巴黎经济研究观察中心。

美国木材及木材产品市场的不佳表现，殃及了该国的贸易伙伴——加拿大和中国。因此，加拿大在 2009 年前三个季度的建筑用材出口量下降了 25%，其中对美国的出口量下降 31.5%，对日本的出口量下降了 27.8%。加拿大对美国板材出口量的下降幅度几乎与此相同，尤其是胶合板和定向刨花板，这两种产品在 2009 年前三季度较 2008 年同期分别下降了 28% 和 27%。

对整个北美地区来说，2010 年需求似乎正在复苏，这主要得益于建筑业景气度的提升，进而提振对木材及木材产品的需求。

中国和亚洲带领世界经济复苏

全球经济的引擎在亚洲——特别是在中国。在 2009 年上半年中国的胶合板和其他木板进口均出现不同程度的下滑，这充分反映了世界经济衰退。在国际胶合板市场，中国已经超越了印度尼西亚，中国的胶合板进口量大幅下滑；同时，密度板进口量也出现了大幅度的下降；刨花板的进口情况相对较好。

自 2009 年 8 月起，由于国内需求的增加及高效的生产设备，中国的 70 余个大型的木材公司的订单数量大幅增加。从统计角度来看，2009 年 8 月这些大型公司中的 60% 的公司的生产恢复到了危机前的水平。与 2009 年 5 月木材市场危机最严重的时候相比，2009 年 12 月这些大型公司中的 30% 的公司的订单数量出现大幅增长，某些企业的订单量甚至增长了 100%。

中国是世界最大的俄罗斯木材进口国，中国绥芬河海关统计显示，2009 年前 10 个月中国从俄罗斯进口了超过 30 万立方米的锯材，价值相当于约 6 220 万美元，进口量与进口额较 2008 年同期分别上涨 201% 和 162%。目前，绥芬河口岸是中国最大的木材进口集散地之一。

中国胶合板和其他板材进口变化

产品	数量			价值			单价		
	2008 年	2009 年	变化率（%）	2008 年（百万美元）	2009 年（百万美元）	变化率（%）	2008 年（美元/立方米）	2009 年（美元/立方米）	变化率（%）
胶合板（千立方米）	258	141	-45	147	70	-52	570	496	-13
刨花板（千吨）	206	241	17	79	73	-8	383	303	-26
密度板（千吨）	290	87	-70	135	46	-66	465	529	14

资料来源：中国海关统计。

绥芬河市的木材加工企业改变了他们的经营策略，他们不仅以进口建筑用材和半加工木材替代了原木的进口，而且其中一些公司还在俄罗斯建立分公司，如三峡木业和有为木业，目的是为了使木材加工和出口战略更好地结合。

中国的中密度纤维板（MDF）的产能增加了约330万立方米，这使得中国占据世界中密度纤维板产量的34%。在经济危机的背景下，中国的加工木材出口转向土耳其和俄罗斯市场，而德国的产品因价格过高而被挤出这些市场。

欧洲市场：2009年和2010年预测

单位：百万立方米

产品	2008年	2009年*	2010年*	2008年	2009年*	2010年*
	表观消费			产量		
针叶锯材	94.67	83.99	86.05	103.47	90.33	94.03
针叶原木	175.78	159.73	171.56	173.37	157.24	168.93
非针叶锯材	14.52	13.46	14.03	13.74	12.71	13.11
非针叶原木	34.63	31.80	32.52	35.35	32.94	33.70
胶合板	7.76	6.73	7.13	4.28	3.62	3.93
刨花板	40.84	38.60	39.39	44.07	40.92	41.89
密度板	17.10	15.95	16.90	18.42	17.21	18.00
制浆木材	266.40	235.80	244.28	249.57	228.08	236.04
木浆	48.67	44.08	45.54	41.14	37.05	38.29
纸和纸板	96.07	89.50	91.54	104.97	95.86	98.21
	进口			出口		
针叶锯材	35.54	31.73	33.13	44.35	38.07	41.11
针叶原木	15.53	13.25	14.01	13.12	10.77	11.38
非针叶锯材	6.36	5.55	5.86	5.58	4.79	4.94
非针叶原木	3.68	2.59	2.74	4.39	3.72	3.92
胶合板	7.14	5.90	6.29	3.66	2.79	3.09
刨花板	14.82	13.81	14.22	18.05	16.14	16.72
密度板	10.34	9.07	9.81	11.66	10.33	10.91
制浆木材	54.52	38.78	40.97	37.69	31.05	32.73
木浆	19.77	18.39	18.95	12.24	11.36	11.70
纸和纸板	57.44	52.68	54.41	66.35	59.03	61.08

注：*为预测数值。
资料来源：联合国欧洲经济委员会－联合国粮食及农业组织（UNECE－FAO）。

欧洲：市场将在“绿色经济”的带动下复苏

在欧洲，与其他大多数木材消费市场相同，自20世纪70年代的石油危机以来林业工业的消费出现了最大的降幅。欧洲三个主要的木材消费国——德国、法国和英国的木材消费量在2009年下半年继续呈下滑态势。木材消费的下降，体现了世界金融危机对房地产业及建筑业的打击，这种情况在欧洲随处可见。例如，房地产价格下降，交易量下降、住宅市场低迷和私人非住宅建筑投资下降等。木材消费市场中最重要的部分是住宅建设受到危机的严重打击，消费量2009年与2008年相比下降了11.3%。

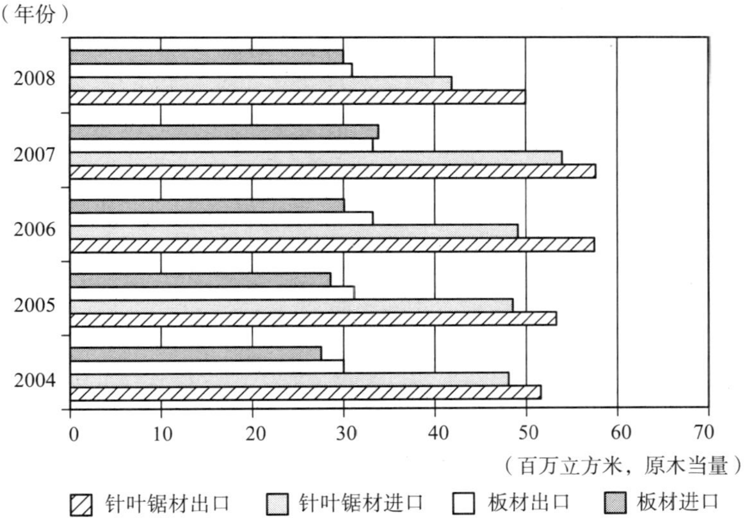

欧洲针叶锯材和板材市场

资料来源：联合国欧洲经济委员会（UNECE），联合国粮食及农业组织（FAO）。

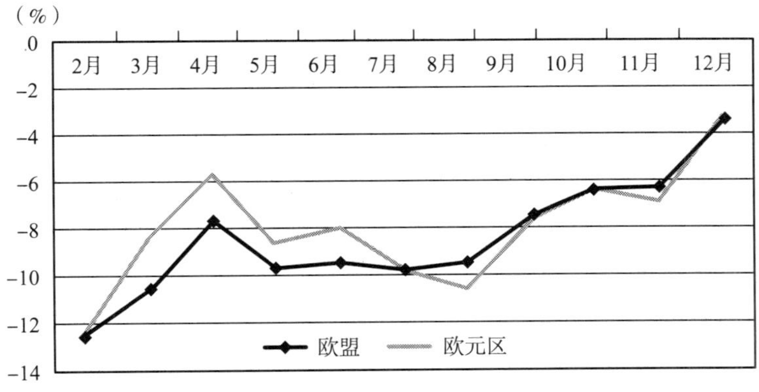

注：为月同比变化率。

欧洲：建筑行业生产

2009 年 8 月建筑业生产开始回升，但与 2008 年相比仍然处在下降之中（几乎相当于 2008 年底的水平）。因此，所有林业产品市场均出现萎缩，其中只有“木材能源”市场一枝独秀，该市场受益于欧洲各国政府对可再生能源的支持政策，而林业产品正是其中的受益者。总体而言，欧洲林业产品市场与 2008 年相比下降了 8.5%。

欧盟市场 2008 年的木材消费量为 9 500 万立方米，而 2009 年降为 8 400 万立方米，下降了 11.6%。2007 ~ 2008 年，欧洲的锯材进口巨幅滑落，降至 2004 年的水平之下；2009 年继续下降。板材进口也处于下滑中，但相比锯材的下滑幅度要小。在出口方面，欧盟也出现下滑，并且回到了 2004 年的水平。此外，不利的天气对人造林（为高产林模式，缺少对天气变化的“韧性”）的破坏巨大，如风暴。因此，木材市场，特别是木材产量受到了严重影响。但价格却也在下滑，芬兰木材价格下降了 36%。以针叶锯材作为欧盟木材市场指标，2010 年欧盟进口量可能会增长 4.3%，出口量可能会增长 8%。

欧洲木材市场的下滑波及俄罗斯（因为在之前提高了木材的出口关税，进而加剧了该国原木出口的下滑），在 2008 年，俄罗斯原木出口量为 3 680 万立方米，为近 6 年的最低水平，而 2009 年进一步下跌到 2 700 万立方米。因此，是否继续提高木材出口关税在俄罗斯决策层中引起了争论。

鉴于俄罗斯木材进口国的经济情况不佳，国内的木材加工企业又不能吸收过剩的原木，俄罗斯木材出口有巨幅滑落的风险。

综上所述，一方面，世界木材的生产和消费大约在 2010 年第三季度均会有所提高；另一方面，关于一些木材产品贸易的合法性正在成为国际机构关注的焦点。

2009 年，世界锯材的产量下降了约 10%，需求则锐减了 23%。中国木材公司在俄罗斯建立分公司的举措将可能会改变俄罗斯木材及木材产品市场的格局。

国际木材贸易中非法木材屡禁不止

除了经济危机严重影响了木材市场之外，还有“环境保护危机”，即非法木材贸易对一些地区的生态环境构成了威胁。而非法木材指的是在进入市场之前，在木材开采国所有违法开采、运输和出售的木材。当今世界木材市场的变革受到了这些非法木材的影响，因为后者实际上是一种不公平的价格竞争，同时严重破坏环境。因此，一些国际相关机构和各国政府针对非法木材的开采和销售均采取措施给予打击。但事实上，除了在华盛顿公约（CITES）的框架内，主要木材进口国政府开展的边境检查很少能截获到非法木材，这一事实与各国政府五花八门的禁止非法木材贸易的政策形成了鲜明对比。实际上，只要当非法木材通过海关程序进入某一国家，它的身份就已经成为合法的了，并可以在国际市场流通。因此，现有的监管程序在这种“洗非法木材”面前显得作用很有限。

世界木材进口量大于出口量，就是上述情况的真实写照。在某些情况下，甚至进口量可能会比出口量高出 20% ~ 30%。欧盟进口的木材中约 1/5 是来自俄罗斯和中国的非法木材；中国的一些企业大规模进口来自俄罗斯和缅甸的非法木材。欧盟进口的非法木材可能占其进口总量的 23%。法国是欧盟中第六大非法的木材和林业产品的进口国。俄罗斯则是最大的向欧洲出口非法木材

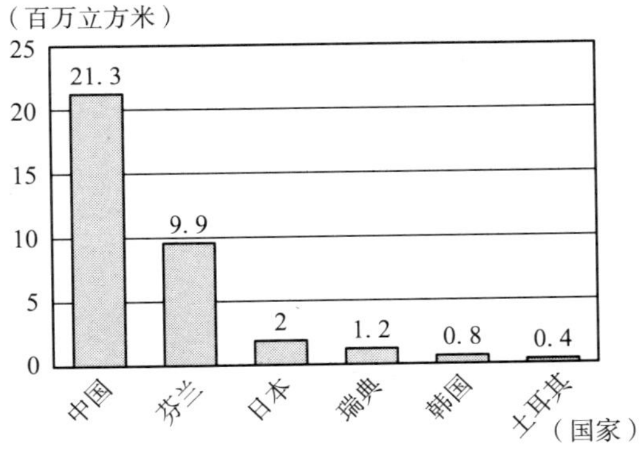

2008 年俄罗斯原木主要进口国

国，年出口量约为 1 040 万立方米（原木当量），俄罗斯非法木材主要的出口目的国是芬兰，并在芬兰加工成木浆和纸，随后再将这些木材衍生品出口到欧盟的其他国家。

为了应对非法木材的贸易，美国曾颁布了《野生动植物保护法》（又称《雷斯法案》，Lacey Act），以法律的形式禁止进口非法木材。欧洲的《欧盟森林执法、施政和贸易行动计划》（FLEGT）将进口非法木材正式定义为不合法的，但该法案仍在欧洲议会和欧洲理事会进行讨论。这一监管法律将根据“尽职调查原则”（Due diligence）使欧洲的木材进口商在采购中减少购买非法木材。

世界木材市场能否如我们预测的那样在 2010 年复苏？另外，欧盟薄弱的监管再加上对木材原产地追踪程序的缺失，非法木材的好日子仍将继续。

热带农产品

俄罗斯针叶原木和针叶锯材市场

单位：百万立方米，%

项目	针叶原木			针叶锯材		
	2008 年	2009 年	变化率	2008 年	2009 年	变化率
产量	181.0	161.2	-11	19.6	4.91	-10
进口	0.3	0.3	0	0.009	0.008	-11
出口	36.8	27.0	-27	14.8	14.6	-1
剩余	36.5	26.7	-27	14.791	14.592	-1
消费	144.9	134.5	-7	4.7	3.6	-23

资料来源：联合国欧洲经济委员会（UNECE），联合国粮食及农业组织（FAO）。

热带木材

经济危机使全世界的热带木材贸易量几乎下降了1/3，然而，这个数字仍仅仅是个估计值或平均值，实际上一些材种受到了更为严重的影响。

2009年欧盟27国的热带木材进口量下降了40%，其中原木的进口量下降了80%。巴西热带木材的出口量在2008年下降了35%，2009年又下降了40%～45%，其中巴西胶合板出口在2009年上半年下降了60%；在马来西亚，2009年该国木材出口量或将会有40%～50%的下降幅度；在印度尼西亚，预计该国胶合板出口量同样将下降40%；在秘鲁、加纳，其热带木材的出口量则下降了1/3，此外，美国2009年的热带锯材进口量也下降了1/3。

2009年前6个月的世界热带木材市场的情况比2008年末更加恶化，这种情况一直持续到2009年年末至2010年年初才有所改善。中国作为世界最大的热带木材进口国，在2009年进口量也有所下滑，但在2009年前6个月的进口量只下降了16%，这比国际市场的情况要好得多。欧洲的需求则彻底崩溃，其中尤以英国和西班牙最为突出。欧洲需求的下降尤其影响到了非洲木材的出口，在那里，不计其数的木材开采基地和加工厂全部“暂时”停止营业，这使得数以千计的木材从业人员失业。印度尼西亚的情况也与之类似，2008年之前的130家胶合板加工厂中只有64家保持营业；在2009年，只剩下了20余家。2009年印度尼西亚锯材和胶合板的出口量估计只有140万立方米，但我们怀疑有很大一部分非法原木出口没有被统计在内。

木材价格并没有遵循相同的趋势波动。可以肯定的是，木材价格在2009年继续下降，但比2008年的下滑幅度有所减小。不同树种和材种的价格降幅在5%～15%之间。而需求的下降导致生产商不得不减少开采，因此“供应”与“需求”得以保持基本平衡，但整体上处于一个相对较低水平。主要产自加蓬的奥古曼（Okoumé）原木是个例外，由于中国、印度和越南对其需求仍保持较高水平，因此奥克曼原木的价格没有受到危机太大的影响。与此同时，非洲锯材与胶合板的价格崩溃。

原木重新获得青睐

目前，很多国家都临时减少了对林业工业的征税，尤其是在喀麦隆和马来西亚的沙捞越州。在众多非洲国家中，许多木材企业没有能力支付相应税收，只能向当地税收部门欠税。木材生产者们抱怨欧洲市场要求进口“合法木材”，同时还要具有“良好管理森林”认证，这使当地生产商的成本增加，但欧洲进口商却不愿意因此提高采购价格。这就为非洲和南美洲木材生产商转向亚洲市场提供了又一个理由。因此可以说，危机使亚洲市场巩固了其在世界热带木材贸易中的领先地位，而欧洲的市场份额则因此下降。此外，对木材的需求也发生了结构性改变：亚洲进口商现在青睐原木，而近两年出现的亚洲进口商进口锯材的高潮则告一段落。虽然“原木的回归”可能不会持续太长时间，但目前它的影响却是实实在在的。以喀麦隆为例，该国原木出口在近些年一直下降，直至降到其木材出口总量的5%，但在2009年却骤然升至30%。

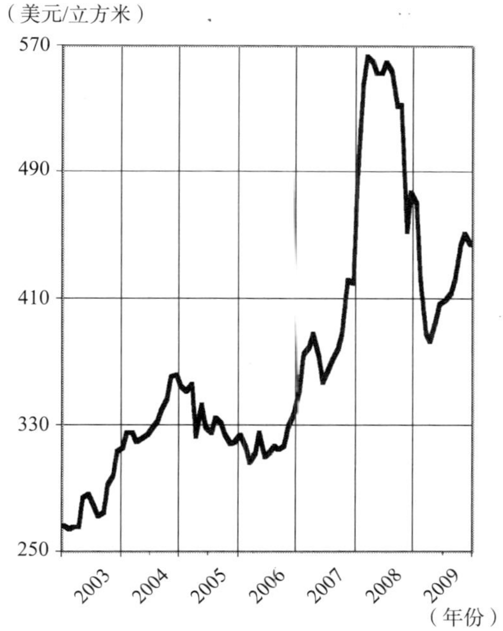

沙比利（Sapelli）原木英国进口价格

世界原木的产量

单位：百万立方米

分布地区 \ 年份	2003	2004	2005	2006	2007	2008
• 针叶原木（锯材+木皮）						
世界产量	**644.8**	**699.3**	**730.0**	**696.5**	**719.4**	**617.1**
其中：美国	174.2	186.5	192.7	182.4	166.1	137.1
加拿大	130.7	155.4	153.4	143.0	145.6	115.9
俄罗斯	41.3	54.6	55.5	58.2	65.2	60.5
中国	33.6	33.6	33.6	33.6	33.6	33.6
瑞典	35.0	34.9	56.4	31.5	39.6	32.1
• 阔叶原木（锯材+木皮）						
世界产量	**277.2**	**289.7**	**292.2**	**291.3**	**292.2**	**281.9**
其中：美国	55.8	61.5	61.0	59.9	56.8	51.7
巴西	22.4	20.9	24.7	28.7	27.3	25.8
印度尼西亚	26.0	26.0	24.2	21.6	21.6	21.6
马来西亚	21.5	23.7	23.0	21.7	20.7	20.7
中国	18.6	18.7	18.7	18.7	18.7	18.7
俄罗斯	13.2	13.3	14.9	15.6	17.5	17.7
加拿大	16.1	17.3	19.8	14.9	16.3	13.1

资料来源：联合国粮食及农业组织（FAO）。

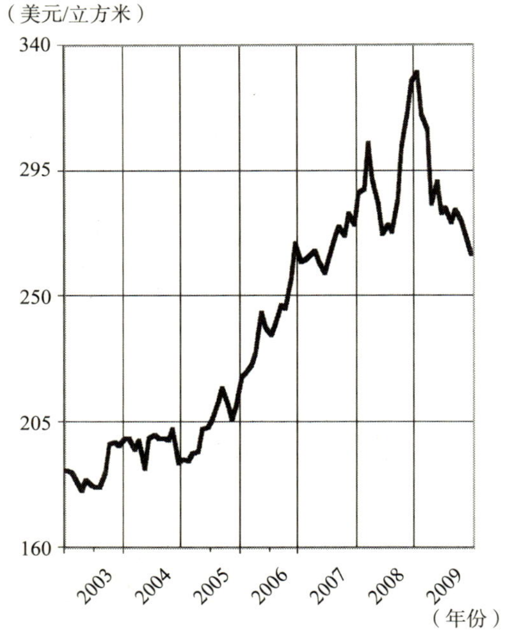

日本进口价格：梅兰蒂（Meranti）原木

印度尼西亚生产商则抱怨该国政府出台禁止出口原木的政策，原木出口在印度尼西亚是非常有利可图的。在马来西亚这一情况则正好相反，原木的出口使得当地木材企业的利润增加，进而使得企业可以进行木材产品的多元化生产和提升产品档次。俄罗斯对出口原木征收80%的出口关税政策，将再推迟一年执行（当前的税率为25%），这是因为俄罗斯木材工业目前根本不能承受由此带来的影响。所有热带木材出口国都在翘首以盼俄罗斯实行该政策，进而占领俄罗斯原木的国际市场份额，尤其是重新夺回他们在中国和日本的原木市场份额，事实上近几年俄罗斯原木在中国和日本的市场份额逐步攀升。

来自加蓬的意外

正是在此种背景下，加蓬出人意料地于

世界胶合板的产量与贸易量

单位：百万立方米

分布地区 \ 年份	2003	2004	2005	2006	2007	2008
世界产量	**68.8**	**68.6**	**73.2**	**73.7**	**81.4**	**77.3**
其中：中国	21.8	21.8	26.0	28.1	36.4	36.2
美国	14.9	14.8	14.4	13.7	12.4	10.3
欧洲	6.4	6.9	7.3	7.4	7.6	6.9
马来西亚	4.8	4.7	5.0	5.4	5.6	5.6
印度尼西亚	6.1	4.5	4.5	3.8	3.4	3.3
日本	3.0	3.1	3.2	3.3	3.0	2.6
俄罗斯	2.0	2.2	2.6	2.6	2.8	2.6
加拿大	2.2	2.3	2.3	2.3	2.6	2.2
世界出口	**21.5**	**24.5**	**25.7**	**28.6**	**28.4**	**26.0**
其中：中国	2.4	4.6	6.2	8.5	9.0	7.5
马来西亚	4.0	4.3	4.5	5.0	4.8	5.5
欧洲	4.9	5.5	5.5	5.9	5.9	5.2
印度尼西亚	5.1	4.0	3.4	3.1	2.8	2.6
世界进口	**21.8**	**24.3**	**24.6**	**26.0**	**25.0**	**22.0**
其中：欧洲	6.2	6.7	6.6	7.2	8.2	7.0
日本	4.2	5.1	4.7	5.0	4.1	3.6
美国	4.2	5.9	6.2	6.4	4.4	3.0
英国	1.3	1.5	1.5	1.4	1.6	1.5
中国	1.8	1.8	2.0	1.4	1.3	1.3

资料来源：联合国粮食及农业组织（FAO）。

2009年11月宣布该国将全面禁止原木出口，并在2010年开始执行，这一决定是在阿里·邦戈（Ali Bongo）当选加蓬总统后做出的。这一政策震惊了市场：尽管加蓬在2001年推出的法令中就已经明确了在10年过渡期后将限制该国原木出口（加蓬出口的木材中有60%是原木），但如此突然地实施此类政策（如果它能够实施的话），将对加蓬的经济和金融产生严重后果，并对世界热带木材市场产生影响。这是因为加蓬的国内市场显然在几年之内不可能消化掉300万立方米的原木。事实上自2007年起，加蓬政府实行了出口原木配额政策，进而限制各木材公司的出口量，但是这些配额的分配并不透明，因此，这就使得该政策的实施效果并不明显。2010年初，加蓬政府宣布直到2010年4月，该国木材公司可以出口在港口与工厂的原木库存，在此日期之后开始原则上执行原木出口禁令。另外，森林中的50万~60万立方米的原木库存，只能由加蓬国有木材公司（SNBG）进行出口。实际上，促进加蓬本国就业是该政策实施的主要目的，但是这个政治决定又带有“环保”的意味：加蓬政府希望本国成为在“减少毁林和森林退化所致排放以及森林保护与可持续管理”机制（REDD）谈判中非洲国家的领袖，并取得相应的经济利益。

加蓬之所以出口大量的原木是因为该国木材企业的平均加工效率低下，现在如果这些企业将加工其开采的全部原木，那么他们的加工效率还将下降，这或许反而限制创造就业。加蓬政府若要采取一种（不可取的）方式来提高这些企业的竞争力，对这些木材企业减税，将更加得不偿失：为增加就业而丢掉另一块更大的“蛋糕”——政府的财政收入。此外，该措施的另外一个后果是这将使得加蓬的工业化建立在人为的低成本的

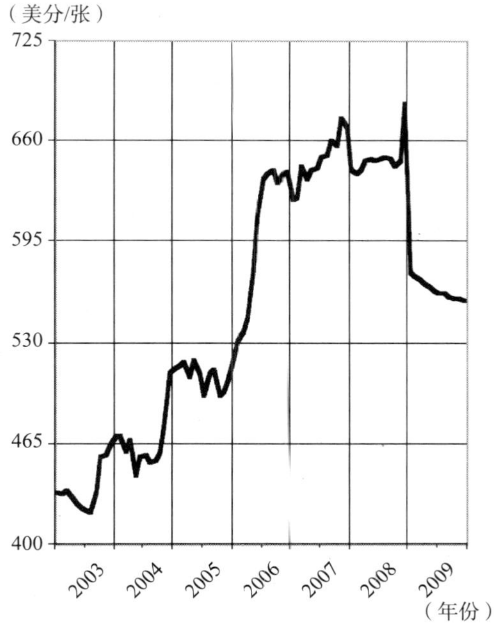

东南亚胶合板东京现货价

原材料上，这将无助于木材企业真实提高在加工环节的竞争力。事实上，几乎所有实施禁止出口原木政策的国家，在后来几年均会遇到原木加工能力过剩及非法开采木材的问题。另外，禁止原木出口，将使一些大型木材加工企业受益同时有损于一些加工量少和不从事加工的木材企业。这些企业将因为不能出口原木而不得不选择——要么从事加工原木，要么是将开采的原木出售给大型加工企业，但是后者显然处于强势，进而可以将收购价格压得很低。随后这种低廉价格购买原木的情况以及政府对加工企业下调税收（一直是以所谓的促进工业化为目的）将大大加快木材加工企业的产能扩张，而这种产能是建立在充足的低廉原木供给的基础上（至少是在初期）。这就为行业产能过剩埋下隐患，并对“可持续管理森林”产生威胁，印度尼西亚和加纳就是前车之鉴。但是，加蓬政府是最终否坚决执行禁止出口原

木的政策还有待观察，也许政策实施中的特例将会很多。

一切恢复正常？

在2009年年底，市场信心出现恢复，欧洲进口商重回市场。而区域内贸易的发展在某种程度上减弱了危机的影响，如南美国家和加勒比国家之间的贸易。许多加工企业的业务重新启动。一些原木出口国家，尤其是一些非洲国家则希望受益于加蓬原木的退出。尽管如此，并不是所有的木材公司都能够重新营业，事实上这次严重的危机对木材行业的打击巨大，其影响也将持续很长时间（如失业等）。目前有待确认的市场复苏还将伴随着行业的集中。但在许多发展中国家，林业行业集中并不意味着木材开采下降和相关企业数量的减少，它只是一个正式的经营活动转为地下经营的过程。2009年公布的一项研究表明，在喀麦隆“非正式”木材企业的木材产量估计约为300万立方米，比该国正式木材加工企业产量高100万立方米。在印度尼西亚，2009年年初分配给企业的开采配额为900万立方米，但在年末只有300万立方米的产量进行了登记。显而易见，其中的差额，甚至更多的数量是以非法的形式开采并销售的，这些非法木材在印度尼西亚市场或是其他市场销售，而马来西亚和中国是这些木材的主要国际市场。

综上所述，在世界热带木材市场，一方面是亚洲进口商的采购不断增加；另一方面则是木材企业的“非正式化”不断加深，这无助于改善森林管理。2009年森林管理委员会（FSC）认证从之前的高速发展转入停滞状态。“FSC认证”最早的两份自愿合作协议是欧盟与加纳和刚果签订的，它保证欧盟进口木材的来源是合法的。实际上这并不能在很大程度上改变木材市场状况：由合法木材认证体系带来的制约和成本增加使得很多木材相关企业转向其他市场及非正式林区。正是鉴于此，印度尼西亚一直拖延与欧盟签署此协议也就不足为奇了。

“哥本哈根的失败”和森林的命运

虽然“减少毁林和森林退化所致排放以及森林保护与可持续管理”机制（REDD）在哥本哈根会议中原则上被接受，但是因为没有取得一份各方签署的相关协议使得各国仍将“各自为战”，因此我们不得不发出疑问：这对森林砍伐现象是否有遏制作用？在2010年初，印度尼西亚的林业部长宣布将颁布一项法令认定棕榈树为“森林”，这种生产棕榈油的棕榈树的种植正是东南亚地区森林砍伐的推进剂，印度尼西亚政府推出此政策的目的是对“REDD机制”提前做出准备，并受益于二氧化碳市场的资金补贴。印度尼西亚还计划将加里曼丹岛中部（婆罗洲岛的印度尼西亚省区）的33%～44%森林开发成棕榈树种植园。这就是一些国家所谓的减少森林砍伐的措施。美国与减少温室气体排放相关的《瓦克斯曼－马凯气候变化议案》（Waxman－Markey Bill）在2010年将在美国参议院进行投票，该议案中给予美国公司购买相当于60亿吨二氧化碳排放量的“REDD信用证”的权利。因此，我们从中可以看到的是，在一个没有监管的“市场”、“买方”和“卖方”可以通过互相协作的方式以最低的标准进行交易，进而使得各自可以获取最大的利益，而这其中的“受害者”正是打击森林砍伐的行动。

– Ⅳ –

海产品

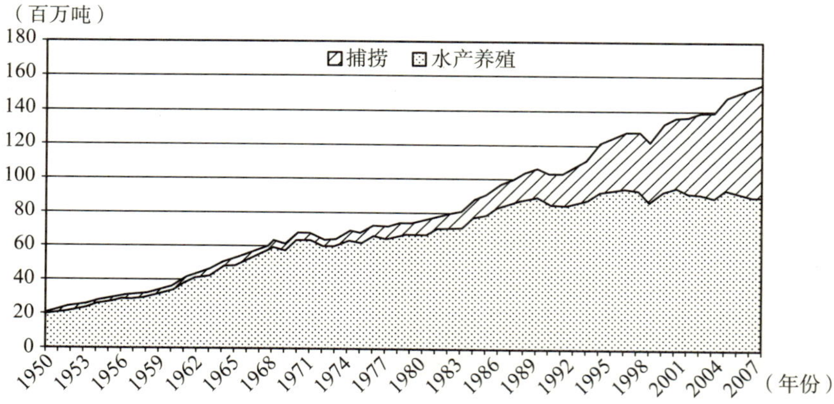

世界渔业产量变化趋势

资料来源：联合国粮食及农业组织渔业统计资料（FAO Fishery statistics）。

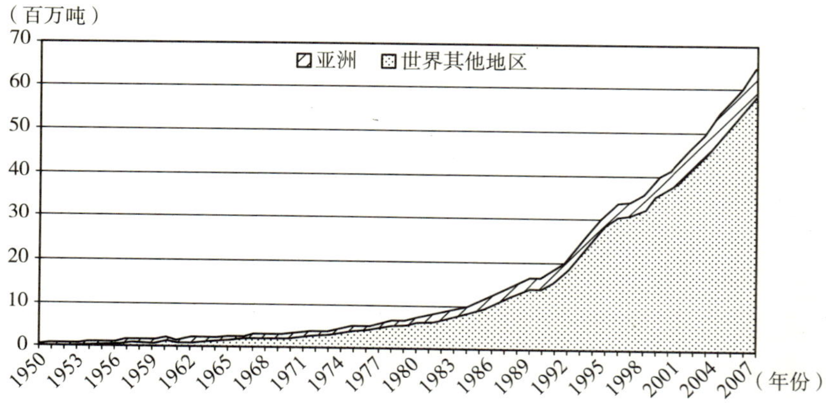

世界－亚洲养殖渔业变化趋势

资料来源：联合国粮食及农业组织渔业统计数据库（FAO Fishstat）。

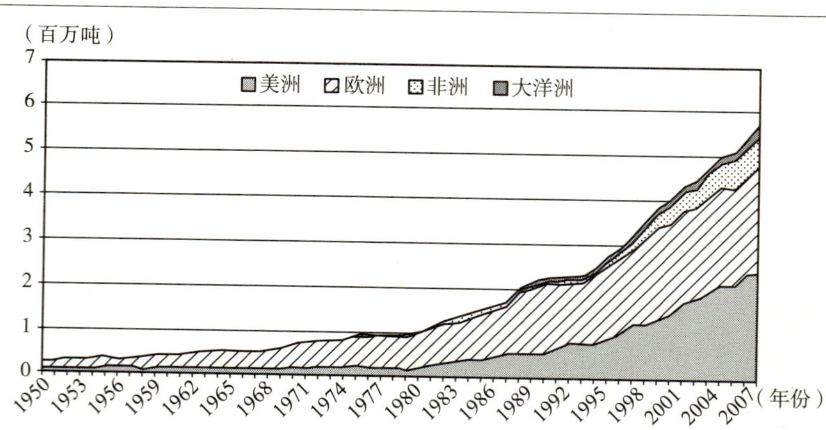

亚洲以外地区养殖渔业变化趋势

资料来源：联合国粮食及农业组织渔业统计数据库（FAO Fishstat）。

海产品

海产品包括海水和淡水中数百种的鱼类、软体动物、贝类和甲壳动物产品，以及相关产品。由于海产品涵盖从沙丁鱼到牡蛎、从鲑鱼到龙虾等不同产品，因此海产品市场的各种产品在2009年世界经济危机中的表现不尽相同。整体上，世界渔业受经济危机的影响并不大。从全球来看，该领域仍在继续发展。捕捞渔业在近二十年一直保持稳定，捕捞量一直徘徊在8 500万~9 000万吨/年的范围内。世界渔业的扩张主要是由于世界范围内养殖渔业的兴盛，尤以亚洲最为显著。世界主要6个养殖渔业国家分别是中国（占世界水产养殖产量的62%）、印度（6.7%）、越南（4.3%）、印度尼西亚（2.8%）、泰国（2.8%）和孟加拉国（1.9%）。

海产品消费的主要来源：养殖水产品超过自然水产品

2007年联合国粮农组织（FAO）的统计数据显示，全球渔业捕捞量为9 120万吨，其中水产养殖业的产量达到6 520万吨。由于31%的渔业捕捞量是用于工业用途（特别是用于生产鱼粉），因此，水产养殖业生产的鱼类、软体动物、贝类和甲壳动物类产品实际上已经成为人类食用海产品的主要来源。

世界水产养殖的90%都集中在亚洲，其他地区在水产养殖发展方面也拥有巨大潜力，这一点在拉丁美洲和非洲尤为明显。

在拉丁美洲，水产养殖业的产量（2007年达到173.5486万吨）在过去二十年中的年平均增长率为14%，尤其是智利（82.9842万吨）、巴西（28.9648万吨）、厄瓜多尔（17.102万吨）和墨西哥（15.6002万吨）。

非洲水产养殖业的产量（2007年为82.4762万吨）在过去20年中的年平均增长率为14.2%。产品多数都集中在埃及（63.5516万吨）、尼日利亚（8.5087万吨）、乌干达（5.111万吨）和马达加斯加（1.1257万吨）等国。

根据欧盟统计署（Eurostat）的数据，欧洲渔业产量在2004~2007年下跌了10%。在2007年的产量为640万吨（活体等重），其中130万吨来自水产养殖。欧洲水产养殖业的产量在过去二十年中的年均增长率为1.58%。西班牙是欧盟的主要水产养殖国家（28.4982万吨），紧随其后的还有法国（23.7451万吨）、意大利（18.0988万吨）、英国（17.42万吨）和希腊（11.3188万吨）。

在拉丁美洲与非洲，因为这两个地区的淡水及海水养殖的潜力巨大，因此，在未来的几十年水产养殖产量将继续出现强劲增长。在这两个地区的海产品消费量也在高速增长，但各国消费增长的差异很大。埃塞俄比亚的人均年消费量为0.1千克；肯尼亚为3.8千克；加纳为26.8千克；加蓬为39.9千克。同样，在拉丁美洲国家中，海产品人均年消费量较低的是玻利维亚（1.8千克）和巴西（6千克），该地区其他国家的消费则在世界平均消费量之上，如委内瑞拉（17.2千克）、秘鲁（19.4千克）和智利（22.4千克）。在未来，巴西将依靠其拥有的丰富水资源和高达2亿人的消费群体，在水产养殖业将有较大发展潜力。2009年6月，巴西的卢拉政府通过了一项法律，创建了一个新的政府部门——捕捞和水产养殖部，并向其拨付了大额预算。

打击“IUU”捕捞行为

“IUU”捕捞行为，即非法、不报告和不受管制的捕捞行为（fighting illegal，unreported and unregulated，IUU）。

联合国粮农组织及其成员国多年来一直在努力打击“非法、不报告和不受管制”的捕捞行为，根据一些机构的估计，此类的捕捞行为占世界捕捞量的20%，每年涉及的金额接近100亿欧元。这种“三无捕鱼”行为包括未授权的捕捞、对受保护物种的捕捞、使用非规定捕捞工具以及不遵守捕捞配额。简而言之，“三无捕鱼”行为是“盗渔”，通常这是很难监管的，特别是当发生在公海的时候。

2009年11月25日，联合国粮农组织批准了一份旨在禁止从事“三无捕鱼”的船只进入渔港的协议。协约签订国的政府承诺预防、制止和消除“三无捕鱼”船只在该国港口卸货，以及随后进入国际市场销售。

签订该协议的国家与地区包括：安哥拉、巴西、智利、欧盟委员会、美国、印度尼西亚、冰岛、挪威、萨摩亚、塞拉利昂和乌拉圭。该协议在得到25个国家的批准后生效。

从2010年1月1日起，欧盟委员会要求出口到欧盟的渔业捕捞产品提供一份新的证书，该证书由船舶登记国相关当局提供，用以证明捕捞行为符合相关法律及国际渔业资源保护与管理的规定。实际上，这一新的认证是基于捕捞船舶登记国（即船旗国）有能力以官方形式保证出口至欧盟的海产品的合法性，这其中包括应用控制和监管系统、签发的合格证及捕捞许可证、在出海船只上配备观察员小组及在港口检验捕捞产品。这项向欧盟出口海产品必须的新认证是对之前需要由海产品出口国的相关机构（这些机构本身也需要接受欧委会检查员的监督）提供的产品卫生安全许可证的补充。海产品出口国对欧盟的这项新措施有三种选择：遵守欧盟的新规定；在世贸组织提出成本高昂的诉讼；或者重新考虑是否对欧盟市场出口。

海产品消费地区的变化

世界各地的食品消费量仍然大体上与人口数量成正比，海产品的消费量也是如此。中国一直是世界最大的海产品消费国，2007年中国的水产品消费量为3 380万吨。人均年消费量为25.8千克（在中国香港则为62千克），该数字在1994年时仅为12.4千克。对于许多亚洲国家而言，水产品消费量一直在低位徘徊，如巴基斯坦（人均年消费量为1.7千克）、叙利亚（2.3千克）、印度（4.7千克）和土耳其（7千克）。印度海产品人均年消费量每年增加1千克，印度的海产品消费总量将增加120万吨，价值为21亿美元（批发价格）或40亿美元（零售价格）。接下来的几年，印度也会出现类似中国人均海产品消费量的快速增长趋势。

另一方面世界海产品传统消费大国的消费量却出现停滞，甚至出现明显的下降。日本海产品的产量、进口量和消费量都有所下降，日本的海产品自给率一直保持在62%的水平。2009年9月的调查显示日本家庭用于购买海产品的支出（平均为6 377日元）与2008年9月相比下降2%。事实上，日本家庭购买海产品支出的下降已经是一个长期趋势。回顾1999年9月的数据（购买海产品支出为8 523日元），日本家庭10年间支出下降了约25%。

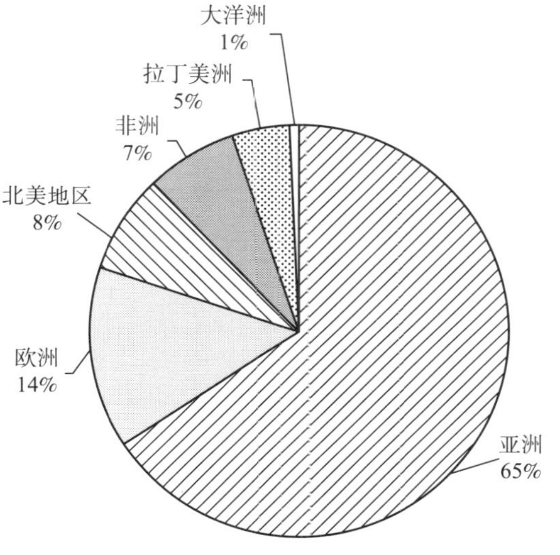

海产品总消费

资料来源：联合国粮食及农业组织2007年渔业统计资料（FAO Fishery Statistics 2007）。

世界各大洲的海产品人均消费量

地区名称 \ 指标	总消费量（吨）	人口总量（千人）	人均年消费量（千克）
亚洲	70 201 680	3 937 933	17.8
欧洲	15 156 690	731 088	20.7
北美地区	8 021 062	332 244	24.1
非洲	7 640 441	922 013	8.3
拉丁美洲	4 874 792	557 977	8.7
大洋洲	822 794	33 413	24.6
合计	**106 717 800**	**6 514 668**	**16.4**

资料来源：联合国粮食及农业组织2007年渔业统计资料（FAO Fishery Statistics 2007）。

海产品

欧盟水产品的自给率在过去的十年间从57%降至36%。另外数个国家的消费量停滞不前甚至出现下降。欧洲海产品市场管理与组织基金（FROM）指出，目前在西班牙鱼类消费的主要人群是年老的一代人而非年轻的一代人。在2009年末，西班牙水产养殖生产者协会（SMAPA）表示，2008年西班牙海产品人均年消费量与2007年相比降低了1.3千克。

实际上在世界各个地区，均出现了海产品的消费高峰与低谷的交替循环。例如，俄罗斯海产品消费量在苏联时期约为每年人均23千克，现在只为13.9千克。2009年俄罗斯政府发起一个促进消费海产品的活动，这个活动的大幅宣传画上有许多鱼片，并在最明显的地方写着“Ryba zhdyot”（“鱼等待你来吃”）。很自然，这一促销活动恰逢2009年俄罗斯渔业产量高峰。

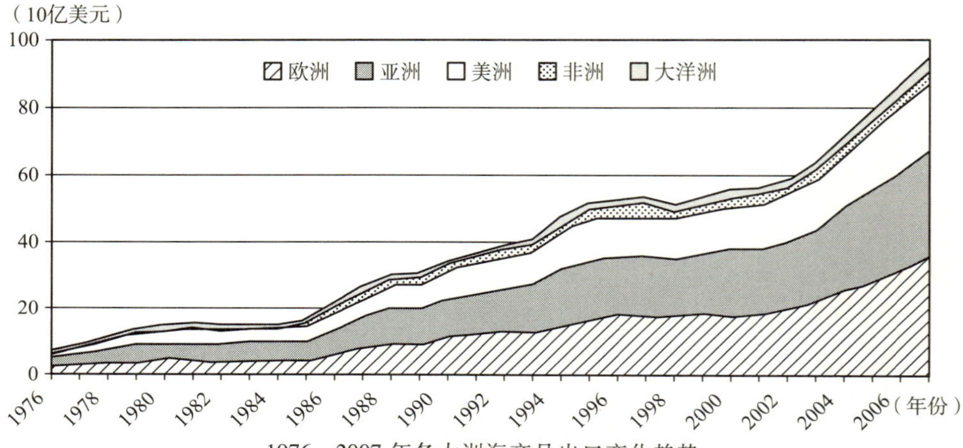

1976～2007年各大洲海产品出口变化趋势

资料来源：联合国粮食及农业组织2007年渔业统计资料（FAO Fishery Statistics 2007）。

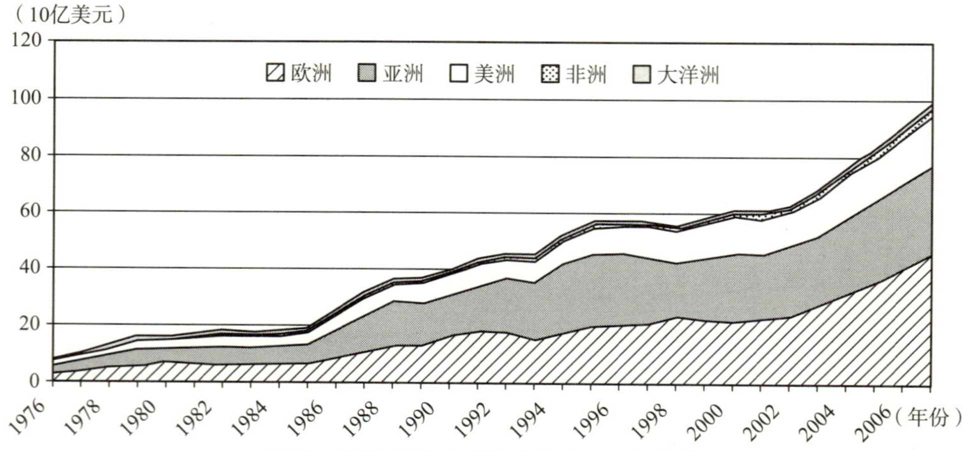

1976～2007年各大洲海产品进口变化趋势

资料来源：联合国粮食及农业组织2007年渔业统计资料（FAO Fishery Statistics 2007）。

国际海产品贸易额超过 1 000 亿美元

捕捞业和水产养殖业生产种类繁多的海产品，水产养殖业所处的地区都促进了海产品的贸易，推动了海产品的消费。如果一个金枪鱼和虾的生产大国在出口这些产品的同时进口鳕鱼和鲑鱼，这就增加了向该国消费者提供的海产品的种类，并促进了海产品的消费量。

因此值得强调的一点是，世界各大洲的海产品出口与进口并没有很大的差别。当然，海产品贸易也并非总是拘泥于相同产品。有些时候会出现海产品经过加工后进行再出口（鱼片、罐头等）。例如，泰国进口冷冻金枪鱼，并出口金枪鱼罐头。中国也会出口一些之前作为原材料进口的海产品，并提高产品附加值。另外，欧洲海产品的贸易也会在各邻国之间进行，例如，比利时与荷兰的贸易，两国也会将加工后的产品在法国以及德国进行销售。因此同一海产品会被多次计入到各国进出口贸易的统计中。

联合国粮农组织的海产品国际贸易统计中列出了 33 个主要海产品种类，下面将详细分析其中 6 类主要海产品市场。每一类海产品的贸易量均在百万吨以上，并涉及几十亿美元。

世界 20 个主要国家海产品（捕捞和水产养殖）国际贸易

单位：百万美元

出口国	2005 年	2006 年	2007 年	进口国	2005 年	2006 年	2007 年
中国	7 519.4	8 968.1	9 250.7	美国	11 982.3	13 271.3	13 631.5
挪威	4 885.2	5 503.4	6 228.1	日本	14 438.3	13 970.7	13 184.5
泰国	4 494.2	5 266.7	5 708.8	西班牙	5 632.1	6 359.1	6 980.4
美国	4 232.0	4 143.1	4 436.7	中国	5 861.9	6 162.2	6 736.5
丹麦	3 685.2	3 986.5	4 128.4	法国	4 562.6	5 069.2	5 366.2
越南	2 756.1	3 372.2	3 783.8	意大利	4 224.1	4 716.9	5 143.8
加拿大	3 595.7	3 659.9	3 711.9	德国	3 234.8	3 738.9	4 278.6
智利	2 966.9	3 556.6	3 677.0	英国	3 174.3	3 713.9	4 140.4
荷兰	2 820.1	2 811.7	3 280.6	韩国	2 366.5	2 752.6	3 090.0
西班牙	2 579.1	2 848.7	3 230.7	丹麦	2 554.7	2 838.4	2 887.2
俄罗斯	1 953.3	2 120.7	2 363.8	荷兰	2 078.6	2 283.8	2 614.6
德国	1 501.4	1 821.9	2 275.3	瑞典	1 597.5	2 027.5	2 530.8
英国	1 871.9	1 940.0	2 162.1	比利时	1 656.4	1 926.1	2 117.2
印度尼西亚	1 797.9	1 957.1	2 100.9	俄罗斯	1 176.7	1 437.8	2 016.0
冰岛	1 783.4	1 811.7	2 028.5	加拿大	1 660.1	1 812.4	1 994.4
秘鲁	1 633.4	1 770.1	1 962.2	葡萄牙	1 334.5	1 539.5	1 843.3
法国	1 584.0	1 672.0	1 926.9	泰国	1 422.5	1 538.3	1 714.9
瑞典	1 216.1	1 594.7	1 711.6	挪威	700.8	836.4	1 095.1
印度	1 591.9	1 762.7	1 670.5	澳大利亚	827.7	894.6	1 065.9
其他地区	22 908.7	24 120.4	26 219.4	其他地区	10 540.9	12 239.4	14 669.2
190 国合计	**78 630.1**	**86 098.7**	**93 520.5**	**190 国合计**	**81 740.6**	**89 994.1**	**98 104.5**

资料来源：联合国粮食及农业组织 2007 年渔业统计资料（FAO Fishery Statistics 2007）。

2007 年世界海产品出口

指标 品种	数量 （吨）	价值 （千美元）	平均价格 （美元/千克）
• 虾	3 363 371	14 403. 897	4. 28
鲑鱼、鳟鱼、胡瓜鱼	2 687 569	11 362. 050	4. 23
鳕鱼、无须鳕、黑线鳕	5 418 136	10 297. 860	1. 90
金枪鱼、鲣鱼、枪鱼	3 906 056	8 099. 905	2. 07
鱿鱼、乌贼、章鱼	1 794 186	3 978. 876	2. 22
鲱鱼、沙丁鱼、凤尾鱼	3 521 481	3 609. 716	1. 03

资料来源：联合国粮食及农业组织 2007 年渔业统计资料（FAO Fishery Statistics 2007）。

相对低迷的虾市场

由于虾主要是在饭馆里消费，因此 2009 年虾的消费出现下降，其中的原因是全球金融危机的影响，也是因为在数个国家甲型 H1N1 流感限制了人们在公共场所的消费。有些国家提倡在家中消费虾的努力收效并不是很大。

在美国，2009 年前 8 个月虾的进口量与上一年同期相比下降了 2%，价值降低了 5%。泰国仍然是美国进口虾的首要供应国，占据美国 31. 1% 的市场份额，紧随其后的是印度尼西亚（17%）、厄瓜多尔（14. 1%）和中国（7. 3%）。由于美国农业部发出的一份谴责泰国生产者在其生产过程中使用童工和奴工的报告，使得泰国作为美国进口虾的首要供应国的地位岌岌可危。泰国政府则赶在该报告影响到该国产品在美国消费者心目中形象之前就予以否认。目前向美国的进口占泰国虾出口量的一半。

在 2009 年前 8 个月，美国墨西哥湾的虾生产商的产量大幅增加，与 2008 年同期相比增加 38%。在美国靠近墨西哥湾的一些州，特别是路易斯安那州，2009 年 8 月虾的价格下降了 50%。

增加虾在超市中的销售量，并鼓励家庭增加虾的消费的宣传，突显了美国相关产业希望增加对虾的消费和维持虾的价格的目的。新的虾产品也投放市场，如来自墨西哥的活虾，这些虾在 2009 年 11 月第一次运往旧金山进行销售，价格则是普通虾销售的两倍。

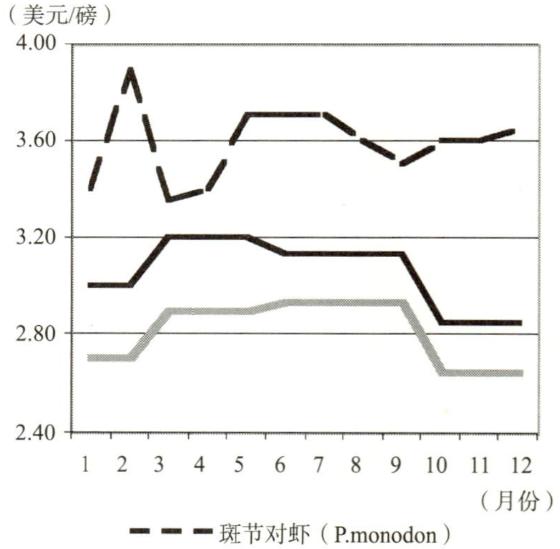

注：斑节对虾（印度原产黑虎虾），尺寸：21/25，无头冷冻虾块。南美白对虾 1（亚洲原产白虾），尺寸：31/35，无头冷冻虾块。南美白对虾 2（亚洲原产白虾），尺寸：36/40，无头冷冻虾块。

2009 年养殖虾类价格变化趋势

资料来源：拉丁美洲及加勒比渔产品销售及咨询服务中心（INFOPESCA），纽约成本加运费价。

在日本，由于2009年日元对美元持续升值刺激了日本家庭的虾消费，因此在饭馆的就餐人数减少并未严重影响日本的虾进口。在2009年前8个月，日本家庭虾消费量与2008年同期相比增加了8.3%。

在欧洲，虾（特别是冷冻虾）的进口量略有增长。英国的需求量增加，2009年前9个月的虾进口量与2008年同期相比增加了约6.8%（价值则增加了28%）。

鲑鱼肥，鲑鱼贵

鲑鱼产量下降的罪魁祸首并不是国际金融危机，而是传染性鲑鱼贫血症（ISA）。该病毒从2007年下半年起开始影响到智利一些鲑鱼养殖基地。2009年前9个月的智利所有种类鲑鱼的产量低于28.9109万吨，这比上年同期下降了10%。2010年智力的产量预计还会下降。2009年智利鲑鱼产业取消了1万个工作岗位，在剩余的2.5万个工作岗位中，在2010年还将有5 000个将消失。但是随着智利当局和生产商采取了卫生防疫措施以及开始使用疫苗，可以预计在2011年智利的鲑鱼产量将会大幅回升。

在世界其他的鲑鱼生产国——挪威，利用了智利的产量下降而增加了鲑鱼出口，但是这并没有完全满足世界市场的需求。因此在世界所有鲑鱼市场，特别是新兴国家市场的鲑鱼价格都出现了上涨。这种情况就发生在拉丁美洲。实际上，拉丁美洲国家从智利进口的鲑鱼比从欧盟进口的多，进口量占智利鲑鱼出口量的19%，这已经逼近了美国占智利鲑鱼出口的份额（21%）。拉丁美洲市场76%的鲑鱼进口来自巴西，2009年前9个月进口了3.1909万吨鲑鱼。

与2008年相比，2009年挪威鲑鱼的出口量增长了16.3%（活体等重计为83.4万

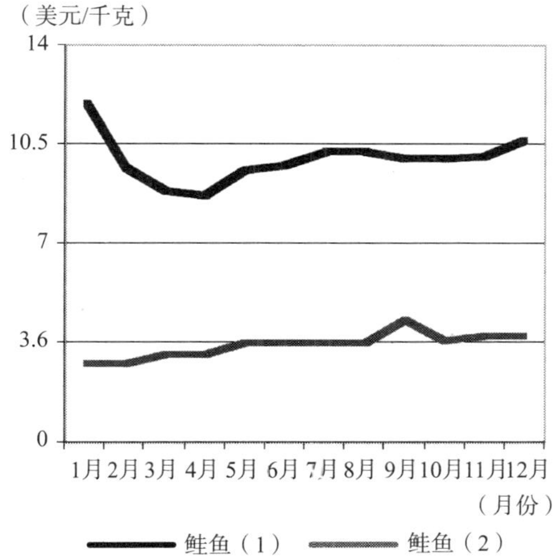

注：（1）鲜挪威鲑鱼，空运，日本市场批发价。（2）鲜智利鲑鱼，智利圣地亚哥批发价。

2009年大西洋鲑鱼价格变化趋势

资料来源：拉丁美洲及加勒比渔产品销售及咨询服务中心（INFOPESCA）。

吨），出口价值增长了32%，达到237亿挪威克朗。挪威鲑鱼出口量的70%都是销往欧盟国家，其中主要是法国、波兰、丹麦和英国。挪威还利用智利鲑鱼生产下降的时机，向其非传统出口国俄罗斯、美国和日本进行鲑鱼出口。在此情况下，2009年的挪威对美国鲑鱼的出口量与2008年相比增长3倍。

2009年深海鱼的价格较低

2009年初世界主要深海鱼类的需求下降，特别是对真鳕（cod）和阿拉斯加狭鳕（alaska pollock）的需求下降。但是自2009年8月起，需求开始逐渐回升，鳕鱼价格也增长。

在阿根廷，2009年前半年无须鳕（hake）的出口量与2008年同期相比增加11%，达到6.5833万吨，出口的形式主要是冷冻鱼

片。但无须鳕的价格降低使其出口总收入与2008年同期相比下降9.5%，达到1.486亿美元。就冷冻鱼片而言，阿根廷无须鳕的第一大出口市场是巴西，占阿根廷出口份额的46%，紧随其后的是美国（占12%）和意大利（占10%）。关于阿根廷出口的冷冻无须鳕整鱼，约旦为阿根廷的主要出口市场（占18%），紧随其后的是西班牙（占15%）和喀麦隆（占9%）。

就罗非鱼（tilapia）而言，美国市场更倾向于冷冻罗非鱼片，因为这要比鲜罗非鱼片便宜很多。后者的平均进口价格为7.19美元/千克，是中国产的冷冻罗非鱼片价格的两倍。2009年前9个月美国的鲜罗非鱼片进口量与2008年同期相比降低了9.7%。另一些供应国的表现较好，厄瓜多尔和哥斯达黎加在美国市场的销售分别增加了6.6%和2.5%。与之相反，洪都拉斯产的鲜罗非鱼片的出口骤降27.7%。

2009年一些养殖鱼类继续对深海鱼类市场构成越来越大的竞争，其中主要是越南鲶鱼（vietnamese pangasius）。在2009年前8个月，越南出口了33.4万吨越南鲶鱼，价值7.37亿美元。

截至2009年10月末，美国进口的越南鲶鱼已经达到1.11亿美元，与2008年同期相比增加了71%。越南的鲶鱼总出口额在2009年应可达到14亿美元。在近十年，越南鲶鱼的出口量增加了50倍，出口收入增加了65倍。

在2010年前几个月里，由于一些生产商很难提供欧盟为打击“IUU捕捞”使用的鱼类来源的证明，因此预计欧洲的阿拉斯加狭鳕进口量将会出现下降。在美国，阿拉斯加狭鳕2010年的捕捞配额缩减至81.5万吨，与2009年相比下降了18.5%。因此，使用阿拉斯加狭鳕作为原料的鱼糜的价格将会在2010年出现上涨。2010年俄罗斯的捕捞配额仍然保持在165万吨。巴伦支海的黑线鳕（haddock）捕捞配额从19.4万吨（2009年）上升到24.3万吨（2010年），使得麦当劳公司决定缩减对阿拉斯加狭鳕的采购，转而采购黑线鳕。2009年快餐巨头麦当劳仅在欧洲就使用了将近6 750吨鳕鱼块来生产麦香鱼（Filet-o-Fish），这基本上与2008年持平。

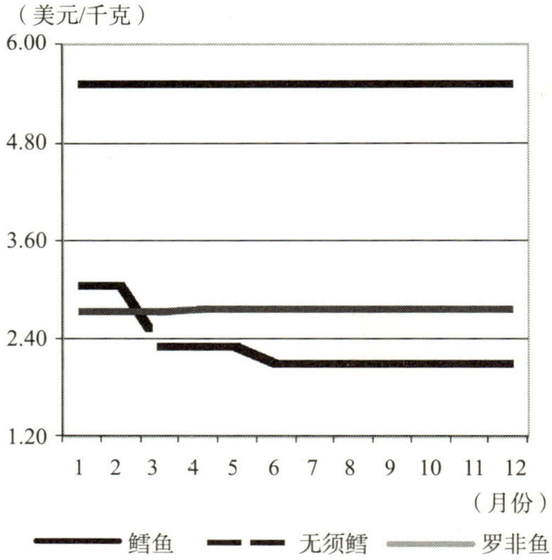

注：鳕鱼：块状冷冻鱼片，加拿大原产，波士顿成本加运费价；无须鳕：剥皮鱼片，阿根廷南部出口至欧洲离岸价；罗非鱼：7/9盎司/冷冻鱼片，中国原产，纽约成本加运费价。

2009年深海鱼类与罗非鱼价格走势

资料来源：拉丁美洲及加勒比渔产品销售及咨询服务中心（INFOPESCA）。

金枪鱼市场保持相对稳定

2009年鲣鱼（skipjack tuna）捕捞季节的末期（9～11月），在中太平洋和西太平洋地区围网捕捞的鲣鱼产量形势一片大好，这满足了在2009年业务异常繁忙的亚洲罐头加工厂对此种鱼类的需求。特别是在菲律宾，该国的鱼肉罐头产业在2009年前半年的出口量与2008年同期相比增长了45%。这些罐装产品在欧洲市场非常畅销，特别是在德国，对菲律宾鱼肉罐头的需求增加了36%。

在泰国，泰铢贬值使得鱼肉罐头的出口价格下降了20%~33%，这尤其使意大利和西班牙的进口商获益匪浅。西班牙拥有许多罐头加工企业，为了削减生产成本（这是需要大量劳动力的工作）这些企业增加了对金枪鱼腰肉的进口量。西班牙在2009年前半年进口了4.34万吨金枪鱼腰肉，比2008年上半年增加63%。

在法国，金枪鱼罐头的进口量略有增加，与2008年同期相比，2009年前6个月进口量从5.47万吨上升至5.65万吨。实际上，绝大多数法国的传统供应国都减少了对法国市场的金枪鱼罐头供应，但亚洲国家增加了在法国市场的份额。

在2009年前9个月，销往美国市场的鲜金枪鱼出口量下降9%。大眼金枪鱼（bigeye tuna）的进口价格稳定在7.5~8美元/千克之间；金枪鱼腰肉和金枪鱼排在超市的零售价下降20%以上，其在2007年的价格为13~19美元/磅，2009年前9个月价格降至10~15美元/磅。

摩纳哥曾建议将蓝鳍金枪鱼（bluefin tuna）纳入《濒危野生动植物种国际贸易公约》（CITES）附录I中的濒危物种名录，2010年3月将对此问题进行讨论。如果提案获得通过，那么蓝鳍金枪鱼的国际贸易将会被暂停。地中海并不是该鱼类的唯一产区。日本是世界最大的蓝鳍金枪鱼进口国，它占据蓝鳍金枪鱼80%的贸易份额，蓝鳍金枪鱼在日本的价格也将有大幅增长的风险。

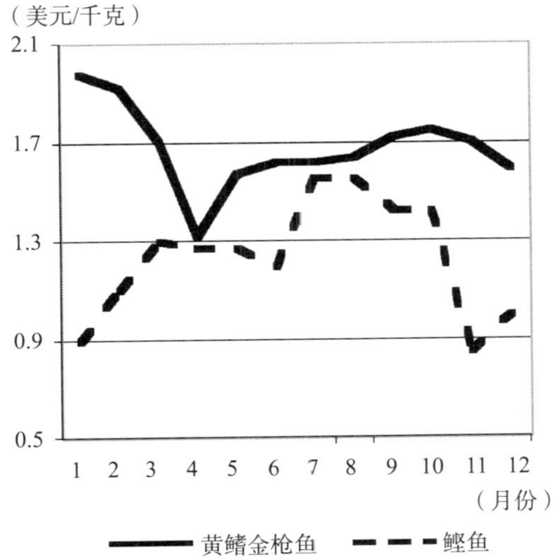

注：黄鳍金枪鱼整鱼，>10千克/块，法国船队运至欧洲市场；鲣鱼整鱼，泰国成本加运费价。

2009年罐头用冷冻金枪鱼价格

资料来源：拉丁美洲及加勒比渔产品销售及咨询服务中心（INFOPESCA）。

同时，金枪鱼养殖取得了重大进展。地中海蓝鳍金枪鱼在被捕捞后用于进行人工养殖，目前相关机构在该鱼类的繁殖方面已经取得了重大进展。日本近畿大学（Kinki）水产研究所成功养殖了第三代蓝鳍金枪鱼，并有望于2010年在海洋中的悬浮笼中投放10万条鱼苗。2009年，该研究所已经投放了3.2万条蓝鳍金枪鱼鱼苗。在这种条件下养殖蓝鳍金枪鱼需要三年的时间。这些养殖方面的新进展会在2010年5月末曼谷举行的一年两次的世界金枪鱼贸易大会（World Tuna Trade Conference）上进行具体介绍。

虽然蓝鳍金枪鱼捕获量较低，捕捞配额也在持续下降，但是从蓝鳍金枪鱼的价格就可以明白人们对蓝鳍金枪鱼如此关注的原因。2010年1月5日在东京的筑地鱼市（Tsukiji），一条重达232千克的蓝鳍金枪鱼以12.2万欧元被拍卖出售，单价为526欧元/千克。

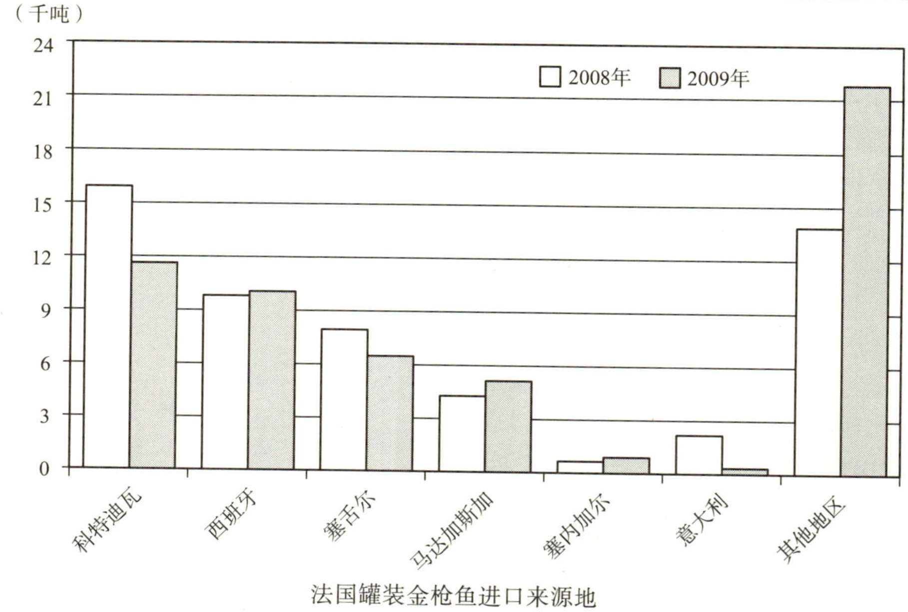

资料来源：联合国粮食及农业组织全球渔讯（FAO/Globefish）。

头足类海产品产量虽然大幅下降，但价格稳定

在印度，2009 年乌贼（cuttlefish）和鱿鱼（squid）的产量较低，仅够维持印度冷冻加工业向美国和日本出口这两种海产品的胴体和须部的需求。

秘鲁的大王乌贼（giant squid）产量在 2009 年前 9 个月中未超过 30 万吨，这与 2008 年同期相比减少了 9.2 万吨。因此，秘鲁对欧洲的大王乌贼出口量也相应下降。

在大西洋西南部，2009 年的鱿鱼捕捞季的产量很低，前 5 个月的捕捞量仅为 6.5 万吨（2008 年全年的捕捞量为 33.4 万吨）。捕捞量的下降影响到了在福克兰水域（Falkland）和阿根廷水域从事捕捞的船队。英国与阿根廷的研究员在福克兰群岛合作的科学研究的暂停，导致了相关部门无法对捕捞量进行准确地预测，以及对海事情况作出相应的准备。另外，在 2009 年 6 月因为燃油成本超过了捕捞的潜在收益，很多渔船均停靠在岸未曾下海。

在墨西哥，2009 年的章鱼捕捞量与 2008 年相比下降了 30%，2009 年总产量为 14.5 万吨，为过去 11 年来的最低产量。

由于捕捞量的持续下跌，原本预计 2009 年头足类海产品的价格有大幅上涨的可能，但是这种情况并未出现。这是因为主要市场的需求特别是欧洲、日本和美国的需求，均出现下降。

小型远洋鱼类在市场上受到青睐

在秘鲁，旨在促进消费者直接食用凤尾鱼（之前仅在加工中使用）的努力终于开花结果。秘鲁的凤尾鱼罐头出口量大幅上涨，与 2007 年的 1 090 吨相比，2008 年的出口量已增至 7 095 吨。在 2009 年前 9 个月

中出口量已达4 555吨，这与2008年同期的出口量几乎相当（4 575吨）。

欧洲的小型远洋鱼罐头市场一直保持稳定。欧洲各大超市的采购中心（特别是德国）更倾向于带有“生态产品”标识的罐头产品。尽管如此，欧洲消费者还没有准备好为此类的罐头支付更高的价格。在经济危机时期，对商品进行打折似乎可以更好地增加销量。

在沙丁鱼方面，德国一直是摩洛哥沙丁鱼罐头的传统进口国，但近年来德国也开始进口产自太平洋的沙丁鱼，其中主要是来自菲律宾的长头沙丁鱼（sardinalle longiceps），它的价格要比摩洛哥的沙丁鱼价格便宜。

在英国，由于许多关于远洋鱼类中富含Omega－3脂肪酸的宣传，此类鱼罐头产品的销量正在不断扩大中。在2009年末，罐装鲭鱼的主要生产商公主公司（Princess company）又向市场投放了罐装鲱鱼，它同样宣传其中含有Omega－3脂肪酸，如今，这种脂肪酸对人体健康的益处在英国消费者中已经妇孺皆知。

在巴西，沙丁鱼（sardinella brasiliensis）捕捞量在2009年大幅增加，使巴西的国有渔业公司得以重新建立库存，并增加出口。尤其是戈麦斯·达科斯塔公司（Gomes da Costa，其已被西班牙的凯尔沃公司（Calvo）收购）已将巴西沙丁鱼罐头在其非传统出口市场销售，如在伊拉克和赤道几内亚。另外，在拉丁美洲诸国来看，非洲的海产品的购买力正在逐渐增加，且该市场也在不断扩张中。

鱼粉和鱼油价格强力反弹

在2008年下半年价格下跌之后，鱼粉和鱼油的价格已经开始回升，其中鱼粉价格在2009年初即开始上涨，鱼油价格的回升

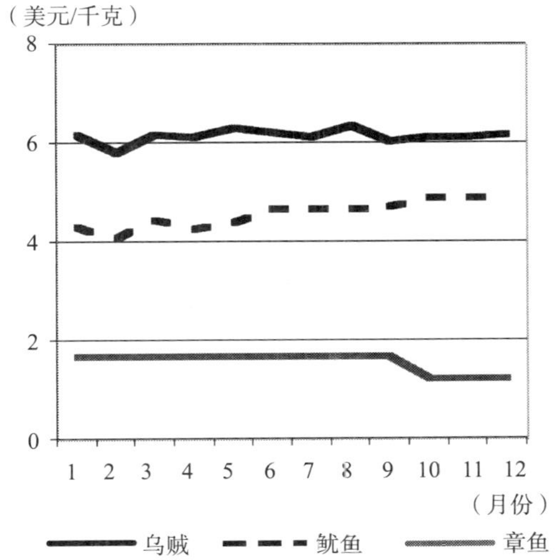

注：冷冻深褐色整乌贼，每块50/150克，印度尼西亚原产，欧洲成本加运费价；冷冻整阿根廷剑鱿，阿根廷原产，马德里批发市场（Mercamadrid）批发价；冷冻整章鱼块，墨西哥原产，墨西哥城新维嘉市场（Nueva Viga）批发价。

2009年头足类价格变化趋势

资料来源：拉丁美洲及加勒比渔产品销售及咨询服务中心（INFOPESCA）。

在2009年5月份。秘鲁用于生产鱼粉的小形远洋鱼类产量从2008年的600万吨降至2009年的580万吨。该国产量的下降幅度低于智利和北欧国家。正是基于上述原因，这两种商品的价格出现上涨，鱼粉的价格在2009年12月达到1 660美元/吨，这是同期豆粕价格（420美元/吨）的4倍，这一比价是之前从没有达到过的！在2009年1月，鱼粉价格为1 029美元/吨，只为豆粕价格（378美元/吨）的2.7倍。

中国既是世界最大的水产养殖国家，也是世界鱼粉的第一大进口国，每年进口量超过100万吨。鱼粉在水产养殖饲料中的比例逐渐下降，再加上2009年鱼粉价格的持续攀升使得中国对鱼粉的采购在2009年第四季度出现下降。中国在2009年末的鱼粉库存仍然处于低位（不超过5万吨）。在2009

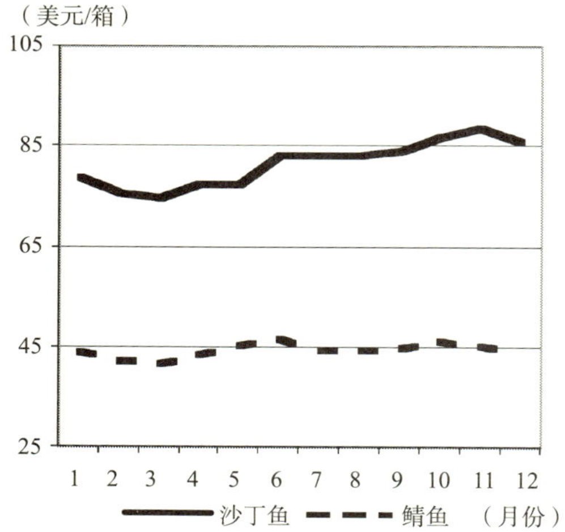

注：沙丁鱼，一箱30盒细长盒形罐头（Club Can），浸油（125克/盒），德国成本加运费价，摩洛哥原产；鲭鱼，一箱100盒细长盒形罐头（Club Can），浸油（125克/盒），德国成本加运费价，丹麦或苏格兰原产。

2009年罐装小型远洋鱼类价格走势

资料来源：拉丁美洲及加勒比渔产品销售及咨询服务中心（INFOPESCA）。

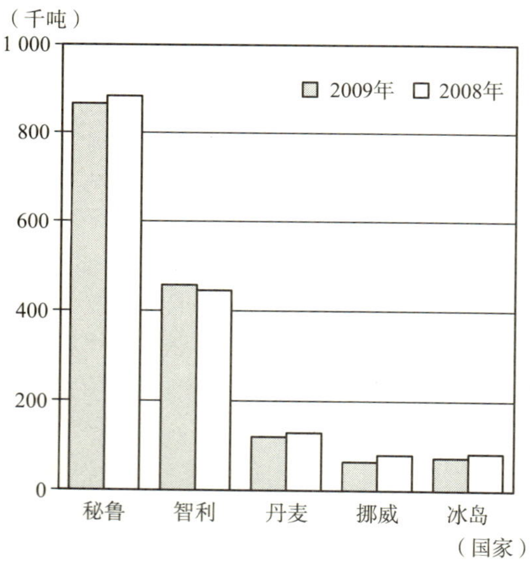

1～6月的鱼粉产量

资料来源：联合国粮食及农业组织（FAO），国际鱼粉鱼油协会（IFFO）。

年冬季的特大寒潮过后，中国将不得不为其水产养殖产业再次进口大量鱼粉。

在秘鲁，厄尔尼诺现象预计在2010年前几个月“光临”秘鲁的海岸，目前还不清楚这是否会对小型远洋鱼类的捕捞产生严重影响。但无论如何，太平洋两岸（秘鲁和中国）的产量因素和消费因素都将使得鱼粉和鱼油的价格在2010年保持在高位。

世界鱼油的贸易量，在2009年受到水产养殖业和制药业生产用于人类食用的Omega－3胶囊的拉动而持续上涨。在2009年的前9个月，秘鲁的鱼油出口量达到22.9万吨，主要销往丹麦（占秘鲁出口的28%）和比利时（占27%）。

世界海产品市场的平衡在不断变化之中

从第二次世界大战结束后，世界渔业的

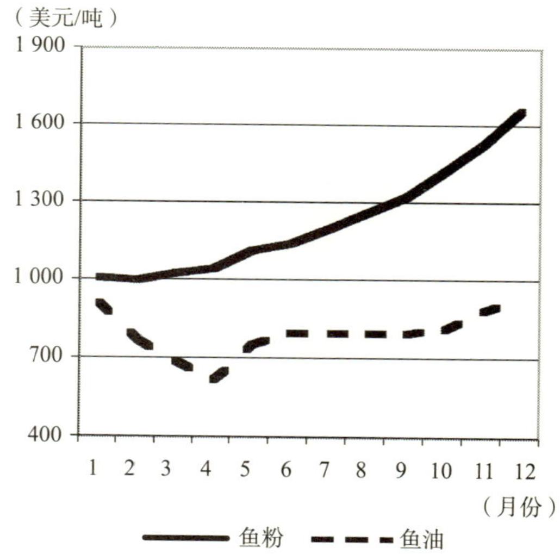

2009年国际鱼粉和鱼油价格

资料来源：联合国粮食及农业组织全球渔讯（FAO/Globefish）。

发展表现出巨大活力，同时也发生了深层次的结构性改变。世界渔业产量从 1945 年起就一直呈上升状态，其中主要归功于世界水产养殖业的高速发展。在今后几年这种增长趋势仍将可能继续保持。

欧洲、美国和日本捕捞船队的产量，特别是在世界公海地区的产量在 20 世纪中期世界捕捞渔业、远洋渔业中占据主导地位。但随着各国专属经济区（exclusive economic zones）扩大，这三个地区的捕捞船队已经失去了接触世界主要捕捞区域的机会。因此，这三个地区选择了进口海产品，因为这要比保留并维护昂贵的捕鱼船队以及向相关国家支付渔权费更为实惠。

以中国为首的亚洲国家已经确认了其作为世界主要海产品生产和消费地区的地位，中国海产品市场的发展尤具有代表性。在中国，海产品的年人均消费量已从 1994 年的 12.4 千克增至 2007 年的 25.7 千克，在 13 年的时间里翻了一倍还多。对于一个有着 13 亿消费者的市场而言，这意味着年均增加 1 730 万吨海产品需求，这主要来自于中国的水产养殖业和捕捞业，以及越来越多的进口。另外，近十年中国的海产品销售市场也出现了令人惊讶的高速发展。而中国的数亿中产阶级的购买力不断增强则是中国海产品消费多样化和复杂化的主要驱动力。这种情况也出现在其他亚洲国家。

就拉丁美洲和非洲而言，随着这些国家的国内食品销售系统的发展和逐步现代化，海产品总消费量和人均消费量也出现大幅增长，在这两个地区海产品市场发展潜力巨大。

亚洲、拉丁美洲和非洲海产品销售系统的发展促进了这些地区的海产品消费，也促进了世界海产品消费总量的增长以及促使出现新的海产品出口市场。

事实上，直到近些年来世界海产品市场仍然是由欧盟、美国和日本三大市场组成的。但是如今该市场正在逐步向“多极化”转变。

人均海产品消费量的增加以及人口增长所带来的海产品消费的增加大大促进了世界许多国家水产养殖业的发展。淡水养殖业在世界主要流域全面展开，包括亚马逊河等。海洋养殖业则沿着各国的海岸线展开。在海洋中开展的养殖实验正在逐渐取得成功，其中就包括对金枪鱼和军曹鱼（cobia）的养殖。世界渔业正在高速发展之中。世界金融危机对世界海产品市场的影响只是轻微的与短期的。

– V –

矿石与金属

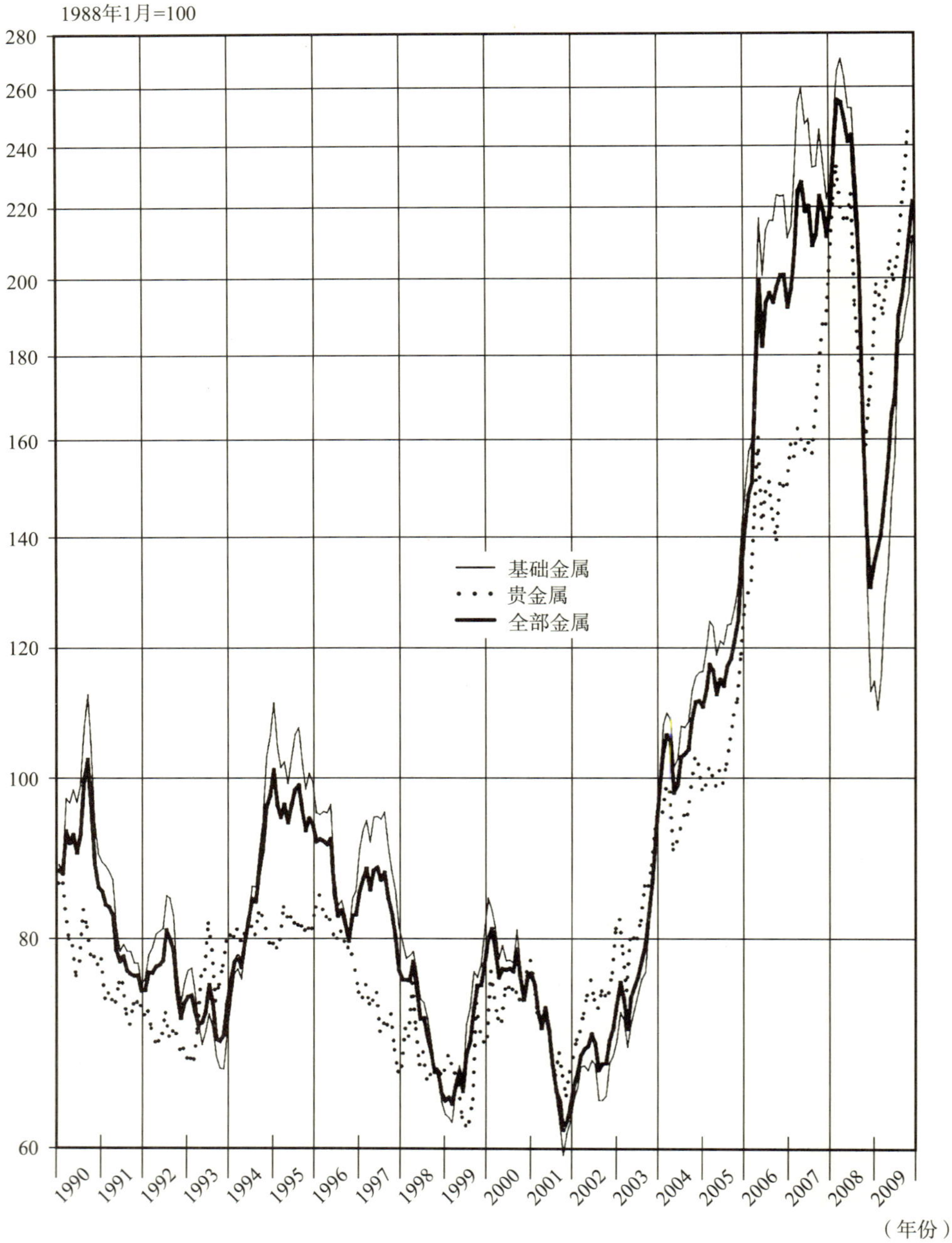

注：巴黎经济研究观察中心大宗商品价格指数，商品以美元计价。

金属价格指数

资料来源：巴黎经济研究观察中心。

2009 年世界矿业：债务与重组

2009 年是矿业年鉴上不平凡的一年，在这一年中，矿产资源价格呈长期上涨的趋势，而且从 2005 年开始的矿业企业大规模整合被打断。这次矿业企业整合明显改变了世界工业原材料的生产格局。同时也严重削弱了那些在整合之列的矿业公司的财务状况。

2008 年年底，由于信贷问题，英国－澳大利亚矿业的两个巨头必和必拓与力拓的合并计划以失败告终（若两公司合并成功，则将成为有史以来世界矿业领域最大规模的合并）。实际上，世界前 10 大矿业公司的净负债总额高达 1 020 亿美元（根据安永公司的数据显示，世界前 60 大矿业公司的负债总额已经达到 1 820 亿美元）。安永公司（Ernst & Young）列出了 2008 年发生的 920 多项矿业交易，涉及金额达 1 270 亿美元。这些净负债大部分产生于 2006 年和 2007 年（特别是在 2007 年的几个巨大的并购），并购所涉及的资金规模在 2006 年和 2007 年分别达到了 1 760 亿美元和 2 110 亿美元。

2006～2008 年，一方面，矿业公司在合并重组方面投入了大约 5 140 亿美元。被兼并的目标公司的股东根据其公司的规模要求获得 20%～30% 的溢价。这也使发起收购者不得不进行越来越多的借贷；另一方面，银行贷款也很容易以优惠的利率轻松获取。这样参与合并重组的矿业公司就不需要在内部增长和外部增长之间做出选择，因为充足的资金可以对这两项增长都给予保障。

2007～2008 年，根据 Mineweb 公司的巴里·塞詹特（Barry Sergeant）所搜集的数据，世界上股票市值最高的 10 大矿业公司积累的流动资金超过了 700 亿美元，资本支出总额大约为 760 亿美元。但是 2008 年夏季之后这种情况突然转变，由于雷曼兄弟破产以及金融危机的爆发，使得受到牵连的银行停止对矿业公司提供贷款。经济危机爆发后对金属和矿石的需求下降，从而促使矿产价格快速下降，矿业公司的现金流也随之恶化。与 2008 年相比，前 10 大矿业公司的可用资金在 2009 年几乎只是之前的 1/4。在这样的情形下，矿业公司所持的矿业资产的市价也同时大幅下滑。这使得这些矿业公司都不得不重新集中精力去平衡其资产负债表，正在进行的并购大都迅速被放弃，比如前文提及的必和必拓与力拓之间 1 500 亿美元的并购交易；克利夫斯自然资源公司（Cliffs Natural Resources）与阿尔法自然资源公司（Alpha Natural Resources）这两家北美地区主要的煤和铁矿石企业的合并。另外，也有的并购交易仍然继续进行，但是困难重重，比如加拿大的泰克明科资源公司（Teck Resources）和福丁煤矿公司（Fording Canadian Coal）的并购。

中国强势出击

2009年矿业公司进行的并购总额并非微不足道，在这一年中仍然完成了将近1 050笔并购交易，交易总额达到600亿美元，这几乎与2005年世界矿业兼并浪潮刚刚兴起时的规模（650亿美元）相当，也是2004年并购交易规模（260亿美元）的两倍。这正是由于中国的参与才使得并购交易额仍能保持在如此可观的水平上，同时中国也成为2009年度矿业领域的赢家。2009年，中国和中国的公司购得了143亿美元的矿业资产，几乎占世界并购总额的1/4。2008年，中国投入的资金为230亿美元，占世界总额的18%，其中中铝公司（Chinalco）购买力拓股份的143亿美元占了很大份额。

世界范围内，在价格最高的7宗矿业并购交易中，有两宗是由中国买家完成的：兖州煤业以26亿美元买下了澳大利亚的菲利克斯资源公司（Felix Resources）；中国国有企业五矿有色金属公司以14亿美元买下了澳大利亚澳兹矿业公司（OZ Minerals）旗下除一个分公司外的所有资产。中国试图使其国有企业中铝公司和力拓之间建立“战略合作伙伴关系”，但这在澳大利亚遭到强烈反对，最终以失败告终。受此影响，中国将收购行动更多地转移到政治敏感度较低的企业，但收购对象的规模仍相当大。尽管中国只占全球2亿美元以下并购交易的7%，但是在10亿美元以上的交易中这一比重迅速升至23%，这与美国持平。在2亿~10亿美元的交易中，中国的比重占29%。中国政府全力以赴，不遗余力地收购国外矿业资产，不断号召其主要相关国有公司，以及中国主权基金——中国投资公司（CIC，以下简称中投公司）和中国外交部都参与进来。

当不可能实现对目标公司的完全控制时，中国还是毫不犹豫地抓住机会对目标公司进行参股。在中国公司发起的10项最大的投资项目中有4宗属于此类情况，例如对加拿大泰克明科公司17.2%的股权收购；对中国香港矿业贸易巨头来宝集团（Noble Group）15%的股权收购。在这两宗交易中，中投公司作为主要当事人共投资24亿美元。中投公司这一主权基金在2009年支出的投资金额高达30亿美元，这对于一个拥有接近3 000亿美元的投资实体而言，不过是九牛一毛。中国在争取澳大利亚丰富的矿产资源时不遗余力，在加拿大、非洲和拉美等地区的情况亦是如此。中国公司经常展现出“机会主义者”的一面，积极地投入到援助那些即将被沉重债务压垮的矿业公司，并趁机进行兼并收购。正是在此背景之下，力拓先是在异常艰难的时刻接受了中铝公司的援助，并随后在必和必拓的介入下回绝了中铝。同样在此背景之下，泰克明科允许中投公司持有其部分股权；奥兹矿业也同意将其所有资产（一家矿厂除外）都出售给中国五矿有色金属有限公司。尽管全球经济衰退，出现信贷危机，中国却持续狂热地寻求新的矿脉以满足不断扩张的工业对原材料的需求。中国的寻找重心首先集中在铁矿石、煤矿和有色金属上，其中铜位列所寻有色金属的第一位。在中国并购的10大国外矿业公司中，有一半是煤矿生产商，有两家为铁矿石公司，有1家是铜生产企业，还有1家是综合矿业的生产商。从地域分布上来看，6家为澳大利亚公司；3家为加拿大公司；还有1家是赞比亚公司——卢安夏铜矿（Luanshya Copper Mines），其被中国有色矿业集团公司成功收购。除了铁矿石、煤和有色金属是中国最重视的矿产资源之外，黄金也是其重点寻求的对象，占其所有交易额的23%，仅次于煤矿的28%。黄金的价格仍然处在十年来的上升趋势之中。实际上，一些黄金企业尽管已经重组，但生产成本依然很高，而新的黄金矿脉的相对"短缺"也刺激了黄金生产领域的兼并重组。在这一领域，受关注的将是那些较小的黄金生产公司和颇具前景的勘探公司。

矿业企业集中的趋势在加拿大最为明显。一家加拿大公司成功地完成了在收购领域价格最高的收购（14亿美元），它破天荒地收购了中国的澳华黄金有限公司（Sino Gold Mining）。在煤炭行业，有两宗交易尤其值得关注：一宗是菲利克斯资源公司和兖州煤业之间26亿美元的并购交易；另一宗则是斯特拉塔（Xstrata）以20亿美元收购哥伦比亚的普得克（Prodeco）公司，普得克公司之前属于嘉能可公司（Glencore），嘉能可公司是世界头号自然资源现货贸易商，并且也是斯特拉塔的主要股东。另外，在两大产煤国——美国和俄罗斯，矿业企业并购重组也进一步升级。在美国有两笔并购很引人注目：Foundation Coal公司和阿尔法自然资源公司（Alpha Natural Resources）之间价值20亿美元的合并；力拓以超过7.6亿美元的资金收购雅各布公司（Jacobs Ranch）。

在苏联原属国家中，2009年矿业并购出现渴望进行产业链垂直整合的钢铁生产企业中：乌克兰Metinvest公司以9亿美元收购了联合煤矿公司（United Coal Company）；俄罗斯Mechel公司和Magnitogorsk钢铁公司分别以5.7亿美元和6.3亿美元的价格并购了Bluestone煤业公司和Belon集团。

在这些并购案例中，为什么大家无一例外都对煤产生了浓厚的兴趣呢？这源于中国对煤的需求及一些新的投资者诸如印度对该能源矿产的关注。2009年中国成为煤净进口国。虽然相对于中国对煤的使用量而言，其净进口量相对较小，但中国作为煤的净进口国这一事实还是反映了全球煤炭贸易的重要改变！尽管如此，2009年中国也还是出现了两笔大并购案失败的案例：一是前文提到的力拓和中铝之间战略合作伙伴关系的失败；二是中铝和斯特拉塔企图联合收购英美资源公司（Anglo American）的交易，其最终也遭到了坚决拒绝。这两起案例颇为值得详细地研究与分析。

中国错失良机，必和必拓重拾机会

中国的国有控股公司中铝公司计划以195亿美元收购力拓的股权，这是澳大利亚历史上最大的一笔外国直接投资，但是这笔交易最终以失败告终。英国和澳大利亚少数有影响力的股东为阻止这两大公司之间的战略合作进行了长达数月的努力，最终他们达到了目的。在澳大利亚政府如期宣布对该笔交易的裁定的前几天，中铝被迫认输出局。实际上，已经持有力拓9%股权的中铝公司拒绝接受力拓的建议，即将原计划提出的18%的并购股权收购降至15%。具体来讲，中国不愿改变在与力拓最初协议中规定的中铝购买力拓可转换债券的条款（195亿美元中的72亿美元），而更改这一条款将会对那些从一开始就被排除在这份协议之外的投资人起到一定的安抚作用。另一个未能达成妥协的条款是，在该交易中中铝将拥有力拓旗下许多资产的股份，其中中铝公司在就控制力拓铁矿石资产的数量问题上一直不能与力拓达成协议。

力拓在与日本、韩国和中国台湾的钢铁

生产商签署年度价格合同时，向中铝表明了其强硬的态度，力拓既要保持对铁矿石的开采权，又要保留铁矿石的销售权。力拓因此对其客户以降价 33% 出售了铁矿石，而不是中国钢铁生产商所要求的降价 50%。在澳大利亚政府对中国铝业参股力拓公司做出最后裁决的几天前，力拓违背了与中国铝业之前的协议，转而采取了发行价值高达 152 亿美元的股票，股票发行规模为世界第五，并且与其有竞争关系的必和必拓公司在澳大利亚铁矿石领域创立了合资公司（必和必拓也曾在 2008 年企图收购力拓，但未获成功），这也就是力拓所谓的“B 计划”。力拓对此重大的变化做出了解释，声称这一突然转向的原因是自 2009 年 2 月份市场环境发生了变化，另外它还担心如果不对之前签署的战略合作伙伴协议做出重大修改，将难以获取澳大利亚官方的批准。其中不得不提到的是，澳大利亚外商投资审核委员会（FIRB）的执行委员帕特里克·科尔默（Patrick Colmer）曾经向澳大利亚参议院经济委员会提议，中国的国有企业如中铝公司，完全被中国政府所控制，它们不是独立的公司。这一提议使得澳大利亚政府对于这一交易的态度变得完全明晰。由于力拓长期以来与澳大利亚政府保持着紧密的联系，因此不得不重视政府的意见，更何况该公司的矿业资产尤其是铁矿石资产都位于澳大利亚。

力拓公司酝酿已久的“B 计划”并非没有风险，同时还将支付 6 亿美元的资金，其中 1.95 亿美元是支付给中铝公司的违约金，另外 4 亿美元则支付给银行咨询机构。在 2009 年 6 月中旬，力拓集团的财务状况仍然不容乐观，其在收购加拿大铝业公司（Alcan）后的净负债为 379 亿美元。力拓须在 2009 年 11 月之前偿还其中的 71 亿美元，一年之后还要偿还 81 亿美元。因此获取流动资金是力拓当前的首要任务，它必须成功地完成其新股票的发行。这就是为什么该公司以发行新股前一天公司股票收盘价格的 57.7% 作为公司澳大利亚股东申购新股的价格；以股价的 49% 作为英国股东申购新股的价格。当然，这种折价也体现了力拓公司股票被稀释了 20% 的股权。

力拓公司的新股发行在 2009 年 7 月 9 日成功完成，力拓因此获取了足够的资金以走出危机。而且力拓与必和必拓在铁矿石领域建立的合资公司的协同效应今后将为力拓带来 50 亿美元的收益，而且在这一合资公司框架内，必和必拓还将向力拓支付 58 亿美元。必和必拓再次成为其新盟友必拓公司的命运决定者。必和必拓首席执行官高瑞思（Marius Kloppers）成功地借鉴了其前任顾之博（Chip Goodyear）的经验——学会等待时机。高瑞思游刃有余地与力拓公司进行“默契”的谈判，并表示与力拓达成的协议要较之前其对力拓的收购便宜很多，他同时再次强调了“两拓”合并带来的好处。并在 2009 年 6 月 5 日宣布的“两拓”的合作协议，将于 6 个月后即 2009 年 12 月初正式生效。

与此同时，这两大公司就二者在铁矿石领域的业务合并向欧盟委员会和澳大利亚竞争与消费者协会（ACCC）提交了申请。目标是在 2010 年下半年完成最终交易，并确认各自在铁矿石领域的合作同等（各占 50%）的地位。预计在合并之后将可能会带来每年超过 100 亿美元的合并协同效应的收益。这两大公司在发给欧盟委员会、欧洲钢铁生产商和中国的钢铁生产商（中国一直强烈反对“两拓”签订该协议）的一项特别声明中再次重申了此次组建的铁矿石合资公司不会包括任何有关铁矿石销售的合作。换言之，合资公司生产的铁矿石将由两家公司分别独立销售。然而这些安抚措施可能对欧盟委员会仍欠说服力，并仍然无法阻止欧洲钢铁生产商对于该协议的阻挠。实际上，在两巨头有望合并的初期，布鲁塞尔就此事已经发表了其反对意见，尤其是针对“两拓”关于铁矿石的协议。现在这两大公司又一次异口同声地强调欧盟绝不应该将这笔交易视为两公司的完全合并，这仅仅是简单的联合设立一家合资公司而已，并且不会达到威胁铁矿石市场自由竞争的程度。

欧洲钢铁工业联盟（EUROFER）已经在众多场合声明力拓与必和必拓联合建立的合资公司与之前原计划进行的“两拓”合并将会对世界铁矿石市场产生同样的影响，这种影响会具体波及到铁矿石的价格、产量和质量。因此欧洲钢铁工业联盟呼吁欧盟采取与对待之前“两拓”合并计划同样的反对立场来对待此次交易。“两拓”将要合并的资产总价值估计为 1 160 亿美元。至于中国的反映程度和其对之前交易的失望程度一样“剧烈”。在力拓退出与中铝的交易一个月之后，中国上海警方逮捕了力拓公司常驻中国的 4 名代表，其中就包括力拓负责与中国钢铁生产企业进行谈判的首席代表胡士泰(Stern Hu)。胡士泰是澳大利亚籍华人，他被指控为危害中国国家安全的工业间谍，这一罪名在中国足以被判处无期徒刑。该事件迅速升级为外交纠纷，澳大利亚政府努力试图平息局势，但仅仅取得了部分成效。在撰写这篇文章时，力拓的 4 名员工仍然处于被监押中，不过罪名已经减轻为商业贿赂与窃取商业机密。

尽管两个主要并购受阻，斯特拉塔仍继续寻求扩大规模

尽管现在必和必拓与力拓的交易成败只取决于监管者的决定，世界矿业公司股票市值排名第五位的大型综合矿业集团斯特拉塔的扩张仍将继续。该集团起初试图与巴西淡水河谷公司进行合并，但最终因斯特拉塔的资金问题（即不能够提供收购后者的资金，也不能够向后者的股东提供充足的溢价）导致了这一潜在计划的流产。另外一个失败的原因是关于持有斯特拉塔 1/3 股权的嘉能可在合并后公司的地位问题。除此之外，不同企业文化间的冲突也是该计划破产的原因。

因此，斯特拉塔重新端出了很久以前就已经设计好的与英美资源公司的合并计划——这是两公司平等的合并计划。斯特拉塔需要加强其现金流，于是作为世界矿业巨头斯特拉塔在 3 月份增发新股票，最终筹措到 58 亿美元。发行新股后斯特拉塔随后收购了嘉能可在哥伦比亚的动力煤资产。实际上，斯特拉塔截至 2008 年年底的净负债达到了 163 亿美元，占该公司净负债与净资产总和的 40%（一年前这一比率为 32%）。因此斯特拉塔将发行股票筹集到的几乎所有资金用于偿还债务。斯特拉塔新股的发行条件是诱人的，其对发行的 19.6 亿新股实行“买一送一”。为避免股权被稀释，嘉能可保持自己的持股比例并投资相应资金，同时承诺对该新股发行投赞成票。同时，斯特拉塔也收购了嘉能可在哥伦比亚的动力煤生产公司普得克公司。收购价格为 20 亿美元，该煤矿所产煤被专家认为是高质量的，且该煤矿的产量具有强大的增长潜力。

尽管如此，市场却认为斯特拉塔这一收购价格过高。该交易的其他条件也并不尽如人意。其中一项条款规定嘉能可在斯特拉塔收购完成后一年内可以进行回购，价格为 22.5 亿美元，再加上其间该煤矿应给但未给斯特拉塔带来的收益和斯特拉塔对该煤矿的投资金额。专家认为斯特拉塔将很有可能

在2010年进行回购。那么，这将使斯特拉塔在其强大股东嘉能可面前的独立性受到质疑。尽管斯特拉塔对其股东进行如此的让步，但斯特拉塔在债务重组后，已重新具备了与英美资源公司合并的条件。斯特拉塔于2009年6月份公布了合并计划，但立即遭到了英美资源公司管理层的强烈反对，并将这个计划认为是“恶意的合并”。如果合并，这两大矿业公司将会创造一个市值650亿美元左右的矿业公司，该公司将在世界范围内生产镍、铜、铬铁、煤、铂族金属、铁矿石和钻石等。斯特拉塔认为该合并将带来每年税前10亿美元的合并协同效应收益。花旗集团的评估结果为每年7.5亿美元。几乎同所有经纪人一样，美国银行认为这两大矿业巨头的联合，在公司财务和战略上都极具意义。然而，斯特拉塔拒绝在其非正式收购中增加现金收购的比例，这一点令英美资源公司的股东难以接受。

2009年9月底，英美资源公司向英国并购委员会（Takeover Panel）申请迫使斯特拉塔正式公布其具体收购方案。该申请被英国并购委员会接受，因此斯特拉塔必须在2009年10月20日下午5点前（伦敦时间）公开其收购方案。尽管受到英国并购委员会的巨大压力，但由于斯特拉塔不愿再次危及其财务“健康”，最终还是选择放弃了此次并购。至今斯特拉塔的管理层从不错过任何机会重提这场被迫放弃的合并项目所能带来的利益，并继续等待时机进行新的尝试。斯特拉塔对英美资源公司的评估认为，该公司无力对其资产进行现代化改造，使其具有与世界最具有竞争力的矿业企业同样的盈利能力。然而，英美资源公司公布的最新年度报告显示其已在资产现代化和提高盈利能力方面有了显著改善，这就使得其与斯特拉塔合并的部分理由消失。

另一方面，斯特拉塔则需要面对嘉能可的“橄榄枝”——后者希望与其进行完全的合并。虽然嘉能可称该合并纯属谣言，但却有越来越多的人认为嘉能可将从该合并中获取真正的利益，两家公司应当评估两公司完全合并的可能性，以及因此带来的经济效益。事实上，如果合并成功，这将是一个新的矿业公司模式，且该公司将是一个拥有强大生产力和销售能力的矿业巨头，其股票市值将达到800亿美元左右，并有能力与世界矿业中的三大巨头必和必拓、淡水河谷和力拓展开竞争。斯特拉塔发言人在2010年2月中旬接受法国经济金融报《回声报》（Les Échos）采访时称：两公司目前仍没有就此项合并正式开展对话。尽管如此，该报称有消息表明双方已经开始了初步的非正式接触。

嘉能可与斯特拉塔之间拥有长久而牢固的合作关系。嘉能可拥有斯特拉塔公司超过1/3的股权，该股权是嘉能可于2002年斯特拉塔公司购买其在澳大利亚和南非的煤炭资产后，于伦敦证券交易所上市时获得的。嘉能可负责销售斯特拉塔公司的多种主要产品，其中最多的是煤、镍和多种合金。事实上，这两大集团间的关系不止于此。一位伦敦分析家认为，嘉能可2/3的价值来自其所持资产，该公司持有斯特拉塔公司的股权占其重要的部分。此外还包括嘉能可持有的其他公司的股权，包括俄罗斯铝业9%的股权、加丹加矿业（Katanga）72%的股权、世纪铝业44%的股权和澳大利亚矿业资源公司（Miara Resources）71%的股权。在嘉能可的实物资产中，还包括位于赞比亚的莫帕尼铜矿（Mopani）73.1%的股权、位于哈萨克斯坦的Kazzinc锌业公司69%的股权和Vasilkovskoje金业公司40%的股权。这些资产包括矿山、冶炼厂、精炼厂，以及油田和农业公司。斯特拉塔的首席执行官米克·戴维斯（Mickdacis）承认，这一合并将可能使斯特拉塔再次重启与巴西淡水河谷公司及英美资源公司的合并计划。对嘉能可而言，与斯特拉塔尽快地合并，将可以使其不需要在2010 年下半年进行公开发行股票就可以直接进入资本市场。在这种情况下，该公司如何将矿业生产和矿业销售这两个逻辑更好地结合，十分值得关注。历史告诉我们，至今还从未有过任何国际贸易公司作为上市公司可以长期存在。

债务冰山，迅速融化

世界矿业公司合并重组的突然中止和随后的巨大的融资潮——各公司融资其中最主要的目的是降低和重组债务，当然这也不是唯一目的。

首先，融资的首要任务是减少和重组债务（在还债日期内的）。在一年间，对于世界十大矿业公司来说，该任务得以成功完成是债务的绝对值下降了 19%，2009 年底净负债为 825 亿美元。最引人注目的是以下几家矿业公司：力拓矿业集团的净负债在一年之间由 386 亿美元降至 188 亿美元；泰克资源公司的净负债在 2009 年 12 月 31 日为 63 亿美元，相较之前几乎下降了一半；弗里波特·麦克莫兰公司在其财务年度末净负债为37 亿美元，下降了 43%；斯特拉塔公司的净负债降至 126 亿美元，比上一财务年度下降了 23%。而各矿业公司在股市中融得的资金更为庞大。总体而言，通过贷款、上市、发行债券（包括可转换债券）和发行新股等途径，世界各矿业公司在 2009 年获取了 2 147 亿美元资金；2008 年为 2 832 亿美元；2007 年则是 2 422 亿美元。

在这四种再融资途径中，矿业上市公司发行新股占据主导地位。据安永公司的统计，2009 年有超过 2 900 家上市公司发行新股，比上一年度增加了近 1 000 家，共筹集到 738 亿美元资金，而上一年度该数字为486 亿美元。其中，9 家最大规模矿业公司的新股发行筹集了超过 10 亿美元的资金，大约占筹集资金总额的 1/5。以规模由大到小的顺序，依次为：力拓 2009 年 7 月份募得 157 亿美元；斯特拉塔 2009 年 3 月份募得 58 亿美元；巴里克黄金公司（Barrick Gold）2009 年 9 月份募得 40 亿美元；阿塞洛·米塔尔公司 2009 年 4 月份募得 32 亿美元；斯特里特工业公司（Sterlite Industries）2009 年 7 月份募得 16 亿美元；泰克资源公司也在 2009 年 7 月份募得 15 亿美元，另外安格鲁黄金阿散蒂（Anglo Gold Ashanti）与纽蒙特矿业公司（Newmont）分别在 2009 年 3 月份和 1 月份各自募得 13 亿美元。

其次，债券发行也呈增长态势。尽管债券发行的次数仅由 150 次增至 160 次，但所涉及的总金额达到 610 亿美元，比 2008 年增加了 60%。泰克资源公司在债券发行中独占鳌头，在 2009 年 5 月份募得 40 亿美元。紧随其后的是阿塞洛·米塔尔公司（2009 年 5 月份募得 35 亿美元）、力拓公司（2009 年 4 月份募得 34 亿美元）、必和必拓公司（2009 年 3 月份募得 30.5 亿美元）、中国的神华集团（2009 年 3 月份募得 29 亿美元）。值得一提的是，必和必拓公司在2009 年 1 月份已经进行了一次债券发行，募得 25 亿美元，而阿塞洛·米塔尔公司同样在 2009 年 5 月份也有另一次债券发行，募得 22 亿美元。

由于金融危机，银行对矿业公司的贷款大幅下降是不言而喻的。2009 年银行对矿业公司贷款额为 624 亿美元，下降了 64%。银行贷款的笔数也由 2008 年的 268 笔降至

2009年的178笔。在这178笔贷款中有15笔超过10亿美元，而上一年为26笔。在银行贷款方面值得注意的是：嘉能可在2009年4月份得到了67亿美元的贷款；泰克资源公司在2009年4月份贷款45亿美元，一个月后再次贷款40亿美元；阿塞洛·米塔尔公司在2009年3月份贷款28亿美元；萨斯卡其万钾业公司（Potash Corp of Saskatchewan）在2009年12月份贷款24亿美元，以及俄罗斯铝业在2009年12月份的两笔贷款，金额为40亿美元，为银团贷款。

在矿业公司中也有上市的，即首次公开募股（IPO）的情况，但其数量明显少于2008年。2008年矿业公司上市的数量为117家，而2009年仅为70家，且募得资金不到30亿美元，该数字还不足2008年数额的1/4。中国在其中占很大比重：十大新股公开发行中有6个是来自中国公司。这6个当中的4个是在香港证券交易所发行的，香港证交所还于2010年1月27日完成了俄罗斯铝业在香港（和巴黎）上市交易的行动。最大规模的公开发行是由中国的铝工业专业厂商——中国忠旺控股完成的，于2009年4月份在香港市场完成发行。悉尼证交所是唯一一个在新公司的上市数量（占到42%）上不落后香港的证券交易所，但它涉及的募集资金仅占2009年全部募集资金的6%。另外，铝业生产商胃口最大，其募得的资金占募集总资金的43%。煤炭类公司紧随其后，募集了22%的资金。铁矿石生产商名列第三，募集了10%的资金。

2009年发行可转换债券的数量仍维持在2008年的水平，有86家公司发行了可转换债券，数额达144亿美元。其中3家公司筹款金额超过10亿美元，即英美资源公司（2009年4月份筹款17亿美元）、阿塞洛·米塔尔公司（2009年3月份筹款17亿美元）及韦丹塔资源集团（Vedanta Resources，2009年6月份筹款12.5亿美元）。

2010年的情况

安永公司的专家收集了2010年的绝大部分数据，认为采矿企业间将会再次掀起合并浪潮，此类交易的数量和资金规模都会增加，但是巨型交易发生的可能性非常小。2010年，如果印度和中国对海外矿产资源保持同样兴趣的话，用于兼并重组的资金将可能是2009年的两倍以上。可能发生的最重要的交易将是力拓与必和必拓在铁矿石领域的合并，以及嘉能可与斯特拉塔的合并。

2010年的另一大主题是矿业企业的上市。鉴于信贷市场及银行财务状况继续呈现疲弱状态，因此在一级或二级股票市场上发行股票将是必不可少的，且排队等待上市的矿业公司的数量与日俱增。

力拓公司于2009年11月份决定让其美国子公司Cloud Peak Energy公司上市，这一决定标志着该公司对股票市场重新上涨的信心，而股票市场的上涨又将增加公开上市这种融资方式对公司的吸引力。从中长期来看，债券发行仍将是世界矿业公司融资的主要渠道。在当前的情况下，这与偿还银行贷款相比，是一种更具可行性、风险更小的融资途径。采矿业和金属业的公司越来越转向主权财富基金和投资基金，以获得进行扩张的资本。另外，我们需要注意的是，中国的拥有大量流动资金的国有企业及一些世界大型矿石与金属的消耗企业，将会对世界矿业格局产生影响。其中一些世界矿石与金属的消耗企业资助一些矿产的开发，以求长期保障供应。

最新进展

2010年3月底，中国法院对力拓的个别中国员工以商业贿赂及侵犯商业秘密罪做出判决：被告人被判处10年有期徒刑，被告人已表示服从判决（力拓没有始终如一地对该员工进行支持）。而力拓集团将与其中国合作伙伴——中铝公司共同开发一个位于几内亚的矿业项目。

铁矿石、废钢和钢

铁矿石

在2009年所有世界大宗商品市场中，铁矿石市场是最引人注目的市场之一。其原因不仅是铁矿石在2009年价格的大幅下滑，而且是铁矿石年度价格谈判的失败。对于中国而言，这或者可以称作“新的一页”。这实际上是世界铁矿石的主要生产者和主要消费者之间的博弈，该博弈不仅仅在于决定铁矿石的市场价格，更重要的是制定铁矿石市场定价的“新规则”。一方面，铁矿石生产正在由卖方寡头垄断逐渐变成“卖方双寡头垄断”；另一方面，铁矿石消费也正在形成“买方准垄断”的局面，即中国的铁矿石进口已占据了全球铁矿石贸易量的一半以上。与此同时，铁矿石交易的“自由市场”（free marcket）也正在形成，这对传统的铁矿石年度价格谈判进行是一个挑战，并使铁矿石场外交易市场（OTC）快速发展，而这个新兴市场正是围绕着中国形成的。在2010年年初，我们还很难看清这一博弈的结果：铁矿石年度谈判的价格可能会上涨20%~30%，但是这个谈判价格与自由市场的价格，以及与钢材价格之间的复杂联系又将如何解释呢？总之，围绕铁矿石产生的一系列问题都将成为锡瑞镨大宗商品研究所《世界大宗商品市场年鉴》2010年的重要研究议题之一。

2009年铁矿石价格谈判的“持久战”

2008年下半年因发达国家的需求下降导致了钢价的大幅下跌，这在世界铁矿石市场上立刻产生了反映。中国大规模减少了铁矿石的进口：现货市场上，铁矿石价格已暴跌至60美元/吨的低点（中国港口品位为62%的铁矿石到岸价可以被视作世界铁矿石市场的基准价格）。自由市场上的铁矿石最低价格出现在2009年3月27日，而与此同时铁矿石年度的价格谈判正在如火如荼的进行中。

2009年的铁矿石年度价格谈判体系——这几乎涵盖了全球铁矿石交易量的一半，但实际上早在2008年这一体系已经遭到铁矿石生产商们的质疑。2008年秋季，淡水河谷公司曾经想根据海运市场的价格变化对铁矿石价格合同进行更改。至于力拓公司，其在自由市场上大规模增加铁矿石供给，同时也希望给铁矿石现货价格更大的“空间”。最后，中国在铁矿石采购策略上也没有保持一致——尽管中国钢铁工业协会（CISA，简称中钢协）就铁矿石采购价格负责进行谈判。但最终没有签订价格协议的原因是由于中国的钢铁企业都在采取“各自为战”的策略，他们更倾向于在铁矿石现货市场上进行采购，但这需要采购者在其工厂或中国的干散货港口维持大量的铁矿石库存。鉴于中国在世界铁矿石采购中占据的主导地位，中国的谈判者充满信心地要求铁矿石价格比上一年度降低50%。但与此同时，中国的钢铁生产商却在铁矿石现货市场上又变得日益活跃，中国进口的铁矿石逐月增加。这种情况就使得从2009年初春铁矿石现货价格上涨。由此中国在价格谈判中开始变得被动。

铁矿石

单位：百万吨

分布国家或地区 \ 年份	2003	2004	2005	2006	2007	2008
世界产量	**1 074**	**1 184**	**1 314**	**1 497**	**1 631**	**1 723**
中国	123	146	198	276	332	366
巴西	246	271	292	319	337	346
澳大利亚	212	235	258	275	299	350
印度	99	121	143	181	207	214
俄罗斯	92	97	97	104	105	99
乌克兰	62	66	69	73	77	72
美国	48	55	54	53	52	53
世界出口	**582**	**674**	**746**	**788**	**854**	**909**
澳大利亚	186	210	239	248	269	309
巴西	184	237	225	247	269	282
印度	57	63	90	87	94	101
南非	23	25	27	26	30	32
加拿大	27	22	27	27	28	28
世界进口	**583**	**670**	**752**	**803**	**856**	**933**
中国	148	208	275	326	383	444
欧盟（27国）	159	183	183	193	187	181
其中：德国	34	39	39	45	46	44
荷兰	15	30	38	34	32	33
法国	19	21	19	20	19	18
意大利	15	17	18	18	17	16
英国	16	15	16	16	17	15
日本	132	135	134	134	139	140
韩国	43	44	42	43	44	50

资料来源：《钢铁统计年鉴》，国际钢铁研究所（Steel Statistical Yearbook，IISI）。

2009 年 5 月，矿业公司重新看到了希望，他们在自由市场上出售的铁矿石的交易价格逐渐走高。而这让钢铁生产商备感压力。实际上，2009 年 6 月澳大利亚铁矿石生产商与韩国、日本和中国台湾的钢铁生产商首先签订了铁矿石销售合同。铁矿石的价格较上年下降了 25% ~33%（根据铁矿石的品位），这样的下跌幅度仍远远低于中国钢铁生产商的期望。随后不久，淡水河谷与阿赛洛米塔尔钢铁公司签署了一项协议，铁矿石价格下降的幅度在 28% ~45%（球团矿的价格甚至下降了 48%）。中国的生产商对这样的状况并不满意，而且 2009 年 7 月份在中国进行价格谈判的力拓代表团的负责人胡士泰（澳大利亚籍华人）以“间谍罪”被逮捕。而在此事前，力拓终止了与中铝公司的合作伙伴协议和中铝公司增持力拓股份的协议（因此，这给人们的感觉是一种报复行为）。8 月中旬，中钢协与澳大利亚第三大铁矿石公司——福特斯库金属集团（Fortescue），就中国持有该公司股权的问题，签署了一项具有 6 个月追溯性的铁矿石的价格协议，其中粉矿价格下降了 35%，球团矿价格下降了 50%。

尽管如此，中国钢铁生产商还是加快了铁矿石采购的步伐。以 2009 年 9 月为例，中国进口了 6 460 万吨铁矿石，该数据创出新高。与此同时，中国购买的动力煤使矿石船海运价格急速上升，16 万吨级的好望角型船（Capesize）以及载货量更高的船运费高涨，25 万 ~30 万吨的超大货轮（VLOC）已经投入使用。据报道称，淡水河谷订购了 8 艘超大货轮用以运送巴西的矿石到达中国港口，该公司还对用于停泊此类超大货轮的中国港口进行了投资。在铁矿石自由市场上，铁矿石价格已超过了 100 美元/吨，8 月时涨到了 115 美元/吨，几乎比 2009 年年初的价格翻了一倍。9 月份后中国的铁矿石进口量出现了一定幅度的下降，但在 11 月（达到 5 110 万吨）和 12 月又开始反弹。2009 年 12 月，巴西的铁矿石出口增长至 2 420 万吨，比 2008 年同期增长了 76%。2010 年 1 月初，铁矿石现货价徘徊在 125 美元/吨，印度的铁矿石价格为 135 美元/吨，这与 2008 年 4 月时的价格峰值（210 美元/吨）相去甚远，尽管如此，该价格仍是 2009 年 3 月时价格的两倍。

2009 年中国铁矿石进口量共计 6.27 亿吨，2008 年时该数字为 4.43 亿吨。尽管 2009 年下半年铁矿石价格上涨，但这并不影响中国进口额的飙升。数据显示，中国对铁矿石的进口依存度从 2008 年的 50% 上升至 2009 年的 70%。尽管铁矿石的价格在 2009 年第二季度大幅上涨，但只是出现在铁矿石现货市场，2009 年中国铁矿石进口量的近一半都来源于该市场。另外，根据中

2009 年中国的铁矿石进口

单位：百万吨

澳大利亚	262
巴西	142
印度	107
南非	34
乌克兰	12
俄罗斯	10
加拿大	9
伊朗	7
印度尼西亚	6
毛里塔尼亚	6
2009 年的进口总量	**627.8**

资料来源：中国海关统计和路透社。

经济衰退中的"一枝独秀"——2009年钢材和铁矿石的衍生品市场

鉴于现货市场上铁矿石的价格走势和投资者对铁矿石衍生品的青睐，我们不禁会怀疑2008年开始的全球衰退是否真的影响到了全球铁矿石市场。

和其他大宗商品一样，铁矿石在2009年3月时的价格到达了最低点，为59美元/吨。但是之后其复苏却也相当迅速，2009年8月，现货市场价格达到100美元/吨，在经历了几次巩固之后，2009年年底铁矿石现货价格处于110美元/吨。中国再次成为铁矿石价格迅速回升的主要推动力，这是因为中国各类型进口商和钢铁生产商利用国际市场上铁矿石价格低廉充实他们的库存。

2009年中国进口了6.268亿吨铁矿石，与2008年比有显著增长，增幅达41.1%。实际上中国是唯一实现这一进口增长的国家，原因是多数其他传统的铁矿石进口国比如日本都大大减少了其采购数量。

现货市场的稳定有利于维持投资者对与铁矿石相关联的金融产品的兴趣，即使这些金融产品还处于初始阶段。自2008年以来，新诞生了3个与铁矿石相关联的指数，这3个指数为铁矿石掉期市场发展奠定了基础。这三大指数是:《钢铁指数》(Steel Index) 发布的铁矿石"TSI指数";《金属导报》(Metal Bulletin) 发布的"MBIO铁矿石指数";《普氏能源资讯》(Platts) 发布的"普氏铁矿石指数"。这三大指数的标的物是中国东北部港口(青岛和天津) 品位为62%铁矿石现货的成本加运费价格 (CFR)。目前这三个指数都是每日发布的。

不过虽然这些铁矿石衍生品市场还远未成熟，但是据估计2009年的成交量却已高达3 000万~5 000万吨。自2008年以来信贷问题变得更加尖锐，因此在铁矿石衍生品市场中迅速出现了结算所，这些市场则成为"有组织的市场"。掐指算来，煤衍生品市场中结算所的产生用了6年时间，而在新加坡证券交易所 (SGX) 为"TSI钢铁指数"建立结算所只用了6个月的时间。2009年5月，伦敦的一家结算所——伦敦清算行(LCH. Clearnet)，确认也开始引用"TSI钢铁指数"。2009年11月，洲际期货交易所(ICE Futures) 宣布引用普氏能源资讯的"普氏铁矿石指数"，此前该交易所已经拥有石油、煤炭和排放权的衍生品市场。2010年仍会有其他交易所和结算所引用新的产品指数。

传统上非常保守的铁矿石市场，似乎正在适应这些新指数，而且越来越多的中国进口商正参考这些不同的指数在现货市场上进行采购。据估算，2009年中国进口的铁矿石中有30%~40%来自现货市场。尽管有些参与者并不情愿，尽管铁矿石生产和出口主要集中在几个生产商手中，但铁矿石金融市场的前景将可能是一片光明。事实确实如此，传统的铁矿石年度价格谈判由于买卖双方的原因，已经越来越难以为继。而且，这一相对僵化的定价体系也越来越难对大宗商品价格的迅速变化做出反应。

有4家金融中介机构深度介入铁矿石金融交易 (trading)，两家是在世界所有能源市场均十分活跃的国际中介公司——英国毅联汇业 (ICAP) 和GFI集团；两家较小的伦敦经纪商——伦敦商品经纪人事务所 (London Commodity Brokers, LCB) 和伦敦航运投资者服务公司（Freight Investor Services，FIS）。另外，货运经纪商（SSI）也涉入该市场。

世界各大银行以及知名的国际贸易公司都在铁矿石市场成为做市商，而中国的钢铁生产商却对此持保留态度。

事实上，钢铁市场从铁矿石到钢材的整个生产链上都见证了相应金融产品的产生与发展。就钢材而言，与其相关联的金融产品取得的成果都要比铁矿石今天取得的成果小得多。尽管钢的“金融化”要比铁矿石早很多，但发展却并不顺利。2008 年在迪拜引入的螺纹钢期货合约并没有获得成功。伦敦金属交易所在 2008 年也发行了两项针对钢坯的期货合约，即地中海合约和远东地区合约，结果仍是未取得之前预期的成果。鉴于此，伦敦金属交易所在 2009 年底决定将这两项产品合二为一，变成了地中海合约。在美国，芝加哥商品交易所（CME）对钢板材产品（热轧钢卷、冷轧钢卷）引入几项不同的金融衍生产品，这些产品是基于 CRU 咨询公司发布的指数定制的。芝加哥商品交易所的合约似乎取得了一些成就。

实际上，一方面，由于钢材产品属于半成品，且质量不同，以及其市场处于分割状态，因此与钢相关的金融产品的发行不顺利也不足为奇。另一方面，铁矿石则是一种真正的原材料，对于主要的出口商来说，其质量基本没有差异。但是尽管如此，钢和铁矿石的衍生品的存在，使得钢铁生产商在理论上还是可以从原材料和制成品这两样的价格中进行套期保值，从而保证钢铁生产商的利润空间。另外如果钢铁生产商再通过海运费远期协议（FFA）对冲国际海运费风险，以及使用可能在 2010 年推出的与动力煤相关的指数的话，则更是如此了。

国海关的官方数据，中国在 2009 年进口铁矿石的平均成本与 2008 年相比减少了 42%。鉴于中国国内市场钢材价格下降了 26% 左右，铁矿石的这种价格下降合乎逻辑，所有的观察家都会被中国在 2009 年秋季进口的大量的铁矿石所震惊。另外，中国港口因此出现的“堵塞”，让人很难觉得中国铁矿石如此巨量的进口是在之前计划好的。很明显，众多中国钢铁生产商进行了投机式的铁矿石进口，甚至借此对其“外汇风险进行对冲”。据估测，在 2009 年的一些时段，可能有 1 亿吨以上的铁矿石堆积在中国的港口。无论如何，中国在 2009 年惊人的铁矿石采购量直接导致了 2010 年的铁矿石价格谈判开始之前铁矿石现货价格的上涨。

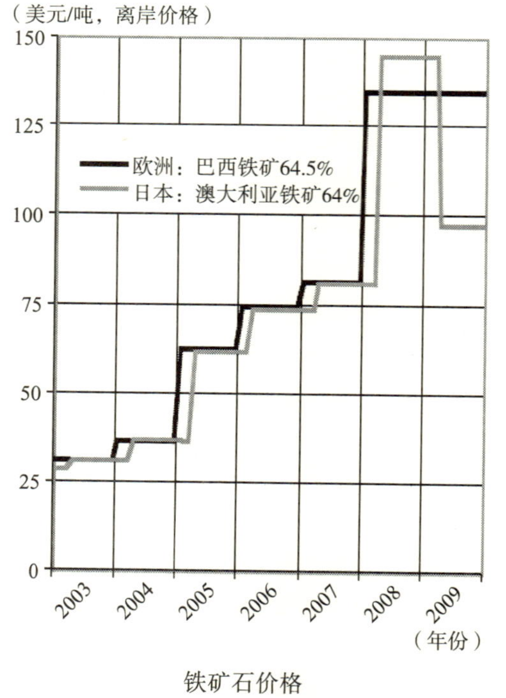

铁矿石价格

2010年铁矿石价格谈判的意义

为了清楚地评估2010年铁矿石年度价格谈判的情况，首先必须要分析参与者的情况。一方面是铁矿石生厂商，实际上主要是巴西的淡水河谷和澳大利亚的必和必拓和力拓集团，以及中国铁矿石的第三大供应者——印度。印度与其他供应商不同，所有出口的铁矿石都在现货市场上销售，由于印度自身需求的大幅增长，其出口铁矿石的数量逐年减少。另一方面，在澳大利亚最受关注的就是必和必拓和力拓的铁矿石开采业务的合并，这一消息引起了全世界钢铁生产商的反对，这其中包括欧洲钢铁工业联盟(EUROFER)，中国的生产商亦对此尤其不满。另外，中国铝业本应收购力拓19%的股权，最终结果却是竹篮打水一场空。2010年2月，在铁矿石谈判中因被指控进行间谍活动的力拓员工胡士泰被逮捕，不过其主要的指控罪名随后已从“威胁国家安全罪”变为“经济间谍和受贿罪”。不管必和必拓与力拓如何解释，这两个公司仍极有可能至少在铁矿石销售方面采取一致的策略。这样一来，这两大巨头将占据全球铁矿石出口约40%，淡水河谷占了33%。淡水河谷已于2009年中期在现货市场上正式销售铁矿石，成为铁矿石年度价格谈判机制的主要方（这是源于运输方面的考虑）；澳大利亚由于毗邻亚洲重要的铁矿石进口商而更倾向于灵活地制定铁矿石价格，在这一点上，欧洲已经越来越被忽视。在这种情况下，2007~2008年力拓在铁矿石现货市场上销售了铁矿石产量的42%，而必和必拓则为32%；2009年，这两个数字继续增长。2008~2009年不断出现新成立的铁矿石场外交易市场（OTC）得到了必和必拓与力拓的欢迎。

与铁矿石生产商相对应的，是中国和其他亚洲钢铁生产商，以及影响力每况愈下的欧洲钢铁生产商。2010年中国政府决定的唯一谈判者为中国最大钢铁生产商——宝钢集团，中国清楚地知道“用一个声音谈判”，即使用它作为世界最大的铁矿石消费国的身份（中国占有60%的全球铁矿石需求）谈判。这就又回到了2007年之前的状况，尽管如此，市场仍传言中国其他公司已经进行铁矿石的价格谈判甚至已经签订合同(委内瑞拉)。中国生产商更倾向于合同定价的逻辑还是市场价格的逻辑呢？这很难说，因为中国相关领域的声明和其现实做法之间存在着很大的矛盾。

在2009年年底，尽管铁矿石市场出现了许多新的动向，铁矿石价格谈判还是照常启动。并于2010年2月初在新加坡召开了大会。从理论上讲，谈判确定的是从2010年4月1日起的铁矿石价格，但这个价格的有效性是否会达到一个年度，存在很大的不确定性。不管怎样，钢铁生产商“健康状况”的好转似乎支持铁矿石价格上涨大约10%。铁矿石现货市场的情形有利于铁矿石生产商，而且多数分析师在2月初时认定铁矿石价格上涨幅度在20%~50%之间。在这样的形势背后，存在着钢铁生产商将会变得无利可图的风险，同时还会使得铁矿石协议价格超过铁矿石的现货价格。市场均认为在上海世博会召开时中国的铁矿石进口增速将会严重放缓甚至下降。铁矿石协议价格的上涨幅度若过小则又将会增强铁矿石现货市场对生产商的吸引力，尤其是增强与铁矿石现货市场紧密相连的铁矿石衍生品市场。

铁矿石年度价格谈判的终结？

前述情况是否意味着“谈判定价”这

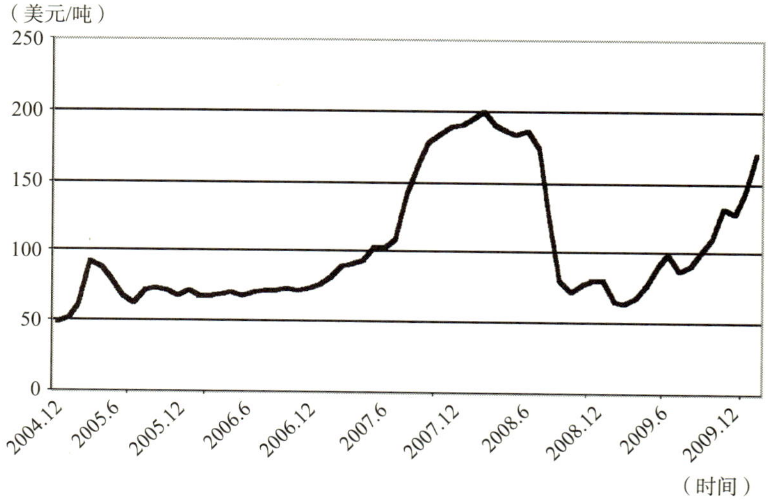

中国北方港口：印度63%铁矿石到岸价格

资料来源：环球钢讯（Steel Business Briefing）。

种大宗商品定价体系的终结呢？实际上，这一体系至少拥有两大优点，即价格的稳定性（一年）和透明性。现在，一些人正在大声呼吁大宗商品价格必须要保持稳定的情况下，如石油或粮食，并在铁矿石市场只剩下3个主要参与者（淡水河谷、力拓－必和必拓和宝钢）时，铁矿石市场的定价却逐渐向铁矿石现货市场定价转移……另外，如果铁矿石步动力煤甚至炼焦煤的后尘，以“中国港口的到岸价格”为基准价，那么这将更加远离“价格稳定论”了。如果是这样，这将是第一次一种世界性大宗商品在中国进行定价。而且如果在中国（譬如上海）出现铁矿石期货合约，那么这种变化将会更快实现。这可能是中国一些非理性购买者购买铁矿石的一个原因。

在出现经济危机时，铁矿石市场参与者就会感觉到铁矿石年度定价体系的一些优越性，尽管该机制有些过于僵化，它至少可以把几乎所有的钢铁生产企业和所有的铁矿石生产企业放在同一个平台上进行谈判。另外，该体系使得一些钢铁公司加强上游整合，比如阿赛洛米塔尔钢铁公司，它大规模购买铁矿石资产。但是这种上游整合战略在中国钢铁生产企业中是无法普遍实行的。

铁矿石市场的发展无疑是2010年大宗商品市场中最值得我们关注的市场之一。

最新情况

在2010年4月1日之前的几小时，必和必拓宣布与日本和韩国签署了一项铁矿石价格合同，合同的期限仅仅为2010年第二季度，价格较上年上升了90%。同时，淡水河谷宣布在欧洲的铁矿石价格要上调85%～130%。这两家公司都提到从现在开始将使用环球钢资讯（SBB）或普氏能源资讯（Platts）等机构计算的中国铁矿石市场指数（其中包括运费）作为基准。2010年4月初，对于价格为110～125美元的铁矿石合同价格来说，铁矿石“中国价格”（即成本加运至中国的运费）报价为165美元/吨。

废钢：复苏时刻

全球废钢市场在2009年一年中一直在消化其在2008年的“疯狂”产品。在全球大多数废钢市场上，废钢价格最低点出现在2009年3~6月，价格仅为2008年最高价格的1/4。在此之后，废钢价格在2009年的下半年和2010年年初开始反弹，这种反弹得益于废钢的回收量减少及铁矿石价格上涨带来的动力。2010年3月初，世界最具代表性的废钢价格接近400美元/吨，是2009年3月份价格的两倍，但是却仍为2008年6月份价格的一半。在分析废钢供需基本面之后，我们观察到尽管废钢和铁矿石之间就基本面而言并没有联系，但两者却不可否认地存在越来越密切的关联性。

实际上，我们很难精确地估算出全球废钢的产量。在估算废钢产量时最重要的方面是计算其消费量，以废钢为原料的电炉钢（EAF）占据世界钢铁生产的35%左右，而且存在明显的生产地区的差异。另外，有一定数量的废钢，主要是一些“新废钢”，并不会直接销售，而是直接被钢铁生产商再利用，这也就解释了全球废钢“产量”（亦称收集）估算的巨大差异，全球的废钢“产量”估计每年在3.5亿~5.5亿吨之间。从废钢需求方面考虑更符合逻辑，世界范围内的废钢需求在2009年缩水了约8 000万吨。废钢国际贸易量却达到了1亿吨以上，其中欧洲国家之间的交易数量也相当可观。

废钢生产的地区分布及消费与电炉钢生产的地理位置有紧密关联性。电炉钢厂属于“小工厂”，这与传统的大型高炉生产厂相对应。它们是：美国的纽柯钢铁公司，意大利以及其遍布欧洲的bresciani小工厂，还有土耳其这个全球最大的废钢进口国，除了土耳其本国钢铁工业的强劲需求之外，另外还因为它处在黑海（临近苏联国家）和地中海的交汇处，这使得土耳其成为世界废钢市场的“枢纽”。印度众多的小型公司以集装箱的形势购买废钢；还有东南亚各国，尤其是越南……而出口国包括那些老牌的工业国家：美国、北欧国家和俄罗斯。需要强调的是，中国再次成为2009年世界各国废钢进口增长幅度最大的国家，这有力地证明了世界废钢市场的重心开始向东方转移。

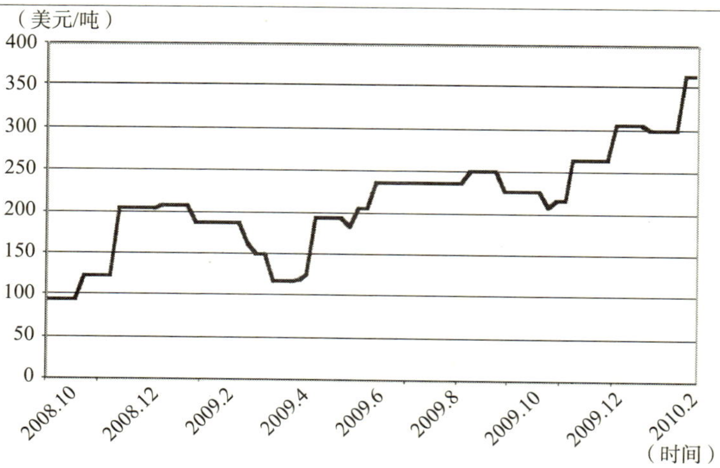

美国1、2号混合重型重熔废钢价格（HMS 1/2）

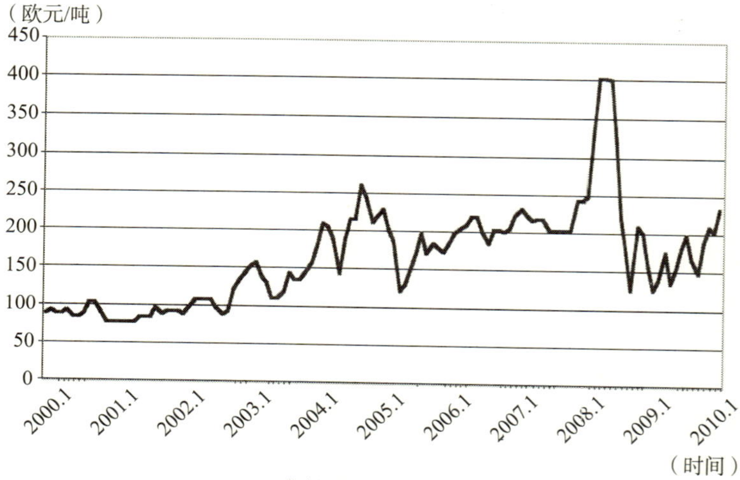

欧洲破碎废钢价格

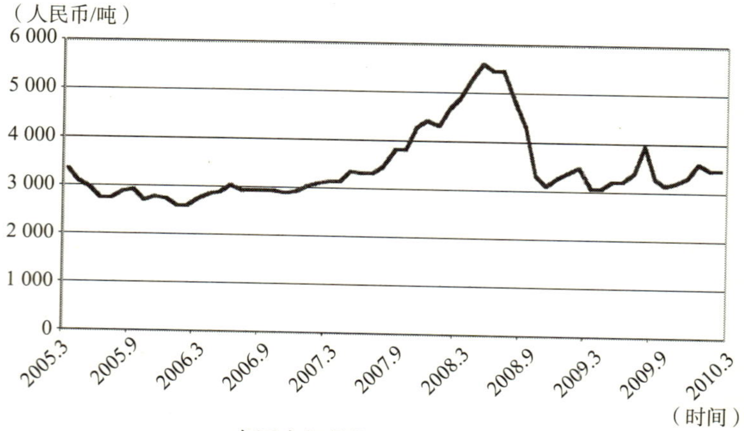

中国废钢价格（含增值税）

资料来源：环球钢讯（Steel Business Briefing）。

2009 年初较前期大幅下降的废钢价格

2008 年下半年废钢价格一路疯狂下跌。实际上这与其他大宗商品遭遇的情况类似，废钢价格的下跌几乎是与钢价的下跌同时进行的。废钢价格从 800 美元/吨狂跌至 200 美元/吨，而钢价则是从 1 200 美元/吨直接落到 400 美元/吨。土耳其在 2008 年时共进口了 1 730 万吨废钢，在第四个季度时它的进口量较上年同期下降了 33%，在2009 年前7 个月的废钢进口数量比2008 年同期下降了 30%（2009 年前 7 个月为 840 万吨，2008 年同期为 1 210 万吨）。

在这种背景下，废钢价格受挫，在世界许多市场上都低于 200 美元/吨。由于印度港口检查使得印度的废钢进口几乎被禁止，这进而使得铁矿石价格受到更大的打击。与其他大宗商品情况相同，废钢市场的唯一的亮点还是在中国。虽然中国废钢铁应用协会（CAMU）估算中国的废钢需求在 7 400 万吨左右，需要进口 1 000 万吨，但是在 2009 年的前 9 个月中国已经进口了 1 120 万吨。中国在废钢市场上扮演的角色目前虽然与在铁矿石市场上不同，但是在世界钢铁行业苦苦挣扎的 2009 年上半年，中国却是废钢市场中唯一的积极因素。在不锈钢废钢市场上情况也是如此，2009 年中国对该产品的需求增加了 19%，增至 140 万吨。与此形成鲜明对比的是，欧洲的需求下降了 18%，美国下降了 20%，这使得世界总需求下降了 9%，降至 660 万吨。中国正在创造越来越多的废钢回收和进行再利用的产能，中钢集团或将投资 10 亿美元在中国辽宁建一座废钢处理工厂。

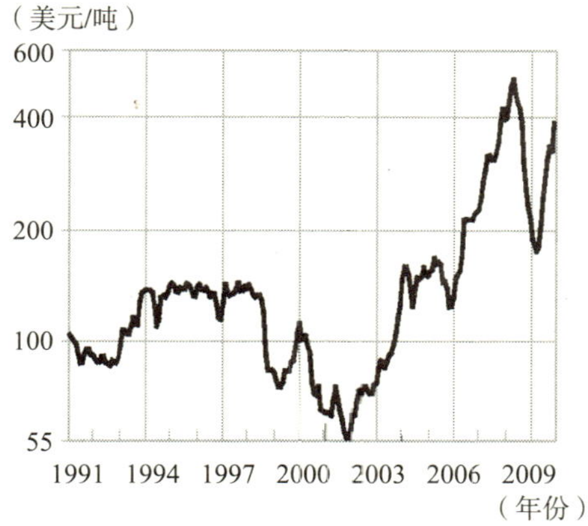

美国废钢价格

资料来源：巴黎经济研究观察中心。

2009 年夏：废钢价格开始复苏

在 2009 年 9 月到 2010 年 3 月之间，据估算，全球废钢价格根据其质量和所在市场上涨了 100 ~ 140 美元/吨。例如，2010 年 3 月初，土耳其购买的美国废钢（1、2 号混合重型重熔废钢，HMS 1&2）为 330 美元/吨。在亚洲，废钢成本加运费价格超过了 450 美元/吨，这高于中国国内的价格（大约 420 美元/吨）。在欧洲，意大利市场的价格大约为 230 欧元/吨。废钢价格的复苏有若干原因：世界钢铁工业情况日趋好转，自 2008 年年末关闭的炼钢产能开始重新启动，这在生产非常灵活的小型电钢厂尤为明显。2009 年秋季，中国是否对废钢价格产生了重要影响还不确定（中国在 2009 年 9 月份进口了 130 万吨废钢，增幅达 28%），但中国此时大规模地购买了铁矿石，导致了世界铁矿石价格的飙升。印度此时废钢进口量则更大，在解除“进口禁令”后，印度在 9 月份进口了 150 万吨。土耳其则更甚，在 9 月份共进口了 194 万吨，增幅达 12%。在

2009年年底，冬天提前到来，黑海港口的封港再一次给土耳其废钢市场带来了新的压力，废钢价格在2009年第一次上升到300美元/吨。最后，在2010年年初，废钢受其他与钢铁工业相关的大宗商品价格上涨（铁矿石和炼焦煤）的影响，价格继续保持强势。

尽管如此，废钢市场还是经历了一段时间才重新找回了上升趋势，尤其是在2009年10月到11月间，由于东南亚的需求暂时下降，使得废钢价格表现低迷。到2009年年底时，土耳其和亚洲再次成为影响废钢市场的关键因素。

跟整个钢铁行业一样，废钢市场开始受到钢铁衍生品市场发展的影响。尽管日本中部大阪商品交易所（CJCE）在初步市场测验之后决定不推出废钢期货合约。但在美国市场，废钢已经可以在世界钢铁交易所（WSE）进行场外交易。该发展趋势值得我们继续关注，因为它至少证实了近年来一个新趋势，那就是废钢市场的全球化。

世界废钢消费和贸易

单位：百万吨

年份	废钢消费量	采购量	世界废钢贸易量（包括欧盟内部贸易）
2003	411	277	81.8
2004	455	300	94.7
2005	462	305	91.6
2006	500	320	89.9
2007	540	340	101.2
2008	520	330	105.2

资料来源：Rolf Willeke，2010。

废钢主要贸易：2009年（1~11月）

单位：百万吨

出口国		进口国家及地区	
欧盟	13.5	土耳其	6.2
		印度	1.7
		中国	1.4
美国	22.4	中国	6.2
		土耳其	3.7
		韩国	3.1
		中国台湾	2.2
		印度	1.5
日本	9.4	中国	2.5
		韩国	2.3
俄罗斯	1.1	欧盟	0.9

资料来源：Rolf Willeke，2010。

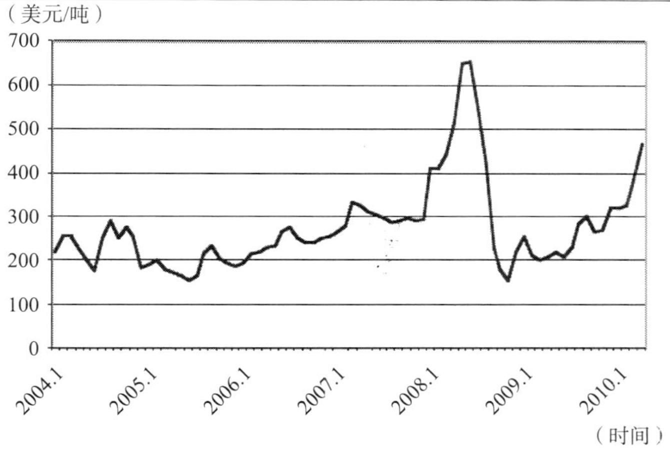

鹿特丹：破碎废钢离岸价格

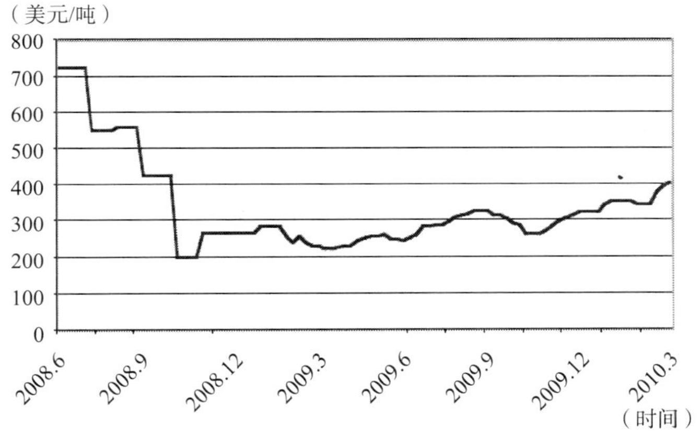

土耳其港口：1、2 号混合重型重熔废钢 80∶20* 到岸价

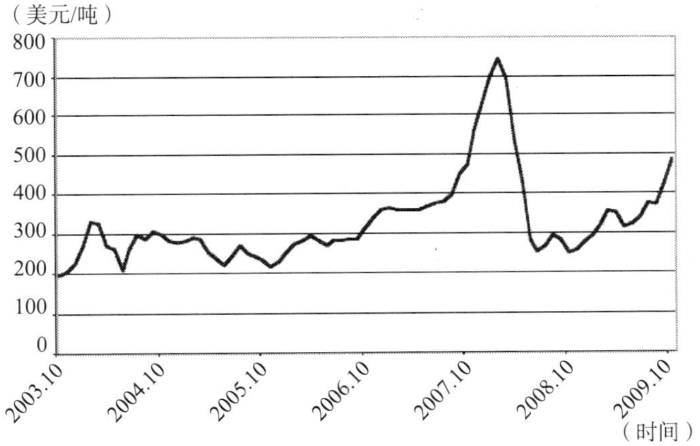

东亚地区：1、2 号混合重型重熔废钢 80∶20 进口价格

注：* 为 80% 的重型重熔钢铁 1 号和 20% 的重型重熔钢铁 2 号的混合物。
资料来源：环球钢讯（Steel Business Briefing）。

钢和钢铁工业

全球钢铁工业在经济危机中受到重创，世界上几乎所有地区的钢铁消费量全线崩溃，世界上大型钢铁生产商们都不得不关掉多达50%的产能以适应减少的需求。在2009年，只有中国、印度和中东一些国家的钢铁产量仍继续呈增长态势。在2009年第一季度钢材价格触底之后，世界各地具有代表性的钢铁价格平均上升了100美元/吨以上。而钢铁工业的原材料（铁矿石、炼焦煤、废钢）价格的下降，只能使钢铁工业轻微回暖却不能促使该行业反转，钢铁工业是2008～2009年遭到经济危机重创的行业之一。

2009年全球的钢产量为12.19亿吨，比上一年下降了8%。实际上，随着全球经济的持续复苏，全年的钢产量也呈持续回升的态势。数据显示：2009年1月份产量为8 600万吨，5月份为9 500万吨，8月份为1.06亿吨，10月份为1.13亿吨，12月份略微回落到1.06亿吨。我们可以明确地说，在世界钢铁领域出现了名副其实的中国与世界其余国家的钢产量“脱钩”的现象。中国以其5.67亿吨的钢产量占世界总产量的40%以上。目前中国每月的钢产量几乎都能够超过5 000万吨（月纪录出现在2009年8月份，产量为5 230万吨）。那些老牌的钢铁生产强国的产量却相形见绌，欧盟27国的钢产量仅为1 390万吨；独联体国家的产量为9 700万吨；北美自由贸易区国家（包括墨西哥）的产量为8 200万吨；日本则为8 700万吨。曾几何时，在20世纪60年代初中国“大跃进”时期，以中国清朝末时的经济状况为参照，毛泽东提出了“超英赶美”的钢铁产量目标（当时中国的钢铁生产主要是在农村的“钢铁作坊”中进行的）。

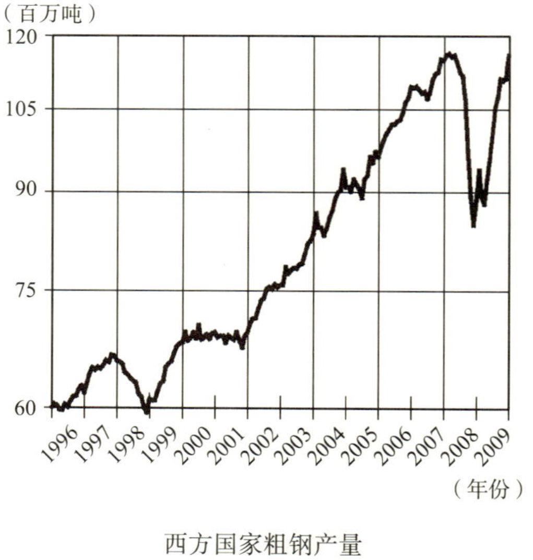

西方国家粗钢产量

资料来源：巴黎经济研究观察中心。

如今在2009年，“大英帝国”的钢铁工业已所剩无几（且掌握在印度人手中），产量仅为1 000万吨，中国的产量则是其56倍以上！中国的伟大舵手毛泽东的梦想实现了，但是他却与此并无太大联系了。

与此同时，中国钢铁工业在中国经济增长中被赋予的角色在某种程度上似乎带着苏联的色彩。事实上没有任何一个其他新兴国家对钢铁的生产会如此热衷。印度钢产量为5 600万吨（仅占中国的1/10），韩国产量为4 800万吨，巴西2 600万吨……但是无论如何，中国当前大规模生产钢铁的情况符合中国经济全面扩张下的实际需求。目前中国的大规模基础设施建设需要消耗大量的钢铁。中国在2010年几乎没有出现大面积的钢铁生产过剩，也同样证明了这一点。中国钢铁出口从2008年的每月800万吨下降到2009年的每月200万吨（其中还有外贸因素）。2009年的前10个月，中国钢铁贸易的“顺差”仅为360万吨，其中出口1 840万吨，进口1 480万吨。仅仅2009年这一年，中国的钢铁产能增加了1亿吨，达到7亿吨，占据全球钢铁总产能的38%左右。

全球钢铁消费分布

单位：%

地区＼年份	2005	2010
亚洲	56.6	66.5
（中国）	（34.0）	（46.0）
欧盟（27国）	15.7	13.0
北美自由贸易区（NAFTA）	13.1	8.0
世界其他地区	14.7	12.5

粗钢

单位：百万吨

产地＼年份	2004	2005	2006	2007	2008	2009
世界产量	**1 068.9**	**1 146.5**	**1 250.9**	**1 345.4**	**1 329.7**	**1 219.7**
其中：中国	280.5	355.8	423.0	489.2	502.0	567.8
欧盟（27国）	202.3	195.5	206.8	209.6	198.6	139.1
德国	46.4	44.5	47.2	48.6	45.8	32.7
意大利	28.6	29.3	31.6	31.5	30.5	19.7
法国	20.8	19.5	19.9	19.2	17.9	12.8
日本	112.7	112.5	116.2	120.2	118.7	87.5
俄罗斯	65.6	66.1	70.8	72.4	68.5	59.9
美国	99.7	94.9	98.6	98.2	91.6	58.1
印度	32.6	45.8	49.5	53.1	55.1	56.6
韩国	47.5	47.8	48.5	51.5	53.5	48.6
乌克兰	38.7	38.6	40.9	42.8	37.1	29.8
巴西	32.9	31.6	30.9	33.8	33.7	26.5

资料来源：国际钢铁研究所（IISI）。

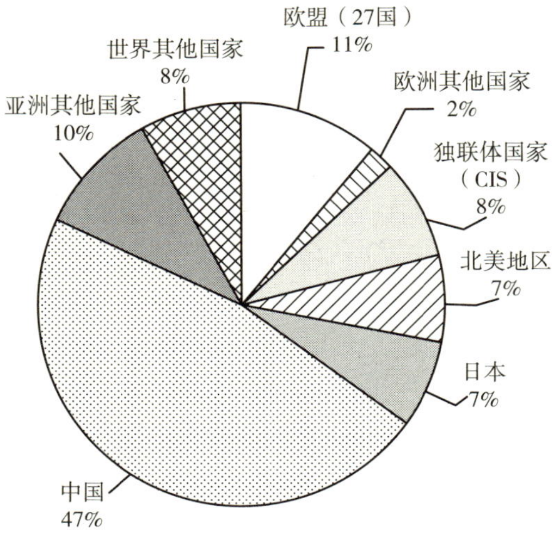

2009 年世界粗钢产量

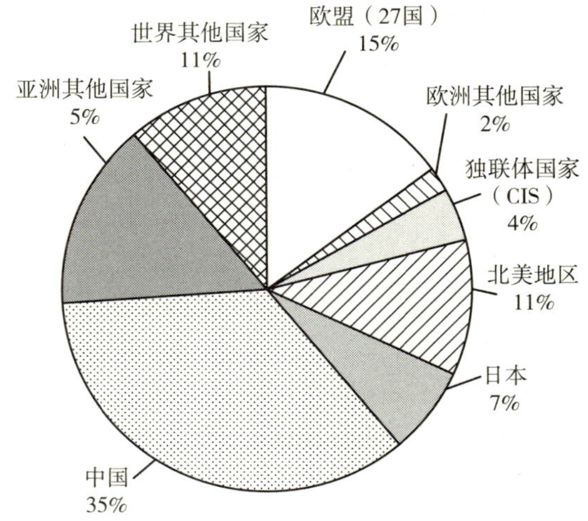

2009 年世界粗钢消费量

因此，在中国启动生产的高炉占其总产能的 80%，但世界其他国家却远非如此。2008 年 12 月，全球钢铁产能的投产实际比例只有 58%；2009 年增长至 76%。在美国只有 2009 年 10 月份时实际产能的利用率才超过了 60%，这种情况还是 11 个月以来的首次出现。同样，在欧洲，产能的实际利用率到 2009 年年底才提高到 60% ~70%，究其原因是因为这些地方钢铁需求微弱。

需求严重下降

2009 年全球钢铁消费继 2008 年下降 1.4%后又下降了 8.6%；2007 ~ 2009 年，钢铁消费下降了 1.2 亿吨。如果不计算中国的消费量，全球的钢铁消费将会减少 24.4%之多。除了亚洲和非洲，世界所有地区钢铁消费情况都“惨不忍睹”。北美地区减少 35%；欧盟减少 32%；拉美地区则减少 24%。具体来看，钢铁消费下跌主要出现在乌克兰（-50%）、阿根廷、英国、西班牙等国家，消费下跌最严重的时期是在 2009 年春季。在欧洲，2008 年第二季度钢铁的消费量为 750 万吨；2009 年第一季度时减少到 400 万吨；2010 年年初每月消费量在 500 万吨左右。“去库存”使得钢铁产量的下滑幅度更大，即便与此同时欧洲各国钢铁进口量也出现大幅度下降；全球钢铁贸易的急剧下降使一些主要国家的钢材自给率提高。

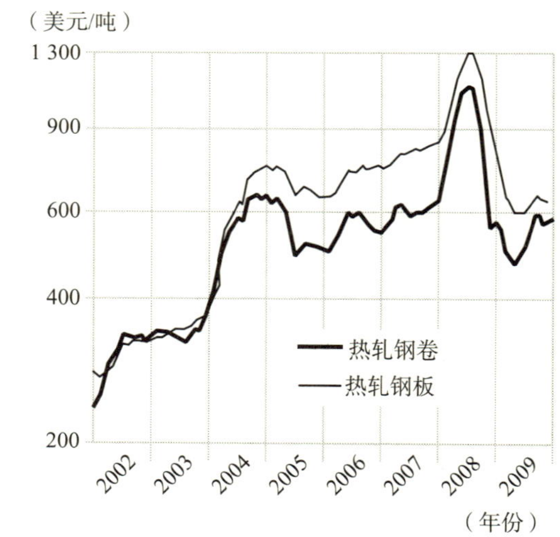

世界市场：钢铁价格

资料来源：英国麦普斯咨询公司（MEPS）；巴黎经济研究观察中心。

欧洲钢材价格
（市场价格预测平均值）

单位：欧元/吨

品种 \ 时间	2009 年 12 月	2010 年 6 月（预测）
热轧钢卷（HRC）	392	485
热轧钢板（HRP）	435	505
冷轧钢卷	466	560
镀锌钢卷	511	605

钢铁需求的下降是金融危机作用的直接体现，这场危机严重打击了大量消耗钢铁的产业，如汽车产业（板材）和建筑行业（螺纹钢等）。在今天世界钢铁产业的新格局中，中国占据了中心位置，这一点毋庸置疑。

钢材价格并未复苏

与2009 年经历了显著上升的有色金属市场不同，钢市场仍然萎靡不振，主要生产商提高钢铁价格的努力收效甚微。在 2009 年 2 月最低点时，世界主要市场的钢材价格只在 2008 年 7 月价格高点的 1/3 ~ 1/2 之间，例如，热轧钢卷（HRC）的价格徘徊在 350 ~ 500 美元/吨之间，而这之前热轧钢卷的价格曾一度飙升到 1 200 美元/吨。鉴于此，钢铁生产商关闭了其部分高炉，运行的产能只为一半左右，这才使得钢材价格得以止稳。与预计相同，中国市场情况相对较好，钢价在 2008 年时达到 810 美元/吨的峰值；2008 年 12 月份为 460 美元/吨；2009 年 10 月份是 440 美元/吨。中国的钢铁生产商虽然极力提高价格，但是仍然无法保持钢铁价格的持续上升，到 2010 年 1 月份中国国内的价格只是在 500 美元/吨左右。

总而言之，钢铁生产商遭遇了价格与数量的传统的困境。受 2009 年 6 月和 7 月钢铁市场回升的需求刺激，钢铁生产商又急迫地重新启动了产能，结果导致欧洲和美国市场的钢铁价格在 2009 年 11 月份又下跌了 50 美元/吨。2009 年钢铁生产的原材料价格下降使得钢铁生产商在钢铁价格和数量均大幅下滑的情况下稍微获得“喘息”。尽管如此，西方国家钢铁生产的整体状况却始终处于脆弱的状态。钢铁巨头们的并购行动，譬如米塔尔和塔塔在印度进行的兼并都已经成为过去，甚至在钢铁市场状况较为良好的中国，生产商试图进行的合并行动也很难启动，这在中国已被“千呼万唤”。钢铁市场仍然是世界经济复苏的脆弱的真实写照。

2010 年钢铁市场的风险

对于2010 年，大多数的分析师都预测全球钢铁需求有望实现相对坚实的复苏，即

2009 年世界各国钢铁消费

单位：%

消费国家与地区	2009/2008 年相比的变化幅度
乌克兰	-50.8
阿根廷	-40.5
美国	-38.7
英国	-37.6
西班牙	-35.9
法国	-32.3
意大利	-32.0
日本	-31.3
德国	-29.5
除中国之外的世界消费	**-24.4**
巴西	-22.1
韩国	-21.3
俄罗斯	-12.2
土耳其	-11.6
世界消费	**-8.6**
伊朗	5.1
印度	8.9
中国	18.8

有望增长 9.2%，增至超过 12 亿吨，较 2009 年增加超过 1 亿吨。该预测中的钢铁消费复苏具有普遍性，在欧洲和北美地区会稍微明显。在这些可能的需求中，中国一国有望消费 5.52 亿吨钢铁。但是这并不足以支撑钢铁价格的持续上涨，预测 800 美元/吨的价格似乎有些偏高。

另外，钢铁生产商必须承受原材料价格的大幅上涨。欧洲生产商预计铁矿石和炼焦煤的价格上涨可能会推高 2010 年的钢材，幅度为 63 ~ 78 欧元/吨（折合 100 美元左右）。不过尚不确定这种生产成本的提高是否会传导到钢材的销售价格上。中国的钢铁生产商或许可以依靠其始终强劲的国内需求吸收这种冲击，但西方的钢铁生产商却无法效仿，因其要面临严峻的国内市场需求，不过欧洲电炉钢厂却是例外。2009 年年底，对欧洲市场钢铁价格的上涨预期明显（2010 年 6 月热轧钢卷价格有望上涨 90 欧元/吨），但随着一些欧洲国家“汽车报废计划”的

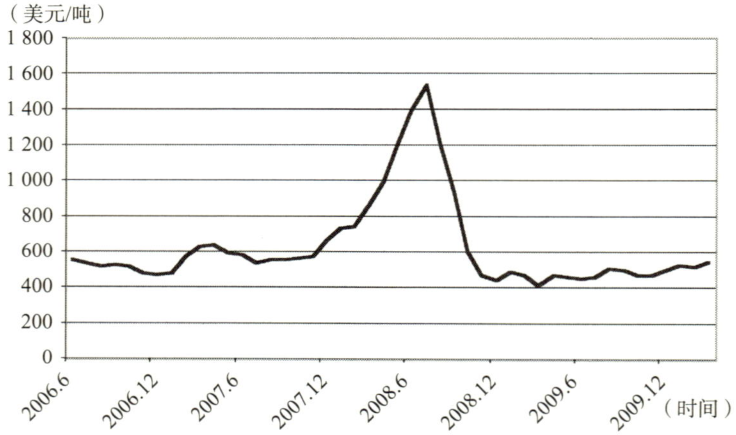

土耳其港螺纹钢出口离岸价

资料来源：环球钢讯（Steel Business Briefing）。

世界各地区板材（热轧钢卷）价格　　单位：美元/吨

地区＼时间	2006 年	2008 年	2009 年			2010 年
	1 月	7 月	2 月	5 月	12 月	1 月
中国	320	810	485	455	486	512
欧盟	483	1 199	490	456	576	586
美国	580	1 210	550	418	546	642
俄罗斯	475	1 004	360	377	540	475
巴西	600	1 244	762	690	845	845

注：表内给出的是各国国内价格，出口价格一般稍低。

结束，这种价格上涨的动力显然不足。有人担心这种与原材料价格上涨相关联的钢材价格增长会导致钢材消费者尽可能地避免“再库存”，从而再次给予欧洲钢铁生产商压力。因此全球的钢铁工业必须解决本身产能过剩的问题（据称到2015年时全球钢铁产能将会达到18亿吨），这又将抑制钢铁价格的回暖。

最后，钢铁衍生品市场的发展前景也应该被重视。很明显，传统的钢材期货合约并不很成功，目前场外市场的钢材交易量也仍然有限。在今天钢依然是一种被排除在世界大宗商品“金融化”趋势之外的商品。这或许是一种幸运?！让我们继续对其保持关注。

主要有色金属

铝

全球的铝工业在2009年陷入了“停滞”。鉴于需求的锐减，这样的减产状态是一种必要的停顿，但是这仍然无法抑制全球大约250万吨金属铝的过剩供给。

中国又一次在世界铝工业中扮演了“主角”地位。相对而言，“衰老且疲惫”的欧洲却只能从旁观望在中东地区进行的新的铝工业扩张。

2009年内的多数时间，一方面，发达国家的铝工业都处在一种收缩状态。其中北美地区的铝产量下降了17.9%，西欧地区下降了19.5%，中欧和东欧地区则下降了11.6%。但是由于经济合作与发展组织（OECD）中的一些成员国出台的刺激计划成功地促进了汽车销售，这就为铝工业提供了暂时的支持。另一方面，亚洲（包括印度）则称其铝产量增长了11.8%。

截至2009年3月，共有730万吨的金属铝产能停产，这大约相当于2008年世界金属铝总产能的19%。但是自2009年4月起，工厂又都陆续开工，这使得直至2009年11月底金属铝的总产量增加了12%以上。

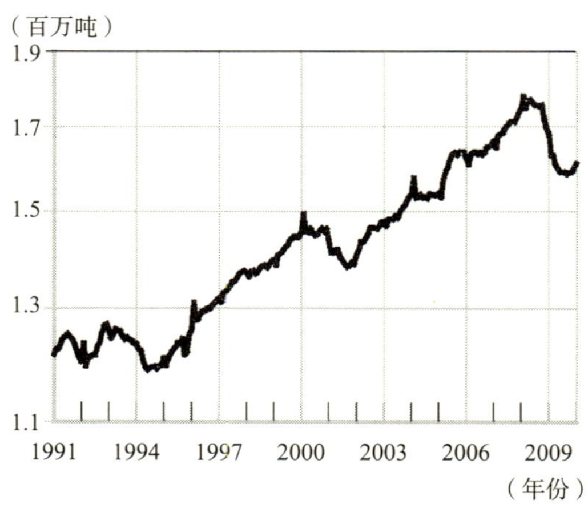

西方国家原生铝产量

资料来源：巴黎经济研究观察中心。

与2008年相比，2009年全年美国进口

铝

单位：千吨

分布地区＼年份	2004	2005	2006	2007	2008	2009
世界产量 *	**29 922**	**30 017**	**33 975**	**38 108**	**39 264**	**33 672**
其中：中国	6 689	7 806	9 358	12 559	13 177	11 696
俄罗斯	3 594	3 647	3 718	3 955	3 800	3 380
加拿大	2 592	2 894	3 051	3 083	3 119	2 773
澳大利亚	1 895	1 903	1 929	1 959	1 974	1 780
美国	2 517	2 480	2 281	2 560	2 659	1 588
巴西	1 457	1 498	1 605	1 655	1 661	1 408
印度	861	942	1 105	1 222	1 308	1 189
挪威	1 322	1 377	1 427	1 357	1 359	1 006
世界消费 *	**29 965**	**31 689**	**33 954**	**37 561**	**37 009**	**32 302**
其中：中国	6 043	7 119	8 648	12 347	12 413	13 103
美国	5 800	6 114	6 150	5 545	4 906	3 541
日本	2 319	2 276	2 323	2 197	2 250	1 355
印度	861	958	1 080	1 207	1 284	1 280
德国	1 795	1 759	1 823	2 008	1 950	1 158
俄罗斯	1 020	1 020	1 047	1 020	1 020	935
韩国	1 118	1 201	1 153	1 081	964	934
巴西	651	759	773	854	932	715
意大利	987	977	1 021	1 087	951	603
加拿大	755	801	846	718	714	588
法国	749	719	713	737	689	482
西班牙	603	624	620	642	603	444
主要出口国 **						
其中：俄罗斯	3 700	2 740	3 164	3 949	4 818	3 402
加拿大	1 997	2 240	2 360	2 501	2 532	2 076
澳大利亚	1 540	1 588	1 624	1 659	1 683	1 394
挪威	1 485	1 513	1 539	1 610	1 591	1 128
冰岛	—	284	303	446	761	667
巴西	818	753	842	823	748	656
南非	646	671	601	625	598	521
荷兰	610	482	609	795	643	323
德国	413	392	432	423	435	294
美国	344	379	420	399	379	281
主要进口国 **						
其中：美国	3 298	3 691	3 461	2 951	2 932	2 706
中国	1 033	637	512	282	260	1 611
日本	3 021	2 977	3 036	2 986	3 064	1 543
德国	1 799	1 771	2 073	2 231	2 063	1 336
韩国	1 197	1 231	1 204	1 191	1 085	899
意大利	903	890	986	1 079	882	480
土耳其	—	383	414	572	598	456
比利时	750	763	738	754	558	367
伦敦金属交易所（LME）年终库存	**696**	**644**	**698**	**930**	**2 338**	**4 624**

注：* 为 2009 年前 11 个月的数据，** 为 2009 年前 10 个月的数据。

资料来源：世界金属统计局（WBMS）。

的金属铝增加了27%，这可能预示着美国企业补库的开始。而美国2009年11月份的铝进口数字印证了这一好消息，与10月份相比，11月份美国进口增长了11%，增至13.5367万吨。这些积极的信号使金属铝价格逐渐回升。2009年1月2日伦敦金属交易所（LME）3个月金属铝期货的价格只有1 535美元/吨，到2月份甚至跌破了1 300美元/吨。但到2009年12月31日时，其价格则达到了2 241美元/吨。

然而，反常的是，在2009年年底，与金属铝的高价相对应的是全球的金属铝库存也处于全年最高位，共超过490万吨，其中伦敦金属交易所持有460万吨铝库存，这些铝足够生产6.9万架波音747。相比而言，2008年同期金属铝库存却只有123万吨。实际上，这些库存从最初作为一种调节市场的工具，目前已经转化成一种金融产品。伦敦金属交易所库存当中有很大一部分被质押融资，根据融资合同条款，生产商将获得一些现金。这部分库存无法用于交割，从而增加了市场的挤仓风险。

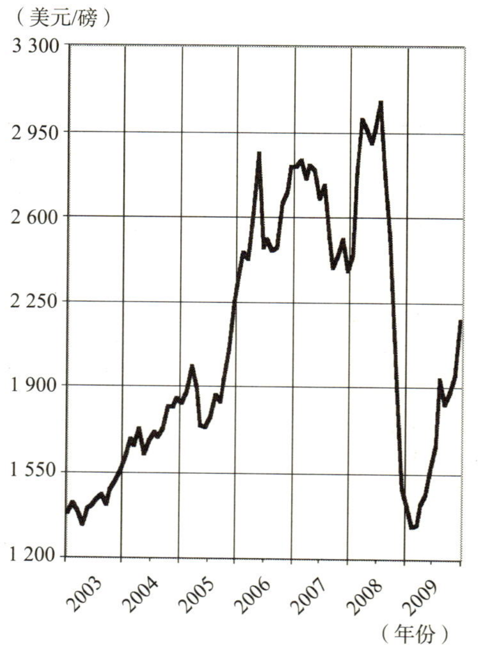

伦敦：高级原铝现货价格

欧洲铝业黯淡的未来

欧洲是继中国、北美地区和俄罗斯之后的世界第四大金属铝生产地。欧洲在1940年供应了全球一半的金属铝，较其他地区遥遥领先。然而现在欧洲金属铝产量的领先地位已经渐渐湮没，留下来的只有衰落。由于生产金属铝的耗电量达到了每吨950美元（在欧盟，电价被碳排放体系推动上涨，目前是世界最高电价之一），使得实力最强的欧洲铝工厂也感到气馁。

氧化铝

单位：千吨

分布地区 \ 年份	2004	2005	2006	2007	2008	2009*
世界产量	**54 872**	**56 157**	**58 395**	**54 484**	**55 958**	**36 726**
其中：大洋洲	16 975	17 920	18 607	18 987	19 416	14 834
中南美洲**	13 076	13 188	14 872	14 913	15 589	9 868
欧洲	11 758	11 990	12 223	10 031	9 860	5 709
亚洲	5 397	5 395	5 364	4 737	5 221	3 769
北美	6 887	6 928	6 799	5 290	5 277	2 171
非洲	779	736	530	526	595	374

注：* 为2009年前9个月的数据；** 为巴西、圭亚那、牙买加、苏里南和委内瑞拉。

资料来源：世界金属统计局（WBMS）。

铝工业正在北极"变热"

只有在毗邻北极圈的冰岛，欧洲才拥有一项永久的能源——地热。冰岛将自己定位为原铝生产的工业中心，其产能超过了75万吨/年，这尤其要归功于美铝公司控股的Fjardaal公司取得的良好成绩（32万吨）。

美国的世纪铝业公司（Century Aluminum Co.）计划2010年春季重启在冰岛赫尔古维克（Helguvik）炼铝厂的建设（危机高峰时期曾被暂停），目标是在2012年铝产量达到36万吨，这将使该工厂成为世界上第一个完全依托地热能运转的冶炼工厂。

除了该炼铝厂以外，世纪铝业公司在冰岛的另一家炼铝厂——格兰得安斯（Grundartangi），其年产量为26万吨。该厂的能源供应为地热能和温泉（后者的合同有效期至2026年）。

实际上，铝工业从某种程度上缓解了冰岛金融业的灾难。

鉴于居高不下的电价，自2007年以来，波斯尼亚唯一的冶炼厂Aluminij Mostar就一直处于出售状态，许多潜在的买家（据报道嘉能可国际公司主导的财团有意收购该厂）都因电价问题而迟疑未决。尽管如此，该公司为了将其产量增加到30万吨，计划建造一座再生铝厂和一座电解铝厂。然而只要该铝厂不能找到买家，这些计划就都只能是幻想，归根结底，只有在该地区以更便宜的价格购得电力，该企业的私有化才可以顺利进行。

正因为如此，挪威水电公司（Norsk Hydro）选择了太阳能为工厂提供能源。2009年12月，该公司在其电力供应合同到期后，宣布关闭了在德国诺伊斯（Neuss）的Rheinwerk冶炼厂。尽管欧盟还正在研究该高耗能公司的碳排放补偿要求（这是在诺伊斯维持运营的唯一途径）以及德国政府为挽救德国铝工业许诺4 000万欧元援助计划，挪威水电公司还是在卡塔尔设立了公司，建设了一个产能58.5万吨的冶炼厂。另外，在2009年5月份时该公司已经与安哥拉签订了一个初步协议，讨论在该国生产铝和开发水电项目的可行性计划。

美国铝业公司（简称美铝公司）在意大利威尼西亚和撒丁岛的两家冶炼厂目前接到欧盟通知，要求其偿还自2006年享受到的意大利政府有关电力的补贴，理由是这些补助是不合法的公共援助。美铝公司认为如果没有意大利政府的这些支持，这两处冶炼厂（总产能为19.4万吨）就无法盈利，那么最好的选择只能是停产。

美铝公司在西班牙的3处冶金厂阿比尔斯（Aviles）、拉科鲁尼亚（La Coruna）和圣西普安（San Ciprian）的状况同样不佳。美铝公司仍然在同西班牙政府对话，希望其在2009年春季削减18%的产能之后，政府能够降低对其收取的能源费用。与此同时，2009年年底美铝公司与沙特矿业公司（Maaden）缔结了合作伙伴关系，这两个公司将联合在沙特建设一个投资额达108亿美元的工程，该工程预计2013年开工。这项工程包括建成一个初始产能为400万吨/年的铝土矿、一个180万吨的氧化铝精炼厂、一个74万吨的冶炼厂和一个拥有世界最先进水平的铝轧制厂，其热轧铝年产能在25万~46万吨。

另一个改变发展策略的是力拓公司。该公司于2009年9月30日关闭了其在英国威尔士安格尔西岛的14.8万吨的铝产能。随后便将发展方向转移到阿曼，它在那里经营的苏哈尔铝业公司（Sohar）拥有36万吨产能。该项目是与阿曼石油公司（Oman Oil Co.）和阿布扎比水电管理局（ADWEA）合作运营的。

铝：世界结余表

单位：千吨

项目 \ 年份	2007	2008（预测值）	2009（预测值）
铝产量	38 046	39 505	40 131
铝消费	37 398	38 481	39 109
结余	**648**	**1 024**	**1 022**

资料来源：澳大利亚农业资源经济局（Abare）。

那么欧洲铝工业将最终走向消失吗？欧洲铝业协会（EAA）对此不抱乐观态度。据估算，到2010年底欧洲目前仍在运转的铝产能有一半会关闭，而这对全球铝供应没有影响，因为海湾国家和中国已经成为新的铝生产供应中心。

2010年1月，位于阿布扎比阿塔维阿（Al Taweelhah）的Emal铝业公司开始进行金属铝生产，由迪拜铝业集团（Dubai Aluminium）和穆巴达拉发展公司（Mubadala Development）各持50%股权。这是一项浩大的工程，年产铝量可达140万吨，预计在2013～2014年可完全投产。项目第一期刚刚投产，预计将产出70万吨铝，这将用于本地市场的消费。将来通过扩张产能，这些铝将会出口到亚洲、欧洲和其他中东地区。

隶属于巴林资产控股公司（BMH）的巴林铝业公司（Alba）也正在进行扩张。2010年1月该公司启动了一项计划旨在将其铝产能从86万吨增加到120万吨。这将使其成为该地区的经济引擎。

中国铝生产商的产能扩张遭遇政府的束缚

由于中国对铝金属的巨大需求使得中国的铝金属产业还能维持正常运转，但是它也没有逃过全球铝业整体萎靡不振环境的影响。

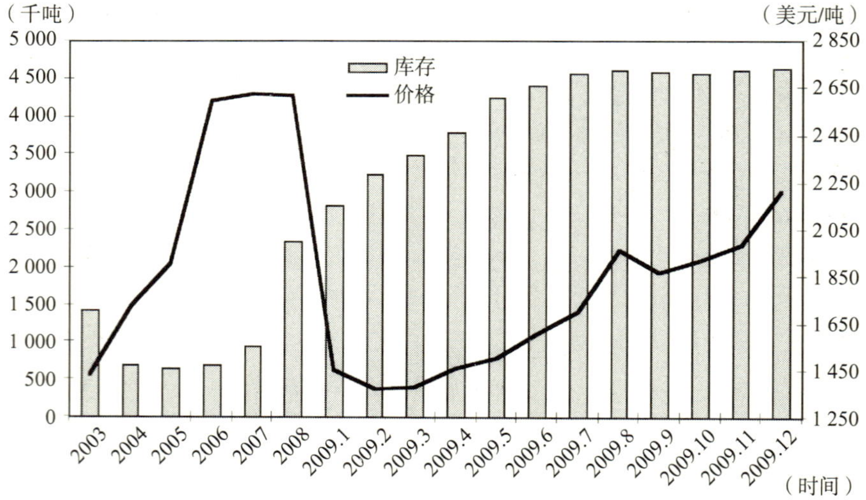

伦敦金属交易所：铝库存和3个月期铝价格

来自中国政府的数据显示，在 2009 年 1～11 月间，中国的铝金属进口降至 145 万吨，出口则更是急剧下降了 71%，降至 1.8609 万吨。

据中国的研究机构安泰科公司（Antaike）预计，2009 年 3～11 月新增产能大约为 500 万吨，使得国内电解铝的运行总产能在 12 月底达到了 2 000 万吨。安泰科公司还预测 2010 年该数值将会达到 2 200 万吨。

2009 年 11 月份，中国最大的铝业公司——中国铝业公司，重新启动了其在危机高峰时冻结的大部分铝产能。在 10 月底时，开启的氧化铝产能和原铝产能分别占各自总产能的 90% 和 88%（在 8 月份时，分别为 67% 和 83%）。同时，中国铝业公司负责 2010 年在中国甘肃庆阳的 50 万吨产能项目的启动。中国铝业拥有 400 万吨原铝和 1 100 万吨氧化铝的年产能。

与中国铝业公司一样，云南冶金集团（Yunnan Metallurgical）也有扩张的计划。该集团计划再建一座年产 100 万吨的炼铝厂，这项工程是 2009 年秋季时由中国云南省政府决定的，然而由于电价未能确定，第一阶段产量的启动（大约 30 万吨）还没有设定开始日期。该项目将由其子公司云南铝业工业公司管理，旗下还拥有一座产能为 40 万吨的冶炼厂。另外，中国铝业在庆阳的项目同样也要等待中国政府的批准。实际上，中国政府明令要在 2010 年年底关闭 80 万吨以下的落后铝产能，同时不再发放 2009～2011 年的生产许可证，即使对新冶炼厂也不例外。中国拥有的铝金属实际上超出了其需求量。

根据中国工信部预计，在中国生产 1 吨原铝的耗电量已经平均升到 1.4 万千瓦时。铝工业企业不得不将 42% 的预算花在电费上。鉴于此，中国发展与改革委员会启动了一项授权 15 家冶炼厂进行"直购电"试点以减少生产成本的计划。截至 2009 年年底，只有一家冶炼厂获得了此授权。

博赛集团（Bosai）计划从 2010 年 4 月开始通过在中国四川新建的 50 万吨氧化铝工厂来增加其氧化铝和金属铝的产能（该集团 2009 年氧化铝的产能为 20 万吨）。2008

铝土矿

单位：千吨

分布地区 \ 年份	2004	2005	2006	2007	2008	2009*
世界产量	**168 035**	**177 028**	**191 655**	**209 014**	**216 620**	**145 977**
其中：澳大利亚	56 593	59 959	61 781	62 428	64 038	48 455
中国	17 518	17 408	18 982	20 446	21 600	20 250
巴西	20 949	22 365	23 236	25 461	28 098	17 127
几内亚	18 800	19 237	18 784	18 519	19 780	13 664
印度	11 285	12 385	13 940	20 343	19 737	10 340
印度尼西亚	—	1 442	8 381	15 447	17 220	9 828
牙买加	13 297	14 118	14 865	14 568	14 636	5 850
委内瑞拉	5 815	5 815	5 928	5 323	5 800	4 350
俄罗斯	6 018	6 409	6 399	6 054	5 302	3 976
哈萨克斯坦	4 705	4 815	4 884	4 943	5 160	3 902

注：*为 2009 年前 9 个月的统计。
资料来源：世界金属统计局（WBMS）。

到中国去

俄铝公司将在2010～2016年期间向中国北方工业集团公司（CNIC）——中国的一家国有军工企业出售168万吨金属铝，即每月出售2万吨。俄铝公司战略部的经理Artem Volynets说：这一协议意味着俄铝公司向开拓中国市场的战略目标更近了一步。俄铝公司计划将其在中国的销售额从2009年占其总销售额的5%提高至2015年的10%。

年发生在这一地区的地震破坏了其阿坝铝厂（A－Ba），该集团公司只能将此项目（预计年产能为11万吨）投产时间推迟到2009年12月。实际上，博赛集团不但计划到2010年6月将阿坝工厂的产量提高一倍，并且还构想在阿坝工厂原址的基础上建造一个10万吨的铝半成品项目。该集团公司由于从力拓公司手中购买了加纳唯一的铝土矿——阿瓦索（Awaso）铝土矿（年产量为63.7万吨）80%的股权，确保博赛公司铝土原料的供应。

中国政府一直致力于能源供应多元化，已与特立尼达和多巴哥（Trinidad and Tobago）达成了一项协议，将要在特立尼达岛南部建设该国第一座炼铝厂，产能为12.5万吨/年。但是这项工程却由于委内瑞拉的铝生产商苏哈尔（Sural）因财务问题的退出而中断。苏哈尔在该项工程中持有40%的股份，因此持有剩余60%股份的特立尼达政府不得不再寻求新的合作伙伴。

马来西亚在中国能源多元化的布局中占据重要位置。中国电网的主要运营商——中国国家电网公司（SGCC）与马来西亚主权财富基金（1Malaysia Development Bhd）签订了合作协议，计划在马来西亚加里曼丹岛的沙劳越投资80亿美元建设一座炼铝厂及三座水电站。值得一提的是现在世界金属铝行业中名列第一的中国，在1980年时产量还只占全球产量的3%。

中国政府采取措施刺激本国铝需求

低迷的出口情况促使中国政府决定采取多种方式刺激国内的铝消费。正是因为中国国内铝市场的需求活力，与2008年相比，2009年中国原铝的实际消费增长了8.7%，达到将近1 380万吨。建筑业尤其强劲，占据了中国铝总需求的40%，其次是汽车制造业。以这两个行业为首，中国对铝的需求预期在2010年会增加15%。中国西北和西南地区的大规模城市化为铝工业的发展提供了巨大的增长潜力。

但是从短期来看，铝产能过剩与库存过剩（包括100多万吨隐性库存）和重启的产能对铝的价格会产生不良效应。实际上，在2010年中，中国和日本的铝生产商都进口了价格较高的氧化铝（相当于伦敦金属交易所铝价的14.5%～15%）。这种最大化保障其新增电解铝产能的原材料供应的做法将会压低未来利润。

印度铝工业的扩张

另一个铝工业巨人印度也正在亚洲崛起。2008～2009年印度生产了135万吨金属铝，其铝需求的增长在2009年为4%～5%（2008年增长了3%），达到了120万吨以上。北美地区和欧洲的原铝产能锐减，中国和印度铝消费量增加这两个因素使得中国和印度的铝生产商得以高速发展。

印度的铝生产商目标宏大。印度国家铝业公司（Nalco）计划到2015年将其铝产量提高3倍以满足世界各国的铝需求。2009年12月份该公司在其现有的46万吨铝产能基础上又增加了11.5万吨，另外还有18万吨的产能也将到位。2009年印度国家铝业公司出口了10万~12万吨金属铝。

2010年1月印度国家铝业公司在寻找顾问帮助其开发在印度尼西亚的工程，该项目涉及一个50万吨产能的炼铝厂和一座用以提供动力的1 250兆瓦的火电厂，项目投资总额为40亿美元。一旦该工厂铝产量达到25万吨，印度厂商Bhubaneswar每年将为其供应高达50万吨的氧化铝。而另一家急于扩张的印度铝业公司——韦丹塔资源集团（Vedanta Resources），尽管遭遇了一系列突发事件①，该公司仍然计划将其金属铝产能扩张25%。韦丹塔公司在奥里萨邦的铝土矿投资了8.23亿美元，并且还计划再增投12.3亿美元，计划到2011年将该矿建成世界上最大的铝土矿。

印度也在努力寻求能源供给源的多元化。11月份，印度国家铝业公司与印度核电集团（NPCIL）签署了一项协议，决定在印度合作建设一座核电站。

俄罗斯铝业公司登陆股票市场

出乎2009年年初时悲观的预料，俄罗斯铝业公司（Rusal，简称俄铝公司）最终完成了其2009年的任务。由亿万富翁德里帕斯卡（Oleg Deripaska）掌控的俄铝公司正被168亿美元的债务压得摇摇欲坠，而金属铝价格的下降更是进一步削弱了该公司的实力。另外，为保留一座铝土矿——氧化铝综合工厂的所有权，俄铝公司还陷入了与几内亚政府的官司之中。

2010年1月22日，俄铝公司在香港股票交易所首次公开上市（IPO），以每股10.8港元的价格发行16亿股，募集资金22亿美元。该公司股票亦于1月27日在巴黎的纽约-泛欧洲交易所开始交易。这一操作是在法国巴黎银行和瑞士信贷银行的联合支持下进行的。俄铝公司希望通过出售部分股份进而减少债务，同时避免被国有化。同时，其在2009年12月份也已经与本国和国际的66个债权人商定将其债务偿还期限延长7年。在2010年1月，俄罗斯最大的金融机构——联邦储蓄银行（Sberbank）与俄罗斯国有银行——俄罗斯国家开发银行（VEB）达成协议，同意提供45亿美元资金。尽管如此，俄铝公司仍然掌控在德里帕斯卡的手中，在首次公开上市之后，德里帕斯卡还持有该公司48%~53%的股份。

在几内亚，俄铝公司正奋力保住其对Friguia氧化铝冶炼厂和对金德亚铝土公司（Compagnie des Bauxites de Kindia，CBK）的控制权，这两者是俄铝公司在2006年以2 000万美元的价格从几内亚当时的政府手中收购。但是2009年9月夺取几内亚政权的军人政府对这一交易提出了异议，认为收

① 2009年11月，韦丹塔资源集团在切蒂斯格尔（Chhattisgarh）的发电厂因为烟囱倒塌致使40人丧生后，韦丹塔的子公司巴拉特铝业公司（Balco）的两名董事被控告“非故意杀人”；韦丹塔的另一子公司Sesa Goa在印度奥里萨邦（Orissa）的露天铝土矿也激起了众多批评，原因是不尊重当地人的权利，因为该地是当地居民的圣地，同时还有环境保护问题，目前Sesa Goa正因涉嫌诈骗处于被调查中

购价被低估了，要取消这项交易。俄铝公司提出上诉，但是这并不能阻止几内亚政府在2009年11月成立国有控股公司SBK-Friguia公司，该公司12月1日接管了冶炼厂。但俄铝公司并没有放弃，它拒绝支付几内亚军人政府索要的10亿美元，并要求进行国际仲裁。另外，俄铝公司估计其在西伯利亚的Sayano-Shuchenskaya水电站事故导致了至少50万吨金属铝的损失，这次损失是由于8月份该水电站的涡轮机室进水事故造成的（这次事故还造成了若干人员伤亡）。

俄铝公司2009年上半年生产了198万吨原铝，比上年同期减少了10%。它在西伯利亚地区的产量减少了4.5%，在乌拉尔地区、尼日利亚和瑞典的产量减少了33%。因为俄铝公司的大多数铝冶炼厂都使用陈旧的自培槽技术（Soderberg technology），于是俄铝公司开发了一种叫做清洁自培槽的现代化程序，用以减少铝生产过程中对环境造成的污染，并提高生产效率。俄铝的铝产量占全球的12%，氧化铝产量占13%。

巴西——未来的巨人

幅员辽阔，人力充足，资源丰富（包括水资源）的巴西对世界主要的工业集团有着巨大的吸引力，甚至邻国也被其所吸引。

2009年12月美铝公司为其坐落于巴西马拉尼昂州（Maranhão）的圣路易斯氧化铝精炼厂（Alumar）的扩建举行了仪式。该工厂计划到2010年第一季度末完全投产，届时产能将大大超越之前的150万吨/年，增至360万吨/年。作为基础原料的铝土矿由美铝公司所拥有的Juruti铝土矿提供，该矿拥有260万吨/年铝土矿的产能。美铝公司希望能够扩展该矿，将其铝土矿产量提高到1 200万吨。Juruti铝土矿以其7亿吨高质量的铝土矿储量成为世界上最大的铝土矿藏之一。

在巴西的邻国阿根廷，最大的金属铝生产商——Aluar铝业公司计划到2011年时将其铝产量增加1/4。2009年该公司在马德林港（Madryn）的工厂精炼了41万吨金属铝，预计这一数字在2010年将会增至46万吨，2011年则会达到52万吨。这些增加的铝产量将主要销往巴西。虽然阿根廷的电力供应经常会出现短缺，但这对Aluar铝业公司却并不构成障碍。该公司持有Hidroelectrica Futaleufu公司的大部分股权，这是一座发电量为1 220兆瓦的水电站，发电量占阿根廷产能的6%。

但在委内瑞拉则有一些问题。年产铝金属量约43万吨的委内瑞拉国有铝生产商Venalum公司将其20%的股份出售计划推迟到了2010年秋天，以期经济环境变得更有利。由于Venalum公司的铝生产成本高于2 500美元/吨（相当于2009年的国际铝价），这一推迟计划将使该国政府损失严重。而且2009年12月份，供应委内瑞拉70%用电量的Guru水电站的大坝水位下降，使得该国的两大铝冶炼厂都不得不减少产量。Venalum公司预计其铝产量会每月减少1.4万吨，这大约相当于其每月总产量的40%，Alcasa铝公司则预计其每月铝产量减少1 600吨。

2010年：多一些喘息空间

日本最大的金属加工公司——古河天空铝业公司（Furukawa-Sky Aluminum）的销售好转，象征性地预期了世界铝工业2010年的前景。该公司预测其在经历了2009年9.6%的铝销售量下降之后，2010年的销售量将增长10%。其铝板产品占日本国内市场30%份额。与当今趋势相符，该公司持有两家中国轧制厂25%的股份，并正在谋求与印度、泰国、沙特阿拉伯，以及阿联酋建立合作伙伴关系。

全球金属铝需求量在2009年下降了6.5%，有望在2010年回升8.2%。尽管一项新的预测显示全球铝产量过剩已经超过100万吨，但危机期间闲置的产能仍然有望重新开启。因此，铝的价格可能会在1 800 ~2 400美元/吨之间。

一如既往，在未来一段时间内中国可能仍然是全球铝市场的主要推动力。中国铝产量的增加凸显了欧洲和北美地区铝生产的衰退。据预测，这两个地区在2010年还会减少130万吨的金属铝产能。

铜

铜企业的产能过剩，铜库存量高涨，如果没有投资基金和中国对全球金属的强劲需求，全球的铜工业无疑将是一片惨淡。而铜价的上涨就像正在持续膨胀的泡沫……亚洲蒸蒸日上，西方国家却止步不前。但在2009年年末，每一个人都期待着，并急切地随时准备庆祝经济复苏的到来。

在英国伦敦或中国上海，2009年的铜市场有着极佳的表现。在伦敦，铜的价格相比2008年跳跃式增长了140%，该涨幅为三十多年以来的最大幅度。2009年12月30日伦敦的铜参考价格直升至7 344.25美元/吨，这是近60个月以来出现的最高铜价格，而2009年全年铜金属的平均交易价格为5 164美元/吨（铜上半年的价格低谷与下半年价格一路上行的平均值）。这样大幅度的增长似乎令人难以置信，人们不由探究其中的原因。

根据国际铜业研究组织（ICSG）公布的数据，2009年的前10个月，铜过剩量已达7.8万吨（经过季节性调整后的数值为24.9万吨）。在2008年同期，过剩铜的囤积数量为5.8万吨（经过季节性调整后的数字为10.8万吨）。

根据世界金属统计局（WBMS）统计，2009年1~11月铜的过剩数量达到19.1万吨，2008年同期，该数字为20.5万吨。

世界各国对于精炼铜的需求量在2009年间出现整体下降，但中国精炼铜的表象消费量却逆势上涨了43%。这几乎可以抵销世界范围内其他国家的需求下降量。美国的精炼铜消费量下降了31%；日本的精炼铜消费量下降了21%；欧盟的精炼铜消费量也下降了21%（以欧盟15国计算），这3个地区占据了全球精炼铜消费总量的29.5%。

全球对精炼铜的需求总量为1 686万吨，其中仅中国对其的消费量就达到了657.6万吨。

全球低迷的市场需求对铜价格造成了影响，另一个对价格具有关键性影响的因素是日益膨胀的铜库存。整个2009年铜金属的库存都在不断上涨，这样的上涨态势一直持续到2009年的最后一天。12月31日伦敦金属交易所的铜库存已达到50.1325万吨（一个月之后，该数字已超过了53.3575万吨，达到了自2009年3月以来的库存最高点）。如果计入上海（其铜库存量也在2009年11月达到了五年半以来的最高点）和纽约的铜库存量，该数字接近70万吨，而且隐性库

精炼铜

单位：千吨

年份 分布国家或地区	2004	2005	2006	2007	2008	2009
世界产量 *	**15 828**	**16 610**	**17 341**	**18 029**	**18 482**	**17 052**
其中：中国	2 199	2 600	3 003	3 499	3 779	3 778
智利	2 837	2 824	2 811	2 937	3 060	2 999
日本	1 380	1 396	1 532	1 577	1 540	1 306
美国	1 310	1 260	1 250	1 326	1 280	1 100
俄罗斯	909	968	959	923	913	849
印度	419	518	627	719	669	664
德国	653	638	662	666	690	613
世界消费量 *	**16 671**	**16 639**	**16 974**	**18 109**	**18 102**	**16 861**
其中：中国	3 364	3 656	3 614	4 863	5 134	6 576
美国	2 410	2 257	2 096	2 123	2 021	1 546
德国	1 100	1 115	1 398	1 392	1 398	1 038
韩国	940	869	828	856	815	867
日本	1 279	1 229	1 282	1 252	1 184	794
意大利	715	681	801	764	635	484
中国台湾	690	638	643	603	582	442
俄罗斯	550	667	693	688	717	384
法国	536	472	461	365	379	197
主要出口国 **						
智利	2 954	2 799	2 606	2 910	3 004	2 668
赞比亚	393	423	476	491	587	558
日本	195	248	320	428	424	547
俄罗斯	359	301	262	275	207	352
秘鲁	318	514	449	365	419	333
澳大利亚	323	315	287	295	357	270
波兰	280	291	288	240	297	237
加拿大	289	297	280	298	290	185
哈萨克斯坦	391	401	357	349	344	未定
主要进口国 **						
中国	1 200	1 222	827	1 496	1 458	2 747
美国	704	977	1 076	832	721	534
意大利	700	652	774	747	617	451
中国台湾	692	640	647	615	585	407
德国	585	625	881	844	833	546
法国	590	517	507	432	434	229
伦敦金属交易所年终库存	**49**	**92**	**191**	**198**	**341**	**502**

注：* 为 2009 年前 11 个月的数据；** 为 2009 年前 10 个月的数据。
资料来源：世界金属统计局（WBMS）。

精炼铜：世界结余表

单位：千吨

项目＼年份	2004	2005	2006	2007	2008（1～11月）	2009（1～11月）
铜矿产量	14 594	14 924	14 990	15 463	14 137	14 361
精炼铜产量	13 858	14 412	14 682	15 201	14 095	14 159
再生精炼铜产量	2 069	2 161	2 613	2 743	2 614	2 620
精炼铜总产量	15 928	16 572	17 295	17 944	16 708	16 779
精炼铜总消费量	16 839	16 673	17 043	18 168	16 650	16 635
结余	**-911**	**-101**	**252**	**-224**	**58**	**144**

资料来源：国际铜业研究组织（ICSG）。

铜产量

单位：千吨

分布国家或地区＼年份	2004	2005	2006	2007	2008	2009*
世界铜精矿产量	**14 710**	**15 150**	**15 180**	**15 539**	**15 529**	**14 465**
其中：智利	5 413	5 321	5 361	5 557	5 330	4 891
秘鲁	1 036	1 010	1 049	1 190	1 268	1 163
美国	1 160	1 140	1 197	1 168	1 330	1 141
印度尼西亚	842	1 064	817	789	651	900
中国	742	762	873	928	931	880
澳大利亚	854	930	875	871	886	785
俄罗斯	767	805	779	770	785	677
赞比亚	411	465	516	524	568	511
加拿大	563	595	603	596	607	444
波兰	531	512	497	452	429	408
哈萨克斯坦	468	436	446	407	420	371
世界粗铜产量	**12 342**	**12 904**	**13 304**	**13 463**	**13 718**	**12 620**
其中：中国	1 503	1 752	1 918	2 112	2 496	2 432
日本	1 465	1 518	1 628	1 613	1 625	1 414
智利	1 518	1 558	1 565	1 514	1 369	1 383
俄罗斯	850	850	850	850	850	779
印度	419	524	629	714	656	666
美国	542	523	501	617	574	566
波兰	581	584	589	559	537	494
德国	541	510	510	510	510	468
澳大利亚	443	412	377	399	449	396
加拿大	476	472	521	517	486	323

注：* 为2009年前11个月的数据。铜精矿产量以金属含量计。
资料来源：世界金属统计局（WBMS）。

存数量还未计算在内。

尽管由于智利铜生产停顿，但其铜金属的库存量也相当惊人。到2009年末，智利的铜库存数量足可以抵销因长达一年半的智利奇卡马塔铜矿（Chuquicamata）大罢工而导致的铜产量损失。

另一方面，或许可以从2009年底美元的反弹中找到答案，因为这仿佛预示了美国经济的复苏。我们亦或从以下现象中也可以找到答案：中国（和日本）与必和必拓、斯特拉塔矿业公司协商的铜加工和精炼费（TC/RC）急剧下跌（跌幅达到38%），价格分别为46.5美元/吨和4.65美分/磅。这样的价格使成本最高的冶炼工厂完全无利可图。

实际上，中国和中国投机者对铜的需求对铜市场的影响巨大。中国投机者之所以敢于大肆囤积铜，是因为他们感觉到了中国一年来持续的对铜采购、对美国与欧洲经济复苏和增长的预期将支持铜价上行。另外，在伦敦和上海之间铜价格的差距拉大使人们可以在伦敦买入铜进行套利，这使得中国投机者在伦敦金属交易所进行铜采购。

但铜市场的情况并非一成不变。2010年年初，美元升值间接导致以美元标价的铜价格下跌，驱散了风险厌恶的投资者。另一重要原因也惊吓了铜投机者，就是中国央行（即中国人民银行）于2010年1月12日开始施行货币紧缩政策。该行动体现出中国政府对于经济过热的警惕和防范。投资者立即通过在铜现货交易市场上抛售存货的方式进行风险规避，但该行动并未对铜市场造成太大影响。据中国研究机构安泰科公司发布的数据，在中国，私人铜存货量大约占国内铜市场消费总量的18%。

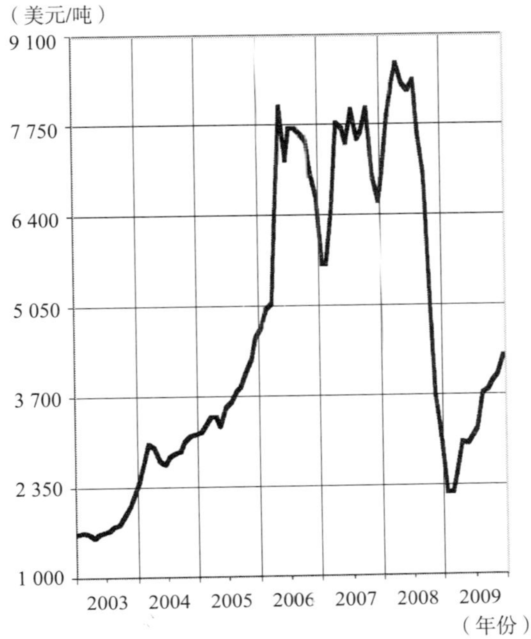

伦敦：A级铜现货价格

中国铜工业看好

为满足国内对铜金属日益旺盛的需求，中国开始在世界范围内寻找更多的资源。中国最大的矿业集团中国铝业公司已开始着手对世界各地的地理情况进行研究，以确定合适的铜矿勘探地，这主要由中国铝业公司的新分支中国铜业公司（China Copper）负责。中国铜业公司总资产为88亿美元，是2009年由云南铜业公司（中国铝业公司拥有49%的股份）和中铝洛阳铜业公司合并而产生的。2009年，中国各类公司共支出300亿美元以上用于购买国外的油田和矿山，据中国铝业公司董事会发布的信息，铜是其主要的发展目标。中国铝业公司的目标是寻找储量大的富铜矿，如艾芬豪矿业公司（Ivanhoe Mine）下的蒙古奥尤陶勒盖（Oyu Tolgoi）铜金伴生矿，但是购买前提是该资产必须能以合理的价格购入。

中国铝业公司已经拥有总资产为22亿美元的秘鲁特罗莫克（Tomorocho）铜矿项目，该项目计划在2010年内启动。预计从2012年起，该铜矿能够年产精炼铜21万吨。中国铝业公司还打算以入股冶炼公司的手段增加现有的冶炼产能（铜冶炼产能已经过剩，因此已无创造新产能的必要性）。

中国铝业公司并非唯一开拓新项目的中国公司。2009年6月中国的国家开发银行（China Development Bank）和哈萨克斯坦的一个主权基金共同提供给哈萨克斯坦铜业公司（Kazakhmys）27亿元的贷款，以供其用于博士库尔（Boschekul）的铜矿开发项目（该铜矿的预计产量为年产10万吨铜精矿）和博济姆恰克（Bozymchak）的铜金矿项目（该项目将于2011年投产）。

中国最大的铜金属生产商——江西铜业公司，在2009年达成了生产目标：年产精炼铜80万吨。尽管其旗下的江西工厂在12月进行了大规模检修，并经历了电力供应方面的困难，但其2009年的年产量与2008年相比增幅仍然达到了14%。

2009年1～11月，中国共生产铜金属392.3万吨，与2008年同期相比增幅为8.4%；铜矿产量的增幅为9.6%，达到94.79万吨。中国铜市场的矛盾在2010年初显现：一方面，伦敦和上海之间的套利有利于中国进口；另一方面，中国央行已开始施行其紧缩的货币政策。

秘鲁前景乐观

2009年对于多伦秘鲁公司（Doe Run Peru）而言是灾难性的一年。多伦秘鲁公司旗下的位于拉奥罗亚（La Oroya）的铜冶炼厂于6月被迫关闭，该公司此前为结束其所在地区的环境污染治理支付了1.15亿美

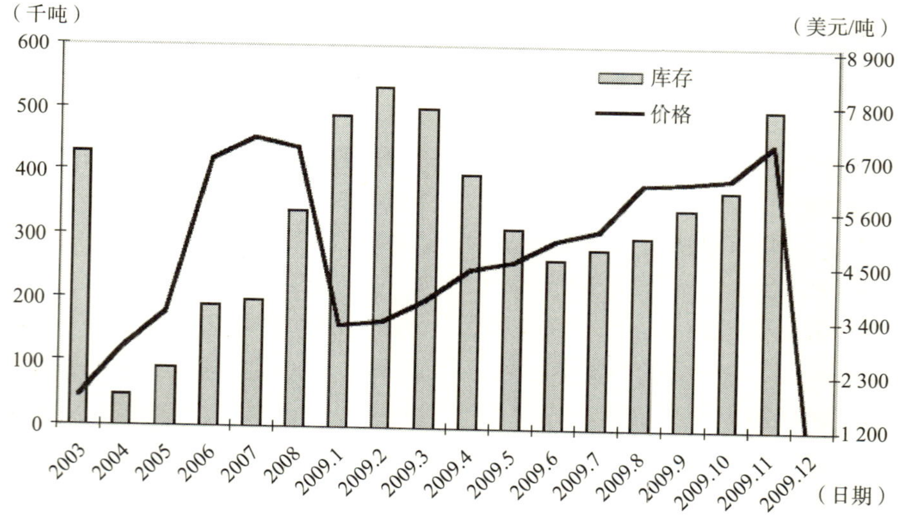

伦敦金属交易所：铜库存和3个月期铜价格

元[①]；多伦秘鲁公司还向其铜精矿供应商欠下了高达 1.2 亿美元的债务；2009 年 8 月 4 日，多伦秘鲁公司宣告破产。鉴于多伦秘鲁公司在拉奥罗亚破坏环境及其未能如约重新运转冶炼厂的事实，秘鲁矿业商会（SNPME）威胁要解除与多伦公司签订的一切合同。虽然身陷一系列巨大的麻烦之中，多伦秘鲁公司仍然在 2010 年 1 月与其主要股东商议债务重组事宜。在 2008 年，多伦秘鲁公司出产精铜 5.3831 万吨。

其他秘鲁矿业公司呈现出较好的态势。布埃纳文图拉公司（Buenaventura）控股的秘鲁埃尔布鲁克矿业公司（El Brocal）计划投入 1.8 亿美元，以使其位于安第斯山区帕斯科的马卡朋塔铜矿（Marcapunta）在 2011 年铜精矿产量增加 1 000 ~ 3 000 吨。巧合的是，马卡朋塔出产的铜矿供应于多伦秘鲁公司。

南方铜业公司（Southern Copper）旗下的托克帕拉矿（Toquepala）在 2009 年的铜精矿产量为 6 万吨，南方铜业目前正在计划扩大托克帕拉矿的产能，使其在 2010 年中期铜精矿产量达到 10 万吨。南方铜业是墨西哥铜业集团（Grupo Mexico）的子公司，在墨西哥和秘鲁的铜矿每年的铜产量达到 50 万吨左右。

位于安塔米纳（Antamina）的铜矿见证了自己的股东（必和必拓公司、斯特拉塔矿业公司和三菱重工公司）增资 12 亿美元的梦想的实现。因此，2010 年将有一座轧制厂开始投入建设；同时，2011 年该矿的铜产量将在现在 36 万吨的基础上增加 38%。

综上所述，铜矿项目的总数足以使秘鲁在 2014 年的铜产量获得近 70% 的增长。现有矿场的扩大、新产能的创造、安第斯山脉地区大量的未开采资源，也为很多铜矿新项目提供了巨大的、多元的发展空间。秘鲁在 2008 年的铜金属产量为 120 万吨，其目标是在 2014 年实现铜金属年产 210 万吨。但是，秘鲁还未开采铜矿的地区（在世界的任何其他地区同样如此）铜矿资源质量不高，若开发这样地区的铜矿，需要对矿石冶炼技术有更高的成本要求。

除罢工影响外，智利也较乐观

尽管罢工风潮使必和必拓公司旗下的斯宾塞矿（Spence）停产 42 天并导致每天 500 吨铜精矿的产量损失，但作为世界上最大的产铜国，2009 年 1 ~ 11 月智利的铜精矿产量与 2008 年同期相比还是增长了 0.7%，达到 491.6 万吨。其中两次最显著的增长出现在 10 月（+9.8%）和 11 月（+8.2%）。

2009 年 12 月智利的奇卡马塔大型铜矿（Chuquicamata），隶属于智利国家铜业公司（Codelco），拥有世界上 4% 的铜矿石发生罢工事件，估计每日的铜精矿产量的损失为 1 200 吨。到 2009 年 12 月底，斯特拉塔公司位于阿尔塔纳德（Altanorte）的冶炼厂同样遭遇了罢工事件。与此同时，由于低质量的铜矿导致其碾碎设备出现技术问题，世界上最大的铜矿埃斯肯迪达（Escondida，其生产世界上 8% 的铜矿石）宣布其精炼铜的年产量下降了 17%，下降至 31.83 万吨。

① 秘鲁拉奥罗亚位于安第斯山脉，由于多伦秘鲁公司在该地兴建了冶炼厂，从而导致当地居民 85 年来暴露于多达 11 种金属的威胁之下，如铅、铜和锌。同时，由于金属冶炼所产生的二氧化硫以酸雨的形式降落地面，致使这一地区的植被几乎被毁灭殆尽。该地区则因为这种金属冶炼活动而成为世界上受污染最严重的地区之一。——译者注

水——无处不在的资源

为什么不深入利用水这种安全、可靠并且不会引发争议的资源（诸如太平洋）来进行能源和矿业的开采呢？这正是秘鲁和智利在开发荒漠地区矿业资源时所应用的理念。秘鲁最大的矿之一——塞罗林多矿（Cerro Lindo），已经全部依靠从1 800米的深处抽取的水作为动力来源。智利的安托法加斯塔集团（Antofagasta）宣称，其拥有了“打开未来之门的钥匙”，该集团位于阿塔卡马沙漠（Atacama）中部的埃斯佩兰萨矿（Esperanza）运用一条长达145公里的管道输送的海水进行生产，预计在2010年年底其精铜矿产量会达到70万吨。这是世界上第一个百分之百以海水作为动力运行的矿，当然不会是最后一个。

智利国家铜业公司在对矿区改造上也陆续有大动作，在2009年投资2.56亿美元，并计划在2010年再追加投资3.67亿美元用于改造埃尔特尼奥特矿区（El Teniente）。该矿区已经有105年的历史，是世界上最大的地下矿山，其隧道深达2 400千米。

2009年10月，美国弗里波特-麦克莫兰铜金矿公司（Freeport-McMoRan，亦称自由港迈克墨伦铜金矿公司）宣布将重新启动其“Sulfolix”开发计划（投入6亿美元），以使其艾尔阿夫铜矿（El Abra）的矿龄延长十年。必和必拓公司将重新启动在危机时期终止的埃斯肯迪达铜矿项目，该公司将会更换采掘机，并建立新的海水脱盐工厂和一个发电厂。上述项目的总成本为76亿美元。

智利铜矿业前景乐观，预计到2020年智利的铜精矿产量在2009年的基础上将至少增长38%，这主要归功于其在2009年和2015年间的投资，此期间投资金额预计累积达到近400亿美元（智利铜业公司的投资占其中的一半）。2009年智利铜精矿的年产量为340万吨，预计在下一个十年中，智利铜精矿的年产量将达到570万吨。

太平洋地区的繁荣

在菲律宾，综合矿业企业斯特拉塔公司和菲律宾的赛格塔瑞斯公司（Sagittarius）共同拥有坦帕坎矿区（Tampakan），其中斯特拉塔公司拥有62.5%的股份。赛格塔瑞斯公司34.23%的股份由澳大利亚的英多菲矿业集团（Indophil）持有。坦帕坎矿区的金和铜金属储量十分丰富，铜的探明储量为1 350万吨（金的探明储量为1 580万盎司）。2009年12月初，中国紫金矿业公司以5亿美元的价格收购斯特拉塔公司持有的英多菲矿业集团19.9%的股份。坦帕坎矿区将于2016年开始运转，该矿区铜的年产量为34万吨（金的年产量为35万盎司），该产量可持续达20年。

斯特拉塔集团还有其他矿产项目，最著名的是在巴布亚新几内亚弗里达河的铜金矿项目（Horse-Ivaal-Trukai，HIT）。据称这一地区地下埋藏着10亿吨品位为0.53%的铜矿石（矿石的金含量为0.29克/吨，银含量为0.8克/吨。），该项目的可行性研究报告有望在2010年第三季度出台。

同样是在巴布亚新几内亚，弗里波特—麦克莫兰铜金矿公司的印度尼西亚分公司控制着格拉斯伯格铜金矿（Grasberg），一年来该地区武装袭击频繁发生，但格拉斯伯格铜金矿在2009年的产铜量仍然达到了14亿磅。

相反，2010 年澳大利亚的产铜量将有所下降。2009 年 10 月必和必拓公司被迫在其奥林匹克丹姆（Olympic Dam）矿的生产中（世界上铜储量排名第四，铀储量世界排名第一）援引“不可抗拒条款”：事情的起因是一次意外事故摧毁了该地区主要的矿石运输系统，估计因此损失的铜金矿产量超过了其总产量的2/3（总产量为20 万吨）。尽管必和必拓公司正在进行有关补救工作，但是可能直到 2010 年春季才能恢复到之前的生产水平。

据澳大利亚 2009/2010 财政年度（7 月~下年6 月）数据，这一事件对于澳大利亚精炼金属的出口造成了沉重的打击。根据澳大利亚农业和资源经济组织（Australian Bureau of Agricultural and Resource Economics，ABARE）的报告，该财政年度澳大利亚精炼金属的出口量将会下降 15.8%，产量也将会下降 13%，降至 40.8 万吨。如果情况属实，这将是澳大利亚自 1988/1989 财政年度以来出现的最糟糕的情况。

西方国家的工业低迷

2009 年第四季度美国出现的经济复苏使弗里波特—麦克莫兰铜金矿公司成为完全受益者，而实际上，在北美洲能够确定经济复苏真正来临之前，该公司已重新唤醒了在 2009 年期间停歇的产能。而弗里波特 - 麦克莫兰铜金矿公司位于亚利桑那州的摩伦西（Morenci）轧制厂却属例外，该厂的产量从 2009 年 2 月起缩减了一半。到 2011 年下半年，弗里波特 - 麦克莫兰铜金矿公司才会考虑增加其位于菲尼克斯以东的迈阿密矿的铜矿产量，使其产量达到 1 亿磅。

在加拿大，自 2009 年 12 月 3 日斯特拉塔铜业（Xstrata Copper）宣布其将重新整顿铜矿的消息为加拿大的铜矿业蒙上了一层阴影。斯特拉塔铜业决定最迟在 2010 年 5 月之前关闭位于蒂明斯（Timmins）的基德克里克综合冶炼厂（该冶炼厂年产精炼铜 14.5 万吨）。基德克里克综合冶炼厂出产的铜精矿将由霍恩（Horne）熔炼厂进行生产，霍恩熔炼厂的阳极铜产量将从 18 万吨增长至 22 万吨。

铜矿产业的低迷不仅体现在加拿大。在整个西方，已经饱受伤害的铜工业再次经历了致命一击，这就是铜加工和精炼费用的降低。在 2006 年，铜加工费是 90 美元/吨，精炼的费用是 9 美分/磅；而到了 2009 年夏天，铜加工费仅为 50 美元/吨，精炼费用仅为 5 美分/磅；相比 2009 年，2010 年的状况更为糟糕，预计铜加工费价格将降至 20 美元/吨，精炼加工费的价格为 2 美分/磅。

西方国家的熔炼工业长期受困于精矿的缺乏和对原矿开采的投资不力。另一个对其构成打击的因素是中国日益增长的金属熔炼产能。最后还有经常性的收益较低的问题。

根据最新消息称，波兰铜矿和冶炼工业集团（KGHM）与中国五矿集团于 2010 年 1 月签订了合同，前者将向后者每年交付 40 万吨阴极铜。

赞比亚：“春天般的生产，冬季般的收入”

作为非洲大陆最大的产铜国，赞比亚的生产情况非常良好。2009 年赞比亚称其铜产量上升了 19%，这一数字预计在 2010 年仍将上升。但令人遗憾的是，全球铜的价格和需求量的下跌导致与铜工业相关的税收也相应减少了，预计该国相关税收额为 298.8 万美元（2008 年的相关税收达到 368.7 万美元）。

2009 年 1 ~ 11 月，赞比亚的铜产量从 2008 年同期的 53.646 万吨增长到 63.6528 万吨。根据该国中央银行统计的数据显示，2009 年全年赞比亚的铜产量达到 70 万吨。随着孔科拉铜公司（Konkola）对旗下一个铜矿的扩建，预计自 2010 年 4 月起赞比亚的铜产量将迎来又一次增长。孔科拉铜矿的目标是增加铜产量到 50 万吨（2009 年的铜产量为 20 万吨）。

孔科拉铜公司在恩昌加（Nchanga）拥有一家冶炼厂、恩昌加矿和菲特瓦拉矿（Fitwaola）附属矿。孔科拉铜公司是印度韦丹塔资源集团（Vedanta Resources）的分公司，正在推进孔科拉深铜矿项目，这将是非洲最深的铜矿。

赞比亚政府希望在 2012 年或 2013 年铜产量可达到 100 万吨。赞比亚设计了一个有利于国外投资者的税收体系，该国决定长期维持现行的税率不变（即使在与矿业公司签订的合同到期后），并废除了对于进口设备征收 25% 的关税，以及对投资于该国经济开发区的公司征收 16% 的增值税。

以上种种税收优惠，促使中国五矿集团 2009 年 5 月收购卢安西亚铜公司（LCM）。卢安西亚铜公司已经关闭了位于巴鲁巴的矿，并于 2008 年 12 月放弃了慕尔亚什矿（Mulyashi）的开发，该铜矿曾拥有每年 6 万吨铜的产量。在 2010 年将重新启动这些项目。

中国五矿集团已经联合云南铜业控制了谦比希铜精炼厂（Chambishi），该厂在 2009 年共生产了 15 万吨粗铜。这一产量在 2010 年还将翻一番以满足外国矿业公司的需求。

在与赞比亚毗邻的刚果共和国的南非麦特瑞克公司（Metorex），经营着寄予厚望的（至少是从长远的角度）鲁阿西铜钴矿（Ruashi mine），该矿年产铜 3.6 万吨（此外也出产钴）。麦特瑞克公司从 2009 年 11 月至 2010 年 6 月预计生产阴极铜 2 万吨。

弗里波特 - 麦克莫兰铜金矿公司于 2009 年 10 月开始进行一项可行性研究，研究的目标是位于加里加省（Katanga）的滕凯丰古鲁梅铜钴矿（Tenke Fungunrume copper and cobalt mine），该矿的年产量增加 50%。滕凯丰古鲁梅铜钴矿是 2009 年 3 月才开始运作的新矿，弗里波特 - 麦克莫兰铜金矿公司是滕凯丰古鲁梅铜钴矿的主要控股人，持股比例为 57.75%，其他的股份由加拿大的朗丁矿业（Lundin）公司持股 24.75%，以及刚果国有企业刚果国家矿业公司（Gécamines）持有部分股份。

刚果政府认为刚果国家矿业公司持有的股份不足，已经要求弗里波特—麦克莫兰铜金矿公司交出所持股份的一部分。此外，刚果政府以修订与外国公司签订的合同为名要求弗里波特 - 麦克莫兰公司向刚果国家矿业公司支付一笔“生产定金”。

同样，第一量子矿业公司（First Quantum Minerals）于 2009 年 7 月中止了它在科卢韦齐铜钴矿井（Kolwezi）的项目。这一中止意味着将一个已经完成了 65%，且原计划在 2010 年 5 月正式运行的项目无限期地拖延。其原因是该地司法机关对公司的生产设备进行了“查封”。

第一量子公司在 2008 年就曾遭遇刚果政府一系列条件限制，当时刚果政府对第一量子公司在科卢韦齐铜钴矿的项目规定了一系列的条件，后被证实该公司没有达到刚果政府要求的条件。刚果政府随即要求第一量子公司交出采矿许可证。第一量子公司中止了采矿作业，并宣称要将此项争议提交到国际相关法庭来裁决。第一量子公司和刚果政府将为此每年遭受 3.5 万吨铜和 7 000 吨钴的损失，预计到 2012 年上述数字将增至 7

万吨铜和1.4万吨钴。

铜的巨大潜力

在所有的有色金属中，铜也许是中期增长潜力最大的金属。中国在基础设施建设和招商引资方面投入的资金量，支持了此种预测。同时经济合作与发展组织国家（OECD）的经济形势好转也使得这一预测更有依据。

但是从短期来看，还有很多障碍存在。一方面，除非全球的铜需求量能够增加，否则过量库存和铜产能过剩的形势很难在2010年得到彻底逆转。另一方面，铜的供应却开始变得越来越紧张，在2011年甚至不能排除铜的供应量再次低于需求量。

我们是否应当如某些分析专家所笃信的那样，期待着铜的价格涨到10 000美元/吨？还是更理智一些，期待铜的价格涨到7 300～7 475美元/吨？或者我们是否有理由认为如果中国的铜需求量在2020年下半年下降，则铜的价格会下降到5 000美元/吨？

由于投资资金的巨大影响，铜的价格与其基本面脱离得越来越远。投资者们将目光锁定在中国，同时也紧紧关注着美元因素。在这种情况下，一切皆有可能发生。

在蒙古，力拓公司终于成功染指奥尤陶乐盖铜矿

力拓矿业公司（Rio Tinto）终于在2009年10月6日与蒙古签订了投资协议，开发隐藏在蒙古戈壁沙漠中的奥尤陶乐盖铜矿（Oyu Tolgoi）。力拓与加拿大艾芬豪矿业集团（Ivanhoe）共同持有这项投资额达45亿美元的项目（其中艾芬豪持有10%的股份，属于该投资项目的少数股东；蒙古政府持有34%的股份）。这两家公司已经启动了工程的第一个阶段，预计在2013年底能够开始商业性生产。预计奥尤陶乐盖铜矿的年产铜量为45万吨，年产黄金量为33万盎司。其可开采时间预计为30年。

锡

2009 年除了中国，世界各国对锡的需求都不强劲。截至 2009 年年底，全球锡的库存量达到 2.1 万吨，但这均未能阻止锡价的上涨。锡与其他有色金属相比价格涨幅较小，这显示出了锡消费的相对坚挺、锡供应的趋紧和部分投资者对该商品的兴趣。事实上，有一位投资者几乎独自持有了伦敦金属交易所的全部锡库存。每个人都不禁会发出疑问：他的目的是什么？

交易员对 2009 年秋季以来伦敦金属交易所的锡库存形势的评价是“荒唐的”和“失常的”。因为在年底一名投资者持有了伦敦金属交易所超过 90% 的锡库存。各种消息来源证明此位投资者可能是一名对冲基金经理，而伦敦金属交易所对此守口如瓶。

2008 年 12 月 31 日，伦敦金属交易所的锡库存达到 7 790 吨。一年后，该数值增至 26 765 吨，直到 2010 年年初均保持着增长趋势，并接近 2.8 万吨。

这样的情况引发了人们对于这位神秘投资者的猜测：他是否想推高锡价呢？锡价在 2008 年跌了 53% 之后，在 2009 年已经上涨了 58%，不过这样的上涨幅度相对于铜和铅价格（分别上涨 140% 和 143%）就相形见绌了。

人们同时猜测也许是对亚洲尤其是中国引领的全球经济复苏有强烈预期，该名神秘投资者正期待着 2010 年上半年世界经济的进一步增长——2009 年前 10 个月，在电子业、马口铁业和电镀锡业的推动下，中国的锡消费量上涨了 12%，达到 11.2 万吨。

也许这位神秘投资人想就全球锡矿石的供应下降再赌一把。2009 年，中国和印度尼西亚占据全球锡矿石供应的 70%，但中国在此时已经成为锡净进口国，同时印度尼西亚的锡矿石产量也正在出现下降。另外，总体来说，新的锡矿项目和计划中的锡矿项目寥寥无几。

全球的锡消费量却表现平平，预计 2009 年锡总消费量为 29.6 万吨，比 2008 年下降了 11%。2009 年上半年锡需求缺少活力，而下半年则明显强劲，这尤其体现在对焊锡和马口铁的需求上。马口铁业是在经济衰退大环境下始终保持平稳向上的一个产业。

印度尼西亚矿业重组

2009 年印度尼西亚出口了 99 287.38 吨精炼锡，与上一年出口的 88 161.72 吨相比增长显著。在全球锡需求复苏的推动下，仅

锡

单位：千吨

年份 分布地区	2004	2005	2006	2007	2008	2009
世界产量 *	**343.1**	**349.6**	**351.4**	**349.7**	**332.3**	**304.7**
其中：中国	115.3	121.8	132.1	148.8	129.1	119.2
印度尼西亚	86.9	78.0	77.4	77.6	69.5	59.5
马来西亚	33.9	39.2	23.0	25.5	31.6	35.8
秘鲁	40.6	38.3	41.0	35.9	38.0	31.4
泰国	20.7	29.4	25.8	17.9	21.7	18.6
玻利维亚	13.8	15.6	15.0	12.3	12.1	13.6
巴西	11.5	9.0	.8.8	.10.0	10.8	10.0
比利时	8.9	7.7	8.0	8.4	9.2	7.6
世界消费 *	**334.5**	**345.1**	**362.9**	**356.7**	**337.1**	**289.5**
其中：中国	92.9	115.5	114.8	133.9	127.7	127.2
美国	53.6	42.3	47.4	32.7	26.0	25.1
日本	33.1	33.2	38.5	34.2	32.2	21.0
韩国	16.2	17.9	17.0	16.1	16.3	13.8
德国	20.3	19.1	20.6	22.7	20.5	12.5
中国台湾	12.9	13.5	17.6	12.7	11.9	8.1
巴西	9.0	5.7	5.8	6.0	5.5	7.1
印度	5.9	8.4	8.0	8.5	8.8	6.6
法国	8.7	7.0	7.8	7.2	6.1	4.8
西班牙	7.7	7.0	7.6	7.0	7.0	4.7
泰国	5.9	4.6	5.2	4.7	4.2	2.5
意大利	5.4	5.8	5.4	3.9	4.0	2.2
俄罗斯	3.4	2.8	3.0	2.5	2.8	2.2
主要出口国 **						
印度尼西亚	84.4	131.6	112.9	75.5	110.1	82.5
新加坡	62.3	64.4	54.7	50.0	42.8	39.8
马来西亚	30.0	36.9	19.4	15.7	37.6	19.8
泰国	13.5	24.9	19.9	18.8	16.7	14.1
玻利维亚	—	13.4	13.7	12.2	12.4	12.5
美国	—	3.9	5.3	8.4	15.2	5.5
主要进口国 **						
新加坡	12.1	68.6	58.2	47.5	44.4	49.9
美国	47.5	37.5	43.3	34.6	36.3	28.1
中国	—	19.0	15.9	12.9	9.9	18.4
日本	32.2	33.7	36.9	33.5	31.5	17.6
韩国	17.2	18.5	17.4	16.8	16.4	12.4
德国	21.3	20.4	21.6	23.9	22.2	12.1
伦敦金属交易所年终库存	**8.2**	**16.7**	**13.0**	**12.2**	**7.8**	**27.0**

注：* 为2009年前11个月的统计；** 为2009年前10个月的统计。

资料来源：世界金属统计局（WBMS）。

矿石与金属

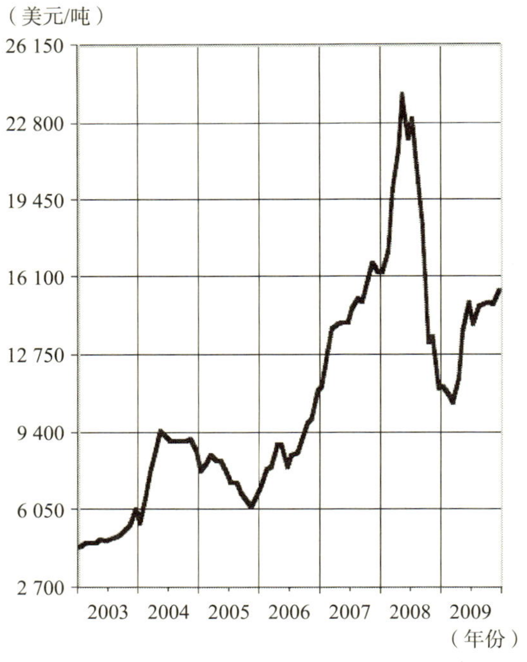

伦敦：精炼锡现货价格

在2009年12月份精炼锡的单月销售量就增加了一倍，达到8 508.36吨，而上年同期只有3 805.5吨。印度尼西亚将近82%的锡矿销往新加坡，其余的销往马来西亚、中国、中国台湾和日本。

2009年印度尼西亚的锡产量为10.5万吨，预计2010年这个数字仍将保持不变。2009年8月，印度尼西亚政府通过关闭分散在邦加－勿里洞岛（Bangka-Belitung）和加里曼丹岛上的一些小矿山来整治非法采矿现象。由于锡矿石短缺，印度尼西亚邦加勿里洞知马（Bangka Belitung Timah Sejahtera，BBTS）七家锡冶炼厂联盟几乎全部停产。印度尼西亚政府这样的整顿行动已经不是第一次，从2006年就开始着手解决非法矿山的问题，并于2007年颁布了异常严格的出口法规，只允许出口冶炼纯度达到99.85%的精炼锡（锡矿来源必须是合法的）。

2009年10月份，那些小规模独立矿山的矿工（还没搬家或者还未变为农民的人）开始重操旧业。这使得BBTS联盟的锡冶炼厂得以重启部分生产，但产量仅在原来月生产量（2 800～3 500吨之间）的10%～20%之间。

印度尼西亚第二大锡冶炼厂科巴锡业（PT Koba）公司的75%股份由马来西亚冶炼公司（Malaysian Smelting Co.，MSC）持有，其余25%由PT知马公司（PT Timah）持有。科巴锡业公司对PT知马公司的6 150吨锡精矿的产量并不满意，因为这距之前确定的9 017吨的生产目标相差甚远。这一目标未能实现的主要原因是由于2009年5月份该公司的两大锡矿受到洪水的严重侵袭，使得四台砂砾泵无法正常运转。同时该厂开采的锡矿石中的锡金属含量也越来越低。2010年科巴锡业公司（PT Koba）的锡精矿目标产量更趋于保守，仅为6 435吨。该厂之所以拟定此保守目标是因为其锡矿石储量正在减少。

印度尼西亚最大的国有锡矿公司PT知马公司，也是世界第二大锡矿厂。该厂决定2010年在印度尼西亚邦加－勿里洞岛的采矿区采用“封锁系统”以提高采矿效率并

伦敦金属交易所锡交易量创新高

在连续四年创新高之后，2009年伦敦金属交易所的金属期货成交量略微下降，成交了1.119亿份合约，2008年成交了1.132亿份。在六种有色金属合约中，只有锡和镍的合约交易量有所上涨。锡合约交易量增长了211%，共计460万手交易量，每手交易5吨。这一数量显示了自2009年9月份以来，期差交易（spread trading）达到了异乎寻常的高水平，且锡的价格没有随之上涨。

保护周边环境。在这一系统中，封锁区周围会安装管道，从而能更容易地测定产量；同时建设更加牢固的周边设施以防止偷盗事件的发生。该系统还可以再次利用矿渣，并可以对被开采破坏的土地进行修复。

南美洲产量增减不一

玻利维亚的国有冶炼厂——EMV 锡冶炼厂（Empresa Metalurgica Vinto，EMV），锡产量提高了24%，达到1.1805万吨，创十年来的最高纪录——1994年的1.9959万吨。该公司在2007年被重新收归国有之后，产量曾跌落至9 500吨，但随后由于闲置产能的重新启动，以及来自秘鲁 Minsur SA 公司的 Huanuni 锡矿和圣拉斐尔矿（San Rafael）的锡精矿供应量增加，EMV 锡冶炼厂的锡产量又再次出现快速且强劲的反弹。据预测，EMV 冶炼厂最迟将在2011年建立采用澳斯麦特熔炼技术（Ausmelt）的新冶炼厂，产量将达1.8万吨。

2010年初，Huanuni 锡矿发生罢工，原因是该矿矿工对他们在2009年得到的奖金（锡生产增长）不满。该矿厂的锡精矿2009年产量为9 300吨，比2008年增长了18%，且在2009年11月份创下了1 000吨的月生产纪录。当玻利维亚的矿厂不断刷新历史产量最高纪录时，在世界第三大锡精矿生产国——秘鲁，锡精矿产量却减少了3.9%，降至3.7503万吨。另外由于 Minsur SA 公司再次增加其锡精矿储备，使秘鲁精炼锡的年产量下降了10.6%，降至3.392万吨。

中国成为锡净进口国

2009年，中国精炼锡的总进口量达到了创纪录的2.0741万吨，与2008年相比增加了108%，印度尼西亚和玻利维亚是中国的主要供给者。2009年12月份，中国锡的进口量达到1 176吨，而出口量不到3吨（中国2009年全年出口量仅有685吨）。2009年中国冶炼厂的锡精矿进口量为1.0207万吨，12月份进口1 387吨。中国进口的锡精矿中有55%（5 645吨）来自玻利维亚。

2009年10月30日，中国政府决定将2010年的锡出口配额减少9.87%，减少到2.1万吨。此项措施目的很明确，就是为了弥补精炼锡和锡产品产量的下降。之所以会这两类产品的产量会减少，是因为金融危机时很多中国和国际矿业公司纷纷停产，结果导致锡精矿严重短缺。

与玻利维亚的 EMV 冶炼厂、秘鲁的 Minsur SA 公司和中国的云南锡业集团一样，中国的柳州华锡集团也在着手计划引进澳斯麦特熔炼技术。澳斯麦特公司声明其技术以及一系列的服务只会提供给年产量达到2万吨的锡冶炼厂。

欧洲产量下降

2010年，由于欧盟需求下降，欧洲马口铁生产商将不会增加产量。事实上，与2008年相比，2009年的产量已经减少了10%。

即使德国 Rasselstein 公司的生产略微提振了欧洲的锡需求，即2009年10月至2010年9月该公司马口铁销售量为140万吨，而2008年10月至2009年9月为135万吨，欧洲主要的锡生产商仍表示在2009年减少锡产量。

2010年全球锡市场估计仅有5 000吨盈余，锡价格或将在13 200～20 500美元/吨

锡精矿

单位：千吨

分布地区 \ 年份	2004	2005	2006	2007	2008	2009*
世界锡精矿产量（以金属含量计）	**290.6**	**342.7**	**335.0**	**349.5**	**316.0**	**280.3**
其中：中国	118.2	121.6	126.3	147.3	121.2	113.7
印度尼西亚	78.4	120.0	117.5	102.0	96.0	77.0
秘鲁	41.6	42.1	38.5	39.0	39.0	34.3
玻利维亚	18.1	18.6	17.7	16.0	17.3	15.9
巴西	12.2	11.7	9.5	12.6	13.0	11.9
刚果民主共和国	—	7.6	7.2	12.0	10.8	8.3
越南	3.5	5.4	5.4	5.4	5.4	5.0
澳大利亚	1.3	2.7	1.5	2.1	1.8	5.0
马来西亚	2.7	2.9	2.4	2.3	3.4	2.2
俄罗斯	3.0	3.0	2.8	2.4	1.2	0.6

注：*为2009年前11个月的统计。
资料来源：世界金属统计局（WBMS）。

的区间波动，平均价格估计为15 640美元/吨。

由于经济复苏的不确定性，锡的前景仍比较模糊。另外，伦敦金属交易所的锡库存基本上都被神秘投资者所控制，这也使得锡价在未来存有巨大的不确定性，至少在2010年年初是这样的。

锡的世界结余表

单位：千吨

项目 \ 年份	2004	2005	2006	2007	2008
锡矿产量	291.0	342.7	335.3	339.3	316.0
精炼锡产量	343.1	349.6	351.4	348.3	332.3
精炼锡消费	334.5	345.0	362.9	354.7	337.1
结余	**8.6**	**4.6**	**-11.5**	**-6.4**	**-4.8**

资料来源：世界金属统计局（WBMS）。

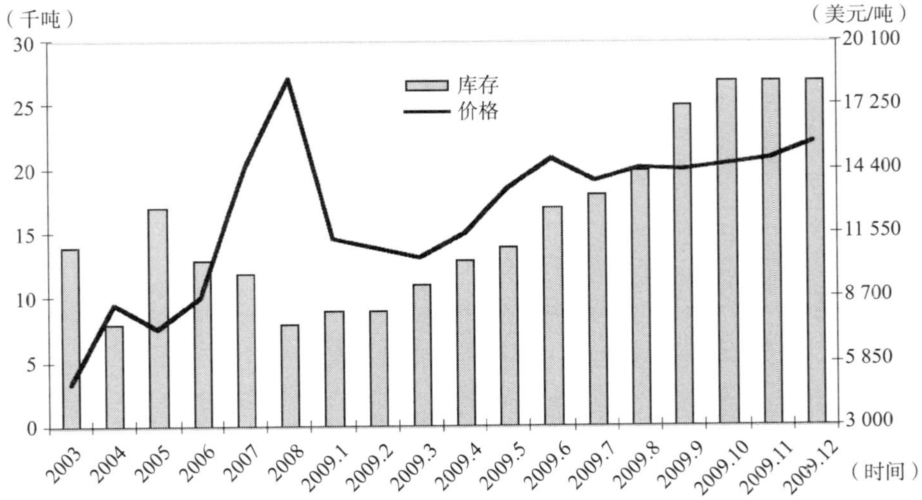

伦敦金属交易所：锡库存和3个月期锡价格

云南锡业并购 Metals X 公司

2009年12月1日，澳大利亚批准云南锡业集团公司购买该国塔斯马尼亚州的 Metals X 公司60%的股权。云南锡业公司以5 000万澳元购得 Metals X 公司50%的股份，并根据其经营业绩来决定是否收购另外10%的股份。在2008年9月至2009年10月，Metals X 公司生产了5 091吨的锡精矿；云南锡业公司是否会收购另外10%的股份取决于 Metals X 公司在未来12个月内能否生产出至少6 000吨锡精矿和降低经营成本这两项因素。云南锡业公司收购的资产中还包括：雷尼森矿（Renison）及其精炼厂；芒特比绍夫矿（Mount Bischoff）和伦德尔斯（Rentails）矿渣处理厂。

镍

2009 年，面对不稳定且变化无常的基本面，镍市场始终处于一种混乱的状态。产生这种状态的原因是全球（中国除外）镍金属消费减少，镍库存持续增加和各镍矿商的供给再次出现巨大的反差。相当多的生产商宁愿减少其镍产量也不愿继续亏损生产，或者有些因罢工而被迫减产。与此同时，却有大规模的镍生产项目正在施工或即将动工。在这种混乱的世界镍市场中，2009 年最终出现了 7 万吨的镍短缺。

镍市场较其他有色金属市场缺少活力，该金属价格在 2009 年呈现“锯齿状”的走势，前 7 个月镍一直在低价位徘徊，后余几个月镍价则在 16 000 ~ 20 000 美元/吨。

当伦敦的镍价在 2009 年 2 月 25 日暴跌到 9 450 美元/吨时，镍金属生产商，譬如必和必拓直接选择了退出市场或者大幅削减产量。在 8 月 14 日镍出现的 21 065 美元/吨的高价也并未给镍市场带来变化，因为价格依然不稳定，8 月 17 日时镍价又跌到 19 000 美元/吨，这种十分不稳的市场行情很难使人看清趋势。要知道，在 2007 年 5 月，该金属的价格可是 54 100 美元/吨。在镍金属价格波动的同时，伦敦金属交易所的镍库存从年初的 7. 8822 万吨增至 2010 年 2 月 4 日的 16. 6624 万吨，超过了 1994 年时 15. 1254 万吨的最高库存纪录，而且这一库存量并未包括中国的镍库存量。据中国的金属专业研究机构安泰科公司估计，2009 年 12 月份中国镍库存在 15. 3 万吨左右。尽管如此，中国的镍库存量高并不意味着中国镍消费不振。实际上，当镍价超过 16 000 美元/吨

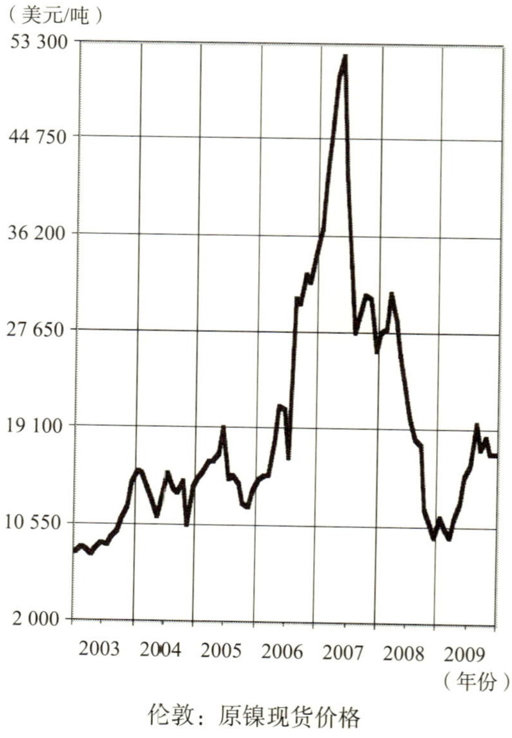

伦敦：原镍现货价格

镍

单位：千吨

分布地区＼年份	2004	2005	2006	2007	2008	2009 *
世界产量 *	**1 251.2**	**1 288.1**	**1 335.7**	**1 446.5**	**1 352.3**	**1 182.0**
其中：中国	75.8	95.1	131.9	219.7	170.6	223.1
俄罗斯	261.0	267.6	273.9	267.0	260.4	220.4
日本	169.4	164.4	152.3	161.2	156.5	125.5
澳大利亚	122.2	122.0	116.0	114.0	108.0	116.6
加拿大	151.5	139.7	146.9	153.6	167.7	110.0
挪威	71.4	84.9	82.0	87.6	88.7	75.0
哥伦比亚	48.8	52.7	51.1	49.3	41.6	46.5
新喀里多尼亚岛	43.0	46.7	48.7	45.0	37.5	34.5
芬兰	49.6	39.2	47.5	55.0	51.1	33.4
古巴	42.4	43.8	43.8	42.5	34.9	30.6
世界消费 *	**1 250.8**	**1 295.6**	**1 365.6**	**1 353.9**	**1 291.8**	**1 201.1**
其中：中国	143.9	194.8	234.3	327.8	305.2	508.0
日本	194.9	179.5	181.3	196.0	185.3	128.9
美国	128.0	135.0	144.5	118.5	117.0	83.8
韩国	122.6	117.7	92.8	71.1	75.8	82.5
中国台湾	91.4	84.1	106.9	75.6	68.9	57.7
德国	94.0	116.4	106.2	110.2	89.9	55.5
南非	45.0	46.8	53.5	44.0	44.1	40.6
意大利	62.0	60.0	68.0	64.0	67.9	40.0
英国	32.5	32.4	32.4	32.4	32.4	29.7
印度	—	16.0	17.8	19.3	20.8	26.8
俄罗斯	26.6	26.4	26.4	26.4	26.4	24.2
西班牙	48.3	48.0	52.5	41.5	40.9	21.7
瑞典	33.4	35.0	36.0	33.6	30.6	18.9
比利时	43.4	49.3	58.3	55.4	46.7	14.8
法国	34.1	31.6	32.2	32.4	28.1	13.9
巴西	24.2	25.8	24.8	21.8	24.3	11.6
芬兰	59.4	48.8	50.8	40.4	41.0	9.9
伦敦金属交易所年终库存	**20.9**	**36.0**	**6.6**	**47.9**	**78.8**	**158.0**

注：* 为2009年前11个月的数据。
资料来源：世界金属统计局（WBMS）。

镍：世界结余表

单位：千吨

项目＼年份	2008	2009 *	2010 *
精炼镍产量	1 396	1 197	1 264
精炼镍消费	1 278	1 105	1 247
结　　余	**118**	**92**	**17**

注：* 为预测值。
资料来源：澳大利亚农业资源经济局（Abare）。

矿石与金属

时，许多中国生产商都选择使用镍生铁（nickel pig iron），这是一种低质量但却能使生产商盈利的镍，它深受中国生产商的喜爱。

镍金属的消费在欧洲出现巨减。全球镍需求的2/3用于不锈钢生产，2009年11月德国钢铁生产商蒂森克虏伯公司（Thyssen-Krupp）宣布将在2010年上半年减产25%，原因是汽车和建筑行业的需求疲软。世界第四大钢铁生产商——芬兰公司奥托昆普技术公司（Outokumpu）降低了2009年第四季度的产量目标；西班牙不锈钢生产商阿赛里诺克斯公司（Acerinox）也计划在2010年关掉一半的产能。

发达国家的不锈钢产量下降使得中国和印度的产量增长尤为显著。2009年1～9月，世界范围内不锈钢的产量下降了15%，但是在中国却逆势上涨了20%。中国的太原钢铁公司（TISCO）拥有世界最大的不锈钢产能，不锈钢产量在2009年增加了38.2%左右，达到了248万吨。宝钢公司和山西太钢不锈钢公司（STS）计划2010年增加产量，以满足中国国内的不锈钢消费需求。中国日益增长的不锈钢产量令人赞叹，1995年时，中国不锈钢产量还只占世界总产量的4%，到2008年时这一数字已飚升至30%。

俄罗斯向东方倾斜

世界最大的镍生产商——俄罗斯诺里尔斯克镍业公司（Norilsk Nickel），镍产量为28.5万吨，低于预测值。其在芬兰的哈贾瓦尔塔矿（Harjavalta）夏季进行了整修，结果导致镍产量比往年减少了17.7万吨。

据悉，诺里尔斯克镍业公司正与银行协商，计划2010年上半年通过发行10亿美元的欧洲债券为其30亿美元的债务进行再融资。但该公司并没有证实这一消息。诺里尔斯克镍业公司的主要股东俄罗斯亿万富翁弗拉基米尔·波塔宁（Vladimir Potanin）和俄铝联合公司本身都已深陷债务泥潭，但自俄铝联合公司在香港和巴黎成功上市之后，市场有传言称俄铝联合公司再次有望与诺里尔斯克镍业合并。这是值得我们继续关注的事件。总而言之，俄罗斯（除独联体国家）的镍出口量在2009年1～11月减少了4.1%，降到22.08万吨，出口额下降了33.4%。

据诺里尔斯克镍业的首席执行官Vladimir Strzhalkovsky先生透露，诺里尔斯克镍业将销往欧洲的金属镍占其销售总额的50%以上，美国占20%。该公司目前的计划

古巴镍生产状况堪忧

古巴的镍产业不容乐观，镍生产还未从2008年9月席卷古巴全岛的飓风中恢复。这场飓风破坏了古巴镍公司（Cubaniquel）在奥尔金省（Holguin）的3座工厂中的两座。奥尔金位于古巴岛的北部，这一地区的镍储量占到世界已探明镍储量的30%以上。

被破坏工厂的修复工作目前尚未结束。因此2009年古巴镍产量未能达到预期的7万吨，镍（包括钴）的产量预计在6万～6.5万吨，创十年来最低水平。

古巴2008年生产了7.04万吨镍，大大低于前十年的平均产量7.4万～7.5万吨。古巴镍被认为是二级镍，金属含量为90%。

镍精矿

单位：千吨

分布地区 \ 年份	2004	2005	2006	2007	2008	2009*
世界镍矿产量	**1 338.9**	**1 371.2**	**1 444.9**	**1 570.1**	**1 482.8**	**1 256.7**
其中：俄罗斯	289.2	289.2	290.0	293.6	286.8	251.9
印度尼西亚	153.2	156.2	157.2	229.2	192.6	171.7
澳大利亚	186.8	189.0	185.0	185.0	200.0	154.0
菲律宾	17.0	28.5	64.7	91.4	83.9	140.7
加拿大	186.7	199.9	232.9	254.8	259.6	129.0
新喀里多尼亚岛	118.2	111.9	103.0	125.4	102.6	89.0
中国	75.6	72.7	82.1	66.4	71.5	73.6
古巴	71.9	72.0	74.0	73.9	67.3	63.5
哥伦比亚	48.8	52.7	51.1	49.3	41.6	46.5
巴西	44.9	36.3	36.6	37.4	36.3	32.3
南非	39.9	42.4	41.6	37.9	31.7	30.8

注：＊为2009年前11个月的数据。精矿产量以金属含量计算。
资料来源：世界金属统计局（WBMS）。

是积极转向中国和印度市场。另外，由于欧盟制定的环境标准变得过于严厉，所以就使得该公司新的市场计划尽快实行。同时Vladimir Strzhalkovsky先生于2009年10月时补充道：诺里尔斯克镍业对欧洲的出口虽然不会完全终止，但是将会使出口市场逐步多元化。他还表示：中国作为发展最快、最具前景的经济体，我们将在这里会有大动作。

镍生铁的妙用

中国在2009年消耗了44.7万吨镍，在生产的27.93万吨镍中，包括14.5万吨精炼镍和9.63万吨镍生铁。另外，还有15.3万吨镍库存，以及在中国港口仓库储存的1 000万吨红土镍矿。

为了满足2010年预测的47万吨镍金属的国内需求，中国的生产目标是30万吨镍（其中18万吨金属镍和至少10万吨镍生铁）。因此，中国的库存量与生产量之和可能会使人们预期中国的镍进口量减少。

中国最大的镍生产商——金川集团公司，计划到2015年将产能增加2/3。2009年金川集团拥有15万吨镍的年产能，同时包括40多万吨铜和8 000吨钴。值得关注的是金川集团计划2010年在中国广西壮族自治区防城港建设一座年产能为10万吨镍和20万吨精炼铜的综合冶炼厂。

与此相反，中冶集团（MCC）将位于巴布亚新几内亚的拉姆镍钴矿（Ramu）的生产推迟到2010年6月开始。这一价值17亿美元的矿曾在2008年由于卫生和安全问题停产了1个月，拉姆矿在2009年年底只开启了部分产能。

镍生产商表现不一，必和必拓产能缩减

2009年，澳大利亚矿业巨头必和必拓开始不断抛售镍资产。5月份该公司放弃了在澳大利亚的罗克斯（Rock's Reward）镍矿，因为国际镍价格使得该矿已经无法盈利。

2009 年夏天，必和必拓又将旗下的 Yabulu 镍精炼厂出售给当地的一家矿业公司。这一抛售行动结束了 Yabulu 精炼厂几个月以来的不稳定生产状态。因为 Yabulu 精炼厂有 7.5 万吨的产能，它之前需要从同属于必和必拓的雷文斯索普（Ravensthorpe）红土镍矿接收镍精矿以进行冶炼生产。而该红土镍矿已自 2009 年 1 月起关闭。如今，Yabulu 的新主人帕尔默公司（Clive Palmer）计划从新加里多尼亚、印度尼西亚和菲律宾购进镍精矿，从而使 Yabulu 的精炼镍年产量达到 3 万吨。

2009 年 12 月，必和必拓又把两年前收购的雷文斯索普综合冶炼厂以 3.4 亿美元的价格出售给加拿大第一量子矿业公司（First Quantum Minerals）。必和必拓在雷文斯索普已经投入了 22 亿美元用于运营改造，但仍然在亏损生产，因为该公司在提取镍矿石上遇到了巨大的技术问题并还需要持续增加投入，但是必和必拓已无力承担此投入。

第一量子矿业有望在 18 个月内重启雷文斯索普的生产，预计开始生产后的五年内年产量达到 3.9 万吨。

雷文斯索普的镍矿石储量估计在 2.35 亿吨左右，每年镍精矿产能约为 5 万吨，另外还有 1 400 吨钴。

最后必和必拓还出售了在菲律宾棉兰老岛（Mindanao）上的普哈达（Pujada）工程 40% 的股份，必和必拓曾在其中投资高达 20 亿美元。该部分股份由必和必拓从当地的一家合作公司——胭脂鱼管理公司（Asiaticus Management）购入。胭脂鱼管理公司已持有普哈达工程其余 60% 的股份，而且还控制着在棉兰老岛的矿石处理厂。实际上，出售股份前，必和必拓与胭脂鱼管理公司就何时进行商业生产产生过分歧：胭脂鱼管理公司要求尽快开始生产，而必和必拓则希望最早到 2015 年开工。通过这次交易，菲律宾的胭脂鱼管理公司最终取得了控制权。

据估计，普哈达大约储存有 2 亿吨品位为 1.3% 的镍矿石，而之前，必和必拓在此投入了 20 亿美元用于进行勘探。

斯特拉塔的项目

英国与瑞士合资的斯特拉塔公司（Xstrata）在 2009 年取得了不错的业绩。尽

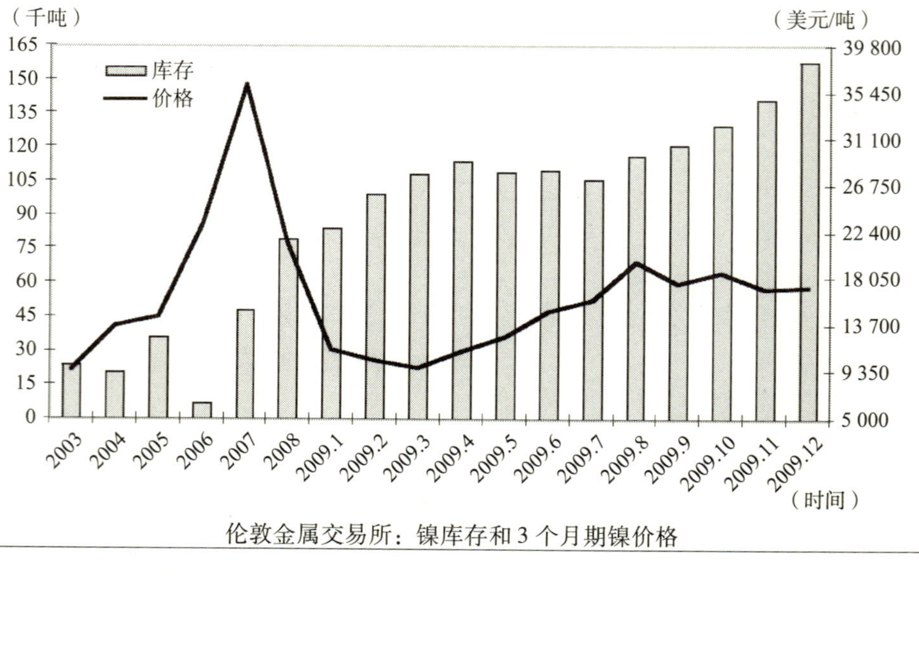

伦敦金属交易所：镍库存和 3 个月期镍价格

国际展览中心资源在菲律宾进行扩张

挪威国际展览中心资源计划在菲律宾北部的民都洛岛镍矿（Mindoro Nickel）投资29亿美元，同时采用高压酸浸滤技术。在生产初期，该工程每年可以产出4万吨镍和3 000吨钴；待第二阶段工程开工后，将会产出8万吨镍和3 700吨钴。

管关闭了部分产能，但其镍产量还是达到了5.7052万吨，这比2008年增加了5%。

2009年2月，斯特拉塔镍业公司对其在加拿大的弗雷泽公司（Fraser）进行了停产检修。4月份又将其在澳大利亚的辛特来坑矿（Sinclair）的开发推迟到了8月，该坑矿是在露天矿开采后的继续开采。两个月之后斯特拉塔又无限期关闭了在加拿大安大略省蒂明斯市（Timmins）的蒙卡尔姆矿（Montcalm），该矿的关闭原因是由于一项地质技术评估表示，意外的地质变动导致了该地区地下结构被破坏。此项评估同时对风险系数和维修所需要的费用进行了报告。在此意外事件之前，蒙卡尔姆矿在2009年应按计划生产9 000吨镍精矿，之后这些矿石将被运往萨德伯里（Sudbury）的工厂进行处理。不过关闭该镍矿对镍精炼业务的负面影响可以被加拿大的拉格伦矿（Raglan）和澳大利亚提供的镍精矿所抵消，拉格伦矿2009年生产的镍精矿较2008年多出13%，澳大利亚的镍精矿产量则增长了119%，达到创纪录的1.6678万吨。斯特拉塔计划在建成集采矿和冶炼为一体的Koniambo工厂后，在新喀里多尼亚攫取大量镍矿，目标是满足中国的需求。斯特拉塔拥有Koniambo工厂49%的股份，而当地的南太平洋矿业公司（SMSP）则是该工厂的主要股东。幸运的是全球金融危机没有对这项高达38.5亿美元的投资项目产生不利影响。该厂金属镍的年产能达到6万吨，它将会在2012年的第二季度投产。该工厂的17条生产线目前正在中国青岛组装，有望在2010年8月开始进行全部组装。Koniambo工厂将开发的镍矿是世界上最好的富镍矿区之一，其镍矿储量估计为6 300万吨，品位约为2.40%。

斯特拉塔在Koniambo工厂建设中的投资使其合伙人南太平洋矿业公司（SMSP）受益。实际上，这个喀里多尼亚公司在韩国光阳（Gwangyang）开发另一项重要项目，并拥有51%的股份，另外49%的股份则由该项目的另一合伙人韩国浦项钢铁公司（Posco）所有。韩国光阳这一重要项目已开始全面投产，对采集矿石（品位为2.27%）的加工可使该矿年产3万吨镍铁。该矿在2009年1~10月已经创造了5 000万美元的利润和8 000万美元的现金流，另外该镍矿的生产成本还低于Koniambo开发的镍矿。受此鼓舞，南太平洋矿业公司和浦项钢铁已着手准备在接下来的几个月中再投入4亿美元，以使产量翻一番。

巴西淡水河谷—英可集团历史性的罢工潮

2009年秋季，淡水河谷—英可公司（Vale Inco）[①]本应如期在新喀里多尼亚岛南部的Goro矿重启生产，此前由于严重的技术问题（包括数千升的硫酸泄漏，流入河中）导致Goro矿山生产数度延迟。随后由于类似的技

① 淡水河谷—英可公司已于2010年5月改名为“淡水河谷公司”。——译者注

术问题再度发生，被迫将 Goro 的开工日期再次延迟至 2010 年 3 月。该技术问题的关键是完全掌握提取红土镍矿中镍的技术，即高压酸沥滤技术（技术的核心是需要用化学物质洗涤镍红土从而分离出镍）。因为 Goro 矿所在地区位于海湾地区，这里频发的环境事故使当地人对危害环境的生产工艺十分担忧。淡水河谷－英可集团在此年产 6 万吨的镍矿投资达 43 亿美元，因此毫无疑问，该公司不会轻易放弃 Goro 矿。

淡水河谷－英可在巴西的状况相对幸运很多，年产量达 5.2 万吨镍的翁卡普马（Onca Puma）工程按计划应当会在 2010 年第三季度开始运营，淡水河谷－英可在这一工程投资达 23 亿美元。

另外，该公司在加拿大的工程因遭遇历史性大罢工而处在艰难的生产环境中。淡水河谷－英可在其诞生 67 年以来从未经历如此大规模的罢工。2009 年 7 月 13 日，在加拿大安大略省的萨德伯里（Sudbury）和科尔本港（Colborne），3 000 多名矿工停止工作；8 月 1 日，在加拿大拉布拉多省（Labrador）的伊斯湾镍矿（Voisey's Bay），500 多名矿工中有 240 人加入到罢工队伍。萨德伯里共有 6 座矿，并且拥有轧制、熔炼和精炼设施，2008 年萨德伯里出产镍精矿共计 8.53 万吨（不计铜和钴的产量）。伊斯湾镍矿同期出产了 5.55 万吨镍精矿。

截至 2010 年 1 月，这两地的罢工风潮还在继续，淡水河谷－英可决定不予理会并计划重开萨德伯里的克雷顿矿山（Creighton），同时令科尔曼矿山（Coleman）满负荷生产（自 10 月份起该矿山曾减少实际产能）。对于罢工风潮，淡水河谷－英可的解决方案是通过使用储备和雇佣非工会的矿工（这些签署临时合同的工人工作状态一直良好）。这使得淡水河谷－英可重新启动了部分生产，处理后的镍矿石被运往科珀克利夫冶炼厂（Copper Cliff），该厂仅开启了一半的产能。这些措施在 2010 年 2 月初见成效，淡水河谷－英可宣布重新启动从萨德伯里向英国威尔士的克利达奇（Clydach）加工厂输送镍矿的计划。而伊斯湾镍矿的情况却仍处于僵局状态，不容乐观。

2010 年镍市场的过剩和“明星”

预计 2010 年世界镍市场的状况为：生产总体增加，消费或将上升 7%，供给过剩 7.5 万～9 万吨，镍价在 15 000～20 000 美元/吨之间波动。

可以确定的是，中国还将是世界镍领域中的“明星”。鉴于中国正极力扩张其不锈钢产能，预计到 2013 年时中国的不锈钢产量有望占据全球总产量的 40%。

铅

铅好像是一种“无重量的非物理元素”，2009年突破了“物理学规律”，创造了前所未有而且可能将来无法复制的奇迹，即从2008年年底到2009年12月，伦敦3个月的铅期货价格几乎飙升了150%，并在2009年12月2日达到2 525.20美元/吨的峰值。虽然在2007年10月份铅的价格曾达到3 890美元/吨的价格，且目前铅还有少许过剩，但这丝毫不能影响整个铅行业的乐观形势。

在经历了灾难性的2008年之后，考虑到铅市场基本面的情况，2009年精炼铅的价格重新回到上涨趋势可能使人疑惑不解。根据国际铅锌研究组织（ILZSG）的数据，全球的铅供应在2009年的前11个月曾出现了5.8万吨的过剩。

2009年世界原生金属铅的产量增加到805.8万吨（据统计显示，中国的产量大约为345.8万吨），2008年这一数字为789.8万吨。2009年中国的铅矿产量则增加了18.5%，达到141.5万吨左右。在2009年前11个月全球精炼铅消费达到了800万吨（2008年前11个月的消费量为791.6万吨），因此全球铅消费量显著低于铅产量。同时，伦敦金属交易所的铅库存飙升，从2008年12月31日的4.515万吨一直升至一年后同期的14.65万吨。

发达国家对铅需求的增长出现在2009～2010年的冬季，因为以铅为主要原材料的汽车蓄电池遇寒冷天气后会产生故障，且必须更换。在英国，Kwik Fit公司的汽车蓄电池销售在2009年12月9日至2010年1月2日

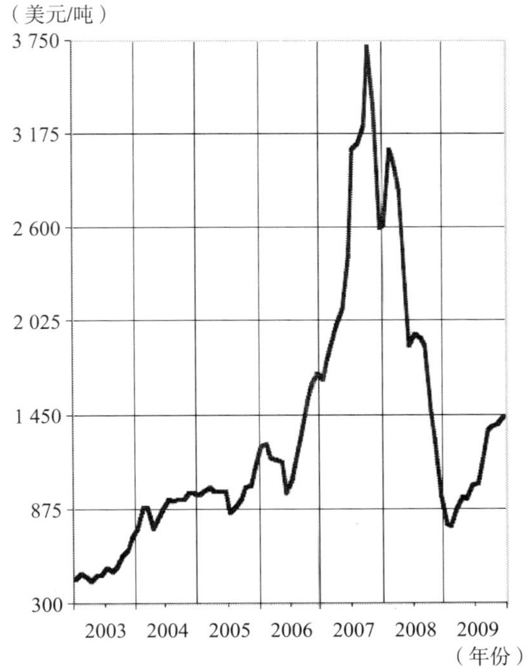

伦敦精炼铅现货价格

精炼铅

单位：千吨

分布地区＼年份	2004	2005	2006	2007	2008	2009
世界产量*	**6 979.2**	**7 635.2**	**7 962.7**	**8 120.0**	**8 631.5**	**8 061.4**
其中：中国	1 934.5	2 391.4	2 714.9	2 788.3	3 206.4	3 386.9
美国	1 285.7	1 293.0	1 313.0	1 303.0	1 285.0	1 167.1
德国	359.0	342.0	322.0	355.0	415.1	341.8
英国	245.9	304.4	318.7	263.0	283.0	276.5
韩国	233.0	240.0	238.0	254.0	274.4	254.8
加拿大	241.1	230.2	250.5	236.7	259.1	236.5
澳大利亚	266.0	266.7	240.3	238.9	259.8	223.9
日本	282.9	274.6	280.0	276.3	279.5	220.6
墨西哥	241.6	272.1	254.6	255.3	256.4	214.0
意大利	201.6	211.0	190.5	211.8	199.9	138.9
西班牙	105.6	110.0	129.0	128.0	125.0	114.6
哈萨克斯坦	157.0	135.4	116.0	117.6	105.9	81.8
法国	105.0	97.1	104.2	88.0	82.1	54.9
秘鲁	119.0	122.1	120.3	116.8	114.3	26.1
其中再生铅世界产量*	**3 729.9**	**3 996.5**	**4 078.6**	**4 303.3**	**4 675.8**	**3 569.5**
其中：中国	365.0	540.0	587.0	650.5	957.0	875.5
美国	1 130.0	1 150.0	1 160.0	1 180.0	1 150.0	860.7
德国	243.0	223.0	221.0	244.0	301.9	202.9
加拿大	109.5	120.2	134.5	141.1	153.5	110.2
日本	188.6	168.0	171.7	171.8	172.5	109.0
英国	120.0	143.0	144.0	144.0	144.0	108.0
意大利	161.6	161.5	155.9	164.0	157.5	101.9
西班牙	105.6	110.0	129.0	128.0	125.0	93.7
墨西哥	110.0	110.0	115.0	115.0	115.0	86.3
世界消费量*	**7 274.0**	**7 689.2**	**791.4**	**8 286.2**	**8 722.4**	**8 069.8**
其中：中国	1 434.7	1 973.6	2 221.7	2 573.8	3 134.9	3 537.3
美国	1 480.0	1 490.0	1 490.0	1 570.0	1 606.0	1 303.2
韩国	367.5	361.9	333.5	343.6	315.1	275.6
德国	396.0	330.2	339.3	349.7	374.7	268.4
西班牙	247.9	279.3	265.1	258.9	228.2	208.5
意大利	275.0	262.2	283.7	300.9	253.6	183.3
英国	330.4	281.7	300.0	224.6	222.1	176.0
日本	291.4	291.5	303.1	279.2	260.8	169.4
墨西哥	253.7	289.0	272.7	236.2	217.3	160.2
泰国	—	129.0	139.9	140.0	124.5	126.1
巴西	—	137.3	118.0	103.8	133.2	116.4
主要出口国**						
澳大利亚	211.7	245.4	218.1	222.3	217.8	209.7
德国	—	96.7	99.4	113.4	139.2	130.3
加拿大	149.6	160.7	183.8	168.7	112.8	106.0
英国	—	50.5	86.4	67.7	79.5	102.0
主要进口国**						
美国	175.7	270.7	326.0	257.3	307.8	204.1
中国	—	37.3	36.9	30.0	39.0	168.0
韩国	156.8	158.8	121.6	110.3	90.9	98.9
西班牙	149.7	170.8	143.8	139.2	113.2	90.0
中国台湾	125.4	97.5	101.1	77.8	54.4	70.4
德国	88.9	84.9	108.8	108.1	98.8	67.7
伦敦金属交易所年终库存	**42**	**44**	**41**	**45**	**45**	**147**

注：＊为2009年前11个月的数据；＊＊为2009年前10个月的数据。

资料来源：世界金属统计局（WBMS）。

这一段时间上涨了80%。尽管如此，生产商如果需要铅的话仍然可以到伦敦金属交易所（LME）的庞大库存中购买，2010年2月初伦敦金属交易所的铅库存仍继续膨胀，达到了15.8375万吨，这是自2003年以来铅库存的最大值。

另外，当铅生产商开始准备启动新的产能时，交易员担心中国2010年2月开始执行更加严格的环境保护标准以及中国央行同时采取的紧缩信贷措施可能会导致大量产能关闭。但是，事实情况并非完全如市场所料。但这个预期还是被涌向铅市场的投资基金广为接受，从而使铅价格在2010年的最初几周巨幅上涨。但随后铅价又出现同样的快速回落。

中国冬天的影响

2009年12月中国的冶金厂备受关注，铅精矿短缺，冬天的恶劣条件以及由于中国春节假期导致的工时减少等因素，导致了中国2010年1月和2月精炼铅产量的下滑。即使中国主要的铅生产商株洲冶炼集团也受到了影响，该公司证实由于铅生产所需的铅精矿价格过高，且中国本地供应短缺，从而导致精炼铅产量下降。该厂2009年8月份的36.48万吨精炼铅月产量的纪录似乎很难再现。

由于中国北方冬季天气的恶劣，许多铅矿关闭，而铅精矿的进口价格过高，铅冶炼厂商进口量锐减，这都意味着中国的精炼厂得不到足够的铅精矿供应。而以上因素导致上海和伦敦的金属报价差距进一步拉大，这个价差有利于后者。

由于可再生铅产能扩张，使可再生铅的产量也相应增加，但所增加的部分还是不足以抵消2010年第一季度预期的原生金属铅产量的下降。

另外，2009年，中国全年共有约116万吨的新冶炼产能处在建设之中，这些产能有望在2010年和2011年投产。

2010年1月，河南省安阳市豫北金铅集团董事长唐成河表示他们的月产量下降了20%，该公司的历史年产能为16万吨的原生铅和10万吨的再生铅。这次产量下降的原因不再是铅精矿短缺而是“电荒”。经常性的电力供应短缺对于中国中部地区河南省的所有企业来说都是令人头痛的事。从每日17点~21点电力的供应均减少，这使得铅生产，尤其是原生铅的生产（再生铅的生产消耗电量小得多）也只能相应减少。在灵宝市，由于“电荒”，1座产能为10万吨的铅冶炼厂在2010年1月12日被迫停产了整整一天。

道朗秘鲁公司：污染与被污染

毫无疑问，出现污染环境问题对于矿业公司是不利的。在秘鲁，道朗秘鲁公司（Doe Run Peru）正在着力解决这一问题，他们将付出很大的代价。道朗旗下巨大的La Oraya铅矿（含铜矿）已经严重污染了周边几平方公里的土地（在被污染的可耕地的土层中发现了最高厚达12厘米的铅层）。道朗2009年6月份关闭了La Oroya铅矿，开始应秘鲁政府要求进行彻底的清理工作，预计将在2009年10月份完成清理工作，2010年1月恢复生产。为保证清理工作的顺利进行，秘鲁政府要求道朗2009年交纳400万美元的保证金，一旦清理结束后就立即返还给道朗。但直到2010年1月，道朗仅完成了52%的清理工作。秘鲁政府不满于这样的工作进度，于是把保证金额度增加到了1 400万美元。道朗表示将会再投入1 600

中国的环保要求更加严格

在中国，针对铅工业更加严厉的新环保标准在2010年2月份生效。中国政府争取在未来的几年中关闭60万吨小的、陈旧的产能。为实现这一目标，中国政府采取加紧对铅冶炼厂的控制。由于铅中毒事件在中国各地不时发生（在东岭锌铅集团冶炼厂周围的村庄中数百名儿童被诊断出血液中铅镉含量严重超标，该工厂在2009年8月份被暂时关停），这些治理措施就都成为当务之急。

由于新环境标准的实施，2009年夏季中国陕西和河南省减少了18万吨以上的铅供应，其中包括中国最大的铅精炼厂豫光金铅公司的5万吨铅供给。该公司将来一旦达到新的环保标准要求，有望恢复生产。

万洋（Wanyang Lead）铅业公司和金立（Jinli Lead）铅业公司各自在2009年8月关闭了5万吨的铅精炼产能，计划于2010年2月份重新开工。

铅精矿

单位：千吨

分布地区 \ 年份	2004	2005	2006	2007	2008	2009*
世界铅精矿产量（以金属含量计）	**3 138.2**	**3 450.8**	**3 572.6**	**3 685.1**	**3 961.2**	**3 740.0**
其中：中国	997.2	1 142.0	1 331.0	1 402.0	1 546.3	1 687.6
澳大利亚	674.0	767.0	668.0	641.0	650.0	519.0
美国	445.1	437.0	429.0	444.0	410.0	384.5
秘鲁	306.2	319.4	313.3	329.2	345.1	277.4
墨西哥	118.5	134.4	135.0	137.1	141.2	127.1
印度	51.3	60.4	69.2	77.5	86.3	73.6
加拿大	76.7	79.3	83.1	75.1	99.0	63.1
瑞典	54.3	61.4	57.0	64.6	65.1	61.8
爱尔兰	65.9	63.8	62.0	56.8	50.3	46.4
南非	37.5	42.2	48.3	41.5	46.4	44.2
波兰	52.7	50.9	50.0	47.2	47.9	44.0
哈萨克斯坦	33.0	31.0	48.1	40.2	39.0	36.8
摩洛哥	44.2	45.8	53.0	42.0	33.5	33.0

注：*2009年前11个月的数量统计。
资料来源：世界金属统计局（WBMS）。

铅：世界结余表

单位：千吨

项目 \ 年份	2005	2006	2007	2008	2009
铅矿产量	3 422	3 525	3 626	3 696	4 029
精炼铅产量	7 624	7 935	8 126	8 653	8 827
精炼铅消费量	7 786	8 063	8 182	8 649	8 756
结余	**-162**	**-128**	**-56**	**4**	**71**

资料来源：国际铅锌研究组织（ILZSG）。

万美元完成剩余 48% 的工作。但另一个结果是，这令 La Oroya 铅矿在 2010 年 1 月重新开工的计划流产。秘鲁国家工业协会（SNI）对此表示不满，其负责人表示了抗议："我们现在就需要它"。这实际上是由于精炼铅短缺而被迫减产的秘鲁生产商们的抗议，他们认为这些精炼铅只能靠 La Oroya 矿来供应。

道朗公司是美国雷纳特集团公司（Renco）旗下的子公司，2008 年道朗生产了 11.4259 万吨铅，占据秘鲁铅产量的 1/3。2009 年道朗的铅产量巨量下滑到 2.6082 万吨。该公司一直在寻求战略伙伴，为 La Oroya 冶炼厂生产重新启动融资。据报道，道朗 2010 年 1 月与嘉能可国际公司谈判，可能会将 La Oroya 冶炼厂的部分资产出售给嘉能可国际公司。

生产恢复和产量增加的迹象

保加利亚最大的铅锌冶炼商 KCM 认为市场情况会更好，希望能在 2010 年重新达到 2008 年危机之前的生产水平。该公司主管认为全球铅市场释放出的信号是利好的，有助于其实现 4.9% 的铅增产目标，即产量达到 6.5 万吨铅（而锌增产 5.9%，达到 7.2 万吨）。KCM 在 2009 年生产了近 6.2 万吨铅和 6.8 万吨锌，这大多数都销往欧洲大陆，而希腊、罗马尼亚和相邻的土耳其则是销售的重点区域。尽管 KCM 对市场如此乐观，但还是将投资 2 亿美元进行铅生产的计划推迟到了 2013 年。

英国—瑞士的矿业集团斯特拉塔对经济复苏形势也满怀信心。该集团在澳大利亚伊莎山（Mount Isa）附近的 Handlebear Hill 矿 2008 年开始投产，2009 年 1 月暂时停产。斯特拉塔 2010 年 1 月份又将其重启。斯特拉塔在全世界的精矿总产量在 2009 年达到 22.9782 万吨，2008 年时为 25.1496 万吨，9% 的产量下滑归咎于其在澳大利亚出产的矿石质量下降；该公司精炼金属的产量在 2009 年达到了 24.1485 万吨（2008 年为

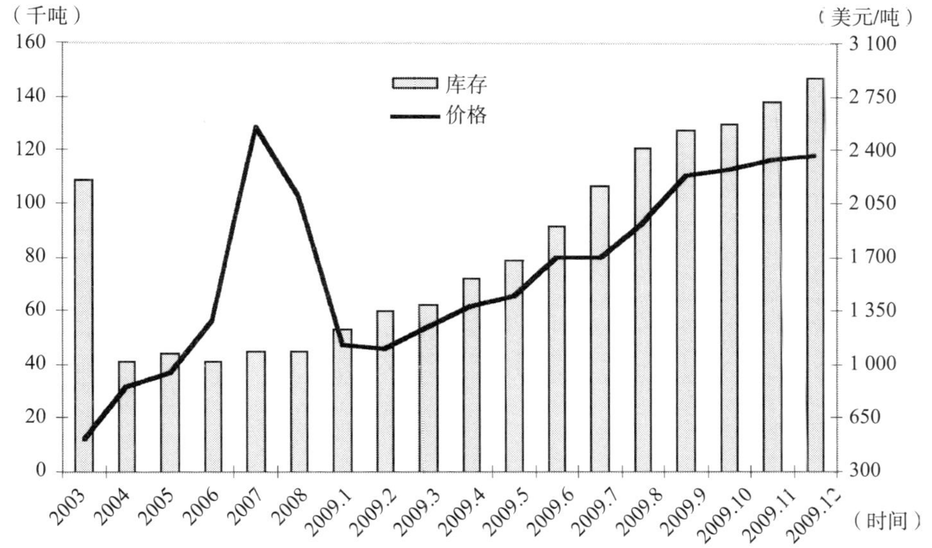

伦敦金属交易所：铅库存和 3 个月期铅价格

22.0391 万吨），产量出现了 10% 的增长，而这主要归功于其在伦敦附近的诺思弗利特（Northfleet）精炼厂的生产。最后，2010 年 1 月 1 日，斯特拉塔锌业公司与合资的合作伙伴——墨西哥的 Minco PLC 公司，宣布了一项投资为 1 000 万美元的勘探项目，勘探对象为爱尔兰的 Pallas Green 矿（铅锌矿）。

前景利好

铅生产终于从长达数月的衰退期中成功地走出来，各种指标可以让人预见到在 2010 年将继续呈现上升趋势。

铅库存增加或者中国重启已经关闭的铅精炼产能会导致铅价格上涨趋势的反转吗？未必，中国和世界其他地方的需求前景被人看好，其中中国的需求毋庸置疑成为铅市场的决定因素。尽管 2010 年年初时需求稍显乏力；但新增加的铅供给没有太大“弹性”。2010～2012 年，全球铅的年供应增长率据估计仅为 4% 左右，而需求的增速却高于 5%。

鉴于以上两方面原因，铅价格应该会保持在 2 000～2 400 美元/吨之间。

锌

库存过剩是阻碍2009年锌市场复苏的重要原因，无论是在伦敦还是上海，甚至世界各地的锌库存均出现过剩。尽管锌矿产量和精锌产量总体上均已下降，但疲弱的市场需求仍不足以消化这些库存。结果2009年全球锌金属供给明显过剩，有38万吨之多。尽管如此，2009年锌金属价格上涨了130%！

2009年锌价上涨势头强劲，2009年12月锌价达到了2 575美元/吨，其中下半年价格上升了40%，全年涨幅共计130%。

这一价格水平刺激了锌的供给，中国重新开启锌精炼厂——中国绝不是唯一这么做的国家。2009年下半年世界上至少有55万吨的精炼锌产能再次被启动。这一次，以比利时的新星公司（Nyrstar）为首的欧洲锌企业也不甘落后。

无形库存的拖累

在2009年前几个月，世界锌需求的疲软阻碍了锌市场发展。夏季以后锌需求才开始逐渐增长，但这种微弱的增长不足以为市场的真正复苏提供动力。据国际铅锌研究小组（ILZSG）公布的数据，在2009年1～11月期间，全球锌金属需求下降了7%。在全球需求下降的大环境下，中国是个例外，数据显示同期中国的锌需求量增长了16.9%，锌进口量增长了60万吨。实际上，中国是世界精炼锌的最大生产国，在2006～2007年就成为精炼锌的主要出口国。中国并不存

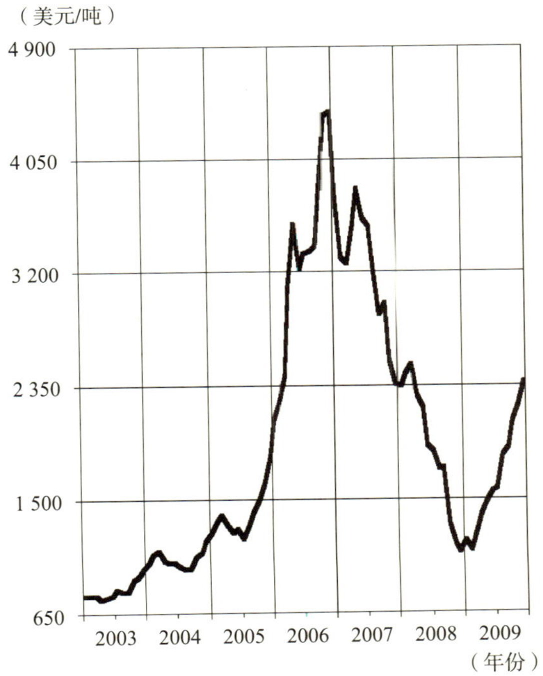

伦敦：特级锌现货价格

矿石与金属

锌

单位：千吨

分布地区 \ 年份	2004	2005	2006	2007	2008	2009
世界产量*	**10 397.4**	**10 184.8**	**10 659.8**	**11 371.5**	**11 613.6**	**10 295.0**
其中：中国	2 719.5	2 776.1	3 167.2	3 742.6	3 913.1	3 955.8
加拿大	805.4	724.0	824.5	802.1	764.3	620.6
韩国	670.0	650.0	670.0	691.0	739.0	605.0
印度	238.4	266.2	420.9	430.8	545.8	561.9
日本	634.6	638.4	614.3	597.7	615.5	490.9
澳大利亚	470.0	457.0	464.0	502.0	500.0	461.4
西班牙	525.1	501.4	507.3	509.0	466.0	457.9
哈萨克斯坦	316.7	357.1	364.8	358.5	365.6	301.7
芬兰	284.5	281.9	282.2	305.5	297.7	265.9
巴西	266.0	267.4	272.4	265.1	272.3	259.3
墨西哥	335.0	334.0	279.4	322.4	305.4	258.1
俄罗斯	253.3	206.0	247.3	264.0	263.0	202.0
荷兰	224.0	224.5	227.2	225.0	241	201.3
美国	350.0	351.0	269.0	278.0	286.0	182.2
法国	267.5	210.0	120.0	129.0	118.5	143.0
德国	382.0	335.0	316.8	295.5	292.3	137.8
比利时	257.0	220.0	259.0	264.0	256.2	未定
世界消费*	**10 390.3**	**10 452.3**	**10 896.2**	**11 269.3**	**11 422.3**	**10 203.0**
其中：中国	2 732.2	2 989.0	3 155.5	3 592.1	4 016.0	4 485.6
美国	1 190.0	1 050.0	1 150.0	1 000.0	1 000.0	806.8
印度	353.2	388.8	444.1	480.0	439.0	514.2
日本	621.2	601.7	594.1	588.4	563.9	384.3
韩国	421.3	448.1	515.0	486.2	488.0	354.8
德国	548.8	514.0	564.0	534.3	526.6	336.1
比利时	381.4	345.0	360.0	364.0	372.0	306.9
巴西	238.9	220.4	226.3	250.0	271.3	216.6
法国	252.0	271.0	249.2	267.9	250.7	202.6
意大利	365.9	395.0	312.6	395.8	278.8	193.9
西班牙	265.9	260.0	240.0	271.1	276.0	192.5
中国台湾	342.4	306.3	281.7	231.0	223.0	172.8
澳大利亚	250.0	239.1	299.4	239.4	204.7	139.3
加拿大	—	173.2	179.2	172.8	162.6	127.0
墨西哥	148.3	141.3	140.8	125.7	122.6	99.0
主要出口国**						
加拿大	614.1	527.4	629.1	613.6	599.5	488.6
澳大利亚	159.4	267.7	188.5	283.9	317.4	313.6

续表

分布地区 \ 年份	2004	2005	2006	2007	2008	2009
韩国	320.1	261.4	214.6	257.3	310.7	290.2
芬兰	235.7	235.3	233	260.3	257.4	221.8
墨西哥	—	193.6	147.7	196.8	202.8	187.9
西班牙	294.5	334.0	270.2	220.0	191.9	161.2
日本	—	53.7	73.4	74.2	84.5	142.9
荷兰	268.9	270.6	306.3	235.5	246.2	111.4
主要进口国 **						
中国	239.2	387.4	318.2	149.4	182.5	629.8
美国	799.0	667.8	727.0	741.8	723.6	574.0
德国	248.7	245.8	313.0	315.4	305.1	229.4
比利时	261.2	46.5	73.9	202.3	207.5	191.2
中国台湾	343.8	309.4	286.0	229.1	221.6	156.6
土耳其	—	139.2	72.9	136.9	147.2	114.6
阿拉伯联合酋长国	—	12.9	24.9	23.2	26.5	108.1
法国	103.0	143.5	170.3	168.2	163.9	102.7
伦敦金属交易所年终库存	**631.3**	**393.6**	**90.5**	**88.5**	**253.5**	**489.0**

注：* 为2009年前11个月的数据；** 为2009年前10个月的数据。
资料来源：世界金属统计局（WBMS）。

在锌的结构性匮乏。因此，其大规模进口锌的意义使人倍感疑惑。

这是为了中国锌工业的发展吗？考虑到中国精炼锌日益提高的产能，这一假设似乎并不成立。但将锌潜在库存量考虑在内时，这一假设却变得更合理。2009年7月初，伦敦金属交易所的锌库存量超过39.3万吨，上海期货交易所的锌库存量超过10.2万吨。6个月后，前者的锌库存量首次达到了自2005年10月份以来的50万吨左右；后者则达到22.3万吨。中国22.3万吨锌库存为官方数据，中国的研究机构安泰科估计的上海锌库存量高达97万吨，接近100万吨。这表明中国金属库存管理中的透明度不高，官方数据仅为大概的估值。

另外一个支持该假设的依据是：尽管在2009年秋季锌市场开始复苏，但2009年前11个月的锌总产量却为下降状态。根据国际铅锌研究小组的数据显示，锌矿产量下降了3.6%，精炼锌产量下降了4.1%。

由于中国的投机者深谙应该何时抛掉现货金属以获取回报，这才会使其敢于投机式囤积如此多的实物金属。另外，中国通过工厂的不间断生产和居民的持续消费推动世界经济走出衰退，经济的“韧性”可见一斑。基于这些事实，各类中国的投机者实际上对中国的经济增长和对金属的长期需求下了低风险的长期赌注，锌库存量即是这一表象的有力证据。最后，中国的锌市场参与者还会出于什么理由在自己的需求得到满足的情况下进口并持有大量的锌呢？最主要的动机可能就是为了推动锌价格上涨，更何况当时在伦敦和上海间进行套利明显有利于伦敦。因此，这些锌可能将早晚流回交易所的仓库或是现货市场，但是需要指出的是，锌就像铝一样很可能也用来进行质押融资。

由于上述原因，2009 年 1 月底～2010 年 1 月底期间，伦敦金属交易所 3 个月锌合约的价格翻了一番，由 1 097 美元/吨上升至 2 133 美元/吨（2010 年 1 月 7 日锌价曾达到 2 730 美元/吨，这是由于市场对中国供应量将减少的担忧造成的）。

中国加大生产

由于锌市场在等待经济复苏，因此 2008 年底闲置的锌产能在接下来几个月中仍然没有启动。然而这一渴望已久的转变最终在 2009 年夏季末出现。发达国家的锌需求终于开始增长，但是这与已换至“高速档”的中国需求相比仍然望尘莫及。

2009 年 1～11 月，根据中国国家统计局的数据，中国共生产精炼锌 395.7 万吨，比 2008 年同比增加了 8.9%。

为保障供应，中国锌生产商争相在世界各地进行并购活动。中国五矿集团（China Minmetals）以 14 亿美元相对合适的价格收购了全球第二大锌生产商——澳大利亚奥兹矿业公司（OZ Minerals）。

2009 年年底，中国五矿集团收购了湖南有色金属集团 51% 的股权，该收购行为得到了湖南省政府的大力支持。同时，其又试图购买英美资源公司（Anglo American）的资产（英美资源公司曾暗示欲出售其拥有的锌矿等非核心资产）。事实上，这些资产绝非无关紧要，它们包括在纳米比亚的蝎子锌矿（Skorpion）、在爱尔兰的 Lisheen 锌矿，以及南非的冈姆斯山矿（Gamsberg）和黑山矿（Black Mountain）。英美资源公司在 2008 年的锌产量达到了 34.05 万吨。

中国五矿集团在这一资产收购上面临激烈的竞争，其中包括中国的中金岭南有色金属公司、加拿大的综合矿业公司泰克资源公司（Teck Resources）——中国投资公司（CIC）拥有该公司 17% 的股权。

锌精矿

单位：千吨

分布地区 \ 年份	2004	2005	2006	2007	2008	2009*
世界锌精矿产量	**9 703.8**	**10 055.2**	**10 419.3**	**11 082.9**	**11 612.0**	**10 345.4**
其中：中国	2 391.2	2 547.8	2 844.2	3 047.7	3 151.0	2 704.6
秘鲁	1 209.0	1 201.7	1 203.4	1 444.4	1 581.3	1 379.8
澳大利亚	1 335.0	1 367.0	1 364.0	1 514.0	1 519.0	1 259.6
美国	739.0	748.0	727.0	803.0	778.0	680.9
加拿大	791.4	666.7	638.0	630.5	716.1	643.9
印度	340.0	447.1	501.7	538.9	615.5	617.5
墨西哥	426.0	476.3	479.4	452.0	453.6	424.8
玻利维亚	—	159.5	172.7	214.1	383.6	391.7
哈萨克斯坦	361.4	364.3	404.6	386.0	386.8	385.9
爱尔兰	438.3	429.5	425.8	400.9	398.2	367.1

注：* 为 2009 年前 11 个月的数据。精矿产量以金属含量计算。
资料来源：世界金属统计局（WBMS）。

泰克资源公司的增长

加拿大泰克资源公司公布2009年的净收益为18亿美元，这是其历史上的第二高净收益值。这一业绩弥补了该公司2008年的不佳业绩，并让100亿美元债务的偿还有了多种途径。泰克资源公司总裁唐·林德塞（Don Lindsay）认为，这些财务数据反映了整个公司的优良业绩，其中克夫拉达布兰卡（Quebrada Blanca）的铜产量和红狗（Red Dog）与安塔米纳（Antamina）的锌产量都创下了新的纪录。

安塔米纳是位于秘鲁安第斯山脉的大型铜锌矿，在2009年创下的锌产量达45.6万吨的纪录。泰克资源公司拥有安塔米纳矿25%的股权、必和必拓拥有该矿33.75%的股权、斯特拉塔拥有33.75%的股权，以及日本三菱公司10%的股权。1月5日，泰克资源公司股东会议通过了为扩建轧制厂投资12亿美元的计划。

泰克资源公司位于阿拉斯加的红狗矿的矿产量创了纪录。这个世界上最大的铅锌矿由泰克资源公司独自所持有。该矿在2009年精锌矿的产量为102万吨，2008年的产量为92万吨。

但是泰克资源公司与当地因纽特人之间的关系的处理并不顺利。2010年1月，因纽

锌：世界结余表

单位：千吨

项目 \ 年份	2005	2006	2007	2008	2009
锌矿产量	10 146	10 447	11 129	11 690	11 378
精炼锌产量	10 221	10 655	11 360	11 655	11 277
精炼锌消费	10 611	11 015	11 307	11 436	10 832
结余	-390	-360	53	219	445

资料来源：国际铅锌研究组织（ILZSG）。

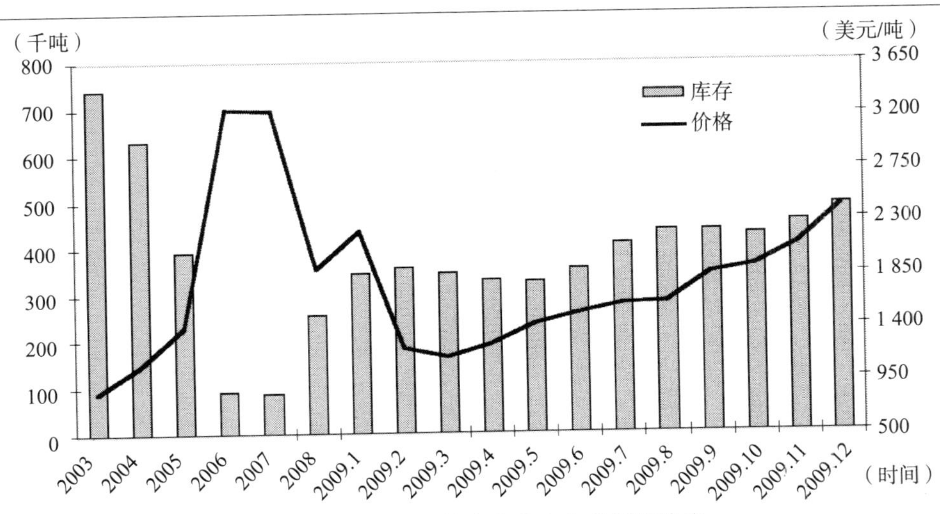

伦敦金属交易所：锌库存和3个月期锌价格

矿石与金属

特人起诉了美国环境机构授权泰克资源公司扩张红狗矿的行为。由于该矿的储量在不久的将来有可能耗尽，泰克资源公司希望通过开发 Aqqaluk 这座新矿来继续其业务。但是该锌矿开发造成的污染同样很严重。泰克资源公司承诺投资 1.2 亿美元建设排水系统，从而将矿业废水排放到楚克其海（Chukchi）而非新矿附近的河流。但因纽特人认为这一工程不但解决不了任何问题，反而还违反了美国的清洁水法（Clean Water Act.）。因此，他们提出的司法申诉必将危及泰克资源公司 2010 年的 94 万吨锌精矿产量的计划。

对于澳大利亚的奥兹矿业公司（隶属中国五矿集团）而言，它所拥有的位于澳大利亚的巨型锌矿——世纪锌矿（Century）的情况并不乐观。因为世纪锌矿在 2009 年的锌精矿产量仅为 36.0659 万吨。此外 2009 年秋天，一条锌精矿的运输管的损害造成长达 79 天的生产中断。这对需要锌精矿的欧洲熔炼厂特别是比利时新星（Nyrstar）公司来说是场灾难，因为新星公司在荷兰的 Budelco 冶炼厂主要依靠世纪锌矿生产的锌精矿来进行生产。预计 2010 年世纪锌矿的锌精矿产量将达到 50 万吨甚至 51 万吨。

世纪锌矿的矿产储量将在 2014 ~ 2015 年耗尽。奥兹矿业公司也重新开始在杜加尔德河（Dugald River）附近勘探（之前该勘探曾在 2008 年暂停）新矿。奥兹矿业公司预计新锌精矿的年产量将达到 20 万吨。这个数量只能弥补将来世纪锌矿留下锌生产缺口的 40%。

斯特拉塔将关闭基德铜业

英国 - 瑞士矿业公司斯特拉塔关闭了在加拿大的基德铜锌矿冶炼厂（Kidd Copper）。这一决定是对金属普遍生产过剩、处理和精炼金属费用偏低、经营和资金成本上升、特别是加拿大元兑美元汇率上升作出的回应。

新星公司巩固大后方

1.37 亿美元——这是新星公司出其不意的收购报价：考虑到世纪锌矿即将关闭，新星公司希望以此价格收购澳大利亚 CBH 资源公司以保障原材料的稳定供应（其每年需要超过 5.9 万吨锌精矿）。

基于这一点，2010 年 1 月 25 日，新星公司宣布向托维维拉矿业公司（Talvivaara）旗下的索特卡莫矿（Sotkamo）购买 125 万吨锌金属，价值 3.35 亿美元。托维维拉矿业公司将全部矿产品供应给新星公司，直到 125 万吨锌金属（或者其等量的含量为 65% 的 200 万吨锌精矿石）全部交付完。从 2010 ~ 2012 年索特卡莫矿的年产量预计达到 9 万吨锌精矿左右，因此交货时间将长达 10 ~ 15 年（第一批锌精矿已在 2010 年 2 月交付）。

新星公司还以 1 500 万美元现金从加拿大 Gold Hawk Resources 公司购买了秘鲁的 Coricancha 多金属矿 85% 的股权。这座矿（锌、铅、铜、金、银）日产量为 600 吨，但该矿的生产自 2008 年 5 月矿区出现滑坡后一直处于放缓状态。在重新全面启动之前，新星公司计划于 2010 年建立一套新的垃圾处理系统。

澳大利亚的艾厄恩班黄金有限公司（Ironbark Gold Limited）根据协议将其在格陵兰岛经营的锌矿 19.9% 的股权转让给新星公司，因此新星公司将拥有该矿 35% 的锌矿产量。

很明显，新星公司在法国的业务已不再

车里雅宾斯克锌业公司失望的成绩

最大的俄罗斯锌生产商车里雅宾斯克锌业公司（Chelyabinsk Zinc）在2009年的锌年产量下降了20%，仅为11.9万吨，尽管产量在第四季度上涨了14.1%。另外，锌产量的64%都是在俄罗斯国内市场销售的。该公司在哈萨克的新星锌工厂Nova Zinc加工了119万吨的锌矿石，比2008年下降了10.4%。

是其战略部署的一部分。2009年11月，该公司宣布将于2010年关闭下属的GM金属厂（年产2万吨锌合金）。该厂的生产将被转移到新星公司在比利时的Balen Overpelt公司。

世界锌市场2010年仍将处于过剩状态。这样的状态下，那些重新启动或增加新产能的锌生产商的行为或许使人不解。实际上只有出乎意料强劲的锌消费，尤其是镀锌钢材的消费，才可能使目前锌生产商增加产量的举动得以成功。目前欧美的锌消费已经开始增长，但仍然脆弱。

2010年年初世界各工业企业的“去库存”（中国除外）可能会使全球锌价格上涨13%左右，中国锌的库存量也可能会使锌的价格遭遇调整。

沃托兰蒂集团产能翻倍

巴西沃托兰蒂集团（Votorantim）是世界上第五大原生锌生产商，于2010年2月投资5亿美元完成在秘鲁的Cajamarquilla精炼锌厂的扩张，将使其冶炼产能翻倍，从而达到年产32万吨精锌。

小金属

2009 年，许多小金属都在经济危机中受到了冲击。然而，亚洲的经济活跃（中国的经济增长超过了 8%）维持了一些金属价格的高企。2010 年，钴和钼将在伦敦金属交易所（LME）上市。如果按照此前其他上市的金属合约的经验，那么这两种金属的价格将受到金融投资者的影响，其基本面对价格的影响可能会退居其次。这两个即将在伦敦金属交易所上市的新金属能否获得预期的成功还有待观察。

锑

锑在经济危机中遭受了沉重打击，但最终还是经受住了考验。含有低铋含量的三氧化锑在 2009 年 2 月末时的价格为 4 500 美元/吨。到 3 月中旬时，锑锭的成交价为 4 000 美元/吨。4 月初，曾有传闻称，中国生产商有意参股欧洲锑领域的主要公司 SICA 和 Campine，但没有结果。5 月初，随着中国海关在中越边境实施更严厉的打击走私措施，锑市场受到支撑，价格每吨上涨了大约 200 美元。之前由于走私规模巨大，导致锑价经常位于中国生产商的盈利水平之下。2009 年 5 月 14 日，中国最大的锑生产企业——锡山矿闪星锑业公司，宣布其正在向政府相关部门申请将三氧化锑的出口关税下调 5%，但其对获得批准的可能性希望不大。随着欧洲贸易商对中国海关的行动做出反应，锑锭价格迅速攀升至 4 700 美元/吨。

6 月初，欧洲的需求进入淡季。尽管湖南有色金属集团打算购买 1 000 吨锑用于增加战略储备，相对支撑了锑价格，但锑价依然降到了 4 400 美元/吨以下。6 月末，价格重新回到 4 600 美元/吨，使得中国的锑生产商暂时摆脱了困境。

7 月初，由于中国锑矿的主产地江西发生了严重的洪灾，在买家中开始产生担忧，这使得锑价升到 5 000 美元/吨。据称，湖南有色金属集团已经购进 3 000 吨锑，足以满足未来数年之用。

但涨势并没有就此结束。7 月末时，当闪星锑业公司宣布进入停产检修之后，锑价进一步攀升到了 5 500 美元/吨。到了 8 月初，当锑价高达 6 000 美元/吨之时，中国锑金属已经严重滞销，市场鲜有成交。到 10 月初，闪星锑业公司的主要矿井发生矿难，26 名矿工丧生，5 人受伤，被迫停产。尽管鹿特丹港的锑库存似乎已经基本消耗殆尽，但是欧洲买家因担心中国市场的大量库存会在国际市场上销售，继而使得价格下跌，因而没有立即回到市场购买。10 月中旬，

世界锑矿产量

单位：吨

分布地区 \ 年份	2005	2006	2007	2008	2009*
世界锑矿产量	**174 926**	**177 811**	**187 095**	**208 022**	**126 524**
其中：中国	151 457	156 200	163 000	183 000	107 600
危地马拉	—	—	6 263	6 300	4 725
澳大利亚	—	—	540	1 417	3 600
塔吉克斯坦	4 073	3 480	3 480	3 390	2 475
俄罗斯	3 000	3 000	3 000	3 000	2 250
玻利维亚	5 204	5 460	3 881	3 905	1 983
南非	6 098	4 443	3 436	3 674	1 840
土耳其	1 200	1 100	1 200	1 300	990
吉尔吉斯斯坦	800	532	480	480	360
秘鲁	807	824	829	584	263

注：* 为2009年前9个月的数据。

资料来源：世界金属统计局（World Bureau of Metal Statistics，WBMS）。

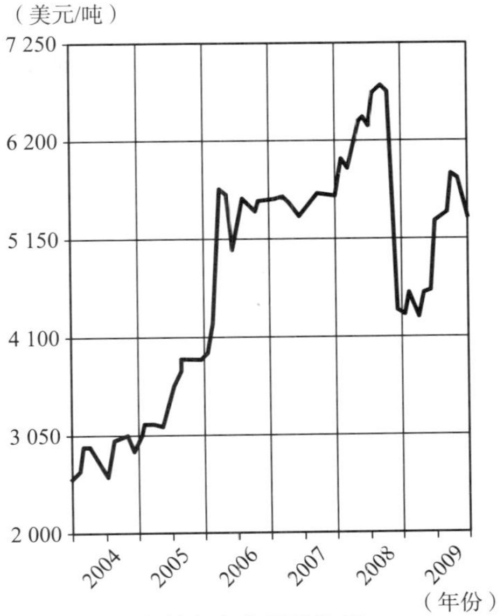

欧洲自由市场锑价格

资料来源：世界金属统计局（WBMS）。

湖南地区的矿山进入了全面的安全检查，使得锑价得到支撑，稳定在6 800美元/吨。

11月中旬，市场的风向发生了变化，中国生产商极力寻求以低于6 000美元/吨的价格出售标准锑，而欧洲的需求依然较弱。诺基亚公司出于对企业形象的考虑，宣布到2010年年底时其产品中将停止使用三氧化锑。实际上在北欧国家中，是否将锑划为皮肤刺激物的辩论正在展开。瑞典 Deflamo AB 公司宣布开发一种无锑聚合物的阻燃剂，该公司是绿色阻燃剂生产领域的领军企业。以卤素为基础的阻燃剂在许多国家都被禁用。

世界金属统计局（WBMS）指出，2008年全球锑产量为20.8588万吨，而2007年时仅为18.5911万吨，且85%在中国生产。到2010年初，锑价再次开始攀升，1月13日达到了6 600美元/吨，逼近2008年8月时创下的6 850美元的历史最高纪录。12月末，中国的国有企业中国五矿集团取得了湖南有色金属有限责任公司（锡山矿闪星锑业的母公司）51%的股权，剩余股份由湖南省国有资产委员会持有。至此，中国政府或多或少地掌握了对全球锑市场的控制权。

砷

砷市场2009年全年起伏不大，价格一直在1 000～1 500美元/吨的狭窄范围内波动。8月份湖南省的污染事件使得许多生产商不得不停止生产。中国的电视和报刊媒体也纷纷对这一事件进行了报道。砷的主要生产国是中国、智利、摩洛哥和秘鲁，产量（主要是三氧化砷）之和占世界总产量（56 000吨）的80%。砷的用途主要是以铜铬砷（CCA）的形式用于木料防腐剂。由于砷具有毒性，目前这种应用十分有限。另外，高纯砷的应用，诸如作为一种半导体材料（砷化镓）的前景无限。

目前砷资源充足，完全可以满足消费的需要。

铍

世界主要的铍生产商美国布拉什韦尔曼公司（Brush Wellman）提高了在犹他州矿山的羟硅铍石产量，该矿产的铍矿的品位大约为0.30%，据称其储量可供100年之用。尽管布拉什韦尔曼公司想方设法降低成本，但由于经济危机，该公司2009年几乎没有盈利。

11月初，美国国会投票通过了8 500万美元的预算，以增加铍的战略储备。由于布拉什韦尔曼公司于2000年停止了铍金属的生产，因此美国国防部与该公司在俄亥俄州爱尔莫地区（Elmore）联合投资建立了一家合资企业，该工厂将于2010年底投产。自2000年布拉什韦尔曼公司停止生产铍金属以来，美国工业就一直在消耗美国的铍战略储备——铍锭，其目前正在逐渐被耗尽。美国将继续维持其军事强国的政策，鉴于铍具有重要的军事用途，美国政府将继续推进铍的生产和储备。

砷（三氧化物）

单位：吨

分布地区＼年份	2005	2006	2007	2008	2009
世界砷矿产量	**59 200**	**59 000**	**53 500**	**52 700**	**53 500**
其中：中国	30 000	30 000	25 000	25 000	25 000
智利	11 500	11 500	11 500	10 000	10 000
摩洛哥	6 900	6 900	7 000	8 800	7 000
秘鲁	3 500	3 500	4 000	4 000	4 000
哈萨克斯坦	1 500	1 500	1 500	1 500	1 500
墨西哥	1 300	1 400	1 500	513	1 500
俄罗斯	1 500	1 500	1 500	1 500	1 500
比利时	1 000	1 000	1 000	1 000	1 000
其他	1 000	1 000	500	400	500

资料来源：世界矿产资源综述（Mineral Commodity Summaries，MCS），2010年1月。

铍

单位：千吨

分布地区＼年份	2004	2005	2006	2007	2008	2009
世界铍矿产量	**148**	**138**	**180**	**180**	**200**	**140**
其中：美国	90	110	155	152	176	120
中国	20	20	20	20	20	20
莫桑比克	3	6	6	6	1	1

资料来源：世界矿产资源综述（MCS），2010年1月。

铋

2009年初，中国铋金属价格暴跌，到2月中旬时，中国市场的铋价格仅为7美元/磅。当湖南省郴州市政府宣布将要购买3 000吨铋以充实库存时，世界买家并没有受到此消息的影响。

由于2009年3月18日发生罢工，墨西哥Peñoles公司对其未能按合同交货而引用了不可抗力条款。但该举动也没有对市场产生影响，铋价仍然维持在2007年1月初以来的最低水平。南美的铋产量仅占全球产量的15%，加之中国还有大量隐性库存，这就可以解释为什么市场没有做出反应的原因。Peñoles公司于4月底恢复生产，与此同时，玻利维亚矿业部宣布，Telemayo冶炼厂在完成了现代化改造后恢复了对外出口，年出口额有望达到300吨。6月初，欧洲传统的铋供应商道朗秘鲁公司（Doe Run Peru）因为面临财务困境，关停了其在墨西哥拉奥罗亚（La Oroya）的工厂。尽管如此，受中国铋库存高企和经济危机的影响，铋价还是降至2006年11月的水平。8月中旬，湖南柿竹园有色金属有限责任公司（湖南有色金属集团的一家子公司）证实了将以略高于市价的价格采购3 000吨铋，但这并未在欧洲引起任何反应。2009年9月初，形势发生了变化：铋价达到了10美元/磅，现货量增加。铋价开始缓慢下行并持续到2009年年底，到12月份铋价格为8美元/磅。

中国生产商再一次展现了其在铋市场的统治能力，这一次展现的方式较为温和。美国地质勘探局（USGS）在其2008年的报告中称：在2008年之前的十年，全球铋消费每年增长约3%～5%，但是这种趋势已经

铋

单位：吨

年份	2005	2006	2007	2008	2009*
世界铋矿产量	**5 939**	**5 700**	**6 300**	**7 700**	**7 300**
其中：中国	3 000	3 000	3 500	5 000	4 500
墨西哥	970	1 180	1 200	1 170	1 200
秘鲁	952	950	950	960	960
加拿大	185	190	190	71	100
哈萨克斯坦	150	140	140	150	140

资料来源：世界矿产资源综述（Mineral Commodity Summaries），2010年1月。

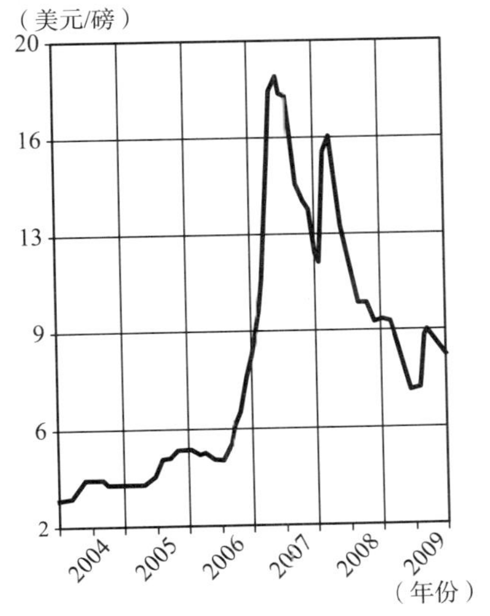

欧洲自由市场铋价格

资料来源：世界矿产资源综述（Mineral Commodity Summaries），2010年1月。

被金融危机的影响所中断。另外，随着有铅焊料在越来越多的国家及相关领域中被禁止使用，锡、铋、铜系焊料得到了成长空间，这将会在今后数年提振铋的需求。

镉

2009 年《锡瑞普世界大宗商品市场年鉴》对镉价格走势相对悲观的预测最终没有完全实现。尽管发生了经济危机，但镉市场依然稳步复苏。2 月初，受印度电池生产商采购的推动，镉价接近了 1.5 美元/磅，中国市场却没有任何变化。5 月初，中国掀起了一股采购浪潮，并在 30 天之后将镉价推到了 1.7 美元/磅。之后亚洲市场又归于平静，镉价随之降到了 1.3 美元/磅。7 月和 8 月，中国、印度和欧洲的买家重返市场，给市场注入了新的活力，并将镉价推升到了 2 美元/磅。

10 月 5 日，比利时生产商 Floridienne 公司宣布，已经选择 MCP 公司作为其镉供应商。Floridienne 公司是目前全球最大的氧化镉（用于电池生产）生产商，产量大约 7 000 吨/年，约占全球产量的 40%。Floridienne 持有 MCP 集团 40% 的股份，而 MCP 集团则是 2007 年 MCP Aramayo 和 Sidech 合

镉

单位：吨

分布地区 \ 年份	2005	2006	2007	2008	2009*
世界镉产量	**19 457**	**18 782**	**18 199**	**19 200**	**17 214**
其中：中国	4 077	3 792	4 215	4 212	3 861
韩国	2 582	3 249	2 846	3 501	3 209
日本	2 297	2 360	1 934	2 116	1 761
墨西哥	1 627	1 399	1 605	1 550	1 374
加拿大	1 727	2 094	1 388	1 409	1 189
哈萨克斯坦	1 624	1 140	996	996	913
美国	1 470	723	735	745	683
德国	640	640	640	640	586
印度	409	457	583	600	574
波兰	408	373	421	603	553
荷兰	570	570	570	570	523
俄罗斯	418	464	557	557	510
澳大利亚	429	425	425	425	389
保加利亚	226	235	318	376	330
秘鲁	481	416	347	371	274
世界镉消费量	**15 214**	**14 505**	**16 058**	**16 436**	**14 861**
其中：中国	5 407	5 407	5 407	5 407	4 956
比利时	4 196	3 582	4 799	5 117	4 690
日本	1 934	2 026	2 210	2 004	1 860
瑞典	282	338	439	831	761
德国	655	647	666	691	548
印度	535	480	560	494	535
美国	699	561	585	564	380
法国	268	268	268	268	246
巴西	176	176	176	176	161
加拿大	155	233	147	138	124

注：* 为 2009 年前 11 个月的数据。
资料来源：世界金属统计局（WBMS）。

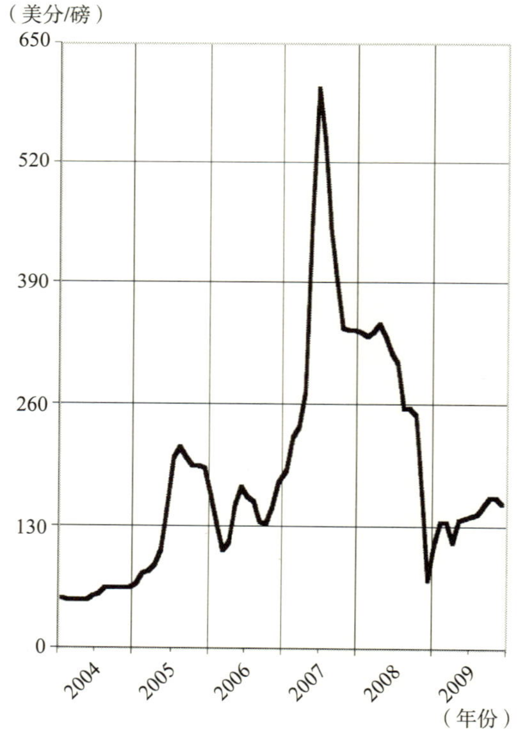

欧洲自由市场镉价格

并的产物。这几家公司在全球若干稀有金属领域均处在领先地位，尤其是铋、镉、硒和镓等稀有金属。MCP Aramayo 和 Sidech 目前的成功合并，是西方为在稀有金属领域的保持实力，并应对在其眼中由中国政府主导的中国稀有金属产业的重组。2010 年 1 月初，镉价下探，市场等待中国的买家回归。

铬

铬铁市场的表现反映出不锈钢市场的疲软。

2009 年第一季度，国际铬铁的基准价格——南非铬铁价格，为 0.79 美元/磅；第二季度下降到 0.69 美元/磅的全年最低点；到年底时，铬铁价格回升至 1.03 美元/磅。

到 2010 年第一季度，铬铁价则被确定为 1.01 美元/磅。对于铬生产商来说，随着亚洲不锈钢产量的日益增长，形势发生了变化——铬市场的“游戏规则”发生了改变。实际上，强劲的中国买家以现货价格采购铬铁，而欧洲的钢铁生产商是以铬铁国际的基准价进行采购。毫无疑问，2009 年的全球采购价大都低于公开市场价格。

几乎所有的生产商都提高了产量，例如，全球第一大铬生产商——Xstrata-Merafe 铬公司，第三季度的产量为 24.5 万吨，比第二季度提高了 43%。因此 2009 年可能的供应过剩，将会给未来几个季度的铬铁市场带来影响。

2009 年的铬金属价格则显著回落，3 月份为 8 000 美元/吨，不足 2008 年 10 月份价格的 1/3。有几家生产商，如埃赫曼（Eramet）公司，俄罗斯的 Polema 公司和 Kluchevsky 公司进行了减产或停产。

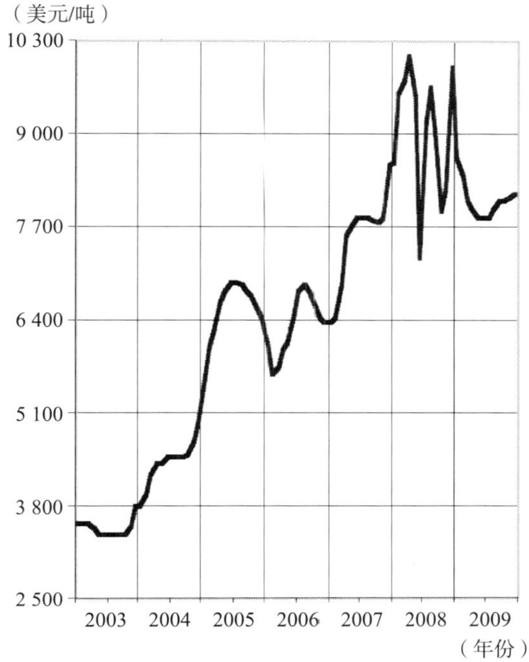

铝热法金属铬价格

2009 年，身为全球头号含铬化学产品生产商的英—美公司海明斯集团（Elementis）也大幅减产。2010 年初，市场的轻微好转提振了价格，但全球铬金属的产能利用率最多仅为 60%。

钴

对钴市场来说，2010 年是一个新时期的起点。2010 年 2 月，钴在伦敦金属交易所挂牌上市，吸引了大量的金融投机者。钴的全球性市场仅为数十亿美元，这对大型银行几乎没有太多的吸引力。然而，对于专业于大宗商品投资的基金而言，该市场却极具吸引力。2009 年，钴价整体表现疲软：1 月为 16 美元/磅；2 月中旬为 12 美元/磅；3 月时低于 10 美元/磅；5 月底，由于少数买家的炒作，价格突然跳涨至 16 美元/磅。

2009 年 5 月份在里斯本召开的国际钴协

铬

单位：千吨

分布地区 \ 年份	2004	2005	2006	2007	2008
世界铬矿产量	**15 132**	**17 610**	**19 241**	**22 154**	**24 003**
其中：南非	7 309	7 244	6 865	8 720	9 268
印度	2 948	3 255	3 600	3 320	3 900
哈萨克斯坦	3 290	3 581	3 366	3 687	3 629
土耳其	230	506	1 059	1 678	1 885
俄罗斯	320	772	966	777	913
巴西	623	676	604	625	787
芬兰	580	572	548	556	613
津巴布韦	621	820	713	663	484

资料来源：国际铬业发展协会统计公报（ICDA Statistical Bulletin）。

铬铁

单位：千吨

分布地区 \ 年份	2004	2005	2006	2007	2008
世界产量	**5 866**	**5 858**	**6 371**	**7 638**	**7 263**
其中：南非	2 960	2 505	2 818	3 535	3 238
中国	532	680	858	1 060	1 284
哈萨克斯坦	819	907	928	1 070	955
印度	527	611	634	820	750
俄罗斯	147	295	304	345	262
芬兰	218	235	243	242	233
巴西	185	170	141	164	187
津巴布韦	193	257	213	201	158
瑞典	128	127	136	124	117

资料来源：国际铬业发展协会统计公报（ICDA Statistical Bulletin）。

会（CDI）会议上，与会者寥寥无几，其中几个主要消费者的缺席引人注目。大家一致认为，如果钴市场缺少了中国的参与，钴价可能会停留在9美元/磅的附近。且刚果（金）新矿项目的进展，将决定未来数年钴市场的走向。Roq矿业公司、滕凯丰古鲁梅公司（Tenke Fungurume Mining）和加丹加公司（Katanga Mining）3家机构都预测钴供应将会大量增长。

6月份，尽管中国扩大了采购数量，但钴价格仍跌到12美元/磅。但是到6月末，价格再次反弹至16美元/磅。7月中旬，有传言称日本将要补充库存，钴价升至18美元/磅。8月9日，全球最大的钴生产商

钴

单位：吨

分布地区 \ 年份	2005	2006	2007	2008	2009
世界钴产量	**57 900**	**67 500**	**62 300**	**75 900**	**62 000**
其中：刚果民主共和国	22 000	28 000	25 300	31 000	25 000
澳大利亚	6 000	7 400	5 900	6 100	6 300
俄罗斯	5 000	5 100	6 300	6 200	6 200
中国	1 300	2 300	2 000	6 000	6 200
加拿大	5 500	7 000	8 300	8 600	5 000
古巴	3 600	3 800	3 800	3 200	3 500
赞比亚	9 300	8 000	7 600	6 900	2 500
摩洛哥	1 600	1 500	1 500	1 700	1 600
新喀里多尼亚岛	1 200	1 900	1 600	1 600	1 300
巴西	1 200	1 200	1 400	1 200	1 000
其他地区	1 200	1 300	1 900	3 400	3 200

注：以金属含量计算。
资料来源：世界矿产资源综述（MCS），2010 年 1 月。

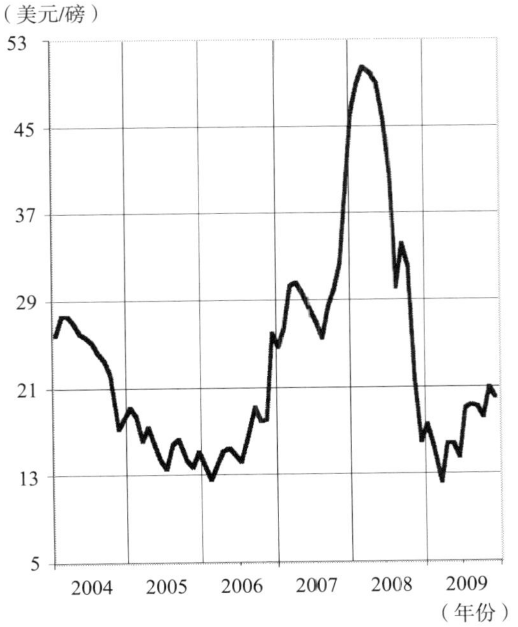

欧洲自由市场钴价格

OMG 集团披露，其 2009 年第二季度亏损 3 000 万美元。到 8 月中旬，钴价在 18 美元/磅附近得以稳固。9 月 16 日，价格有所回落，随后于 10 月份再次攀升。并于 11 月份和 12 月份进一步走强，到圣诞节时达到了 20 美元/磅。2010 年 1 月，价格继续攀升，俄罗斯市场的钴价达到了 23 美元/磅。

2008 年全球金属钴的产量，从 2007 年的 5.36 万吨增加到 5.5878 万吨。中国的产量可能超过了 1.8 万吨，该数字令人困惑，因为金川集团（中国的主要钴生产商）的生产能力可能仅为 6 000 吨/年。根据国际钴协会的数据，2008 年中国的钴产量为 1.8239 万吨，而 2007 年时仅为 1.3245 万吨。2010 年，人们将拭目以待，看看嘉能可公司（Glencore）将如何对市场施加其支配性影响。嘉能可公司的钴产量至少占全球总产量的 40%，且该公司一直在刚果（金）寻找新的项目。

不可否认，钴在伦敦金属交易所上市，将给专业投资者提供一个新的投资渠道，但也会导致钴的价格受到这种新因素的影响。

镓

北京吉亚半导体公司总经理陈峰先生发现，可将镓消费量作为衡量一个国家的工业现代化水平的指标。他于 2009 年 9 月初，在稀有金属会议上谈到了上述观点。

中国在镓生产与消费领域具有重要地位。中国镓的生产能力为 125 吨/年，2008 年的产量为 90 吨。中国已经成为世界上最大的生产国和主要消费国。2008 年中国镓的消费量为 20 吨。在过去的几年，其消费的年增长率为 15% ~18%，预计未来几年还将维持较高的增长水平。镓的消费量是中国科技发展水平的一个标志，也是亚洲科技发展水平的标志。

砷化镓主要用于生产发光二极管（LED）和生产铜铟镓硒薄膜太阳能电池（CIGS）。薄膜太阳能电池的投资正在成倍地增长。例如，中国的苏州高赛太阳能技术有限公司打算在9月份生产柔性太阳能电池板。目前，在该技术领域的先驱是 Showa Cell Technology 公司，根据韩国 Displaybank 公司公布的研究数据显示，2007 年，铜铟镓硒薄膜太阳能电池的装机容量为 103 兆瓦，2008 年为 313 兆瓦，计划到 2013 年达到 3 645 兆瓦。

未来，铜铟镓硒薄膜太阳能电池或将取代硅基太阳能电池，但是这需要其他配套设备同时取得相应的技术进步。因此目前还无需担心镓或铟等资源问题。

另外，镓在国防上的应用也不能被忽略，短波红外（SWIR）夜视设备的开发成功使得嘉禾公司成为该技术领域的先驱。嘉禾公司也是美国五角大楼最大的供应商之一。利用该技术，小型摄像机只需要很少的能量就可以工作，这将用于步兵在没有月光的夜里甄别敌人之用。

2009 年 8 月，MCP 集团与嘉禾（中国）公司共同组建了一家合资公司，该公司的 4 家工厂的计划产量为 80 吨/年。俄罗斯的镓产量为 12 吨/年，作为昔日苏联帝国军工联合体的继承国家，其现在每年最多只能消耗 1 吨镓……

根据美国地质勘探局（USGS）的报告，2007 年全球金属镓的产量为 95 吨，中国是最大的镓生产国。2009 年镓的价格保持相对稳定：1 月初为 600 美元/千克，6 月降至 450 美元/千克，之后保持稳定。

锗

2009 年，锗的价格跌幅不大。由于美国之前即将下台的共和党政府担心新政府削

锗

单位：吨

分布地区＼年份	2005	2006	2007	2008	2009
世界锗产量	**90 000**	**90 000**	**100 000**	**140 000**	**140 000**
其中：中国	未定	未定	未定	100 000	100 000
俄罗斯	未定	未定	未定	5 000	5 000
美国	4 500	4 500	4 600	4 600	4 600
其他地区	85 500	85 500	95 000	30 000	30 000

注：以金属含量计。
资料来源：世界矿产资源综述（MCS），2010 年 1 月。

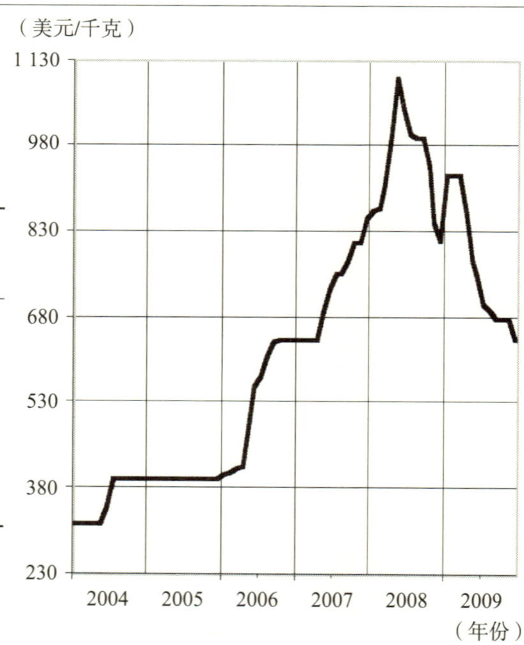

欧洲自由市场锗价格

减国防预算，因而在奥巴马上任之前与美国的军工企业签署了大量的长期合同。9月份南京中锗科技股份有限公司（中国最大的锗生产商）总经理赵立奎称，2008年中国的锗产量大约为100吨，而全球的锗产量共约为140吨。中国5家生产商主要从锌精矿及褐煤中提取锗。

2008年锗的下游用途比例保持不变，即30%用于纤维光学（光纤）；25%用于红外光学；25%用做PET扫描仪的催化剂；15%用作太阳能电池基片，5%为其他用途。锗在纤维光学中的消费有望继续增长。在中国，光纤到户（FTTH）项目的投资额120亿美元。在纤维光学中，没有任何物质可以替代锗。预计，其在红外光学领域的使用也将稳步增长，且年增长率为15%～20%。在太阳能电池的应用领域，锗面临来自其他金属的竞争，包括硅、铜铟镓硒（CIGS）等。中国考虑制定一些行业规范，从而确保2010年的价格相对稳定。2009年年初时，含量为99.99%的锗价为1 400美元/千克，到年底时仅为900美元/千克。

铟

目前，铟主要应用在平板显示和太阳能领域，随着这两个行业的不断发展，对铟的需求将稳中有升。在2009年2月中旬，美铟公司（Indium Corp.）却进行了裁员。该公司原以生产铟起家，现主要致力于焊料和合金的生产。由于经济危机，焊料下游电子行业遭受重创，这使得美铟公司进行裁员以缩减开支。而铟的价格为300美元/千克，为5年以来的最低水平。

在中国，一些小冶炼厂进行逃税以及走私活动，同时破坏当地的环境。这使得中国正规的生产商在这种不公平的竞争环境下承受了巨大的压力。2009年3月，中国向老挝出口了300吨废料。市场一直认为，在老挝的冶炼厂与中国的公司相关联，因此将在老挝进行这批铟的冶炼。

总体来说，铟的基本面是健康的：2010年铜铟镓硒太阳能薄膜电池（CIGS）对铟的需求有望达到100吨。

2009年4月在伊斯坦布尔召开的稀有金属贸易协会（MMTA）会议上，生产商Recapture的业务发展经理Alex Lasnikov先生指出：当前平板显示器市场（FDB）对铟的需求下降，而来自铜铟镓硒太阳能薄膜电池（CIGS）的需求将会支撑市场。

2008年全球精铟产量约为1 400吨，其中61%是再生铟，再生铟的来源包括废旧的ITO靶材（铟锡氧化物靶材）、低熔合金和焊料。随着锌产量的下降，原生铟的供应也将在数月内有所下降。

2009年5月日本买家浮出水面，将价格推高至400美元/千克。6月初，有消息称日本将增加60吨精铟储备，且湖南有色金属集团——中国政府矿业领域的“利器”之一，也将进行50吨精铟储备，精铟价格闻讯攀升至400美元/千克以上。对于6月末入场的中国投机者来说，上述消息无疑是一种鼓励。8月湖南发生了污染事故，有61人由于接触含有镉和铟的排放物中毒。该事件致使权力机关要求对所有生产商进行检查，这进一步推升了价格。

铟

单位：千吨

年份	2005	2006	2007	2008	2009
世界铟产量	**496**	**581**	**563**	**570**	**600**
其中：中国	300	350	320	310	300
韩国	—	50	50	75	85
日本	70	55	60	65	60
加拿大	50	50	50	45	50
比利时	30	30	30	30	30
秘鲁	—	—	—	6	20
俄罗斯	15	15	12	12	12
巴西	—	—	—	5	10
法国	10	10	10	—	—
其他地区	—	—	25	25	30

注：以铟含量计。
资料来源：世界矿产资源综述（MCS），2010 年 1 月。

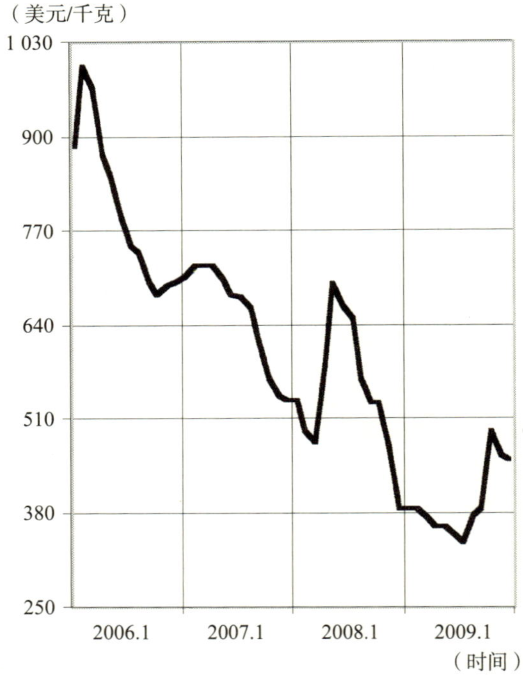

铟价格

2009 年 8 月底，日本消费者重新回到市场采购，铟价为 450 美元/千克左右。10 月底，已经越过了 500 美元大关的铟价出现小幅回落，由于日本这一轮采购持续的时间比较短，铟价上涨行情并没有持续。年底，因为假期因素，纯度为 99. 99% 的精铟日本到岸价为 450 美元/千克。2010 年 1 月，美国和日本的买家回归市场采购精铟，市场形势再次好转，铟价一度攀升到 600 美元/千克。

2010 年 5 月，由于精矿短缺，斯特拉塔（Xstrata）打算关闭其在加拿大安大略省基德克里克（Kidd Creek）铜精炼厂，该冶炼厂的副产品为铟等小金属。美国的铟产量仅为 25 吨/年，其国内需求每年都需依赖中国的供应加以补充。目前有种看法认为，铟的价格将会限制其的应用，尤其是在太阳能电池领域。但是铟的未来仍然大有希望。

锂

由于在技术领域取得了几项新发展，锂在 2009 年吸引了媒体的关注。

2009 年 1 月，美国加利福尼亚公司 FET 宣布，其开发的全固体组件微型电池已经可供使用，这是其与橡树岭国家实验室（ORNL）共同开发的。该电池厚 0. 05 毫米，适合于在很小的空间使用。

2 月，法国 Saft 公司（美国设备制造商——约翰逊控制集团的下属公司）宣布，从 2012 年起，将生产足够的电池产品，供多达 5000 辆混合动力汽车配套之用。上述产品将在其法国工厂进行生产，并在美国完成组装。

锂

单位：吨

分布地区 \ 年份	2004	2005	2006	2007	2008
锂辉石					
澳大利亚	118 451	173 635	222 101	192 277	200 000
加拿大	22 500	22 500	22 500	22 500	22 000
碳酸锂					
智利	43 971	43 595	50 035	55 452	52 520
中国	14 000	15 000	15 000	16 000	17 500
锂云母					
葡萄牙	28 696	26 185	28 497	34 755	35 000
锂云母、锂辉石等					
津巴布韦	13 710	37 499	30 000	30 000	25 000

资料来源：矿产年鉴（Mineral Yearbook），2009年11月。

通用汽车公司计划在特洛伊（密歇根）设厂，为雪佛兰沃蓝达（Chevrolet Volt）汽车生产锂电池。项目初期，上述部件由特洛伊的乐金化学公司（LG Chem）提供。2月份，汽车电池领域形势喜人，且几乎所有主要电子公司都宣布了自己的投资计划。2009年年初，为了进军锂电池市场，日本松下公司（Panasonic）以较高的价格收购了全球最大的电池公司——三洋公司（Sanyo）。

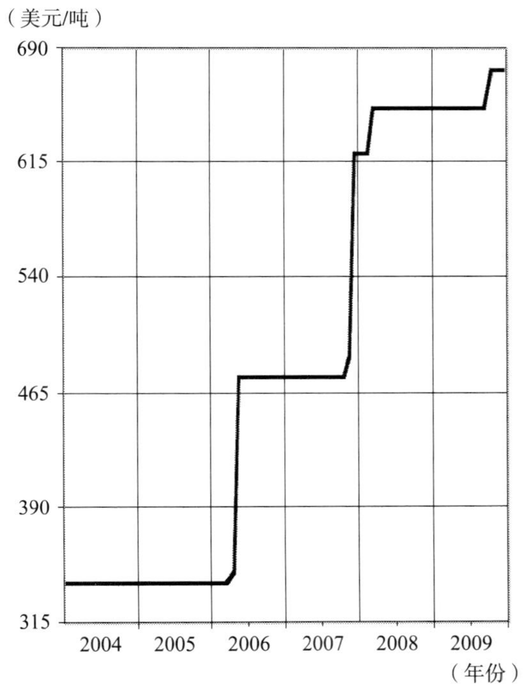

欧洲自由市场锂价格

曾于2004年退出锂电池市场的东芝公司（Toshiba）卷土重来，投资数亿美元开辟了一个称之为SCIS的“新战场”。该技术使得用户可以在5分钟内完成充电，充电量高达90%。该电池的大规模生产不久就会变为现实。此外，风电的储存、光电电池和便携设备领域的应用增长，都将增加锂产品的需求。

尽管玻利维亚的乌尤尼盐湖（Salar de Uyuni）不能很快投入生产，玻利维亚在2009年仍然受到世界锂市场的注意。另外，位于塞尔维亚的钠锂硼的硅酸盐氢氧化物（Jadarite）矿被勘探出来，该矿目前属于力拓。此外，美国内华达州也具有开发锂盐卤矿的前景，该地区的粘土矿——锂蒙脱石（hectorite）的储量大约为1 100万吨碳酸锂当量（LCE）。在未来20年，更多的含锂资源将在该地区有望被探明。另外，以上地区的地热资源更为有名，且储量也十分可观。

已被证实含有最大的锂储量伟晶岩（pegmatite）位于刚果的马诺诺（Manono）地区，距离安哥拉洛比托港（Lobito）2 200公里。但从成本的角度上看，未来数年还不具备开发价值。由中国公司投资的一条连通洛比托和刚果的铁路正在建设之中，但在几年之内不大可能投入运营。

世界锂市场的最主要参与者、生产者和消费者均将是中国。目前唯一大规模投产的混合动力汽车丰田普锐斯（Toyota Prius）将继续使用镍电池，因为锂电池还不能取而代之。2010年1月20日，丰田公司与澳大利亚矿业公司Orocobre共同投资了一个顶级锂矿开发项目，它位于阿根廷东北部的胡胡伊省（Rujuy）的Salar de Olaroz地区，在那里将生产碳酸钾和碳酸锂。未来数年锂市场仍将可能处于过剩状态。

镁

镁的价格没有出现大幅下跌，2009年全年，镁价始终徘徊在2 500～3 000美元/吨之间。2009年第四季度，由于汽车需求的增长，镁市场也有所改善。但是由于部分中国生产镁中使用硅铁，因此镁的价格也受到了硅铁价格提升的支持。

2008年，全球镁产量约为70万吨，其中55万吨产于中国，3.2万吨产于俄罗斯。2009年，中国镁出口为20万吨左右，除中国外的世界前10位出口国约出口12万吨。有些中国生产企业认为，部分出口企业可能逃避增值税，这对世界镁价格走低产生了影响。中国的增值税税率为17%。

镁

单位：千吨

分布地区＼年份	2005	2006	2007	2008	2009
世界镁产量	**622**	**675**	**748**	**671**	**570**
其中：中国	470	530	627	559	470
美国	73	82	83	76	75
俄罗斯	45	35	37	37	30
以色列	28	25	25	35	30
哈萨克斯坦	20	21	21	21	20
巴西	6	6	18	15	15
加拿大	5	65	16	未定	未定

资料来源：世界矿产资源综述（MCS），2010年1月。

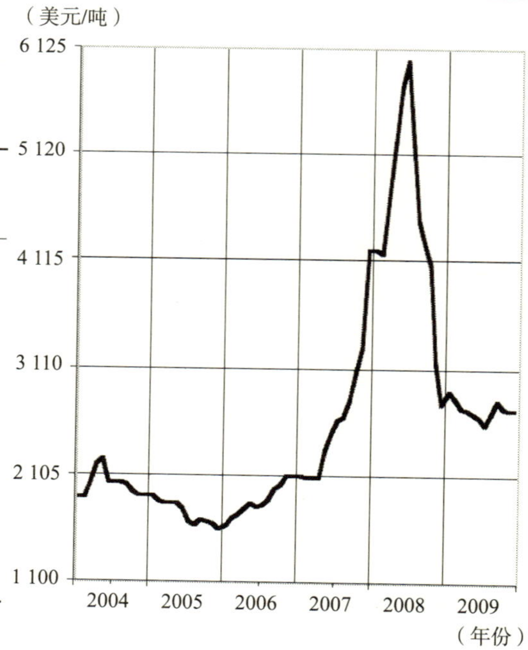

欧洲自由市场镁价格

锰

金属锰价格2009年年初表现疲软，从1月3 000美元/吨的水平大幅下降，直到接近年中价格才企稳回升，7月初的价格为2 400美元/吨。由于生产电解锰需要二氧化硒作为催化剂，而硒的价格表现坚挺。因此锰价于8月份就又回升至3 000美元/吨的水平（在6月份曾达到2 200美元/吨的较低水平）。

一般来说，锰铁的价格与钢铁工业的形势相关，2009年1月，由于美国钢铁生产企业的平均产能利用率只有50%，因此埃赫曼的子公司玛丽埃塔公司（Marietta）减少了其高碳锰铁的产量。在美国，高碳锰铁的价格在1月份时跌至1 400美元/吨，之后继续降至1 250美元/吨。

2009年11月，在中国辽宁省和广西的锰生产商仅启动了30%的产能，中国的锰矿石库存高涨至165万吨，而正常状态下应该为120万吨。10月5日，国际锰学会（IMI）主席Alastair Stalker先生预测未来四五年内会出现锰矿石短缺，届时优质锰矿石会很难找到。而中国将继续引领这一行业。

全球生产1吨钢平均消耗6千克的锰，在中国大约需要8千克，在西方国家则少于5千克，原因是中国钢铁厂的低效。不过，中国钢铁企业正在进行的现代化改造有望降低锰的消耗量。对于印度来说，由于其钢铁工业不断增长，但印度国内锰矿石质量一般，因此印度有可能会成为重要的锰进口国。

汞

汞在2009年引起世界的关注，这是因为两件事：圭亚那的非法淘金和中国的污染事件。因此，为了抵制这种淘金行为而采取的劝阻（Harpie）措施已经进一步加强。目

锰

单位：千吨

年份	2005	2006	2007	2008	2009
世界锰产量	**10 500**	**11 900**	**12 600**	**13 300**	**9 600**
其中：中国	1 100	1 600	2 000	2 200	2 400
澳大利亚	1 450	2 190	2 540	2 320	1 600
南非	2 100	2 300	2 600	2 900	1 300
巴西	1 590	1 370	933	1 380	990
印度	640	811	900	960	960
加蓬	1 290	1 350	1 490	1 600	810
乌克兰	770	820	580	490	310
墨西哥	180	133	125	170	94
其他地区	1 390	1 360	1 420	1 310	1 200

资料来源：世界矿产资源综述（MCS），2010年1月。

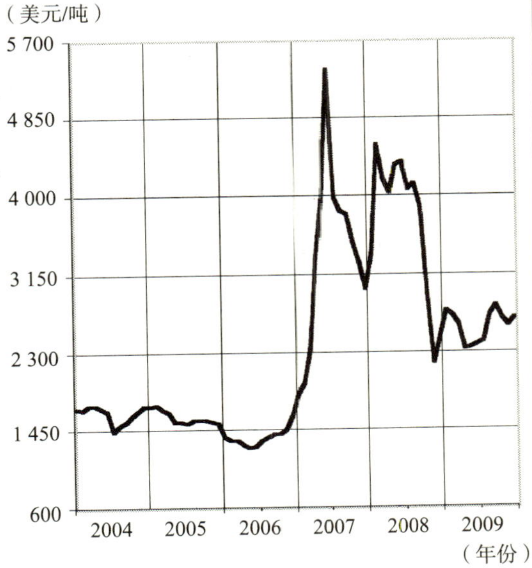

欧洲自由市场锰价格

汞

单位：吨

年份 分布地区	2004	2005	2006	2007	2008
世界汞矿产量	1 900	1 520	1 150	1 200	1 320
其中：中国	1 140	1 100	760	800	800
吉尔吉斯斯坦	300	200	250	250	250
俄罗斯	50	50	50	50	50
塔吉克斯坦	30	30	30	30	30
芬兰	24	20	20	20	20
摩洛哥	10	10	10	10	10
墨西哥	15	6	8	8	21

资料来源：世界矿产统计年鉴（World Mineral Statistics Yearbook），2009 年 11 月。

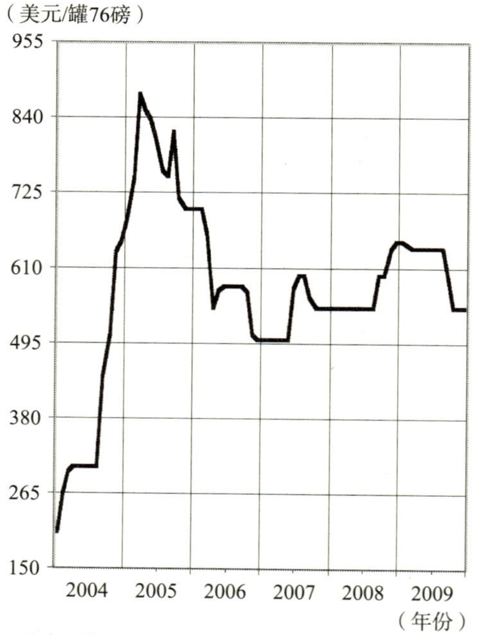

注：1 罐 =76 磅。

欧洲自由市场汞价格

前在圭亚那已经禁止销售汞，而在苏里南和巴西却被允许。

安的利斯—圭亚那地区流行病学学会最新的一项研究（2005）表明，在印第安人的聚居地区 Maripasoula（位于圭亚那南部）有 85% 的成年人和 50% 的孩子的血液中汞的含量超出了世界卫生组织规定的最高甲基汞含量标准。

2009 年汞的价格有所下降，1 月份价格为 650 美元/罐（76 磅），12 月份为 600 美元/罐。发达国家正试图制定一些有关汞的新法规，这将减少金属汞的贸易量。

钼

事实上，将智利政府的顾问委员会智利铜业委员会（Cochilco）的预测与市场实际价格作比较，能使我们更清楚地理解市场。该委员会在 2009 年 2 月的报告中预测，2009 年氧化钼的平均价格将达到 11 美元/磅，波动区间为 9 ~ 14 美元/磅。2009 年年初钼的价格为 10 美元/磅，到 5 月份才开始上涨，8 月涨到了 18 美元/磅，2009 年年底维持在 13 美元/磅左右，年均价格大约为 12 美元/磅。这主要归功于中国、印度和韩国的需求。

比如，2009 年 8 月初，全球市场有 60% 的钼铁是来自中国的，但是由于中国的出口关税高达 20%，因此中国的出口商不大可能获得真正的市场占有量。据称 2009 年中国的钼精矿产量已达到 20 万吨，在河南栾川有无数小型矿业公司在 8 月份重新投入生产。虽然许多经济危机之前开始的工程项目都被叫停，但是世界上几个重要的投资项目还是被保留下来。

力拓集团在经历了短暂的犹豫之后在 6 月份透露了其在盐湖城附近肯尼科特（Ken

钼

单位：吨

分布地区 \ 年份	2005	2006	2007	2008	2009*
世界钼矿产量	**185 700**	**185 500**	**213 500**	**219 600**	**203 800**
其中：中国	39 800	43 200	67 700	81 300	83 600
美国	58 000	59 400	57 200	55 800	45 300
智利	47 700	43 300	44 800	33 700	32 200
秘鲁	17 300	17 200	16 800	16 700	11 200
墨西哥	4 200	2 500	6 500	7 800	9 100
加拿大	7 700	7 100	6 800	9 300	8 100
俄罗斯	4 800	4 800	4 800	4 800	4 400
亚美尼亚	2 700	4 100	4 300	4 500	4 000
伊朗	1 800	1 800	1 800	290	2 800
蒙古	1 200	1 400	2 000	1 900	2 200

注：* 为2009年前11个月的数据。
资料来源：世界金属统计局（WBMS）。

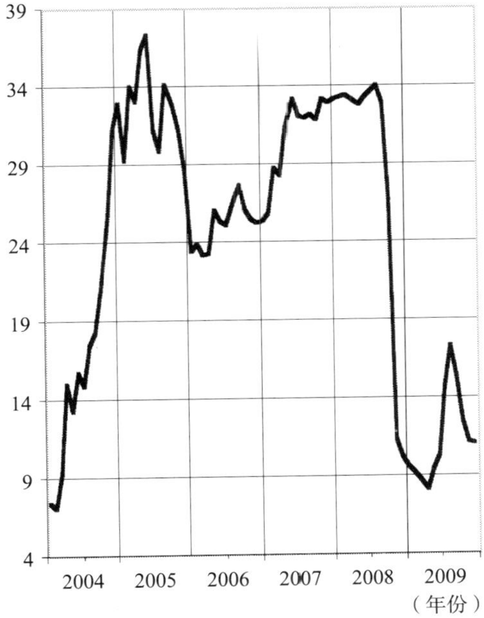

欧洲自由市场钼价格

necott）矿（世界最老的铜矿之一）新设施的计划细节。该项目采用钼压煮工艺（MAP），年产能达到1.4万吨钼，同时可生产铼。项目计划将于2011年投产，投资额将达到2.7亿美元。

根据美国地质勘探局（USGS）2008年的报告，钼的总产量为21.2万吨，其中前3个国家（美国6.14万吨、中国6万吨和智利4.5万吨）的产量总和占据了总产量的近80%。

在钼的主要用途中，目前还没有发现钼的替代品。世界1/3的钼消费来自于再生钼，尤其是从废合金钢中提炼产生的。2010年2月，钼在伦敦交易所上市，这或许将改变钼市场。世界的钼消费每年仅为几十亿美元，与钴相同。我们将观察钼今后价格的波动会不会比之前更大。

铌

经济危机对铌的影响比较轻微。铌主要以铌铁的形式用于不锈钢的生产，2009年其消费受到汽车制造商的需求下降的影响。铌是基础合金材料，它主要用于生产低合金高强度钢（HSLA），这主要用于构建管道。天然气管道的生产对铌合金的需求，在今后几年有望保障铌消费的增长。

2009年2月，Roskill在第十一期的铌经济学报告中指出，世界每吨钢铁中平均含有铌60克左右，发达国家为100克，中国仅为40克。世界上生产的钢中有10%含有铌，这一数字预计在将来会增加到20%。

世界上除巴西外重要的铌生产商是亚姆黄金公司（IAMGOLD），它在加拿大魁北克省的 Lac Saint-Jean 地区拥有含铌矿，铌的平均品位为0.4%。2009 年该公司铌的产量为4 400 吨。截至目前，该矿已证实储量为10 万吨，可以供开采 20 年。生产铌的利润空间很大，每生产 1 千克铌可获利 19 美元。

巴西矿冶公司（CBMM）凭借其在米纳斯基拉斯（Minas Geris）的巨大储量成为这一市场的全球领导者，目前它的情况仍保持良好。巴西矿冶公司的销售总监 Jose Isildo de Vargas 先生在 8 月底时说，对 2011 年年底之前需求的强势复苏不抱希望。巴西矿冶公司铌的产量占全球总产量的 75%，而且产量的 94% 都用于出口，中国是其产品的主要消费国。2009 年经济危机之前，该公司每年的铌产量为 9 万吨；经济危机后，产量只有 5.5 万吨。

铌市场是一个不很透明的市场，在 2009 年下半年时，铌铁的价格为 35 ~ 40 美元/千克，到 2010 年 1 月 20 日达到了 43 美元/千克。得益于此，巴西矿冶公司成为世界上盈利率最高的矿业公司之一。

铼

2009 年的铼价充分反映了市场需求的疲软。2009 年年初时，金属铼价格为 10 000 美元/千克，到了 2010 年 1 月，用作催化剂的铼的价格仅为 4 500 美元/千克。2008 年 6 月，铼的价格曾一度达到 10 800 美元/千克的历史高位。尽管如此，铼市场未来的预期还是乐观的。铼的需求主要来自航空航天业，航空航天业有着充足的订单。铼还作为天然气工业的催化剂，即天然气转液体燃料时使用，而气变油（GTL）有着众多的项目。

斯特拉塔放弃了在智利设立铼回收利用工厂的计划。2009 年 6 月力拓在犹他州的肯尼科特矿（Kennecott）进行了投资，该项目有望年产 9 000 磅铼，约占全球总需求的 9%。正是在这一古老的铜矿，20 世纪 30 年代最早开始开采铼。铼金属于 1925 年才被发现，几乎没有替代物。[①]

铼

单位：吨

分布地区＼年份	2004	2005	2006	2007	2008
世界铼产量	45 900	47 200	51 000	56 500	52 000
其中：智利	20 500	19 800	22 900	27 600	25 000
哈萨克斯坦	8 000	8 000	7 700	7 700	7 500
美国	7 100	8 100	7 100	7 900	7 400
秘鲁	5 000	5 000	5 000	5 000	4 000
加拿大	1 700	1 700	1 700	1 600	1 600
俄罗斯	1 400	1 400	1 500	1 500	1 500
亚美尼亚	1 200	1 200	1 200	1 200	1 200

资料来源：世界矿产资源综述（MCS），2010 年 1 月。

① 金属铼是钼的副产品，钼是铜的副产品。——译者注

硒

2009年年初硒价格有小幅上涨，直到7月底价格才开始大幅上涨。中国的玻璃生产行业是硒的主要需求方，且冶炼商在此时开始寻求硒，另外建筑行业的需求量在此时也增大。因此硒的价格上涨到25美元/磅，相当于2008年11月时的价格水平。锰价格的上涨行情给硒的价格以提振，硒在锰生产中被用作催化剂。在2009年7月底的一轮反弹行情后，硒价在此之后依然坚挺，到2010年1月18日为28美元/磅。此外，硒可作为饲料添加剂，来自牲畜饲料生产商对硒的需求也日益增长。

3月份在香港召开的一次会议上，德国的一家大型硒生产企业Retorte公司的首席执行官Bernard Treiber先生曾表示，他对2009年形势极为不看好。其竞争对手Daniel Hissmion of Pacific公司（菲律宾的一家公司）也持有相同观点。然而最终中国的需求使得这种悲观的预测宣告错误。

硅

硅开年形势不利，来自铝合金生产商的需求日趋萎靡。2009年6月中旬，中国硅的离岸价大约为1 600美元/吨。出口商曾要求下调出口关税（15%），但没有成功。

欧盟继续执行49%的反倾销关税，中国出口商因此将一大部分的硅出口至挪威。

大西洋铁合金公司（FerroAtlantica）宣布将关闭在法国的熔炉，为期5个月（2009年11月至2010年4月），市场对此做出了反映，从2009年9月到年底，金属硅价格一直处于上涨状态。欧洲自由市场上的价格为1 750欧元/吨，在香港的离岸价格为2 150美元/吨。

硒

单位：吨

分布地区 \ 年份	2004	2005	2006	2007	2008
世界硒产量	**1 440**	**1 340**	**1 440**	**1 540**	**1 510**
其中：日本	599	625	730	806	754
比利时	200	200	200	200	200
加拿大	271	107	106	144	156
俄罗斯	85	100	110	110	110
智利	82	84	74	70	78
菲律宾	48	68	65	65	65
芬兰	61	62	62	60	60
秘鲁	52	49	50	45	45
瑞典	20	20	20	20	20
印度	12	13	13	14	14
塞尔维亚	5	8	8	8	8

资料来源：世界矿产统计年鉴（World Mineral Statistics Yearbook）。

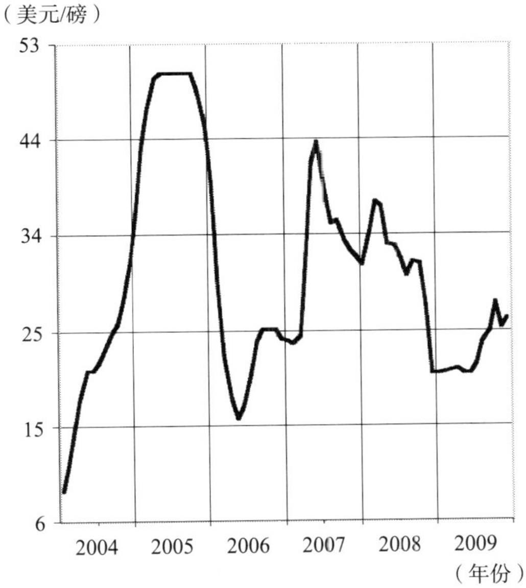

欧洲自由市场硒价格

2008年，中国出口了将近70万吨硅，相当于其总产量的3/4。2009年，该比率可能下降到40%。欧盟在2010年年中将审核是否延续对中国金属硅继续实施反倾销税。

应用于电子产品的金属硅在经济危机中受损严重。法国东南部的Silpro工程被关闭，使得其股东包括法国电力-新能源公司（EDF Energies Nouvelles）和挪威的晶片生产商NorSun公司选择停产。人们把责任归咎于经济危机，但同时也会怪罪低价和应该对低价负责的中国生产商。

2009年9月初，人们就曾预计太阳能电池板的销售将会骤跌，2009年的产品有一半没有找到买家。iSuppli咨询公司宣称西班牙太阳能行业的限制（2009年装机50兆瓦，购电价格下降）是造成上述后果的主要原因。因为西班牙太阳能电池装机容量占全球的一半。

主要生产商在2009年都增加了产量，结果却都遭受了亏损，估计在2011年或2012年之前这种情况不会有所改观。2009年装机容量达3.9吉瓦（GW），但是当年生产的供装机用的部件材料足够安装7.5吉瓦。这种生产过剩是由于政府提供的保护价格导致的。法国政府不得不在2009年年底宣布那些之前提交的装机申请无效。0.58欧元/千瓦时的法国政府保障性收购价格是全世界最高的。这一价格有效期为20年，将会花费法国政府560亿欧元，每个法国人的电费账单将增长10%。

三洋公司宣布，推出一种USB装置，

硅

单位：千吨

分布地区 \ 年份	2005	2006	2007	2008	2009
世界硅产量	**4 720**	**4 970**	**5 590**	**6 160**	**5 400**
其中：中国	2 360	2 900	3 300	4 000	3 500
俄罗斯	526	541	635	605	510
巴西	226	226	265	259	230
挪威	278	150	221	235	190
南非	131	144	149	154	150
美国	270	146	155	164	140
乌克兰	161	84	109	99	88
法国	139	124	164	112	73
冰岛	78	74	74	73	59
委内瑞拉	60	60	61	61	56
加拿大	66	66	66	72	51
印度	36	38	39	40	41
西班牙	55	55	78	78	未定
哈萨克斯坦	68	68	68	68	未定
其他地区	289	297	219	288	310

资料来源：世界矿产资源综述（MCS），2010年1月。

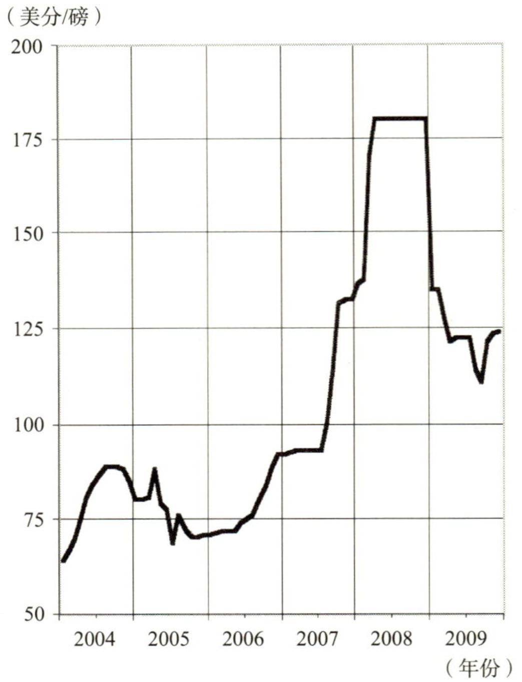

美国自由市场硅价格

该产品将配备在便携式太阳能电池板上，重300克，价格将会在90美元左右，但暂时还不确定在日本以外地方的上市时间。不过，太阳能发电的未来前景还是十分看好的，美国的装机容量已经超过了1吉瓦。

钽

钽在2009年表现良好，尤其是受亚洲经济增长的支持。

主要的生产商卡博特（Cabot）失去了两个传统的矿石来源，即位于澳大利亚的伍德吉纳（Wodgina）矿山和在马尼托巴湖的子公司。伍德吉纳矿山在2008年关闭。2009年年初马尼托巴湖的子公司重申不会购买刚果民主共和国出产的任何含钽的原材料。

澳大利亚的矿业公司吉普斯兰德（Gippsland）正在埃及的Abu Dabbab进行一项大规模的钽锡多金属开采项目，在出现了多次资金问题之后，终于在2009年8月份解决了资金来源问题。

2009年4月在伊斯坦布尔召开的会议上，RittenhouseInternational公司的总裁大卫·汉德森（David Henderson）提到了钽短缺的风险，即如果世界需求能恢复到2008年的80%的水平，那么就会存在短缺的危险。咨询公司Gersen Lehrman在8月份的报告中称，需要特别注意的是，经济危机会导致钽需求下降，供应紧张局势依然会在2011年重现。另外，为保障矿石来源，该咨询公司提出了五点建议，核心就是避免使用刚果产的钶钽铁矿（coltan）。但是这会涉及到很多人的就业问题，且这一计划将会很难实施。

在钽铌国际研究会议（TIC）的报告中，GraviTa公司的Richard Burt先生提供了大量有价值的一手信息。当前世界可用钽资源最多可达6.78亿磅（五氧化二钽，Ta_2O_5），折合为31万吨左右。按照目前的消耗速度

钽

单位：吨

分布地区 \ 年份	2005	2006	2007	2008	2009
世界钽产量	1 260	1 400	1 400	1 170	1 160
其中：澳大利亚	730	850	850	557	560
巴西	250	150	150	180	180
莫桑比克	81	70	70	未定	未定
加拿大	70	68	70	40	40
埃塞俄比亚	45	70	70	77	未定
卢旺达	40	62	60	100	100
刚果（金）	25	10	未定	100	100
其他地区	未定	32	36	188	180

注：以金属含量计量。
资料来源：世界矿产资源综述（MCS），2010年1月。

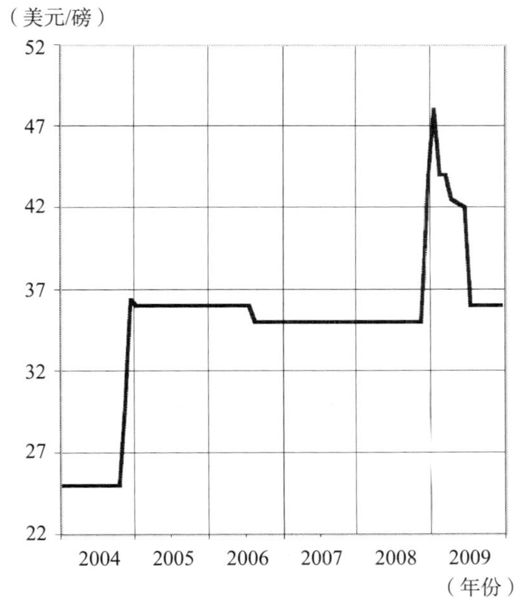

欧洲自由市场钽价格

计算，这些资源可以持续使用 1 个多世纪。很少有其他金属可以拥有如此大的资源量。

刚果和卢旺达的钽资源占全球总量的 9%，距离各媒体宣称的 80% 相去甚远。已探明资源的 40% 分布在南美，21% 在澳大利亚，10% 在中国和东南亚，10% 在俄罗斯和中东，9% 在中非，7% 在非洲其他地区，2% 在北美，还有 1% 在欧洲。

欧洲钽矿的价格指数（30%，Ta_2O_5）是钽价格唯一的公开指标，其在 2009 年大幅走低，2009 年 1 月时价格为 48 美元/磅，到 2010 年 1 月下跌至 36 美元/磅。

碲

碲正在享受现代化与科技进步。由于碲有毒性，因此在许多领域中被禁止使用，现在以碲化镉的形态被用作半导体材料，主要是用在碲化镉薄膜太阳能电池上。碲化镉的价格低于硅。2009 年碲的全球产量为 500 吨左右。碲几乎全部来自铜冶炼过程中的副产品，大多数金属碲和其化合物的生产商都是电解铜企业，都来自中国。全年碲的价格维持在 130～160 美元/千克之间。

稀土

稀土在 2009 年全年中都是媒体关注的焦点。1992 年邓小平讲过的一句话目前正被反复引用：“中东有石油，中国有稀土。”事实上 1992 年时只有专家才会对镧系金属感兴趣，但现在情况已然发生改变。2009 年，中国生产了全世界 96% 的稀土，这个数字表明中国在世界稀土供应方面几乎形成垄断局面。

但是内蒙古自治区包头附近的白云鄂博矿的稀土储量仅供开采约 30 年。

江西省的赣州稀土矿据估算也只能继续维持开采约 20 年。中国已探明的稀土储量为 5 200 万吨，占全球总储量 9 000 万吨的 58%。

事实上，稀土的价格下降不只是由于经济危机造成的，中国众多小型公司无序竞争也是导致价格下降的因素。据悉赣州的 88 家从事稀土分离的公司在 2008 年经济危机时全部停产，在 2009 年又基本恢复生产，使得市场竞争骤然加剧。根据中国官方数据，2008 年有 2 万吨稀土精矿被走私到国

稀土

单位：吨

年份	2005	2006	2007	2008	2009
世界稀土产量	**123 000**	**123 000**	**124 000**	**124 000**	**124 000**
其中：中国	119 000	119 000	120 000	120 000	120 000
印度	2 700	2 700	2 700	2 700	2 700
巴西	440	730	650	650	650
马来西亚	750	200	380	380	380

注：以氧化物当量计算。
资料来源：世界矿产资源综述（Mineral Commodity Summaries），2010 年 1 月。

外。中国的国有企业——五矿集团3月创办了五矿稀土（赣州）股份有限公司，其目标是5年内成为江西赣州最大的稀土生产商。中国五矿有色金属公司持有其40%的股权，其他的股份由当地稀土商持有。可以看到，中国正在以更有力的手腕去节省稀土资源。2005年中国政府取消了稀土出口退税，随后逐渐减少了企业出口配额和增加了出口关税。

澳大利亚莱纳斯公司（Lynas Corp）在2009年2月成了信贷危机的受害者，其融资出现了问题，直到2009年11月才获取了融资，募集金额达到4.5亿澳元，并且计划于2011年中期启动生产，这是在中国以外的世界主要稀土生产项目。

在马来西亚的关丹县（Kuantan），一座生产稀土氧化物的工厂正在建设之中，该厂建成后将主要用来分离来自西澳威尔德矿区（Mount Weld）的稀土精矿。罗地亚公司（Rhodia）主要从事生产特种化工产品，包括以稀土为原料的特种化学品，该公司已与莱纳斯公司签署了一项10年的稀土采购协议。

2008年全球稀土氧化物的总消费量为12.7万吨，2009年为11.4万吨，到2014年有望达到17.6万吨，增速远远高于全球经济的增长。稀土的应用领域主要是冶金工业，其次是在玻璃、化工、光纤和能源领域应用。

钛

对于钛而言，2009年是非常艰难的一年。航空标准的Ta_6V钛合金锭的价格在2008年末为12美元/磅，当时波音787梦幻客机生产项目即将启动。可是到2009年3月初价格滑落至10美元/磅，是2004年以来的最低水平。实际上，在9·11事件之后钛价格曾下降到4.75美元/磅，且与2006年的创记录的40~60周的交货时间相比，当时的交货时间是可以忽略不计。

钛在非航空领域的应用仍然萎靡不振，2009年3月中国的生产商计划以低于10美元/磅的价格出售钛板，这种钛板虽然其质量较低但却应用广泛。废杂钛的价格也相当低，每磅还不到1美元。因此一些贸易商把其制成了钛锭，等待价格的回升。

2009年3月底，在钢铁生产中用作脱氧剂和合金成分的钛铁的价格跌到了十年来的最低水平，即2.60美元/千克钛。因此英国生产商暂停了生产，并寄希望于价格在夏季之前能回升。正如他们所料，6月初，需求的温和反弹使价格回升至3美元/千克钛附近。航空企业在2009年签署了一大批大额的合同。空中客车与俄罗斯企业VSMPO-Avisma签署了一项价值为40亿美元的采购合同，合同期限到2020年；波音也与这家公司签署了12.5亿美元的合同，期限为2015年。

事实上，空中客车使用的钛60%都是由VSMPO提供的。金属钛在航空领域的未来前景已经有保障，例如波音787的机体结构中包含了20%的钛。空中客车A380含有14%的钛，比空中客车A320多8倍。

因此，4月份法国奥伯·杜瓦（Aubert & Duval）公司宣布将按计划在Ancizes地区建设一座钛材工厂，该厂是与哈萨克斯坦UKTMP（Kamenogorsk）公司联合创立的。该厂投资额高达4 700万欧元，预计将在2011年年底投产。

据统计，2008年，全球钛材的需求量为8.6万吨，其中来自民用和商用航空领域的需求为3万吨。不过，2008年民用

钛

单位：千吨

分布地区＼年份	2005	2006	2007	2008	2009
世界钛矿产量	**4 800**	**5 400**	**5 720**	**5 800**	**5 190**
其中：澳大利亚	1 180	1 330	1 400	1 320	1 210
南非	867	1 050	1 100	1 050	1 000
加拿大	731	791	816	850	600
中国	450	500	550	600	600
印度	297	313	378	732	380
挪威	381	380	377	410	370
乌克兰	218	273	290	300	270
美国	300	300	300	200	200
莫桑比克	—	—	—	197	200
海绵钛产量	**96**	**121**	**153**	**155**	**110**
其中：中国	10	18	45	50	35
日本	31	38	39	41	30
俄罗斯	29	32	34	30	22
哈萨克斯坦	19	23	25	25	17
乌克兰	8	10	9	10	6

资料来源：世界矿产资源综述（MCS），2010 年 1 月。

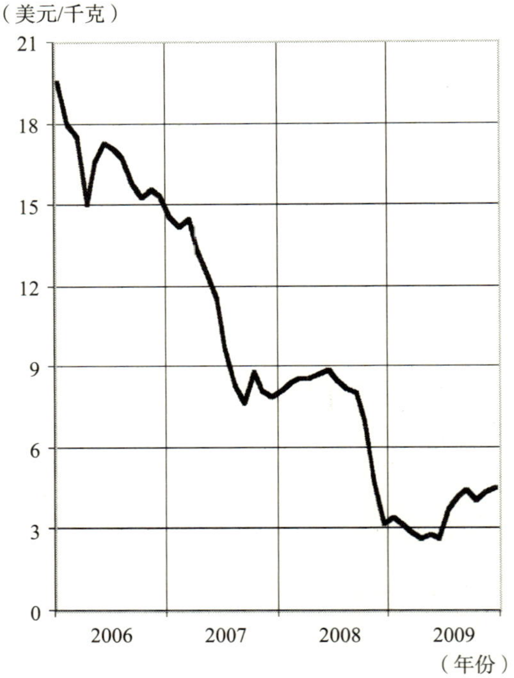

欧洲自由市场钛铁价格

和商用航空领域对钛材的需求不及 2009 年的一半。在军用航空领域，钛需求量虽然增长缓慢（年度增长 4%，而近年来民用和商用航空领域增速为 17%），但是需求呈现有规律的增长。美国多功能联合攻击战斗机（Lockheed F－35）计划在 2012 年开始投入使用，这种飞机每架含有 20 多吨钛，英国是这一项目唯一的高端合作伙伴。

海绵钛（规格：TG－TV）的价格，是备受市场关注的一个指标，它的走势基本上代表了钛价格的运行趋势，2009 年初时该指标值为 5 美元/千克，然后稳步降至 6 月底的 2.40 美元/千克，2010 年 1 月 12 日又反弹至 5 美元/千克。

钨

即使有传闻称世界钨储量最大的国家——中国，钨储量会在未来 14 年内耗尽，中国在钨市场上的影响仍然是决定性的。

2009 年 1 月，钨铁金的价格回到 2008 年 10 月的 30 美元/千克的水平，2009 年 3 月底，随着高速钢的生产逐步停止，钨铁价格暴跌至 23 美元/千克。与此同时，钨生产商山特维克（Sandvik）公司宣布在瑞典裁员 490 人；中国江西因遭暴雨袭击，发生断电，这也迫使他们在 7 月初只能维持温和增产势头（与其往年相同）。钨在整个 2009 年夏季价格保持稳定，到 2010 年的 1 月钨铁

钨

单位：吨

分布地区 \ 年份	2005	2006	2007	2008	2009
世界钨矿产量	**70 100**	**73 300**	**54 500**	**55 900**	**58 000**
其中：中国	61 000	62 000	41 000	43 500	47 000
俄罗斯	4 400	4 500	3 200	3 000	2 400
加拿大	700	2 500	2 700	2 300	2 000
奥地利	1 350	1 350	1 200	1 100	1 000
玻利维亚	520	530	1 100	1 100	900
葡萄牙	820	900	850	850	850
朝鲜	600	600	600	600	未定
其他地区	710	950	3 880	4 100	3 700

资料来源：世界矿产资源综述（MCS），2010 年 1 月。

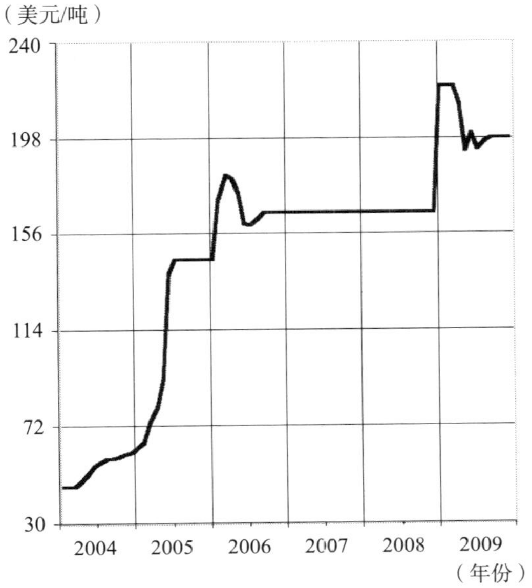

欧洲自由市场钨价格

的价格为 30 美元/千克。

自 2002 年以来，中国的国土资源部设置了钨精矿的生产配额，制定颁布全国钨精矿开采总量，2009 年的开采控制指标为 6.8555 万吨，这个数字大约是全球产量的 86%，据统计，全球探明钨储量的 40% ~ 50% 分布在中国。钨的下游消费在经济危机中受到严重影响，不过在 2009 年下半年开始逐渐恢复。

在许多应用领域中，钨正在逐渐取代有毒的铅，比如玩具、狩猎和捕鱼用的靶丸、子弹等。加拿大的北美钨业公司（NAT）正在开发一种可锻性的钨聚合物复合材料，该材料可以在以上领域使用。北美钨业公司的矿山位于加拿大西北地区的坎顿（Cantung），2009 年出产了世界总产量 4% 的钨。该矿在 2005 年重启，现在是西方国家最大的钨矿山。

钒

2009 年钒市场开年不利，2009 年 2 月 18 日 Windimurra 钒业公司宣告破产。Windimurra 钒业公司拥有位于西澳的 Windimurra 钒矿山，该矿是世界最大的钒矿床之一，因为它没有获得维持其营业必须的 8 100 万澳元，最后只能停止生产。钒价格暴跌是造成该公司倒闭的原因，2009 年钒铁价格仅为 25 美元/千克，而 2008 年 2 月价格高达 90 美元/千克。

2009 年底，澳大利亚 Mineral Resources 公司得到董事会的批准，购买了该公司。香港 Noble 集团之前持有该公司 10% 的股份。经过研究决定，Noble 集团与澳大利亚 Mineral Resources 公司签订承购协议（offtake），将继续购买该公司出产的钒产品，且将有可能入股新公司。钒价在 2009 年 5 月跌至 19 美元/千克，在 9 月份价格涨到 29

钒　　单位：吨

分布地区 \ 年份	2005	2006	2007	2008	2009
世界钒产量	**58 200**	**55 700**	**58 500**	**55 500**	**54 000**
其中：中国	17 000	17 500	19 000	20 000	20 000
南非	25 000	22 000	24 000	20 000	19 000
俄罗斯	15 100	15 100	14 500	14 500	14 000
其他地区	1 100	1 100	1 000	1 000	1 000

注：以金属含量计量。
资料来源：世界矿产资源综述（MCS），2010 年 1 月。

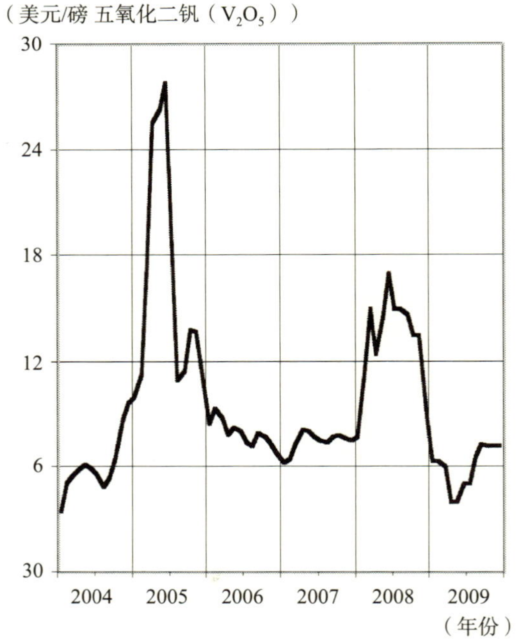

欧洲自由市场钒价格

美元/千克，2010 年 1 月 12 日涨至 30 美元/千克。

钒一般被用作合金（钢筋、超高强度钢、高速钢，以及钛合金和镍合金）的组成成分，因此在钢铁生产行业和航空业出现下滑时，钒也会遭到牵连。在化学应用领域（主要是用做催化剂）其受到影响较小，因此在钢铁行业前景变好之后，钒价才有可能回升到危机前的水平。

锆

随着世界核工业的复苏，锆市场的前景从之前的不明朗变得逐渐清晰。

2009 年 4 月在伊斯坦布尔召开的会议上，Cezus-Areva 公司的经理 Romain Doublet 发出警告称：鉴于锆市场供应吃紧，需要进一步增加投资。许多国家发电厂建设以及其他用锆的工程领域不断发展，锆的需求量会不断增长。

锆的价格在三年中上涨了 30%，不过海绵锆的产能预计在 2012 年将会达到饱和，它的产量情况是：2005 年全球海绵锆的产量为 4 600 吨；2009 年为 5 020 吨；2020 年预计为 6 450 吨；2030 年预计为 8 100 吨。

目前，海绵锆生产公司已经融入了核电建设公司之中，美国阿勒格尼（Allegheny）的子公司 Wah Chang 公司是个例外。该公司没有透露其生产数字，在 2009 年锆产能增加了一倍，它可能是世界上最大的海绵锆生产商。2010 年 1 月 28 日中国市场上的非核级海绵锆的价格为 8 500 美元/吨。

锆

单位：吨

分布地区＼年份	2005	2006	2007	2008	2009
世界锆产量	**1 070**	**1 060**	**1 210**	**1 380**	**1 280**
其中：澳大利亚	441	427	492	601	550
南非	368	376	398	400	400
中国	120	120	135	140	140
印度尼西亚	1	3	65	111	65
乌克兰	35	35	35	35	35
印度	25	27	28	29	30
巴西	25	26	25	27	27
越南	39	33	26	22	22
马来西亚	7	5	2	7	7
俄罗斯	5	7	8	7	7

资料来源：矿业年鉴（Mineral Yearbook），2009 年 11 月。

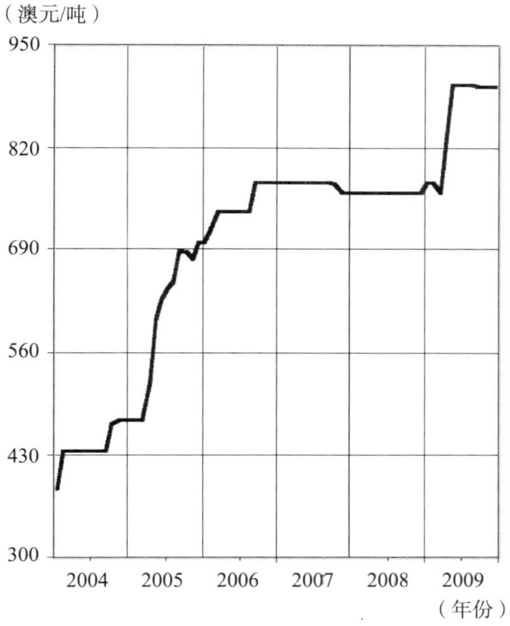

锆澳大利亚离岸价格

贵金属

银

由于银主要用于工业，因此经济衰退使得银市场面临沉重的压力。

在伦敦金银市场（Bullion Market），2009 年大部分时段银的平均价格为 14 美元/盎司，12 月 2 日银价出现年内最高点，超过了 19 美元/盎司，最终使银价格在 2009 年的上涨达到 102%。而这主要得益于 2009 年下半年经济回暖以及投资者对贵金属的偏好。

2009 年，受世界经济衰退的影响，工业用银需求下降了 20%，特别是电子行业和电力行业的需求大幅下滑，尤其表现在 2009 年上半年。

2009 年银制品的用银需求大约减少了 11%，其中银币、首饰以及银器的生产只能部分弥补银需求量的下降。与此同时，摄影业用银量继续下降，2010 年该行业将只会消费 3 930 吨银。银的新用途（太阳能电池板、医疗中处理伤口专用纺织品以及无线射频识别设备——RFID）消费量则会达到 3 972 吨，其中太阳能电池板对银的需求将会增长最快，预计会增加至 802 吨，增幅达 44%。

另外一个新的市场也正在兴起，即电动汽车电池领域（电池的原材料是银和锌），目前该行业正在中国迅速发展。预计到 2020 年混合动力汽车和纯电动汽车将会占据中国汽车市场的一半。

拉美地区的白银生产大放光彩

在阿根廷，由加拿大的银标准资源公司（Silver Standard）100% 控股的 Pirquitas 矿给银市场带来了无限生机。自 2008 年开始运转以来，该矿只用了一年的时间就出口了首个百吨银精矿。2009 年该矿生产了 700 万盎司银，其产能还将上升到 1 000 万盎司/年，且产能的扩张还可以使该矿生产成本降至 9 美元/盎司。

在玻利维亚，San Bartolomé 矿是世界上最大的纯银矿之一。该矿位于波托西（Potosi），预期可开采时间为 14 年。该矿由美国的 Coeur d'Alène 公司开采，目前年产能估计在 800 万盎司左右。实际上 2009 年是该矿第一年全面投入生产，1 ~9 月生产了 610 万盎司银，生产成本为每 7. 24 美元/盎司。

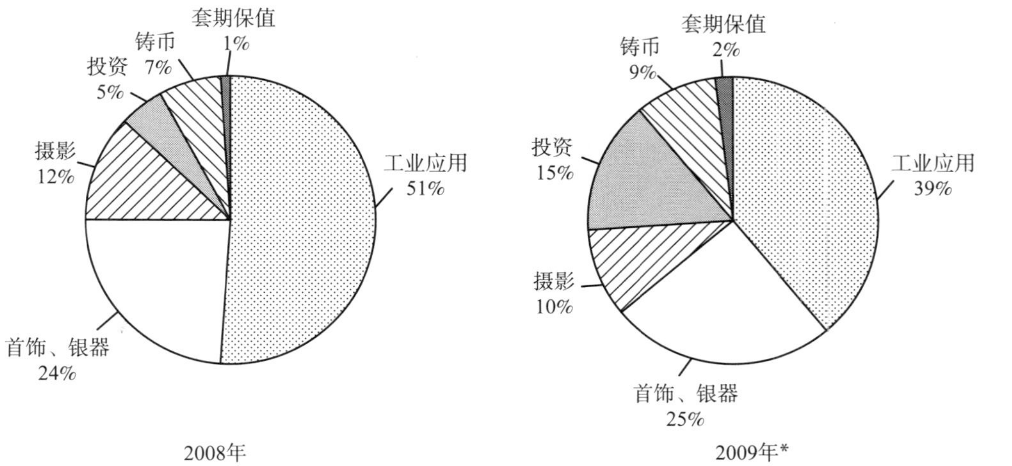

世界白银需求

注：* 预估值。
资料来源：美国银学会（Silver Institute）。

世界白银供需量

单位：百万盎司

分类＼年份	2003	2004	2005	2006	2007	2008
• 供应						
矿产量	596.6	613.0	637.1	641.3	664.2	680.9
国家出售	88.7	61.9	65.9	78.2	42.3	30.9
再生白银	184.0	183.7	186.0	188.0	181.9	176.6
生产商套期保值	—	9.6	27.6	—	—	—
赎回投资	—	—	—	—	—	—
总供应	**869.3**	**868.2**	**916.7**	**907.5**	**888.4**	**888.4**
• 需求						
工业应用	349.7	367.1	405.1	424.5	453.5	447.2
摄影	192.9	178.8	160.3	142.4	124.8	104.8
首饰	179.2	174.9	173.8	166.3	163.5	158.3
银器	83.9	67.3	67.8	61.2	58.8	57.3
银币和奖牌	35.7	42.4	40.0	39.8	39.7	64.9
银制品总量	841.3	830.4	847.1	834.1	840.3	832.6
生产商减少套期保值	20.9	—	—	6.8	23.5	5.6
投资	7.0	37.7	69.6	66.6	24.7	50.2
总需求	**869.3**	**868.2**	**916.7**	**907.5**	**888.4**	**888.4**

资料来源：美国银学会（Silver Institute）。

加拿大泛美洲银业公司（Pan American Silver）的开采重点放在了墨西哥杜兰戈州（Durango）的 La Preciosa 矿上。在过去的 6 年中泛美洲银业公司一直忙于产能扩张，它新开发了 5 处矿，之前它已在墨西哥、秘鲁、阿根廷和玻利维亚等地开发了 8 处矿。目前该公司正在与 Orko Silver 银业公司进行一项关于共同开发 La Preciosa 矿的可行性研究，预计在 2010 年完成。这将是一项巨大的工程，前期报告表明该矿储量将达到 1.35 亿盎司白银。在 2009 年的前 9 个月，泛美洲银业公司的银产量上升了 31%，达到 640 万盎司的历史最高水平。

Helca 矿业公司创造了另一项纪录，2009 年其生产了 1 060 万盎司白银，比 2008 年增加了 26%。该公司的经理 Phil Baker 先生认为：2009 年对于 Helca 矿业公司来说是不寻常的一年，尤其是在产量和生产成本方

纽约：白银价格

白银矿产量

单位：吨

分布地区＼年份	2004	2005	2006	2007	2008	2009*
世界银矿产量	**18 910**	**20 025**	**19 723**	**20 462**	**20 731**	**19 017**
其中：秘鲁	3 060	3 193	3 471	3 502	3 686	3 532
墨西哥	2 570	2 894	2 970	3 135	3 241	2 982
中国	2 000	2 500	2 600	2 700	2 800	2 567
澳大利亚	2 183	2 417	1 727	1 880	1 926	1 448
玻利维亚	—	420	472	525	1 114	1 227
智利	1 360	1 400	1 607	1 937	1 404	1 163
波兰	1 373	1 262	1 265	1 240	1 216	1 130
美国	1 250	1 230	1 160	1 260	1 233	1 125
哈萨克斯坦	773	883	806	722	682	616
加拿大	1 338	1 124	995	861	728	575

注：*为 2009 年前 11 个月的数据。
资料来源：世界金属统计局（WBMS）。

交易型开放式指数基金*

出现历史峰值的三个 ETF 白银基金（美国、英国和瑞士），持有的白银在 2009 年 12 月达到 1.2389 万吨的历史峰值，这比 2009 年 10 月底增加了 1 000 吨。

2010 年 1 月 15 日，ETF 的白银持仓量下降至 1.2249 万吨。因为当时白银不再是投资者的避风港，尤其是在美元兑欧元大幅升值时。

注：*为交易型开方式指数基金（Exchange Traded Funds，ETF）。

面（低于 2 美元/盎司）。他预测 Helca 矿业公司 2010 年的生产情况将与 2009 年大体相同。

在此北面的墨西哥，世界第一的原生银生产企业弗雷斯尼洛公司（Fresnillo）在 2009 年生产了 3 790 万盎司银，在已创历史产量纪录的 2008 年的基础上又增长了 8.8%。2009 年的最后 3 个月，银产量增长了 10%，约为 936 万盎司。弗雷斯尼洛公司是一家在伦敦股票交易所上市的墨西哥公司，它预期 2010 年其银产量将与 2009 年大体相同。

2010 年，经济各项指标均在回暖。尽管投资基金撤出银市场，银价依然可以稳定在 18.50 美元/盎司的均价附近。

白银消费企业自经济危机爆发以来以消耗库存银来维持生产，这使得企业库存在 2009 年几乎耗尽。因此预计，这些白银消费企业大约需要 6 个月的时间来重新补充库存。受益于经济情况的轻微好转，这项行动已于 2010 年 1 月启动。

黄金

赢家是……中国！中国赢得了世界黄金生产和消费两块“金牌”。中国目前只是全球第五大黄金储备国，中国的中央银行对这种贵金属的兴趣正在不断增加。无独有偶，就全球而言，各国中央银行都成为了黄金的净买入者。

投资基金也加入看多者的队伍。经济危机和美元波动的综合作用使黄金成为了投资者的避风港。尽管在珠宝领域的黄金需求严重下降，但与2008年相比，每盎司金价还是上涨了25%。

黄金：抵御所有风险的保险单

通常在经济基本面恶化之时，黄金投资就会受到青睐。正是基于上述原因，2009年3月，一些权威分析师做出了预测：认为黄金2009年均价可能达到940美元/盎司，即比2008年均价高出70美元/盎司。然而该预测被证明是保守的。2009年12月3日，黄金价格达到了1 226.56美元/盎司的历史最高水平，并于数日后回落至1 100美元/盎司左右。

除了世界经济失调之外，其他因素也为金价的上涨做出了贡献，如对通货膨胀的担忧、货币市场不稳定、美元波动、迪拜危机、希腊债务危机……

全球的黄金产量是否有限？这一点对于寻求规避金融风险的投资者来说非常重要，这其中包括机构投资者和个人投资者。英国GFMS咨询公司警告说：世界黄金市场目前已经过分依赖投资者，因此黄金市场已经变得易受攻击，“黄金蜜月”总有结束之日。

尽管如此，对经济复苏和通货膨胀回升的预期仍然使2010年的黄金走势再次有利于看多黄金的投资者。

2010年上半年，黄金价格将围绕1 175美元/盎司波动，到下半年，将在990～1 230美元/盎司之间波动。

众央行加大黄金储备

2008年9月，国际货币基金组织（IMF）宣布出售403.3吨黄金，这约占其黄金储备的1/8。此项决定于2008年做出，并与各国央行在“中央银行出售黄金协议”（Central Bank Gold Sales Agreement，CBGA）的框架下协调进行。该协议规定各成员国央行的年售金量不得超过400吨（2009年9

月份协议修改之后的出售数量定为500吨)，而国际货币基金组织并未签署该协议。

在这一黄金出售中，中国有望扮演重要角色，然而印度却抢先出手：2009年10月，印度央行即印度储备银行（RBI）采取行动购进了200吨黄金，价值68亿美元。

关于国际货币基金组织的这次黄金出售行动，其执行总裁史特劳斯·卡恩（D. Strauss-Kahn）在一项声明中表示：这一交易是实现国际货币基金组织的黄金出售项目目标的重要步骤，出售黄金有助于国际货币基金组织筹集资金，使该组织长期持有资金的基础稳定，并使国际货币基金组织能够继续向贫困国家提供所需的优惠贷款。

毛里求斯中央银行的表现则要温和一些，2009年12月，从国际货币基金组织购进了2吨黄金，价值7 170万美元。

另外，除非能够继续找到机构买家，否则国际货币基金组织将在2010年第一季度以每周为一个时间段出售剩余的黄金。总之，自2009年下半年以来，世界各央行都已成为黄金的净买家，这些银行售出的黄金与2008年相比下降了90%，为157吨。这与修改后的“中央银行出售黄金协议”规定的500吨上限相距甚远。

数年来，中国一直耐心地积累其黄金战略储备，2003年中国的黄金储备仅为400吨，到2009年，据中国官方公布的数字，中国的黄金储备已达1 054吨。

中国“领跑”世界黄金消费

在消费层面不考虑投资因素，2009年全球的黄金表现并不理想。珠宝业的黄金需求下降了23%，为1 687吨，是21年来的最低水平。其他制造业的黄金需求下降了8%，为

2009年，ETF黄金基金价值上升84%

主要持有黄金的ETF基金的价值在2009年上涨了84%，达到613亿美元，持有的黄金增加了565吨。据估计，这些ETF基金的日交易额约为169亿美元，每日的资金流入量的变化巨大。

639吨。因此，这是30年以来，黄金的投资需求首次超过了珠宝行业的黄金需求。

中国已经取代印度成为世界最大的黄金消费国。尽管此前印度曾保持这一地位多年，但过高的金价抑制了印度国内的黄金需求，尤其是在珠宝行业。这就为中国取而代之创造了条件。2009年，印度仅仅进口了200吨黄金，与2008年的420吨相比明显下降。预计，2010年印度的黄金需求将有望回升，达到422吨，仅次于中国的预期黄金消费的432吨。

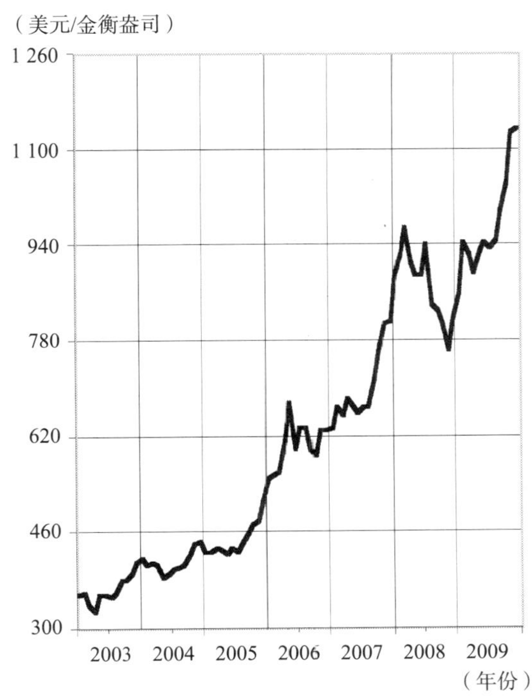

纽约：黄金价格

矿石与金属

中国也“领跑”世界黄金生产国

2009年，黄金产量在连续三年的下降之后增长了6%，达到2 553吨。同年，再生黄金的产量跳升了27%，使全球的黄金供应量增至3 900吨。

中国已经连续第三年获得世界最大黄金生产国的桂冠。据中国黄金协会（CGA）估计，2009年中国黄金的产量达到313.98吨，较上年上升了11.34%（价值为201.4亿美元，增幅为18.56%）。这是中国黄金产量的纪录。

中国黄金生产企业的重组始于2002年，并于2009年完成，许多小型金矿被兼并或被关闭。经过这轮重组之后，中国的黄金生产企业由2002年的1 200家减少到2009年的700家左右。

目前，南非的黄金产量只在世界黄金生产国中排名第三。各矿业公司在澳大利亚有着大量的黄金开采项目，因而使得澳大利亚的排名超过了南非。澳大利亚最新的金矿项目包括位于新南威尔士州的卡迪亚（Cadia East）金矿，这是澳大利亚最大的坑采金矿。纽克雷斯特矿业公司（Newcrest Mining）已经在这一项目中投资18.3亿美元。

高涨的金价意味着并非只有纽克雷斯特投资开发金矿，许多其他矿业公司也都拥有众多的项目。据估算，到2015年，这些新金矿的开采每年可为世界市场增加50万~100万盎司的黄金供应。

巴里克黄金公司从斯特拉塔手中收购埃尔莫罗矿

2009年秋季，世界第一大黄金生产商——巴里克黄金公司（Barrick Gold）与英国-瑞士矿业集团斯特拉塔（Xstrata）签署了一项协议，以4.65亿美元现金收购后者在智利的埃尔莫罗矿（El Morro）（该矿为黄金和铜伴生矿）70%的股份。另外30%的股份由新金（New Gold）公司持有。

根据斯特拉塔提供的数据，埃尔莫罗矿的黄金储量约为830万盎司，铜储量超过63亿磅。

非洲与黄金是永恒的故事……

在全球主要的金矿区中，非洲仍然是众人觊觎之地。各矿业公司对西非黄金的狂热追逐正在升级。澳大利亚的公司尤其如此，金矿项目在这一地区几乎是遍地开花。

在加纳的阿善堤黄金带（Ashanti Gold Belt），Signature Metals（SBL）公司正努力将位于该地区的Konongo黄金项目的产量尽快提高到10万盎司/年。与此同时，该公司还在同一地区展开勘探，据估算该矿区的黄金储量大概为250万盎司，金的平均含量为2~4克/吨。

在加纳的北部，靠近布基纳法索（Burkina Faso）边界一带，由Azuma Resources公司负责钻探的Wa金矿项目或许已经得到了出人意料的结果，金的平均含量达到13.13克/吨，在一些区域甚至高达45.9克/吨。

珀尔修斯矿业公司（Perseus Mining）承担在加纳阿善堤黄金带的几座金矿的开采，开采面积超过650平方公里，总产量接近500万盎司黄金。

黄金

单位：吨

分布地区 \ 年份	2004	2005	2006	2007	2008	2009 *
世界金矿产量	**2 473**	**2 446**	**2 329**	**2 320**	**2 285**	**2 169**
其中：中国	194	209	240	271	282	268
澳大利亚	259	263	247	245	215	200
美国	258	256	252	238	233	197
南非	340	297	275	255	221	190
秘鲁	173	208	203	170	180	170
俄罗斯	169	163	159	157	185	169
印度尼西亚	164	143	80	118	64	110
加拿大	131	121	104	102	96	89
加纳	63	67	70	77	80	80
乌兹别克斯坦	88	84	77	73	73	67

注：* 为 2009 年前 11 个月的数据。
资料来源：世界金属统计局（WBMS）。

加纳政府并不想廉价卖掉富含金矿的土地，因此该国 2010 年的财政预算中要求矿业公司支付的特许使用权费增加一倍，即从之前的 3% 增加到 6%。然而，这一费率实际上仍然很低。

马里、塞内加尔、布基纳法索……为了找到新的金矿，整个地区都像被筛子过滤了一遍。2009 年夏天，加拿大亚姆黄金公司（Iamgold）与其“同胞”Avnel 黄金矿业公司签订了一项协议，由亚姆公司收购 Avnel 公司在马里的 Kalana 项目 51% 的股份。该项目由 Avnel 公司与马里政府共同拥有，其中 Avnel 公司持有 80% 的股份，马里政府持有剩余的 20%。根据该协议，亚姆公司将投资 1 100 万美元，并用 3 年的时间对这一矿区进行勘探。据称该矿区的黄金储量大约为 200 万盎司。亚姆公司希望，到 2012 年能够通过在世界三大洲运营的 8 家金矿生产出 180 万盎司黄金。

南非兰德黄金资源公司（Randgold Resources），已经接近完成对马里 Gounkoto 矿的勘探，且将于 2010 年 3 月完成对该矿预开发的可行性研究。目前已探明 Gounkoto 矿含有极高品位的金矿。南非兰德黄金持有

津巴布韦的黄金产量大增，但依然处在较低水平

2009 年，津巴布韦的黄金产量猛增 35%，达到 4.2 吨，但与其在 1999 年 27 吨的产量相比仍然相距甚远。由于津巴布韦黄金储量的巨大潜力，不排除未来其黄金产量恢复到 1999 年水平的可能性。但是，该国经济和政治方面的“潜力”有限……

曾记否，津巴布韦曾经是非洲第三大黄金生产国。

世界黄金供需量

单位：吨

年分 分类	2004	2005	2006	2007	2008
供应					
矿产量	2 070	2 454	2 076	2 026	2 044
国家出售	470	663	370	485	279
再生黄金	849	898	1129	977	1146
总供应	**3 361**	**4 018**	**3 574**	**3 488**	**3 468**
需求					
珠宝	2 614	2 709	2 285	2 401	2 138
工业应用	412	432	459	461	430
金币和奖牌	398	411	424	446	636
投资	-60	-26	-19	-36	133
其他需求	133	208	260	253	321
总需求	**3 406**	**3 734**	**3 409**	**3 526**	**3 659**
剩余/不足	**-109**	**285**	**165**	**-38**	**-191**

资料来源：世界黄金协会（World Gold Council）。

在马里的Gounkoto矿和卢洛矿（Loulo）（为Gounkoto矿的扩张延伸）；在塞内加尔的马萨瓦矿（Masawa）和科特迪瓦的Tongon矿，该公司计划在2011年之前至少达到年产60万盎司黄金的生产能力。

铂族金属

2009年，铂取得了优异的成绩。该贵金属吸引了大量的投资，特别是来自ETF的投资（与钯的情况相同），而且还受到珠宝领域和中国汽车工业需求的支撑。尽管存在少量的供应过剩，2009年铂价最终上涨了57%，2010年1月每盎司铂的价格高于黄金459美元。

作为铂的姊妹金属，钯价格的上涨更引人瞩目，2009年上升了220%，在所有贵金属之中表现最佳。这主要源于俄罗斯的产量下降和中国需求的增长。

投资者喜爱铂族金属

毫无疑问，总部设在伦敦的ETF Securities公司的美国分公司推出铂和钯两只交易型开放式指数基金（ETF）是一个绝妙的主意。该公司在2009年12月获得美国期货交易委员会（CFTC）的批准后，于2010年1月8日正式在纽约证券交易所（NYSE）推出铂和钯这两只交易型开放式指数基金（ETF Platinum Trust and ETF Palladium Trust），这两只基金由在伦敦和瑞士的现货储备提供担保。在推出之后随即受到了投资者的热烈追捧，同时也再次证明了如今投资者对大宗商品的青睐。

ETF之后是ETN…

2009年11月，南非宣布：将于2010年推出一种与铂和银有关的投资产品，该产品是以交易所交易债券（ETN）的形式交易。

由于该ETN产品由南非联合银行（Absa）发行，因此存在发行银行的信贷风险。

2010年1月22日，铂ETF持有量高达16.4874万盎司，相当于全球10天的铂产量。同一天，ETF Securities公司旗下的欧洲和澳大利亚的ETF，共持有铂43.323万盎司。在1月21日，它们共持有的数量曾创下44.4541万盎司的纪录。

在2009年，所有的指数型基金对铂投资了4.52亿美元。到12月底，这些基金持有大约21吨铂，相当于世界铂工业5周的铂消费量。对钯的投资则达到了1.81亿美元，相当于24吨钯，也几乎达到了世界钯工业5周的钯消费量。

中国喜爱珠宝

对冲经济风险和满足行业的需求是完全

不同的两种现象。尽管危机推动了对铂族贵金属的投资需求，但也降低了全球工业对其的需求，最终导致 2009 年末出现轻微供应过剩。铂过剩数量大约 14 万盎司，而在 2008 年却为短缺 24 万盎司。

与 2008 年相比，2009 年全球铂需求估计下降了 4.4%，汽车行业需求的减缓最为明显。

另外，尽管欧洲和北美对珠宝的需求下降，但是全球珠宝行业整体表现良好。2009 年该行业对铂的需求增长了 80%，达到 245 万盎司，其中中国需求为 175 万盎司！中国拥有 6 000 万年轻女性，将是铂族金属的潜在消费者，其对珠宝的需求还远未达到饱和程度……

日本明显落后于中国，但日本珠宝商还是试图东山再起，预计日本珠宝业的铂需求将会达到 31 万盎司。

相比之下，欧洲珠宝业对铂系金属的需求十分疲软，预计欧洲珠宝业和钟表制造业的消耗量为 18.5 万盎司，与 2008 年相比下降了 1.5 万盎司。北美市场则更糟：珠宝业对铂系金属需求仅为 14 万盎司，2008 ~ 2009 年萎缩了 25%。

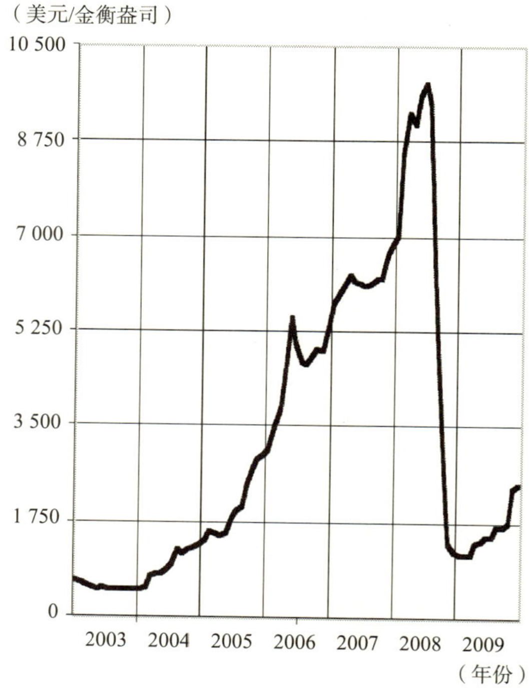

欧洲：自由市场铑价格

我们不难想象在 2009 年中国是世界上唯一或几乎唯一对铂系金属消费增长的国

铑的供需量

单位：千盎司

分布地区 \ 年份	2004	2005	2006	2007	2008	2009
供应	**720**	**754**	**824**	**824**	**695**	**719**
其中：南非	587	627	690	696	574	620
俄罗斯	100	90	95	90	85	65
北美地区	17	20	20	20	18	12
其他国家	16	17	19	18	18	22
需求	**729**	**827**	**841**	**844**	**670**	**548**
其中：日本	236	234	278	251	241	170
中国*	—	—	—	89	105	112
欧洲	172	159	149	117	58	63
北美地区	145	223	189	186	64	52
世界其他地区	176	211	225	202	202	151
库存变化	**-9**	**-73**	**-17**	**-20**	**25**	**171**

注：* 为 2007 年之前中国的需求量包含在世界其他地区的需求量中。

资料来源：美国庄信万丰公司（Johnson Matthey）。

铂的供需量

单位：千盎司

分布地区 \ 年份	2004	2005	2006	2007	2008	2009
供应	**6 490**	**6 640**	**6 830**	**6 600**	**5 945**	**6 055**
其中：南非	5 010	5 115	5 295	5 070	4 515	4 725
俄罗斯	845	890	920	915	810	745
北美地区	385	365	345	325	325	255
其他国家	250	270	270	290	295	330
需求	**6 540**	**6 695**	**6 475**	**6 680**	**6 185**	**5 915**
其中：中国	1 185	1 120	1 095	1 240	1 225	2 035
欧洲	2 095	2 325	2 395	2 585	2 205	1 595
日本	1 360	1 320	1 115	920	1 200	1 025
北美地区	1 090	1 070	840	915	500	420
世界其他地区	810	860	1 030	1 020	1 055	840
库存变化	**-50**	**-55**	**355**	**-80**	**-240**	**-140**

资料来源：美国庄信万丰公司。

家。世界工业需求的全面萎缩并没有对中国工业生产产生太大影响，在2008年12月至2009年12月期间，中国的工业生产总值月均增长20%。

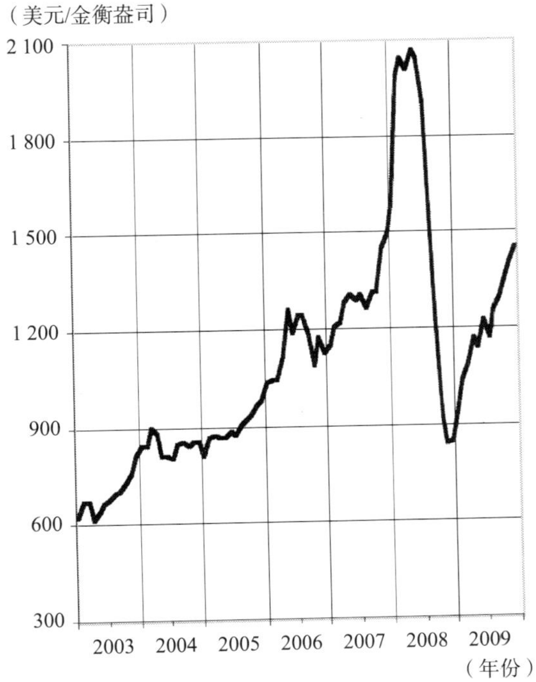

纽约：铂价格

2009年全球用于生产汽车催化转换器（catalytic converters）的铂族金属的需求，降至九年以来的最低水平（2009年为250万盎司），且欧洲汽车工业仍在泥潭之中，但中国的汽车销量却激增45%！

2010年欧洲的需求或将持续低迷，2010年年初北美地区却已出现了复苏的迹象。在中国，欧Ⅲ汽车尾气排放标准（降低二氧化碳排放等）的逐渐实施将可能继续对铂族金属需求产生积极影响。

南非生产遭遇重重困难

2009年全球铂产量预计增长1.9%，为606万盎司，南非的铂产量约占全球的80%，但是南非的铂生产面临各种困难。不同寻常的是，南非的铂销售却出现增长，2009年销售总量达到了473万盎司，较2008年增长5%。实际上，这一增长主要来自2008年经济危机时期积压的铂库存。

钯的供需量

单位：千盎司

分布地区＼年份	2004	2005	2006	2007	2008	2009
供应	**8 580**	**8 405**	**7 950**	**8 580**	**7 310**	**7 175**
其中：俄罗斯	4 800	4 620	3920	4540	3660	3560
南非	2 480	2 605	2 775	2 765	2 430	2 530
北美地区	1 035	910	985	990	910	750
其他国家	265	270	270	285	310	335
需求	**6 580**	**7 355**	**6 605**	**6 835**	**6 775**	**6 520**
其中：西欧地区	1 320	1 175	1 085	1 285	1 400	1 485
中国	1 145	1 710	1 375	1 225	1 315	1 465
日本	1 540	1 550	1 475	1 460	1 475	1 290
北美地区	1 845	2 025	1 565	1 650	1 215	1 060
世界其他地区	710	895	1 105	1 215	1 370	1 220
库存变化	**2 020**	**1 050**	**1 345**	**1 745**	**535**	**655**

资料来源：美国庄信万丰公司。

全球第二大铂生产商Implats公司，产量约占全球的25%，在南非和津巴布韦的铂矿因为生产事故与罢工事件频发而被迫关闭。此外，全球最大的铂生产商英美铂业（Angloplat）关闭了其处于亏损状态的铂矿，并宣布其经营业绩出现自由落体式下滑。尽管如此该公司在南非的铂产量仍达到了240万盎司。

全球第三大铂生产商Lonmin公司则计划关闭位于林波波（Limpopo mine）的铂矿，并降低Marikana矿的产量。对于该公司来说，这是非常困难的决定，因为该公司曾希望将产量从2009年的70万盎司，提高到2013年的85万盎司。

最后就是阿奎里厄斯铂业公司（Aquarius Platinum），该公司预计在2010年9月重新启动Everest矿。该矿在2008年12月由于进水被关闭。

Everest矿在2008年的铂族金属产量为15.7995万盎司。该矿的关闭导致阿奎里厄斯铂业公司金属年产量下降12%。

对2010年南非铂族金属生产的前景，人们普遍持谨慎态度。南非的电网系统（输

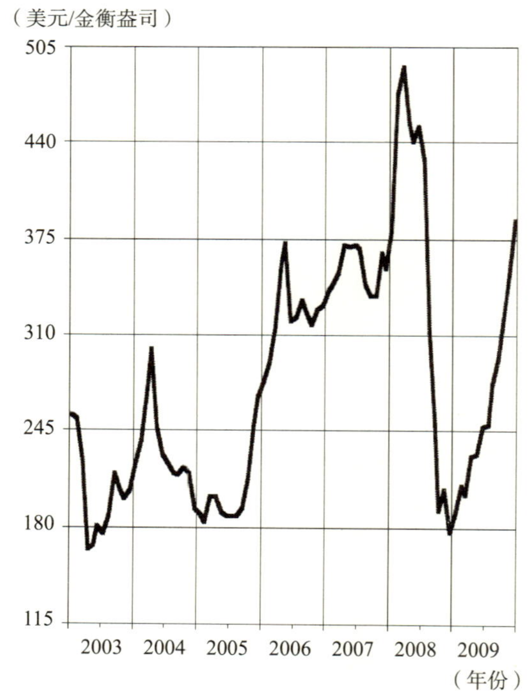

纽约：钯价格

2010 年津巴布韦的前景较为乐观

津巴布韦拥有全球第二大铂储量，仅次于南非。2009 年，津巴布韦的铂产量增长了 22.5 万盎司，主要归功于兹姆普拉斯公司（Zimplats）的良好业绩，而 Implats 铂业公司拥有兹姆普拉斯的大部分股份。

送能力不足且缺少维护）与矿区接连不断发生的事故和罢工使得南非的铂族金属生产极有可能再次受到影响。此外，南非在 2010 年已经没有剩余的铂库存可供销售。

自 2009 年年初以来，尽管铂价格有所上涨，但 2009 年年均价仅为 1 400 美元/盎司，远低于2008 年达到的 2 290 美元/盎司。在 2010 年，预计铂价格将伴随着世界整体需求的改善而上扬，2010 年的平均价格可能达到 1 650 美元/盎司。

珠宝业令钯大放异彩

对于铂的姊妹金属钯，在 2009 年有两个因素特别引人注目：俄罗斯的产量下降和中国的需求增长。

俄罗斯诺里尔斯克镍业公司（Norilsk Nickel）的钯产量占全球供应的 50%。该公司公布：2009 年钯产量下降到 280.5 万盎司，2008 年时的产量为 282 万盎司。关于俄罗斯持有钯库存情况，莫斯科方面并没有披露，但库存量应该很低，因为 2010 年初俄罗斯将钯库存出售暂停。

在 2009 年，钯特别引人注目的消费领域是珠宝行业。实际上与 2008 年相比，全球珠宝业对钯的消费并没有增长，反而出现下降，仅为 92 万盎司。最为引人注目的是，中国珠宝业对钯的消费达到了 65 万 ~ 68 万盎司。

在中国，值得关注的另一个行业就是汽车行业。2009 年，中国汽车工业对钯的需求约占全球需求的 10%，且预计 2010 年该比率还将有所上升。

在 2008 年 12 月，伦敦金银市场[①]交易的钯的价格低于 180 美元/盎司。而一年之后，钯价接近了 400 美元/盎司。即便如此，距 2001 年达到的历史最高价格 1 125 美元/盎司仍然很遥远。但 2010 年经济的复苏，投资需求以及产量下降给人们带来希望，500 美元/盎司的钯的目标价格似乎不再是疯狂的赌博。2010 年钯合约在上海黄金交易所（Shanghai Gold Exchange）的上市，再次显示了钯市场的信心恢复。

铑的回升

对于 80% 用于汽车工业的铑市场来说，2009 年是非常艰难的一年。2009 年 6 月铑的价格低于 1 300 美元/盎司，这比 2008 年下降了 85%。但入夏之后全球经济的脆弱复苏还是给铑市场带来了些许提振。从 2009 年 10 月中旬至 2010 年 2 月中旬，铑的价格从 1 700 美元/盎司涨至 2 375 美元/盎司。预计 2010 年铑的年均价格将为 1 650 美元/盎司。

南非的铑产量约占全球产量的 80%。

① 专门交易黄金和白银等贵金属的场外交易市场。——译者注

钻石

2009 年的世界钻石市场是钻石逐渐“平民化”的一年，还是钻石“复兴”的一年？

今天，钻石是否已经加入了商品的行列，即价格和供给均开始出现大幅波动？还是钻石越来越依赖金融领域以及越来越受到土耳其和中国等国家的新兴奢侈品市场的影响？

相对于 2008 年的最高纪录，2008 年 11 月时商业钻石和珠宝钻石的价格均下跌了 30% 左右。实际上，2008 年经济危机之前钻石价格的波动与世界主要大宗商品，如铂、黄金和原油等的价格波动不尽相同。这些大宗商品的价格指数从 2007 年开始攀升，到 2008 年年中达到了峰值。在长期处于寡头垄断的钻石市场中的抛光钻石的价格，在 2005 年开始只有相对温和的上涨；在 2008 年下半年跟随其他大宗商品出现大幅下降，但是下降幅度相对较小，且相对 2005 年，它的价格趋势依然是上涨的。就在此时，钻石巨头戴比尔斯（De Beers）的钻石垄断时代宣告结束，且新兴的印度和以色列宝石中心逐渐制度化，再加上世界古老的宝石中心安特卫普的重新崛起，世界宝石业呈现多元化的趋势。

2009 年世界钻石生产商继续做出调整，正如前几年《锡瑞镨世界大宗商品市场年鉴》所提到的一样，他们受到信贷危机的严重影响，2009 年上半年，占有世界钻石市场 40% 份额的戴比尔斯决定对其生产的毛坯钻石减产 50%，这对该公司在博茨瓦纳和纳米比亚主要的钻石出口带来了极大的影响。与此同时，戴比尔斯还取消了对俄罗斯钻石矿的入股计划。近些年来，俄罗斯钻石的生产在世界钻石市场占有越来越重要的

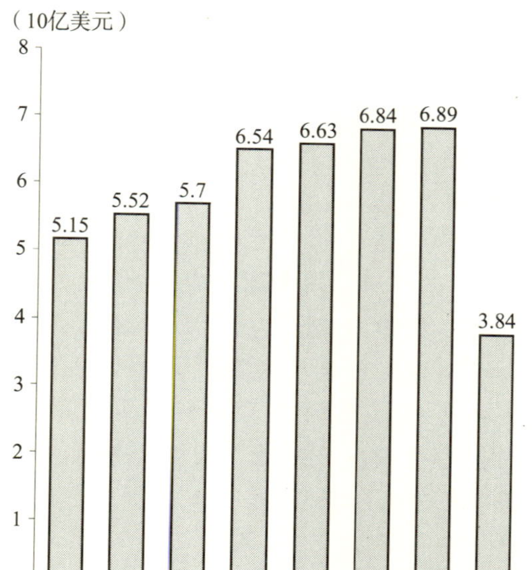

戴比尔斯公司（De Beers）原钻销售额

地位，其重要性已可以使世界钻石市场陷入供给紧张，或是掀起投机浪潮，甚至可以引发市场恐慌。2009年俄罗斯的钻石矿依然在开采，俄罗斯的国有钻石巨头阿尔罗萨公司（Alrosa）的钻石曾在经济危机时出售给了由俄罗斯政府控制的机构，如俄罗斯国家贵金属库——古柯亨（Gokhran）。而俄罗斯政府在2009年年底重新颁发了钻石出口许可证，人们因此担心俄罗斯3 000万克拉的钻石会在2010年流入世界钻石市场。但需要强调的是，目前戴比尔斯通过其"残余的"中央销售组织（Central Selling Organization，CSO）依然持有价值50亿美元的钻石，这足以"清洗"，或者威慑任何一桩可能的大规模钻石"甩卖"。

事实上，不论是澳大利亚、南非、加拿大还是俄罗斯的钻石生产商，几乎没有人对"甩卖"毛坯钻石感兴趣，这将有可能毁掉整个钻石行业。钻石下游企业平均年生产价值约200亿美元的抛光钻石（世界抛光钻贸易额），但在2008年这些企业累积负债已经超过220亿美元。因此毛坯钻石的价格暴跌将会削减这些钻石企业生产的产品的附加值以及削弱这些企业的偿债能力。

钻石：世界产量预估

单位：百万克拉

分布地区＼年份	2004	2005	2006	2007	2008	2009
珠宝业用钻石世界产量	**89.4**	**101.0**	**91.3**	**93.0**	**87.0**	**90.9**
其中：博茨瓦纳	23.3	23.9	24.0	25.0	25.0	32.0
俄罗斯	21.4	21.4	21.4	23.3	23.0	22.0
加拿大	12.6	12.3	12.4	18.0	15.8	12.0
安哥拉	5.4	5.7	7.0	8.7	8.1	8.0
刚果（金）	6.1	6.3	5.6	5.4	5.4	5.4
南非	5.7	6.0	6.2	6.0	5.2	5.2
工业用钻石世界产量	**81.2**	**81.0**	**82.0**	**77.0**	**72.0**	**71.0**
其中：刚果（金）	24.7	25.0	22.0	22.0	22.0	22.0
澳大利亚	22.0	20.0	22.0	19.0	15.0	14.0
俄罗斯	14.2	15.0	15.0	15.0	15.0	15.0
南非	8.7	9.3	9.0	9.0	8.0	8.0
博茨瓦纳	7.8	8.3	8.0	8.0	8.0	8.0
世界总产量	**170.6**	**182.0**	**173.3**	**170.0**	**159.0**	**161.9**

资料来源：矿业年鉴（Minerals Yearbook），世界矿产资源综述（Mineral Commodity Summaries）。

据估算，世界四大主要毛坯钻石采购市场（比利时、阿拉伯联合酋长国、印度和以色列）在2009年的毛坯钻石净采购额约为75亿美元。其中印度是2009年世界第一毛坯钻石净进口国，以色列名列第二，且与印度相差甚远。其余大部分毛坯钻石由安特卫普购买，安特卫普的钻石切割依然是世界领先的，不过它会将那些不值得切割的钻石进行再出口。2009年毛坯钻石的进口量平均下降了40%左右，抛光钻石的贸易下降幅度相对较小。因此，2009年世界各钻石交易所销售的下降幅度与毛坯钻石进口的下降幅度相比要缓和得多。事实上，如果钻石价格下跌过多，债权人手中的抵押物——钻石的价值就会下降，这将进一步使得对钻石生产企业以及加工企业的信贷条件收紧。另外，在金融投资基金越来越青睐投资大宗商品的背景下，钻石也逐渐进入其视线，这是由于钻石的价格波动比其他商品小，比股票价格的波动则要小得多。

戴比尔斯目前正试图把钻石市场建立成一个可吸纳世界各种投资的市场，但是戴比尔斯本身，以及阿尔罗萨却至今没有公开上市。世界宝石市场是分散的，是根据各种宝石的大小及各种混合指数而各自建立的，且并不十分透明。2009年11月17日，世界钻石交易所联盟（WFDB）批准了一系列各种不同抛光钻石的“建议零售价”（SRP）。而这些价格是由艺达思公司（Idex）公布的，该公司是雷派波特公司（Rapaport）的竞争对手——雷派波特公司，之前已经持续为世界钻石买卖双方提供报价。戴比尔斯此举的目的是，使一些宝石可以像其他类资产一样成为投资对象并有升值的机会，就像艺术品、葡萄酒和邮票一样。这些宝石的商品性质在以前并没有完全体现出来，但是宝石衍生品的出现可以使对其投资像对其他大宗商品一样成为可能。

为了与钻石需求的恢复性增长相适应，在博茨瓦纳的戴比尔斯矿的产能重新启动了80%，因此可以说在2009年的年终好于2009年之始。而那些最漂亮的毛坯钻总是最受人们欢迎的，它们的销售则越来越多地出现在苏富比和佳士得拍卖行。自从金融危机爆发，该领域的成交大幅下降，这主要体现了2009年银行对钻石商及珠宝商的贷款减少，而不是全球钻石实际需求的永久性下降。

2010年初，戴比尔斯15亿美元的信贷方案又重获批准，这表明银行贷款的闸门重启。2009年年底，由于斯里兰卡政府的生产刺激计划，斯里兰卡砂矿钻石的销售额超过了3.9亿美元。世界钻石拣选中心安特卫普的毛坯钻石和抛光钻石的加工数量的变化最具有说服力。与2008年相比（2008年前6个月的钻石加工量巨大），2009年由安特卫普加工的钻石下降了25%左右，但在2009年11月安特卫普的毛坯钻石和抛光钻石的出口量大幅增加。其他诸如以色列特拉维夫和印度等大规模的钻石加工中心的行情恢复则要更早。在印度，2009年第一季度末就出现钻石出口转暖的迹象（以卢比计算）。而特拉维夫市场的复苏是从2009年6月开始的。2009年末亚洲钻石市场的复苏是全球钻石需求恢复增长的主要动力。

虽然美国仍然是安特卫普抛光钻石的第一大市场，但是安特卫普出口到美国的钻石数量却在不断下降；中国香港则是抛光钻石的第二大进口地，尤其青睐高价值的钻石；主要由比利时安特卫普承担的优质钻石再分配领域，以色列是其第三大市场；紧随其后的是阿拉伯联合酋长国和瑞士，瑞士进口的钻石用于奢侈品（尤其是手表）；随后是印度，印度已是世界钻石工业的第三级。最后，在抛光钻石和镶嵌钻石的销售领域，2009年全球的销售额达到了650亿美元，其中一半依然来自美国市场，但中国内地（包括中国香港）则一跃成为了全球第二大消费市场。因此，中国对钻石的需求使人们对世界钻石市场的前景充满乐观。事实上，中国2009年第一季度抛光钻石的进口量增加了12.5%。在今天的中国，一场成功的婚礼必须要有房子、车子和钻石。2009年上海钻石交易所记录的钻石进口量增长了30%，价值接近7亿美元。

曾几何时，一旦美国对钻石需求疲软，全球的钻石市场就会不振。而今天，世界钻石市场也正在面临着“脱钩”，即东亚国家和印度的钻石需求出现持续增长，而传统钻石消费国家处于低迷状态。这就意味着在2010年世界需要生产价值125亿美元的毛坯钻石才能满足世界钻石切割工业以及最终消费需求的增长。在钻石巨大的库存，以及在危机时钻石生产商主动停止的钻石开采的恢复异常缓慢这两项因素之外，我们不能忽视的是一些主要生产商控制的钻石资源正在减少。以力拓集团为例，该集团的阿盖尔（Argyle）矿山在1994年时的钻石产量达到顶峰，为4 200万克拉，占当时世界产量的40%。到2008年时，其年产量已下降至1 500万克拉。尽管如此，在阿盖尔矿山深处却发现了稀有的粉色钻，其每克拉价格高达100万美元。现在在伦敦、纽约和北京等世界主要城市，彩色钻石日益受到追捧，而这些钻石的名字则更是令人兴奋：白兰地钻、香槟钻、吉维尼钻（Giverny）或者巧克力钻系列，这些都来自一个名为Le Vian的珠宝商，其历史可以追溯到15世纪的波斯帝国。

鉴于钻石的高昂开采成本及有限的资源储量，在未来主要将由博茨瓦纳和纳米比亚的矿山提供高品质的钻石和一般的宝石级钻石。与此同时，钻石巨头戴比尔斯公司也将在这两个国家重振雄风。不过，以莫斯科－特拉维夫为轴心的钻石工业是近几年以来推动全球钻石业变革的强大动力。1956年出生于乌兹别克斯坦的列夫·雷费弗（Lev Leviev）先生是现在以色列第一大钻石出口公司的总裁，他还是非洲以色列投资公司（AII）和AFI发展公司（AFI Development PLC）的董事长，同时他掌控LLD钻石集团（LLD Diamonds），他亦是俄罗斯和独联体国家犹太联盟主席。

当今的非洲钻石在2010年继续保持着其在政治和经济上的重要性。从澳大利亚到以色列，主要的世界钻石购买者都需要在非洲保持并巩固自身的地位。而“血钻”①和“金伯利进程”②则继续维持另外一个钻石市场，前者仍在资助战争。塞拉利昂记录的钻石产量急剧下降。钻石的价格出现恢复，在2009年12月份时价格达到了2 070美元/克拉，之前的价格仅为1 017美元/克拉（莱索托Letseng矿的钻石价略）。从数量上来看，2009年第四季度Letstng矿的毛坯钻石销量出现回升，比前一季度增加了41%。

译者注：

1. 血钻（也称冲突钻石或滴血钻石）是一种开采在战争区域并销往市场的钻石。

2. 金伯利进程：为遏止“滴血钻石”交易，南非、纳米比亚等非洲国家于2000年5月发起“金伯利进程”；2002年11月，联合国通过了“金伯利进程毛坯钻石国际证书制度”，2003年1月1日起正式实施。这项制度规定，出口国必须为出口的毛坯和半成品钻石签发官方证明，进口国政府在验明出口国官方证书无误后，方可准予进口。金伯利是南非一座城市，是著名的钻石产地。

共建未来
有没有一个合作伙伴
能源需求提供
作为全球主要油气集团之一，道达尔的业务遍及130多个国家，拥有96,000名员工，已成为能源行业的翘楚！我们是在非洲和中东油气产量领先的国际公司，在40多个国家进行勘探和生产作业，是欧洲主要的炼油企业，在全球拥有近16,300座加油站，并且是世界级的化工生产商。2010年，道达尔将投资180亿美元开发一系列新项目，务求实现“道达尔能源，您的动力”！
www.total.com, www.cn.total.com
资料来源：法国财务市场权威机构
道达尔能源　您的动力

– Ⅵ –

能源

2009～2010 年世界能源消费主要趋势

第十五届联合国气候变化大会于 2009 年 12 月在哥本哈根举行，会上达成了不具约束力的意向性声明，缔约国没有承诺本国能源体系会自发地减少对化石能源的需求。因此，世界能源消费将继续保持增长，增长幅度与前几年相比不会发生重大变化。

2008 年，世界能源需求增长 1.7%，相当于增长了 190Mtoe[①]，增至 11 295Mtoe，这与近十年增长趋势（+2.4%）相比，增长率出现明显下滑：经济增长急剧减缓是能源需求增长率下降的主要原因。在 2008 年的前六个月能源价格居高不下，2009 年虽然已经下滑，但仍保持在相对高位。中国是推动世界能源需求增长的主要因素：2008 年中国能源消费增长 140Mtoe，相当于世界能源消费增长的 73%，其中中国的煤炭消费增长占 57%。

"脱钩"趋势的形成愈加明显：经合组织成员国的能源需求首次占到世界能源需求的一半以下（占 49%），主要是因为这些国家在 2008 年的能源消费下降了 1.3%（而过去十年的每年平均增长率为 0.6%）。然而，2008 年世界其他国家的能源需求增长了 4.5%，与过去十年间的增长率基本相同。

煤消费量的增加

世界煤需求量占世界能源总需求的 29.2%，2008 年增长了 3.4%（相当于 109 Mtoe）。中国（增加 93Mtoe）和印度（增加 18Mtoe）是煤消费强势增长的主要动力，这两国的煤需求主要通过本国生产来满足。2008 年，动力煤的国际贸易量略有下降（降至 451Mtoe）。

世界石油需求量占世界能源需求的 34.8%，2008 年下降了 0.3%（11Mtoe）；经合组织国家的石油需求量下降了 66Mtoe。另外，世界炼油能力略有提高（主要是俄罗斯、亚洲和非洲等国），炼油产能的平均利用率为 85%，这避免了在原油采集量保持现有水平的情况下造成的原油精炼产品价格的紧张。世界原油商业库存已增至 370Mtoe，相当于 34 天的消费量，这足以确保短期的供需平衡。国际石油贸易略有收缩，贸易量下降至略低于 27 亿 toe（吨油当量）。原油价格在 2008 年 6 月达到顶峰（当时西德克萨斯中质原油的现货价格增长到 134 美元/桶）后，在 2009 年初大幅下降，随后在 2009 年最后一个

能源

① Mtoe 为百万吨油当量。

2008 年世界能源消费

单位：百万吨石油当量

地区或国别	石油	天然气	煤	核电	水电	一次能源总消费
北美地区	1 076.6	751.2	606.9	215.4	148.9	2 799.1
美国	884.5	600.7	565.0	192.0	56.7	2299.0
中南美洲	270.3	128.7	23.3	4.8	152.5	579.6
欧洲与欧亚大陆*	955.5	1 029.6	522.7	276.7	180.2	2 964.6
欧盟	702.6	441.1	301.2	212.7	70.6	1 728.2
俄罗斯	130.4	378.2	101.3	36.9	37.8	684.6
中东地区	306.9	294.4	9.4	—	2.8	613.5
非洲	135.2	85.4	110.3	3.0	22.2	356.0
亚太地区	1 183.4	436.8	2 031.2	119.8	210.8	3 981.9
中国	375.7	72.6	1 406.3	15.5	132.4	2 002.5
日本	221.8	84.4	128.7	57.0	15.7	507.5
全世界	**3 927.9**	**2 726.1**	**3 303.7**	**619.7**	**717.5**	**11 294.9**
2008/2007 年变化率	-0.3%	+2.8%	+3.4%	-0.4%	+3.1%	+1.7%
10 年平均变化率	+1.3%	+2.9%	+3.9%	+1.2%	+2.0%	+2.4%

注：*欧亚大陆：主要指前苏联国家。

资料来源：英国石油公司（BP）《世界能源统计年鉴》（Statistical Review of World Energy），2009 年 6 月

2006～2008 年世界三大能源市场的化石燃料价格（以美元计每桶石油当量平均年度价格）

单位：美元

地点 燃料 \ 时间	2006	2007	2008	2008/2007（%）
美国				
WTI 原油（现货）	66.02	72.20	100.06	+38.6
进口煤（到岸价）	10.39	10.18	12.72	+25.0
天然气（现货）	39.21	40.31	51.33	+27.3
欧洲				
Brent 原油（现货）	65.14	72.39	97.26	+34.4
进口煤（到岸价）	14.34	16.89	28.31	+67.6
进口天然气（到岸价）	50.87	51.79	73.14	+41.2
日本				
迪拜原油（现货）	61.50	68.19	94.34	+38.3
进口煤（到岸价）	13.01	14.57	25.77	+76.9
进口液化天然气（到岸价）	41.41	44.83	72.79	+62.4

资料来源：英国石油公司（BP）《世界能源统计年鉴》（Statistical Review of World Energy），2009 年 6 月；国际能源署（International Energy Agency，OECD）：煤炭信息（Coal Information），2009 年；美国能源部能源信息署（US Department of Energy，Energy Information Agency）。

季度再次升至75美元/桶。事实上，这与近十年原油价格的上涨长期趋势相符。

2008年世界天然气需求量增长了2.8%（相当于增长了74Mtoe），占世界能源需求量的24.1%。而世界天然气贸易的增长为世界天然气需求量增长的一半。天然气供应量的大量增长（北美地区的非常规天然气产量的增加和新增的天然气液化加工能力）以及受经济危机影响的天然气需求量下降致使一些评论家认为出现了“天然气泡沫”，这会使天然气的价格保持在很低的水平，并将从此改变世界天然气市场的平衡。

2008年，经合组织成员国的用电量停滞在1.0713万太瓦时（TWh），相当于世界电力需求的56%。自1973年起，经合组织国家的电力需求以平均每年2.7%的速度增长。其电力需求的64%来自化石燃料发电，21%来自核能发电，13%来自水力发电；而可再生能源发电占电力需求的2%左右。工业用电占总用电量33%，居民用电和第三产业用电占60%。输电和配电过程中所产生的损失约占电力供应的6.3%。

2007年，非经合组织国家的用电量为7 194太瓦时（增加8.7%），自1973年起用电量以年均5%的速度增长。仅中国就占了非经合组织国家用电量的37%，中国用电量增长了9.1%；巴西、印度和俄罗斯的用电量占非经合组织国家用电量23%。在非经合组织国家，化石燃料发电占发电量的74%，水力发电占20%，核能发电占5%，可再生能源和垃圾发电占1%。在这些国家的输配电网络中，输电和配电损失占发电量的10.8%（在印度的25%与中国的6.7%之间）。

2007年，可再生能源满足了相当于1 492Mtoe的电力需求。大部分可再生能源（76%）是在发展中国家消费，形式为生物质能（biomass）。新型可再生能源包括风能、

2004～2008年世界能源消费

单位：百万吨油当量

分布地区＼时间	2004	2005	2006	2007	2008	2008/2007（%）	10年（%）
北美地区	2 798.0	2 813.1	2 794.0	2 849.4	2 799.1	-2.0	+0.6
美国	2 341.9	2 342.7	2 322.3	2 359.6	2 299.0	-2.8	+0.4
美洲中南地区	491.1	513.3	533.0	563.5	579.6	+2.6	+2.6
欧洲和欧亚大陆	2 950.7	2 963.2	3 009.7	2 956.9	2 964.6	+0.3	+0.7
欧盟	1 778.1	1 780.0	1 783.4	1 732.2	1 728.2	-0.5	+0.2
俄罗斯	658.0	653.7	676.1	679.7	684.6	+0.4	+1.3
中东地区	501.6	533.7	557.3	577.6	613.5	+5.9	+5.1
非洲	315.1	320.5	328.3	341.0	356.0	+4.1	+2.9
亚太地区	3 232.9	3 413.7	3 620.7	3 816.0	3 981.9	+4.1	+5.2
中国	1 429.0	1 560.5	1 722.6	1 862.8	2 002.5	+7.2	+8.1
日本	519.0	521.9	520.4	515.8	507.5	-1.9	+0.2
全世界	**10 289.4**	**10 557.6**	**10 820.8**	**11 104.4**	**11 294.9**	**+1.4**	**+2.4**

资料来源：英国石油公司（BP），《世界能源统计年鉴》（Statistical Review of World Energy），2009年6月。

太阳能和潮汐能，尽管这些能源的开发在高速增长，但它们仍仅占可再生能源消费的1.6%，或相当于各类一次能源消费的0.2%。而69%的这些新型可再生能源是在经合组织国家消费的。

两种不同的能源消费情况

世界上33个最富裕的国家（基本上是经合组织成员国）占世界总人口的15%，2008年创造了世界55%的财富，占世界能源消费的49%。这些国家的年人均能源消费量为5.4toe（吨油当量），与2007年相比下降1.1%，而其能源消费对象主要是石油（40%）。在世界其他国家（149个国家，占世界人口的85%、世界45%的国民生产总值、消费世界51%的能源），2008年能源消费增长了4.5%。主要能源消费对象是煤（37%）。这些国家与经合组织成员国之间仍存在着很大的差距，其年人均能源消费量仅相当于1toe，增长潜力之巨大可见一斑。

能源价格的紧张形势略有好转

2008年，世界三大能源进口地区的能源进口出现下降，而世界主要的两个能源出口地区的出口有轻微上升，由此减轻了能源价格的上涨压力。

2008年，亚太地区的能源需求增长了4.1%，增至3 982Mtoe，占世界能源需求的35.3%。这种形势主要源于中国的需求上涨（增长了7.2%，达到2 002Mtoe），中国的煤消费量增长了6.2%，相当于中国能源消费的51%。该地区的能源进口量占其总需求量的22%，2008年能源进口量下降了4%，降至869Mtoe。北美地区的能源需求（占世界需求量的24.6%）下降了2%。石油是该地区的主要能源消费形式（38.5%），石油消费量明显下降（下降5.4%）。北美地区的能源进口量占其总需求量的16%，下降了59～438Mtoe。欧洲的能源需求量为1 936 Mtoe，占世界能源需求的17.1%，在2008年略有下降（下降0.8%）。该地区的能

2006～2008年世界及各国能源消费与经济增长

变化比 国家（地区）	2007/2006（%）		2008/2007（%）		2008/2003（年均%）	
	能源消费	实际国内生产总值增长	能源消费	实际国内生产总值增长	能源消费	实际国内生产总值增长
美国	+1.7	2.0	-2.8	0.9	0.0	2.5
欧盟	-2.2	3.1	-0.5	1.1	-0.2	2.5
日本	-0.9	2.1	-1.9	-0.6	0.1	1.7
俄罗斯	+0.6	8.1	+0.4	5.6	1.4	7.0
巴西	6.1	5.4	+3.2	5.1	4.2	4.7
印度	6.8	9.3	+5.6	7.3	6.5	8.7
中国	+7.7	11.9	+7.2	9.0	10.3	10.8
全世界	**+2.6**	**5.1**	**+1.7**	**3.2**	**2.9**	**4.6**

资料来源：英国石油公司（BP），《世界能源统计年鉴》（Statistical Review of World Energy），2009年6月；国际货币基金组织（IMF）《世界经济展望》（World Economic Outlook），2009年10月。

源生产也以同等幅度下降（达到1 034Mtoe），而进口量停滞在902Mtoe。

2008年，前苏联国家的能源需求量（占世界能源需求的9.1%）略有增长（达到1 029 Mtoe，增长0.3%），其中天然气消费占能源消费的53.3%。这些国家的能源净出口量达679Mtoe，增长了5.3%。中东地区和非洲的能源消费量（占世界能源消费的8.6%）为970 Mtoe，增长了5.5%。该地区的能源出口量为1 481Mtoe，增长了2.3%，能源出口占世界能源贸易量的38.2%。拉丁美洲的能源消费量（580Mtoe，占全球能源消费的5.1%）增长了2.9%；其出口量虽然出现明显下降（下降14%），但仍然十分可观（为112 Mtoe）。

2009年世界能源需求下降

2009年，由于金融危机和经济危机的影响，世界能源需求下降。经济活动疲软还导致了对能源领域投资的减少。根据国际能源署（IEA）估测，从2010年到2030年期间每年需要投资1.3万亿美元，一半用于电力行业，一半用在发展中国家。2010年，世界经济增长率应略高于3%（与2008年的增长率大体相同），这可能会使世界能源需求增长1.5%～2%。

中国：探索能源自给之路

“巨龙之卵”孕育于中国历史上最长的王朝——周朝，之后逐渐进化，到公元第三个千年的第9年终于“破壳而出”。“中国巨龙”在世界大宗商品市场上（无论是能源、矿产品还是农产品）扮演了关键的角色。中国今天已经成为能够对世界上所有大宗商品市场产生影响的重量级国家。而对持久发展的渴求已经使“中国巨龙”踏上了寻求能源自给之路。

能源是中国的战略核心

为避免成为具有致命弱点的巨人，中国逐渐形成了以确保能源供应安全和能源独立为基础的能源政策。对于很多工业国家来说，长期以来追求能源供给安全和能源独立的政策曾经是首要选择，而如今在环境问题、市场策略和各国政府目前推广的市场竞争，这似乎已经退居次要地位。

中国吸取了过去的教训，一直在努力用法国式的政治、行政手法对本国能源市场体系的安全进行调整。这个问题的核心在于公共权力与市场力量之间的两种主要能源政策的结合，但这似乎已经以“中国式资本主义”的模式解决了。通过自万隆会议以来与世界发展中国家保持的半个多世纪的良好关系，中国近些年来一直在争取将其与这些国家之间的政治关系和外交关系转化成具体的经济贸易联系。中非合作论坛（FOCAC）的前十年似乎就在这种背景之下进行的。由此，中国与53个非洲国家之间已经形成了经济伙伴关系。在2009年11月举行的第四次中非合作论坛上，中国承诺把对非洲国家的援助增加一倍，并同意提供30亿美元的优惠贷款和20亿美元的出口买方信贷。此外，2009年中国在非洲的投资可能已经创纪录地超过了10亿美元。中国还承诺取消最贫困、最不发达非洲国家的债务，这涉及对33个非洲国家的168项贷款。“郑和精神”（郑和是15世纪中国明代的航海家）似乎在21世纪再次显现。在20世纪，中国在传统外交方面的对外影响力相对有限。但现在，中国正在着手建立多边实用主义的外交体系。这一策略结合了加强“双边互惠关系体系”和增加中国参与国际事务。中国越来越多地将贸易争端提交世贸组织仲裁的举动可以看作是这种策略的实践。2010年初，中国担任联合国安理会轮值主席国，强化了中国在世界舞台上的角色；同样，中国作为联合国安理会常任理事国的地位也凸显了中国在国际事务中的重要性。

与此同时，中国这个贸易强国依靠资本和技术这两大驱动力，实施其在国内外的能源扩张战略。曾经的“门户开放”（open door）政策的最初意义在今天被中国重新应用。中国的主要目的是在与经合组织的国际竞争中能在世界上更好地获得各种资源。此外，中国还优先考虑开发本国，以获得新的资源：包括新能源的使用，攻克开发所需要的技术，使原先不可用的资源变得可用，并使其供给多元化。因此，中国正在从多个方面推动其能源市场的安全化。

战略石油储备和石油精炼产能

满足石油需求是中国所面临的首要问题。根据中国社会科学院最近发表的报告称，中国的石油进口量在不断增加，到2020年将占中国石油消费的64.5%。2009年10月，中国进口了1 930万吨原油，这是继2009年7月之后第二个原油进口量最多的月份；从1月份到10月份，原油进口总量为1.65亿吨，与2008年同期相比增长了9.4%。2009年12月对石油进口量的估测证实了这种趋势，预计与11月相比增长20%。中国保持着世界第二大石油消费国的地位，位列美国之后、日本之前。目前，中国每天进口500万桶原油，这是其石油进口的历史记录。中国石油生产能力的增长（通过开发新油田以及改进石油开采技术）不足以弥补中国石油储量的消耗。因此，石油供给的不确定性是目前中国所关注的核心问题。

中国开始了一项类似于20世纪70年代美国战略石油储备的体系（SPR）计划。该计划分为三期，石油储备总共相当于中国100天的进口量，二期和三期工程预定在2020年竣工。一期项目从2004年开始，于2009年竣工，占地95公顷。它分布在4个新战略石油储备中心，分别位于中国的镇海、黄岛、大连和舟山。每4个中心至少包括

中国开发“烃类资源”的潜能相对有限

在20世纪末，中国在石油、天然气方面基本上是自给自足的。但是由于中国经济快速增长引发的对能源需求量的暴增使得中国的能源出现供不应求的状况。中国的石油、天然气资源相对贫乏，中国探明的石油储量（尚未充分开采）约为160亿桶，相当于世界的1.2%。目前，中国国内的可开发能源潜力集中在渤海湾、松辽流域（东北地区）、塔里木盆地、准噶尔盆地和鄂尔多斯。因此，煤炭可能还将继续在未来中国的能源供给中发挥重要的作用。

30个储油罐，每个储油罐的容量为10万立方米，储存总量为300万立方米。其储存原油来源主要是哈萨克斯坦和俄罗斯。二期项目的总储存能力为2 680万立方米，该工程于2009年开始，在中国西部的新疆地区建造首个储备基地（容量为540万立方米）。此外，中国还计划在新疆建造其他6个项目，包括建造3个发电站、1个电网系统、1个液化天然气发电站和1座煤矿。目前第三期项目正在计划中，很可能在不久即将实施。

当今炼油业务（直至近些年该工业均被国际石油公司所控制）的盈利水平是大部分经合组织成员国所关心的主要问题。而中国已在2009年初设立了到2011年使其炼油能力增加10%的目标。鉴于炼油利润的下降，许多国际石油巨头（majors）要么推迟了在炼油领域的投资计划，要么整合优化旗下炼油厂。目前这些做法很普遍，但亚洲除外。总之，从2008年到2009年，欧洲的炼油利润总体上下降了将近2/3，在美国则下降了

“石油新巨头”的出现

根据2009年《财富》杂志（Fortune）公布的世界500强公司的数据，中石化位列第九。中石化2008年销售额为2 070亿美元，利润为19.61亿美元。尽管2009年上半年与2008年同期相比销售额下降30.2%，但这家中国的石油跨国公司似乎保持了其位置不变，净利润同比增长332.8%。利用此次金融海啸之机，中石化正加紧海外扩张。几个例子可以说明这一点：首先，中石化与科威特石油公司（KPC）合伙投资了90亿美元在中国广东省西南部的东海地区建造一个综合炼油中心。目标是从2013年起使该炼油厂的生产能力达到30万桶/天。此外，它还与伊朗国家石油精炼和分销公司签署了意向书，在伊朗投资65亿美元建造炼油厂。2009年中期，中石化收购了Addax石油公司，后者的年营业额将近50亿美元。以79亿美元这样的价格收购Addax石油公司是迄今为止中国公司在国外进行的最大规模的收购。Addax石油公司活跃在非洲和中东地区。在尼日利亚、加蓬、喀麦隆以及伊拉克北部（即库尔德斯坦地区）——在该地区，石油产能约为14万桶/天，涉及碳氢能源的储量估计为5.37亿桶原油当量。收购Addax石油公司还能够有效地补充中国国际石化联合公司（UNIPEC，即中石化的贸易子公司）的业务。还值得一提的是，自2009年起，Addax石油公司在尼日利亚以及圣多美和普林西比联合开采的石油方面一直发挥着关键作用。此外，中石化正尽一切努力对多个石油开采协议进行延长（尤其是在利比亚），其目的是在2010年每月开采约600万桶原油。自2010年初，中石化一直积极参与国外的35个项目，它们分布于非洲、南美洲、中东地区和俄罗斯。中石化控制的原油储量估计为6 000万吨，其中1 700万吨来自于海外。

3/4。在这种形式下，荷兰皇家壳牌集团（Shell）最近宣布了其2010年进一步降低炼油产能的决定。实际上，只要不牵涉拆除现有炼油工厂，短期内这样的决定在经济上当然是合理的。然而，从整体来看的话，这种做法的结果将使得世界石油产品的供需平衡非常脆弱。实际上，过去三十年来炼油业的过剩产能一直处在下降状态：20世纪80年代炼油过剩产能达25%，现在已降为6%～7%。中国则采取了与其竞争对手完全不同的策略，计划继续进行炼油产能扩张，从而使中国2015年炼油产能达到7.2亿吨，这将比2008年增加64%左右。例如，中国石油化工股份有限公司（CPCC，以下简称中石化）最近决定将它旗下的中国第二大炼油厂的产能增加到1 800万吨（36万桶/天），增幅为33%。同样，中国海洋石油总公司（CNOOC，以下简称中海油）计划到2020年使其炼油能力达到约7 000万吨。因此，2009年5月该公司在中国南方的惠州市启动了一个综合炼油厂，该厂已经精炼了720万吨原油。2010年初，中国政府颁发许可证，授权中海油出口成品油。中国石油天然气集团公司（CNPC，以下简称中石油）也制定了一项炼油产能扩张计划，在2009年使炼油能力增加40万桶/天。该公司也已经获得许可，将在揭阳市（广东省西南部）建造一个大型炼油厂，目标是年处理1 000万吨重质原油（主要来自委内瑞拉）。

2009年春天，中国政府通过改变成品

油的定价机制来支持中国国有石油公司。之前，中国国内市场上出售的成品油采用行政管制价格，而原油价格则由国际市场决定。国家发展与改革委员会（NDRC，以下简称发改委）因此采用了以国际原油市场为导向的国内定价机制，目的是确保国际原油价格和中国国内成品油价格可以有更紧密的联系。具体地说，当国际原油价格较其 22 天的平均价格变动幅度超过 4% 时，就可以调整中国国内成品油的价格。换句话说，发改委通过将国际原油的基准价格（及其波动情况）和中国国内平均炼油成本，再加上一定的利润空间进行成品油定价。尽管如此，如果在石油价格飙升的情况下，中国国内成品油的价格上涨存在上限。

因此，中国似乎已经使用石油“三巨头”（即中石化、中海油和中石油）执行炼油与石油储备战略。此外，中国还通过另一个国有公司——中国中化集团公司（Sinochem，以下简称中化集团）对“三巨头”结构进行了有效的补充——中化集团被视为世界第五大能源化工贸易公司，2008 年其营业额为 440 亿美元，利润为 6.72 亿美元（这大致与瑞士摩科瑞 Mercuria 贸易公司相同）。2009 年夏天，中化集团还将其业务拓展到了中国以外的地区，例如，以 6.19 亿欧元的价格收购了英国的 Emerald Energy 石油公司。Emerald Energy 公司具有 900 万桶的石油储备，其业务主要分布在拉丁美洲和中东地区。

中国走向世界

中国的能源安全保障目标不仅仅定位在石油的下游领域，还包括上游领域。确保对能源供给的控制是中国地缘战略部署的核心。同众多竞争国家一样，中国也高度依赖于中东地区，从该地区的石油进口占中国石油进口总量的一半左右。由于意识到这条供应链的脆弱性，中国已经开始努力通过多元化战略来重新调整其能源采购方式。为此，中国的国家开发银行为中石油提供了 300 亿美元的五年期低息贷款。

近几年来，中国一直在向处于“国际社会边缘”的一些国家示好，例如苏丹、利比亚、安哥拉、缅甸、乍得和委内瑞拉。举例来说，目前苏丹 80% 左右的石油产量用于出口中国（这约占中国石油进口总量的 6%）。中石油持有大尼罗石油作业有限公司（GNPOC）40% 的股权，该公司对白尼罗河以西的 Block 1 地区进行石油开采；中石油在 2009 年还通过其子公司中国石油天然气股份有限公司（Petrochina）获得了苏丹 Block 6 区的 7 项石油工程合同。另一个例子是在乍得：该国在中石油的帮助下建立了一座炼油厂，其中中石油持有 60% 的股权（而乍得政府仅持有 40% 的股权）。

安哥拉已成为非洲石油出口第一大国，具有重要的战略地位。自 2006 年起中国一家并不十分透明的机构——中国国际基金公司（CIF，China International Fund）在与该国“国家重建办公室”合作，给予了安哥拉 100 亿～150 亿美元的贷款，而此贷款将以石油的形式来偿还。因此，2009 年继沙特阿拉伯和伊朗之后，安哥拉成为中国第三大石油供给国（苏丹位列第六）。然而最近中国和安哥拉之间的关系似乎出现了些许问题，而这已经开始影响中国能源公司在该国的影响力了。例如，2009 年中海油与中石化共同投标，打算以 13 亿美元收购美国马拉松石油公司（Marathon Oil）20% 的股权，该公司在安哥拉 Block 32 区进行海上石油生产。但是，安哥拉国家石油公司（Sonangol）行使了优先购买权，并以同样的价格购买了这些股权。总体来说，非洲大陆仍占中国石油进口总量的1/3左右。

中国还在世界各大洲进行石油勘探开发。2009年12月中国获得了与缅甸连接的输油管道施工和管理的专有权。该输油管道长达771公里，从缅甸西部的马德岛（Maday）一直延伸到中国的云南省瑞丽县。该管道预计每年能够输送1 200万吨原油。

伊朗是世界第五大原油出口国，与一些石油生产国一样，由于炼油能力不足，伊朗所需油品的40%都依赖于进口。这种局面对中国比较有吸引力，因为伊朗提供了中国石油进口量的13%～14%左右。2009年9月，应伊朗政府要求，中石化与伊朗国家石油精炼和分销公司（NIORD）签定了一份合作意向书，旨在为该国炼油厂的建设提供65亿美元的资金支持。该战略是自2005年以来中国与伊朗在石油天然气领域建立的贸易联系的继续。例如中国对伊朗为期25年的1 000亿美元投资协议，旨在对伊朗诸多油气田进行合作勘探及开发（如伊朗西南部的亚达瓦兰油田，Yadavaran）的协议。此外，还值得一提的是，2009年德黑兰和北京方面在天然气领域商定了中国对伊朗一个年产1 000万吨液化天然气（LNG）气田为期三年的开采合同，合同价值32亿美元。

在拉丁美洲，中国对该地区石油天然气资源的需求直到21世纪初才变得明显。2009年，中石油与委内瑞拉签订了一项价值160亿美元的投资协议，旨在推动委内瑞拉奥里诺科河地区（Orenoque）的超重原油生产。2006年，中石油与委内瑞拉石油公司（PDVSA）已就Zumano油田和Junin地区油田的开采事项达成了合作协议。因此，委内瑞拉被视为中国进入拉美地区的良好切入点。随后，两国之间的合作通过双方新签订的一项旨在于2010年将委内瑞拉对中国的石油出口量从30万桶/天增加到100万桶/天的协议，再次加强了两国之间的合作。

中国在能源领域的大型计划显著增加。中国已打算在世界各地进行合理的投资，如俄罗斯、加拿大、尼日利亚、厄瓜多尔和秘鲁。同时，中国已经围绕着新兴的石油供给大国，特别是巴西和哈萨克斯坦制定了相关策略，从而确保其石油供给的稳定性。在某些国家（如伊拉克），中国与跨国石油公司建立了合作伙伴关系，从而使投资成功的几率最大化。这种战略通常由中国巨大的外汇储备提供支持。最后，中国公司已经开始在不太受关注的地区实施石油勘探，如在尼日尔、毛里塔尼亚和马里。在巴西的情况具有代表性。2009年春天，中国取代美国成为巴西的最重要的贸易伙伴。随着许多位于巴西东南部的桑托斯湾（Santos）近海地区的油田陆续被发现，如图皮油田（Tupi）、卡里奥卡油田（Carioca）、木星油田（Jupiter）、瓜拉油田（Guara）、埃亚拉油田（Iara）、Bem-Te-Vi油田、卡拉巴油田（Caramba）及帕拉蒂油田（Parati），巴西的石油产能将持续增加（估计约为700亿桶）。2009年5月巴西与中国之间签订了“石油换贷款协议”。由中国国家开发银行向巴西石油公司（Petrobas）提供贷款用于实施开采近期发现的巴西海底石油，其中规定中国向巴西提供100亿美元贷款，偿还期为10年。而作为回报，巴西保证在此相关期间内每天向中国输送20万桶原油。

这样一来，南美洲的石油已经真正成为中国的重要目标，中国似乎对于挑战美国在南美洲的政治和经济霸权地位已不再有太多顾虑。南美洲石油储量约占世界总储量的10%。这种“中国－巴西模式”的冲击波似乎已经波及其他石油生产国，如厄瓜多尔。

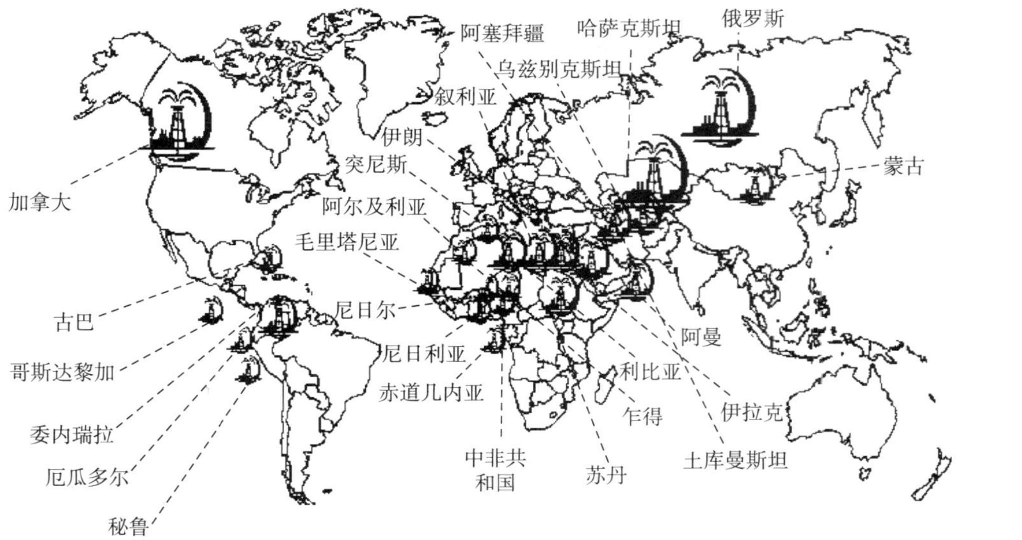

注：与中石油的策略相同，中国石油化工股份有限公司（Sinopec）和中国海洋石油总公司（CNOOC）也参与了多个国际项目。而与巴西等国签订的“石油换贷款”等协议则对中国的全球石油战略进行了有效的补充。

中国石油天然气集团公司（CNPC）国际石油生产与开采协议分布地

2009 年，厄瓜多尔通过其国家石油公司（Petroecuador）与中国签订了价值 10 亿美元的合同，旨在以石油换取对基础设施建设的投资。目前，厄瓜多尔在拉美地区是石油储量第三大的国家，位列委内瑞拉和巴西之后。在秘鲁，中石油收购了 Pluspetrol 公司 45% 的股权，该公司石油产量占秘鲁石油总产量的 63% 左右。

相对而言，中国另外一些石油生产国打交道似乎就比较困难了，如尼日利亚。尽管中海油在 2006 年成功收购了尼日利亚南大西洋石油有限公司（Sapetro）45% 的股权，并对尼日利亚的一个海上油田投资了将近 23 亿美元，但中海油在 2009 年提出的以 300 亿美元购买该国 60 亿桶原油的提议却遭到拒绝。2010 年初，双方恢复商谈，但是由于该提议涉及的原油产量过大，相当于尼日利亚石油探明储量的 1/6（该石油数量相当于法国 Total 道达尔石油公司石油储量的一半）。在这种情况下，中国公司正调整策略，通过与其竞争对手合作来寻求共同利益（例如，中石油公司在加纳采取了与埃克森美孚公司（ExxonMobil）和壳牌公司合伙的方式）。

为响应 2009 年伊拉克（在石油储量方面位列世界第三）政府组织的石油开采招标，中国就采用了这样一种共同参与的策略。因此，中国现在已经成为伊拉克重量级的石油生产商。中石油首先与英国石油公司（BP）联合，提出了平均每桶石油 2 美元的报价，该策略使它获得了伊拉克 Rumalia 大型油田的开采权，该油田的潜在储量为 177 亿桶。这项价值 150 亿美元的投资计划旨在使中石油的石油产量增加到原来的 3 倍，达到 285 万桶/天（这相当于科威特的石油总产能）。中国对祖拜尔（Zubair）油田也采用了类似策略：中石化与意大利能源的领军企业埃尼集团（ENI）以及韩国天然气公司（Kogas）和美国西方石油公司（Occidental

Petroleum）合作组成了一个财团，共同对该油田投资100亿美元，使该油田产量将从20万桶/天增加到110万桶/天。在伊拉克第二次的投标中，由中石油、马来西亚国家石油公司（Petronas）和法国道达尔公司组成的联合竞标团赢得了对Halfaya油田（估计储量为410亿桶原油）的招标，它们的报价为1.4美元/桶和日产53.5万桶。此外须明确地指出，2008年为取得位于巴格达以南的阿赫代布油田（el-Ahdab）的23年开采权，中国已经投资了7亿美元。

就寻找石油天然气资源而言，“中国巨龙”似乎无所不及。世界上没有任何一个地区（甚至北美地区）能够阻挡他。例如，2009年9月，中石油通过其子公司中国石油天然气股份有限公司收购了加拿大两个油砂矿60%的股权。

面临能源挑战，中国不放过任何一个机会。特别是在与其接壤的地区，首当其冲的是哈萨克斯坦。这个国家自2010年1月1日起成为欧洲安全与合作组织（OSCE，简称欧安组织）轮值主席国。哈萨克斯坦的贸易伙伴被该国十分丰富的资源（石油、天然气、铀、煤炭、钴、黄金、铁、锌、铜、铬、镍、玉米、大豆等）所吸引，并在最近几年达到了顶点。其地下矿藏已经被美国、英国、加拿大、法国、俄罗斯和韩国等国家的公司勘探并开采。中国也不甘示弱，与哈萨克斯坦建立了互惠关系，在不到十年的时间内，中石油获得了该国阿克楚宾斯克（Aktyubinsk）油田的开采权，并参与建设了一条长达3 000多公里输油管道的最后一段，该管道能够将里海的石油从阿特劳（Atyrau）输送到中国新疆的阿拉山口。2009年，两国又签署了一项协议，中国得到了哈萨克斯坦石油产量一半的购买权，同时，哈萨克斯坦得到了100亿美元的投资。此外，2009年10月，中国收购了哈萨克斯坦国家油气公司（Kaz Munai Gas，KMG）11%的股权。若将中石油在2005年对哈萨克斯坦石油公司（PetroKazakhstan）的收购考虑在内的话，目前中国已经控制了哈萨克斯坦石油产量的1/3。

中国与俄罗斯的关系尽管围绕着石油问题曾出现过不和谐，但目前两国均致力于加强在石油天然气领域的合作。2009年，中国国家开发银行同意为俄罗斯两家国有大型石油公司——俄罗斯石油公司（Rosneft）及垄断经营俄罗斯输油管道的俄罗斯石油运输公司（Transneft）提供250亿美元的贷款。作为交换，俄罗斯将在未来20年内每年向中国输送1 500万吨石油。本项投资的主要目的是建造西伯利亚－太平洋的输油管道分支（确定从中国境内穿过）。这类合作是继2007年中石化和俄罗斯石油公司对俄罗斯东部的Venin地区海上油田进行联合开发的继续。

最后，北极地区（占世界未探明碳氢化合物储量的1/4左右）也是中国列为目标的地区之一。自从2007年起，中国已经通过非正式成员身份参加“北极理事会”的会议。北极理事会是一个政府间会议，由与北极地区接壤的8个国家组成，分别为加拿大、丹麦、美国、芬兰、冰岛、挪威、瑞典和俄罗斯。最近，中国试图获得观察员身份，下次会议（2011年举行）将会对该请求予以讨论。正是在这种背景下，中国参加了2010年1月举行的第四届北极边界会议。此外，还值得一提的是，中国已经在北极圈内实施了三次科学考察。2010年，第四次考察正在计划中。

中国重新调整能源结构

与石油资源一样，中国的天然气资源也

相对有限。据估计，中国的天然气储量不足41万亿立方米，其中最多有1/3是可采的，这仅占世界总储量的2%。不过，中国的天然气供求不平衡情况不如石油明显，2009年，中国天然气产量估计低于7 500万吨石油当量，而中国的天然气消耗量略高于其产量。中国的天然气生产能力预计将来会有所增加。大庆油田有限责任公司计划到2020年使其天然气产量增加为现在的3倍，目标是每年生产80亿～100亿立方米天然气。同样，中海油已开始对中国南海地区的一个海上气田进行开采，每日的产能约为1.5亿立方英尺。

针对天然气，在国际范围内，中国采取了与确保石油供给相类似的策略。例如，2009年中海油与液化天然气生产商卡塔尔天然气公司（Qatargas）签订了为期25年的供给协议。中国对卡塔尔天然气的进口量将达到每年700万吨。2010年初，中海油联合道达尔公司（Total）和雷普索尔公司（Repsol），与阿尔及利亚国家油气公司（Sonatrach）共同签订了联合开采天然气协议，在该协议中规定3家公司将共同提供近20亿美元的投资。

没必要详尽地列出中国近期实施的天然气项目清单就能够非常清楚地了解问题的关键何在。中国三大石油巨头对天然气的兴趣与其对石油一样，这尤其表现在对俄罗斯、乌兹别克斯坦、伊朗等国的天然气上。

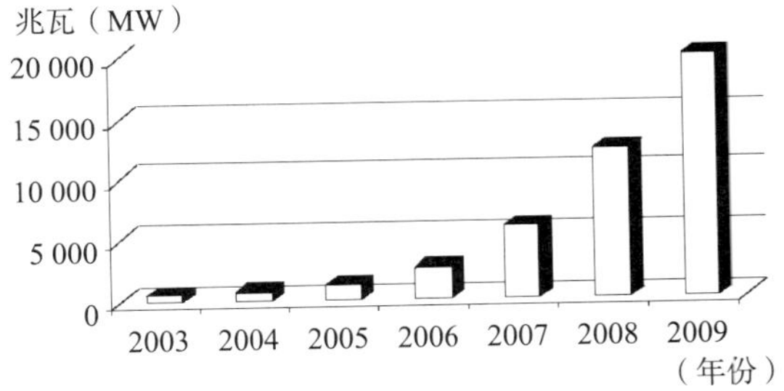

中国风电装机容量

尽管碳氢化合物（石油和天然气）资源非常重要，但此类资源在中国能源总需求中所占的比例不足1/4。而在中国，煤满足了其2/3以上的能源需求，煤仍是中国最重要的能源来源。主要原因在于中国是世界第一大煤生产国，煤产量差不多占世界煤市场的40%（中国的煤储量占全球煤总储量的13%）。尽管储量丰富，但中国自2007年起已成为煤净进口国，但这并不妨碍中国对韩国、日本和中国台湾履行其出口承诺。为了保证煤供给，中国已经取消了对进口煤的征税，而出口税却增加了3倍，达到15%。中国对煤的巨大需求，一方面体现在99%的人口现在已经用上电这一事实；另一方面源于工业用电需求（其中仅钢铁行业和建筑行业就占了工业用电需求的3/4）的增长。

因此，中国急欲重新调整其能源结构。近年来，新型能源、可再生能源——包括水能、太阳能、核能和风能在中国获得了极大的发展。在中国国内能源结构中，这些能源占能源总量的10%左右。从1995年开始建造的巨大的三峡大坝工程现在已经完工。尽管该项目造成了很多社会问题和环境问题，但其仍被视为中国的荣耀。三峡大坝具有可储存400多亿立方米水的能力，超过加拿大和巴西，成为世界上发电能力最强的水电站。这种利用水利来发电的趋势将会不断持续，中国也计划使其水力发电能力翻倍，从现在的17.2万兆瓦增加到2020年的30万兆瓦左右。在这种背景下，值得一提的是，中国还将其掌握的技术应用到国外水电业务中。例如，中国水电建设集团（Sinohydro）是世界许多国家水力发电的承建方，其承建的水电项目分布在老挝、厄瓜多尔、泰国、马里和塞内加尔等国。作为中国水电建设集团的竞争对手，葛洲坝公司在巴基斯坦和尼日利亚也赢得了类似的项目合同。无可否认，这些工程将使这些国家的发电能力大幅提高，但是它们也有助于中国在与这些国家未来的贸易谈判中预先搭起至关重要的商业联系。

尽管中国核工业在世界上排名第八，但核能在中国能源中所占的比例仍然很小。目前核能占中国能源总产量的2%以下。然而，中国政府正打算通过建造12个新核能发电机组来支持核能的开发。核电的生产也将大幅增加，从目前的8 900兆瓦增加到2020年的3.6万兆瓦左右。在不久的将来，中国打算发展新一代的核反应堆。因此，法国电力公司（EDF）与中国广东核电集团（CGNPC）成立了一个合资公司，目标是建设并运营两个第三代EPR核电站（广东台山）。法国电力公司持有该合资公司30%的股权，持有期限为50年。

同样，尽管中国在太阳能生产方面已经名列世界第三，但太阳能光伏发电在中国能源结构中所占的比例仍然很小。不过，2009年夏天中国采取了一项支持太阳能发电的大型计划：中国政府同意提供相当大比例的太阳能发电系统安装成本的补贴，而太阳能发电的入网价格也获得了1.09元/千瓦时的补贴。中国政府的目标是提高太阳能光伏发电的能力，使其从2011年的2 000兆瓦增加到2020年的2万兆瓦。

在可再生能源投资方面，中国高居世界首位，这一情况对重新调整中国的能源结构起着重要作用。中国经济刺激计划中1/3以上的资金（达1 980亿美元）分配给了可再生能源领域。风力发电行业从该项政策中获益最大，近年来出现了跳跃式增长。风电装机容量从2006年的2 599兆瓦暴增至2009年的2万兆瓦。因此，中国已经成为继美国和德国之后，世界第三大风电生产国。按照目前的发展速度，到2012年中国在风电装机容量方面将成为世界第一。2009年12月底，中国解除了先前对非本国风电设备生产公司规定的限制，这将进一步促进中国的风电装机容量的提高。总体来讲，中国的目标是到2020年使可再生能源占其能源总供给的比例达到15%。尽管如此，事实上，在中国只需要一个寒潮就足以使处于脆弱平衡中的能源供给备受考验。

严寒天气和电力短缺

2009年12月，中国北部地区出现强寒潮天气，秦皇岛港因黄海结冰和出现大雾被封港（该港口的煤炭处理量占从中国北方到南方的煤炭运输量的50%，这使得该港口的煤炭吞吐量位列于澳大利亚纽卡斯尔港之前，为世界最大的能源港口）。因此，中国华南地区和华中地区的省份因煤短缺和供电中断而间接成为中国受寒潮影响最大的地区。这些地区能源需求较大的行业（尤其是铝工业和钢铁工业）则被迫停产。

遇到上述情况时，中国也会采取替代方案，例如使用天然气或燃料油进行发电，以及从澳大利亚或印度尼西亚进口煤。但这些并不能解决中国对煤的巨大需求，中国发电量的70%来自燃煤发电。

事实上，部分铁路运输和海上运输的中断总以“恶劣天气”做为中国“煤荒”的一贯借口，这实际上却是多年来中国每年冬天经常会上演“煤荒和电荒”的“连续剧”。这正如中国的煤炭生产企业与发电企业之间每年发生的价格斗争一样。

中国的煤炭市场

1993年，中国首次对煤的定价体系进

> 对煤来说，只要有需求就能生产出来，从没有过煤短缺，但“计划煤”是会短缺的，没错的！
>
> ——佚名

行改革，同时对动力煤，即电煤引入“价格双轨制”：即“市场价格”与“计划价格”并行。计划价格适用于电力生产企业（但电力生产企业只有20%左右的消耗电煤适用“计划煤价”）。

2002年，煤价格的市场化进程继续。电煤的“计划价格”正式被所谓的“大合同价格”（由电煤生产企业与电力生产企业谈判决定）所取代。因此每年12月15日到下一年的1月15日之间，都会由中国国家发展与改革委员会组织这两方召开煤炭订货会。

2008年，能源价格飞涨，电煤的“大合同价格”与市场价格之间的差距增大。日益壮大的煤生产企业处于强势地位，成功地迫使电力生产企业做出让步。这时“大合同价格”成为“长期合同”（期限等于或大于一年），相对于电煤市场价格，该价格有一定折扣。然而，这种定价体系仍然非常复杂：在政府的压力下，大型国有煤炭生产企业不得不向主要电力生产企业提供更便宜的电力煤；而地方煤炭生产企业出售电力煤的价格则更接近于市场价。2008年初，秦皇岛的电煤（5 500大卡/千克）价格飙升，达到920元/吨（相当于90欧元左右）。而“秦皇岛价格”在很大程度上被视为中国电煤的参考价格。电力生产企业因此开始面临煤炭短缺：煤炭采购价格不断增长，而电价却保持不变。最终，国家发改委通过对电煤价格设定上限暂时解决了这个问题。

国家发改委宣布，从2010年开始，将从电力生产企业和煤生产企业这两方的年度订货会会谈中退出，这两方现在可以“自由”地协商。与前几年相反，电力生产企业在2010年的谈判中集体对煤炭生产企业做出“让步”，同意在2008年价格的基础上平均增长7.5%，电煤（5 000大卡/千克）因此达到约580元/吨（相当于60欧元左右）；就签订的合同而言，2010年的电煤采购量超过17亿吨，数量之多史无前例。（但是，对此数字应谨慎对待，因为电力生产企业还必须与相关的运输部门预定“车皮”来运送煤炭，因此订购的电煤数量通常超过实际所需数量。）

中国煤生产的集中化

中国的煤行业数十年来一直受制于“计划煤价”（因此陷入债务、投资不足等困境），从2002年起该行业开始复苏，这一现象除了归功于中国经济的显著增长（导致电力需求剧增），还要归功于煤价格的逐步“市场化”的政策。这就使得中国的煤产量每年以惊人的速度增加。但是中国煤生产企业仍然比较分散：2008年中国两个主要的煤生产企业（中国神华能源公司和中国中煤能源集团）的煤产量仅占中国煤总产量的15%。

从2007年起，大量的煤矿事故促使中国政府对能源安全问题越来越重视，从而导致煤生产行业出现整合浪潮。而2009年爆发的金融危机，使这种集中化趋势开始加速形成。

中国煤行业的整合浪潮目前产生的结果是：煤炭生产企业的实力增强，进而提高了煤炭生产企业对电力生产企业的议价能力（过去电力生产企业经常从小型煤生产企业手中采购相对廉价的煤，但现在不得不与大型煤生产企业谈判）；由于小型煤矿合并后安全措施的改善，从而导致生产成本提高；这还使得中央政府对煤行业能够进行效率更高的调控（在之前的煤工业改革使得中央政府下放给地方政府监管煤生产的权力），因为行业集中能够使中央政府更容易通过控制大型国有煤炭生产企业（而非地方生产企业）从而控制整个煤炭市场。

中国煤生产商的策略

尽管中国的煤生产较为分散，但中国的煤生产企业却相对遵守“生产纪律”（不管怎样，与中国钢铁生产企业相比是如此）。因此，近年来煤生产企业成功地确保中国煤市场处于供需相对平衡或略微供不应求的状态，而从未出现严重的供给过剩。2008 年金融危机期间，大型煤炭生产企业采取行动，将煤产量削减了 30% 左右，从而稳定了煤价格。这种似乎矛盾的形势可以通过两方面来解释：一方面，中国生产“黑黄金”（即煤）省份的经济、政治利益意味着当地政府经常以半官方的形式对煤生产进行监管，从而确定该行业的“生产规则”（自从 20 世纪 90 年代煤工业改革以来中国政府对煤炭行业的控制力转移到省一级地方政府后，就更是如此了）；另一方面，与其他煤炭资源丰富的国家不同，中国主要以小型煤矿和中型煤矿为主，从技术上来讲这种煤矿可以非常灵活地进行或暂停生产。

2009 年中国能源状况

发电装机总容量（百万千瓦）	874（+10.2%）
其中：火力发电装机容量	652
2009 年 12 月发电量（年同期比率）	+27.7%
石油精炼产品产量增长率	+27.3%

市场缺乏透明度

中国煤市场并不是一个完全“市场化”的市场（这似乎是大家都认可的）。地方经济与政治利益使得中国煤炭市场进一步复杂化。在中国主要产煤省份，一些地方政府负责调配煤炭的生产和运输，甚至可以制定煤炭的销售价格。这些省与省之间既存在竞争关系，又存在合作关系；同时地方政府对中央政府煤行业政策的执行力度参差不齐，这就是中国所谓的“天高皇帝远”。因此，除技术层面外，仅这种中国式的地方政府与中央政府之间的行政体系（这可追溯到几千年前）就足以阻碍中国形成统一的、完全市场化的煤炭市场。

此外，还有煤运输问题。中国幅员辽阔，以至于运输问题成为妨碍形成统一的、高度“市场化”的煤市场的主要障碍之一（尤其是铁路运输，尽管煤炭的公路运输也越来越成为问题）。这种局面可以通过两个因素解释：第一个因素是铁路运输能力有限，尤其是在每年铁路运输高峰时期，同一条线路上的货运与客运之间存在竞争。第二个因素可能更为重要：事实上，在中国调配铁路运输能力的是“国家”，而非“市场”。煤生产企业和煤消费企业很难有“自由”选择其卖家或买家的权利。而且，通常是拥有“车皮”的煤或电力生产企业掌握着市场。

过去两年内，在中国一些产煤省份建立的三个煤炭电子交易市场（OTC）开启了中国“煤炭金融化”的道路——这将作为企业套期保值的手段，同时也自然可以作为投机的工具。

这些煤炭电子交易市场在中国还未完全市场化的煤炭市场上的发展前景如何？其又

会对中国的煤炭价格产生什么影响？从长期来看，它们会有助于建立一个中国统一的煤炭市场，同时最终能使中国的煤炭“商品化”（commoditization）吗？这些都将是在煤炭生产企业与电力生产企业（同时还有煤炭贸易商）之间、中央政府和地方政府之间、“市场”和中国的国家发改委所代表的“公共权利”之间的核心问题。实际上，国家发改委将主要根据中国电力市场的发展变化而选择是否完全放开对中国煤市场的管制。

处于高度监管下的电力市场

从2002年起，随着电煤价格的“自由化”以及为电力生产企业实行的“计划煤价”的逐步消失，电力企业对电价（目前仍是“计划”价格）“自由化”的呼声日益高涨。中国70%以上的发电量来自燃煤发电；而电煤的成本占这些发电厂边际生产成本的50%左右。但无论从政治方面、经济方面还是从技术方面来看，中国电价改革的难度都比煤价或成品油价大得多。

从2005年起，国家发改委一直实施“煤电价格联动”机制：如果电煤价格的涨幅连续6个月以上超过5%，则电力生产企业可以要求国家发改委以煤炭价格涨幅的70%相应提高电价。实际上，直到2009年，该机制仅被执行过四次，并先后让位于“对抗通货膨胀政策”，及在2009年的“经济刺激政策”。

因此，当电煤价格（除非在国家发改委的干预下，在大部分的时间电煤价格是与国际煤价格相关联）较高时，电力生产企业只能亏损生产电。更糟糕的是，当煤现货价格与煤“大合同”价格之间的差距较大时，即使违反中央政府的指示，一些煤炭生产企业也会以能够想到的所有借口，而不向电力

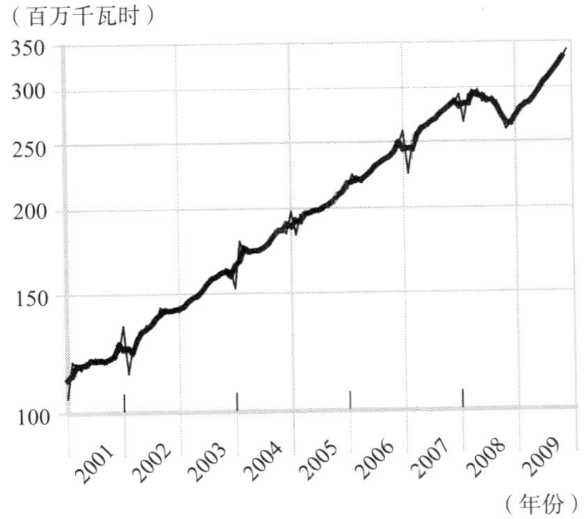

中国发电量

资料来源：巴黎经济研究观察中心。

行业供应或全额供应“价格便宜”的煤炭。这种局面解释了近年来电力生产企业与煤炭生产企业之间经常发生冲突的原因。实际上，承担生产成本上升的是发电行业。因此，电力生产企业不希望以“过高价格”——即市场价格采购其所需的电煤，因为这将导致其亏损；而当天气突然变化时，就可能引起巨大的灾难——这就是媒体和电视几乎每年冬天均广泛报道的“煤荒和电荒”，这也成为了人们每年定期的心理阴影。2009年底，这种短缺情况尤其严重，因海面冰冻和大雾所引起的海运中断（从中国北方到南方），这进一步使得电煤价格增长，转而进一步增加了电力生产企业的压力。

但是，随着中国华中地区和华南地区电力短缺，中央和地方政府的政治压力迫使电力生产企业在2010年的年度煤炭订货会期间（从2009年12月15日到2010年1月15日）均迅速与煤炭生产企业签订了协议，电煤采购量创纪录地达到17亿吨以上。

2010年，中国电力公司很可能大面积出现亏损，这些企业已经要求政府给予补偿。但由于电力生产企业数量众多，同时考

虑到地方利益，使得国家给予补偿很难达到平衡，因而这种补偿并不是容易的事（尤其是相对于中国石油巨头的“炼油”补偿而言）。

中国电力市场较为分散，并且竞争激烈。继中国政府 2002 年对电力市场进行重大改革以后，中国当时最大的电力生产公司被分成 5 个电力公司、2 个电网运营商（这是按照发电和输配电分开的原则进行的）以及 4 个电力设备公司。目前，这 5 个发电集团的发电量仅占中国发电总量的 38% 左右；而其余的 56% 的发电量来自大约 40 个中国国有和地方电力生产企业（均为公有制企业）；剩余的发电量来自私营及合资电力生产企业。

与发电企业的市场形势相反，中国的两个电网运营商（主要负责输电与配电）基本上瓜分了整个中国电网市场：这大体可以称作是一种“双寡头垄断”的格局。因此，电力生产企业不得不将其生产的电出售给这两个电网运营商，而且在入网电价与最终电价上毫无协商余地。另外，他们还处于“三明治”状态：即被夹在上游的电煤生产企业与下游的这两个电网运营商，外加国家发改委（确定入网电价和终端用户的电价）的多重挤压之下。最终，中国的电力生产企业缺乏竞争力，原因是技术较先进国家仍处于落后，以及通常所说的“中国国企的负担”（人员超编、退休金负担过重等）。

面临这些限制，发电行业所采取的一项战略就是“向上游一体化”：目前，中国 10% 以上的电煤产量直接或间接由电力生产企业所控制。此外，中国电力生产企业还加强了在国际上的电煤采购，以及中国国内港口的长期租赁（对于从中国北方到南方的海运而言）。

近年来，中国的电力生产企业还参与了与澳大利亚煤炭生产商之间的年度煤价格谈判。由于对煤的需求量太大，它们不能完全依靠进口。但是“进口”也使这些企业在中国年度煤炭订货会的谈判中可以增加对中国煤生产商的谈判筹码。2009 年，中国的煤炭净进口量约为 1.03 亿吨，与 2008 年相比上涨了 200% 以上。即便如此，这一进口数量仅占 2009 年中国煤需求量的 3% 左右。

实际上，无论是煤的价格还是电力的价格均是在中国能源价格体系改革这一大的框架之下实行的。而这可以说是自改革开放政策实施以来，中国政府对自然资源价格改革（煤、油、气、水、电）的继续。在未来几年，中国的能源价格改革和中国的能源供给战略值得我们关注，因为它的意义与影响已经远远超过了在中国本国的范围。

石油

2008 年是石油价格走势最为“疯狂”的一年，其特征是先上涨后回落，且波动幅度之大是在近些年中未曾有过的。2009 年原油市场令人吃惊的地方在于：尽管经济形势并未完全好转，但原油价格却强劲上扬。而 2010 年的原油市场则表现出诸多的不确定性，而且伴随着激烈的政治争论，特别是在美国，争论的焦点是关于投机在原油价格变化中起的作用，以及限制投机的措施等。2010 年世界原油价格的走势存在两个“剧本”，且每一个都必须予以正视：一个是原油价格将维持在 70 ~ 80 美元/桶之间，并在年底前可能上涨到 90 美元/桶；另一个则是原油价格将跌至 50 ~ 60 美元/桶的水平。除了价格走势这一重要问题之外，世界石油市场在 2009 年发生了许多具有重要意义的事件：全球石油和天然气需求连续两年出现下降、国际石油公司的利润和投资下降、同时石油开采成本亦回落、伊拉克高调重返世界石油舞台、美国“非传统天然气”的影响上升，以及世界石油勘探取得了重要突破。目前对于世界石油行业来说是一个困难的时期，但同时也是一个新趋势开始形成的时期和一个产生新机遇的时期。

原油价格：意外走高

分别位于纽约和伦敦的纽约商品交易所（NYMEX）、欧洲洲际期货交易所（ICE Futures Europe）交易的代表轻质原油的美国西德克萨斯中质原油（WTI）和北海布伦特原油（Brent）的价格，在 2009 年底和 2010 年初均处在 80 美元/桶左右。2010 年 2 月初，当本章完成写作时，2010 年 3 月份原油合约价格在 73 ~ 75 美元/桶区间）。诚然，这种价格水平与 2008 年的峰值相比下跌了大约 45%，但与 2008 年 12 月份至 2009 年 2 月份期间的谷底 32 ~ 33 美元/桶相比则上涨了 145%。

从 2008 年上半年，或从 2008 年底或是从 2009 年初这些不同的角度看待世界原油价格的变化，给人的感觉是“一半空或一半满”。首先，站在石油生产商的角度，无论私营企业还是国有企业，都属于“一半满”。2008 年末一度绝望的石油生产商为原油价格在 2009 年 3 月就已摆脱困境而感到宽慰，并且认为 2009 年世界原油市场将比预期中的有利些。这种看法从石油输出国组织欧佩克（OPEC）的 12 个成员国决定不继续在 2008 年 12 月份决定的生产配额基础上继续加大减产这一事实得到了证明。沙特阿拉伯国王阿卜杜拉（Abdullah）曾有几次公

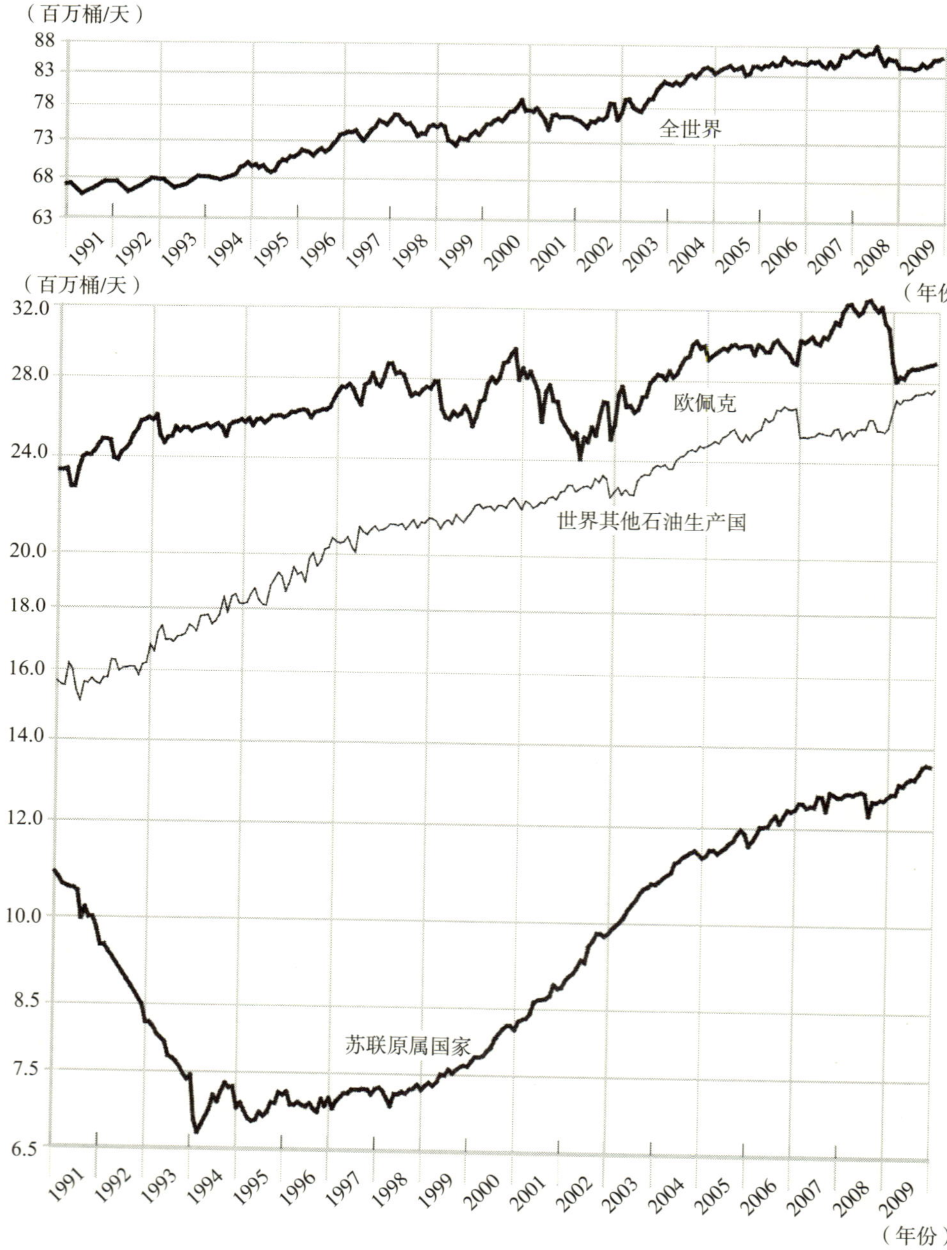

原油产量

资料来源：巴黎经济研究观察中心。

原油价格

资料来源：巴黎经济研究观察中心。

开表示对 70～80 美元/桶的原油价格表示满意。他的表态引起了市场的注意，且石油市场上的其他重量级生产国家和出口国家对此均表示赞同。对于部分石油生产国来说，今天高于 80 美元/桶的原油价格使大多数石油生产者获利丰厚；即使该价格对开采成本最高的原油来说仍然不够，但石油价格的恢复需要一些时间。

原油 70～80 美元/桶也被认为是主要消费国可以接受的价格，且脆弱的全球经济也可以承受。在 2009 年，伴随着价格的恢复，代表主要消费国利益的国际能源署（IEA）表示出担忧，认为快速攀升的原油价格可能威胁到全球经济的复苏，这对石油生产国也将是不利的。而欧佩克对此并不认同，认为过低的石油价格将阻碍对石油和天然气勘探和生产领域的投资（天然气也由石油公司生产），这会给未来的石油供应带来负面影响，进而产生新一轮石油价格上涨的风险——正如最近几年原油市场的波动所证明的。实际上，自从原油价格稳定于 70～80 美元/桶的区间，且并没有持续上行到 100 美元/桶，这使得石油消费国对这种局面也表示满意。2010 年伊始，国际石油市场上主要参与者的观点是：目前的价格是产油国与石油消费国利益之间的妥协。

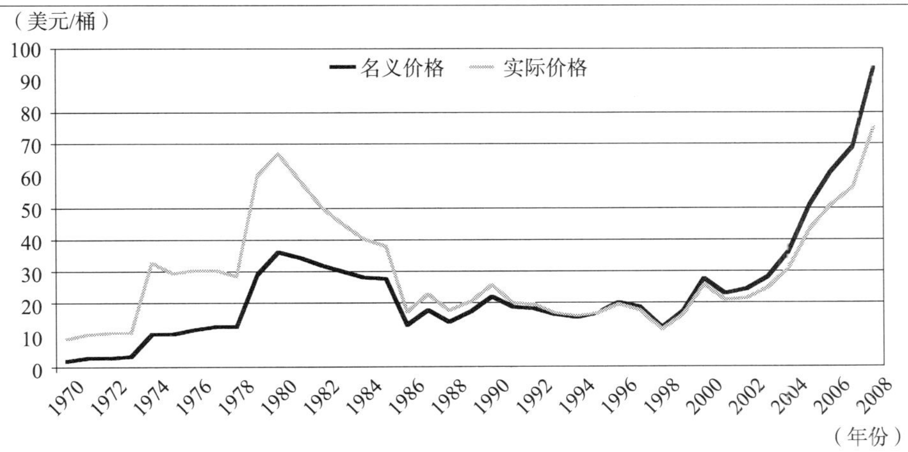

1970～2008 年原油的名义和实际价格

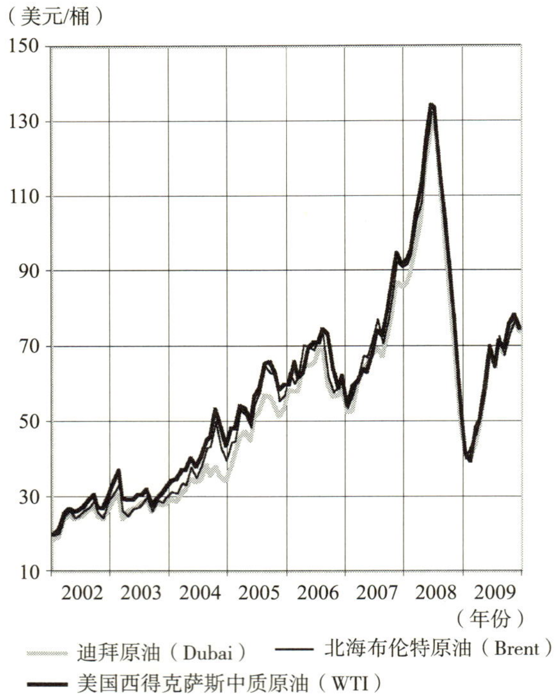

原油现货价格

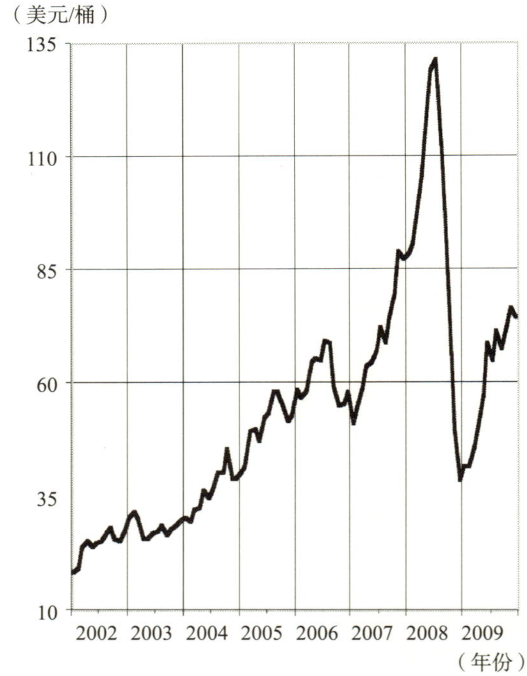

欧佩克一篮子油价

新一轮需求下降和价格上涨

客观地说，2009 年的价格上涨是相当可观的。毕竟，这一年被打上了自第二次世界大战以来最为严重的经济危机的烙印。这样的经济危机带来灾难性的后果——全球石油消费连续两年出现下降。上一次出现这种情况还要追溯到 20 世纪 80 年代初期——但当时的经济形势还不如 2008～2009 年困难。此外，2009 年的原油需求降幅大于 2008 年，这是因为能源消费与经济增长之间的联动关系。根据国际能源署提供的数据，世界石油需求从 2007 年的 8 650 万桶/天的峰值下降到 2008 年的 8 620 万桶/天，下降幅度为 30 万桶/天。而在 2009 年，石油需求没有超过 8 490 万桶/天，降幅为 130 万桶/天，与 2008 年石油需求相比，下降 4 倍以上。对于 2010 年，国际能源署对世界石油消费量的预测为 8 650 万桶/天，这相当于 2007 年的需求水平。

在经济形式和石油市场如此不利的情况下，我们应该如何解释 2009 年石油价格的上涨呢？首先原油价格的回升是自 147 美元/桶的最高点跌至 32～33 美元/桶（历时五个月）之后的“钟摆式反弹”。另外，从全球原油需求和原油开采所需投资的角度上看，原油价格没有理由在很长时间停留在如此低的价位上。上述解释显然是不够的，至少还有四个其他因素应予以考虑。

经济复苏的预期；欧佩克原油产量的下降；弱势美元以及金融投资者重返市场

当 2009 年 2 月份原油价格到达谷底之

世界石油供需

单位：百万桶/天

指标 \ 年份	2006	2007	2008	2009	2010
需求					
经合组织国家	49.6	49.2	47.6	45.5	45.5
非经合组织国家	35.7	37.3	38.6	39.4	40.9
总需求	**85.3**	**86.5**	**84.9**	**85.3**	**86.3**
供应					
经合组织国家	20.1	19.9	19.3	19.3	18.7
非经合组织国家	28.0	28.5	28.7	29.3	30.2
炼油盈余	2.1	2.2	2.2	2.3	2.2
生物燃料	0.2	0.3	0.4	0.4	0.5
非欧佩克国家总供应	**50.4**	**50.9**	**50.7**	**51.3**	**51.5**
欧佩克供应					
原油	30.7	30.3	31.2	28.7	—
液化天然气	4.4	4.4	4.5	4.9	5.7
欧佩克总供应	**35.1**	**34.7**	**35.8**	**33.6**	—

资料来源：国际能源署（IAE）《原油市场报告》（Oil Market Report），2010 年 1 月。

后，随着股市走势的变化，石油市场人士开始相信：经济的确已经开始复苏，或至少已经触底，短期的经济前景只能逐渐转暖。这种“直觉”正是 2009 年 3 月原油价格回升的主要原因之一。而这种直觉与现实经济的发展相比超前了数月，因为宏观经济统计数据确认的经济复苏时间为 2009 年第三季度。

第二个关键因素与市场参与者的预期无关。在 2009 年，价格的重新回升与现货市场的情况有着紧密联系。就在 2008 年的最后几个月，欧佩克当机立断，在 2008 年 9 ~ 12 月期间，三次决定降低其生产上限即降低除伊拉克以外的欧佩克各成员国的生产配额（自从 1990 ~ 1991 年的海湾战争以来，伊拉克已被免于配额限制，因为其石油产量已经远低于其潜在生产能力）。同时值得注意的是，欧佩克成员国对限产决定的执行是十分高效的——在危机的情况下或许也只能如此了。2008 年 12 月于阿尔及利亚奥兰（Oran）举行的欧佩克部长会议上，欧佩克宣布：从 2009 年 1 月 1 日起，将在 2008 年 9 月的石油产量的基础上——2 904.5 万桶/天，减少 420 万桶/天。不可否认，欧佩克成员国很难百分之百地执行其限产决定，但在当时那种非常严峻的形势之下，其成员国对限产的遵守达到了 80%，并在 2009 年初的头几个月得以保持。这实际相当于从原油市场上撤出了 330 ~ 340 万桶/天。

欧佩克扮演的关键角色

毫无疑问，欧佩克大幅减产阻止了原油价格的进一步下跌——在当时的恐慌气氛之下，石油价格可能跌至 20 美元/桶或更低的价位。这同时也为 2009 年上半年石油价格的反转奠定了基础。事实上，欧佩克决定的原油减产幅度超过了全球原油需求下降的幅度（与 2007 年相比，2009 年平均每天的原

欧佩克成员国原油产量

单位：百万桶/天

国别、总产量 \ 年份	2007	2008	2009
沙特阿拉伯	8.48	8.09	7.93
伊朗	3.98	3.90	3.74
伊拉克	2.09	2.38	2.45
阿拉伯联合酋长国	2.52	2.59	2.27
委内瑞拉	2.39	2.35	2.16
科威特	2.16	2.31	2.01
尼日利亚	2.13	1.95	1.82
安哥拉	1.66	1.85	1.77
利比亚	1.71	1.72	1.55
阿尔及利亚	1.36	1.37	1.24
卡塔尔	0.80	0.85	0.77
中立区	0.56	0.57	0.54
厄瓜多尔	0.04	0.50	0.47
原油总产量	**30.71**	**31.24**	**28.71**
液化天然气总产量	**4.77**	**4.55**	**4.86**
欧佩克总产量	**35.48**	**35.79**	**33.57**

资料来源：国际能源署（IAE）《原油市场报告》，2010年1月。

油消费下降约为160万桶），因此世界原油市场在原油价格较低的位置重新恢复了平衡。在经济危机最严峻的时刻（2008年末到2009年初）欧佩克还是展示了其具有采取果断行动的能力，欧佩克成员国基本履行了各自的减产任务。而在这之后，欧佩克的一些成员国却再次暴露了其“不良的习惯”，生产纪律出现放松。另一方面，为了重新稳定全球石油市场，非欧佩克石油生产国受到了来自欧佩克的要求共同减产的压力，但这些国家并没有因此减少石油供应，产量下降的部分也只是其石油产量的自然下降。

2009年，除了欧佩克石油生产国执行减产决议的努力，弱势美元也起到了拯救石油价格的作用。近些年，美元汇率的变化与原油价格之间存在着明显的联系，因为美元的下跌常常与原油价格的上涨同时出现。2009年，这两者之间的“负相关”关系再一次得到了验证，虽然一些专家对这种关联存在的理由和作用方向（是美元的贬值导致了原油价格的上涨，还是原油价格的上涨助涨了美元汇率的走低？）提供了不同解释：这或许是“互为因果关系”或者是“不存在任何因果关系”。在这些争论之上，许多交易员深信：美元汇率变化的确影响了原油价格。这种判断再次被2009年原油的走势所验证，在2009年的某些较短的时期内，在其他所有因素保持恒定的情况下，美元微弱的提振常常伴随着原油价格的下降。

金融投资者重返市场

由于上述原因，再加上投资者多元化投资的愿望，以及市场对全球经济复苏的预期和通货膨胀重现的担忧，投资者在经历了2008年下半年的大规模撤离之后，又开始更多地表现出对大宗商品的青睐，原油自然包括在内。对石油的“渴求”不仅限于石油衍生品市场上的“纸石油”，同时也包括石油现货。今天所有的原油市场的指标（无论是数量上的还是质量上的）都清楚地体现了这一趋势。

2009年12月主权财富基金研究机构（Sovereign Wealth Fund Institute）指出：对大宗商品领域的投资已经是世界主权基金的主要投资策略。2009年9月，巴克莱资本（Barclays Capital）声称：已经做好了准备加入购买与自然资源相关的实物资产（包括油田）。该机构还解释说其一些私人客户（从主权基金到私人）都有意对自然资源领域进行投资。

2010年的前景：80~90美元/桶，或50~60美元/桶？

在2010年，有关原油价格的走势有两

2009~2011 年世界石油供需：国际能源署统计数据

单位：百万桶/天

分布地区 \ 年份	2009	2010	2011
世界需求	**84.10**	**85.18**	**86.65**
经合组织国家	**45.42**	**45.45**	**45.83**
美国	18.95	19.17	19.41
加拿大	2.19	2.19	2.23
欧洲	14.66	14.70	14.74
日本	4.28	4.00	3.90
其他经合组织国家	5.34	5.39	5.54
非经合组织国家	**38.68**	**39.73**	**40.82**
苏联原属国家	4.22	4.19	4.19
欧洲	0.79	0.80	0.79
中国	8.22	8.63	9.08
其他亚洲国家	9.31	9.56	9.82
其他非经合组织国家	16.14	16.55	16.94
世界供应	**84.19**	**85.62**	**86.69**
经合组织国家	**20.95**	**20.62**	**20.13**
美国	9.01	9.21	9.24
加拿大	3.34	3.43	3.46
墨西哥	2.99	2.73	2.56
北海	4.06	3.71	3.39
其他经合组织国家	1.54	1.54	1.47
非经合组织国家	**63.24**	**65.00**	**66.56**
苏联原属国家	12.90	13.18	13.14
中国	3.99	4.06	4.14
其他非经合组织国家	12.46	12.85	13.16
非欧佩克国家供应总量	**60.29**	**50.71**	**50.57**
欧佩克国家供应总量	**33.89**	**34.91**	**36.12**
其中：原油产量为	29.10	29.49	30.02

资料来源：国际能源署（IAE）《原油市场报告》，2010 年 1 月。

种主要预测被认为可能性极高。第一种预测认为，2010 年原油价格应该在 70~80 美元/桶之间运行，这是对 2009 年原油价格上涨的巩固，而在 2009 年年底前原油有可能达到 90 美元/桶。然而，第二种预测认为，原油价格可能下跌，并在 50~60 美元/桶之间运行。2 月初，当本文写作完成之时，两种预测发生的可能性大体相同。

下面是支持第一个预测的论点：原油价格在 2009 年的走高是在经济情况并不十分景气的情况下出现的，因此原油价格将至少可以维持其在 2010 年初时的水平（但并不排除原油价格大幅波动的可能性）。另外，随着经济复苏逐渐得以确认，因此下半年原

世界石油供需：欧佩克统计数据

单位：百万桶/天

分布地区 \ 年份	2006	2007	2008	2009	2010
世界需求	**84.9**	**86.0**	**85.7**	**84.3**	**85.1**
经合组织国家	49.6	49.2	47.6	45.6	45.5
北美地区	25.4	25.5	24.2	23.3	23.5
西欧地区	15.7	15.3	15.2	14.6	14.4
太平洋地区	8.5	8.4	8.1	8.0	7.5
发展中国家	23.3	24.3	25.3	25.8	26.3
苏联原属国家（EX-URSS）	3.9	4.0	4.1	4.0	4.0
欧洲其他国家	0.9	0.8	0.8	0.8	0.8
中国	7.2	7.6	8.0	8.2	8.6
世界供应	**84.4**	**84.7**	**85.9**	**84.3**	—
经合组织国家	0.2	20.1	19.5	19.5	19.4
北美地区	14.2	14.3	13.9	14.2	14.3
西欧地区	5.4	5.2	5.0	4.7	4.4
太平洋地区	0.6	0.6	0.6	0.6	0.7
发展中国家	10.9	12.0	12.3	12.5	12.7
苏联原属国家	12.0	12.5	12.6	12.9	13.2
欧洲其他国家	0.2	0.1	0.1	0.1	0.1
中国	3.7	3.8	3.8	3.8	3.9
非欧佩克国家供应总量	**48.9**	**50.5**	**50.4**	**50.9**	**51.3**
其中：欧佩克液化天然气产量+常规原油产量	4.1	4.0	4.3	4.6	5.1
非欧佩克国家供应和欧佩克液化天然气产量	**52.9**	**54.5**	**54.7**	**55.5**	**56.4**
其中：欧佩克原油产量（间接来源）	31.4	30.2	31.2	28.7	—

资料来源：欧佩克《原油市场月报》（Monthly Oil Market Report），2010年2月。

油价格很可能会上涨，很难想象经济形势的逆转不会给原油价格提供支撑。最后，投资基金的流入亦可能使原油的价格达到或者超过2009年时的水平。

在经历了两年的回落之后，全球原油需求应该在2010年开始增长，并达到2007年时的水平。

另一方面，第二个预测建立在下列因素的基础上：经济的确开始复苏，但增长的程度和持续能力值得怀疑，原油需求的增长可能会被证明低于预期（2010年2月，欧佩克预期2010年的原油需求增长不超过80万桶/天，这明显低于其他权威机构的预测）；在2010年，经济危机的影响可能依然存在，且之前的欧佩克限产决议的执行力度下降，在2009年末欧佩克成员国的减产率仅为58%，且欧佩克可以动用的剩余石油产能很高，约为500～550万桶/天（根据国际能源署提供的数据，2004年欧佩克成员国可动用的剩余石油产能曾一度降至100万桶/天）；原油库存——包括所谓的“浮动库存”（指满载的、漂浮在海面上油轮）和经合组织

(OECD) 国家的成品油库存——依然非常可观。因此，全球石油市场存有数量相当多的石油，这既体现在石油生产国上又体现在石油消费国上。这将对原油价格产生影响。

2010 年 1 月底，中国国家发改委（中国政府的一个“计划经济”的重要部门）认为 2010 年的国际原油平均价格应该为 80 美元/桶。与此同时，锡瑞锴大宗商品研究所（CyclOpe）的预测则较为保守，为 75 美元/桶。

“投机者”成为众矢之的

2010 年伊始，“两国集团”（G2）中的中国和美国均传出新的因素给第二个预测提供了支持。中国政府担心信贷激增的风险可能会使其经济过热和通货膨胀重新上升等。因此决定通过提高存款准备金利率对主要银行信贷加强控制。在华盛顿方面，负责监管衍生产品市场的商品期货交易委员会(CFTC)、奥巴马政府和美国国会的部分议员，一直在推动采取措施限制商品市场中的投机行为，包括原油和能源市场中的投机行为。

奥巴马政府希望银行重新回到自己的“本职工作”（即吸收存款和分发贷款），并打算禁止银行通过自有账户从事交易活动（即银行的自营交易上），为对冲基金融资以及拥有对冲基金和私募股权基金（PE）。

世界二十大石油生产国产量

单位：千桶/天，%

指标、国别 \ 年份	2008	2009	2009/2008 变化率	占 2009 年世界产量份额比率
世界总产量	**72 822**	**70 502**	**-3.2**	**100**
1 俄罗斯	9 750	9 915	1.7	14.1
2 沙特阿拉伯	9 185	8 190	-10.8	11.6
3 美国	4 950	5 337	7.8	7.6
4 中国	3 810	3 773	-1.0	5.4
5 伊朗	3 910	3 725	-4.7	5.3
6 墨西哥	2 798	2 605	-6.9	3.7
7 加拿大	2 597	2 530	-2.6	3.6
8 伊拉克	2 424	2 400	-1.0	3.4
9 科威特	2 595	2 280	-12.1	3.2
10 委内瑞拉	2 350	2 170	-7.7	3.1
11 阿布扎比酋长国	2 435	2 135	-12.3	3.0
12 挪威	2 180	2 025	-7.1	2.9
13 巴西	1 812	1 950	7.6	2.8
14 尼日利亚	1 950	1 810	-7.2	2.6
15 安哥拉	1 894	1 790	-5.5	2.5
16 利比亚	1 725	1 545	-10.4	2.2
17 哈萨克斯坦	1 210	1 330	9.9	1.9
18 英国	1 415	1 305	-7.8	1.9
19 阿尔及利亚	1 372	1 240	-9.6	1.8
20 阿塞拜疆	895	1 000	11.7	1.4

资料来源：《石油与天然气》(Oil and Gas Journal)。

自从加里·金斯勒（Gary Gensler）被任命为商品交易委员会的主席之后，商品期货交易委员会变得更带有干预主义者的色彩。加里·金斯勒于2010年1月14日提议，对投资者在美国衍生品市场（期货和期权市场）上包括对原油、取暖油、汽油和天然气等投资进行干预。商品期货交易委员会也试图将场外交易市场（OTC）纳入其监管范围。实际上，这一行动可能会适得其反，因为为了避免给政治家（那些认为“投机活动”对2008年原油价格的飙升负有主要责任的美国政治家等）留下有更多口实，金融投机者很可能会转而从事更隐蔽的交易，以逃避监管。

然而，这些还仅仅是提议，这种提议被采纳的机会究竟有多大在2010年2月份还难以评估。此外，提议中对投机持仓设定的上限很高，因此即使提议被采纳也不可能彻底改变投机交易行为。况且在对待“投机”的问题上，商品期货交易委员会内部还明显存在分歧，这使得它的监管提议是非常保守的。

最后，但并非最不重要的一点，就是美国的监管机构似乎有些孤立，因为英国金融监管局（FSA）显然不愿意立即向美国的监管方案靠拢。因此这就使得金融“投机”可能逃离受监管的美国纽约商品期货交易所（NYMEX）和美国洲际期货交易所（ICE）等市场，而寻求其他避风港，特别是大西洋彼岸的欧洲市场或亚洲市场，甚至还将求助于场外交易市场。这些均将增加交易的不透明性。

石油企业利润下降

2008年下半年原油价格的暴跌没能阻止世界石油工业在该年获得创纪录的利润。这是因为2008年的原油平均价仅略低于100美元/桶，为历史的最高纪录。石油行业的盈利在2003～2008年持续增长。但这在2009年被打破。

对上述情况有一种简单的解释：石油公司的大部分利润主要来自于石油工业上游领域，包括勘探和开发具有商业价值的油田及对油田和气田的开采。而石油工业上游利润与原油价格之间存在着密切联系。例如2009年，北海布伦特原油的平均价格为61.50美元/桶，较2008年的平均价格下降37%（同期西得克萨斯中质原油价格下降了38%，为61.75美元/桶），而石油企业的利润曲线清楚地显示了这种变化。另外，这些石油企业在2008年第四季度的业绩实际上已经开始转向。

到2010年2月10日为止，全球5家最大的私营石油公司——五大石油巨头（majors）：埃克森美孚、皇家壳牌、英国石油、雪佛龙和道达尔都公布了2009年的财务状况和经营业绩。这些集团净利润的下降都在45%～69%之间。2010年，英国石油（以重置成本法计算得出的利润为139.5亿美元，2008年为255.9亿美元）和道达尔（净利润调整后为109亿美元，2008年为205亿美元）的利润分别下降了45%和47%（对于道达尔的情况，如果以欧元计算利润下降44%）。而皇家壳牌的利润达到了最大跌幅，2008年净利润为313.7亿美元，以当前供应成本（CCS）计算，2009年的利润下降了69%，为98亿美元，在世界5家最大的石油集团中业绩最差。而两家美国集团埃克森美孚（2009年为192.8亿美元，2008年为452.2亿美元）和雪佛龙（2009年为104.8亿美元，2008年为239.3亿美元）利润下降居中，为56%。这些公司利润下降的主要原因是原油和天然气价格的下跌，2009 年美国亨利港（Henry Hub）天然气价格较前一年下跌了 56%；同时炼油和石化产品的利润亦大幅下滑；最后经济危机使能源需求下降。

在 2010 年初，上述 5 家公司的执行官都已竭力对公司的业绩做出了解释，以让各自的股东、金融分析人士和投资团体放心。对于石油全行业来说，尽管 2009 年是非常困难的一年，但一些石油公司通过适应新的市场环境而较其他竞争者受危机的影响较小。此外，危机也使得石油公司得以降低成本，增加烃类产品的产量和启动新项目。

在这种微妙的市场环境中，英国石油首席执行官托尼·海沃德（Tony Hayward）在对 2009 年该公司的情况进行描述时认为：对于英国石油来说，2009 年取得的业绩超过了年初时人们的预期。尽管外部环境不佳，但结果清楚地证明了英国石油所取得的进展，以及新业务的增长及效率的提高。其中，英国石油的烃类产品的生产即将恢复增长，炼油能力充裕，生产成本降低，新资源的开发取得了进展，勘探项目获得了成功。

石油行业投资下降，但主要石油公司有效抵制

2009 年，全球石油勘探－生产投资可能下降了 15%。法国石油研究院（IFP）根据各种石油公司和产油国的信息分析后认为，石油投资下降了 16%，为 4 040 亿美元。其中在北美地区下降了 37%，在全球其他地区下降了 8%。而 2008 年此类投资增加了 19%。因此，正如法国石油研究院所强调的，在 2009 年的石油投资中断了自 2003 年开始至 2008 年的强劲上涨趋势。且法国石油研究院预测：2010 年世界石油投资将保持稳定，或将有不超过 5% 的增长。该研究院的“2009 年石油勘探－生产和精炼投资”研究报告（2009 年 11 月发布）显示：原油价格的下跌、烃类产品的需求下降和 2009 年的金融危机，对石油公司产生了极大的影响，但不同公司受影响的程度不同。

世界 5 家主要石油公司的投资有效地抵御了经济危机的影响，它们甚至增加了在北美地区以外的石油上游领域的投资。而在国际独立石油公司（Independent Oil Companies）中，一些石油公司由于很难筹集开发项目所需资金，已经减少投资。国有石油公司（National Oil Companies）中的大部分也采取了削减投资的措施，这些公司在北美地区以外的投资，很可能减少了 13% ~ 14%，这与独立石油公司几乎相同。法国石油研究院还强调，这些国有石油公司不得不因其国家（即他们的股东）财政预算减少而削减用于石油生产的投资，另外，原油需求的下降和对未来原油需求的担忧也使其投资意愿不强。

在投资上，尽管各“国有石油公司”之间会有所差异。但法国石油研究院的分析明确表示出，世界五大石油巨头（majors）和“独立石油公司”之间存在着巨大的差异；同时，在这 5 家主要石油公司之间也存在着差异：英国石油与皇家壳牌的投资行为类似；其余 3 家的行为则基本相同。埃克森美孚的石油投资（勘探费用等）在 2009 年较 2008 年上升了 4%，达到了 271 亿美元的创纪录水平——这明显吸取了之前的“停止－行进”投资模式的教训（20 世纪 90 年代末的经验指出：作为随石油价格的大幅回落而减少对石油的投资并非明智的选择，因为石油的价格将在随后几年因之前投资的减少而大幅上升）；而雪佛龙则将其投资维持在 222 亿美元的水平（2008 年为 228 亿美

元）；同样的形式也发生在道达尔公司，它维持在大约 180 亿美元的投资，并宣布，2010 年其可能维持相同的投资水平。相比而言，皇家壳牌的投资下降相当可观，从 351.1 亿美元降至 275.9 亿美元（下降了 24%）；英国石油 2009 年投资下降了 34%，为 203 亿美元，而此前一年为 307 亿美元（包括收购和资产置换），但该公司确认 2010 年的投资将保持稳定。

当对石油公司在石油的每一领域的投资数据进行对比后发现，皇家壳牌在 2009 年的投资下降主要表现在对石油行业的上游投资上，而这集中在北美地区。而英国石油在石油领域的上游和下游投资均有所下降，而这是在全球范围实现的。

根据全球商务情报供应商 Global Data 2010 年初发表的一份研究报告：2009 年所有上市的石油和天然气公司（这不包括所有的"国家石油公司"）在能源领域的上游和下游投资似乎下降了 18%；但 2010 年可能增加 12%，达到 8 000 亿美元。该增长主要源于"国家石油公司"投资预计在 2010 年增加 16%。

但是需要明确的是，在 2008 年下半年原油价格暴跌之后，所有石油公司都采取了旨在降低成本，提高生产效率的措施。为了实现上述目标，各石油公司对其供应商施压，力图使原材料供应、石油生产设备和服务环节的成本下降——因此各石油公司获得了超过能源价格和以钢为代表的主要原材料的价格下降的生产成本"折扣"。另外，为了最大化对供应商施加价格压力，石油生产公司甚至延迟投资或重新对其项目进行招标进而获得最低的报价。最终，这些石油公司虽然只是部分的达到了其目的，但他们取得的成果仍然是显著的。但从另一方面说，2009 年石油生产公司的投资下降因为其生产和投资成本的下降而并没有像数据表现出的那样严重。

尽管如此，2009 年石油公司的投资下降将对今后石油生产造成影响。根据国际能源署 2009 年 5 月公布的数据，"失去的"大约 1 700 亿美元的投资，相当于减少了 200 万桶/天的产能。此外，可以提高 420 万桶/天产能的额外投资至少被延期了 18 个月，而这将在 2012 ~ 2013 年开始显现。正如以加拿大阿尔伯达（Alberta）数量巨大的油砂为基础的项目开发已经受到了严重的影响，因为这种项目的平均生产成本明显高于传统石油的生产成本。

从 2009 年下半年起，石油公司重新回到石油领域的上游进行投资，这一点尤其表现在石油钻探上（这是石油上游领域投资的主要评判标准），同时欧佩克成员国重新启动了在经济危机时几个冻结的石油开发项目。而在 2009 年上半年，石油价格的回升，经合组织国家对其经济衰退结束的确认和以伊拉克为主的若干石油生产和出口国家开放程度的扩大，再加上石油公司在勘探领域取得的重要成就，使得一些重要的石油设备生产公司认为石油行业反转的时候已经到了。而在 2010 年，这种转变似乎得以确认和巩固，但也存在某些例外。如康菲石油公司（ConocoPhillips），在美国的石油公司中紧随埃克森美孚和雪佛龙之后，位居第三，打算在 2010 ~ 2011 年出售价值 100 亿美元的能源资产，并降低 12% 的投资。

2009 年：勘探的好年景

国际石油市场在 2009 年显然是非常困难的一年，但石油行业并非仅仅受到了消极因素的影响。根据 IHS 剑桥能源研究机构（Cambridge Energy Research Associates，IHS）

和伍德马克肯茨国际能源顾问公司（Wood Mackenzie）提供的数据表示，就一些世界上极为重要的油田发现而言，2009 年是“丰收”的一年！实际上，石油行业的发展前景主要依赖于石油勘探的成功。当然，新发现油田的质量也非常重要。

英国石油在位于墨西哥湾的美国海域与休斯敦相隔的海域的水下 1 259 米发现了泰伯（Tiber）巨型油田。因为钻井的总共深度达到了 10 685 米，这是迄今为止世界上最深的油井之一。根据英国石油提供的数据，这个巨型油田同时包括几个“下第三系”储层（Lower Tertiary）。此外，“泰伯”是英国石油在该区域发现的第二个“下第三系”，第一个是在 2006 年发现的“卡斯奇达”（Kashida）。

另外，西非的近海地区也为 2009 年石油勘探做出了贡献，特别是在塞拉利昂近海海域的维纳斯（Venus）油井。该油井是由美国阿纳达科石油公司（Anadarko Petroleum）与其他石油公司共同勘探发现的。而之前在加纳近海也发现了大型油田（加纳将于 2010 年下半年成为石油生产国）。因在塞拉利昂近海的这一新发现为下述判断提供了可能——白垩纪（是中生代的最后一纪，之前我们亦称其为“第二纪”）时期产生的在塞拉利昂和加纳之间的深海山脉可能存在地质连贯性，而这山脉还经过利比里亚和科特迪瓦的海域，总计 1 100 公里以上。目前，还没有现实证据证明这种假设，但已使周边的国家和石油生产商们沸腾。同样是在非洲，对于英国 Tullow Oil 公司和 Heritage Oil 公司来说，在非洲乌干达一侧的阿尔伯特湖盆地（Lake Albert Basin）又有新的油田发现。而伊拉克的西米汗油田（Miran West），则有希望将被开发成为超大型油田。而在巴西桑托斯盆地（Brazilian Santos Basin）的深海石油开发仍在继续，尽管存在许多技术问题。

另外，正如 XTO 能源公司（XTO Energy）被埃克森美孚在 2009 年底以 410 亿美元收购和道达尔和一家独立的勘探公司 Chesapeake 共同建立一家合资公司所证明的，在 2009 年全球主要石油公司开始大规模现身美国非传统天然气领域。

伊拉克重返国际石油舞台

根据英国石油提供的资料：伊拉克可能仅次于沙特阿拉伯掌握着世界最大的石油储备，且伊拉克非常有可能排在伊朗之前，位居第二。伊拉克石油的另一方面优势在于其石油开采成本属于世界石油开采成本最低的之一。然而，此前由于政治因素，该国在几十年内不被国际石油公司所染指。在过去几年，伊拉克库尔德地区政府与国际石油公司签署了相当多数量的合同。在伊拉克的其他地区，中石油于 2008 年获得了伊拉克阿赫代布（AlAhdab）油田的开采权。实际上，直到 2009 年处于伊拉克政府控制之下的伊拉克南部油田，才对外国投资者开放。随后国际石油生产公司蜂拥而至。

为了快速提高石油产量，伊拉克石油部长于 2009 年组织了两次石油和天然气田的国际招标活动，主要针对伊拉克一些已经开发但还未大规模开采的油田。两次招标活动（特别是第二次）引起了世界石油企业的广泛关注，参与企业不惜代价获得的合同，甚至是那些没有太多吸引力的石油服务合同。此外，激烈竞争和伊拉克当局的强硬态度使伊拉克政府在石油招标中占据了优势——伊拉克当局不想使外界认为其廉价出售本国石油资产。在这种情况下，分析人士对一些签约石油公司是否真的可以获得期望中的收益

稳定石油价格的“梦想”

在稳定石油价格方面取得成功是管理者的梦想之一，在每次石油危机爆发后，这种“梦想”就会再度进入管理者讨论的范围中。从历史角度来看，原油价格的不稳定性可以说是一个新现象。我们注意到，从第一次世界大战结束后到1985年，原油价格主要受生产方寡头垄断的控制：首先是由国际石油巨头（即所谓的“石油七姐妹”）形成的卡特尔石油生产组织所控制。随后，1973～1985年，原油价格又由石油生产国组织欧佩克（OPEC）所控制。仅仅在1985年之后，石油价格才在与其他大宗商品大体相同的自由市场中形成（尽管如此，今天的世界石油市场因为欧佩克的存在仍然不是完整意义上的自由市场，因此，从这个角度来看石油也不是完整意义上的大宗商品）。

事实上，世界大宗商品市场在很长时期内的特点就是“不稳定性”，这种“不稳定性”始终存在于农产品市场，因为其常受变化无常的天气影响。此外，关于矿石和金属的寡头生产企业的价格垄断时代已经过去很久了。在工业产品领域，钢材和纸浆等产品的价格也越来越具有“不稳定性”。当今石油价格的不稳定性，常常招致负面的评论。这种不稳定性一方面来源于给予相关企业提供对冲风险工具的衍生品市场；另一方面则恰恰是来源于单边（石油生产国）和多边（国际协议）试图稳定石油市场的做法。

我们应该知道，当今衍生品市场上应用的所有技术都是曾为商品市场的发展而创造的。现代意义上的商品期货市场，首先出现在19世纪中叶的芝加哥农产品市场，而伦敦及纽约市场也是在这一时期建立的。也正是在这一时期，“期权”（options）和“互换”（swaps）等衍生产工具也开始在大宗商品市场中使用。另外，目前有关商品期货市场中“投机”所起作用的争论不过是对20世纪前半叶时美国对其农产品市场中“投机”作用争论的延续，而当时得出的结论在今天还值得我们重新揣摩。

在试图保持大宗商品市场稳定性方面，总结自20世纪30年代以来各国和各种机构所做出的尝试，可能会对今天人们在相关领域进行分析大有裨益。整体来讲，这可以分成三个阶段：第一阶段，在两次世界大战期间，作为对1929年世界经济危机之后大宗商品价格暴跌的一种反应，一些大宗商品的“生产者”（糖、咖啡、橡胶、锡）首先试图稳定各自市场，随后“生产者”与“消费者”（小麦、糖）达成了第一个双边性的国际协议。第二阶段，第二次世界大战结束之后，以哈瓦那宪章（Havana Charter）为基础进行多边协商，产生了国际协议（小麦、糖、咖啡、锡）。第三阶段，在1976年，在内罗毕举行的联合国贸易和发展会议（CNUCED）产生的“93号决议”。它推动了一些重要谈判，并签署了相关的协议（互惠基金、橡胶、可可），同时它也重新推动了一些谈判（咖啡）。在这些签订的协议中运行时间最长的是“橡胶协议”，但其亦于1999年9月30日被橡胶生产国所放弃，这宣告了近一个世纪各国及各组织稳定国际大宗商品价格尝试的终结。

我们可否从这些尝试中汲取经验和教训？在方法论的层面上，这些尝试主要应用了两种手段——出口配额和缓冲存货：

出口配额：这相当于切分“消费者”这块蛋糕，并在生产者之间进行分配，而价格则在固定的一个区间内浮动。当价格上涨时，生产配额增加；如果价格下跌，则减少生产配额。该稳定商品价格系统的优点是“成本低廉”，但存在几方面局限性：①在生产者之间对生产配额的分配讨价还价。②随着新生产者的不断涌现，很难对其进行管理。③消费者也需要“遵守纪律”，即承诺只进口生产者出口的配额产品。实际上，与此出口配额模式相一致，且唯一发挥功效的就是20世纪80年代初制定的“咖啡协议”。然而，该协议无法阻止“新生产者”（越南）的加入，进而使得“非配额”咖啡市场得以发展。发起“咖啡协议”的生产国于1986年自发地终结了这一协议。

缓冲存货：缓冲存货指的是一个国际生产组织以充足的资金建立一个基金，并对相关商品进行买卖操作，进而将商品价格维持在一个固定的区间内（这与出口配额相一致）。这方面的典型例子是“锡协议”，该协议成为了联合国贸易和发展会议中各种商品生产商谈判的标准，也成为了可可、橡胶协议制定的摹本。“锡协议”在很长时间内发挥出其稳定锡价格的作用；但是锡在20世纪80年代初出现了产量过剩，且与此同时锡已经可以在期货市场（伦敦金属交易所）进行交易，这就导致了“锡协议”受到严重冲击，并且在1985年将当时还没有结算所的伦敦金属交易所推到了破产的边缘。“锡协议”之后的“橡胶协议”亦被证明不具备调节生产的作用（无论是向上还是向下调节价格），且生产者认为与该机制取得的微小的成果相比，该机制的运作成本高得惊人，因此“橡胶协议”于1999年被取消。实际上，20世纪80年代特殊的地缘政治气氛使得罗纳德·里根时代的美国政府对此类协议持反对态度（而苏联却扮演了一个地地道道的“偷渡者”的角色）；另外，由联合国贸易和发展会议主导的此类协议失败的另一个重要原因是国际货币市场日益增强的不稳定性。因此，“可可协议”中的可可价格范围甚至曾用特别提款权（SDR）来表示，而这在以后被证明是很难操作的。

在20世纪70年代，与上述这些多边协议同时产生的是由一些商品的生产者发起的“欧佩克式”组织，涉及的大宗商品包括：磷矿石、铝土矿、铜等。但这些很快都失败了，主要因为生产者不能遵守生产纪律，同时这些大宗商品的“战略性”与石油相比而言较低。但其中值得提及的是一种创新模式，即“波哥大集团”（Bogota Group），这是世界主要咖啡生产国以建立基金的形式调控咖啡价格。这个著名的“波哥大集团”曾操纵世界咖啡市场达两年之久，但最终世界咖啡生产过剩使这种“稳定咖啡价格的模式”最终消失。

另外一个稳定价格的创新模式是铁矿石市场长期形成的“年度谈判定价”模式，在铁矿石生产商与钢铁生产商之间经过谈判产生的世界铁矿石参考价格。但是在今天，这种以生产者双寡头垄断为基础的定价模式也正在消失，并逐渐让位于不断发展的铁矿石现货市场。因此根据上述历史经验，今天希望建立一个价格稳定的石油市场似乎不太切合实际。另外，我们需要注意的是建立任何一种可以稳定大宗商品价格的体系，都必须首先保证大宗商品的标价货币的稳定，即美元的稳定和国际货币体系的稳定（即一种“新的布雷顿森林体系”）。而这些已是近几年世界各国和各类国际组织广泛讨论的话题。因此，在未来我们为数不多的可以确定的，就是石油价格的“不稳定性”。

表示怀疑，在2009年招标之后缔结的协议，将于2010年初生效。这将使得外国石油公司可以开发伊拉克的巨大石油储量，其中最大的油田之一是鲁迈拉（Rumaila）油田，该油田分配给英国石油和中石油；West Qurna 1油田分配给埃克森美孚和皇家壳牌；West Qurna 2油田分配给俄罗斯鲁克（Lukoil）石油公司和挪威国家石油公司（Statoil）；Majnoun油田分配给皇家壳牌和马来西亚国家石油公司（Petronas）。根据伊拉克石油部提供的信息，由于两轮招标的成功，伊拉克的石油生产能力将于2015年达到1 200万桶/天左右，而目前仅为200万桶/天左右。

该数字的确言过其实，且达到该产量计划的时间太短。但毫无疑问，如果伊拉克安全形势许可，伊拉克的原油产量将在未来十年明显增长。从技术上看，在这一时期伊拉克产能提高至800～1 000万桶/天的可能性是存在的。但是除了安全局势外，还有许多因素不得不加以考虑，包括欧佩克对伊拉克石油产量快速上升的反应和伊拉克将来政府的石油政策可能出现变化，同时还有石油生产所需要的一切基础设施，及石油运输和出口的配套设施。

并购活动重现石油行业

2009年，“捕猎者”重新恢复了活力，在他们看来，2010年有希望成为一个“好年份”。除了对并购活动的数量和价值之外，几家专业机构对上述观点表示了赞同。根据安永会计事务所（Ernst & Young）提供的数据，2009年石油企业的并购总额提高了10%，为1 980亿美元。由于获得贷款的条件较为宽松，预计2010年并购活动还将有新的增长。与炼油和石油化工领域的不景气相反（一方面经济形势使化工产品的需求下降，另一方面该领域的生产利润持续下降），勘探-生产和石油服务领域利润丰厚。伍德马克肯茨国际能源顾问公司也做出类似的判断，他们相信：在2009年，石油上游领域的并购支出增加了35%，达到了1 500亿美元。而其发表的月度评估数据显示，2009年并购市场出现了令人吃惊的变化——年初的并购数量很低，而年底达到了历史最高水平的一半。如果经济继续复苏，且烃类产品的价格能够稳定在2010年初的水平，那么并购交易至少等同于2009年的交易水平。全球商业情报机构GBI Research公司宣布：从2010年初到2010年末，上游石油和天然气领域将迎来新一轮并购浪潮。

埃克森美孚出资410亿美元购买XTO Energy公司的决定，成为了2009年底各报刊的大字标题，XTO公司是一家在美国非传统天然气开发领域最具技术专长的公司。在澳大利亚，英国天然气公司（BG）获得了一家清洁能源公司Pure Energy公司的控制权，该公司擅长于在煤层中开采非传统天然气。在加拿大，第二大油砂生产商Suncor公司收购了其主要竞争对手加拿大石油公司（Petro-Canada），该交易再次涉及了“非传统能源”，更准确地说是“非传统石油”。实际上，多元化的生产技术是石油行业未来发展的关键因素之一，而目前主要石油公司显然已经准备好为此开具“大额支票”。

通过在不同国家进行收购，中国的国有石油公司在2009年国际能源市场中大显身手。中石化收购了Addax Petroleum公司，该公司活跃在南撒哈拉非洲和伊拉克的库尔德地区；中国石油天然气股份有限公司购买了新加坡石油公司（Singapore Petroleum）45%的股份，中化集团（Sinochem）吞并了英国Emerald Energy公司；中石油和中国投资有限公司（CIC）即中国主权基金，在哈萨克斯坦的能源领域进行了收购。毫无疑问，这种“能源国际化”将在2010年延续。俄罗斯的表现则较为谨慎，其通过俄罗斯石油巨头苏尔古特（Surgutneftegaz）获得了匈牙利企业Mol 21.2%的股份，显示了它们在该地区的存在。Mol公司曾经进入澳大利亚石油OMV公司的视线，但欧盟委员会在2008年反对这一收购，OMV则以较高的价格售出了其持有Mol公司21.2%的股权。总体上说，各国的“国有石油公司”在2009年是非常活跃的买家，且还将在2010年继续大有作为。

石油化工产品：炼油业惨淡的一年

“我们正在面临着炼油业的危机”——这是2010年2月法国石油工业联合会（UFIP）主席热施兰斯凯（Jean-Louis Schilansky）的宣称。事实上，2009年对炼油行业来讲是“黑暗”的一年：炼油边际利润不断下降，致使一些炼油厂出现亏损，而炼油厂的关闭、面临关闭或者进行出售的情况屡见不鲜。而这又带来了一些国家的社会不稳定，例如在法国仅2010年2月份就有6家（属于法国道达尔石油公司（Total））的炼油厂举行罢工。因此，壳牌公司（Shell）计划在未来三年内出售其15%的炼油产能，相当于56万桶/天的原油精炼能力；意大利石油联合组织也预测在意大利现在已经“多余”4~5家炼油厂；2009年7月，英国石油（BP）和欧文石油公司（Irving Oil）也宣布将取消在加拿大新布伦瑞克省（Nouveau - Brunswick）建立第二个炼油厂的计划，因为该项目经济与技术可行性报告表明，受经济衰退以及北美地区石油需求下降的影响，该项目已经不能盈利。

炼油业危机的七大因素

自经济危机爆发以来世界大宗商品中的石油表现非常“引人注目”，这体现在原油的价格和对原油的需求上。2008~2009年期间，原油的消费出现了下降——这种连续两年的原油消费下降是自20世纪80年代以来第一次出现。因而炼油行业危机产生的第一个因素就是世界原油消费下降：2007~2009年世界原油消费平均下降了160万桶/天，这在2009年对炼油行业造成了极大的影响。需求的下降使得油品库存不断增加，这在经合组织国家尤为明显，更何况这些国家的石油精炼产品库存在2008年之前就已经达到非常高的水平。

第二个因素是，2009年期间原油价格的大幅上涨。而原油是炼油厂的原料，以往即使是在经济不景气时期，炼油业有时也可以受益于原油采购价格的降低，因此也可以获取相当的利润。但是2009年的情况完全不同：从2009年3月份开始原油价格稳步上升，到2009年年底价格达到了80美元/桶。

第三个因素可以称得上是“祸不单行”，事实上炼油厂出产的油品价格并没有完全跟随原油价格的上涨。因此，炼油边际利润岌岌可危——边际利润大致等于油品销售价格与炼厂采购原油的价格差。

炼油业产能的快速增长成为了炼油业危机的第四个因素。在过去的几年里，得益于良好的世界经济前景，非经合组织国家建设了许多新的炼油项目，尤其是在中国、印度

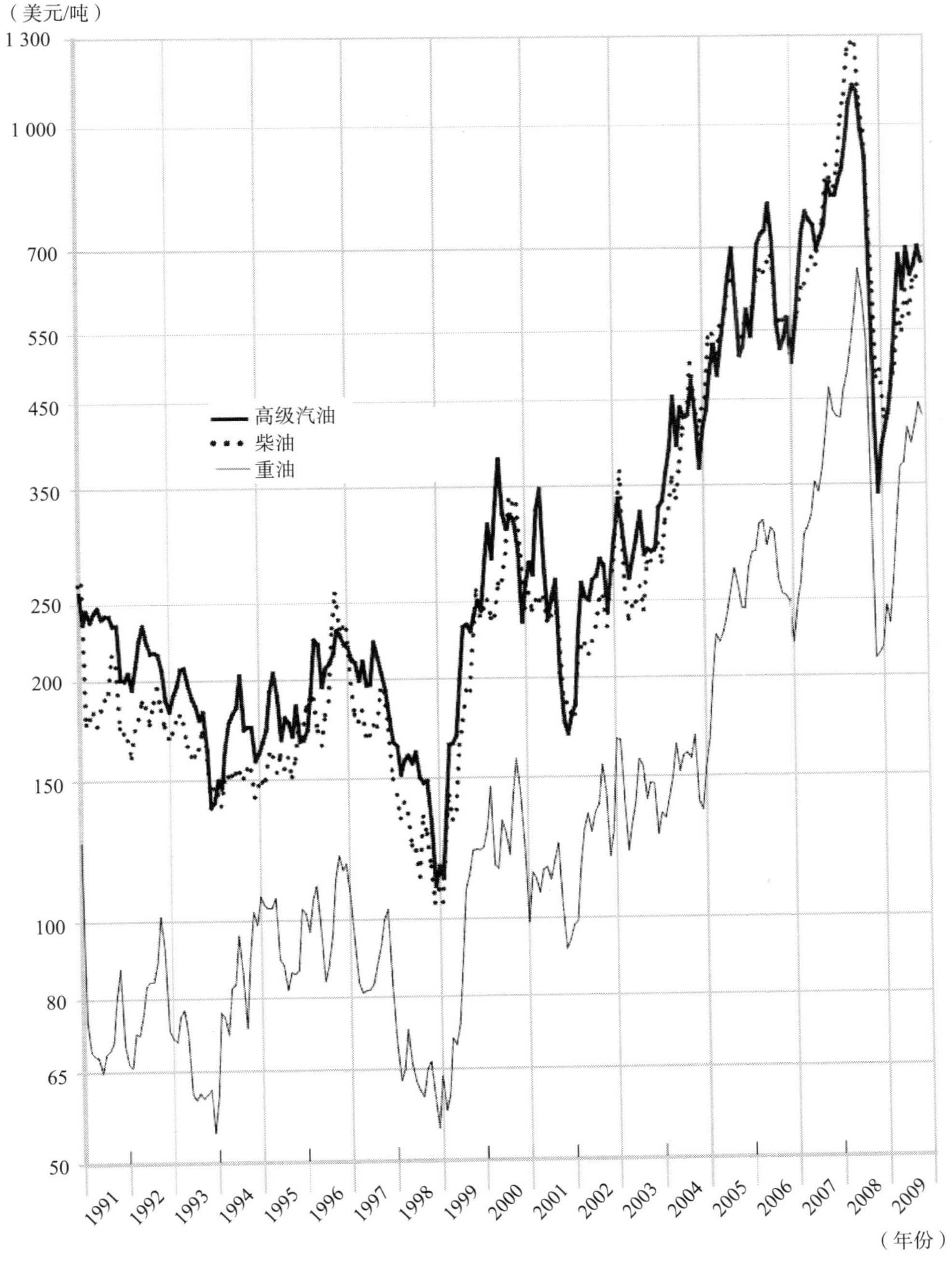

鹿特丹精炼油品价格（不含税）

资料来源：巴黎经济研究观察中心。

和一些中东国家。而其中一些新产能的释放正处在经济金融危机最严重的时期，这就加剧了炼油业产能的过剩，进而严重冲击了炼油边际利润。根据 Bernstein 机构的研究报告，2009 年世界上 5 家产能共为 20 万桶/天的炼油厂被永久性关闭，但与此同时世界新增加的炼油产能却达到 100 万桶/天。

2009 年，尽管经济危机仍在继续，但全球炼油产能却持续增长

第五个因素是全球炼油产能持续增长。据国际能源署（IEA）的数据，2008 ~ 2010 年期间全球新增约 900 万桶/天的炼油产能。而法国石油研究院（IFP）预测，世界炼油产能过剩在 2009 年为 700 万桶/天，这在 2015 年之前不能被市场“消化”。因此，目前的炼油业危机将很可能不是短期的。

同时，炼油业作为一个需要高额投资的产业，其生产成本在近几年还受到了其他因素影响而有所增加——“环境保护”的因素对该行业的压力不断增强，这在经合组织国家尤其明显。而“气候变暖”将不可避免地促使各国政府采取更多的措施来削减对

世界各国原油精炼产能

单位：千桶/天

国家（地区）\年份	2004	2005	2006	2007	2008	2008/2007（%）	占 2008 年世界总产能（%）
美国	17 125	17 339	17 443	17 594	17 621	0.2	19.9
中国	6 289	6 587	7 029	7 511	7 732	2.9	8.7
俄罗斯	5 470	5 475	5 557	5 522	5 547	0.5	6.3
日本	4 567	4 529	4 542	4 598	4 650	1.1	5.2
印度	2 293	2 558	2 872	2 983	2 992	0.3	3.4
韩国	2 598	2 598	2 633	2 671	2 712	1.5	3.1
意大利	2 497	2 515	2 526	2 497	2 486	-0.4	2.8
德国	2 320	2 322	2 390	2 390	2 366	-1.0	2.7
沙特阿拉伯	2 075	2 100	2 100	2 100	2 100	—	2.4
加拿大	1 959	1 915	1 914	1 907	1 951	2.3	2.2
法国	1 982	1 978	1 959	1 962	1 962	—	2.2
巴西	1 915	1 916	1 916	1 935	1 942	0.4	2.2
英国	1 848	1 819	1 836	1 819	1 821	0.1	2.1
伊朗	1 652	1 652	1 737	1 822	1 832	0.5	2.1
墨西哥	1 463	1 463	1 463	1 463	1 463	—	1.7
西班牙	1 358	1 377	1 377	1 377	1 377	—	1.6
委内瑞拉	1 291	1 306	1 311	1 311	1 311	—	1.5
荷兰	1 287	1 289	1 279	1 266	1 261	-0.5	1.4
新加坡	1 255	1 255	1 255	1 255	1 255	—	1.4
中国台湾	1 159	1 159	1 140	1 197	1 197	—	1.4
印度尼西亚	1 057	1 057	1 127	1 157	1 157	—	1.3
泰国	1 062	1 065	1 092	1 112	1 187	—	1.3
全世界	**85 051**	**85 565**	**86 542**	**87 794**	**88 627**	**0.9**	**100**
其中：经合组织国家	44 645	44 692	44 916	45 145	45 271	0.3	51.1
欧盟	15 529	15 587	15 875	15 827	15 788	-0.3	17.8
苏联原属国家	8 075	8 019	7 965	8 014	8 079	0.8	9.1

资料来源：英国石油公司（BP），《世界能源统计年鉴》（Statistical Review of World Energy），2009 年 6 月。

化石燃料（尤其是石油）的消费；而对炼油业来说，征收“碳排放税”无疑将是该行业头上的又一把“达摩克利斯之剑”，因此，从中长期看来，西方国家的炼油业前景不容乐观，这也就是第六个因素。

第七个因素亦是最后一个因素，炼油企业越来越意识到经合组织国家的石油需求将不再会出现增长（与此同时，发展中国家和新兴国家的需求仍将继续增长）。一些专家预测经合组织国家的石油需求或许已经在2007年达到了顶峰，即便是在本次世界金融危机结束后也很可能不会超越此水平。一些专家甚至预测，重返2007年石油消费的水平的可能性也很小。如果这些预测是正确的，这将是一个世界各石油生产商必须认真对待的新形势，它将意味着经合组织国家中目前的炼油产能过剩不会因为这些国家经济情况的好转而消失，石油生产商们将不得不对在这些国家的炼油厂进行关闭、出售或改造。

因此，壳牌公司决定将在三年内出售其15%的炼油产能，约合56万桶/天。但是出售炼厂必须找到愿意支付合理价格及拥有操作这些复杂、危险设备的专业能力，并且还必须遵守环境保护标准的买家。而由于找不到任何一个买家，壳牌公司已经把其在加拿大蒙特利尔东部的炼油厂改建为终端储存站。

炼油利润一落千丈

精炼石油产品市场的竞争非常激烈，且波动剧烈；炼油企业每年的利润波动巨大，而由于季节性因素，年内的炼油利润波动也很大（冬季的炼油利润相对年内剩余的时间较高）。2004年是世界炼油业的“丰收之年”，但在2009年该行业的利润出现了急剧下降。根据法国石油工业联合会（UFIP）的数据，2009年整个欧洲炼油业的毛利润下降了61%，从2008年的39欧元/吨下降到只有15欧元/吨。这种价格只有在2002年才有过，当时为11欧元/吨。实际上自2003年以来，欧洲炼油业的毛利润一直在2003年的22欧元/吨和2008年的39欧元/吨之间波动，平均为31欧元/吨左右。法国石油工业联合会还强调，1995~2008年欧洲的平均毛利润为23欧元/吨。

世界原油精炼产能（按地区划分）

单位：千桶/天

地区 \ 年份	2004	2005	2006	2007	2008	2008/2007（%）	占2008年世界总产能（%）
欧洲和欧亚大陆*	25 161	25 067	25 059	25 060	25 086	0.1	28.3
亚太地区	22 718	22 957	23 829	24 671	25 098	1.7	28.3
北美地区	20 503	20 698	20 821	20 964	21 035	0.3	23.7
中东地区	7 160	7 190	7 321	7 521	7 592	3.5	8.6
中南美洲	6 399	6 425	6 447	6 526	6 588	1.0	7.4
非洲	3 110	3 228	3 066	3 052	3 228	0.2	3.7
全世界	**85 051**	**85 565**	**86 542**	**87 794**	**88 627**	**0.9**	**100.0**

注：*前苏联国家。

资料来源：英国石油公司（BP），《世界能源统计年鉴》（Statistical Review of World Energy），2009年6月。

虽然"平均水平"对分析是有用的，但它也会使人进行错误的分析与理解。实际上，2009年初时，欧洲炼油业的毛利润是非常高的，1月份是40欧元/吨，2月份是27欧元/吨（这仍然是很高的）。但是到了3月份，毛利润跌到了10欧元/吨左右。在2009年剩余的时间，除了4月份毛利润达到了17欧元/吨之外，从3月份至12月份，平均毛利润都在15欧元/吨以下。更为糟糕的是，2009年11月份和12月份，毛利润跌至10欧元/吨以下（仅为8欧元）。另外，由于2010年1月份和2月份的冬季异常寒冷，欧洲炼油业的毛利润在此时出现了显著回升。

炼油业毛利润的"灾难性"下跌不仅出现在欧洲市场，据壳牌公司的数据显示，2009年世界其他地区也出现了类似的情况。美国西海岸——全球炼油利润最高的地区——炼油的毛利润从2007年的15.95美元/桶跌至2008年的9.40美元/桶，再下降到2009年的5.85美元/桶。而墨西哥湾同时期的炼油边际利润分别为16.30美元/桶、8.95美元/桶和5.90美元/桶。据统计，在鹿特丹，2007年炼油的边际利润为4.45美元/桶，2008年为5.25美元/桶，2009年为1.8美元/桶。至于新加坡，2009年炼油的边际利润为零，2008年为3美元/桶，2007年为2.8美元/桶。

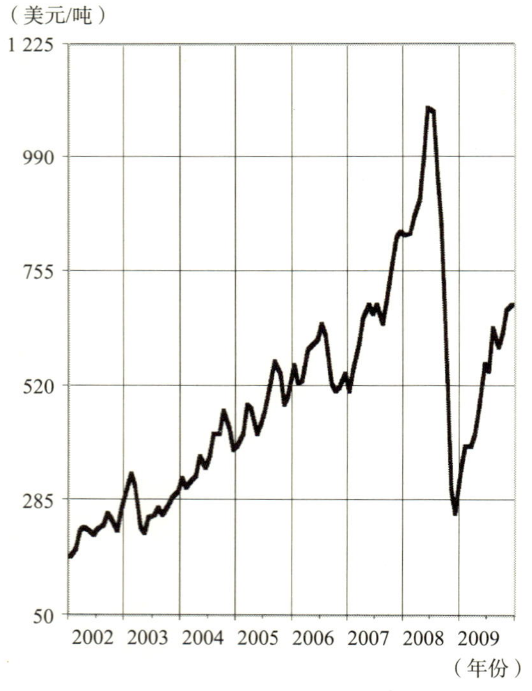

西北欧石脑油到岸价

2009年，这4个世界主要油品市场的炼油边际利润继续下降。2009年第四季度美国西海岸的边际利润为3.15美元/桶，墨西哥湾为3.20美元/桶，鹿特丹为1.05美元/桶。至于新加坡，据壳牌公司统计，2009年下半年以来炼油边际利润一直为负，2009年第四季度甚至为-2.10美元/桶。

利润骤降或是亏损

世界最大的私人石油公司——美国的埃克森美孚，在石油业上游和下游（对于该公司来说，石油业的下游指的是炼油和油品销售）的高效率运作管理在业内享有盛名。2008年世界炼油行业获得创纪录的利润，在这一年，埃克森美孚公司在"下游领域"获得了81.5亿美元的利润，其中美国市场贡献的利润是16.5亿美元，其他国家和地区总共贡献了65亿美元。而2009年，该公司的下游业务利润下降了63.7亿美元（下降了约为78.1%）至17.8亿美元，在美国市场，亏损1.53亿美元（而在世界其他国家和地区总共盈利19.3亿美元）。该公司宣称，2009年其下游利润下降的80%是由于炼油业务边际利润下降造成的，炼油业务利润下降了约为51亿美元。

尽管2009年埃克森美孚公司的下游利

润大幅下挫，不过它的几个竞争对手的盈利情况更加糟糕，有些还出现了亏损。美国目前最大的炼油公司——瓦莱罗能源公司(Valero Energy)，根据隶属于美国能源部的美国能源信息管理局的数据，该公司1977年的炼油能力在美国排名为第51位，其经营利润从2008年的盈利7.6亿美元变成了2009年的亏损5 800万美元。而同时该公司的净亏损从11.3亿美元上升至19.8亿美元。瓦莱罗公司的首席执行官Bill Kleese先生把以上问题归咎于产品需求和炼油边际利润的不景气、油品的库存高企以及炼油业产能过剩。他还强调，虽然2010年经济的复苏有助于提振需求，但是炼油产能的继续增长注定2010年仍将会是艰难的一年。

2009年壳牌公司在下游业务中取得了2.58亿美元的利润（以当前供应成本计算），这与2008年的53.1亿美元相比，下降了95%。而英国石油公司2009年的利润是7.43亿美元（以息税前的重置成本计算），较2008年的41.8亿美元下降了82%。雪佛龙公司（Chevron）的下游利润下降了83.5%，至5.65亿美元。而道达尔公司的下游利润“只”下降了65%，至13.3亿美元（调整后净营业利润）。

美国炼油产能的增长

自20世纪70年代以来美国没有再建立新的大型炼油厂，但是从20世纪90年代开始美国的炼油产能却一直呈现上升趋势，产能过剩的现象一直存在。而这种现象的产生是因为：为了提高产量，美国的炼油企业在原有的工厂上增添了新的产能或者更新了设备。据美国能源信息管理局的数据，1997～2009年期间，美国的炼油产能增长了14%，增加了约为18.5万桶/天以上。这相当于在美国每年新建立1.5个中型炼油厂。

因此，在金融危机爆发后美国炼油业遭受格外重创。另外，除产能不断增加以外，各炼油厂因为需要不断改建以提高其原油加工的“适应力”（即增加对重油的加工能力)，也使得它们的生产利润下滑。实际上，轻质或中质原油与重质原油之间的价差在不断缩减，而2008年末石油输出国组织欧佩克减产原油的绝大部分为重质油，这些情况均使得重质原油与轻质原油的价差不断缩减。虽然从中长期来看，因为地球上剩余的石油储量大部分为重质油，且市场上轻质油品的附加值更高炼油企业提高原油加工“适应力”是必要的。但是从短期来看，这个战略转型大大增加了炼油企业的经营困难。除此之外，在美国，美国国会制定的将生物燃料混入到汽车用燃料的计划对炼油企业的影响亦是不利的，美国炼油企业的生产成本还将增加。

应对气候变化将大大增加炼油企业的成本

各国应对气候变化的提议都会使石油巨头们“打冷战”。实际上，奥巴马政府自成立起就想要在气候领域证明其有能力改变上届布什政府的立场。虽然2010年2月底之前由奥巴马主导的相关方案还没有通过立法机构的投票，但是在石油生产者和压力集团的眼里，将在美国引入排放交易机制的瓦克斯曼－马基（Waxman-Markey）提案（以美国众议院的两位议员的名字命名）也是十分“危险”的。

根据伍德马克肯茨公司（Wood Mackenzie）的估算，此项法案使得美国炼油厂每年最多要支付1 000亿美元。它还宣称，与欧洲将要推出的排放机制相比，美国炼油厂因此将要受到的损失会更大。实际上，大西洋两岸的欧洲与美国可能会推出的碳排放交易措施都会对欧洲炼油厂产生轻微的影响，而对美国炼油厂产生的影响都较大。而根据美国能源政策研究基金会（EPRINC）估计，瓦克斯曼-马基提案的执行有可能会导致在美国关闭250万桶/天的炼油产能，美国目前的炼油总产能为1 750万桶/天。而如果正在美国国会讨论的由奥巴马政府主导的应对气候变化的立法项目通过，在美国将关闭的炼油产能还会增加。

欧洲面临炼油产能过剩

2010年1月初，意大利石油联盟——意大利的石油业工会组织的主席帕斯夸德维塔（Pasquale De Vita）直截了当地说：意大利有4~5家炼油厂需要关闭（总共16家），因为意大利的炼油产能已处于过剩状态。此外，2004~2009年期间，意大利的油品消费下降了16%。而炼油厂本可以把多余的油品出口到国际市场，但是由于金融危机这种出口也受到了抑制。2009年，意大利炼油厂的开工率较2005~2008年的平均水平下降了10%以上，2009年的开工率为82%，而之前为95%。

每个欧洲国家的炼油业都有自己的特点，但目前意大利炼油业的形势在欧盟国家中具有代表性。

除了本文一开始所提到的有关炼油业危机的七个因素之外，欧洲炼油业在2009年还受到和美国的油品数量大幅下降的打击。实际上欧洲的汽车以燃烧柴油为主，而之所以欧洲炼油厂主要被设计用于生产大量汽油是为了满足美国市场的需要。随着美国受到经济危机的严重打击，其从欧洲进口的汽油大幅下滑。因此，在2008年和2009年，在大西洋两侧的油品市场真正出现了“游戏规则的改变”。

壳牌公司正在计划关闭或出售其在世界各地的炼油厂，尤其是在欧洲的炼油厂，目前正在与印度的爱沙公司（Essar）商谈出售壳牌公司在德国的两家炼油厂——海德（Heide）和哈尔堡（Harburg），以及在英国的一家炼油厂——斯坦洛（Stanlow）。2010年3月份，道达尔公司最终关闭了其在法国敦刻尔克的炼油厂，但同意保留其在法国的5个炼油厂，并保证这5个炼油厂将在5年之内不会被关闭或被出售。实际上，并不只有这些石油巨头转变策略，一些独立的炼油企业——不从事石油上游业务的炼油企业，也是一样：如Petroplus公司和英力士公司（Ineos）也将逐渐减少其各自在欧洲的炼油产能。

当然，每次危机都会给那些拥有不同策略、不同思维方式和拥有大量资金的公司带来机会。中国、印度、俄罗斯或者中东国家的公司因此大显身手：俄罗斯天然气工业石油公司（Gazprom Neft）于2009年从雪佛龙公司（Chevron）手中购买了在意大利的一座生产润滑油的工厂。此类收购还会继续，但是我们也应该看到，2010年初时，一些潜在购买者对炼油资产并不是十分感兴趣。

日本新炼油巨头的产生

根据东方-西方研究中心（East-West Center，位于美国的火奴鲁鲁）的数据，2009年日本的炼油产能过剩达到78万桶/天，日本全国的炼油产能是480万桶/天。到2010年过剩的产能将可能达到99万桶/天，而到2015年将可能会达到140万桶/天。2007年、2008年和2009年三年，日本的石油需求都连续出现了下降。面对如此

运输业面对石油危机

在人们看来，运输业总是首先受到“石油危机”影响的行业。而2008年经济危机爆发前的石油价格危机实际上比第一次石油危机对世界运输业的影响还要大。虽然今天各种交通运输方式的能源利用效率有明显提高，但是飞机依然在使用航空燃料飞行，船舶依然用燃油驱动，越来越多的货车还在使用柴油行驶。并且运输行业几乎是唯一没有对“后石油时代”进行准备的经济行业。面对2008年的危机以及消费的大幅下滑，运输行业做出了与之前一样的反应：

- 以最低的价格购买燃料或是至少在中期稳定燃料采购价格
- 减少燃料消耗
- 应用“新能源”仅仅只占运输业能源消费中很小的一部分。因为成本技术等原因新能源在运输行业得大规模应用（航空、海运）几乎是不可能的，要扩大“新能源”的应用只有依靠相关政策。

新的采购策略

在为石油危机作准备之前，运输企业经常要面对石油和油品价格每天的巨幅波动——实际上，除非每天能够把大幅波动的价格传递给运输企业的客户，运输企业事实上总是价格大幅波动的石油或石油产品的最终消费者。

严格意义上来说，今天日益复杂的燃料采购风险管理的本质是投机（在此“投机”的意义为中性）：运输企业根据预计的能源年消费量（同时考虑到季节性消费高峰），及各自的风险厌恶程度和对石油市场未来趋势的判断，最后，再加上能源消耗在各自运输成本中所占的比重来进行能源采购。当然，这还要根据金融机“制作”的各种衍生品来制定燃料采购策略。

以航空公司为例，近几年来，航空煤油，亦称作喷气燃料（jet-fuel）在客运的经营成本中所占比重为15%～35%之间（2008年上半年达到35%的最高比例）。对于航空货运来说，燃料费用占经营成本的50%之多。因此即使没有直接的航空煤油期货，航空公司巨大的保值需求促使此类金融产品迅速发展，这包括从传统的到创新的金融产品：标准期权与奇异期权（exotic options）、领子期权（collars）、互换、互换期权等。我们必须强调的是，任何一种套期保值的策略都不是完美的，选择套期保值的策略取决于：

- 管理者对商品价格的短期和中期的判断（“判断”在此则可以称为“投机行为”）。
- 管理者希望购买“保险”（套期保值）的价格。

2007～2008年期间，世界各航空公司采取的不同策略很好地诠释了应用采购风险管理的难题。在原油价格上升时，一些航空公司（法国航空、汉莎航空、西南航空）已经在之前就“锁定”了其将采购的原油的价格，当原油价格一路攀升时，它们依然可以略微“喘一口气”。另外一些航空公司却观望了很长一段时间之后才采取行动，比如瑞安航空（Ryanair）只在120美元/桶才开始进行保值。而随后原油价格在2008年下半年巨幅回落时，几乎所有的航空公司都被其之前的保值方案缚住了手脚——因为他们不得不以大大高于原油现货市场的价格买入航空煤油。德尔塔航空公司（Delta）因此不得不支付2亿美元结束之前的保值合同。国泰航空公司（Cathay Pacific）的保值策略也让其损失了76亿港元（约11亿美元）。2008年第四季度，西南航空公司宣布保值操作使之损失了5 600万美元。而澳洲航空公司（Quantas）的保值策略则最为“谨慎”，在石油价格高涨时，该公司同意为复杂的金融衍生品支付高额的权利金（12美元/桶），但其中包括一则退出条款（get out clauses），这就使得澳洲航空公司在石油价格崩溃时可以从容地抽身而退。而中国的航空公司可以称得上是世界各航空公司保值策略应用“灾难性”的“典范”：由于在2008年签订的保值合约随后让这些公司出现了重大亏损，当时这竟然使中国政府出面敦促这些公司与一些世界大型金融机构重新签订合约。

以上的几个案例表明，“保值”策略的选择有可能会彻底改变航空公司的盈利状况，进而改变各航空公司之间的力量对比。

海运业的情况与此有些类似：2008年原油价格崩溃之后，法国达飞轮船公司（CMA-CGM）之前为应对燃料价格上涨而购买的衍生品（用于所谓的“保值”）最终为其带来了7亿美元的损失。

提高价格

另一种方法就是把能源成本的上升转嫁给消费者，因此从2004年开始航空公司就申请征收“燃油附加费”。但是，欧委会谴责一些航空公司执行的机票价格“过于一致”。在法国，公路运输也被授权征收燃油附加费，但是在竞争激烈的国际海运市场（干散货和油轮均有其衍生品市场），采取征收燃油附加费是不可能的。

节约能源

每一次危机都会让人“戒奢以俭”。对于航空运输业来说，他们选择采购能源效率更高的飞机：事实上，从波音747到最新一代的空中客车和波音公司生产的飞机，飞机的耗油量已经下降了1/3。当然，航空公司需要更合理的飞行时间和飞行路线。对于海运和公路运输业来说，他们采取的其中措施之一就是降低速度：法国国家铁路局（SNCF）下属的公路运输公司规定对卡车限速最高不能超过82公里/小时。而自石油价格不断上涨以来，人们对汽车驾驶也采取相类似的减速措施（这是自愿的或不自愿的），在法国汽车的平均年行驶距离也略有减少，从2001年的1.4万公里减少到2007年的1.3万公里。值得注意的是，汽车制造商也在不断改进，进而使汽车耗油量得到下降：例如，标志雪铁龙公司（PSA）对此投入的经费占其总研发经费的20%。

对运输业来说，大规模使用新能源在今天依然是一个遥远的目标。越来越多的航空公司使用电动汽车作为机场各转机楼的接送车。同样，无论是滑翔机还是飞艇都没能证明其在今天的使用价值，就像是今天不可能让帆船在海上运输中发挥作用一样。在公路运输方面，即使目前出现了多种技术，但是还没有一种能完全统领市场：电力、氢、燃料电池、混合动力技术，目前都还没有能够广泛应用。因此对于汽车生产商来说，现在选择生产一种可以在十年或者二十年之后被广泛接受和应用的新能源汽车并不十分容易。同时，新能源汽车的发展还需要考虑当今在石油问题中的二氧化碳排放问题，即目前很不稳定的二氧化碳价格和至今仍存在很多不确定的监管问题，这均使得新能源汽车的发展方向变得更加扑朔迷离。

综上所述，当石油危机来临时，运输业在短时间内没有任何其他的策略可供选择。事实上，不同的运输方式之间的消费和竞争的弹性都相当小：比如2008年，公路运输转向铁路运输的现象并不明显。这种改变只有长期的努力才能实现，并且只有在公共政策的支持下，同时考虑能源和环境因素才可能达到。事实上，原油价格（即燃料价格）的不稳定性和波动性远超过电力和天然气（但是随着天然气与电力衍生品市场的不断发展，这一点还值得观察），因此，从这个角度来看，传统的运输业（航空运输、公路运输、海运）是对世界原油市场依赖性最强的经济行业，而原油价格自身的特点又是不稳定性和不可控制性。

严峻的形势，日本石油业的整合已经开始。最大的日本炼油公司——新日本石油（Nippon Oil）的炼油产能为130万桶/天，该公司和新日矿集团（Nippon Mining）决定合并组建新的控股集团，新集团将于2010年4月份开始运行。

合并后的炼油公司被命名为吉绅控股公司（JX Holdings），其产能为40万桶/天，小于合并前两家公司的炼油产能之和。按照计划，在富士（Toyama）的炼油厂将被关闭，另外将减少两家（各自属于新日本石油和新日矿）在水岛（Mizushima）的炼油厂的产能。合并后另一个发展方向是降低成本，这种“防御性”的措施，还将使新集团可以发展太阳能电池板以及燃料电池等未来能源。

新投资

即使是在这种非常低迷的形势下，炼油商对提高炼油装置的“适应性”和增加炼油产能的投资依然没有间断。英国石油的北美油品公司正在进行一个安装焦化装置项目，这是其在美国印第安纳州怀廷（Whiting）炼厂进行现代化改造的一部分。改造后炼油厂将处理来自加拿大的重油，并提升该厂的油品产量。在德国，壳牌公司已经决定整合戈多尔夫（Godorf）和维斯林（Wesseling）两个炼油厂，成立莱茵（Rheinlind）炼油厂，这将是欧洲目前最大的炼油厂。这个项目名为“Connect”，还包括原厂的改进和增加新装置。这将使壳牌公司提高其低硫柴油的产量。

在非经合组织国家，产能扩张计划仍在高速进行。在沙特阿拉伯，沙特阿美公司（Saudi Aramco）和道达尔公司投资960亿美元联手共同建立了产能为40万桶/天的朱拜勒（Joubari）炼油项目。2010年，还是这家沙特公司计划和康菲公司（ConocoPhillips）在沙特阿拉伯第二大港口城市延步（Yanbou）建成一家与前一项目相同产能的炼油厂。在印度，印度石油公司（Indian Oil）将在奥里萨邦（Orissa）的帕拉迪布（Paradip）建立产能为30万桶/天的炼油厂。其他项目目前依然在中国、巴西或者其他中东国家进行。事实上，金融危机还是使这些国家对其炼油业的扩张计划进行了更改。当然，这使得炼油商可以对炼油设备供应商施

能源

加压力并获得更低的价格，而在2003～2008年，炼油厂建设的成本一直处在“疯狂”的上涨状态。

2009年5月，中石油从吉宝公司（Keppel）手中购买了新加坡石油公司（SPC）45.5%的股份，这是其为100%控股新加坡石油公司走出的第一步。先不论这次收购的价格，中石油此次收购的意义在于——这是中国国有石油企业第一次收购国际炼油厂的股权（最近几年，中石油和其他中国国有公司主要收购一些国际石油业的上游企业）。中石油表示将把新加坡石油公司打造成中石油的国际石油战略新平台。我们从其中可以感觉到，中石油类似的收购在未来还会继续进行。

天然气

自2008年起，世界天然气工业发生了重大变化。在此之前，天然气市场已经习惯了根据不断增长的需求来决定供给，而天然气供给则需要对天然气基础设施进行巨大投资，且此类投资具有“惯性”。因此，每当天然气供应不能根据天然气的需求增长而增加时，天然气市场就会出现紧张。但是自2008年起天然气市场出现了重大的变化，并在随后的2009年和2010年得到强化：尽管天然气需求仍然稳步增加，但天然气生产开始显著地超过天然气需求，这给天然气价格造成了巨大压力，并使得天然气市场成为了“买方市场”。我们甚至可以将其形容为“天然气泡沫”。这一变化首先出现在北美市场，因为自2008年起北美地区的“非传统天然气”生产急剧增加，而过剩的天然气则被输送到世界各地区，令各地区的天然气价格承压。2009年的世界经济衰退加重了天然气市场过剩的状况。根据美国能源署（DOE）的统计，2009年美国天然气需求下降了1.5%，天然气市场的这种过剩的状况在未来两到三年仍将延续。

2008年，全世界天然气生产增长了3.8%，消费增长了2.8%，达到3.019万亿立方。这一涨幅远远高出全球能源需求1.7%的涨幅，这使得天然气消费在世界能源消费中的占比从23.9%提高至24.1%。除了上述天然气的消费，还有4 400亿立方天然气被注回油田以增加石油开采时的压力；另外还有1 340亿立方天然气被喷发燃烧。

在2008年初时，天然气价格处在上升状态：6月份在美国的价格为11美元/MBTU1①。10月份在欧洲和日本的价格达到14美元/MBTU。但是从2008年底起，天然气价格急速下滑，到2009年9月份甚至跌落至3美元/MBTU之下。在2009年经济衰退的大环境下，如此低的天然气价格依然未能有效刺激需求。但是天然气的这种过低价格使天然气公司的现金流减少，而这些公司的投资也将因此随之减少。过去的很多事实表明，天然气的高价格会抑制天然气的未来需求，这些天然气公司因此在2008年时已经放缓了投资（天然气生产商们提前减少投资）。然而国际能源署（IEA）估计，为了保持世界天然气供需平衡，2008～2030年期间，必须在天然气基础设施方面投入约为

① MBTU为百万英国热量单位，1百万英国热量单位相当于28立方天然气，1美元/百万英国热量单位的天然气相当于5.8美元/桶的原油。

5.149 万亿美元的资金。因此，当前天然气投资的延期无疑将使天然气供应在未来经济复苏后趋于紧张。

值得注意的是，2008 年世界天然气储量增加了 4.5%，达到 185 万亿立方，几乎等同于世界石油的储量。

当前有三大因素影响世界天然气市场：非传统天然气开发、2008 年开始形成的“天然气泡沫”，以及通过天然气管道对欧洲供应的天然气。

北美地区的非传统天然气开发

对天然气和甲烷的开采与石油开采颇为相似。技术的进步——钻井技术（水平钻探井）和二级开采技术（水力压裂井）的进步使原来不能开采的地方现在可以大规模采

世界各国天然气产量（用于进行国际贸易的天然气）

单位：10 亿立方米

国别 \ 时间	2004	2005	2006	2007	2008	2008/2007（%）	2008/1998 平均（%）
俄罗斯	573.3	580.1	593.8	592.0	601.7	1.40	1.20
美国	526.4	511.1	524.0	540.5	582.2	7.50	0.80
加拿大	183.7	187.4	188.4	184.1	175.2	-5.10	0.10
伊朗	84.9	103.5	108.6	111.9	116.3	3.60	8.80
挪威	78.5	85.0	87.6	89.7	99.2	10.40	8.40
阿尔及利亚	82.0	88.2	84.5	84.8	86.5	1.70	1.20
沙特阿拉伯	65.7	71.2	73.5	74.4	78.1	4.70	5.30
卡塔尔	39.2	45.8	50.7	63.2	76.6	20.90	14.60
中国	41.5	49.3	58.6	69.2	76.1	9.60	12.60
印度尼西亚	70.3	71.2	70.3	67.6	69.7	2.70	0.80
英国	96.4	88.2	80.0	72.1	69.6	-3.70	-2.60
荷兰	68.5	62.5	61.6	60.5	67.5	11.20	0.40
土库曼斯坦	52.8	57.0	60.4	65.4	66.1	0.70	18.60
马来西亚	53.9	59.9	59.7	60.8	62.5	2.50	5.00
乌兹别克斯坦	54.2	54.0	54.5	59.1	62.2	4.90	2.30
墨西哥	42.7	45.0	51.6	54.0	54.9	1.30	3.60
阿布扎比酋长国	46.3	47.8	49.0	50.4	50.2	-0.70	3.10
阿根廷	44.9	45.6	46.1	44.8	44.1	-1.90	4.10
澳大利亚	35.3	37.1	38.9	40.0	38.3	-4.50	2.30
委内瑞拉	28.4	27.4	31.5	32.1	31.5	-2.20	-0.30
全世界	**2 694.1**	**2 777.8**	**2 876.1**	**2 945.3**	**3 065.6**	**3.8**	**3.0**

资料来源：英国石油公司（BP），《世界能源统计年鉴》（Statistical Review of World Energy），2009 年 6 月。

集甲烷，因此运用这些新技术从地下硬岩或砂岩中提取的天然气被称作非传统天然气。人们将非传统天然气区分为致密气（tight gas）、煤层气（coalbed methane，CBM）和页岩气（shale gas）。致密气是利用高水压压裂地下储气库，然后通过垂直井回收气体。煤层气赋存于煤层，煤层气由于埋藏太深而无法应用传统的开采方式（煤层气也就是令煤矿工恐惧的传统意义上的“瓦斯”）。煤层气的开采过程是先钻探水平井，然后注入高水压，迫使甲烷溢出。而页岩气（在页岩中生成的天然气）的开采是通过在高压下注入大量的水，以压裂地质岩层获取。

2006 年以来美国的非传统气体开采大幅增加，进而扭转了 2001 年以来天然气产量下降的局面。2008 年美国生产的天然气 45% 是非传统天然气（约 3 000 亿立方），2009 年这一比例上升到 59%，其中包括 2/3 的致密气，23% 的煤层气以及 12% 的页岩气。美国非传统气体产区主要集中在怀俄明州的保德河（Wyoming Powder River）、得克萨斯州的巴尼特页岩（Texas Barnett Shale）、路易斯安那州的海恩斯维尔（Hinesville），以及阿巴拉契亚山脉的马塞勒斯页岩（Marcellus shale in the Appalachian Mountains）①”。加拿大不列颠哥伦比亚省的储存于喇叭河（Horn River）和蒙特尼（Montney）的煤层气开采也具有重要地位，这里的开采量占了加拿大全国天然气开采总量的 1/3，加拿大全国 1 750 亿立方的天然气生产中有 600 亿立方出自于这里。2009 年，美国和加拿大两个国家开采的天然气有一半是非传统气体。全球其他地方的非传统天然气的开采并没有与在北美地区进展的那样迅速，但同样拥有丰富的储量。在俄罗斯，据最新测算，非传统天然气占俄罗斯全国天然气储备量的 20%。俄罗斯天然气工业公司计划从 2010 年开始开采位于西伯利亚的库兹巴斯盆地（Ķuzbass）Tadinskaya 煤矿的煤层气。印度则从 2007 年就已经开始对西孟加拉邦的煤层气进行开采（该地区的预估储藏量为 16 万亿立方）。中国 2009 年开采了 60 亿立方煤层气，其探明储量约为 37 万亿立方。印度尼西亚的煤层气储量位于东加里曼丹省（Kalimantan）；澳大利亚的储量主要位于昆士兰州，他的供应占该国 30 亿立方天然气总供应量的 7%。欧洲的非传统天然气储量预计在 15 万亿立方左右，这一巨大储量将使欧洲成为富有潜力的新兴天然气市场。

非传统天然气的生产成本因贮气层不同而有差异。平均生产成本大概为 4 ~6 美元/MBTU，与传统天然气相比具有竞争力，尤其是当有临近的消费市场（可以避免运输成本）时，成本优势就更明显。然而，环境问题还是阻碍了非传统天然气的开采。因为非传统天然气的开采需要大量的水，而这些被污染的水只能被扔弃，进而污染环境。

从 2008 年开始出现的“天然气泡沫”

2008 年，美国天然气生产量增长了 7%，即增长了 420 亿立方，或将很快成为超越俄罗斯的世界最大的天然气生产国，但是美国的天然气需求却停滞在 6 570 亿立方。因此，美国已经减少了天然气（主要是液化天然气）的进口——况且液化天然气（GNL）进口因运输成本高昂而价格偏高。

① 译者：美国的一些地方将煤矿甲烷作为发电的燃料来使用。与输入管道的煤层气不同，用燃气轮机、内燃机、燃气轮机发电不需要优质的煤层气，甲烷含量为 30% 的甲烷 - 空气混合气体即可用于发电。因此，采空区井抽放回收的煤层气都可用来发电。

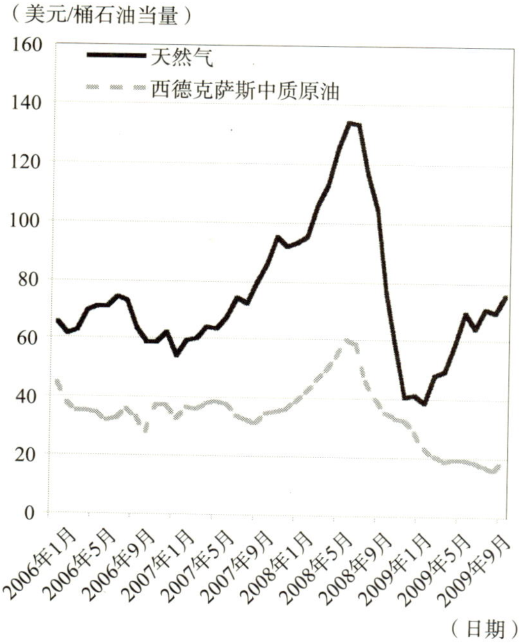

美国西德克萨斯中质原油（WTI）
与美国天然气现货价格

美国2008年液化天然气进口下降了120亿立方，占全球液化天然气贸易总量的5%。由此产生的过剩液化天然气就被转销欧洲（西班牙、土耳其）和亚洲（日本、韩国和中国台湾）。因此，这些新增的供应量拉低了这些国家的天然气价格。当然，低价格的天然气也为需要补充库存的企业提供了契机——北美地区天然气的商业库存创下了自2008年底以来的新高。但是，这依然不足以消化过剩的天然气供给。

而金融与经济危机又削弱了市场的需求，进而扩大了天然气的产量过剩。根据美国能源部估计，尽管价格降低鼓励更多地使用天然气发电，且2009年冬天较正常年份更为寒冷，但全球天然气消费仍然减少了1.5%。国际能源署估计，2009年北美地区的天然气需求减少了3.8%，欧洲减少了8.5%，俄罗斯减少了5%。毋庸置疑，天然气的低价格抑制了新项目投资。但之前进行的投资项目现在已经普遍开始逐渐竣工，并进一步增加供应，压低价格。2008年美国市场的天然气现货平均价格为8美元/MBTU（液化天然气曾达到了13美元/MBTU的最高价），2009年天然气降至4美元/MBTU，预计2010年将回升到5.3美元/MBTU。这一价格低于过去十年间6～7美元/MBTU的均价。在欧洲市场上，2008年中期，天然气均价为12美元/MBTU，到2009年中期跌落至4美元/MBTU。值得注意的是，天然气价格已经低于原油的价格，这两种碳氢化合物的价格出现了背离。实际上在过去十年中，天然气价格约为石油价格的一半，但在2009年年中时该比率仅为1/4。

在欧洲，“天然气泡沫”出现的时机正是管道天然气（主要来自俄罗斯）和液化天然气之间的竞争愈演愈烈之时。由于国际市场供应过剩，液化天然气在欧洲市场的价格大大降低；而管道天然气价格则相对较高，因为它是以长期合同形式销售，且价格与石油价格挂钩。另外，管道天然气和液化天然气具有相同的用途，它们的购买者是相同的。因此出现在两者之间的巨大价差使管道天然气供应商不得不在长期合同条款上做出妥协。例如，俄罗斯天然气公司打算允许天然气买方调低购买量，即放宽“照付不议条款”①，

① 译者：“照付不议”合同是随着天然气工业的发展而产生并逐渐完善的，已经成为目前天然气交易的流行方式。天然气开发项目投资多、风险大，有必要通过合同来降低项目开发的风险。依照这种合同，上游承担资源开发风险，下游承担市场开发风险，上下游通过合同约束实现风险共担、利益共享，这种风险约束成为从生产、运输到销售整个产业链中不可缺少的一环。一般而言，天然气照付不议的合同期限比较长，多为二三十年的比较长期的合同。

同时，俄罗斯天然气公司计划将天然气长期合同价格与天然气现货价格“部分挂钩”。而天然气过剩的另一个后果是，像阿尔及利亚这样的国家无法出口其生产的所有天然气，因此阿尔及利亚允许买方行使“有限交付”的权利，这就将使得阿尔及利亚的天然气出口收入下降，进而使该国在天然气领域的投资下降。

“天然气泡沫”正在改变世界天然气行业，天然气长期合同逐渐被抛弃，而天然气现货交易正在获得长足的发展。但我们现在还无法确定，这种新趋势可否长期持续下去，如果答案是肯定的，今天的天然气现货市场的交易规则将成为世界天然气交易的新摹本。

欧洲管道天然气供应大战

2008年，西欧地区（欧盟加上挪威、瑞士、前南斯拉夫和土耳其）的天然气总消费量为5 340亿立方，比上年增长了2.1%，占全球总消费量的17.7%。西欧的天然气自给率达到了55%。尽管荷兰和挪威的产量仍在增加，但西欧的天然气自给率将逐步下降。前苏联国家拥有全世界31%的天然气储量，2008年产量为7 940亿立方，其消费6 100亿立方，出口1 840亿立方。考虑到欧洲与这些国家地理上的临近，因此二者之间具有很强的互补性。但是，这两方都希望让对方对自己产生依赖。

为了改善天然气市场的状况，西欧国家从两方面采取了措施。首先，增强整个欧洲市场天然气的竞争，使天然气价格进一步降低。其次，拓宽供应渠道，使天然气供应商多元化，以此减少各供应商的重要性，从而削弱供方潜在的议价能力。然而，尽管大多数欧洲国家采用了这些战略，但距欧盟采取统一的“天然气政策”仍有距离。

京特·厄廷格（Gunter Oettinger），欧盟委员会的新任能源委员已经承认了这一点。他将改革的矛头指向天然气合同中一些特定的商业条款（特别是目的地条款，规定买方不能将购入的天然气在他国销售）和价格体系（天然气价格差异，它出现在例如法国和德国，在这两个国家内天然气的价格依据地区不同而存在差异）以及跨境运输基础设施的不完善。目前，欧洲国家之间只有两条相互连接的天然气管道：一条是连接英国巴克顿（Bacton）和比利时泽布勒赫（Zeebrugge）的天然气管线，这是第一条连接英国和欧洲大陆的天然气管线，年输送能力为250亿立方；另一条是连接英国和荷兰的Balgzand-Bacton（BBL）天然气管道，年输气能力150亿立方。2009年4月颁布的欧洲经济复苏计划中的能源部分包含促进天然气运输的基础设施建设的投资，此举意在解决欧洲天然气供应的安全问题。而新的斯堪的纳维亚－波罗的海天然气管线（Skanled-Baltic）很快将连接起波兰、丹麦和瑞典。如果希望将有效竞争引入欧洲大陆的天然气市场，那么，这样的管道建设是必须的。

天然气市场的一个突破出现在德国。2009年10月1日，德国将其国内天然气的枢纽（hub）的数量减少至3个，从而加快引入市场竞争（高热量的天然气）和扩展国内天然气市场。但是，在欧盟内主要国家的天然气市场依然相对独立。各国的采购政策主要建立在各国国内市场的基础上，且由各国的公共企业主导。因此，由这些国家之间的主要天然气枢纽交换的天然气依然有限，其中最重要的是英国和比利时之间的“国家平衡枢纽”（NBP），荷兰的TTF枢纽，比利时的泽布勒赫（Zeebrugge）枢纽，德国的EGT和BEB枢纽，法国的PEG枢纽，

2010 年欧洲天然气管道

单位：10 亿立方米（Gm^3）/年

名称	起点	终点	运输能力	状态
绿溪（Greenstream）管道	利比亚	意大利	8	运营中
跨地中海管道（Enrico Mattei）	阿尔及利亚	意大利	30	运营中
马格里布－欧洲天然气管道（PDFG）	阿尔及利亚	西班牙	8.6	运营中
Medgaz 管道	阿尔及利亚	西班牙	8	2009 年起运营
Galsi 管道	阿尔及利亚	意大利	8	2012 年计划运营
跨撒哈拉天然气管道	尼日利亚	阿尔及利亚－南欧	30	2015 年计划运营（?）
Fraternité 管道	俄罗斯（亚马尔）	白俄罗斯－波兰	33	运营中
Fraternité 管道	俄罗斯（亚马尔）	乌克兰－奥地利	130	运营中
蓝溪（Blue Stream）管道	俄罗斯（黑海）	土耳其	16	运营中
北溪（Nord Stream）管道	俄罗斯（什托克曼）	德国	55	2011 年计划运营
南溪（South Stream）管道	俄罗斯－里海	土耳其－意大利	63	2015 年计划运营
纳布科（Nabucco）	中亚－伊朗－伊拉克（?）	土耳其－奥地利	31	2014 年计划运营（?）

意大利的 PSV 枢纽以及奥地利的鲍姆加滕（Baumgarten）枢纽。2008 年，英－比的 NBP 枢纽的天然气输送量为 670 亿立方，其他枢纽为 700 亿立方。这些交易量占了整个欧盟天然气消费量的 1/4。

2008 年来自西欧地区以外的天然气进口量为 2 720 亿立方，这主要来自俄罗斯（进口量为 1 540 亿立方，占总进口的 57%）和阿尔及利亚（进口量为 550 亿立方，占 20%）。为了使天然气供应多样化，已经有几个欧盟国家建立了液化天然气再气化的项目：2009 年，位于英国威尔士的南胡克地区（South Hook）的工厂开始运营，年产能为 210 亿立方。还有意大利的位于亚得里亚海（Adriatic Sea）海岸的加工厂，年产能为 80 亿立方；法国 Fos-Cavaou 的天然气接收终端，产能为 82 亿立方。而进口液化天然气主要来自卡塔尔。2009 年欧洲液化天然气进口增长了 18%。

然而，大多数天然气进口仍然是通过天然气管道。Medgaz 天然气管道于 2009 年晚些时候投入使用，它连接了阿尔及利亚和西班牙，天然气年输送能力为 80 亿立方。为了进一步发展天然气进口，欧洲已经计划铺设三条新的天然气管道：北溪（North Stream）、南溪（South Stream）和纳布科（Nabucco）。

2010 年 2 月，北溪天然气管道项目获得了斯堪的纳维亚国家的支持，扫除了最后的障碍。自 2011 年底起，北溪天然气管道将输送 550 亿立方的俄罗斯天然气（源自什托克曼，Chtokman）至德国。俄罗斯天然气工业公司和德国 E. On 公司联合主导了该项目，2009 年法国电力公司（EDF）也加入了该项目。南溪天然气管道项目的进展相对要落后些，由俄罗斯天然气工业公司和意大利埃尼公司（ENI）主导。它可能将于 2015 年起投入使用，届时将从里海输送 630 亿立方天然气至意大利。

纳布科天然气项目的主要问题是天然气

“天然气革命”

2010年初，关于“天然气战争”、“俄罗斯对乌克兰关闭天然气”，以及“欧洲被挟持”等报道铺天盖地。2009年11月19日在雅尔塔举行的会议上，俄罗斯和乌克兰总理进行了会晤，但普京和季莫申科似乎并未达成和解，由于乌克兰总统大选在即，使双方关于天然气的会谈的政治氛围更浓。与此同时，世界天然气市场正在进行一次深刻的变革。

迄今为止，世界天然气市场一分为三，由于运输的限制（路地管线、短距离水下管线、使用液化天然气技术的船运），世界天然气市场可分为三个相对独立的市场：北美地区的天然气市场“自成一章”而独立于其他市场；西欧地区则越来越依赖于来自其东部和南部的天然气管道输送；北亚地区则主要以液化天然气的形式进口天然气。而液化天然气似乎将拥有一个自属的“伟大时代”：在欧洲，随着新的天然气终端的启动，欧洲似乎看到了减少对“亲爱的俄国朋友”的天然气依赖的可能性。然而，美国市场却是另一番景象，虽然天然气在美国的能源消费中占据了关键位置，但北美地区的传统天然气储备已接近枯竭。美国市场的天然气是在纽约商品期货交易所（NYMEX）交易的（欧洲和美国市场的天然气价格是互相独立的，因此，天然气不存在“世界价格”）。2006年冬天，寒冷的天气凸显了美国天然气供给不足，美国的天然气价格比原油提前达到相当于100美元/桶的原油价格。因此，美国需要增加液化天然气的进口，而这将对世界天然气市场产生重大影响。

然而自2007年对非传统天然气资源开发以来，尤其是利用水平加压水力的分离技术开采页岩气（赋存于片状岩石中的天然气）使美国天然气市场发生了重大转变。美国的德克萨斯州沃思堡盆地巴纳特（Barnett）是美国开发的第一个页岩气田，其刚好在德克萨斯州沃思堡机场下方。而世界天然气市场也因此发生了重大改变。

非传统天然气的开采对美国能源市场已经产生了相当大的影响：美国的天然气生产，尤其是天然气探明储量大幅增长；而利用天然气进行发电再次盛行；同时这也改变了世界能源地理，从此在宾夕法尼亚、纽约州和加拿大的不列颠哥伦比亚省或欧洲的波兰均发现了非传统天然气。由此导致的直接结果是2009年美国天然气价格出现了崩溃。在2009年9月至11月底，天然气的交易价格仍然仅为15～20美元/桶（原油价格当量），而石油价格已从30美元/桶上升至80美元/桶；而在冬季来临之际，天然气价格也没有超过40美元/桶，只有原油价格的一半左右。然而，北美天然气市场变革产生的影响不仅局限于美国市场，由于美国不再需要进口大量液化天然气，因此，像卡塔尔这样投入巨资进行天然气生产与加工的国家很可能将会面临产能过剩的风险。而产能过剩已经给液化天然气现货市场价格带来了巨大压力，当然，欧洲和亚洲的天然气进口国将从中受益。最终，这种变革还将对天然气的长期价格合同谈判产生重要影响，这意味着在雅尔塔会议中的俄罗斯和乌克兰的力量对比或者会发生改变。而欧洲作为天然气消费者可能会以大约70美元/桶的价格向俄罗斯天然气工业股份公司购买天然气。而最小的危机都会鼓励这些天然气消费者寻求更为便宜的天然气供应。总而言之，普京先生或将更友好地对待季莫申科女士①，技术进步就是这样来改变全球地缘政治平衡！

① 译者：2009年11月19日，乌克兰总理季莫申科和俄罗斯总理普京在乌南部城市雅尔塔举行会谈，双方同意修改2009初签署的天然气协议中的一些条款。俄方已同意不对乌方今年购气数量不足采用制裁条款。而乌方则将一如既往地及时向俄支付购买天然气的款项，并认真履行过境输气的义务。

供应的不确定。对于欧洲来说，减少对俄罗斯天然气依赖的办法就是新建一条天然气管道，这将有助于欧洲避免再次成为类似于2009年初的“俄罗斯和乌克兰的天然气纠纷”的“人质”。那时连续13天，俄罗斯向欧洲的天然气供应削减了80%。事实上，乌克兰和俄罗斯随后达成了一项协议，乌克兰同意支付更高的天然气价格：由2008年的180美元/千立方上升到2009年的360美元/千立方，相当于从5美元/MBTU涨至10美元/MBTU。而欧洲也同意支付100%的净回值价格，亦称为倒算净价格（netback），而且将天然气价格与石油挂钩。另一方面，乌克兰获得了更高的过境特权使用费，从1.70美元/千立方/100公里调高至2.50美元/千立方/100公里。此外，乌克兰和俄罗斯还签署了一项长达10年的天然气购买合同。然而，乌克兰天然气公司Naftogaz需要向俄罗斯天然气工业公司偿还6.2亿美元的债务问题，却没能解决。因此俄－乌之间的协议可能非常脆弱，8月份俄罗斯总理普京同意放宽乌克兰使用过境的俄罗斯天然气数量。但两国之间的矛盾并没有完全解决。

纳布科天然气管道项目关乎俄罗斯和欧洲的天然气战略，两者都试图维持对方对自己的依赖性。在已经决定放弃该项目之后，2009年欧盟又改变了主意，并承诺为此提供2亿欧元的财政支持（该项目的总投资可能将达到79亿欧元）。参与此项目的有奥地利OMV公司，德国莱茵集团（RWE），匈牙利MOL公司，保加利亚Bulgargaz公司，罗马尼亚Transgaz公司和土耳其Botas公司。这实际上也是该项目非常大的弱点之一，即该项目只包括了纳布科管道过境的国家，却没有天然气生产国参与其中。因此，该项目中的天然气供应问题是最重要的问题之一。天然气的供给究竟将源自何处？伊朗？在短期这是不太可能的。伊拉克？这是可能的。达那天然气公司（Dana Gas）和阿联酋新月石油公司（Crescent Petroleum）计划从伊拉克的库尔德地区每年供应150亿立方的天然气。但是巴格达政府对此表示反对，因为此举会助长库尔德地区的独立势力。天然气供应或许来自阿塞拜疆？这种可能性是存在的，因为阿塞拜疆的Shah Deniz气田有庞大的天然气储量，能为欧洲提供70亿立方/年的天然气供应。然而，问题依然存在。阿塞拜疆对久拖不决的天然气管道建设计划已经不耐烦了，他们开始怀疑纳布科项目是否可以落实。因此该项目如果继续推迟建设，阿塞拜疆有可能将天然气出口到俄罗斯和伊朗。乌兹别克斯坦（2008年出口了130亿立方天然气）和哈萨克斯坦（2008年出口了90亿立方）则已经将天然气出口划给了纳布科的竞争项目——南溪天然气管道项目。目前，这两个国家的天然气流向了俄罗斯，且Medvezie、Yamburg、Urengoi这三块天然气田正在枯竭。同时，还有出口到中国的天然气，这大约有50亿立方/年。

这样看来，可能的天然气供应来源就只剩下土库曼斯坦了。土库曼斯坦的南约罗坦－奥斯曼气田（Nanyueluotan-Ottoman）拥有丰富的天然气，储量约有4万亿～14万亿立方。为了避免土库曼斯坦被“纳布科”方案利诱，俄罗斯以高价购买其85%的天然气产量。然而，由于一桩离奇的故障（恰巧的是，当时由于俄罗斯国内和欧洲需求下降，俄罗斯天然气工业公司的天然气产能出现过剩），2009年4月土库曼斯坦通往俄罗斯的天然气管道被迫关闭，此前该管道的年输送量为300亿立方。该管道于同年12月重新开放。这类事件也证明了土库曼斯坦不希望只依赖俄罗斯市场。因此，它与中国签署了一项协议，从2012年开始通过管道向

2008 年世界主要天然气净出口

单位：10 亿立方米

国家（地区）\指标	天然气管道出口	液化天然气出口	2008 年/2007 年总出口量比率	2008 年/1998 年年平均比率
俄罗斯	154.41	—	+4.7	+2.5
加拿大	103.20	—	-3.8	+1.7
挪威	92.78	2.19	+10.4	+8.3
阿尔及利亚	37.50	21.87	+1.1	+1.3
荷兰	55.00	—	+9.9	+4.2
印度尼西亚	6.65	26.85	+1.1	-7.2
卡塔尔	17.10	39.68	+47.6	+28.0
马来西亚	1.78	29.79	-1.7	+4.2
澳大利亚	—	20.24	0.0	+7.4
尼日利亚	—	20.54	-2.9	—
特立尼达和多巴哥		17.36	-4.4	—
世界出口总量	**587.26**	**226.51**	**+4.9**	**+6.2**

资料来源：英国石油公司（BP），《世界能源统计年鉴》（Statistical Review of World Energy），2009 年 6 月。

中国输送 400 亿立方天然气。同时还新建了一条通往伊朗的管道，即在原先的天然气管道基础上建立了“双管线”，出口运送能力将达 140 亿立方/年。如果土库曼斯坦切实履行允诺给俄罗斯、中国和伊朗的出口，再加上其国内约 190 亿立方的天然气年消费量，可留给欧洲的出口量就不多了（2008 年土库曼斯坦年产天然气 660 亿立方）。

由此说明，欧洲正在努力填充纳布科项目的天然气供应来源。但是，我们不能忘记俄罗斯对欧洲天然气市场出口的严重依赖，因为天然气出口所得是俄罗斯庞大的天然气投资的主要资金来源。俄罗斯天然气工业公司大约需要 6 000 亿美元，以资助其 4 个重大项目：南溪和北溪两条天然气管道，以及在亚马尔（Yamal）和什托克曼（Chtokmn）新气田的开发，其计划从 2012 年起将投入生产。另外为了回收俄罗斯大量正在喷发的天然气（500 亿立方/年），这方面的投资也是必须的。对于俄罗斯来说，这些投入也是至关重要的，因为俄罗斯天然气公司主要天然气储量的开采在西伯利亚，天然气产量正在下降。然而，对于俄罗斯来说，西欧可能是其唯一主要的且有支付能力的用户。俄罗斯国内的天然气销售量在下降（2009 年下降了 5%），且几乎只能以贴近成本的价格出售。尽管出口天然气给那些前苏联国家更有利可图，但是这些国家的支付能力不足。俄罗斯萨哈林 2 号液化天然气厂的建成（译者注：该工厂位于邻近日本的萨哈林岛，所产液化天然气主要供应日本），意味着俄罗斯天然气可以通过船只运抵日本，这使得俄罗斯寻求更遥远地区的客户成为了可能。萨哈林 1 号液化天然气厂由于无法找到天然气供应来源而无法运行。事实上，俄罗斯天然气工业公司似乎面临着液化天然气技术方面的难题，无论因何原因，它以液化天然气形

2008 年世界天然气消费地区

单位：10 亿立方米

指标 地区	消费量	占世界消费的份额（%）	2008/2007 年 ± %	近 10 年平均 ± %
北美地区	824.4	27.6	+1.3	+0.9
南美地区	43.0	4.7	+3.5	+4.8
欧洲	534.3	17.7	+2.1	+2.2
苏联原属国家	609.6	20.1	-1.2	+1.7
中东原地区	327.1	10.8	+7.6	+6.5
非洲	94.9	3.1	+6.1	+6.7
亚太地区	485.3	16.0	+5.9	+6.6
世界消费总量	**3 018.7**	—	**+2.8**	**+2.9**

资料来源：英国石油公司（BP），《世界能源统计年鉴》（Statistical Review of World Energy），2009 年 6 月。

式出口的天然气总量较为有限。这些都使欧洲成为了其忠诚的、重要的，且具有偿债能力的客户（在这点上中国与俄罗斯的靠近也值得我们关注）。

伊朗天然气政策“360 度大转弯”

伊朗拥有世界 16% 的天然气储量，主要位于具有巨大储量的南帕尔斯气田（South Pars），它于 1993 年被发现。尽管如此 2008 年伊朗只生产了 1 160 亿立方的天然气，仅占全球天然气总供应量的 4%。2008 年伊朗是天然气净进口国家，进口主要来自土库曼斯坦。伊朗坐拥其庞大的储量却是天然气进口国，这简直令人难以置信。在 2008 年，内贾德总统似乎倾向于开放本国天然气市场，许多与此相关的生产协议获得通过。而美国奥巴马的上任曾让人觉得伊朗的这类开放最终将有可能成为现实。然而，2009 年形势出现了急剧逆转，可能是由于西方对伊朗铀浓缩计划的强硬态度或者伊朗国内政治动荡使得该国政府需要团结国内以对抗外国，总之伊朗之前的天然气生产开放计划被终止了。

阿联酋新月石油公司（Crescent Petroleum）和伊朗政府就向阿联酋（沙迦）（charjah）出口天然气进行了谈判。2009 年 2 月，双方在出口量上未能达成一致，谈判破裂。巴林亦就进口伊朗天然气问题与伊朗进行了商谈，但由于伊朗政府认为巴林为伊朗的一个省，谈判就此终结。法国道达尔公司曾计划在伊朗建立液化天然气厂（南帕尔斯气田开发第 11 阶段）。2009 年 5 月，伊朗决定更换合作伙伴，表示更倾向与中石油（CNPC）合作，但鉴于中国石油公司在液化天然气方面经验较少，2009 年 10 月份伊朗恢复与道达尔谈判，该项目目前还未取得进展。壳牌和雷普索 - YPF 公司（Repsol）因为政治原因而退出之前在伊朗的天然气液化厂项目。印度预计通过巴基斯坦的管道从伊朗进口天然气。但伊朗将天然气价格提高 20% 的举动使双方谈判陷入僵局，致使印度与巴基斯坦的谈判也因此被搁置。其实 2003 年以来伊朗拥有一条出口到土耳其的天然气管道。但伊朗的天然气销售量从未超过60亿立方。伊朗唯一显著的成就是在2009年，伊朗帕尔斯原油公司（Petropars）完成了南帕尔斯开发的第9和第10阶段，使伊朗国内天然气供应增加了200亿立方。2008年伊朗的国内需求为1 180亿立方，同比增长3.8%。

鉴于当前的政治、经济和世界天然气市场的情况（天然气价格非常低廉），伊朗更愿意利用本土天然气来满足国内的能源需求，而释放出的更多的石油用于出口，而石油也可以作为对抗西方的经济武器。因此，如果欧洲希望用伊朗的天然气来填补纳布科项目的供应，这将可能是一个漫长的等待。

北美市场

2008年，美国、加拿大和墨西哥3个国家的天然气消费量为8 240亿立方，微涨1.3%，占全球天然气总需求量的27.6%。北美地区的天然气供需平衡得以改善——2008年该地区只进口了120亿立方。但是由于天然气价格太低，2009年加拿大开采天然气的钻井数量从300下降到了100，而美国的天然气钻井数量更是减少了一半，只剩700。虽然位于洛杉矶附近大洋韦（Ocean-Way）的一个重要液化天然气项目已被放弃，但美国其他地区如路易斯安那州的德萨宾帕斯（Sabine Pass）项目已经完成，该项目的液化天然气产能达400亿立方，这个全球最大的天然气终端于2009年中期建成，但在2009年并未接收任何液化天然气。2009年4月，马里兰州的科夫波恩特（Cove Point）的产能从80亿立方/年扩大到了180亿立方/年。在加拿大的新不伦瑞克省（Nouveau-Brunswick）正式启用了其100亿立方/年的卡纳波特港（Canaport）液化天然气接收站[①]。但是，当时液化天然气接受能力的利用率只有8%。实际上，2007年美国液化天然气进口为220亿立方，2008年骤降至100亿立方，2009年可能将小幅回升至130亿立方。其他新建的天然气基础设施包括在落基山脉的天然气管道（Rockies Express Pipeline）的最后阶段，该天然气管线在2009年12月抵达美国的俄亥俄州，年输送能力为180亿立方。

由于天然气生产可怜的经济回报率，2008年加拿大的天然气产量下降了5.1%。在2009年，天然气价格达到了低谷，9月份加拿大阿尔伯达省（Alberta）的AECO枢纽的天然气价格降至2.35美元/MBTU。因此，加拿大的天然气供应还将下降。

亚太市场

亚洲太平洋地区的天然气消费占全球总消费量的16%。2008年需求为4 850亿立方，强劲增长了5.9%。但产量增长相对较低，总产量达到4 110亿立方。亚洲太平洋地区的天然气市场，一共包括三大类型的国家：首先，是天然气大量消费和进口的国家，如日本，天然气年进口量为920亿立方，是继美国之后的世界第二大进口国；韩国年进口量为370亿立方。第二是天然气消费量庞大，但主要依靠本国天然气生产的国家，如中国、印度、巴基斯坦、泰国和越南。第三是天然气出口国，马来西亚是亚洲太平洋地区最大的出口国，之后依次为印度

① 译者：卡纳波特港接收站是加拿大第一个液化天然气接收站和再气化站，也是北美地区东海岸三十年来建立的第一个液化天然气接收站。Canaport接收站位于新布伦瑞克省的圣约翰市，它将向北美洲东南部的加拿大和美国市场供应天然气。

尼西亚、澳大利亚和文莱。亚洲太平洋地区利用非洲和中东的液化天然气现货满足了国内需求的缺口。该地区的天然气进口中有90%是液化天然气。2009年印度尼西亚和澳大利亚扩大了天然气出口能力，印度尼西亚在东固（Tangguh）开设了一家年产能为100亿立方的天然气液化厂，在澳大利亚西北大陆架投产了天然气液化的第五条生产线，年加工能力为58亿立方。

值得注意的是，中国现在已经是一个天然气消费大国，年消费量为810亿立方。逐年来中国的天然气消费需求强劲增长，2008年增幅为15.8%，国内760亿立方的年产量几乎能够满足其自身需求（但这一情况将会随着中国能源消费增加而改变）。中国已开始建设第三条横贯东西的天然气管道，全长8 000公里，终端抵达上海。这条管线也是土库曼斯坦—中国天然气管线的延伸，2009年天然气接收量为300亿立方。但是全部管线在2012年之前可能不会投入运营。中国在建的另一条重要进口天然气的管线是从缅甸到中国的云南省。2009年，中海油在上海启动了第三套液化天然气再气化装置。

非洲和中东市场

非洲和中东的天然气消费量相当于全球的14%，为4 220亿立方，需求量的年增长率为7.5%。2008年该地区出口天然气1 740亿立方，60%是以液化天然气的形式出口，主要出口对象是欧洲、亚洲，以及少部分出口至美洲。非洲和中东地区拥有全球49%的天然气储量，这些储量主要集中在卡塔尔（14%）和伊朗（16%）。这两个国家拥有一个地质上连为一体的气田：卡塔尔的北方气田和伊朗的南帕尔斯气田。

此外，在埃及和阿尔及利亚依然发现新的天然气储量。而沙特阿拉伯已经开始投入天然气田的勘探，并且颇有希望。2009年，以色列在塔马尔（Tamar）、达利特（Dalit）发现了新气田，但是储量均不大。[①]

卡塔尔已经设立了3个巨型天然气液化生产线——卡塔尔天然气公司（Qatargas）的4号和5号生产线，以及拉斯拉凡液化天然气公司（Rasgas）的6号生产线，年生产力共为320亿立方。2009年6月，也门共和国在拜勒哈夫（Balhaf）开设了液化天然气厂后，就成为了天然气出口国。另外需要注意的是，科威特在米纳艾哈迈迪（Mina al Ahmadi）开设了液化天然气再气化工厂，年产能为50亿立方。鉴于天然气市场当时的特殊情况，最先到达的三批液化天然气货源并未按原定计划从与其相邻的卡塔尔进口，而是来自阿曼、澳大利亚甚至俄罗斯的萨哈林2号项目（Sakhalin－2）。

天然气生产国的国内天然气消费随着运输和输送的基础设施的改善而逐步增长。特别是两个主要的天然气网络在2009年进行了扩张：一是从埃及出发的天然气管道，穿越约旦和叙利亚，最后抵达黎巴嫩；二是Dolfin能源项目，将卡塔尔的天然气输往阿联酋（2009年管线已经抵达富查伊拉港）。

在尼日利亚运行的6条液化天然气生产线产能为300亿立方，但是在2008年和2009年这些产能未能充分利用。由于当时的政治动荡，尼日利亚政府的液化天然气厂扩建计划被迫停止。在这个广阔的黑非洲英语国家正在开发两个重大项目：第一个项目名为“大计划”（masterplan），即开发一个混有石油的天然气全国输送网络，这些天然

① 译者注：合资公司计划在2012年前完成这两个气田的开发，估计将需要20亿~30亿美元的投资。

气在之前仍被直接燃烧；第二个项目是穿越撒哈拉的天然气管线，年输送能力为300亿立方。该项目将于2015年将天然气运抵阿尔及利亚，随后运往欧洲。

加勒比和南美市场

加勒比和南美地区的天然气消费占全球总消费量的4.7%，需求增长3.5%。在加勒比地区，特立尼达和多巴哥是传统的天然气出口国，主要是其大西洋天然气液化厂（该厂拥有4条液化天然气生产线，总产能210亿立方）将天然气出口到美国。然而，由于2008年和2009年美国的液化天然气进口量急剧萎缩，特立尼达开始以现货的方式进行天然气贸易，并将部分天然气出口至欧洲（西班牙）和亚洲。

委内瑞拉拥有世界2.6%的天然气储量，但其产量却相当小，2008年仅为280亿立方，仅占世界总产量的1%。委内瑞拉在天然气产能开发方面，似乎缺少技术以及经济支持。目前，该国3条液化天然气生产线的建设计划推迟到2013年。玻利维亚的天然气产量将有大幅度提高，但其类似于伊朗和委内瑞拉，希望把天然气作为该国的地缘政治武器。

传统上，南半球国家的天然气由阿根廷来提供。但是阿根廷的天然气生产和出口均出现了下降，因此，这些国家的天然气进口转向了玻利维亚。然而由于这些国家与玻利维亚总统莫拉莱斯（Morales）的关系颇为复杂，因而正在寻找其他的天然气供应商。巴西开始进口液化天然气，其拥有两家于2008年建成的再气化厂。智力的天然气消费很少，2009年在坤脱罗（Quintero）开启了一座再气化终端，目前产能只有1亿立方。该终端在圣地亚哥附近，这将有助于智力减少对阿根廷天然气进口的依赖。

巴西目前正在重新审视其天然气政策，因为2007年巴西发现了图皮（Tupi）和Mexilhao油田，这大大增加了巴西的天然气储量。

液化天然气

2009 年全球的天然气需求出现下降，其中欧洲和美国分别下降 7% 和 1%，而全球液化天然气（LNG）进口却创下了 5% 的平均增幅，达到 2 490 亿立方（Bcm）。2009 年初液化天然气进口处在下降状态，但自 2009 年 7 月，液化天然气进口出现了平均 12% 的增长。

2009 年美洲的液化天然气进口增长量最为显著，比 2008 年平均增长 38%。这一增速很大程度上是由于占美洲大陆液化天然气进口份额最大的美国的进口增长，而美国在 2008 年的进口表现太过疲弱。另外，包括巴西的佩森接收终端（pecem terminals）和里约热内卢终端、加拿大的卡纳波特港接收终端（canaport terminal）、智力的金特罗（terminals at Quintero）和安托法加斯塔接收终端（antofagasta）等新兴进口国家的出现，均使美洲的液化天然气进口大幅增长。而美国的液化天然气进口在全球的份额正在逐渐下降——2009 年美洲液化天然气进口总量为 210 亿立方，其中美国的进口为 130 亿立方，占其中的 62%（2009 年下半年占比为 52%），而 2008 年这一比率为 65%。

欧洲液化天然气进口同样取得了平均 23% 的高增长，总量达 710 亿立方。2009 年 7 月份以来，表现尤为强劲，平均增长 38%，这主要是由于卡塔尔运往欧洲的液化天然气在 2009 年平均上升了 131%，达 190 亿立方。卡塔尔液化天然气在欧洲液化天然气市场所占的份额几乎翻了一番，从 2008 年的 14% 上升到了 2009 年的 26%。

卡塔尔新增产的大部分液化天然气运往了于 2009 年 4 月投入使用的英国南克胡接收终端（South Hook terminal），这是卡塔尔天然气公司二期项目（Qatargas 2）的主要目标市场。该项目由两条年生产能力均为 108 亿立方的液化天然气生产线组成。2009 年 6 月，T4 生产线首先投入使用。同年 7 月，英国另一个年加工能力达 60 亿立方的天然气接收终端——Dragon terminal 也投入使用，它的液化天然气供应主要来自特立尼达和多巴哥。

意大利是卡塔尔天然气的又一个重要目标市场。卡塔尔拉斯拉凡液化天然气公司二期项目（Rasgas 2）生产的液化天然气被输往位于意大利的一个新接收终端——Porto Levante，该终端属于亚得里亚海液化天然气公司（80 亿立方/年）。

亚洲是唯一一个液化天然气进口出现下降的地区（美洲、欧洲、亚洲是世界三大液化天然气进口地区），2009 年降至 1 570 亿立方，降幅为 4%。这一下降主要出现在 2009 年 1～7 月，平均降幅为 8%；8 月和 9 月则下滑了 1%，而在最后一个季度则取得了平均 5% 的增长。

另外，按国家的液化天然气进口量划分：日本下降 7%，至 881.9 亿立方；韩国

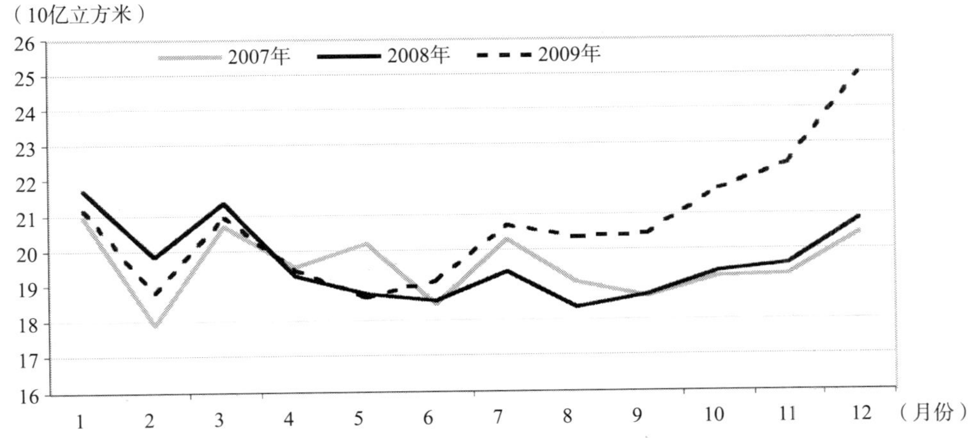

世界 2007～2009 年液化天然气进口量

资料来源：Waterborne 液化天然气报告。

下降 11%，至 342.5 亿立方；中国台湾下降 2%，至 124.3 亿立方。另一方面，天然气市场出现了新买家，如印度和中国的进口分别增长了 10% 和 76%，进口量分别为 130.1 亿立方和 79.7 亿立方。在艾哈迈迪港接收终端（Mina Al-Ahmadi）投入使用后，科威特也加入了进口国行列，2009 年该港口的液化天然气进口量为 9 亿立方。

尽管全球的液化天然气进口量在不断增长，但仍然明显低于全球的天然气液化加工能力。后者从 2008 年的 2 760 亿立方增长至 2009 年底的 3 370 亿立方。2010 年液化天然气产能还将增加 426 亿立方。其中主要新增项目包括：

有了这些新增产能，全球液化天然气的“剩余储备率”（液化天然气最大产量/消费）

项目名称	地点	产能	投运时间
萨哈林 1 号生产线（Train T1 Sakhalin）	俄罗斯萨哈林岛	66 亿立方/年	2009 年 4 月
卡塔尔天然气公司 4 号生产线	卡塔尔	108 亿立方/年	2009 年 6 月
东固 1 号生产线（Train T1 Tangguh）	印度尼西亚	52 亿立方/年	2009 年 7 月
萨哈林 2 号生产线	俄罗斯萨哈林岛	66 亿立方/年	2009 年 7 月
拉斯拉凡液化天然气公司 6 号生产线	卡塔尔	108 亿立方/年	2009 年 8 月
东固 2 号生产线	印度尼西亚	52 亿立方/年	2009 年 10 月
卡塔尔天然气公司 5 号生产线	卡塔尔	108 亿立方/年	2009 年 10 月
也门液化天然气 1 号生产线（Train T1 Yemen LNG）	也门	46 亿立方/年	2009 年 11 月
拉斯拉凡液化天然气公司 7 号生产线	卡塔尔	108 亿立方/年	2010 年 3 月
也门液化天然气 2 号生产线	也门	46 亿立方/年	2010 年 5 月
秘鲁 Camisa 1 号生产线	秘鲁	58 亿立方/年	2010 年 6 月
拉斯拉凡液化天然气公司 6 号生产线	卡塔尔	108 亿立方/年	2010 年 7 月
卡塔尔天然气公司 7 号生产线	卡塔尔	108 亿立方/年	2010 年 10 月

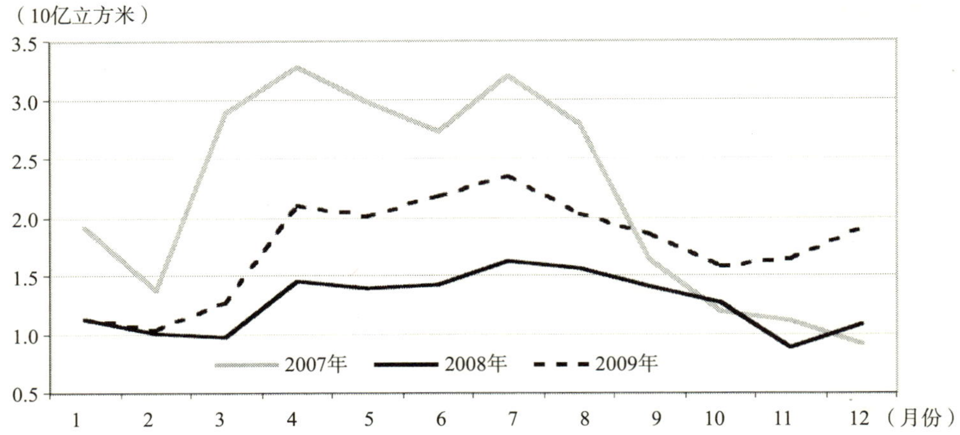

美国2007～2009年液化天然气进口量

资料来源：Waterborne液化天然气报告。

从2009年的25%上升到了2010年底的34%，远高于2008年的17%。

然而，也正是这些过剩产能，目前正在拖累着欧洲和美国的天然气价格，这在美国亨利港（Henry Hub）天然气市场交易价和英国天然气网的"国家平衡点"（NBP）表现尤为明显。同样，亚洲天然气现货交易价格也受到了压力。

液化天然气供应具有很大的灵活性，只要有一个再气化终端（同时需要符合一些特殊的技术条件），液化天然气就可以到达世界任何市场。这就使2009年天然气价格承受了很大的压力，并使天然气现货价格远低于与石油价格挂钩的天然气长期价格。

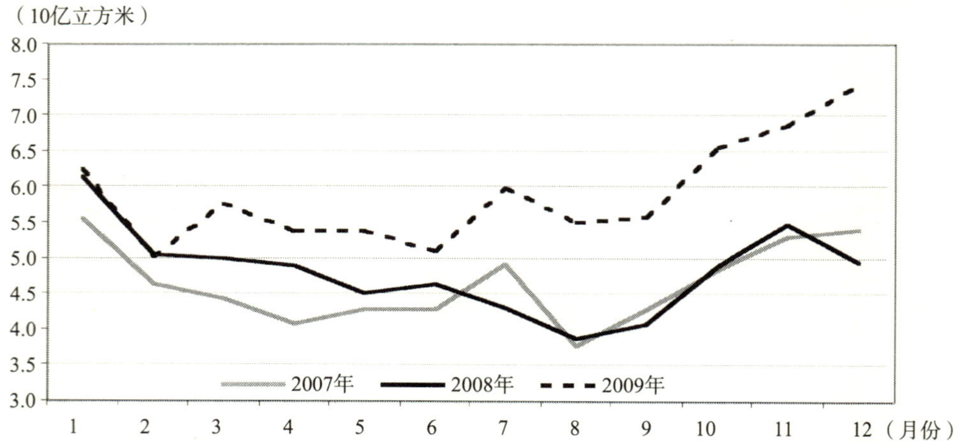

欧洲2007～2009年液化天然气进口量

资料来源：Waterborne液化天然气报告。

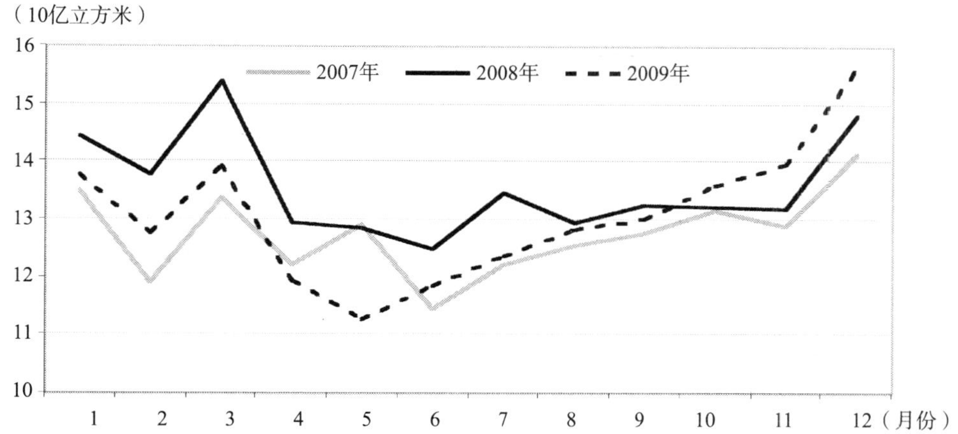

亚洲2007～2009年液化天然气进口量

资料来源：Waterborne液化天然气报告。

而管道天然气就没有这种灵活性，因为买卖双方的关系比较“僵化”。因此一旦需求急剧下降，买方就有较大的谈判余地，以确定管道天然气的接收量。尤其是当买方与卖方签订长期合同后（天然气买卖长期合同的签订是建设天然气管道的必要条件），此类谈判就更加简单了——买方可以凭借合同中天然气供应量的灵活性要求减少接收量。2009年在欧洲发生了类似情况：西欧国家减少了俄罗斯天然气的接收量——较合同中

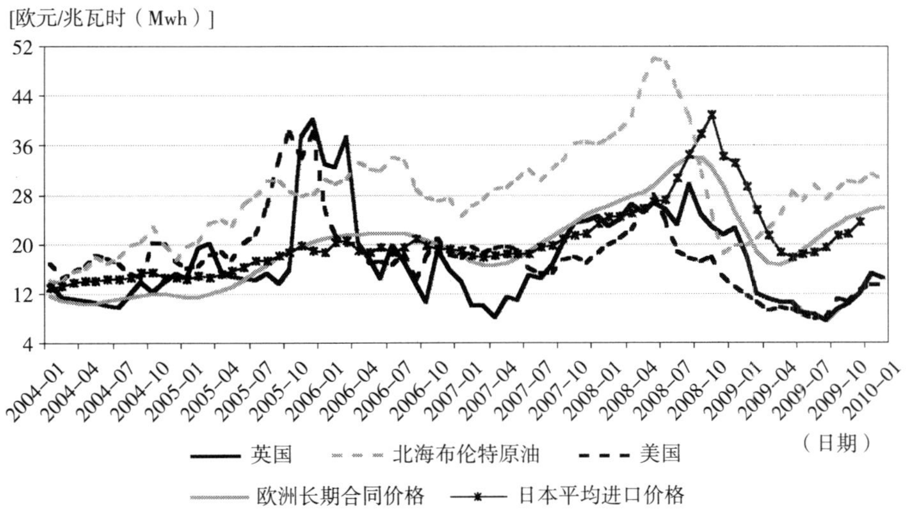

石油与各国天然气价格

资料来源：阿各斯报价（Argus）、普氏报价（Platts）、纽约商品交易所、日本经济产业省和Gaselys公司（Japan METI & Gaselys）。

能源

规定的接收量平均下降了 12%。

欧洲各天然气进口国（以及与此有关的其他采购商）购买液化天然气时没有与购买管道天然气一样大的灵活性。因为天然气进口国不可能与所有可以把液化天然气输送至本国特殊市场的生产商建立合同关系。另外，在需求不变的情况下，进口国签订的液化天然气合同都将有损于管道天然气生产商，后者将被迫减少其市场份额，或者与液化天然气生产商展开一场价格战。卡塔尔很少与欧洲液化天然气进口国签订长期合同，2009 年其主要是通过现货交易增加了其在欧洲市场的份额。这一战略主要是出于以下两个原因：首先，该国天然气液化加工能力提高；其次，卡塔尔主要目标市场——亚洲市场的需求下降，事实上，亚洲天然气衍生品市场还没有达到欧洲以及美国市场的规模，不能吸收多余的液化天然气供应。

液化天然气市场原先的平衡已被打破，特别是在饱受经济衰退影响的欧洲市场。欧洲液化天然气市场的变革是结构性的。卡塔尔希望取得与其全球第三的天然气储量（仅次于俄罗斯和伊朗）相匹配的国际天然气市场份额。伊朗或将很快也会展现类似的抱负，当然对此还有待观察，因为除了该国的国内问题之外，还将取决于原有的世界液化天然气供应商是否愿意为这个新进入者“腾地儿”。另外，这还将取决于未来几年世界天然气市场的格局：即，是通过价格战争争夺天然气市场份额，还是对有限的市场份额进行分配管理——比如组建天然气市场的“欧佩克”。

煤：中国腾飞之年

2009年中国拯救了世界吗？在世界煤炭市场的确如此。2009年，中国全年煤净进口量超过1亿吨，而同期欧洲和日本等主要煤炭进口国受到金融危机的严重影响，进口量急剧下滑，因此中国的大量进口有力地支撑了全球煤炭市场。印度也在其中扮演了重要的角色，但相比中国而言，还只是配角——印度的动力煤进口量增加了1 100万吨。另外，中国及印度煤炭进口量的增加加强了太平洋地区在世界煤炭市场中的主导地位，并继续维持对大西洋地区的优势。而从2008年10月开始，大西洋地区就因为用电量的减少以及钢铁行业的低迷，导致动力煤和炼焦煤进口量的大幅下滑。

与2008年创下的纪录相比，2009年煤的价格大幅下降。欧洲ARA（阿姆斯特丹/鹿特丹/安特卫普）市场动力煤到岸价下跌了52%，2009年的均价为70.5美元/吨，2008年是147美元/吨。2009年亚洲进口的动力煤均价是86美元/吨，而2008年是160美元/吨。尽管在这两个区域中煤价格的变化趋势是相同的，但应该注意的是欧洲与亚洲的煤价格之间的关联性较之前下降：尽管太平洋地区的煤炭仍继续对大西洋地区的煤炭价格产生巨大的影响，但是该价格越来越只反映本地区的煤炭供求基本面。

2009～2010年炼焦煤的合同价格经谈判后定为128美元/吨，与前一年300美元/吨相比出现大幅下降。即使煤炭生产企业对世界钢铁企业的大面积停产同样做出了削减产量的决定，但这也难以阻挡煤炭的价格下降。尽管如此，中国对炼焦煤的需求，再加上世界部分钢铁企业恢复生产，都引起了2010年初炼焦煤市场的供应紧张，2010年炼焦煤的现货价格为190～195美元/吨。

中国需求支撑国际煤炭贸易

2009年初，煤的国际贸易量下滑如期而至，尤其是炼焦煤。世界钢材的三大消费领域（建筑、汽车以及工业装备）的需求均出现明显下降，因此，全球的钢铁生产商陆续削减产能。2008年10月份，阿赛罗米塔尔钢铁公司（ArcelorMittal）宣布其将减产30%。随后全球的钢铁生产商都开始进行减产。总体来说，世界钢铁产能下降了近50%，而削减的产能随后又被延长以阻止钢价格的下降。因此，面对客户需求的减少，煤炭生产企业也开始相继减产。

当时对2009年的经济预测相当悲观，2009年初国际货币基金组织（IMF）预计全球经济的增长速度将会保持在低位，尤其是发达国家的经济情况持续不景气。很多关于

2008 年中国煤炭工业结构

指标 省别	产量（百万吨）	地区分布（占全国产量%）	国有煤矿（占本省产量%）	省级煤矿（占本省产量%）	乡镇煤矿（占本省产量%）
山西	637.4	23.5	53.6	17.3	29.1
内蒙古	465.1	17.1	46.2	3.1	50.7
河南	204.7	7.5	60.3	7.2	32.5
陕西	200.0	7.4	52.4	13.4	34.2
山东	134.5	5.0	71.0	27.9	1.1
贵州	118.0	4.3	19.3	2.8	77.9
安徽	117.7	4.3	74.0	22.4	3.6
黑龙江	96.8	3.6	56.8	14.5	28.7
云南	86.6	3.2	1.3	18.7	80.0
河北	85.3	3.1	81.0	6.8	12.2
四川	72.9	2.7	15.2	7.8	77.0
辽宁	58.7	2.2	82.0	2.0	16.0
新疆	58.2	2.1	45.4	15.3	39.3
其他	379.9	14.0	—	—	—
合计	**2 715.8**	**100.0**	—	—	—

世界经济衰退的幅度及持续时间的讨论也随之展开。对与经济活动高度相关的电力需求的预期亦下降，因此动力煤的需求也将相应减少。

事实上，2009 年全球煤炭贸易的总量还是达到了 9.27 亿吨，或者说与 2008 年相比仅下降了 1 500 万吨。其中，动力煤的交易量增长了 800 万吨达到 7.12 亿吨，炼焦煤的交易量则下降了 2 300 万吨。但如果从这些数据中剔除中国进口量的话，情况则会完全不同：全球煤炭贸易量将减少 8 700 万吨（炼焦煤减少 5 000 万吨，动力煤减少 3 700 万吨）。

中国政府的经济刺激计划（4 万亿人民币，约为 4 500 亿欧元）刺激了钢铁的消费。该经济刺激计划的重点在于大规模投资基础设施领域以及房地产领域。2009 年这些重要的“增长引擎”不仅让中国的经济增长超过 8.7%，更让中国的钢铁产量上升了约 13.5%。除此之外，中国政府继续执行其煤炭工业的整合政策，因此，一些最危险的小煤矿被关闭。

中国煤炭需求的增长促进了其国内煤炭价格的增长，因此使得中国的电力企业和钢铁企业将其能源需求转向了国际市场。这种趋势在 2009 年下半年尤其明显。中国煤炭的进口量总共增长了大约 1.26 亿吨，其中包括 3 500 万吨炼焦煤。与此同时，中国的煤炭出口量下降了 57% 至 2 200 万吨。

2009 年是不寻常的一年：煤炭市场以低迷和需求不振开始，但在供给紧张中结束。

炼焦煤市场：激荡的 2009 年

炼焦煤市场 2009 年的表现充满了矛盾。

2009年初，炼焦煤的需求非常疲软。钢材需求及钢材价格的大幅下滑使钢铁生产商重新调整生产策略。世界粗钢产量在2008年11月和12月急剧下滑（分别下跌19%、25%）之后，2009年第一季度继续下降。而钢铁生产商之前计划的于2009年1月~2月重启的产能也被延期，另外，即便是一些高炉得以重新启动，其产能也大大下降。

炼焦煤生产商面对需求的下降，被迫进行减产。2009年1月，计划上半年减产3000万吨。必和必拓宣布其在澳大利亚的煤炭产量将下降10%~15%。曾于2008年大幅增加煤炭出口的美国生产商们，也关闭了其生产成本最高的煤矿。经济学家因此预测炼焦煤的出口量将会大幅下降，减少1.96亿吨。

炼焦煤价格的谈判就是在这种背景下开始的，因此购买方轻易就获得大幅度的“折扣”。日本钢铁生产商希望价格能降到2007年的水平（96~98美元/吨）——2008年其支付的价格是300美元/吨。但是由于2008年和2009年谈判中涉及的吨位不同而使谈判变得非常复杂。最终在2009年3月时，必和必拓与日本钢铁（Nippon Steel）签署了硬炼焦煤（hard coking coal）的年度价格合同——即为年度基准价格，价格降低了57%，为129美元/吨。喷吹煤（PCI）的合同价格为90美元/吨（比2008年下降63%），半硬炼焦煤为82~83美元/吨（比2008年下降65%）。

2009年初，这种疲弱的市场状况一直在持续。2009年4月时，世界银行修改了对2009年的经济预测，认为全球经济会下降1.7%。阿赛洛米塔尔宣布他们在欧洲将继续执行减产（减产幅度50%），亚洲钢铁生产商们也争取了类似措施。

5月市场开始有所反弹。中国炼焦煤价格（180美元/吨）及加拿大炼焦煤现货价格（140美元/吨）之间的价差促使中国钢铁生产商增加进口，2008年共进口了690万吨炼焦煤。2009年的炼焦煤进口逐月稳步增长，5月进口了200万吨，6月进口了850万吨。中国巨大的进口量，再加上世界煤炭生产商的减产，煤炭市场在7月份开始紧张起来。印度钢铁厂商的需求几乎难以得到满足。澳大利亚的达尔林普尔湾港（Dalrymple Bay）拥挤繁忙的堵塞使煤炭市场2009年第二季度的短缺更加明显。这种状况在炼焦煤现货价格的上涨中得到了充分的体现，2009年8月的炼焦煤离岸价格达到了160美元/吨。

乐观情绪回归市场。世界钢铁协会（World Steel Association）修改了他们对全球钢铁需求的预测，认为2009年需求将会减少8.5%（而4月份预测需求会减少超过14%）。从8月开始，欧洲高炉逐渐恢复生产，同样情况也出现在日本、澳大利亚、俄罗斯以及智利。

2009年秋季，全球钢铁生产商都大举重启产能，再加上中国持续的巨量进口，使澳大利亚9月的炼焦煤现货价格推高至170美元/吨，10月及11月的价格更是增长至180美元/吨。到12月时，价格已经达到190美元/吨。

现货价格的变动引起了炼焦煤市场又一次变革。必和必拓要求其客户2010年4月1日起执行炼焦煤季度定价，而不是之前的年度价格。必和必拓已经在铁矿石上实行了这项新的“游戏规则”，它还希望将此推广到其他大宗商品上。而由Energy Publishing公司发起的昆士兰炼焦煤指数（Coking Coal Queensland Index，CCQ）和随后产生的美国汉普顿炼焦煤指数（Coking Coal Hampton

Roads Index ，CCH），使“炼焦煤金融市场”的产生成为可能——这用以满足投机资金以及金融交易员们参与炼焦煤市场。

2010～2011 税收年度的炼焦煤价格谈判将会十分艰难，亦会持续很长时间。大部分买家都对季度定价表示反对。另外，分析师也都对炼焦煤价格的预测上调为 190 美元/吨，而且美元对煤生产国货币的相对弱势也必须考虑进去。所有因素都支持炼焦煤价格上涨。

2010 年 1 月，美国 XCoal 煤炭公司与中国签署了一份协议，在 2010 年第一季度以 190 美元/吨的到岸价格向中国供应 370 万吨炼焦煤——因此，基本上确认了以季度定价作为国际炼焦煤新的定价方式。而必和必拓或将给予中国钢厂以下选择：

—— 炼焦煤的定价为：2010 年第二季度的价格为 200 美元/吨，澳大利亚离岸价；之后将参照日本 2010～2011 税收年度的合同价格

—— 炼焦煤的定价或为：2010 年第二季度的价格为 175 美元/吨；之后 2010～2011 年为季度性浮动价格。

该谈判结果将对世界所有钢铁生产商的炼焦煤购买价格起到风向标的作用。

国际动力煤贸易状况

单位：百万吨，%

年份 / 分布地区	2008	2009*	2010*	2010/2009
合计	**704.4**	**712.4**	**735.2**	**3.2**
出口				
澳大利亚	126.4	139.4	146.0	4.7
印度尼西亚	193.0	198.0	198.0	0.0
南非	61.3	63.0	65.0	3.2
哥伦比亚	73.6	70.0	74.0	5.7
中国	42.7	22.0	20.0	-9.1
美国	35.1	20.0	22.0	10.0
俄罗斯	85.8	90.0	94.0	4.4
世界其他地区	86.1	110.0	104.2	-5.3
进口				
日本	128.2	115.0	117.0	1.7
欧盟 27 国	184.6	173.9	174.8	0.5
中国	35.4	80.0	80.0	0.0
韩国	75.5	83.0	85.0	2.4
印度	34.0	45.0	50.0	11.1
马来西亚	16.6	16.0	16.5	3.1
中国台湾	60.3	55.0	58.0	5.5
亚洲其他地区	37.9	32.6	33.5	2.8
欧洲其他地区	37.9	29.2	33.2	13.7
世界其他地区	93.5	82.7	87.2	5.4

注：* 为预测值。
资料来源：澳大利亚农业资源经济局（Abare）。

动力煤市场：相对平静的一年

2009 年动力煤市场的需求与电力需求是高度相关的。后者亦受金融危机的影响，因此导致了对动力煤需求的下降，但程度较炼焦煤而言轻得多。而 2009 年初电力需求的上升（因寒冷的天气）也缓冲了因世界经济下滑而产生的对动力煤需求的下降。

但是应该将太平洋地区和大西洋地区进行区分：太平洋地区受经济危机的影响相对较小，其电力需求下降相对有限。该地区对动力煤的需求在 2009 年出现增长。与此相反，大西洋地区受经济危机以及更严格的环保条例的影响巨大。这尤其体现在欧洲，电力需求的下滑，加上欧委会希望在 2013 年 1 月 1 日引入二氧化碳排放定额，由此导致对新的燃煤发电厂的投资计划被取消或延迟。

因此在 2009 年，欧洲和亚洲的动力煤价格出现“脱钩”。尽管动力煤价格趋势保持不变——与 2008 年相比则大幅下跌——但是在亚洲的价格比欧洲平均高出 16 美元/吨。

太平洋地区：动力煤市场的发动机

2009年，太平洋地区对动力煤的需求显著增长。但是经济危机对亚洲国家的影响不尽相同。日本，这个世界第一的动力煤进口国，其动力煤进口量下跌至1.15亿吨。而对中国和印度这样的新型经济体来说，情况则完全相反。在2009年，它们是动力煤市场的驱动者——2009年中国动力煤的进口量超过8 000万吨，印度也达到4 500万吨。在两年前中国煤炭工业协会（CNCA）表示，2010年中国的动力煤进口量将会达到1.5亿吨，当时所有人都在猜测中国这种巨量需求背后的原因是什么？答案在2009年浮出水面：中国其实并没有出现煤供给短缺的状况，2009年其产量还增长了12.7%。同时中国国内对本国的产能过剩及经济过热和投机泡沫的担心不绝于耳。但之后为什么2009年中国能在国际煤炭市场中如此活跃呢？主要原因是中国国内的煤炭价格高于国际价格，尤其是与澳大利亚的动力煤相比。因此，中国的电力生产商更愿意在国际市场上购买动力煤，这尤其体现在中国的东南地区。但是中国进口的这些煤是从哪里来的呢？事实上，在2008年世界动力煤市场紧张时，这的确是个棘手的问题。但在2009年，因为其他国家的电力公司动力煤需求降低，因此中国进口商在获取动力煤供应方面没有太多困难。其中来自澳大利亚、印度尼西亚以及越南的动力煤供应相当充足。

2009年3月，日本经济产业省（METI）预测日本动力煤的需求会减少5.4%。同期，日本的电力公司（JPU）与澳大利亚动力煤生产商签署了年度合同。日本中部电力公司（Chubu Electric）第一个签署合同，于3月中旬与斯特拉塔和力拓分别签署了合同，价格在69～72美元/吨之间，与2008年125美元/吨相比下跌了43%。而亚洲的

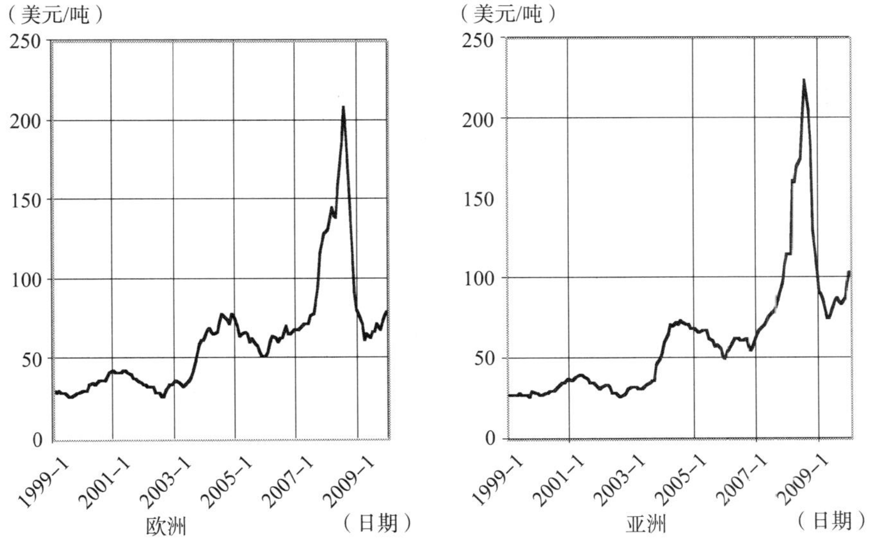

动力煤价格

资料来源：国际煤炭导报（ICR）。

动力煤现货价格也保持在其合同价格水平，2009 年 3 ~4 月，动力煤价格下降了 10 美元，达到 75 美元/吨。而下跌的势头仍在持续：5 月初，力拓签署了 68 美元/吨（离岸价）的动力煤合同。

随着夏季的来临，亚洲的动力煤价格平均上涨了 10 美元/吨。中国动力煤进口量达到 8 000 万吨，增长 126%。而中国在 2008 年还是煤炭的净出口国，在 2009 年已经是仅次于日本和韩国的世界第三大动力煤进口国。动力煤价格在 9 月份出现轻微调整之后，亚洲的动力煤价格继续上升。2009 年冬季初始，中国的暴风雪导致动力煤市场再次紧张。12 月动力煤均价达到了 103.7 美元/吨。因此，欧洲与亚洲的动力煤差价超过 20 美元/吨。

2010 ~2011 年的动力煤供应谈判已经开始。在澳大利亚，动力煤价格已经达到高点（2010 年 1 月 18 日的离岸价格为 97.7 美元/吨），澳大利亚的生产商希望将动力煤价格定到 100 美元/吨，而日本的买家希望在 90 美元/吨左右。在这种情况下，日本东京电力公司（Tokyo Electeic）首先与斯特拉塔签署 2010 年动力煤供应合同：价格为 85 美元/吨（离岸价），这比 2009 ~2010 年动力煤合同价格（72 美元/吨）高出 18%。

大西洋市场

2009 年初，该市场处于踌躇不前的状态。由于俄罗斯和乌克兰的天然气争端，在 2009 年 1 月份寒潮来临时“俄罗斯天然气危机”再次给了欧洲国家当头一棒，欧洲 ARA 市场的动力煤到岸价在 1 月中旬达到 85 美元/吨。但是此价格并没能保持，1 月末，该价格就由于需求下降而急剧下挫至 70 美元/吨。在接下来 2009 年整年中都一直保持低迷状态，均价为 70.5 美元/吨，而 2008 年则为 147 美元/吨。

各国煤和褐煤的产量

单位：百万吨

国家（地区） \ 年份	2003	2004	2005	2006	2007	2008
总产量	**5 127**	**5 535**	**5 857**	**6 142**	**6 398**	**6 797**
中国	1 670	1 956	2 159	2 320	2 466	2 761
美国	972	1 019	1 039	1 068	1 053	1 075
印度	386	410	435	460	488	522
澳大利亚	342	352	367	367	389	398
俄罗斯	257	259	283	285	289	323
印度尼西亚	120	142	171	221	265	284
南非	239	243	245	245	248	236
德国	208	211	206	200	213	194
波兰	162	160	156	156	144	144
哥伦比亚	50	54	59	66	70	79
加拿大	62	66	67	66	68	68
希腊	68	70	69	65	66	66
捷克共和国	64	64	62	62	63	60
乌克兰	64	60	60	62	59	59

资料来源：国际能源署能源信息统计所（Enerdata，AIE）。

尽管如此，动力煤市场在2009年某些时段也出现过紧张的状况，尤其在2009年末及2010年初。总的来说，2009年是“非常平静”的。而对2010～2011年动力煤价格的预测较2009年呈上升状态。尽管最终需求下降，但是欧洲买家却积极增加动力煤库存。因此欧洲ARA市场的主要煤炭港口的存货量达到高点，英国的发电企业面临的问题是如何储存其购买的巨量动力煤。2009年夏季时，欧洲动力煤库存达到了1 500万吨。之后天然气价格的下跌使动力煤失去竞争力。尽管如此，英国发电企业也不得不使用后者，以减少库存。

欧委会出台的更严格的环境保护政策掀起了轩然大波，很多对新火力发电厂的投资都被取消或者延迟。2009年10月，德国意昂集团（E. ON）宣布投资英国发电厂的计划暂停3年。随后丹麦公司DONG放弃建立两个火力发电站的计划——一个位于苏格兰，另外一个位于德国。正是在德国被取消的燃煤发电站项目数量最多，而德国新当选的联合政府在之前表示希望延长德国核电站的使用期限，这将使得新建火力发电站项目再次受到威胁。2010年初，由于在欧洲和中国出现异常寒冷的天气，ARA动力煤的到岸价格回升了10美元/吨，在1月11日时达到94美元/吨，但是在接下来的一周又回到85美元/吨。

煤与其他燃料相比的竞争力

面对2009年世界能源市场的剧变，尤其是在天然气现货价格巨幅下降的情况下，煤在价格上失去了竞争力。但以能源效率计算，煤仍然是最便宜的燃料——欧洲进口的煤的价格是原油价格（北海布伦特原油）的1/4，是天然气价格（平均价格，欧洲长期天然气合同价格）的1/3。但是相对于天然气现货价格而言，煤炭丧失其部分竞争力。天然气现货价格在2009年非常低迷（从2008年平均10.8美元/百万英热单位下降到2009年的4.6美元/百万英热单位）：在2009年9月和10月天然气现货价格下降到3美元/百万英热单位时，动力煤已经完全失去了对天然气的竞争力。

煤炭市场加速重组

过去几年中的世界煤炭工业重心向亚洲及太平洋地区转移的趋势在2009年得到增强。欧洲及北美洲的经济增长，与中国、印度、东盟国家、大洋洲国家及南部非洲地区出现了“脱钩”现象，而这并不是当今煤炭市场变革的唯一因素。西方国家动力煤的竞争力实际上受到了天然气以及碳交易发展趋势的双重打击。而在东方的国家却还没有受到这些因素的影响，在那里钢铁工业、水泥工业以及燃煤发电的持续增长，促使煤炭生产不断扩张。

处于“防御”状态的美国煤炭行业

在2009年，美国的煤炭消费下降至10亿短吨（Gtc）的水平之下，这是2002年以来首次出现的情况。这使得美国的煤炭生产企业减少产量，随后减少产能，与此同时，美国国会要求美国环境保护署（EPA）重新审查使用山巅移除采矿方法（MTR）进行采煤活动的煤矿的150个许可证。因此，美国环境保护署可能暂停在肯塔基州、俄亥俄州、田纳西州和西弗吉尼亚州的79个煤矿项目，原因是这些项目可能违反了美国的《净水法》（Clean Water

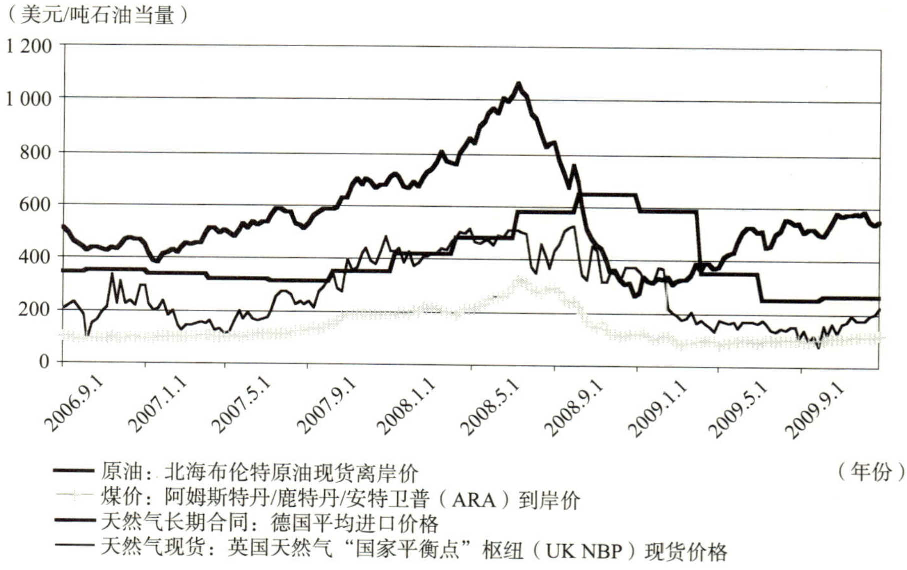

原油、煤和天然气价格对比

资料来源：法国 ATIC 服务集团。

Act）。因此，美国煤炭企业（博地能源，Peabody Energy 及力拓能源美国公司）重新整合了美国西部的大型露天煤矿；并将煤炭生产集中在设备最先进的弗吉尼亚州煤矿（康寿能源，Consol Energy）；以及进行的合并（阿尔法资源公司，Alpha Natural Resources 和 Foundation Coal Holdings）。

中国，仍然遥遥领先

太平洋另一端的情况则是完全相反。在世界经济低迷时，中国持续创出最高纪录：2009 年中国的原煤产量可能达到了 29.6 亿吨，与 2008 年相比增长 12.8%。中国国内煤价的大幅上涨对产量提升起了很大帮助；一些新区域煤矿的开发也对中国煤产量的增长起了推动作用。在这些新区域中，地处中国最西边的新疆维吾尔自治区在 2008 年生产了大约 6220 万吨煤，2009 年及 2010 年的计划产量分别是 7 700 万～8 000 万吨和 1 亿吨。2009 年 7 月，有 139 个新的煤矿项目正在进行，这将会为中国煤产能额外增加 2.26 亿吨。

在中国所有的地区中，2005～2008 年间关闭了 12 155 家总产能约为 3 亿吨煤的小型煤矿，到 2010 年底，中国的煤矿企业将从 20 000 家减少到 10 000 家。在山西省，所有年产量低于 30 万吨的小矿山都将被其他大中型煤矿企业合并（年产能超过 1 亿吨）。该政策是为了使中国煤炭生产企业集中——进而控制煤炭开采、坑口发电以及煤制油等。因为大型公司很可能将来会将业务从地方公共企业的手中争夺过来，因此中国的国有大型煤炭企业会将一些省份的中小型煤炭企业整合，这已在一些产煤大省实施如山西、内蒙古自治区、陕西、山东以及安徽。而且中国一些具有实力的国有煤炭企业已经开始国际化：中国神华在 2009 年生产了 2.8 亿吨煤，2013 年的目标是生产 4 亿吨；中国中煤2009～2013年的产量将从1.14亿吨增长到2亿吨；山西焦煤同样计划将产量从8 000万吨提高到1.5亿吨。所有这些公司都同时生产电力和煤基化学品。

印度：国际煤炭市场上的新角色

目前印度煤炭生产企业的状况不同于中国，它没有足够的煤炭资源。尽管做出了巨大的努力，但是印度的两个国有煤炭公司——印度煤炭公司（CIL）和Singareni公司仍无法满足越来越大的国内需求，印度的煤消费量可能在2015年突破10亿吨。因此在短期内，为了保障供应，没有比通过进口和收购国外煤炭资产更好的解决办法了。除了有许多印度钢铁企业和电力企业正在大力参股澳大利亚、印度尼西亚和莫桑比克的煤炭生产企业，印度的国际煤炭经营企业有限公司（ICVL）也在致力于保证印度能够出现在世界上拥有煤炭资源的地区。在印度政府的倡议下，由印度煤炭公司（CIL）、国家热电公司（NTPC）、吉蒂拉伊斯帕特有限公司（RINL）、印度钢铁管理有限公司（SAIL）和国家矿产开发公司（NMDC）所组成的联盟，其拥有10亿美元的资金，并且还有20亿美元的贷款额度用以收购世界各国的煤炭资源。

在中期，印度大型煤炭工业集团获得的能够用于其生产的煤矿，有可能缓解印度的煤炭短缺瓶颈。但是从更长期来看，唯一的解决办法是印度煤炭工业进行完全的重组。而由于国大党（INC）在2009年印度大选中获胜，自1991年推出的煤炭行业改革方案可能将会付诸实施。另外，如果国大党可以修改1973年的煤矿国有化方案，那么印度政府在未来将会对CIL集团旗下的两家煤炭公司进行私有化，这两家公司分别是东部煤田公司（ECL）和印度炼焦煤公司（BCCL），两者在2008年占到CIL集团4.04亿吨煤产量中的12%。这一私有化将使印度政府只持有两家公司25%的股权，同时将49%的股份向公众出售，然后以投标的方式向私人投资者出售剩余的26%——这些私人投资者将负责公司的管理。印度煤炭工业这种部分私有化并引进国际煤炭公司的方法或将使印度的煤产量在2017年超过6.64亿吨。

世界上主要出口商

世界炼焦煤和动力煤贸易将继续由世界上主要煤出口国和一些主要的矿产商之间展开。不论是在澳大利亚、南非还是哥伦比亚，世界4个主要的煤炭生产商——力拓、必和必拓、英美煤炭（Anglo Coal）、斯特拉塔－嘉能可支配着世界煤炭贸易——即使它们的产量增长率因为经济危机的影响而下降5%（因此不能确保何时这四大巨头能够超过10亿吨的产量门槛）。另外，尽管该四大巨头的股票市值出现大幅下降，一些公司试图控制其他公司的尝试失败，但是这都没有严重削弱这四大巨头的实力。最后，巴西淡水河谷也正在努力成为世界煤炭出口的巨头。

澳大利亚是向亚太市场出口炼焦煤和动力煤的桥头堡，在2009年煤炭价格下跌之后，该国的煤炭产量随即下降。之后，澳大利亚煤炭工业重新开始升温，而日本可能受实行的环境标准的影响，从而带来日本煤炭进口量的下降，但这种下降将会被韩国、中国台湾、中国和印度的进口需求所代替。因此，澳大利亚生产商预期在未来的5年内将投资230亿美元，使其煤产量平均每年增加3.5亿～4.5亿吨，并进一步完善煤炭生产

2008 年世界四大煤炭生产跨国公司产量

单位：千吨

地区＼公司	力拓	斯特拉塔	必和必拓	英美煤炭	合计
澳大利亚	29 786	66 157	47 195	27 841	170 979
其中：炼焦煤	7 431	46 309	34 651	13 145	101 536
南非	—	20 223	39 129	59 417	118 769
哥伦比亚	—	31 231	10 420	11 485	53 136
北美地区	130 755	—	14 492	772	146 019
合计	**160 541**	**117 611**	**111 236**	**99 515**	**488 903**

注：北美地区的煤炭生产对应力拓与必和必拓在美国的生产和英美煤炭在加拿大的生产。

与贸易的相关基础设施（铁路、港口等）。在现有的 120 个煤矿区（其中的一些将会被扩建），之上将会增加 13 个新矿区，它们位于新南威尔士州（特别是猎人谷和冈尼达盆地），昆士兰州（苏拉特和加利利湖盆地），甚至在西澳大利亚州和维多利亚州，例如来自于拉特罗布的褐煤矿，它可以在处理之后出口到印度。而来自于新南威尔士州的煤将通过纽卡斯尔港出口，该港的吞吐能力将从 2009 年底的 1. 1 亿吨增长到 2011 年的 1. 4 亿吨。由于达尔林普尔湾煤炭码头已经扩容到 0. 85 亿吨，特别是格林德斯通煤炭码头，一旦其威金斯岛煤炭码头完工，预计吞吐能力有望从目前的 0. 25 亿吨扩大到 2012 年的 1. 5 亿吨。而连接这些港口和煤矿的铁路也正在建设当中。这些均将使昆士兰州的煤炭出口受益。

在这些投资的背后是越来越集中的澳大利亚煤炭工业，同时澳大利亚的煤炭工业也吸收了越来越多的国际资本。除了美国的皮博迪公司（Peabody）和巴西的淡水河谷外，中国公司（兖州煤业、宝钢和新汶矿业公司），印度公司（Gujarat NRE Coke 公司、塔塔电力公司），甚至泰国公司（PTT 公众公司）和德国公司（通过 Syntech 资源公司进行直接投资）都参与了对澳大利亚煤炭的投资。澳大利亚政府对此表示满意（在 2009 年，澳大利亚外国投资审查委员会收到了 96 个相关的投资申请，金额超过 260 亿美元），但澳大利亚政府也担心中国政府所控制的企业在其中参与过多。

南非的煤炭工业则不如澳大利亚有吸引力。因为南非国内的煤炭需求将不会给出口留下太大空间。考虑到由于陈旧煤矿的关闭导致的每年 5 000 万吨煤产量的损失，南非可能将在 2018 年缺少 1. 8 亿吨煤炭。在南非，电力生产商艾斯康（Eskom）的目标是在 5 年内新建 80 吉瓦（GW）的发电能力，以及萨索尔公司（Sasol）计划在南非林波波西北部建立一个新的 8 万桶/天的煤制油项目。实际上，南非并不缺乏煤炭资源来满足潜在的需求增长，但是这需要大规模的投资用以将其煤炭工业中心转向与博茨瓦纳和津巴布韦交界的瓦特贝格（Waterberg）和索特潘斯山盆地（Soutpansberg）。随着 Exxaro 资源公司对大型格鲁泰路克（Grootegeluk）大型煤矿的开发，这一行动已经开始了。而这一地区还将由 Exxaro 资源公司开设新的煤矿。南非还可以依靠哪些公司呢？在“黑人经济授权”（Black Economic Empowerment，BEE）政策执行的一段不确定时期之后，三大跨国矿商：（英美煤炭、必和必拓和斯特拉塔）成为了一些非洲本地矿业公司，比如非洲煤炭（Coal of Africa）可以合作的对象。另外，这些跨国矿商还有的有印度资本（如安赛乐米塔尔）和澳大利亚资本，尤其是格伦伊戈尔黄金（Gleneagle Gold）、城景（City View）和大陆资本公司（Continental Capital）。

即使印度尼西亚国内煤炭消费强劲增长（2010年可能达到7 800万吨），印度尼西亚的出口能力仍然很强，预计2010年将达到1.5～1.7亿吨。如果印度尼西亚40余个承包商（他们生产印度尼西亚大部分的煤）的生产不会受到任何阻碍，并且所有颁发的煤炭经营许可证都能转化为投资的话，那么印度尼西亚的煤产量将会继续增加。在印度尼西亚，布米资源公司（Bumi Resources）的产量最大，该公司希望通过其子公司KaltimPrima公司和阿鲁蒂姆公司及Fahar Bumi Sakti煤矿（初始产量为400万吨，随后将升至700万吨）和Pendopo煤矿（产量为400万吨）的增产使其总产量从2007年的5 200万吨提升到2012年约1.11亿吨。这种产量飞跃性的发展并非不切实际，因为印度塔塔电力公司购买了该集团30%的资产，且中国的中投公司也表示将对其提供19亿元，进而结成战略同盟并改进煤矿基础设施和投资煤矿。在布米资源公司之后，还有其他主要的大型印度尼西亚公司参与进来，比如安达隆煤炭公司、基泰扩加瓦阿贡公司、贝劳煤炭公司和印多民哥公司。还有部分外资公司参与——尽管印度尼西亚立法强制外资公司要在5年以后重新出售其投资资产的20%～30%（Divestment）。在这些外来投资者当中，除了已经提到的印度的塔塔电力公司之外还有澳大利亚的公司，比如必和必拓、海峡资源公司（Straits Resources）、煤铁资源公司（Coal Fe Resources）、袋鼠金属公司（Kangoroo Met－als），和近年来才崭

2008年主要印度尼西亚煤炭公司产量和增长率

公司 \ 指标	2008年产量（百万吨）	份额（%）	2008/2003年AAGR（%）	公司主要股东及份额
印尼安达隆煤炭公司（Adaro Indonesia）	38.4	20.5	11.3	Alam Tri Abadi公司（60%）
卡阿蒂姆普利玛煤炭公司（Kaltim Prima）	36.3	19.5	17.5	布米资源公司（Bumi）（65%） 塔塔电力公司（Tata Power）（30%）
基泰扩加瓦阿贡公司（Kideco Jaya Agung）	21.9	11.7	9.3	Samtan Co. 公司（49%）
印尼阿鲁蒂姆公司（Arutmin Indonesia）	15.7	8.4	2.9	布米资源公司（Bumi）（70%） 塔塔电力公司（Tata Power）（30%）
贝劳煤炭（Berau Coal）	12.9	6.9	11.9	Armadia Tritunggal公司（51%）
印多民哥公司（Indominco Mandiri）	10.8	5.8	11.3	班普公司（74%）
乌吉亚森煤炭公司（Bukit Asam）	10.1	5.4	0.2	印度尼西亚政府（65%）
其他公司	41.0	21.8	—	
合计	**187.1**	**100.0**	**12.0**	

注：AAGR（Average Annual Growth Rate）为年平均增长率。

能源

露头角的中国公司。由中国和澳大利亚公司提出的两项投资项目值得关注：神华集团的子公司神华国华电力设立，拥有一个负责在苏门答腊岛南部建设露天煤矿和坑口电站的印度尼西亚公司的70%股权。在2009年6月中国煤炭地质总局（CNACG）和恒进国际投资与巴布亚省政府（该省有着43万平方公里和270万人口）达成协议，以开发当地煤炭资源。然而，不论是苏门答腊岛或者巴布亚都无法扮演在未来几年促使印度尼西亚煤炭产量增长的角色，这个角色将落在加里曼丹岛（Kalimantan）。2009年阿联酋的哈伊马角投资局（RAK）申请获得了在该岛建设和管理铁路网的资格，这将有利于该岛生产的煤炭的出口。

就煤炭资源而言，哥伦比亚与印度尼西亚不相上下。根据该国煤炭业的数据，哥伦比亚的煤炭产量预计会从2009年的7 500万吨升至2019年的1.8亿吨。而这些新增产量将源于必和必拓旗下的塞雷洪煤矿（Carbones Dal Cerrejon）；英美煤炭和斯特拉塔处于瓜希拉（Guajira）地区最北端靠近加勒比海的煤矿，在2009年产量为3 100万吨；以及杜伦孟德公司（Drummond）的Pribbenow煤矿和Descanso Norte煤矿，2009年的产量为3 000万吨。然而新的投资将来自加拿大和巴西的公司，他们将致力于开发该国中部地区煤矿，哥伦比亚政府承诺将对该地区的铁路和港口设施进行建设，煤炭可以出口。在北美，加拿大煤炭的开采前景并不那么乐观。在2009年硬炼焦煤产量从来没有超过3 000万吨。加拿大西部两个省——阿尔伯达省和大不列颠哥伦比亚省，煤炭资源丰富并且品质优良，但是高昂的运输成本使该地区的煤炭不具竞争力。中国会有意投资这里的资源吗？中国投资者对泰克资源公司持有的Elk Valley公司20%的股权感兴趣，并认为其能够给加拿大煤炭工业带来长期和稳定的增长。

新的煤炭出口国家

许多国际投资者进入蒙古预示着蒙古的煤炭产量将在2010年出现大幅增长：包括对靠近中国边境的Nariin Sukhait-Ovoot Tolgoi煤矿的开采，特别是对Tavan Tolgoi煤矿的开采——其拥有18亿吨的炼焦煤储量和46亿吨的动力煤储量。按之前的预测，蒙古的煤产量将从2008年的1 000万吨跃升至2010～2020年间的3 500万～4 000万吨。在此期间，蒙古其他地区的煤矿也有可能开启，例如Khushuut煤矿。在蒙古西部，蒙古能源公司（Mongolia Energy）希望每年开采300万吨煤，随后每年开采800万吨。这些煤，特别是炼焦煤将可以通过卡车运送到中国－蒙古边境铁路，并最终使中国公司受益。

在蒙古北部的西伯利亚，煤矿建设项目正在接近尾声，这些项目当中产量最大的是埃尔加煤矿（Elga），其拥有者是钢铁生产商车里雅宾斯克（Mechel），预计该煤矿年产量能够达到2 400万吨，2011年的产量可以达到800万吨炼焦煤。许多其他煤矿的扩张也正在进行：Raspadskaya-Koksovaya煤矿的产量将增加360万吨；由俄罗斯联合工业公司（RUIC）拥有的埃尔加斯矿（Elegest），到2014年产量会提高到1 200万吨；JSC西伯利亚公司的位于Gorlovsky盆地的无烟煤产量将会从300万吨提升到1 000万吨；韩国兰菲尔德公司（Lanfeld）在克麦罗沃地区（Kemerovo）重启Lapichevskaya炼焦煤矿。这些新增产量中的一部分将会通过瓦尼诺（Vanino）新的港口供应给全球炼焦煤市场，该港口的吞吐量将由现在的1 200万吨增长到2015年的1 500万吨，并且会一直扩大到2 500万吨。而在2011年之前，将重建Karymskaya-Zabaikalsk运输线路，这将使西伯利亚铁路和贝加尔-满洲里铁路连接起来，建成之后蒙古的多余煤炭将由此直接输送给中国的钢铁生产商。

在非洲，炼焦煤仍旧吸引着国际投资者。进程最快的项目是位于莫桑比克的煤矿项目，这个项目由巴西淡水河谷和澳大利亚里弗斯公司（Riversdale）完成。而印度塔塔公司拥有里弗斯公司35%的股权。淡水河谷计划2011年末开始开采莫阿蒂泽煤矿（Moatize），从2015年开始，该矿的产量将达到1 800万吨，其中1 270万吨是硬炼焦煤。里弗斯公司亦是雄心勃勃，本加（Benga）项目预计将会从2011年的200万吨提高到2014年的1 060万吨，其中硬炼焦煤的产量将从330万吨增加到600万吨。而这两个公司首先需要重建连接塞纳（Sena）和贝拉港（Beira）的575公里铁路；其他矿产商还需要投资其他形式的交通工具：对淡水河谷而言，需要投资连接纳卡拉（Nacala）-马拉维铁路与纳卡拉深水港，距离为1 000公里；对于里弗斯公司而言，铁矿石的运输方式可能是通过驳船沿着赞比西河运向钦德（Cainde）。

博茨瓦纳拥有100亿吨的煤炭探明储量与超过2 000亿吨的煤炭资源储量，该国的煤炭开发具有良好前景。但开发项目进展缓慢。同时该地区煤炭质量可能不高（大卡热量低和煤渣含量高）。最后，这一地区被陆地所包围。因此除了本国使用外，这些煤炭可以电力的形式供给南非。另外，三个可能的运输路线正在规划——位于大西洋海岸的理查兹湾（Richards Bay）、马普托（Maputo）和沃尔维斯湾（Walvis Bay）。而在这一地区的其他非洲国家，坦桑尼亚、赞比亚、津巴布韦和马达加斯加，煤炭勘探取决于政治环境。

2009年是动力煤金融衍生品巩固基础的一年

2009年对于动力煤金融衍生品而言，可以分为两个阶段。首先，在大多数金融市场持续下降的时候，煤炭衍生品的交易量表现低迷，而煤炭价格也持续下跌。理查兹湾/鹿特丹指数在2009年3月16日达到52.12美元/吨的低点，但此价格仍高于生产成本；鹿特丹API2指数到岸价跌至53.65美元/吨。事实上这两个指数彼此联系的非常紧密；而此时的海运费仅仅处在比历史最低点稍高的价位，为7.50美元/吨。

但是从4月起，动力煤金融衍生品交易量开始回升，而这与动力煤离岸价格和其金融衍生品价格的稳步上涨是同时发生的。事实上，在2009年，世界煤炭市场的“英雄”是中国，中国成为了一个煤炭净进口国，而之前中国一直是一个煤炭净出口国。

中国买家利用煤炭国际市场的价格处在历史性低点的机会，以低成本重建库存，并节省本国的煤储量。由于当时国际市场上非常高的动力煤库存水平，因此中国最初时的采购对动力煤价格影响有限。但是随着采购的继续和世界动力煤库存水平的下降，中国采购对价格的影响逐步显现。纽卡斯尔离岸价格指数因此在2009年年末升至近100美元/吨，这一价格水平远超出了预期。而2009年上半年的情况不佳，2009年3月时动力煤价格仅为57美元/吨。

动力煤衍生品市场的表现较好，估计2009年动力煤衍生品的交易量相当于现货的18亿吨，这与2008年相当。但是相比2007年（22亿吨）创纪录的交易水平，2009年衍生品的交易量仍出现下降。另一方面，API2指数、API4指数和纽卡斯尔离岸价格指数仍然是煤炭市场主要的三大金融指数。而API2指数相对于纽卡斯尔离岸价格指数的两个产品和API4指数的重要性继续下降。据估计，在2009年，API2的交易量仅占总交易量的50%（45%），这是自从2000年推出该衍生品以来的头一回。

2009年另一个特征就是通过有组织的交易所及结算所进行的动力煤金融衍生品交易的增长。洲际交易所（ICE）旗下的欧洲洲际期货交易所（ICE Futures）在世界煤炭衍生品市场占据支配性地位，有99%的带结算的交易通过该交易所的平台完成。该平台通过洲际交易所期货交易结算中心（ICE Clear）进行结算。2009年通过洲际交易所的动力煤衍生品交易量相当于6.34亿吨现货，而2008年仅为1.49亿吨，2007年更是只有1 000万吨。为了不使交易者的资金出现问题，结算所设计了每日保证金催收系统等。

洲际交易所的动力煤衍生品市场的交易功能（trading）并没有获得同样的巨大成功，实际上，绝大部分动力煤衍生品交易继续通过场外市场（OTC）或通过经纪商（broker）或者在买卖双方的基础上完成。5个经纪商（GFI，ICAP，TFS Tullet Prebon，Spectron）统治着煤炭金融市场。全球煤炭交易平台（GlobalCoal）仍然专门从事煤炭现货交易。另外，新涌现出两个经纪商作为煤炭现货交易的中间商，即：总部设立在伦敦的伦敦商品经纪人公司（LCB）和总部设立在新加坡的银河石油（Ginga Petroleum）。

2008年和2009年的金融危机，改变了煤炭衍生品市场参与者的类型。首先，许多银行放弃了这一业务，不仅仅是雷曼兄弟（因为显而易见的原因离开了这一市场），而且还包括美国银行。但是，其他银行则开展或扩大了关于煤炭现货交易的业务。这一趋势始于2005年，如今，摩根斯坦利、德意志银行、高盛银行和麦格理银行都活跃在世界煤炭的现货和金融交易中。

一些进行石油贸易的公司在2009年也开始了煤炭交易。维多公司（Vitol）在2005年首先尝试，但是最近托克公司（Trafigura）、莫丘利亚公司（Mercuria）和贡沃尔公司（Gunvor）也已经加入进来。

然而，煤炭衍生品市场仍然由电力公司——法国电力贸易公司（EDF trading）、莱茵集团（RWE）、诺昂（Nuon）和传统的国际贸易公司（嘉吉、嘉能可、贵族公司），他们的总部设立在伦敦和瑞士。另一个新趋势是新加坡逐渐成为了国际煤炭金融交易的“枢纽”：许多亚太地区的公司，由于安全和税收等方面的因素选择在新加坡来进行相关金融交易。因此，新加坡再次超越了中国香港。

2010年煤炭衍生品市场高调开始，1月份煤炭价格的大幅波动，使金融交易量大增，仅洲际交易所交易量就大幅增长到相当于1.08亿吨动力煤的水平，这打破了其在2009年6月创下的8 900万吨的月度纪录。许多新公司在2009年开始从事煤炭衍生品业务，在2010年将进入全面运作阶段，这也会支撑煤炭衍生品市场的交易。

电力

金融危机的好处之一，就是使消费者电费账单的压力减轻了。2009 年，全球电力消费创下了和平时期的最大跌幅。在经济合作与发展组织（OECD）国家，工厂停工和全球经济活动放缓使电力需求下降了 5%。经济与金融危机对用于发电的化石燃料的影响巨大，化石燃料的价格从 2008 年 7 月的高点下跌了近 50%。上述这两个因素导致了在电价市场化国家中的电力衍生品市场的价格下跌。在 2010 年或 2011 年世界经济的复苏将使电价重新上涨。

事实上，电价下跌产生的最令人担忧的影响就是使电力生产商对电力生产和电力输送领域的投资减少。金融危机使电力生产企业的借贷能力下降，因此，很多电力生产商对其发电厂的改扩建项目都被迫延期、缩减规模或是干脆取消。事实上，在近几年里，为了实现“外部增长”和实行多元化市场战略，电力生产商都进行了最大化的借贷。而在今天，他们必须要保证各自的财务状况处于符合金融市场新的风险标准。在所有经合组织国家，电力生产商将在未来 5 年减少 30% ~50% 的投资。即便是该行业的龙头企业，也在某种程度上面临着被迫减少投资以保证负债处在合理的水平。法国电力公司（EDF）以 50 亿欧元出售了之前刚刚购买的英国能源公司（British Energy）20% 的股份，并通过公开发行债券的方式融资 30 亿欧元。另外，具有悠久历史的意大利电力运营商——意大利国家电力公司（Enel）以及德国意昂集团（E. ON），在 2009 年均提出了削减负债的计划，金额达到了 100 亿欧元。

到目前为止，电力生产企业的投资下降主要影响了发电企业上游的电力生产和输送的设备制造商。但是我们必须要注意到，经合组织国家对电力需求的下降是短期的，而不是长期现象。因此，目前对电力生产投资的推迟或将在 5 年后影响整个相关区域的经济，并将使电力衍生品市场进入不稳定的时代。

一些国家的经济刺激计划在一定程度上支持了电力行业。欧盟对电力基础设施投资了 40 亿欧元，这主要用于欧盟各国电网的互相连接和建设高压输电网络。奥巴马政府同意对发电企业减少 200 亿美元的税收，而后者将对智能电网（Smart grid）投资 50 亿美元。另外，发电企业还得到 500 亿美元的贷款，用于新的核电站的建设。

事实上，只有极少数的国家没有出现电力消费下滑，中国是其中之一。中国的电力生产商也从本国的 4 000 亿欧元的经济刺激计划中获益，这其中的一部分将用于投资建设新的核电厂和资建其他可再生能源发电。这些公共援助既可以让中国在即将到来的国

际气候谈判中以更环保的姿态出现，又可以支持该国电力领域的公司以提高其国际竞争力。从现在开始，可再生能源产业成为中国政府眼中的战略性产业。2009 年，中国成为了世界最大的太阳能电池板生产国，占有超过 25% 的国际市场份额。

最后，电力行业危机引发的另一个后果就是 2009 年 12 月哥本哈根气候谈判的失败。受到经济危机严重影响的经合组织国家与发展中国家既没有对减少二氧化碳排放量达成共识，也没有通过对各国二氧化碳排放量采取监控机制。美国和中国在经济上的对抗“模糊”了这次气候大会的目标。在今天已经越来越难找到《京都议定书》的“继任者”，而《京都议定书》的第一阶段将在 2012 年底结束。

奥巴马政府之前希望在美国建立一个类似于《京都议定书》中的碳排放机制，但是，奥巴马现在已对美国参议院通过这项法案不抱任何希望。

欧盟是世界上唯一一个明确承诺将在 2020 年减少 20%（与 1990 年相比）碳排放量的大型经济体。因此，欧盟的碳排放额将在拍卖机制下出售，这将在 2013 年开始影响到欧盟的能源行业。可以预见的是欧盟内的二氧化碳价格将会大幅上涨，在中期，还将推动电力价格上涨。

2009 年，电力价格下跌

2009 年欧洲主要电力交易所的电力价格受到重挫。国际能源署的数据显示，欧洲的电力消费下降了 5%。

2010 年 9 月，在欧洲大陆的法国能源交易所（Powernext）和德国欧洲能源交易所（EEX）合并产生两个新的交易结构：欧洲电力交易所（European Power Exchange，EPEX）负责电力现货及电力日内交易（intraday），亦称作 EPEX 现货市场（EPEX

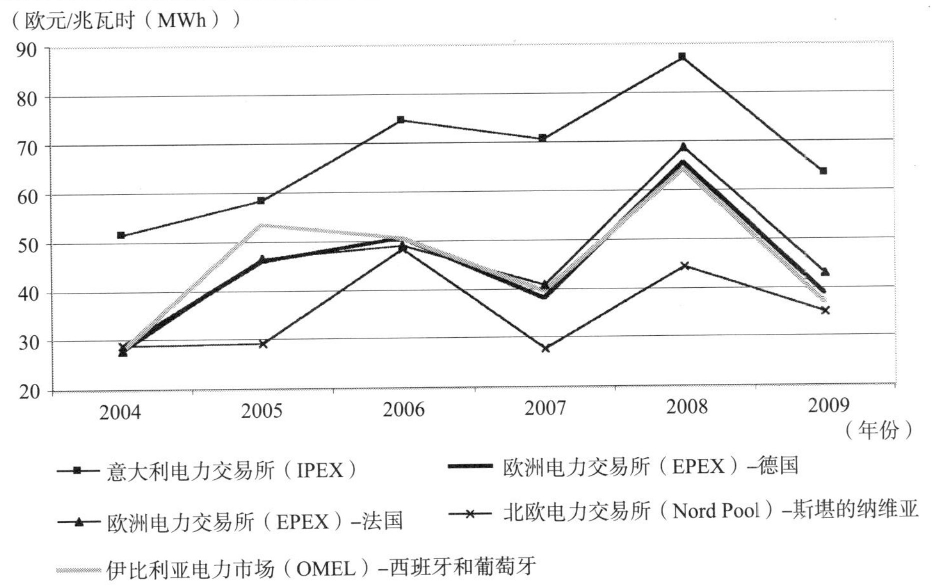

欧洲主要电力交易所电力现货价格

Spot)；欧洲能源交易所（European Energy Exchange，EEX）则负责电力衍生品交易。尽管出现了金融危机，但电力交易量还是保持了稳定，达到了 1 228 太瓦时（TWh）；其中包括在现货市场成交的 196 太瓦时（即 1 960 亿千瓦时，译者注），为该区域（法国、德国、奥地利和荷兰）电力消费总量的 20% 稍低。2009 年电力现货价格出现了大幅下降。德国电力市场年平均交易价格为 39 欧元/兆瓦时（MWh），法国市场年平均交易价格为 43 欧元/兆瓦时。

值得注意的是，电力日内交易的发展非常迅速，在 2009 年较 2008 年交易量增长了 100%，达到 7 太瓦时。交易员预期 2010 年的电力现货的价格将上涨。2009 年 12 月 28 日，2010 年的电力期货合约显示，德国市场一般负荷时段的电价是 44. 36 欧元/兆瓦时，在法国市场则为 47. 82 欧元/兆瓦时。而同一电力合约在负荷高峰时段的价格在德国市场达到 59. 58 欧元/兆瓦时，而在法国市场为 64. 5 欧元/兆瓦时。

电力交易所的集中化仍然在继续。北欧电力交易所（Nordpool）在 2010 年将其业务扩展至 3 个波罗的海国家。英国 – 荷兰电力交易所——欧洲能源衍生品交易所（ENDEX）和比利时能源交易所（BELPEX）正在合并过程中，并将创建一个电力日内交易市场。2009 年电力现货交易量较 2008 年的 300 太瓦时略有下降，为 287 太瓦时。但这仍为斯堪的纳维亚国家电力市场 72% 的电力消费。该市场的电力现货价格是欧洲最低的，它在 2009 年跌了 21%，达到 35 欧元/兆瓦时，而 2008 年为 45 欧元/兆瓦时。

在美国，电力批发价格的降幅更大。受经济危机的影响，北美地区的电力消费下降了 5% 左右。美国的 NEPOOL 电力市场（新英格兰联合电力市场）、PJM 电力市场（即宾夕法尼亚 – 新泽西 – 马里兰互联电网运营机构，目前，PJM 市场范围已经扩展到美国东部的 14 个州或特区）、德克萨斯州 ERCOT 电力市场以及加州 SP15 市场，在 2009 年一般负荷时段平均价格分别为 46、47、

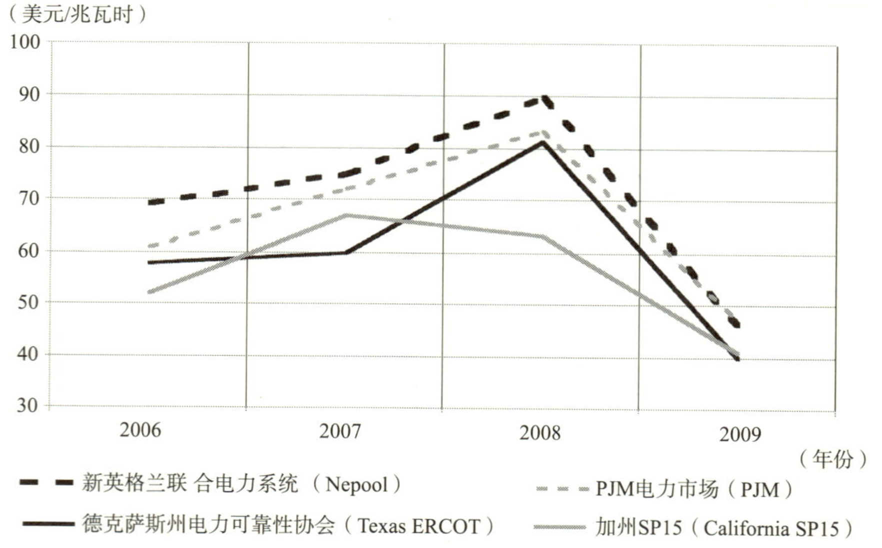

美国电力交易价格

40、41 美元/兆瓦时，相比 2008 年下跌了 30% ~50%。电力生产方面，新的钻探技术使北美地区的非传统天然气得以开采，这就降低了美国电力企业的能源采购成本。而且燃气发电相比用煤发电而言更具环保优势，这亦将促进美国天然气行业的发展。

日本批发电力交易所（Japan Electric Power Exchange，JEPE）的电力现货交易量增长了 10%，达到 3.2 太瓦时。2009 年的电力现货平均价格（一般时段）为 6.5 日元/千瓦时（KWh），与 2008 年相比下降了 45%。而 2009 年负荷高峰时段的电力平均价格较 2008 年下降了 50%，为 7 日元/千瓦时。

尽管受到金融危机的影响，中国的电力消费仍然增长了 6.4%，约为 3 600 太瓦时（即 3.6 万亿千瓦时）。2009 年中国对电力基础设施投资超过 1 000 亿美元，在 2010 年这将继续增长，其中包括对新增 85 吉瓦（GW）发电装机容量的 970 亿美元投资。另外，鉴于中国的电力生产目前在很大程度上依赖燃煤，中国政府正在努力使中国的电力生产多元化，大量投资于可再生能源发电。在 2010 年，中国的煤电装机容量将可能会增加 55 吉瓦，水电装机容量增加 15 吉瓦，风电装机容量增加 13 吉瓦和核电装机容量增加 1 吉瓦。尽管如此，中国相关机构预测中国的一些地区仍将会出现电力短缺，2010 年中国的电力消费或将增长 7% 以上。

在印度，政府已经做出了为“全印度供电”的宏伟计划，目标是在 2012 年之前将发电装机容量在 2009 年的基础上提高 50%（2009 年的发电装机容量是 147 吉瓦）。长期以来，印度的经济发展受制于陈旧的电力基础设施和电力供给的不足。印度电力输送的损失率高达 40%；而印度的电力需求超过电力供应的 10%。按照印度的电力消费以年均 4% 的速度增长，在 2020 年之前，印度的新增发电装机容量需达到 250 吉瓦。

世界水力发电量

单位：百万吨石油当量，%

分布地区 \ 年份	2004	2005	2006	2007	2008	2008/2007	占 2008 年世界水力发电量比例
中国	80.0	89.8	98.6	109.8	132.4	20.3	18.5
加拿大	77.2	82.0	79.9	82.9	83.6	0.6	11.7
巴西	72.6	76.4	78.9	84.6	82.3	-3.0	11.5
美国	61.4	61.8	66.1	56.6	56.7	—	7.9
俄罗斯	40.8	39.6	39.6	40.4	37.8	-6.7	5.3
挪威	24.7	30.9	27.1	30.6	31.8	3.6	4.4
印度	19.0	21.7	25.4	27.7	26.2	-5.8	3.6
委内瑞拉	15.9	17.6	18.5	18.8	19.6	4.1	2.7
日本	21.1	17.3	19.6	16.8	15.7	-6.9	2.2
瑞典	12.7	16.5	14.0	15.0	14.8	-1.2	2.1
法国	13.5	11.8	12.7	13.3	14.3	8.0	2.0
意大利	9.6	8.2	8.4	7.3	8.8	21.5	1.2
全世界	**633.7**	**658.2**	**683.8**	**695.8**	**717.5**	**2.8**	**100.0**
其中：经合组织国家	286.2	287.7	291.0	283.9	288.3	1.2	40.2
欧盟	72.3	69.6	69.9	69.7	70.6	1.0	9.8
苏联原属国家	57.0	56.3	55.6	56.3	54.0	-4.4	7.5

资料来源：英国石油公司（BP）《世界能源统计年鉴》（Statistical Review of World Energy），2009 年。

能源

电力生产的新技术

电力行业经过20年的行业集中之后，在世界主要电力市场自由化的大旗下，一批新的电力生产者产生了。许多高科技领域的巨头和许多新创建的能源公司将电力行业视为新的“黄金行业”。借助可再生能源和高科技，这些新的电力行业参与者希望改变传统的电力行业，即由大型电力企业集中生产电力。尽管传统电力生产商拥有坚实的基础，但是这些新参与者也拥有一些优势，其中首先是资金优势。

IBM公司很早之前就从事智能电网的开发。智能电网能够更好地管理电力需求的变化和调整电力供给。而智能电网对可再生能源发电（具有不稳定性）来说是必不可少的。微软公司和谷歌公司已经给自己的用户提供了网上查看电力消费的可能性，这用以使人们了解自身的电力消费对周围环境的影响。谷歌对电力行业的关注并不仅仅是因为热衷于环境保护——事实上，无数向谷歌用户提供服务的IT服务器消耗的电力已经使谷歌公司成为了世界的用电大户。在2010年初，美国联邦能源监管委员会（FERC）已经授权谷歌公司创建一个电力子公司，用于管理谷歌公司的电力消费。已经隐退的比尔·盖茨对TerraPower公司进行了投资，该公司正在开发快中子增殖反应堆技术，该技术将使核电在消耗燃料和产生废弃物方面更加环保。

在过去几年微电子和纳米电子领域中的技术大幅降低了太阳能发电的成本。该技术使得那些新创建的公司得以实现两位数甚至三位数的年增长率。因此，从2002年开始制造太阳能薄膜光伏电池的一家加利福尼亚公司——第一太阳能（First Solar），在2009年制造了超过1.2吉瓦的太阳能电池，其模块每瓦的制造成本仅为0.85美元。该公司认为，甚至可以在2014年之前将生产成本降低到5美分/瓦。第一太阳能公司接到众多的生产订单，特别是来自中国的订单，该公司将在中国北方安装一个2吉瓦的太阳能发电平台。

媒体把通常预留给苹果公司的狂热在2009年2月24日给予了布鲁姆能源公司（Bloom Energy），该公司公布了其“革命性的燃料电池”。美国许多行业的领军者（如谷歌、Ebay、沃尔玛等）都赞扬了这个“布鲁姆之盒”（Bloom Box）——其可以将天然气或者沼气转化为电力。这项技术的推广将直接与电力生产企业竞争，因为该技术可以通过直接在用户家中安装小型发电机进行发电，并能够节约电力的输送成本。

本文没有足够的篇幅来介绍能源电力行业中出现的所有新兴技术，这些技术在今天已经不再被视为遥不可及或是乌托邦式的幻想。各国政府对可再生能源的扶持政策已经初见成效，并使得市场对可再生能源新技术的投资变得更加可靠。尽管如此，金融危机对各国公共财政造成的压力以及各国对达成有关气候变化的协议缺乏热情，使得各国均开始下调对可再生能源的公共补贴。而如果缺乏公共补贴，这些可再生能源将不太可能与传统能源相抗衡。如果是这样的话，可再生能源或称作替代能源的“泡沫”可能会破裂，甚至比当初互联网“泡沫”的破裂来得更为迅速。

核能

近二十年以来，世界核电领域最后几位巨头一直都在预言核电的复苏，并耐心期待着。化石燃料价格的上升和对温室气体排放担忧的增加，使得核电的时代已经到来，核能发电将在世界能源领域占据一席之地。但这或许已经太迟。

过去的十年中，核电行业已经从世界能源和世界环境保护形势中受益。到2008年为止，化石燃料的价格稳步上涨，从而自然地提高了核电的比较优势。另外，核电行业逐渐突出自己在发电时不产生温室气体的优势，使该行业带上了环保的光环。同时，核电尤其给签署《京都议定书》并建立了二氧化碳排放配额体系的国家带来了经济效益。

核电行业的订单再次源源不断，国际原子能机构（IAEA）表示。2009年共与世界上60余个国家进行了核电领域的研究工作，这些国家都对核电项目表示出浓厚的兴趣。在2009年，全球运行的核反应堆大约有436个，装机容量为370吉瓦（GW）。2010年初，世界在建的56个核反应堆分布在14个国家，其中21个核反应堆在中国。事实上，在未来的20年，中国对核电的投资将超过世界各国对核电总投资的一半。另外，中国政府希望在2020年前后增加40~60吉瓦的核电装机容量，并在2030年将核电总装机容量提高至160吉瓦（相当于中国发电装机容量的5%）。中国是今天世界上唯一有能力在预定时间内达到此类目标的国家。中国政府正在努力组织与核电领域相关的“技术转移”的工作。这体现在中国公司与世界主要核电公司正在合作建设的十几个发电核反应堆上。毫无疑问，未来中国的新增核电装机容量中的很大一部分将由中国公司建造。

一些经合组织国家也希望重启核电站建设。这主要是在欧洲国家，其中尤以英国和意大利的核电站建设计划最为宏大，他们计划新建15个左右的核反应堆。而在美国，奥巴马政府没有将核电作为其能源政策的首选，但还是决定将给予发电企业新建核反应堆的担保资金增加3倍（达到500亿美元）。

但核电行业的发展前景还是充满了不确定性。首先，全球经济危机极大地增加了各国的负债。金融市场的风险厌恶情绪可能减缓各企业对核电领域的投资。而核电行业是资金密集型行业，特别是在经合组织国家，最近十年来，核电站的建造成本已经增加了1倍。

另外，核电站的建造工作也并非一帆风顺。在美国得克萨斯州，圣安东尼奥（San Antonio）市政府与NRG Energy公司共同建设两座核电站，两个核反应堆由通用电气（GE）

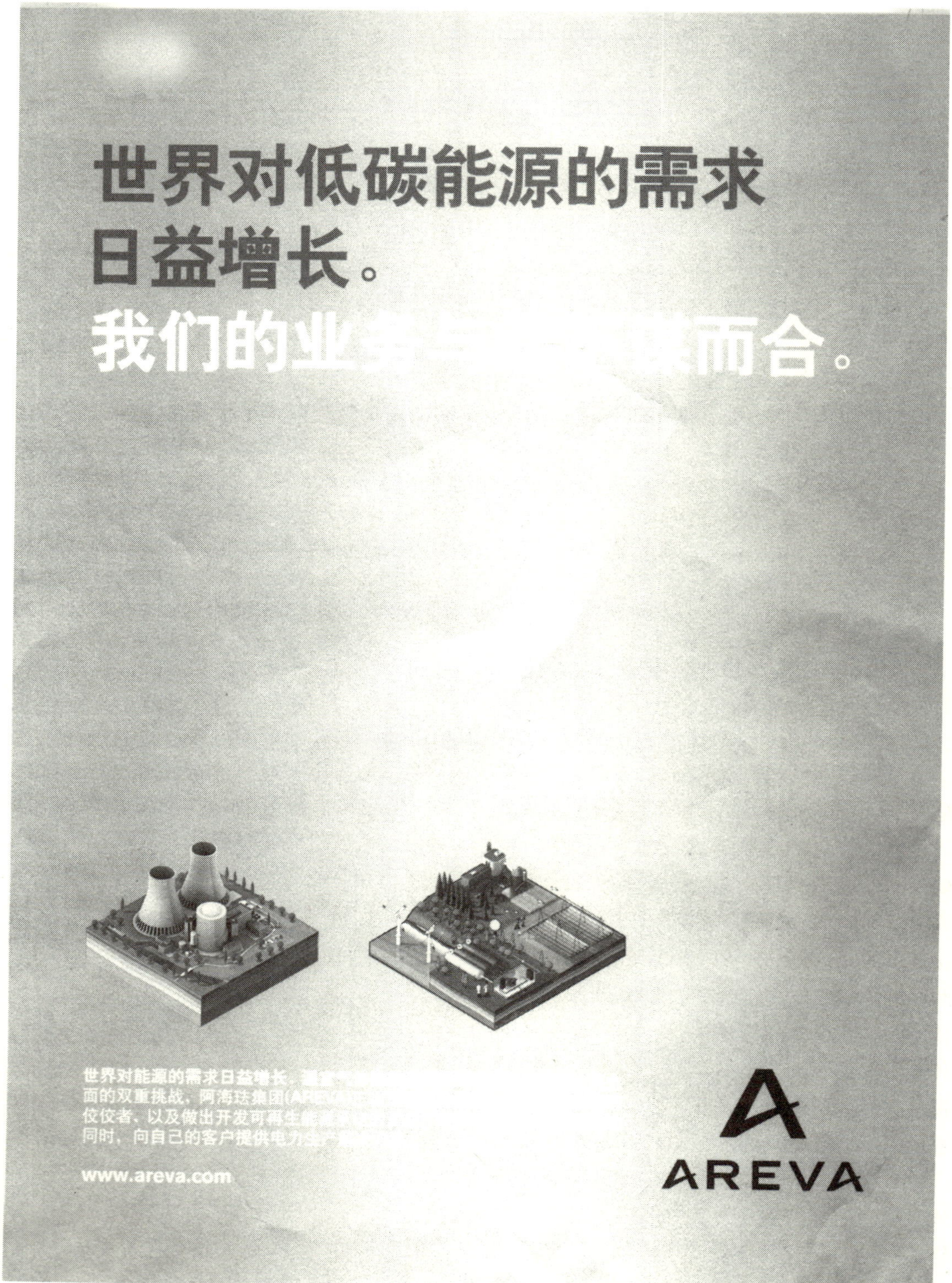
世界对低碳能源的需求
日益增长。
我们的业
而合。
世界对能源的需求日益增长，
面的双重挑战，阿海珐集团(
佼佼者，以及做出开发可
同时，向自己的客户提供电力
www.areva.com
AREVA

世界核能发电量

单位：百万吨石油当量

国别 \ 年份	2004	2005	2006	2007	2008	2008/2007（%）	占2008年世界核能发电总量%
美国	187.8	186.3	187.5	192.1	192.0	-0.3	31.0
法国	101.7	102.4	102.1	99.7	99.6	-0.3	16.1
日本	64.7	66.3	68.9	63.1	57.0	-10.0	9.2
俄罗斯	32.7	33.4	35.4	36.5	36.9	0.7	6.0
韩国	29.6	33.2	33.7	32.3	34.2	5.3	5.5
德国	37.8	36.9	37.9	31.8	33.7	5.6	5.4
加拿大	20.5	20.8	22.0	21.0	21.1	0.2	3.4
乌克兰	19.7	20.1	20.4	20.9	20.3	-3.2	3.3
瑞典	17.3	16.4	15.2	15.2	14.5	-4.3	2.3
中国	11.4	12.0	12.3	14.1	15.5	9.8	2.5
英国	18.1	18.5	17.1	14.3	11.9	-17.0	1.9
西班牙	14.4	13.0	13.6	12.5	13.3	6.9	2.2
比利时和卢森堡	10.9	10.8	10.5	10.9	10.4	-5.4	1.7
中国台湾	8.9	9.0	9.0	9.2	9.2	0.4	1.5
全世界	**625.9**	**627.0**	**634.9**	**622.5**	**619.7**	**-0.7**	**100.0**
其中：经合组织国家	529.8	531.4	536.3	520.7	515.7	-1.2	83.2
欧盟	229.2	226.1	224.5	212.1	212.7	—	34.3
苏联原属国家	56.4	56.5	58.4	60.3	60.0	5.5	7.1

资料来源：英国石油公司（BP）《世界能源统计年鉴》（Statistical Review of World Energy），2009年。

提供，预算建造成本约为58亿美元。但在一年后预算建造成本上升至130亿美元，圣安东尼奥市政府与NRG Energy公司似乎都在试图撤出该项目。在欧洲，阿海珐公司（AREVA）同样正在面临核电站建设成本大幅增加的问题，其在芬兰建设的EPR型核电站正在面临资金问题（EPR型核电站造价或将增长1倍）和工程延期的困境。而芬兰工业公司（TVO）和阿海珐公司正在通过司法程序解决争端。

最后，并非只有核能发电与传统的火力发电竞争。可再生能源发电产生的温室气体并不高于核能发电，而且目前对一些国家的政府来说，发展可再生能源的政治风险较低。另外，可再生能源的收益率不断提高，像一些海上风力发电项目，已经可以和传统发电厂竞争。美国的第一太阳能公司（First Solar）生产的薄膜太阳能光伏电池在不到五年的时间使生产成本降至1美元/瓦以下，且在2014年有望将该成本再降低一半。最近几年，由于各国给予大量补贴，在世界范围内可再生能源发电以两位数增长。而核电装机容量却相对停滞不前。

核电行业或许正处在十字路口，如果不能快速返回持续增长的轨道，一些其他的新型发电技术的发展，将有可能永久地关闭核电复苏之门。另外，今天核电公司实际上都在使其自身业务多元化，尤其是发展可再生能源或称作“绿色能源”。

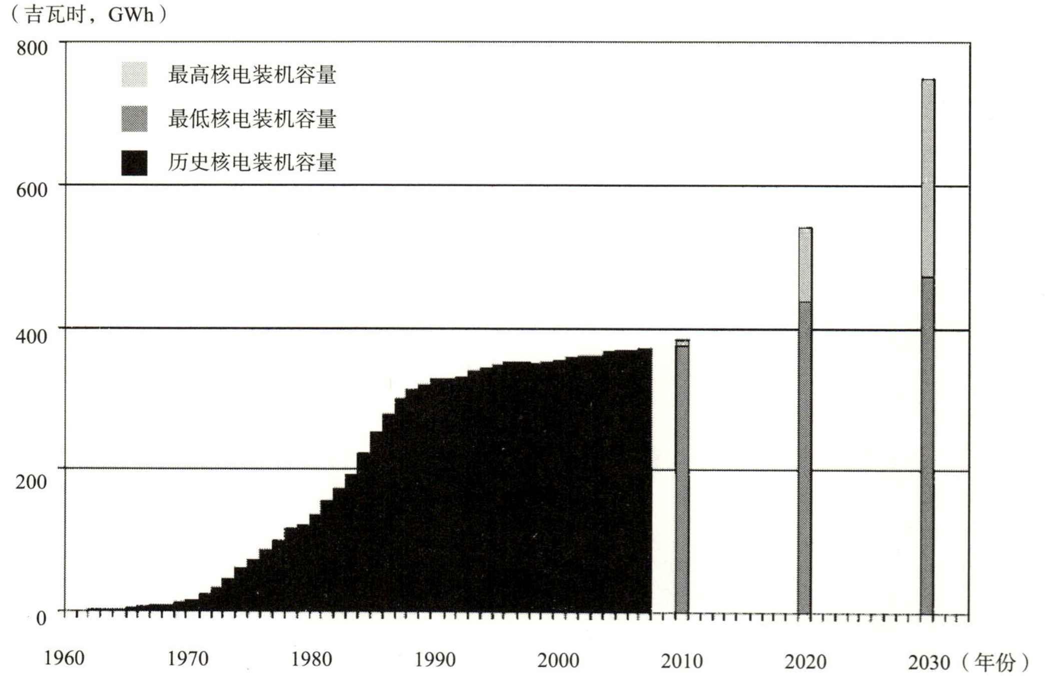

世界核电装机容量的增长与国际原子能机构（IAEA）对2020年和2030年世界核电装机容量的预测

铀

在 2009 年，世界 U_3O_8（八氧化三铀）市场的现货价格从 1 月初的 52 美元/磅下跌至 12 月份的 44.5 美元/磅，降幅为 14.42%。U_3O_8 期货价格从 1 月份的 70 美元/磅下跌至 12 月份的 60 美元/磅，降幅达到 14.28%。

2009 年铀价格下跌的原因

事实上，铀的下跌趋势从 2008 年底一直延续到 2009 年：2009 年初 U_3O_8 现货价格为 52 美元/磅，之后价格高峰和低谷交替出现（首先在 4 月份为 41 美元，接着是 7 月份 55 美元的高点，而 9 月份又降为 42.50 美元，10 月份为 50 美元，11 月份为 43 美元），到 2009 年年底以 44.5 美元/磅收关。在 2009 年年中，铀市场受到了这场始于 2008 年末的金融危机的打击。尤其是在 2009 年下半年，由于一些卖家急于出货，打压了铀现货价格。而在 2009 年 10 月初，由于必和必拓旗下的奥林匹克坝矿（澳大利亚南部的大型地下矿井）的主要运输系统出现机械故障，必和必拓宣布遭遇“不可抗力”①。受此消息提振，交易员和金融买家将铀价大幅推升至 50 美元/磅。而 12 月份，美国能源部（DOE）为了筹集处理位于俄亥俄州的朴次茅斯的一座铀浓缩厂（该厂于 1954 运行，2001 年被关闭）所需的资金，将向市场抛售铀原料，受此消息影响铀现货价格出现下跌。实际上，铀价格的下跌趋势反而降低了购买者的兴趣：以美国为主的许多电力公司开始推迟铀采购计划，寄希望于在确实需要补充库存之前，铀价格还会下降。而在 2010 年，随着亚洲国家核电推广计划的实施，尤其是印度和中国的大型核电站建造计划的实施，将带动铀需求的增长。

金融危机席卷了能源领域的每个行业，核电和铀也不例外。核电行业的发展不仅因信贷紧缩而使其在融资上遇到了困难，而且不断上升的核电站建造成本以及愈加严格的安全标准也阻碍了核电的复苏。事实上，世界各国中，只有中国和印度将会继续实施大规模的核电站建设计划。在过去几年中，一些核电站项目的推迟不可避免地影响了对核燃料的需求，另外，与其他大宗商品市场一样，这场金融与经济危机也影响到了铀市场。2009 年铀价格出现的连续的上下波动，

能源

① 译者：协议规定如果发生不可控事件，矿商可通过宣布遭遇不可抗力的方式免除合同义务。

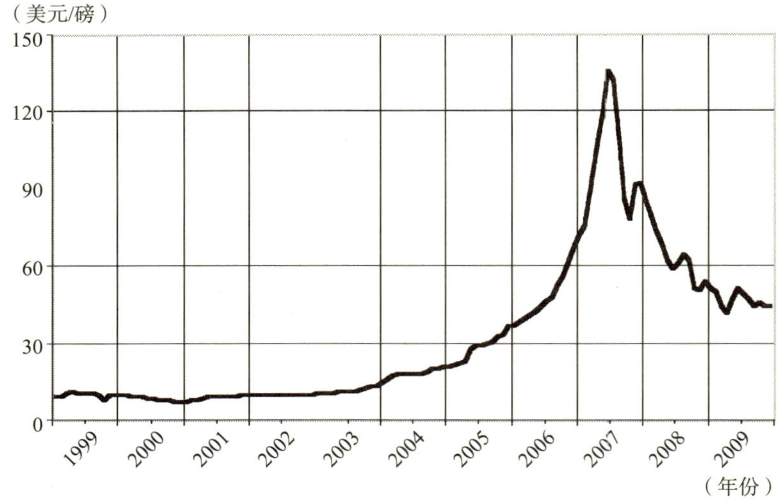

天然铀现货价格

正体现了买卖双方对铀市场短期供求判断的不断变化，而非实业参与者——投资者的加入也加剧了这种现象。实际上从2004年起，铀现货市场中就开始出现越来越多的投资者。尽管2008年和2009年铀的供给并不充足，但是它的现货价格还是从2007年6月的138美元/磅的历史高位持续回落。同时，U_3O_8期货价格也从2008年年初的95美元/磅下跌至2009年初的70美元/磅，到2009年年底为60美元/磅，2009年全年下降了近14.3%。

铀的需求

目前世界上投入使用的436个核反应堆分布在31个国家，总装机容量为372.7吉瓦电（GWe），可以满足全球约15%的电力需求。2009年有两个新的核反应堆投入使用：一个是日本的Tomari－3，另一个是印度的Rajasthan－5。而2009年也有两个核反应堆被关闭：一个是法国的“凤凰原型快堆”，另一个是立陶宛的Ignalina－2石墨反应堆（RBMK）。

2009年，全球核电站的燃料需求量是6.5405万吨铀（tU），2008年是6.4615万吨。全球98%的铀燃料需求主要集中在4个地区：1/3（33.72%，2.2055万吨铀）在欧盟，另外1/3（31.77%，2.0779万吨铀）集中在北美地区，还有1/4（24.3%，1.5893万吨铀）集中在亚洲，最后还有不到1/10（8.43%，5514吨铀）集中在东欧地区。全球13个国家的核反应堆对铀的需求量占全球铀总需求量的91%（约为5.97万吨铀），其中，美国、法国和日本名列前三位。

全球核反应堆的2/3铀需求是由原生铀（也就是铀矿生产）来满足的；其余的则是来自各国国家和商业储备以及再生铀（比如裂变材料的循环利用，美国和俄罗斯拆除核武器产生的高浓缩铀和钚、贫铀的再浓缩，以及铀燃料废弃物的再处理等）。

未来预计正在运行的核反应堆中将有215个会在2030年之前关闭。2009年9月，国际原子能机构对2030年之前世界新的核

2009 年世界铀需求（预测值）

国家（地区）＼指标	运行的核反应堆数量（座）	铀需求（吨铀）	占世界份额（%）
美国	104	18 867	25.85
法国	58	10 569	16.16
日本	53	8 388	12.82
俄罗斯	31	3 537	5.41
韩国	20	3 444	5.27
德国	17	3 398	5.20
英国	19	2 059	3.15
中国	11	2 010	3.07
乌克兰	15	1 977	3.02
加拿大	18	1 670	2.55
瑞典	10	1 395	2.13
西班牙	8	1 383	2.11
比利时	7	1 002	1.53
其他	64	5 706	8.72
合计	**435**	**65 405**	**100.00**

资料来源：世界核协会（World Nuclear Association）。

电项目前景做了多种预测：2030 年全球核电装机容量预估为 510 吉瓦电（GWe），而最高预估值则达到了 810 吉瓦电，这将是目前核电总装机容量的一倍以上。2009 年 9 月由世界核协会（WNA）发行的名为“2009～2030 年全球核燃料市场供需”的报告也进行了类似的预测。它列举了三种可能：第一种预测是认为核电装机容量最多只能维持在目前的水平；第二种预测认为每年的增长速度将会是 2.2% 左右，因此到 2014 年将会达到 415 吉瓦电，2020 年将达到 476 吉瓦电，而到 2030 年将达到 600 吉瓦电；第三种预测则认为到 2020 年将会达到 558 吉瓦电，而 2030 年将达到 818 吉瓦电。最后根据经合组织的预测：2050 年全球核反应堆数量最低可能为 677 个，而最高则为 2 075 个。

核电发展将主要出现在以下国家：中国（预计将新建 90 个核反应堆）、印度（10 个核反应堆已经在计划内，30 个核反应堆还在提议中），日本（将在 2020 年之前新建 9 个核反应堆，约合 13 吉瓦电），俄罗斯（在 2016 年计划建成 11 个核反应堆，并且已经提议到 2020 年再建 25 个），中国台湾（在 2025 年之前将拥有 3 个新核反应堆），韩国（到 2016 年将拥有 9.2 吉瓦电的新核电装机容量），还有北美地区（美国有 33 个核反应堆在提议中，加拿大有 7 个）。此外，目前中东地区、南亚地区以及非洲的大约 30 个无核电站国家都表示出了对核能发电的兴趣。

目前世界上有 14 个国家正在建设 54 个新反应堆，其中有 20 个在中国，9 个在俄罗斯，6 个在韩国，还有 5 个在印度。而建设一个核反应堆至少需要 4～6 年的时间，这意味着从 2014 年开始，平均每年都会有一个新的中型核反应堆投入使用。预计 2010 年将会有 8 个新的核反应堆投入运行。

公开资料显示，全球各国已订购或计划建设的核反应堆为 135 个（核电装机容量为 148 825 兆瓦电），另外有 295 个已经被提议或正在商讨中（核电装机容量为 303 405 兆瓦电）。但毋庸置疑，经济危机所引发的资金问题正在影响着这些雄心勃勃的建设项目。比如在美国，如果核电站发电价格不能低于燃气发电，那么美国的电力企业将不再订购核反应堆。这意味着，所谓的“核电复兴”之路可能并不是那么好走。

不过，根据 2008 年国际原子能机构和经合组织公布的预测，2015 年铀的需求将在 7.687 万～8.6385 万吨铀/年，2020 年需求将在 8.539 万～9.86 万吨铀/年，而 2030 年，需求将达到 9.3755 万～12.1955 万吨铀/年。

铀资源

2008年国际原子能机构和经合组织对全球铀资源的研究表明，在开采成本低于50美元/磅的情况下，铀资源储量估计为547万吨铀（MtU）。其中90%以上集中在以下12个国家：澳大利亚、哈萨克斯坦、加拿大、美国、尼日利亚、纳米比亚、南非、俄罗斯、巴西、乌克兰、乌兹别克斯坦和约旦。此外还预计，根据地质研究的不断深入，铀资源可能达到1 050万吨铀。以目前的消费量计算，以上这些数字的总和相当于未来245年的铀消费量，并且还没包括非传统性铀资源（磷矿石、煤灰、海水、钍）的储量，这些非传统性铀资源相当于1 500万~2 500万吨铀当量。

从2004年开始，在经历了20年的停滞之后（每年大约需要花费1亿美元），铀矿勘探工作如火如荼地展开了，2006年和2007年两年的全球铀矿勘探预算都在10亿美元左右。2003~2009年年底，对仅仅不超过600个铀矿的勘探以及矿床圈定就花费了大约34亿美元。全球主要的核工业和矿业集团在勘探中不遗余力——力拓、全球最大铀生产商卡梅克（Cameco）、法国核工业巨头阿海珐、必和必拓、俄罗斯国有铀公司Atom Red Met Zoloto（ARMZ）公司、哈萨克斯坦国有原子能公司（KazAtomProm）以及乌兹别克斯坦Navoi矿业公司。与此同时，近几年大约有750家小型矿业公司如雨后春笋般地涌现于股市，募得了超过20亿美元

铀

单位：吨铀（tU）

分布地区 \ 年份	2003	2004	2005	2006	2007	2008
世界铀矿产量	**37 574**	**40 178**	**41 719**	**39 444**	**41 282**	**43 764**
其中：加拿大	10 457	11 597	11 628	9 862	9 476	9 000
哈萨克斯坦	3 300	3 719	4 357	5 279	6 637	8 521
澳大利亚	7 572	8 982	9 516	7 593	8 611	8 430
纳米比亚	2 036	3 038	3 147	3 067	2 879	4 366
俄罗斯*	3 150	3 200	3 431	3 262	3 413	3 521
尼日尔	3 143	3 282	3 093	3 434	3 153	3 032
乌兹别克斯坦	1 598	2 016	2 300	2 260	2 320	2 338
美国	779	878	1 039	1 672	1 654	1 430
乌克兰*	800	800	800	800	846	800
中国*	750	750	750	750	712	769
南非	758	755	674	534	539	566
巴西	310	300	110	190	299	330
印度*	230	230	230	177	270	271
捷克共和国	452	412	408	359	306	263
罗马尼亚*	90	90	90	90	77	77
巴基斯坦*	45	45	45	45	45	45
法国	9	7	7	5	4	5

注：*为估计值。
资料来源：世界核协会（World Nuclear Association）。

的资金用于铀矿勘探，而这些资金的60%用在对以前发现的主要铀矿床进行研究。但是2008年和2009年的经济危机使得大部分的新兴小型铀矿勘探公司濒临破产，其中一些公司进行了合并以扩大规模，还有一些则被大工业集团收购。因此在未来，或将发现大量的铀矿。事实上，即使勘探会取得成果，一个铀矿从取得生产许可证到开始生产，平均需要17年的时间。

生产问题

在2008～2009年，一些铀生产国遭遇了生产上的困难。因此，2008年世界一些国家的铀产量较2007年出现了下降，尤其是在澳大利亚、加拿大、美国和尼日尔。在哈萨克斯坦的铀矿生产商遭遇到了硫酸的供应不足（地浸采铀法需要大量的硫酸，然而硫酸价格不断上涨，使供给紧张）。另外，在2009年10月，澳大利亚南部的大型地下矿井——南澳奥林匹克的主井发生了事故。尽管如此，2008年全球铀产量仍然达到4.3764万吨铀，与2007年相比增长了6%，其中最大的增长来自纳米比亚（+52%）和哈萨克斯坦（+28%）。世界近70%的铀产量集中在20个主要产铀国中的4个：加拿大生产9 000吨铀（21%）；哈萨克斯坦生产8 521吨铀（20%）；澳大利亚生产8 430吨铀（19%）；纳米比亚生产4 336吨铀（10%）。而11个主要铀生产国生产了世界97.7%的铀。2009年全球铀产量预计将大幅攀升至4.7万吨铀左右（增长7%），其中哈萨克斯坦的铀产量再次为之做出了贡献。

国际原子能机构和经合组织在2008年的报告中以低于30.77美元/磅的开采成本计算，对2030年的全球铀产量（包括现有的、规划中以及提议中的铀矿）做了理论估计：全球铀产能将在2015年达到9.563万～11.742万吨铀/年，到2020年，产量则

世界11家矿业公司的铀销售量

单位：吨铀

公司名称 \ 年份	2005	2006	2007	2008	占2008年总产量（%）
力拓（Rio Tinto）	6 270	7 088	7 172	7 975	18
卡梅克（Cameco）	8 177	7 923	7 770	6 659	15
阿海珐（Areva NC）	6 020	5 272	6 046	6 318	14
哈萨克斯坦国家原子能公司（Kaz Atom Prom）	4 032	3 699	4 795	5 328	12
ARMZ铀控股公司（Atomredmetzoloto）	3 431	3 262	3 413	3 688	8
必和必拓（BHP-Billiton）	3 688	2 865	3 388	3 344	8
纳沃伊（Navoï）	2 300	2 260	2 320	2 338	6
铀一号（Uranium One）	—	1 000	784	1 107	3
帕拉丁（Paladin）	—	—	—	919	2
希斯盖特资源（Heathgate）	—	—	673	636	1.4
丹尼森矿业（Denison）	—	—	286	629	1.4
其他	—	—	4 633	4 823	11
合计	—	—	**41 279**	**43 764**	**100**

资料来源：世界核协会（World Nuclear Association）。

能源

在8.8525万～12.262万吨铀/年，到2025年，其产量将达到8.384万～11.806万吨铀/年，而到2030年，将达到8.313万～11.785万吨铀/年。这就意味着，在接下来的几十年里，铀产量会在目前的水平上大约增加一倍。这将会更有利于现有的铀矿生产商而非新的铀矿投资者。必和必拓已经计划投资150亿澳元以扩大其奥林匹克坝矿矿井的产能，而阿海珐公司（Areva NC）也宣布在2012年之前将再投入40亿欧元（其中的12亿欧元资金将用于开发位于尼日利亚的Imouraren铀矿项目）。与此同时，预计铀矿的开采成本将平均每年上涨1%（尤其是对于卡梅克、力拓以及阿海珐）。

世界主要铀矿生产商

铀产量主要掌控在少数几个矿业公司手中，2008年仅11家大型矿业公司的铀产量就占据了全球产量的89%。其中前4家公司生产了60%的铀：英－澳力拓18%，加拿大卡梅克15%，法国阿海珐14%，以及哈萨克斯坦原子能公司（KazAtomProm）12%。

全球近66%的铀产量主要来自12个矿山，其中47%来自5座铀矿：加拿大的麦克阿瑟河矿（Arthur River）占15%，澳大利亚的兰杰矿（Ranger）和奥林匹克坝矿占8%，纳米比亚的罗辛矿（Rossing）占7%，俄罗斯的Kraznokamensk占7%。

力拓：2008年力拓是世界第一大铀矿生产企业，其产量达到了7 975吨铀（占世界总产量的18%），比2007年增长了11%，该集团还计划在2015年之前将年产量翻倍。力拓公司拥有澳大利亚能源资源有限公司（ERA）68.4%的股权，而该公司拥有兰杰露天矿，力拓还享有罗辛铀有限公司（RUL）68.6%的股权，罗辛铀公司在纳米比亚经营罗辛露天矿。

2008年世界12座最大铀矿产量

单位：吨铀，%

铀矿名称	所属国家	主要公司	开采类型	产量	占世界份额
麦克阿瑟河（Mc Arthur River）铀矿	加拿大	卡梅克/阿海珐	地下矿	6 383	15
冉格（Ranger）铀矿	澳大利亚	力拓	露天矿	4 527	10
罗辛（Ro Dam）铀矿	纳米比亚	力拓	露天矿	3 449	8
奥林匹克坝（Olympic Dam）铀矿	澳大利亚	必和必拓	地下矿	3 344	8
Kraznokamensk 铀矿	俄罗斯	ARMZ 铀控股	地下矿	3 050	7
阿尔利特（Arlit）铀矿	尼日尔	阿海珐/Sopamin	露天矿	1 743	4
兔子湖（Rabbit Lake）铀矿	加拿大	卡梅克	地下矿	1 368	3
阿科塔（Akouta）铀矿	尼日尔	阿海珐/Sopamin	地下矿	1 289	3
麦克柯林湖（McClean Lake）铀矿	加拿大	阿海珐/丹尼森	露天矿	1 249	3
阿克达拉（Akdala）铀矿	哈萨克斯坦	铀一号	地浸矿	1 034	2
兰格海因里希（Lamger Heinrich）铀矿	纳米比亚	帕拉丁	露天矿	919	2
比维尔利（Beverley）铀矿	澳大利亚	希斯盖特资源	地浸矿	559	1
合计				**28 914**	**66**

资料来源：世界核协会（World Nuclear Association）。

澳大利亚能源资源有限公司（ERA）：位于澳大利亚北部地区的兰杰矿2008年的产量为4 527吨铀（占世界总产量的10%），2009年为4 462吨铀。澳大利亚能源资源有限公司2008年以平均32.53美元/磅的价格出售了4 470吨铀，而2009年的平均销售价格攀升至50.84美元/磅。兰杰露天矿1981年开始投入生产，计划于2012～2013年间关停。但是在2009年，澳大利亚能源资源有限公司将兰杰矿的剩余储量的估算提高至9.751万吨铀，比之前提高了128%。为了开采矿石和剩余的低品位矿渣，必和必拓决定投入大量的地浸设备。此外，2008年，澳大利亚能源资源有限公司在兰杰3号井（毗邻兰杰露天矿）发现了含有2.883万吨铀的新矿体。为此，2010年上半年开始，将挖一条长3公里的地下隧道。澳大利亚能源资源有限公司已经从小型石油勘探商泛大陆公司（PanContinental）那里取得了亚比卢卡矿（Jabiluka）的开采权，亚比卢卡位于兰杰北部22公里处，拥有5.74万吨铀的储量。2009年，澳大利亚能源资源有限公司建议一旦兰杰矿资源耗尽，那么将立即开始亚比卢卡矿的生产活动。

罗辛铀有限公司（RUL）：2008年，纳米比亚的罗辛铀有限公司的铀产量提高了25%，至3449吨铀，达到了过去二十年的最高水平。罗辛铀有限公司计划在2009年生产2 500吨铀，其中41%将出口到北美地区，10%将销往欧洲，而剩余的将销往日本和其他的亚洲国家。在该公司对其露天矿的储量调高和将下属工厂加工能力提高之后，该公司在2012年的产量将达到3 800吨铀（而在2006年，罗辛铀有限公司几乎关闭了该矿的生产）。目前为止，他们计划在2023年之前保持这一年产量，并且如果新的地浸设施建成，那么它的产量将可能再提高400吨铀/年。此外，位于罗辛矿7公里外的澳大利亚资源提取公司（Extract Resources）（力拓拥有其15%的股份）则宣称其拥有南罗辛矿11.23万吨的铀资源。

卡梅克：世界第二大铀生产商，在加拿大、美国和哈萨克斯坦等国经营铀矿，2008年其产量下降了14%，达到6 659吨铀（占全球产量的15%）。卡梅克计划在2009年生产7 770吨铀，其中大部分来自麦克阿瑟河矿山。另外，为了满足印度和中国不断增长的需求，其还计划到2018年将铀产量翻倍，进而达到1.5386万吨铀/年。

卡梅克产量下降主要是因为加拿大铀矿的产量下降，在加拿大的兔子湖（Rabbit Lake）和麦克阿瑟河这两个矿，因设备问题和Kay Lake厂的问题，铀矿产量出现下降。同样，2009年10月，萨斯克切温省（Saskatchewan）的雪茄湖（Cigar Lake）地下铀项目，卡梅克2009年10月再次对其进行排水（2006年该矿曾因大规模进水而被迫停产），受进水的影响该项目本计划在问题解决后于2008年初开始投入生产，但是卡梅克在2009年12月宣布，它不能在2010年第二季度之前确定该矿满负荷开采的时间和生产成本。雪茄湖的储量估计为4.3465万吨铀，品位高达17.55%铀。2010年第一季度，它的供应量减少了770吨铀。与此同时，卡梅克正在积极等待位于麦克阿瑟河矿西南方的Millennium地下矿井项目的审批通过。该项目将涉及2.1925万吨铀，铀矿的平均品位为3.8%铀。

阿海珐：世界排名第三的铀生产商，2008年时生产了6318吨铀（占全球产出的14%）。阿海珐的铀生产分布在加拿大、哈萨克斯坦、尼日利亚和纳米比亚，它的目标就是在接下来的三年内将铀产量翻番。事实上该公司宣称，2009年其已经成为全球最大的铀生产商，并且预计到 2012 年其铀产量将达到 1.2 万吨。

阿海珐拥有麦克阿瑟河矿 30.2% 的股权，该矿在 2008 年的产量为 6 383 吨铀，同时阿海珐拥有麦克林矿山（McClean）70% 的股权和经营权，该矿在 2008 年的产量为 1 476 吨铀。但是在麦克林矿的矿资源采完后，附近的杰布矿厂（Jab）却在 2009 年 1 月也不得不停止运行，原因是该矿原本计划将加工来自雪茄湖的铀矿（阿海珐持有 31.7%），而后者却被暂时关闭，并停止了生产。因此，阿海珐决定在雪茄湖项目重新启动和运行之前，从距此 920 公里的麦克阿瑟河矿厂以卡车运输形式将矿石运到杰布矿进行加工。鉴于国际经济形势，阿海珐在 2008 年 11 月份选择延迟对中西部铀矿（Midwest）的开采，该矿就位于麦克林和杰布的西边，年产量为 4 000 吨铀/年。

在哈萨克斯坦，阿海珐拥有 Katco 公司 51% 的股权，2008 年，该公司共生产了 3 765 吨铀，对阿海珐的铀产量贡献巨大。2009 年 2 月，阿海珐与哈萨克斯坦国有原子能公司签订协议，到 2012 年将把 Katco 公司的产量提升至 4 000 吨铀/年，并在 2039 年之前将一直维持该水平；而产品的销售将全部由阿海珐负责。

在尼日尔，阿海珐经营着两座矿（他也是这两座矿的主要合伙人）：阿尔利特（Arlit）的 Somaïr 矿以及阿库塔（Akouta）的 Cominak 矿。自 1971 年以来，Somaïr 矿的总产量达到了 4.8 万吨铀，在 2008 年单年甚至达到了 1743 吨铀；自 1978 年以来 Cominak 矿的总产量达到了 5.9 万吨，2008 年的产量为 1 289 吨铀。以目前的产量来看，阿尔利特和阿库塔的铀储量足够开采 15 年。2009 年 1 月，阿海珐通过与尼日尔政府签订矿业合同，取得了 lmouraren 矿床的开采许可，该矿在 2009 年 5 月份已经开始施工。由阿海珐（66.65%）和尼日尔政府（33.35%）合资开发的 lmouren 矿床将在 2012 年开始生产，每年生产 5 000 吨铀。以其品位为 0.1% 铀的 25 万吨铀储量（初步预测）估算，该矿床可以持续开采 35 年以上。这个新矿将使得尼日尔的铀产量翻倍，也将使得尼日尔的铀产量上升至全球第二。据悉，2009 年的 12 月份韩国电力公司（Kepco）和韩国水力核能发电公司（Khnp）获得了 lmouren 项目 10% 的股份。

在纳米比亚，阿海珐南部非洲资源公司（ARSA，其前身为 Uramin 公司）计划在四年之内将成为世界第四的铀矿生产商，产量将达到 5 000 吨铀/年（其中部分产量将来自中非共和国的巴库马矿）。此公司从 2009 年 3 月开始生产“黄饼子”（主要成分是八氧化三铀，即 U_3O_8，译者注），产能在 2012 年将达到 2 500 吨铀/年。

哈萨克斯坦国有原子能公司（KazAtom-Prom，KAP）：哈萨克斯坦拥有世界 15% 的铀资源，2008 年的铀产量为 8 521 吨铀，比 2007 年的 6 637 吨铀，上升了 28%。其中哈萨克斯坦国有原子能公司在 2007 年的产量为 4 795 吨铀，2008 年的产量为 5 328 吨铀。2009 年该公司宣布其与合作矿业公司的产量已经使其成为全球最大铀生产商，产量达到了 1.39 万吨铀。在 2009 年，该公司与国际矿业公司开展合作，并使许多新的地浸铀矿（ISR）投入生产：2009 年 4 月，他与加拿大的第一铀业公司（Uranium One）和日本的公司联合开采 Kharasan 1 号矿井，目标是在 2009 年生产 180 吨铀，到 2014 年的年产能将达到 3 000 吨铀，并且在 2053 年之前将一直维持该水平。同样是在 2009 年 4 月，国有原子能公司和中国广东核电集团（CGNPC）合作签署了 Irkol 地浸铀矿项目，该项目涉及4万吨铀储量。2010年其产量将达到750吨铀，并且开采活动有望持续25年。其他地浸项目也在Akbastau矿井和Baiken矿井展开；同时，Kharasan 2号井和Semizbai矿井的建设也在继续，Inkai南矿井的增产工程也在有序进行。2008年和2009年，尽管硫酸的供应紧张并给哈萨克的铀生产带来了困难，但是国家原子能公司依然决定与其伙伴合作扩大铀的生产，预计2010产量将达到1.5万吨铀，到2018年将达到3万吨铀/年。国家原子能公司预计，此项目在2010年所需要的硫酸量将达是2006年的4倍。其中两个硫酸生产厂正在建设中，一个在斯捷普诺斯克（Stepnogorsk），预计2010年开始运行；另一个在Zhanakorgan地区，将于2011年运行。但是仍有一些因素制约着哈萨克斯坦铀矿的生产：新开采的铀矿的品位较低、供电量不足，以及技术工人短缺。

俄罗斯ARMZ铀控股公司（AtomRedMetZoloto，ARMZ）：全球排名第五，该公司是俄罗斯国家原子能公司（Rosatom）的子公司，年产量为3 688吨铀，其中83%的产量（3 050吨铀）来自Kraznokamensk地下矿井，Kraznokamensk矿位于俄罗斯、蒙古和中国交界的Transbaïkalia地区。俄罗斯的铀资源非常丰富，拥有57.5万吨铀的可开采储量，还有87.5万吨铀的探明储量。更确切地说，雅库特南部的Elkon区域（位于西伯利亚北部和俄罗斯远东之间）存有32万吨的铀，这分布在8个矿床中。2008年，俄罗斯ARMZ铀公司决定开发Elkon矿山，并且计划从2013年开始大规模提高产量，到2015年产量将达到3 000吨铀/年，2024年将达到5 000吨铀/年。

俄罗斯ARMZ铀公司拥有全球第二的铀储量，其铀产量在世界排名第五。该公司2009年的铀产量达到了4 700吨铀，主要来自俄罗斯和哈萨克的铀矿。实际上，为了满足核电产业不断增长的需求，俄罗斯需要不断提高铀产量，因此俄罗斯ARMZ铀控股公司决定将铀产量提升6倍，达到2万吨铀/年。为了达成目标，该公司已经开始与美国、加拿大、蒙古、纳米比亚以及乌克兰的矿业集团展开合作。2009年8月，该公司与蒙古国有铀矿企业MonAtom签订了Domod铀矿的开采协议，Domod铀矿离俄罗斯Priargunsky矿大约200公里，拥有2.8万吨铀的资源。该公司还与卡梅克公司就在澳大利亚和非洲的项目举行了商谈，此外，也与阿海珐就在其他非洲国家的合作项目进行了商谈。

必和必拓：全球排名第六，2008年，必和必拓在南澳大利亚的综合地下矿奥林匹克坝（含有铜、金、银、铀）的铀产量为3 344吨铀，2009年为3919吨铀。这个矿是全球储量最高的铀矿之一，达到29.5万吨铀，品位为0.05%铀。必和必拓打算大幅增扩矿井规模，预计2020年时，其产量可能达到1.6万吨铀/年。2008年11月，必和必拓宣称将会撤销对其竞争对手力拓的敌意收购，同时在另外一份声明中表示，由于资金问题至少在2015年之前不会对奥利匹克坝实施扩张计划。不过，2009年1月，必和必拓报告称，其矿井扩张计划对环境影响的研究已经完成，并将此报告提交给澳大利亚联邦政府和各州政府。这份4 000页的报告涉及了一项为期11年的五步扩张过程，其中包括一个露天矿的开采和用于提供淡水的海水脱盐厂。2009年10月6日，该矿的一个主要矿井的运输设备发生了机械故障，导致该矿的产量下降了75%。因此必和必拓不得不对其客户宣布遭遇“不可抗力”。公司希望能在2010年3月之前全面恢复生产。

纳沃伊（Navoi）：其铀储量和产量均居

全球第七，乌兹别克斯坦国有企业纳沃伊金属矿物联合公司（NMMC）在2008年的产量为2 338吨铀。乌兹别克斯坦铀矿的证实以及概略储量为11.1万吨铀，分布在目前发现的40个矿床中。该公司计划到2012年将铀产量提升50%，但是2009年乌兹别克斯坦总统表示由于经济危机，此发展计划可能会放缓。为了达成目标，纳沃伊金属矿物联合公司在国际矿业合作伙伴的帮助下建设了7个新的地浸项目，并扩大了其硫酸的产量。主要的新地浸项目位于撒马尔罕州（Samarkand）的卡尼梅赫（Kanimekh）北部，在2008年11月开始运行，由美国的Nukem公司协助开创，预计将在2012年达到满负荷运作，Nukem公司负责所有铀的出口。与此同时，2009年，纳沃伊金属矿物联合公司开始在Alendy、Yarkuduk、Meilysai和Tutlinskaya进行实验性地浸项目。该公司还和俄罗斯国有铀生产商就Aktau矿项目签订了合作协议，日本伊藤商忠事公司（Itochu Corp.）拥有纳沃伊金属矿物联合公司在Rudnoye地区黑色页岩项目50%的股权。事实上，2008年中期，日本三井物产株式会公司（Mitsui & Co.）就推出了在Zapadno-Kokpatasskaya的黑色页岩矿床研究。2009年8月，中国广东核电集团与纳沃伊金属矿物联合公司以各占50%股份的形式共同成立了一家合资企业，该企业同样展开了对Boztauskaya地区黑页岩的研究。2009年中期，日本石油（Japan Oil）、天然气以及金属国有公司（GMNC）与纳沃伊金属矿物联合公司共同签署了一份有关地浸型铀矿床和黑页岩的合作协议。

第一铀业（Uranium One）：于2005年在多伦多成立，其生产分布在哈萨克斯坦、南非、澳大利亚及美国。目前，它的铀产量几乎均来自哈萨克斯坦。2007年，其在哈萨克斯坦的产量达到了784吨铀，2008年达到了1 107吨铀，2009年为1 350吨铀。第一铀业公司（亦译作“铀一号”公司）与哈萨克斯坦国家原子能公司共同开发3座地浸矿：Adkala矿（第一铀业公司占70%的股份），南Inkai矿（第一铀业公司占70%的股份）和Kharasan矿（第一铀业公司占30%的股份）。南Inkai矿项目于2009年5月开始了商业化生产，Kharasan矿项目也于2009年4月正式启动，但是2009年只是实验性生产。第一铀业公司收到了提高南Inkai矿项目未来三年铀产量的批准，因此，该矿的产量在2008年为295吨铀，2009年为577吨铀，随后将提高至2 000吨铀/年（即为Adkala矿项目产量的两倍）。2008年12月，第一铀业公司争取到了开采权。2009年11月，哈萨克斯坦政府批准了第一铀业公司从俄罗斯国家原子能公司手中经转让获得的Karatau矿50%的股份（可能也获得了Budenovskoye 2号井的股份）。Karatau矿于2008年开始投入生产，估计该矿拥有1.2044万吨铀的探明储量，其2008年的产量为655吨铀，2009年为1 300吨铀，预计2010年将达到2 000吨铀。与此同时，俄罗斯国有铀生产商与第一铀业公司签署了战略伙伴协议，并获得了后者16.6%的股份。而第一铀业公司在收购了Karatau矿50%的股权后，2009年的总产量有望达到1 345吨铀，2010年有望达到2 615吨铀。

帕拉丁（Paladin）：澳大利亚帕拉丁能源有限公司，2008年在纳米比亚的兰格海因里希（Langer Heinrich）露天矿的产量为919吨铀。该露天矿于2007年3月开始运营，证实以及概略储量为6.3255万吨铀，品位为0.05%铀。帕拉丁计划在2010年年底之前将产能提升至2 000吨铀/年，在2011～2012年期间将年产能提升至3 000吨铀以上。2008 年年底，帕拉丁在马拉维完成了拥有 85% 股份的新 Kayelekera 露天矿的建设，该矿拥有平均品位在 0.08% 的 1.5 万吨铀的资源，已于 2009 年 4 月份投入生产，预计 2012 年产量将达到 1 460 吨铀/年。2009 年，帕拉丁的两个在非洲的铀矿产量达到了 2 250 吨铀，并且预计 2010 年 6 月之前的 12 个月的产量达到 2 150 吨铀至 2 350 吨铀之间。帕拉丁在澳大利亚有两个项目：一个是位于昆士兰州的伊萨山（Mount Isa），预计 2013 年将投入生产；另一个在澳大利亚北部的安吉拉（Angela），帕拉丁与卡梅克公司合作开发该矿，预计在 2014 年可投产。2010 年初，市场传言卡梅克可能有意收购帕拉丁能源有限公司。

希斯盖特（Heathgate）：其是美国通用原子能集团（GAHR）的子公司。自 2001 年以来，希斯盖特资源有限公司就已经开始运作地浸设施，并且被授权在南澳大利亚东部的贝弗利矿（Beverley）每年生产 1 000 吨铀。贝弗利拥有 1.8 万吨品位为 0.15% 铀的铀矿资源。2007 年希斯盖特在贝弗利的产量为 673 吨铀，2008 年为 636 吨铀。2008 年 5 月，Quasar 资源公司（75% 股权被希斯盖特持有）取得了 Four Miles 矿的地浸采矿许可证，该矿距贝弗利 8 公里，并且拥有 2.4 万吨品位为 0.3% 铀的铀矿。预计 2010 年的初始产量为 580 吨铀/年，之后将上升至 1 700 吨铀/年。

丹尼森（Denison）：多伦多丹尼森矿业有限公司，其 2/3 的铀产量来自加拿大，其余 1/3 来自美国。它在 2008 年的产量为 629 吨铀，2009 年为 538 吨铀。2009 年 6 月，丹尼森同意将公司 17% 的股份出售给韩国电力公司（KEPC）。丹尼森拥有阿海珐在加拿大麦克林湖矿和精炼工厂的 22.5% 的股份，同时，丹尼森还拥有卡梅克的 Wheeler 湖矿项目（位于麦克阿瑟河和 Key Lake 精炼厂之间）60% 的股份。2009 年 6 月，丹尼森签订了收购北方大陆资源公司（Northern Continental）的协议，后者拥有罗素湖铀矿（Russell Lake）60% 的股权，罗素湖铀矿就在 Wheeler 湖矿的附近。丹尼森在美国犹他州怀特梅萨（White Mesa）地区拥有一家铀精炼工厂和在犹他州的 6 个小型铀矿（Tony M 矿）100% 的所有权和经营权，它们处在科罗拉多高原和亚利桑那州地带。同时，丹尼森还在加拿大、蒙古和赞比亚拥有其他项目，比如 Muranga 项目。

前景

短期来看，预计 2010 年全球铀市场将出现供应过剩。一些专家预测，2010 年铀矿的产量将增加 13%（达到 5.285 万吨铀），而需求的增长速度为 3%（将达到 6.865 万吨铀）。因此铀市场的供需显示出相对平衡——电力生产商的铀需求目前基本上已经有保障，因此，他们无需在现货市场上大量购买铀。尽管如此，一些铀生产商的生产问题可能会使铀市场出现紧张的局面。

从中期来看，电力生产商可能在 2011 年开始增加在铀现货市场上的采购。而现在的铀供给过剩中包含了再生铀的供给，这些再生铀来自工业、各国政府以及核武器库存，但是在未来几年这些再生铀将会逐渐减少。尽管许多专家预测铀供应紧张局势很快就出现，但是世界核协会（WNA）预计，原生铀以及再生铀的生产已经可以满足 2020 年之前的市场需求。当然，由于一些重要的新铀矿项目如在加拿大的雪茄湖、和中西矿，在澳大利亚的奥林匹克坝扩建项目的延后，供需矛盾可能将会加大。而铀的价格需要保持在高位才能刺激新产能的开发。

在长期，对世界核电生产商而言，保证铀的供应十分重要：尤其是在电力企业需要提高设备利用率或者升级核反应堆的时候，或者是一些国家（特别是中国、印度和俄罗斯）投资发展核电时。目前世界上有436个反应堆在运行，专家预测在未来10年，将会新建超过100个核反应堆，因此铀供应的短缺将会出现，而这将明显限制核电行业的扩张。铀库存的下降以及铀生产商可以对此做出的反应给铀市场带来了两个重要的影响：首先，由于再生铀（主要来自于裁减的核武器和贫铀的再浓缩）目前占据了核电行业铀供应的很大一部分，因此原生铀的产量与需求之间的不平衡已经存在了20年之久。事实上，目前核电公司以及铀生产者的铀库存都相当低，再加上铀“二次资源”的供应存在不确定性，因此剩余的铀库存将逐渐被耗尽，以前的供应过剩局面也将不复存在。

供应方面，多年以来铀矿厂的基础设施建设一直都被忽视，铀矿的开发还是在20世纪90年代。尤其是在拥有全球最大铀储量的澳大利亚，该国自20世纪80年代以来因国内政治的压力，其铀产量一直受到限制，澳大利亚一些州政府甚至长期禁止新矿的开发。与此同时，铀的供应区域愈加集中，因此一旦个别矿井发生技术事故，就很容易造成市场供应的中断（比如最近在2008年和2009年发生的事故）。今天，哈萨克斯坦铀矿、澳大利亚铀矿（如奥林匹克坝矿）以及加拿大铀矿（如雪茄湖矿）都是世界重量级的铀供应基地，因此，如果它们发生意外事故，那么显然会对市场供应造成巨大影响。

因此，世界铀行业正在经历从“库存市场”向“生产市场”过度的艰难阶段。铀现货价格的大幅波动，美元相对产铀国货币的贬值以及环境限制等问题都将对铀矿业的发展产生不利影响，然而，铀矿业的发展又是必不可少的。

生物乙醇

2009年对于生物乙醇生产商来说是极为困难的一年，但在2009年年底时情况已有所好转。实际上，经济危机爆发和生物乙醇价格暴跌使2008/2009生产年度成为生物乙醇生产商灾难性的一年；而在2010年，因为农产品价格相对较低，原油价格的上涨和需求的恢复使生物乙醇生产商获得转机，世界3个主要生物乙醇生产区——巴西、美国和欧洲的生产利润都有所恢复。

实际上，2009年全球乙醇产量的增长仅为14%，约为前几年增长率的一半。在美国，经济危机引发了对该行业生存能力的忧虑，因此危机之后该行业重新盈利至关重要。预计，2010年的世界生物乙醇产量将达到强制性混合目标（美国和欧洲等在其能源法中规定，必须在燃料中混合一定比例的乙醇——译者注）所规定的440亿升。在巴西，2009年的特点是生物乙醇产能扩张的止步，但是2009年回落的产量，将在2010年再度回升。另外，2009年不利于甘蔗生产的气候条件和糖价的急剧上扬对巴西乙醇的生产产生了不利影响。2009年，巴西的乙醇价格大幅低于糖的价格，在2010年初这种价差有所收窄：在乙醇和糖之间，糖依然是巴西生产商的首选；但是2010年甘蔗的良好收成，将可能使乙醇生产重回高速增长的轨道。在欧洲，乙醇产量和需求均继续增长，另外，巴西对欧洲的乙醇出口除了在2009年最后一个季度有所减缓之外，在之前的三个季度均给欧洲乙醇生产商带来了巨大的压力。在欧洲，预期的甜菜丰收和欧洲有限的糖出口以及偏低的谷物价格均可能促使欧洲的生物乙醇产量增长。而2010年世界生物乙醇供应预计将增长12%，这与世界乙醇需求增长相符。

2009年，全球乙醇产量的增长主要来自于美国和欧洲，分析人士预计这两个地区的产量还将继续增长。然而，2009年全球乙醇的贸易量从之前的800万立方米降至600万立方米，这反映了需求的下降，特别是美国需求的下降。

对于2010年，分析人士持谨慎观点：燃料中混合乙醇目标政策应该为当前的乙醇需求提供支撑；但原油价格的波动已被证明是决定乙醇价格的重要因素。当原油价格低于50美元/桶时，原油较乙醇具有竞争力。而在2009年中期，原油价格再次超出了50美元/桶，在2010年初时达到70美元/桶以上，这使得乙醇的竞争力得以恢复，尤其是在巴西市场上。对于生产国来说，平衡当前乙醇市场较为复杂：不仅需要判断原材料（糖和谷物）的价格和原油的价格走向，汇率的波动，同时还要对波动巨大的需求做出有效的预测，并服从世界各国政府的相关政策。而今天各国政府将主要精力放在了经济危机的处理上，而非环境和气候问题。

随着谷物价格的下跌，“食物与燃料”的争论已经逐渐平息，但这种争论的焦点转移到了生产生物燃料国家的环境适应性、经济和社会的可持续发展方面上。一般来说，生物燃料特别是生物乙醇，应该为减少温室气体排放、保护环境、农业和农村地区的持续发展做出贡献。但是并非所有的“生物燃料”都是如此：以甘蔗（在土地使用方面，需服从一些环境保护要求）和甜菜为原料生产的生物乙醇可以达到上述目标。但是从中长期的角度来看，美国以玉米为原料生产的生物乙醇是否能够达到上述目标是值得讨论的。

美国生物乙醇行业重新盈利

在美国，作为生产生物乙醇原材料的玉米的价格下跌是导致乙醇生产商恢复盈利的主要因素。由于2008年高企的玉米价格和过剩的乙醇供应，生产商的盈利能力严重受损。

在美国可再生燃料标准（Renewable Fuel Standard，RFS）的法律框架内，2010年美国的混合目标是456亿升生物燃料（包括105亿加仑的生物乙醇和6亿加仑的其他生物燃料，其中包括5亿加仑的生物柴油和1亿加仑的生物燃料，如从巴西进口的蔗糖乙醇等）。因此，美国混合目标的提高和2010年初原油价格达到约80美元/桶，以及玉米价格的下跌（2010年1月底时为142美元/

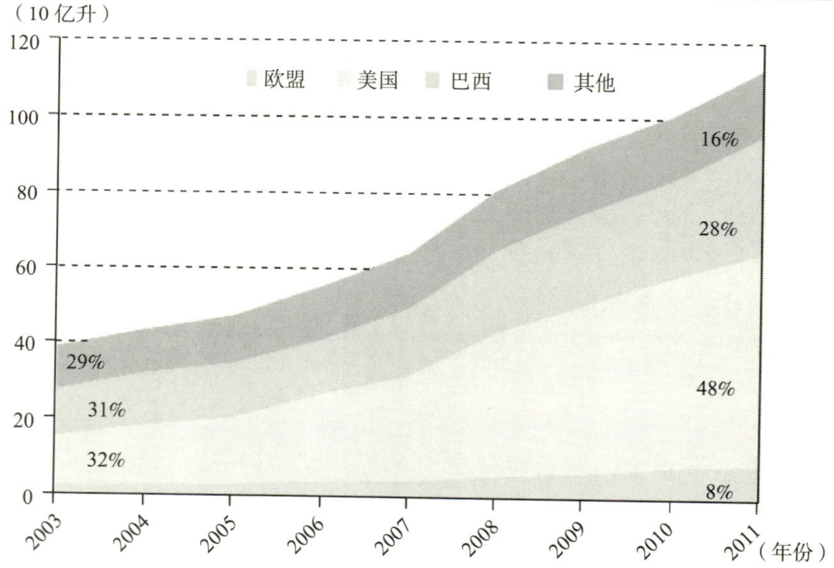

世界乙醇消费预测

资料来源：Tereos 集团。

吨）均减少了乙醇生产商的压力，2010 年美国的乙醇产量可能会达到 440 亿升。

美国是世界最大的从巴西和加勒比地区进口乙醇（主要为无水乙醇）的国家。加勒比地区的 24 个国家享受免税进入美国市场的优惠，年进口配额占美国乙醇消费量的 7%（在 2009 年为 24 亿升）。2009 年美国乙醇进口下降，但估计将于 2010 年回升，进而达到美国的可再生燃料标准规定的混合目标；其中特别是对“高级”生物燃料（advanced biofuels）的进口将增长，而蔗糖乙醇就是其中之一。

目前，在美国用于生产乙醇的玉米价格下跌，使得美国乙醇具有竞争力，尤其是在乙醇的出口上。但是贸易商并不愿意大规模进行美国乙醇贸易，因为美国乙醇不符合欧盟制定的温室气体减排的可持续性标准，而这个标准既适用于欧盟内部的乙醇生产，也适用于欧盟进口的乙醇。

巴西扩张的停止

在 2009 年，巴西乙醇行业受到金融危机的影响，扩张速度减缓。对 2009 ~ 2010 年最新的预期较为悲观。不利的天气条件降低了甘蔗的出糖率，另外乙醇和糖的比价使得生产商更愿意生产糖（在 2009/2010 生产年度，中南美洲地区有 57% 的甘蔗被用于生产乙醇，而 2008/2009 生产年度为 60.4%）。最后再加上金融危机的影响，巴

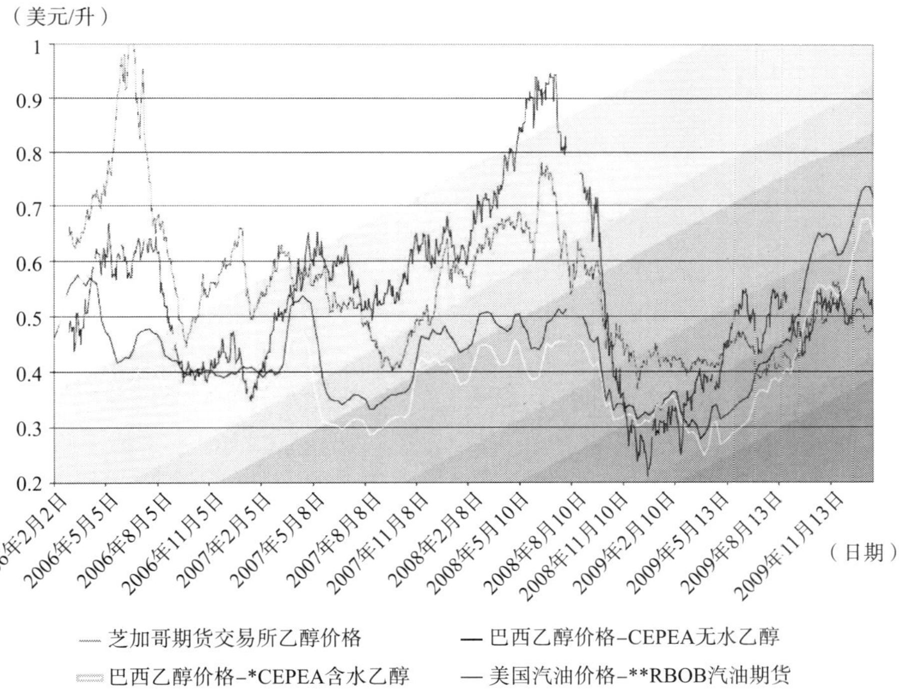

注：* CEPEA 为巴西圣保罗大学农学院应用经济高级研究中心；** RBOB 为含有 10% 乙醇的混合汽油。

美国芝加哥期货交易所（CBOT）
和巴西商业期货交易所（BM&F）乙醇价格

资料来源：世界甜菜和甘蔗种植者协会（World Association of Beet and Cane Growers）。

西乙醇生产的扩张在2009/2010生产年度出现了停滞，45个预期投产的乙醇蒸馏厂只有23家投入运行，巴西2009/2010年乙醇总产量将停留在2008/2009年的水平，约为250亿升。

然而巴西国内乙醇需求依然坚挺，灵活燃料汽车（flex-fuel vehicle，FFV）占据了巴西上路车辆的40%。巴西开车族对乙醇的青睐超过了汽油，近三年乙醇消费增长了78%，汽油增长仅为3%。但是有些分析人士指出，巴西最近对石油和天然气勘探取得的成果，可能会影响巴西政府继续对生物乙醇行业发展提供支持，而该行业目前正处在严重的危机之中。

灵活燃料汽车（使用含水乙醇）占巴西新车销售总量的90%以上。鉴于乙醇产量下降和较高的零售价格，巴西政府下调了无水乙醇的强制性混调比例（与汽油混调），决定从2010年2月1日起，暂时将混调最低标准从2007年开始执行的25%降至20%，有效期为90天。

为了确保国内需要，巴西明显减少了乙醇出口，尤其是对于一些特定的出口地区。例如欧洲：一些人士认为，2009～2010年巴西乙醇对欧盟出口的降幅约为1/3。

创纪录的需求水平还导致乙醇库存的显著下降，实际上，仅仅那些实力雄厚的大型乙醇蒸馏厂才有能力持有大量库存，进而受益于乙醇价格的回升。2009年12月份的最后一周，巴西无水乙醇的报价为69美元/百升（hl），而在2009年春，乙醇价格为30美元/百升。根据巴西甘蔗行业协会（UNICA）提供的数据，到2010年1月，乙醇零售价格在2009年4月份的基础上上涨了110%，2010年初，为了满足需求，用于生产乙醇的甘蔗比例已经提高。而灵活燃料汽车使用含水乙醇的下降，正是乙醇对价格上涨和乙醇竞争力下降（与汽油相比）做出的反应。实际上用于代替汽油的乙醇，只有当其价格不超过汽油价格的70%时，才具有竞争力，而在2009年末和2010年初的巴西市场却并不是这样。但另一方面，乙醇价格的上涨意味着乙醇企业重新开始盈利。

在2007年和2008年间，巴西的乙醇生产企业先是被生产成本的上升和乙醇价格的回落所削弱，随后又受到了信贷紧缩的沉重打击。而对巴西乙醇出口至关重要的对基础实施建设的投资也没有能如人们之前预期的那样可以逃过危机的影响。巴西可再生能源公司（Brenco）就是一例。该生产商曾计划投资10亿雷亚尔，建设一条从马托格罗索州（Mato Grosso）的Alto Taquari地区到桑托斯港（Santos）长达1 120公里的乙醇输送管道，且该集团期望在桑托斯港收购一个具有400百万立方米/年能力的装卸终端，但如今该公司债务缠身，而来自巴西开发银行的13亿雷亚尔贷款并不够，其仍然需要大约55亿雷亚尔的资金才能完成对所有项目的投资，该公司正在绝望地寻找新的合作伙伴。曾经泛滥的流动性似乎已经一去不复返了。

巴西乙醇行业因此急需乙醇价格保持稳定，且处在相对较高的位置上。最近巴西的“石油、天然气和生物燃料机构”决定允许乙醇贸易公司从事其他燃料市场交易。该措施或将有助于减少乙醇价格的大幅波动。

2010年2月，巴西头号糖和乙醇生产商可山集团（Cosan Group）和皇家壳牌（Shell）宣布，成立了一家致力于乙醇生产和销售的合资公司。而皇家壳牌选择对以甘蔗为原料生产乙醇进行投资是有重大意义的。而对于可山集团来说，这正是其扩大乙醇市场的关键一步，尤其是在乙醇出口上，石油公司的基础设施将对此帮助巨大。

尽管巴西政府给予了大力支持，至今巴西的乙醇生产商也没有促成一个世界性的乙醇衍生品市场。另外，巴西的乙醇生产商继续向美国施压，要求美国停止向来自巴西的乙醇征收关税。巴西也有可能向世贸组织（WTO）申诉。为了表示该行动的一致性，巴西乙醇行业也向巴西政府提出了停止对巴西进口的乙醇征收20%的关税的政策，但目前巴西政府至今没有同意。

2009年，巴西上市公司巴西石油公司（Petrobras）与中石油签署了一份协议，评估在巴西生产乙醇，并出口到中国的可行性。另外，为了在2010年达到将25亿升（200万吨）乙醇混入汽油的目标（而在2020年为250亿升，即2 000万吨），中国将乙醇的进口关税从30%降到了5%，自2010年1月1日起生效。中国的5家乙醇蒸馏公司的产量可能达到17亿升/年（135万吨），其中4家以谷物为原料，1家以木薯为原料。中国是亚洲最大的乙醇生产国。另外，在中国未经批准不允许以谷物为原料生产乙醇，而以植物纤维为原料生产乙醇在短期内无法实现。

最后，巴西乙醇行业将各国减少温室气体排放和发展可再生能源的政策作为其扩大市场份额的主要动力。巴西乙醇工业在所有有关气候变化和根据《京都议定书》建立碳排放体系的讨论中表示，巴西以甘蔗为原料的乙醇生产具有优势。实际上，巴西乙醇工业需要提高他们的比较优势，并改善与乙醇生产相关的经济环境，进而吸引资金和投资者以及提高对乙醇产业投资的利润。

其他拉丁美洲国家向生物乙醇靠拢

对阿根廷来说，2010年是关键的一年。在2010年1月1日起生效的强制性规定中，乙醇混入汽油最低比率为5%（E5）。另外，政府还设定了2.02亿升乙醇的生产配额。

在其他拉丁美洲国家（哥伦比亚、危地马拉、巴拉圭和乌拉圭），乙醇产量继续增加，以满足各国政府制定的混入汽油的乙醇比例。

在哥伦比亚，该国政府制定的在2010年混入汽油的乙醇的比率为10%（E10）。另外，建造10家新的乙醇蒸馏厂的巨大项目已经启动，这将需要10.3万公顷的甘蔗种植园，而之前已经有43万公顷的甘蔗种植园用于乙醇生产。哥伦比亚也希望向欧洲市场出口乙醇。哥伦比亚实际上已被欧盟列入了乙醇进口国优惠国家的名单，而这将在安第斯国家与欧盟之间自由贸易协定中给予确认。届时哥伦比亚向欧盟出口的乙醇将享受零关税待遇。

危地马拉的乙醇生产同样在继续增长。但是该国政府并没有推出支持乙醇消费的计划，这使得该国生产的脱水乙醇（2009年为3.76亿升左右）全部用于出口。

欧洲生产稳步前进

欧盟仍然是全球第三大乙醇生产和消费国，也是全球第二大乙醇进口国。2009年，欧洲（所有用途）乙醇的产能几乎翻了一番，从2008年的36亿升增至2009年的60亿升以上，其中40亿升为乙醇燃料。2010年，欧盟将大约生产49亿升乙醇燃料。目前有12～16家蒸馏厂正在建设，计划于2011年投入运营，届时欧洲的乙醇加工厂的总数将增加至79家，且还有另外22家列入了2012～2013年的建设计划。但实际上之前预期建设项目为50个，这是由于2007～2008年的谷物价格飙升使得一些项目被取消。

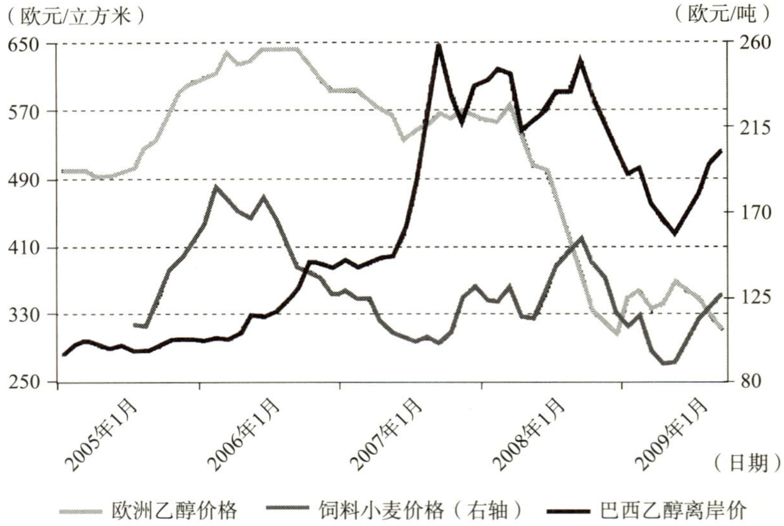

欧盟和巴西的乙醇价格

资料来源：法国苏克敦集团（S&D Groupe Sucres & Denrées）。

欧洲主要的乙醇生产商是西班牙的 Abengoa 公司、法国的农业合作社集团 Tereos 公司和 Cristal Union 公司以及德国的 Südzucker 公司。目前，欧洲的农业合作社集团掌握欧盟 80% 的生物乙醇产能。

在欧洲，乙醇行业新的投资或将来自于那些目前还没有颁布雄心勃勃的生物燃料政策的国家。在欧盟的乙醇生产国中，只有西班牙和法国的乙醇产量超过了自身需求。在德国、瑞典和荷兰都明显存在供给缺口，它们属于乙醇进口国。2010 年，欧洲混入汽油的乙醇比例从 3.5%（英国）到 7%（法国）不等。在法国，2009 年 3 月 1 日引入的 E10 标准（即混入汽油的乙醇比例为 10%）将提振乙醇需求，然而加“油”站的数量有限将使其最终效果下降。因此，法国的乙醇消耗仍将略低于其产量。在德国，被政府采纳的 2009～2014 年的五年乙醇使用计划中为 2010 年设定的混合标准为 5.25%，即混入运输业的生物燃料应用比例为 5.25%。

而乙醇行业的投资是否会真正落实，取决于若干因素，特别是欧盟各成员国 2010 年 6 月之前推出的相关政策。而欧盟国家计划的制订还必须服从欧委会的可再生能源指令（Renewable Energy Directive）的规定（该指导方针已于 2009 年被欧盟采纳），在 2020 年欧盟各成员国运输业的能源消费中将至少有 10% 来自于可再生能源。因此，依靠欧盟各国在燃料中混入生物燃料的强制性规定和与之相关的免税政策的实施，欧盟国家的乙醇消费将会增长；另外这些还会影响到乙醇的来源。

欧盟是乙醇净进口地区（2008 年进口 15 亿升，2007 年进口 11 亿升），其中 60% 来自巴西。欧洲乙醇的价格与巴西乙醇的价格联系紧密——欧盟从巴西进口大量的乙醇，而其中有许多混合物形式的乙醇和不同规格的乙醇，其目的是逃避欧盟对含水及无水乙醇征收的进口关税。

事实上，只要可以比使用化石燃料产生的二氧化碳排放量低35%，欧盟将不考虑生产乙醇所用原材料的产地（欧盟国家或其他地区），因此所有生物燃料均被纳入了欧盟10%的目标之内（运输业的能源消费中将至少有10%来自于可再生能源）。从2017年起，对于已经存在的装置，35%的比例将提高至50%，而对新装置将提高至60%。

欧洲乙醇生产的其他可持续性生产标准包括生物的多样性，环境保护和提高社会性。因此，必须有一种系统对是否符合这些标准进行检验，尤其是针对进口的乙醇，但这种检验系统还没有确定。目前，欧委会首选的是所谓的“主动证明”（voluntary certification）。一旦该系统被欧盟认可和批准，所有向欧盟出口乙醇的国家都必须遵守，期限为5年。这种解决方案被认为对向欧盟出口乙醇的生产商比对欧盟内的生产商生产乙醇更为有利，因为欧盟的乙醇生产商必须遵守欧盟共同农业政策中有关环境保护条款的限制和生产可持续性标准。

欧委会对土地使用方面的概念已出现变化：公众咨询已经展开，最终报告预计于2010年3月出台。这种概念的引入可能不利于从某些国家进口乙醇。欧洲乙醇市场之前向非加太国家集团（African, Caribbean and Pacific Group of States, ACP）（诸如毛里求斯）和最不发达国家（如苏丹、毛桑比克和坦桑尼亚）开放，因此这些国家也将必须遵从这些标准。在这些国家，生物乙醇生产商将大规模种植农作物的土地转而生产生物燃料，这再次点燃了“食物与燃料”之争，而在这些贫穷的国家“食物与燃料”之争的意义与在欧洲国家截然不同……这并不符合欧盟可持续性生产的标准。

苏丹的目标是成为非洲最大的生物乙醇生产国家。2009年12月，苏丹出口了其第一船乙醇（500万升，即5 000立方米），目的地为阿姆斯特丹，即欧盟乙醇市场。随后又有4次交货，每次为500万升。苏丹政府

纤维素乙醇：一个还需要讲的故事

2009年，世界生物乙醇市场发展速度减缓，但从需求的角度来看，长期前景依然向好。到2020年，乙醇的消费可能将达到1 850亿升的水平（而2007年为490亿升），这相当于全球运输燃料需求的13.7%。然而，这将需要政策和资金的支持。通过立法的支持以及E10、E20、E85甚至是乙醇-柴油（将乙醇混入柴油）的迅速普及，进而使得生物乙醇混入燃料大规模地展开。此外，还必须找到继续吸引投资者和资金的方法，这也是巴西生物乙醇生产商制定的目标。

最后，投资以纤维素生产乙醇的前景又会如何呢？实际上，纤维素的酶解工艺已经存在了近40年（酸处理工艺存在了长达200年）。今天，世界上有多达15个以上的项目，众多工业巨头亦参与其中。丰富廉价的原材料供应吸引了投资者，而减少二氧化碳排放量亦使其成为关注的焦点。目前，所有政治家们都对此表示关注，但是问题的核心在于纤维素乙醇的竞争力：目前纤维素乙醇的生产成本是蔗糖乙醇的3.5倍，玉米乙醇的2倍。如果酶解成本不能大幅下降，纤维素乙醇将不可能大规模生产。如果相关努力能够开花结果，对于一些巴西生产商来说则是一则好消息，因为他们已经在研究应用甘蔗整体生产乙醇。

的 Kenana 集团和一个阿拉伯基金共同拥有一家产量为 6 500 万升/年的加工厂，并打算在 2013 年提高至 2 亿升/年。该工厂位于苏丹首都喀土穆以南 250 公里的怀特·奈尔州（White Nile State）。2009 年，苏丹总统出席了苏丹巨型乙醇生产项目的开幕典礼，该项目的产量将为 4 亿升/年。

印度仍然不能达到自定生产目标

自从 2008 年印度甘蔗灾难性地歉收以来，印度始终无法实现自己的混合目标。由于印度生产生物乙醇的原材料——甘蔗糖蜜供应不足和价格过高，印度政府修改了其 10%（E10）的混合目标。但这种情形在 2010 年一直持续。另外，印度政府并不支持进口乙醇，但进口乙醇已经超过了该国国内乙醇消费的一半以上。因此印度的乙醇混合比例可能维持在 5% 左右。

印度乙醇市场的增长将面对结构性的障碍：印度的 20 个省可以独自制定混合目标政策、税收政策、仓储成本、乙醇的定价（用于燃料乙醇的价格是否低于其他用途乙醇的价格），以及是否允许以甘蔗汁（在印度各省均不同）为原料生产乙醇等政策。印度的 300 个乙醇加工厂中大约有 125 个都与制糖厂相关。印度目前的乙醇生产能力（15 亿升/年）可以满足其需求（E5），但实际上印度的乙醇生产并非主要用作乙醇燃料，而是应用在乙醇其他的市场。

泰国继续执行支持生物乙醇发展的政策——发展泰国的 E10，E85 和灵活燃料汽车。目前，在泰国有 11 家正在运营的乙醇加工厂，总产能为 157 万升/天。其他 5 家加工厂将于 2010 年投产。其所使用的原材料是木薯。

– Ⅶ –

主要工业品市场

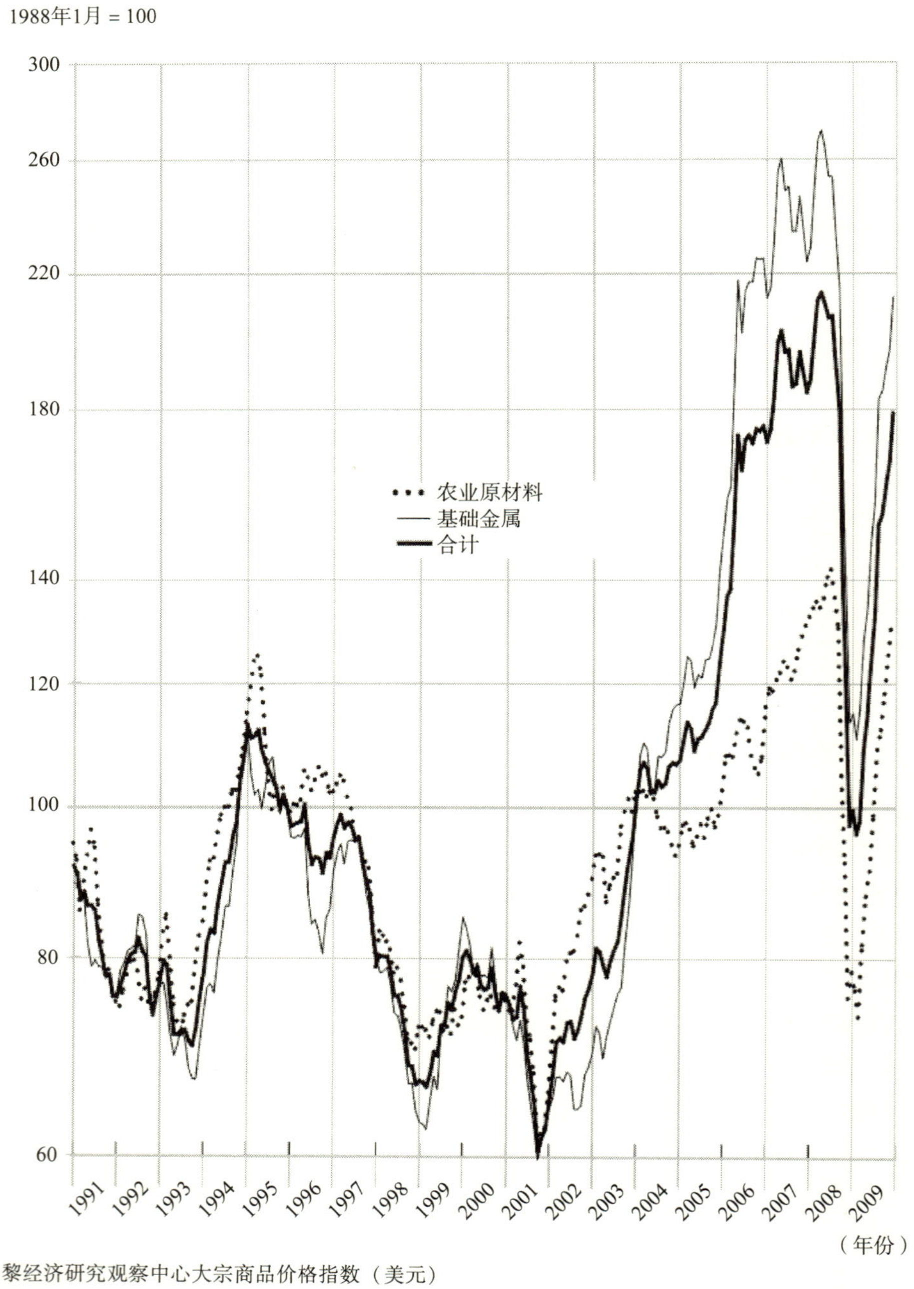

注：巴黎经济研究观察中心大宗商品价格指数（美元）

工业原材料

资料来源：巴黎经济研究观察中心。

世界工业

2009 年全球绝大多数主要经济体都已经走出了衰退的泥潭。不过 2010 年经济的良好预期是有条件的，经济增长的持续，完全取决于私人消费能否替代国家经济刺激政策。如果答案是肯定的，这又将在何时出现呢？第二次世界大战以来最为严重的经济衰退因此似乎已经被我们甩在了身后。在一些人眼中，凯恩斯主义给予弗里德曼的经济“自由主义”学说有力的回击。面对严重的“信心”缺乏和信贷紧缩，生产和投资的巨幅下滑，工业产能利用率跌至历史新低，企业普遍“去库存”等状况，各国政府纷纷决定配合其央行进行前所未有的干预行动，包括增加信贷，对一批金融机构实行重组甚至国有化。得益于这些举措，各大银行迅速摆脱了之前的困境，并且很快偿还了政府的援助，找回了一度失去的“自由”（包括发放巨额奖金等）。

在 2009 年上半年，世界大国大都出现了经济回暖的迹象，进入下半年后，经济增长的势头更为明显。特别是美国，在 2009 年第四季度年化经济增长率甚至达到 5.7%。这进一步证实了之前人们对全球经济复苏的预测。

上述发展趋势在全球工业生产领域表现得非常明显。2009 年 2 月，全球工业生产总值的年化降幅一度达到 27%。但随着中国推出 5 750 亿美元的经济刺激计划，世界经济开始出现复苏苗头，世界工业的复苏逐渐变得明朗起来。中国的大量进口迅速惠及其他国家。从 2009 年 3 月开始，新兴国家的工业生产总值止跌回稳，发达工业国家也在 5 月份出现了同样的情况。

中国通过全力扩大内需，带领全球经济走向复苏，第一次履行了其作为全球第三大经济体所应肩负的责任。中国采取的方式是一次性公布并实施大规模刺激计划；美国采取的则是分步骤落实其干预措施。

虽然世界经济的整体复苏比很多经济学家所预计的要快很多，但我们依然应该保持警惕，以确保这种态势能够保持下去。全球经济目前正处于“恢复阶段”，此时仍存在着“旧疾复发”的可能。

从 2010 年以后，经济刺激的效果将会逐渐弱化，正如“再库存”现象将会不断减少一样。步入 2010 年初，世界工业生产增长速度已经有所放缓。之后几个月里，个人和企业需求的变化趋势将决定未来经济是呈现出波动式复苏，还是会陷入二次衰退。

很多国家通过举债来摆脱信贷危机，结果却陷入了几近破产的境地。欧洲一些国家正在遭遇这种状况，并因此被授予了“PIGS”，即“欧猪四国”的称号（由葡萄牙、爱尔兰、希腊和西班牙首个英文字母的缩写）。《稳定与增长公约》曾经给欧盟国家带来好处，但是今天却成为了欧洲国家进行互相援助的“绊脚石”。

在《稳定与增长公约》的框架下，欧盟国家面对即使是很小的经济危机，其财政预算几乎没有太大的调剂空间。实际上，欧洲国家处于“两难”的困境中，各国政府如果过早放弃经济扶持政策，并且无法在这个问题上采取协调行动的话，欧洲经济就有再次衰退的风险，因为之前实行的经济刺激政策将在2010年底失去效力。

国际货币基金组织强调：解决上述问题需要增加私营企业和国家外贸顺差的巨大需求；同时整顿金融机构、鼓励进行重组。这种“再平衡”方案仍处在世界经济中众多不平衡因素的包围之中。

这是因为，虽然世界经济正在逐步恢复，但金融和经济危机所引发的冲击波将对

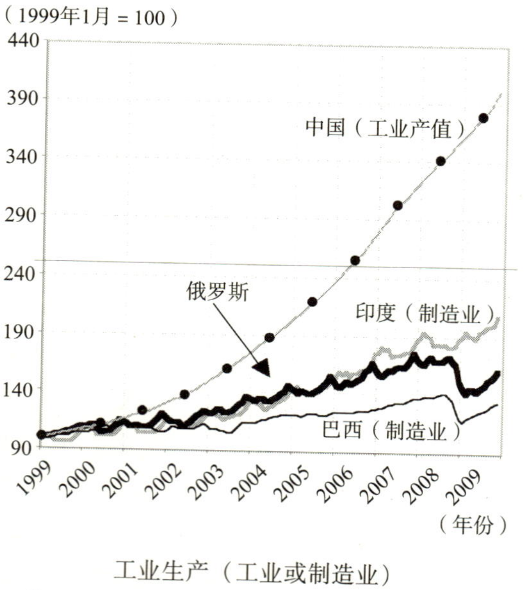

工业生产（工业或制造业）

资料来源：Datastream 机构，共识经济学公司。

一些国家的社会产生影响，且影响将可能会持续相当长的一段时间。失业人数的不断攀升必然会对消费构成打击。与此同时，因为大宗商品价格、特别是石油价格下降而暂时消失的通货膨胀压力很可能会再次卷土重来，虽然“压力不会很大”，但足以削弱消费者的购买力。

如果我们仔细观察世界各经济体，就应该认识到，这些经济体的复苏状况仍然不甚明朗。美国2009年的国内生产总值下降了2.5%，2010年或许有望实现近3%的增长。美国工业生产的反弹应该更加犀利，其可能从2009年下降11%转变为上涨接近5%。这也证明了奥巴马政府的数千亿美元的经济刺激计划的作用。另外，美国企业纷纷进行“再库存”，房地产市场似乎正在复苏，美元的疲软也有利于美国的出口（在2009年最后一个季度增加18.1%）。尽管如此，美国就业率和薪资水平依然不高，这将阻碍消费的恢复。

日本作为全球第二大经济体，该国的经济波动幅度更为巨大。2009年日本的国内生产总值下降5.4%，是该国有史以来最为严重的萎缩。不过在2009年的最后一个季度，日本国内生产总值上升1.1%，这在当时是令人振奋的。这一成绩得益于日本的消费上升0.7%，工业投资与出口也有所反弹，分别上升了1%和5%。不过，当前日本经济能否保持这种速度的复苏尚无法肯定。在日本，通货紧缩仍在继续，房地产市场出现令人担忧的疲软迹象，更不用说日本汽车制造商们已经遭遇到的各种问题。我们可以因此做出谨慎估计，日本在2010年国内生产总值的增长预计会达到1.3%，对于工业增长的预期将会更高，增速有望超过10%，这主要源于对中国的出口。

中国很可能重新找回21世纪之初的经

济增长速度，这与其渴望成为世界头号经济强国的抱负是一致的。在经济危机时，中国经济增长达到8%（世界一些人认为这是中国保持其社会稳定的经济增长“红线”），预计在中国这样一个以“永创新高”作为口号的国家，接下来的经济增长会达到约10%。中国工业生产总值的增速同样有望加快，预计达到15%左右。由此可见，当需要刺激经济时中国有极大的潜力（财政盈余、外汇储备等）。然而也许美中不足的是，中国的外汇储备以美元为主，而美元很可能将继续保持目前这种温和而持续的跌势。为了避免更多的损失，中国又不得不继续购买美国债券。尽管如此，中国目前已经找到了更好的方式以避免“美元——达摩利斯之剑”问题，中国正在尽其所能地在全球购买各种资源，包括大宗商品中的矿石、石油等，同时这也使中国的资源进口多元化。

“金砖四国”中的另外三国在2009年的经济形势各不相同，但2010年应该都会有所增长。印度、巴西和俄罗斯的国内生产总值有望分别增长8%、5%和4%；工业生产则有望分别增长8%、9%和5%。俄罗斯很可能在2010年因国内的经济形势、能源采矿收入下降、信贷紧缩、卢布疲软，以及消费低迷等状况而继续在“金砖四国”中垫底。

欧洲将被迫执行紧缩政策

由于对国际贸易的依赖程度较高，德国成为了此轮世界经济复苏中首先受益的欧洲国家。继2009年下降5%之后，德国的国内生产总值有望在2010年上升近2%，该国的工业生产也有望从2009年的下降16.1%增加到2010年的上涨5%。法国得益于其社会保障制度，2009年的状况相对较好，国内生产总值的降幅被控制在了2.2%的水平。虽然之后的经济增长反弹不如德国明显，但同样有望实现经济复苏，国内生产总值预计上涨1.5%，工业生产增幅应该会小于4%。

英国将努力摆脱房地产危机所带来的影响，国内生产总值有望在2010年增加1.5%，工业生产有望增加2%，略微逊色于之前的两个强大的欧洲国家。英镑贬值将在一定程度上起到刺激经济的作用，它正在拉动英国的出口。但是，财政赤字和国家债务问题是这三个“欧洲火枪手”都需要慎重对待的问题。

财政赤字与债务问题是西班牙目前面临的核心问题。意大利也不例外，只不过略好于西班牙。这两个国家2010年的国内生产总值预计为：意大利将增长1%，西班牙则继续下跌0.5%。欧洲国家的财政赤字和债务问题已经使世界经济复苏笼罩在阴影之中。

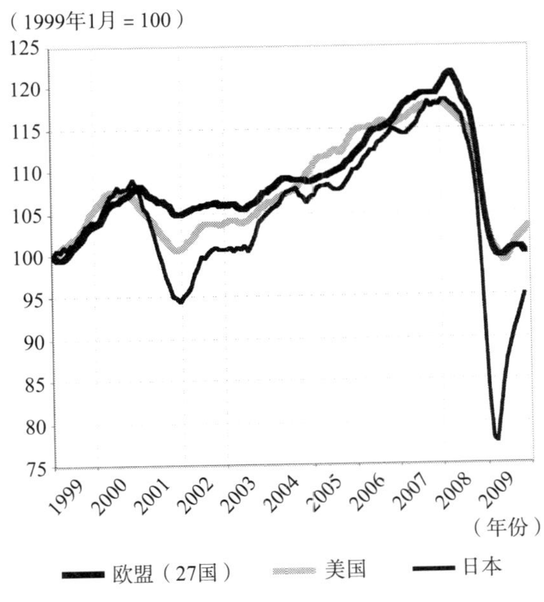

工业生产（除建筑业）

资料来源：Datastream。

西班牙曾经作为欧盟的经济增长冠军，意识到本国经济仍然处在空前严重的房地产危机中。受西班牙房价泡沫破灭的影响，很多受害家庭不得不重新养成储蓄习惯。

从世界范围来看，2010 年应当是世界经济的“增长之年”，世界经济整体扩张使经济增长幅度有望超过 3%。同样，2011 年的经济增长也有望超过 4%。但这些仅仅是预测，因为很多因素都有可能让人们迅速质疑当前这种脆弱复苏的持续性。2010 年初爆发的希腊危机或许只是一个开始，金融市场的投资者都在时刻注意着世界经济的变化，并随时准备“胜利大逃亡”（在 2009 年世界金融市场取得巨大涨幅的背景下）。但可以肯定的是：在 2010 年和 2011 年，无论是世界经济还是金融市场都将面临巨大的波动性和较高的风险。

汽车

2009 年，世界汽车工业不得不接受“人工呼吸”，因为经济金融危机使该行业处于几乎“窒息”的危险境地。全球的新车登记数量已连续第二年下降，降幅接近 5%。除了世界汽车行业本身经历的巨幅波动之外，该行业的另外一个主要特征就是：中国已经成为全球第一大汽车市场和全球汽车行业新的中心。这一变化既是因为中国汽车市场的超高速增长，也是由于美国汽车市场陷入崩溃。在经历了艰难的 2009 年之后，汽车行业是否会在 2010 年重获生机？

亚洲：呈现高增长态势

中国汽车市场“大跃进”式的发展还未结束。2009 年，中国在长期以来一直由西方市场把持，更确切地说是由美国市场把持的汽车行业中显示出了它强大的增长动力。2009 年，中国首次成为全球最主要的机动车市场，销售量达到 1 180 万辆（包括轿车和轻型货车），年增长率高达 42%。在这些数据的背后，需要加以解释。首先，中国能够取得全球汽车业领导者的地位在很大程度上是因为美国汽车业再次经历了“黑色的一年”（下文中我们还会提到）。就像世界上其他国家一样，中国政府也推出了刺激汽车市场的计划，并为世界汽车业的复兴做出了贡献。从 2009 年年初开始，中国的汽车销售量不断下降；对于小排量汽车实施购置税减半政策，不仅有助于市场复苏，而且也是从环保的角度考虑的。这促使中国的小排量汽车的销售量大幅增长。当然，我们也有理由认为，一旦相关税费重新上调，2010 年的中国机动车市场的增长速度可能会出现下滑，并在 2011 年重回推出刺激政策之前的增长速度。不过，所有迹象都让我们相信，特别是对于中国经济增长率将达两位数字的预计，使得新一轮的汽车市场繁荣不会戛然而止。中国人依然着迷于汽车，并将其视为社会地位的象征。不仅如此，现在世界所有汽车生产商都越来越被这个似乎无穷尽的“黄金国”所吸引。因此，中国在 2010 年汽车销售将继续增长 10% 以上，这并不是理论上的，而是一个合理的乐观预计。

亚洲其他主要汽车市场的情况则各不相同。日本机动车市场连续第五年萎缩，2009 年销售量为 450 万辆，下降近 8.7%。汽车出口下降了 41%。这是日本 30 多年来的最差状况。对这次市场下滑，日本政府直到 2009 年 6 月才做出支持本国汽车市场的决定。给予日本环保汽车的补贴在 2009 年最后几个月里发挥了作用。另外，2009 年日本汽车行业的标志性事件是日本丰田公司遭遇“滑铁卢”。丰田汽车曾经是“卓越”和“全球汽车领袖”的代名词，如今却不得不面对一场前所未有的技术、销售和企业形象危机。由于油门、刹车存在缺陷，丰田不得不在全球召回 800 万辆汽车，并导致其在美国市场的销售出现大幅下降，丰田在新兴国家的销量更是快速下滑。造成这一结果的原因是什么：傲慢？秘而不宣的企业文化？还是技术瓶颈？丰田汽车在相当长的一段时间里将这些问题掩盖起来，此举招致了美国政府的愤怒。这种愤怒是完全可以理解的，因为美国政府十分乐于捍卫美国消费者权益，更何况这可以打击美国汽车的强劲对手。在 2010 年，丰田再次召回 40 万辆混合动力车，这次是丰田旗下的雷克萨斯受到了市场的质疑。因此，在当今环保汽车发展的大潮中，如果丰田汽车不能迅速重新“抬头”，它就将逐渐被市场所抛弃；而且还有可能把整个日系汽车带入“危险的境地”。正如丰田公司的创始人之孙——丰田章男所表示的：目

世界轿车和轻型货车销售量

单位：百万辆，%

年份 分布地区	2005	2006	变化率	2007	变化率	2008	变化率	2009 *	变化率	2010 **	变化率
亚洲和大洋洲	**17.3**	**18.3**	**6.2**	**19.7**	**7.3**	**20.0**	**1.8**	**23.6**	**17.9**	**25.2**	**6.7**
日本	5.7	5.6	−2	5.2	−7	5.0	−5	4.5	−8.7	4.7	3
韩国	1.1	1.2	3	1.2	5	1.2	−3	1.4	20	1.3	−13
中国	5.4	6.7	25	7.8	16	8.3	6	11.8	42	12.8	9
印度	1.2	1.5	21	1.7	13	1.7	2	2.0	15	2.3	19
北美洲	**19.7**	**19.3**	**−1.9**	**18.9**	**−2.1**	**15.9**	**−15.8**	**12.6**	**−20.9**	**13.8**	**9.6**
美国	17.0	16.6	−2	16.2	−2	13.2	−18	10.4	−21	11.4	10
墨西哥	1.1	1.1	0	1.1	−3	1.0	−6	0.8	−26	0.8	5
加拿大	1.6	1.6	2	1.7	2	1.6	−1	1.4	−13	1.6	12
南美洲	**3.9**	**4.4**	**12.7**	**5.3**	**21**	**5.5**	**3.7**	**5.3**	**−2.7**	**5.6**	**5.7**
巴西	1.6	1.8	14	2.4	29	2.7	14	3.0	13	3.2	5
阿根廷	0.4	0.4	17	0.5	27	0.6	9	0.5	−14	0.5	1
欧洲	**20.4**	**21.2**	**3.6**	**22.3**	**5.3**	**21.2**	**−4.8**	**18.2**	**−14.3**	**17.0**	**−6.8**
中东欧地区	**3.9**	**4.5**	**13.5**	**5.4**	**21.3**	**5.8**	**7.5**	**3.2**	**−44.4**	**3.4**	**4.7**
俄罗斯	1.6	2.0	27	2.6	29	2.9	13	1.4	−50	1.6	10
土耳其	0.7	0.6	−11	0.6	−4	0.5	−17	0.6	13	0.6	2
波兰	0.3	0.3	3	0.3	25	0.4	9	0.4	−5	0.4	0
西欧地区	**16.5**	**16.7**	**1.2**	**16.8**	**0.9**	**15.4**	**−8.8**	**14.9**	**−2.8**	**13.6**	**−9.3**
德国	3.5	3.7	4	3.4	−8	3.3	−2	4.0	20	3.0	−24
英国	2.8	2.7	−3	2.8	3	2.4	−12	2.2	−10	2.0	−7
法国	2.5	2.4	−2	2.5	3	2.5	−1	2.6	5	2.4	−8
意大利	2.5	2.6	4	2.7	7	2.4	−12	2.3	−2	2.2	−4
西班牙	1.9	1.9	0	1.9	−1	1.3	−30	1.1	−20	1.1	1
中东地区和非洲	**2.7**	**3.1**	**14**	**3.4**	**10**	**3.6**	**4**	**3.1**	**−13**	**3.2**	**5**
伊朗	1.0	1.1	10	1.1	17	1.2	4	1.3	13	1.2	−9
南非	0.6	0.7	14	0.6	−3	0.5	−21	0.3	−27	0.4	28
全世界	**64.0**	**66.3**	**3.6**	**69.6**	**4.9**	**66.2**	**−4.8**	**62.8**	**−5.1**	**64.8**	**3.2**

注：* 为估计值；** 为预估值。

前的事态已经到了关键时刻，但也绝不是毫无希望的。

在日本海西侧的韩国，该国政府通过对购车者实施补贴从而十分有效地刺激了汽车销售量。2009 年，韩国的机动车销售量增加了 20%，增长幅度仅次于中国。尽管如此，和很多国家一样，韩国在 2010 年也不太可能继续保持这样的增长水平。但即使机动车销售量停止增长，也可能不会给韩国汽车市场带来太大负面影响。现代汽车等一些韩国汽车制造商正在大踏步地前进，它们已经准备取代日系汽车进而占据美国市场。而世界经济前景的明显转好令韩国汽车业受益匪浅。2010 年，韩国汽车的出口有望继续增加，这也将带动该国汽车生产的增长。

最后值得关注的亚洲国家是印度。该国人口总量位居世界第二，将来更有可能成为世界第一人口大国。目前，印度市场尚未成为人们所期望的汽车“黄金之国”（不过这一状况可能很快将改变）。事实上已经有多种迹象表明，印度汽车市场正在飞速发展。2009 年，印度的机动车销售量在税费减免政策的刺激下增加了 15%，首次越过 200 万辆这个标志性的门槛。2010 年，机动车销售量极为可能继续保持两位数的增长。印度的汽车制造行业的前景尤为光明。从印度汽车市场的结构上来看，该市场堪称低价汽车（Low - Cost）、甚至超低价汽车（Ultra Low - Cost）、超低成本车型的“试验场”。该类型汽车、电动车和混合动力车一样都代表着汽车行业的未来。2009 年印度已售机动车中有 78% 都属于此类。印度本土制造商（例如塔塔集团）在该领域已经拥有了丰富的经验。不过，他们并非该领域的唯一参与者。已经插上大众汽车“标帜”的日本铃木汽车在此领域的技术领先。此外，日本三菱汽车接到了法国标致“联姻”的邀请，就像当初日产和法国雷诺一样，三菱汽车也非常有希望在这一领域有所作为。在未来数年应当密切关注印度汽车市场的发展。

美国市场的崩溃

美国机动车市场的状况可以用“哀鸿遍野”来形容。2009 年，美国市场仅售出 1 040万辆汽车，是自 1982 年以来最为糟糕的成绩。美式生活的一个重要组成部分——汽车，似乎已经被人们所放弃，而“美国梦”或者至少是人们对拥有“美国汽车”的憧憬也似乎成为了泡影。我们又不得不问：如果美国政府未进行如此大规模的干预，美国汽车市场又会是怎样的一番光景？通过注资数十亿美元用以增加十分匮乏且成本高昂的信贷，美国对整个汽车工业给予了支持，其中既包括汽车制造商，也包括汽车零部件生产商。在这个实行自由经济的国度，美国政府却基本上成为了之前世界汽车业的霸主，并且成为通用汽车的大股东。由于无法摆脱“过时”的企业形象，以及在汽车行业全盛时期的劳工协议（养老金支付和医疗保障），再加上长期与亚洲汽车生产商的竞争中占据劣势，通用汽车目前拥有的真正品牌不超过 4 个，通用汽车已被逼到了悬崖的边缘。在这种情况下，唯一的好消息就是美国的主要对手——丰田汽车，在 2009 年也十分艰难。

对于克莱斯勒汽车，美国政府的态度却大不相同。后者极为高兴地看到一家汽车制造商——菲亚特，依然怀揣着“美国梦”。美国政府迅速地批准了双方的合并计划（菲亚特当时持有克莱斯勒 20% 股份），这令人不禁回想起 20 世纪 90 年代初的美好时期……那时的克莱斯勒同样是被众多汽车生产商青睐的合并对象；那时和现在一样，有人预测克

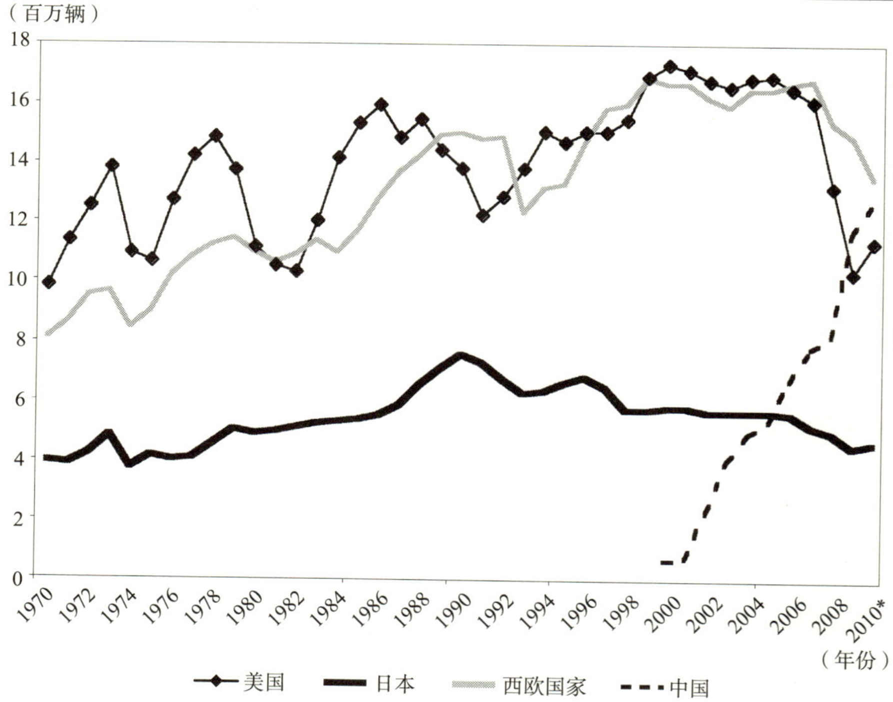

注：＊为预估值。

美国、欧洲、日本和中国轻型车销售量

莱斯勒拥有的品牌在10个左右。

因此，美国汽车行业的“三大巨头”正在逐渐变成“两个小兵”，其中一个，福特公司的处境相对较好。凭借其更加国际化的产品，包括令人期待的在全球销售的福克斯（Focus），福特显示出了与北美大陆其他竞争者的不同。

2010年，我们又该作何期待？有几个因素使我们倾向于乐观。近来各大厂商都致力于进行重组和结构调整，他们在2010年或将取得回报。美国汽车市场的增长应该较强，且无论如何都应该会优于欧洲汽车市场的表现。在电动汽车等汽车制造领域，美国汽车制造商实际上也并没有过多落后于其竞争者。当然，正如我们多次强调的那样，丰田公司的灾难是对美国汽车制造商来说的一个“美好的意外”，但是这不可能持续很长时间。在经历了2008年下降16%、2009年下降31%之后，美国的汽车产量应该会有所反弹，汽车销售量或将上升10%左右。

欧洲：“夕阳无限好，只是近黄昏”

西欧汽车市场因受到西欧各国政府的支持而表现良好，但良好的数据掩盖了复杂的现实情况。就整体而言，2009年西欧地区机动车销售量下降2.8%，为1 490万辆。虽然德国和法国均出现增长（分别为20%和5%），但意大利、英国，特别是西班牙，却仍在继续下降（分别下降2%、10% 和20%）。

德、法两国是西欧各国中仅有的汽车销售量出现增长的国家。高额的公共补贴加上汽车厂商大力的促销，都对汽车销售起到了有效地刺激作用，但是这也许已经是欧洲汽车市场的“黄昏时刻”。德国2009年由于各种补贴的支持，汽车销售出现了20%的增幅。而这些补贴已接近尾声或已经结束。因此预计2010年德国汽车销量会下降24%。不过，德国汽车厂商还是有一些值得高兴的理由。大众汽车许多车型的销量颇佳，该公司还充分受益于新兴国家市场的增长，大众汽车目前正将其在欧洲汽车市场的主导地位扩展到欧洲以外的地区。我们有理由认为，大众汽车可能会成为世界第一大汽车制造商。在法国，汽车补贴亦会逐步减少，到2010年年底则将彻底取消。尽管如此，各汽车生产厂商在2009年12月充足的订单可以使其在2010年初期可以平稳一段时间。但是法国在2009年取得的5%的销量增幅仍有可能被2010年7%的下降所取代。因此，对于德、法两国而言，2009年的优异表现或将一去不复返。

英国、西班牙和意大利的经济形势对机动车销售量都产生了极为不利的影响，其中意大利所受到的影响相对较轻。英国和西班牙之前均是房地产商的“天堂”，但如今却都感到了经济骤然转冷所带来的巨大压力。对于这两个国家的消费者而言，购买汽车不再是首要的。在意大利，菲亚特汽车表现活跃，加上旗下的小型汽车的销售业绩出色，这阻止了意大利机动车市场销量的下滑。但2010年，意大利的汽车行业似乎也会开始步入下行，可能会和英国一起经历新一轮的调整，并可能将分别下降4%和7%。而西班牙却有望保持相对稳定，下降幅度较前两者会略小些，但仍处于低位。

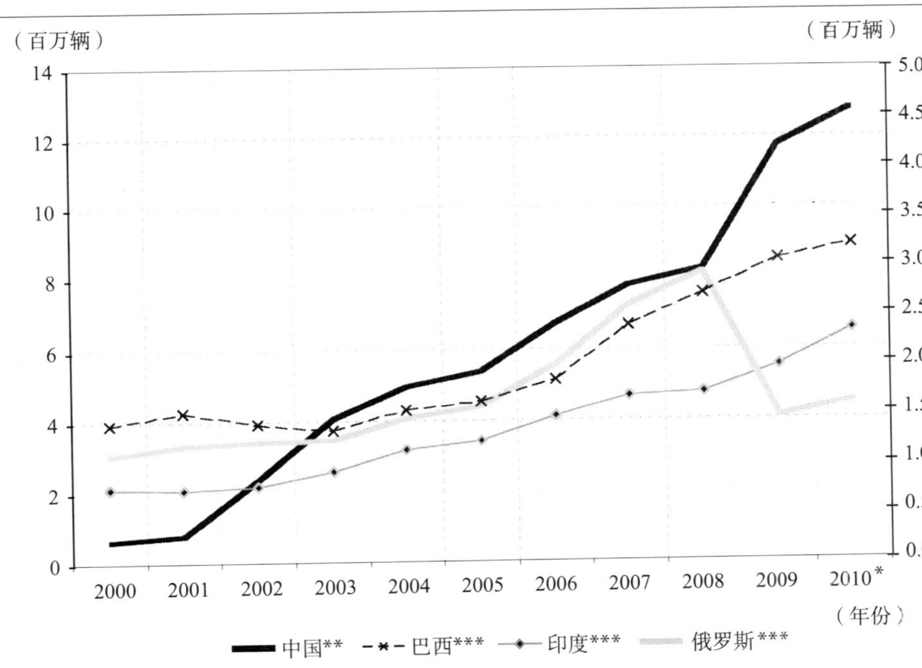

注：* 为预估值；** 左坐标；*** 右坐标。

巴西、俄罗斯、印度和中国轻型车销售量

中欧和东欧国家的汽车销量降幅比较明显，降幅高达44%。其中只有土耳其出现了显著上涨。而俄罗斯的机动车销售量更是“灾难性”地猛跌了50%，从年销售300万辆跌到仅为140万辆。2008年，俄罗斯汽车销量的全球排名为第五，如今却跟在印度后面，排名世界第十。造成其销量猛跌的原因包括汽车售价较高、贷款购车艰难。俄罗斯政府已经决定对目前的困境采取措施，包括出台“以旧换新”计划，俄罗斯汽车厂商也实行了低利率的信贷计划。在这些刺激之下，俄罗斯汽车销售市场有望在2010年出现5%左右的反弹。

相比之下，巴西市场却表现出一定的活力，2009年汽车销量增加13%，达到300万辆。购买汽车登记费用降低和银行重新贷款（在巴西，70%的汽车销售都是通过贷款来完成的），是决定巴西汽车市场回升的关键因素。巴西是同等规模汽车市场中唯一一个连续五年保持增长的国家，因此巴西这一增长态势应还会继续保持。

在经济情况复杂的2009年之后，2010年还是充满着很多不确定性。世界各大洲之间、各国家之间的情况都在不断变化。不过，我们还是可以预测，2010年全球汽车销售量会出现约3%的增长，也就是接近6 500万辆。正如之前强调的，危机的结束应该首先会给美国市场带来积极的影响（预计增长10%）。中国市场仍将保持高歌猛进的势头，因为似乎没有什么可以威胁到该国经济的继续增长。不过，欧洲市场的处境似乎充满更多艰险（预计下降6.8%），但中欧和东欧国家市场的逐渐复苏将部分抵消西欧市场的下滑。

尽管汽车销售量的增加有效推动汽车制造与组装业的快速复苏（全球汽车产量预计增长10%），但这并不意味着各汽车厂商的困难时期已经结束。汽车行业危机的结果是：汽车行业的洗牌，汽车生产商之间的整合已经启动。例如，萨博（SAAB）等一些汽车品牌正在等待着买家，而其中一些则已经成为了“捕猎者”追逐的目标。汽车行业中著名的“规模效应”如今需要越来越多的资本来实现；各汽车厂商在一些特定汽车市场的竞争将在2010年出现。捷豹被印度收入囊中、雷诺与俄罗斯联手、克莱斯勒已属意大利，甚至三菱也将驶向法国。实际上，我们很少见到哪个市场能够向汽车市场一样如此“全球化”。另外，“环保汽车”显然会逐渐改变世界汽车市场的格局，不过这在近期内发生的可能性很小。汽车“新时代”的到来将使人类的交通工具重新焕发活力。

全球汽车产量或将回升10%

继2009年汽车产量下跌将近14%以后（5 700万辆），全球汽车产量应该会在2010年出现10%的反弹，达到6 300万辆。中国凭借其国内市场，仍将成为是世界汽车生产增长的主要动力，中国的汽车制造量将会达到1 200万辆以上。在印度塔塔集团的Nano等一些低价微型车的销售在不断增加，印度的汽车产量可能会达到270万辆。与此同时，韩国由于汽车出口量有所反弹，汽车产量有望达到340万辆。北美地区在推动全球汽车产量复苏方面应该也会有重要贡献，部分汽车生产结构的调整将有助于增强竞争力，2010年汽车的生产量应当会达到1 050万辆（至多比2009年增加150万辆）。南美地区的汽车产量将会达到380万辆，这主要是因为巴西汽车产量的增加（36万辆左右）。

欧洲将是全球唯一一个在2010年不会出现汽车产量明显增加的地区。2009年，东欧地区（包括俄罗斯）的汽车产量猛跌超过47%，其生产复苏步伐将会异常缓慢，2010年仅可能会增加60万辆，达到280万辆。2010年，欧盟的汽车市场形势不容乐观，出口亦很难有所表现，产量方面将会停留在2009年的水平（约为1 480万辆）。因此，欧洲汽车工业的产能过剩问题将不会得到解决。

总而言之，2011年我们有望看到2007年创下的世界汽车总产量为6 600万辆的纪录被打破。

从机动车到机动性

鉴于发达国家汽车行业的表现乏善可陈，有人可能会认为，汽车在人们生活中起的作用正在逐渐下降。与之相对的是，几乎所有新兴国家对于汽车的需求均一直处在规律的上升中。因此在一些客观的经济因素之外，原油价格的显著回升和经济危机的影响，迅速涌现出庞大的中产阶级购买汽车狂潮。汽车实际上在世界各国受到的待遇并不都一样。在欧洲、日本，甚至在美国，汽车已不再是社会地位的象征。而从可持续发展的角度来看，购买内燃机汽车已经是“消费主义”的代名词。尽管如此，汽车作为交通工具仍然有其必要性。如果能使其向环保发展，汽车便可能恢复它曾经的辉煌。在当今这样一个需要“机动性”的世界，汽车能否给人带来机动性是汽车工业发展的最主要动力。世界需要的“机动性”是广义的，包括从公共交通到两轮、三轮和四轮机动车（以及两轮或更多轮的自行车）。

迄今为止，新兴国家还没有完全认识到汽车带来的忧患，尽管我们不能够低估这些国家对于未来汽车技术的研究，但目前新兴国家最为关心的仍然是满足人们对拥有属于自己的汽车的需求，即“像西方人那样拥有一辆私人轿车”。这些需求是否可以通过拥有一辆混合动力汽车、纯电动汽车或者其他汽车来满足？这可能正是对地球环境的最大威胁。

化肥

世界化肥市场被卷进了经济危机的旋涡，需求出现锐减，三种主要的化学肥料（氮肥、钾肥和磷肥）不同程度地出现了生产过剩。总体而言，氮肥市场的表现相对较好。在价格方面，尿素（N）、钾肥（K）和磷酸二铵（DAP）在2009年价格回到了2008年的水平。在2010年初，这三种产品的价格出现轻微回暖。

印度在所有的化肥市场均表现活跃。与印度不同，中国大幅削减了钾肥的进口量。2009年的另一个显著的特点是，世界主要的矿业集团对化肥市场表现出愈来愈浓的兴趣，它们认为世界化肥市场未来的前景光明。

国际肥料工业协会（IFA）估计，全球化肥需求量在2008/2009年度下降了6.7%，为1.564亿吨。不同种类的化肥所受危机的影响也不尽相同。尽管存在污染环境问题，氮肥受此次危机的影响不大，需求量仅下降了1.5%。磷肥的情况就不同了，需求下降了10.5%。受危机影响最严重的是钾肥，需求暴跌了19.8%。在2009年第一季度，市场对氮肥的需求下降了10%，对钾盐的需求竟下降了70%！除了非洲保持需求稳定外，另外两个地区也成功抵御了危机：南亚地区、东欧至中亚地区。面对需求的下降，生产商选择了降低产量，但这并没能阻止出现产量过剩，库存因此不断上升。

在此次危机中，中国没有为全球化肥市场提供支撑，而是印度以其庞大的需求独自扛起了拯救化肥市场的大旗，成为了尿素、钾肥和磷酸二铵的世界头号进口国。

从2008年底到2009年中期，化肥市场均处在低迷之中，而2010年各主要农业生产区又开始重新订购化肥。目前，国际肥料工业协会略带保守的估计2010年世界化肥使用量会增加1个百分点，达到1.58亿吨。同时按照惯例，国际肥料工业协会给出了对不同化肥消费量的谨慎预测：氮肥上升1.6%、磷肥上升3%和钾肥继续下降4.5%。

世界化肥贸易的主要进口需求方仍将来自南亚地区，同时北美和西亚地区的需求也出现了反弹迹象。2010～2011年需求的回升可能会更加明显，进而达到约1.65亿吨（上升5%）。

主要的矿业集团正在向化肥市场进军

必和必拓集团希望斥资3.2亿美元收购阿萨巴斯卡钾盐公司（Athabasca Potash），该钾盐公司在加拿大萨斯喀彻温省（Saskatchewan）拥有多处钾盐矿，2010 年 1 月 28 日这两个公司达成了最终协议。而必和必拓此举实际上大大出乎了分析家们的预料，阿萨巴斯卡钾盐公司认为必和必拓应该会首先收购加拿大钾肥公司（Potash Corp.），这可能更具有战略意义。但必和必拓似乎还将有新的行动。

至于邦基公司（Bunge），已将化肥资产以 38 亿美元的价格卖给了巴西矿业巨头淡水河谷。淡水河谷因此获得了邦基旗下的 Participacoes e Investimentos 公司的全部股份，该公司在巴西境内拥有多家磷矿和相关生产线，以及取得了邦基所持有的巴西肥料公司（Fertilizantes Fosfatados，简称 Fostertil）42.3% 的股份，该公司是巴西最大的化肥生产商。

淡水河谷还计划购买挪威化肥制造商雅苒国际公司（Yara International）持有的巴西肥料公司 16% 的股份。而磷肥的世界龙头企业，美国美盛公司（Mosaic）也同意给予淡水河谷持有的巴西肥料公司和 Fertitos 公司的股份，以及在库巴坦（Cubatao）的普通过磷酸钙生产线（SSP）的优先购买权，这些资产总计 10 亿美元。

最后，已在 2009 年 1 月将阿根廷的钾肥生产项目以高昂的价格出售给淡水河谷的力拓又在寻找重新进入该领域的机会。力拓首席执行官 Tom Albanese 先生表示：不用再怀疑，钾肥将是未来农业不可分割的一部分。他已责成该公司的地质学家寻找新的钾盐资源。

化肥

单位：千吨

分类 \ 年份	2004	2005	2006	2007	2008
氮肥（含氮量）					
• 合成氨					
世界产量	115 313	119 331	121 331	127 371	124 865
世界贸易	14 616	15 629	15 930	15 761	15 427
• 尿素					
世界产量	56 388	59 513	61 991	65 914	67 145
世界贸易	13 199	13 648	14 621	16 758	15 213
• 硝酸铵					
世界产量	37 981	40 217	38 511	43 686	41 828
世界贸易	9 028	9 420	9 407	9 741	8 485
• 硫酸铵					
世界产量	3 903	3 944	4 014	4 256	3 996
世界贸易	1 711	1 748	1 894	2 073	1 919
磷肥（含五氧化二磷量）					
• 磷酸铵					
世界产量	52 827	53 703	55 173	62 389	53 504
世界贸易	13 520	13 346	13 308	13 397	10 931
• 三过磷酸钙					
世界产量	2 805	2 525	2 456	2 649	2 691
世界贸易	1 625	1 559	1 557	1 818	1 563
钾肥（含氧化钾量）					
世界产量	31 168	32 794	29 426	33 400	32 417
世界贸易	25 530	25 309	23 208	25 187	24 845

资料来源：国际肥料工业协会（International Fertilizer Association，IFA）。

中国与钾肥

中国是钾肥进口大国：在2007年中国消费钾肥量的80%依赖进口（估计2009年的进口量为600万吨）。随后，中国的进口逐渐超出了实际需求，2009年中国的钾肥库存应在600万吨以上。

中国已经意识到对钾肥进口的过度依赖性，因此增加了其国内的生产，以及在柬埔寨和非洲等地进行投资生产钾肥。基于正在建设的项目，估计“中国产量”（包括中国的国内产量和中国在世界投资生产的产量）在2017年可能达到2 000万吨！这将改变世界钾肥的生产格局，进而动摇当今钾肥最大生产商的地位，尤其是加拿大生产商。

氮肥市场保持稳定

据来自国际肥料工业协会的等机构数据，2009年世界合成氨产量出现小幅上升，达到1.525亿吨，其中40%来自中国。2009年国际贸易总量为1 740万吨，比2008年下降了7.4%。

美国的氮肥生产主要集中于得克萨斯州、俄克拉荷马州和路易斯安那州（这些州有可观的天然气储量），一家加利福尼亚公司已投资1.05亿美元在艾奥瓦州建立一家生产二铵的工厂，该工厂的特点是每年使用11.8万吨的玉米棒生产4.5万吨化肥。

世界尿素产量将达到1.517亿吨，与2008年相比上升4%，其中产量的一半来自于中国。另外，阿曼、印度和俄罗斯的产量也有所上升。

世界尿素产能在2009年达到近1.708亿吨，并在2010年将有进一步的增长，达到1.788亿吨。

世界尿素贸易量增至3 400万吨，增幅为2.9%；尿素的主要进口国是印度和美国，之后为孟加拉国、巴基斯坦、泰国、越南和墨西哥。

巴基斯坦安格（Engro）化学公司（巴基斯坦第二大尿素生产商），计划在2010年向印度出口尿素。同时，这家公司于巴基斯坦南部的Dahari地区正在建设世界上最大的尿素厂，年产量将达到130万吨，预计在2010年中期投产。

在世界其他地区，氮肥工业也在复苏。在阿尔及利亚、卡塔尔和乌兹别克斯坦正在计划建设新的合成氨厂。这些项目将在2012年之前或将使世界合成氨的年产量增加340万吨。

化肥现货平均价格*

单位：美元/吨

品种 \ 时间	2008年10~12月	2009年1~3月	2009年4~6月	2009年7~9月	2009年10~12月
• 尿素（波斯湾）	292.2	267.3	241.1	241.6	248.6
• 磷酸二铵（美国海湾）	663.3	362.2	303.6	309.6	316.9
• 重过磷酸钙（北非）	658.7	321.7	247.7	224.7	253.7
• 氯化钾（温哥华）	766.7	856.2	726.7	505.6	423.0

注：*为散货、离岸价格。

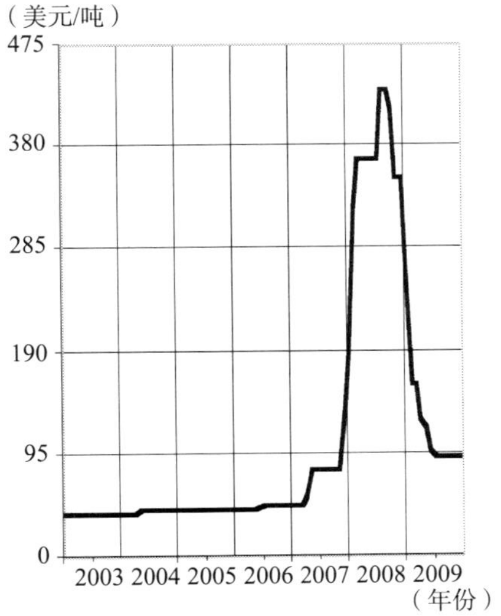

磷酸盐岩（含70%骨磷酸三钙）卡萨布兰卡船边交货价

《自然》杂志中少有文章是中立的，尤其是当它预告世界磷资源主要存在潜在短缺，并强调世界磷资源储量的分布以及摩洛哥在其中的地位时。它认为世界磷行业将出现卡特尔生产组织……

全球磷矿储量

单位：10亿吨

摩洛哥	26.7
中国	14.1
美国	4.6
南非	4.0
世界其他地区	12.6
全球总计	**62.0**

资料来源：美国地质调查局，US Geological Survey。

磷矿石

单位：百万吨

分布地区 \ 年份	2003	2004	2005	2006	2007	2008
世界产量	157.1	165.3	172.1	168.3	176.1	174.3
其中：亚洲	47.1	50.1	55.3	59.8	65.8	64.4
非洲	40.6	43.6	44.6	43.1	44.0	40.5
北美洲	35.0	36.4	36.4	31.0	31.0	31.8
欧洲和中亚	12.8	13.5	14.1	13.3	13.4	13.7
中东地区	12.4	12.1	12.8	12.4	12.2	12.4
拉丁美洲	5.6	6.0	6.0	6.2	6.5	7.6
世界出口量	29.2	30.9	30.8	29.7	31.3	30.5
其中：非洲	15.2	16.2	17.7	18.6	19.4	16.7
中东地区	6.3	7.5	7.1	6.7	7.0	7.1
欧洲和中亚	3.4	3.4	3.2	2.7	2.8	2.7
亚洲	3.6	3.1	2.1	1.0	1.1	2.6
世界进口量	29.2	30.9	30.8	29.7	31.3	30.5
其中：亚洲	9.6	10.5	10.8	10.7	10.2	10.8
西欧	6.6	6.6	6.2	5.6	5.9	5.4
东欧和中亚	1.6	2.0	2.1	2.1	2.4	2.9
拉丁美洲	2.6	2.9	2.6	2.8	3.5	2.8
北美洲	2.4	2.5	2.6	2.4	2.7	2.8
中欧	2.7	2.9	2.9	2.8	2.9	2.4
中东地区	1.8	1.5	1.8	1.7	1.6	1.4

资料来源：国际肥料工业协会。

2009 年全球氮肥生产过剩近 1 060 万吨（2008 年过剩仅是 540 万吨）。预计 2010 年过剩量会下降至 890 万吨。

中国将继续是世界氮肥主要出口国之一。预计美国、西欧地区和巴西对氮肥的需求将增加。

钾肥需求的崩溃

2009 年世界市场对钾肥的需求量跌至 30 年来的最低水平，但世界钾肥产能却增加 4%，达到 4 180 万吨。

中国对钾肥进口大幅下滑使世界钾肥市场过剩 1 260 万吨。事实上，中国的钾肥生产进行得如火如荼，甚至可能在几年后成为净出口国。

2009 年印度成为世界头号钾肥进口国，进口量为 509 万吨。印度在 2010 年的钾肥进口预计为 650 万吨，因此它依然会保持其世界钾肥进口领头羊的地位。世界上最大的钾肥出口公司——加拿大钾肥出口公司（Canpotex），按照与印度 2009 年 7 月签署的协议，将以 460 美元/吨的价格为印度提供 530 万吨钾肥。

2009 年 12 月，由中国和白俄罗斯钾肥公司（Belarussian Potash）签署的合同：中国将以 350 美元/吨的优惠价格从后者手中购买钾肥。这标志着中国重返国际钾肥市场。另外，白俄罗斯钾肥公司是一家贸易商，它从俄罗斯乌拉尔钾肥公司（Uralkali）和白俄罗斯 Belaruskali 公司采购钾肥。

在 2010 年 2 月 8 日，加拿大钾肥出口公司宣布向中国的中化化肥（Sinofert）出口 35 万吨钾肥。这批将于 3 月底开始交付的钾肥据称是以具有“竞争力”的价格出售的。尽管没有披露价格信息，但普遍认为价格是在 345 美元/吨左右。

中国在 2009 年仅进口了 159 万吨钾肥，进口量预计在 2010 年恢复到 450 万 ~500 万吨的水平。

巴西在 2009 年进口了 357 万吨钾肥。2010 年消费量预计为 800 万吨甚至 900 万吨，因此，巴西的进口量将可能在550 万 ~650万吨之间。

2010 年，由于北美地区、拉丁美洲和东亚地区加大了钾肥的进口，钾肥的世界贸易量预计至少上升 50%。进口量可能达到 4 310万吨，而产量过剩将减至1 080万吨。

萨斯喀彻温钾肥公司预测 2010 年全球钾肥进口量为 5 000 万吨，在 2009 年仅为 3 000万吨（2008 年为 5 400 万吨）。该公司同时预计 2010 年钾肥产能在 1 150 万吨左右，产量在 700 万 ~800 万吨之间。

磷肥表现不一

世界磷肥市场在 2009 年表现不一。磷矿石的表现最差，其产量下降 10%，为 1. 58 亿吨，出口下降 1/3，跌至 2 000 万吨。

在美国，磷矿石产量跌至 1965 年以来的最低水平，消费量则降至 1970 年以来的最低水平。经济危机使美国生产商的库存大幅飙升，因此，一些矿商选择暂时停止磷矿石和磷肥生产，期待市场的好转。

磷酸的情况稍好一些，其产量只出现 1. 3% 的轻微跌幅，达到3 320万吨。由于印度的大量进口，全球磷酸贸易呈现 4% 的回升，达到 420 万吨。即便如此，市场上仍有 690 万吨的过剩。

全球的磷酸产能估计为 4 660 万吨，其中中国的产能大幅增长。除此之外，摩洛哥、墨西哥、越南、委内瑞拉和俄罗斯磷酸产能也出现增长。2010 年的磷酸产能或将上升至 4 730 万吨。

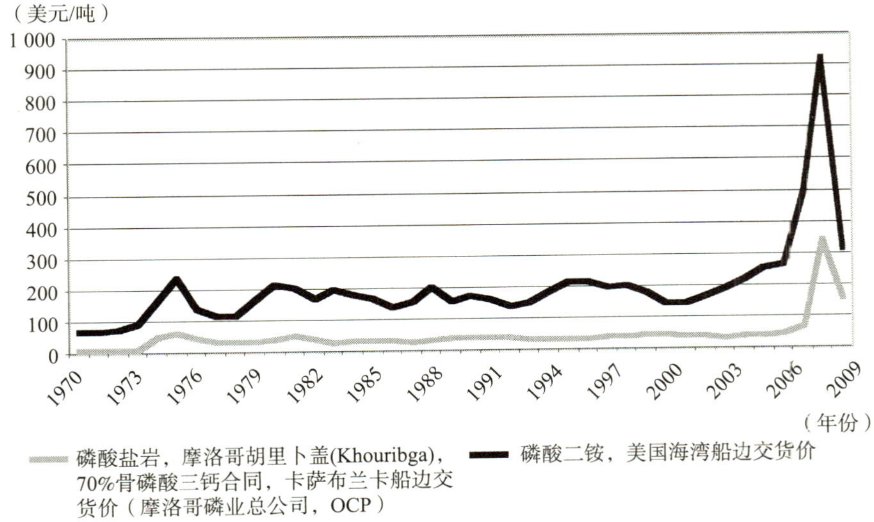

磷酸盐岩和磷酸二铵（DAP）价格

资料来源：Blue Johnson Associates，Fertecon.

全球需求的复苏将使 2010 年磷酸的过剩产量降至 550 万吨。

国际肥料工业协会估计 2009 年全球磷酸一铵（MAP）、磷酸二铵（DAP）和重过磷酸钙（TSP）的总产能为 3 480 万吨。2010 年预计为 3 660 万吨，其中新增产能约为 180 万吨（主要集中在中国和摩洛哥）。世界进口量或将从 2009 年的 1 930 万吨增至 2010 年的 2 100 万吨。

巴基斯坦安格化学公司即将在北非投资 10 亿美元以生产磷肥，产量预计为 100 万吨，这将用于供给当地市场和向西欧市场出口。实际上，巴基斯坦在本国生产氮肥，但是却没有生产磷肥所必需的原料。

另一家巴基斯坦公司，Fauji 集团旗下的两家公司已在摩洛哥建立工厂：巴基斯坦唯一的磷酸二铵生产商 Fauji 化肥宾夸斯姆公司和 Fauji 化肥公司在 2008 年在摩洛哥联

磷矿：沃纳拉的产量开始“引人注目”

位于澳大利亚北部的沃纳拉（Wonarah）磷矿的第一阶段开发在 2009 年 12 月完成。该矿初始阶段的年产量为 100 万吨磷矿石，全面投产后年产能将达到 300 万吨，高质量的矿石将通过达尔文港出口至印度和新西兰。这将是该地区，或者说是澳大利亚，多年来首次出口磷矿石。

这个位于澳大利亚原住民土地上的磷矿项目的开发始于 2008 年 4 月，在项目开始之前还必须通过大量的审批。因此，沃纳拉的负责人认为，在短短的 20 个月的时间里，对该矿成功地进行了勘探、开采直至出口，这一系列成功堪称“壮举”。

合成立了一座年产磷肥 37. 5 万吨的工厂。

2010 年全球对磷肥的需求预计增长 5%，这种增长在拉丁美洲、大洋洲和南亚地区较为明显。在欧洲和西亚地区的需求也将小幅增长。

在价格方面，经过数年发展，磷酸二铵的价格正日渐成为磷素肥料价格的风向标。这可能也就是为什么在 2009 年世界化肥衍生品市场中又新添了交易磷酸二铵并带有结算所的场外交易市场的原因，如中国的“南宁（中国—东盟）商品交易所，NCCE”。实际上，磷酸二铵的价格波动是所有大宗商品中价格波动幅度最大的之一，在 2008 年 5 月，磷酸二铵的价格达到美国坦帕（Tampa）离岸价 1 200 美元/吨，但在 2009 年夏天大幅下跌到 300 美元/吨，随后在 2010 年初回升至 450 美元/吨左右。

纸浆和纸

在全球金融与经济危机的直接和间接的影响下，2009 年世界纸张和纸板生产有7%左右的下降，而2008 年下降的幅度只有0.7%。这种下降的趋势始于2008 年中期，在2008 年底更加明显，并贯穿整个2009 年。

2009 年，这一明显下降出现在世界大多数造纸工业国家与地区：美国下降10%；欧洲下降11%；日本下降14%；加拿大下降21%（加拿大造纸行业的萎缩从2005 年左右开始）巴西下降0.7%。与此相反，中国产量初步估计将增加约6%。

造纸产量的下降反映了工业国家需求的大量减少，许多发展中国家的需求同样也出现下降。

造纸产能的下降则体现在工厂持续停产和一些工厂的关闭，这在北美和欧洲特别明显。而中国却在继续大量扩充造纸产能，这就使得世界其他地区所作的减产努力付诸东流，并阻碍世界造纸业的“再平衡”。

造纸行业在经历了一个稳定期后，终于在2009 年的最后一个月迎来微弱的增长，因此2010 年欧洲的造纸行业将可能会逐步复苏。整个造纸行业的增长将会比之前预期的要好。其中对包装纸和纸版的需求将会比印刷和书写用纸出现更大的反弹，因为，前者与工业生产关联密切，而后者将继续处在供大于求的状况中。实际上，在短期内纸制广告市场还没有出现复苏，且信息技术的发展使纸制广告产业正在发生着结构性的变化。2009 年对纸制广告的投资急剧下降，为近几十年来的最大降幅。2010 年在欧洲的纸制广告投资将不会有真正意义上的增长。

尽管纸浆、纸和纸板市场已经全球化，

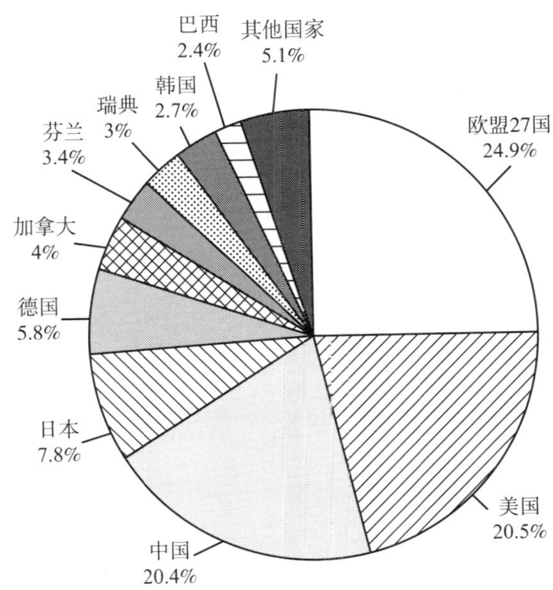

2009 年世界纸和纸板产量

资料来源：欧洲造纸工业联合会（CEPI），美国锐思林纸产品咨询公司（RISI），行业信息。

主要工业品市场

但是其各自价格取决于产品种类和所在地区的不同。在2009年下半年，世界各地区的包装纸和纸版的价格稳定增长。印刷和书写纸方面，2009年上半年价格出现大幅下滑；2009年下半年在北美和亚洲市场印刷和书写纸的价格开始上涨。

据初步预测，2009年欧洲纸和纸版的消费下降了大约12%。这种消费疲软充分反映了工业制造业和经济的不景气状况。这种经济不景气使得欧洲的各种印刷和书写纸的产量下滑，下降幅度为15%（新闻纸下降12%）。因直接与工业活动相关联，各种包装纸类的产量也出现下降，但跌幅相对有限，约为6%。而卫生和生活用纸的产量相对较好，仅下降2%，这是由于家庭需求较为稳定。

纸浆

单位：百万吨

年份 分布地区	2004	2005	2006	2007	2008	2009*
世界产量*	**188.5**	**188.7**	**192.2**	**195.2**	**192.4**	**173.2**
其中：美国	53.6	53.0	53.2	53.5	51.5	46.3
欧盟27国	40.1	39.2	41.5	42.9	40.9	35.3
中国	14.2	16.3	18.2	21.3	21.5	22.5
加拿大	26.4	25.3	23.7	22.4	20.3	16.2
巴西	9.7	10.5	11.3	12.0	12.7	13.5
瑞典	12.1	12.1	12.4	12.4	12.1	11.5
芬兰	12.6	11.1	13.1	12.4	11.6	8.6
日本	10.7	10.8	10.9	10.8	10.8	8.5
俄罗斯	7.4	7.3	7.4	7.3	7.4	—
印度尼西亚	5.2	5.5	5.7	5.8	6.4	—
智利	3.4	3.3	3.6	4.7	5.0	—
印度	3.3	3.4	3.1	3.4	3.7	—
德国	2.5	2.9	2.9	3.0	2.9	2.5
葡萄牙	2.1	2.1	2.2	2.4	2.0	2.2
法国	2.5	2.6	2.5	2.4	2.3	1.7
挪威	2.5	2.5	2.3	2.2	2.2	1.7
西班牙	2.0	1.9	2.0	2.1	2.0	1.7
世界出口量	**42.1**	**41.7**	**43.2**	**43.2**	**43.4**	—
其中：加拿大	11.6	10.9	10.5	10.3	9.5	—
巴西	5.0	5.5	6.2	6.5	7.0	—
美国	5.3	5.1	6.6	6.8	7.8	—
瑞典	3.5	3.5	3.5	3.5	3.4	—
印度尼西亚	2.5	2.6	2.8	2.3	2.6	—
欧盟27国**	1.9	1.9	2.4	2.2	2.1	—
世界进口量	**42.1**	**41.7**	**43.2**	**43.2**	**43.4**	—
其中：欧盟27国**	9.6	9.7	9.5	9.7	9.2	—
中国	7.3	7.6	8.0	7.9	8.9	—
美国	5.3	5.4	6.9	6.8	6.3	—
德国	4.5	4.9	5.0	5.3	5.2	—
意大利	3.3	3.5	3.5	3.5	3.2	—

注：*为估计值；**为涉及欧盟与欧盟以外国家的出口与进口。

资料来源：美国锐思林纸产品咨询公司（RISI）/欧洲造纸工业联合会（CEPI）/日本制纸联合会（JPA）/加拿大林产品协会（FPAC）/巴西纸浆和纸业协会（Bracelpa）/美国森林和纸业协会（AF&PA）/韩国包装机械协会（KPMA）。

2009 年欧洲的新闻纸价格仍然保持稳定，但是，在 2010 年初始似乎出现疲软。其他印刷和书写纸类可能仍将会继续承受价格下降的压力。瓦楞原纸的价格从 2009 年初到 2009 年第三季度一直处在下跌之中，跌幅在 10% ~30% 之间，价格直到第四季度才略有回升。另外，可折叠箱板纸的价格走势较其他柔性包装纸坚挺得多，柔性包装纸的价格在 2008 年底经历了令人眩晕的直线下跌之后，仍然处在低位。

根据初步估计，继 2008 年全球纸浆生产出现约 1.5% 的下降之后，2009 年全球纸浆产量继续出现 10% 的回落。不管怎样，都应注意到不同的国家和地区之间有巨大的差异：像中国和巴西这样的新兴国家，由于新工厂的启动，其产量在 2009 年出现 5% ~6% 的增长。另外在葡萄牙也有 10% 的增长，但是该国的产量很小。而一些传统的纸浆生产国如加拿大、芬兰、日本的产量下滑均超过 20%。在挪威、法国和西班牙纸浆生产也出现大幅下滑，但下降幅度相对较小。

对于这种几十年来罕见的世界纸浆产量下滑的解释是：由于需求的持续疲软及高昂的生产成本，纸浆生产在当时已经不能盈利，许多工厂永久性停产。另外，一部分纸浆生产的下降实际上是因为纸和纸板（加工纸浆）产量的下降；因此，这种减产并没有对商品浆市场（不用做而用于销售的纸浆）构成太大影响。

以美元计价的商品纸浆的价格分为硬木浆和软木浆，在 2008 年中期至 2009 年中期之间大幅下跌了 40%；以欧元计价，下跌的幅度略小。但自 2009 年下半年起价格已回升到之前价格约 2/3 的水平。这是由于生产者和消费者的库存均处在较低水平以及中国的强劲需求，这种态势将至少持续到 2010 年初。

在欧洲，根据采购的原材料不同，造纸企业的采购情况也不同。而原材料包括木材、回收的废纸和纸板（用于循环利用）。在 2009 年大部分时间中根据所在国家和木材种类的不同，木材价格下降了 5% ~25%。

这些原材料价格的下降毫无疑问地提高了造纸公司的收益率。但这只是暂时的；实际上木材价格长期上涨的趋势并未改变。随着木材在能源领域的应用及各国政府推出发展以木材为基础的生物能源和可再生能源政策均对造纸企业的木材需求产生了竞争。俄罗斯维持对进口其木材的国家征收平均 15 欧元/立方米的关税将在长期阻碍俄罗斯周边的欧洲国家造纸业的发展。

欧洲的废纸及废纸板市场的情况却有所不同：在 2008 年下半年价格大幅回落之后，低档纸类以及包装纸类等级别的废纸价格在 2009 年全年出现连续的强劲回升。而废纸价格的这种上涨与纸浆价格上涨的原因相同，都是源于中国的需求。中国在 2009 年废纸进口量增加了将近 15%。中国几乎进口废纸的近 90% 是来自美国、欧洲和日本。在欧洲，“再生纤维”（即废纸）的消费减少了近 6%，但与纸和纸板的产量下降 11% 相比，降幅相对有限。

在经历了 2008 年欧洲造纸厂关闭的高峰后，2009 年工厂关闭数量处于相对较低的水平，在 30 家左右。由于需求疲软，关闭的多为陈旧且生产效率低的工厂。造纸业结构性调整在北美地区更加明显。不过，由于纸和纸板存在巨大的需求，或者木材供应量充足，在一些“南半球国家”（即发展中国家，译者注）——中国和南美洲对造纸业的投资仍将继续。

纸和纸板

单位：百万吨

分布地区 \ 年份	2004	2005	2006	2007	2008	2009*
世界产量*	**359.6**	**366.4**	**382.6**	**393.7**	**390.9**	**365.0**
其中：欧盟27国	97.0	97.2	99.0	101.3	97.2	86.8
中国	49.5	56.0	65.0	73.5	79.8	85.0
美国	83.4	82.7	83.9	83.7	80.0	72.0
日本	30.9	31.0	31.1	31.3	30.6	26.2
德国	30.4	21.7	22.7	23.3	22.8	21.0
加拿大	20.5	19.5	18.2	17.3	15.8	12.3
瑞典	11.6	11.8	12.1	11.9	11.7	10.9
芬兰	14.0	12.4	14.1	14.3	13.1	10.6
韩国	10.5	10.5	10.7	10.9	10.6	10.5
巴西	8.4	8.6	8.7	9.0	9.4	9.3
意大利	9.7	10.0	10.0	10.1	9.5	8.4
法国	10.2	10.3	10.0	9.9	9.4	8.3
印度尼西亚	7.7	8.2	8.9	8.9	9.2	—
印度	6.2	6.6	7.4	7.9	8.4	—
俄罗斯	6.8	7.0	7.4	7.6	7.7	—
西班牙	5.5	5.7	6.4	6.7	6.4	5.6
奥地利	4.9	4.9	5.2	5.2	5.2	4.6
世界出口量	**109.3**	**111.9**	**116.8**	**119.4**	**115.4**	—
其中：欧盟27国**	19.3	18.7	20.1	19.8	19.7	—
芬兰	12.9	11.3	13.0	12.9	11.9	—
加拿大	15.2	14.6	13.5	13.2	12.1	—
美国	8.4	9.8	9.9	10.9	11.5	—
德国	9.4	10.2	10.6	10.7	10.5	—
世界进口量	**109.3**	**111.9**	**116.8**	**119.4**	**115.4**	—
其中：美国	17.3	16.6	16.3	14.9	13.3	—
欧盟27国**	7.8	7.9	7.5	8.8	8.3	—
德国	9.7	10.3	10.6	10.8	10.5	—
法国	6.6	6.4	6.4	6.6	6.4	—

注：*为估计值；**为涉及欧盟与欧盟以外国家的出口与进口。

资料来源：美国锐思林纸产品咨询公司（RISI）/欧洲造纸工业联合会（CEPI）/日本制纸联合会（JPA）/加拿大林产品协会（FPAC）/巴西纸浆和纸业协会（Bracelpa）/美国森林和纸业协会（AF&PA）/韩国包装机械协会（KPMA）

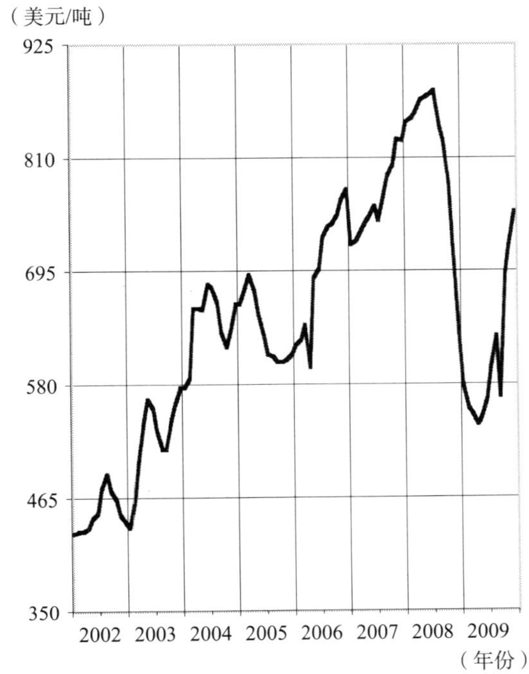

瑞典：纸浆价格（北海到岸价）

在欧洲，尽管哥本哈根气候会议并没有取得进展，其还是出台了降低碳排放量的诸多措施，这将在长期对能源密集型的欧洲造纸业产生不利影响。但是，欧洲各国对碳排放政策的执行力度将有所不同，这就使得欧洲各国的造纸业可能会出现不公平的竞争，并进而影响到欧洲纸和纸板市场的发展以及对造纸业的投资。在2009年欧洲出现的纸类贸易争端（反倾销调查、保护措施等）可能会在未来数月内变得更加频繁。

随着“绿色经济”的崛起，越来越多的化石燃料被生物能源所取代。对可再生、可循环使用产品的研究与开发将是造纸业未来发展的机遇，更何况在今天该行业已经走在了回收利用和生物能源应用的最前列。

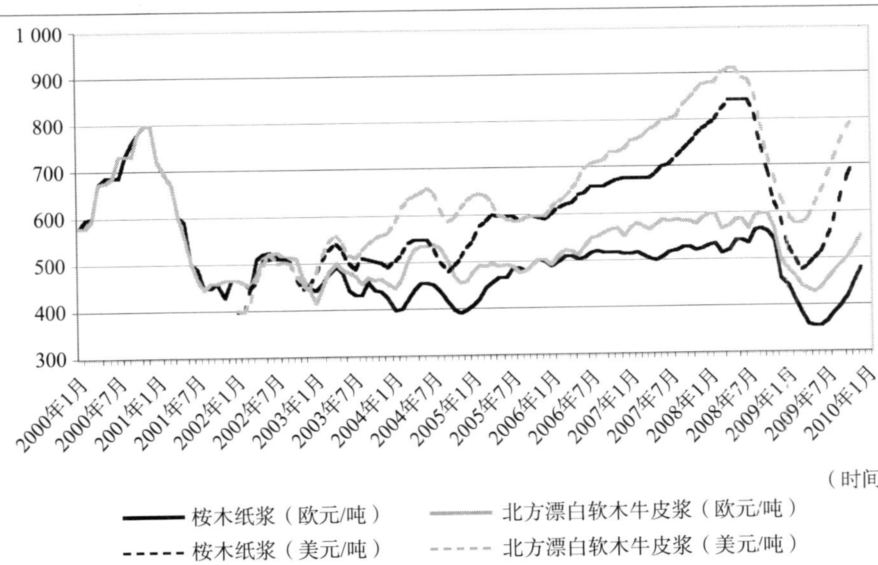

注：桉木纸浆（Eucalyptus），北方漂白软木牛皮浆（NBSK）。

美元和欧元计价的纸浆价格

资料来源：美国锐思林纸产品咨询公司（RISI）。

主要工业品市场

世界主要纸浆和纸生产商

单位：千吨

公司	国家	2008 年商品浆及纸和纸板产量
1. 国际纸业公司（International Paper）	美国	18 583
2. 斯道拉恩索公司（Stora Enso）	芬兰	12 576
3. 芬欧汇川（UPM）公司	芬兰	10 781
4. 阿比波特公司（Abitibi Bowater）	加拿大	8 607
5. 王子制纸集团（Oji Paper）	日本	7 411
6. 日本制纸集团（Nippon Paper Group）	日本	7 211
7. 史墨菲·卡帕集团（Smurfit Kappa Group）	爱尔兰	7 100
8. 斯莫非特－斯通集装箱公司（Smurfit－Stone Container Corp.）	美国	6 888
9. 塞露罗莎纸业公司（Svenska Cellulosa）	瑞典	6 374
10. 盟迪纸业集团（Mondi）	南非	6 242
11. 惠好公司（Weyerhauser）	美国	5 378
12. 诺斯考纸业（Norske Skogindustrier）	挪威	5 377
13. 东塔纸业公司（Domtar）	加拿大	5 288
14. 萨佩纸业（Sappi）	南非	5 100
15. 玖龙纸业（控股）有限公司（Nine Dragons Paper）	中国	4 300
16. 芬林纸业总公司（M－real）	芬兰	4 221
17. 太普－银兰公司（Temple－Inland）	美国	3 455
18. 新页纸业集团公司（New Page）	美国	3 233
19. 山东晨鸣纸业集团（Shandong Chenming Paper）	中国	3 170
20. 嘉斯琪公司（Cascades）	加拿大	3 032
21. 理文造纸（Lee & Man）	中国	2 996
22. 鹦鹉纸浆公司（Aracruz Cellulose）	巴西	2 972
23. 大王制纸（Daio Paper）	日本	2 900
24. 布尔戈纸业（Burgo）	意大利	2 899
25. 丸红公司（Marubeni）	日本	2 878

注：一些公司如金佰利（Kimberly－Clark）、宝洁（P&G）、金光集团（APP）因为缺少具体的产量数字，并未在上述表格中出现。

资料来源：美国锐思林纸产品咨询公司（RISI）。

“废纸”或称二次纤维

除大宗商品市场遇到的普遍问题之外，废纸回收再利用产业给已经受到西方国家严重经济危机打击的造纸业带来了新的困难。中国的废纸进口仍继续增加，并达到近3 000万吨，中国越发成为世界废纸市场的核心。另外，废纸循环利用的效率是世界其他废弃物循环利用产业不可比拟的。2008年欧洲平均废纸循环利用率高达66.6%！今天世界废纸回收再利用产业的经济平衡完全取决于充满未知变量的买家——中国。除此之外，世界废纸市场还与集装箱海运费的变化息息相关。

2009年初，废纸的价格低到几乎不能再低了，价格最低的某些型号的废纸价格甚至为负，即废纸价格低于其回收成本。在美国市场，回收的废纸板（以瓦楞纸作为质量标准）在2009年第一季度的平均价格是45美元/吨（1月为28美元/吨），2008年同期价格则为132美元/吨。其价格最高纪录是1995年5月的250美元/吨，而2001年价格为50美元/吨。

“负价格”的影响很快便显现出来，几乎所有地区的废纸回收量都开始下降（当然也需要考虑这与经济活动的关联性）。2009年欧洲的废纸回收量估计共减少了15%。这就使得欧洲和北美地区的废纸市场均重新达到平衡，废纸价格在2009年夏初开始回升。

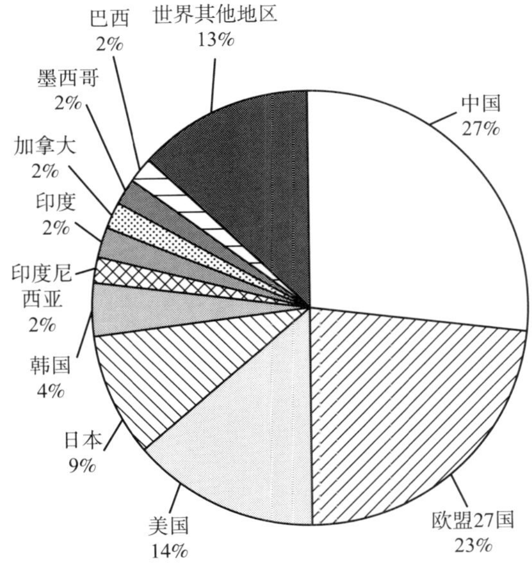

注：2008年世界废纸利用量为2.096亿吨。

2008年世界前十名国家废纸利用量所占总量比例

资料来源：美国锐思林纸产品咨询公司（RISI），欧洲造纸工业联合会（CEPI）。

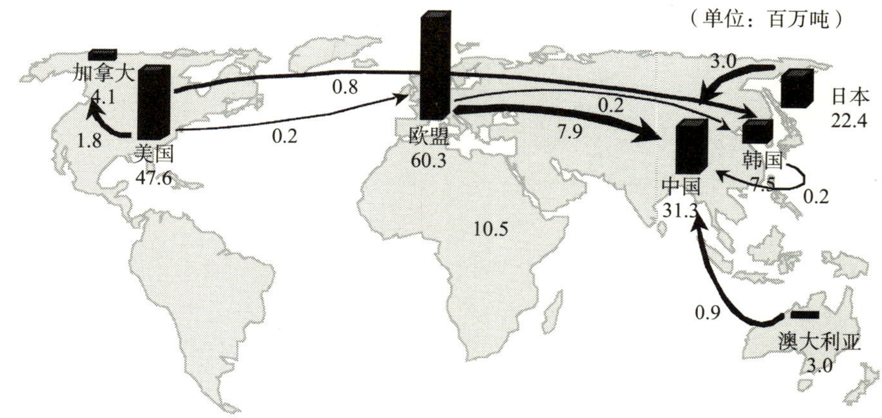

2008 年世界废纸回收与主要废纸贸易

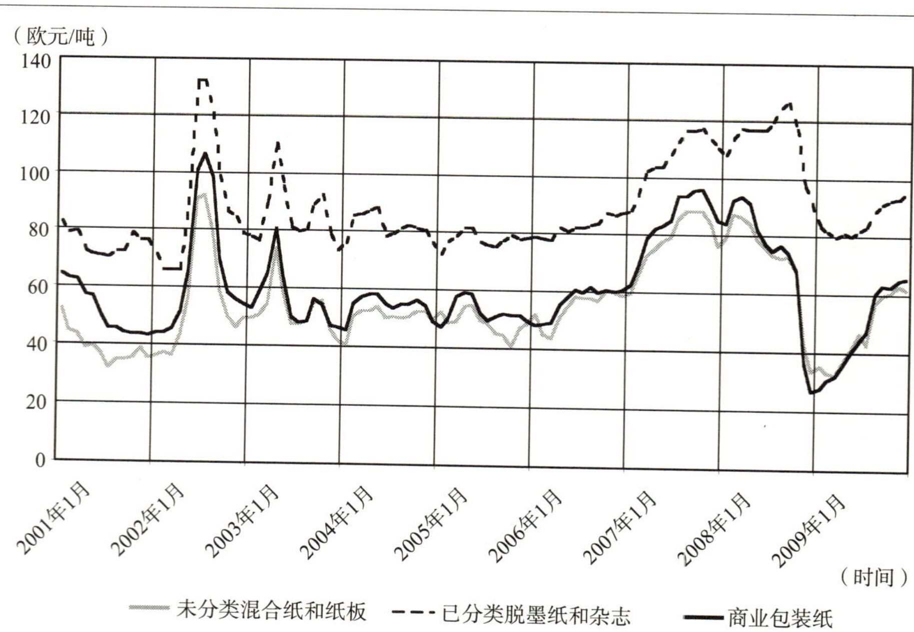

欧洲主要类型废纸加权平均价格

资料来源：欧洲造纸工业联合会（CEPI）。

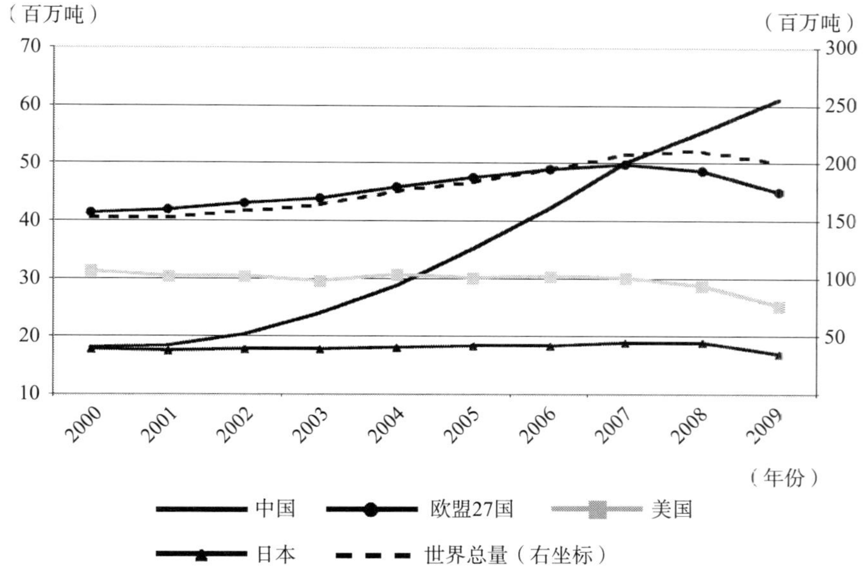

世界废纸利用趋势

资料来源：美国锐思林纸产品咨询公司（RISI），欧洲造纸工业联合会（CEPI）。

不可否认，2009 年世界废纸市场的走势是由中国需求决定的。在 2007 年，中国进口的废纸首次超过 2 000 万吨；2009 年的前 8 个月中国已从美国和欧洲进口 1 860 万吨废纸（从欧洲进口 650 万吨）。人们相信，中国废纸进口量很快会达到 3 000 万吨。总之，中国的废纸到岸价已经真正的成为了世界二次纤维市场的参考指标。

另外，世界废纸市场的主要“弱点”在于。它在很大程度上取决于海运费的变化。由于世界贸易的不平衡，废纸按惯例都由不定期返回亚洲的空集装箱船运送。中国出口工业制成品到北美地区和欧洲，返回亚洲的船因此是空载的。对于海运商来说，必须将

世界废纸消费量

单位：百万吨

年份 分布地区	2000	2006	2007	2008	2009	2008 年各国占世界总量份额（%）
中国	18.1	42.1	50.2	55.5	61.0	27
欧盟 27 国	41.5	49.1	49.9	48.6	45.0	23
美国	31.3	30.6	30.2	28.9	25.4	14
日本	17.8	18.5	19.0	19.0	17.0	9
韩国	6.9	8.2	8.7	8.5	未定	4
印度尼西亚	3.9	4.9	5.2	5.2	未定	2
印度	2.3	3.9	4.3	4.6	未定	2
世界消费总量	**152.1**	**194.7**	**206.9**	**209.6**	**201.0**	**100**

资料来源：欧洲造纸工业联合会（CEPI）。

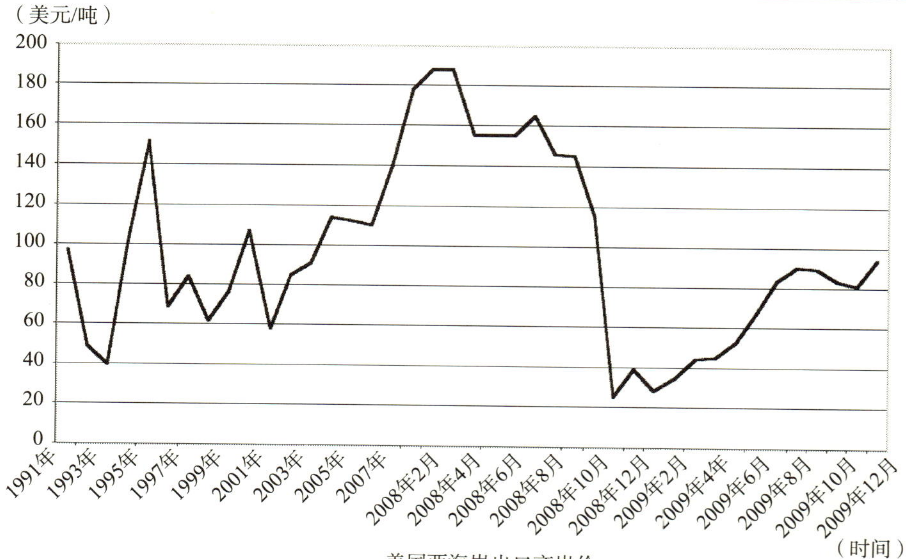

美国西海岸出口离岸价

中国从美国进口到岸价

世界二次纤维具有代表性的价格：废纸板价格（瓦楞纸）

空集装箱船驶回亚洲重新装货，因此，废纸就自然作为填装物来为船压载，而且运费低廉。直到2008年，这种形式的贸易进行的非常顺利，但自经济危机爆发以来世界贸易量骤降，使得对集装箱运输的需求下降，同时从亚洲开启的集装箱船的海运费暴跌（亚洲至欧洲航线，每只40英尺集装箱运费从1 500美元下降到500美元）。海运商为应对危

中国从主要国家的废纸进口增长

单位：百万吨

分布地区＼年度	2001	2006	2007	2008	2009
美国	4.0	8.5	9.3	10.1	10.7
欧盟27国	1.0	5.4	7.0	8.0	9.3
日本	0.5	3.2	3.1	2.9	4.1
进口总量	6.4	19.6	22.6	24.2	27.5

资料来源：欧洲造纸工业联合会（CEPI）。

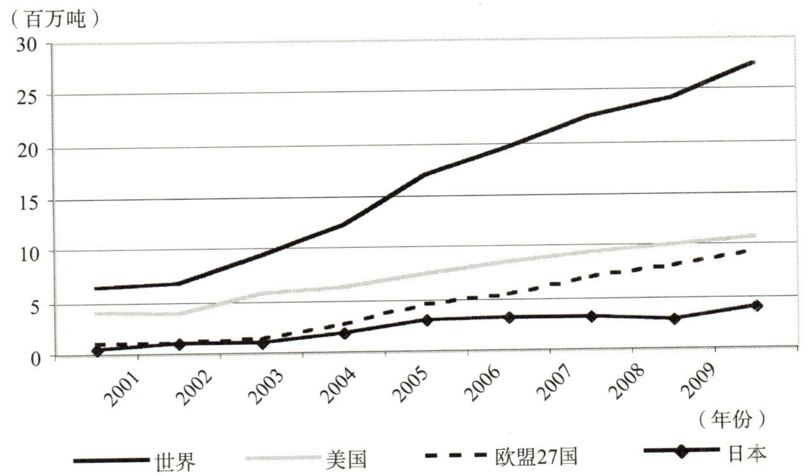

中国废纸进口来源

资料来源：世界贸易信息服务股份公司（GTIS），欧洲造纸工业联合会（CEPI）。

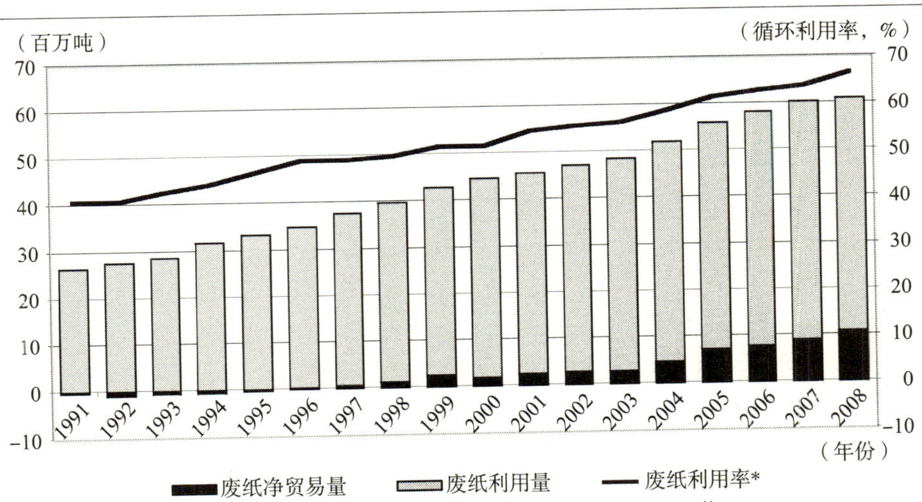

注：* 废纸利用率 =“废纸利用量 + 废纸净贸易量”与纸和纸板消费量的比值

1991～2008年欧洲（欧盟27国 + 挪威 + 瑞士）废纸的净贸易量、利用量和利用率

机，采用了减少集装箱船的数量和运输频率的方式。因此，返回亚洲的集装箱船的数量骤降。自2009年中期之后，海运公司根据不同航线将40英尺集装箱的运费提高了100～200美元。其结果是，中国港口的废纸价格出现了上涨，而“生产国”的废纸价格却没有出现同等程度的上涨。

除了中国之外，其他亚洲国家的废纸进口量也越来越大。这些国家包括：印度尼西亚、越南和泰国对废纸箱（OCC）的进口；韩国和马来西亚对各种脱墨废纸的进口。实际上，亚洲很多造纸厂是由中国的造纸企业或是中国华侨掌控的。

2009年8月废纸价格达到相对高点，随后在秋季进行了调整，并在2009年年底和2010年年初再次上扬。微弱的经济复苏使欧洲的废纸的回收量下降了10%。另外，纸浆价格的暴涨（2010年3月初已达875美元/吨）对纸的需求及整个造纸业，包括废纸回收再利用产业的影响值得密切关注。在中国市场，废纸（废纸箱）200美元/吨的价格水平已于2009年3月再次被突破。

综上所述，中国、中国的需求及中国的经济活力已经是世界废纸市场平衡的核心。

半导体

多年以来，电子行业不断用事实证明其自身对于经济波动具有一定的韧性：人均电子产品持有量较低，新兴国家首次购买电子产品的人数继续迅猛增加，以及持续的创新浪潮维持了电子产品市场良好的供需平衡。这也是该行业对2008年之前的经济危机并不十分“敏感”的原因。

然而，2009年全球需求的明显下降使电子行业出现了大幅下滑，进而使世界半导体行业步入下行轨道。尽管如此，半导体行业在未来两年仍将看好。

不过，2011年之后，这一态势能否继续保持，则取决于半导体行业的创造力和创新力。只有这样，半导体行业才能搭乘不断涌现的高科技产品的“顺风车”以及受益于此次经济危机后消费者形成的新的电子产品消费习惯。

全球电子行业的危机与“后危机时代”

作为制造业中最主要的行业，世界电子行业的年销售额超过1.2万亿美元。世界电子行业的供给与需求已经完全实现了全球化。2009年，电子行业销售额下降了7%，按销售额计算这是自“互联网泡沫”以来最糟糕的成绩，同时也是自20世纪60年代初该行业起步发展以来出现的第二次衰退。

与2008年相比，2009年汽车电子产品的需求下降18%，为各行业之首。这不仅缘于全球汽车市场的危机，也缘于汽车生产商主动削减了产量。在移动电话领域的需求降幅为11%。在计算机领域的需求下降了10%。事实上，电子产品仅在航空及国防领域中保持增长，这不仅是因为这两个领域和经济增长有着传统性的“脱钩”，也是由于这两个领域的发展存在“惯性”。

从区域来看，欧洲对电子产品的需求下降12%（主要是因为德国的出口大幅下降），美国下降7%。中国虽然保持着增长，但对于这座“世界工厂”而言，6%的增幅仅为其以往增长幅度的1/3。

如果我们认为在2010年年底，全球经济将开始缓慢复苏，预计全球经济将在2010年增长2.5%、2011年增长3%（2009年极有可能下降2%），那么世界电子工业也应该随之复苏，其增长幅度将逐渐超过全球经济的增长幅度，预计在2010年和2011

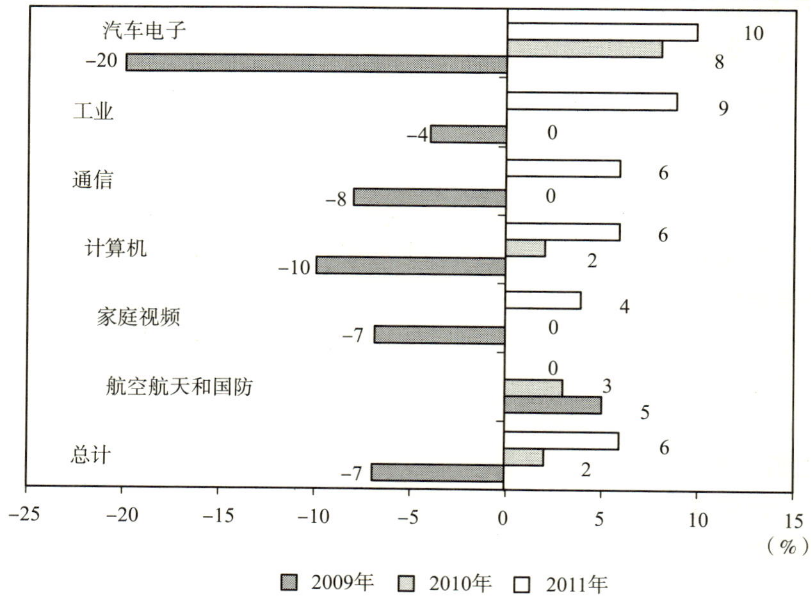

电子行业增长变化

资料来源：决定事务所（Cabinet Decision）。

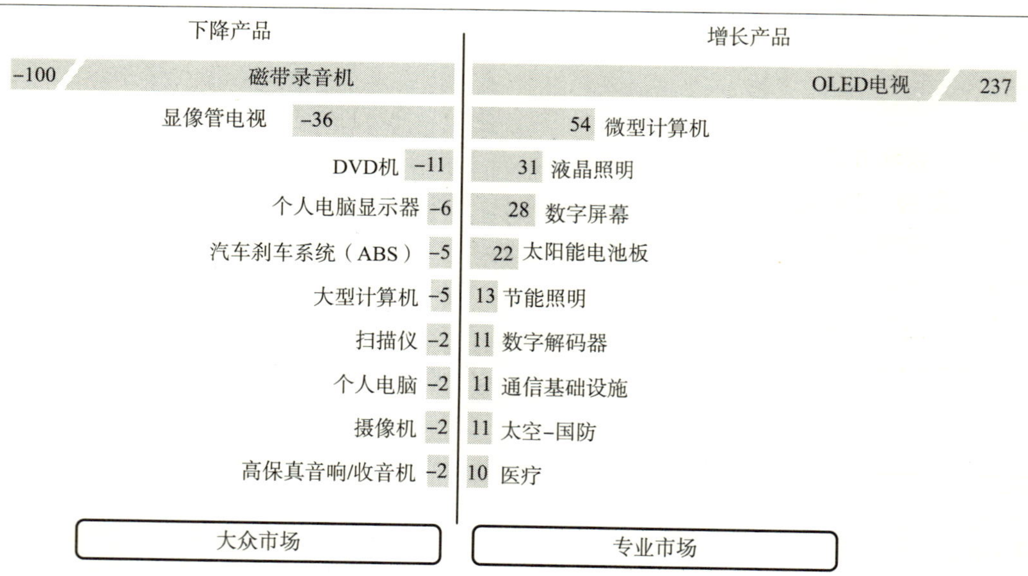

2008～2013 年电子产品平均年增长率（%）

资料来源：决定事务所。

年分别增长2%和6%（以价值计算）。从整体上看，计算机、移动电话领域的增长将会成为推动此次电子工业复苏的主力，到2011年电子工业的增长则将是在节能领域和工业基础设施更新上的应用。实际上，自2008年起，受制于生产投资的下降的影响，很多工业基础设备都无法及时更新。因此新一轮的投资需要增加对电子产品的需求。最后需要指出的是，以销售额计算，世界电子行业的销售在2012年之前都不会回到2008年的水平。

2011年之后，电子行业的年增长率有望恢复到6%，针对过去10年的7%而言。电子行业未来的增长动力与以往不同。曾推动电子行业强劲增长的“大众市场”（主要包括移动电话、个人电脑、视听设备）将逐渐被大规模的“专业化市场”所取代（主要包括节能、医疗、宽带通信）。

因此，曾经在20世纪60年代初拉动增长的“专业化市场”将再次成为电子产业增长的主要动力。这一发展态势将产生三大影响：

第一，这些新需求将更加有利于区域电子工业的发展。因为这些区域市场各具特色，例如，欧洲北部地区的节能需求与南美洲的节能需求完全不同。

第二，满足这些新需求应当集中各方力量，包括制造商、服务商和（国家或地区的）公共参与者。各方需要在相关产业的发展起始阶段起到支持的作用。

第三，欧洲得益于市场规模、工业结构和社会经济文化，可能将在新的全球竞争中占有优势。

这些新兴的专业电子消费市场需要经过一段时间才能达到大众消费市场的规模。在增长速度上很可能与大众消费市场最初发展时的增长速度有很大差距。另外，这些变革是否意味传统电子市场已经进入饱和？答案可能是否定的。但传统电子市场的发展将取决于半导体工业能否重新找回并扩大它在创新经济浪潮中独特的“发动机”地位，同时这亦将取决于世界半导体行业的领袖们的创造能力。

半导体业轻度衰退

根据电子行业的经济规则，2009年电子产品市场的衰退导致作为其终端市场的电子行业出现更为严重的萎缩。与2008年相比，降幅达到了11%。

实际上，这一下降水平比一些分析人士之前预料的小得多。2001年，“互联网泡沫”的破灭使电子行业的销售出现8%的降幅，半导体市场的销售下降高达30%。这一

半导体市场增长

单位：%

对增长的贡献率	2009年	2010年	2011年	述评
·清空库存/再库存	-3	4	1	库存过低时补进库存
·技术进步	0	5	3	新产品（如i-Phone等）
·电子行业的终端需求	-7	2	6	经济复苏
·半导体价格	-1	3	2	交货时间延长
半导体市场	**-11**	**14**	**12**	—
世界经济增长	**-2**	**2**	**3**	—

资料来源：J. P. Dauvin。

变化可归结为两个因素：

一方面的原因是半导体市场作为经济周期运行的先行指标，早在2008年中期就开始急剧收缩，因此到了2009年，半导体市场的衰退已经开始逐渐复苏。

另一方面的原因是结构性的。半导体行业对危机的反应迅速，并为最坏的经济情况提前采取了措施，这些措施均是半导体行业中史无前例的：

——2008年第四季度起即大幅减少库存；

——关闭45家工厂，其中不乏现代化程度高、产量大的工厂；

——暂停生产性投资，因此与2008年相比，供应商对半导体企业相关生产设备销售猛跌80%；

——全面缩减开支，并进行10% ~ 12%的裁员；

——半导体工业进行重组以减少供应量。

整体上来看，世界半导体行业为渡过经济危机在2009年第二季度将工厂的平均产能利用率保持在45%左右；到了2009年底，半导体行业的情况是：

• 半导体市场自2009年第二季度以来开始复苏；

• 产能利用率增加至65%；

• 芯片价格止跌企稳；

• 由于投资不足，半导体工厂交货时间出现延长。

还应该指出的是一些电子产品的需求上升。高端手机（比中低端机型包含更多的半导体）的普及和微型电脑销售的增加都促进了对半导体的需求。

总的来说，2010年世界半导体市场有望实现14%的增长，2011年则为12%。需要注意的是，因为2009年半导体产量出现巨幅萎缩，使得2010年需求增长的大部分为再库存需求。2011年半导体业的增长则可能受到经济复苏的推动。

半导体市场未来发展的特点：

• 半导体行业的增长率将重返两位数，销售额有望在2010年重返2008年的水平，即2 600亿美元（在2000年时为2 000亿美元）。

• 2010年、2011年的复苏除了受到再库存等"机械性"因素的推动之外，还将得益于技术进步，例如iPhone、智能手机（smartphones）等一些新产品将拉动对半导体的需求增大。

世界半导体市场增长

单位：10亿美元，%

品种 \ 年份	2008年	2009年	2010年	2011年	占2013年市场总量的份额
·存储器	-20	-8	19	12	30
·微芯片	-6	-10	16	9	20
·晶圆	6	-15	13	13	44
·分立器件	0	-18	10	8	8
·光电子	12	-6	12	8	8
全部市场	**-3**	**-11**	**14**	**12**	**100**
销售额	**250**	**220**	**250**	**280**	**300 ~ 320**

资料来源：世界半导体贸易统计组织（WSTS），决定事务所。

• 由于投资不足而导致的交货时间延长的问题应该会推动半导体价格略微上扬，这将明显地改善该行业的盈利状况。

• 按季度计算，与 2009 年下半年相比，2010 年上半年半导体行业可能将没有太大增长。预计 2010 年下半年将出现强劲的上升，并一直持续到 2011 年的夏季。接下来，半导体行业增长速度会明显放慢，2012 年增长率将保持在 6% 左右。

2010 年，存储器、微型处理器，以及汽车电子、通信业和工业将成为推动半导体行业增长的动力。在 2010 年，世界各地区的半导体市场均将回暖，而新兴国家半导体市场的表现将并不十分突出（仅比经合组织成员国高 2 个百分点），但是在 2011 年，甚至此后更长的一段时期，新兴国家的半导体行业将重现活力，达到两倍于经合组织成员国的增幅。

这样来看，半导体行业未来两年的前景是光明的，但接下来又将如何发展？由于芯片工业缺乏创新，到了 2013 年，半导体行业的年增幅预计会回落到 6% 左右，销售额将在 3 000 亿 ~ 3 200 亿美元之间徘徊。根据之前的预计，这一成绩早在 2005 年就该实现！

最后需要指出，在 2013 年，北美市场将在全球半导体市场中占据 13% 的份额；欧洲占 13%；日本为 16%；亚太地区的整体份额则会超过世界市场的一半，达到 58%。

总体而言，此次发生的全球性危机没有对半导体行业造成极为严重的破坏，但短期的影响巨大，持续时间约为两个季度。2009 年半导体市场出现的 11% 的降幅在该行业的历史上仅排名第五，其严重程度远不如 2001 年下跌的 30%，也比不上 1985 年的 20% 降幅。

变革中的半导体行业

虽然世界半导体市场只经历了一场“温和的”危机，但该行业的经营条件已变得十分艰难，因此，未来非常有可能出现公司合并。

半导体行业整体的变化将使得具有创新和商业创造性能力的企业脱颖而出。而微电子生产的门槛很高（每座工厂的建设成本为 35 亿美元，0. 22 微米工艺产品的开发需要

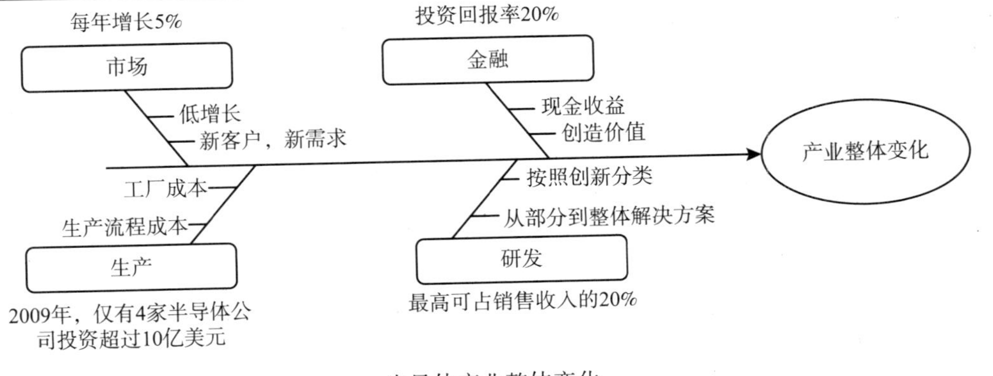

半导体产业整体变化

资料来源：欧洲纳米电子应用技术研究集群（CATRENE）。

旧范式		新范式
高增长	→	低增长
大众市场	→	特定专业市场
确定的参与者	→	多元化参与者
根据生产分类	→	根据创新和创造力分类
仅招聘工程师	→	在商学院招聘
僵化的公司结构	→	灵活、可变动的公司结构
仅为公司股东创造价值	→	通过产品和服务创新为公司创造价值

半导体产业新旧经营模式对比

资料来源：J. P. Dauvin。

15亿美元）使得很多半导体企业选择“代工”（Foundries）。2010年，世界集成电路20%的生产都将由代工厂完成。未来五年内，这一比例还将上升到25%～30%。

最后要指出的是，半导体行业的“金融化”。半导体行业是资本密集型行业，需要巨额的投资，因此投资方要求极高的回报率，而一旦该行业增长出现减缓，金融家则会毫不犹豫的撤出。

经济危机使得半导体行业的生存环境变得更加严峻，这就促使企业将改变原有的经营模式（business model）。自20世纪60年代，半导体行业一直都遵循着大致相同的经济运行模式。现在，变革的时刻可能已经来到了

2008～2009年世界10大半导体公司暂时排名

单位：10亿美元，%

2008年	2009年	公司名称	2008年销售额	2009年销售额	增长率
1	1	英特尔（Intel）	33.8	32.1	-5.0
2	2	三星（Samsung）	16.9	17.1	1.3
3	3	东芝（Toshiba）	11.1	10.6	-4.0
4	4	德州仪器（Texas Instruments）	11.1	9.6	-13.0
5	5	意法半导体（STMicroelectronics）	10.3	8.4	-18.0
8	6	高通（Qualcomm）	6.5	6.5	0
9	7	海力士半导体（Hynix）	6	5.9	-1.4
6	8	瑞萨电子（Renesas）	7	5.7	-20.0
12	9	AMD	5.5	5	-8.0
17	10	索尼（Sony）	6.9	4.7	-33.0
合计市场销售金额：2 200亿～2 500亿美元			**-3%**	**-11%**	

资料来源：iSuppli。

在半导体行业新的发展中，需要变革的方面之一，就是重新强调企业战略的灵活性，即寻求与行业参与者结成合作伙伴，尤其是与计算机服务企业。由于之前缺少合作，半导体行业的利润率相对的很低。实际上，半导体行业往往是通过技术进步和工业生产来创造利润，但其产品销售的绝大部分利润都被产业链终端的参与者所获取。因此与直接客户进行合作是半导体行业需要迈出的重要一步，尤其是在今天面对新的需求——医疗和节能，都为当今的半导体行业提供了历史性的机遇。

很显然，世界半导体行业中尚没有任何一个公司迈出这一步。事实上，苹果公司的在线音乐商店和 iPod 帮助使该公司成功的披上了“服务型企业”的外衣，正是一项技术创新的产品使其成功转型。

世界半导体企业的经营策略？

事实将会证明，2009 年经济危机的破坏程度和持续时间都不足改变世界半导体业的整体情况。虽然如此，行业格局还是出现了变化，各企业运用多年的策略依然占据主流。

美国

• 集中力量提高利润率，具体措施包括关闭技术落后的生产线，重新应用稳定技术（模拟技术）。

• 主要通过代加工的方式来优化生产成本。

• 努力实现先进产品的创新，如微处理器、移动电话处理器。

日本

• 继续在政府的支持下进行产业集中，以达到产业规模化。

• 几乎没有对种类众多且重复的半导体产品进行集中。

• 保持强劲的国内生产，通过代加工方式实现产业优化。

• 在产品创新上的投入较少。

韩国

• 集中力量发展存储器的创新和制造，保持其在该领域的世界主导地位，目前存储器市场占整个世界半导体市场销售额的 20% 左右（预计 2013 年将达到 650 亿美元），利润率在回升。

中国

• 试图建立独立的半导体产业，以及与其他跨国企业合作均没取得成功。

欧盟

• 出售菲利普、NXP 和英飞凌（Infineon）公司的相关业务，以确保在剩余领域实现盈利（德国的大功率电子器件和汽车电子及荷兰的视听设备）。

意法半导体公司（STMicroelectronics）

• 与索尼—爱立信建立战略合作关系，目的是提高全球占有率，大力发展节能项目（该企业目前为全球第一）。

• 成功实现多元化，开发潜力巨大的产品，例如微机电系统（MEMS）。

• 在大举淘汰一些产品之后（存储器），产品结构上重返盈利。

作为技术、经济和社会进步的主要源泉，芯片工业如果希望重新发挥其应有作用，并再次实现盈利，就必须适应此次经济危机过后消费者的新型需求。芯片工业不仅需要在技术的各个层面创新，也要在开拓市场方面进行创新。芯片工业并没有向其他行业一样大规模“更换领导者”可能是该行业创新能力逐渐枯竭的原因之一。

在其他工业领域的“新领军者”使得这些领域早于半导体行业步入成熟阶段，并证明了产品创新能力下降趋势的出现是可以避免的。因此，整个半导体行业需要借鉴这些工业行业的发展经验，使半导体工业重新成为各科技行业发展的先锋。

纺织品

2009年毫无争议地成为世界经济最为困难的一年之一。与2008年相比，欧盟的国内生产总值更是出现了4.1%的下降。这样一种经济衰退对纺织—服装行业不无影响。在欧洲，一如在美国，2009年服装与纺织品的最终消费经历了比2008年还要严重的下滑。总之，从上游到下游，该行业的大部分企业的销售额均出现了下滑。而下游经销商的营业额下滑直接导致了该行业上游企业生产的快速下降。

2009年世界经济的衰退导致几乎所有西方国家服装与纺织品消费的下滑。法国的市场如同其欧洲邻国一样，也出现了严重下滑，对服装的消费支出比2008年下降了3.4%。其他欧盟成员国也同样艰难。在西班牙，服装的消费出现了6.2%的下降，意大利则遭受了1%的缩减。在美国，2009年服装产品的销售同样缩减了近4%。

即便如此，2009年欧盟服装—鞋的销售额依然以3 860亿欧元保持着世界第一大服装市场的地位，而美国市场则以3 250亿欧元紧随其后。

分销商改变策略

分销商营业额的下降促使其采购策略的改变。

起初，面对营业额的下滑，服装和纺织品的分销商着手大量清除库存，并显著减少、甚至暂停订货。随后，分销商们又开始优先考虑对人工成本低的国家的服装和纺织品采购，以确保其利润。因此，加强在亚洲市场的采购便成为一种新的策略它用以抵消服装和纺织品平均价格下降及消费者购买数量减少造成的双重影响。自2009年下半年起，消费者购买数量减少的现象在欧洲和美国尤其显著。

最终，在欧洲分销商整体采购额下降的背景下（与2008年相比，2009年的采购额下降5%），欧洲与地中海沿岸国家的制衣商受到了严重的冲击。欧盟从地中海沿岸国家进口的服装总量在2009年下降了14%，自摩洛哥的进口减少了18%，自突尼斯的进口则缩减了14%。反之，从亚洲国家的进口仅仅微降了1%。欧洲与地中海沿岸国家制衣商均在欧洲国家内有大量纺织商为其集中供货，这又使得这些纺织商们的业务受到沉重的打击。举例来说，法国纺织商十分依赖出口，他们现在就面临一场严重的销售危机：2009年，法国向欧盟其他国家出口的面料减少了22%，对突尼斯和摩洛哥的出口量则分别下跌了19%和18%。

在大西洋彼岸的美国（以欧洲为中心，译者注），与2009年消费量下滑相关联的是以美元计算的美国服装进口大幅下滑（与2008年相比下降12%）。来自中国的服装和纺织品自2009年1月1日起便解除了所有的进口配额，因此出现了1.5%的上涨，来自孟加拉的进口则与2008年持平。相反，来自摩洛哥的进口却下跌了16%。

在这种欧洲和美国经济增长巨大下滑的背景下，新兴国家的经济增长便成为未来数年世界经济增长的中流砥柱。这些国家受金融危机的影响相对较小，主要是因为各国政府实施了强劲的经济振兴计划。中国很有可能会在2010年获得10%左右的经济增长，印度的国内生产总值则会有7.7%的上涨。

因此，对于欧洲服装类企业来说，新兴国家市场将成为拯救欧洲市场业务下滑的“救命草”。目前，鉴于这些国家经济相对封闭的特点（关税及非关税壁垒），欧洲对这些国家（中国、印度、俄罗斯等）的出口量依然有限。如果说欧盟在2009年对俄罗斯出口的服装价值为20亿欧元，并相当于欧盟（27国）出口总价值的15%，那么，对中国的出口则只有2.76亿欧元，相当于欧盟出口的2%，对印度的出口则仅仅为2 700万欧元。然而，新兴国家市场表现出了巨大的增长潜力。例如中国对服装类商品的消费就很可能会在今后五年内达到1 000亿欧元，进而成为亚洲第一大市场。此外，所有新兴国家都经历着一场销售格局的深刻变革，即大型购物中心在这一地区的迅速增加将加速欧洲服装销售商的战略扩张步伐。

服装消费变化趋势

单位：%

国家（地区）＼变化率	2007/2006	2008/2007	2009/2008
法国	+1.7	-3.0	-3.4
德国	-0.7	-1.0	-0.6
英国	+3.9	+1.0	+0.8
意大利	+0.7	-0.6	-1.0
西班牙	+5.6	-5.4	-6.2
5国平均值	**+1.7**	**-1.0**	**-1.5**
美国	+4.9	-1.5	3.0

资料来源：法国时尚学院（IFM），其他国际组织。

2008年的纺织品国际贸易

2008年，纺织品－服装商品的世界贸易额达到了6 120亿美元；与上一年相比，这一数值增长了4%，而这样的增幅相比2007年（+10.7%）明显下降。2008年，纺织品－服装的出口占世界制成品出口的5.9%。从2000~2008年，服装贸易的年增长率比纺织品高出两个百分点（分别为8%和6%）。

近年来，亚洲国家崛起成为世界第一大纺织品－服装出口地，中国在其中的份额不断增长，并已在世界纺织品－服装贸易中占据了第一的位置，排在欧盟之前。2008年，中国（不包括中国香港）在世界纺织品出口份额中占26.1%，服装出口份额中占33.2%。

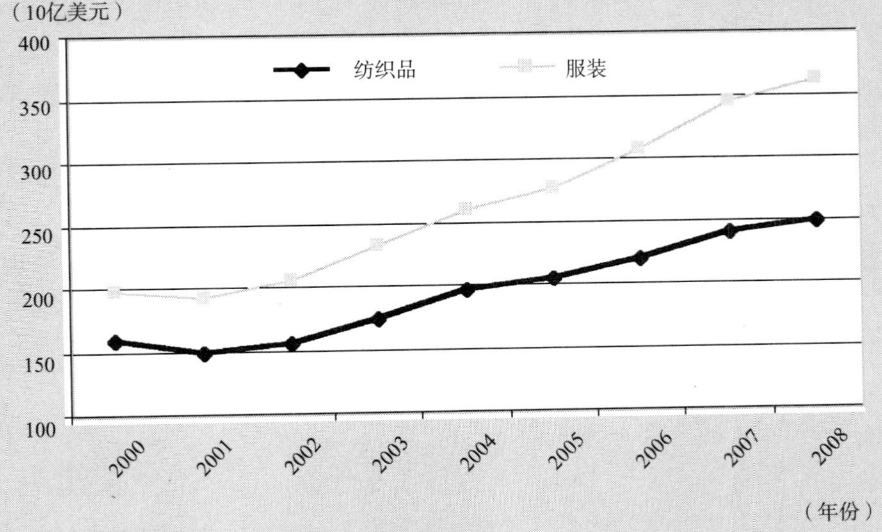

世界纺织品和服装贸易变化趋势

资料来源：世界贸易组织，2009年报告，日内瓦，2009年11月。

— Ⅷ —

服务业

旅游业与航空运输业

2009 年，全球国际游客人数仅为 8.8 亿人次，并未越过“10 亿人次”这个最初预计的标志性门槛。由此可见，金融和经济危机对全球旅游业的影响之深重。除了购买力下降这个最基本的因素外，世界上多个地区政治动荡、甲型流感威胁犹存，这些都给旅游业带来了额外的负面影响。全球旅游业收入呈现负增长则是对这一趋势的进一步阐述，其降幅甚至高于游客人数的减少幅度。根据世界旅游组织的统计，全球旅游业收入出现了接近6%的负增长。航空运输业的情况则更为糟糕，国际航空运输协会（IATA）理事长乔瓦尼·比西尼亚尼(Giovanni Bisignani）表示：航空运输需求的缩水将令这一行业经历有史以来最为糟糕的一年，客运市场将就此倒退两年半，货运市场将就此倒退三年半。2009 年全年，航空客运需求下降了 3.5%，而航班平均上座率仅为 75.6%。

然而，特别要注意到的是与全球出口整体下降约 12%相比，旅游服务行业展现出了一定的抵抗力，尤其是在世界经济形势异常艰难的这个大背景下。这是人们的旅游习惯因这场危机而发生了改变：仍然选择旅游出行，但选择短途旅游的人数有所增加。此外，游客在 2009 年更倾向于前往国内的旅游目的地，但这一旅游消费行为并不计入世界旅游组织的统计数据。正因为如此，才使得旅游企业和酒店行业更好地抵御这场危机。同时，政府还经常通过一些具体举措来扶持旅游业，目的就是强化“国内短途旅游”这一趋势。巴西、中国、西班牙和法国等国家的情况均是如此——国内游市场占旅游整体需求的比例相当大，从而有助于部分弥补国际旅游市场需求的萎缩。

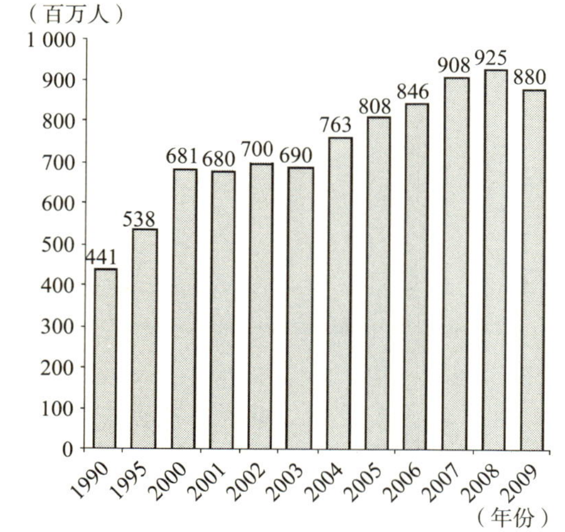

1990～2009年国际旅游人数的变化

资料来源：世界旅游组织（World Tourism Organization），2010年1月。

全球旅游业传统发展格局被打破

2009年将作为“全球旅游业大趋势转折年”被人们所记住，特别是前往亚太地区的国际客流量明显增长，欧洲的“旅游业霸主”地位行将终结。2009年，全球范围内的国际游客数量锐减4 500万人次，仅为8.8亿人次，低于2008年的9亿人次。不过，考虑到北美和欧洲这两大主要客源地所遭遇的经济危机规模，达到这一数字或许已经很不易。此外，世界旅游业的这轮衰退可能不会持续很长时间，因为根据世界旅游组织的预计，世界旅游业会在2010年出现复苏，特别是受亚洲目前呈现出来的经济强劲反弹的推动，国际游客接待量预计会增长3%～4%。

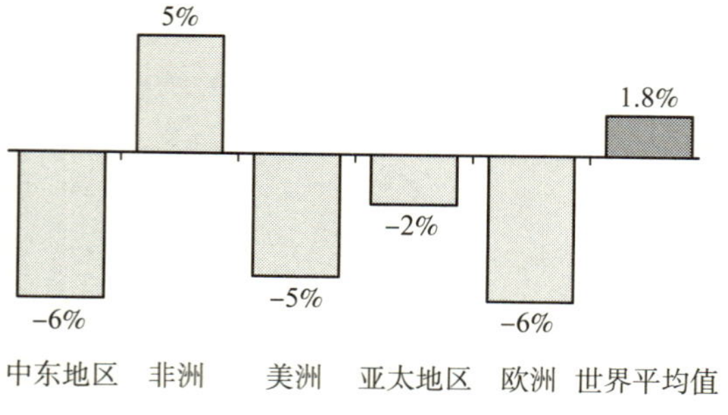

按地区划分的国际旅游目的地游客接待量变化率

资料来源：世界旅游组织（World Tourism Organization），2010年1月。

欧洲的衰退趋势已不可逆转

旅游业受国际金融危机影响最为严重的地区当属欧洲，国际游客接待量锐减10%。非洲则是唯一逆势增长的地区，2009年该地区国际游客接待量上升了5%。除了非洲地区，特别是其中最为热门的撒哈拉以南地区的旅游目的地之外，世界各地的游客接待量在2009年都出现了负增长。

- 欧洲全年游客接待量平均下降6%，

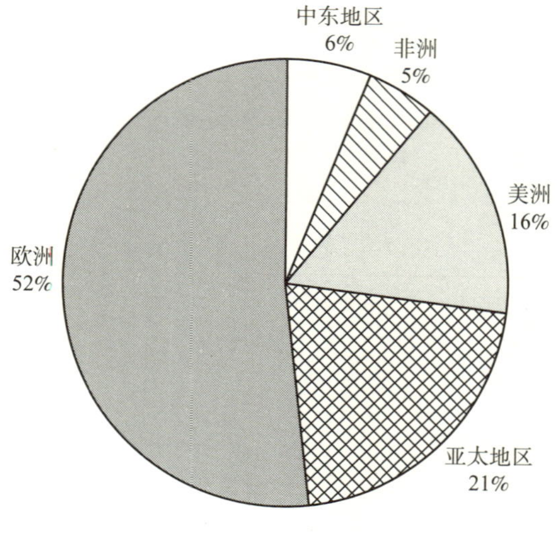

国际游客接待量分布

资料来源：世界旅游组织（World Tourism Organization），2010年1月。

其中上半年形势较为严峻（降幅在10%左右）。中欧、东欧和北欧各旅游目的地所受影响最大，有些甚至锐减8%；西欧、南欧和地中海沿岸各旅游目的地表现相对较好。

- 亚太地区2009年的游客接待量下降幅度为2%。从1月到6月，该地区国际游客接待量下降了7%。从下半年开始，由于诸多经济指标改善等有利因素，该地区国际游客接待量又出现了3%的增长。
- 美洲地区2009年的游客接待量下降了5%，特别是在墨西哥爆发的甲型流感（H1N1）更加深了世界经济危机对该地区旅游业的影响。然而，加勒比地区的国际游客接待量在2009年的后4个月里出现了复苏的势头。
- 中东地区2009年游客接待量创纪录地下降了6%，与前几年的增长态势形成鲜明对比。不过有数据显示，该地区的国际游客接待量在2009年下半年有所回升，重新呈现出积极的增长势头。

欧洲的游客接待量降幅最大，该地区仍在不断地丧失其国际市场份额。尽管存在这些问题，欧洲各国作为一个整体（包括土耳其在内）依然吸引着全球一半以上的游客，其国际游客接待量占世界总份额的52.2%。欧洲旅游业的问题主要有两个原因：一是缺乏竞争力，特别是其酒店业面临来自亚洲和中东等新兴国家的竞争；二是欧洲区域内游客量占欧洲游客总量的比重高达2/3以上，因为经济危机出现的解雇潮使这一地区游客的购买力大幅削弱，进而影响到欧洲旅游业。

2009年欧洲地区旅游情况

项目 分布 地区	旅游人数 （百万人）	占世界旅游人数比率 （%）
南欧	169.6	19.2
西欧	145.8	16.6
东欧	91.6	10.4
北欧	52.6	6.0
合计	**459.7**	**52.2**

资料来源：世界旅游组织（World Tourism Organization），2010年1月。

2009年全球酒店平均房价下降14%

根据“酒店价格指数”显示，全球分布在1.6万个旅游目的地的9.4万家酒店的平均房价在2009年下滑了14%，重新降至其在2003年时的水平。在欧洲，特别是法国酒店价格出现5%的降幅；拉美地区和亚洲地区的酒店价格“跳水”更为严重，分别下降21%和16%。全球酒店房价最高的城市是蒙特卡洛（Monte Carlo），平均房价为每晚177欧元，领先阿布扎比、日内瓦、莫斯科和纽约（每晚149欧元）。

美洲地区继续呈现负增长

美洲区域的游客接待量在2009年出现了超过5%的负增长，不过以美元持续疲软为特点的汇率因素（特别是美元兑欧元）让“美元目的地”具备了一定的竞争优势。但这种优势也未能阻止北美地区的游客接待量继续下降。相对于整个美洲，北美地区的降幅还要高于6%。此外，加勒比海地区和南美洲的旅游目的地表现出更强的抵抗力，尤其是受益于区域内短线游客增加的带动。

加勒比海诸岛的国际游客接待量为1 970万人次，几乎与整个南美大陆的国际游客接待量持平，后者为2 010万人次。经济

2009 年美洲地区旅游情况

数值 分布 地区	旅游人数 （百万人）	占世界旅游人数 比率（%）
北美	91.9	10.5
南美	20.1	2.3
加勒比	19.7	2.2
中美洲	7.8	0.9
合计	139.5	15.9

资料来源：世界旅游组织（World Tourism Organization），2010 年 1 月。

危机虽然犹存，但加勒比海地区各经济体却成功地保持了各自的国际旅游专业化市场，即针对以美国和加拿大游客为主的旅游服务出口业。

亚太地区虽受影响，但已走上复苏之路

2009 年，亚太地区的游客接待量整体降幅仅为 1.9%。而且自第四季度以来，更是出现了明显的回升。虽然从 1～6 月间，其游客接待量下降了 7%，但下半年却出现了 3% 的增长，由此可见，该地区的经济状况有所改善，经济前景也更加明朗。

东南亚国家相对良好的经济状况是促成当前状况的原因，这些新兴工业化国家从中国的经济增长的回暖中首先受益。这些国家良好的经济状况对增加就业和增强购买力极为有利，这就带动了该区域内游客量的增长，特别是带动了东盟国家（ASEAN）之间游客量的增长。此外，低成本航空公司（lowcost）的迅猛发展更加促进了这一趋势的形成，其中尤以亚洲航空（Air Asia）为代表。该公司在吉隆坡、曼谷和雅加达分别设立航空枢纽，并通过其子公司

2009 年亚太地区旅游情况

数值 分布 地区	旅游人数 （百万人）	占世界旅游人数 比率（%）
东北亚	97.6	11.2
东南亚	62.0	7.0
大洋洲	10.9	1.2
南亚	10.0	1.1
合计	180.5	20.5

资料来源：世界旅游组织（World Tourism Organization），2010 年 1 月。

亚航 X（Air Asia X）开通了至阿布扎比、澳大利亚、中国和英国的航线，这使其成为第一家经营长途飞行业务的低成本航空公司。2010 年，亚航又刚刚为最新开启的吉隆坡—巴黎长途航线取得了在巴黎奥利机场的落地权。

已成为亚洲最主要旅游目的地的中国（北京目前拥有全球第三繁忙的机场），使东北亚地区在世界旅游业中继续发挥主要作用。游客量的变化显示，东南亚地区已经踏上了复苏之路，2009 年该地区游客量增加了 0.4%；与之相对，东北亚地区还是下降了 3.4%。

非洲旅游业：一个很好的例外

非洲已连续五年保持游客接待量的增长势头，尽管以非洲为目的地的一些传统客源国（特别是欧盟国家）的整体情况明显恶化。2009 年全年，非洲的游客接待量增长 5.1%，撒哈拉以南的非洲地区甚至创下 6.4% 的增幅纪录。强劲的增长势头表明，包括 2010 年世界杯东道国南非在内的南部非洲各国成绩斐然，而坦桑尼亚、毛里求斯和塞舌尔等东非旅游目的地国家更是取得了

2009 年非洲与中东地区旅游情况

分布地区＼数值	旅游人数（百万人）	占世界旅游人数比率（%）
非洲（合计）	48.1	5.5
北非	17.7	2.0
撒哈拉以南非洲	30.4	3.5
中东地区	52.5	6.0

资料来源：世界旅游组织（World Tourism Organization），2010 年1 月。

成功。在北非，摩洛哥凭借更具竞争力的价格继续扩大其在国际旅游市场中的份额。

另一方面，中东地区旅游目的地首次出现了国际游客接待量减少的现象，降幅为5.6%。之所以出现这一结果，主要缘于阿联酋危机缠身，且迪拜也面临多方面问题。

旅游业正在走向复苏

世界旅游业能否重现增长势头，取决于全球经济形势如何发展，以及国际旅游业的具体情况。世界旅游组织的数据显示，国际旅游业在2009 年最后一个季度恢复了增长，而2010 年的前景也会更好，国际游客接待量的预计增幅将为3% ~4%。这一展望随后成为现实，很多国家面对危机反应迅速，采取果断措施减轻危机的影响，刺激旅游业的复苏。特别值得一提的是，世界旅游组织预期亚洲将继续表现出最为强劲的反弹，而欧美的恢复步伐可能会较为缓慢。中东地区也有望重新呈现增长态势。得益于媒体对南非世界杯的报道，非洲的增长势头应该还会继续保持下去。

尽管如此，上述美好前景能否变为现实，仍然取决于老牌工业化国家的失业率上升这一主要问题的变化。就业危机是影响休闲旅游需求复苏的主要因素，同时，填补公共赤字很可能会导致普遍的加税，那么即便人们保留出国度假的渴望，加税也会部分挤占其预算。

世界旅游业的发展还受航空旅行相关的安全风险的影响。新近发生的几起未遂爆炸事件可能会对国际航空旅行造成负面影响。而在今天，航空旅行在国际游客出行方式中所占的比例超过47%。另外，甲型流感（H1N1）目前虽然不如预计的那么来势汹汹，仍存在让当前良好预期落空的潜在威胁。

国际航空运输业前景依然黯淡

来自国际航空运输协会（IATA）的数据显示，航空运输业面临严重的危机。2009 年，货运量整体下滑10.1%，远比客运量3.5%的降幅更为严重，而货运量的下降进而导致航空运力投入的下降。2009 年12 月，国际航空运输协会所有航空公司成员的客运能力比上年同期减少0.7%，货运能力则减少0.6%。不过，运力的缩水并没有提高载客率，2009 年12 月的航空业载客率仅为77.6%，低于2008 年同期。此外，正如国际航空运输协会理事长乔瓦尼·比西尼亚尼所说：航空公司营业收入的增长将会大大弱于需求的恢复性增长，正如我们开始观察到的那样。航空公司盈利的回升会更加缓慢。2010 年，航空公司预计会亏损56 亿美元。

最不景气的北美地区的小航空公司盈利水平下降最为严重。世界上其他地区，例如中东的航空公司，则没有出现这种情况。

北美地区航空公司由于跨大西洋客流量的减少，客运需求下降5.6%，这是其历史上第二大降幅。

欧洲各航空公司试图通过削减3.6%的运

力来抵消需求量下降5.7%所造成的影响。这一战略是为应对2009年第一季度进入经济衰退的主要欧盟国家航空市场的变化。

亚洲各航空公司虽然也在2009年遭遇了需求的大幅下降（下降5.5%），但其似乎从经济的逐步复苏中受益最多。2009年12月，客运需求量出现了高达8%的回升。这一情况反映出中国及亚洲大部分新兴工业化国家良好的经济状况。

虽然甲型流感（H1N1）引发了公众的恐惧，但拉美地区各航空公司中并未出现旅客大幅下降的情况，客运需求只是“停滞”，甚至出现了0.3%的微幅增长。

非洲各航空公司与世界其他各航空公司相比遭遇了客运需求量的最大降幅，下降了6.8%，这是非常差的数字。这一情况集中出现在2009年上半年。不过，需求量在下半年迅速反弹，2009年12月份的数据显示，客运需求量与2008年相比增加了3.1%。

中东地区各航空公司成为世界航空业变化发展中的主要受益者。2009年，该地区全年的国际客运需求量创下了11.2%的增幅纪录，仅2009年12月单月增幅就达到19.1%。这些成绩证明，各机场枢纽平台对接的发展战略奏效了。

尽管出现上述新的发展趋势，但国际客运需求依然高度集中在北美和欧洲的最发达地区。同时，客运需求的增长集中在亚太地区。

国际航空运输需求的不规则性

事实证明，航空运输需求对于国际宏观经济形势极为敏感。经济危机对航空运输业所造成的影响尤为严重，其平均载客率跌至不到50%，2009年全年的载客率因此仅为49.1%。但是从另一方面来看，航空货运需求也有强劲反弹，特别是从2009年12月起，货运需求上升了24.4%，虽然这还是

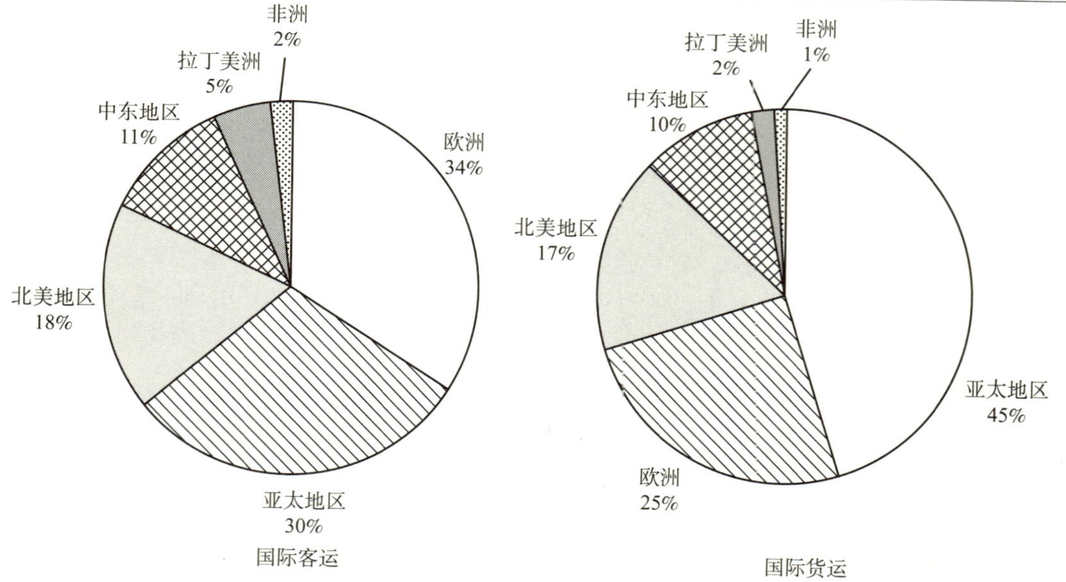

2009年国际航空运输需求

资料来源：国际航空运输协会（IATA），2010年。

比 2008 年同期的水平低 9 个百分点，但其运载率已经攀升至 54.1%。

航空货运需求的不断增加尤其使亚太地区的航空公司受益匪浅，其货运量猛增了 60%，使之占据全球国际航空货运市场 45% 的份额。欧洲航空公司则继续遭受着经济危机对欧洲市场的严重影响，其保有国际航空货运市场 20% 的份额。中东地区的航空公司则不断拓展其在国际市场份额，2009 年全年共增加了 21%。

经济危机对飞机制造业的影响仍在不断扩大

由于作为客户方的航空公司出现多种问题，导致飞机制造商们在过去几年接收的飞机订单有被取消的危险，特别是两大飞机制造企业——空中客车公司（Airbus）和波音公司（Boeing）。根据穆迪评级机构（Moody's）的数据，在遭受经济危机影响最为严重的 10 个经济行业中，风险最大的行业正是航空运输业，在该行业中 65% 的公司面临被向下调级的风险。

在这种状况下，2009 年对于全球两大飞机制造商而言是"非典型性"的一年，其新增订单大量减少，且很多订单被取消。与此同时，两大飞机制造商的飞机交付量却会有所增加。2009 年，空中客车公司和波音公司的飞机销售量大幅下滑，其飞机订单仅为 400 架，远少于 2008 年的 1 400 余架订单。

在这两大飞机制造业的巨头中，波音公司因为各航空公司的危机所受到的牵连更大。虽然该公司 2009 年新增订单的飞机数量超过 200 架，但在已签订的订单中取消了 111 架以上的飞机。这样一来，该公司 2009 年的飞机订单净增量仅为 93 架。空客公司的处境则相对较好，新增订单 317 架，已签订单只有 31 架被取消，飞机订单净增量达到 286 架。

凭借 2009 年近 300 架飞机的新订单，空客公司将波音公司甩在了身后，再次证明了空客公司全球第一大飞机制造商的地位。空客公司取得这一成绩，特别要归功于三份大额订单：Wizz Air 低成本航空公司订购了 50 架空客 A320；卡塔尔的航空公司订购了 20 架空客 A320；中国东方航空公司，总共订购了 16 架 A330，目录价格为 26 亿美元。另外，新投产的空客 A380 在 2009 年全年仅接到了 2 份新订单。

虽然空中客车公司的订单状况好于波音公司，但是空客公司在 2009 年销售的飞机仅为 2008 年的一半。目前新订单的减少，即使没有对空客公司的生产计划构成威胁，但在将来会留下隐患。2009 年，空客公司的飞机交付量将会创历史新高，共有 490 架飞机下线，其中包括 11 架空客 A380。目前投入使用的 A380 已超过 20 架，其中 10 架

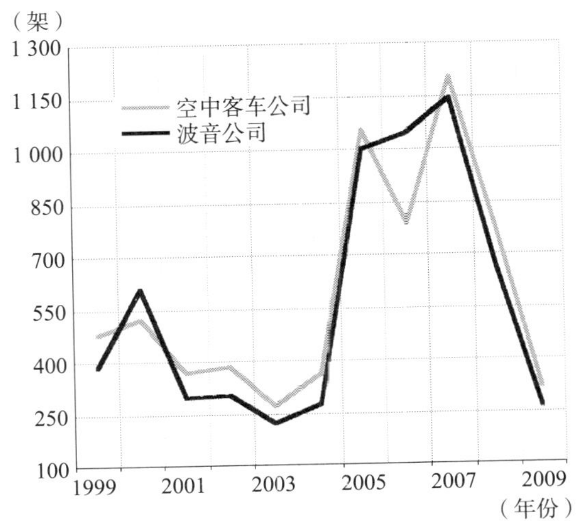

波音公司、空中客车公司飞机年度订单量

资料来源：波音公司、空中客车公司的统计，2010 年 1 月。

为阿联酋的航空公司所有。自2010年3月起，法国航空公司也将拥有2架A380。尽管如此，这些数据仍使空客公司在法国的员工心生忧虑，因为，新订单的数量已经连续第二年低于飞机交付数量。而根据空客公司的预计，2010年A380飞机交付量应该会出现明显增长，达到20架左右。至于新研制的空客A350，则将在2011年开始生产，并定于2012年进行首次试飞。综上所述，2010年空客公司应该能够更好地保证其生产规模，A320系列飞机的月产量将会达到34架，A330系列飞机月产量将会达到8架。

不过，对于空客公司与波音公司来说，其短期风险主要是：一些航空公司由于在经济危机中遭受重创，可能会取消其飞机订单，或者寻求破产保护。

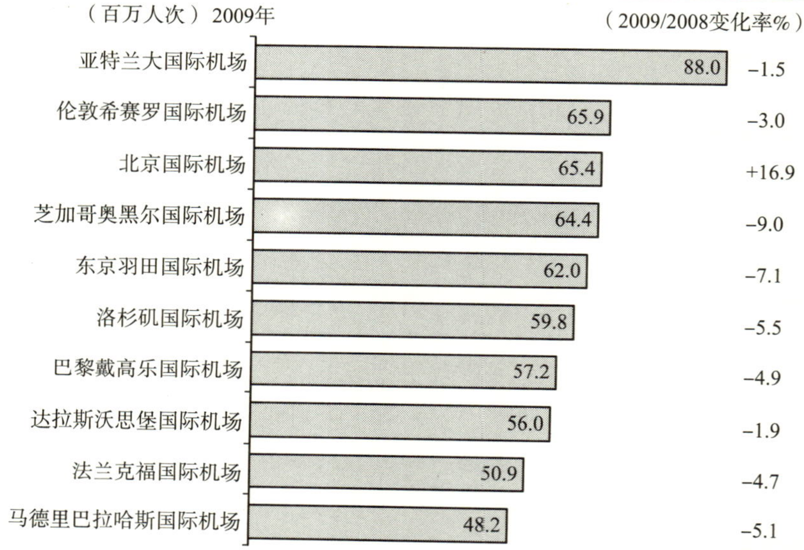

2009年与2008年相比世界各主要机场乘客流量变化

海运业

受2008年经济风暴的影响，航运公司不得不“停船靠岸”以避免损失。对海运业各子行业的需求都急剧萎缩，只有干散货运输因中国大量进口铁矿石和煤而逃过一劫。

其他方面，集装箱船大量闲置；造船订单连续地被取消；港口吞吐量大幅下降；海运费波动剧烈……

原油运输市场的表现也不尽人意。大量的油轮停泊在近海用作储油轮，等待原油价格的好转再投入市场。

中国的需求又一次拯救了全球海运业，如今已不再是“条条大路通罗马”，而是“条条海路通中国”。

干散货运指向东方

干散货市场之所以能够勉强脱离困境，甚至略有表现。首先要“感谢”中国在2009年第一季度实行的大规模经济刺激计划，自此，中国的大宗商品采购量激增。印度则是该市场的第二大支柱。2009年好望角型矿石船（Capesize）向中国各港口输送的煤总量约为1亿吨（向印度输送了8 900万吨），而输送的铁矿石总量高达6.28亿吨，再次创历史新高。

2008年年底，干散货运费降至新低，大型干散货船的运费下降最为明显。一艘好望角型散货船在2008年5月时的运费高达20万美元/天，而到年底时大幅回落至5 000美元/天。在2009年春季，干散货运费又出现了更加令人惊讶的反弹。截至2009年5月末，一艘好望角型船的租金升至5.7万美元/天（根据船龄不同，好望角型船的盈利点应在2万~4万美元/天）！

接下来，海运费一路上涨：6月2日，好望角型船的租金超过8.7万美元/天，这与中国的铁矿石采购量迅速攀升有密切联系，（中国进口的铁矿石直至使中国各港口的仓库饱和）；甚至一度出现干散货船供不应求的状况，但是在那以后，运费开始回落。由于市场预期未来将有146艘好望角型船交付（占全球该型号船舶保有运力的28%），海运市场因此再无可以推动运费价格上涨的因素。截至8月，好望角型船的租金已下降到37 865美元/天。到9月下旬，由于亚洲市场对矿石的需求反弹，加之压港现象导致有效运力减少，运费又出现抬头迹象。两个月之后，一艘好望角型船的租用成本升至67 385美元/天。在这种运费上涨的现象背后隐藏的却是中国东部和北部地区冬季恶劣的气候条件，造成港口拥堵加剧，进而导致船舶有效运力的下降。与之相对，在世界上最大的煤炭运输港——澳大利亚纽卡斯尔港（Newcastle）也出现了压港现象，即货船需要等待 15 天的时间才能装载完毕煤炭。

2009 年巴拿马型船（Panamax）的期租费平均涨至 19 295 美元/天，比市场在年初所担忧的情况要好很多。从 5 月中旬至 11 月末，代表全球 24 条干散货航线（涉及矿石、煤炭、金属、粮食等货物）平均运价水平的波罗的海干散货运价指数（BDI）攀升 72%。11 月，波罗的海干散货运价指数达到 14 个月以来的最高水平，达到了 4 381 点的高位。2009 年末，波罗的海干散货运价指数为 3 005 点；随后又达到 3 140 点。2010 年 3 月 2 日，波罗的海干散货运价指数降至 2 792 点，大大低于 2008 年 5 月时创纪录的 11 793 点，但仍比 2008 年 12 月时的 663 点低位高出很多。

2010 年伊始，中国急需补充铁矿石库存，且需求量极大。与此同时，主要的矿产企业必和必拓、力拓和淡水河谷，也正在准备增加铁矿石产量。所有这些因素都足以促使运费至少在短期内重新上涨。但就长期而言，干散货运市场的前景不甚明朗，行业主要存在三大令人担忧的因素：第一，新船交付的问题。来自德鲁里航运咨询公司（Drewry Shipping Consultants）的数据显示，目前干散货船订单运力达到 2.91 总登记吨位（GRT），是现有干散货船队保有运力的 66%。第二，随着铁矿石长期协议价格谈判结果的确定，中国的铁矿石需求量出现不确定性。第三，全球主要接纳煤和矿石港口的通行能力（更明确地说是港口的压港现象）。2010 年 2 月，由于煤需求量激增，导致澳大利亚纽卡斯尔港一度拥挤不堪。同时有 55 艘货船等待装货许可，一年以前，曾出现过最多 17 艘货船排队的现象。在其他一些煤炭－矿石港口，如巴西的图巴朗（Tubarao）和中国的青岛，也曾出现类似的情况。

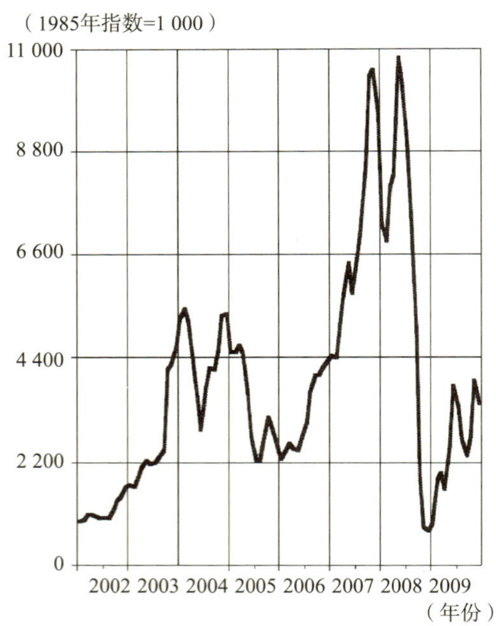

波罗的海干散货运指数

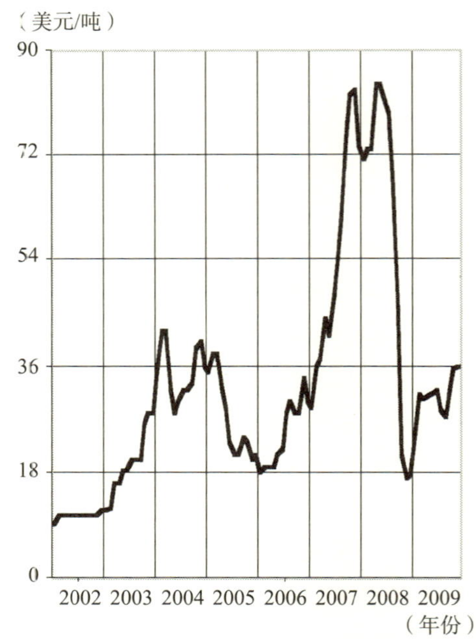

美国海湾（Gulf US）/北欧地区谷物运费

2009，干散货运费衍生品市场的萧条年

在经历了2008年国际干散货运费剧烈的波动之后（在几个月之间，价格曾经达到年内最高和最低），2009年最明显的特点就是价格波动幅度相对较小。

2009年初延续了2008年第四季度的走势，干散货运费处于最低水平。好望角型船的四条航线市场平均期租价格指数（Capes 4TC）以8 000美元/天开始了新的一年，大大低于此类船的日运营成本。在2009年前6个月里，各航线价格一直保持稳定，即使有所上升，也并不明显。6月份是行业传统的旺季，各航线价格强劲增长至引人注目的9万美元/天。考虑到全球干散货疲弱的需求，运费能反弹至如此高的价格确实出人意料。

中国同样在这其中发挥了主要作用，特别要归功于中国的铁矿石和煤进口量的大幅增加。实际上，这两种原材料的运输基本消耗了世界干散货全部运力的65%。中国利用世界铁矿石和煤价格大幅下降的机会补充库存，2009年4～7月，中国铁矿石的月均进口量达到5 560万吨。

货量的意外增长导致一些主要的进出口码头出现拥堵。在澳大利亚的煤炭装运港，货船的平均等候时间从6天翻到12天。7月份在中国的各大港口，等待卸载铁矿石的时间也从12天增加到16天。好望角型船大量的压港，导致了短期内其过剩运力被消耗，但这又进而导致了大量订单运力的交付。

事实上，2009年世界海运业总运力较2008年增加了约3 800万载重吨，这是有记载以来的最大年增幅。好望角型船的运力增加尤为明显。让人印象更为深刻的是，2009年总运力的增长是在船舶拆卸量陡增的情况下发生的，2009年船舶拆卸量创下了历史新高，拆卸量总计达到1 700万载重吨左右，而第二高的记录为1986年的1 420万载重吨。

货运能力的持续提高使得海运市场短期的运力过剩问题更加突出。目前看，运力过剩的问题将继续维持到2010年，甚至2011年。

近期还有一个问题与金融危机有关，这就是新船运营成本的严重失衡。实际上，航运公司在2008年购买部分货船时，市场正处于高位，单船的售价超过1亿美元，但6个月之后，单船的售价快速下跌至5 000万美元。由于一些订单被推迟，两艘同样的船可能会在差不多的时间交付，而它们的价格却有巨大差别。这样一来，两艘船的固定运营成本就会非常不同。

2009年6月的峰值过后，市场转入下行，再次回到3.5万美元/天的位置。接下来的一轮价格高峰发生在11月，又是因为中国意外购买了巨量的大宗商品，主要港口又出现拥堵现象。但这一次的影响依然未能持续多长时间，市场很快就跌至3万～4万美元/天的水平，这个水平大概是2009年市场的均衡点。

市场基本面的疲软同样反映在衍生品市场上。该市场的交易量相对有限，掉期交易量跌至12亿手（1手相当于一天或1 000吨），约为2008年交易量的一半。

由于2008年与2007年相比本身就是盘整的一年，因此可以说海运费金融衍生品交易量已经连续三年停滞不前或有所下降。就海运费衍生品市场的当前状况和自身结构而言，这种现象引发了一系列问题。单从金融危机出发还不足以解释这些令人失望的状况。

自1998年诞生以来，参与运费衍生品市场的是航运业的实业从事者。不可否认从2001年开始，一些交易所和结算所都会经手一些干散货和石油的重大海上货运合同，例如奥斯陆的NOS Imarex交易所、伦敦的LCH Clearnet结算所，以及新加坡的SGX交易所。但它们仅发挥了结算所的功能，而不具备以线上交易（Trading）为代表的交易功能。因此，绝大多数交易依然是通过电话与经纪人进行场外交易（OTC）完成的。线上交易的缺失对运费金融衍生品市场的发展极为不利。因为对于那些非专业从事海运业的交易者而言，这个市场还是极为缺乏透明度的。很多市场中的潜在新参与者都对只能通过场外交易进行操作感到失望。

一些机构已经意识到了这个缺陷，并且正在努力能够在不久的将来弥补这些缺失。伦敦金属交易所（LME）就是这方面的典型，该所从2009年开始为运费衍生品市场参与者提供服务，旨在利用自身的交易平台来处理合约。但是，伦敦金属交易所遭遇了众多经纪人的联合抵制。后者几乎是公开地反对伦敦金属交易所迈出这一步，认为这样做会直接威胁到他们的市场份额和交易量。

运费衍生品市场能否在短期内解决这一问题，目前尚不得知。但是我们认为，只要透明度不高的问题依然存在，运费衍生品市场就难以进入更成熟的发展阶段。不仅如此，在接下来的几年时间里，受结构性运力过剩的影响，航运市场的基本面很有可能使运费继续在较低和较窄的水平波动。这意味着，2010年对于运费衍生品市场而言，亦将是十分艰难的一年。

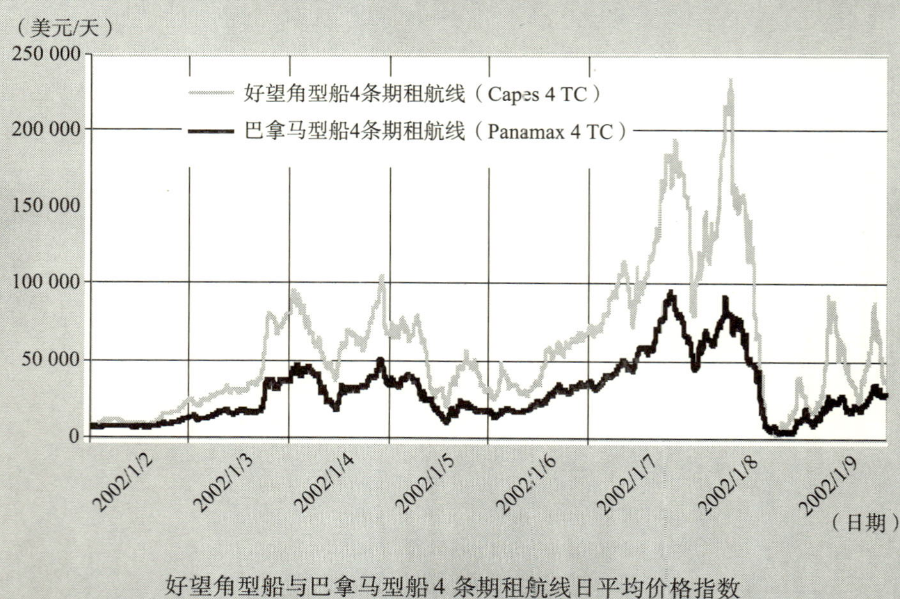

好望角型船与巴拿马型船4条期租航线日平均价格指数

资料来源：波罗的海航运交易所（The Baltic Exchange）。

原油运输：大量船舶囤油，运费惨遭腰斩

满载着原油或成品油的油轮排成长队，首尾相接，一眼望不到边：这就是2009年年底的情景，许多油轮因此变成了储油船。在这些油轮中，其中超过一半都在欧洲近海下锚，其余则聚集在亚洲、美洲和西非海岸，这些装载的油品足够欧盟27个成员国使用整整3天。

在这些浮动的储油船背后，晃动着摩根大通和摩根斯坦利等贸易商和金融机构，还有皇家荷兰壳牌、英国石油公司等一些石油巨头的身影。2009年11月底，它们总共调用了168艘油轮，总登记吨位达2 800万吨，相当于全球油轮船队运力的5.9%。

采用这种储存方式有诸多好处：第一，尽管欧佩克为应对全球经济衰退采取了前所未有的减产手段，但通过储油船可以消耗有效运力进而阻止运费的继续下降；第二，只要能源合约之间的差价高于油轮的租赁、保险和融资成本，这种储存方式就能确保盈利（2008年年底，在纽约的洲际期货交易所的第一份和第六份期货合约之间存在23%的升水；2009年12月，升水降至4%）。

很显然，只要运费有所增加，就有可能促使所有这些储油船重新投入市场（与此同时，船上储存的商品也将进入市场）。而全球石油需求出现的增长，也会促使新制造的船只进入市场。

实际上，全球的新船订单总量曾在2009年12月创下历史新高，总登记吨位达到2.12亿吨，相当于目前服役油轮的32%（其中包括：39%的超大型油轮－VLCC，容量为200万桶；38%的苏伊士型油轮－Suez-max，容量为100万桶）。

根据预测，更多新船有望在未来陆续交付，尤其是在2010年和2011年。因此，尽管各船队计划从2010年起逐步淘汰单壳油轮，从而实现油轮船队的“瘦身”（2009年底，此类油轮占油轮船队总量的17%），但即使考虑到单壳油轮的退出，市场短期内依

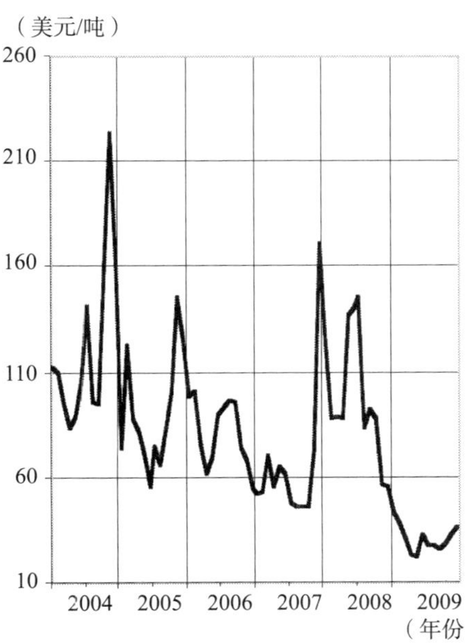

拉斯坦努拉/勒阿弗尔油船运费率世界标度

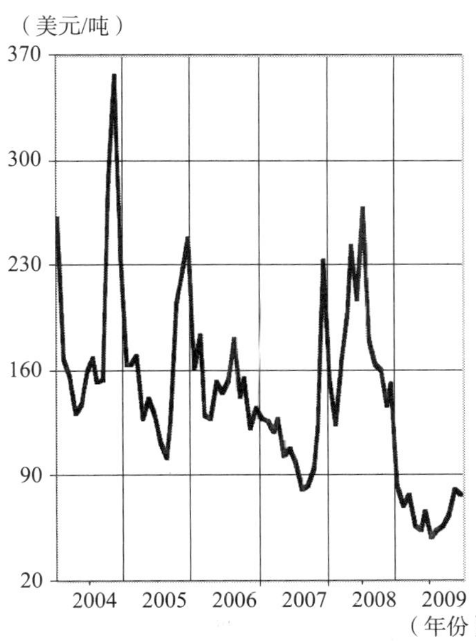

福卡多斯/勒阿弗尔油船运费率世界标度

俄罗斯剑指亚洲

2008年12月，欧佩克认为俄罗斯正在研究与其进行合作的各种可能，而且俄罗斯的石油企业有可能将日出口量减少30万~32万桶，但这些猜测都没能成为现实。恰恰相反，俄罗斯不仅增加了石油产量，还逐步获取了原属于沙特的市场份额（并借此取代沙特成为全球最大产油国）。根据国际能源署数据，俄罗斯的石油储备为1 370亿桶，约占世界石油储备总量的15%。

有了这样的基础，俄罗斯的期待自然也会水涨船高，其中就包括控制亚洲市场。出于这个原因，俄罗斯总理普京在2009年12月为俄罗斯远东地区海参崴附近的科兹米诺港石油管道启动剪彩。

一旦东西伯利亚-太平洋（ESPO）石油管线竣工，将西伯利亚油田与科兹米诺港（Kozmino）贯通，那么该港就将成为位于波罗的海的普里莫尔斯克港（Primorsk）和位于黑海的诺沃罗西斯克港（Novorossiyrsk），成为俄罗斯第三大的石油港口。

作为世界头号产油国，俄罗斯计划在2010年第一季度，通过科兹米诺港日出口原油25万桶。不出几年，该港的原油出口量就有可能达到60万桶/天。

然难以达到供求平衡。

2009年油轮运费的波动幅度相对较大。作为国际油轮标准运费的沙特阿拉伯-日本航线，5月底曾出现过短暂降至9 000美元/天的情况。此后的7~9月，运费一直持续低迷，甚至经常低于油轮的运营成本。到了11月初，超大型油轮和苏伊士型油轮的运费依然保持在低位，分别约为16 500美元/天和15 500美元/天。但是，随着冬季的降临，油轮运费几乎翻倍，超大油轮的租金在12月24日当天一度达到40 212美元/天的高位。根据波罗的海交易所（Baltic Exchange）的数据，沙特阿拉伯—日本航线的超级油轮运费在2009年的平均水平为23 130美元/天。2010年的预测均价则为30 000美/天。

2010年1月，由于对从中东出发的油轮运力实施了为期两周的限制，油轮运费逐渐上扬。超大型油轮的租金达到87 090美元/天，苏伊士型油轮的租金则为68 720美元/天。按照《世界油船（基本）费率表》（WS，Worldscale）来计算，基准航线的费率到1月中旬已升至125.63点。2009年4月时，这一航线的运费按照该表计算是令人揪心的30点（WS30）。

由于出现上述波动，2009年最后一个季度前线油轮公司（Frontline）巨幅亏损92%（该公司超级油轮的盈利点是3.29万美元/天）。作为世界第一的超级油轮运营商，该公司这一阶段的净收入跌至390万美元，而一年前这一数字还是5 160万美元。

中国和印度成为天然气市场的引擎

2009年全球对液化天然气（LNG）的需求相对石油的需求而言略显疲弱。虽然这种情况在2009年最后一个季度有所好转，但经合组织成员国的液化天然气需求量在2009年还是整体下降了6.5%。2009年1~10月，日本的液化天然气进口量下降了8.7个百分点。

在市场需求一片低迷的情况下，世界工业的两大引擎——中国和印度，增加了各自的液化天然气年进口量，增幅分别达到53%和23%。

液化天然气贸易量的缩水还导致船运力

巴拿马运河扩建，利好液化天然气船

一旦该运河的扩建工作完成，通过巴拿马运河的液化天然气运输量将上升6个百分点。

到2014年，将近80%的最大型号液化天然气船都能够在这条长50英里（80公里）的运河上畅行无阻。该运河的现代化扩建工程将耗资52.5亿美元。

出现过剩。在约60艘大型液化气船在2009年陆续交付之后，全球液化天然气船队规模估计已经达到322艘，而2010年还有望再增加30艘。

2010年和接下来的几年里，全球对液化天然气的需求预计会出现反弹。亚洲尤为明显，因为燃烧液化天然气的温室气体排放量要低于其他化石燃料。预计增长17%，也就是97.65亿立方米。

由于中国方面希望增加液化天然气进口量，因此天然气生产公司都会通过对此签订长期合同。另外，这些企业还在大力发展港口基建。中国海洋石油公司计划将在浙江省宁波液化天然气接收终端的接受能力增加两倍，从而将目前每年300万吨的接受能力增至900万吨。该项目于2009年12月启动，但最后完工的日期尚不确定。不过，16万立方米的储罐有望于2012年建成。中国总计将修建10座左右的液化天然气终端，用于接收来自世界各地的液化天然气，这是为2010年中国的液化天然气消费大幅增加（一倍左右）而做的准备。

中海油计划通过签署一份长期合同，把从卡塔尔进口的液化天然气量增加三倍，即增至700万吨。中石化则计划从埃克森美孚每年购买200万吨液化天然气，全部开采自巴布亚新几内亚。中石油则已经签约，从埃克森美孚设在澳大利亚的“高登项目”（Gorgon）采购225万吨液化天然气。此类例子还有很多。

另外，北京方面希望加紧建设天然气管道和港口天然气存储设施。2010年2月7日，作为该国主要造船企业的中国船舶工业集团公司发布了三款自行建造的液化天然气船，装载量分别为16万、17.5万和20万立方米。2009年，中国总共进口了将近350万吨液化天然气，占其天然气总需求的6%左右。

在中国的邻国日本，五艘液化天然气船于2009年2月初交付使用，每艘能够装载74.9441万立方米的液化天然气，这相当于日本两天左右的消费量。

2007～2009年按主要船舶类型分类的世界船队

单位：千载重吨，%

类型 \ 时间	2007年	2008年	2009年	2009年/2008年变化率
油轮	382 975	407 881	418 226	2.5
散装货轮	367 542	391 127	418 356	7.0
集装箱货轮	128 321	144 655	161 919	11.9
其他类型船只	62 554	68 624	84 895	23.7
包括：甲烷运输轮	26 915	30 013	36 341	21.1
离岸油轮	—	20 687	22 567	9.1
化学品运输轮	8 823	8 236	8 141	-1.2
渡轮和其他客轮	5 754	5 948	6 083	2.3
世界合计	**1 042 328**	**1 117 779**	**1 192 317**	**6.7**

资料来源：联合国贸易和发展会议，2009年《世界海运回顾》（UNCTAD，Review of Maritime Transport）。

欧洲方面，西班牙再添三艘液化天然气船，每艘能够装载41.9271万立方米（也相当于该国两天的消费量）；法国再添一艘，其装载量为7.4245万立方米（相当于该国每日消费量的37%）；意大利再添一艘，装载量为6.3957万立方米（相当于该国每日消费量的18%）。

集装箱运输遭受重创

2009年集装箱运输经历了自1970年以来最不景气的一年，运输量缩水超过10%。

在多年的繁荣之后，这"一盆冷水"终于让全球集装箱运输业（shipping）认清了现实。过去三年中，各集装箱船运营商一度竞赛般的进行大笔投资——共计1 060亿美元，用于打造一系列的巨型船舶，各个港口也不得不被迫修建更深的泊位，以容纳这些巨轮。这些船主最后却发现，他们所拥有的船队最终出现运力过剩。在2009年前9个月，集装箱海运费平均下降30%，22条最主要的集装箱航线也出现亏损。

丹麦马士基航运公司（Maersk）的经营状况直接反映了市场的整体情况。作为该行业领导者，马士基公司的运量占全球总运量的15.2%。而该公司的集装箱船部门在2009年一季度出现了5.59亿美元的净亏损，营业额暴跌了27.8%。而在2008年第一季度，该公司曾盈利8 000万美元。在2009年其他时间的情况也大致如此。截至11月，马士基预计的年亏损额几乎达到10亿美元，是其60多年以来的最差业绩。

作为亚洲主要集装箱航运公司的东方海皇集团（Neptune Orient Lines）也宣布，2009年第四季度已是该公司连续第五个季度出现亏损，这一情况比预期还要差。主要的航运公司都尽力的控制运力的投放以应对集装箱货量的急剧收缩。

拥有亚洲最大集装箱船队的长荣航运（Evergreen Marine）撤出约30艘货船；马士基航运公司则进行了裁员；其他一些海运商采取的措施包括：对现有船舶进行拆卸，取消订单或推迟订购船舶交付时间以及不再续签到期合同。

世界第二大航运企业——占据集装箱船市场11%份额的地中海航运公司（Mediterranean Shipping Co.，MSC）也对其船队进行了"瘦身"，从2008年12月的410艘削减至2009年9月时的391艘，到2010年2月底又减至384艘。

法国达飞轮船（CMA－CGM）也对旗下的SEAS航线（这是一条定期出发、连接亚洲和南美东岸的周班航线）进行了优化调整，与中海集运（CSCL）、马鲁巴集运（Maruba）和川崎汽船（K Line）强强联手，并与马士基在亚－欧－美航线上共享仓位。7月，中海集运、南美轮船（CSAV）和达飞轮船又宣布整合各自连接亚洲、墨西哥至加勒比海的直挂航线。

最后，东方海外（OOCL）和赫伯罗特（Hapag-Lloyd）宣布，对其共同经营的北大西洋航线进行整合，与地中海航运共同经营新的蒙特利尔Express 1航线。

10月，闲置集装箱船的总载箱能力已达到140万TEU（国际标准箱单位），几乎占全部运力的15%。而依然在海上航行的其他集装箱船也采取了降低航速的策略，该策略可以同时达到节省燃油和降低有效运力的目的。11月，577艘集装箱船被闲置；12月，由于延迟交付和订单取消的原因，又有65艘集装箱船加入了被闲置的队伍。

据估计，2010年将有5 162艘集装箱船要交付，其中超过1/3都属于巨型集装箱船（VLCS），单船载箱能力为5 100 TEU，还有一些属于超巨型运输船，载箱能力从1万～

减速航行……

在丹麦马士基航运公司的主要航线上，集装箱船的航行速度自2008年以来已经放慢了50%。这项举措不仅已经为该公司节省了30%的燃料，而且让这些货轮的温室气体排放量也降低了30%。

2010年初，超过220艘货轮正怡然自得地在海上缓速前进，它们的航速保持在20节，低于正常的24节或者25节，某些船舶甚至把航速降低到了12节。

以往总能"按期"收到货物的客户们，如今必须考虑更长的交付时间，而这可能会给一些对时间较为敏感的产品造成麻烦，例如电子类产品和时尚产品。

1.5万TEU不等。

随着2010年初经济的复苏，停靠在港口的集装箱船舶也一个接一个地再度起锚。但是截止到2月1日，只有532艘货船重新进入市场，占全球集装箱船总量的10%左右。

航运公司苦苦挣扎，但一息尚存

从以上情况可以看出，2009年各航运公司都遭受了巨大损失。根据咨询机构AXS-Alphaliner的数据，全球22家最主要的专业集装箱航运公司总共取得110亿美元的年度经营赤字。从另一方面来看，为了避免这些航运公司遭到倒闭的厄运，他们进行了各类融资（有时甚至包括政府援助）约为120亿美元，大致相当于其亏损额。经营着130艘集装箱船的德国航运公司赫伯罗特公司就属于这种情况。9月，德国联邦政府和汉堡市政府均表示，同意为该公司提供12亿欧元的贷款担保。但这笔援助款还不够，赫伯罗特公司还需设法再筹集19亿欧元。

法国航运公司达飞轮船公司也刚刚逃过在金融风暴中"触礁的劫难"，可谓是"颠簸不断，幸未倾覆"。这家由雅克·萨德（Jacques Saadé）掌控的家族企业一度被约56亿欧元的巨额债务压得喘不过气来，以至于它不得不苦寻出路，逃脱这个金融无底洞。公司的债权人包括法国巴黎银行、法国Natixis银行及法国兴业银行，他们组成了一个专门委员会；法国财政部也参与其中，并多次组织召开会议，以实现达飞轮船的资产重组。

经过长达几个星期的谈判，管理层决定接受新的企业管理方式，将这家家族企业转变成由董事会管理的企业。根据资产重组计划，各方于2009年12月签订了一份协议，

"泛太平洋稳定协议组织"将提高运费

为遏止因需求骤减和运力过剩造成的运费价格下跌，泛太平洋稳定协议组织（TSA）的14个成员宣布，自2009年8月10日起，将亚洲－美国航线的40英尺集装箱运费调高至500美元/箱。当时，该组织成员包括美国总统轮船公司（APL）、中国海运、达飞轮船、中远集运、长荣海运、韩进海运、赫伯罗特、现代商船公司、川崎汽船、地中海航运、日本邮船、东方海外、阳明和以星航运。接下来，马士基航运公司又于2009年秋季成为该组织的第十五个成员，其决定加入该组织的原因是当时情况紧迫，即泛太平洋地区航运公司的运力和出船频率都已经无法承受运费的进一步下跌。

决定为该公司注资5亿欧元的资金。2010年2月，首批8 000万欧元的款额已经发放，投资人有望获得该企业股权。据称，投资机构巴特勒资本（Butler Capital Partners）有意出资，法国政府也有可能通过“战略投资基金”获得一部分股份。

达飞轮船是全球第三大集装箱船运公司，占据全球7.5%的市场份额，旗下拥有356艘集装箱船。该公司向韩国的造船厂预定了8艘大型集装箱船，此外还有40艘左右的小型运输船。所有订单将在2012年之前付款交货。不过，该公司目前不得不就延期交付问题与船厂方面进行商议。

造船厂遭遇灾难性的一年

经济危机严重打击了海上运输业，大量的航运公司被迫取消或者推迟之前的订单。2009年12月，已经取消和推迟的订单的运力总量占目前干散货船队运力的60%，占集装箱船队运力的36%。

就造船厂方面而言，一批应在2009年交付的货船已进入最后收尾阶段。这批船都是在海运业繁盛时期订购的，总运力达到9 360万吨（较上一年增加41%）。2010年交付的货船总登记吨估计有1.002亿吨。如此巨大的运力只有在出现需求量猛增的情况下才能被消化，但实际上，运输需求却已经大幅下降。

经济风暴的另外一个影响是：中国不得不推迟原计划，等待时机，以完成从韩国手中夺取世界第一大造船国的位置。在此之前，中国不得不面对自2011年起国内造船业可能出现的产能过剩问题，而订单推迟的情况却不断出现。

中国方面已经采取主动，宣布了一项旨在鼓励各造船厂之间进行合并的计划，目的在于增强中国国内造船厂的竞争力。此外，中国还大力倡导为造船厂和航运公司更换旧船提供更加宽松的融资渠道。

路易·达孚自东向西扩展业务

法国的路易·达孚公司（Louis Dreyfus Armateurs，LDA）即将与印度尼西亚Seroja Investments公司旗下的两家分公司分别合资成立新的运输企业。

第一家是路易·达孚公司和Trans LK Marine公司将在新加坡共同组建路易·达孚海运–Seroja PTE公司（LDMS），并各自掌握这家分公司一半的股权，开展从印尼出口干散货运输业务。

第二家合资企业由路易·达孚公司和PT Pulau Seroja Jaya Pratama公司（PSJP）共同组建，双方分别掌握51%和49%的股权。新成立的PT Seroja LD Maritim（SLDM）将以印度尼西亚为总部，开展新加坡领海内的干散货运输贸易。

作为干散货市场的一家专业企业，Seroja Investments公司拥有73艘拖船和驳船，业务遍及印尼群岛，同时经营着越南和新加坡之间的海运线路。

此外，路易·达孚公司旗下专门从事干散货运输的Cetragpa公司还将于2010年和2011年承接巴西淡水河谷集团运往中国多个港口的200万吨铁矿石业务。

路易·达孚公司目前拥有20艘左右的干散货船，其中三艘于2009年交付，总运力达200万载重吨。

2009年1~10月，中国各大造船厂的订单锐减63%，合计运力达到1 910万吨。2008年，全球下水的新船中有20%出自中国船厂。截至2009年11月，中国造船厂持有订单运力占全球订单运力的33%。

与中国类似，韩国也在采取各种措施支持本国造船业。韩国政府拿出3.46亿美元用于帮助航运企业支付之前订购的船只。世界最大造船企业——韩国现代重工（Hyundai Heavy Industries Co.）已经连续两年没有获得预期数量的造船订单。虽然其接到的新订单总价值106亿美元，但实际上该公司之前预期的订单总值高达211亿美元。达飞轮船和中国远洋运输集团等一些航运公司都取消或者推迟了各自的订单。

作为全球第二大造船企业——大宇造船海洋工程公司（Daewoo Shipbuilding & Marine Engineering Co.），争取到的订单总价值仅有31亿美元，远未达到预期订单100亿美元的目标。而且，该公司手中还有价值355亿美元的过期订单，相当于至少两年的工作量。

达飞轮船的危机也将韩进重工业建设公司（Hanjin Heavy Industries & Construction）卷入到“旋涡”之中。法国的达飞轮船与韩国多家船厂总共签订了40份左右的订单，其中有15份（3 600 TEU）都是与韩进重工和其下属的菲律宾分公司签订的。截至2010年1月，达飞轮船取消的订单总价值已升至11亿美元。

港口运输量普遍下降，上海也不例外

上海港的集装箱运输量三十年来首次出现下滑。中国的期望再次没有实现，即上海之前希望取代新加坡，成为世界第一大集装箱港。

据上海国际港务集团（Shanghai International Port（Group））公布，上海港的集装箱吞吐量下降11%，相当于2 500万TEU，是1978年以来的首次下降。出口货物吞吐量下降16%。上海港的总货运量略微下滑1.1%，降至3.56亿吨。

2 590万TEU的成绩让新加坡港口的表现略微好于上海港，该港处理的货运量下降14%。不过，2010年的前景似乎更为光明。2009年12月，上海港的吞吐量上升7.1%，

2009年拆船数量创下纪录

2009年，总共有1 006艘货船被航运公司送进了拆船厂，是2006年的3倍。航运公司这样做是因为废钢价格的回升（200~300美元/吨）。印度已接收435艘旧船的拆解任务，连续两年成为航运公司拆船的首选地点（占总量的43%），其后分别是孟加拉国接收214艘（占21%）、中国接收173艘（17%）。中国的航运公司拆解的货船总数也创下新高。此外还有日本和欧洲的航运公司，它们都乐于展示其一张张“绿色环保拆解”证书。巴基斯坦2008年总共拆解掉87艘船，土耳其为42艘。

在这1 006艘货船中，有409艘（占41%）或者来自欧洲各国，或者属于总部设在欧盟国家的航运公司，亦或属于欧洲自由贸易联盟（EFTA）。

世界上最大的船——超大型油轮（ULCC）“诺克耐维斯号”（Knock Nevis）已经被送进了拆船厂，与它一起被拆掉的还有20艘左右的巨型油轮。

苏伊士运河收入大幅下降

2009年，苏伊士运河的运营收入下跌20%左右。与2008年的54亿美元相比，仅盈利43亿美元。影响业务的原因并不仅仅是金融危机。一些航运公司由于担心遭到印度洋海盗的袭击，也刻意避开了这条航道。

达到240万TEU。这也是2009年的第一个好消息。

整体而言，2009年对于世界港口业来说是黑色的一年，欧洲遭受的影响尤为严重。

作为欧洲的第一大港口，鹿特丹港2009年实现的吞吐量为3.87亿吨，较2008年的4.21亿吨下降了8.1%。其中，矿石和废钢运量几乎腰斩（下降47.1%）；原油下降4%；集装箱运输量下降6.3%，为1亿吨。

在2009年第二个季度这种下降已经“触底”。在那之后，根据鹿特丹港务局局长汉斯·史密茨（Hans Smits）的说法：吞吐量每个月都会有所增加。

虽然2010年的前景更加光明（鹿特丹港的吞吐量预计会有3%的提高），但是担忧的情绪依然存在。史密茨说：我们有很多客户处境艰难，2010年这一情况也不会有太大变化。在他看来，要想让港口重新繁荣还是要通过不断扩建（始于2008年），以及扩大市场份额来实现，具体措施就是对使用所有基础设施给予7%的“危机折扣”。

自12月起，鹿特丹港的货物转运量有所回升。史密茨满怀期待地预测，转水业务应该会在2010年越过4亿吨大关。2005年鹿特丹被上海挤出了世界第一大港口的宝座，但目前它依然是欧洲最大的港口，安特卫普、汉堡和马赛均排在鹿特丹之后。

位于德国的汉堡港也对“打折”策略

世界20大集装箱码头及其吞吐量

单位：百万国际标准集装箱，%

码头名称 \ 时间	2006年	2007年	2008年	2007/2006年度变化率	2007/2008年度变化率
新加坡	24.79	27.93	29.92	12.68	7.10
上海	21.71	26.15	27.98	20.45	7.00
香港	23.54	23.99	24.25	1.95	1.04
深圳	18.47	21.09	21.43	14.24	1.49
釜山	12.03	13.27	13.42	10.15	1.24
迪拜	8.92	10.65	11.83	19.38	11.02
宁波	7.06	9.36	11.22	32.43	19.94
广州	6.60	9.20	11.00	39.39	19.58
鹿特丹	9.65	10.79	10.80	11.77	0.09
青岛	7.70	9.46	10.32	22.85	9.07
汉堡	8.86	9.90	9.70	11.72	-2.02
高雄	9.77	10.25	9.68	4.93	-5.66
安特卫普	7.02	8.17	8.66	16.48	5.97
天津	5.95	7.10	8.50	19.38	19.67
巴生港（Port Kelang）	6.33	7.11	7.97	12.53	11.96
洛杉矶	8.46	8.35	7.85	-1.36	-6.04
长滩	7.29	7.31	6.49	0.30	-11.28
丹戎帕拉帕斯港	4.77	5.50	5.60	15.30	1.82
不来梅港/不来梅哈芬	4.42	4.89	5.50	10.48	12.44
纽约/新泽西	5.09	5.30	5.26	4.05	-0.64
合计	**208.47**	**235.82**	**247.37**	**13.12**	**4.90**

资料来源：联合国贸易和发展会议，2009年《世界海运回顾》（UNCTAD，Review of Maritime Transport）。

表示出了浓厚兴趣——宣布对每个集装箱给予5%～10%的折扣，长期客户最多可给予50%的折扣。金融危机严重动摇了汉堡港原本坚不可摧的基础，即作为承接亚洲货物和作为波罗的海国家转运港的重要地位。这也迫使港口经营者不得不对服务进行合理化调整，包括提供“支线服务”（feedering）。而目前此类服务从鹿特丹或安特卫普出发对客户来说更为有利。这场危机导致汉堡港的集装箱业务下降28%，总计达701万TEU。

比利时的安特卫普港在经历了七年连创新高的繁荣期之后，于2009年遭受重大打击，货运量仅为1.58亿吨，比2009年减少3 150万吨（下降16.7%）。该港集装箱吞吐量下降14.1%。作为比利时最主要的港口，安特卫普港痛失欧亚航线上的市场份额，因此造成煤炭（下降36%）和矿石（下降65%）转运业务量一落千丈。

2009年12月底，港口管理方宣布将使2010年的港口费保持在2008年的水平。过了不久，港口管理方得到了好消息：荷兰国家委员会已经批准在埃斯科河（Escaut）上开凿运河，连接比利时和荷兰。这条运河可容纳大容量的集装箱船通过，直达安特卫普港。

迪拜港口世界公司陷入一片混乱

对于中东地区最大的港口运营商迪拜港口世界公司（DP World）而言，它所面临的问题同样源自国内。2009年11月，金融动荡波及迪拜，造成其难以偿还其巨额债务。迪拜港口世界作为一家完全由政府掌控的企业别无选择，只得宣布延期6个月偿付所欠到期债务。于是，私人投资者纷纷要求其母公司——迪拜世界增加对该港口的持股权，但以失败告终。最后还是邻国阿布扎比酋长国对迪拜港口世界施以了援手。

这些问题加重了全球危机对迪拜港口世界的影响，公司盈利有所减少。其控制的从英国到中国的约50个集装箱码头的中转量下降6%，降至4 330万TEU（其中，28个由迪拜港口世界绝对控股或实际控制经营的装运整合码头运输量下降8%，降至2 560万TEU）。

阿联酋新开启了两个码头，一座是位于吉布提的多拉莱（Doraleh）集装箱码头，另一座则位于越南胡志明市。此外，他们还赢得了两座阿尔及利亚新码头的特许经营权。

尽管如此，波及迪拜的金融危机并不能阻止其塞内加尔达喀尔港的修建进度。迪拜港口世界第一阶段已经为此投入了1.63亿美元，计划在2010年将该港口的集装箱吞吐能力从25万TEU增加至55万TEU。在第二阶段，该港的吞吐能力还将提高至175万TEU，投资将超过4.76亿美元。

在英国，另一个项目也已经提上议程：那就是增加泰晤士河的水深，让最大型的集装箱船也能驶入“伦敦门户港口”（London Gateway）。这项工程计划于2010年启动。根据港口未来经营方，伦敦门户港口建成后将成为一个主要的综合性深水集装箱港，运输能力居全欧洲之首。此外，该港口的自动化水平也将是世界一流的，且年吞吐量将比目前提高350万TEU。

法国港口经历“可怕的一年”

2009年法国的各大港口也是麻烦不断。法国七大海洋运输港口——马赛-福斯港、勒阿弗尔港、敦刻尔克港、南特圣纳泽尔港、鲁昂港、波尔多港和拉罗谢尔港，再加上加莱港，货流总量下降11.8%。其中，仅鲁昂港和加莱港的货流量有所增加，分别提高2.8%和1%。

海盗案件在2009年创新高

2009年，在伦敦国际海事局（IMB）登记立案的海盗案件为406起，创2003年以后的新高，2003年的数量为445起。2008年，伦敦国际海事局记录了293起袭击事件。2009年被劫49艘船只（2008年为49艘），被劫海员1 052名（2008年为889人），其中12人被绑票，68人受伤，8人被杀害。

索马里地区的海盗最为猖獗，2009年发动了217次袭击，劫持47艘货船，867人沦为人质。尼日利亚海岸沿线发生了30起左右的袭击事件，拉美地区发生了37起，在孟加拉国和东南亚亦有发生（在印尼发生的袭击事件下降，特别是在马六甲海峡）。

伦敦国际海事局公开表示，虽然各方派出海军进行护卫，特别是欧盟和北约国家，但针对船只和船员的袭击事件发生频率和严重程度均有所增加，非常值得关注。

七大港口中的马赛－福斯港货流量下降最大，下降了13.3%。截至2009年年底，虽然该港的集装箱吞吐量在年末上升了4%，及100万吨的生物燃料运输量，但年总吞吐量8 300万吨依然创下了该港“历史最低”水平。货流量下降自然与经济危机有关，其他原因还包括：一条石油管道出现技术故障导致其损失400万吨的石油货运量；阿尔及尔决定自2009年10月起禁止非集装箱类货物进入码头；以及福斯－格沃（Fos-Cavaou）液化天然气船码头延期启用。与法国港口的整体情况相反的是其中的鲁昂港，其吞吐量增加2.8%，创下新高。

鲁昂港虽然在煤炭（下降了4.3%）和水泥吞吐量（下降了13.5%）方面有所下降，但整体商业货运量达到了2 330万吨。液体散货运输量上升了7%，达到1 160万吨，其中包括870万吨（上升了5.6%）的油品。干散货运输量则上升了6.3%，达到980万吨。这一成绩尤其归功于谷物出口量的增加，而纵观整个欧洲，鲁昂可谓在这方面独具优势。其谷物运输量增加8.8%，达到690万吨。

非洲：各种项目全面展开

虽然全球市场呈现普遍的动荡不安，非洲却依然保持相对稳定。对亚洲与欧洲的大宗商品出口虽然有所下降，但非洲大陆内部的消费却依然坚挺。这种情况也惠及了海运贸易。但是由于深水港数量有限，非洲大陆需要更多现代化的港口基础设施，以接收大型货船。

在刚果（布）黑角自治港的扩建工作仍在进行当中。这项工程将使其成为几内亚湾最大的深水港。阿比让和洛美等其他一些港口城市也都在努力争做“航运枢纽”。2009年，在西非航运市场中处于领先地位的阿比让货运量增加8.8%，达到2 403万吨，其中部分货物运往非洲内陆国家。不过，由于码头工人罢工在2009年重创其集装箱部门，导致集装箱货流量下降了5.9%。事实上，非洲最主要的35个港口吞吐量之和占全球海运贸易总量的份额仅有3%。

马士基航运公司和达飞轮船在争夺非洲海运控制权的竞争中不相上下。其中，达飞轮船有20%的业务是在非洲开展的，该公司有望在2015年左右将这一业务比例增至25%，甚至30%。

另一家着眼于拓展非洲港口业务的企业是法国的博洛雷非洲物流集团（Bolloré Africa Logistics）。该公司在与迪拜港口世界争夺达喀尔港的竞争中败北，遭受到了严重打击。但在接下来的9月，贝宁为科托努（cotonou）集装箱码头的未来经营权进行招标，博洛雷终于击败马士基航运，赢得了这份合约。

这份25年的特许经营权为博洛雷带来了许多生意，特别是建立非洲大陆和港口物流网的业务，这可以成为一些非洲饱和港口的中转港，例如尼日利亚的拉各斯（Lagos），并成为通往非洲内陆各国（尼日尔、布基纳法索、马里）的枢纽。事实上，博洛雷的计划是通过一条长长的铁路走廊，连接非洲东西海岸线。

博洛雷赢得多哥的洛美港特许经营权的过程则要困难得多。自从2005年起，这家法国公司就与另外一家在西非开展业务的港口经营商Progosa存在争端。通过无数次对簿公堂，洛美高等法院维持一般法庭当初的决定，将港口的特许经营权判给了博洛雷。

博洛雷还在计划扩建在加蓬的奥文多港，这是该国最大的港口，与利伯维尔毗邻同一个河口，码头延展不少于300米。不过，博洛雷的宏大目标是将刚果（布）的黑角自治港建成西非最大的港口之一。该公司已经承诺投资7.5亿美元，用于在2036年之前将该港口的吞吐量增加6倍（每年20万TEU），使其成为一个区域性航运枢纽，具备接纳巨型集装箱船的能力。

在非洲东部，确切地说是在“非洲之角”地区，也有一些新的发展动向。博洛雷和埃塞俄比亚、索马里兰（Somaliland）政府的谈判已经进入了后半程，博洛雷有望赢得经营柏培拉港的合同，并投入7亿美元实现该港口基础设施的现代化。

碳市场

2009 年对世界碳市场是极具挑战的一年。其中对作为世界碳市场的先驱者和领军者的欧洲的碳市场来说尤是如此。

欧洲碳价格的基本面

在欧洲，每一个纳入到欧盟“排放配额指令”中的工业设施对其二氧化碳排放量都有一个指标限制。到期时，其需要向所在国的国家登记处提交一份排放量统计表，并用以与其获得的排放配额进行比对。简单地说，配额的价格反映出每吨二氧化碳的排放成本，而价格将由配额的供需双方所决定，即碳排放权。

欧洲的碳市场的发展可以分为三个阶段：“试验性阶段”（2005～2007 年）；“京都阶段”，也就是《京都议定书》的履行阶段（2008～2012 年）；“后京都阶段”（2013～2020 年）。在第一个阶段，欧盟对各国的发放过于“慷慨”，直接导致碳排放权市场价格的一落千丈。基于第一阶段的经验，欧委会减少了对排放配额的发放（第二阶段与第一阶段相比二氧化碳排放总量的上限平均降低了近 9%）。同时，一些在第三阶段的远期交易已经出现，但数量不多，只对近期风险控制的需求较大（交易量因此也较大）。另外，这也说明市场未来的不确定性较强。在供给方面，工业设施排放配额的初始分配总量以及欧盟各国灵活的分配方案（National Allocation Plans，NAPs）成为了影响碳市场的主要因素。例如，根据《京都议定书》机制中的碳排放额的使用，前一阶段的排放配额是否可以储备到下一个阶段，是否可以提前使用下一个阶段的配额等，这些都会对碳市场的供给产生影响。对于碳市场的需求方而言，取决于其自身碳排放量的需要，可能影响的因素有很多，例如，经济增长对未来工业生产的预期；温度、降雨量、天然气价格与煤价格之比；减排技术的发展及各方对市场的认知程度等。此外，欧洲市场的碳价对于欧盟委员会及欧洲各国公开发表的相关言论也非常敏感。

最终，当碳市场很自然地吸引了许多所谓的“合规者”（即碳排放配额所涉及的企业）入场的同时，它也对许多非排放类机构开放，例如，金融中介机构及投机商，他们同样可以在各国的碳排放系统中建立账户，并参与交易。因此，碳配额的市场价格是由配额所涉及的企业与无工业排放的金融类投机参与者共同作用形成的。而金融机构和投机者的介入，也成为了日后碳排放权价格涨跌的影响因素之一。

2009 年的碳价格

欧盟配额市场第一阶段（2005～2007年）被看作是一个“学习”的阶段。该市场第一次经历了碳排放权价格的危机，第一次引入《京都议定书》框架下的“碳信用额”，并为市场参与者建立相应的规则，以及不断发展完善了碳金融工具和相关配套体系。2008 年，在欧盟达成一揽子“能源与气候协议”和大幅削减各成员国碳排放额上限的基础上，碳排放权价格达到了历史最高位。但随着 2008 年夏天世界经济与金融危机的到来，碳价格大幅下降。

2009 年出现的碳排放权价格的波动充分显示出碳价格比以往更受到碳基本面的影响。欧洲配额市场更是直接受到了金融危机及经济衰退的冲击，碳排放权价格从 2008 年 7 月的 29 欧元/吨直落至 2009 年 2 月的不到 8 欧元/吨。在此期间，欧盟规定的碳排放配额所涉及企业收到的工业订单量不断萎缩，相应的，对于下一年度所需的碳排放配额量也大幅下降。在经济危机的最高潮时，甚至出现了大量配额被抛售兑现以满足企业现金流需要的情况。

2009 年 2 月中旬，形势开始好转。首先，人们对于经济复苏的预期开始增强。其次，8 欧元/吨的碳价格已经是市场的心理底线。最后，欧盟调整了对碳价格长期走势造成束缚的一些条款，例如，在第二阶段中，欧盟开始允许企业对碳排放配额进行储备，即可以将本年度过剩的配额存储至下一年，因此，低价位买入碳的需求也就随即产生了。

2009 年 4 月，欧盟碳排放配额数据库中的数据显示，2008 年，欧盟的碳排放配额处在赤字状态，这是自 2005 年排放配额指令实施至今的首例赤字，这次赤字的出现是“两股力量”的体现：一方面，欧盟委员会减少了配额的发放。较 2007 年，2008 年发放的配额大幅减少，因此这使得排放配额总量上限出现了 1. 15 亿吨的“赤字”。另一方

欧洲市场各碳排放配额价格变化

资料来源：欧洲气候交易所（ECX），路透社（Reuters）。

2008 年欧洲各经济部门碳排放量与排放配额分配

行业＼指标	工业设施数量	2008 年配额	2008 年排放	不足额度	剩余额度	净额度
燃料	7 340	1 239. 1	1 492. 3	-362. 0	108. 9	-253. 1
炼油	146	152. 3	154. 1	-10. 7	8. 9	-1. 8
焦炭	20	22. 5	21. 0	-1. 4	2. 9	1. 5
金属矿石	31	21. 9	17. 6	-0. 9	5. 2	4. 3
钢铁	241	184. 4	133. 1	-5. 4	56. 7	51. 3
水泥	560	206. 8	186. 3	-4. 6	25. 0	20. 5
玻璃	427	23. 8	21. 4	-0. 7	3. 0	2. 4
陶瓷	1 065	18. 0	13. 1	-0. 4	5. 3	5. 0
造纸	835	37. 8	31. 6	-1. 4	7. 5	6. 1
主动减排	481	2. 1	1. 9	-0. 1	0. 3	0. 2
合计	**11 146**	**1 908. 7**	**2 072. 5**	**-387. 5**	**223. 8**	**-163. 7**

资料来源：法国信托储蓄银行气候研究中心（CDC Climate Recherche），信息技术领导中心（CITL）数据。

面，受到金融危机影响，2008 年各相关企业二氧化碳的总排放量下降了约 7 500 万吨。而在配额发放中，对能源行业（电力、供暖）发放的配额总量比前一年下降幅度较大。

在 2009 年接下来的时间，欧洲碳排放权价格较为稳定，在 12～16 欧元/吨之间波动。在 2009 年 9 月，欧盟普通法院（General Court）裁定，取消欧盟委员会之前对波兰和爱沙尼亚两国所设定的 2008～2012 年碳排放量上限。此裁定一出，欧盟的其他 6 个成员国也对欧盟委员会之前的决定表示质疑。因此，超过 8 亿吨的排放配额悬而未决，约占欧盟 2008～2012 年发放的总配额的 8%。2009 年 12 月，欧盟委员会对欧盟普通法院的判决提起上诉。

实际上，为了更加顺畅地衔接欧洲碳市场发展的第二阶段（2008～2012 年）与第三阶段（2013～2020 年），欧盟对其初始方案进行了不断的修正。到 2009 年底，哥本哈根会议召开，碳市场对于哥本哈根气候谈判结果的预期对碳排放价格产生了影响。哥本哈根气候谈判是否能达成一份符合欧盟预期的国际协议，将对欧洲碳市场产生两方面的影响：一是如果可以产生一个欧盟希望得到的协议，那么与 2005 年相比，欧盟的减排目标将可能从 20% 提高到 30%。二是欧洲二氧化碳排放配额交易体系能够使用的《京都议定书》框架下的碳信用额度上限可能会有所增加，这也就使欧洲碳排放配额所涉及企业以较低的成本进行碳排放权交易成为了可能。另外，无论哥本哈根谈判结果如何，欧洲碳市场的运作都会至少持续到 2020 年。

饱受批评的欧洲碳市场

2009 年也是欧洲碳市场面对来自各方批评的一年。一方面，在 2009 年 2 月碳排放价格崩溃之后，该市场不得不对一些原则上的批评做出回应。当时对碳市场进行批评的人们包括政客、经济学家，以及一些非政府组织。他们认为：其他形式的经济调控手段，如，对碳排放征税或者设定一个二氧化碳的最低价格，将在控制碳排放上远比现行体系更为有效。然而，这次经济危机却恰恰反映出了，碳排放价格应该根据实际情况进行设定，不应设定过高。在这方面，配额交易机制拥有比碳税机制不可比拟的灵活性。配额市场允许进行必要的减排限制，同时，由于排放量会受到经济大环境的直接影响，配额市场价格还会根据排放量的变化而上下浮动。

衡量碳市场的不确定性

在欧洲碳市场价格的大幅度波动通常是由该市场的监管机构（欧盟委员会、联合国及欧盟成员国）发布的公告所引起的，而其中的某些信息则需要市场参与者的理解。另外，“市场传言”中带来的信息往往也能表达市场参与者的某种共识。

欧洲碳价的历史波动率

过去两年欧洲碳市场价格的平均波动率分别为40%和38%，2009年是碳价格相对不稳定的一年。当年平均波动率为49%，且在2月末出现峰值——欧盟碳排放配额价格波动率达到105%，《京都议定书》框架下的碳信用证价格波动率达到95%。

虽然使用历史波动率可以反映出在过去哪些时段内市场价格出现了大幅震荡，但是它只是对过去的统计，不一定能够正确反映未来的走势或市场预期。因此，投资者们需要参考隐含波动率来分析市场。

期权市场中的隐含波动率

期权的隐含波动率是将市场上期权（买入期权及卖出期权）的交易价格（权利金）代入特定模型中计算出来的。另外，根据期权到期日的不同，我们还可以算出其相对应的波动率。

欧盟碳排放配额期权的隐含波动率走势（根据欧洲气候交易所的数据）表明，随着2008年排放数据及配额数据的统计分析工作的临近，市场参与者对欧洲碳市场发展的不确定性在2009年3月达到峰值。不确定性还包括：金融危机对欧洲经济的影响是否已经开始减弱，并带来下一年度的碳排放量增加。截至2009年末，欧洲市场中的隐含波动率较低，表明对于哥本哈根气候谈判的结果以及欧盟经济是否开始复苏，市场参与者的意见日益趋同，不确定性因此降低。

另外，关于《京都议定书》框架下的碳信用证（根据欧洲气候交易所的数据），其相关金融工具的隐含波动率也反映出市场参与者的担忧，即在欧洲配额市场第二阶段（2008～2012年）以及“后京都时代”，可用于碳排放权交易的信用证上限会如何变化。而总的来看，这两方面的不确定性，最终取决于两个核心要素：排放量的变化（与世界经济形势相关）以及哥本哈根谈判的结果（在“能源与气候一揽子协议”的框架下能否出台一个明确令欧盟委员会满意的协议，这将对欧盟减排目标起决定性影响）。

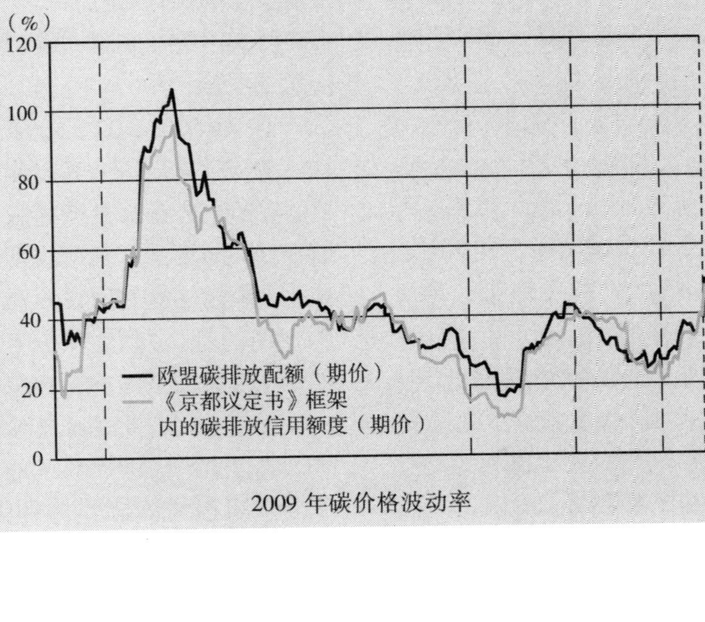

2009年碳价格波动率

“旋转木马”欺诈案

这起欺诈案中涉及在英国、法国和荷兰的一个约10人的团伙。这起案件之所以会发生，是因为他们钻了碳交易体系中的一个漏洞——欧洲大部分国家对碳信用证买卖会征收增值税（VAT），而英国则例外。交易商因此在英国购买碳信用证后，将它们转售至对碳信用证征收增值税的国家。而当他们将碳信用证以含税价格卖出后，并没有将税额上缴至国家。通过在不同国家市场中以极快的速度买卖（“旋转木马”之名也是由此而来），逃税者们的欺诈行为被隐藏了很长时间。

在这些批评之外，欧盟的碳排放权交易系统还要面对几桩欺诈案件，它们成为了众多媒体报道的焦点。2009年的“旋转木马”（也称作“消失的交易商”欺诈）欺诈案，以及2010年初以互联网为工具来窃取注册账户信息的“网络钓鱼”诈骗行为，都印证了一个事实：碳市场的制度和其市场监管都需要更加完善。虽然这两类欺诈行为并不是碳市场所独有的，然而它们确实加重了人们对这个尚处于起步阶段的排放管理体系的怀疑。据欧洲刑警组织（Europol）估算，“旋转木马”欺诈在交易商购买碳排放配额的时候并不含增值税（VAT），而将配额以含税价格卖出后，并没有向欧盟各国返还增值税，随后他们就消失了，涉案税额超过50亿欧元。据初步推测与估算，在欺诈事件可能发生的一段时间内，涉案增值税约为250亿欧元，与欧盟碳交易总额约为1 100亿欧元。相比，这个金额是很大的。当时，大部分欧盟成员国迅速做出反应，推出了增值税豁免或者改变了碳排放配额交易所对增值税的征收方式。面对“网络钓鱼”欺诈行为，欧盟委员会及注册账户管理人都提高了警觉。在布鲁塞尔召开的欧盟峰会上，协调和统一各法律法规成为了讨论的核心，而对欧盟委员会金融市场指令法案的讨论也比以往任何时候显得更为重要。

碳市场的衍生工具日益增多

在2009年，欧洲碳市场期货与期权交易量继续大幅增长（较2008年增长了80%）。2009年3月，欧洲气候交易所（ECX）的月交易量创出了新的纪录——5.38亿吨二氧化碳，这相当于欧盟当年配额总量的1/4左右。

2009年碳标准期权交易量不断增加（较2008年增加了63%），这反映出了受到配额限制的排放类交易者不断增加的对冲风险的需求（这是在金融危机及哥本哈根气候谈判的大背景下，交易双方对欧洲碳市场第二阶段的初步预期的体现），同时，这也表明碳市场中非排放类金融机构的参与操作日趋复杂化。

在2009年2月，配额的期权市场达到首次交易高峰，其中购买的期权主要是行权期在2009年底的看涨期权，平均目标价格高于市场9欧元，实际上期权相对低廉的价格可以使企业以低成本买入碳排放配额。他们预期的是，如果2009年4月碳排放配额的需求和发放之间（与2008年相比）比预期更少的话，则在此时买入将是最明智的选择。

在2009年4～5月，欧洲碳市场又迎来了看涨期权的第二个交易高峰。当2008年欧洲碳市场配额情况的不确定性最终消除后，执行价格平均高于市场价格2～8欧元，行权期在2011年和2012年的看涨期权受到市场追捧，而市场买入的看跌期权的执行价格平均低于当时市场价格5欧元左右。实际上，各方根据对哥本哈根谈判的预期，正通过这种方式来对冲“京都阶段”结束之前碳价大起大落的风险。

展望2010年

在2010年，对于欧盟碳市场在“后京都时代”的发展方向中的很多迷雾将被拨开，如建立拍卖规则、航空业也将被纳入配额交易体系之内等。而对于“京都阶段”内的一些问题，市场参与者们也在等待着欧盟委员会上诉的结果。

由于哥本哈根会议并没有像预期中的那样促进全球碳市场的发展，在欧洲之外的碳市场几乎没有任何真正的发展。即使支持美国和澳大利亚这样的碳排放大国发展本国的碳市场的因素很多（立法议案，或者支持减排的公众舆论），我们也必须静待2010年末墨西哥城气候谈判和美国国会选举的结果，以及各国自发签订的减排协议，以使得其他排放市场得以发展。

不过，在当前全球碳市场的背景之下，有一个值得大家关注的亮点——新西兰碳市场，在2010年夏天，它将完成第一笔碳交易。

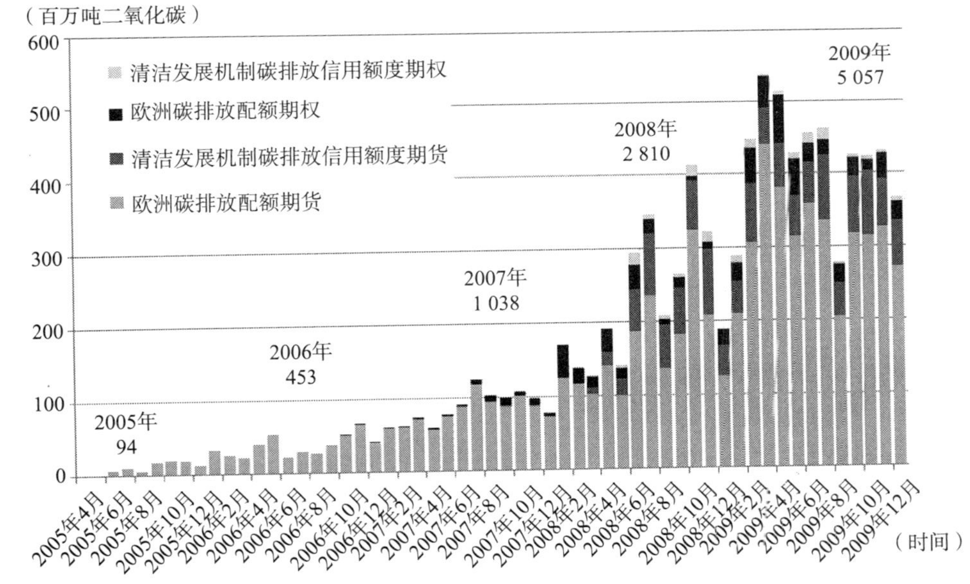

欧洲气候交易所月成交量

资料来源：欧洲气候交易所（ECX）。

艺术品

艺术品市场的走势日益与经济周期相符合，并已经更准确地与世界金融市场以及大宗商品市场的步调保持一致。这是因为今天世界艺术品市场越来越取决于一些购买者，无论他们是金融市场的“金男孩儿”（golden boys），还是俄罗斯寡头，抑或是中国新一代资本家。奇怪的是，在2008年和2009年世界经济形势反转的两年之中，仍然出现了具有象征意义的艺术品销售，如2008年9月15日，雷曼公司破产之前的几小时，伦敦苏富比拍卖行（Sotheby's）上拍了达米安赫斯工作室（Damien Hirst）的艺术品。223件艺术品共拍得2.01亿美元。这就是自1929年以来最严重的一次金融危机爆发之前的艺术品拍卖成果。同样，6个月后，世界经济处于严重的衰退之中，股票和大宗商品价格也处于各自的最低水平，贝尔热-圣罗兰（Bergé-Saint Laurent）的收藏品在2009年2月23日巴黎佳士得拍卖行（Christie's）拍出4.83亿美元。这是一个标志性的转折，即这场世界性的金融危机已经开始结束了——世界艺术品市场在整个2009年的走势对此给予了谨慎的证明。

在2009年2月，世界艺术品市场可以说已经陷入了“休克”状态，此时需要一个特别事件来唤醒该市场：一对传奇伴侣、一批绝世收藏、第二次世界大战后最著名的设计师之一、一场打破沉闷的媒体盛事，这是佳士得拍卖行在巴黎令人钦佩的精心策划，此时的巴黎魅力四射，它是世界艺术品之都。巴黎远别于纽约华尔街和他的那些冷漠，以及乏味的金融家们。无论以何种标准来衡量，这场贝尔热-圣罗兰拍卖会都堪称盛事。该拍卖专场的成交额达到3.73亿欧元（实际金额少于此数目，这是因为中国买家拒绝支付其购买的出自中国圆明园的两件青铜兽首）。一批价格记录随之产生，其中不仅包括绘画艺术品：马蒂斯（Matisse）、蒙德里安（Mondrian）和布兰诺西（Brancusi），而且还包括艾琳格雷（Eileen Gray）设计的椅子和一些德国的金、银器物。一如既往，物品的来源甚至是极为普通的物件增添魅力，这体现了物品中的感情内容，而这样一种物品拍卖远超过金融数学的简单计算。

在此次“巴黎拍卖”产生的兴奋渐渐消失之后，世界艺术品市场基于自身的基本面而重新回落。钟爱耀眼的昂贵物品的金融家与工业寡头的离去使艺术品需求垮塌，而这是那些新出现在世界艺术品市场但行动仍然谨慎的中国买家所不能弥补的。在世界拍卖行中，占有“双寡头垄断”地位的两家拍卖公司佳士得和苏富比在这种市场氛围下执行了唯一合理的策略，即提高性价比，这是来自于大学一年级的经济学教科书。一方面，这些拍卖公司下调了他们对拍卖艺术品的估价，最重要的则是终止了“最低售价担保”（截至2008年底该业务已给这两家拍卖行造成了2亿美元以上的损失）。另一方面，他们缩减了艺术品供给，在2009年2月和5~6月的绘画专卖中，拍卖行将其最负盛名绘画专场数量限制在十几场以内。最后，他们重新引导顾客选择一些“安全性”高的绘画作品，像印象派画家的作品，并告诫收藏者不要去购买之前炙手可热的当代画，如杰夫库恩（Jeff Koons）和戴米恩－赫斯（Damien Hirst）的作品，赫斯的代表性“蝴蝶”系列作品的价格在一年内已经下降了40%。在2009年前6个月，当代艺术品销售缩水了80%，其在苏富比和佳士得的总成交额分别下降了35%和48%（佳士得的成交记录稍好是因为其贝尔热－圣罗兰专场取得的优异成绩）。因此，艺术品市场并未出现崩溃，2009年5月纽约的艺术品拍卖表现平淡，但是印象派画作却取得了不错的成绩。在5月随后的日子里，在威尼斯双年展和第40届巴塞尔艺术展（Art Basel）中，世界当代艺术品标出的价格比危机之前“少了一个零”，同时也少了些许“奢华”。但是，在300家参展商中的仍然竖立了一件巨幅沃霍尔（Warhol）的作品，价格高达7 400万美元，但这真是用于出售吗？从逻辑上说，下跌最大的市场是之前“泡沫”最大的，其中最好的例子就是中国当代艺术，它的价格大幅下滑了90%。

2009年和2010年的重要艺术品拍卖

单位：百万美元

2010年					
• 贾科梅蒂	雕塑《行走的人》	104.3	苏富比	伦敦	2010年2月
2009年					
• 马蒂斯	《立金花、蓝地毯和玫瑰》	46.5	佳士得	巴黎	2009年2月
• 沃霍尔	《200张一元美钞》	43.7	苏富比	纽约	2009年11月
• 克里姆特	《卡颂的教堂》	43.2	苏富比	伦敦	2009年11月
• 拉斐尔	素描：《缪斯的头像》	42.7	佳士得	伦敦	2009年12月
• 布朗库西	《L. R. 夫人肖像》	37.8	佳士得	巴黎	2009年2月
• 伦勃朗	《一个男子的肖像》	*20.2	佳士得	伦敦	2009年12月
• 吴彬	明代卷轴	24.7	保利	上海	
• 蒙德里安	《构成》	21.9	佳士得	巴黎	2009年2月
• 贾科梅蒂	《要倒下的男人》	19.3	苏富比	纽约	2009年11月
以及……					
• 艾琳·格雷	椅子	28.3	佳士得	巴黎	2009年2月
•	安妮伯格钻石（33克拉）	7.7	佳士得	纽约	
•	蓝色钻石（7克拉）	9.5	苏富比	日内瓦	
• 约瑟夫	路易十五时期家俱	2.4	德鲁奥		
收藏品专场					
• 贝尔热－圣罗兰		483	佳士得	巴黎	2009年2月
• 罗曼诺夫珍宝	（法贝热等人的作品）	7.1*	苏富比	伦敦	2009年12月

注：*为百万英镑。

服务业

世界艺术品在艺术品拍卖公司的交易额

2009 年交易额下降 31%

单位：10 亿美元

	2007	2008	2009
主要拍卖公司			
• 佳士得	5.76	4.61	2.88
• 苏富比	5.39	4.87	2.28
• 德鲁奥	0.7	0.6	0.56
• 邦瀚斯	0.6	0.5	0.36
• 中国嘉德	0.24	0.29	0.39
• 保利	0.22	0.19	0.36
主要市场			
• 美国	6.5	5.0	2.9
• 欧洲	7.9	7.2	4.5
英国	4.4	4.2	1.7
法国	2.0	1.7	1.8
• 亚洲	3.2	2.3	2.3
交易总额	**17.2**	**14.6**	**10.6**

资料来源：François Curiel 统计，佳士得。

2009 年秋季市场形式发生了转变，除了“华尔街金男孩儿复活”之外，石油等大宗商品价格的回升使俄罗斯买家重新回到艺术品市场。他们中的一位——水银集团（Mercury）总裁里昂尼德·弗里德兰德（Friedland），在菲利普斯拍卖行（Philipps de Pury）重新投资当代艺术。2009 年 10 月，伦敦 Frieze 艺术节和巴黎国际当代艺术博览会（FIAC）的拍卖则体现了市场重新青睐具有安全价值保证和拥有流动性的艺术品。

而真正的危机结束的信号来自于 2009 年 11 月在纽约拍卖的“传统的当代艺术”的胜利，这是一个售价 4 370 万美元的名为“200 张一美元钞票”的艺术作品（此时正值美元在国际货币市场中不断下跌，当然这与该艺术品没有任何关系），它的作者是安迪·沃霍尔（Warhol）。与此同时，考尔德（Calder）、贾斯帕强森（Jasper Johns）和彼得多伊格（Peter Doig）的作品亦以高价出售。几周后的伦敦艺术品市场则演绎了另一个经济理论——稀缺性。当时的拉斐尔（Raphael）油画以 4 270 万美元成交，伦勃朗（Rembrandt）的一幅男人肖像以 2 000 万英镑落槌。同时还有范戴克（Van Dyck）和多梅尼基诺（Domenichino）的作品都以接近 900 万英镑的价格成交。此后，在 2010 年 2 月初，贾柯梅蒂（Giacometti）所作的“行走的人”的青铜像的拍卖打破了已经保持了 6 年之久的拍卖纪录（即 2004 年于纽约拍卖的毕加索的《拿烟斗的男孩》），该作品的出售价格比其还高出几千万美元，达到了 10 430 万美元。据称当时拍卖是在一个格鲁吉亚寡头和一个俄罗斯寡头之间激烈竞争后完成的。具有象征意义的是，这件作品的卖方是德国德雷斯顿银行（Dresdner Bank），这次出售使其可以略微挽回它在金融危机中的损失，尽管其已经被国有化。尽管如此，我们不要错误地认为世界艺术品市场已经重回之前无忧无虑的时代。

世界艺术品市场地域的转变

世界艺术品市场是世界大宗商品市场中仍然以“大西洋两岸”为基础的市场。而最近几年艺术品市场的中心逐渐转移到在税收及艺术创造方面均有优势的英国。尽管如此，“太平洋市场”也开始逐渐崛起——越来越多中国买家出现在从珠宝、红酒到古代书画和近现代艺术品的市场中。事实上，部分中国当代艺术确实受到了金融危机的影响，但中国古代艺术品却达到了一个前所未有的高度。一幅明代卷轴在上海的保利拍卖会中以2 200万美元成交；一幅中国11世纪的书法作价1 400万美元。在2009年世界艺术品市场上除了拉斐尔的作品外，举足轻重的古代绘画作品拍卖均来自中国。此外，2009年11月，在美国纽约的艺术品竞拍中大部分买家来自中国，入手作品包括德加（Degas）的《舞女》和毕加索的《带绿色帽子的女人》。在日内瓦拍卖珠宝的大部分买家同样来自中国，其中，香港的亿万富翁刘銮雄（Joseph Lau）以940万美元拍得一颗蓝色钻石。实际上，随着中国经济年增长率重返10%以上和上海世博会召开的影响，中国已经确立了其在世界艺术品市场中的重要位置。

艺术品市场中的“文化同化现象”并未太多表现在中东地区的艺术品销售中，这里有足够资金购买整个卢浮宫和纽约古根海姆（Guggenheim）博物馆的艺术品，但海湾地区却不能按其之前计划的那样发展成为世界艺术品市场的中心。关于俄罗斯买家，除了在国际上的几宗大手笔的“买单”之外，他们把重点放在了本国的艺术品

2009年世界主要艺术品与收藏品拍卖公司

序号	拍卖公司	总部地址	营业额（百万欧元）
1	佳士得/克里斯蒂	伦敦	2 123
2	苏富比/索斯比	纽约	1 627
3	Heritage	达拉斯	496
4	邦瀚斯/宝龙	伦敦	286
5	中国嘉德	北京	284
6	北京保利	北京	256
7	北京翰海	北京	154
8	RM Auctions	加拿大	141
9	北京匡时	北京	117
10	多禄泰（Dorotheum）	维也纳	113
	…		
15	艾德	巴黎	69
17	菲利普斯	纽约	60
	…		
20	安帝古伦（Antiquorum）	日内瓦	46

注：营业额仅限于拍卖成交金额，不包括拍后销售（after sales）和一对一非公开销售。未收录于此的拍卖行主要来自中国。

资料来源：Noeo Conseil。

以及文化遗产上。诸如购买像娜塔丽亚·冈察洛娃（Natalia Goncharova）等“非主流”艺术家的艺术品，抑或对沙皇时代传承的艺术品极为感兴趣，比如法贝热（Fabergé）制作的香烟盒。

实际上，自罗马贵族掠夺希腊的时代到今天始终未变的一点就是对艺术品的拥有，能为新兴的富人阶层赢得社会地位的特性。在2009年和2010年，这些新贵族新选择了具有高“安全性”的艺术品，这也就是当代艺术泡沫破裂的原因。

世界艺术品市场仍处于双寡头垄断的格局中

世界艺术品市场中的“有组织市场”艺术品拍卖市场的结构并没有改变。世界拍卖行的两大巨头苏富比与佳士得依然统治着世界艺术品拍卖市场。另外中等规模拍卖行中有邦瀚斯（Bonham's）、菲利普斯、艾德（Artcurial）以及贝尔热（Bergé）。法国的德鲁奥（Drouot）拍卖行（2009年营业额4.1亿美元）在2009年年底陷入一场操纵拍卖丑闻，但愿这没有动摇本就十分脆弱的巴黎艺术品拍卖市场。

相比之下，在“有组织”的艺术品拍卖市场之外的艺术品交易市场亦蓬勃发展：但这并不是拍卖网站——其业务只涉及艺术品市场的二手商品或少数专业领域，如邮票、古钱币等；这种发展主要体现在佳士得和苏富比等大拍卖行本身进行的艺术品“直接销售”。事实上，这两大拍卖行早就拥有其各自的艺术品商店。在法国，一个正在拟定的法案将授权一些艺术品公司以这种方式出售艺术品。众所周知，麦道夫的受害者之一，艺术品收藏家莫金（Merkin）以一对一的方式出售了其收藏品，售价达到3亿美元以上。

一切照常

从巴塞尔到迈阿密再到威尼斯，艺术品市场上少了一些怪诞与炫耀，多了几分稳重。市场的焦点重新回到“安全性”，或是“流动性”上。总之，2008~2009年的艺术品市场的调整比我们预想的要温和。从纽约到日内瓦，各大画廊充斥着各种适销或不适销的艺术品。但他们为应对这次艺术品市场危机而实施的措施堪称典范。

2009年2月纽约艺术品拍卖取得的优异成绩是否能够代表世界艺术品市场就此走强，仍然有待观察。同时，中国和俄罗斯买家目前依然不能独自支撑起世界艺术品市场。世界艺术品市场可能还需要一段时间来对其前几年的过度膨胀进行消化。

Table of Contents

后　　记

在锡瑞镨大宗商品研究所的《世界大宗商品市场年鉴》2010年中文版出版过程中，作为锡瑞镨大宗商品研究所研究员、驻中国代表，以及本书翻译与出版的主要负责人，我首先要感谢中国驻法国大使孔泉、公使衔经济商务参赞马社以及其秘书魏明先生，他们在将本书引进中国以及促进中法经济文化交流方面给予了莫大的帮助。

同时，我要感谢中国社会科学院世界经济与政治研究所的研究员李玉平老师，以及外国文学研究所的史忠义老师，他们在书籍出版的前期准备中提出了许多宝贵意见。另外，法国驻中国大使馆商务参赞佩文森（Vincent PERRIN）及媒体部负责人艾文先生（Vincent HEIN），中国法国工商会（CCIFC）北京办事处负责人艾娜女士，（Nathalie ANIEL）还有阿海珐集团（Areva）宣传部负责人米瑞女士（Frédé-rique MICHAUX）均为本书提供了帮助。我还要特别感谢中国社会科学院副院长李扬老师，他为本书所做的序言给予了我们很大的鼓励。

《世界大宗商品市场年鉴》2010年法文版和英文版接近800页，内容涵盖从地缘政治到世界经济、金融市场一直到世界大宗商品市场领域。因此，本书的翻译是一项“巨大且技术含量高的工程”，而翻译又是本书籍“生命的源泉”。作为本书首个中文版，它的译著历时近7个月，其中尤其得到了中国证券、期货以及大宗商品领域许多优秀机构的参与。在此首先要感谢南华期货研究所所长朱斌、能源化工总监杨光明及分析师史明珠，南华期货作为本书的主要译著单位之一为本书的译著提供了大量的帮助。另外，永安期货公司的总经理施建军也为本书的译著提供了无私的帮助。同时，本书的译著也与渤海证券研究所及所长程文卫、分析师马哲峰的大力协助密不可分。对本书译著提供鼎力支持的还有北京匡时国际拍卖有限公司市场部的负责人王古歆先生、北京安泰科信息开发有限公司分析师姚文羽、天津排放权交易所研究规划部经理张昭贵、中国国际木材交易市场（属于中通木材公司）市场部经理赵翔宇、江苏太湖国际纸浆电子交易中心研发部负责人许华庆、中国皮革协会副秘书长叶香菊，以及中国现代国际关系研究院的欧洲所副所长王朔和北京外国语大学的教授韩贻周。

我还要特别致谢法国国立巴黎高等矿业学院（ENSMP）教授皮埃尔—诺尔·吉罗先生（Pierre-Noël GIRAUD ）、法国友人戴圣贞女士（Jeanne-Alpaïs DE SAINT—PHALLE）和米飞羽先生（Jean-Michel LOGELIN），他们在本书的翻译、出版过程中真诚地提出了宝贵的建议并从始至终给予了帮助。在此还要特别感谢已故的法爱（Elena FENASSE）老师为此书做出的贡献，以此表示我们对她的思念。

最后，本书之所以能在中国出版发行，还要得益于经济科学出版社的编辑范莹老师和吴南老师，为使本书更符合中国读者的阅读习惯，她们在幕后贴切地做了大量的细致工作。我在此对她们表示感谢。

希望锡瑞镨大宗商品研究所的《世界大宗商品市场年鉴》能对中国各领域的人士提供参考，同时我们以开放之心欢迎有识之士对本书提出建议。我们将再接再厉使《世界大宗商品市场年鉴》出版的更好，并将该书打造成为一个中国机构与国际相关机构在经济、金融及大宗商品领域交流的平台！

杨笑奇

2010 年 12 月 18 日

于北京